中共北京市委社会工作委员会
北京市社会建设工作办公室 编

北京社会建设年鉴 2012

北京出版集团公司
北 京 出 版 社

图书在版编目（CIP）数据

北京社会建设年鉴. 2012／中共北京市委社会工作委员会，北京市社会建设工作办公室编. —北京：北京出版社，2012.12

ISBN 978-7-200-09445-9

Ⅰ.①北… Ⅱ.①中… ②北… Ⅲ.①社会发展—北京市—2012—年鉴 Ⅳ. ①D671-54

中国版本图书馆 CIP 数据核字(2012)第 241613 号

北京社会建设年鉴 2012

BEIJING SHEHUI JIANSHE NIANJIAN 2012

中共北京市委社会工作委员会
北京市社会建设工作办公室 编

*

北京出版集团公司
北京出版社 出版

（北京北三环中路 6 号）

邮政编码：100120

网 址：www.bph.com.cn

北京出版集团公司总发行

北京市华联印刷有限公司印刷

*

787 毫米×1092 毫米 16 开本 40.5 印张 62 页彩插 1110 千字

2012 年 12 月第 1 版 2012 年 12 月第 1 次印刷

ISBN 978-7-200-09445-9

定价：120.00 元

质量监督电话：010-58572393

北京市
社会建设工作巡礼

BEI JING SHI
SHE HUI JIAN SHE GONG ZUO XUN LI

创新社会服务管理
全面推进社会建设

*2011年6月2日至3日，中共北京市委十届九次全会召开。会议认真学习贯彻中央关于加强和创新社会管理的重要指示精神，研究部署加强和创新社会管理工作，审议通过了《中共北京市委关于加强和创新社会管理全面推进社会建设的意见》

*2011年10月11日，北京市政府第105次常务会议审议通过《北京市"十二五"时期社会建设规划纲要》

⋆2011 年 2 月 12 日，市委书记刘淇到朝阳区调研商务楼宇党建工作

⋆2011 年 1 月 28 日，市长郭金龙慰问老党员

创新社会服务管理 全面推进社会建设

2011 年 6 月 22 日，市人大常委会主任杜德印慰问社区工作者

2011 年 11 月 7 日，市委副书记、市政协主席王安顺到朝阳区、东城区和顺义区调研社会管理创新综合试点工作

2011 年 4 月 15 日，市委常委梁伟在北京社会公益周活动现场调研指导工作

2011 年 5 月 17 日，副市长丁向阳到大兴区调研社区居民活动设施建设工作

理论研究

LI LUN YAN JIU

创新社会服务管理
全面推进社会建设

•2011 年 9 月 29 日至 30 日，“加强社会建设　创新社会管理”年会举办

创新社会服务管理 全面推进社会建设

2011 年 12 月 12 日，北京社会建设研究基地工作会议召开

2011 年 11 月 10 日，房山区法院与区委社会工委社会实践“双基地”建设启动仪式举行

2011 年 12 月 9 日，“加强和创新社会管理研究”重大课题成果交流会举行

北京工业大学专家对延庆县家缘社工事务所进行理论指导

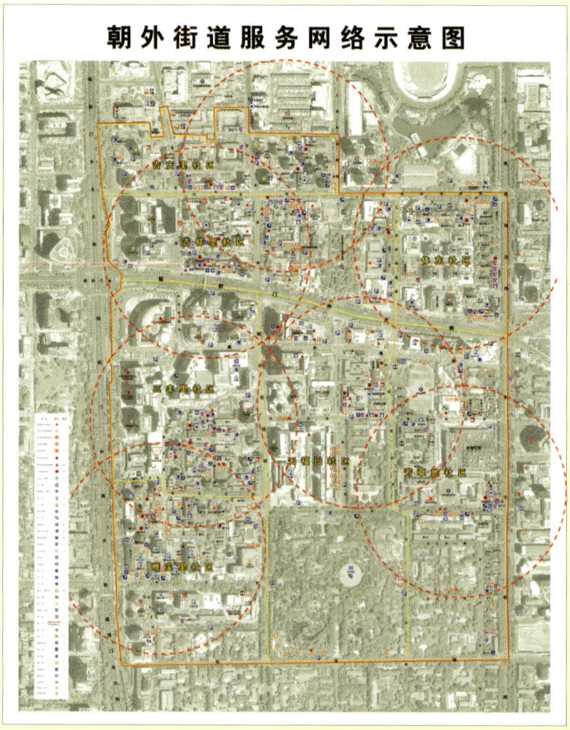

★朝阳区朝外街道加强“一刻钟社区服务圈”建设，实现社区服务全覆盖

★东城区天坛街道金鱼池西区社区设立蔬菜直销菜站，完善“一刻钟社区服务圈”

★社区开展便民服务日活动

★开展“魅力社区”评选活动

社区建设

SHE QU JIAN SHE

创新社会服务管理
全面推进社会建设

* 东城区体育馆路街道举办社区体育文化节，开展社区体育服务

* 西城区广内街道引进社区服务商，推进社区商业便民服务

* 朝阳区亚运村街道在社区组织开展就业服务咨询活动

* 社区组织专业队伍为老年人提供日间照料服务

* 社区文化活动丰富多彩

* 朝阳区团结湖街道积极推进社区社会保障服务，为社区老年人办理老年证

社会组织建设

SHE HUI ZU ZHI JIAN SHE

创新社会服务管理
全面推进社会建设

2011年4月15日，社会组织公益服务十大品牌评选展览举行

2011年8月10日，东城区和平里街道999“红立方”揭牌

2011年10月18日，“加强党的建设　推动社会组织服务管理创新”工作会召开

2011年9月19日，北京市区县社会组织工作现场交流会召开

市红十字会组织群众性模拟地震灾害救援演练

★市律师协会组织开展法律咨询服务活动

★第二届红十字知识电视大奖赛现场

★基层公益组织在公益周开展宣传展示活动

★市残疾人联合会举办盲人体验活动

★市红十字会999急救摩托车展示

举办全市社会工作事务所建设成果图片展

社会工作事务所在国际社工日活动现场开展服务咨询活动

2011 年 1 月 26 日，2011 年大学生社工迎新春座谈会召开

2011 年 12 月 23 日，北京市社会工作事务所迎新年座谈会召开

2011 年 10 月 25 日，面向北京社区工作者定向招考硕士研究生新闻发布会召开

2011 年 10 月 13 日，"市民劝导队"经验推广工作会召开

社工开展老年人辅导活动

社会工作事务所开展家政保姆和保安社工小组活动

社工开展康智延年小组活动

志愿者开展关爱农民工子女志愿服务活动

"爱洒无声"助聋志愿者为市民进行义务听力测试

"蓝立方"城市志愿服务站点开展志愿服务活动

房山区周口店镇志愿者举行宣誓仪式

创新社会服务管理 全面推进社会建设

★2011年4月9日，北京市社会领域创先争优活动交流推进会召开

★2011年7月5日，北京市社会领域纪念建党90周年主题党日活动举行

★2011年4月21日，北京市非公有制企业党建工作推进座谈会召开

★2011年11月22日至24日，北京市"两新"组织党组织负责人示范培训班举办

★2011年11月3日，北京市街道社会工作党委建设交流推进会暨党建工作例会召开

老党员绣党旗庆祝建党90周年

2011年1月20日，全国非公有制经济组织创先争优活动典型经验交流暨指导工作座谈会召开

2011年8月22日至26日，北京市街道党工委书记集中培训班举办

2011年8月29日至9月2日，北京市社区党组织书记示范培训班举办

2011年12月29日，北京市社会建设领域四网六库项目初验评审会召开

2011年3月30日，昌平社会建设网正式开通

2011年4月21日，密云社会建设网正式开通

创新社会服务管理
全面推进社会建设

2011 年 4 月 27 日，北京市社会领域信息化工作第一季度例会召开

2011 年 11 月 23 日，北京市社区信息化工作推进大会召开

调研指导社会领域信息化建设工作

社会领域信息化四网六库建设顺利推进

*举办心理健康疏导爱心公益行动社区专场讲座

*组织开展心理健康讲堂活动

*举办“关注心理健康　促进社会和谐”心理健康进社区活动

*社区心理服务中心举办心理健康知识讲座

*在首钢二建公司开展农民工心理疏导活动

* 市委社会工委认真学习贯彻十七届六中全会精神

* 机关举办迎新春联欢会

* 机关干部参加北京国际长走大会

* 机关干部参加市直机关乒乓球比赛

* 机关干部金秋走基层

《北京社会建设年鉴 2012》编纂委员会

《北京社会建设年鉴2012》编辑部

编 辑 说 明

一、《北京社会建设年鉴》(以下简称《年鉴》),是一部反映北京社会建设领域工作的大型资料工具书和史料文献。在《年鉴》编纂委员会领导下,由《年鉴》编辑部组织编辑。

二、本《年鉴》以邓小平理论和“三个代表”重要思想为指导,深入贯彻落实科学发展观,按照“人文北京、科技北京、绿色北京”及建设中国特色世界城市的战略要求,坚持实事求是的原则,在编纂中力求科学性、客观性。

三、本《年鉴》从2008年开始逐年编纂出版。当年出版的年鉴,力求全面记载上一年度北京社会建设发展的基本情况,真实记录北京在社会建设领域改革创新的历史进程,系统反映北京市社会各界参与社会建设事业的新情况、新特点、新进展、新成就,以服务社会、存史资政。

四、本《年鉴》采用文章和条目两种体裁。设有特载、文件、专文、重大事件、综述、大事记、理论文章与调研考察报告7个基本栏目及附录。

五、本《年鉴》收录的文章和条目,均通过各相关单位确定专人负责撰写或提供,并经单位主要负责人审核。

六、本《年鉴》收录的材料,以材料文体分别归属一级目录。

七、本《年鉴》反映2011年1月1日至12月31日期间情况(部分内容依据实际情况时限略有前后延伸),凡2011年事项,均直书月、日,不再写年份。

本《年鉴》在资料收集、整理过程中,得到了相关单位、部门的大力支持和配合,在此一并表示衷心感谢!

《北京社会建设年鉴》编辑部

2012年10月

目　　录

·特　　载·

·文　　件·

·专　　文·

·重大事件·

·综　　述·

·大 事 记·

·理论文章与调研考察报告·

·附　　录·

· 特　　载 ·

·逢　詩·

在省部级主要领导干部社会管理及其创新专题研讨班开班式上的讲话（摘录）

胡锦涛

（2011 年 2 月 19 日）

扎扎实实提高社会管理科学化水平，建设中国特色社会主义社会管理体系

加强和创新社会管理，是继续抓住和用好我国发展重要战略机遇期、推进党和国家事业的必然要求，是构建社会主义和谐社会的必然要求，是维护最广大人民根本利益的必然要求，是提高党的执政能力和巩固党的执政地位的必然要求，对实现全面建设小康社会宏伟目标、实现党和国家长治久安具有重大战略意义。

加强和创新社会管理，要高举中国特色社会主义伟大旗帜，全面贯彻党的十七大和十七届三中、四中、五中全会精神，以邓小平理论和“三个代表”重要思想为指导，深入贯彻落实科学发展观，紧紧围绕全面建设小康社会的总目标，牢牢把握最大限度激发社会活力、最大限度增加和谐因素、最大限度减少不和谐因素的总要求，以解决影响社会和谐稳定突出问题为突破口，提高社会管理科学化水平，完善党委领导、政府负责、社会协同、公众参与的社会管理格局，加强社会管理法律、体制、能力建设，维护人民群众权益，促进社会公平正义，保持社会良好秩序，建设中国特色社会主义社会管理体系，确保社会既充满活力又和谐稳定。

当前我国既处于发展的重要战略机遇期，又处于社会矛盾凸显期，社会管理领域存在的问题还不少。从总体上看，我国社会管理领域存在的问题，是我国经济社会发展水平和阶段性特征的集中反映。经过新中国成立60 多年特别是改革开放 30 多年来的建设和发展，我国经济实力和综合国力显著增强，这为我们不断满足人民日益增长的物质文化需要、解决社会管理领域存在的问题打下了重要物质基础。同时，我国仍处于并将长期处于社会主义初级阶段的基本国情没有变，人民日益增长的物质文化需要同落后的社会生产之间的矛盾这一社会主要矛盾没有变，发展中不平衡、不协调、不可持续问题依然突出，我们解决各种社会问题的物质基础还比较薄弱。解决社会管理领域存在的问题既要增强紧迫感、又要长期努力，加强实践探索和工作落实，深化认识，总结经验，把握规律，开拓创新，全面提高社会管理科学化水平。

社会管理要搞好，必须加快推进以保障和改善民生为重点的社会建设。要把保障和改善民生作为加快转变经济发展方式的根本出发点和落脚点，坚定不移走共同富裕道路，完善保障和改善民生的制度安排，加快发展各项社会事业，坚持优先发展教育，着力抓好就业这个民生之本，合理调整收入分配关系，加快推进覆盖城乡居民的社会保障体系建设，加快医疗卫生事业改革发展，加快推进住房保障体系建设，继续推进扶贫开发，发展妇女儿童事业，培育壮大老龄服务事业和产业，健全残疾人服务体系，使发展成果更好惠及全体人民。

（原载《人民日报》2011 年 2 月 20 日）

政府工作报告（摘录）

——在第十一届全国人民代表大会第五次会议上

温家宝

（2012 年 3 月 5 日）

切实保障和改善民生

实现好、维护好、发展好最广大人民的根本利益是以人为本理念的具体体现。要把保障和改善民生作为政府工作的重要任务。

千方百计扩大就业。就业是关系国家发展和人民福祉的大事。今年就业压力仍然很大，各级政府务必坚持就业优先战略，继续实施更加积极的就业政策。重点扶持就业容量大的现代服务业、创新型科技企业和小型微型企业，创造更多就业岗位。鼓励以创业带动就业。抓好高校毕业生、农民工和城镇就业困难人员就业，加强退役军人技能培训与就业安置工作。鼓励高校毕业生投身农村、基层、中西部地区建设。加强职业培训和公共就业服务工作。加快建立健全统一规范灵活的人力资源市场。积极构建和谐劳动关系，加强对劳务派遣的规范管理，开展劳动关系争议排查，加强劳动监察和调解仲裁，维护劳动者合法权益。

加快完善社会保障体系。今年年底前实现新型农村社会养老保险和城镇居民社会养老保险制度全覆盖。扩大各项社会保险覆盖面。增加企业退休人员基本养老金。加强城乡低保和社会救助工作，加快发展社会福利事业和慈善事业。加强各项社会保障制度衔接。多渠道增加社会保障基金，加强社会保险基金、社会保障基金投资监管，实现保值增值。加强社保服务能力建设，有条件的地方可对各类社保经办机构进行整合归并，有些服务可委托银行、商业保险机构代办。加快全国统一的社会保障卡发放。

大力推进医药卫生事业改革发展。加快健全全民医保体系，巩固扩大基本医保覆盖面，提高基本医疗保障水平和管理服务水平。城镇居民医保和新农合补助标准提高到每人每年 240 元。全面推开尿毒症等 8 类大病保障，将肺癌等 12 类大病纳入保障和救助试点范围。巩固完善基本药物制度，加强基层医疗卫生服务体系建设。推进公立医院改革，实行医药分开、管办分开，破除以药补医机制。鼓励引导社会资本办医，加快形成对外开放的多元办医格局。充分调动医务工作者积极性，建立和谐的医患关系。加强公共卫生服务，预防控制严重威胁群众健康的重大传染病、慢性病、职业病。加强药品安全工作。扶持和促进中医药和民族医药事业发展。

全面做好人口和计划生育工作。继续稳定低生育水平，综合治理出生人口性别比偏高问题，提高出生人口质量。加快实现计划生育优质服务全覆盖，将免费孕前优生健康检查试点范围扩大到 60% 的县（市、区）。提高农村部分计划生育家庭奖励扶助、特殊扶助标准。加强流动人口计划生育服务管理。做好妇女儿童工作，扩大农村妇女宫颈癌、乳腺癌免费检查覆盖面，提高妇女儿童发展和权益保障水平。进一步完善残疾人社会保障体系和服务体系。积极发展老龄事业，加快建设社会养老服务体系，努力让城乡老年人都老有所养，幸福安度晚年。

继续搞好房地产市场调控和保障性安居工程建设。严格执行并逐步完善抑制投机、投资性需求的政策措施，进一步巩固调控成果，促进房价合理回归。继续推进保障性安居工程建设，在确保质量的前提下，基本建成500万套，新开工700万套以上。抓紧完善保障性住房建设、分配、管理、退出等制度。采取有效措施，增加普通商品住房供给。加快建设城镇住房信息系统，改革房地产税收制度，促进房地产市场长期平稳健康发展。

加强和创新社会管理。加强社会矛盾化解、社会管理创新、公正廉洁执法。强化政府社会管理和公共服务职能。提高城乡基层群众性自治组织的自治能力。积极稳妥推进户籍管理制度改革，推动实行居住证制度，为流动人口提供更好服务。以信息共享、互联互通为重点，加快建设国家电子政务网。大力推进政务诚信、商务诚信、社会诚信建设，构建覆盖全社会的征信系统。加强和改进互联网管理，营造健康的网络环境。健全重大决策社会稳定风险评估机制和突发事件应急管理机制。实施安全发展战略，加强安全生产监管，防止重特大事故发生。深入开展打击侵犯知识产权和制售假冒伪劣商品行动。增强食品安全监管能力，提高食品安全水平。加强和改进信访工作。加强法律服务和法律援助。严密防范和依法打击违法犯罪活动，保障人民群众生命财产安全。

（原载《人民日报》2012年3月6日）

按照“建首善之区”的要求
加强和创新社会管理　全面推进社会建设

刘　淇

市委、市政府高度重视社会建设与社会管理创新工作，近年来，按照中央指示精神，积极探索、创新实践，首都社会管理与服务工作站到一个新的历史起点上。回顾近年来加强社会建设与创新社会管理实践，我们最深切的体会是：首都加强和创新社会管理，必须按照“建首善之区”的要求，高标准推进；必须以创新为动力，勇于探索，大胆实践；必须统筹协调，系统设计，分步实施；必须把加强基层基础工作作为工作的着力点，办实事，求实效。在充分肯定首都社会管理取得成绩的同时，也要看到这项工作与中央的要求、人民群众的期待，与建设中国特色世界城市的目标，还有不小差距。社会管理面临着新情况、新问题和新挑战，加强和创新社会管理的任务十分紧迫、十分艰巨。

第一，要在解决民生问题上有新突破。我们党历来高度重视民生问题。要认真学习毛泽东同志、邓小平同志、江泽民同志、胡锦涛同志关于关心群众生活、做好群众工作的重要论述，用以指导我们的工作：一是只有重视和维护群众的切身利益，才能真正得到群众的拥护；二是在工作的安排上，要分轻重缓急，把握好先后顺序，要把解决人民群众的困难摆在重要位置，毫不犹豫地采取措施，逐步加以解决；三是领导干部要牢固树立群众观点，人对人、心连心地解决群众最关心、最直接、最现实的利益问题。要把解决好民生问题作为社会管理中最重要的工作来抓，着力完善保障和改善民生的各项制度安排，大力推进基本公共服务均等化，不断提高公共服务水平，加大对困难群众的帮扶和救助力度，切实把惠民的实事办好、办妥，办到群众最需要的地方。

第二，要在建立党委政府主导的维护群众权益机制上有新突破。一是要建立健全群众权益保障机制。着力健全社情民意调查制度、法律援助制度、利益平等协商机制。一方面，要及时反映群众的诉求。另一方面，各级党委政府为群众解决了什么问题，要及时反馈告知，便于群众监督，便于督促检查，使这项工作成为党委政府改进工作、提高水平的重要抓手。二是要发挥我们国家民主政治制度的优势和作用。人大要为维护好群众权益提供制度和法治保障。政协要在履职过程中，充分反映人民群众的利益诉求。要进一步完善人大代表、政协委员联系群众的制度，加强党在社会领域的统战工作，使社会各阶层群众的利益诉求都能得到及时反映。要充分发挥基层民主制度的重要作用，切实保障人民群众的知情权、参与权、表达权和监督权。三是要发挥工青妇等人民团体和社会组织的作用。转变工作方式，加强自身改革和建设，做好服务群众的工作。

第三，要在推动社会管理精细化上有新突破。一是全面实施网格化社会管理模式。探索和完善集“人、地、物、事、组织”于一体的网格化社会管理体系，为群众提供便利化、个性化、精细化的服务。二是积极推动村庄社区化管理模式。逐步把社区服务管理方式引入村庄服务管理，完善村庄社区化管理机制，使广大郊区农村的环境和秩序不断有新的改观，使农民享受到城市化带来的实惠。三是要加强对流动人口和特殊群体管理服务。要加强和创新人口管理服务工作，合理控制人口规模，努力遏制人口无序过快增长的势头。要加强人口动态管理与服务，建立健全居住证制度，健全身份证制度，逐步建立覆盖全部人口的动态管理体系，切实提高流动人口服务管理水平。要完善特殊人群管理和服务政策，使他们更好地融入社会。四是加强对非公经济组织和社会组织的管理。要充分发挥“枢纽型”社会组织的作用，全面推动商务楼宇“五站合一”建设，推动非公经济组织和社会组织的健康有序发展。要进一步加强街道的社会工作党委建设，探索社区党组织发挥领导核心作用的有效途径，通过加强街道、社区党的建设，打牢社会管理的基础，更好地为广大居民服务。当前，要结合迎接建党90周年，深入开展创先争优活动，整合辖区党建资源，完善联建共建协调机制，落实“党员承诺制”，调动广大基层党员干部开展群众工作的积极性，广泛开展面对面、手拉手、心连心的群众工作，帮助群众解决问题，密切与广大群众的联系，树立党员的良好形象。

第四，要在提高维护社会和谐稳定的能力上有新突破。要加强社会矛盾排查调处工作，完善社会治安防控体系，健全确保安全生产的体制机制。要加强互联网管理，采取措施积极推进网站实名制、手机实名制，通过实名制的办法，进一步明确法律责任、社会责任和权责关系，进一步规范网络信息传播秩序，依法严厉打击网络非法犯罪活动，净化网络环境，推动网络健康发展。

第五，要在加强基层基础工作上有新突破。一是要打牢社会管理的思想基础。要紧紧围绕着提高市民的素质，加强社会主义核心价值观建设，加强道德建设，增强法制意识和社会诚信，培育文明新风，提高群众的科技素质、文化素质，在全社会形成懂法律、讲秩序、强责任、守诚信、重包容的文明风尚。二是要打牢基层社会管理的法制、制度基础。进一步完善流动人口、互联网、社会组织等方面社会管理的地方性法规，推进社会建设与管理的法制化、规范化建设。要结合开展“六五”普法，加强法制宣传教育，使各级党政机关依法行使职权、开展工作，使广大群众依法维护自身权益、表达利益诉求。同时，要充分发挥社会规范的作用，通过自律、他律、互律来规范市民的社会行为。三是要打牢基层社会管理的群众基础。进一步健全社区居民自治和村民自治机制，健全公众有序参与机制，丰富公众参与渠道与载体，广泛开展志愿服务活动，努力形成社会建设管理人人参与、人人共享的良好局面。四是要打牢基层社会管理的工作基础。关键是要把更多的工作精力和注意力放到基层，提高社区服务群众的能力，使广大群众平常时期能够感受到社区的服务，困难时刻能够及时得到社区的帮助。要充分发挥基层党团组织的作用，把党和政府的关心带给每一个楼门、每一个家庭、每一个人，在关心帮助和服务群众中加强社会管理，促进社会和谐。

（此文为中共北京市委书记刘淇在中共北京市委十届九次全会上的讲话摘录，标题为编者所加）

政府工作报告（摘录）

——在北京市第十三届人民代表大会第五次会议上

郭金龙

（2012年1月12日）

着力加强以保障和改善民生为重点的社会建设

深入实施社会建设规划纲要，坚持积极而为，注重从各方面利益结合点上完善政策、推进改革，切实办好惠民实事，提高发展的包容性。

实施更加积极的就业政策。坚持就业优先战略，完善城乡统一的就业促进政策体系，加强职业培训和创业扶持，提升公共就业服务水平，实现城镇新增就业36万人，帮扶城乡8.8万名就业困难群众实现就业。进一步拓宽高校毕业生就业渠道，为就业困难群体提供精细化援助，促进农村转移劳动力稳定就业，研究制定残疾人等特殊群体就业服务政策，加大对产业转型地区稳定就业的政策支持。健全劳动关系协调合作机制，大力推行劳动合同制度，促进劳动关系和谐稳定。

进一步提高社会保障水平。坚持公平和适度普惠，推进社会保障由制度全覆盖迈向人群全覆盖。做好城乡结合部50个重点村农转居劳动力参保工作，统一城镇居民医疗保险报销有关政策。继续实行社会保障相关待遇标准与物价上涨挂钩联动，稳步提高社保待遇标准。加强特困人员重大疾病救助，出台慈善事业促进办法。深入落实“九养”政策，加大养老机构建设运营补贴和居家养老助残服务扶持力度，不断提升为老服务水平。

加快发展教育、卫生事业。优先安排教育投入，市级财政安排资金291.2亿元，增长20.7%。制定中小学建设三年行动计划，实施农村学校建设等七项工程，促进义务教育均衡发展。继续推进学前教育三年行动计划，加强幼教师资培养培训，新建改扩建50所公办幼儿园，多种形式扩大学前教育资源，新增入园名额2.4万个。深化教育教学改革，抓好名师授课数字化资源建设，加强体育、艺术、科技和实践教育，提高中小学生综合素质。严格管理、规范发展校车服务，保障学生出行安全。深入推进职业教育改革试验，启动实施高等教育质量工程和创新工程第二期项目。加强对民办教育的政策引导和规范管理。落实首都教育人才中长期发展规划纲要，加快建设高素质教育人才队伍。安排市级医疗卫生支出94.4亿元，增长25.6%。制定实施2012—2015年深化医药卫生体制改革规划，推进试点公立医院管办分开、医药分开。完善区域医疗发展规划，支持开展区域医疗合作，推动卫生信息共享，出台鼓励社会办医政策。深化家庭医生式服务，完善双向转诊机制，强化社区慢病综合管理，增强基层医疗机构服务能力。加快推进基本医疗保险付费方式改革，健全医药费用控制机制，继续减轻群众基本医疗卫生服务的经济负担。加强中医药工作，开展中医重点专科基层巡诊医疗，推进国家中医药发展综合改革试验区建设。积极开展健康促进和群众体育活动，提高市民健康水平。

切实加强和创新社会管理。坚持以需求为导向、服务为重点，完成500个“六型社区”示范单位和500个农村社区服务站标准化建设，在1300多个社区开展基本公共服务全覆盖试点，全面推广网格化、村庄社区化服务管理。积极推进城乡结合部、新建小区和流动人口聚居区的社区居委会组建工作。健全市、区、街三级“枢纽型”社会组织体系，创新社会组织管理方式，建立第三方评估机制，完善政府购买社会组织服务机制，引导支持社会组织开展服务民生行动。健全商务楼宇“五站合一”工作机制。加快推进社会工作者队伍专业化职业化，完善志愿服务体系。推广社区居民会议常务会、“市民劝导队”等成功经验，提高社区自治水平。加强和改进人口服务管理，深化“以业控人、以房管人、以证管人”模式，制定促进产业业态调整的专项行动计划，总结推广新居民互助服务站等经验，做好实行居住证制度的相关工作，推进实有人口服务管理全覆盖系统建设。加强人口和计划生育工作，稳定低生育水平，提高人口素质。

（原载《北京日报》2012年1月22日）

对北京社会建设基本问题的思考

梁　伟

党的十七大以来，党中央、国务院把社会建设摆在了更加突出的位置，作出了一系列战略决策和重大部署，这为北京社会建设乘势而上、创新发展提供了难得的历史机遇。在市委市政府的高度重视下，通过不断创新体制机制、完善政策体系、夯实基层基础，全市社会服务管理水平不断提升，社会建设工作取得了显著成绩，站在了新的历史起点上。

当前，北京社会建设正处于攻坚克难、纵深发展的关键阶段，工作越走向深入，就越是绕不开一些全局性、根本性、源头性问题。加强对北京社会建设基本问题的思考，就是要弄清社会建设在中国特色社会主义“四位一体”总体格局中的定位，加强顶层设计和整体推进，准确把握社会建设的内涵和体系。这是我们研究和推进工作的逻辑起点。

一、社会建设在“四位一体”总体格局中如何定位

党的十七大提出了加强中国特色社会主义经济建设、政治建设、文化建设、社会建设“四位一体”的总体格局，把社会建设划归为独立的领域，提升到前所未有的高度来谋划和推进，这在理论和实践上都是一次重大突破。准确把握社会建设的内涵和外延，首先要确定它在总体格局中的定位，科学梳理它与其他三大建设的关系。

第一，社会建设与经济建设互为支撑。社会建设的发展一方面决定于经济建设提供的物质基础，另一方面也是支持经济增长的重要因素。民生领域作为重大投资方向，本身就是扩内需、促增长的关键所在，而由收入分配、社会保障等问题所引发的消费疲软，也成为制约经济的一大瓶颈。无论从全国还是北京的情况看，人均收入增长一直低于GDP增速，居民收入占国民收入的比重持续下降，我国13亿人口1年消费1万多亿产品，而美国3亿人口1年要消费10万多亿产品。国内一项有关储蓄目的的调查显示，对教育、医疗、养老、住房等公共服务和社会保障的忧虑是居民储蓄的主要原因，当前居民储蓄增长快于GDP增长，消费支出占居民收入的比重呈下降趋势。同时，收入差距过大也影响总体消费水平，因为一个家庭的消费率随着收入的增长在递减，只有把新增收入更多地转移到中低收入家庭，才能够拉动消费，刺激增长。从这个角度看，社会建设对于推动经济发展意义重大。

第二，社会建设与政治建设紧密关联。它们在不同的界面和层次，发挥着互补互动的作用。比如在基层群众自治和行业自治等领域，有研究指出，国家和社会之间的进退并非等值互补，社会自主性发展程度不单纯由国家退出的程度来决定，还取决于公民素质、公益观念和参与意识等。换言之，政治建设着眼于解决历史文化因素所带来的公共权力扩张和协同的问题，是对权力运行体制自身的优化。社会建设更多着眼于经济人文条件下，社会主体参与意识的增强和发展活力的培育，通过激活社会内在动力，最终建立国家与社会之间平衡互动的秩序结构。再比如安全维护方面，社会建设针对的是日常纠纷、多元诉求等社会安全问题，强调发挥社会自我平衡和消化功能，运用互助、调解、协商等方式来矫枉纠偏、定纷止争。政治建设特别是法治建设更多着眼的是政治安全稳定，主要依靠行政或司法的力量，依法、及时采取专业措施，最大限度维护公共秩序和利益。两者共同构成了社会稳控的内在分层机制，既有区别也有联系。

第三，社会建设与文化建设相互交织。如前所述，文化产业的发展作为经济增长的重要支柱，需要通过社会建设的发展来提升居民对文化产品的消费潜力。同时，文化事业本身就是社会事业的重要组成部分。如果说文化发展的产业趋向是基于文化产品的边际效应和经营性特点，满足了不同群体的多元文化需求，那么文化事业则着眼于提供基本公共文化服务，保障社会成员的文化权益，这也是文化公益性的必然要求。社会建设和文化建设都关注人文，前者侧重于个体素质的提高、文明环境的营造和社会心态的调整，后者侧重于知识载体的丰富、艺术价值的提升和产业渠道的畅通。一个着眼于通过文化的力量来促进社会发展，另一个着眼于通过社会的力量来推动文化繁荣，两者之间互为条件、互相融合。

关于社会建设在总体格局中的定位，也有学者着重从位序的角度来思考。有权威专家认为，社会建设在经济、政治、文化、社会“四位一体”中的位置应该由第四位调整到第二位。因为中国现代化的发展路径，应该首先实现经济现代化，其次实现社会现代化，之后再分步实现政治和文化现代化。这也为我们思考定位问题提供了一种思路。

二、为什么要系统设计、整体推进社会建设

加强系统和顶层设计，是社会建设发展的必经阶段和关键环节。党的十七大以来，按照中央的部署要求，北京通过成立社会建设工作领导小组、党委社会工委、政府社会办，相继出台了以《北京市加强社会建设实施纲要》《北京市社会服务管理创新行动方案》《中共北京市委关于加强和创新社会管理全面推进社会建设的意见》以及《北京市“十二五”时期社会建设规划纲要》为代表的一系列政策文件，不断推动社会服务管理创新，加强了对社会建设理念、框架、体制、路径的深入探索和整体筹划，首都社会建设气象为之一新。之所以要经历这样一个系统设计的过程，主要有三点原因：一是新形势下社会领域出现的新问题，依靠旧的思路、措施和工作体制已经不能够完全适应和有效应对；二是许多社会领域的问题关联性、衍生性较强，且在一段时间内可能持续存在；三是社会建设作为一项系统工程和长远事业，不是单凭一个领域、一股力量、一阵激情就可以完成和做好。总之，形势和任务要求我们站在工作源头和起点，多作一些有关社会建设的前瞻性、全局性思考与设计。

当前社会建设的总体形势可以用“双转”交织来概括。

第一，社会转型，即由传统社会向现代社会，由农业社会向工业社会、继而向信息社会的转型。从全国情况看，目前大体处于工业化中期发展阶段，北京处于后工业化时期。社会转型带来的主要问题有：一是伴随城市化的加快推进，人口流动性加快，市民、农民、农民工“三元”结构矛盾日益凸显。特别是北京城镇化率已突破85%，远超全国47%的平均水平，社会融合问题不容忽视。二是日益发达的网络新媒体，表现出沟通零距离、身份隐蔽性、信息可共享、平台无权威等特点，它在便利工作与生活的同时，也带来了信息安全、交易诚信、网络沉溺、恶意炒作、虚假披露等突出问题，虚拟社会对现实社会的影响日益加深，对其进行有效管理的难度不断加大。三是迈入现代社会的广大公民，权利意识、民主意识逐渐增强，但总体上依法、文明参与社会生活的能力和素质还有待提高。四是现代化生产方式使人们彻底告别自给自足的传统生活方式，市民对社会的保障、发展、服务功能有较强的依赖和较高的期待。

第二，经济转轨，即由计划经济向市场经济的深层转变，这是一个有待推进和完善的未竟事业。经济转轨带来的主要问题有：一是由过去的短缺经济到现在的公共产品供给不足。具体表现为，应当由市场主导的公共服务产品严重依赖政府，应当由政府主导的公益性服务产品还明显不足。比如北京“十二五”时期“一老一小”服务缺口较大，特别是养老床位少、儿童入园难的问题仍表现突出。二是由不患寡而患不均的平均主义到日益扩大的贫富差距。目前全国城乡收入差距达到3.3∶1、行业差距高达4.2∶1。中国87.5万名千万富翁中，有15万人居住在北京，同时全市低保人数却有22.7万人。结构失调和阶层和谐问题已成为激化社会矛盾的重要原因。三是盲目逐利和价值观异化对社会公德、职业道德、家庭美德领域都造成了新的冲击，无良商贩给人民群众生命健康带来的严重威胁、见危不救反映出的人情疏离和冷漠已经触及了社会容忍的底线。四是伴随单位制的解体和大量社会人的涌现，社会保障缺位、错位现象依然存在，社区、社会组织的载体作用还没能充分发挥，特别是社会认同度和自我运行能力还不够理想。比如发达国家每万人拥有社会组织数为30个，我国为3个、北京为4个。社会基层基础建设还没有与经济建设相同步。

“双转”交织所带来的以上八个问题，互为关联、互相渗透、较为复杂，迫切需要我们以整体性思维来剖析和应对，形成系统化认识和战略性思考，更加全面科学地设计社会建设的工作体系，将每一个问题的破解

都放入布局大盘中来统筹考虑，避免陷入头痛医头、脚痛医脚的被动局面。

三、北京社会建设的体系和重点是什么

社会建设到底抓什么、怎么抓，如何构建社会建设的“四梁八柱”，需要我们把中央要求、地方特色和群众需要紧密结合起来，积极探索和构建科学的工作体系。从中央要求看，可以概括为“6+3”的工作框架，党的十七大提出了包括就业、收入分配、社会保障、教育、医疗和社会管理在内的六项社会建设重点任务。党的十七届五中全会关于制定“十二五”规划的建议，在此基础上又加入了三项，即构建基本公共服务体系、和谐劳动关系以及人口方面的工作；从理论界的观点看，主要表现为社会发展派、社会管理派、社会结构派、社会重建派四种主张。结合当前社会领域发展出现的新形势、新问题，可以将社会建设归结为五个方面内容：一是完善社会服务。大力发展社会事业，解决基本公共服务总体供需矛盾和内部结构性矛盾，完善与人民群众新期待相适应的社会保障新体系。二是创新社会管理。应对社会风险、协调社会关系、化解社会矛盾、整治治安环境、维护公共秩序，形成统筹虚拟社会和现实社会，能够保证国家政治稳定、长治久安的社会管理与公共安全新模式。三是动员社会参与。完善社会运行体制，着力解决计划经济思维下单位办社会、行政全覆盖所带来的社会服务管理高成本、低效率的问题，建立与社会主义市场经济体制相适应、能够充分激发社会活力的新体制。四是创建社会文明。主要是营造文明有礼、遵法守法、互助友爱的社会氛围和风尚，倡导科学的生活方式，提升市民基本素养，培育健康向上的社会心态。五是构建社会和谐。针对经济转轨和社会转型过程中带来的分化、问题与矛盾，进一步优化社会结构、调整利益格局、整合价值观念、化解矛盾纠纷，维系和谐融洽的社会关系。

这五个方面在实践路径上具有一定的内在关系。从时间序列上看，应该体现次序性。当前一个阶段，从宏观形势出发，还是要优先发展社会事业，全力维护公共秩序，不断创新社会服务管理。具备了一定基础之后，应该注重创建文明环境和优化社会结构，通过激发社会活力来逐步谋求社会体制的突破。从逻辑序列来看，五个方面之中，社会服务是重点、社会管理是支撑、社会参与是基础、社会文明是保障、社会关系和谐是目标。

北京社会建设基础较好、起点较高、起步较早。国内一些权威机构的专家认为，北京不仅经济发展水平远远高于全国各主要城市，而且已经形成了现代社会的人口结构和社会结构，在某些方面甚至具有后现代社会的特征。在社会建设中，不仅要关注弱势群体的生存和发展，从一般意义上解决民生问题，还要在更高层次、更新领域中把握首都特点，找准突破方向，寻求长远建树和更高水平的发展。当前，首都发展所具有的特殊区位性和阶段性特征，决定了北京社会建设的首要任务还是保民生、保稳定、保发展，难点和瓶颈在于促进阶层和谐、协调社会关系、创建社会文明，长远建树应该放眼于改革和创新社会体制机制。按照这样的理念设计，《北京市“十二五”时期社会建设规划纲要》提出了要使社会服务更加完善、社会管理更加科学、社会动员更加广泛、社会环境更加文明、社会关系更加和谐的“五大目标”，并据此构建了具有时代特征、中国特色、首都特点的社会建设“五大体系”，即完善社会服务、创新社会管理、动员社会参与、创建社会文明、构建社会和谐。其中每一个方面都有重点着眼的方向和明确清晰的路径，需要在实践中配以具体措施，不断细化和完善。

第一，以“两推六化”加强民生保障。主要是推进社会保障、社会服务两个重点。社会保障的目的是让全体社会成员始终享有最低限度的社会“红利”，在实现路径上要体现三化。一是覆盖全员化，主要是消除保障的盲点。二是制度一体化，由于受经济条

件制约，即便是覆盖全部人群的保障制度，还呈现出碎片化的特点，比如医疗保障就是四种模式并存，城乡之间、职工与居民之间还存在断裂。所谓一体化就是要设计一种统一、公平的保障制度。三是增长同步化，要与经济发展水平相协调，社会保障标准既要跑赢 CPI，还要跑赢 GDP。当然，同步化在节奏上要尽量小步快走，因为福利增长不同于经济有峰有谷的周期性增长规律，它一定是持续上扬，否则极易引起社会的波动，西方政党的左右派就是通过在福利和经济两个问题上“较劲”，来实现政党执政轮换，社会保障小幅快涨符合经济规律和安全稳定的需要。从社会服务来看，也是要体现三化。一是布局手段便民化，二是运作方式、满足需求都要多元化，三是基本公共服务均等化。北京“一刻钟社区服务圈”、政府购买社会组织公共服务等举措的推出，就是顺应了这种发展需要。

第二，以“三个转变”创新社会管理。在管理主体上，应实现从“重行政、轻参与”向党政主导下的社会共同治理转变，健全完善“党委领导、政府负责、社会协同、公众参与”的新型社会管理格局。在管理理念上，应从社会控制和偏重维稳，向综合治理和注重服务转变，改变“重管轻理”的局面，加强源头上的治理。同时，科学地识别危机与矛盾，稳妥地采取调处措施，既不因为小事而盲目惊慌，也不因为麻痹而滋生问题，坚持做到维护稳定与维护权益的统一。在管理方式和手段上，应从重管制向重协商、从单一化向多元化转变，善于运用群众路线的方式、民主的方式、服务的方式，通过平等对话、沟通协商来解决社会问题。综合运用法律规范、经济调节、道德约束、心理疏导和舆论引导等多种手段，规范社会行为、调节利益关系、化解社会矛盾。这几个转变是我们创新社会管理要突破的最重要瓶颈。

第三，以广泛参与激发社会活力。不仅把社区、社会组织、企业、社会人作为实施服务管理的对象，更要把他们推到参与主体的位置，构建协同共治的社会运行体制。一是鼓励和支持基层群众依法自治，加强社区的功能建设，强化居民与社区联系的纽带，注重培育家园意识，给街道和社区“松绑”，减除不必要行政负担，真正还社区于居民。二是逐步推进社会组织自我管理、自主发展，推进社会工作者专业化职业化进程，完善社工带义工的联动机制，将非基本公共服务领域面向社会放开，鼓励社会组织、社工和志愿者进行承接。三是强化企业社会责任，推动它们更好地为属地、为公益、为环境、为质量承担必要的责任。动员社会参与的过程。也是转变政府职能，建立“小政府、大社会”的过程。它不仅意味着政府与社会之间领地的进退、功能的让渡，还标示着权利义务的赋予和社会活力的培育。

第四，以内涵式发展创建社会文明。主要应从氛围、风尚、心态、素养几个方面着力。一是要营造遵法守法、互助友爱的社会氛围。加大普法宣传的力度、增强群众的法律意识，通过惩恶扬善来积蓄道德的力量，弘扬助人自助的社工精神和志愿精神，以制度化手段来保存社会的良心。二是要推崇文明有礼的社会风尚。引导理想信念、建设公民道德、建立诚信体系，推进群众性精神文明创建活动。三是要培育健康向上的社会心态。加强心理服务和人文关怀，有效疏导和化解不同群体经济生活中的心理失衡、政治生活中的心理焦虑、文化生活中的心理空虚、社会生活中的心理冷漠等问题，促进市民身心和谐。四是提高市民素养。注重知识的传习、科学的普及、文化的体现和社会责任心的培养。这些方面抓到位，才真正称得上内涵式发展。

第五，以理顺关系增进社会和谐。有三个方面的着力点，首先是优化社会结构，不仅要着眼于改善贫富关系和收入差距，单纯期望建立一个以中产阶层为主体的橄榄型社会，也要不断改善城乡、职业、户籍和教育结构；其次应致力增进阶层和谐，既要促进不同社会群体利益上的共赢、观念上的共识、行动上的协同，有效增强社会的聚合度与向心力，还要维护阶层间均等的发展机会和通畅的流动渠道，保证社会肌体自身的活力与健康；最后应该切实加强机制保障，着眼于做好新形势下群众工作，健全和完善利益协调机制、诉求表达机制、矛盾调处机制、风险评估机制和和谐创建机制，最大限度增加和谐因素，最大限度减少不和谐因素。

站在新的历史起点上思考和谋划北京社会建设，加深对其中基本问题的研究探讨愈显重要而紧迫。当前首都社会建设依然处于大有可为、大有作为的重要战略机遇期，只要我们在健全科学体系、找准目标定位的同时，加强工作系统设计和重点攻坚，不断加大改革创新和推进落实的力度，“十二五”时期北京社会建设一定会取得更大更新的成绩，继续走在全国前列。

（此文为中共北京市委常委梁伟2011年度调研报告）

社会组织的建设和发展是社会建设的重要组成部分

丁向阳

近年来，按照中央精神，市委、市政府对社会建设高度重视，刘淇书记、郭金龙市长亲自抓，先后成立了市委社会工委、市社会办和市社会建设工作领导小组，各区县也成立了相应机构。在市委、市政府的正确领导下，社会工委、社会办及有关职能部门做了大量卓有成效的工作，应该值得充分肯定。但也要看到，这是一项探索性较强的工作，发达国家的做法只能参考，我们自己还没有现成的经验，因此，只能“摸着石头过河”，不断探索前行。

一、社会组织的建设和发展是社会建设的重要组成部分

我们关注这一问题的最初，或者说最直接的考虑是感到由于多种原因，社会组织在审批过程中时间长、“跑”的“门口”多，这是在设立环节反映出来的问题。随着工作的深入，逐渐感到我市社会组织虽然在改革发展中取得了很大成效，但同时也存在一些其他问题和难点。第一，党建工作薄弱，在社会领域，特别是在社会组织层面，这是一个比较突出的问题。第二，政府在转变职能的过程中还缺乏，或者说缺少社会组织有效的、高质量的服务。大家知道，国外都是“小政府、大社会”，“大社会”的主体是谁？主要是社会组织。这也是我们社会建设和发展的主要力量。在我国香港地区和一些发达国家，政府基本上不直接从事公共服务的具体事务性工作，只要财政给预算，政府更多的是“花钱买服务”，由社会组织去做，而不是政府直接去做。我们现在不是这样，政府的机关干部还要直接操办一些具体的公共服务事项，可又不是这方面的行家，更不是专家，办起来就有困难，但也得去办，为什么啊？因为社会组织力量不足。据统计，北京市目前每万人拥有的正式登记的社会组织数大约是4个多一点，上海、深圳这一指标大约是6—8个（可能还要多一点），而发达国家都是每万人拥有几十个，甚至上百个社会组织，所以要看到我市的社会组织数量现在还太少。第三，目前我市社会组织整体上还太弱、太散、太小，还难以承担日益增长的公共服务需求，所以市委、市政府准备通过“枢纽型”社会组织这种办法来推动全市社会组织的整体建设与发展。我理解得不一定对，实际上与其说是“枢纽型”社会组织，不如说是社会组织“枢纽”，第一批也好、第二批

也好，都是社会组织的“枢纽”，这么理解可能就更清楚了，大概就是这个意思。也可以从另外一个角度理解，“枢纽型”组织就类似于你这个领域的“行业协会”，比如服装协会、钢铁协会、煤炭协会等，无外乎会员主体不同，行业协会的会员以企业为主，“枢纽型”组织的“会员”以协会、学会等社会组织为主。但二者在功能上有相似性，都是把大家凝聚起来，支持大家开展工作，帮助大家解决共性问题。所以我更愿意听到大家在发言中讲如何采取措施帮助“你”那个领域那些小而散的社会组织，帮助它们审批、发展、完善、提高，同时履行好政府赋予的有关监督职责，我想这是“枢纽型”组织应该做的。这是我同大家探讨的第一个问题。

二、北京在构建“枢纽型”社会组织工作体系上作了积极探索

近年来我们在社会组织发展的总体思路和模式上提出了四句话：“一口审批、分类规范、政府监督、扶持发展。”而且在实践中分别作了探索。

“一口审批”要解决的是，目前社会组织在设立环节“跑”的部门太多，有的是根本就没有对应部门（比如一些新型社会组织），有的是这些部门不愿做你的业务主管单位，所以造成一些申办方找不到业务主管单位，也就不能进行前期业务审查，而按照民政部的文件要求又必须得有一个“婆婆”，上哪儿找啊，找不着，所以造成一些社会组织无法正式登记。现在有了“枢纽型”组织，作为你这个领域社会组织的“行业协会”，对那些新的要成立的、没有“婆婆”或者还找不到“婆婆”的社会组织，你就要承担起责任，不然这些组织“找不到门”，而且也批不了。所以这是“枢纽型”社会组织的一项任务。

“分类规范”就是按照业务类别，把全市社会组织分成30类或50类，然后政府通过“枢纽型”社会组织这个平台去管理和联系。但在工作开展过程中，要逐步通过“预算制”来解决一些根本性的问题，通过稳定的预算，使购买服务形成常态化的工作机制，这样才能更好地，也是从根本上促进社会组织发展，否则很多工作难以持久。即便是志愿者或志愿者协会开展工作也是要有条件的，比如车马费、误餐费等总得有一些。在这项工作中，政府要“给”，“枢纽型”组织要提出需求。去年市、区两级财政大约拿出一个亿来购买社会组织服务，今年能不能拿出两个亿？这样才能促进发展。让社会组织提供服务并逐渐规范，政府总得要有投入，而且要认识到收效要比投入大得多。比如，刚才在发言中提到的红十字蓝天救援队到南方为灾区探测水源，就是一个很好的例子，替政府解决了很大问题；另外，北京近几年也常常发生“驴友”在山区迷路、失踪的情况，一出现这种情况，当事人就给政府打电话，市政府应急办值班室就得紧急组织力量上山去救援，我说这些事政府也该干，也不该干，如果有一批蓝天救援队这样的社会组织，政府给予一定的经费支持，它们就可以很好地承担起这些工作，而且干得很专业，政府部门就可以集中精力把该干的事情干得更好，这就是“大社会、小政府”。社会组织发展起来了，政府的担子相对就减轻了。

“政府监督”目前要解决的突出问题就是要改变在社会组织管理上“重审批、轻监管”的状态，要把这个思路“掉”过来。对此，有关部门要进一步转变观念，要正确认识社会组织的发展规律，建立真正的优胜劣汰机制。打一个不太恰当的比方，小禾苗刚长起来的时候和杂草是分不清的，让它们长吧，长到一定程度，是草就掐掉，是苗就留下，但不能因为“良莠不分”就一并扼杀它们成长的机会。社会组织也是一样，到一定程度就得优胜劣汰、有生有死，要有选择地发展。

“扶持发展”就是要采取多种措施，营造社会组织的良好发展环境，促进其做大做强。北京发展到现在，我们的社会组织应该

有一大批好的品牌出现。如果哪一天，联合国协调国际救援组织到非洲去救援，一下把北京的某一个社会组织调走了，而且我们还有类似的一批组织作为“预备队”，到那个时候，我觉得北京的社会组织就发展起来了。如果连我和梁伟同志都不知道北京的社会组织中有哪些品牌、哪些为社会作的贡献大、谁应该而且值得重点扶持，就说明我市社会组织整体上还太小、太弱，发育还很不够。

（此文为北京市副市长丁向阳在2011年北京市“枢纽型”社会组织工作座谈会上的讲话，题目为编者所加）

·文　　件·

·村 文·

中共北京市委关于加强和创新社会管理全面推进社会建设的意见

为深入贯彻落实科学发展观，全面贯彻落实党的十七大和十七届三中、四中、五中全会精神，按照党中央要求，结合本市实际，现就加强和创新社会管理，全面推进社会建设提出如下意见。

一、加强和创新社会管理，全面推进社会建设的总体要求

社会管理是中国特色社会主义事业总体布局中社会建设的重要组成部分。加强和创新社会管理是推动中国特色社会主义社会管理体系自我完善和发展的重要任务。面对新形势新要求，必须进一步提高思想认识，明确目标任务，在新的更高起点上，进一步加强和创新社会管理，全面推进首都社会建设。

（一）提高思想认识。加强和创新社会管理，全面推进社会建设，是继续抓住和用好我国发展重要战略机遇期、推进党和国家事业发展的必然要求，是构建社会主义和谐社会的必然要求，是维护最广大人民群众根本利益的必然要求，是提高党的执政能力和巩固党的执政地位的必然要求。加强和创新社会管理，全面推进社会建设，是推动首都科学发展、促进社会和谐的重大战略任务，是加快实施“人文北京、科技北京、绿色北京”战略、建设中国特色世界城市的重大战略举措。

多年来，特别是党的十七大以来，全市社会建设取得明显成效。社会管理体制改革走在全国前列，初步形成比较完善的工作网络和政策体系框架；社会保障制度率先实现城乡一体化，民生得到切实保障和改善；社会公共服务体系建设取得显著进展，人民群众生活水平不断提高；社会广泛参与赢得世人瞩目，奥运志愿服务积累成功经验，群防群治取得显著效果；和谐社会建设取得明显成效，共建共享局面初步形成；社会领域党建工作体系初步形成，党组织和党的工作覆盖面不断扩大。经过多年的努力，本市社会建设站在了新的历史起点上。与此同时，也要清醒地认识到，本市社会建设工作距离中央的要求和人民群众的期待还有不小差距。随着经济体制的深刻变革、社会结构的深刻变动、利益格局的深刻调整、思想观念的深刻变化，加强和创新社会管理，全面推进社会建设，任务繁重、意义深远。

（二）把握指导思想。高举中国特色社会主义伟大旗帜，以邓小平理论和“三个代表”重要思想为指导，深入贯彻落实科学发展观，认真贯彻落实党中央关于加强社会建设的一系列指示精神，紧紧围绕全面建设小康社会总目标，牢牢把握最大限度激发社会活力、最大限度增加和谐因素、最大限度减少不和谐因素的总要求，适应建设中国特色世界城市的新形势，顺应广大人民群众过上更好生活的新期待，以解决关乎人民群众切身利益与影响社会和谐的突出问题为突破口，以完善社会服务为重点，以创新社会管理为动力，以动员社会参与为基础，以优化社会环境为保障，以构建社会和谐为目标，建设中国特色社会主义社会管理体系，开创具有时代特征、中国特色、首都特点的社会建设新局面，为加快建设“人文北京、科技北京、绿色北京”作出新的更大贡献。

（三）遵循基本原则。第一，坚持以人为本、服务为先。把完善服务、让群众满意作为出发点和落脚点，寓管理于服务之中，

在改进服务中加强社会管理，促进普惠公平，让社会建设成果惠及广大人民群众。第二，坚持依法办事、发扬民主。把严格依法办事、充分发扬民主作为基本要求，加快推进社会建设立法工作，依法调整社会关系、规范社会行为，使社会服务管理有法可依、有法必依。充分运用民主方式、群众工作方式、说服教育方式研究解决问题，努力通过平等沟通、协商、协调、引导等办法化解社会矛盾。第三，坚持改革创新、完善制度。把体制创新、制度建设作为根本动力和基本保障，着力解决基础性、普遍性、根本性问题，不断创新体制机制、方式方法，不断推动规范化、法制化、制度化建设。第四，坚持统筹协调、整体推进。把综合协调、全面推进作为基本工作方法，坚持统筹协调，科学规划、系统设计、由点到面、整体推进社会建设；坚持统筹兼顾，正确反映和协调各个方面、各个层次、各个阶段的利益诉求；坚持综合施策，综合运用法律法规、经济调节、行政管理、道德约束、心理疏导、舆论引导等手段，加强和创新社会服务管理。第五，坚持广泛动员、共建共享。把社会协同、公众参与作为基本着力点，进一步激发全社会创造活力，鼓励和支持社会各界参与社会服务管理，动员和引导社会成员积极参与社会建设，努力形成共建共享的良好局面。

（四）明确发展目标。按照建首善、创一流的要求，加强和创新社会管理，使北京社会建设始终走在全国前列。今后五年要努力实现以下主要目标：

——社会服务更加完善。基本公共服务水平居全国前列并达到中等发达国家水平。人人享有社会保障、享受基本公共服务，城乡基本公共服务均等化程度明显提高，积极促进充分就业，五年提供100万套保障性住房，城乡居民年均收入增长8%，居民平均预期寿命接近82岁，文化教育继续保持全国领先地位，不断增强人民群众幸福感。

——社会管理更加科学。突出人文关怀，创新方式方法，进一步健全社会管理体制。坚持依法办事，充分发扬民主，充分运用科技创新成果，基本实现社会服务管理网格化、社区建设规范化、村庄管理社区化，基本形成社会组织“枢纽型”工作体系，基本实现各类人群服务管理全覆盖。

——社会动员更加广泛。完善基层民主自治，激发社会组织活力，强化各类经济组织的社会责任，加快推进社会工作专业化职业化，完善志愿服务长效机制，健全社会协同机制，拓宽公众参与渠道，使社会创造活力竞相迸发。

——社会环境更加文明。加强社会主义核心价值体系建设，加强社会主义道德建设，深入开展法制宣传教育，积极倡导“做文明有礼的北京人”，形成文明有礼、守法诚信、崇尚科学、积极向上的社会风尚，营造服务优质、秩序优良、环境优美的社会氛围，创建生产安全、生活安宁、社会安定的社会环境。

——社会关系更加和谐。完善群众利益协调机制、群众权益保障机制、社会矛盾调处机制、社会稳定风险评估机制，做好新形势下群众工作，不断促进人际关系、群体关系、劳动关系、邻里关系、家庭关系和谐，切实维护社会稳定。

二、着力完善社会管理格局

紧密结合本市实际，不断创新体制机制，进一步完善党委领导、政府负责、社会协同、公众参与的社会管理格局。

（五）加强党的领导。各级党委要把社会建设工作摆在更加突出位置，经常分析社会建设形势，科学制定社会服务管理政策，支持政府履行公共服务和社会管理职能，引导社会各方积极参与社会建设，充分发挥基层党组织和党员服务群众、凝聚人心的作用，全面加强和改进新形势下群众工作，调动一切积极力量参与社会服务管理。进一步发挥社会建设工作领导小组统筹协调作用，全面推进各项工作开展。

（六）强化政府职责。各级政府要按照转变职能、理顺关系、优化结构、提高效能、依法行政的要求，健全职责体系，完善工作职能，加快推进法治政府和服务型政府建设，依法加强社会管理，有效提供基本公共服务。坚持科学决策、民主决策，完善政策法规，依法高效履行职责。充分发挥政府主导作用，动员组织社会力量有序参与社会服务管理。充分发挥各职能部门作用，形成各负其责又相互配合的工作机制，确保工作运转协调、运行高效。不断深化街道（乡镇）管理体制改革，推动街道（乡镇）把工作重心转移到社会管理和公共服务上来。

（七）推动社会协同。在党和政府领导下，注重发挥各类社会组织、各类经济组织、基层自治组织等社会力量的积极协同作用，共同做好社会服务管理工作。进一步发挥工青妇等人民团体的职能，做好组织群众、引导群众、服务群众、维护群众合法权益工作；充分发挥“枢纽型”社会组织桥梁纽带、业务龙头、服务管理平台作用，协助党和政府做好社会服务管理工作；充分发挥行业协会等社会组织的专业优势，有效承接政府转移和委托的社会服务管理项目；充分发挥社区居委会、村民委员会自治功能，实现基层民主自治与政府行政管理的有机结合；充分发挥首都高校和科研单位优势，着力研究社会建设重大理论和现实问题。

（八）动员公众参与。扩大基层民主，扩大公民有序政治参与，依法保障群众知情权、参与权、表达权、监督权，动员组织群众依法理性有序参与社会服务管理，积极探索群众参与社会服务管理的有效途径，支持、推动居（村）民依法实现自我管理、自我服务、自我教育、自我监督。进一步巩固发展北京奥运会和庆祝新中国成立60周年志愿服务、群防群治成果，充分调动社会公众的积极性和主动性，依法有序参与社会事务，努力形成社会服务管理人人参与、社会建设成果人人共享的良好局面。

三、着力在创新服务中加强社会管理

正确认识基本国情、市情和社会主要矛盾，以保障和改善民生为重点加强社会建设，不断实现好、维护好、发展好最广大人民群众的根本利益，切实做到服务到位、管理有力度。

（九）进一步提升社会公共服务水平。按照政府保障基本需求、市场提供多样化选择的原则，大力推进基本公共服务均等化。创新公共服务提供方式，完善政府购买公共服务政策，推进非基本公共服务市场化改革，形成政府主导、社会组织和企事业单位广泛参与的公共服务提供机制。探索多种有效方式，吸引社会资源和社会资金投入公共服务领域。积极扶持社会企业发展，大力发展社会服务业。在试点基础上，不断扩大“一刻钟社区服务圈”覆盖面。进一步整合资源，加大投入和保障力度，“十二五”时期，基本实现社区基本公共服务全覆盖。

（十）努力实现社会保障人群全覆盖。坚持积极的就业政策导向，不断完善公共就业服务网络，建立健全城乡统一的就业管理制度，加大就业培训力度，构建城乡一体化充分就业格局。合理调整收入分配制度，缩小城乡、区域、行业收入差别，使人民生活水平不断提升。按照广覆盖、保基本、多层次、可持续的原则，逐步打破户籍、地域、身份界限，构建“职工＋居民”的社会保障体系，实现社会保障人群全面覆盖、水平不断提高。加大保障性安居工程建设力度，着力解决保障性住房供应不足的问题。

（十一）大力发展社会事业。坚持优先发展教育，在更高水平上促进和维护教育公平，加快推进义务教育均衡发展，努力满足适龄儿童入园需求，注重发展特殊教育，结合产业需求发展现代职业教育，着力推进首都高等教育内涵式发展。完善公共文化服务体系，不断满足广大群众日益增长的多样化、多层次精神文化需求。加强重大传染病预防控制，完善突发公共卫生事件应急机制，健全覆盖城乡的急救网络，完善社区卫生服务体系，推进基本公共卫生服务全覆盖。健全公共体育服务体系，推广“体育生活化”理念，完善基层体育设施，推进学校体育场地设施向社会开放，倡导市民做“健康北京人”。

（十二）完善社会福利体系。树立“大民政”理念，完善政策，整合资源，建立财政投入、社会投资和慈善捐赠等多元保障机制。以养老、助残、救孤、济困为重点，逐步拓展社会福利保障范围，逐步提高市民福利水平，构建适度普惠型社会福利体系。健全以最低生活保障制度为基础、专项救助相配套、临时应急救助和社会互助为补充的城乡社会救助体系。加快培育慈善组织，拓展慈善募捐渠道，逐步形成方便快捷、公开透明的慈善捐助体系。

四、着力实现各类人群服务管理全覆盖

不断提高各类人群服务管理精细化、信息化、科学化水平，努力做到社会服务管理城乡一体、各类人群全面覆盖。

（十三）加强和改进人口管理。坚持以业控人、以房管人、以证管人，努力遏制人口无序过快增长，合理控制人口规模，努力形成与首都可持续发展和城市功能相适应的人口发展和管理格局。持续深入推进经济结构调整，促进产业发展方式从依靠劳动力数量增加向更多依靠劳动生产率提高转变。统筹区域协调发展，有序疏解中心城区人口，引导人口向新城和周边区域合理分布。严格户籍准入政策和指标调控，优先引进符合首都发展需要的高层次人才。建立重大政策、重大项目和公共资源配置人口评估机制，加快建立人口安全预警机制，确保首都人口发展符合调控目标要求。落实人口总量调控区县属地责任，建立市级统筹、部门分管、属地负责的人口服务管理机制。

（十四）创新流动人口服务管理。加强实有人口动态管理，逐步完善居住证、居民身份证制度，建立全市联网、部门联动、覆盖城乡的全员人口统筹管理信息系统。健全人口服务管理区域协作机制，做好流动人口双向服务管理。按照来有登记、走有核销的要求，加强流动人口、人户分离基础信息采集，完善流动人口综合管理信息平台建设，提高流动人口服务管理信息化和精细化水平。加强和改进来京务工人员服务管理工作，努力解决社会保障、子女入学、医疗卫生等方面存在的突出问题。总结推广“新居民互助服务站”经验，建立健全青年流动人口服务管理机制，完善出租房屋集中管理等模式。通过建设国际化社区等方式，做好长期在京居住的外籍人员服务管理工作。

（十五）完善各类人群服务管理。严格执行党和国家的民族宗教政策，不断加强和完善民族宗教工作，促进各民族大团结、不同宗教信仰群众和谐相处。积极应对人口老龄化，完善居家养老（助残）“九养”政策，构建以居家养老为基础、社区服务为依托、机构养老为支撑的养老服务体系。加快残疾人事业发展，健全覆盖城乡全体残疾人的社会保障和服务体系。加强和创新特定人群服务管理，加强社会闲散人员、有不良行为青少年服务管理，做好教育、帮扶、矫治等工作；充分发挥区县“阳光中途之家”作用，完善社区矫正和安置帮教工作机制，加强对刑释解教和社区服刑人员的服务管理；建立健全精神疾病患者服务管理制度，使之及时得到救助、治疗和康复；加强流浪乞讨人员救助，使其回归正常社会生活。

（十六）构建网格化社会服务管理体系。加快推进社会服务管理创新综合试点和专项试点工作，科学划分网格，合理配备力量，运用互联网、物联网、云计算等现代信息技术，畅通信息发现报告渠道，健全监督考评体系，搭建社会服务管理信息化平台，建设社会服务管理综合信息系统，完善集人、地、

物、事、组织于一体的网格化社会服务管理模式。制定并试行网格化社会服务管理工作指导意见，构建区（县）、街道（乡镇）、社区（村）三级网络体系，基本实现网格化社会服务管理全覆盖。

五、着力夯实社区服务管理基础

切实打牢基层社会服务管理的根基，加强和创新社区服务管理，基本实现社区建设规范化、村庄管理社区化，逐步实现城乡社区服务管理一体化。

（十七）完善社区服务管理格局。进一步完善社区党组织、社区居委会、社区服务站职能，充分发挥社区党组织的领导核心作用，发挥社区居委会的民主自治功能，发挥社区服务站承接政府公共服务的职能，构建社区党建、社区自治、社区服务“三位一体”的工作格局，形成以社区党组织为领导核心、以社区居委会为主体、以社区服务站为依托、以社区社会组织为补充、驻社区单位和组织协同配合、社区居民广泛参与的现代社区治理结构和新型社区服务管理体系，推动和谐社区建设。

（十八）深入推进居（村）民自治。认真落实居民委员会组织法、村民委员会组织法，不断完善社区（村）党组织领导下的社区居（村）民委员会组织体系和运行机制，健全和落实以民主选举、民主决策、民主管理、民主监督为主要内容的民主自治制度。深化社区（村）民主自治，规范社区（村）重大事务民主议事规则，健全社区居（村）民会议及居（村）民代表会议、议事协商会议、民主听证、居（村）务公开制度。在试点基础上，逐步推广社区居民会议常务会模式，逐步推进村务监督委员会建设工作。加强业主大会建设，强化社区居委会对业主大会工作的指导和监督，引导业主大会依法规范运行。

（十九）构建社区综合服务管理平台。以居民需求为导向，整合社区管理职能和基本公共服务资源，健全社区综合服务管理平台。以社区服务中心、社区服务站为依托，规范基层专业服务机构，有效承接社区基本公共服务。鼓励和引导驻区机关、企事业单位向社区居民开放其内部服务设施，引导和支持社会组织、经济组织参与社区服务管理。不断加强社区服务管理综合信息系统建设。

（二十）扎实推进社区规范化建设和村庄社区化管理。围绕社区服务站建设、社区工作职能、社区运行机制、社区工作者管理、社区志愿服务、社区基础设施配置和社区经费投入等内容，全面推进社区规范化建设。“十二五”时期，城市社区建设基本实现规范化。以基础设施建设为突破口，推进社区规范化建设向老旧小区、新建小区、城乡结合部社区和农村社区延伸，逐步实现城乡社区建设一体化。总结推广村庄社区化管理经验，加快推进村庄社区化管理步伐，健全村庄社区化服务管理体系。

六、着力创新各类社会组织和经济组织服务管理

不断加强和创新各类社会组织、经济组织服务管理，积极动员各类社会组织、经济组织参与社会建设，不断激发社会创造活力。

（二十一）构建社会组织“枢纽型”工作体系。健全市、区（县）、街道（乡镇）三级社会组织“枢纽型”工作网络，基本实现社会组织服务管理全覆盖，把各类社会组织纳入党和政府主导的社会组织工作体系。按照有领导责任制、有职能部门、有工作制度、有党组织和党的工作广泛覆盖、有管理和服务体系广泛覆盖、有业务和活动品牌项目的要求，完善以人民团体为骨干的“枢纽型”社会组织工作体系和运行机制。

（二十二）加快推进社会组织健康有序发展。完善社会组织扶持政策，大力培育和发展服务民生的公益组织、符合产业导向的行业组织、参与基层社会建设的社区社会组织、促进社会和谐的新型社会组织。加强社

会组织孵化基地建设，努力培育一批有影响力的社会公益组织，打造一批示范性强的公益服务项目和便民服务品牌。建立健全社会组织人才引进、社会保障、职称评定等制度，开展多层次、多类别的业务培训，加快推进从业人员专业化职业化进程。加快推进社会组织规范化建设，加强和完善社会组织自律，完善法人治理结构和内部管理制度，建立健全现代社会组织制度。加强与全国性社会组织、行业协会和国际社会组织的联系、交流与合作。依法加强境外非政府组织在京活动的管理。

（二十三）积极推进社会组织管理改革。按照有关法律法规要求，积极稳妥地推进工商经济类、公益慈善类、社会福利类、社会服务类社会组织直接登记。完善备案管理制度，逐步扩大社会组织备案管理范围。按照政社分开、管办分离的原则，加快推进各类社会组织与行政主管部门在机构、人员、资产、财务等方面彻底分开，逐步实现自我管理、自主发展。健全政府引导、社会参与、第三方独立运作的社会组织考核评估制度，加强对社会组织依法监管，完善社会组织退出机制。

（二十四）推动企业构建和谐劳动关系。充分发挥各类企业在社会服务管理中的积极作用。引导企业依法实行劳动合同和集体合同制度，建立健全工资集体平等协商、正常增长、支付保障机制。积极稳妥解决劳动争议，逐步构建党委领导、政府主导、工会牵头、多方联动、重在调解、促进和谐的劳动争议社会化调解格局。注重发挥行业协会、商会的作用，建立各类经济组织与员工利益共享机制。健全劳动关系预警、劳动争议协商解决机制，维护员工合法权益和企业安全稳定，构建和谐劳动关系。

（二十五）强化企业服务管理员工的社会责任。积极支持各类经济组织加快发展，指导和帮助各类经济组织完善内部治理结构，建立健全规章制度，依法规范企业管理行为。着力强化企业服务管理员工的社会责任，不断改善员工工作环境和生活条件，切实加强人文关怀，注重提高员工素质，维护员工合法权益。推动在非公有制经济组织建立健全党组织、群众组织，探索党组织、群众组织在非公有制经济组织开展工作和发挥作用的有效途径。

七、着力提高信息网络服务管理水平

坚持积极利用、科学发展、依法管理、确保安全的方针，形成法律规范、行政监管、行业自律、技术保障、公众监督、社会教育相结合的互联网服务管理体系，在进一步加强和完善传统媒体管理的同时，加强和完善互联网等新媒体服务管理。

（二十六）促进互联网新媒体发展。进一步整合资源，积极推动互联网新媒体发展和“三网融合”。积极为中央媒体网站做好服务工作。加强市属媒体网站建设，在新闻发布、信息采集、产业政策等方面给予必要扶持；推动千龙网体制机制创新，打造具有全球影响力的新闻网站。加强首都之窗等政府网站建设，鼓励街道、社区开辟服务型网站，提高服务管理水平。发挥地区商业网站积极作用，促进互联网健康发展。

（二十七）完善网上公共文化服务。加强对网民心理和需求研究，利用博客、微博、论坛等开办功能实用、服务便捷的专业频道，丰富网上文化内容，提供优质信息服务。加大投入力度，推进公益性上网向社区和农村延伸，采取政府购买、项目资助等方式，鼓励和引导网络文化单位开展网上公共服务。推进社区工作者上网服务工程，充分运用网络开展社区工作。

（二十八）加强网上正面宣传引导。积极开展网上舆论引导，为推动科学发展、促进社会和谐营造良好的网络氛围。以建立全市网络发言人工作制度为契机，完善网上舆论引导机制。进一步提高各级党委、政府和领导干部运用新媒体与公众沟通的能力，准确掌握网上舆情，及时发布权威信息，正确引导网上舆论，有效掌握主动权，努力营造良好的网上舆论环境。

（二十九）依法加强互联网新媒体管理。健全党委政府加强领导、专业部门担当主力、职能部门分工负责、社会力量共同参与的互联网管理体制。坚持依法管网，落实谁经营谁负责、谁接入谁负责、谁主管谁负责、谁审批谁监管责任制。研究制订试行办法，逐步推进网站实名制、手机实名制，维护网络信息安全流动。加强网络诚信体系建设，落实电信运营企业和用户法律责任，促进互联网业界行业自律，引导网民诚信守法。加强举报热线、网站自律专员等机制建设，构建文明办网、文明上网长效机制。规范网络信息传播秩序，依法治理网络虚假、色情、诈骗等不良信息，打击违法犯罪，净化网络环境。

八、着力加强公共安全服务管理

围绕提高预知、预警、预防、应急处置能力，推动建立主动防控和应急处置相结合、传统方法和现代手段相结合的公共安全体系。

（三十）健全食品药品安全监管机制。完善食品药品安全标准，严格市场准入。建立健全食品药品质量追溯制度，形成来源可追溯、去向可查证、责任可追究的安全责任链。完善动态监测和处置机制，健全食品药品安全应急体系，强化快速通报和迅速反应机制，及时处置食品药品突发公共安全事件，坚决打击违法犯罪行为。健全食品安全管理综合协调机制，完善食品安全监管体系，落实食品安全管理责任制，提高公众食品安全意识，形成政府、企业、行业组织、消费者和媒体共同参与的监管工作格局。

（三十一）健全安全生产监管机制。完善安全生产法律法规政策标准、技术服务、预警预测、应急处置和救援、社会监督、宣传教育和培训体系建设。改善安全生产设施和装备，深化安全生产专项治理，落实企业安全生产主体责任，严格安全生产目标考核与责任追究。健全以预防为主的安全生产长效机制，完善安全生产综合监管、行业监管、属地监管责任体系，严厉打击非法违法生产经营建设行为。充分发挥工会、行业协会等社会组织的作用，加强对安全生产的监督。推进安全社区建设，加强居家安全宣传、教育、服务和管理，努力防止居家安全事故发生。

（三十二）完善社会治安防控体系。以社会化、信息化、网络化为重点，健全点线面结合、网上网下结合、人防物防技防结合、打防管控结合的立体化治安防控体系。加强重点地区、重点场所社会治安综合治理，严密防范和依法打击各种违法犯罪活动。坚持专群结合、群防群治，夯实基层基础工作，加强基层综治维稳力量建设，发挥街道（乡镇）综治维稳中心平台作用。深入推进“平安北京”建设，维护良好的社会治安环境。

（三十三）完善应急防灾管理机制。健全各级应急管理和防灾减灾机构，形成科学完善的公共突发事件和灾害应急管理体制机制。以各级应急管理和防灾减灾主管部门为主导，健全各级政府及有关部门、基层组织、企事业单位、社会团体和志愿者应急联动机制。统筹全市资源，提高公共突发事件和灾害预警能力。普及应急管理、防灾减灾、预防避险等知识，加强各级干部处置公共突发事件、应急救灾培训，组织开展群众性应急演练，加大城市防灾技术研发力度，提高全社会处置公共突发事件能力、防灾减灾能力、应急管理能力、危机管理能力。

九、着力创建社会文明环境

把提高公民文明素质作为加强和创新社会管理，全面推进社会建设的基础性工程来抓，努力创建社会文明环境。

（三十四）加强思想道德建设。广泛开展社会主义核心价值体系教育实践活动，引导广大干部群众树立正确的世界观、人生观、价值观，巩固党和人民群众团结奋斗的思想基础。巩固和发展“北京奥运精神”成果，总结提炼“北京精神”，凝聚社会力量，共同建设“人文北京、科技北京、绿色北京”。深入开展“做文明有礼的北京人”主题宣传实践活动，推进公共文明引导工程，深化群众性精神文明创建活动。加强社会公德、职业道德、家庭美德、个人品德建设，开展道德模范评选表彰活动，引导人们自觉履行法定义务、社会责任、家庭责任。坚持正确舆论导向，加强公共传媒在思想道德建设中的正面引导作用。

（三十五）营造学法遵法守法用法的社会氛围。大力加强中国特色社会主义法律体系学习宣传，深入开展“六五”法制宣传教育，不断强化社会主义法治理念。继续开展“法律进机关、进社区、进乡村、进学校、进企业、进单位”主题实践活动。推进依法行政，加强行政监督和问责，完善行政复议制度，规范行政权力运行。不断提升全社会法律意识，着力提高各级领导干部依法行政水平，切实增强广大群众知法、懂法、守法、用法的自觉性。

（三十六）加快推进社会诚信体系建设。建立健全社会诚信法律法规和行为规范，不断完善符合国情和市情的社会信用管理制度。加强对社会规范建设的指导，推进行业规范、社团章程、村规民约、社区公约的完善，发挥社会规范在社会管理中的作用。加强社会诚信宣传教育，加大守信激励、失信惩戒力度，坚决打击制假贩假、造谣诈骗等危害群众生命健康和财产安全、扰乱市场秩序、损害社会诚信的违法行为。

（三十七）培育健康向上的社会心态。加强学习型社会建设，不断提高公众科学文化素养。加强宣传教育，坚持正确的舆论导向，积极培育奋发进取、理性平和、开放包容的社会心态。建立健全社会心态引导机制，加强社会心态监测、评估、预警和疏导，及时发现、积极疏导社会不良心态，防范和降低社会风险。加强人文关怀，开展社会关爱行动。发展专业心理服务机构，健全心理服务机制，完善心理援助服务。加强精神卫生防治体系建设，建立高危人群心理干预机制，有效预防和减少极端行为。

十、着力健全党和政府主导的维护群众权益机制

坚持以群众利益为重、以群众期盼为念，做好新形势下群众工作，形成党和政府主导的维护群众权益机制，最大限度增加和谐因素，最大限度减少不和谐因素。

（三十八）健全群众利益协调机制。准确把握新形势下群众工作的新情况新特点，积极探索加强和改进新形势下群众工作的新途径新办法，把群众工作贯穿到社会管理的各个方面、各个环节。正确把握最广大人民根本利益、现阶段群众共同利益、不同群体特殊利益的关系，建立健全科学有效的协调机制。注重倾听群众呼声，全面了解各类群体利益需求，通过坚持实施政府办实事工程等举措，着力解决群众最关心最直接最现实的利益问题。认真贯彻落实劳动法律法规，维护劳动者合法权益，保护员工切身利益，保障企业正常生产经营秩序。加大法律援助力度，完善公益法律服务，维护群众合法权益。在征地拆迁、劳动用工等矛盾多发领域，依托政府相关部门、群众组织、行业协会等搭建平等协商平台，建立和完善利益平等协商机制，保障各方的知情权、参与权和平等对话权。

（三十九）健全群众权益保障机制。把知民情、解民忧、化民怨、暖民心作为各级党委和政府的经常性工作，充分发挥人大、政协的职能作用，充分发挥各民主党派、无党派人士、人民团体以及行业协会、大众传媒等的重要作用，拓宽诉求表达渠道。积极引导群众以理性合法方式表达诉求，依法行使民主权利、维护自身合法权益。健全公共政策社会公示制度、公众听证制度、专家论证制度，广泛听取公众意见，不断扩大公众

参与。完善群众来信、来访、来电、市（区、县）长信箱等诉求表达方式，完善诉讼、仲裁、行政复议等法定诉求表达机制，健全全方位、立体式的群众诉求表达和合法权益保障机制。按照属地管理、分级负责，谁主管、谁负责的原则，严格落实信访责任，推进领导干部接访、走访和包案督导，积极化解突出信访问题。推广“连民心恳谈室”“信访代理制”“一单式”工作法等经验，健全基层信访工作机制，切实保障群众合法权益。建立健全诉求表达反馈机制，及时反馈群众诉求办理情况。

（四十）健全社会矛盾调处机制。完善社会矛盾多元调解体系，健全人民调解、行政调解、司法调解相结合的“大调解”工作机制。强化源头预防矛盾纠纷，充分发挥基层社会矛盾调处中心作用，构建全面覆盖的矛盾纠纷排查网络，切实把绝大部分矛盾纠纷化解在基层。完善政策，创新思路，做好矛盾积案化解工作。鼓励和支持社会组织、法律服务志愿者等社会力量参与矛盾纠纷化解。完善街道（乡镇）调解、区（县）仲裁、市协调的“三级互动”机制，健全工会、人力社保、司法行政、信访、法院和企业联合组织“六方联动”机制，有效调解、仲裁劳动争议纠纷，积极构建和谐劳动关系。推广人民调解进派出所、人民调解进立案庭、社会组织参与商事纠纷调解等经验，有效化解社会矛盾纠纷。

（四十一）健全社会稳定风险评估机制。在城市建设、企事业改革改制、公共服务与管理、社会保障、涉农等领域，凡涉及群众切身利益、影响面广、可能引发社会不稳定的重大事项，都必须落实社会稳定风险评估责任。按照属地管理、谁决策谁负责的原则，在重大事项及相关政策出台前，从合法性、合理性、可控性等方面进行科学、系统的社会稳定风险评估，并根据评估结果采取有针对性应对措施，有效化解和控制风险，最大限度地维护群众根本利益，最大限度地从源头上预防和减少各种不稳定因素，促进各级党委政府科学决策、民主决策、依法决策，确保重大事项顺利实施。因未进行社会稳定风险评估而引发影响社会稳定事件的，依法严肃追究主管部门、单位负责人和相关人员责任。

十一、着力以党建工作创新引领社会服务管理创新

充分发挥社会领域党组织在社会服务管理创新中的政治核心作用，坚持以社会领域党建工作创新推动社会服务管理创新，以社会领域党组织和党的工作全覆盖引领和推动社会服务管理全覆盖。

（四十二）完善社区党建工作格局。进一步巩固和发展社区党建工作成果，推动社区党组织工作创新，加大新建小区、城乡结合部社区党组织建设力度，加强农村社区党的建设，实现城乡社区党建工作全覆盖，确保社区党组织有专职工作人员、有办公场所、有活动经费，着力构建区域化党建工作格局。规范街道社会工作党委工作职责和运行机制，并不断向乡镇扩大延伸，逐步实现街道、乡镇社会工作党组织全覆盖。

（四十三）健全社会组织党建工作机制。在市级“枢纽型”社会组织全部建立社会组织党建工作委员会、社会组织联合党组织及工作职能部门，逐步建立健全社会组织党建工作联席会议机制。加大在行业协会、社会工作事务所等社会组织建立党组织的工作力度，实现社会组织党组织和党的工作全覆盖。

（四十四）推进非公有制经济组织党建工作。加快推进商务楼宇社会服务站、党建工作站、工会工作站、共青团工作站、妇联工作站“五站合一”建设，实现全市商务楼宇“五站合一”全覆盖。继续推进非公有制经济组织党组织“五个好”创建活动，加大“五个好”示范点创建和宣传力度。实施非公有制经济组织党建推进工程，探索不同类型基层党组织设置形式，加大在产业园区、商业街、综合市场等建立党组织的工作力度，

探索商管协会、社区门店联建等模式，实现非公有制经济组织党组织和党的工作全覆盖。

（四十五）推动社会领域党建工作创新。深入开展纪念中国共产党成立90周年活动，深入开展创先争优活动，实施“领航工程”“聚力工程”“先锋工程”，总结宣传树立一批社会领域党建工作先进典型。不断创新管理体制，进一步完善社会领域党建工作分类管理、分级负责的工作体系。不断创新工作方式，进一步完善组织健全、全面覆盖的工作网络。不断创新活动方式，进一步形成长效工作机制。不断加强社会领域党风廉政建设、宣传思想工作、统一战线工作，进一步扩大党的各项工作在社会领域的覆盖面。着力加强社会领域党组织自身建设和党建工作队伍建设，进一步落实“党员承诺制”，充分发挥党员的模范带头作用。

十二、加强和创新社会管理，全面推进社会建设的保障措施

进一步加强组织保障、人员保障、经费保障，不断加强法律、体制、能力建设，努力提高社会建设工作科学化水平。

（四十六）进一步完善组织领导体制。在党委和政府领导下，充分发挥市、区（县）社会建设工作领导小组及其办公室的职能作用，加强对社会建设总体规划、重大方案、重要决策的研究，加强对社会管理工作的宏观指导、统筹协调和督促检查。社会建设重大事项由领导小组统筹研究、统一部署，日常工作调度由领导小组办公室综合协调、督促检查，各项任务由各部门分工负责、各尽其职。充分发挥人大、政协的职能作用，充分发挥民主党派、无党派人士和人民团体的重要作用，充分发挥中央国家机关、驻京部队和高校、科研单位的优势，充分调动街道（乡镇）、社区（村）基层组织的积极性和主动性，不断激发社会组织和经济组织的参与自觉性，切实增强社会建设的整体合力。

（四十七）进一步加强社会工作者队伍建设。研究出台社会工作者培养评价管理使用激励政策，加快推进社会工作者专业化和职业化。加强志愿者管理体系建设，充分发挥志愿者联合会“枢纽型”社会组织作用，加快推进志愿服务常态化和规范化。建立健全社会工作者和志愿者互动机制，切实提高社会工作水平和志愿服务成效。努力培养一批政治强、业务精、作风正的社会建设工作队伍，不断提高社会服务管理科学化水平。

（四十八）进一步健全法制保障体系。紧密结合社会服务管理实际，在不断推进政策创新、完善社会建设政策体系的基础上，加快推进社会服务管理地方立法工作，加快推进社会建设法制化进程，逐步形成比较完善的法规、规章体系，规范、引导和推动各项工作依法运行，为加强和创新社会管理，全面推进社会建设提供法制保障。

（四十九）进一步加大资金保障力度。适应社会服务管理发展形势，不断加大财政投入力度，切实保障社会建设资金需求。整合存量资金，优化增量安排，提高资金使用效益。健全社会建设专项资金投入和管理机制，发挥引导和激励作用，优化资金管理使用。加强资金监管和审计监督，促进资金安全高效使用。发挥财政资金引导和推动作用，吸引社会资金参与社会建设。

（五十）进一步健全实施保障机制。编制《北京市“十二五”时期社会建设规划纲要》，落实今后五年全市社会建设的主要目标任务。制定“折子工程”，分解任务，明确分工，落实工作责任制。完善检查考评机制，每年实施检查考评并形成督查报告，将社会建设考评纳入各级领导班子和领导干部绩效考核。研究制定社会建设指标体系，推动社会建设科学发展。

（2011年6月3日中共北京市委十届九次全会通过）

北京市“十二五”时期社会建设规划纲要

序　言

“十一五”时期，北京社会建设取得明显成效，站在了新的历史起点上。“十二五”时期，北京社会建设既面临许多重大战略机遇，又面临许多新的挑战。在巩固和发展已有成果的基础上，按照党中央、国务院的要求，结合首都工作实际，系统设计、科学规划，由点到面、整体推进北京社会建设，意义重大而深远。

本规划纲要依据《中共中央　国务院关于加强和创新社会管理的意见》《中华人民共和国国民经济和社会发展第十二个五年规划纲要》和《中共北京市委关于加强和创新社会管理全面推进社会建设的意见》《北京市国民经济和社会发展第十二个五年规划纲要》及有关专项规划制订，主要围绕完善社会服务、创新社会管理、动员社会参与、创建社会文明、构建社会和谐五个方面进行全面规划，是今后五年全市加强和创新社会管理、全面推进社会建设的行动指南。

第一篇
抓住机遇　全面推进社会建设

“十二五”时期是全面建设小康社会的关键时期，也是深化社会领域改革攻坚期和社会矛盾凸显期。必须深刻认识并准确把握今后五年首都发展面临的新形势新特点，紧紧抓住重要战略机遇期，巩固和发展已有工作成果，加强和创新社会管理，全面推进社会建设。

第一章　过去五年建设成就

“十一五”时期，在市委市政府领导下，全市上下深入学习实践科学发展观，以贯彻党的十七大精神，成功举办北京奥运会、残奥会和圆满完成新中国成立60周年庆典活动为契机，不断推动社会服务管理创新，不断取得新成效，使北京社会建设走在全国前列、站在了新的历史起点上。

一、社会保障制度率先实现城乡一体化

人民生活水平显著提高，城镇居民人均可支配收入年均实际增长9.2%，农村居民人均纯收入年均实际增长9%。实施“五无”目标动态管理，民生得到切实保障。率先实现养老、医疗保险制度城乡全覆盖，职工基本养老保险制度和居民养老保险制度实现城乡一体化，建立城镇居民基本医疗保险、新型农村合作医疗、“一老一小”大病统筹等医疗保障制度，城乡低保标准分别增长43%和152%，城镇登记失业率控制在2.2%以内。实施社保卡制度，累计发放社保卡825万张，1779家定点医疗机构实现持卡实时结算。实施“大民政”工作思路，社会福利由补缺型向适度普惠型发展，以最低生活保障制度为基础、专项救助制度相应配套、临时救助和社会互助为补充的城乡救助体系基本形成，以居家为基础、社区为依托、服务机构为支撑的新型养老助残服务格局基本形成。普惠加特惠的残疾人社会保障和服务体系制度框架初步建立，全市完成4万多户残疾人家庭无障碍设施改造，基本实现残疾人在家无障碍。城乡老人同等享受老年优待、高龄

津贴、居家养老（助残）券、老年医疗补助、无保障老年居民福利养老金等待遇，养老床位由“十五”期末的3万张增加到7万张。SOS儿童村建成使用，儿童福利床位由757张增加到1715张。重点优抚对象抚恤补助和义务兵优待金实现城乡同标准、全覆盖。大力实施保障性安居工程，解决了40多万户中低收入家庭的住房困难。

二、社会公共服务体系建设取得显著进展

公共服务体系日趋完善，基础教育、医疗卫生、文化体育、公共安全等服务资源人均拥有量和保障水平全国领先，有的指标接近或达到发达国家水平。教育投入持续增长，基本公共教育服务均等化水平进一步提高，城乡教育差距显著缩小，基础教育入学率保持较高水平，高等教育毛入学率已达到60%，全市常住人口平均受教育年限达到11.5年，主要劳动年龄人口受过高等教育的比例达到35%，来京务工人员随迁子女接受义务教育得到切实保障，教育普及程度基本达到发达国家水平。卫生事业取得新突破，广泛开展全民健康促进行动，全面提升居民健康素质，居民平均期望寿命达到80.81岁。着力完善公共卫生体系，公共卫生突发事件处置、应急救治和大型活动保障能力显著提高。全市卫生资源总量显著增加，医疗机构实有床位92871张，较2005年增长了17.5%。医药卫生体制改革全面展开，医疗服务能力快速提高，药品供应保障体系进一步完善，中医药事业扶持力度继续加大，居民主要健康指标达到发达国家水平。文化设施建设成效显著，文化服务功能明显增强，市、区（县）、街道（乡镇）、社区（村）四级公共文化设施服务网络基本形成。全民健身活动蓬勃开展，体育生活化社区建设初见成效，城乡居民经常参加体育锻炼的人数比例达49.1%，达到国际化城市水平。基层基本公共服务设施建设加快推进，70%以上的城市社区办公和服务用房面积达到350平方米以上，城市社区党组织、社区居委会、社区服务站实现全覆盖。96156社区服务热线和社区公共服务信息平台建设取得新突破，形成了市、区、街、居四级社区公共服务平台网络。完成3363个社区卫生服务中心（站）标准化建设和配置，街道文化服务中心、行政村文化活动室、全民健身工程实现全覆盖，全市社区（村）公共服务网络基本形成。

三、社会管理体制改革走在全国前列

市、区（县）成立社会建设工作领导小组、设立社会建设工作机构，141个街道、120个乡镇建立社会工作党委，初步形成党委领导、政府负责、社会协同、公众参与的社会管理格局。70%的城市社区达到规范化建设标准，初步形成社区党建、社区自治、社区服务“三位一体”的工作格局。先后认定两批共22家“枢纽型”社会组织，并开展社会组织党建“3+1”机制建设试点工作，基本形成社会组织“枢纽型”工作体系。规模以上非公有制企业全部建立党组织，全市1249座商务楼宇全部建立党建工作站（社会工作站），基本实现非公有制经济组织党建工作全覆盖。网格化社会服务管理、村庄社区化管理等试点工作全面启动，各类人群社会服务管理创新不断取得新突破。先后出台《北京市加强社会建设实施纲要》《北京市社会服务管理创新行动方案》《中共北京市委关于加强和创新社会管理　全面推进社会建设的意见》等一系列文件，实施居家养老（助残）服务“九养政策”等20多项惠民政策，建立社会建设专项资金，加快推进政府购买社会组织服务，初步形成社会建设政策体系框架。

四、社会广泛参与赢得世人瞩目

在成功举办北京奥运会、残奥会和圆满完成新中国成立60周年庆典、支援汶川抗震救灾等重大活动中，全市上下积极行动，社会各界广泛参与，社会动员机制不断完善，志愿服务世人称赞，群防群治成果显著。成功举办北京奥运会、残奥会后，及时把“绿色奥运、科技奥运、人文奥运”理念转化为“人文北京、科技北京、绿色北京”重大发展战略。新中国成立60周年庆典后，不失时机地提出建设中国特色世界城市的长远发展战略，加快推动首都科学发展，不断促进社会和谐。与此同时，加快推进社区工作者专业化、职业化，加快推进志愿服务经常化、科学化，大力培育发展社会组织，加强和创新非公有制经济组织服务管理，社会协同、公众参与的局面初步形成。

五、和谐社会建设取得明显成效

大力开展和谐社区、和谐村镇创建活动，和谐社区示范单位建设成效明显。不断扩大各类人群服务管理覆盖面，着力加强流动人口和特定人群服务管理，加快推进“温馨家园”“新居民互助服务站”“阳光中途之家”建设步伐，完善和推广劳动纠纷调解“六方联动”机制、“人民调解进派出所”“信访代理制”等，不断完善群众利益协调机制、群众权益保障机制、社会矛盾调处机制和社会稳定风险评估机制。不断完善社会治安防控体系，切实加强食品药品安全监管工作，进一步健全应急管理体制机制，公共安全保障能力显著提升，首都社会保持和谐稳定。

第二章　今后五年发展环境

“十二五”时期，是北京社会建设大有作为的战略机遇期，同时也面临许多新挑战。紧抓机遇，迎接挑战，积极探索，大胆实践，加强和创新社会管理、全面推进社会建设意义重大而深远。

一、今后五年是北京社会建设大有作为的战略机遇期

党的十七届五中全会对加强社会建设提出了新要求。2011年2月，胡锦涛总书记在省部级主要领导干部专题研讨班上的重要讲话，为加强和创新社会管理指明了前进方向。《中共中央国务院关于加强和创新社会管理的意见》《中共北京市委关于加强和创新社会管理全面推进社会建设的意见》及国家和北京市国民经济和社会发展第十二个五年规划纲要，为制订和实施全市“十二五”时期社会建设规划提供了科学依据。首都经济社会平稳较快发展和创新驱动转型，为全市社会建设提供了可靠保障和强大动力。近年来全市社会建设所取得的成绩、积累的经验，为今后五年工作奠定了坚实基础。实施建设中国特色世界城市发展战略，进一步建设“人文北京、科技北京、绿色北京”，为加快构建具有时代特征、中国特色、首都特点的社会建设新格局创造了有利契机。“十二五”时期，加快推进首都社会建设机遇难得、大有可为。

二、今后五年北京社会建设面临许多新挑战

当前和今后一个时期，北京社会建设面临许多可以预见和难以预见的风险和挑战，特别是人口与资源环境之间矛盾凸显，社会矛盾纠纷多样多发，流动人口、各类人群和社会组织、非公有制经济组织服务管理的任务日益繁重，社会公共安全管理艰巨复杂，信息网络管理面临严峻挑战。这些问题，既是我国经济社会发展水平和阶段性特征的集中反映，也是发展过程中迫切需要解决的重点难点问题。

随着经济体制的深刻变革、社会结构的

深刻变动、利益格局的深刻调整、思想观念的深刻变化，加强和创新社会服务管理的任务越来越迫切、难度越来越大、要求越来越高，全面推进社会建设任重而道远。

三、今后五年加强北京社会建设意义重大

加强和创新社会管理、全面推进社会建设，是继续抓住和用好我国发展重要战略机遇期、推进党和国家事业发展的必然要求，是构建社会主义和谐社会的必然要求，是维护最广大人民群众根本利益的必然要求，是提高党的执政能力和巩固党的执政地位的必然要求，对于实现全面建设小康社会宏伟目标、实现党和国家长治久安具有重大战略意义和深远影响。

加强和创新社会管理、全面推进社会建设，是推动首都科学发展、促进社会和谐的重大战略任务，是适应建设中国特色世界城市新形势、加快推进“人文北京、科技北京、绿色北京”建设的重大战略行动。科学谋划、系统设计，由点到面、整体推进社会建设，是“十二五”时期首都科学发展的重大而紧迫任务。

第三章　今后五年发展目标

一、指导思想

高举中国特色社会主义伟大旗帜，以邓小平理论和“三个代表”重要思想为指导，深入贯彻落实科学发展观，认真贯彻落实党中央、国务院关于加强社会建设工作的一系列重要指示精神，紧紧围绕全面建设小康社会总目标，牢牢把握最大限度激发社会活力、最大限度增加和谐因素、最大限度减少不和谐因素的总要求，适应建设中国特色世界城市的新形势，顺应广大人民群众过上更好生活的新期待，以解决关乎人民群众切身利益与影响社会和谐的突出问题为突破口，以完善社会服务为重点，以创新社会管理为动力，以动员社会参与为基础，以优化社会环境为保障，以促进社会和谐为目标，努力构建具有时代特征、中国特色、首都特点的社会建设科学体系，为加快建设“人文北京、科技北京、绿色北京”作出新的更大贡献。

二、基本原则

——坚持以人为本、服务为先。把完善服务、让群众满意作为社会建设的根本出发点和落脚点。适应首都人口结构新变化、群众需求多样化实际，寓管理于服务之中，在完善服务中加强社会管理。不断提升社会保障和公共服务水平，促进普惠公平，让社会建设成果惠及广大人民群众。

——坚持依法办事、发扬民主。把严格依法办事、充分发扬民主作为社会建设的基本要求。加快推进社会建设立法工作，依法调整社会关系、规范社会行为，使社会服务管理有法可依、有法必依。充分运用民主方式、群众工作方式、说服教育方式研究解决问题，努力通过平等沟通、协商、协调、引导等办法化解社会矛盾。

——坚持改革创新、完善制度。把体制创新、制度建设作为推动社会建设的根本动力和基本保障。积极适应社会建设面临的新形势，着力解决基础性、普遍性、根本性问题，不断创新理念、健全体制、完善机制，不断推动社会建设规范化、法制化、制度化建设。

——坚持统筹协调、整体推进。把综合协调、全面推进作为社会建设的基本工作原则。坚持统筹协调，科学规划、系统设计，由点到面、整体推进社会建设。坚持统筹兼顾，正确反映和协调各个方面、各个层次、各个阶段的利益诉求。坚持综合施策，综合运用法律法规、经济调节、行政管理、道德约束、心理疏导、舆论引导等手段，加强和创新社会服务管理。

——坚持广泛动员、共建共享。把社会协同、公众参与作为社会建设的基本着力点。进一步激发社会创造活力，鼓励和支持社会各界广泛参与社会服务管理，动员和引导公众有序参与社会建设，努力形成共建共享的良好局面。

三、发展目标

按照“建首善、创一流”的要求，健全党委领导、政府负责、社会协同、公众参与的社会管理格局，完善与社会主义市场经济、民主政治和先进文化相适应的社会建设体制，构建具有时代特征、中国特色、首都特点的社会建设体系，使北京社会建设始终走在全国前列。

今后五年要努力实现以下主要目标：

——社会服务更加完善。基本公共服务居全国前列并基本达到中等发达国家水平。人人享有社会保障，城乡基本公共服务均等化程度明显提高，积极促进充分就业，五年提供100万套政策性保障住房，城乡居民年均收入与经济发展同步增长，居民平均期望寿命接近82岁，文化教育保持全国领先地位，使人民群众幸福感不断增强。

——社会管理更加科学。突出人文关怀，创新方式方法，进一步健全社会管理体制。坚持依法办事，充分发扬民主，注重运用科技创新成果，注重管理项目绩效评估和持续改进。基本实现社会服务管理网格化、社区建设规范化、村庄管理社区化，基本形成社会组织“枢纽型”工作体系，基本实现各类人群服务管理全覆盖。

——社会动员更加广泛。积极推动社会协同，广泛动员公众参与，最大限度激发社会活力。完善基层民主自治，培育社会组织发展，强化各类经济组织社会责任，加快推进社会工作专业化职业化，完善志愿服务长效机制，使社会创造活力竞相迸发。

——社会环境更加文明。不断提高市民文明素质和城市文明程度。加强社会主义核心价值体系建设，加强社会主义道德建设，深入开展法制宣传教育，大力弘扬“北京精神”，形成文明有礼、守法诚信、崇尚科学、积极向上的社会风尚，营造服务优质、环境优美、秩序优良的社会氛围，创建生产安全、生活安宁、社会安定的社会环境。

——社会关系更加和谐。不断加强社会主义和谐社会首善之区建设。完善群众利益协调机制、群众权益保障机制、社会矛盾调处机制、社会稳定风险评估机制，努力做好新形势下群众工作，不断促进人际关系、群体关系、劳动关系、邻里关系、家庭关系更加和谐，切实维护社会稳定。

专栏1　北京市“十二五”时期社会建设主要指标

类别	序号	指标	目标	属性
社会服务	1	城镇居民人均可支配收入年均增长（%）	8	预期性
	2	农村居民人均纯收入年均增长（%）	8	预期性
	3	城镇登记失业率（%）	≤3.5	预期性
	4	城镇职工五项保险参保率（%）	98	约束性
	5	城乡居民养老、医疗保险参保率（%）	95	约束性
	6	提供各类政策性保障住房（万套）	100	约束性
	7	全市从业人员平均受教育年限（年）	12	预期性
	8	城乡居民平均期望寿命增加（岁）	1	预期性
	9	全市养老床位达到（万张）	12	预期性
	10	每千名常住人口执业（助理）医师（人）	4	预期性
	11	人均体育场地面积（平方米）	2.1	预期性
	12	基层公共文化设施建设覆盖率（%）	≥97	预期性

续表

类别	序号	指标	目标	属性
社会管理	13	城市社区规范化建设达标率（%）	100	约束性
	14	城市网格化社会服务管理覆盖率（%）	>90	约束性
	15	社区服务管理信息化网络覆盖率（%）	>90	约束性
社会参与	16	每万人拥有社会组织（个）	20	预期性
	17	社会工作从业人员/专业人才（万人）	36/2	预期性
	18	注册志愿者（万人）	200	预期性
	19	基层自治组织选举居（村）民参与率（%）	90	预期性
社会环境	20	市民公共行为文明指数	≥83	预期性
	21	亿元地区生产总值生产安全事故死亡率降低（%）	>38	约束性
	22	重点食品安全检测抽查合格率（%）	>98	约束性
	23	药品抽验合格率（%）	≥98	约束性
	24	群众安全感指数（%）	≥90	预期性
社会关系	25	和谐社区（村镇）创建率（%）	90	预期性
	26	和谐企业创建率（%）	>80	预期性
	27	基层社会矛盾纠纷调处率（%）	≥95	预期性
	28	信访事项按期办结率（%）	≥95	预期性
备注	城镇居民人均可支配收入、农村居民人均纯收入的年均增速，均为扣除价格因素后的实际增长速度。			

第二篇
关注民生　完善社会服务

坚持以保障和改善民生为重点，加强社会建设，不断完善社会服务，努力实现好、维护好、发展好最广大人民群众的根本利益，使经济社会发展成果更好惠及百姓，让人民群众生活更加美好。

专栏2　基本公共服务体系

基本公共服务体系，是指为了人民群众的生存权、发展权等基本人权得到保障而建立的，由一系列基本公共服务组成的完整服务体系。主要包括三层含义：第一，基本公共服务是公共服务中最基础、最核心的部分，与人民群众最关心、最直接、最现实的切身利益密切相关；第二，基本公共服务是政府公共服务基本职能，由政府负最终责任；第三，基本公共服务的范围和标准是动态的，随着经济发展水平和政府保障能力的不断提高，其范围逐步扩大，标准不断调整。

基本公共服务主要包括四个方面内容：

◆基本生存服务，包括公共就业服务、社会保障、社会福利、社会救助等

◆基本发展服务，包括义务教育、公共卫生和基本医疗、公共文化体育等

◆基本环境服务，包括公共交通、公共通信、公用设施和环境保护、居住服务等

◆基本安全服务，包括公共安全、消费安全和国防安全等

第四章　提高基本公共服务水平

坚持民生优先，健全覆盖各类人群的社会服务体系，创新社会服务提供方式，满足城乡居民多层次、多样化的服务需求。

一、让基本公共服务覆盖各类人群

进一步完善城乡一体化的基本公共服务制度，进一步健全覆盖各类人群的基本公共服务体系，切实提高政府公共服务保障能力，切实解决城乡居民劳动就业、收入分配、社会保障、医疗卫生、住房保障等重大民生问题。优化资源配置，重点投向基础薄弱地区，缩小城乡和区域间差距，推进老旧小区、新建小区、城乡结合部和郊区农村公共服务体系建设，努力实现基本公共服务均等化。

专栏3　北京市社区基本公共服务指导目录（试行）（“1060”工程）

服务类型（10类）	服务项目（60项）
社区就业服务	社区劳动就业咨询服务、社区职业介绍服务、社区就业困难人员再就业服务、社区“零就业家庭”就业帮扶服务、社区自主创业就业服务。
社区社会保障服务	社区老年人（残疾人）居家养老服务、就餐送餐服务、出行服务、精神关怀服务、电子辅助服务、优待服务，社区残疾人温馨家园服务、残疾人无障碍设施建设服务，社区老年人信息档案服务、社区企业退休人员服务、社区托老（残）服务。
社区社会救助服务	社区低保人员救助服务、社区特殊群体帮扶服务、社区临时救助服务。
社区卫生计划生育服务	社区公共卫生和基本医疗服务、社区居民健康档案服务、社区居民转诊服务、社区计划生育服务、社区独生子女家庭服务、社区急救和保健服务。
社区文化教育体育服务	社区群众文化服务、社区教育培训服务、社区早教服务、社区中小学生社会实践服务、社区科普服务、社区居民阅览服务、社区体育设施建设服务、社区群众性体育组织建设服务、社区群众体育健身服务、社区居民体质测试服务、社区健身宣传培训服务。
社区流动人口和出租房屋服务	社区流动人口服务、社区出租房屋相关服务。
社区安全服务	社区治安状况告知服务、社区治安服务、社区矫正服务、社区帮教安置服务、社区禁毒宣传服务、社区青少年保护和不良青少年帮教服务、社区法律服务、社区消防安全服务、社区安全稳定服务、社区应急服务、社区警务设施和警力配备服务、社区物技防设施建设服务。
社区环境美化服务	社区环境综合治理服务、社区绿化美化服务、社区环境保护服务（绿色社区创建）、社区节能服务、社区市政公共设施建设服务。
社区便利服务	社区便民商业服务、社区家政服务、社区代收代缴服务。
其他服务	社区心理咨询服务、社区网络信息服务。

二、让居民生活更便利

创建干净社区、安全社区、服务社区、规范社区、健康社区、文化社区，让社区居民生活更美好。完善96156社区信息服务平台，落实《北京市社区基本公共服务指导目录（试行）》，逐步实现城乡社区基本公共服务全覆盖。推进“一刻钟社区服务圈”建设，“十二五”时期努力使城市社区覆盖率达到60%以上。整合利用公共服务资源，加快推进公共图书馆、文化馆（站）、美术馆等公共活动设施免费向社会公众开放。充分利用人防工程等资源设施，鼓励和支持党政机关、企事业单位业余时间面向社区居民开放内部服务设施，让更多的公共服务场所和内部服务设施更好地服务居民。优先发展公共交通，方便广大居民出行。

专栏4　“一刻钟社区服务圈”

“一刻钟社区服务圈”，是指社区居民步行15分钟之内，能够享受到社区就业、社会保障、社会救助、社区医疗卫生、社区养老助残、社区安全、社区文化体育教育、社区环境美化以及社区便利购物、餐饮、缴费、理发、日常修理、家政服务等方面的服务提供，使社区居民日常生活更加便利。

三、完善公共服务提供机制

按照政府保障基本公共服务、市场提供多样化选择的原则，创新社会服务提供方式，推进非基本公共服务市场化改革，形成政府主导、企事业单位和社会组织广泛参与的公共服务提供机制。完善政府购买公共服务政策，健全和规范项目化运行管理机制。探索多种有效措施，鼓励社会资本以多种方式参与公共服务，推动公共服务社会化、多元化。完善社会建设专项资金制度，加大政府购买社会组织服务力度。

四、大力发展社会服务业

完善社会服务业发展政策，支持社会力量和民间资本参与社会服务。积极扶持社会企业发展，鼓励社会企业和社会组织发展社会服务业。拓展社会服务业发展领域，加大政府扶持和支持力度，不断提高服务质量。围绕居民服务需求，整合社区服务项目，规范服务标准，提高供给能力和服务质量。鼓励和扶持发展家政等社会服务业，促进生活性服务业加快发展。

专栏5　北京市鼓励发展家政服务业政策（“家七条”）

- ◆鼓励家政服务企业实行员工制管理
- ◆建立家政服务员输入基地
- ◆加强家政服务员职业技能培训
- ◆鼓励各类人员在家政服务业创业就业
- ◆加大对家政服务业的扶持力度
- ◆维护家政服务从业人员的合法权益
- ◆规范家政服务业的管理和服务

第五章　完善社会保障体系

按照广覆盖、保基本、多层次、可持续的原则，健全城乡一体、全面覆盖、服务均等、管理精细的社会保障体系。

一、让人人享有社会保障

逐步打破户籍、地域、身份界限，完善职工和居民社会保险体系，实现社会保障人群全面覆盖、待遇水平不断提高。进一步完善多层次的养老保险体系，推进城乡一体化的医疗保险制度，健全功能完备的失业保险制度，健全预防、补偿、康复相结合的工伤保险体系，实现生育保险全覆盖，城镇职工五项保险参保率达到98%以上，城乡居民养老保险、医疗保险参保率达到95%以上。稳步提高社会保障待遇水平，建立社会保障标准与经济发展和物价上涨挂钩联动机制，逐步提高参保人员待遇、福利养老金、优抚对象生活水平、最低生活保障水平。逐步将各项社会保障业务纳入社保卡统一管理，加快建设覆盖全市、联通城乡的社会保障信息网络。加强街道（乡镇）社会保障所建设，将社区（村）社保工作纳入社区（村）服务站服务范围，加快实现社会保障管理服务社会化、社会化管理服务网络全覆盖。

二、让城乡劳动者充分就业

坚持积极的就业政策导向，实施就业优先战略，不断完善就业公共服务，建立完善城乡统一的就业管理制度，构建城乡一体化充分就业新格局。以高校毕业生就业、困难群体就业、农村劳动力转移就业为重点，实施更加积极的就业政策，新增城乡就业200万人左右。推动城乡公共就业服务均等化，形成统一规范灵活的人力资源市场。加强劳动力技能培训，提高劳动者就业能力。实施精细化就业援助，帮助140万城镇登记失业人员和农村劳动力实现就业或转移就业，城镇登记失业率控制在3.5%以内。

三、实现居民收入增长与经济发展同步

完善最低工资和工资指导线制度，促进低收入职工收入增加。完善企业退休人员基本养老金、城乡最低生活保障等社会保障待遇标准正常增长机制。提高居民收入在国民收入分配中的比重，提高劳动报酬在初次分配中的比重，努力实现居民收入增长和经济发展同步、劳动报酬增长和劳动生产率提高同步，实现城镇居民人均可支配收入、农村居民人均纯收入年均增长与经济发展同步。合理调整收入分配制度，缩小城乡、区域、行业收入差别，使城乡居民生活水平不断提升。

四、加大保障性安居工程建设力度

“十二五”时期，加快推进保障性安居工程建设，全市建设、收购各类政策性保障住房100万套，基本实现符合条件的家庭应保尽保。多渠道筹集廉租房房源，完善租赁补贴制度，建立符合首都实际的多元化住房租赁体系。重点发展公共租赁住房，逐步使其成为保障性住房的主体。加强投入和监管力度，实施保障性住房阳光工程。

第六章　发展社会事业

以服务民生为导向，大力发展社会事业，让社会事业发展成果更多更好地惠及广大人民群众。

一、让孩子们获得更加优质的教育

坚持优先发展教育，在更高水平上提高教育质量，维护教育公平。推进义务教育优质均衡发展，加大对薄弱地区、薄弱学校投入力度，推进学区化管理、学校联盟、名校办分校、学校托管等多种办学形式创新，建立教师、校长合理流动机制，扩大优质教育资源的覆盖范围。多种形式扩大学前教育资源供给能力，“十二五”期间新建改扩建769所幼儿园，努力满足适龄儿童入园需求。着力推进高等教育内涵式发展，大力发展现代职业教育，鼓励院校面向社会开展多层次、多形式的职业培训和社会服务。进一步完善家庭经济困难学生资助政策，做好进京务工人员随迁子女接受义务教育和学前教育工作，进一步加强特殊教育，切实保障弱势群体接受教育的权利。

二、让文化发展更好服务群众

完善公共文化服务体系，不断满足城乡居民多样化、多层次精神文化需求。推进文

化惠民工程、精品工程建设，为公众提供更多更好的文化产品。加强社区文化建设，深化文化“三下乡”活动，广泛开展公益性群众文化活动，不断丰富基层群众文化生活。大力发展、规划和建设街道（乡镇）、社区（村）公共文化设施，切实加强社区文化中心建设，着力加强老旧小区、城乡结合部、新建社区和农村地区公共文化设施建设，全面提高基层公共文化设施达标水平，促进基本公共文化服务均等化。总结朝阳区创建“国家公共文化服务体系示范区”经验，并逐步在全市推广。

专栏6　公共文化服务十大工程

名称	主要内容
设施提升工程	重点推进设施服务覆盖不到的超大型社区、新建小区和老旧小区，形成设施网点化并提高设施达标率。
服务达标工程	2012年启动公共文化服务设施达标、服务达标、活动达标、经费达标和管理达标五项评审，每3年评审一次。
示范先行工程	支持朝阳区完成“国家公共文化服务体系示范区”创建工作，扶持东城和大兴区示范项目建设，命名北京民间文化艺术之乡，扶持10个北京民间文化艺术之乡，争创文化部中国民间艺术之乡。
群众文化组织员工程	为全市社区和行政村文化室配齐7000名群众文化组织员。
“万人培训”工程	用5年时间，对市、区（县）两级文化馆、图书馆专职文化队伍，街道（乡镇）文化站和社区（行政村）文化室兼职文化队伍共33000人进行系统化培训。
来京务工人员文化权益均等化工程	来京务工人员与首都市民平等地享受政府提供的各项基本公共文化服务，扩大“社区一家亲”活动、来京务工人员才艺大赛和“首都是我快乐的家”卡拉OK大赛等来京务工人员主题活动范围。
文化志愿服务工程	力争3年后，本市注册文化志愿者总数不少于2万人，文化志愿者每人每年提供志愿服务时间不少于30小时。针对大型活动、公益性文化设施提供专业性较强的文化志愿者服务。
社区数字化工程	率先在全国建设数字化文化社区。创建多媒体、跨平台、多终端的文化信息资源共享平台——“文化北京”频道，打造融信息查询、艺术欣赏、文化传播、交流互动于一体的数字化“北京数字文化社区网”。
24小时自助图书馆工程	用3年时间，在本市主要街区、城区社区部署24小时街区自助图书馆。
文化活动品牌化工程	从2012年开始，推出北京市群众文化艺术节，作为市级统领性、代表性的重要群众文化活动形式。

三、努力使居民平均期望寿命增长1岁

大力宣传《北京人健康指引》，引导居民养成健康生活方式。加强慢性非传染性疾病和重大传染病预防控制，完善突发公共卫生事件应急机制，健全覆盖城乡的急救网络。优化医疗资源布局和结构，解决重点功能区、大型居住区、边远山区医疗资源不足问题。

引导和鼓励社会资本办医疗机构，增加医疗服务资源。加快远郊区（县）区域医疗中心项目建设，完善社区卫生服务体系，提升基层医疗卫生机构服务能力，形成分级就诊、双向转诊的有序就医格局。开展优质护理服务，实行双休日及节假日门诊，推行家庭医生服务模式，建立居民电子健康档案和电子病历，改善医疗服务，方便市民就医。整合公共卫生、医疗、医疗保险等资源，建立健全早发现、早诊断、早治疗的疾病预防干预机制。“十二五”期末，努力使城乡居民平均期望寿命比“十一五”末增长1岁，接近82岁。

四、倡导市民做“健康北京人”

倡导“体育生活化”理念，增强城乡居民健身意识，使经常参加体育锻炼的人数比例长期保持不低于49%。健全公共体育服务体系，完善基层体育设施，实现每个区（县）拥有一个多功能全民健身体育中心，50%具备条件的城市公园、郊野公园建有健身场地设施，具备开放条件的学校体育场地设施向社会开放率达到70%。开展“一区一品”群众体育品牌创建活动，街道（乡镇）、社区（村）建立健全体育组织和健身辅导站，基本实现体育生活化社区达标，初步形成覆盖城乡的全民健身公共服务体系。

专栏7　北京市体育生活化社区建设标准

组织体系社会化	建立社区全民健身协会，把所有能参加健身活动的人纳入其中开展活动，达到群众体育社会化、组织体系社会化。
健身器材家庭化	建设公共体育场地设施，挖掘适合家庭、门院使用的健身器材，实现体育走进千家万户，倡导器材进入家庭。
健身活动多元化	天天有锻炼，周周有活动，月月有比赛，季季有交流，年年有展示，实现人人在组织中、组织有活动、活动有特色。

续表

健身服务科学化	开展体质测定，举办健身大讲堂，培训体育骨干，让居民掌握科学健身方法，有针对性地安全有效开展体育活动。

第七章　健全社会福利体系

树立“大民政”理念，按照覆盖全民、保障重点、层次有别、水平适中的原则，构建和完善适度普惠型社会福利体系。

一、让社会福利适度普惠

整合社会福利政策和资源，推动社会福利由补缺型向适度普惠型转变。以养老、助残、救孤、济困为重点，逐步拓展社会福利保障范围，在丰富传统福利项目的同时，综合考虑经济社会发展情况和财力状况，逐步提高市民福利水平。加强孤儿特别是残疾孤儿福利服务。坚持家庭、社区和福利机构相结合，逐步健全社会福利服务体系。采取有效措施，培育和扶持社会福利领域专业中介机构和组织发展。建立社会福利统筹机制，建立财政投入、社会投资和慈善捐赠等社会福利多元保障机制。

二、让老年人安享晚年

围绕构建“9064”养老服务格局，完善以居家养老为基础、社区服务为依托、服务机构养老为支撑的社会养老服务体系。进一步落实“九养政策”，扩大高龄老人医疗补助享受范围。进一步完善政策，使低保等特殊困难家庭不能完全自理老年人入住养老机构得到补助。依托各级社区服务中心，建立市、区（县）、街道（乡镇）和社区（村）四级养老服务中心，建设6000个社区（村）托老（残）所，发展1万个养老（助残）餐桌。调整和完善机构养老服务结构，重点加强护理型养老机构建设和规范化、标准化管理。加强养老服务队伍建设，实现每万名老年人拥有专业护理员50人。资助和扶持社会力量兴办养老服务机构。平均每年新增养老床位1万张，“十二五”期末全市养老床位达到12万张，护养型养老床位占50%，每百名老年人拥有养老床位3.8张。

专栏8 “9064”养老服务格局

2008年底，市民政局、市发展改革委、市规划委、市财政局和市国土资源局联合印发《关于加快养老服务机构发展的意见》，提出养老服务“全面关怀、重点照顾”的理念，努力实现“9064”养老服务新模式，到2020年逐步建立起集中照料服务与社区居家服务互为补充的养老服务体系，推动老年福利服务由补缺型向适度普惠型转变。“9064”即：

◆90%的老年人在社会化服务协助下通过家庭照顾养老

◆6%的老年人通过政府购买社区照顾服务养老

◆4%的老年人入住养老服务机构集中养老

三、让残疾人平等参与社会

健全覆盖城乡全体残疾人的社会保障和服务体系，完善残疾人社会福利政策，建立残疾人生活津贴制度和护理补贴制度，落实医疗、康复、就学、住房等专项救助措施。加大就业扶持和服务力度，大力扶持发展福利企业，促进有劳动能力的残疾人就业。健全三级康复服务网络，夯实社区康复基础，着力做好职业康复、辅助器具适配等特色服务。拓展机构托养服务、社区温馨家园综合服务和居家助残服务，使生活不能自理的残疾人得到妥善照料。通过公办民营、民办公助和政府购买服务等方式，积极培育为残疾人服务的社会组织，大力发展残疾人服务业。全面推进城市“无障碍”化建设，为残疾人平等参与社会创造良好条件。

专栏9 居家养老（助残）服务“九养政策”

北京市出台《市民居家养老（助残）服务“九养”办法》。主要内容包括：

◆建立万名“孝星”和千家为老服务先进单位评选表彰制度

◆建立居家养老（助残）券服务制度和老人补助医疗制度

◆建立城乡社区（村）养老（助残）餐桌

◆建立城乡社区（村）托老（残）所

◆招聘居家服务养老（助残）员

◆配备养老（助残）无障碍服务车

◆开展养老（助残）精神关怀服务

◆实施家庭无障碍设施改造

◆为老年人（残疾人）配备“小帮手”电子服务器

四、让每个特困家庭和人员都能得到救助

健全以最低生活保障制度为基础、专项救助相配套、临时应急救助和社会互助为补充的城乡社会救助体系。健全与经济发展和物价水平相适应的低保标准动态调整机制，完善低保分类救助政策，实施城乡低收入家庭救助制度，推进城乡一体的医疗、教育、住房、采暖等专项救助制度建设，做好自然灾害和临时救助工作，切实保障低收入群体的基本生活。落实征地超转人员社会保障，完善流浪乞讨人员救助服务。完善优抚安置保障政策，做好优抚服务工作。

五、让慈善成为社会风尚

加大慈善宣传力度，打造“善行天下”系列慈善公益品牌，增强全民慈善意识与参与自觉。加快慈善组织培育发展，推进慈善组织从业人员职业化、专业化建设，创新慈善项目运作机制，加强慈善捐助全程监管，增强社会公信度。出台促进慈善事业发展法规，发挥政府资金引导和扶持作用，建立政府向慈善组织购买公共服务机制，完善慈善捐赠优惠政策。拓展慈善募捐渠道，建立覆

盖全市的经常性捐助站点和慈善超市，逐步形成遍布城乡、方便快捷、公开透明的慈善捐助体系。

第三篇
以人为本　创新社会管理

坚持以人为本，突出人文关怀，加强和创新社会管理，在服务中实施管理，在管理中体现服务，努力实现各类人群服务管理全覆盖。

第八章　实现各类人群服务管理全覆盖

不断提高各类人群服务管理精细化、信息化和科学化水平，努力实现各类人群社会服务管理全覆盖。

一、科学合理调控人口规模

加强人口调控综合协调工作，健全人口规模调控机制，落实人口总量调控区（县）属地责任，建立市级统筹、部门分管、属地负责的人口服务管理机制。持续深入推动经济结构调整，促进产业发展方式从主要依靠劳动力数量增加向更多依靠劳动生产率提高转变。统筹区域协调发展，引导人口合理分布。

二、加强实有人口动态管理

健全实有人口动态管理机制，建立全市联网、部门联动、覆盖城乡的全员人口统筹管理信息系统。及时有效地加强流动人口、人户分离基础信息采集，完善实有人口综合管理信息平台建设，切实提高人口管理信息化水平。加强人口和计划生育服务管理工作，促进妇女全面发展，保护儿童优先发展，积极应对人口老龄化。健全人口政策协调制度，坚持人口规划的基础性作用，建立重大政策、重大项目及公共资源配置人口评估机制。

专栏10　全员人口统筹管理信息系统

全员人口统筹管理信息系统，是以全员人口数据库为基础，围绕城镇化、教育素质、健康保障、收入分配以及老龄化等主题，形成人口统筹管理信息采集、人口统筹管理统计分析、人口统筹管理决策支持、人口计划生育服务管理四大业务应用信息系统，包含人口数量控制类、人口素质提升类、人口结构优化类、人口分布引导类和内部综合管理类等内容。该项目建设单位为国家人口计生委，31个省（自治区、直辖市）为项目参建单位，国务院相关部委为项目参与协作单位。该系统是《国家“十二五”时期人口发展规划》重要项目，有利于各级政府部门掌握人口数量、素质、结构、分布现状及趋势，科学分析人口与经济社会资源环境内在关系，为科学决策、加强人口规模调控和综合服务管理提供重要的信息支撑。按照国家统一部署，北京市将在“十二五”时期完成市级建设项目。

三、创新流动人口管理和服务

积极探索新的工作思路和有效措施，进一步加强流动人口服务管理工作。实施居住证制度，探索建立流动人口动态信息与服务管理联动机制，建立健全人口流动区域协作机制，完善流动人口综合管理信息平台，提高流动人口服务管理信息化和精细化水平。落实出租房屋管理规定，依法治理出租房屋安全隐患，总结推广出租房屋集中管理经验模式，切实加强出租房屋管理工作。建立健全青年流动人口服务管理机制，为其在京创业和工作生活创造良好环境。加强和改善进京务工人员服务保障工作，努力解决就业服务、社会保障、权益维护、基本公共服务等方面存在的突出问题。探索建立外籍人口服务管理模式，开展国际化社区建设试点工作，完善在京居住外籍人员服务管理。

专栏11　青年流动人口服务项目

服务项目	服务内容
就业促进项目	整合各方资源，引进就业指导师，建立就业信息发布平台，提供就业信息，加强就业指导。
创业帮扶项目	建立创业导师队伍，开展创业青年培训，推进小额贷款工作，举办青年创业大赛，为青年创业提供帮助。
职业规划项目	开展职业规划辅导，帮助青年明确发展目标，加强与青年流动人口流入地团组织的联系合作，引导该群体向二、三线城市发展。
安全教育项目	组织社会安全、公共卫生、健康婚育教育等普及讲座；开展健康使者火炬行动、星光自护教育等，提高青年安全意识和自我保护能力。
法制教育项目	编发法律知识手册，举办法制教育讲座，宣讲劳动协议、房屋租赁、社会治安等政策，引导和帮助青年知法、懂法、守法、用法。
心理辅导项目	采取心理咨询、实践活动、体验教育等方式，开展心理健康教育、心理素质训练，帮助青年化解心理困惑，健康面对生活。
爱心公益项目	联系社会团体和青年组织，发挥社会救助体系作用，深化“100365首善行动”，救助和帮助有特殊困难的青年。
网络服务项目	开展网上思想引导工作，建立网络服务平台，及时发布青年生活服务信息和活动信息。
文体娱乐项目	举办文化讲座、歌咏比赛、桌游竞技、体育比赛等活动，联合社区团组织和青年所在单位团组织共同开展工作，丰富业余文化生活。
志愿服务项目	组织相关专业志愿者队伍，从生活信息服务、专业知识咨询、技能教育培训、综合素质提升等方面开展志愿服务，引导参与社区建设。

四、完善特定人群管理和服务

加强和创新特定人群的教育、引导、服务和管理工作。加强刑释解教和社区服刑人员服务管理，各区县全部建立“阳光中途之家”，有效提供释前辅导、法制教育、社会认知教育、职业技能培训、心理辅导和临时救助等服务。完善社区矫正工作机制，加强和改进社会闲散人员、不良青少年服务管理，做好教育、帮扶、矫治等工作。建立健全精神病患者服务管理制度，使之得到及时救助、治疗和康复。加强流浪少年儿童救助工作，使其回归正常社会生活。

专栏12　阳光中途之家

为加强刑释解教人员和社区服刑人员管理和服务，加大教育引导和帮扶力度，朝阳区借鉴国内外先进经验，在全市率先建立“阳光中途之家”，主要为社区刑满释放“三无”人员（无家可归、无亲可投、无生活来源）提供过渡性食宿、就业培训、心理辅导等服务。

第九章　夯实基层社会管理基础

着力加强和创新社区服务管理，健全基层社会管理和服务体系，切实打牢基层社会服务管理根基，基本实现社区建设规范化、村庄管理社区化，逐步实现城乡社区服务管理一体化。

专栏13　社区建设“一分、三定、两目标”

一分	实行社区服务站与社区居委会职能分开。
三定	定事（社区工作职能）、定人（社区专职工作者职数）、定钱（社区工作经费）。
两目标	努力建设专业化职业化的社区工作者队伍、具有中国特色的社会主义新型社区。

一、完善社区服务管理格局

按照“一分、三定、两目标”的要求，进一步完善社区党组织、社区居委会、社区服务站职能，充分发挥社区党组织的领导核心作用，发挥社区居委会的民主自治功能，发挥社区服务站承接政府公共服务的职能，支持社会组织参与社区服务管理，动员驻区单位支持社区建设，构建社区党建、社区自治、社区服务“三位一体”的工作格局，形成以社区党组织为领导核心、以社区居委会为主体、以社区服务站等为依托、以社区社会组织为补充、以社区信息综合管理服务平台为载体、驻区单位和组织协同配合、社区居民广泛参与的现代社区治理结构和新型社区服务管理体系，不断完善社区服务管理格局。

专栏14　社区工作主要职责

社区党组织	1. 宣传和执行党的路线方针政策，宣传和执行党中央、上级党组织和本组织的决议，团结、组织干部群众努力完成社区各项任务。 2. 讨论决定本社区建设、管理和服务中的重要问题和重大事项。 3. 领导社区居民自治组织，支持和保证其依法充分行使职权，完善公开办事制度，推进社区居民自治；领导社区服务站和各类社区服务组织开展社区服务工作，创新社区服务机制，提高社区服务水平；领导社区群众组织，支持和保证其依照各自的章程开展工作。 4. 联系群众、服务群众、宣传群众、教育群众，反映群众的意见和要求，化解社会矛盾，维护社会稳定，把工作重点放到凝聚群众力量参与和谐社区建设、共同创造幸福生活上来。 5. 加强社区党建协调工作，指导社区社会组织党组织、非公有制经济组织党组织开展党建工作；组织协调驻区单位党组织开展区域性党建工作，促进资源共享。 6. 加强社区党组织自身建设，做好社区党员教育管理和发展党员工作；与有关部门共同搞好社区流动党员的教育、管理和服务工作。
社区居委会	1. 依法组织居民开展自治。宣传宪法、法律、法规和国家政策，教育居民遵守社会公德和居民公约，组织开展多种形式的社会主义精神文明建设活动；召集社区居民会议，执行居民会议的决定，办理本社区居民公共事务和公益事业，开展社区便民利民服务活动。组织居民参与群防群治，调解民间纠纷，组织动员居民参与民主自治，实现共驻共建；管理社区居委会经费、印章和财产，推行居务公开；及时向政府及其派出机关反映居民群众的意见、要求和提出建议。 2. 依法协助城市基层政府及其派出机关开展工作。依托社区服务站协助政府及其派出机关做好社会治安、社区矫正、社区卫生、计划生育、社会保障、流动人口服务管理等工作，推动政府社会管理和公共服务覆盖全社区。协助政府及其派出机关应对和处置社区突发公共事件，维护社区安全稳定。 3. 依法依规组织开展民主监督。组织居民参与涉及切身利益的公共政策听证活动，参与对城市基层政府及其派出机关和工作人员的工作、驻社区单位参与社区建设的情况进行民主评议，对市政服务单位的服务情况进行监督。指导、监督业主委员会、业主大会、物业服务企业依法开展工作。

续表

社区服务站	1. 协助政府职能部门办理本社区内各种公共服务事项，把政府公共服务延伸到社区，实现政府职能重心下移。 2. 组织开展社区公益服务，协助社区居委会办理本社区居民的公共事务和公益事业。 3. 充分利用社区资源，动员社会力量，组织开展社区便民服务，方便居民生活。 4. 培育和壮大社区公益性服务组织，支持和引导社区社会组织积极发挥作用。 5. 通过各种渠道及时了解和反映社区居民意见和建议，努力解决存在问题；积极支持和配合社区居委会依法开展社区居民自治、人民调解，提供法律服务，维护社区和谐稳定。 6. 定期向街道办事处、社区党组织汇报工作，向社区居委会通报工作，接受社区居委会和居民群众的监督和评议。

二、搭建社区综合服务管理平台

完善社区服务管理体系，推动社会管理重心下移，延伸公共服务职能。以社区服务中心、社区服务站为依托，规范基层专业服务机构，有效承接政府委托事项，形成政府行政管理与社区居民自治工作有效衔接和良性互动。以居民需求为导向，整合人口、就业、社保、民政、文化以及综治、维稳、信访、城管等管理职能和服务资源，健全社区综合服务管理平台。建立健全政府投入与社会投入相结合的经费保障机制。改造和提升96156社区信息服务平台，加强社区服务管理综合信息系统建设，实现社区管理信息化、服务智能化。

专栏15　96156社区信息服务平台

服务类型	服务项目
社区建设与管理	社区信息管理、社区人口管理、社区智能服务管理、社区信息终端发布管理、社区志愿者管理与服务、社区服务中心设施服务。
信息查询	办事办证、养老机构、民政工作指南、单位基本信息、便利服务信息、生活信息指南。
公益服务	法律咨询热线、心理咨询热线、姐妹驿站热线、婚姻家庭咨询热线、慈善公益服务热线、殡葬公益服务热线、社区大课堂，其他社会组织合作项目。
便利服务	家政服务、家电维修、居室维修、酒后代驾、送水、送粮油、送餐，水电、燃气、电话缴费。
公共服务	社区文化、社区体育、社区旅游，其他委办局委托合作项目。
养老（助残）服务	生活照料、居家维护、养老（助残）精神关怀服务、残疾人信息无障碍交流、老人生活辅助用品租售、“小帮手”电子服务器服务。

三、全面实现城市社区建设规范化

继续围绕社区服务站建设、社区工作职能、社区运行机制、社区志愿服务、社区工作者管理、社区基础设施配置、社区经费投入等七个方面，加快推进社区规范化建设，“十二五”期间，城市社区基本达到规范化建设标准。以社区基础设施建设和服务管理职能完善为突破口，加快推进社区规范化建设向老旧小区、新建住宅小区、城乡结合部社区延伸，探索切合不同社区实际特点的社区服务模式和管理机制，逐步实现城市社区规范化建设全覆盖。

专栏16　社区规范化建设主要任务目标

规范化内容	任务目标
社区服务站建设	1. 政府在社区层面设立综合性服务平台，统一命名为社区服务站。
	2. 规范社区服务站的工作关系。
	3. 明确社区服务站各个岗位与街道相关部门的对应关系和各自职责。
	4. 整合社区各类服务资源。
	5. 建立健全社区服务站业务管理制度。
社区工作职能	6. 合理划分社区党组织、社区居委会和社区服务站的职责任务。
	7. 细化社区党组织的主要职责。
	8. 细化社区居委会的主要职责。
	9. 细化社区服务站的主要职责。
社区运行机制	10. 明确和理顺社区党组织、社区居委会和社区服务站之间的关系。
	11. 建立在社区党组织领导下，社区居委会和社区服务站紧密对接、协调联动工作机制。
	12. 充分发挥社区居民会议的作用。
	13. 规范完善社区党组织、社区居委会、社区服务站等组织的工作制度。
社区志愿服务	14. 以社区老年人、下岗失业人员、残疾人和低收入家庭等为重点服务对象，开发社区志愿服务项目。
	15. 整合社区志愿服务资源。
	16. 完善社区志愿者招募管理制度。
社区工作者管理	17. 充实社区工作力量。
	18. 对社区服务站工作人员实行公开招录。
	19. 通过政府购买服务的方式，为每个社区至少配备1名社会工作专业人员，开展社会工作专业服务。
	20. 逐步将符合条件的各类社区协管员、社区事务助理纳入社区工作者规范化管理。
社区基础设施配置	21. 采取新建、改扩建、购买等多种方式，使社区办公和服务用房达到350平方米以上标准。
	22. 社区办公和服务用房内外部环境整洁、形象良好。
	23. 完善社区公共服务设施。
社区经费投入	24. 将社区服务设施配套纳入城市基础设施建设规划，区县政府承担社区办公和服务用房项目建设主体责任。
	25. 落实社区公益事业专项补助，加大对社区公益事业的支持力度。
	26. 社区办公经费按照不少于每户50元的标准核定。
	27. 社区工作者工资、福利待遇，社区信息网络建设及管理、运营、维护等经费全部纳入区县政府年度财政预算管理，并足额拨付。

四、加快推进农村社区建设和村庄社区化管理

以基础设施建设为突破口，推进社区规范化建设向农村社区延伸。加强乡镇社区服务中心和农村社区服务站建设，完善“一站式”服务，强化农村社区信息化建设，推进96156社区信息服务平台向农村社区延伸，不断推进城乡社区建设一体化。加快推进村庄社区化试点工作，研究出台《北京市村庄社区化服务管理办法（试行）》，规范服务管理职能，完善工作运行机制，加强专职工作者队伍建设，逐步健全村庄社区化服务管理体系，不断推进村庄社区化服务管理创新。2011年底，全市13个区（县）城乡结合部地区的668个村庄普遍开展村庄社区化服务管理试点。“十二五”期间，随着城乡一体化进程逐步扩大试点范围，逐步扩大村庄社区化覆盖面，逐步实现村庄社区化服务管理规范化，让具备社区化条件的村庄更多更好地共享城市化发展成果。

专栏17　村庄社区化试点

把城市社区服务管理理念推广到城乡结合部和流动人口较多的村庄，通过加强和创新村庄社会服务管理，进一步提升村庄城市化程度和社区化服务管理水平。其主要内容包括：

◆加强党的领导，推进村民自治

◆加强基础建设，完善配套设施

◆整合资源力量，提升服务管理

◆实施综合治理，实现动态防控

第十章　加强和完善公共安全管理

围绕提高预知、预警、预防和应急处置能力，推动建立主动防控和应急处置相结合、传统方式和现代手段相结合的公共安全体系，努力营造生产安全、社会安定、生活安宁的社会环境。

一、健全食品药品监管机制

完善食品药品安全标准，严格市场准入。建立健全食品药品质量追溯制度，形成来源可追溯、去向可查证、责任可追究的安全责任链。完善动态监测和处置机制，健全食品药品安全应急体系，强化快速通报和迅速反应机制，及时处置食品药品突发公共安全事件，坚决打击违法犯罪行为。健全食品安全管理综合协调机制，完善食品安全监管体系，落实食品安全管理责任制，提高公众食品安全意识，形成政府、企业、行业组织、消费者和媒体共同参与的监管工作格局。

二、健全安全生产监管机制

完善安全生产法律法规政策标准、技术服务、预警预测、应急处置和救援、社会监督、宣传教育和培训体系建设。改善安全生产设施和装备，深化安全生产专项治理，落实企业安全生产主体责任，严格安全生产目标考核与责任追究。健全以预防为主的安全生产长效机制，完善安全生产综合监管、行业监管、属地监管责任体系，严厉打击非法违法生产经营建设行为。充分发挥工会、行业协会等社会组织的作用，加强对安全生产的监督。推进安全社区建设，加强居家安全宣传、教育、服务和管理，努力防止居家安全事故发生，为安全生产和日常生活创造有利条件。

三、完善社会治安防控体系

以社会化、网络化、信息化为重点，进一步健全专群结合、点线面结合、网上网下结合、人防物防技防结合、打防管控结合的立体化治安防控体系。加强重点地区、重点场所社会治安综合治理，严密防范和依法打击各种违法犯罪活动。坚持专群结合、群防群治，夯实基层基础工作，加强基层综治维

稳力量建设，发挥街道（乡镇）综治维稳中心平台作用。深入推进“平安北京”建设，维护良好的社会治安环境。

四、完善应急防灾管理机制

健全各级应急管理和防灾减灾机构，形成科学完善的公共突发事件处置和灾害应急管理体制机制。以各级应急管理和防灾减灾主管部门为主导，健全各级政府及有关部门、基层组织、企事业单位、社会团体和志愿者应急联动机制。统筹全市资源，提高公共突发事件和灾害预警能力。普及应急管理、防灾减灾、预防避险等知识，切实加强各级干部处置公共突发事件和应急救灾培训，经常组织开展群众性应急演练，不断加大城市防灾技术研发力度，努力提高全社会处置公共突发事件能力、防灾减灾能力、应急管理能力、危机管理能力。

第十一章　加强和完善互联网等新媒体管理

坚持积极利用、科学发展、依法管理、确保安全的方针，在加强和完善传统媒体管理的同时，加强和完善互联网等新媒体服务管理，形成法律规范、行政监管、行业自律、技术保障、公众监督、社会教育相结合的互联网服务管理体系，提高信息网络服务管理水平。

一、促进互联网新媒体发展

进一步整合资源，积极推动互联网等新媒体发展和“三网融合”。加强市属媒体网站建设，积极为中央媒体网站做好服务工作，在新闻发布、信息采集、产业政策等方面给予必要的扶持。加强首都之窗等政府网站建设，鼓励街道、社区开辟服务型网站，发挥地区商业网站积极作用，提高服务管理水平。加强互联网登记备案管理，严格落实域名注册管理规定，确保域名注册信息真实、准确、完整。培育健康向上的网络文化和网络环境，促进互联网健康发展、服务社会、弘扬主旋律。

二、完善网上公共文化服务

统筹网上网下两个阵地，运用互联网等新媒体搭建公共文化服务平台。加强对网民心理和需求研究，利用博客、微博、论坛等开办功能实用、服务便捷的专业频道，丰富网上文化内容，提供优质信息服务。加大投入力度，推进公益性上网向社区和农村延伸，采取政府购买、项目资助等方式，鼓励和引导网络文化单位开展网上公共服务。提高运用网络开展社会服务管理能力，推进社区工作者上网服务工程，充分运用网络开展社区工作。

三、加强网上宣传引导工作

按照及时准确、公开透明、有序开放、动态管理、正确引导的要求，建立健全主管部门统筹协调、相关部门主动应对、重点网站发挥主渠道作用、商业网站积极配合的宣传、引导、管理相结合的网上舆论引导机制。加强网上正面宣传，积极开展网上舆论引导，为推动科学发展、促进社会和谐营造良好的网络氛围。以建立全市网络发言工作制度为契机，完善网上舆论引导机制。进一步提高各级党委、政府和领导干部运用新媒体与公众沟通的能力，准确掌握网上舆情，及时发布权威信息，正确引导网上舆论，有效掌握主动权，努力营造良好的网上舆论环境。

四、依法加强互联网新媒体管理

健全党委政府加强领导、专业部门担当主力、职能部门分工负责、社会力量共同参与的互联网管理体制。进一步完善政策法规，坚持依法管网，落实谁经营谁负责、谁接入谁负责、谁主管谁负责、谁审批谁监管责任制。研究制定试行办法，逐步推进网站主办者和手机用户真实身份信息登记，维护网络信息安全流动。加强网络诚信体系建设，落实电信运营企业和用户法律责任，促进互联网业界行业自律，引导网民诚信守法。加强举报热线、“妈妈评审团”和网站自律专员等机制建设，构建文明办网、文明上网长效机制。规范网络信息传播秩序，依法治理网络虚假、色情、诈骗等不良信息，依法打击网络违法犯罪活动，净化网络环境。

第十二章　构建网格化社会服务管理体系

按照“城市管理网格化、社会服务精细化”的要求，在加快推进社会服务管理创新试点的基础上，全面推广网格化社会服务管理模式。

一、加快推进社会服务管理创新综合试点工作

根据党中央、国务院和市委市政府的统一部署，认真落实中央综治委《社会管理创新项目建设指南》，加快推进东城、朝阳、顺义三区社会服务管理创新综合试点工作和各区（县）专项试点工作，及时总结推广基层社会服务管理创新经验，不断加强社会服务管理基础建设，切实提高全市社会服务管理科学化水平。

二、基本实现社会服务管理网格化

充分运用网络地图技术和现代信息技术，科学划分网格单元，优化网格资源配置，把人、地、物、事、组织全部纳入网格，实施精细化、信息化、动态化社会服务管理。制定并落实《北京市网格化社会服务管理指导意见》，建设社会服务管理综合信息系统，健全监督检查考评体系，构建区（县）、街道（乡镇）、社区（村）网格化社会服务管理体系，基本实现网格化社会服务管理全覆盖，实现社会服务管理精细化、信息化和科学化。

专栏18　网格化社会服务管理体系

网格化社会服务管理体系，是城市管理网格化的继承和发展，是充分运用网络地图技术和现代信息技术进行社会服务管理的新探索。一般把1个社区划分为1个或若干个网格，把人、地、物、事、组织等内容全部纳入其中，实施精细化、信息化、动态化服务管理，从而推动政府公共服务和社会管理方式创新，使社会服务管理力量下沉、职责明确、资源整合、运转高效，以便更清晰地掌握情况、更及时地发现问题、更迅速地处置问题、更有效地解决问题，实现社会服务“零距离”、社会管理全覆盖。

三、全面提升社会服务管理信息化水平

围绕社会服务集约化、社会管理精细化、社会动员快速化、社会生活智能化的要求，以“四网六库”为重点，加快推进社会建设信息化体系构建，着力加强社区信息化建设，构建全面覆盖、动态跟踪、联通共享、功能齐全的社会服务管理信息系统，全面提升社会服务管理科学化水平。进一步整合资源、形成合力，逐步实现各级各类社会服务管理网络互联互通、资源共享。

第四篇
激发活力　动员社会参与

积极推进社会协同，广泛动员公众参与，不断推动社会各界和公众有序参与社会事务，不断激发社会创造活力。

第十三章　动员公众广泛参与

坚持党的领导、人民当家作主和依法治国的有机统一，不断扩大基层民主，保证群众充分行使民主权利，不断提高基层民主自

治能力，推动公众有序参与、依法管理和监督公共事务。

一、全面推进居民自治

制定和实施《关于加强城乡社区居民委员会建设工作的意见》，进一步完善基层民主自治制度。完善社区党组织领导的社区居民自治机制，开展以民主选举、民主决策、民主管理、民主监督为主要内容的民主自治，全面推进社区居民自治。加大社区事务公开力度，提升社区居委会民主自治功能，完善社区居民会议、议事协商会议、民主听证、居务公开制度，推进居民会议常态化。总结推广东城区社区居民会议常务会经验，推进社区民主自治创新发展。加快推进小区业主大会建设，探索社区居委会对业主大会指导监督的工作机制，引导业主大会依法规范运行。

二、不断推进村民自治

进一步加强村民民主自治，完善村民委员会直接选举制度，深化村务公开、民主管理，规范村级重大事务民主议事规则，健全村民（代表）和村民小组会议制度，切实保障村民知情权、参与权、表达权和监督权。健全村务监督机制，完善新型农村基层自治组织体系，将现有村务公开监督小组和民主理财小组整合提升为村务监督委员会，更好地发挥村民群众在村级民主监督中的主体作用。探索和完善村务监督委员会职责和工作机制，研究出台政策法规，确保村务监督委员会有序运行。全面启动“创新村务公开民主监督实践活动”，推动农村民主自治创新发展。

三、积极推动公众参与

引导群众依法有序参与社会公共事务，完善公共政策听证制度，建立领导干部、人大代表和政协委员社区接待日、居民代表定期入户等制度，运用居民会议、网上论坛、民情恳谈、社区对话等形式，为居民提供顺畅便捷的诉求表达渠道。逐步扩大基层自治组织换届直接选举比例，支持社会组织参与社区服务管理，引导驻区单位支持和参与社区建设，探索流动人口参与社区选举、社区服务和社区管理，充分发挥离退休老党员、老干部在社区建设和服务管理中的作用，形成有序参与、共建共享的良好局面。

四、切实加强社会监督

推进政务公开，重点推进财政预算、公共资源配置、重大建设项目、社会公益事业等信息公开。坚持社会监督与组织监督、群众监督、舆论监督相结合，建立健全特邀监督员队伍和工作机制，充分发挥人大代表、政协委员的监督职能，发挥人民团体、民主党派的监督作用，广泛听取无党派人士监督意见和建议，确保政府公共决策、社会公共事务置于公众民主监督之中。强化社区民主监督功能，健全社区民主监督制度，加强对社区日常工作的监督，强化社区居民对街道（乡镇）、政府部门派驻社区工作人员和市政服务单位评议和监督。

第十四章　激发社会组织创造活力

按照“一口审批、分类管理、政府监督、扶持发展”的原则，推动社会组织管理创新，加大培育扶持力度，建立健全现代社会组织制度，引导社会组织加强自身建设，增强服务社会能力，激发创造活力，发挥应有作用。

一、积极推进社会组织管理改革

加强和改进社会组织管理，建立健全统一登记、各司其职、协调配合、分级负责、依法监管的社会组织管理体制。总结完善中关村社会组织管理改革试点经验，按照有关法律法规要求，积极稳妥地推进工商经济类、公益慈善类、社会福利类、社会服务类社会组织直接登记。完善社会组织备案管理制度，不断扩大备案管理范围。建立分级管理制度，对社会组织实施分类管理、分级负责。健全政府引导、社会参与、第三方独立运作的社会组织考核评估机制，加强依法监管，完善退出机制。

专栏19 “枢纽型”社会组织

“枢纽型”社会组织，是由北京市社会建设工作领导小组认定的，对同类别、同性质、同领域的社会组织进行联系、管理和服务的大型联合性社会组织。其主要职能包括：

◆政治上发挥桥梁纽带作用，成为党和政府与社会各界相互联系的桥梁和纽带

◆业务上发挥龙头引领作用，团结带领同类别、同性质、同领域社会组织共同发展业务

◆日常管理服务上发挥平台作用，授权承担相关社会组织的业务主管单位职责，负责对同类别、同性质、同领域社会组织进行日常联系、管理和服务工作

二、基本形成社会组织“枢纽型”工作体系

加快构建以人民团体为骨干的社会组织“枢纽型”工作体系，使市级“枢纽型”社会组织达到30家左右，并健全市、区（县）、街道（乡镇）三级“枢纽型”社会组织工作网络，基本实现社会组织“枢纽型”服务管理全覆盖。按照“六有”（有领导责任制、有职能部门、有工作制度、有党组织和党的工作广泛覆盖、有管理和服务体系广泛覆盖、有业务和活动品牌项目）要求，健全“枢纽型”社会组织工作运行机制。按照政社分开、管办分离的原则，加快推进社会组织与行政主管部门在机构、人员、资产、财务等方面彻底分开，逐步实现自我管理、自主发展，并分类纳入社会组织“枢纽型”工作体系。按照“新增严控、存量渐减”的原则，逐步推进党政机关公务员不在社会组织兼职，确因工作需要兼职的严格按有关规定报批。加强社会组织规范化建设，完善法人治理结构和内部管理制度，建立健全现代社会组织制度。

专栏20 已经认定的市级“枢纽型”社会组织

批次	组织名称
第一批（10家）	北京市总工会、中国共产主义青年团北京市委员会、北京市妇女联合会、北京市科学技术协会、北京市残疾人联合会、北京市归国华侨联合会、北京市文学艺术界联合会、北京市社会科学界联合会、北京市红十字会、北京市法学会。
第二批（12家）	北京市工商业联合会、中国国际贸易促进委员会北京市分会（北京市贸促会）、北京市志愿者联合会、北京市私营个体经济协会、北京市体育总会、首都慈善公益组织联合会、北京注册会计师协会、北京市律师协会、北京工业经济联合会、北京市商业联合会、北京市建筑业联合会、北京民办教育协会。

三、加快推进社会组织健康有序发展

加大公共财政对社会组织支持力度，围绕社会基本公共服务、社会公益服务、社区便民服务、社会管理服务、社会建设决策研究与信息咨询服务，每年向社会组织购买300个以上公共服务项目。贯彻落实非营利组织税收优惠政策，大力培育和发展服务民生的公益性社会组织、符合产业导向的行业性社会组织、参与基层社会建设的社区社会组织、促进社会和谐的新型社会组织。加强社会组织培育孵化基地建设，完善服务内容和手段，努力培育一批有影响力的社会组织、打造一批示范性强的公益服务项目和便民服务品牌。逐步建立健全社会组织人才引进、

社会保障、职称评定、职业规范等制度，开展多层次、多类别的业务培训，加快推进从业人员专业化职业化进程。

专栏21　政府购买社会组织服务项目指南（试行）

服务类型（5类）	服务项目（40项）
社会基本公共服务	社区基本公共服务推进项目、扶老助残服务项目、支教助学服务项目、扶贫助困服务项目、公众卫生健康知识普及服务项目、就业创业帮扶服务项目、公共安全教育训练推广项目。
社会公益服务	社会志愿公益服务项目、高校社团公益服务项目、“人文北京、科技北京、绿色北京”行动计划推广项目、绿色生活方式引导项目、“做文明有礼的北京人”宣传教育推进项目、法律咨询与援助服务项目、人文关怀与社会心理服务项目、特殊人群服务项目、网络组织文明自律引导服务项目、应急救援综合服务项目。
社区便民服务	“一刻钟社区服务圈”便民服务拓展项目、家政服务提升推广项目、社区居民出行便民服务项目、社区“一老一少”照护服务项目、社区智能化便利服务项目。
社会管理服务	社会组织“枢纽型”管理服务项目、社会组织孵化项目、社会组织服务品牌提升推广项目、与在京国际组织和国家行业组织交流项目、社区管理及村庄社区化管理服务试点项目、国际化社区服务管理试点项目、社会矛盾调解服务项目、社区矫正帮教服务项目、新居民互助服务管理项目、专业社工管理岗位项目、专业社工人才培养评价使用激励试点项目。
社会建设决策研究和信息咨询服务	网格化社会管理标准体系研究项目、社会建设指标体系研究项目、社会舆情监测与分析研究项目、虚拟社会信息交流及引导机制研究项目、社会心理服务研究项目、社会动员机制研究项目、社会稳定风险评估研究项目。

四、充分发挥社会组织作用

加快政府职能转变，为社会组织参与社会管理和公共服务提供更大空间。充分发挥“枢纽型”社会组织作用，广泛联系、动员、引领本领域社会组织发展业务、开展活动、服务民生，推动社会组织参与社会管理、提供公共服务、反映利益诉求、促进社会和谐。加强“枢纽型”社会组织与驻京国际社会组织和全国性社会组织、高校学生社团的联系、交流与合作。依法加强境外非政府组织在京活动的管理。

专栏22　社会组织服务民生行动

服务领域	服务内容
扶贫助残	为低收入家庭、贫困人群及灾区群众提供生活救助，改善其生存状况。提供各类助残服务，实现残疾人生活有保障、康复有条件、在家有照料、出行无障碍。
医疗卫生	资助低收入家庭、大病重病患者就医，开展公众卫生健康知识普及、送医送药活动，帮助困难群众解决看病难问题。
文体科普	为居民提供文化休闲、科学教育、体育健身等服务，推动公益文化、科学知识普及和体育事业发展。

续表

服务领域	服务内容
妇幼保护	维护妇女儿童合法权益，开展帮扶活动，救助困难儿童生活、学习，帮助少年儿童安全、健康成长。
服务三农	支持新农村建设，开展帮扶、资助活动，提高农业产业化、专业化水平，提高农民生活质量。
法律援助	为低收入家庭居民、外来务工人员等提供免费法律咨询和诉讼代理等法律援助服务。
支教助学	对低收入家庭学生、外来务工人员子女在京就读所需费用提供支持，资助因病、因困等原因辍学的学生重返校园。
生态环保	开展动植物保护、植树造林、美化环境、污染治理、低碳排放、环保宣传等活动。
促进就业	针对大学生、外来务工人员、失业人员等开展劳动技能培训、创业知识培训及其他培训。
拥军优属	为部队官兵、军烈家属提供法律咨询、技能培训、心理咨询等服务，加强军民团结。
服务社区	为社区提供心理减压、居家养老、社区矫正、应急减灾、矛盾化解、知识讲授、垃圾分类等服务，提高居民生活品质。

第十五章　推动企业更好履行社会责任

完善政策法规，进一步强化各类经济组织的社会责任，推动各类经济组织在社会建设中发挥更大更好作用。

一、推动企业履行社会责任

明确各类经济组织管理服务员工、参与支持社会建设的社会责任，充分发挥各类企业在社会服务管理中的作用。推动各类企业履行社会责任，构建和谐劳动关系，关注和服务民生，维护消费者权益，支持公益慈善事业，维护企业内部稳定。建立健全企业参与驻区社会建设长效机制，完善企业动员员工、离退休人员参与社会公益服务机制，鼓励和引导企业向所在社区开放内部服务设施和文体活动场地。探索运用多种手段，激励企业积极履行社会责任。推动各类企业诚信建设，适时公布企业履行社会责任情况。

二、营造企业发展社会环境

积极营造各类经济组织健康发展的社会环境，引导各类经济组织依法实行劳动合同和集体合同制度，建立健全工资集体协商、正常增长、支付保障机制。推动非公有制经济组织建立健全党组织和群团组织，指导和帮助其完善内部治理结构，依法规范企业管理和经营行为，加强人文关怀和企业文化建设，改善员工工作、生活条件。注重发挥行业协会（商会）作用，建立非公有制经济组织与员工利益共享机制，健全劳动关系预警、劳动争议协商解决机制，维护员工合法权益，构建和谐劳动关系，推动非公有制经济又好又快发展。

三、实现商务楼宇服务管理全覆盖

进一步加强和完善商务楼宇服务管理，推进商务楼宇社会工作站、党建工作站、工会工作站、共青团工作站、妇联工作站“五站合一”全覆盖，把社会公共服务延伸到商务楼宇，把党组织和群团组织建在商务楼宇，把党的工作和群团工作落实到商务楼宇，推动楼宇经济充满发展生机和创造活力。搭建商务楼宇社会服务管理综合平台，逐步将党务、政务、社务工作整合并搭载其中，推进社会服务管理在商圈、园区等延伸并与街道、社区有效衔接。

专栏23　商务楼宇社会服务管理工作职责

名称	主要职责
党建工作站	1. 指导商务楼宇内经济组织、社会组织建立党组织工作。 2. 做好商务楼宇基层党组织和党员基础数据统计工作，及时向上级党组织反馈。 3. 负责接转党员组织关系，接收入党申请书、收缴党费等，提供党务信息咨询服务。 4. 协助商务楼宇内党组织做好党务工作者选拔培养、党员教育管理、党员发展等工作。 5. 组织开展党群共建活动，为商务楼宇内组织和党员服务社会搭建平台。
社会工作站	1. 依托政府职能部门办理商务楼宇内公共服务，将政府公共服务延伸到商务楼宇。 2. 协助商务楼宇内经济组织和社会组织办理所属员工的公共事务和公益事业。 3. 建立商务楼宇组织和员工需求台账，整合区域资源，开展便利服务活动。 4. 通过各种渠道及时了解和反映商务楼宇组织和员工意见和建议。协调治安、消防等相关部门按照各自职能加强对商务楼宇内组织管理，维护商务楼宇安全稳定。 5. 培育和壮大商务楼宇内公益性服务组织，支持和引导志愿组织积极发挥作用。
工会工作站	1. 依法开展商务楼宇建立工会工作，发展工会会员，指导工会组织会员开展活动。 2. 指导商务楼宇工会组织宣传党的路线方针政策和法律法规，营造良好工作氛围。 3. 掌握楼宇从业人员和用人单位基本状况，调查、收集并反馈相关信息。 4. 为商务楼宇内工会会员和职工提供信访接待、政策咨询、法律援助、生活求助等服务。 5. 依法协调辖区劳动关系，开展劳动争议调解工作，促进劳动关系和谐稳定。
共青团工作站	1. 负责商务楼宇团建工作，推荐优秀团员入党，做好团的统计工作。 2. 负责商务楼宇青年人才工作，推荐优秀青年代表参与各级评优表彰活动。 3. 组织商务楼宇从业青年开展文化学习、联谊交友等文明、健康、有益的活动。 4. 服务商务楼宇青年创业就业，提供创业培训、小额贷款、中小企业开户等服务。 5. 负责商务楼宇志愿者工作，组织成立志愿者队伍，定期开展各类志愿服务活动。 6. 负责商务楼宇青年权益保护工作，为青年提供法律援助、心理咨询等服务。 7. 负责商务楼宇青年组织的联系和培育，指导青年组织开展活动并提供一定支持。
妇联工作站	1. 宣传贯彻男女平等，团结引导妇女自尊、自信、自立、自强，全面提高素质。 2. 面向女员工开展法制宣传教育，提供保护妇女儿童合法权益的政策法规等咨询。 3. 了解商务楼宇女员工基本情况、服务需求和意见建议，并及时向有关部门反映。 4. 为商务楼宇女员工提供心理疏导、家教指导等服务，解决其身心等方面遇到的困难。 5. 开展“巾帼建功”活动，表彰优秀典型，引导岗位成才建功，发挥应有作用。 6. 增进妇女及妇女团体间交流合作，协调和推动社会各界为妇女办实事办好事。

第十六章　推进社会积极协同

在党和政府领导下，不断加强社会工作者和志愿者队伍建设，不断完善社会工作者与志愿者互动、社区与社会组织互联、政府社会市场互补的协同机制，推动共建共享社会建设成果。

一、基本实现社会工作者队伍专业化职业化

继续通过民主选举、公开招聘、业务培训等方式，建立健全社区工作者管理使用长效机制，在实现城市社区工作者专业化职业化基础上，着力加强新建社区和农村社区工作者队伍建设，全面推进城乡社区工作者专业化职业化。到“十二五”期末，力争使具有大专以上学历的社区工作者达到90%左右，平均年龄保持在40岁左右。探索以政府购买服务方式，向医院及社区卫生服务机构、学校、养老院、“枢纽型”社会组织和社区等派驻专业社工。鼓励和支持社会工作者参加社会工作职业水平考试。成立市、区（县）社会工作者联合会，构建社会工作队伍“枢纽型”社会组织管理体系。制定并试行北京市社会工作者培养、管理、评价、使用、激励系列政策，完善社会工作者服务管理机制。推动高等教育社会工作专业等学科建设。加强社会工作者专业培训和继续教育。逐步把社会工作人才纳入全市专业技术职务制度统一管理。建立科学的用人机制，健全社会工作者薪酬保障制度。大力表彰优秀社会工作者，增强社会工作的认同感和归属感。

二、进一步完善志愿服务长效机制

加强市、区（县）志愿者联合会建设，完善街道志愿服务指导中心职能，积极组织开展志愿服务活动。健全志愿者招募机制、招募渠道和招募方式，建立参与广泛、贴近需求、专业志愿者与通用志愿者相结合的服务队伍。巩固发展青年志愿者成果，着力建设各级各类中老年志愿者队伍。完善志愿服务保障体系，推行志愿者注册制度，建立健全注册志愿者档案管理、服务时间储蓄、返还服务、分级表彰等制度，建立志愿者星级认证制度和志愿者奖章授予制度。推进志愿服务项目体系建设，制定服务指导目录，开发急需特色项目。建立全市志愿服务信息发布平台，实现服务项目与社会需求有效对接。扶持和发展城乡志愿服务示范点，打造志愿服务平台和项目品牌。广泛宣传优秀志愿者、先进志愿者组织典型事迹。“十二五”期间，市民志愿服务参与率达到20%以上，全市注册志愿者200万人以上，每人每年服务50小时以上。

三、完善社会工作运行机制

建立健全社会工作者与志愿者互动机制，充分发挥社会工作者的专业优势，更好发挥志愿者的协同作用，共同引导、带动服务受益者和公众参与支持社会公益服务，形成社会工作者带领志愿者共同开展服务、服务受益者和公众支持参与服务的良性互动机制。建立健全社区与社会组织互联机制，搭建党和政府引领下的社区、社会组织和社区居民互联互动平台，形成以社区为纽带、社会组织为载体、社会工作者为骨干、志愿者积极协同、社区居民广泛参与的社会服务管理联动局面。建立健全政府、社会、市场互补机制，充分发挥政府、社会、市场各自优势，政府搭建企业履行社会责任、社会组织提供公益服务与社会需求对接平台，引导社会力量和社会资金投入社会建设，鼓励机关、企事业单位支持和参与基层社会服务管理，形成政府主导、社会协同、市场参与的共建共享良好局面。

第五篇
优化环境　创建社会文明

加强社会主义核心价值体系教育实践活动，营造文明有礼的社会风尚，形成学法遵法守法用法的社会氛围，倡导科学的方式方法，培育健康向上的社会心态，努力创建文明的社会环境。

第十七章　做文明有礼的北京人

深入开展理想信念教育，大力加强公民道德建设，建立健全社会诚信体系和行为规范，广泛开展群众性精神文明创建活动，大力弘扬爱国主义、集体主义、社会主义思想，自觉抵御各种消极思想侵蚀，营造社会文明风尚。

一、深入开展理想信念教育

深入开展社会主义核心价值体系宣传、教育和实践活动，坚持用马克思主义中国化最新理论成果武装党员、教育干部群众，用中国特色社会主义共同理想凝聚力量，用以爱国主义为核心的民族精神和以改革创新为核心的时代精神鼓舞斗志，用社会主义荣辱观引领社会风尚，引导广大干部群众树立正确的世界观、人生观、价值观，坚定理想信念，巩固党和广大群众团结奋斗的共同思想基础。大力弘扬以“爱国、创新、包容、厚德”为内容的“北京精神”，为建设“人文北京、科技北京、绿色北京”和推动首都科学发展、促进社会和谐凝聚更大力量。

二、大力加强公民道德建设

坚持把社会主义道德观教育实践融入国民教育和精神文明建设全过程，全面加强社会公德、职业道德、家庭美德、个人品德建设，深入开展见义勇为、孝星等道德模范评选表彰活动，引导人们自觉履行法定义务、岗位职责、社会责任、家庭责任。加强未成年人思想道德建设，培养中国特色社会主义事业合格建设者和可靠接班人。坚持正确舆论导向，加强公共传媒在思想道德建设中的正面引导作用。

三、完善社会诚信体系和行为规范

加快建立社会诚信制度，健全社会诚信体系，完善社会诚信规范，建立机关事业单位、社会组织、经济组织和公民个人信用管理体系，形成统一的信用记录平台。强化社会信用管理体制机制，明确有关部门的管理责任，营造诚实守信的社会舆论氛围。加强对社会规范建设的指导，推进行业规范、社团章程、村规民约、社区公约完善，发挥社会规范在社会管理中的作用。监督和引导经济组织、社会组织及个人诚信守法，加大守信激励、失信惩戒力度，坚决打击制假贩假、造谣诈骗等危害群众生命健康和财产安全、扰乱市场秩序、损害社会诚信的违法行为。

四、广泛开展群众性精神文明创建活动

以“爱首都、讲文明、树新风——做文明有礼的北京人”为行动主题，围绕培育文明风尚、维护公共秩序、提高观赏水平、改善城乡环境等目标任务，深入持久地推进礼仪、环境、秩序、服务、观赏、网络等“六大文明”引导行动，形成讲秩序、强责任、守诚信、重包容的社会文明风尚。广泛深入开展文明区县、文明村镇、文明社区、文明单位创建活动，创建一批全国和首都文明示范点。

专栏24 “做文明有礼的北京人”主题活动

礼仪文明引导行动	主要在公共卫生、公共秩序、公共交往、公共观赏、公共参与等领域加大文明行为引导力度，狠抓文明行为习惯养成。
环境文明引导行动	主要以垃圾减量分类为重要突破口，开展垃圾减量、垃圾分类从我做起主题宣传实践活动。倡导珍惜物力、勤俭节约，增强广大市民节能节水环保意识。
秩序文明引导行动	开展绿色出行、文明交通从我做起主题宣传实践活动。提高全民绿色出行意识，倡导绿色生活新风尚。以行车文明、乘车文明、停车文明、行路文明、服务文明、管理文明为重点，全面推进文明交通行动计划。
服务文明引导行动	以诚信服务和优质服务为主题，围绕职业道德、服务规范、岗位技能、志愿精神等方面提升服务水平。
观赏文明引导行动	开展文明观赛宣传引导活动，营造浓厚的文明观赛氛围。引导观众言行优雅、衣着得体，遵守场馆秩序，提高审美情趣和文化观赏水平。
网络文明引导行动	引导广大网民明辨是非、分清美丑，自觉抵制网络低俗之风。增强社会责任感和网络道德意识，引导网络从业人员创建文明网站、文明频道。开展网络监督志愿服务活动，构建专群结合的网络文明社会监督机制。

第十八章 营造学法尊法守法用法的社会氛围

深入开展法制宣传教育，推进政府部门依法行政，引导广大群众自觉学法用法，努力形成学法、遵法、守法、用法的社会氛围。

一、深入开展法制宣传教育

大力加强中国特色社会主义法律体系学习宣传活动，深入开展“六五”法制宣传教育，不断强化社会主义法治理念，不断提升全社会法律意识，形成全社会尊重法治、崇尚法治、厉行法治的良好氛围。丰富活动载体和实践途径，推进社会主义法治文化建设。继续开展“法律进机关、进乡村、进社区、进学校、进企业、进单位”主题实践活动，切实提高全社会法治化管理水平。全面推进“法治区县”创建工作，不断促进民主法治建设。

二、全面推进依法行政

坚持开展依法行政考核和群众满意度测评。以建设法治政府为目标，以增强领导干部依法行政意识和能力、提高制度建设质量、规范行政权力运行、严格执行法律法规为着力点，推进依法行政，加强行政监督和问责，完善行政复议制度，依法化解社会矛盾纠纷。各级党委带头维护法制、依法办事，各级政府认真履行宪法和法律赋予职责，领导干部带头遵守和执行宪法、法律和法规。

三、增强群众法律意识

大力弘扬法治精神，增强人民群众法律意识，弘扬遵纪守法文明风尚，不断增强广大群众知法、懂法、守法、用法的自觉性，努力做到平时学法、遇事用法、办事循法。引导人民群众自觉遵守法规制度，自觉维护公共秩序，自觉维护和谐稳定，主动通过法定程序、合法渠道、合法方式反映诉求和解决纠纷。

第十九章　倡导科学的方式方法

大力建设学习型城市，不断提高广大市民的科学文化素质，积极倡导科学的思想方法、工作方法和生活方式。

一、大力推进学习型城市建设

广泛创建学习型组织和学习型家庭。促进各级各类教育衔接沟通，建立不同类型学习成果互认衔接制度，促进终身学习。支持企事业单位和各类社会组织举办多层次、多类型的继续教育和岗位技能培训。鼓励企事业单位为社区提供教育教学资源，拓展社区教育和农村成人教育。大力发展数字化远程教育，构建终身学习网络和平台，为学习者提供方便、灵活、个性化的学习服务。

二、持续开展科学普及活动

完善区（县）、街道（乡镇）、社区（村）三级科普工作网络，推进科普示范基地建设，开展科普进基层系列活动，全市社区科普活动室、科普书架覆盖分别达到50%和60%。推广网上科普资源超市，搭建新型传播平台，探索科普资源开发、整合、集散新形式。以经常性系列讲座、周末社区大讲堂为载体，打造科普品牌和精品服务项目，开展健康知识、安全知识、卫生救护知识等讲座和培训，引导公众改进思想方法、工作方法和生活方式。

三、坚持反对迷信和邪教

加强宣传教育主阵地建设，形成崇尚科学、反对迷信、抵制黄赌毒的良好风气。坚持不懈开展正确人生观、世界观、价值观教育，深入持久开展科普宣传教育，不断提高人民群众分辨是非能力和科学文化素质，培养科学、文明、健康的生活方式。

第二十章　培育健康向上的社会心态

加强舆论引导，加强心理服务和人文关怀，培育健康向上的社会心态，引导市民快乐工作、健康生活，促进市民身心和谐。

一、注重社会舆论引导

坚持正确舆论引导，健全社会心态引导机制。坚持实事求是，及时全面公开党务、政务和公共事务信息，提高舆论引导力度。对广大群众普遍关心的热点问题或重大公共突发事件，及时召开新闻发布会，通过广播电视、互联网等媒体公布真实信息，运用多种手段报道事实、疏导情绪，增强舆论引导的主动性、针对性、实效性。

二、加强社会心理关怀

建立社会心态监测、预警、疏导机制，及时发现、疏导社会不良心态，防范和降低社会风险。推广“爱心传递服务热线”等做法，开展社会关爱行动。发挥基层组织作用，关心帮助困难家庭和个人。发展专业社会服务机构，加强公众人文关怀，及时安抚心态失衡、生活失意等人员。积极培育奋发进取、理性平和、开放包容的社会心态，形成积极向上、健康和谐的社会氛围。

三、完善心理援助服务

成立北京市社会心理工作者联合会，搭建社会心理研究、咨询、服务、管理平台，切实形成工作合力。通过政府购买社会服务等方式，鼓励和引导高校、医院、科研机构等参与社会心理服务工作。加强重点人群心理问题干预，完善心理危机干预服务，加强精神抑郁患者、问题青少年等群体的干预和治疗。建立重大灾害及突发事件后心理危机干预机制，及时开展心理援助。加强精神卫生体系建设，提高精神卫生专业机构防治能力，完善精神健康促进和精神疾病预防、诊治、康复机制，积极开展精神疾病社区康复和心理健康咨询服务。

第六篇
共建共享　构建社会和谐

进一步加强和完善党和政府主导的维护群众权益机制，大力做好新形势下群众工作，妥善处理人民内部矛盾，最大限度增加和谐因素，最大限度减少不和谐因素。

第二十一章　健全群众利益协调机制

坚持以群众利益为重、以群众期盼为念，认真做好新形势下群众工作，建立健全党和政府主导的维护群众权益机制，切实维护和保障群众利益。

一、注重倾听群众呼声

准确把握新形势下群众工作的新情况新特点，积极探索加强和改进群众工作的新途径、新办法，把群众工作贯穿到社会管理的各个方面、各个环节。广泛听取群众意见和呼声，准确把握各类社会群体利益需求，及时掌握广大群众利益诉求，着力维护人民群众最关心、最直接、最现实的利益问题。通过调研、信访等工作，全面了解和掌握城乡困难群体、城市拆迁户、征地农民等利益反映，健全群众利益诉求反馈机制，及时回应答复群众诉求。

二、完善平等协商机制

正确把握最广大人民根本利益、现阶段群众共同利益、不同群体特殊利益的关系，建立健全科学有效的协调机制。健全利益协商机制，保障利益各方知情权、参与权和平等对话权。依托政府部门、工会、行业协会等，建立健全员工工资集体协商机制，推进区域性、行业性调解协商平台全覆盖。在拆迁征地、劳动用工等矛盾多发领域，建立平等协商机制。推广工会、人力社保、司法行政、信访、法院、企业家联合会调解劳动争议“六方联动”机制，开展中关村高新企业商事纠纷调解试点工作。

三、切实保障合法权益

完善利益保障政策，健全相关制度和问责机制，通过实施政府办实事工程等举措，依法维护广大群众特别是进城务工人员及随迁子女、拆迁失地农民、下岗失业人员等合法权益，妥善解决征地拆迁、食品药品安全等事关群众切身利益的突出问题。引导和督促企业认真落实劳动法律法规，维护劳动者合法权益，保障企业正常生产经营秩序。加强法律援助，依法保护困难群众合法权益。深化政务公开，完善司法公开、企事业单位办事公开等制度，依法保障群众知情权、参与权、表达权和监督权。

第二十二章　健全群众诉求表达机制

适应新形势下群众诉求多元化的特点和规律，转变作风、强化服务，创新方式方法，拓宽诉求表达渠道，健全诉求表达机制，为群众依法表达诉求创造条件。

一、畅通诉求表达渠道

把知民情、解民忧、化民怨、暖民心作为各级党委和政府的经常性工作，充分发挥人大、政协的职能作用，充分发挥各民主党派、无党派人士、人民团体以及行业协会、大众传媒等的重要作用，拓宽诉求表达渠道。健全公共政策社会公示制度、公众听证制度，不断扩大公众参与。完善群众来信、来访、来电、市（区、县）长信箱等诉求表达方式，完善诉讼、仲裁、行政复议等法定诉求表达机制，健全群众诉求表达和合法权益保障机制。整合服务资源，完善联合接访机制，实行“一站式受理、一条龙服务、一揽子解决”。发展网上信访，推进网上受理、网上办理、网上答复。加强人民建议征集工作网络建设，拓展建议征集内容和范围。健全网络连线、群众接待日、连民心恳谈室等工作渠道，为群众表达诉求、反映意见和建议提供方便条件。

专栏 25　连民心恳谈室

在社区（村）设立连民心恳谈室，建立连民心恳谈制度，通过及时发现和解决居民日常工作生活中的矛盾纠纷和困难问题，架起党、政府与人民群众之间的“连心桥”。该工作模式 2006 年由门头沟区试点创建，目前已在全市推广。

二、加强改进信访工作

坚持用群众工作统揽信访工作。严格落实“属地管理、分级负责，谁主管、谁负责”的原则，严格落实信访责任制，全面推进领导干部接访、走访和包案督导，认真落实在岗接访、重点约访、带案下访、结案回访、联合会访要求，积极化解突出信访问题。健全信访工作制度，完善信访工作体系，建立健全综合协调机制和专项保障机制，推进信访工作改革创新。建立健全基层信访工作机构和信访信息员队伍，配备社区信访工作者入户开展服务，及时发现和反映问题。充分发挥基层党组织作用，使信访工作融入社会各领域、各行业和各类群体，构建全覆盖的基层信访工作网络。推广“信访代理制”“一单式”工作法等经验，切实保障群众合法权益。建立健全群众诉求表达反馈机制，及时反馈群众诉求办理情况。

专栏 26　信访代理制

信访代理制，是基层党政机关、职能部门在群众信访问题上变“群众上访”为“代理员上访”的一种工作机制。它在降低信访成本、化解基层矛盾，解决群众不会访、无序访和走弯路等问题上发挥了积极作用，也被称为“群众张嘴、干部跑腿”的新型信访方式。该制度先后在河北省唐山市、承德市和青海省西宁市成功试点后在全国推广。2009 年，北京市原崇文区试行信访代理制并取得初步工作成效，目前已在全市推广。

三、引导理性表达诉求

加强法制宣传教育，积极引导群众以理性合法方式表达诉求，依法行使民主权利、维护自身合法权益。充分发挥基层组织和相关社会组织在引导群众、疏导情绪、开展思想工作等方面的作用，建立方便快捷、规范有序的群众诉求处置机制，及时化解矛盾纠纷。树立正确的诉求表达导向，依法处理破坏公共秩序、妨害执行公务等违法行为，促进社会和谐稳定。

第二十三章　健全社会矛盾调处机制

坚持工作联动、重心下移、源头防范，健全社会矛盾多元调解体系，注重依靠社会力量，妥善处理人民内部矛盾，维护首都社会和谐稳定。

一、健全社会矛盾多元调解体系

坚持法定程序优先原则，健全人民调解、行政调解、司法调解相结合的“大调解”工作机制，健全完善社会矛盾多元调解体系，形成社会矛盾调解工作合力。建立健全各级社会矛盾调处中心，健全覆盖全面的人民调解工作网络，加强调解员和调解志愿者队伍建设。拓展行政调解工作领域，在纠纷较多的领域、部门建立行政调解机制。司法审判坚持调解优先、调判结合，依法对人民调解、行政调解等达成的协议进行司法确认。总结推广人民调解进派出所、人民调解进立案庭等经验做法，及时有效化解矛盾纠纷。

二、强化源头治理社会矛盾纠纷

推进科学民主依法决策，加强社会矛盾源头治理。充分发挥基层社会矛盾调处中心作用，加强社会舆情汇集分析和矛盾纠纷预警。建立健全社区和商务楼宇矛盾调解委员会以及信息员队伍，充分发挥基层党员干部、社区工作者、志愿者的作用，着力构建覆盖全面的矛盾纠纷排查网络，把绝大多数矛盾纠纷化解在基层。坚持定期排查、不定期排查和专项排查相结合，逐级做好排查化解工作，及时发现和消除苗头隐患，防范矛盾激化和纠纷扩大。

三、依靠社会力量化解矛盾纠纷

健全劳动争议纠纷调解机制，有效调解、仲裁劳动争议纠纷，积极构建和谐劳动关系。鼓励和支持社会组织参与矛盾纠纷化解，引导人民团体、行业协会成立调解组织或咨询机构，妥善处理矛盾纠纷。充分发挥工青妇及残联等群众组织作用，维护员工、青少年、妇女儿童及残疾人合法权益。支持和引导律师等专业法律服务力量参与调解工作，邀请专家参与专业性纠纷调解和疑难复杂纠纷处理。

第二十四章　健全社会稳定风险评估机制

健全和完善社会稳定风险评估机制，变事后被动处置为事前主动防范，强化信息预警，搞好调查研究，完善风险评估，做到依法科学民主决策。

一、深入开展社情民意调研

充分运用现代高新技术手段，加强调查研究，实时掌握舆情动态，及时了解社情民意，为政府决策提供依据。注重发挥舆情搜集研判对防范风险、促进和谐的积极作用，在重大政策出台前后、突发事件处置期间，及时跟踪调查社会舆情，系统研究信息动态变化，科学研判形势，积极有效应对，维护社会稳定。

二、加强社会稳定风险评估

凡涉及群众切身利益、影响面广、可能引发社会不稳定的重大事项，特别是在城市建设、企事业改革改制、公共服务与管理、社会保障、涉农等领域涉及群众切身利益的重大问题，严格落实社会稳定风险评估责任。按照属地管理、谁决策谁负责的原则，在重大事项及相关政策出台前，从合法性、合理性、可控性等方面进行科学、系统的社会稳定风险评估，并根据评估结果采取有针对性的应对措施，有效化解和控制风险，最大限度地维护群众根本利益，最大限度地从源头上预防和减少各种不稳定因素，确保重大事项顺利实施。因未进行社会稳定风险评估或评估工作中搞形式主义和弄虚作假，以及风险预防化解工作不落实、不到位而引发影响社会稳定事件的，依法严肃追究主管部门、单位负责人和相关人员责任。

三、实施依法科学民主决策

完善科学决策、民主决策、依法决策程序，建立重大行政决策合法性审查、集体决定、实施后评价等制度，健全公共决策社会公示制度、公众听证制度、专家咨询论证制度。对涉及经济社会发展全局的重大事项，广泛征询意见，充分协商协调，扩大决策的公众参与程度。对专业性、技术性较强的重大事项，认真组织专家论证、专业咨询和决策评估，确保重大决策民主公开、程序透明，符合群众切身利益。

第二十五章 健全社会和谐创建机制

坚持和谐发展，通过开展基层和谐创建活动促进社会和谐，让和谐理念融入市民的工作生活，成为全民自觉践行的社会风尚。

一、深入开展和谐家庭创建活动

围绕“建和谐家庭、促和谐社会”的主题，以创建绿色家庭、学习型家庭、平安家庭等为载体，组织实施“和谐家庭行动计划”。研究制订和谐家庭建设评价指标体系，引导城乡家庭弘扬男女平等、夫妻和睦、尊老爱幼、邻里互助等美德，培育家庭成员明礼诚信、高尚文明、积极上进等品格，动员城乡家庭广泛参与和谐家庭创建行动，树立和表彰万户和谐示范家庭，以家庭和谐推动社区和谐、社会和谐。

专栏27 和谐家庭行动计划

行动目标		建和谐家庭、促和谐社会，推进三个“百、千、万、百万”工程。
主要内容	低碳生活	绿色家庭创建行动，树立万户绿色家庭。
	家有书香	学习型家庭创建行动，形成讲科学、爱科学、用科学的良好风尚。
	维权服务	平安家庭创建行动，每年评选百户首都平安示范家庭。
	以文化人	家庭文化倡扬行动，身心更加健康、邻里更加和睦、社区更加文明。
	心手相牵	家庭互助帮扶行动，推进扶贫济困活动机制化、长效化和规范化。
	立足社区	家庭服务推动行动，促进家庭服务规模化、网络化和品牌化。

二、深入开展和谐社区（村镇）创建活动

加快推进和谐社区（村镇）建设，完善基层社会管理和服务体系。广泛开展以增强社区认同感、归属感和凝聚力为主旨的群众性文化活动，引导居民积极参与，营造和睦融洽、互帮互助的邻里关系。深入开展和谐社区（村镇）示范点创建工作，打造特色社区（村镇）及其精品服务品牌，实现和谐社区（村镇）创建活动全面覆盖。支持驻区单位参与和谐社区建设，推进共建共享。

专栏28 北京市和谐社区建设指导标准

目标	标准
文明祥和	1. 社区居民思想道德素质较高；2. 家庭成员和睦相处；3. 邻里之间团结互助，人际关系和谐；4. 社区精神文明创建活动普遍开展；5. 社区教育普及深入，学习型社区建设初见成效；6. 社区文体活动丰富健康；7. 居民法律意识较高。
安全稳定	8. 社区公共安全制度健全；9. 社区治安防控措施有效；10. 社区综合治理措施落实；11. 矛盾纠纷调处及时有效；12. 居民自救互救能力强。
服务完善	13. 便民利民服务项目齐全；14. 便民利民服务形式多样；15. 便民利民服务队伍健全；16. 社区特殊群体基本生活保障及时到位；17. 社区居民个性化服务有效开展。
环境整洁	18. 市容环境整洁；19. 环境治理有效；20. 绿化美化程度高；21. 居民环保意识强。

续表

目标	标准
管理规范	22. 社区发展目标任务明确；23. 社区居委会运行规范；24. 群众性组织健康发展；25. 居民自治制度完善；26. 各项工作制度健全；27. 民主选举依法规范；28. 民主决策公开透明；29. 民主管理科学有序；30. 民主监督渠道畅通；31. 民意收集表达机制制度化；32. 社区共建共享；33. 物业管理健康发展；34. 流动人员管理规范。
健康幸福	35. 居民在社区身体健康需求得到基本满足；36. 居民心理问题得到及时疏导。
保障机制	37. 社区党组织领导核心作用；38. 政府职责；39. 公共服务体系；40. 资金保障；41. 社区工作队伍建设；42. 社区公共服务设施建设；43. 社区居委会职责；44. 驻区单位职责；45. 社区社会组织职责；46. 居民群众主体作用。

三、深入开展和谐企业创建活动

围绕构建和谐劳动关系，深入开展和谐企业创建活动，鼓励和引导企业诚信经营、依法用工、规范管理。发挥企业工会组织作用，督促用工单位依法签订和履行劳动合同，尊重和保护劳动者合法权益。加强企业监督管理，健全企业内部管理制度，完善工资集体协商机制，形成和谐劳动关系。大力倡导企业和谐文化建设，营造和谐内部关系，提升企业形象和社会影响力。

四、深入开展民族团结宗教和睦创建活动

全面贯彻执行党的民族政策，加强民族团结宣传教育，深化民族团结进步创建和表彰活动，巩固和发展平等、团结、互助、和谐的民族关系。加快推进少数民族乡村经济、清真食品企业等发展，完善和推广牛街民族特色服务保障体系，不断满足少数民族群众生活需求。全面贯彻落实党的宗教工作方针，深入开展和谐寺观、教堂创建活动，提高宗教活动场所规范化管理水平，引导宗教与社会主义社会相适应，促进不同宗教信仰群众和谐相处。

第七篇
完善措施　实现奋斗目标

进一步加强组织领导，推进社会领域党的建设，健全统筹协调机制，完善政策法规体系，加大财政投入力度，实施重点项目支撑，强化规划评估与监督，全面推进规划实施。

第二十六章　健全组织保障体系

加强组织领导，加强社会领域党的建设，加强能力建设，不断健全社会建设组织保障体系。

一、不断加强组织领导工作体制建设

加强党的领导，强化政府职责，推动社会协同，动员公众参与，进一步完善党委领导、政府负责、社会协同、公众参与的工作格局。坚持把社会建设作为各级党委和政府的第一责任，在经常研究经济形势和经济建设工作的同时，经常研究社会发展形势和社会建设工作。进一步完善社会建设工作统筹协调机制，充分发挥市、区（县）社会建设工作领导小组及其办公室的职能作用，加强对全市社会建设总体规划、重大方案、重要决策的研究，加强对全市社会建设工作的宏观指导、统筹协调和督促检查。社会建设重

大事项由领导小组统筹研究、统一部署，日常工作由领导小组办公室综合协调、督促检查，各项任务由各部门分工负责、各尽其职。充分发挥人大、政协的职能作用，发挥各民主党派、无党派人士和人民团体的重要作用，发挥中央国家机关、驻京部队和高校、科研单位的优势，充分调动街道（乡镇）、社区（村）基层组织的积极性，不断激发社会组织和经济组织的自觉性，广泛动员社会各界有序参与，切实增强社会建设整体合力。

二、不断加强社会领域党的建设

进一步完善街道（乡镇）社会工作党委工作机制，全面落实社区党建“三有一化”，构建区域化党建格局。加快推动社会组织党的建设，推进“枢纽型”社会组织党建“3+1”工作机制建设，形成社会组织分类管理、分级负责和党建与业务一起抓的工作局面。实施非公有制企业党建推进工程，进一步加强商务楼宇党建工作，深入开展“五个好”创建活动。进一步总结社会领域统战工作经验，推动社会建设工作与党的各项工作有机结合、相互促进。进一步健全流动党员服务管理机制。充分发挥党建引领作用，深化创先争优活动，全面推行基层党员承诺制，扎实推进领航、聚力、先锋“三大工程”，以党组织和党的工作全覆盖推进社会服务管理全覆盖，以社会领域党建工作创新推动社会服务管理创新。

专栏29　社会领域党建工作创新机制

社区党建“三有一化”目标	三有	有人管事　有经费办事　有场所议事
	一化	基层党建工作区域化
“枢纽型”社会组织党建“3+1”工作机制	3	建立社会组织党建工作委员会 建立社会组织联合党组织 设立或明确相关工作职能部门
	1	建立“枢纽型”社会组织党建工作例会制度
非公有制经济组织党建“五个好”创建标准	领导班子好　党员队伍好　工作机制好　发挥作用好　各方反映好	

三、不断加强社会工作者能力建设

加强学习和教育引导，不断提高社会建设工作队伍政策理论水平，切实增强干部队伍的全局意识、责任意识、创新意识、服务意识和奉献精神。注重培训和实践锻炼，切实加强社会建设工作队伍能力建设，不断提高社会建设工作队伍综合素质，不断加强制度建设，不断完善工作规范，坚持依法办事和科学办事，养成良好作风和团队意识，确保各项工作任务圆满完成。

第二十七章　健全工作保障制度

着力健全法制保障体系，加大财政保障力度，优化资金管理使用，不断提高社会建设科学化、规范化、法制化水平。

一、健全法制保障体系

紧密结合社会服务管理实际，在不断推进政策和制度创新、完善社会建设政策体系的基础上，加快推进社会服务管理地方立法工作，加快推进社会建设法制化进程，逐步形成比较完善的法规、规章体系，规范、引导和推动各项工作依法运行，为加强和创新社会管理、全面推进社会建设提供法制保障。

二、加大财政保障力度

优化整合存量资金，不断加大财政投入力度，将社会建设资金纳入各级财政预算予以保障，为实施规划和完成目标任务提供有力的财政资金保障。综合考虑经济社会发展和财力状况，逐步加大社会建设专项资金投入。发挥财政资金引导和推动作用，不断挖掘社会资源，不断拓宽参与渠道，积极引导和支持民间资金和力量参与社会建设。

三、优化资金管理使用

健全社会建设资金管理使用机制，完善政府购买服务项目化运作模式，建立相应的资金管理、社会招标、契约管理、监管评估等制度。优化资金使用，明确重点投向，确保资金优先投向社会民生急需的基本公共服务项目、用于基层和基础薄弱地区的社会建设项目。强化对资金使用的审计监督，完善相关工作机制，坚持厉行勤俭节约，严格控制行政成本，提高资金使用效益。

第二十八章　健全实施保障机制

不断加强项目体系、指标体系和评估机制建设，确保社会建设各项任务落到实处、取得实效。

一、完善重点项目支撑体系

坚持以规划带动项目、以项目落实规划，围绕今后五年社会建设重点任务，认真组织实施一批关系全局和长远发展的重点项目，通过项目实施促进规划落实。健全项目管理和实施机制，加强前期调研论证、立项审批、中期动态监管、后期检查验收，严格落实项目审计、监察和后期评估，确保项目建设的标准和质量。

二、建立社会建设指标体系

按照本规划纲要的总体要求和目标任务，围绕完善社会服务、创新社会管理、动员社会参与、优化社会环境、构建社会和谐等任务，研究制定社会建设指标体系，建立健全科学考评机制，把社会建设考评纳入各级领导班子和领导干部绩效考核，推动规划目标任务和年度工作全面落实。

三、健全督促检查评估制度

研究制订年度实施方案和“折子工程”，逐年逐项细化分解规划目标和重点任务，明确责任分工，抓好督查落实，确保规划目标任务全面完成。完善监测评估机制，跟踪分析和掌握规划实施进展情况，适时对重点领域和重点任务开展专题评估，每年形成工作督查报告。开展中期评估，并根据评估情况和形势任务变化调整规划目标和任务。

（2011年10月11日北京市人民政府第105次常务会议审议通过）

关于全面推进社区规范化建设工作的通知

2009年以来，按照市委、市政府部署，全市扎实推进社区规范化建设，并取得了明显成效，累计已有1967个城市社区达到规范化要求。根据在2633个城市社区全部实现规范化建设的三年计划，2011年将在全市其余666个城市社区开展规范化建设，基本实现城市社区建设规范化。现将有关事项通知如下：

一、继续按已有工作方案向前推进扩大覆盖。此项工作在指导思想、任务目标、实施步骤等方面，总体上延续过去两年的做法和要求，即按照《关于进一步推进社区规范化建设试点工作的实施方案》（京社领办发〔2010〕3号）的相关规定和任务，在社区服务站建设、社区工作职能、社区运行机制、社区志愿服务、社区工作者管理、社区基础设施配置、社区经费投入等7个方面全面推进规范化建设，确保到今年年底前全市城市社区基本达到规范化建设要求。

二、进一步把完善社区运行机制当作根本任务抓紧抓好。认真贯彻落实中共中央办公厅、国务院办公厅《关于加强和改进城市社区居民委员会建设工作的意见》（中办发〔2010〕27号）的文件精神，进一步规范社区党组织、社区居委会、社区服务站的职责任务和工作关系，构建社区党建、社区自治、社区服务“三位一体”工作格局。在着力加强社区党建、着力加强社区服务的同时，要着力完善社区自治功能，健全社区居民会议、社区居委会日常工作制度，形成以社区党组织为核心、社区自治组织为基础、社区服务站为依托、社区社会组织为补充、驻社区单位密切配合、社区居民广泛参与的现代社区治理结构。社区居委会要协助街道办事处、乡镇人民政府指导、监督业主大会和业主委员会开展工作，维护社区居民的合法权益。

三、进一步把扎实推进社区用房达标建设当作关键任务抓紧抓好。各区县要积极采取新建、改扩建、购买以及落实配建指标、锅炉房改造、利用人防设施、资源整合利用等多种方式，继续扎实推进社区办公和服务用房达标建设，并确保社区用房按规划设计用途使用，力争到今年底使城市社区的办公和服务用房均达到350平方米左右的标准。具体事宜由市相关部门另行通知。

四、进一步把提升老旧小区规范化管理当作突出问题来抓。各区县要切实将提高老旧小区的服务管理水平纳入社区规范化建设重要内容之中，深入调研，总结经验，以共建共享共融为目的，协调相关部门加快推进老旧小区服务设施的升级改造，加大社区物防、技防设施建设力度，通过加强居民楼院自治管理、引入专业化物业服务等方式，促进老旧小区的规范化管理服务，逐步解决老旧小区安全、停车、物业、环境等方面的管理难题。

五、进一步加强组织领导，确保基本实现城市社区建设规范化。今年是全市推进城市社区规范化建设的收官之年。各区县要以深入开展创先争优活动为契机，把全面推进社区规范化建设工作作为贯彻落实全市社会服务管理创新推进大会精神、深化社区综合配套改革、夯实社会建设基础的一件大事，摆上重要议事日程，抓好抓细抓实。要落实专门工作力量，健全工作责任制，组织协调相关部门和单位，及时解决推进中的困难和问题，在人员、经费、设施建设等方面给予有力支持，全面完成社区规范化建设的各项工作任务。对于社区规范化建设的进展情况以及工作中出现的新情况和新问题，要及时向市社会建设工作领导小组办公室报送、沟通和反馈。

市社会建设工作领导小组办公室成员单位（组织部、社会工委、社会办、发展改革委、民政局、财政局、人力社保局、共青团）及规划委、住房城乡建设委等相关部门要结合自身职责，积极参与、密切配合，提供机制、政策和财力等方面的配套措施，形成工作合力，有效推动各项工作开展。

（此文件2011年3月9日由市社会建设工作领导小组办公室印发）

关于社区用房规范化建设试点项目检查验收实施方案

为贯彻落实《北京市社会建设工作领导小组办公室关于转发〈关于推进社区规范化建设试点工作的实施方案〉的通知》（京社领办发〔2009〕6号）的工作要求，规范推进我市社区用房规范化试点项目建设，进一步完善试点批复项目检查验收相关规定，特制订本实施方案。

一、检查验收的依据

原建设部《房屋建设工程和市政基础设施工程竣工验收暂行办法》（建建〔2000〕142号）、《北京市社区居民委员会办公用房管理若干规定》（市政府令169号）、《北京市社会建设工作领导小组办公室关于转发〈关于推进社区规范化建设试点工作的实施方案〉的通知》（京社领办发〔2009〕6号）、北京市发展和改革委员会《关于印发政府投资管理规定的通知》（京发改〔2004〕2423号）、市发展改革委批复的社区用房建设项目实施方案及变更批复等。

二、检查验收的主体

社区用房规范化建设试点项目检查验收工作实行市、区县两级验收制度。

各区县政府负责组织实施本区县社区用房规范化试点项目建设，并在建设过程中加强监管，及时开展自查自验。

市社会办会同市发展改革委等有关部门负责对批复项目实施情况进行核查验收。

三、检查验收的主要内容

（一）项目建设总体完成情况。建设地点、建设内容、建设规模、建设标准、建设工期等是否按照批复内容完成。建设质量是否符合国家相关标准。

（二）项目资金到位及使用情况。资金使用是否符合国家有关投资、财务管理的规定，市级资金是否专项管理，专款使用、资金是否滞留、结余等。区县配套资金是否到位、实际落实情况等。

（三）项目变更情况。项目在建设过程中主要建设内容是否发生变更，是否按规定程序办理变更报批手续。

（四）项目建设是否依法合规。是否执行项目法人责任制、合同制、招投标制和监理制等。

（五）施工情况。是否按照施工工程程序进行建设，各单位工程和单项工程验收合格记录。

（六）环保、节能、劳动安全卫生、消防等设施情况。是否按批准的文件建成，是否合格、能否正常运行。

（七）项目手续办理情况。购买项目是否签订了购房合同并办理了过户手续。新建、改扩建项目是否具备土地、规划、环保等部门的审批手续，是否办理了房屋权属登记；如未办理房屋权属登记，说明未办理的原因。

（八）新建、改扩建项目征求居民意见的情况。街道办事处做好项目周边居民的工作，要召开居民代表会议等多种形式征求居民意见，并具有相关记录。

（九）竣工决算情况。是否按要求编制了竣工决算，出具了合格的审计报告。

（十）档案资料情况。建设项目批准文件、设计文件、竣工文件、监理文件及各项技术文件是否齐全、准确，是否按规定归档。

（十一）项目投入使用情况。项目是否投入使用，是否符合社区用房的使用用途。

（十二）项目管理情况及其他需要验收的内容。

四、检查验收的程序

验收工作分为区县检查验收和全市统一检查验收两个阶段。

（一）区县检查验收

1. 成立由区县社会办、发展改革委、规划委、国土局、住建委、财政局、环保局等部门组成的检查验收工作组进行自查自验。

2. 要制定区县检查验收具体实施方案。

3. 项目实施完成3个月内，各区县要出具区县政府盖章的项目检查验收情况书面报告，分别报送市社会办、市发展改革委等有关部门。

（二）市级检查验收

由市社会办会同市发展改革委、市规划委、市国土局、市住建委等有关部门组成市级检查验收工作组，对各区县检查验收情况进行核查。核查后，由市社会办负责起草核查报告，市发展改革委根据核查情况拨付后续建设资金。

如有必要，市社会办、市发展改革委可在检查验收前委托实施专项稽查。

五、工作要求

（一）社区用房规范化试点项目建设是市政府“折子工程”和为群众办重要实事内容。各部门、各区县和街道要高度重视项目检查验收工作，密切配合，切实承担起督促落实和监督检查的工作责任，确保社区办公和服务用房规范化试点项目建设任务圆满完成。

（二）检查验收工作要坚持实事求是的原则。如有违规问题要及时整改，要坚决杜绝虚报瞒报等违规现象，一旦发现将进行严肃处理。

（三）相关部门、区县和街道应加强对社区办公和服务用房的后续监管。社区办公和服务用房不得用于经营，不得以任何名义挪作他用。

（此文件2011年5月18日由市社会建设工作领导小组办公室印发）

关于进一步加强社区用房规范化建设试点项目管理有关问题的通知

为了进一步规范社区用房规范化建设试点项目（以下简称社区用房项目）建设程序，提高建设效率，明确监管责任，根据《北京市社区居民委员会办公用房管理若干规定》（2001年6月4日北京市人民政府第78号令发布，根据2006年4月11日北京市人民政府第169号令修改）、《北京市社会建设工作领导小组办公室关于转发〈关于推进社区规范化建设试点工作的实施方案〉的通知》（京社领办发〔2009〕6号）、《北京市社会建设工作领导小组办公室关于转发〈关于社区用房规范化建设试点项目检查验收实施方案〉的通知》（京社领办发〔2011〕6号）、《北京市发展和改革委员会关于印发政府投资管理规定的通知》（京发改〔2004〕2423号）、《北京市发展和改革委员会关于政府投资管理有关问题的补充通知》（京发改〔2006〕1175号）文件精神，结合我市社区用房项目建设实际情况，现将有关事项通知如下：

一、进一步规范项目建设程序

（一）完备相关手续。区县社会办、发展改革委应积极协调区县规划委、国土局、住房城乡建设委、环保局等部门尽快办理和完备相关手续。

（二）规范施工主体。应选择专业化的项目管理单位，负责工程的建设实施。要严格执行项目法人制、合同制、招投标制和监理制等。

（三）规范建设内容。社区用房项目应当严格按照发展改革委有关批复内容进行建设。发生重大变更的项目，需报变更申请，由市、区发展改革委逐级进行审批。

（四）做好居民工作。区县社会办要协调街道办事处做好项目周边居民的工作，要通过召开居民代表会议等形式广泛征求居民意见，并作好相关记录。遇有矛盾及时处理，避免扰民和信访等现象的发生。

（五）做好项目验收。要按照《北京市社会建设工作领导小组办公室关于转发〈关于社区用房规范化建设试点项目检查验收实施方案〉的通知》执行。

（六）加强档案管理。社区用房项目建设完成后，项目建设单位要按规定建立完整的社区用房项目建设档案资料备查（见附件）。

二、进一步加强项目监管职责

（一）明确街道办事处责任。街道办事处是社区用房项目管理主体。要做好项目前期选点、协助项目评估、手续办理、协调施工建设、协助竣工验收等工作。要加强对社区用房的后续管理，社区办公和服务用房不得改变使用用途，不得用于经营，不得以任何名义挪作他用。

（二）明确区县政府和部门责任。区县政府是社区用房项目的建设主体。区县社会办、发展改革委是社区用房项目建设的牵头部门，要对社区用房建设、使用和管理进行全程监管。要加强对项目建设进度的督促，每月月底前要分别向市社会办、市发展改革委上报项目建设进展情况。要按照相关规定做好项目自查验收工作。

（三）加强市级部门的监督检查。市社会办、市发展改革委将建立月报制度，每月对区县项目建设进展情况在全市进行通报；建立巡查制度，不定期对区县项目进展进行巡查。定期、不定期地对项目进行审计、稽查。

三、进一步明确工作要求

（一）要高度重视，明确职责。社区用房项目建设是市政府“折子工程”和为民办实事项目，是民生工程。区县政府要将此项工作列入本区县党委、政府重要议事日程，作为“折子工程”和为民办实事项目抓紧抓好。各区县、各部门和街道办事处要切实承担起项目落实、监督检查的工作职责。

（二）要统筹协调，形成合力。社区用房项目涉及发展改革委、财政局、规划局、国土局、住房城乡建设局、环保局等各部门，区县社会建设领导小组办公室要做好统筹协调，协调各部门共同推进社区用房项目建设。

（三）要依法依规，稳妥推进。各区县要严格按照市、区相关规定、市发展改革委批复进行项目建设。如违反有关规定，造成政府项目投资重大损失的，应按照有关法律、法规有关规定处理。

附件：社区用房规范化建设试点项目档案资料参考目录

（此文件2011年8月12日由市社会建设工作领导小组办公室印发）

附件：

社区用房规范化建设试点项目档案资料参考目录

一、区县总体资料

（一）市发展改革委批复

（二）区（县）发展改革委批复

（三）区（县）社区用房规范化建设试点项目检查验收实施方案

（四）区（县）社区用房规范化建设试点项目验收报告

二、新建改扩建类

（一）项目批复

1. 项目立项（代可研）批复、初步设计概算批复、项目竣工验收资料、备案手续等。

2. 区规划、国土、住建、环保等部门意见。

（二）项目建设手续

1. 前期招投标文件资料。

2. 设计文件资料。

3. 工程施工合同。

4. 施工许可证。

5. 项目施工资料。

6. 项目监理资料。

7. 项目财务资料。

8. 项目竣工验收资料。

（三）权属登记资料

1. 征求居民意见资料。

2. 房屋所有权证。

3. 区（县）相关部门协调会会议纪要。

（四）其他相关资料

社区用房新旧对比照片（可存为多媒体形式）。

三、购置类

（一）购买意向书

（二）购房合同

（三）房屋所有权证

（四）购房发票

（五）装修预决算资料

（六）其他相关资料（社区用房新旧对比照片，可存为多媒体形式）

关于推进“一刻钟社区服务圈”建设工作的意见

“一刻钟社区服务圈”是指社区居民从居住地出发，在步行15分钟范围内，能够享受到方便、快捷、舒适的社区服务，主要包括由政府提供的基本公共服务，社会力量和居民个人提供的志愿互助服务，市场机制提供的便民利民服务以及特色服务等。推进“一刻钟社区服务圈”建设工作，是深入贯彻落实市委十届九次全会精神，加强基层社会服务管理创新的重要举措，对于保障和改善民生，实现好、维护好、发展好最广大人民的根本利益，加强和完善基层社会服务管理体系具有重要的现实意义。为确保该项工作顺利实施，现提出如下意见：

一、推进“一刻钟社区服务圈”建设工作的指导思想、基本原则和工作目标

（一）指导思想

以民生需求为导向，以服务居民、造福群众为出发点和落脚点，以各类社区服务设施为依托，坚持硬件建设和软件建设相结合，把人力、财力、物力更多投到基层，整合社区服务资源，强化社区服务功能，提升社区服务水平，为居民群众提供优质、便捷、高效服务。

（二）基本原则

以人为本，服务居民。始终把实现好、维护好、发展好社区居民的根本利益作为工作的出发点和落脚点，把居民的服务需求作为第一信号，把居民满意度作为检验工作成效的第一标准，真正把“一刻钟社区服务圈”建设成为服务居民、造福居民的民心工程。

政府引领，社会参与。发挥政府在规划制定、政策引导、资金投入、监督管理等方面的主导作用，确保社区服务的公益性和便利性特点。鼓励和支持社会组织、企事业单位和社区居民参与社区服务，发挥多元主体在“一刻钟社区服务圈”建设中的作用。

整合资源，共建共享。充分发挥现有服务设施网络的作用和功能，逐步整合与社区服务设施建设有关的资金、项目和资源，逐步实现各级各类社区服务平台的连接与融合。注重社区服务体系规范化建设，发挥综合效益，增强服务功能。

（三）工作目标

到2011年年底，在全市建成300个以上“一刻钟社区服务圈”示范点。到2015年，基本实现“一刻钟社区服务圈”覆盖全市60%以上城市社区的目标，全市构建起面向全体社区居民、主体多元，设施配套、队伍健全，功能完善、管理规范，圈层联动、网点互补、条块结合的社区服务体系，社区服务能力显著增强，居民群众的满意度和幸福感明显提升。

二、进一步规范“一刻钟社区服务圈”的内容体系

根据社区居民的需求状况，建立社区公共服务、志愿互助服务、便民利民服务、特色服务有效衔接的“一刻钟社区服务圈”内容体系，逐步实现社区基本公共服务均等化、社区志愿互助服务经常化、社区便民利民服务社会化、社区特色服务个性化。

（一）社区公共服务

依托社区服务站、社区卫生服务站、社区警务工作室、社区来京人员和出租房屋服务站（或新居民互助服务站）等社区管理服务平台，优化工作流程，规范服务标准，建立健全首问负责、限时办结等工作制度，开展面向全体社区居民的劳动就业、社会保障、社会救助、医疗卫生、人口和计划生育、文体教育、社区安全、流动人口和出租房屋服务、环境美化等服务项目，积极推进公共服务覆盖到社区，切实保障优抚对象、老年人、残疾人、未成年人、低保对象等社会特殊群体服务需求。

（二）社区志愿互助服务

根据社区居民构成，培育不同类型、不同层次的社区志愿服务组织，积极推行社区志愿者注册登记制度，充分发挥共产党员的先锋模范作用，组织和带动共青团员、公务员、专业技术人员、教师、青少年学生以及身体健康的离退休人员等加入志愿服务组织，为居民提供生活照料、家庭应急抢修、扶贫济困、医疗保健、法律援助、社区巡逻、矛盾调解、精神关怀等公益服务，构建新型人际关系。

（三）社区便民利民服务

鼓励和支持各类组织、企业和个人兴办居民服务业，整合辖区服务资源，重点发展社区居民购物、餐饮、缴费、日常修理、美

容美发、洗（收）衣、家庭服务、邮政、物流配送和再生资源回收等服务，提高居民生活的便利度。

（四）社区特色服务

结合居民需求和社区特点，协调活动场所，组织社会服务商定期到社区为居民提供各具特色的服务，满足居民多元化、个性化的服务需求。

三、进一步健全“一刻钟社区服务圈”的设施网络

（一）合理统筹规划

按照人口规模适度、管理服务方便、资源配置有效、功能相对齐全的要求，由区县统筹，以街道（乡镇）为推进主体，科学规划、合理配置“一刻钟社区服务圈”的服务设施。在设置模式上，原则上在服务人口规模1.5万人左右的地区，建立一个综合性、多功能的“一刻钟社区服务圈”。社区规模较小、人口居住密度较高的，可以突破社区的地域限制，实行“多社区一圈”形式。社区规模较大、管理区域较分散的，可实行“一社区多圈”形式。“一刻钟社区服务圈”建设应与社区现有配套设施和服务网点建设相衔接。对于同一地域内不同主体兴办的服务设施、资源，区县、街道（乡镇）在征得相关单位同意后，可纳入“一刻钟社区服务圈”统筹规划和管理，切实避免重复建设和资源浪费。

（二）健全服务设施

根据本市城市居住区公共服务设施配置标准、相关设置规范和规划要求，“一刻钟社区服务圈”一般建有“一校、二栏、三中心、四场、五室、六站、九网点”(见附件)，并配备相应的设备，逐步形成以社区综合服务设施为主体、各类专项设施为配套、服务网点为补充、室内外设施相结合的设施网络。提倡“一室多用、一站（点）多能”，提高设施的综合使用效益。基础设施比较薄弱的老旧小区，应确保社区相关服务功能的覆盖。

（三）加强网络建设

利用现代信息技术，依托96156社区服务平台、96156社区服务热线和网格化社区服务管理体系，全面支撑“一刻钟社区服务圈”建设工作，并与电子政务、电子商务有效衔接。总结推广西城区广内街道“智慧社区”、朝阳区吉祥里社区“幸福圈”经验，通过绘制电子地图，开通社区服务网站、社区便民服务热线，公布“菜单式”服务目录，发放便民服务卡（手册）等方式，提高社区服务信息化水平，方便居民获得信息和申请服务。

四、进一步完善“一刻钟社区服务圈”的运行机制

（一）建立服务站点认证机制

认证机制包括申报、认证和公示等制度。由愿意进入“一刻钟社区服务圈”的商业服务站点、社区社会组织提出申请，经社区居民代表会议讨论通过后，由街道（乡镇）或相关组织与其签订协议，将其认证为签约服务商。签约服务商要向本地区居民公布具体服务项目、服务方式和服务专线。有条件的地区，可以对签约服务商实行“统一服务标识、统一服务标准、统一管理制度”的标准化管理。鼓励品牌化、连锁化、专业化的商业服务企业进入社区，为居民提供错时服务、预约服务、上门服务等多种便捷服务。

（二）建立辖区单位参与机制

总结推广西城、朝阳等区经验，倡导“共驻共建，共融共享”的理念，强化辖区单位的社会责任，加强不同系统、不同隶属关系之间服务资源有效整合，推动驻区单位将文化、教育、体育等活动设施和食堂、停车场等生活设施定期错时、低偿或者无偿义务向社区居民开放，将服务性、公益性、社会性事业向社区开放，不断满足社区居民日益增长的物质文化生活需求。建立街道（乡镇）牵头，纳入服务圈管理的有关单位或相关组织参加的社区服务工作联席会议制度，定期研究和协调解决社区服务发展中的问题。

（三）建立社会监督评价机制

建立健全信息采集和工作评估体系。街道或相关组织要制定管理规范、考核标准，建立社区服务满意度评价和奖惩制度，公布监督电话。社区居委会定期召开居民代表会议，征求社情民意，对服务商进行民主评议。社区服务站要主动收集居民意见、建议和具体服务需求，并及时反馈给服务商。由街道（乡镇）指导成立社区监督委员会，组织社区居民代表、辖区内各级人大代表、政协委员等，对服务商进行监督和评价。对于年度评比优秀的，街道（乡镇）应给予一定的物质奖励；对服务有缺陷、居民不满意，且拒不改正的，取消其“一刻钟社区服务圈”签约服务商资格。

五、切实加强对“一刻钟社区服务圈”建设工作的领导

（一）加大组织领导力度

市、区县社会建设工作领导小组办公室要充分发挥统筹协调作用，认真调查了解社区需求，科学制定本地区“一刻钟社区服务圈”建设的行动方案并积极协调各相关部门组织落实。市、区县相关部门要把推进“一刻钟社区服务圈”建设工作纳入重要议事日程、年度“折子工程”，按照社区服务发展要求和“缺什么，补什么”的原则，加强业务指导，配齐服务设施，搭载服务项目，丰富服务内容，及时研究解决社区服务发展中的问题，确保各项服务落实到位。各街道（地区）办事处、乡镇政府要加强综合协调，精心组织实施，动员辖区单位、社区组织、社区志愿者积极参与社区服务活动。规范完善工会、共青团、妇联、残联、老年人协会等群团组织在社区的机构，支持其发挥各自优势，参与社区服务活动。积极培育服务性、公益性、互助性社区社会组织，发挥其提供服务、反映诉求、规范行为的作用。

（二）加大经费保障力度

对社区服务设施建设与维护经费、社区服务人员报酬、社区服务工作经费、社区服务信息化建设等经费，要按有关规定采取财政保障、财政部分补助、购买服务、社区自筹、资源共享等方式予以解决。鼓励企事业单位、社会团体、个人和外资以多种形式捐赠或兴办社区服务事业，建立多元化投入分担机制，多渠道筹集社区服务体系建设资金。

（三）加大典型培育力度

深入挖掘基层实践中涌现出的好经验、好做法，着力打造一批示范典型。要把“一刻钟社区服务圈”建设工作与加强和创新社会管理相结合，与落实《北京市社区基本公共服务指导目录（试行）》相结合，与解决居民生活难题相结合，加大宣传力度，表彰先进典型，形成全社会人人关心、支持、参与“一刻钟社区服务圈”建设的良好氛围。

各区县、街道（乡镇）要按照本意见精神，结合实际，制订贯彻落实的具体措施。市社会建设工作领导小组办公室要加强对本意见贯彻执行情况的监督检查。

附件：“一刻钟社区服务圈”基本服务设施

（此文件2011年10月18日由市社会建设工作领导小组办公室印发）

附件：

“一刻钟社区服务圈”基本服务设施

名称	具体服务设施
一校	市民学校（或社区老年学校、社区党校）
二栏	社区综合宣传栏、事务公开栏
三中心	社区室内多功能活动中心（含文体活动室、党员活动室、会议室）、室外体育活动中心（含全民健身工程）、文化中心（广场）
四场	菜市场、公共停车场（含存自行车处和居民汽车场库）、垃圾分类投放场所、公共厕所
五室	社区党组织办公室、居委会办公室、图书阅览室（或社区书屋）、人民调解室、日间照料室〔或托老（残）所〕
六站	社区服务站、卫生服务站、警务工作室、巡防工作站、来京人员和出租房屋服务站（或新居民互助服务站）、再生资源回收站
九网点	餐饮店〔含养老（助残）餐桌〕、便利店（或小超市）、理发店、洗（收）衣店、药店、金融网点（含自助缴费点）、邮政网点、家政服务点、公用电话亭

关于加强城乡结合部社区建设工作的意见

为贯彻落实《中共北京市委关于加强和创新社会管理全面推进社会建设的意见》（京发〔2011〕13号）、《北京市城乡结合部建设领导小组办公室关于进一步推进本市城乡结合部重点村建设的意见》（京城乡结建办文〔2011〕2号）等文件精神，不断提高城乡结合部社区管理服务科学化水平，结合本市实际，现就加强城乡结合部社区建设工作提出如下意见：

一、加强城乡结合部社区建设工作的指导思想、基本原则和总体目标

（一）指导思想

按照构建“党委领导、政府负责、社会协同、公众参与”社会管理格局的要求，以城乡一体化发展和基本公共服务均等化为目标，在旧村拆迁、撤村建居的同时，逐步规范社区组织体系、社区工作者队伍、社区服务设施、社区服务体系建设，不断提高城乡结合部地区的社区服务管理水平。

（二）基本原则

以人为本、服务为先。要始终把实现好维护好发展好居（村）民的根本利益作为工作的出发点和落脚点，强化服务意识，创新服务管理，注重为城乡结合部社区建设工作提供更多支持，提供更好服务，不断满足广大居（村）民群众日益增长的公共服务需求和对美好生活的新期待。

科学规划、有序推进。要立足长远，以规划引领建设，增强规划的前瞻性、科学性、民主性，按照先易后难的原则，有计划、有步骤地稳步推进工作。

鼓励创新、扩大参与。要从本地区实际和特点出发，充分发挥居（村）民的主体作用和基层的首创精神，发挥居（村）民自治组织的作用，引导本地区居（村）民积极参与党的建设、社区建设、经济管理、物业管

理和商业服务。

（三）总体目标

通过加强社区建设，逐步形成城乡社区建设一体化新格局，使城乡居民都能够享受到均等的基本公共服务。到2013年年底，城乡结合部50个重点村基本实现城市社区服务管理模式或村庄社区化管理模式；力争到2015年，目前的城乡结合部地区所有社区（村）基本实现城市社区服务管理模式。

二、加强城乡结合部社区建设工作的主要任务

按照城乡一体化建设的总体要求，在认真总结北坞村和大望京村试点经验的基础上，以城乡结合部50个重点村为突破口和切入点，根据农转居进展情况，逐步将现代化的社区服务管理的理念思路、体制机制、方法手段引入城乡结合部地区，加快推进城乡结合部社区建设工作。

（一）加快构建社区组织体系

要按照1000户至3000户的标准，充分考虑公共服务资源配置、现有集体经济情况、发展空间和居民风俗习惯等因素，尽快合理划定社区。合理划分社区党组织、居民委员会、服务站和集体经济组织的职责任务，细化各自的具体工作或服务项目，进一步理顺相互关系，确保各类组织有效运转，共同发挥作用，着力构建社区党建、社区自治、社区服务“三位一体”的工作格局，形成以社区党组织为领导核心、以社区居民委员会为主体、以社区服务站为依托、以社区社会组织为补充、驻社区单位和组织协同配合、社区居民广泛参与的现代社区治理结构和新型社区服务管理体系。

实行整建制农转居模式的社区，在新建住宅区居民入住前，要做好社区党组织的衔接工作。居民开始入住时，应及时申请设立社区居民委员会，派驻筹备组做好居民入住服务工作；入住居民超过50%的，应按照相关要求，及时组织社区居民委员会选举。流动人口聚集区域，探索社区流动人口在居住地参加社区居民委员会选举的方式方法，保障其民主政治权利。同时，按照专干不单干、分工不分家的原则，建立社区服务站，开展为民服务活动。

实行村居并行模式的社区（村），要根据居（村）民居住状况，及时设立社区居民委员会，与村党组织、村民委员会按照各自职责做好社区管理和服务工作。不适宜单独设立社区居民委员会的，并入相邻社区居民委员会管理，努力实现对社区居民的全员服务和管理。

（二）着力加强社区党的建设

社区党组织是党在社区全部工作和战斗力的基础，是社区各类组织和各项工作的领导核心。要以“三有一化”（即有人、有经费、有场所，构建区域化党建格局）为重点，积极推进社区党组织建设，为社区建设提供坚强组织保证。社区党组织要负责统筹协调区域规划、区域共建、社会管理、公共服务及队伍建设等事关社区建设的重大事项。充分发挥社区党组织的领导核心作用，建立社区党组织牵头，社区居民委员会、服务站等参加的社区协商议事机制、联席会议或例会制度，研究讨论社区建设、管理、服务中的重要问题。切实加强社区党员教育、管理和服务工作，坚持和完善党员设岗定责、依岗承诺和帮扶结对等制度，拓宽党员服务群众渠道，充分发挥党员在社区建设中的先锋模范作用。实行村居并行模式的社区（村），村党组织要重点做好涉及集体经济管理、旧村改造、新农村建设、“三级联创”等工作，并与社区党组织做到有序衔接、平稳过渡。

（三）努力壮大社区工作者队伍

实行整建制农转居模式的社区，可参照《关于进一步推进社区规范化建设试点工作的实施方案》（京社领办发〔2010〕3号）的相关规定，确定社区工作者的配备标准。社区规模超过3000户的，配备人数适当增加，具体人数由各区县确定。社区工作者总体待遇不得低于所在区县上年度执行事业单位工

资制度的全额拨款事业单位（不含教师）待遇水平。通过对原有村干部的转岗培训、面向社会公开招录等方式，充实社区工作者队伍。鼓励社区民警通过民主选举程序担任社区居民委员会成员。实施城乡结合部“社区工作者骨干培养计划”，多层次、分步骤地开展理论知识和专业知识培训。鼓励社区工作者参加全国社会工作者职业水平培训和考试，促进社区工作者队伍的专业化、职业化建设。实行村居并行模式的社区（村），可适当增加社区工作力量。

（四）不断完善社区服务设施

实行整建制农转居模式的社区，要将社区办公和服务用房、活动场所和居民公益性服务设施建设，纳入城市规划、土地利用规划和社区发展相关专项规划，并与社区卫生、警务、文化、体育、养老等服务设施统筹规划建设。严格落实《关于进一步推进社区规范化建设试点工作的实施方案》《北京市居住公共服务设施规划设计指标》（市规发〔2006〕384号）等文件，对不符合规定配置标准和要求的不予批准。公共服务设施配套建设工程的设计、施工及验收使用，应广泛征求社区居民及所在街道办事处、社区居民委员会的意见。未按规划要求建设社区办公和服务用房的，不得通过验收。原则上每个社区办公和服务用房不低于350平方米，其中社区服务站“一门式”办公面积不少于50平方米。管辖区域较大、服务对象较多的社区，可适当提高用房标准。社区办公和服务用房产权属于街道办事处（乡镇或村集体经济组织），并由其负责管理，社区党组织、社区居民委员会、社区服务站共同享有使用权。服务设施的供暖、水电、煤气、电信等费用应按照当地居民使用价格标准收取。

实行村居并行模式的社区（村），要配套建设邮政、公安消防、公交站点、停车场所、垃圾集中收储转运站等公共基础设施和卫生服务站、学校、幼儿园、菜市场（或菜店）、便利店等各类服务设施，逐步使农民享有与城市居民同等的生活条件。充分利用本地区已有设施，提高社区服务站以及相邻社区服务设施之间的共享程度，注重资源整合，避免重复建设。

（五）切实加大社区经费投入

参照城市社区的标准和办法，建立社区工作经费保障机制，将社区工作者的培训、选聘以及工资、福利待遇，社区办公经费，社区信息网络建设及管理、运营、维护等经费全部纳入区县政府年度财政预算管理，落实社区公益事业专项补助资金。新建社区应由区县政府按照全市社区服务设施设备配置统一要求，根据本区县资金资产管理情况及相关经费标准，结合实际需要购置或者调配相关必要设备。社区办公经费按照每户50元标准核拨，主要用于办公用品购置费、学习培训费、水电气暖费、电话费、报刊订阅费等日常经费支出。管辖区域较大、服务对象较多或办公和服务用房较大的社区（村）可结合区县财力及实际情况，适当提高拨付标准；对原集体经济薄弱或者债务较重的社区（村），加大财政保障力度，确保正常运转。

（六）积极提升社区服务水平

一是逐步推进基本公共服务全覆盖。参照《北京市社区基本公共服务指导目录（试行）》，梳理现状，制定计划，按照“缺什么、补什么”的原则，推动社会保障、劳动就业、医疗卫生、计划生育、社区安全、文化教育等公共服务覆盖到社区。二是大力发展社区志愿互助服务。要针对社区老年人、未成年人、下岗失业人员、优抚对象、残疾人和低收入家庭等群体，通过重点帮助、结对帮扶等形式，为他们提供有针对性的志愿服务。通过购买服务、项目奖励、项目补贴等方式，培育和发展服务性、公益性、互助性社会组织，重点为社区居民提供就业保障、创业扶持、房屋租赁、法律援助等服务，为驻区单位和经济组织提供社会治安、绿化保洁、人力资源等服务。三是加快推进社区便民利民服务。有效整合辖区服务设施资源，鼓励各类组织、单位和个人兴办社区服务业，构筑便捷、舒适的“社区服务圈”，满足居民群众日益增长的服务需求。

实行村居并行模式的社区（村），要引导各类经济组织围绕本地区功能定位，发展相关产业，为社区失地农民和流动人员提供就业岗位和创业空间。在社区综合服务设施功能难以覆盖的自然村（居民区），可建设一批具有专项服务功能的服务网点，满足社区居民最为直接、最为迫切的需求。

实行村庄管理模式的行政村（自然村），要推广村庄社区化建设经验，在完善安全防范体系建设的基础上，按照《村庄社区化服务指导目录》确定的5类29项工作要求，健全村庄社区化服务管理体制机制，推动服务管理工作由村内向村外延伸、基础建设由硬件向软件延伸、工作重心由管理向服务延伸，加强农村社区商业、金融、科技、农资供应等网点建设，提供适合农民需求的代办代理、便利缴费、商品配送等公益性便民利民服务，大力推进农村乡镇社区服务中心和农村社区服务站全覆盖，并逐步与城市社区建设工作相衔接，加快向城市社区转变，努力形成村庄社区化、管理科学化、服务均等化、城乡一体化的工作格局。

三、加强城乡结合部社区建设工作的组织保障

（一）强化组织领导

各级党委、政府要落实属地责任，将城乡结合部社区建设工作摆在突出位置，纳入“一把手”工程、为民办实事工程和政府“折子工程”，纳入本地区经济社会发展规划，与旧村拆迁改造工作相结合，与村庄社区化管理、新型农村社区建设试点等工作相结合，与城乡结合部重点村相邻的社区（村）管理体制改革相结合，同步研究部署，统筹协调推进。特别要高度重视、及早研究农转居工作中的户籍管理、集体资产管理、劳动就业、公租房管理、绿隔政策落实、社区治安、城市管理、物业管理等问题，确保平稳有序推进。

（二）完善工作机制

在各级党委、政府统一领导下，市、区县社会建设工作领导小组办公室在加强城乡结合部社区建设中要发挥牵头抓总作用。各级党委组织部门要切实承担起对社区基层党建的牵头抓总职责，引导社区党组织充分发挥推动发展、服务群众、凝聚人心、促进和谐的作用，积极推动建立统筹城乡基层党建新格局。社会建设部门要加快推进社区服务管理创新工作，加强社区基本公共服务体系建设，培育扶持专业社工服务机构，发挥专业社工在城乡结合部社区建设中的积极作用。农村建设部门要做好农村集体经济产权制度改革、产业发展、涉农矛盾纠纷排查化解、新型农村社区试点建设工作。综治、教育、信息、公安、监察、民政、司法、人力社保、国土、环保、规划、城乡建设、市政市容、交通、水务、商务、文化、卫生、人口计生、体育、园林绿化等部门要加强对城乡结合部社区建设工作的指导和支持。工会、共青团、妇联等部门要按照各自职责，积极支持和参与城乡结合部社区建设。区县政府要加大对基础设施建设、工作经费的支持和保障力度。

（三）加强宣传引导

要按照“一手抓推进、一手抓研究”的理念，加强城乡结合部社区建设的理论研究和舆论宣传工作，充分发挥专家、学者的作用，推动城乡结合部社区建设的理论创新和实践探索。及时总结推广先进经验，加大宣传力度，大力表彰先进典型，为推进城乡结合部社区建设、构建和谐社会首善之区创造良好氛围。要实施社区居民素质提升工程，充分利用职业技术学校、远程教育网络等教育资源，加强教育培训，引导居民群众转变思想观念和生活方式，使其尽快融入城市生活。广泛开展文明和谐社区创建活动，组织开展丰富多彩的文体活动，培育积极向上、文明和谐的社区文化，加快培育新型市民。

相关区县要按照本意见精神，结合实际，制定贯彻落实的具体措施。

（此文件2011年11月8日由市社会建设工作领导小组办公室印发）

关于在全市宣传推广丰台区“市民劝导队”经验的通知

近年来，在市委市政府领导下，全市上下积极推进社会服务管理创新，创造了很多经验。丰台区丰台街道永善社区成立“市民劝导队”，对辖区不文明行为进行劝说引导，收到了良好成效。“社区建设靠大家”“人民城市人民管”。这种动员广大居民参与社会服务管理的经验和做法需要在全市推广。现就有关事项通知如下。

一、认真学习丰台区“市民劝导队”的经验

丰台区丰台街道永善社区是典型的人口多、商户多的老旧小区。2007 年以前，社区内违章停车、乱摆摊点、店外经营、非法烧烤等现象普遍，成为社区管理中的一个难题。2007 年下半年，社区成立了以党员志愿者为骨干的 80 余名“市民劝导队”，采取善意提醒、友好规劝、热情沟通、正确引导等方式，较好地解决了社区周边环境秩序难题。通过不懈努力，社区实现了环境优美、秩序良好、和谐宜居，队伍发展壮大到 180 余人，劝导领域也不断延伸。2008 年 9 月，中共中央、国务院授予永善社区“市民劝导队”为“北京奥运会、残奥会先进集体”。我们要认真学习推广丰台区“市民劝导队”的经验。

（一）突出柔性管理，将文明引导与依法管理有机结合起来。“劝”是善意规劝和提醒，“导”是积极引导和启迪。“劝导”是文明创建、志愿服务、基层自治自觉行动。平等的、善意的、有亲和力的文明劝导，体现了对人的尊重和关心，拉近了人与人之间的情感距离，缓解了抵触情绪，强化了社区居民的归属感、认同感和参与意识，有利于化解社会矛盾、促进社区和谐。

（二）努力探索居民自治新形式，不断建立健全志愿服务长效机制。“市民劝导队”是新形势下社区自治和志愿服务常态化的有益探索，是社区“红袖标”群防群治志愿服务的新发展，其运行模式体现了多元共治的现代社区治理理念和奉献、友爱、互助、进步的志愿服务精神。通过搭建劝导队平台，发挥协调利益、化解矛盾、排忧解难等方面的作用，使群众参与社区事务管理有途径、志愿服务有项目、奉献社会有舞台，实现与政府社会服务管理职能的有效对接和良性互动，使群众真正成为参与社区自治的主人翁。

（三）满足群众需求，破解热点难点问题。“市民劝导队”始终站在群众需求的角度，结合社区实际，从居民广泛关注、群众反映强烈的问题入手，通过动员群众广泛参与自治、建立健全志愿服务常态化机制，配合政府职能部门，破解一系列社区服务管理中的难点问题，让广大居民共建共享文明建设成果，使志愿服务充满了持久的生命力。

二、大力推广丰台区“市民劝导队”经验

（一）积极拓展治安志愿者队伍服务功能。在社区治安志愿服务中，积极倡导增加市民劝导的工作内容，有条件的成立“市民劝导队”，通过文明劝导和柔性管理的方式，配合政府职能部门，协同解决城市管理、社区环境、社区治安等方面存在的老大难问题，形成社区自治和志愿服务长效机制。治安志愿者队伍在重要节假日、重大政治活动期间继续从事社区治安巡逻等活动。

（二）有计划有步骤推进试点工作。各区县相关部门要深入分析区情、街情、社区民情，密切结合实际，积极推广“市民劝导队”经验，

有计划有步骤地在城区、城乡结合部地区、农村地区开展“市民劝导队”试点工作。

（三）密切结合实际健全长效机制。各区县相关部门要认真总结经验，加强“市民劝导队”队伍建设，建立健全工作制度，不断拓展服务领域，不断创造新的服务形式，不断健全长效机制，在全市形成“市民劝导队”全覆盖的工作局面。

三、明确“市民劝导队”工作任务

（一）围绕城市管理、社区环境卫生、精神文明建设等工作开展文明劝导活动；

（二）继续履行治安志愿者职责，开展邻里守望、社区治安巡逻等活动，维护地区安全；

（三）参与社区矛盾纠纷化解工作，促进和谐社区建设；

（四）宣传有关社会服务管理法律法规；

（五）结合社区实际开展相关活动。

四、推广“市民劝导队”经验的基本要求

（一）加强组织领导。建立市委社会工委、首都综治办、首都文明办、市公安局、市民政局、市志愿者联合会联席会议制度，经常研究解决推广过程中出现的重大问题；总结推广各区县的经验和成功做法，加强工作组织协调和业务指导。

（二）坚持创新发展。推广“市民劝导队”工作要结合实际，因地制宜，注重内涵。老旧社区和新建小区要根据各自不同特点和实际需要，延伸服务领域，创新服务形式，打造特色品牌，确保取得实效。

（三）完善保障措施。通过政府购买服务、志愿服务基金（资金）引导、给予专项补贴等形式，解决好“市民劝导队”的培训、保险、标识等问题，鼓励支持“市民劝导队”工作深入开展。

（四）加强宣传引导。加大宣传力度，通过报纸、电视、网络、社区宣传栏等媒介，广泛宣传推广过程中出现的先进单位和个人，切实发挥先进典型的示范引导作用，以点带面，整体推进，在全社会形成良好的舆论氛围。

（此文件2011年10月12日由市委社会工委办公室印发）

附件：

丰台区丰台街道永善社区“市民劝导队”推进社会管理创新工作的经验做法

健全社区居民自治机制，动员和组织群众依法理性有序参与社会管理和公共服务，是加强和创新社会管理的重要内容。筹办奥运期间，丰台街道工委、永善社区党委从群众反映最强烈的城市环境秩序问题入手，组织发动群众成立了“市民劝导队”，开展志愿服务，全面提升了地区社会管理水平。四年来，巩固奥运志愿服务成果，“市民劝导队”逐步成长壮大为重要的社区社会组织，“劝导”模式把社会管理寓于为群众服务之中，探索出依托社区社会组织，动员群众参与社会管理，实现社区民主自治的有效路径。永善社区“市民劝导队”的成功实践，完善了社会管理格局，推进了基层社会组织服务管理创新，发挥了群众广泛参与社会管理的基础作用，有力地促进了社会的和谐稳定。

一、基本做法

永善社区位于丰台火车站西北侧，西四环路和文体路之间。常住居民5275人，流动人口1231人，人口集中、商户汇集，是典型的老旧小区。

奥运会筹办期间，针对社区街面违章停车、乱摆摊点、店外经营、非法烧烤等普遍现象，以及由此而产生的交通堵塞、环境脏乱等严重影响居民正常生活的实际问题，地区城管、交通等部门进行了多次整治，但治理效果难以巩固和持久，形成了治理、反弹，再治理、再反弹的不良循环，成为人民群众最关心、最直接、最现实，但又无法解决的老大难问题。面对这一难题，街道工委、办事处和社区党委、社区居委会进行了认真的分析和研究，认为交通、城管等执法部门与居民群众缺少直接沟通，工作缺乏居民群众理解配合是问题的症结所在。2007年7月，在街道大力支持下，永善社区党委和社区居委会牵头组织“市民劝导队”，辖区群众积极响应，以党员志愿者为骨干的80多名居民参加。逐步建立了居民与交通、城管等执法部门协同治理环境秩序的双主体模式，真正做到了“社区是我家，管理靠大家”。通过不懈努力，社区实现了环境优美、秩序良好、和谐顺畅。经过四年发展，队伍发展壮大到180人，建立健全了社区自治管理的长效机制。随着工作的开展，劝导队员不仅有本社区居民参加，还吸引来周边社区居民和流动人口主动参与。劝导范围从街面向小区和楼内延伸，劝导对象从商贩商户扩展至居民住户，劝导内容从环境秩序到地区各种不文明行为，名称也由单一的“社区环境秩序劝导队”发展成社区自治管理的“市民劝导队”，成为社区组织动员群众，自觉参与地区事务管理的良好平台，打造出群防群治，共同维护建设美好家园的靓丽名片。

截至目前，“市民劝导队”已成功劝离流动商贩320余名，违章停车260余起，店外经营200余次，很好地解决了社区周边环境秩序难题，杜绝了由此引发的各种矛盾。永善社区先后获得北京市“十大魅力社区”“北京奥运会、残奥会先进集体”“全国志愿者先进集体”等荣誉称号，居民自编的“劝导之歌”唱到了人民大会堂。2011年，丰台街道总结和推广永善社区“市民劝导队”的成功经验，在街道建立了“市民劝导总队”，所辖24个社区全部成立了“市民劝导分队”。“市民劝导队”已逐步成为丰台街道社会管理的重要力量。

二、主要特点

“市民劝导队”是加强和创新社会管理工作的生动范例，主要具有以下特点：

（一）依靠群众，专群结合，共建共享治理成果。“市民劝导队”能够凝聚起来，发挥作用，得益于辖区群众的热情参与。街道、社区、执法部门和辖区群众的共同需求，成为汇聚各方力量的根本动力。劝导队员主要由社区党员志愿者、小区楼门院长、居民代表与社区专职工作者组成，他们利用人熟、地熟的优势，协助城管、交通部门对违章停车、乱摆摊点、店外经营、非法烧烤等行为进行善意提醒和规劝，对不文明行为依法进行反复耐心的宣传、劝导，用和谐的方式和真情的沟通引导商贩到市场或指定地点经营。对于屡次劝导无效的，由城管、交通等部门及时跟进执法。“反复劝、劝反复”，使往日环境脏乱拥堵的道路变得干净、整洁、通畅，形成了“在共建中共享、在共享中共建”的理念。

（二）整合力量，搭建平台，培育社区社会组织。“市民劝导队”能够运转起来，发展壮大，得益于社区活动平台的搭建。四年来，丰台街道工委、办事处高度重视社区志愿者队伍建设，在各社区都建立了志愿者工作室，明确可以支出一定比例的社区公益金用于购买服务工具、改善服务条件，组织引导地区党建协调分会成员单位支持、配合志愿服务工作。永善社区党委在组织、发动群众参加“市民劝导队”的同时，积极引入专家“智囊团”、执法单位“指导员”参与策划管理。专家、辖区交通和城管部门负责人定期到社区与劝导队员座谈，协商指导劝导活动。在街道、社区党组织的领导下，“市民劝导队”通过制定劝导方案、劝导守则、劝导制度，明确入队条件、岗位职责，规范劝导用语、刊发劝导报、建立劝导网页以及完善劝导工作室，使“市民劝导队”由最初的志愿服务队，发展成为名副其实的社区社会组织。

（三）组织保障，示范引领，形成长效活动机制。“市民劝导队”能够坚持下来，蓬勃发展，得益于街道、社区党组织的领导和党员的示范带动作用。“市民劝导队”从成立到发展壮大的过程中，始终处于社区党委的直接领导之下，社区党委书记是第一负责人，党员始终是骨干力量。遇到工作难题党员先上，遇到实际困难党组织协商，遇到重大活动上级党（工）委指导。2010年，为进一步加强对“市民劝导队”的管理，永善社区市民劝导队党支部正式成立。党支部通过开展教育培训，“争当优秀劝导队员和劝导之星”活动，使劝导队员的先锋模范作用得到彰显，从根本上保证了劝导工作方向正确、凝心聚力。党支部结合社区实际需求，做到一年一个主题，不断拓展服务功能和服务领域，社区啤酒节、鲜花换杂物等活动吸引了居民广泛参与，成为引领社区和谐文明的常青树。

（四）立足实际，不断创新，打造社区形象品牌。“市民劝导队”能够深入人心，社会关注，得益于形成了独具特色的“劝导文化”。“劝”是一种充满善意的提醒，亲和力的表述，是对和谐的一种诠释；“导”是一种启迪，一种风范，是优雅言行、优质服务、优美形象的统一体。劝导队员们所具有的“劝导精神”，在永善社区蔚然成风，无私、无欲、无怨、无悔的奉献精神是永善人的精神灵魂。戴着红袖标是劝导队员，不戴红袖标也是劝导队员，全面提升了社区管理水平。劝导工作坚持不断创新，开展各种内容丰富、思想向上的公益活动，如“周五环境清洁日”“周末环境大讲堂”“在职党员亮身份展风采”等一系列活动，增强了居民社会责任意识，拓展了劝导的内涵和形式，形成了社区精神文明建设品牌。

三、经验启示

“市民劝导队”的成功经验，给社会管理创新工作带来了一些有益的启示：

（一）努力探索社会管理新办法，变“居民自发”为“社区自治”。加强和创新社会管理，必须完善“党委领导、政府负责、社会协同、公众参与”的格局。“市民劝导队”的成功实践启示我们，党的领导是根本，做好群众工作，必须坚持党对社区社会组织的坚强领导，在共同愿景下，让居民活动有组织、志愿服务有示范、奉献社会有舞台；政府负责是关键，必须坚持为居民参与社会管理搭建平台、提供保障，努力做到有专人负责、有基本保障、有固定场所、有专业指导；社会协同是依托，积极利用区域性党建协调会、物业协会、企业联谊会、军民共建等形式，最大限度地动员辖区单位和社会各界力量，参与社会管理与服务，实现资源整合、共驻共建；公众参与是基础，坚持相信群众、依靠群众、发动群众和组织群众，尊重群众的首创精神，保护基层组织参与自治的积极性和创造性，使群众的“自发”行为得到正确引导，居民的自治热情得到合理体现，使群众真正成为参与社区自治的主人翁。

（二）大力培育社区社会组织，变志愿服务“运动式”为“常态化”。广泛开展志愿服务活动，是筹办奥运、国庆60周年活动取得的成功经验，广大志愿者成为社会建设与管理的宝贵财富。固化筹办奥运和国庆60周年活动成果，探索志愿服务由“运动式”到“常态化”的转型，“市民劝导队”的成功实践，走出了一条在志愿服务队伍中培育社区社会组织的有效路径。“市民劝导队”之所以能永葆青春，永葆活力，关键在于街道、社区为他们搭建了一个长期的、稳定的平台。这一平台，通过共同需求将居民吸引到一起、组织到一起；通过整合社会力量、服务居民需求，使志愿服务有效运转、不断创新；通过党组织和党员的示范带动，让志愿服务目标明确、长期坚持。通过这个平台，将劝导队的活动常态化，使队员找到了组织，拥有了归属感。同时，通过领导、专家、媒体等广泛关注、全力支持，有效提升了组织成员的光荣感和使命感，从而感动并带动更多的民众参与进来，形成良性循环。

（三）立足群众关注的热点问题，变“管理难点”为“创新亮点”。服务群众是做好群众工作的出发点和落脚点。“市民劝导队”创建以来，始终站在群众需求的角度，开展自我管理、自我服务。他们以社区居民呼声为第一信号，以维护辖区和谐稳定为第一责任，从居民群众最期盼解决的环境问题入手，相继破解了环境秩序乱、居民买菜难、宠物管理、车辆管理、流动人口服务、孤寡老人照顾等一系列难点问题，通过共同愿望的实现，把广大群众组织发动起来，在解决老旧小区管理上不断破解难点、打造亮点，实现了自我价值，得到了社区居民的衷心拥护和主动配合，社区居民感慨“劝导精神鼓舞了我”“保护环境就是保护家园”“做劝导队员最光荣”，形成了良好的自治管理模式。

（四）发挥党组织的领导核心作用，变组织活动“松散型”为“功能型”。加强社区党组织建设，发挥党员的先锋模范作用，是社会管理创新的重要保障。“市民劝导队”能蓬勃发展，其中很重要的原因是党委的领导、党支部的建立。党员充分发挥引领作用和模范作用，使社区社会组织的战斗力和凝聚力越来越强。为实现党组织服务管理在社区的全覆盖，永善社区党委打破按小区建立支部、按楼门建立党小组的传统模式，按照党员“兴趣相同、特长相近、自身条件相当”等具体条件，成立文明劝导党支部、文化传播党支部、安全维稳党支部、爱心帮扶党支部等四个志愿服务型党支部。通过新的组织形式，有效增强了社区党组织的凝聚力、影响力和渗透力，从而全面提升了社区党建工作水平。

关于“首善之区社会工作人才发展工程”的实施意见

“首善之区社会工作人才发展工程”是《首都中长期人才发展规划纲要（2010—2020年）》提出的重要任务。为落实市人才工作领导小组工作要求，造就一支结构合理、素质优良、专业化、职业化的社会工作人才队伍，制定本实施意见。

一、实施“首善之区社会工作人才发展工程”的重要意义

社会工作人才是首都人才队伍的重要组成部分，是首都社会建设的重要力量，在社会管理、社会服务、社会动员等工作中发挥着重要作用。大力实施“首善之区社会工作人才发展工程”，是加强社会工作人才队伍建设的重要抓手和有效载体，是落实《首都中长期社会工作人才发展规划纲要（2010—2020年）》的具体举措，对于加快我市社会工作人才队伍专业化、职业化进程，提升社会工作服务管理水平具有重要意义。各单位要提高认识，加强配合，增强责任感和紧迫感，求真务实、注重实效，全面落实本实施意见提出的各项重点任务和政策措施，为建设中国特色世界城市与和谐社会首善之区提供社会工作人才保障。

二、发展目标与推进步骤

（一）发展目标

“首善之区社会工作人才发展工程”以专业化、职业化为目标，以创新体制机制为着力点，到2020年，首都社会工作从业人员总量达到40万人，包括助理社会工作师、社会工作师在内的专业社会工作人才数量不少于4万人，高层次社会工作人才达到1000名左右。全市社会工作初级、中级、高级人才的比例分别占70%、25%、5%左右，基本形成以初级人才为主体、中级人才为骨干、高级人才为引领的梯次结构。

（二）推进步骤

加强社会工作人才队伍建设，推进社会工作发展，是一个长期过程。要遵循社会工作人才发展规律，坚持整体规划、重点突破，有步骤、分阶段地落实各项任务。到2020年，“首善之区社会工作人才发展工程”计划分三个阶段稳步推进：

——三年打基础（至2013年）。完善管理体制，初步形成党委统一领导、组织部门牵头抓总、社会建设工作部门具体负责、有关职能部门及“枢纽型”社会组织密切配合的工作格局；制定政策、完善制度，以培养、评价、使用、激励为内容的相互配套、符合首都实际的社会工作政策体系基本形成；扶持培育社会工作事务所等专业机构，社会工作事务所实现区县全覆盖；分层次、分类别开展教育培训，组织好职业水平考试，完善注册登记制度，建立一支粗具规模的专业化的社会工作人才队伍。

——五年上台阶（至2015年）。进一步完善社会工作人才队伍制度体系建设；积极推进工作试点，探索多样化的社会工作人才发展模式；扩大社会工作岗位设置范围和规模，实现重点突破；进一步完善社会工作运行机制，着力培养公益类社会组织，大力推动政府购买社会工作服务，推进社会化发展进程；推动社会工作人才队伍相关立法，为建立相对独立的社会工作职业体系奠定基础。

——十年大发展（至2020年）。建立比较完备的社会工作政策法规体系，基本形成一支覆盖全面、规模适度、结构合理、素质优良、充分体现时代特征和首都风貌的社会工作人才队伍，使首都成为国内最适宜社会工作人才成长、创业、工作、生活，社会工作人才集聚度、人才素质和人才效益较高的地区之一。

三、重点任务

“首善之区社会工作人才发展工程”应按照全面推进、重点突破的思路，着力实施“九项计划”：

（一）社会工作人才“双基地”建设计划

支持区县与首都地区高校对接，合作开展“在岗社会工作者培训基地”和“在校社会工作专业学生实训基地”的“双基地”建设，实现“一区县一校一基地”。依托“在岗社会工作者培训基地”，有计划、分层次地对现有社会工作从业人员进行专业轮训、职业水平考试培训及继续教育培训。依托“在校社会工作专业学生实训基地”，加强社会工作专业实践教学，着力提高学生的实务能力。

（二）社会工作骨干人才培养计划

举办高层次社会工作人才培训班，定期在全市社会工作者中选拔一定数量的高层次人才到北京大学等高校进行专业深造，或选派到海外进行短期交流学习。每年全市举办以社区、专业社会工作机构负责人等为主要对象的社会工作者示范培训班，各区县举办社会工作者骨干培训班，确保社区、专业社会工作机构等领域的社会工作骨干人才普遍接受培训。在社会工作事务所等专业机构中培养50名左右理论基础扎实、实务经验丰富的社会工作督导，形成督导团队。

（三）社会工作“枢纽型”组织培育计划

筹建北京市社会工作者联合会，作为市

级“枢纽型”社会组织，负责全市社会工作行业管理与服务工作，主要承担行业管理、机构培育、社工派驻、教育培训、权益维护等职责。同时，鼓励在区县和不同领域成立社会工作协会、分会，完善行业组织管理体系，充分发挥管理、服务、监督功能，不断提高社会工作的社会化服务管理水平。

（四）专业社会工作机构培育计划

大力发展社会工作事务所等专业机构，实现“一区县一所”，条件较好的区县争取实现“一街一所”，到2020年全市成立社会工作事务所100家以上。把社会工作事务所等专业机构纳入公共财政支持范围，在市、区县社会建设专项资金中设置专项经费，通过购买服务的方式，在办公场地、服务场所、启动资金等方面给予必要支持。

（五）社会工作岗位开发计划

通过转换提升、人才引入、购买服务等方式，在有关领域、部门和机构开发设置社会工作岗位，配备专业社会工作人才。社会福利、社会救助、残障康复、司法矫正等以社会工作服务为主的事业单位，把社会工作作为专业技术主体岗位；学校、医院、商务楼宇工作站先期按“一校一社工”“一院一社工”“一站一社工”标准配备专业社会工作者；各社区至少配备2—3名专业社会工作者；“枢纽型”社会组织根据工作需求配备1—3名专业社会工作者。

（六）社会工作人才职业发展计划

建立社会工作人才职级体系，完善职业水平评价制度，逐步将助理社会工作师、社会工作师纳入全市专业技术人员统一管理。探索推行社会工作职业准入制度，逐步实现持证上岗。逐步完善专业社会工作人才薪酬保障体系，按照当年全市事业单位在职职工平均工资水平的标准确定社会工作人才薪酬水平，政府相关部门以此制定全市社会工作岗位平均薪酬指导价，作为购买服务和公益类社会组织支付社会工作人员薪酬的参考标准。

（七）社会工作人才政策保障计划

制定并实施社会工作者培养、评价、使用、激励等系列政策，与市委、市政府出台的《关于加强社会工作人才队伍建设的意见》一起，形成相互联系、相互衔接、相互支撑的统一整体，构成社会工作人才队伍建设的一个管总文件和相关具体规定，即“1+X”基本政策框架，成为推进首都社会工作人才队伍专业化、职业化建设的有力制度保障。

（八）社会工作人才形象提升计划

充分发挥报刊、广播、电视、网络等多种媒体的作用，系统宣传社会工作的专业理念、方法及社会工作人才的先进典型和事迹，提高社会工作的社会知晓度。组织开展“首都十佳社会工作者”等评选表彰活动，进一步树立典型，提升社会工作者的职业声望和地位。广泛开展“国际社工日”庆祝活动，增强社会工作者的认同感和归属感。

（九）社工、义工联动互促计划

充分发挥社会工作者在组建团队、规范服务、拓展项目、培训策划等方面的专业优势，以及志愿者的协助、参与作用，在各类志愿者组织中通过政府购买服务等方式，引入专业社会工作人才，固定联系一定数量的志愿者，共同开展服务，形成“社工引领义工开展服务、义工协助社工改善服务”的工作机制。

四、保障措施

（一）加强组织领导。各区县要高度重视，精心组织，制定具体工作方案，细化部门责任。社会建设工作部门要加强综合协调，有关职能部门和“枢纽型”社会组织要密切配合，形成齐抓共管的工作格局。

（二）加大投入力度。各区县要对实施“首善之区社会工作人才发展工程”给予必要的经费保障，列入年度经费预算。建立以政府购买社会工作服务为主要形式的财政支持机制。拓宽社会融资渠道，引导社会资金支持社会工作发展和社会工作人才队伍建设。

（三）严格监督检查。社会建设工作部

门要定期对本实施意见落实情况进行督查，及时总结推广好的经验做法，研究解决实施中出现的问题，并提出进一步做好实施工作的意见和建议。

（四）强化分析评估。市委社会工委、市社会办将会同有关部门，跟踪分析本实施意见落实情况，评估实施效果，并依据首都经济和社会发展形势及市委、市政府要求，适时对重点工作进行调整，落实好本实施意见提出的各项任务。

（此文件2011年10月20日由市委社会工委、市社会办印发）

北京社会建设网站群管理办法（试行）

第一章　总　则

第一条　为加快北京社会建设网站群建设步伐，加强和规范网站群管理，确保其高效稳定运行，根据《北京市信息化促进条例》《首都之窗管理办法》等有关法律法规，结合实际，制定本办法。

第二条　网站群是指北京市社会建设领域相关单位和组织（以下简称各单位和组织）的网站在北京社会建设网上的集合，包括市、区社会建设政务门户网站、街道办事处网站等社会建设领域的政务门户网站、全市各社区网站、全市各社会组织网站、北京市社会建设研究基地网站、商务楼宇网站和街道特色服务网站。

网站群运行坚持信息公开、资源共享、服务便捷、引导宣传、公众互动的原则。

第三条　本办法适用于网站群的建设、运行维护和管理。

第四条　网站群的主要任务是提供北京市社会建设领域网站导航、及时发布各类公开信息、整合共享信息资源、优化便民利民的网上服务、引导公众参与互动、打造北京市社会建设领域一站式信息服务平台。

第二章　组织管理

第五条　北京市社会建设信息中心（以下简称信息中心）具体负责北京社会建设网的建设、运行维护和日常管理工作。

信息中心负责统计汇总各单位和组织网站建设进展，利用技术手段监测各单位和组织的网站运行情况，定期通报北京社会建设网站群建设和维护情况，对信息维护不及时的、内容保障不到位的单位督促其整改。

第六条　鼓励区县、街道、相关单位和组织建设、发展与社会建设相关的网站及网络信息服务平台，网站建设、运行和维护按照“谁主管、谁负责，谁运维、谁负责，谁经营、谁负责”的原则进行。

第七条　区县社会工委、社会办政务门户网站、街道办事处政务门户网站、社区网站、社会组织网站、研究基地网站、商务楼宇网站、特色服务网站承办单位应当指派专（兼）职人员负责更新网站信息和管理、维护网站，负责与信息中心日常联络。

区县社会工委、社会办商区县信息化主管部门负责制定北京社会建设网站群运行维护培训计划，开展网站管理和业务培训工作，提升网站维护人员办网、用网、管网的能力。

第八条　区县社会工委、区县社会办每季度将本辖区内网站新建或变更等存量情况报信息中心备案。

北京社会建设网以网址导航形式链接各成员网站，各成员网站在条件允许的情况下应在首页以文字或图片的形式链接到北京社会建设网。

第三章　网站群内容和形式

第九条　各单位和组织应从社会和公众的需求出发，把网站建设成为融网上服务、网上办事、信息公开、通知公告、交流互动、监督投诉、舆论宣传于一体的多功能综合性平台。

第十条　各单位和组织应保证各自网站内容的规范性、可读性和服务性，及时准确地更新、公开各类服务信息，做好网站内容的保障工作。

各单位和组织的网站内容更新频率不能低于2次/月。

第十一条　各单位和组织应结合自身特点，大力整合重点领域中与公众密切相关的服务资源，在网站上提供各类便民服务。

各单位和组织应加强网站互动栏目的建设，稳步推进咨询投诉、民意征集、在线交流等活动的开展，围绕公众关注热点问题，创新与公众沟通交流的新渠道、新方式，为听取公众意见、做好释疑解惑、正确引导舆论创造条件。

第十二条　各单位和组织应规范网站信息采集审核和发布流程，建立网站信息更新维护责任制，未经审核信息不得上网发布。

网站信息来源可通过自编信息、采集信息等方式获得，建立信息编辑、审核和发布制度，防止重大信息缺失、滞后。

第十三条　各单位和组织应当对信息上网进行严格审查，信息审核的内容包括：

（一）是否涉及国家秘密、商业秘密、个人隐私的信息；

（二）是否为政治、外事活动方面的敏感信息；

（三）统计数据是否准确；

（四）是否符合保护知识产权有关规定的信息；

（五）是否为法律、法规规定不予公开的其他信息。

第十四条　市、区社会建设政务门户网站、街道办事处网站等社会建设领域政务门户网站的责任单位应当按照《首都之窗管理办法》的要求建立健全政务网站内容保障工作长效机制。

第四章　网站的安全和维护

第十五条　信息中心负责北京社会建设网日常维护管理及网站群的链接工作。

第十六条　各单位和组织负责各自网站的日常维护管理，确保网站信息页面正常浏览、办事和网上互动平台的畅通有效。

第十七条　网站出现无法访问、内容错误、无法正常浏览等情况时，各单位和组织应立即处理并尽快恢复。

网站遇到暂停服务、域名变更等情况时，各单位和组织应提前一个工作日通知信息中心，并在本网站显著位置提前告知公众。

第十八条　各单位和组织应加强网站安全管理，制定网站安全应急预案。

出现网络安全事件时，各单位和组织应及时采取有效措施降低损害程度，防止事件扩大，保存相关记录，并按照规定及时向主管部门和信息中心报告。

第十九条　各单位和组织应加强网站维护人员和账户的管理，规范网站维护人员的上岗、离岗程序，维护网站账户、口令和密码的安全。

由于网站账户、口令和密码等原因造成网站损失和不良后果的，依据相关规定追究相关人员责任。

第二十条　具备条件的单位和组织可对网站数据库实时存储备份，以防止因意外造成数据丢失。

第五章 附 则

第二十一条 市委社会工委、市社会办将根据各单位网站的建设、维护、管理等情况实行年度评比，年度评比中优胜的单位和个人在每年年终网站绩效考评时给予通报表彰。

网站绩效考评内容包括：

（一）网站页面是否能够正常访问，各栏目及其子栏目内容是否及时更新；

（二）信息发布审核和保密审查机制是否建立健全；

（三）网站提供的各项服务和互动功能是否运行正常和高效；

（四）网站链接是否存在错链和断链；

（五）网站安全防范工作是否到位；

（六）网站管理和运行维护部门（单位）职责是否明确。

第二十二条 各单位和组织应将网站建设情况纳入年度工作考核内容进行考核。

第二十三条 本办法由市委社会工委、市社会办负责解释。

第二十四条 本办法自发布之日起实施。

（此文件2011年12月29日由市委社会工委、市社会办印发）

北京市社会建设工作办公室依法决策暂行规定

第一条 为规范决策行为，推进依法行政，提高依法决策水平，做到科学、民主决策，根据国务院《关于加强法治政府建设的意见》和北京市有关规定，制定本暂行规定。

第二条 本规定所称依法决策是指依照法律、法规、规章和政策的规定，按照北京市社会建设工作办公室（以下简称市社会办）的法定职责、权限和程序进行科学决策、民主决策的总称。

第三条 决策应当遵循科学、合法、公正、公开的原则，充分发扬民主，体现集体意志。

第四条 依法决策程序包括法律分析和专家论证、听证、集体研究决定、政策措施审查备案、信息公开披露、决策执行评估等。

第五条 建立健全社会建设领域专家顾问团和社会建设研究基地工作机制，对直接影响本市社会建设与管理的重要决策，履行法律咨询、专家论证程序。

法律咨询由研究室（政策法规处）组织相关法律专家完成，形成合法性咨询意见；专家论证由各处室组织相关领域专家完成，形成专业论证意见。

第六条 对直接影响本市社会建设与管理的重大决策，由主办处室负责，以市社会办名义依法组织听证，广泛听取相关委办局、各区县、“枢纽型”社会组织和社会各界代表的意见。

经主任办公会决定，必要时可以通过网络公开向社会征求意见，提高决策的民主性，增强决策的透明度。

第七条 社会建设发展规划、重大专项规划和工作计划、法规（规章）立项、法规（规章）草案送审稿、政策措施制定、重大项目实施等重大决策，由主办处室在充分论证和听取意见的基础上修改完善后，报主管领导批准，提交主任办公会议集体研究决定。

第八条 涉及法规、规章修改、标准和政策措施调整等对社会有重大影响的政策措施，依据《北京市社会建设工作办公室规范性文件审核备案暂行规定》有关要求，经研究室（政策法规处）合法性审核后，报市政府备案。

第九条　依法制定的各项政策措施应当通过网络、新闻媒体等媒介向社会进行公示。

公示材料由主办处室负责提供，办公室统一审核把关。由信息中心负责网络公示，宣传处负责联系新闻媒体公示。

第十条　市社会办建立决策执行情况评估制度。每年年底对本年度各项重大决策实施情况进行评估，重点评估各项政策措施的实施情况。

政策措施实施情况的评估由相关主责处室负责。凡经评估后需要修改的，由主责处室及时组织修订。

第十一条　未履行上述决策程序的决策性文件，主管领导不签发，办公室不印制、用印。

第十二条　本规定自2011年7月29日起施行。

（此文件2011年7月29日由市社会办印发）

北京市社会建设工作办公室领导干部学法用法工作制度（试行）

为全面贯彻落实市政府《关于加强法治政府建设的实施意见》和《中共北京市委北京市人民政府转发〈市委宣传部、市司法局关于在全市开展法制宣传教育的第六个五年规划〉的通知》要求，切实加强全办各级领导干部学法用法，制定本制度。

一、适用对象范围

市社会办及所属事业单位副处级以上领导干部。

二、学习重点内容

（一）学习宪法、中国特色社会主义法律体系和国家的基本法律制度。

（二）学习保障和改善民生方面的法律、法规、规章和政策性文件，包括劳动就业、教育改革、医疗卫生、住房保障、社会救助、社会福利、社会保险、公益慈善、优抚安置等社会事业管理方面的相关规定；学习食品药品安全、生产安全、消防安全和防灾减灾等社会公共安全建设方面的相关规定；学习维权、信访、投诉、调解等维护群众合法权益、畅通诉求表达渠道、化解社会矛盾方面的相关规定。

（三）学习社会管理方面的法律、法规、规章和政策性文件，包括人口管理、公共交通、市容卫生、环境保护以及物业管理、垃圾分类等涉及公共管理、公共秩序和公共服务规则方面的相关规定；学习社会组织管理、社区建设、社会工作队伍管理、志愿服务管理等方面的规定；学习文化管理、网络电信管理等文化市场管理相关领域的规定。

三、学法用法形式

采取理论学习中心组集体学法、轮训、法制专题讲座、案例分析、集体研讨等培训形式。提倡结合工作实际进行自学、调研，充分运用网络等现代科技手段学习，加深对相关业务法规、规章、政策规定的理解和掌握，做到学以致用。

（一）健全市社会办理论中心组学法、

领导干部法制专题讲座等学法制度。处级以上领导干部的法制讲座每年不少于1次。中心组每年安排法律知识学习或法制讲座不少于2次。

（二）落实领导干部集中法制轮训制度。领导干部每年法制培训时间累计不少于3天，包括参加行业法规培训学习时间和政策研讨时间。

（三）坚持领导干部自学法律制度。各级领导干部结合自身的工作性质和特点，联系工作实践，确定学习内容。加强社会建设管理工作实践中重大政策性问题的调研与研讨，积极利用干部教育学习网络等科技手段加强法律知识的学习。每年自学时间不少于40个小时。

（四）建立健全重大决策事项的法律咨询制度。探索在重大事项决策之前进行法律咨询和论证的做法，充分发挥社会建设领域专家顾问、法律专业人士的决策参谋作用。

四、培训工作职责

领导干部年度学法由研究室（政策法规处）统筹计划安排。处级以上领导干部法制专题讲座由相关业务处室负责落实；理论中心组法制学习由机关党委负责落实；领导干部集中法制轮训由办公室（人事处）负责落实。

五、学法用法考核

建立领导干部法制教育考核制度。领导干部学习法律知识和依法管理、依法办事的情况作为年终考核内容之一，并将考核结果作为干部任用、奖惩的依据之一。

（此文件2011年7月29日由市社会办印发）

北京市社会建设工作办公室规范性文件审核及备案管理规定（试行）

第一条 为提高依法行政水平，加强对规范性文件的合法性审查，完善备案制度，根据《北京市人民政府关于全面推进依法行政工作的实施意见》《北京市行政规范性文件备案监督办法》的有关规定，结合市社会办的实际，制定本规定。

第二条 北京市社会建设工作办公室（以下简称市社会办）在行使行政管理职能过程中制定和公布的、同时具有以下三项特点的规范性文件，应当依照本规定进行备案审核。

（一）文件是以市社会办名义对外发布的，或是由市社会办作为主办单位与相关部门联合制发的。

（二）文件内容在有效期内具备反复适用性并具有普遍约束力，即约束对象具有不特定性，约束性规定是针对不特定的公民、法人或其他组织的。

（三）文件规定了行政管理相对人的权利和义务，以及对相对人具有约束力的制度、规定、办法、细则、决定、通知、通告、公告等。

以下文件不属于本条第一款规定所称需要备案审核的规范性文件：

（一）市社会办机关内部实施的工作管理制度、人事任免决定等，以及涉及日常事务性、操作性工作的通知、通告、公告等。

（二）市社会办制发的针对具体的行政管理相对人申请事项的批复类文件。

（三）市政府制发的或以市政府办公厅名义制发的，以及由市政府办公厅转发的市社会办制定的文件。

第三条 市社会办各处室负责各自业务

领域规范性文件的起草、申报、修改及发文工作；研究室（政策法规处）负责对规范性文件进行合法性审查，并按规定向市政府法制办进行备案；信息中心负责组织规范性文件网上公示；办公室负责按规定抄报市政府公报编辑部和市档案馆。

第四条　制定规范性文件应当符合宪法、法律、法规、规章的规定，符合市社会办法定职责范围，遵守行政机关公文处理规定。

规范性文件不得设定行政处罚、行政许可、行政强制措施、行政性收费以及其他应当由法律、法规、规章规定的事项。

规范性文件对实施法律、法规、规章作出的具体规定，不得增设公民、法人和其他组织的义务，不得限制法律、法规、规章赋予公民、法人和其他组织的权利。

第五条　规范性文件合法性审查的主要内容：

（一）主体与适用范围是否合法；

（二）管理内容和行政措施设定的法律依据是否充分；

（三）是否超越法定权限，设定了行政处罚、强制措施、行政许可和收费等事项；

（四）是否与现行法律、法规、规章的规定相抵触；

（五）是否与其他相关的规范性文件规定相抵触。

第六条　规范性文件的内容涉及其他处室业务范围的，起草文件的主办处室应当充分听取相关处室的意见。

经社会办主任办公会决定，必要时可以市社会办的名义征求并听取相关部门、“枢纽型”社会组织、各区县社会建设工作部门或管理相对人的意见。

第七条　规范性文件在报送办领导正式签发前，主办处室应当填写《市社会办规范性文件合法性审查表》（见附件），送研究室（政策法规处）进行合法性审查，应一并提交以下材料：

（一）规范性文件正文及其起草说明。起草说明的内容应当包括制定规范性文件的依据（写明具体依据的条、款、项）、必要性、所要解决的问题；拟采取的措施或者将要实施的制度、起草过程中的分歧意见及其处理方法等内容。

（二）作为依据的有关法规、部委及市政府规章或规范性文件的文本。

（三）规范性文件内容涉及两个以上处室业务范围的，相关处室的会签意见。

研究室（政策法规处）应当在3个工作日内，对各处室申报审查的规范性文件完成合法性审查，并提出具体审查意见。

第八条　研究室（政策法规处）审查同意的，签写“该文件为规范性文件，经审查内容合法”的意见，转主办处室按照公文流转程序签发。认为确需修改的，提出修改意见，转主办处室修改后重新审查。

第九条　规范性文件应当在施行之日起30日前公布，未经公布不得作为实施行政管理的依据；但涉及因保障重大公共利益的需要，或者公布后不立即实行将有碍法律、法规、规章执行的情况除外。

第十条　规范性文件起草主办处室应当在市社会办发文审批单中注明是否“上网发布”，交办公室审查。需要上网发布的，经主管领导同意后，转信息中心办理。

需要上网发布的，主办处室应当在规范性文件正式印发后5个工作日内，交由信息中心在市社会办外网网站“北京社会建设网”的“政策法规”栏目发布。

第十一条　规范性文件发布时，办公室需标注市政府公报编辑部和市档案馆作为抄送单位，并负责将文件抄送市政府公报编辑部和市档案馆（含电子文本）。

第十二条　规范性文件发布后5个工作日内，主办处室应当向研究室（政策法规处）移交规范性文件正式文本一式四份及文档电子版，由研究室（政策法规处）在15日内向市政府申报备案审查。

主办处室应当协助研究室（政策法规处）起草备案报告。

第十三条　经市政府法制办备案审查后，被依法撤销或责令自行撤销的规范性文件，应立即废止、停止相关行政措施的执行。

经市政府法制办备案审查后，被依法改正或责令自行改正的规范性文件，应按照改正意见，由主办处室负责组织修改。修改期间，停止相关行政措施的实施。

第十四条 管理相对人需要查阅市社会办规范性文件的，接待的相关处室应当负责提供或是告知查询的方法。

第十五条 各业务处室应当做好规范性文件的清理工作。对需要修改的规范性文件应当及时提出修改建议，提请主管领导批准后进行修改；对需要废止的规范性文件应当及时提出废止意见，并通知研究室（政策法规处），统一对外发布废止目录。

第十六条 每年3月1日前，研究室（政策法规处）将上年度市社会办发布、撤销、废止的规范性文件目录上报市法制办。

第十七条 本规定自发布之日起施行。

（此文件2011年7月29日由市社会办印发）

·专　　文·

创新社会管理中政府职能作用的四个重点

梁　伟

很高兴参加2011中欧社会管理论坛。论坛为我们学习借鉴欧洲国家社会管理的经验提供了很好的交流平台。借此机会，我就创新社会管理中政府发挥职能作用的几个重点问题，谈几点认识，与大家交流。

现代社会管理既是政府向社会提供公共服务并依法对有关社会事务进行规范和调节的过程，也是社会自我服务并依据法律和道德进行自我规范和调节的过程。在这个体系中，政府既是社会管理提供公共产品和公共服务的主体，同时也作为社会建设的主导力量发挥重要作用。对政府的职能作用，早在一百多年前，马克思在关于国家、政府、社会的经典论述中，就将社会分为三个层面：器物层面、制度层面和精神层面，并认为“管理上的民主，社会中的博爱，权利的平等，普及的教育，将揭开社会的下一个更高的阶段”。因此，政府在加强和创新社会管理中应当以器物层面（社会事业、民生工程）为基础和出发点；以制度层面（法律法规、机制体制、社会组织、社会结构）为手段和切入点；以精神层面（信仰、道德、价值体系）为目标和重点，从而实现社会的“善治”。

新中国成立以来，经过长期探索和实践，我国建立了社会管理工作体系，构建了社会管理组织网络，制定了社会管理基本法律法规，初步形成了党委领导、政府负责、社会协同、公众参与的中国特色社会管理格局。党的十六大又明确指出，政府拥有四项职能，即经济调节、市场监管、社会管理和公共服务，对政府社会管理职责作了专门表述。总的看，我国社会管理与我国国情和社会主义制度总体上是适应的。但同时，我们也应该认识到，我国人均GDP已达4000美元，正处于社会转型的关键发展阶段，社会管理面临着诸多的挑战。

北京作为首都，社会管理的任务日益繁重。目前，全市有近800万流动人口，100多万个非公有制经济组织，近3万个新社会组织，1100多万网民，1800多万手机用户，17万多长期在京工作生活的境外人员，社会的公共服务需求多样化、个性化的特征越来越明显，在这种情况下，以政府为单一主体、主要靠行政手段、目的是把人管住的传统管理模式已经不能适应多元化的社会生活。近年来，我们抓住成功举办奥运会、残奥会和国庆60周年活动的有利契机，切实转变政府职能，通过制度创新，把政府行政管理与社会自我调节、居民自治管理有机衔接起来，形成了社会管理的新格局。从北京市的社会管理实践来看，我们认为加强和创新社会管理，政府主要应该在以下几方面发挥作用。

第一，切实履行好政府公共服务职能。

加强和创新社会管理，政府首要的职责是解决好民生问题。要妥善解决好在就业、教育、社会保障、医疗卫生、保障性住房、收入分配等事关老百姓切身利益的问题。这是政府工作的基础。我们注意到，最近一段时间，“占领华尔街”运动在全球蔓延，全球82个国家的951个城市爆发示威，各地民众走上街头，表达对经济衰退的不满。导致这场运动的根本原因就是高失业率、社会分配不公带来的民生问题。这也给我们很深的启示。从这些年的实践看，我们特别重视就业、教育、社会保障、医疗卫生等社会建设的制度安排。目前，全市医保制度覆盖1400多万人，低保制度实现应保尽保，养老保险在全国率先实现全覆盖。教育、文化、卫生等社会事业改革稳步推进，覆盖城乡的基本公共服务体系基本建立。特别是就业工作，我们充分认识到就业是民生之本，保障民生，第一位的就是保障就业。我们始终坚持把促进劳动者实现充分就业作为工作的重中之重，不断完善城乡促进就业的政策体系。1998年以来，全市共帮助30万名下岗职工、187万名失业人员实现再就业，53万名农村劳动力实现了转移就业。城镇登记失业率控制在2.2%以内。应该说，首都这些年保持祥和稳定，与政府下大力气保障和改善民生是分不开的。下一步，要进一步加强社会公共服务体系建设，进一步探索深化政府购买公共服务的体制机制，调动社会各方面的力量，特别是各类社会组织和民间资本参与公共服务。要更加主动地为社会不同人群，特别是生活困难群众、无业人员、空巢老人、流动人口等特殊人群搞好服务。

第二，加强基层基础工作。

加强和创新社会管理，力量在基层，基础在群众，各级政府要把更多人力、物力、财力投向基层，夯实基层组织，壮大基层力量，切实把社会管理服务的触角延伸到社会的末梢，提高基层社会管理服务能力，形成能够全面覆盖的工作体系和工作网络。在城市，注重整合社区服务管理资源，使社区更好地承担起服务管理“社会人”的责任。在农村乡镇，逐步推行社区化管理体制，健全基层组织，延伸公共服务，防止出现管理真空、服务盲区。近三年来，我们投入60个亿，全面改善了城市社区办公和服务用房条件，建成了1600个城市社区规范化试点。同时，我们在全市推行城市网格化、村庄社区化管理模式，通过健全信息化网络、基层工作网络、专业服务网络，加强资源整合、信息共享，建立起集人、地、事、物、组织于一体的社会管理新模式，不断提高社会管理的效率、效能。

第三，不断扩大公众参与。

人的自觉参与是实现社会管理和谐有序的重要前提。在这个方面，政府要充分发挥组织领导作用，通过制定规划、完善政策把各种社会力量动员起来参与社会建设工作。要通过各种方式大力支持社会群体和社会组织发挥自我教育、自我管理、自我服务功能，使之成为社会建设的重要载体。结合首都实际，我们建立了社会组织“枢纽型”工作体系，发挥工青妇等群众组织的龙头作用，积极引导各类社会组织有序发展。目前，全市已认定22家市级“枢纽型”社会组织，实现对全市近3万家社会组织的分类管理全覆盖。去年，我们投入资金5000万元，依托“枢纽型”社会组织，购买了扶贫、济困、助残、养老、便民利民等20类300多个公益性服务项目，组织了1200多个社会组织参与活动，为社会提供服务累计121万个小时，有效激发了社会组织的创新活力。

第四，积极化解社会矛盾。

我国进入转型期之后，随着社会结构和社会关系的巨大调整，社会利益格局发生了明显的变化。妥善解决好人民群众反映强烈、影响当前社会和谐稳定的社会矛盾和问题，是当前政府加强社会管理的重要着力点。我们的思路，就是要充分发挥基层组织的作用，通过民主议事、民主恳谈等形式，协调利益关系，引导群众以理性合法的方式解决矛盾纠纷，不断把矛盾纠纷的化解纳入法制化轨道。近年来，我市探索建立了工会、人力社保局、司法局、信访办、法院和企联六方劳动争议调解联动机制，在维护企业和地区劳动关系的稳定方面发挥了重要作用。今年1—8月共受理劳动争议案件24407件，结案21840件，调解成功16438件，涉及金额9786.07万元，调解成功率75.3%，有力地推动了和谐劳动关系的发展。

社会管理面临的新形势，对政府的执政

能力、社会管理能力、公共服务能力，是一次全面考验和提升。我们要充分借鉴世界各国的有益经验，在实践中不断加强政府引领社会、组织社会、管理社会、服务社会的能力，不断提升社会管理科学化水平。

（此文为市委常委梁伟2011年10月24日在“2011中欧社会管理论坛”上的讲话）

加强和创新社会管理　有力推进社会建设深入发展

王　翔

怀柔区是全市最早开展深化行政管理体制改革的试点区之一。区委、区政府历来高度重视社会建设工作，在加快产业转型升级、加速城乡一体化的进程中，始终坚持把社会建设纳入经济社会发展全局，注重创新体制机制，完善政策措施，创造了很多有特色、有影响的做法和经验。在完善社会服务管理网络方面，怀柔区先后成立区综合行政服务中心、区社会矛盾调处中心和区社会管理服务中心，健全区、镇、村三级社会管理服务网络平台，进一步扩大了社会服务管理覆盖面，提高了服务管理水平。在城乡社区管理方面，在全市率先开展《物业管理办法》的实施试点工作，探索城市居民社区管理服务的新模式。结合村庄社区化建设试点工作，推进村务监督委员会试点工作，涌现出了一批像北沟村这样的村庄社区化管理典范。在社会领域党建方面，在全市率先研究探索出“项目化运作、星级化管理、联席会推进”的社会领域党建工作模式和“双重管理、任务量化、制度监管”的在职党员进社区教育管理模式。在群众自治方面，泉河街道邻里节已经连续举办六届，成为建立新型和谐邻里关系、构建和谐社区的特色品牌活动，做文明有礼的社区人大讨论、感动泉河十大公德人物评选表彰等一系列邻里节特色活动营造出“以德为邻、以邻为伴、与邻为善”的良好氛围。这些工作，立足实际，着眼长远，贴近民生，很好地解决了当前社会管理面临的矛盾和问题，为进一步加强和创新社会管理奠定了良好的基础。

今年以来，市委、市政府对加强社会建设和管理作出了一系列重要部署。6月份，市委召开了十届九次全会，审议通过了《关于加强和创新社会管理　全面推进社会建设的意见》，标志着首都的社会建设工作进入了一个崭新的阶段。这个文件，一共12部分、50条，我们把它简称为“北京社会管理创新50条”。文件提出了要按照建首善、创一流的要求，以解决关乎人民群众切身利益与影响社会和谐的突出问题为突破口，以完善社会服务为重点，以创新社会管理为动力，以动员社会参与为基础，以优化社会环境为保障，努力实现社会服务更加完善、社会管理更加科学、社会动员更加广泛、社会环境更加文明、社会关系更加和谐的“五个更加”的基本目标，明确了加强和创新社会管理的十项重点任务。前不久，市里根据全会文件又制定下发了60条“折子工程”，细化分解了市委《意见》的每一项工作，涉及72家相关单位和“枢纽型”社会组织，目的就是要把社会管理创新的各项任务落实到街道乡镇，落实到社区、村，落实到每个企事业单位。全会召开以来，全市各区县、各单位、各部门按照中央和市委关于加强和创新社会管理工作的要求，狠抓贯彻落实，在加强领导、完善政策、创新体制机制等方面推出了许多有效措施，形成了大力加强和创新社会管理的良好氛围，呈现出整体推进、重点突出、特色鲜明、贯彻有力的良好态势。

怀柔在贯彻落实市委全会精神上一直抓得很紧。在今天的会议上，不仅出台了《关于加强和创新社会管理　全面提升怀柔社会建设科学化水平的意见》，明确了总体要求和11个方面39项具体措施，还制定了加强和创新社会管理的“折子工程”，明确了10项重点任务，提出了推进社区基本公共服务工作的实施方案。这些必将有力地推进全区社会建设的深入发展。

借此机会，我提几点希望：

一要进一步提升公共服务水平。加强公共服务，是改善民生的重要方式，也是政府的主要职能和社会建设的重要任务。近年来，怀柔区在加快发展都市型工业、沟域经济的同时，不断加强各类人群的服务管理，率先建成了青少年健康教育中心，在优秀教育和医疗资源引进、扩大就业渠道、提升社会保障能力等方面也取得了较大进展。在此基础上，要进一步加快社会保障体系建设，着力解决好城乡社会保障制度的整合衔接，建立起普惠的社会福利和社会保障制度。加快完善农村基础设施和公共服务设施，推进基本公共服务向农村延伸、向薄弱环节延伸，提高城乡一体的公共服务水平。加大政府购买社会组织服务的力度，发挥社会力量作用提高公共服务供给，以公共服务的全面提升促进社会建设的全面加强。

二要进一步加强基层基础工作。社区是维护稳定、构建和谐的重要载体。这次大会，怀柔区专门出台了《关于推进社区基本公共服务工作实施方案》，量化了工作进度及目标，工作非常扎实。希望怀柔区加大工作力度，进一步深化社区规范化建设，完善社区工作制度，解决好基层社区工作所需要的办公用房等问题，提高社区服务管理群众的能力。做好“村庄社区化”试点工作，丰富和完善村庄社区化管理的组织体系、工作机制，进一步集成政策、集合资源，加强村庄的卫生室、图书室、商业网店等设施建设，使广大农民享受到更多更好的服务。抓好社区活动阵地、商务楼宇阵地、基层文化教育活动阵地、工青妇等群团组织活动阵地的建设，加强硬件投入和服务指导，发挥好基层阵地的宣传动员、服务群众、凝聚人心的作用。

三要进一步加快网格化管理推进步伐。网格化管理是实现社会服务管理精细化的重要支撑，也是实现社会管理全覆盖的重要途径。东城、朝阳、顺义三个试点区在这些方面积累了很好的经验，下一步，全市要在总结试点区经验的基础上，研究资源整合、统筹协调的机制，在网格化社会服务管理的组织体系、信息系统、指标体系建设方面力争形成标准。同时，以网格化为基础，加快推进社会建设工作体系和工作网络的全面覆盖，加快探索工青妇等群团组织工作进入商务楼宇的模式，用党的建设全覆盖带动社会服务管理的全覆盖。怀柔区提出了要构建区、街道（乡镇）、社区（村）三级网络体系，并把构建网格化管理体系列入“折子工程”和十大重点任务中。我认为这样很好，希望怀柔区从实际出发，大胆探索在城市社区、城乡结合部新型社区、农村等不同类型地区加强网格化管理的方式方法，为全市推进网格化管理作出贡献。

四要进一步培育发展社会组织。社会组织是公民参与社会管理的重要途径，也是社会自我管理能力的重要体现。近年来，怀柔区在加快推进经济建设中，注重在完善利益协调机制、诉求表达、矛盾调解、治安防控与和谐创建等方面，发挥各类社会组织、志愿服务组织的作用，把专群结合、群防群治的各项任务落实在基层，把矛盾化解在苗头、化解在基层。比如，怀北镇构建镇、村两级“道德评议会”，由村民对矛盾纠纷实行自我评议、自我调解，在维护社会稳定、促进社会和谐中发挥了重要作用。因此，培育好、建设好城乡基层社会组织，将是新形势下社会建设与管理工作的重要任务之一。要充分发挥社会组织“枢纽型”工作体系的重要作用，进一步发挥“一站式”服务机制的作用，规范工作流程。充分发挥社会组织孵化器作用，完善孵化机制，培育一批符合社会需求的公益性社会组织。充分发挥行业协会等社会组织在社会矛盾调解中的作用，继续探索以政府购买服务方式开展商事纠纷、知识产权纠纷等矛盾调解工作。继续健全“五方联动”的劳动争议协调联动机制，支持工会在建立和谐劳动关系、调解劳资矛盾中发挥重要作用，健全不同社会群体的利益表达机制，从源头上减少社会矛盾，努力创造和谐稳定的社会环境和氛围。

五要进一步发挥社会建设工作领导小组职能作用。这些年北京市社会建设取得了一些成绩，一个重要因素是我们有市社会建设工作领导小组及其办公室发挥统筹协调作用，市社会工作机构进行综合协调和组织实施的工作机制。实践证明，我们这套体制机制是科学有效的，必须进一步巩固完善。这些年，怀柔区通过制定“折子工程”、召开联席会议等多种形式，切实发挥社会建设工作领导小组的统筹协调作用，取得了很大成绩。今后，要进一步健全完善各项工作制度，明确社会建设重大事项由领导小组统筹研究、统一部署，日常工作调度由领导小组办公室综合协调、督促检查，各项任务由各部门分工负责、各尽其职。社会建设工作领导小组及其办公室要加强对社会管理工作的宏观指导，通过制订“折子工程”、建立考核体系，加强督促检查，推动各项工作的落实。希望怀柔区在这方面进一步完善工作制度和措施，努力走在全市前列。

同志们，加强和创新社会管理，全面推进社会建设，责任重大，使命光荣。希望大家能以更加坚定的信心、更加饱满的热情、更加扎实的工作，为建设“人文北京、科技北京、绿色北京”和中国特色世界城市作出新的更大贡献。

（此文为市委副秘书长王翔2011年9月22日在怀柔区加强和创新社会管理工作大会上的讲话，标题为编者所加）

构建科学体系　实现全面覆盖

宋贵伦

首先代表北京市委社会工委、北京市社会办衷心感谢大家对此次年会的关心、重视和支持，热烈欢迎大家的到来！

今年，我国社会建设和社会管理面临着难得的机遇。自党的十六届四中全会、六中全会，特别是党的十七大以来，党中央把社会建设摆在更加突出的位置。今年，党中央、国务院采取一系列重要举措，对加强和创新社会管理、全面推进社会建设提出更加明确的要求，作出了战略部署。今年2月，党中央举办了省部级主要领导干部加强和创新社会管理专题研讨班，胡锦涛总书记、习近平同志、周永康同志发表重要讲话，把加强和创新社会管理、扎扎实实提高社会管理科学化水平摆到了全党面前。今年3月，全国人大十一届四次会议讨论通过的国家“十二五”规划纲要，第一次对社会建设作出专门部署，用两篇十二章对社会服务、社会管理进行全面安排。今年5月30日，中央政治局会议讨论通过了《中共中央、国务院关于加强和创新社会管理的意见》，进一步明确提出了加强和创新社会管理的重要意义、指导思想、基本原则和目标任务。今年7月，该文件正式印发。不久前，中央社会治安综合治理委员会及其办公室又正式更名为中央社会管理综合治理委员会及其办公室，从而，党中央、国务院有了社会管理综合协调机构，全国各省、市、自治区社会建设和社会管理机构有了上级主管部门。昨天，中央又召开电视电话会议，对下一步工作作了进一步部署。可以说，当前，加强社会建设、创新社会管理机遇难得。此次年会的举办恰逢其时，是我们的共同期待，坚信会结出丰硕成果。

多年来，特别是党的十七大以来，北京市委、市政府高度重视社会建设工作，一年一个重要举措，一年迈出一个重要步伐：2007年年底，成立市委社会工委、市社会办，随后建立由刘淇书记任组长、郭金龙市长任第一副组长的市社会建设工作领导小组，各区县也随之建立相应工作协调机制和工作机构，在社会建设体制创新方面迈出重要步伐；2008年，召开全市社会建设大会，出台加强社会建设“1+4”文件，初步明确了全市社会建设工作体系和政策体系框架；2009年，召开全市志愿者工作大会，出台《北京市加强和改进志愿者工作的意见》，及时转化奥运志愿成果，建立长效工作机制；2010年，召开全市社会服务管理创新推进大会，推出《北京市社会服务管理创新行动方案》，提出60项任务，扎实推进实践创新；今年6月，召开市委十届九次全会，讨论通过《中共北京市委关于加强和创新社会管理　全面推进社会建设的意见》（以下简称《意见》），提出了社会服务更加完善、社会管理更加科学、社会动员更加广泛、社会环境更加文明、社会关系更加和谐的五大目标和社会管理创新的十项任务；不久，将印发实施《北京市“十二五”时期社会建设规划纲要》（以下简称《规划》），围绕构建“五大体系”，即：完善社会服务体系、创新社会管理体制、健全社会动员机制、优化社会文明环境、构建和谐社会关系进行了全面部署，使北京社会建设和社会管理在近几年工作基础上，站在了新的历史起点上。

回顾过去、展望未来，北京社会建设工作主要是做好两件大事：一是构建社会建设科学体系，二是实现社会服务管理全覆盖。

构建具有时代特征、中国特色、首都特点的社会建设科学体系，是我们坚持不懈的奋斗目标。2008年《北京市加强社会建设实施纲要》提出构建社会基本公共服务体系、社区管理体系、社会组织管理体系、社会工作运行体系、社会领域党建工作体系的目标。应当说基本方向是正确的，突出了工作重点，描绘了基本框架。但很显然，基本公共服务与社区、社会组织建设不是一个平面的概念，社会工作运行也与其他体系有交叉。这有当时的认识局限，也有部门职能的痕迹，还有抓重点、抓突破口的考虑。

经过几年的探索与研究，市委、市政府在最近的《意见》和《规划》中提出了构建社会服务、社会管理、社会动员、社会环境、社会关系五大体系和加强社会领域党建工作共六大目标任务。我们感到这是一个比较科学的体系。其中，完善社会服务是重点，创新社会管理是核心，广泛动员社会参与是基础，优化社会环境是保障，构建和谐社会关系是目标，加强和创新社会领域党建是龙头。

努力实现社会服务管理城乡一体化、各类人群全覆盖，是我们不懈追求的另一个主要目标。最近几年，全市社会建设不断加大工作力度，初步取得一定成效。主要表现在以下几个方面：

（一）基本形成城乡一体的公共服务体系

以基本建立公共财政体系、实施政府办实事工程、基本实现“五无”目标、实现社会保障制度城乡一体化等为主要标志，社会基本公共服务体系不断完善。以设立社会建设专项资金、建立政府购买社会组织服务体制等为主要标志，政府提供公共服务方式不断改革创新。以实施养老助残“九养”政策、加强社区服务站和商务楼宇社会服务站建设以及实施《社区基本公共服务指导目录》、建设“一刻钟社区便民服务圈”等为主要标志，公益服务、便民服务体系不断完善。

（二）基本形成全面覆盖的社会管理体制

一是成立专门统筹协调机构。在市、区（县）建立了党政主要领导亲自挂帅的社会建设工作领导小组，设立了党委社会工委、政府社会办，并将领导小组办公室设在社会工委、社会办。二是基本健全工作协调机制。主要有：社会建设工作领导小组及其办公室协调机制，区县社会工委、社会办工作协调机制，“枢纽型”社会组织工作协调机制，社会建设信息协调机制，社会建设决策咨询工作协调机制（已与首都高校、科研机构共建了9个北京社会建设研究基地）。三是初步形成了纵向到底、横向到边的工作网络。纵向从市、区县可以延伸到街道（乡镇）、社区，横向可以通过“枢纽型”社会组织覆盖到80%的社会组织、通过街道（乡镇）覆盖到全市所有商务楼宇。

（三）初步形成加强各类社会群体服务管理的新模式

一是在东城、朝阳、顺义三个区开展社会服务管理综合试点，特别是探索网格化社会服务管理模式，充分利用信息化手段，将人、地、物、事、组织全部纳入网格进行精细化服务管理。目前，三区试点工作成效明显，年中将在试点经验基础上，形成指标体系和实施办法，下半年在全市推广。二是创新流动人口服务管理方式，加快推进流动人口双向管理协作体系，完善“以证管人、以房管人、以业管人”工作模式。推广石景山区经验，加快推进新居民互助服务站建设。三是推广牛街经验，开展民族团结创建系列活动。四是推广朝阳区经验，开展“阳光中途之家”建设，去年已在12个区建成，今年实现16区县全覆盖。

（四）基本形成“三位一体”的社区建设规范化模式

围绕构建社区党建、社区自治、社区服务“三位一体”工作格局，开展社区规范化建设工作。2009年、2010年两年，已在全市2633个城市社区中建成1600个社区规范化建设试点。按照“一分、三定、两目标”的思路，从社区党委、社区居委会、社区服务站工作职能、人员、经费、设施等七个方面26项主要指标、近100项具体指标，进行全面规范，包括社区办公和服务用房均达到350平方米以上标准，年内可以基本实现规范化。基本实现社区建设“三有一化”（有人办事、有地方办事、有经费办事，社区党建工作区域化）。去年以来，社区规范化建设工作还逐步向老旧小区、城乡结合部50个“城中村”和农村社区延伸，还推广了大兴区村庄社区化管理的经验。

（五）基本形成“枢纽型”社会组织管理模式

支持以人民团体为骨干的大型社会组织，在政治上发挥党和政府联系社会各界的桥梁纽带作用，在业务上发挥龙头作用，在日常服务管理上发挥平台作用，形成30个左右以人民团体为骨干的大型联合组织服务管理“枢纽”，构建在党委政府领导下，“枢纽型”社会组织党建业务一起抓的分类管理、分级负责的社会组织服务管理网络。2009年、2010年，市社会建设工作领导小组先后分两批认定22家市级“枢纽型”社会组织，可以基本实现对80%的社会组织进行日常服务管理，今年再确认一批，总量在30家左右，可基本实现对全市近3万家社会组织分类管理全覆盖。

（六）初步形成“社工＋义工”的社会动员和社会服务联动模式

一是建设了一支专业化、职业化的社工队伍。2009年、2010年两年全市面向高校和大学生“村官”选聘近5000名大学生社工、各区县面向社会选聘5000多名大专以上人员到社区工作，加上2009年社区“两委”换届，全市2.8万社区工作者具有大专以上学历人员由原来的26%上升到70%以上，平均年龄40岁。全市已有5612人获得全国社会工作者职业资格证书，培育了24家社会工作事务所，社会工作者专业化、职业化、年轻化迈出很大步伐。二是初步转化了奥运志愿者工作成果。在北京奥运会和新中国成立60周年两件大事中，志愿者工作、群防群治工作发挥了重要作用。奥运会后，我市先后出台《加强和改进志愿者工作意见》和《北京市志愿者管理办法》，转化奥运志愿成果、健全志愿服务和群防群治长效机制工作取得明显进展。三是2010年通过社区提出服务需求、政府向社会组织购买300个公益服务项目、200个社工岗位，引导专业社工带领义工（志愿者）参与社会服务的机制，初步形成“社区+社会组织”“社工+义工”的工作运行模式。

（七）初步形成社会矛盾“大调解”格局

市委、市政府制定并印发《关于构建社会矛盾多元调解体系的工作意见》，探索人民调解、行政调解、司法调解相互衔接的工作模式。制定并印发《北京市建立重大事项社会稳定风险评估机制的意见》，逐步建立健全安全稳定工作领导责任体系，完善考核评价、督促检查、责任追究机制，健全和完善风险评估机制、诉求表达机制、矛盾纠纷滚动排查和预警机制，加大矛盾源头治理力度。推进工会、人力社保、司法、法院、信访“五方联动”机制建设，加大劳动争议调解力度。总结推广西城区“民事调解进派出所”、原崇文区“信访代理制”、中关村北京民营科技实业家协会商事和知识产权纠纷调解经验，不断探索完善社会矛盾调解新模式。

（八）基本实现社会领域党建工作全覆盖

社区党建区域化格局已初步形成。在全市141个街道及120个乡镇建立社会工作党委，街道已实现全覆盖，乡镇本年内可以实现全覆盖。社会组织党建“枢纽型”社会组织管理体制初步建立。在“枢纽型”社会组织启动了社会组织党建工作委员会、社会组织联合党组织、社会工作部三项机制建设工作，年内可以全部建立。非公有制经济组织党建工作已经实现全覆盖。规模以上非公有制经济组织基本实现全覆盖，规模以下的在全市所有1249座商务楼宇建立了工作站，实现了党建工作站、社会工作站全覆盖，年内可以实现社会服务、党建、工会、共青团、妇联工作“五站合一”全覆盖。据统计，到2010年年底，全市1249座商务楼宇中，有商户6.9万多家、就业人员82.2万多人、党员4.3万多人。近两年，在商务楼宇新建党建组织958个，接纳1.25万名流动党员组织关系，发展党员379名，有800多人递交了入党申请书，培养入党积极分子1250多人。商务楼宇工作站服务管理作用得到有效发挥。

经过几年的努力，社会建设科学体系初步形成：初步形成了城乡一体化的社会服务体系，初步形成了“纵向到底（社区）、横向到边（社会组织、经济组织）”的社会管理体制框架，初步形成了社会动员、公众参与的一系列工作模式，初步探索了创建社会文明的一系列新途径，初步形成了构建社会和谐、维护社会稳定的工作机制，初步形成了全面覆盖的社会领域党建工作网络。

下一步，我们将认真贯彻市委《意见》和市政府《规划》，坚持五项基本原则（坚持以人为本、服务为先，坚持依法办事、发扬民主，坚持改革创新、完善制度，坚持统筹协调、整体推进，坚持广泛动员、共建共享），着力做好十方面工作（着力完善社会管理格局、着力在创新服务中加强社会管理、着力实现各类人群服务管理全覆盖、着力夯实社区服务管理基础、着力创新各类社会组织和经济组织服务管理、着力提高信息网络服务管理水平、着力加强公共安全服务管理、着力创建社会文明环境、着力健全党和政府主导的维护群众权益机制、着力以党建工作创新引领社会服务管理创新），努力构建五大体系，全面实现“五个更加”的目标。

各位领导、各位专家、各位同志：社会

建设是长远的系统工程，社会服务管理创新任重而道远，我们的工作还是初步的。我们将以此次年会为契机，认真学习领导讲话、专家论述、各省市先进经验，进一步加强和创新社会管理、全面推进社会建设，努力构建具有时代特征、中国特色、首都特点的社会建设科学体系，为建设“人文北京、科技北京、绿色北京”和中国特色的世界城市作出新的更大贡献！

（此文为市委社会工委书记、市社会办主任宋贵伦在2011年9月29日“加强社会建设　创新社会管理”年会上的主旨发言）

认清形势　找准定位

赵小卫

贯彻市委十届十次全会精神，研究2012年社会建设工作思路，必须要对当前形势有一个基本判断。

从全国来看，刚刚闭幕的中央经济工作会明确提出明年工作要坚持“稳中求进”的总基调。在“稳”中，保持社会大局稳定是重要内容；在“进”中，要在改善民生上取得新成效。实现“稳中求进”，就必须要把社会建设和管理放在更加突出的位置，切实加强这一领域的工作。

从全市来看，明年要召开党的十八大和市党代会。首都工作要大力践行“北京精神”，加快经济方式的转变，实现保持经济平稳较快发展与结构调整相结合；加快建设发展与提升服务管理相结合，深化改革与促进发展相结合。实现这样的要求，必须加大社会建设力度，创造良好的社会环境。

从我们的工作来看，明年是实施“十二五”社会建设规划的重要一年，社会建设工作将在4年成果的基础上，按照“社会服务更加完善、社会管理更加科学、社会动员更加广泛、社会环境更加文明、社会关系更加和谐”的新格局全面展开。市委、市政府在改善民生、扩大公共服务、社会管理创新等方面要求社会工作机构发挥统筹协调作用。社会建设工作越来越重要，责任越来越大，任务越来越多。同时，各部门积极开展社会建设工作的状况以及综治部门更名，也使我们面临的体制摩擦和关系协调问题越来越多，工作难度进一步加大。

上述情况说明，加强社会建设是大势所趋，势在必行。4年来的实践证明，我们的总体设计是正确的，体制机制是行之有效的，工作思路是符合规律的，取得的成效是得到了社会各方面的认可的，尽管在发展中还有矛盾和问题，但丝毫不影响我们前进的方向。因此，在明年的工作中我们必须坚定不移地贯彻实施《北京市“十二五”时期社会建设规划纲要》，坚定不移地坚持现行的体制机制，坚定不移地推进改革创新，坚定不移地推进各项工作。只有这样，社会建设工作才能巩固成果，创新前进，持续发展，继续开创新局面，才能以优异成绩为首都科学发展作贡献，迎接党的十八大的胜利召开。下面，就如何做好明年工作提出五点思考：

一是要在首都工作大局中找准定位。党的十七大以来，北京市社会建设工作每年都推出一个重要举措，2007年，创新社会建设体制，率先建立社会工作机构；2008年，召开全市社会建设大会，出台《北京市社会建设实施纲要》系列文件；2009年，召开全市志愿者大会；2010年，召开全市社会服务管理创新推进大会；今年，召开市委十届九次全会，出台《中共北京市委关于加强和创新社会管理、全面推进社会建设的意见》。回顾这几年的历程可以看出，市委、市政府始终站在首都现代化建设总体格局的高度来推进社会建设，近年来我们取得所有成绩是在这个定位下取得的。在新的形势和任务面前，我们要继续前进，就必须在首都工作大局中找准位置，把社会建设工作同经济建设、政治建设、文化建设紧密结合起来，工作重心尽快调整到“社会服务更加完善、社会管理更加科学、社会动员更加广泛、社会环境更加文明、社会关系更加和谐”这五个奋斗目标上来，为首都科学发展服好务，作贡献。只有这样，社会建设工作才能进一步发展。

二是在统筹协调上发挥作用。从2009年落实周永康同志批示精神，到市委十届九次全会《意见》，再到贯彻中央社会管理综合治理电视电话会精神，刘淇同志都明确要求由社会建设部门牵头开展工作。之所以这样，是因为我们有着在全市统筹协调工作的体制。4年来的实践也证明，这个体制是有效的。比如，今年制定社会服务管理创新“折子工程”涉及72个部门和单位，落实“六项重点工作”涉及15个部门，推广市民劝导队也有6个部门参与，工作中沟通协调都很顺畅。当前我们面临的问题，就是解决好“敢不敢、会不会”的问题，把这个优势发挥得更充分。所谓“敢”，就是理直气壮地履行“三定”方案，行使我们的职责。所谓“会”，就是创造机遇，发挥优势，讲究方法，充分利用我们已经形成的工作网络、基层基础工作的优势。只要把握好这些环节，我们可以更好地发挥统筹协调的优势。

三是在重要节点上寻求突破。所谓节点是指全局中处于控制性、关键性工作，做好这些工作，就能带动全局工作。比如，街道工作上接政府，下联百姓，很多工作都要靠街道落实，如果我们把这个节点抓紧抓好，社会建设工作就能落在实处。比如，网格化建设，是加强社会管理的必然趋势，各领域工作都要纳入其中，我们已经做了大量工作，抓住这项工作，就能在全市工作格局中更好地发挥作用。比如，基层工作平台建设，目前各部门与我们合作，都是需要这些平台上的支持。我们要进一步向基层注入资源，强化平台功能，工作领域就能逐步扩大，工作格局就能更加稳固。比如，社区工作者队伍建设上，当前我们要紧紧把住调整待遇这个环节，这件事做成了，我们就能争取主动。比如，社工队伍建设上，如果把职业序列问题解决好，我们就能在这个领域占领先机。因此，从某种意义上说，解决好节点问题，就抓住了主要矛盾，就可以更好地推进工作。

四是在创新上增强活力。社会建设生命力在创新，不创新就没有活力。只有坚持创新不动摇，社会建设工作才能深入发展。实现这样的要求，必须强化创新意识，全面掌握基层、外省市和国外工作的先进做法，深入调查研究，有针对性地解决工作中的突出矛盾和问题。当前，我们有很多课题需要研究。比如，在统筹协调上，如何建立社会建设指标体系，对工作进行考核；如何建立区县配套资金制度，提高社会建设专项资金的使用效率；在社会动员上，如何运用现有的工作载体，提高社会的组织化程度；如何推进企业社会责任体系建设，动员各类企业参与社会建设；在社会环境建设上，如何与精神文明建设、文化建设衔接，推进社会文明程度；在协调社会关系方面，如何与相关部门建立协同机制，更好地化解矛盾，等等。如果在这些方面取得进展，我们的工作就有很大的进步。

五是要在把握规律上加快发展。规律是事物之间的必然联系，决定着事物发展的趋向，规律不以人的意志为转移。这几年我们在这方面作了不懈的探索，但仍处于起步阶段，还有很多工作要做。比如，在努力构建社会建设基本架构的同时，如何建立与经济、政治、文化建设互相融合、互相促进的工作机制，我们研究得还不够。比如，我们提出了社会建设五个奋斗目标，那么这五个方面之间的关系是什么，也要进一步论证，等等。这些工作一一突破，我们的工作就有长足的进步。

以上思考还不成熟，提出来供大家参考，目的是与大家共同把明年工作思路谋划好。

（此文为市委社会工委委员赵小卫2011年12月在理论务虚会上的发言撰写的调研报告）

北京市社会工作人才队伍建设的实践与思考

周开让

一、近年来北京市社会工作人才队伍建设的实践

社会工作人才是社会建设与社会服务管理创新的主力军。北京市委、市政府高度重视社会工作人才队伍建设工作，将其纳入全市社会建设及人才发展的总体布局。在2008年的全市社会建设大会，2010年的全市人才工作会议、全市社会服务管理创新推进大会上，都将社会工作人才队伍建设作为重点工作进行了统一部署；今年6月2日至3日召开的市委十届九次全会，审议通过了北京市委《中共北京市委关于加强和创新社会管理全面推进社会建设的意见》，其中，专门提出了“进一步加强社会工作者队伍建设”的要求，确定了“努力培养一批政治强、业务精、作风正的社会建设工作队伍，不断提高社会服务管理科学化水平”的工作目标。

近年来，北京市始终坚持将社区工作者等一线社会工作从业人员，包括社会工作师、助理社会工作师在内的各类专业社会工作，以及党政机关从事社会建设工作的管理人才等都纳入到社会工作人才的大概念之中，不断拓展社会工作人才队伍建设的广度和深度。在党中央、国务院的坚强领导下，在市委、市政府的正确决策下，首都社会工作人才队伍规模不断壮大，结构逐步优化，服务领域不断拓展，专业社会工作机构蓬勃发展，专业化、职业化水平显著提升，首都地区各类社会工作从业人员达30余万人，其中仅社区工作者就有2.8万余人，为首都社会建设和社会服务管理创新提供了坚强的社会工作人才和服务保障。

具体而言，北京市主要围绕以下四个方面着力加强社会工作人才队伍建设。

（一）着力健全管理体制机制

1. 将社会工作人才队伍建设纳入“党管人才”范畴，提升到首都人才发展战略的高度。市人才工作领导小组将市委社会工委增加为成员单位，加强党委对社会工作人才工作的领导。2011年召开的全市人才工作会议和发布的《首都中长期人才发展规划纲要（2010—2020年）》，明确提出要实施“首善之区社会工作人才发展工程”，将社会工作人才队伍作为全市重点建设的人才队伍之一，纳入到首都人才发展战略的总体规划和部署当中。

2. 探索建立社会工作人才统筹协调机制。由市社会建设工作领导小组办公室牵头，定期召集相关部门通报交流社会工作人才队伍建设的重点工作和重要进展，研究社会工作人才队伍建设的重点、难点问题，形成了促进社会工作人才发展的工作合力。

3. 积极构建社会工作“枢纽型”社会组织管理体系。市级层面，积极筹建北京市社会工作者联合会；区级层面，在西城、丰台、通州、延庆等区县建立了区级社会工作者联

合会，在朝阳区成立了农村地区社会工作协会。通过加强两级社会工作联动建设，逐步形成覆盖各部门、各系统、各领域的社会工作“枢纽型”社会组织管理体系，促进了社会工作行业服务和管理水平的提升。

通过努力，北京市在构建社会工作人才队伍建设管理体系方面迈出了重要步伐，初步形成了“在党委政府领导下、社会建设工作领导小组办公室综合协调、社会工作‘枢纽型’组织具体实施、相关单位密切配合”的工作新格局。

（二）着力完善政策框架体系

1. 明确全市社会工作人才队伍建设的纲领和方向。2007 年，以市委、市政府名义印发了《关于加强社会工作人才队伍建设的意见》，明确了首都社会工作人才队伍建设的指导思想、工作目标、主要任务和保障措施，为全市社会工作人才队伍建设指明了方向。

2. 规范社区工作者队伍的服务和管理。2008 年，市委办公厅、市政府办公厅印发了《北京市社区工作者管理办法（试行）》，在社区工作者招录、管理和待遇保障等方面，作出了具体、明确、具有可操作性的规定。

3. 建立社会工作者职业水平评价制度。2008 年，市人事局、市社会办、市民政局联合下发了《关于贯彻执行〈社会工作者职业水平评价暂行规定〉和〈助理社会工作师、社会工作师职业水平考试实施办法〉的通知》，明确提出将北京市社会工作者职业水平评价制度纳入全市专业技术人员职业资格制度统一管理，并对北京市落实社会工作者职业水平考试工作提出了明确意见和要求。

4. 完善社区工作者薪酬保障体系。2008 年，《北京市社区工作者管理办法（试行）》对社区工作者待遇结构进行了规范，并将全市社区工作者年平均应发工资提高到 3.4 万元。2010 年，印发《关于进一步规范社区工作者待遇的通知》，明确提出对社区工作者工资待遇进行规范调整，使其原则上不低于所在区县全额拨款事业单位（不含教师）待遇水平。为鼓励社区工作者提高专业化水平，《通知》规定社区工作者获得社会工作师和助理社会工作师证书的，每人每月分别可获得 300 元和 200 元补贴。

（三）着力提升专业化、职业化水平

1. 认真做好社会工作者职业水平考试组织实施工作。2008—2010 年三年，首都地区共有 31911 人报考社会工作师和助理社会工作师，约占全市社会工作从业人员的 1/10，有 5612 人获得了职业水平证书。在 2011 年度考试中，北京共有 12514 人报名，总人数比 2010 年增加了 29%；实际参考率达 80.9%，高于各种专业技术资格考试参考率平均水平。

2. 实施“大学生社会工作计划”。2009 年和 2010 年共选聘 5434 名大学生到社区工作，其中硕士及以上学历比例为 36.31%，平均年龄 24.5 岁。同时，与全市社区党委、居委会换届等工作相配合，全市社区工作者大专以上学历比重提高到 70% 以上，平均年龄下降到 40 岁，提高了社区工作者队伍知识化、年轻化程度。

3. 加大对党政领导干部的社会工作培训力度。举办高级社会工作人才境外专题培训班，区县局级领导干部社会建设培训班，区县社会工委书记、社会办主任培训班，街道工委书记、办事处主任培训班，全市“两新”组织党委书记培训示范班等，进一步提高了各级党政领导干部对社会工作的理解和认识，提高了各级党政部门社会服务管理工作水平。

4. 加强一线社会工作人才的培养。加强社会工作人才培养“双基地”建设，有计划、分层次开展社会工作人才培训，各相关部门和各区县举办了职业水平考试考前培训、持证社会工作者继续教育培训、新进大学生社会工作者岗前培训、社区工作者骨干培训等，提高了一线社会工作人才队伍的专业化水平。

（四）着力拓展载体和空间

1. 大力培育扶持社会工作事务所建设。鼓励支持符合条件的组织、企业和个人，兴办社会工作事务所等公益性社会工作机构。

2010年，在城六区和顺义、昌平区共培育扶持17家事务所；2011年上半年，又在全市培育了6家社会工作事务所。各社会工作事务所结合地区实际及机构专业特长，加强与区县、街道、社区及相关福利机构的合作，积极开展为老、助残、心理疏导、外来人口服务等专业社会工作服务，取得了初步成效。

2. 开展购买专业岗位试点工作。按照"一街道一社会工作""一社工事务所一督导"的标准，在16个区县的全部141个街道、17家社会工作事务所及相关社会工作领域购买了200个专业社会工作岗位，将其作为社会工作人才培养的重要载体，依托岗位着力培养一批熟练掌握社会工作各种技能，善于运用专业社会工作理论、知识和方法服务社会的一线专业社会工作者，带动更多的专业人才开展服务，形成团队效应。

在取得成绩的同时，我们也清醒地认识到，北京市社工人才队伍建设还存在一些困难和问题：一是对社会工作人才队伍建设的认识还存在一些偏差和误区，不理解、不支持等问题在一定范围内仍然存在。二是市、区两级社会工作"枢纽型"组织管理体系还需进一步完善。三是围绕社会工作人才队伍专业化、职业化建设的政策法规需要进一步完善。这些问题需要我们在今后的工作中全面统筹，逐步加以解决。

二、下一步北京市社会工作人才队伍建设的主要思路

2011年是中国共产党建党90周年，是"十二五"开局之年，也是全党、全国深入推进社会管理创新的关键之年。面对新形势，北京市社会工作人才队伍建设的任务将更加繁重和艰巨。

当前和今后一段时期，北京市社会工作人才队伍建设，将紧紧围绕中央关于社会建设和社会管理创新的一系列重要指示精神，按照市委十届九次全会和市委、市政府《关于加强和创新社会管理　全面推进社会建设的意见》要求，扎实推进、不断创新各项工作。

具体而言，将着力做好以下五方面工作。

（一）完善"枢纽型"组织体系，进一步增强工作合力

一是积极筹建市社会工作者联合会，切实发挥其市级社会工作"枢纽型"组织的作用，积极发展团体会员，制定社会工作行业规范，不断加强行业自律，促进全市社会工作人才及其相关组织的健康发展。二是推动各区县根据地区实际，建立区县级社会工作者联合会，加大对本地区社会工作协会、社会工作事务所等社会工作类组织的支持、指导力度，加强对辖区社会工作者的教育培训、权益维护和日常服务管理，促进地区社会工作人才队伍建设水平的整体提升。

（二）健全制度框架体系，进一步提高政策支撑力

一是制定发布《首都中长期社会工作专业人才发展规划纲要》，对未来10年北京社会工作人才队伍建设的总体目标、发展思路和主要政策措施作出明确规划。二是研究出台北京市社会工作者职业水平评价、登记管理、专业技术职级体系与薪酬待遇管理、岗位设置、教育培训等一系列文件，推动构建社会工作职业体系，为加快推进全市社会工作人才队伍建设提供制度保障。

（三）加大培训培养力度，进一步提升专业服务能力

一是深化校地合作，深入推进社会工作人才培养"双基地"工程，为高校社会工作专业学生提供实践平台，不断提高其实务技能；同时也为一线社会工作者提供理论学习的载体，逐步提升其社会工作专业水平。二是有计划、分层次开展大规模在岗培训，力争用3年到5年时间对一线社会工作者轮训一遍。三是继续实施职业水平考试，加强对持证人员的继续教育，鼓励尚未取得职业资格的社会工作从业人员参加职业水平考试，加快向专业社会工作人才转化。四是加强骨干人才培养，鼓励不同类型的专业技术人员从事社会工作，接受社会工作专业教育培训，

着力培养一批既掌握相关领域专业知识，又了解社会工作专业技能方法的复合型社会工作人才，使其成为社会工作领军人物。

（四）完善激励保障体系，进一步激发发展动力

一是完善社区工作者保障体系。逐步建立社区工作者工资待遇自然增长机制，并积极研究完善社区工作者福利待遇体系。二是完善专业社会工作人才保障体系。借鉴兄弟省市先进经验，探索推行“社会工作岗位薪酬指导价”制度，由相关部门根据全市事业单位专业技术人员平均工资水平制定并公布，作为社会工作服务机构支付社会工作人员薪酬的参考标准。

（五）创新工作思路和方法，进一步增强创造活力

1. 鼓励专业社会工作力量积极参与社会服务业。一是总结社会工作事务所建设经验，实现社会工作事务所在16个区县的全覆盖。在专业社会工作基础较好的区县，力争实现“一街道一社工事务所”。二是继续扩大专业社会工作岗位购买范围，将其打造成专业社会工作示范岗，带动社会工作专业化水平的提升。三是鼓励社会工作事务所等专业社会工作机构积极申请“北京市社会建设专项资金购买社会组织服务项目”；同时，鼓励各相关系统、部门及各区县匹配资金，用于购买专业社会工作机构、专业社会工作岗位服务，引导专业社会工作人才积极参与社会服务业。

2. 建立完善“社工＋义工”服务管理模式。总结推广各社会工作事务所“专业督导＋专业社会工作＋志愿者”的队伍建设经验，以及北京大学人民医院的“医务社工带医务志愿者”的经验，积极推动建立“社工＋义工”服务模式，促进专业社工和志愿者优势互补。

各位领导、各位来宾，经过多年的努力，北京市的社会建设站在了新的历史起点上，首都社会工作人才队伍建设迎来了蓬勃发展的春天。但是，我们也清醒地认识到，我们需要探索、完善、提高的地方还有很多。我们深知，北京的社会建设和社会工作人才队伍建设离不开中央部委、中国社会工作协会及各地社会工作协会、兄弟省市、社会组织及广大专家学者的支持、指导和参与。我们诚恳地希望大家一如既往地关心、支持北京市社会工作人才队伍建设工作，我们将坚定不移地加快推动首都社会工作人才队伍专业化、职业化进程，为建设中国特色世界城市和“人文北京、科技北京、绿色北京”，为中国社会工作事业的繁荣发展作出新的贡献！

（此文为市委社会工委副书记、市社会办副主任周开让2011年7月21日在全国社会工作协会工作会议上的主题发言）

加强和创新社会管理　全面推进首都社会建设

张　坚

一、加强首都社会建设是新时期首都建设发展中一项十分重要而紧迫的任务

自党的十六届四中全会提出加强社会建设的任务以来，社会建设成了党和政府文件中出现频率很高的“热词”，成了专家学者们研究议论的“热题”，也成了广大群众普遍关注的“热事”。今年是“十二五”的开局之年，首都的经济、社会发展呈现了许多新的气象。按照中央的精神和市委、市政府

的部署，进一步加强社会建设、创新社会管理，是开创首都科学发展新局面的重大任务。从基本功能上讲，北京的社会建设要解决三个问题。其一，大力改善民生，使经济发展成果充分转化为人民物质文化生活的富足，解决经济、社会发展相协调的问题。其二，大力加强和创新社会服务管理，用全球视野和国际标准来设置、衡量、评估各项工作，解决由传统方式向现代方式过渡和接轨问题，在建设中国特色世界城市的进程中作出应有的贡献。其三，以解决当前社会突出问题和矛盾为重点，大力推进改革创新，解决社会自身在转型和接轨过程中体制机制和制度不适应、不健全、不完善的问题。

（一）加强社会建设是实现首都经济社会协调发展，满足人民共享经济发展成果的基本途径

改革开放以来，首都经济得到长足发展，取得了前所未有的成就。仅“十一五”期间，全市地区生产总值年均增长11.4%，2010年全市GDP超过1.3万亿元人民币，人均超过了1万美元。无论在经济总量上还是人均值上，都已达到或超过了中等发达国家水平。这为城市的建设发展、人民的安居乐业、社会的文明祥和创造了十分雄厚的物质基础。在国内各主要城市中，北京的经济实力和人民的生活水平继续保持明显的领先地位。

从经济总量上看，“十一五”期间，北京GDP年均增速为11.4%，2009年，北京人均GDP达到7.04万元，是当年天津的1.13倍、重庆的3.07倍、上海的0.89倍。

从居民收入上看，“十一五”期间，北京城镇居民人均可支配收入年均增长9.2%，农村居民人均纯收入年均增长9.0%。2009年，北京城镇居民人均可支配收入达到2.67万元，是天津的1.25倍、重庆的1.56倍、上海的0.93倍。

从财政收支和社会事业投入看，“十一五”时期，北京地方财政预算收入年均增长20.7%，全市财政支出总额为9248.8亿元，比“十五”时期增长了1.5倍。其中，教育支出达到1467.1亿元，比“十五”时期增长了1.8倍；科技支出460.7亿元，比“十五”时期增长了4.9倍；社会保障和就业支出878.8亿元，比“十五”时期增长了1.6倍；医疗卫生支出528.1亿元，比“十五”时期增长了1.7倍。

从社会保障和公共服务的情况来看：

率先实现养老保险制度城乡一体化。以居家为基础、社区为依托、机构为补充的新型养老服务格局基本形成。5年间，机构养老床位由3万张增加到7万张。全面落实了11项老人优待措施（90岁以上老人月补贴100—200元；大中型医疗机构对老人就医实行6优先），65岁以上老人普遍享受了乘车、游园、参观“三免费”。

在医疗保险方面，建立了城镇居民基本医疗保险、新型农村合作医疗保障、城乡居民大病医疗保险三项制度。“新农合”的参保人数达到278.5万，占96.7%，大病医疗的参保人数达到148万，住院补偿18万。

基本公共教育服务均等化水平进一步提高，城乡教育差距显著缩小，基础教育入学率保持较高水平，6岁以上人口平均受教育超过12年，教育普及程度达到发达国家平均水平。

全市卫生资源总量显著增加，医疗机构实有床位达到92871张，较2005年增长了17.5%。居民主要健康指标达到发达国家水平。居民平均期望寿命超过80岁。公共卫生体系更加完善，处置公共卫生突发事件、应急救治能力显著提高。

基层文体设施更加健全，活动更加丰富。体育生活化社区建设初见成效，城乡居民经常参加体育锻炼比例达到49.1%，与国际化城市水平一致。

按照世界银行的标准，当一个地区的人均GDP超过1万美元，就标志着该地区跨入了发达地区的门槛。与之前相比，人们对社会服务的需求会明显上升，收入分配、社会保障、公共服务、社会公平等问题会受到更

加广泛的关注。

国内一些权威机构的专家认为，北京不仅经济发展水平远远高于全国各主要城市，而且已经形成了现代社会的人口结构和社会结构，在某些方面甚至具有了后现代社会的特征。在社会建设中，不仅要关注弱势群体的生存和发展，在一般意义上解决民生问题，而且更要关注由社会结构变动带来的利益格局调整，利益诉求多样化的问题。例如，老龄群体的心理慰藉、高收入群体的炫富消费、高知识群体的自我实现等。努力在更高层次、更新领域中把握首都特点，在致力民生幸福的同时，不断创新和完善社会服务管理的体制机制。

在现实生活中，我们也时常感觉到，身边的许多问题与各种醒目的经济数字有很大差距。诸如：与GDP的增速相比，工薪阶层收入增速较缓，劳动报酬在初次分配中比重过低；与社保的投入相比，社会保障覆盖依然不全；与巨大的财政支出相比，公共服务提供仍然不充分不均衡；与物质财富的显著增长相比，社会诚信缺失依然严重等。这都说明，不论是国际经验还是日常感受，北京确实已经进入了一个不同于以往任何时候的发展阶段。需要把30多年改革开放所积累起来的巨大财富更多地转化为全体人民的福祉，需要把强大的经济实力更多地投向社会建设领域，用以更好地解决大家日常生活中的现实问题，使全体人民的物质和文化生活能够随着经济的发展得到更加充分的改善和提高。

（二）加强社会建设是建设中国特色世界城市的重要内容

建设中国特色的世界城市是市委、市政府提出的首都中长期发展战略。首都理论界、学术界对此进行了广泛深入的研究，就世界城市的基本特征给出了许多概括和说明。这当中首要的，也是最重要的特征就是具有强大的经济实力，对世界经济的运行具有显著的影响力。其次还要具有独特的文化魅力和强大的文化影响力。第三就是具有优良的生态环境，是一个适宜居住的城市。实际上，除上述三点之外，世界城市还要具有安定祥和的社会环境，世界各国的人们能够在这里和谐相处，安居乐业。因此，社会建设是世界城市建设不可或缺的重要组成部分。

一个符合世界城市标准的社会应具有以下基本特征。

一是人口构成国际化。国际居民在城市人口中占有相当的比重。

据统计，世界城市外籍人口的比例通常在10%以上，伦敦外国人约占1/3，纽约、巴黎的外国人都占1/4。据北京社科院一项研究表明，截至2007年本市外国人近17万人，超过当时本市常住人口的1%。目前在本市外国人很有可能已超过20万人，在一些地区形成了外国人聚居的情况，比如：韩国人在五道口，日本人在建国门，欧美人在三里屯，俄罗斯人在雅宝路等。

据史料记载，我国唐朝的都城长安，是当时最重要的世界城市。长安不仅有罗马的医术、拜占庭式的建筑、阿拉伯的面食、西域各地的音乐舞蹈，而且外国人还可以同当地人一样考取功名，谋取官职。很多在自己本土已毁灭的宗教如摩尼教和世界各地的精神流浪者都被唐朝收容，形成了一种文化多元共存、人才海纳百川的现象。

二是国际组织、国际活动相对集中，社会组织作用突出。

伦敦、纽约、东京的国际组织总部分别为57个、21个和16个。以官方组织为例，纽约除了联合国总部外，还有联合国开发计划署、联合国儿童基金会、联合国人口基金会等国际组织总部，东京有12个联合国机构。北京现有国际组织驻中国代表处20多家，国际组织总部3个，分别是国际竹藤组织总部、联合国亚太地区农业工程与机械中心、上海合作组织秘书处。

据统计，2008年，北京成功举办了73场国际会议，位居全球城市第14名。伦敦平均每年举办国际会议200多个，巴黎是国际会议城市，2004年举办了272场。

纽约的民间组织数量多、规模大、范围

广。其中民间组织年度总收入超过了纽约市的制造业的年度总收入，民间组织提供就业机会高达50万个。

三是社会服务完善、发达。

以社会工作人才为例，按照发达国家的标准，专业社会工作者占总人口的比例一般在2‰~4‰，而北京目前持证社会工作者的比例仅为0.3‰，全国的平均水平可能更低；发达国家社会组织可以创造占社会总量10%的就业岗位，这一比例在我国还不到1%。

纽约平均每人每年志愿服务时间为26.8小时，按平均每年280万志愿者计算，志愿者人均年服务时间为76.5小时。东京人均参加志愿活动天数为23.2天。

东京、伦敦和北京的人口老龄化程度都比较高，北京65岁以上老年人口为168.8万，占户籍人口13.6%，东京和伦敦的老年人口比例分别为17.9%和11%。在这些城市，社会为老年人提供的服务非常发达。在伦敦，有6000多个慈善组织为老年人服务，占到慈善组织总数的23%。在纽约，在90%客容量以下运行的老年中心比例为62%。

四是社会管理及时有效。

纽约交管当局为疏导早高峰大批进岛车辆，将连接曼哈顿和周围几个区的桥梁和隧道的上下行车道改为进岛通道。为鼓励市民搭车出行，减少车流量，规定这些通道仅供有两名或两名以上乘员的车辆使用，高峰时段禁止单人驾驶车辆使用进岛桥梁和隧道，显著地提高了现有交通设施的利用率，缓解了交通拥堵。

"逢雨必涝"的情况相当普遍，武汉、广州、成都、南京、北京今年都因短时大雨造成市区严重积水，交通大面积瘫痪。这个现象说明，相当部分城市的地下设施远远不适应城市现代化的要求。

纽约的城市排水管理，把疏堵防堵放在重要位置。环保局在全市排水渠道挑选23处安装浮动护栏以拦截漂浮物，配备垃圾清理船转移所拦截的漂浮垃圾。环保局在全市494处下水道出口设置提示牌，标注环保局热线电话，动员居民监督排水道漂浮物情况。

（三）加强社会建设是保证首都长治久安的基本措施

对任何国家、地区和城市来说，安定祥和、文明且充满活力的社会环境是持久发展的前提条件。党的十六届六中全会作出了建设社会主义和谐社会的决定，指出了社会建设的根本方向。实现社会和谐的关键在于，一方面要使全体社会成员基本的共同利益得到保障和实现，另一方面要在承认不同主体的平等地位和利益差别的基础上，调整好不同社会群体的利益关系。

就今天我们所处的这个阶段来说，最大的特点就是工业化、城镇化、信息化、市场化、国际化交织并行。

根据中国社科院发布的《中国工业化进程》蓝皮书，早在2004年，北京就已经实现了从工业化向后工业化阶段的跨越，成为全国第二个实现工业化的地区。据统计，2009年，北京的二产产值占到地区生产总值的23.5%，二产从业人员占到就业总人数的20%。

北京的城市化水平一直大大超前于全国的平均水平，目前为85%，在全国的排位仅次于上海（88.7%）。

尽管北京已经完成了工业化，城镇化也达到了很高的水平，但由于首都的特殊地位，它要为推动全国的工业化、城镇化作出贡献，也要替国家分担这个过程中产生的阵痛。比如，邻近省份大量涌入的流动人口，以及由此给城市运行带来的巨大压力和城市生活的种种"不便"。

北京的信息化水平一直位列全国之冠。据国家统计局2009年4月公布的专项报告显示，北京信息化水平总指数达到90。目前，全市固话用户达到888万户，手机用户达到1744万户，宽带用户400多万户。城镇地区拥有电脑的住所比例为78%，农村为25%。全市网民数1037万人，占总人口61.2%，其中40%的人网龄超过5年。全市实现村村通宽带，光纤连接到全市95%以上的行政村。

北京的国际化程度已经相当高，特别是筹备和举办了2008年奥运会，使北京的知名度大大提高，吸引力进一步增强。现在，世界500强企业中有30家的总部落户在北京，全球排位第2；有256家在京投资了598个项目；世界知名的294家零售商已有40%入驻北京。2010年在北京的外资品牌专卖店已达1218家，世界前100个一线品牌已有90%入驻北京。外国的影视产品也占据了本市相当大的市场份额。2010年北京电影票房收入11.8亿，其中进口片占43%。在京驻留、从业的外国人随处可见，在许多社区成为我们的邻居。

“五化”给社会带来的直接结果就是社会构成的多元化。社会构成的多元化，导致了利益的多元化、诉求和表达方式的多元化。我们需要了解并兼顾富人与穷人、市民与农民、本地人与外地人、生产者与消费者、管理者与被管理者等不同群体的意愿和诉求，调整好他们之间的利益关系，妥善解决收入分配、劳资纠纷、征地拆迁、公共安全、网媒效应等问题。

当前，很多群体都程度不同地产生差距感。这在“农民工二代”“失地农民”“下岗职工”“刑释解教”人员以及“城乡结合部低收入聚居大学生”等群体中尤为明显。贫富差距呈现一定“遗传趋势”，媒体称之为“富二代”和“穷二代”。在利益诉求渠道不够畅通，利益协调机制不够完善的情况下，这类人群随时可能转化为“失意”一族，对社会心生不满，寻机发泄。

今天的社会，开放性大大增强了，人口流动数量大、范围广，新社会阶层和利益群体不断出现，人们思想活动的独立性、差异性更加明显，各种社会矛盾也表现出触点多、燃点低、传播快的新特征。这迫切要求我们在解决社会问题中，大力改革创新，进一步丰富和完善信访、人民调解、劳动仲裁等利益协调和矛盾调处机制，以适应首都建设发展的新需要。

最近，关于调整个人所得税起征点的问题，引起了全社会的广泛关注和热议。这个问题不仅涉及不同收入阶层的利益，也涉及民众与政府的关系，涉及利益调整机制的问题。不久前的十一届全国人大常委会第21次会议以表决的形式通过了关于修改个人所得税法的决定。个税起征点由2000元提高到3500元。这一变化直接使纳税人数减少了6000万，政府的税收减少了1600亿，在相当程度上维护了中低收入者的利益。这次调整过程中采取了更广泛、更直接听取民众意见的方式，在解决关系各方利益的重大问题的方式上进行了有效的改进。

社会学的一个基本原理是，在一个社会中，社会地位的继承与流动需要保持大体均衡。尤其是在一个经济快速增长、贫富分化较大的社会中，如果社会流动的渠道相对畅通，对大多数人来说向上流动的机会较多，贫富差距较大的负面影响就可以得到稀释。从一定意义上讲，贫富差距是需要控制，但畅通面向全体社会成员的上行流动通道更为重要。

二、深刻领会中央精神，准确把握社会建设的要点

中国特色社会主义社会建设史无前例，没有成型的经验可循，需要边探索、边研究、边实践。社会建设作为新领域、新任务，在内涵外延和框架体系上还有待进一步明确，需要我们从把握基本概念入手，准确领会中央的相关精神。

（一）“社会”的概念

“社会”是使用频率极高的词汇，以社会为定语的官方用语尤为多见。准确理解这一概念，关键是把握好参照物，区分不同语境下的不同内涵。目前看主要有四种界定：一是相对于自然界而言的社会，注重的是人与自然关系；二是相对于国家或相对于个人而言的社会，关注的是“权力和权益”“个体与集体”的关系；三是相对于政府、市场而言的社会，主要反映构成社会的三种角色

主体；四是相对于经济、政治、文化而言的社会，主要反映人类活动的不同性质。我们在社会建设中所说的“社会”主要是最后一种解释。

据考证，“社会建设”一词最早出现在孙中山的文章中。他在1917年撰写了《民权初步》，又名《社会建设》，其核心思想是“教国民行民权”。这与前面谈到的第二种“社会”概念相对应。此外，著名社会学家孙本文先生在1934年撰写的《社会学原理》一书中，专门有一节就叫作“社会建设与社会指导”，他还创办了名为《社会建设》的刊物。但这些提法与我们今天所讲的“社会建设”已有很大不同了。

（二）“社会建设”的内涵

我国理论界对社会建设还没有一致的表述，目前主要有四种观点。

第一种多强调社会事业的发展。认为社会建设应以保障民生为重点，大力发展就业、社会保障和教科文卫等各项社会事业，推进基本公共服务均等化，促进社会公平正义，加大收入分配调整力度，使发展成果惠及全体人民。

第二种多强调社会管理。认为社会建设应以维系社会秩序为核心，通过政府主导、多方参与，规范社会行为、协调社会关系、促进社会认同、解决社会问题、化解社会矛盾、维护社会治安、应对社会风险，致力于创造良好的社会环境。

第三种多强调调整社会结构。认为社会建设应适应社会转型和经济体制转变，适应人们生产方式、生活方式和人际关系的变化，着重改革社会体制、创新社会政策、优化社会结构，建立一个以中产阶层为主体的橄榄形的社会结构。

第四种多强调社会重建。认为社会建设的根本目标是要建立一个能制约权力、驾驭资本、遏制社会失序的社会主体，重建一个与政府、市场三足鼎立的社会。

也有专家综合以上观点，认为社会建设的内涵和重点具有阶段性特征。当前作为第一阶段，应该首先从人民群众最关心、最直接、最现实的利益要求出发，着重解决民生问题，加强和创新社会管理，积极促进社会和谐。在第二阶段，大约到2020年，应着力推进社会体制改革，创新社会政策，完善社会管理，推进新型城镇化，拓宽社会流动渠道，培育壮大中产阶层，构建一个合理稳定的社会结构。第三阶段，即到21世纪中叶，经济达到中等发达国家水平，社会体制更加完善，社会组织成熟发展，社会管理井然有序，基本形成现代型的社会结构，形成安定有序而又充满活力的社会环境。

（三）中央关于社会建设和社会管理的主要精神

自党的十六届四中全会首次提出“社会建设”的命题以来，中央对以改善民生为重点的社会建设以及加强和创新社会管理越来越重视，先后作出了比较系统的阐释，形成了一些重要的观点和论述。党的十六届四中全会首次提出要“建立健全党委领导、政府负责、社会协同、公众参与的社会管理格局”。党的十六届六中全会将社会主义和谐社会的基本特征概括为“民主法治、公平正义、诚信友爱、充满活力、安定有序、人与自然和谐相处”，并从加强社会事业建设、加强制度建设、加强和谐文化建设、加强社会管理、激发社会活力等方面对和谐社会建设进行了全面部署。党的十七大明确提出中国特色社会主义事业“四位一体”的总体格局，把社会建设放在同经济、政治、文化建设同等重要的位置，将“加快推进以改善民生为重点的社会建设”作为一个独立完整的部分进行系统阐述。党的十七届五中全会强调要“加强社会管理法律、体制、能力建设”，就加强和创新社会管理工作部署了七项重点工作。

今年2月19日，胡锦涛总书记在省部级主要领导干部专题研讨班上，就加强和创新社会管理问题进行了全面阐述。讲话深刻指出了当前社会管理工作面临的7个突出问题，从经济、社会、文化和工作四个层面分析了问题产生的原因和背景，指出社会管理说到底是对人的管理和服务，把社会管理的基本任务概括为7项：协调社会关系、规范社会行为、解决社会问题、化解社会矛盾、促进社会公正、应对社会风险、保持社会稳定，同时部署了8项重点工作。5月30日，中央政治局会议研究加强和创新社会管理工作，会议明确社会管理是社会建设的重要组成部分，强调要积极推进社会管理理念、体制、机制、制度、方法创新，完善基层社会管理服务，建设中国特色社会主义社会管理体系。

胡锦涛总书记在庆祝中国共产党成立90周年大会上的讲话中指出，“推进社会建设，要以保障和改善民生为重点，着力解决好人民最关心最直接最现实的利益问题。要坚持发展为了人民、发展依靠人民、发展成果由人民共享，完善保障和改善民生的制度安排，把促进就业放在经济社会发展优先位置，加快发展教育、社会保障、医药卫生、保障性住房等各项社会事业，推进基本公共服务均等化，加大收入分配调节力度，坚定不移走共同富裕道路，努力使全体人民学有所教、劳有所得、病有所医、老有所养、住有所居。”

总书记指出，“当代中国正经历着空前广泛的社会变革。这种变革在给我国发展进步带来巨大活力的同时，也必然带来这样那样的矛盾和问题。社会矛盾运动是推动社会发展的基本力量。我们要遵循社会发展规律，主动正视矛盾，妥善处理人民内部矛盾和其他社会矛盾，不断为减少和化解矛盾培植物质基础、增强精神力量、完善政策措施、强化制度保障，最大限度激发社会活力，最大限度增加和谐因素，最大限度减少不和谐因素。要加强和创新社会管理，完善党委领导、政府负责、社会协同、公众参与的社会管理格局，建设中国特色社会主义社会管理体系，全面提高社会管理科学化水平，确保人民安居乐业、社会和谐稳定。”

通过上述梳理，中央关于社会建设的主要精神可以概括为以下几点：其一，社会建设与政治建设、经济建设、文化建设同等重要，是建设中国特色社会主义的重要组成部分；其二，社会管理是社会建设的重要组成部分，要健全和完善党委领导、政府负责、社会协同、公众参与的社会管理格局，建设中国特色社会主义社会管理体系；其三，社会建设和管理的重点主要包括三个方面：一是完善与人民群众对美好生活新期待相适应的公共服务和社会保障新体系；二是形成与社会发展变化新特点相适应的，能够保证社会政治稳定、国家长治久安的社会管理和公共安全新模式；三是建立与社会主义市场经济相适应的，能够有效保障群众权益、有效化解社会矛盾、充分激发社会活力的新体制新机制。

三、当前工作面临的主要挑战

党的十七大以来，为贯彻落实中央指示精神，北京市积极推动社会体制机制创新，建立健全政策体系，扎实推进社会服务管理创新工作，全市社会建设不断取得新成效、迈出新步伐，为首都发展进步、和谐稳定提供了有力支撑，也为“十二五”时期北京社会建设和社会管理奠定了非常好的基础。同时，当前工作还面临着许多新的挑战，亟须我们加大力度、攻坚破题，主要表现在五个方面：

一是公共服务供给和保障水平有待进一步提升，优质资源覆盖面有待进一步扩大，满足多元需求的能力有待进一步提高。北京的经济实力进一步增强，发展社会事业、提高社会福利的物质基础更加坚实，基本公共服务和城乡一体化的保障水平进一步提高，服务设施布局更加合理，服务项目更加丰富。但同时，涉及就业、住房、教育、医疗、社会保障等民生领域，仍然受到整体供需矛盾和内部结构性矛盾的双重制约，社会事业发展不平衡性表现突出，社会成员需求呈现多样化，有关特殊群体、农村人口、流动人口、外籍人员的服务保障水平有待继续提高，健全和完善保障基本、城乡一体、适应多元、共建共享的公共服务格局需要加快步伐。

根据《全球城市竞争力报告（2007—2008）》，纽约、伦敦、东京、巴黎城市竞争力排名占据前4位，公共服务水平排名依次为39、55、83、57位。北京城市竞争力位列第66位，公共服务排名第119位，与上述世界城市差距十分明显。

以“一老一小”为对象的服务缺口较大。“十二五”期间，本市入园的儿童数将从2009年的12.2万上升到2015年的最高峰17.6万，2014年、2015年、2016年三年将成为3岁儿童入园的高峰，每年都在17万人以上，而现有幼儿园的容量很难满足全部需求。另据预测，“十二五”末全市需要入住养老服务机构的老年人将达到13.6万人，截至2010年底，全市机构养老的床位是7万张，尚有将近同样数量的缺口。

“停车排长龙，医院像迷宫，看病像跑马拉松”，这是患者在北京就医时面对的颇为烦恼的“三大怪”，而挂号难、看病贵，更是让患者头疼的就医顽疾。

二是人口总量调控压力更加突出，人口结构性问题更加凸显。“十二五”时期，全市人口状况将有以下基本特点。在采取一些措施后，人口总量的增长幅度会降低，但总规模将继续扩大。首都经济社会持续发展对外来劳动力的吸引力进一步增强，流动人口占总人口的比例进一步扩大；流动人口区域聚集度上升，成分更为多样，就业结构进一步分化，基本生活需求进一步扩大。全市人口老龄化进一步加剧，老年人口增幅接近“十一五”时期的两倍，所占比例大幅提高。人口总量和结构的变化使城市基础设施、能源供应、生态环境和资源利用继续承受巨大压力。促进社会融合和保障社会运行安全的重要性更加突出，进一步完善养老服务体系，增强社会养老服务功能更为迫切。

“六普”数据显示，当前我国流动人口超过2.6亿，10年增长81.3%。另据调查，流动人口主体大多为20世纪80年代以后出生的人群，他们举家流动和长期在异地定居的趋势明显。

据统计，2006年以来，北京人口年均增长60万，其中70%都是流动人口。“六普”数据显示，2010年北京常住人口达到1961万，提前10年突破了《北京城市总体规划（2004—2020）》规定的全市常住人口总量（1800万）。导致人口总量剧增的主要原因是大量外地人口的涌入和滞留，北京流动人口总量从2000年的256万飙升到去年的777万。流动人口中以男性劳动适龄人口为主体，占到总量的70%以上。如果“十二五”时期，全市常住人口继续以每年50万—60万人的速度增长，到2015年，全市人口将达到2200万人以上，加上200万—300万流动人口，总人口将达到2500万。

北京朝阳、昌平、大兴3个区流动人口数量超出本地户籍人口，全市近1/5的街道乡镇户籍人口与流动人口比例倒挂。

流动人口中的大量低端人群职业构成相当复杂，如保姆、足疗、发廊、拾荒等，这些人乡土意识浓，往往结成团伙，谋求立足生存；行业管理上比较薄弱，职业操守意识淡薄，缺乏基本技能和知识培训（卫生意识和习惯几乎为零，极易发生诸如食品卫生、公共疫情等方面的问题）。这些人群已经形成低端自我服务的供需循环，成为都市里的村庄。

到2015年，全市60岁以上老年人口将达到344万人，占总人口的17.05%。

北京“出行难”已经成为全国性话题。据测算，北京每增加100人，日交通出行量增加264次，每年因交通拥堵造成的损失达千亿元。目前，全市机动车接近500万辆，限购令实施前，平均每天增加近2000辆，2009年平均每3个家庭有2辆车。

三是利益主体多元化更加突出，完善利益协调机制、妥善调处各类矛盾的任务更加繁重。在首都转变经济发展方式的同时，社会转型加速，利益格局深刻调整，社会结构和形态发生深刻变化。以职业、收入、文化、地域、国籍等因素为基础形成的利益群体更为多样化。各类群体的聚合度和自主性进一步增强。调整利益关系，改善生存发展条件，促进社会公平正义的愿望更为强烈。拓宽诉求渠道、扩大诉求机会、实现诉求目标的期待更加迫切。劳动关系、收入分配、商业诚信、拆迁改造等依然是引发社会矛盾纠纷的主要问题。妥善调处各类矛盾纠纷，形成合理利益格局，对维护首都社会和谐稳定更显重要。

按照联合国粮农组织标准，北京已达到“富裕型”社会，但贫富差距拉大问题在北京同样存在。《2010年胡润财富报告》显示，中国87.5万名千万富翁中，17.3%居住在北京，约15万人。而现在全市吃低保的人有22.7万，其人均月收入城市少于480元，农村少于300元。

近年来，物业服务纠纷大量上升，由此产生的诉讼案件也大量增加。根据北京市高级人民法院统计，物业纠纷案件2002年4010件，2006年突破3万件，增长了近8倍。物业服务纠纷中物业费问题最常见。物业费拖欠案件占物业费纠纷案件的70%以上。

“锦旗维权”：2010年11月，江苏无锡有个叫周力的人，因所在公司不按合同支付加班费，且多年向法院、劳动监察部门投诉无果，情急之下向劳动监察部门送了一面大红锦旗，上书“不为人民服务”。网友称其为“锦旗哥”。2011年1月21日，甘肃临洮有个叫师改兰的，因拆迁补偿、安置问题得不到解决，率部分拆迁户给镇政府送了一面“不作为奖”锦旗。

北京永定门地区有个东庄，紧邻北京南站，交通便捷。“中共中央办公厅和国务院办公厅人民来访接待室”“全国人大常委会办公厅人民来访接待室”“最高人民法院人民来访接待室”都聚集在这方圆几百米的地方。因此，这里成了进京上访者聚居的首选之地。中国社科院调查报告显示，“上访村”平时大约有2000名访民，而“两会”或国家重大政治活动前后，人数会增至上万。庞大的上访群体在村里形成了一种独特的“上访文化”。超过60%的访民希望通过进京上访引起中央领导的重视，问题可以直接解决。而且也确有访民因上访得到中央领导的重视而解决了问题。

四是互联网等新媒体聚焦社会热点、传播重要信息、表达公众诉求的作用更加突出，加强和完善互联网管理任务更加紧迫。互联网等新媒体技术迅速发展，功能更加强大，应用更加广泛。依托互联网等新媒体，社会成员传播思想观点、交流生活情感、参与社会热点的方式更加快捷多样、活动更加积极活跃。现实社会与虚拟社会相互影响、高度融合，信息安全、交易诚信、网络耽溺、恶意炒作、虚假披露等问题依然突出。完善网络管理政策法规，发展网络管理技术，改进网络管理方式，营造健康的网络信息环境，坚持正确的网络舆论导向的重要性更加突出。

2010年，中国网民总数达到4.57亿，全年新增网民7330万，中国网民规模已占全球网民总数的23.2%，根据国务院新闻办发布的《中国互联网状况白皮书》，1994—2009年，中国网民增加618倍，网站增加了2152倍。互联网普及率攀升至31.8%；手机网民规模为2.77亿。2010年8月我国出版的第一部《信息化蓝皮书》指出，中国的信息化水平已超过了世界平均水平，基本上达到了世界中等发达国家水平。

在今年5月27—28日召开的中国首届微博大会上，主办方表示：目前全国微博活跃用户2.2亿—2.4亿，今后两年内可发展到5亿，微传媒、微商务、微政务已成为发展趋势。

2011年6月21日，新浪微博上一个名叫“郭美美Baby”的网友颇受关注，这个自称“住大别墅，开玛莎拉蒂”的20岁女孩，其认证身份居然是“中国红十字会商业总经理”，其真实身份也众说纷纭，有网友称她是中国红十字会副会长郭长江的女儿，由此引发部分网友对中国红十字会的非议。6月22日中国红十字会称“郭美美”与红十字会无关，新浪也对实名认证有误一事而致歉。

吕丽萍夫妇在微博上关于“同志有罪”的言论惹怒了很多人，引发了巨大争议，更有同性恋团体号召抵制孙海英吕丽萍作品。7月4日，央视《24小时》栏目也批评了她的这一言论，并称名人应该反思自己的公开言论对社会造成的影响。

近两年热门新闻事件，诸如毒奶粉、局长抽天价烟戴名表、云南“躲猫猫”等，都是直接由网友最先揭露，然后传统媒体跟进报道，最后引起全社会普遍关注。可见，网络在突发事件和重大公共事件的舆论监督中发挥着越来越重要的作用，网络媒体正在超越传统媒体，成为重大事件公众知情的第一媒体。

近日，55家从事非法网络公关活动的网站被依法关闭，其中包括组织“网络水军”“网络推手”的“水军”网站。“网络水军”不是坦诚地表达观点，而是在幕后组织策划，把有组织的写手伪装成无组织的发帖，编造话题吸引眼球，制造舆论吸引媒体，将广大网民当作实现自身商业目的的工具。“网络推手”把有意的包装伪装成无意的发现，虚构出“史上最牛”的种种人物，让那些相信草根精神的网民在感动、惊奇中上套，为商业包装行为充当免费劳动力。

五是社会公共安全意识明显增强，加强公共安全体系建设对保持社会稳定的重要性进一步上升。在城市规模不断扩大，人口总量不断增长，生活节奏不断加快的情况下，大规模自然灾害、重大安全责任事故、重大疫情等公共安全问题涉及的区域范围更广，人口数量更多，社会心理影响更大。公众对公共安全问题更加关注，对公共安全信息的传播更加迅速，对有效预防和及时处置公共安全问题的要求更加强烈。消除公共安全隐患、增强人民群众安全感，成为提高人民群众幸福感的一个重要方面。加强公共安全体系，包括应急动员体系、政策法规体系、各级责任体系、技术装备体系建设十分迫切。针对公共安全问题发生的突然性、扩散的迅疾性、后果的严重性，提高预知、预警、预防、应急处置能力是我们面临的紧迫任务。

7月5日上午9时36分，地铁4号线动物园站A口上行扶梯发生设备溜梯故障，造成一名12岁少年身亡、3人重伤、27人轻伤。经调查，导致事故的直接原因是“固定零件损坏，扶梯驱动主机发生位移，造成驱动链条脱落，扶梯下滑”。

网上公布食品安全十大网络热词：西瓜膨大剂、染色馒头、返青粽子、矿物鸡、牛肉膏、瘦肉精、避孕黄瓜、黑心烤鸭等。

据中国之声《新闻和报纸摘要》报道，根据记者调查了解，河北、天津、北京存在为数不少的“地沟油”加工窝点，基本形成较为完整的产业链，生产规模惊人，日加工能力达到十多吨。有关数据显示，北京大概有五六千人从事地沟油产业，大多位于城乡结合部。目前，北京市已经开展了对“地沟油”的全市专项治理，成立市区两级“地沟油”专项治理工作组，对重点地区及餐饮流通环节的“地沟油”进行地毯式检查。

四、贯彻市委全会精神，大力推进社会建设

为深入贯彻中央指示精神，北京市委日前召开十届九次全会，研究部署社会管理创新工作，审议通过了《中共北京市委关于加强和创新社会管理　全面推进社会建设的意见》（以下简称《意见》）。这是北京市继出台《北京市加强社会建设实施纲要》《北京市社会服务管理创新行动方案》之后，又一份致力于推进社会建设工作的指导性文件。《意见》共12部分50条，按照中央精神、立足市情实际，对今后五年北京创新社会管理、推进社会建设工作进行了全面部署。同时，市委市政府配套出台了“折子工程”，编制了《北京市“十二五”时期社会建设规划纲要》，用以推进《意见》贯彻落实。着眼于出实招、求实效，《意见》围绕解决当前首都社会建设和社会管理中的一些突出问题，提出了比较明确清晰的路线图和新举措，这

里简要介绍几点：

（一）把对人的服务和管理摆在更加突出位置，明确了人口调控和服务管理的新任务

总体思路是在进一步改善人口规模、布局、结构的基础上，不断提高各类人群服务管理的精细化、信息化、科学化水平，构建并完善网格化社会服务管理体系。有三个主要方面：

一是加强和改进人口管理。提出了要继续坚持以业控人、以房管人、以证管人，努力遏制人口无序过快增长，合理控制人口规模，努力形成与首都可持续发展和城市功能相适应的人口发展和管理格局。特别强调要深入推进经济结构调整，促进产业发展方式从依靠劳动力数量增加向更多依靠劳动生产率提高转变。统筹区域协调发展，有序疏解中心城区人口，引导人口向新城和周边区域合理分布。建立重大政策、重大项目和公共资源配置人口评估机制，确保首都人口发展符合调控目标要求。进一步明确和强化各区县有关人口总量调控的属地责任。

二是创新流动人口服务管理。提出了要加强实有人口动态管理，废除已经实施20多年的暂住证制度，实行便于登记和管理，以搭载服务、梯度累进、信息共享等为特点的居住证制度，以享受分层次的基本公共服务为导向，引导流动人口主动登记、配合管理，真正融入首都生活。同时要建立全市联网、部门联动、覆盖城乡的全员人口统筹管理信息系统。加强和改进来京务工人员服务管理工作，努力解决社会保障、子女入学、医疗卫生等方面的突出问题。总结推广“新居民互助服务站”经验，通过建设国际化社区等方式，做好长期在京居住的外籍人员服务管理工作。

三是完善养老助残工作和特定人群服务管理。提出要积极应对人口老龄化，完善居家养老（助残）“九养”政策，加快构建以居家养老为基础、社区服务为依托、机构养老为支撑的养老服务体系。加快残疾人事业发展，健全覆盖城乡全体残疾人的社会保障和服务体系。充分发挥“阳光中途之家”等工作模式的优势，加强和创新对社会闲散人员、刑释解教及社区服刑人员、精神疾病患者等特定人群的服务管理。

在贵州瓮安事件中，100多名青少年参与了打砸抢，按照常规，这些孩子今后将无法考大学和参军，就业也将受到严重影响。贵州省政法机关在当地实施了“消除违法青少年犯罪记录”试点，让改过自新的违法青少年不再背一辈子的“罪犯”包袱，引起了社会的强烈反响。由于没有了心理上的后顾之忧，104名违法少年中，98%已经转化改好，目前已有30人考上了大学，连当地教师都感到意外。重庆市今年在部分地区开展了“微罪不诉”的试点。由地方检察机关牵头，联合家庭、学校和社区等，对轻微犯罪的人员不予起诉，而是将其纳入社会治安综合治理，在社区进行帮教管理。

（二）关注虚拟社会，着力提高信息网络服务管理水平

《意见》提出了要坚持积极利用、科学发展、依法管理、确保安全的方针，形成法律规范、行政监管、行业自律、技术保障、公众监督、社会教育相结合的互联网服务管理体系。有三个着力点：

一是促进互联网新媒体发展。进一步整合资源，积极推动互联网等新媒体发展和“三网融合”。积极为中央媒体网站做好服务工作。同时，加强市属媒体网站建设，在新闻发布、信息采集、产业政策等方面给予必要扶持；推动千龙网体制机制创新，打造具有全球影响力的新闻网站。加强首都之窗等政府网站建设，鼓励街道、社区开辟服务型网站，提高服务管理水平。发挥地区商业网站积极作用，促进互联网健康发展。

二是完善网上公共文化服务。加强对网民心理和需求研究，利用博客、微博、论坛等开办功能实用、服务便捷的专业频道，丰富网上文化内容，提供优质信息服务。加大投入力度，推进公益性上网向社区和农村延

伸，采取政府购买、项目资助等方式，鼓励和引导网络文化单位开展网上公共服务。推进社区工作者上网服务工程，充分运用网络开展社区工作。

三是依法加强互联网新媒体管理。健全党委政府加强领导、专业部门担当主力、职能部门分工负责、社会力量共同参与的互联网管理体制。坚持依法管网，落实谁经营谁负责、谁接入谁负责、谁主管谁负责、谁审批谁监管责任制。研究制订试行办法，逐步推进网站实名制、手机实名制，维护网络信息安全。同时提出要加强网络诚信体系建设，落实电信运营企业和用户法律责任，促进互联网行业自律，引导网民诚信守法。加强举报热线、网站自律专员等机制建设，规范网络信息传播秩序，依法治理网络不良信息，打击违法犯罪，净化网络环境。

网络实名制，即以居民身份证号码为基础，要求网络用户在开立博客、论坛发帖、网络游戏时，将身份信息提供给网络管理者，网络管理者对网络用户的身份及 IP 地址进行后台验证、管理的制度。目前，世界上一些国家已实行了网络实名制，如韩国通过立法、监督、管理和教育等措施，于 2008 年对网络邮箱、网络论坛、博客乃至网络视频全面实行了实名制；德国、新加坡等国家为了加强手机上网管理，有效打击网络色情犯罪，实行了手机入网实名登记。

（三）围绕提高预知预防和应急处置能力，强化了公共安全措施

瞄准建立主动防控与应急处置相结合、传统方法与现代手段相结合的公共安全体系的目标，明确了三个重点。

一是健全食品药品安全监管机制。提出要完善食品药品安全标准，严格市场准入秩序，建立健全食品药品质量追溯制度，形成来源可追溯、去向可查证、责任可追究的安全责任链。完善动态监测和处置机制，健全食品药品安全应急体系，强化快速通报和迅速反应机制，及时处置食品药品突发公共安全事件，坚决打击违法犯罪行为。同时，要健全食品安全管理综合协调机制，完善食品安全监管体系，落实食品安全管理责任制，提高公众食品安全意识，形成政府、企业、行业组织、消费者和媒体共同参与的监管工作格局。

二是健全安全生产监管机制。完善安全生产法律法规政策标准、技术服务、预警预测、应急处置和救援、社会监督、宣传教育和培训体系建设。改善安全生产设施和装备，深化安全生产专项治理，落实企业安全生产主体责任，严格安全生产目标考核与责任追究。健全以预防为主的安全生产长效机制，完善安全生产综合监管、行业监管、属地监管责任体系，严厉打击非法生产经营建设行为。

三是完善社会治安防控和应急防灾管理机制。深入推进“平安北京”建设，进一步健全点线面结合、网上网下结合、人防物防技防结合、打防管控结合的立体化治安防控体系。以各级应急管理和防灾减灾主管部门为主导，健全各级政府及有关部门、基层组织、企事业单位、社会团体和志愿者应急联动机制。普及应急管理、防灾减灾、预防避险等知识，组织开展群众性应急演练，加强城市防灾技术研发，统筹全市资源，提高公共突发事件和灾害预警能力。

此外，《意见》还就完善社会管理格局、创新公共服务、夯实社区服务管理基础、加强对各类社会组织和经济组织服务管理、创建社会文明环境、健全党和政府主导的维护群众权益机制，推进社会领域党建工作创新等方面作出了比较全面系统的部署。

（此文为市委社会工委副书记、市社会办副主任张坚 2011 年 7 月在北京“十二五”时期经济和社会发展热点问题讲座上的讲课内容）

加强和创新社会管理　全面推进社会建设是党领导与执政的重大战略选择

陈建领

胡锦涛总书记在庆祝中国共产党成立90周年大会上指出，“在前进道路上，我们要继续大力保障和改善民生，坚定不移推进社会主义和谐社会建设”，并对加强和创新社会管理进行了深刻论述。这是我们党对执政规律、社会主义建设规律和人类社会发展规律认识的深化，是在新形势下党领导和执政作出的一项重大战略选择。

一、时代背景

随着社会主义市场经济体制的不断完善，由经济结构深刻变革带来的社会结构、利益结构和思想观念的巨大而深刻的变化，使加强和创新社会管理、全面推进社会建设成为一种客观需要和战略决策。

1. 推动经济发展方式转变，实现科学发展，迫切需要加强和创新社会管理。经过30多年的改革开放历程，经济建设和经济体制改革等取得了举世瞩目的伟大成就。至2010年，中国国内生产总值已经达到39.8万亿元，我国的经济总量已居世界第二位，极大地增强了国人的自信心和民族自豪感。

同时，人均国内生产总值仅排在世界90多位，人均国民收入排在世界100位之后。我们已取得的成果与广大人民群众的要求相比，还有很大差距，发展经济和改善民生的任务任重道远。特别是发展中不平衡、不协调、不可持续的问题一直在困扰着我们的发展历程。作为经济体制改革的一大标志性成果，我国非公有制经济组织异军突起，发展迅猛，已成为我国经济建设的一个重要领域和有生力量，在吸纳就业、推动发展、科技创新等方面发挥着愈加重要的作用。但是，在非公有制经济组织发展壮大过程中，开始遇到一些政策障碍和发展瓶颈。在市场准入、投融资渠道、人才引进、政策落实等方面，“玻璃门”“弹簧门”现象仍非偶然。一些非公有制企业缺乏社会责任和社会诚信，单纯追求经济效益，造成不良社会影响。不论是富士康员工跳楼事件，还是“三聚氰胺”“苏丹红”案件和最近查处的达芬奇家具造假，都为非公有制经济的发展蒙上了一些阴影。要解决经济发展过程中存在的问题，推动发展方式转变，落实科学发展观，就必须加强和创新社会管理，全面推进社会建设。

2. 适应社会结构转型，增强社会活力，迫切呼唤加强和创新社会管理、全面推进社会建设。经济结构的深刻变革，必然带来社会结构的大调整、大转型。一是传统的垂直管理型行政工作体系面临严峻挑战，从省（区市）、地（市）、县（市）、街道（乡镇），到城乡社区，各级层面都发生了深刻变化。社会阶层急剧分化，从传统的单位制管理向社会化管理转变，从“单位人”向“社会人”“社区人”转变。二是全国统一大市场、大流通格局的形成，促进了社会流动性和开放性显著增强，非公有制经济组织、社会组织大量涌现。三是我国的城镇化率从1978年的17.9%上升到2009年的46.6%，大批农民特别是2.4亿农民工流入城镇。四是城镇化、工业化、市场化、信息化、国际化的加快推进，会继续带来社会结构的深刻变化。这些重大变革既给经济社会发展带来了创造活力，又为我们现行的社会管理带来冲击和考验。尽管我们现有的社会管理体制总体上是适应的，但与经济建设的成就相比，社会建设仍是一个“短板”；与经济体制改革的成就相比，社会管理体制改革比较滞后。这就迫切呼唤加强和创新社会管理、全面推进社会建设，通过积极推进社会管理体制改革，努力构建覆盖城乡、充满活力、灵活高效的社会服务管理体系。

3. 推进民主政治进程、建设政治文明，迫切要求加强和创新社会管理、全面推进社会建设。改革开放以来，社会主义民主制度不断完善和发展，人民民主展现出更加旺盛的生命力和广阔的发展前景。当前，随着经济社会发展，民主法制进程加快，新的社会阶层的形成，人们的思想意识、价值取向、道德观念呈现多样化趋势，公平意识、民主意识、权利意识、法律意识、监督意识不断增强，共享改革发展成果的愿望日益强烈。这些变化既为进一步推进社会主义民主政治进程、建设政治文明提供了强大动力，又强烈要求加强和创新社会管理、全面推进社会建设。

4. 加强虚拟空间管理，引导互联网健康发展，迫切依赖加强和创新社会管理、全面推进社会建设。随着我国信息化的加快推进，以互联、互通，即时、开放、便捷为主要特征的网络虚拟空间，正在越来越深刻地影响和改变着我们所熟悉的一切，虚拟空间的影响力不断增强。互联网的普及率达到34.3%，已超过世界平均水平。中国互联网信息中心2011年7月19日在京发布报告称：截至今年6月底，网民4.85亿，手机网民3.18亿，微博用户1.95亿（中新网）。互联网的迅猛发展，有力地促进了经济社会发展，方便了群众工作、生活和学习，也形成了一种不可小视的舆论力量。但这种网络虚拟空间的负面效应也显而易见，网络安全诚信问题依然严峻。网上炒作、网络水军、“人肉搜索”“舆论审判”，甚至传播色情、赌博诈骗等事件层出不穷。要充分发挥虚拟空间的积极作用，避免和消除其消极影响，促进互联网健康发展，就必须有赖于加强和创新社会管理、全面推进社会建设。

5. 改革社会管理体制、健全社会管理格局，必须加强和创新社会管理、全面推进社会建设。推进社会管理体制改革是一项涉及全面、影响深远的改革，其复杂性、系统性、艰巨性和长期性，远远超过经济体制改革和行政管理体制改革。社会体制改革涉及人、组织、社会各阶层利益，牵一发而动全身。社会体制改革的出发点和落脚点不是把社会管死了、管住了，而是既要确保社会和谐稳定，又要始终充满社会创造活力，任务繁重而艰巨。2011年5月30日，中央政治局会议指出：社会管理观念思路、体制机制、法律法规、方法手段等仍存在很多不适应的地方。解决社会管理领域存在的问题，既十分紧迫又需要长期努力。必须加强和创新社会管理、全面推进社会建设，顶端设计，系统推进，才能扎实推进社会管理体制改革，健全和完善社会管理格局。正是在深刻分析、系统把握我国社会管理、社会建设所面临的形势和任务基础上，胡锦涛总书记在“七一”重要讲话中再次强调，要加强和创新社会管理，完善党委领导、政府负责、社会协同、公众参与的社会管理格局，建设中国特色社会主义社会管理体系，全面提高社会管理科学化水平，确保人民安居乐业、社会和谐稳定。这是对社会管理目标任务的高度概括，为加强和创新社会管理、全面推进社会建设指明了方向。

二、战略意义

加强和创新社会管理、全面推进社会建设任务艰巨、使命光荣、意义重大。

1. 加强和创新社会管理、全面推进社会建设，有利于巩固党的执政地位、扩大党执政的社会基础。办好中国的事情，关键在党。面对国情、党情和世情的深刻变化，必须以改革创新精神加强和改进党的建设，特别是要通过加强和创新社会管理、全面推进社会建设，来增强党在社会领域的影响力和号召力，巩固党的执政地位，打牢党执政的阶级基础和社会基础。一是建立健全党委领导、政府负责、社会协同、公众参与的社会管理格局，能够确保党对社会领域改革与发展的领导，保证党的路线方针政策在社会领域的贯彻落实。二是加强社会领域党的建设，为社会领域改革与管理提供组织保证。以社会领域党建工作全覆盖引领社会服务管理全覆盖，以社会领域党建创新推动社会服务管理创新，通过充分发挥社会领域党组织的领导核心、政治核心作用，基层党组织的战斗堡垒作用，广大共产党员的模范带头作用，把党的政治优势、组织优势和密切联系群众的优势，转化为社会管理的强大动力，能够有效增强党在社会领域的影响力与号召力，扩大党在社会领域的社会基础和群众基础。三是加强对非公有制经济组织和社会组织的服务管理，能够扩大党领导和执政的阶级基础。要通过创新和加强对“两新”组织的服务管理，把数量庞大、素质精良、发展迅猛的产业工人、管理人员、工程技术人员、自由职业者、高端人才等，纳入党领导和执政的视野，加大投入，加强教育、引导、组织和管理，重视和加强对这一领域的思想政治和党建工作，意义重大、影响深远。四是加强和创新社会管理，有利于增强党同人民群众的血肉联系。社会管理归根到底还是做人的工作，群众工作是社会管理的基础性、经常性、根本性工作。通过构建全覆盖的社会服务管理体系和工作体系，能够切实解决人民群众身边最现实、最直接、最突出的困难和问题，受到群众欢迎。

2. 加强和创新社会管理、全面推进社会建设，有利于国家的长治久安。加强和创新社会管理、全面推进社会建设，是全面建设小康社会、坚持中国特色社会主义的基本要求。随着中国国力的增强和人民生活水平的提高，在国际化浪潮冲击下，“风景这边独好”“中国道路”“北京模式”受到各方关注。这些都极大地鼓舞了中国人民的民族自信心，增强了民族自豪感。这是实现国家长治久安最广泛的思想基础和群众基础。如何抓住难得的历史机遇，应对矛盾凸现的严峻挑战，加强和创新社会管理、全面推进社会建设，为国家人民事业的发展创造良好环境，就成为必由之路。一是建立健全城乡一体化的基本公共服务体系，能够凝聚人心、推动发展。推进基本公共服务均等化、全覆盖，将改革发展的成果最大限度惠及全社会、各阶层，是加强和创新社会管理、全面推进社会建设的价值取向，也是我们党立党为公、执政为民的具体体现。在公平正义阳光照耀下，全社会共享发展成果，就会大大增强推动发展的向心力和凝聚力。二是建立健全上下互通、多元互动的群众利益表达机制和维护机制，有助于理顺关系、化解矛盾。加强和改善党和政府主导的维护群众权益机制，形成科学有效的利益协调机制、诉求表达机制、矛盾调处机制、权益保障机制，统筹协调各方关系，妥善化解社会矛盾。三是创新基层社会管理体系与推动城乡社区自治、社会组织自律相结合，能够充分发挥其直接面对群众优势，运用自治、自律力量，把矛盾和问题消除在萌芽状态，以最小的社会成本，取得最大的社会效果促进基层社会和谐稳定。

3. 加强和创新社会管理、全面推进社会建设，有利于人民的安居乐业。加强和创新社会管理、全面推进社会建设，与人民的幸福安康息息相关。通过加快推进以保障和改善民生为重点的社会建设，努力使社会建设与管理成果更好地惠及人民群众，就能让人民群众生活得更安心、更舒心、更幸福。一是按照“五所”目标创新社会管理、加强社会建设，有助于保障和改善民生。党的十七大报告指出，“要努力使全体人民学有所教、劳有所得、病有所医、老有所养、住有所居。”这就要求在社会管理、社会建设进程中，要努力解决好教育、就业、收入分配、社会保障、医疗卫生、保障性住房等直接关系人民群众根本利益和现实利益的问题。通过加强和创新社会管理、全面推进社会建设，在这些问题的解决上取得突破，就会使人民生活水平得到大幅度提升。二是建立健全全覆盖的社会服务管理体系，能够保证人民群众工作、学习与生活更便捷。在服务中实施管理，在管理中体现服务，以人为本、服务为先是创新社会管理、推进社会建设的基本要求。三是加强对流动人口和特殊人群管理与服务，能够促进社会和谐。总之，加强和创新社会管理、全面推进社会建设，是我们党为全面建设小康社会、坚持和发展中国特色社会主义而做出的一项重大决策。认真学习、深刻领会、贯彻落实好中央精神，不断提高各级领导班子、领导干部引领社会、组织社会、管理社会、服务社会的能力，切实加强和创新社会管理、全面推进社会建设，是摆在全党面前一项十分紧迫而重大的战略任务。

（此文为市委社会工委委员、市社会办副主任陈建领2011年8月在《思想政治工作研究》上发表的文章）

党外代表人士政党政治高级研修班研修报告

王丽竹

按照市委统战部的统一安排，党外代表人士政党政治高级研修班围绕德国政党制度、政治制度等，于2011年6月20日至7月10日赴德国吉森大学培训学院进行了为期21天的培训学习。研修期间，按照市委统战部的要求，学员们课堂教学认真听，实地考察仔细看，讨论交流勤思考，结合实践谈借鉴，较好地完成了培训考察任务，取得了丰硕的学习成果。现将培训考察的基本情况、主要收获和体会汇报如下。

一、培训研修的基本情况

本次培训是党外代表人士境外培训，培训班共由14位同志组成，北京市社会建设办公室副主任王丽竹带队，成员主要来自北京民主党派市委、高校、“两新”组织和市级机关，其中民主党派机关领导4人，高校2人，“两新”组织4人，市级机关4人。本次研修班在德国主要接受了德国政党制度起源、发展过程、基本框架、主要内容及典型特征，德国联邦体制、司法制度、公务员制度、社会保障制度、教育制度、欧洲文明史和德国社会市场经济制度等专题培训，对德国政党制度、国家体制等方面的基本情况有了比较全面的了解。先后与绿党黑森州总部、社民党总部、社会保障部、司法部、警察和行政学院、行政官员学会、美茵茨大学、基督教民主联盟总部、联邦议会和文化教育部进行参访，听取了有关情况介绍并进行了交流。此次培训考察，主要有以下三个特点：

一是内容选得好。政党制度是统一战线工作的中心内容，也是经常涉及的重要话题。由于工作需要，以前我们从不同渠道对其他国家政党制度的情况有所了解，但毕竟都是“第二手”情况。能够直接到国外特别是德国这样的发达国家，比较系统地实地考察和了解政党制度情况，对于增强统一战线工作的针对性、提高统战工作水平具有重要意义。大家一致感到，机会非常难得，十分珍惜这次难得的机遇，在整个培训考察过程中始终保持了强烈的求知欲望、良好的精神状态和饱满的学习热情。

二是组织安排好。部领导对这次培训非常重视，倾注了大量时间和精力。出境前专门召开预备会，相关部门领导等作了动员讲话，提出了明确具体的要求。邀请接待单位德国吉森大学作了周密细致的安排。培训班成立了领导小组和班委会，设立了两个小组，做到了分工明确，责任到人。境外培训期间，在团长带领下，班委会和各位组长认真负责，精心组织，全班同志纪律严明，活动有序，互帮互助，建立了深厚友情，未出现任何违反纪律及安全等方面的问题，有效地保证了各项培训考察任务的顺利完成。

三是学习效果好。在德期间，全班同志认真听讲，踊跃提问，与德国专家进行了广泛深入地交流。同时，结合德国政党制度的经验教训和北京市统战工作实际，进行了深入思考。通过学习，对德国的国家体制、联邦制的国家制度特点、议会和政府职能，德国政党制度的起源、发展及其运作机制，德国司法制度及宪法法院的地位和作用，联邦议会制度的历史与现状，德国市场经济的形成、发展与存在的问题，以及德国公务员制度等有了进一步的认识。大家普遍感到增长了知识，开阔了视野，受益匪浅。

二、德国政党制度的主要特点

本次培训，我们重点考察了德国政党制度。现根据德国相关政党人士和专家的介绍，将德国政党制度及相关情况简要汇报如下：

（一）德国宪政体制与政党状况

德国实行联邦制。议会由联邦议院和联邦参议院组成。联邦议院每4年选举一次。联邦参议院是16个联邦州的代表机构，参与联邦的立法与行政。各政党通过参加州或联邦议会的选举，使其政策和主张影响联邦议会、政府及其他社会团体。执政党的领袖出任联邦总理，根据《基本法》和政府工作条例代表政府行使职能。但是一个政党要想参政，必须在大选中获得5%以上的选票才能进入议会。理论上，议员的投票不受政府和党派指令的约束，只凭自己的良心行事。但实际上，议员在议会的行动都由议会党团控制。议员的辩论发言与投票表决，一般要听从其所属议会党团的安排。

1949年，联邦德国通过了《德意志联邦共和国基本法》，比较明确地规定了政党的地位、组织原则和作用。其中第21条是专门写政党问题的，它规定：①政党参与形成人民的政治意志。可以自由建立政党。政党的内部组织必须符合民主原则。它们必须公开说明其经费来源。②凡由于政党的宗旨或党员的行为，企图损害或废除自由民主的基本秩序或企图危及德意志联邦共和国的存在的政党，都是违反宪法的。联邦宪法法院对是否违宪的问题作出裁决。③细则由联邦法律规定。按照基本法要求，各政党都必须公开自己的纲领，必须承认《基本法》，维护现行的国家制度，接受国家有关法律法规的监督和约束。

（二）德国现有的主要政党

自1990年全德统一后举行的第一次选举以来，进入德意志联邦议院的共有6个政党，此后，历次大选结果一直是由他们分享联邦议会的议席。它们是：基督教民主联盟、德国社会民主党、自由民主党、基督教社会联盟、左翼党—民社党、联盟90/绿党。

1. 基督教民主联盟（CDU），简称基民盟。现有党员近50万人。基民盟成立于1945年，前身是魏玛共和国时期的天主教中央党。它不仅是为天主教和基督教教徒设立的政党，也向其他宗教信仰和无信仰的人士开放。在战后的第一次议会选举中基民盟获胜，此后执政长达20年之久，直到1969年在选举中失利。1982年重新成为执政党，科尔出任总理，直至1998年。基民盟与基社盟是姊妹党，统称“联盟党”。2005年11月，联盟党以微弱优势获得成功，成为执政党，与社民党一道组成了德国战后第二个大联合政府。基民盟主席安格拉·默克尔出任总理。基民盟被认为是偏右的保守党，它以基督教教义为党的基本出发点，党员主要是基督教徒。它反对国家社会主义（纳粹主义），也反对共产主义学说，提倡保守价值观和社会市场经济制度，反对社民党把大部分资金用于社会福利的政策，主张应把一部分钱用于发展经济。

2. 基督教社会联盟（CSU），简称基社盟，现有党员 17.4 万人。基社盟始建于 1946 年，是巴伐利亚州的执政党。基社盟与其姊妹党基民盟订有协议，基民盟不得在巴伐利亚建立组织并进行活动，而基社盟的活动范围仅限于巴伐利亚。两党政治主张一致，联合进行选举，提出共同的总理候选人，在联邦议院中联合进行各种活动。基社盟的党员 70% ~80% 是基督教徒，并且大部分为大企业主和中高级职员。它代表着一些大财团、大银行、大企业的利益，如西门子公司、巴伐利亚联合银行等。这些大财团、大银行是基社盟的后台和经济后盾，而基社盟又是他们的政治、经济的代理人和发言人。

3. 德国社会民主党（SPD），简称社民党。现有党员 60 万人，主要来自工人、妇女和同情弱者的知识分子等。该党前身是 1869 年成立的德国社会民主工党，它于 1875 年同 1863 年成立的德国工人运动中的拉萨尔派“全德工人联合会”合并，二战中被希特勒取缔而转入地下，1945 年 10 月重建。1966—1969 年，社民党与联盟党联合执政。1969—1982 年，社民党又与自民党联合执政，是欧洲执政时间最长的社会党之一。1990 年 9 月，原西德社会民主党与原东德社会民主党合并，在同年 12 月的联邦议会选举中成为联邦议院的最大反对党。1998 年 9 月，社民党人施罗德击败科尔，出任联邦总理，使社民党在 16 年之后重新执政。2005 年与联盟党联合组阁。党员主要来自工人阶级和职员。该党被认为是偏左的进步党，强调弱者的利益，主张增加社会福利、强化社会保障。但由于过度的福利和社保政策，导致全社会投资减少，失业率上升，生活水平下降，以致在大选中受挫。

4. 自由民主党（FDP），简称自民党。该党成立于 1948 年 12 月，现有党员 6.7 万人，大多是中小企业主、自由职业者和一些官员，主要代表中产阶级利益，在德国属于右翼政党，是新自由主义的积极推行者。自民党是战后建立的政党。两德统一前夕，原民主德国的三个自由党加入自民党。由于其经济政策和社会政策较少考虑工人群众和其他贫困阶层的利益，所以它的支持率不高。自成立以来，多次参与执政，但都不是执政党。长期以来，自民党在德国政治舞台上一直扮演着“中间人”的角色，它在基督教联盟与社民党这两大政党之间起着“平衡器”作用，决定着两党谁主政，而且由于它与这两党的政见分歧常使联合政府破裂。

5. 民主社会主义党（PDS），简称民社党。民社党的前身是原民主德国执政党——德国统一社会党，2005 年更名为左翼党—民社党。民社党的基本群众集中在原东德地区，主要是工人、职员、教师、少量的官员和自由职业者。其中 60% 是原东德的老共产党员，但大多已经退休。该党更名后，政治主张有了很大变化，不再提阶级斗争的口号，而是更倾向于社民党。2005 年，民社党和社民党前主席拉方丹为首的社民党左翼力量合并，改名为左翼党—民社党。它既反对社民党的改革，更反对基民盟的政治与经济取向，在大选中一举赢得了 8.7% 的选票，进入德国议会，成功地削弱了左右两大政党的绝对优势，改变了德国的政党格局，增加了德国政治运作的复杂性。2007 年 6 月 16 日，左翼党—民社党和“选举替代”在柏林合并，成立了新的“左翼党”。现有党员 7.1 万人，其中，民社党 6 万人、选举替代 1.1 万人，是德国的第三大党。

6. 联盟 90/绿党（Bundnis 90/Die Grunen）。现有党员 5 万人，主要是环境保护主义者、和平主义者、反核能者。绿党成立于 1979 年，起源于各种激进的、公民自发组织的环境保护组织。1983 年联邦议会大选中，绿党以 5.6% 的得票率进入联邦议会。登入政治大堂的绿党开始时凸现草根民主的“野路子”风格，它的议员留着大胡须，穿着毛衣和夹克坐在西装笔挺的议员当中，颇具戏剧效果。联盟 90 源于公民权运动。1993 年，德国西部的绿党与东部的联盟 90 合并为联盟 90/绿党，1998 年成为第四大政党，并与社民党联合执政。它的口号是“和人与人之间的剥削、人对自然的剥削作斗争”。它反对扩军，主张和平与回归自然的生活方式。

（三）德国政党政治格局的形成

第二次世界大战结束后，德国政党体制的发展大致经历了以下几个发展阶段。

1945 年至 1949 年，是德国政党的建立和重建时期；1949 年至 1960 年，各个政党之间呈现多元化、不稳定的联合态势；1961 年至 1983 年期间，德国的政治格局基本维持在“两大（联盟党与社民党）一小（自民党）”的状态。自民党的态度成为决定德国联邦议会与各州议会政党结盟的成败关键。自 1983 年绿党进入议会之后，尤其是 1998 年社民党与绿党联合执政以来，德国政党格局又从稳定的“两大一小”转向“两大两小”格局。前东德统一社会党的后裔民主社会主义党在 1990 年两德统一后的首次大选中进入议会，这在一定程度上使德国政党格局再度回到多党竞争的时代，呈现“两大三小”的态势。绿党和民社党的崛起打破了战后形成的三党鼎力和在一定程度上冲击了战后稳定的政党体制，联邦议院出现五党并存的局面，与此同时，极右翼政党和共和党、德国人民联盟的势力日增，有的已进入州议会，但这些党尚不能算作大党之列，在联邦议会中作用有限。在联邦议院中，作为左右翼主要政党的社民党和联盟党的地位仍然不可撼动，余下三党则势均力敌。它们的力量无法与前两党抗衡，因此，并没有改变联盟党和社民党主导政坛的局面，但改变了主要政党与之结盟的伙伴。长期以来，自民党是两党联合的唯一伙伴，其重要性和地位不言而喻。20 世纪 90 年代以后，新出现的民社党和绿党在意识形态、价值取向、政策主张上与社民党更接近，也成为社民党可选择的联合对象，这就改变了自民党的地位。1998 年社民党和绿党结成红绿联盟，共组联合政府，自民党第一次失去了唯一执政小伙伴的资格。以后，由于在政策主张上越来越与联盟党接近，自民党更多地被联盟党选择联合伙伴。这样，就逐渐形成了以社民党为首的包括绿党、民社党在内的左翼联盟和以联盟党为首的包括自民党在内的右翼联盟轮流执政的政治格局，呈现“两大三小”的态势。

作为温和多党制的典型，德国政党体制的特点是左右翼政党之间有意识形态的区别，但并非不可调和，基督教民主联盟和基督教社会联盟在经济上奉行自由主义的市场经济，维护私有制对外政策，推行西方一体化，主张限制国家在经济和社会政策方面的调节作用，代表的是资产阶级利益，属于右翼党；自由民主党主张经济国有化，倡导公平社会，在外交政策上走中间路线，以工人阶级为主要阶级基础，属于左翼党；与过去东德执政党统一社会党有渊源的民社党，也属于民社党；绿党由于在环保和防务问题上的左翼立场而成为左翼阵营中的一员。

分属于左右翼政党的联盟党和社民党也有相互靠拢的倾向。社民党在这方面的表现更明显些。战后初期长期在野的经历，促使社民党于 1959 年修改党纲，在原则上接受市场经济，外交上强调推行西欧联合，倡导东西方缓和与合作。社民党的转变吸引了大量中间阶层，加上传统工人阶级人数减少，社民党社会基础发生变化，已经不是单纯的工人阶级政党。同时，联盟党也力图改变自己的资产阶级政党形象，越来越强调保护广大社会老弱病残劳动妇女等弱势群体的利益。所以，两党政策在很多方面已经非常相像。

德国政党体制的稳定与德国议行合一的政府体制有关。德国是实行议会制的国家，各政党通过选举，竞争议院中的席位。获得多数席位的政党成为执政党，执政党领袖出任政府总理。因此，执政党不仅控制政府，而且控制议会，集立法、行政于一身，这种议行合一制在相当程度上维持了政党政治的稳定。

（四）德国政党的内部组织与运作机制

1. 组织体系。德国各政党的组织体系大体雷同，呈金字塔结构。一般在全国设立总部，总部之下在各州设地区党组织，地区党组织之下在县市或行政区设立分区党组织。最下面是地方基层组织，一般设在居民区和村镇。以基民盟为例，自上而下依次为：基民盟总部、各州的地区委员会（巴伐利亚州除外）、300 多个县乡委员会和几千个社区（基层）委员会。个别较大的州，在州和县乡之间，还设有一个中间层次的委员会。最高决策机构是由 1030 位代表组成的联邦代表大会，每两年选举一次联邦党的董事会。各政党基层委员会一般不设专职工作人员。县乡一级负责人可能是专职人员，并且由从事党派工作而取得报酬。州与联邦党组织的负责人则完全是以政治为职业的专职人员，他们一般都是州或联邦议会的成员，而且会有很好的收入。

2. 内部运作。在德国政党组织机构中，上级党组织与下级党组织没有严格的隶属关系。在联邦层面上是一个整体的政党，但以下的各级党组织则相对独立，工作上有很大的自主权，不允许有自上而下的压力。各级党组织负责人不存在上级党组织任命或委派的现象，而是由党员或党员代表选举产生，候选人也不需要上级批准。其中，基层委员会负责人由全体党员选举产生；县乡委员会负责人的产生方式有两种，一种是党员直接选举，一种是基层委员会推选代表，县乡委员会召开代表会议选举产生；州和联邦委员会负责人均采取代表会议的形式选举产生。

为保证党内民主，解决各级组织或党员之间的纠纷，各政党内部地区及以上组织设有仲裁法庭。在不同的政党，这一机构的名称可能有别。其中基民盟称作“党事法院”。党事法院是选举产生的常设机构，其负责人是不领取固定收入的非专职人员。党事法院的工作仅限于本党事务，权力极为有限，其决定必须服从于国家法院的规定和裁定，对党员的最大惩罚也只是开除出党。

3. 经费来源。德国政党的经费来源在《政党法》中有详细规定。主要有三个来源：党费、国家资助和捐款。党员缴纳的党费是政党经费的重要来源，各政党虽然规定了党费的最低缴纳标准，但首先基于自愿原则，多则不限，可以抵税，如有困难也可以申请免缴，与个人的收入和身份没有关系。国家资助与该政党在大选中获得的票数、党员缴纳的党费总额及获得的捐款数额挂钩，但每年国家资助各政党的经费总额不超过 1.33 亿欧元。接受私人和法律所允许企业等的捐款，达到或超过 2 万欧元以上的，必须公开捐赠人及金额，以防止大的捐助者影响和操控政党，防止腐败现象产生。有的政党如社民党还有一些自营公司的利润。

（五）德国政党的现状与趋势

1. 政党的趋同化。历史地看，德国政党主要是三大阵营：联盟党、社民党和自民党。一个时期以来，德国的社会阶层发生重大变化，各阶层之间的界限日益模糊。从民众的整体来看，处于“中间化”立场的民众占较大多数。面对这种情况，出于自身利益和“取悦”民众、争取选民的需要，几大政党的阶级基础、政治主张等呈现趋同化现象，逐步向“中间”靠拢，出现“左翼不左，右翼不右”的现象。政党的趋同化为左、右势力的发展提供了空间，除已经形成了一个较为稳定的左翼党以外，极右党派也有所发展，但尚未形成气候。

2. 政党联盟出现新变化。现有各政党能独立获得 50% 以上多数选票成为执政党的可能性越来越小。从历史上看，也只有基民盟曾经在一次大选时独立获得过多数选票，其他政党从来没有，大多是“一大一小”两政党联合执政模式。由于政党数量的增多、左翼党的异军突起等原因，上次大选时，德国两大主力政党——社民党和联盟党得票率仅为 34.3% 和 35.2% 。无论是社民党还是联盟党，与任何一个小的政党联合，都难以达到联合执政的水平，德国政坛出现前所未有的僵局。联盟党与社民党势均力敌，经过艰难的谈判和一系列波折，联盟党与社民党最终联手，组成“大联合政府”。但这两大政党大小相差不多，意识形态上又存在较大差异，两者的联盟本来就出于无奈，在一些问题上要达成一致，其困难程度可想而知。

三、几点体会

德国政党制度固然不适用于我国的国情，而且在实践中也遇到了一些危机，但总的看来是适合德国国情的，确保了德国政治稳定和民主进程。特别是在当前全球化、信息化、市场化、民主化迅猛发展，德国一些政党顺应时代发展潮流，加大自身建设力度，其政党政治的运行方式和政党做法带给我们相应的启示：

（一）顺应时代发展，扩大政党的社会基础

伴随经济的迅速发展，德国社会的阶级、阶层结构发生深刻变化。传统工人阶级不断减少，垄断资本家人数相对稳定，社会中间阶层迅速崛起，社会意识形态进一步多元化。面对这种情况，为扩大社会基础，赢得广泛的民众支持，德国各政党表现了较大的灵活性和包容性。一是扩大意识形态的包容性。如社民党提出："社民党是一个民主的人民党。它联合具有不同信仰和思想倾向的人们，只要他们承认和平、自由、公正和团结，承认男女之间的社会平等和保护自然环境。"明确表示，要邀请雇员、手工业者、自由职业者、科技人员、企业家等一切社会力量与之合作，逐步实现了从革命党向改良党、从工人阶级政党向人民党的转型。二是纷纷研究、借鉴竞争对手的思想理念、政策主张和发展经验。如左翼政党在经济方面努力吸收右翼政党的自由主义主张，右翼政党则积极借用左翼政党倡导的社会公正思想。三是更加关注民众的意愿和利益。如竞选口号普遍平民化。社民党提出：要帮助弱者改变生活，打破影响人的发展的障碍；基民盟的竞选口号则是工作代替官僚，安全代替妥协，等等。

从德国政党的转型和亲民趋势中，我们更加体会到，中国特色社会主义政治发展道路的无比优越。面对国内外形势和我国社会转型的深刻变化，我们应当在不断增强党的阶级基础的同时，不断巩固和壮大统一战线，最大限度地增强多党合作制度的包容力，把社会各方面力量纳入政治体制；建立多渠道的沟通机制，畅通社会各阶层政治诉求和利益表达的渠道；适应时代发展和人民期盼，使我们的政治主张和政策措施，更加贴近群众、贴近实际，不断扩大党的社会基础。

（二）健全政党法规，保证政党活动规范有序

政党政治法制化是当今世界的趋势。在全球化的形势下，为了适应社会和政治发展的需要，世界各国都在不同程度上推进政党制度的民主化和法制化。德国政党政治的法制化一直走在世界前列，它是"政党入宪"最早的国家之一，素有"政党国家"之称。随着我国依法治国方略的确立和实施，德国政党法制化的经验，值得我们研究和探讨。在德国，政党的地位、政党的运作、政党间的关系及政党的施政等，都由相关的法律乃至宪法给予了明确规定。政党无论强弱都必须在国家法律的框架内活动。无论是执政党还是在野党，大党还是小党，在法律关系中具有平等地位。1967 年，德国颁布《政党法》，这是世界上较早制定和颁布的政党法。该法对政党内部的组织机构、职责划分、选举程序及任期限制、财政运作等规定得非常详尽。在各政党内部，非常注重依法运作公共权力，加强党内法制化建设，依法处理党内事务。如社民党把依法处理党政关系作为完善执政方略的重要内容，并且按照政党法的有关规定，制定了自身建设的一系列规章制度，其中的财务制度，对于如何获得国家资助、如何接受捐赠、如何检查党的财务等，规定得非常详尽、具体。我们感到，德国依法规范政党活动的一些做法，对我们党以及各参政党的规范化、制度化建设不乏借鉴意义。

（三）健全监督机制，保持清正廉洁的政党形象

德国政党和社会之间存在广泛的互动关系，社会对政党的关注程度很高，因此政党

的决策和行动必须十分审慎。在党内对党员尤其是其领导人有一套比较完善的监督机制。在政党内部，一是设有专门的监督机构，即仲裁法庭。它独立于政党的领导机构之外，完全独立地开展工作。二是依靠党员和党代表加强对各级党组织领导人的监督。三是健全的规章制度。如社民党规定：每个重要项目都必须设监督方，重大项目招投标、财务支出等必须坚持两人以上把关，不能个人单独行动。社民党还制定了党内官员轮换制、亲属回避制等一系列制度规范，建立了每一位党员的诚信档案，作为对党员任用提拔的重要参考。从社会角度，则主要是建立了以新闻媒体为主导、全社会参与的监督机制，以及比较完善的执政党与在野党之间的政党监督、公众监督、司法监督、上下级监督等监督体系，形成全社会、全方位的监督网络。德国政党的监督体系建设，给我们一些启示。比如，要积极探索新的监督形式，丰富监督内容，拓宽监督渠道；进一步把人大监督、政协监督、民主党派的民主监督、司法监督、公众监督，以及上下级的监督有机结合；更好地发挥新闻媒体的监督作用等。

（四）提高执政能力，重视加强社会建设管理创新

当今世界各国综合国力的竞争，一个重要方面就是政党的执政能力和执政水平的竞争，提高党的执政能力已成为各国执政党面临的共同课题。在经济全球化浪潮不断高涨的国际背景下，中国共产党人要提高自身的执政能力和执政水平，必须放眼全球，认真学习和借鉴国外政党执政与自身建设的有益做法，吸取世界上一些执政党兴衰成败的经验教训。要熟谙政党执政的一般规律，更深刻地认识共产党执政和自身建设规律，始终为人民执好政、掌好权。加强和创新社会管理，是党中央在新的历史时期提出的重大课题。要适应加强和创新社会管理新形势、新要求，现阶段应当通过大力加强社会领域立法推动社会管理创新，围绕保障和改善民生，加强社会领域立法。切实提高社会管理科学化水平，是检验我们党的各级领导干部在新形势下执政能力的一个重要标准。德国现在已经成为一个文化、民族多元化的社会，由许多外来民族和不同文化背景的人群构成，由于法制建设与社会建设，特别是社区建设与合理引导比较成功，不同的肤色、种族和人群和谐相处，社会状态基本稳定，其中的做法和经验的确值得我们学习借鉴。我们只有正确认识和把握社会治理过程中出现的新特点，科学引导、从善如流、创造性地开展工作，才能真正维护人民群众权益，促进社会公平正义，保持社会良好秩序，有效应对社会风险，为党和国家事业发展营造更加良好的社会环境。当前，我们要紧紧围绕全面建设小康社会的总目标，牢牢把握最大限度激发社会活力、最大限度增加和谐因素、最大限度减少不和谐因素的总要求，积极推进社会管理理念、体制、机制、制度、方法创新，全面增强我们党的执政能力和执政水平。

（五）增强节能意识，建设节约型社会

在德国考察期间，我们有一个共同感受，就是节约理念深入人心，成为各部门、单位和广大民众的自觉行动。比如，无论是参观基民盟总部、社民党总部，还是联邦议会大厦等，其负责人都要专门、详细地介绍他们的大楼如何充分利用自然光源，如何保证通风顺畅，如何节约能源。古老的联邦议会大厦，在修缮时充分考虑了拓展功能、节约能源和环境保护，楼顶建有太阳能电池，其圆锥形玻璃屋顶，不仅美观，而且能够将外部光源反入大楼。在德国，从南到北建有众多的风力发电设备。除了宾馆酒店，很多单位和居民家里竟然没有空调。据了解，德国政府十分重视提高民众的节能意识。目前全国有300多个提供节能知识的咨询点，德国能源局除开设了免费电话服务中心外，还设有专门的节能知识网站。联系我国和北京市实际，我们建议：第一，大力加强节能宣传教育，倡导节约理念；第二，加强节能技术包括常规技术的研发、创新与推广；第三，发展风力发电，更好地利用我国丰富的风力

资源。

总之，大家一致认为，这次培训收获很大，对于提高自身素质、做好本职工作很有帮助，对市委统战部表示衷心感谢，并希望能继续组织党外代表人士参加更多类似培训。建议今后组织培训，一是增加行前培训时间，使大家在出境前对目的国的基本情况、与培训内容相关的情况有尽可能多的了解，从而提高境外培训效果；二是授课内容，能够更集中、针对性更强、更深入一些；三是适当深入社会、文化、基层，增加社区、农村情况的考察，增强考察内容的立体感。

（此文为市社会工委委员、市社会办副主任王丽竹参加党外代表人士政党政治高级研修班的报告）

赴京外培训考察社会建设以及社会组织改革发展有关情况的报告

刘　轩

为了加强和兄弟省市的工作交流、进一步开阔工作视野，学习兄弟省市在社会建设及社会组织改革和发展方面取得的好经验，11月6日至18日，以市社会组织孵化中心的名义，分两批组织部分市级“枢纽型”社会组织和区县社会工委、社会办有关负责同志，赴重庆、成都、宜昌市进行了培训考察学习。现将培训考察情况报告如下：

一、成都、重庆、宜昌市在社会建设以及社会组织发展等方面的主要做法

（一）成都市：注重体系建设，自上而下推进社会领域各项改革

1. 市委市政府高度重视，全面部署社会建设工作。

2011年1月，中共成都市委、市政府以1号文件印发了《关于深化社会体制改革　加快推进城乡社会建设的意见》，5月份印发《成都市深化社会体制改革　健康推进城乡社会建设五大实施纲要（2011—2015年）》。前一个文件是指导性和纲领性文件，后一个文件分五大部分具体分解实施，分别是：

——“社会规范体系建设实施纲要”，由市司法局总牵头，主要包括推进法治建设、社会诚信体系建设、公民道德建设等内容。

——“城乡基本公共服务均衡发展机制建设实施纲要”由市发改委总牵头，主要包括完善基本公共服务体系、加强重点群体服务管理以及提高群众安全感、宜居度和便利度等内容。

——“城乡社区治理机制建设实施纲要”，由市委组织部总牵头，主要包括加强基层党组织建设、构建城乡新型治理机制、完善城乡社区服务功能等内容。

——“社会组织发展和公民志愿服务机制建设实施纲要”，由市民政局总牵头，主要包括加快社会组织发展、规范社会组织管理、企业社会责任建设、加强公民志愿服务等内容。

——“社会矛盾疏导和化解机制建设实施纲要”，由市委政法委总牵头，主要包括完善群众利益表达机制、健全矛盾疏导和化解机制、加强应急机制建设等内容。

2. 市、区两级成立领导机构，统筹社会建设工作。

在市级层面，成立市社会建设工作领导

小组，主要负责总体规划、统筹协调全市社会建设工作，组长由市委书记担任，市长任第一副组长，有关市领导任副组长，共有30个成员单位；领导小组办公室与市精神文明建设办公室合署办公，并配备相应编制和经费，主要负责社会建设工作领导小组日常工作，市委分管副秘书长任领导小组办公室主任（领导小组办公室于今年4月正式挂牌，设“政策规划处”和“发展促进处”，核定编制10人，实有6人）。

按照市里的统一要求，目前20个区（市）县已全部成立社会建设工作领导小组及其办公室。各地根据不同情况，有的将领导小组办公室设在文明办，也有的设在宣传部、法制办等部门。其中，锦江区较为特殊，该区早在2008年6月已单独成立区委社会工委（区社会办），内设办公室、政策研究科、规划发展科、党建工作科、社区建设科和社工队伍科6个科室，配备行政编制12名，主要职能是负责全区社会建设和管理工作的调查研究，提出实施意见和建议；负责拟定全区社会事业发展规划、年度计划，并协调落实；负责统筹推进社区建设、社区和“两新”组织党建以及社会工作者队伍建设。

3. 锦江区着力推进社会管理“三大改革”，亮点突出、成效明显。

——改革街道管理体制，强化街道社会管理和公共服务职责。2008年6月，锦江区印发了《关于进一步加强街道办事处社会管理和公共服务职能的意见》，决定彻底剥离街道办事处经济管理职能，将工作重心从发展经济转移到社会管理和公共服务上来。经过几年的努力，目前从各个街道科室设置比例来看，90%左右的科室都是社会建设、管理和公共服务的业务科室。今年市委、市政府下发1号文件后，锦江区抓住机遇，进一步深化街道机构改革，比如：在街道层面率先成立社会建设领导小组，街道“一把手”任领导小组组长，领导小组办公室设在街道办公室，对口联系区社会建设办公室，统筹协调本辖区社会建设各项工作；将社区服务中心更名为社会组织指导中心，专门负责社会组织的培育、孵化和日常管理工作，等等。

——改革社区治理机制，探索“小单元治理模式”。按照政社分开、居民自治的思路，逐步形成了以社区党组织为核心、社区自治组织为主体、社区公共服务站为平台、社会组织为补充的工作格局。在此基础上，为进一步巩固、深化社区治理改革，又探索出了党组织领导下的“小单元治理模式”，即把社区治理单元细化到院落、楼栋或者健身队、棋牌协会等群众组织，积极构建院落党支部“一辕牵引”、院落议事会和自管小组“两翼推动”的社区治理模式。其中，院落党支部起牵引作用，由在职党员、流动党员和社区党员构成，隶属于社区党组织，负责传递党的声音，执行党的路线方针和政策；院落议事会是“决策之翼”，按照1户1名或1单元1名的比例推选议事代表组成，讨论决定本院落重大事务，监督院落自管小组工作，议事会主任原则上由院落党支部书记兼任；院落自管小组是“执行之翼”，按照1户1票推选产生，设组长1名，成员若干，执行院落议事会的决定，具体负责安全防范、保洁监督、纠纷调解、文体活动等组织协调工作。

——改革社会组织管理体制，强化社会自我管理功能。截至今年10月底，锦江区共有社会组织556家，其中正式登记的270家，备案的286家。近年来，锦江区在改革社会组织管理体制、培育社会组织发展等方面有许多创新举措：一是在全省率先成立社会组织管理局（在区民政局加挂社会组织管理局的牌子，社会组织管理局局长由民政局副局长兼任），负责全区社会组织的统筹规划、协调指导和监督管理。二是实行登记备案双轨制。出台了《社区社会组织备案管理办法》，对暂不符合登记条件的社会组织，在街道备案后即可开展活动；在此基础上，又出台了《社区社会组织登记管理暂行办法》，规定有5名以上发起人、20个以上会员、5000元以上活动资金的，即可到民政部门登记成立社区社会团体（国务院社团条例规定必须有50个以上会员、注册资金不得少于3万元）。三是建立政府购买服务机制。区财政每年安排200万元专项经费，对公益服务、社会事务、文化体育、慈善救济、社区维权五大类社会组织给予5000—20000元开办扶持资金；出台了《政府向社会组织购买服务项目指导目录》等配套文件，今年推出110个政府购买服务项目，向社会组织等机构招标；此外，目前正在积极筹备成立社会组织发展基金会，区财政拨付500万元启动资金，广泛吸纳企业及社会资金，力图从机制上解决社会组织可持续发展问题。四是搭建社会组织孵化平台。新建总面积1100平方米的市民服务中心，作为区级社会组织培育孵化平台，现已有20家社会组织入驻。中心通过培育设置“四会四中心”（社会组织联合会、志愿者协会、青年志愿者协会、社会工作者协会和社会组织服务中心、社工人才交流中心、社会组织评估中心、志愿者服务中心），发挥这些组织的“枢纽”作用，实行“以民管民”“以非管非”。该中心与各街道“社会组织指导中心”优势互补，在全区形成了联动发展、覆盖广泛的社会组织培育孵化网络。五是建立监管评估机制。出台了《社会组织评估实施办法》，建立了社会化的评估机制，每年对社会组织实施评估，建立社会组织评估档案并定期向社会公开。

（二）重庆市：以“两新”组织党建工作创新，推动社会管理服务创新

1. 构建了“两新”组织党建工作格局。2006年7月，市委正式设立“两新”工委，作为市委派出机构，负责新经济组织、新社会组织党建工作，具体承担8项职责（如，在“两新”领域贯彻执行党的路线方针政策、直接管理一部分规模较大“两新”组织党组织等）。市委“两新”工委目前与市总工会合署办公（主要是利用市总工会富余编制和办公场所，尽快将工作开展起来），核定编制30人，独立设置综合处、研究室、基层组织建设指导处和党员教育管理处4个处室。按照市委统一要求，各区县均成立了“两新”工委，开发区、高新区还成立了“两新”党委。目前，初步形成了“党委统一领导、组织部门宏观指导、‘两新’工委具体负责、相关部门协同配合”的工作格局。

2. 探索党建工作模式，逐步实现党组织和党的工作全覆盖。截至今年8月底，全市共有“两新”组织546894个，其中新经济组织53768个（不含个体工商户486281户），新社会组织7500多个，有“两新”组织党组织11700多个，党员31000多名，基本实现了全市“两新”组织党的组织和党的工作两个全覆盖。在实际工作中，总结摸索出了“5＋X”工作模式：一是依托工业园区和经济园区建立园区党组织，负责园区内非公企业党建工作。二是依托街镇社区和行政村建立片区党组织，实行属地化管理。三是依托商务楼宇建立楼宇党组织，负责楼宇内非公有企业党建工作。四是依托专业市场建立市场党组织。五是依托专业协会建立协会党组织。

在创新组建方式的同时，采取“内部选”“外部派”“公开聘”等多种办法，选好党组织的“领头雁”，对暂无合适书记人选的新建党组织，视其具体情况选派机关退休干部、在职后备干部、社区党员干部兼任党组织书记，选派一批党员大学生“村官”兼任了农村经济合作组织的党支部书记。目前，全市“两新”组织党建工作专职干部已有200多人，党建工作指导员队伍已发展到17000多人。

3. 推进“政社分离”，促进社会组织规范发展。截至2010年底，重庆市共有正式登记的社会组织7586个（市级社会组织1473个），其中社会团体4022个，民办非企业单位3467个，基金会97个。近年来，在加强社会组织的管理服务上，主要采取以下几方面做法：一是从2005年8月至2008年3月，在全国率先开展了社团与党政机关分离改革，实现了人员、资产、利益、业务和办公场所等方面的“五脱钩”。全市共有3215个社团与党政机关实现了“五脱钩”，4832名党政

领导干部退出了社团任职，701 个社团办公场所与党政机关实现了分离，清理社团所占国有资产 5788 万元。二是在监督管理上，开展了社会组织评估工作，督促社会组织健全完善以章程为核心的各项规章和内部管理制度，社会组织法人治理机制初步形成。三是在培育发展方面，围绕社会反映强烈的教育难、医疗难、文化活动难和娱乐健身难等问题，重点扶持发展教育科技、文化体育、医疗卫生、福利事业、生态环保等领域的社会组织。社会组织的整体素质和服务能力不断增强，汶川地震发生后，全市各类社会组织发挥优势、各显所长，累计捐赠款物达 3.29 亿元，占全市捐赠款物总额的 31.6%。

（三）宜昌市：坚持体制创新和信息化建设互促互动，社会管理综合改革试点工作成效显著

宜昌市是全国 35 个社会管理综合改革试点城市之一。以此为机遇，近年来宜昌市统筹推进社会管理综合试点，逐步探索出了符合宜昌实际的新体制、新机制，全面提升了社会管理服务水平。

1. 成立机构，加强工作领导。成立了社会管理创新工作领导小组，由市委书记任组长，市长任第一副组长，14 名市级领导任副组长，并由市委副书记兼任领导小组办公室（简称“创新办”）主任。为实现社会管理创新工作的可持续和常态化，创新办与综治办合署办公，把社会服务管理创新工作纳入市委市政府月度工作例会以及目标管理考评体系。

2. 整合资源，重组基层组织体系。一是对街道进行改革重组，成立了“三中心”：将劳动保障所、民政科、残联等部门整合，成立“便民服务中心”，综合履行便民服务职能；将综治办、信访办、司法所等部门整合，成立“综治信访维稳中心”，综合履行维稳职能；在街道新建“网格管理中心”，综合履行辖区网格化管理职能。二是在社区层面对应成立了“三站”，即便民服务站、综治信访维稳站、网格管理站，社区党组织、居委会、“三站”各归其位、各司其职，形成行政管理与社区自治、政府支持与社区资源互补的社区治理机制。三是在基层组建了社区专职工作者、社区网格管理员和社区志愿者“三支队伍”。其中，每个社区配备专职工作者 7—9 名；网格管理员按照每 200—300 户“一格一员”配置，由“市社区网格监管中心”统一管理；按照社区志愿者注册率占居民人口 10% 的标准，组建了综合信息员、环卫监督员、治安巡防员、矛盾调解员、劳动保障服务员、社会养老服务员、计生服务员和心理咨询疏导员等“新八大员”志愿者队伍。目前全市共有 1124 名社区专职工作者，1110 名网格管理员，10.8 万名社区志愿者。

3. 运用信息手段，实现社区网格化管理。将城区 112 个社区划分为 1110 个小网格，并按照“一格一员”标准配置网格管理员。1110 个网格管理员利用“社区 e 通”，可直接将网格内的相关基础信息（如人口、房屋、就业、社保、计生等）上传到全市人口基础信息系统，交换到公安信息平台，实现对城市“人、地、物、事”的动态管理。以网格化、信息化管理为基础，初步构建起了城区人口基础、社区综合、矛盾调解、公众诉求、城市管理等五大公共管理平台。

4. 大力发展“枢纽型”组织和“社区型”组织，推进社会组织管理服务创新。截至目前，宜昌市共登记注册社会组织 2475 个，其中正式登记的 2089 个，备案的 386 个。主要做法包括：一是积极推进“枢纽型”社会组织建设，认定市总工会、团市委、市妇联、市科协、市社科联、市工商联、市文联、市体育总会等 8 家单位为市级“枢纽型”组织，目前 8 家“枢纽型”组织所管理的社会组织占到市级社会组织的 22%。二是开展“社区型”草根组织的备案管理。由社区居委会对辖区内达不到登记条件但又实际存在的民间组织进行备案并加强日常管理。同时，依托团市委、市妇联等“枢纽型”组织，联系了近百家民间“草根”组织。三是

创新行政审批机制，率先在全省开发了社会组织管理服务办公系统，实现了网上年检、网上申报、网上审批，提高了行政审批效能。四是加强社会组织党建工作。将社会组织党建情况纳入年检考察范围，目前全市社会组织中共建立党组织439个，符合条件的党组织组建率达到了100%；此外，向1000多家没有党组织的社会组织选派党建工作指导员283名，基本实现了社会组织党建工作全覆盖。

二、体会与建议

（一）更加坚定了我们按照既定目标推进社会建设和服务管理工作的信心。

近年来，在市委市政府的领导下，市委社会工委、市社会办大力创新社会建设及社会组织服务管理工作，北京市的社会建设工作总体上走在了全国前列，创造的“北京模式”和“北京经验”受到全国各地和社会各界广泛关注。近年来出台的1+4+x系列文件，构建了政策体系；建立了社会建设领导小组及其办公室，建立了领导体制；构建了“枢纽型”社会组织工作体系，初步形成了服务管理体系；建立了社会组织孵化中心，加大了培育扶持力度。这些改革经过一段时间的运作取得了良好的成效，我们在考察中了解到，这些改革措施在成都、重庆和宜昌市得到了一致的认可和好评，并在实际工作中得到了推广。比如，三市都建立了高层次、高规格、跨部门的领导机构，重庆市成立了“两新工委”，成都市成立了社会建设领导小组，宜昌市成立了“创新办”，来统筹社会建设工作。宜昌市还认定了一批“枢纽型”组织，加强对社会组织的服务和管理工作。成都市锦江区出台了系列文件，加强对社会建设工作的整体推进，并成立了市民中心、社会组织服务中心，加强了对市民的服务和对社会组织的管理服务工作。

通过考察和学习，从另一个方面进一步验证了我们改革的方向是正确的，实践中是可行的。我们应该坚定不移地按照市委市政府的工作部署，沿着既定目标扎扎实实地把各项改革措施落到实处。

（二）通过考察感觉到了工作压力，增强了进一步做好各项工作的紧迫感。

通过考察学习，我们也明显感到，虽然成都、重庆、宜昌三市地处中西部欠发达地区，但都非常重视社会建设与服务管理工作，各地都建立了高层次的领导机构，通常是“一把手”亲自挂帅，有专门的机构牵头抓总，有比较完善的政策体系，在人、财、物上的投入力度也逐步加强。比如，宜昌市今年新增社会管理创新综合试点经费2亿多元，社区专职工作者平均工资2100元左右，达到全额拨款事业单位水平。锦江区社会组织孵化基地（市民中心）不仅规模大，而且运营、管理和使用都比较规范。专门成立了“社会组织服务中心”（正科级事业单位）来负责市民中心的日常管理，而不是完全委托第三方来运营。此外，服务功能比较完善，“孵化”只占其中一小部分，更多的是向社会组织提供政策咨询、人才培训、交流展示以及政府招标信息等服务，利用率比较高。此外，锦江区降低社区社会组织登记门槛、探索成立“社会组织发展基金会”等做法，在全省乃至全国都比较超前。这些好经验、好做法都值得我们认真学习和借鉴。

总体上感觉，三个城市虽然社会建设工作起步比较晚，但广泛借鉴了包括北京在内的各地的经验，起点较高、动作很快、势头强劲，大有后来居上之势。对此，我们要认清形势，应当有紧迫感。要进一步放宽眼界，继续开拓前进，否则就可能落后。今后，要在已经有了比较完善的政策体系和工作体系的基础上，努力在一些具体环节和政策节点上实现新的更大突破，使各项改革任务更加深入和精细化，切实落到实处，使首都社会建设工作迈上新的台阶。

（三）加强同兄弟省市的相互学习和工作交流很有必要

社会建设工作从总体上看，还是一项新

的工作，成熟的经验不多，大家的认识也不尽一致。因此，加强横向联系、互相学习、互相借鉴就显得十分必要。此次考察，内容丰富、信息量大，考察组成员一致认为学到了很多东西，受益匪浅。前两年主要是外地到北京来考察学习的多，我们主动出去学习的少。但通过此次考察，大家普遍认为，随着各地越来越重视社会建设工作，不仅上海、广东、深圳以及江浙等沿海发达城市高度重视社会建设工作，中西部地区的一些经济发展相对落后的省市也积极探索、奋起直追，并且都有一些“高招”和“亮点”，大有后来居上的趋势。因此，我们在做好自己工作的同时，眼睛要多向外看，特别是认真学习借鉴外地创造的一些成功经验。市社科联、侨联、工经联等部门的同志建议，这种培训考察的方式应该制度化，每年都应该组织，并且可以创新方式。比如，每年可以有不同的主题，考察前有针对性地准备一些问题和同行进行交流等。此外，学习考察的方式和渠道可以进一步创新，除市里统一组织以外，各市级“枢纽型”社会组织、各区县社会建设部门也可以结合本领域、本地区实际需要，加强同外地相关方面的联系和交流，认真思考、吸收和借鉴有关成功经验，更好地推进工作开展。

（此文为市委社会工委委员、市社会办副主任刘轩2011年12月撰写的调研报告）

关于推进村庄社区化建设的调研报告

王智玲

党的十七大提出，要健全基层党组织领导的充满活力的基层群众自治机制，扩大基层群众自治范围，完善民主管理制度，把城乡社区建设成为管理有序、服务完善、文明祥和的社会生活共同体。为贯彻落实中央这一重大战略部署，近年来，北京顺应城乡经济社会发展一体化、建设中国特色世界城市的新形势，探索将城市社区建设的经验和理念向农村地区延伸，不断提升城乡社区服务管理水平。刘淇、王安顺、梁伟、傅政华等市领导高度重视此项工作，多次作出专门批示，强调村庄社区化建设是市社会管理创新的重要举措，要进一步研究明确目标值，不断丰富社区化服务内容。

2011年8月，为深入贯彻落实市领导的批示精神和指示要求，市社会建设工作领导小组办公室成立了专题调研组，集中3个月时间，在认真收集汇总有关情况的基础上，先后深入昌平、怀柔、海淀、密云、房山等5个区县调研，实地考察了近20个乡镇、村，召开座谈会8次，全面了解我市村庄社区化建设的进展情况、主要成效，深入剖析存在的突出问题，研究提出了下一步推进工作的对策建议。

一、全市农村地区基本情况及村庄社区的主要特点

（一）全市农村概况

截至2011年9月，全市共有3个近郊区、8个远郊区、2个远郊县，共182个乡镇（含147个镇、30个乡、5个民族乡），3944个行政村。全市郊区土地总面积1.53万平方公里，占全市总面积的93%。其中，山区面积1.04万平方公里。农村常住人口589.4万，其中，流动人口229.3万，农业户籍人

口268.3万，从业人员347.8万。

（二）村庄社区的主要特点

与城市地区相比，村庄社区呈现出形式多样化的特点，其界定更为复杂。理论上认为，村庄社区是指由一定的地域人群、按照相近的生产和生活方式、实行共同的社会管理与服务所构成的农村基层社会生活共同体，具有地域广阔、人口密度低，家庭血缘关系浓厚，思想观念传统保守，生活节奏缓慢，社会组织、社会制度较为简单等特点。

从实践层面来看，在当前我国总体上已进入以工促农、以城带乡的发展阶段，进入着力破除城乡二元结构、形成城乡经济社会发展一体化新格局的重要时期，村庄社区还具有以下几个明显特点：一是社会性。农村生产方式正在加速转变，生产服务由传统的农户自我服务逐步转向社会化服务，生产要素由家庭内部配置为主逐步转向社会化配置为主，村民日常生活由家庭自我供给逐步转向货币化、社会化供给，村民交往范围扩大，逐步由“家庭人”变为“社会人”。二是流动性。传统农村相对封闭的社会状态被打破，农村社区的开放性、流动性和异质性逐步增强，大量农民工在城乡社区间双向流动。三是复杂性。农村组织和村民构成日趋复杂，新社会组织和非公有制经济组织不断涌现，村民生活方式和思想观念发生深刻转变。四是过渡性。随着农村现代化进程的深入发展，农村与城市的隔离状态逐渐被打破，村民十分渴望在居住、医疗、购物、休闲等方面与城市居民拥有同等条件，享有同等待遇。特别是在城乡结合部地区，上述特点更为明显，这也是我市推进村庄社区化建设的内在动因。

二、我市推进村庄社区化建设的进展情况及取得的成效

（一）时代背景

村庄社区化管理最初源于城乡结合部地区的治安管理，特别是对流动人口的管理服务。2010年初，大兴区针对本地区流动人口与户籍人口严重倒挂、违法建筑和无序出租房屋现象凸显、社会治安情况复杂等情况，借鉴城市社区管理的经验，率先在流动人口较多的西红门镇大生庄村等16个村庄，探索实行“村庄社区化管理”模式，采取“砌围墙、安街门、把路口、设岗亭、人车持证出入”等做法，通过建站统一化、村庄社区化、人防专业化、技防现代化、服务人性化五项措施，有效实现了“三下降、三提升”（即村庄刑事发案率下降、矛盾纠纷下降、安全事故下降；群众安全感提升、群众满意度提升、群众生活水平提升），流动人口享受到了与村民趋同的服务，为农村地区特别是城乡结合部地区的社会建设和管理工作提供了重要经验。

2010年7月，中共中央政治局委员、北京市委书记刘淇，国务委员、公安部部长孟建柱等到大兴区西红门镇进行调研，对村庄社区化管理工作给予了充分肯定。随后，全市在13个郊区县大力推广村庄社区化管理经验。9月30日，中共中央政治局常委、中央政法委书记周永康在有关材料上作出重要批示，并于11月9日到北京市昌平区考察村庄社区化管理工作，提出明确要求。

（二）进展情况

市委、市政府高度重视村庄社区化管理工作，将其作为加强社会管理、破解城市管理难题的创新亮点，作为统筹城乡统筹发展、促进城乡一体化的重要举措，加大推进力度。仅2011年以来，市主要领导就多次深入区县调研，先后3次在有关材料上作出重要批示。根据中央领导、市委领导的批示精神，市委社会工委、首都综治办、市新农办、市公安局、市民政局等部门，结合各自职能，加强指导，积极推进村庄社区建设工作。

一是研究制定相关政策文件。首都综治委先后下发了《关于在城乡结合部地区实施村庄社区化管理工作的意见》（首都综治委〔2010〕44号）、《关于在全市城乡结合部地区和城镇中心区深入推进村庄社区化管理工作的意见》（首都综治委〔2010〕56号）及

《村庄社区化管理服务指导目录》《关于开展推进村庄社区化服务管理活动的意见》（首综办发〔2011〕26号）等文件，进一步明确了具体目标、责任单位、工作内容、工作标准等。市委社会工委按照市领导的批示要求，也研究制定了村庄社区化建设指导性文件，目前已征求了相关部门的意见。

二是积极推进村庄社区化建设工作。各区县结合自身实际，因地制宜，加大资金投入，进一步完善安全防范体系建设，充实整合基层管理力量，借助科技力量，形成了各具特色的推进模式。大兴区制定下发了《关于进一步推进村庄社区化管理的工作方案》，在255个行政村推进社区化管理。海淀区以文明村庄创建为载体，有效整合资源，搭建服务管理平台，共建立集综治维稳中心、社区服务中心、新居民服务中心（简称“三中心”）为一体的服务管理平台91个。房山区结合采空区人口较多的实际，实施山区人口迁移工程，拟规划建设6.08万平方米的住宅区域，实现对人口的相对集聚和集中，近期将有479户、1660人入住新建的万紫家园。通州区在11个乡镇全部建立农村社区服务中心，在453个村建立农村社区服务站，成为全市首家实现农村社区建设全覆盖的区县。怀柔区渤海镇北沟村大力加强民主自治建设、村民素质教育，探索出了一条和谐山村建设之路——“北沟模式”。密云县在农村地区推进网格化社会服务体系建设，将全县域划分5868个网格，配备社会管理人员1.8万余人，把自然村落以及土地山场、旅游景区、湖泊河流、公路等一并纳入网格化管理范围，初步实现了全地域社会服务管理的精细化。

（三）初步成效

在市委、市政府的坚强领导和相关部门的协同配合下，全市相关区县、部门按照“边推广、边总结、边完善”的思路，加快推进村庄社区化建设工作，取得显著成效。截至目前，全市城乡结合部地区和城镇中心区确定的668个村庄已全部完成了社区化建设。通过推行村庄社区化建设，进一步加强了人防、物防和技防建设，有效遏制了各类可防性案件的发生，促进了地区安全稳定；进一步整合了村庄社区各类服务组织和服务资源，整体提升了社区服务水平，方便村民办事；进一步强化社会管理和综合治理，极大改善了村庄环境秩序和村民生活环境；进一步完善流动人口服务管理体系，引导流动人口参与村庄管理，逐步实现了“本地人”与“外地人”的有机融合。

三、存在的主要问题

从调研了解的情况看，尽管我市推进村庄社区化建设取得了一定成绩，但也要清醒看到，与加强和创新社会管理、全面推进社会建设的新形势新任务相比，还有一定的差距和不足。主要体现在以下五个方面：

（一）目标定位有待进一步明确

由于村庄社区化建设在理论和实践上仍处在探索起步阶段，基层干部对村庄社区是否需要统筹规划、应该抓哪些具体工作、目标任务是什么等方面的认识还比较模糊，致使相关工作在推进中受到一定影响。

（二）体制机制有待进一步完善

一些区县反映，由于村庄社区化建设涵盖农村基础设施和公共服务设施建设、管理体制、服务体系、环境治理等内容，涉及多个部门的工作。而一些部门在制定政策文件时，就其中的某一项或几项具体工作提出要求，容易出现多头推进、各自为政的局面，导致所出台的政策文件缺乏综合性、统筹性，难以形成工作合力。

（三）工作内容有待进一步深化

由于村庄社区化管理源于治安管理，各区县在工作推进中往往偏重于社会管理，在人力、物力、财力等方面注重向遏制违法建设、封闭式管理、环境治理等方面倾斜，而对村民群众反映比较强烈的劳动就业、社会保障、社会救助等公共服务，以及志愿互助服务、便民利民服务，特别是村民向居民、流动人口向“新居民”的转变重视不够。个别区县反映，部分地区已建立的社区服务中心（站）由于建设标准较低，工作人员没有配备到位，且提供的相关服务项目没有与村民的实际需求进行对接，难以发挥其应有的功能作用。

（四）人员机构有待进一步整合

随着社会管理重心的下移和政府职能的转变，各相关部门纷纷将人力、设施覆盖到村庄社区，将相关工作延伸到村庄社区，从而出现基层工作力量的素质参差不齐、待遇和管理不统一等诸多问题。基层工作队伍中，既有相关部门的协管员队伍，乡镇下派的干部，又有村党组织、村委会成员，护水、护河、护山、护林、护地、护环境等工作人员，以及志愿服务队伍；基层工作机构中，既有乡镇（村）综治工作中心，又有乡镇社区服务中心、村庄社区服务站，个别区县还建立了新居民服务中心。这些工作机构和人员较多，情况复杂，急需有效整合、充分利用。

（五）资金投入有待进一步加大

资金投入不足是相关区县普遍反映的一个难点问题。完善社区公共服务设施、充实基层工作力量、加强信息化建设等都需要大量的资金作保障支撑。由于缺乏必要资金的支持，导致有些规划还不能完全落实到位，一些工作进展缓慢。

四、兄弟省市推进农村社区建设的主要经验及对我市的启示

（一）兄弟省市典型经验

近年来，各省市积极探索，大胆实践，取得重大进展和初步成效，形成各具特色的建设模式，农村社区建设的理念逐渐为各级党政领导、专家学者和广大农民群众熟知并认同，产生了较大的社会影响。

浙江省宁波市镇海区早在2007年年初，就在棉丰村探索开展农村社区化管理试点工作。主要是建立了“3+3+1”的组织体系，即在原村党组织、村委会、村经济合作社的基础上，新建外来流动党员党支部、外来人员服务站、和谐共建理事会3个组织，并将区、镇（街道）政府管理职能延伸、重心下移。建立社区工作站，积极推动农村社区化管理，有力完善了农村社区工作体系。通过组织再造和功能整合，构建起适应农村实际的新型社区化运行体系。2008年11月，浙江省委、省政府召开全省农村社区建设工作会议，下发了《关于推进农村社区建设的意见》（浙委〔2008〕106号），在全国率先形成了比较系统的农村社区建设制度体系。

山东省诸城市从2007年开始，根据当地村庄数量多、规模小、交通便利的实际情况，着力加强农村公共服务和社会建设，采取“多村一社区”模式，全面推行“政府主导、多方参与、科学定位、贴近基层、服务农民”的农村社区化服务与建设。将全市1257个建制村规划为208个社区，全部建立了社区服务中心，每个社区服务中心一般设医疗卫生、社区警务、社会保障、计划生育、灾害应急服务、文化体育、社区环卫、社区志愿者等八个服务站（室）和一处慈善超市、一个办事服务厅，为农民群众提供“一揽子”服务；打造了“2公里服务圈”，实现了基本公共服务对全市村庄的全覆盖，极大地方便了农民的生产和生活。

上海、天津、重庆、广东、江苏等其他省市也纷纷加快推进农村社区建设步伐，并取得良好成效。

从各地推进农村社区建设的实践来看，具有以下几个共同特点：一是构建新型农村社区管理体制，形成了“一村一社区”“几村一社区”“中心村+村落”等多种形式，将原有村民、外来人口、农村各类社会组织和驻区单位都纳入农村社区的管理和服务范畴，将农村社区建设的各项事务纳入社区协商议事范围。二是建立新型农村社区服务体系，依托农村社区综合服务中心、专业合作组织等，重点把医疗卫生、人口计生、社会治安、司法调解、社会救助、社会福利、体育文教等基本公共服务、志愿互助服务、便民利民服务送进农村社区，送到村民身边。

三是加强农村社区服务设施建设，根据村民群众的需要，在村民集中居住地区新建或维修利用原有设施，兴办集管理、服务、教育、活动等功能于一体的社区综合服务中心（或称社区邻里中心、村级公共服务站等）。一些有条件的地方，还开展农村社区信息化建设，形成了集市场信息、科技信息、文化信息、现代远程教育于一体的农村信息服务网络。四是建立保障机制，制定了推进农村社区建设的政策文件和布局规划，将农村社区建设经费纳入了财政预算，建立了稳定的资金投入机制，为推进农村社区建设工作提供了政策依据和制度保障。

（二）对我市的启示

兄弟省市推进农村社区建设对我市有许多深刻的启示：一是要创新理念思路，结合农村的特点，借鉴当前比较成熟的城市社区管理模式，破解城乡二元结构的壁垒，促进新区建设和旧村改造的结合，加快推进城乡一体化的进程；二是要创新农村基层社会管理体制，规范和理顺村庄社区组织的关系，逐步实现党组织领导、政府引导和村民自主相结合，推动形成新型基层社会管理结构；三是要着力完善村庄社区服务体系，加强基础设施和公共服务设施建设，创新社区服务方式，改善村民生产生活方式，为村民提供优质高效服务；四是要广泛整合村庄社区各方资源，集成政策、集中资金、集合力量，发挥驻村单位及各类社会组织的作用，促进各类资源、要素的集约利用与融合共享，增强农村社区的承载功能和发展能力。

五、对我市下一步推进村庄社区化建设的对策建议

村庄社区在农村社会建设中处于基础性地位，是加强和创新社会管理的基础环节，是社会建设的基本载体和工作切入点。在当前我市已进入全面推进城乡一体化、推动基本公共服务均等化的关键阶段，推进村庄社区化建设比其他兄弟省市更为紧迫。要认真贯彻中央关于推进城乡社区建设的决策部署，借鉴先进理念，创新体制机制，加大保障力度，将村庄社区建设引向深入，不断开创村庄社区建设的新局面。

（一）创新理念思路，明确目标定位

推进村庄社区化建设，首先要明确界定“村庄社区化建设”的内涵与外延，以及工作目标，重点解决“是什么”和“建什么”的问题。经过深入研究，我们认为，村庄社区化建设是适应农村城市化和城乡一体化的新形势，在党和政府的领导下，借鉴城市社区建设模式，依靠村庄社区力量，利用村庄社区资源，强化村庄社区功能，解决村庄社区问题，不断提高村民群众的生活水平和生活质量的过程。对我市来说，要以城乡社区建设一体化和基本公共服务均等化为目标，以解决当前社会服务管理的薄弱环节和突出问题为突破口，逐步将现代化的城市社区服务管理的理念思路、体制机制、方法手段引入农村地区，推动形成城乡经济社会发展一体化格局，促进农村地区和谐稳定、村民群众安居乐业。通过推进村庄社区化建设，努力实现群众自治、管理有序、服务完善、治安良好、环境优美、文明祥和等具体目标。力争到2013年，全市城乡结合部地区和城镇中心区的村庄全部实现社区化服务管理；到2015年，全市80%以上的村庄实现社区化服务管理，初步形成村庄社区化、管理科学化、服务均等化、城乡一体化的工作新格局。

（二）突出工作重点，强化社区服务

村庄社区化建设源于治安管理，核心在于丰富服务管理内涵，最终目的是实现基本公共服务均等化、城乡发展一体化。要按照“三个延伸”（从村内向村外延伸，从管理向服务延伸，从硬件向软件延伸）的总体要求，在农村地区除基本完成农转居工作的社区（村）之外的其他村庄，进一步强化管理、深化自治、优化服务，扎实推进村庄社区化建设，重点解决“怎么建”的问题。

一是科学规划村庄社区。根据自然文化资源、经济社会发展水平、村民生活习惯等

不同情况，按照统筹城乡发展、聚居人口适度、服务半径合理、资源配置有效、功能相对齐全等原则，以乡镇为单位，组织编制村庄社区布局规划。

二是建立现代村庄社区治理结构。明确村庄社区组织职责任务，对村庄社区目前承担的各项工作进行全面梳理，进一步明确村党组织、村委会、农村集体经济组织、社区服务站和村务监督委员会等组织的职责任务。健全村民自治机制，充分发挥村民（代表）会议的作用，将土地监管、环境卫生、文化教育、流动人口管理、出租房屋管理等内容，纳入自治章程，涉及村庄社区群众利益的重大事项、村庄社区建设发展规划、经费筹集、财务收支、公益事业专项补助资金的使用、重大活动方案等都需经过村民代表会议讨论决定。探索建立以村党组织领导为核心、村民自治组织为主体、社区服务站为依托、驻村单位和社会组织协同配合、村民群众广泛参与的现代村庄管理体系。

三是着力强化村庄社区管理工作。针对农村社区大多存在治安、环境、流动人口管理等难题的实际，要进一步强化基层管理，加强村庄社区环境治理，加强村庄社区公共安全管理，加强对流动人口的管理和服务，探索实行村庄社区网格化管理，促进地区的和谐稳定。

四是构建新型村庄社区服务体系。参照城市社区服务站设置模式，加快建立村庄社区服务站，主要承担办理公共事务、开展公益服务、提供社区便利服务等。依托村庄社区服务管理平台，推动与村民基本生活密切相关的社会保障和救助、劳动就业、医疗卫生、文化体育教育服务、计划生育，以及宅基地审批、农技推广、动植物疫病防控、农产品质量监管等公共服务延伸到村庄，逐步实现城乡基本公共服务均等化。结合村庄社区特点和村民需求，大力培育和发展社区治安巡逻队、绿化保洁队、就业援助队、文体活动队、法制宣传队等公益性社会组织，不断提高村民的组织化程度。在村庄社区广泛开展社会救助、优抚助残、卫生保洁、环境保护、纠纷调解、普法宣传、法律援助等志愿服务。加快推进村庄社区便民利民服务。

五是完善村庄社区公共服务设施。按照相关要求，原则上，每个村庄社区要建有“一校两栏三室四站”（村民学校，宣传栏、党务村务公开栏，图书阅览室、多功能活动室〈含文体活动室、村民培训中心、室外健身场所〉、民间调解室，村庄社区服务站、警务〈含治安、消防等警务〉工作室、巡防工作站、卫生服务站〈室〉），并配备相应的设备。人口规模较小的村庄社区，应确保上述相关服务功能的覆盖。

（三）加强统筹协调，形成工作合力

村庄社区化建设工作是一项全新的工作，也是一项复杂的系统工程，涉及多个部门，任务繁重。要发挥市、区县社会建设工作领导小组及其办公室的牵头抓总作用，将各类公共服务资源在村庄社区平台集成，资金捆绑使用，项目统筹安排，资源有效利用，实现村庄社区建设资金、项目、资源效益最大化和设施布局最优化，形成推进村庄社区化建设的聚合效应。综治、教育、公安、民政、司法、人力社保、城乡建设、市政市容、交通、农委、水务、商务、文化、卫生、人口计生、体育等有关部门、群团组织要各司其职，密切配合，积极支持和参与村庄社区化建设。各区（县）委书记要认真履行第一责任人的职责，乡镇党委书记要履行直接责任的职责，切实抓好本地区村庄社区化建设的统筹协调和组织实施。

（四）完善保障措施，确保取得实效

要针对基层普遍反映的一些难点问题，采取有效措施加快破解。一是加大资金投入，提供物质保障。各级财政要将村庄社区化建设纳入财政预算，建立专项资金，为村庄社区服务站建设、村庄社区配套服务设施、村级组织办公经费、信息化建设、培育发展社区社会组织、发展公益性事业等提供必要的资金支持，并逐步加大投入力度。积极采用结对共建、补助、贴息、奖励、收费减免、购买服务等多种方式，鼓励和引导社会力量参与村庄社区化建设。二是加强队伍建设，强化人才支撑。以村党组织、村委会成员、社区服务站工作人员和“大学生村官”为基础，坚持本土培养和对外选聘相结合，坚持业务培训和岗位轮训相结合，不断提高他们管理社会事务、协调利益关系、开展群众工作、处理矛盾纠纷、维护社会稳定的本领。建立完善民主评议、考核奖惩、培养选拔等机制，落实薪酬待遇，鼓励村庄社区工作者参加社会工作者职业水平考试，努力建设一支专业化、职业化、高素质的村庄社区工作队伍。探索引入专业社会工作机构，发挥专业社工在解决群众问题、提供专业服务方面的重要作用。三是加强宣传引导，营造良好环境。结合贯彻落实党的十七届六中全会和市委十届九中、十中全会精神，积极开展适合农村社区需要的生产经营技能和科学文化、民主法治等方面的宣传教育，努力培养和提高村民群众的主体意识、参与意识，激发他们投身村庄社区建设的积极性、主动性和创造性，努力打造一批具有首都特点的和谐村庄社区。

（此文为市委社会工委委员、市社会办副巡视员王智玲2011年12月撰写的调研报告）

芝加哥市社会应急管理体系建设经验与启示

张青之

美国芝加哥市曾于1871年发生大火，近年来频繁发生龙卷风，枪击案件每月有数起，天灾人祸使该城应急工作始终处于常备不懈的状态。为了解芝加哥的应急管理体系运作情况，我们培训班学员专门考察了芝加哥市“911”应急管理中心和“311”非紧急管理中心，并深入到乡村和城镇，学到了许多有益经验。特别是其应急管理普及到社区，深化为市民的日常生活内容，由全社会共担风险的经验，对我市进一步强化社会应急管理建设无疑有着重要的启示。

一、芝加哥市社会应急管理体系建设基本情况

（一）全天候运作的控制体系

应急管理，作为万中防一的小概率事件，是为患而备的后手措施。而此次考察发现，美国社会各层级指挥控制体系全天候运作，不眠不休，应急工作已常态化。

一是庞大的常设性机构。美国联邦、州、市都有常设性应急机构。国土安全部（DHS）于“9·11”之后由联邦政府22个机构合并组建，工作人员达17万人。原联邦紧急事务管理署（FEMA）作为其中的最大部门，下设有应急准备部、缓解灾害影响部，应急影响部、灾后恢复部、区域代表处管理办公室，全职工作人员2600人，每年有25亿美元经费预算。还有符合应急工作标准的志愿者（或兼职人员）4000人。国家灾害医疗救援体系有10000多名医护人员、1600家应急支持定点医院，也并入应急预防响应局待命行动。这些机构和人员主要职责是：通过应急准备、紧急事件预防、应急响应和灾后恢复等全过程应急管理，领导和支持国家应对各种灾难，保护各种设施，减少人员伤亡和财产损失。

芝加哥应急管理与通信办公室（CO-EMC）成立于1995年，软硬件总投入约9100万美元，包括接警室（“911”中心）、

新闻发布室、监控管理中心、协调处理中心、联合应急处理中心、决策室等部门。芝加哥市警察、消防和应急管理预算占政府年度预算的25%以上。

二是即时的全域监控。芝加哥应急办（COEMC）是交通事故、卫生事件、恐怖袭击、地震、飓风等突发事件处置中心。下辖"911"接警室、监控中心、信息控制室、协调处理中心、联合应急处理中心等机构，这些机构分工不同，协作紧密，组成了完善的全域监控体系。其中，"911 接警室"负责接受报警和调度派遣，平均接入时间 1.4 秒；监控中心，专责控制芝加哥2000 多个摄像头，并可接入警车、机场、楼宇、私人部门和移动平台视频图像，有专业人员对信息进行分析处理；信息控制室，配备有线电视网、互联网、有线电话、无限通信集群网等各种技术手段，及时采集整理各类信息数据进行分析判断，掌握潜在危机态势，日常监听监视无线电广播、地方及全国电视新闻频道，交通信息，危险品运输，气象预报，实时气象雷达数据，防疫动态，同时负责保持各类机构之间的无线电联络；协调处理中心，是卫生、电力、污水、动物、交通等部门会商决策的场所，各部门人员可在席位上直接调用相应资源；联合应急处理中心，是各部门负责人会商决策场所，仅市长或值班主任有权启动，各部门全年24小时值班，无论何时都可按值班表通知相应部门的工作人员上岗处置。移动应急平台则建在芝加哥消防局，主要为三类车辆：应急移动指挥车，危化与核辐射检测车，洗消车。新闻发布室，主要用于召开新闻发布会，亦可作为培训演练厅和会议场所等。

三是高效的全社会协作体系。美国民众有着即时电话报告社会事件的习惯，发生突发事件并不围观或直接干预。因此，美国把原有的各部门社会调查与服务号码集中，特别设立了与"911"相对应的非紧急救助免费专线电话"311"。"311"以提供政府服务信息为基础，广泛收集全社会信息，发挥民众第一时间反馈应急情况的协作作用。芝加哥市"311"指挥中心有250余人，全天候运转，2010年接非紧急救助电话420万个，答复办理350余万件。"311"与"911"中心保持信息即通互传，紧急事件由警方接手调度指挥，消防、救护、巡逻警察三位一体快速赶到现场处置。非紧急事件或求助，转政府相关部门处理。"311"还发挥着"911"系统的备份辅助职能，当"911"中心发生意外时，能承担"911"中心的接、处警任务。

（二）高技术集成的应急决策平台

处置突发事件无精细不宏观。因此，作为决策者掌握真实细节是采取宏观对策的基础。芝加哥市以高新技术综合集成的决策平台，实现了应急决策的实时化、精确化与快速反应。

一是决策直观即时。芝加哥"911"指挥中心墙上设5个大显示屏，前后6排工位，每排4个，每个工位有3个活动电脑屏幕，后排中间设一个总负责人工位。工作人员通过全市各处2000多个摄像头和移动平台，时刻监测各地视频数据。"911"之后，信息监控增加了航班动态临时监视系统，如需了解某一飞机情况，只要一点鼠标，在大屏幕上，即时显示该机型号、航班、航线、起降地点、所处位置以及机组人员、乘客的姓名、护照号码等详细情况，使观察对象处在可控状态。在其后方的决策室，有电子沙盘和触摸式屏幕，数据包括遥感影像和GIS地图等，并能进行查询、标绘、量算、生成专题图等，查询的建筑物、应急车等细节均可显示在墙上大屏幕上，方便会商。

二是设备配置先进。芝加哥市应急移动指挥车造价80元～100万美元左右，可通过无线通信与应急指挥中心随时保持联络。车上设两个大屏，一个显示GIS地图及查询信息，一个显示周围的视频；共设8个坐席，其中6个分别负责通信联络、综合信息查询等，两个为负责人坐席。危化品及核辐射监测车造价在50万美元左右，车内配有多种便携式危化品检测仪和一般危化品处理设备，可检测生物、化学、核辐射等，最多可同时救助50人，驾驶舱后的控制室配有各种通信设备和应急常用书籍以备现场查询使用。洗消车用于现场实施防化、消毒作业，车内分左右（男女）两个通道，每通道分脱衣、消毒、冲洗、穿衣等区域，每小时可冲洗200人。

三是预案依据科学。美国联邦制订了应急管理对策预案，作为一个开放性体系，供各州和地方参考执行。该预案由美国国家科学技术委员会下设的科技决策委员会制订，其中环境与自然资源部负责应急管理相关的科研工作，主要研究对象包括：飓风和热带风暴、洪水、干旱、龙卷风、地震、火山喷发、滑坡、疫情爆发、重要设施威胁、石油及危化品泄露、火灾等。研究提出了应急管理中六大科技挑战和九个关键环节：六大科技挑战包括灾害信息的实时获取、灾害或事故的发展机理和规律、防灾策略和技术、关键基础设施的缺陷识别和防护、抗灾能力评估及相关标准、提升公众的安全意识与灾害应对能力；九个关键环节涉及灾害机理研究、危害风险区划、多因素风险评估、信息传递、灾害预防、预测预警、应急准备、应急响应、灾后重建。科研机构、大学和实验室在应急平台的预测预警研究方面起着重大的技术支撑作用，研发了一批与应急平台相关的信息系统和管理系统，如国家应急管理信息系统和计算机辅助应急执行管理系统等。针对芝加哥地区经常发生飓风现象，美国国家海洋与大气管理局飓风中心开发飓风损失模型，能模拟相当于17级飓风造成的损失，为民众建造防风设施提供借鉴。

（三）全社会参与的应急教育培训

由美国联邦紧急事务管理局设立的社区联系部门从1997年开始推广防灾社区的概念，即以社区为单位，有政府、民间团体、志愿者等其他组织与社区内居民互相合作，在社区范围内做好各项突发事件应急管理工作，减轻各种突发事件带来的人身生命财产损失，最大限度地缩短突发事件发生的时间。

一是推广减灾社区标准。从1996年起，美国在其乡村和城市社区推广减灾型社区建设，提出了以下几个标准：让灾害所造成的伤亡降至最低；公共部门能顺利协助社区救援；社区本身能够在无公共部门的协助下，独立进行灾害应急管理；社区能够依据灾前形式进行修复或是参照灾前所共同规划的模式进行重建；社区经济能力能够迅速恢复；如连续遭受严重灾害，社区能够总结经验，不重蹈覆辙。我们所考查的Oak Park是一个5万人的小城市，其应急中心制订了以社区为核心的减灾战略，主要是依靠社区组织，在政府和非政府组织的协助下，动员所有居民参与社区防灾减灾建设。事实证明，在去年雪灾和风灾中，社区充分发挥了减灾作用，改善了防灾抗灾的脆弱性，有效地减轻自然灾害影响。

二是建立社区应急教育体系。芝加哥地区各级各地政府均致力于加强社区的应急能力建设，除了提高设施配备水平外，还在充分利用学校、企业、教会，通过教育、培训、沟通等方法，增强社区居民之间的互助感，促进居民、企业、志愿者团体间的合作和互助，以促进互相协作的社区应急体系建设，有效地提高了社区的应急管理能力。特别是社区的防灾组织由居民互帮互助形成，在突发事件没有发生时，防灾组织的工作是开展应急管理的教育和培训、进行应急演练、实施防灾巡逻、装备应急器材，组织社区民众熟悉和熟知各种安全规范和设施。在突发事件发生时，开展指导居民避难，救援受伤人员，为居民提供水、食品和其他救援物资，手机传递信息，检查危险地段等工作。

三是推荐减灾教育活动。美国应急管理学会受联邦紧急事务管理署（FEMA）委派，负责对联邦、各州、地方政府机构、志愿者组织、公共机构和私人部门进行减灾、灾害准备、应急响应、灾后恢复方面的培训；负责对各州应急培训服务机构和学校应急培训服务进行管理。美国应急管理学会下设美国国家应急培训中心，以此为基地开展国家级应急培训工作，包括应急管理学院和国家消防学院。各州也都设置州级应急培训机构进行相应的应急管理培训。伊利诺伊大学香槟分校消防培训服务学院很有代表性。该学院的应急管理教育培训的理论课程主要有三方面的内容：①结合应急组织机构职能进行机构和职责分工培训，使受训者充分了解整个突发公共事件处置过程中多部门、多角色的分工和相互协调配合的关系。②结合应急处置流程中的目标监测监控、应急组织机构、应急处置小组日志、应急处置计划表、医疗卫生保障预案、无限通信工作表、救援力量分配表、空中作业摘要等表单的实际填写操作，熟悉应急业务流程和应急技术。③特别注重应急实战能力的培训，如在真实建筑中安放家具、假人等模拟真实火灾环境，培训学员在真实环境中的应急处置能力；用集装箱搭建的应急救援场所以模拟电梯间，用于进行消防演练和人员救援演练；模拟地震后的废墟，对应急救援人员进行统一标识语言掌握、科学挖掘、救援步骤熟悉、通信探测设备使用等培训演练。

四是培训应急管理人才。美国的应急管理教育培训体系由三级机构组成：美国应急管理学会、州级应急培训服务机构和高等院校。美国应急管理学会开设的培训课程主要是针对各级政府应急管理官员和各级应急运行中心的工作人员。州级应急培训服务机构的培训教程主要是针对各州应急相关人员，也有大学本科和研究生级别的高级应急管理课程和专业应急人员课程。高等院校应急培训服务的培训课程主要是美国应急管理学会委托（联合）高等院校开发的应急理论课程、应急专业知识课程、高级应急管理课程、应急新技术的研发和试验课程等，例如美国应急管理学会委托哈佛大学进行的应急理论课程、高级应急管理课程培训，委托麻省理工大学进行的通信保障课程的培训等。

二、芝加哥地区社会应急建设的启示

（一）专注于应对失败，将可能导致危机的因素都纳入监控范围

从芝加哥市到各社区与乡村，各级应急管理部门和民众从不认为灾祸是可以避免的，反而始终坚持“灾祸随时发生”的理念。因此，联邦应急管理法规是一个开放性体系，规定了基本的应急管理内容、程序和措施，任何城市和社区都可以加入自己独特关注内容，立足于将所有已知危险因素都纳入监控之下。如，联邦立法规定，所有建筑物都要有室外逃生楼梯，一个城市几十万栋楼外面都挂有又黑又重的铁梯子，逃生梯门永远不上锁。这种立足于教训采取的应急措施，远比总结成功经验更有价值。我们做应急管理预案时常常说“不排除发生灾祸”，这实际上是一种侥幸理念，“不排除”的潜意识就是有可能不发生，而对万分之几的概率的忽视，会以宝贵生命为代价偿付。

（二）关注高风险事件，将应对措施定于最高反应等级

芝加哥应急中心建有庞大的数据库，分类管理各种各类风险事件。尤其能主动对高风险事件实施全方位监测监控、识别和自动应急；拥有强大的应急智能分析系统，能对突发公共事件进行科学预测和危险性评估，为制定预案提供科学支撑；拥有基于对重大危险源的辨识和动态风险评估的预案库，并能够运用决策库来生成和优化事故处置方案和资源调配方案，形成实施应急预案的可视化实战指南。但是，应急措施都是按照最高级别配备器材和手段。如，芝加哥市对火情控制分为五个等级，最初级火情出动一辆救火车，一辆生命救护车和一辆警察车，最高等级是全市救援车辆全部到位，而全市包括区县消防局每天都要把救援车辆从库内开出使用，不论有无火情。

（三）重视社会力量，建立应急管理多主体参与工作机制

社会力量参与应急工作，是政府领导下的全社会应急机制的重要组成部分和调和因素。政府是突发事件应对工作的主导力量和总指挥，社会力量是突发事件应对工作的重要基础因素。美国联邦具有在册等级的200多个专业救援组织和4000名具有救援资质的志愿者，时刻与应急中心保持畅通的无线电台联络。芝加哥地区安全社区建设法规中，有专门章程规定社区对社会救援组织接待使用办法和联系人，对救援中设计的私产保护和赔偿有明晰规定。另外，社会力量是突发事件应对工作的调和剂，在政府不擅长、不到位或需要放松规制的领域，志愿者、志愿服务组织、慈善机构等社会力量能够发挥灵活、非强制、更具亲和力等优势，有利于沟通官方与民间关系，更好地传达国家法律与政策精神，缓和对立情绪，整合、放大社会资源。

（四）强化危机意识，提高民众自我救急能力

危机意识的强弱直接关系到政府危机管理的效果，而缺乏自救能力的社会不会做到应急成功。世界上许多国家不惜花费巨资对国民进行经常性的危机意识教育和培训，出版各类应急知识出版物。芝加哥许多地区从幼儿园开始培养孩子的防灾意识、传授急救知识和逃生要领。许多城镇向每户居民邮寄反恐材料，指导人们如何应对恐怖事件，提供各种危急情况下自我保护知识。我们在OAPK市实习时曾于周二上午十点听到低沉的警报声音，市长告诉我们，全市每个周二都会用十分之一的音量试鸣警报器，一是检查线路好坏，二是时刻提醒市民注意安全问题。

（五）培养专业人才，确保应急工作的高反应性

专业高效原则是应急救援应予遵循的重要原则，因为突发事件后时间就是生命，效率就是一切，只有专业高效才能最大限度地减少灾难与损失。美国有许多大学设立了灾害管理学院培训专门人才。芝加哥大学有社会管理学院，培养危机管理，学生有许多都到社区任职。同时，学校和社区经常开展社会培训活动，在市民中储存专业人才。社区应急志愿者队伍达到组织化、有序化和专业化水平，平时经常组织演练，各种救援工具不差于专业队，尤其是社区救援志愿者队伍充分发挥其近距离救援特点，确保应急反应的快速性，能在宝贵时间内挽救生命。

三、建议

（一）大力促进社会应急力量健康发展

目前，我国正处于转型时期，面临政府与社会关系变革的重大课题。在从传统计划经济体制向社会主义市场经济体制转型发展过程中，传统的无限政府正在向有限政府转变。有些社会事务完全可以采用行政事务民营化的方式，通过各种社会组织与各种社会协调机制得到解决。社会组织实质上承担着国家行政机关的部分职能，有利于优化各类资源的配置与使用。反之，政府依然固守大包大揽的管理模式，坚持全能政府的职能定位，反而会因疲于应付或无力应对而产生无数烦恼，甚至导致积怨失信的恶果。美国政府在两个方面背上了沉重的包袱，一是医疗，二是警察。这两项事业占有超过一半以上的社会公共资源。芝加哥市各级警察、消防是政府中数量最大的职员队伍，而在民众中意见也最大。相反，社会福利中心用很少钱聘请的评估公司，深入到社会各角落考察服务需求，为民众所赞誉，也为政府节省开支。利用社会力量和政府合作来有效提高社会管理效率，已成为社会发展的内在要求，要消除对社会力量的疑虑与防范，积极完善立法与制度，促进社会力量发展。

（二）全面普及社会应急教育

在应对巨灾、重大危机和挑战方面，我市民众的应急知识、应急心理、应急能力与发达国家相比有较大差距，应该在全市范围

内普及应急教育和能力培训。可以借助国际组织力量，培训国内专业应急知识培训和机构。或者以社区、民间组织的形式运作，政府提供资金援助、政策支持和组织配合。例如，将关于危机管理的知识归纳出来并举办针对不同群体的培训项目，把应急知识传授给那些有可能成为危机管理者的人和突发事件高发群体，如公务员应急管理培训、学生应急知识普及、特殊行业职工应急能力培训。

（三）促进志愿服务专业化

志愿者队伍专业化欠缺是全国性问题。在近几年实践中，志愿者虽然精神可嘉，但缺乏专业救助能力，提供的帮助有限；更有一些志愿者缺乏救援知识和自身生存能力，仅凭一腔热血，造成民间对志愿服务有戒心与疑虑。有专长、有能力、有实效，已成为当今开展应急志愿服务与应急志愿者遴选的重要标准与要求，建立志愿者管理队伍，将不同专业、特长与北京的在册志愿者分类管理，建立完善的档案记录，将应急准备工作渗透到日常管理中，遇到突发事件发生需要紧急应对时可有备而来，让不同专长的志愿者各显其能，不仅能够大大加强应急志愿服务的专业性、组织性和及时性，而且可以通过在册志愿者的不同表现记录，完善志愿者激励机制，提高志愿服务的有效性与积极性，通过制度建设实现良性循环。

当前和今后一个时期，我市社会应急管理建设基本任务，应以提高全社会应急管理综合能力为主线，以强化基层应急管理工作为重点，以健全完善突发公共事件预测预警预防体系、综合协调机制和社会矛盾化解机制等为主要内容，形成统一指挥、结构合理、功能完善、反应灵敏、协调有序、运转高效、特色鲜明的应急管理体系，使全社会预防各类风险和危机的意识进一步增强，应对各种突发公共事件的能力水平显著提高，为促进经济社会科学发展、和谐发展提供有力保障。

（此文为市社会办副巡视员张青之 2011 年 8 月撰写的调研报告）

·重大事件·

主题鲜明　重点突出　成效明显

——全市社会领域纪念建党90周年活动总结

2011年是中国共产党成立90周年，是社会建设“十二五”规划的开局之年，是全面贯彻落实党十七届五中、六中全会和市委十届九次全会精神，加强和创新社会服务管理、全面推进社会建设的关键一年。按照市委组织部的通知要求，“七一”期间，全市社会领域各级党组织和广大党员通过多种形式，开展系列活动，献礼党的生日，深化创先争优，扎实推进全市社会领域党建工作上层次、上水平。

一、以宣传先进，创先争优为主题，召开社会领域党建工作推进会

筹备召开了全市纪念建党90周年暨社会领域党建工作推进大会。领导重视，精心组织。市委常委梁伟出席会议并讲话，市委副秘书长王翔主持会议，市社会建设领导小组办公室主任、市委社会工委书记、市社会办主任宋贵伦对社会领域党建工作进行了总结和部署。市社会建设领导小组办公室成员单位领导赵小卫、韩昱、蒋力歌、杨慕彦、张祖德、刘震，市委社会工委、市社会办领导周开让、陈建领、刘轩、王智玲，各区县主管领导，各“枢纽型”社会组织及有关部门负责人出席会议。表彰先进，成效明显。大会对全市社会领域先进基层党组织、优秀共产党员、优秀党务工作者、党建优秀活动等“四个90”进行了表彰，东城区龙潭街道光明北里社区党委、朝阳区叶青大厦党委、闪联信息技术工程中心有限公司党支部、丰台区丰台街道社会工作党委、北京红十字蓝天救援队党支部等5个基层党组织作了交流发言。全员参与，影响广泛。各区县委社会工委领导，各街道、乡镇社会工作党委负责人，受表彰的社会领域先进基层党组织负责人、优秀共产党员、优秀党务工作者及党建优秀活动所在党组织负责人，部分社区、非公有制经济组织、社会组织和商务楼宇工作站的党员群众，约1000人参加了会议。

二、以“社会建设谱新篇，和谐心声献给党”为主题，开展主题党日活动

高度重视，精心筹备。委办领导班子会专题研究此项工作，明确负责领导，成立相关机构，确定“隆重、热烈、简朴”的工作原则，提出“举全委办之力，搞好此项活动”的要求；认真研究制定“主题党日活动”方案，征求有关部门意见，并报市委常委梁伟同志审定；精心挑选参与活动的节目内容，认真组织活动的演练和彩排，认真做好活动现场的布设和准备工作。主题突出，特色鲜明。整个党日活动以“社会建设谱新篇，和谐心声献给党”为主题；全部11个节目都围绕“赞颂党、赞颂祖国、赞颂和谐幸福生活”确定表演内容；精心设计和安排来自各个方面的新党员参加入党宣誓、“百万党员寄心语”现场投寄等活动，强化党日活动的庄重和严肃。参与活动的党员、群众分别来自街道机关、社区、社会组织、非公有制企业和商务楼宇等社会领域相关单位，活动代表性、群众性特点突出。搞好结合，注重效果。活动组织注重上下结合。市委社会工

委专门下发通知，要求各区县社会工委、各市级“枢纽型”社会组织要以全市开展“纪念建党90周年主题党日活动”为契机，指导全市社会领域各级党组织广泛开展各种形式的“主题党日活动”，使广大党员接受教育、经受洗礼。庄严的党日主题与活泼的文艺表演相结合。通过党员群众喜闻乐见的表现形式，寓教于乐，增强了活动的吸引力与感染力。台上才艺展示与台下观众互动相结合。活动现场，演出人员既是演员又当观众、组织《没有共产党就没有新中国》全体大合唱、开展“百万党员寄心语”现场投寄明信片活动。通过这些互动形式的活动，强化了教育效果。

三、以群策群力、共谋发展为主题，开展了各种形式的座谈讨论活动

召开北京市社会领域创先争优活动领导小组联络员工作会议，总结2010年创先争优活动开展情况，部署2011年开展创先争优活动工作任务。2011年全市社会领域创先争优活动，按照市委创先争优活动领导小组部署和要求，紧紧围绕纪念建党90周年，结合我市社会建设实际，以创新体制机制入手，突出实践主题，融入中心工作，各系统行业对口负责，精心组织实施，分类扎实推进，取得了明显成效。指导全市社会领域党组织开展领导点评创先争优活动，社会领域创先争优领导点评经验材料被中央非公有制企业创先争优活动指导小组转发。举办全市非公有制经济组织创先争优活动座谈会，全市非公有制经济组织40名党组织负责人代表参加，共商创先争优活动在非公有制企业落实和推进措施。今年来，全市非公有制经济组织紧紧围绕迎接建党90周年，以创先争优活动为载体，开展了大量形式多样、丰富多彩、富有成效的活动。座谈会上，大家汇报了活动开展情况，并提出了一些有益的意见和建议。落实北京市窗口单位和服务行业为民服务创先争优工作部署会精神，在全市社会领域党组织和广大党员中深入开展“创服务品牌、树党员形象”活动。按照市委创先争优活动领导小组办公室要求，全力做好围绕创新社会服务管理开展社会领域创先争优活动情况的集中报道工作。认真总结宣传全市社会领域开展创先争优活动的经验，中央非公有制经济组织创先争优活动指导小组先后刊发全市商务楼宇建设、叶青大厦、人民电器等非公有制领域单位经验做法。

四、以回顾党史、牢记使命为主题，组织参与全市纪念建党90周年展览活动

为纪念中国共产党成立90周年，全面回顾90年来北京市党的建设和发展历史，展现不同历史时期，尤其是改革开放以来党团结带领首都人民取得的突出成就和基本经验，北京市委在中华世纪坛举办“一切为了人民——北京市纪念中国共产党成立90周年展览”。认真组织全市社会领域党员群众参与展览活动。一是协助做好全市纪念建党90周年展览“社会建设”部分的布展工作，向展览办公室提供《北京市加强社会建设实施纲要》，以及《关于进一步加强和改进社会领域党建工作的意见》《关于加快推进社会组织改革与发展的意见》《北京市社区管理办法（试行）》《北京市社区工作者管理办法（试行）》等社会建设“1+4”系列文件作为参展材料。二是精心组织全市90名社会领域党员代表参加纪念建党90周年展览开展仪式，并开展了“向党说句心里话——百万党员寄心语”现场投寄活动，通过投寄明信片或在手写屏上写下寄语，抒发爱党、敬党、颂党之情。三是先后6次组织社会领域共计3000人参加“一切为了人民”主题展览，并参加“党在百姓心中”百姓宣讲团报告会。通过一系列回顾党的历史，歌颂党的伟业活动的开展，对推动社会领域广大党员干部立足岗位，扎实做好本职工作，努力做共产主义远大理想和中国特色社会主义共同理想的

坚定信仰者，科学发展的忠实实践者，社会和谐的积极促进者具有重要意义。

在庆祝中国共产党成立90周年之际，组织全市社会领域党员干部开展形式多样、内容丰富的教育活动，回顾党的光辉历史，重温入党誓词，用多种方式表达爱党之情、跟党走之志，意义重大。市委社会工委号召全市社会领域各级党组织和广大党员要以此次活动为新的契机、新的起点，抓住新的机遇，迎接新的挑战，把开展纪念建党90周年活动与认真学习领会胡锦涛总书记“七一”重要讲话紧密结合起来，与学习贯彻市委十届九次全会精神紧密结合起来，不断加强和改进社会领域党建工作，不断加强和创新社会管理，为全面推进北京社会建设作出新的更大贡献。

·综　　述·

2011年北京市社会建设

2011年是中国共产党成立90周年、“十二五”开局之年。年初，胡锦涛总书记等中央领导同志在省部级主要领导干部社会管理及其创新专题研讨班发表了重要讲话；下半年，党中央、国务院印发了《关于加强和创新社会管理的意见》，社会建设迎来难得的发展机遇。在市委、市政府领导下，全市上下认真贯彻落实党中央部署，紧密结合北京实际，把社会建设摆在更加突出的位置，不断加大工作力度，不断取得新成效。

一、社会建设统筹规划取得新突破

系统设计社会建设取得新突破。市委、市政府认真贯彻中央关于加强和创新社会管理的一系列指示精神，坚持从首都实际出发，以“十二五”开局为契机，深入调研、系统设计、整体规划首都社会建设。年初，刘淇、郭金龙等市领导先后九次深入基层调研社会管理创新，多次召开专题会议研究社会建设工作。在此基础上，市委召开十届九次全会专题研究社会建设工作，审议通过《中共北京市委关于加强和创新社会管理　全面推进社会建设的意见》（以下简称《意见》），明确了当前和今后一个时期加强和创新社会管理、全面推进社会建设的十项主要任务；市政府在全国率先出台《北京市“十二五”时期社会建设规划纲要》（以下简称《规划》），提出了今后五年全市社会建设的奋斗目标和主要任务，基本形成了具有时代特征、中国特色、首都特点的北京社会建设体系框架。《意见》和《规划》的制订实施，标志着首都社会建设进入新的发展阶段。

整体推进社会建设取得新成效。各部门、各区县认真贯彻落实《意见》和《规划》，积极探索实践创新，采取了一系列新举措，取得了一系列新成效，2011年市政府《折子工程》中，涉及市委、市政府36个部门的24项社会建设任务全部完成。各区县分别召开了区（县）委全会或社会建设大会，制定了实施意见和相关文件，认真抓好落实，全面推进社会建设工作。

二、社会管理创新迈出新步伐

网格化社会服务管理试点工作取得新成效。充分发挥北京社会建设体制优势，加强统筹协调，形成工作合力，在解决重点、难点问题上取得了新成效。深入开展调查研究，扎实推进网格化社会服务管理体系建设，东城、朝阳、顺义三个综合试点区积极探索集“人、地、物、事、组织”于一体的网格化社会服务管理体系，积累了丰富经验，发挥了示范带头作用。全国加强和创新社会管理工作座谈会（北京片会）在北京召开，与会代表参观指导综合试点，并给予充分肯定。西城、密云等区县也在社会管理信息化建设方面进行了积极探索，全市社会建设信息化工作取得显著成效。

村庄社区化试点工作取得新成效。总结推广大兴区村庄社区化试点经验，首批668个村庄全面试行社区化管理，进一步完善了服务设施，规范了社会管理，村庄刑事发案与近三年同比下降了26%，群众安全感指数达到92.7%。

各类人群服务管理取得新成效。推广石景山“新居民互助服务站”经验，推动“为流动人口办实事项目”，全面加强流动人口服务管理工作。推广朝阳区经验，各区县“阳光中途之家”建设实现全覆盖，为社区服刑和刑释解教两类重点人开展教育服务12200多人次，实现了无一重新犯罪，推荐就业率达到100%。认真总结推广牛街经验，民族团结进步创建活动深入开展。在全国率先实行“微博实名制”管理，指导千龙、新浪等12家网站实现了新闻署名管理，努力创建讲诚信、讲文明的网络发展环境。

维护社会稳定工作取得新成效。深入推进“平安北京”建设和“三项重点工作”，公安、城管、工商、文化等部门开展了“双百”整治系列专项行动，推广民警驻区制、站巡制和摩托巡逻新模式，全市街头刑事警情同比下降29.4%。全面加强社会矛盾调处化解工作，不断完善以群众工作统揽信访工作的长效机制，实施重大决策信访评估，开展领导干部大接访活动，实现了信访总量、联名访和集体访数量全面下降的良好态势。制定社会矛盾多元调解体系建设系列文件，各区县法院普遍设置人民调解工作室，346个派出所全部建立治安、民间纠纷联合调解室，新建行业性、专业性人民调解委员会386个，全年各级各类调解力量调解纠纷1.4万多件，成功率达到96.9%。

三、社会公共服务体系不断完善

民生得到切实保障和改善。完善保障和改善民生的各项制度，下大力气认真解决与广大群众切身利益密切相关的就业、就学、就医、住房和社会保障等重点问题。千方百计稳定物价，扎实推进“菜篮子”工程，实施农超对接、场店对接和周末菜市场等措施，扭转了物价持续上涨的势头。加快公共资源优化配置，安排市政府固定资产投资119亿元，加快推进“城南行动计划”，109个重点项目进展顺利。市发展改革委、财政局、民政局、交通委、卫生局、人力社保局、农委、住房城乡建设委等不断加大工作力度，切实解决广大群众的生产生活困难，帮助20.5万名登记失业人员实现就业，8.17万农村劳动力实现转移就业，基本完成首钢停产职工分流安置工作。推动落实工资协商制度，两次调整城乡低保待遇，率先实现了城乡低收入家庭认定标准的统一。推动社会保障制度整合衔接，制定跨省流动就业人员基本养老保险和基本医疗保险关系的转移接续办法，实现市级公费医疗制度与职工医保制度并轨。落实养老（助残）“九养”政策，为老年人和残疾人配备“小帮手”服务器4万多台，提供服务5万余人次。出台“京15条”调控细则，加大保障房建设力度，新建和收购各类保障房23万套、竣工10万套，超额完成年度任务，实现了“稳中有降”的房价调控目标。投入4.9亿元支持改善办园条件，新增入园儿童名额2.8万个。深入推进医药卫生体制改革，组建市医院管理局，建立预约挂号服务平台，发布“北京人健康指引”，为526万居民建立了电子健康档案。进一步完善食品药品安全监管体系，全面开展安全风险排查，落实了全员食品安全信用档案制度。

社区基本公共服务体系不断完善。全市34家市级主责部门和各区县，按照“缺什么、补什么”的原则，共投入资金10亿多元，撬动和利用社会资金8亿多元，完成首批645个社区基本公共服务全覆盖试点建设任务。建成409个“一刻钟社区服务圈”示范点，共覆盖160多个街道的575个社区，惠及620万名社区居民。322个社区卫生服务中心全面推广24小时便民服务。

社会公共服务方式不断创新。制定并试行《政府购买社会组织服务项目指南》，围绕社会基本公共服务、社会公益服务、社区便民服务、社会管理服务、社会建设决策研究和信息咨询服务五大方面40类购买363个服务项目，拉动区县设立配套资金8800万元；探索建立利用福彩公益金购买社会公益服务项目制度，使用福彩公益金购买了101个公益服务项目，进一步激发了社会组织服务社会的创造活力。

四、基层基础建设全面加强

社区建设不断加强。市委、市政府坚持把基层基础建设作为大事来抓，不断夯实基层工作根基。市社会办、市发改委、市财政局、市国土局、市规划委、市民政局等部门密切配合，完成了693个城市社区规范化建设任务、1700个农村社区服务站的标准化建设。海淀、丰台、顺义、房山等区县多途径解决社区用房问题，全市共有2025个城市社区的办公和服务用房面积达到350平方米，达标率达到74%。城乡结合部50个重点村建设两年任务基本完成，社区建设及时跟进。出台全面加强城乡社区居民委员会建设意见。总结推广东城区社区居民会议常务会经验，在怀柔区开展业主大会及业主委员会法人制度试点建设，制订并试行《关于建立村务监督委员会工作的意见》，在全市农村普遍建立了村务监督委员会。着力加强老旧小区综合整治工作。推动社会单位服务设施和地下人防空间向社区居民开放。大力推进和谐社区建设，评选出市级建设和谐社区示范街道37个、和谐社区示范点1003个。出台《北京市基层公共文化设施服务规范（试行）》和《北京市文化社区指导标准细则（试行）》，全市四级公共文化设施覆盖率达到98.2%。全面推进安全社区建设，全市共命名国际安全社区16个、全国安全社区37个。

社会工作者队伍建设不断加强。社会工作人才队伍专业化、职业化水平进一步提升。制订《首都中长期社会工作专业人才发展规划纲要（2010—2020年）》，启动“首善之区社会工作人才发展工程”。召开全市社区工作者大会，印发《北京市社区工作者培训办法》。全市社区工作者具有大专以上学历的达到70%以上，平均年龄41岁。市政府建立了社区工作者薪酬与所在区县全额拨款事业单位职工（不含教师）工资同步增长机制，房山、顺义区率先实施，昌平区还为社区工作者核销了取暖费。北京城市学院定向招收30名社区工作者攻读社会工作专业在职研究生。共有7505人取得全国社会工作者职业水平资格证书。西城、丰台、房山、通州、怀柔、延庆等区县成立了社会工作者联合会。全市成立各类社会工作事务所38家，购买200个专业社会工作岗位，实现了“一街一社工”“一所一督导”的目标。

五、社会动员机制不断完善

广泛动员公众参与。市委宣传部、首都文明办组织290多万干部群众参与评选，提出以“爱国、创新、包容、厚德”为主要内容的“北京精神”，全市上下掀起学习实践热潮。组织“垃圾减量垃圾分类从我做起”主题宣传实践活动，在1200个小区开展垃圾分类达标试点工作，涉及16个区县、101.85万户家庭300多万人。志愿服务长效机制不断完善，《北京市志愿者管理办法》得到进一步落实。市志愿者联合会团体会员增至431家，“志愿北京”信息平台推出七大类1300多个项目，成立了北京市应急志愿者总队，共有24支近20万应急志愿者队伍、20支专业志愿者组织。深入开展服务民生行动，全市3892个社会组织开展了4210个项目。大力推进社区志愿服务，全市共有1.54万支社区志愿服务队、75万注册社区志愿者，提供志愿服务2083万人次、累计5933万小时。推广了丰台区市民劝导队经验，成立市民劝导队近1300多支，劝导队员达4.2万多人，形成了市民文明引导的强大合力。

不断激发社会组织活力。社会组织“枢纽型”工作体系不断完善。全市共认定22家市级“枢纽型”社会组织，服务管理覆盖80%以上的市级社会组织。各区县认定110余家“枢纽型”社会组织，初步形成市、区、街三级社会组织“枢纽型”工作网络。市总工会不断完善劳动争议调解联动机制，建立1.2万个劳动争议调解委员会，全年共受理劳动争议案件29608件，调解成功22035件，调解成功率达到76.11%。团市委通过举办“青年社团文化季”、建立“社区青年汇”和“乡村青年社”等形式，实现了全市8000家青少年社团、近百万人次社会领域青年的互联互动。市妇联在全市建立6590个“妇女之家”，并通过“姐妹驿站”“巧娘工作室”等广泛联系、服务各类妇女群体。市友协、市民交协举办“北京国际民间友好论坛”、在京国际组织新春联谊会，与28个国家的50个民间友好组织进行了交流合作。市文联举办北京国际青年戏剧节，演出156场次，观众达4万余人次。市科协组织所属学会、研究会，举办“科普进社区”等品牌活动，为科技工作者服务基层搭建平台。市社科联编辑出版《北京精神50问》《北京精神大家谈》等通俗读本，大力宣传“北京精神”；举办“周末社区大讲堂”750场，听众达15万人次，大力普及社科知识。首都慈善公益组织联合会制定《慈善公益组织管理流程指引》等文件，进一步规范了慈善公益领域社会组织运行机制。市贸促会成功承办“文博会”和“商帮节”，与文化创意类组织、各省市驻京商会建立了广泛联系。市红十字会推出“红立方”社区综合服务站，市律师协会、市法学会开通法律咨询服务热线，市工商联、市私个协、北京民办教育协会、市注册会计师协会开展诚信教育活动，市侨联开展“侨心向党”活动，市体育总会、市商联会、市工经联、市建筑业联合会开展行业自律活动，都产生了良好效果。成功举办第二届北京市社会组织公益活动周，首次评选表彰了北京市社会组织公益服务十大品牌，进一步扩大了社会组织的影响力。市社会组织孵化中心全年举办30余场次培训咨询，市级“枢纽型”社会组织和区县加快社会组织服务平台建设，“一中心、多基地”的社会组织孵化体系逐步形成。

充分发挥首都优势加强社会建设研究。与上海、广东、大庆、南京、杭州六省市社会工委在北京共同举办了“加强社会建设、创新社会管理年会”，共有11个省市的200多位专家学者和相关部门负责人参加。北京市社会建设9个研究基地陆续推出了一系列理论研究成果，各研究基地、“枢纽型”社会组织分别开展了一系列研讨活动，不断加强理论和实践问题研究，不断推动北京社会建设创新发展。

六、社会领域党建覆盖面不断扩大

不断加强基层党组织建设和流动党员服务管理。市委组织部等部门启动实施了“非公有制企业党建推进工程”，党组织和党的工作向非公有制企业覆盖延伸力度不断加大。近两年在社会领域建立基层党组织2910个，发展党员15119名，新联系流动党员1.6万余名，培养入党积极分子5万余名。

不断推动社会领域党建工作全覆盖。积极推进商务楼宇党建工作，全市1249座商务楼宇“五站合一”基本实现全覆盖。积极探索街道乡镇区域化党建工作体制机制，全市各区县141个街道全部成立了社会工作党委；有128个乡镇成立了社会工作党委，其中，丰台、房山、门头沟、通州、平谷等区县在乡镇全部建立了社会工作党委。

积极探索社会组织党建工作机制。市科协、市残联等17家市级“枢纽型”社会组织建立了党建“3+1”机制。以社会领域党建引领社会领域统战工作创新，中央统战部在北京召开现场会，宣传推广北京经验。市委组织部、市委社会工委、市委党校坚持培训制度，对部分区县局级领导、各街道工委书记及办事处主任和部分社区党组织负责人、“两新”组织党组织负责人进行了系统培训。

深入开展纪念建党90周年活动。认真学习胡锦涛总书记“七一”重要讲话，积极开展纪念中国共产党成立90周年活动。广泛开展社会领域创先争优活动。全市各级党组织和130余万名党员及10余万名群众参与了“向党说句心里话——百万党员寄心语”活动。启动非公有制经济组织党建“五个好”示范点创建活动，已有629家非公有制企业党组织被评为市、区示范点。

（李筱婧）

综合工作

【市领导到朝阳区调研社会管理创新工作】 2月12日，市委书记刘淇，市长郭金龙围绕“创新社会管理服务，推进首都社会建设”主题到朝阳区调研。市领导王安顺、李士祥、梁伟、丁向阳，市政府秘书长孙康林一同调研。

（王　彤）

【河北省考察团来京调研社会建设工作】 3月8—9日，河北省委副秘书长王国发带队到北京调研社会建设，并到东城区、朝阳区实地参观。

（王　彤）

【全国“两会”代表委员到朝阳区视察】 3月9日，正在参加全国“两会”的7名政协委员到朝外街道社会管理中心，视察社会服务管理创新工作。

（李　莹）

【市领导调研大兴区保障性住房建设】 3月15日，市委书记刘淇、市长郭金龙围绕“加快保障性住房建设、着力保障和改善民生”到新区进行专题调研，察看了北京经济技术开发区青年公寓员工宿舍和青年活动中心党团服务站居住生活、大兴区黄村镇枣园尚城小区回迁农民入住及管理等情况，详细了解了大兴区“四有”工作、搬迁村农民富余回迁房委托代管机制等。

（郭丽娜）

【市领导调研大兴区村庄社区化服务管理工作】 3月18日，市委常委梁伟调研大兴区村庄社区化服务管理工作。市委副秘书长王翔，市委社会工委、市社会办领导宋贵伦、赵小卫、周开让、王智玲，大兴区领导李长友、马武英、郭宝东、陈德宝陪同调研。

（汤道刚）

【召开推进社区民主自治座谈会】 3月23日，全市召开推进社区民主自治座谈会。市委书记刘淇主持会议并讲话。市领导李士祥、梁伟、丁向阳出席座谈会。座谈会上，东城区东四街道六条社区党委书记王莉、西城区广外街道红莲中里社区党委书记成秉亮等基层代表先后发言，分别介绍了各自在社区管理和服务方面的做法和经验，并对进一步加强和创新社会管理提出建议。市委社会工委书记、市社会办主任宋贵伦作简要工作汇报。市委社会工委委员赵小卫，市委社会工委委员、市社会办副巡视员王智玲参加座谈会。

（汤道刚）

【广东省考察团来京学习考察社会建设工作】 3月24—25日，广东省委副书记、省纪委书记朱明国率领广东省考察团来京学习考察社会建设工作。与北京市有关领导座谈并到西城、大兴、朝阳、东城等区实地调研。

（王　彤）

【市领导到东城区调研社会服务管理创新工作】 3月26日，市委书记刘淇就“创新社会管理服务、推进首都社会建设”主题到东城区调研。在东直门街道社会服务管理综合指挥分中心，刘淇观看了网格化社会服务管理信息平台运行情况，听取了东直门街道网格化社会服务管理创新综合试点情况汇报，了解了街道“管理网格化、服务零距离”信息化平台运行情况。

（彭喜乐）

【市领导调研社区商业便民服务体系建设工作】 3月31日，市委常委梁伟、副市长程红调研社区商业便民服务体系建设工作。市委社会工委、市社会办领导宋贵伦、张坚、王丽竹、刘轩、王智玲，市商务委领导卢彦、郭伟、闫小彦、李薇薇、孙尧陪同调研。

（汤道刚）

【举办第五届“和谐杯”乒乓球比赛】 4月10日，北京市第五届“和谐杯”乒乓球比赛启动仪式在国家体育馆举行。市人大常委会主任杜德印宣布乒乓球比赛开始。市委副书记、市长郭金龙，国家体育总局副局长冯建中，市委常委梁伟，副市长刘敬民，市政协副主席赵文芝以及市政府秘书长孙康林出席仪式并为比赛开球。比赛历时3个多月，全市共有323个街道乡镇、2717个社区组织了相关活动，报名参赛人数达62万余人，参与活动人数突破140万人，吸引了社会各阶层、各领域的人员积极广泛参与。

（汤道刚）

【北京师范大学中国社会管理研究院成立大会暨首届中国社会管理论坛举行】 5月7日，北京师范大学举行中国社会管理研究院成立大会暨首届中国社会管理论坛。研究院实行院长负责制，国家行政学院常务副院长魏礼群担任研究院首任院长。研究院主要职能是培养高素质社会管理人才，研究社会管理基本理论和实践问题，开展社会管理政策咨询服务，为提高社会管理科学化水平提供人才和智力支持。市委常委梁伟出席成立大会并致辞，市委社会工委书记、市社会办主任宋贵伦在论坛上发表主题演讲。

（李筱婧）

【市领导到大兴区调研城乡结合部相关工作】 5月17日，副市长丁向阳到大兴区调研城乡结合部流动人口服务与管理、农民就业等工作。市委社会工委副书记、市社会办副主任周开让陪同调研。

（汤道刚）

【市领导视察海淀区再生资源回收站治理情况】 5月27日，副市长苟仲文率队到海淀区田村路，视察了两处正在被拆除的废品回收站现场，并就再生资源回收体系建设召开了现场办公会。海淀区多个职能部门查处取缔了存在严重隐患的田村路永定河引水渠一带的三个废品回收站，共清理废旧物品近600吨，约1.1万立方米，彻底消除了由废品回收形成的高压线下堆物堆料安全隐患和易燃物堆积造成的火灾隐患。海淀区代区长隋振江、副区长臧桂武陪同视察。

（胡俊华）

【市委十届九次全会召开】 6月2—3日，市委十届九次全会召开，审议通过了《中共北京市委关于加强和创新社会管理全面推进社会建设的意见》。《意见》充分体现了胡锦涛总书记在省部级主要领导干部社会管理及其创新专题研讨班上的重要讲话精神，突出了加强和创新社会管理主题，明确了当前和今后一个时期加强和创新社会管理、全面推进社会建设的十项重点任务。

（李筱婧）

【市级老同志参观考察社区建设工作】 6月9日，市级老同志王大明、汪家镠、李伯康、何访拔、段柄仁、陈大白、卢松华、盛连刚、徐锡安、李荻生、朱育诚一行11人，到朝阳区参观考察社区建设工作。市委常委梁伟，市老干联领导高力、罗蕙琴等，市委社会工委领导宋贵伦、赵小卫、陈建领、王智玲，朝阳区领导陈刚、谢莹等陪同。

（李　莹）

【举办全市街道党工委书记集中培训班】 8月22—26日，市委组织部、市委社会工委联合举办了为期5天的全市街道党工委书记示范培训班。市委组织部副部长刘宇辉，市委组织部部务委员、组织处处长韩昱，市委社会工委领导赵小卫、张坚、周开让、陈建领、王智玲出席培训相关活动。来自全市的街道党工委书记共134人参加培训。培训班还组织学员到东城区建国门街道、东直门街道和东华门街道南池子社区进行现场参观教学。培训班总结会上，市委社会工委委员赵小卫围绕落实市委十届九次全会精神，加强社会服务管理创新作了重要讲话。

（郭　弘）

【全市社区党组织负责人示范培训班举办】 8月29—9月2日，市委组织部、市委社会工委联合举办了为期5天的全市社区党组织书记示范培训班，共有154名社区党组织书记参加培训。市委社会工委委员、市社会办副主任陈建领主持开班仪式，市委组织部部务委员、组织处处长韩昱就如何提高服务群众、统筹协调和化解矛盾的能力作了动员和辅导。市委社会工委委员、市社会办副巡视员王智玲对培训工作进行了全面总结，并就做好下一步工作提出要求。

（郭　弘）

【市领导调研朝阳区社会服务管理创新工作】 9月13日，市委副书记、市政协主席、市委政法委书记王安顺到朝阳区调研社会服务管理创新工作，市相关部门领导闫仲秋、李伟、滕盛萍、彭波，朝阳区领导陈刚、辛燕琴、佟克克、陶晶、王春、郑煌陪同调研。

（李　莹）

【丰台区召开加强和创新社会管理大会】 9月15日，丰台区召开加强和创新社会管理大会。市委常委梁伟出席会议并讲话。市委办公厅副秘书长王翔，市委社会工委书记、市社会办主任宋贵伦，丰台区代区长冀岩，区委副书记王苏维，区委常委孙军民，区委常委、区委办主任刘宇，副区长孔令斌等领导出席会议。

（王莎莎）

【组织开展反邪教教育主题党日活动】 9月26日，市委社会工委、市社会办机关党委组织开展反邪教教育主题党日活动。组织观看专题片《毒瘤——邪教透视》，传达了识别和防范冒用宗教名义邪教宣讲提纲内容。活动同时要求机关党员在坚定自身立场和提高识别能力的基础上，积极向周边人群宣传警示，防止各种冒用宗教名义邪教进行渗透活动，共同维护稳定大局。

（王建元）

【参观“廉洁救灾·阳光重建”图片展】 9月27日，市委社会工委、市社会办机关党委组织党员干部参观“廉洁救灾·阳光重建”图片展。

（王建元）

【“加强社会建设　创新社会管理”年会在北京召开】 9月29—30日，北京、上海、广东等10个省市社会建设工作部门共同举办“加强社会建设　创新社会管理”年会。来自全国10个省市社会建设工作部门的负责人和40多位专家学者出席年会。年会围绕“构建社会建设科学体系与推动社会管理创新”等理论和实践问题进行了深入研讨和广泛交流，外省市与会人员还深入北京基层进行了实地考察。

（李筱婧）

【《北京市“十二五”时期社会建设规划纲要》发布】 10月11日，北京市人民政府第105次常务会议审议通过《北京市“十二五”时期社会建设规划纲要》，并于11月18日以市政府文件正式发布。《规划》从完善社会服务、创新社会管理、动员社会参与、创建社会文明、构建社会和谐五大方面，系统设计了“十二五”时期社会建设体系框架，全面部署了今后五年加强社会建设的主要任务。

（李筱婧）

【中央党校第57期厅局级干部“民生与社会建设”研究专题进修班来京调研社会建设】 10月13日，中央党校第57期厅局级干部“民生与社会建设”研究专题进修班到东城区和朝阳区调研社会建设。市委社会工委、市社会办领导宋贵伦、赵小卫、周开让、张坚、陈建领、王丽竹、刘轩、王智玲陪同调研。

（王　彤）

【组织机关干部“金秋走基层”活动】 10月13日，市委社会工委、市社会办机关党委组织干部走进延庆乡村，深入了解新农村建设情况和乡村治理情况。市委社会工委书记、市社会办主任宋贵伦及50余名机关干部参加活动。

（王建元）

【市领导调研密云农村网格化管理工作】 10月27日，市委书记刘淇、市长郭金龙到密云县河南寨镇调研农村网格化管理工作，实地察看了河南寨镇农村社会服务管理指挥中心和河南寨镇套里村网格化社会服务管理工作运行情况，对密云县农村网格化社会服务管理工作取得的成绩给予了肯定。市领导牛有成、丁向阳一同调研。县领导汪先永、王海臣、李和平、杜雨田陪同调研。

（陈小忠）

【举办全市街道办事处主任轮训班】 10月31日—11月4日，市委组织部、市委社会工委共同举办全市街道办事处主任轮训班。全市16个区县的132名街道办事处主任参加培训。此次轮训班的主题是深入学习党的十七届六中全会精神，贯彻落实全国、全市加强和创新社会管理工作电视电话会议精神，进一步提高做好新时期社会建设工作的能力和水平。市委社会工委委员赵小卫出席结业式并作总结讲话。

（汤道刚）

【市领导调研朝阳区社会服务管理创新工作】 11月7日，市委副书记、市政协主席、市委政法委书记王安顺到朝阳区，就社会服务管理创新工作进行调研。市有关部门领导滕盛萍、彭波，朝阳区领导陈刚、佟克克、王春陪同调研。

（李　莹）

【市领导到顺义区调研】 11月15日，市委副书记、市政协主席、市委政法委书记王安顺到顺义区调研。王安顺一行首先来到马坡镇石家营村，实地查看了该村技防监控室、便民服务室、文化广场建设情况，听取了该村经济发展、流动人口管理、文化兴村工作介绍；随后，来到胜利街道怡馨第二社区居委会，听取了该社区治安志愿者“星级反哺”工作机制建设和社区服务管理情况介绍，查看了治安志愿者积分卡、社区报、社区健身室、文化活动室，并与社区居民亲切交谈，详细询问了社区网格化建设、社区规范化建设、社区党支部建设和驻区民警工作情况；最后，到天竺镇二十里堡村查看村庄社区化工作运行情况、村民自治以及保障和改善民生工作进展情况。市委副秘书长、市委政法委常务副书记李伟，市有关部门领导，顺义区领导陪同调研。

（尹相南）

【举办全市“两新”组织党组织负责人示范培训班】 11月22—24日，市委组织部、市委社会工委联合举办全市第三期“两新”组织党组织负责人示范培训班。80名非公有制经济组织、新社会组织党组织负责人参加培训。市委组织部副部长刘宇辉出席开班式并讲话。市委社会工委书记、市社会办主任宋贵伦围绕“创新社会服务管理，构建社会建设体系”主题进行授课。市委社会工委委员、市社会办副主任陈建领主持开班式及结业式，并围绕全面实施“三大工程”，倾力打造首都特色“两新”组织党建工作精品品牌，发挥党组织在企业文化建设中的引领作用作总结讲话。

（郭　弘）

【中央领导到朝阳区调研社会管理工作】　12月1日，中共中央政治局常委、中央政法委书记、中央社会管理综合治理委员会主任周永康到北京市考察社会管理工作。

（李　莹）

【“加强和创新社会管理研究”重大课题成果交流会召开】　12月9日，“加强和创新社会管理研究”重大课题成果交流会在国家行政学院举行。“加强和创新社会管理研究”是根据国务委员兼国务院秘书长、国家行政学院院长马凯指示，由国家行政学院牵头，有关部门和单位、地方政府参加的重大课题。该课题共设立19个分课题和9个地方专项研究课题。课题组组长、国家行政学院常务副院长魏礼群出席会议并讲话。课题组副组长、民政部副部长窦玉沛主持会议。课题组副组长、国家行政学院副院长何家成，课题组副组长、北京市委常委梁伟，课题组副组长、河北省委副书记赵勇出席会议。来自中央部委、研究机构、高等院校、地方政府的100余名专家学者和领导干部参加会议。市委社会工委书记、市社会办主任宋贵伦就承担的专项课题“北京市社会管理创新研究”作成果交流。

（李筱婧）

【北京社会建设研究基地工作会议召开】　12月12日，市委社会工委、市社会办召开北京社会建设研究基地工作会议。会议听取了各基地对实施《北京市“十二五”时期社会建设规划纲要》的建议、购买决策咨询服务项目研究进展情况以及2012年基地工作的计划，通报了2011年研究基地专报刊录情况，并对2012年研究基地工作作了部署。会议由市委社会工委副书记、市社会办副主任张坚主持。各基地负责人、联系人，2011年购买决策咨询服务项目负责人，市委社会工委研究室、社会心理研究所负责同志参加会议。

（李筱婧）

【市领导出席北京市城乡结合部建设现场会】　12月24日，市委书记刘淇、市长郭金龙出席在通州区台湖镇北神树村召开的北京市城乡结合部建设现场会。副市长夏占义主持会议，市委常委牛有成总结城乡结合部重点村建设工作情况。市委社会工委、市社会办领导宋贵伦、王智玲参加现场会。

（汤道刚）

【市委社会工委、市社会办领导班子民主生活会召开】　12月28日，市委社会工委书记、市社会办主任宋贵伦主持召开委办领导班子成员专题民主生活会。围绕“站在新起点，进一步保持良好的精神状态”主题，委办领导宋贵伦、赵小卫、周开让、张坚、陈建领、王丽竹、刘轩、王智玲依次发言。市直机关工委委员李兵、市委组织部市直干部处干部王美霞出席会议。

（王建元）

社区建设

【概况】　今年以来，全市社区建设工作认真贯彻落实市委十届九次全会精神，坚持“全面落实、整体提升，有序覆盖、深入拓展”的工作思路，将城乡社区作为加强和创新社会服务管理的基础平台，进一步完善基层社会管理和服务体系，加强统筹协调，加强探索创新，不断推动社区建设规范化、基本公共服务均等化、城乡社区发展一体化，取得了明显成效。

（一）全面规范，强化自治，“三位一体”的社区工作格局进一步完善

1. 社区规范化建设全面推进。为落实三年内在城市社区基本实现规范化建设的计划，在总结前两年工作的基础上，印发了《关于全面推进社区规范化建设工作的通知》，在全市其他未达标的700多个社区，围绕社区服务站建设、社区工作职能、社区运行机制、社区志愿服务、社区工作者管理、社区基础设施配置、社区经费投入等7个方面27项工作，全面开展规范化建设工作。组织召开了全市社区服务管理创新推进会，总结了社区规范化建设推进情况、典型经验，部署了下半年工作。截至目前，全市所有城市社区基本达到了规范化建设要求。进一步完善了社区党建、社区自治、社区服务“三位一体”工作格局，形成以社区党组织为核心、社区自治组织为基础、社区服务站为依托、社区社会组织为补充、驻社区单位密切配合、社区居民广泛参与的现代社区治理结构。

2. 社区基础设施建设取得重要进展。一是第一批社区用房规范化建设项目基本完成。市社会办、市发展改革委联合召开全市社区用房项目建设工作会。市发改委、市监察局、市财政局、市住建委、市规划委、市国土局、市社会办等部门下发核查通知，组成市级核查组，对全市第一批试点项目建设进行了核查验收。在各区县的共同努力下，全市第一批试点项目共完成325个，其中包括购置项目190个，新建、改扩建项目135个，共涉及12.3万平方米，总投资10.8亿元，其中市政府固定资产投资支持4.17亿元。二是第二批社区用房规范化建设项目开始启动。市发展改革委对第二批社区用房试点项目进行了正式批复，第二批项目共包括14个区县631个社区的用房建设任务，总建筑面积24.1万平方米，总投资29.9亿元，其中市政府固定资产投资支持资金11.3亿元。第二批社区用房规范化项目建设任务完成后，预计全市将有2025个社区的办公和服务用房面积达到350平方米左右，占社区总数的74%。三是社区公共服务设施相关文件进入修订阶段。会同市规划委在前期调研的基础上，及时启动了《北京市居住公共服务设施规划设计指标》等文件的研究和修订工作。“新建居住区公共服务设施建设与管理规定”已被纳入今后几年全市社会建设重点立法备选项目之一。

3. 社区民主自治机制进一步深化。组织召开全市推进社区民主自治座谈会，市委书记刘淇出席会议并讲话。先后总结推广了东城区东四街道社区居民会议常务会、西城区红莲中里社区金色阳光协会、朝阳区枣营北里社区国际化社区建设、丰台区永善社区“市民劝导队”等10余个基层单位的经验做法，进一步完善了社区民主自治机制。会同市住建委等部门在怀柔区开展业主大会及业主委员会法人制度试点建设。

4. 将老旧小区和新建保障性住房社区建设提到重要议事日程。进一步把加强老旧小区规范化管理当作薄弱环节来抓，深入调研，推广了朝阳区潘家园街道“准物业管理”、丰台区玉林东里第二社区事务自管会等经验。就新建保障性住房和核心区人口外迁定向安置房社区建设开展专题调研。

（二）加强统筹，搭建平台，以群众需求为导向的新型社区服务体系基本形成

1. 社区基本公共服务全覆盖有序推进。一是细化了社区服务项目具体服务事项。在《北京市社区基本公共服务指导目录（试行）》的十大类60项服务的框架内，细化了180项具体服务事项。二是开展了社区基本公共服务项目覆盖情况调查。加强与北京社会建设信息中心等部门的合作，研究开发了“社区基本公共服务项目信息系统”。先后在全市开展了两次调查摸底，形成了《北京市社区基本公共服务项目需求调查报告》，全面

摸清了社区基本公共服务的覆盖情况。三是印发相关工作文件。印发《关于进一步推进社区基本公共服务全覆盖工作的通知》，并以34个主责部门为单位，形成34册《推进社区基本公共服务项目全覆盖第一批重点社区名册》，分别下发各主责部门。四是建立统筹协调机制。由市社会建设工作领导小组及其办公室牵头，按照集成政策、集中资金、集聚资源、集合力量和“缺什么、补什么”的原则，统筹协调相关部门，加强督查指导，推动任务落实。先后到市商务委、市体育局、市人口计生委、市卫生局、首都综治办、市流管办等部门，就群众关注的服务内容进行了工作对接，并会同市商务委、市金融局、市电力公司等单位研究制定推进方案。与市商务委先后下发《关于推进社区商业便民服务工作的通知》《关于进一步推进社区商业便民服务全覆盖工作的通知》等文件，向社会推荐了105家连锁品牌企业，补助资金1650万元用于社区规范化菜市场建设，开通了“北京市社区商业便民服务体系信息管理系统”，全面推进社区便民商业服务、社区代收代缴服务、社区家政服务等项目全覆盖。与市金融局在全市布放安装便民缴费终端5万余台。与市体育局下发通知，在645个社区开展社区社会体育指导员培训。年底，645个社区基本公共服务全覆盖任务全部完成。

2. “一刻钟社区服务圈”建设成效显著。市委、市政府继续将推进“一刻钟社区服务圈”建设作为服务居民、造福居民的民心工程，作为加强基层社会服务管理创新的重要举措，加大推进力度。研究制定了《关于推进“一刻钟社区服务圈”建设工作的意见》。各区县通过绘制社区电子地图，开通社区服务网站、社区便民服务热线，发放便民服务卡（手册）等多种方式，加快推进“一刻钟社区服务圈”建设。新建成243个市级示范点，覆盖97个街道（地区，镇），316个社区，305万名社区居民，大大超额完成市政府年初确定“建成100个示范点”的任务。从中涌现出西城区资源共享、朝阳区街道系统错时停车、海淀区万寿路街道“幸福万寿路”、丰台区“幸福马家堡”、石景山区古城街道“千百十”便捷家园计划等一批先进典型，受到了广大居民群众的普遍欢迎。

（三）加强研究，逐步覆盖，城乡社区建设一体化稳步推进

积极推进城乡结合部地区和农村地区的社区建设工作，取得了重要进展。一是城乡结合部50个重点村社区建设迈出新步伐。市社会办成立了由主管领导任组长的专题调研组，会同市城乡办，对9个区有关街道、乡镇部分重点村进行三轮实地考察，召开基层座谈会16次，出台了《关于加强城乡结合部社会建设工作的意见》。石景山区3个重点村全部建立了新型城市社区，率先完成了农转居建设任务。据不完全统计，全市共建立新居民互助服务站621个，其中海淀区91个，石景山区188个，丰台区342个。二是村庄社区化建设取得新进展。成立专题调研组，全面了解我市村庄社区化建设的进展、成效等基本情况，形成了相关调研报告。全市城乡结合部地区和城镇中心区确定的668个村庄已全部完成了社区化建设。

（四）创新载体，完善机制，社区居民参与氛围日益浓厚

以社区系列活动为载体，动员和引导社区居民积极参与社区建设，充分展示社区建设成果，建立市民参与长效机制，提高了市民文明素质。以“提升和改善社区服务”为主题，开展全市“魅力社区”评选活动，评选出10个“魅力社区”、10个“魅力十条”单项奖。与市体育局、市教委、市总工会、市残联共同主办第五届“和谐杯”乒乓球比赛，历时3个多月，全市共有323个街道乡镇，2717个社区参与，报名参赛人数达62万余人，参与活动人数突破140万人，吸引了社会各阶层、各领域的人员积极广泛参与。以“公益同行，厚德北京人”为评选口号，启动了年度十大感动社区人物评选活动，评选出2011年度十大感动社区人物。开展了“北京节拍—我秀我舞台”活动。围绕人文

北京、建党 90 周年等 7 个方面，与市委宣传部、市社科联共同推进周末社区大讲堂活动。与首都精神文明办、市市政市容委、市商务委联合开展了“做文明有礼的北京人，垃圾减量垃圾分类从我做起”主题宣传实践活动，全面完成在 1200 个居民小区开展垃圾分类达标试点工作。组织“谁在影响我”大型民调财经互动节目和“社区居民进企业”等活动。

（汤道刚）

【湖北省宜昌市民政局考察团来京考察社区建设工作】 1 月 6 日，湖北省宜昌市民政局考察团一行与市委社会工委、市社会办及东城区委社会工委、区社会办有关同志进行交流座谈。考察团参观了南池子社区办公和服务用房建设情况，随行听取了社区规范化建设及“一刻钟社区服务圈”建设等情况介绍，就社区特色服务与社区服务站职能等问题进行了深入了解。

（汤道刚）

【举办 2010 年度“十大感动社区人物”评选颁奖典礼】 1 月 9 日，由市委社会工委、市社会办指导，《新京报》主办的 2010 年度“十大感动社区人物”评选活动举行颁奖典礼。黄小山、赵普、曹军、徐时、王长荣、卢为薇、范涛、常纪文、蓝天救援队、王永、四环游戏小组获得“十大感动社区人物”称号。宋庆华等 9 人获得入围奖。本次评选采用网络、短信投票和现场评选相结合的方法，较之往年更注重候选人物的推动力、影响力和公益心。市委社会工委委员、市社会办副巡视员王智玲出席颁奖典礼并为获奖者颁奖。

（汤道刚）

【举行全市安全社区建设专题培训班动员仪式】 3 月 24 日，市委社会工委委员、市社会办副巡视员王智玲出席全市安全社区建设专题培训班动员仪式并主讲第一课《加快推进社会服务管理创新　全面推进安全社区建设》。市安监局副局长蔡淑敏、市经济管理干部学院党委书记赵永平以及各区县安监局主管局长、科长和部分试点乡镇街道负责同志共 100 余人参加。

（汤道刚）

【举行“2011 年‘周四垃圾减量日暨绿色社区月’”活动】 全市 600 个居民小区开展了垃圾分类试点，并全部实现垃圾分类投放、收集、分类运输和分类处理各环节的相互衔接。2011 年，全市进一步在城镇地区 1200 个居住小区和农村地区 1200 个行政村推进垃圾分类达标试点工作。本次活动旨在动员全社会共同参与垃圾处理工作，从源头上减少垃圾产生，共同维护我们的绿色家园。

（汤道刚）

【举行“北京市‘再生资源回收日’进社区宣传活动”启动仪式】 3 月 26 日，以“做文明有礼的北京人，资源回收垃圾减量从我做起”为主题的北京市“再生资源回收日”进社区宣传活动启动仪式在海淀区马连洼街道西山庭院社区举行。自全市从 2009 年 8 月把每个月的最后一个星期六定为“再生资源回收日”起，这已是第 20 个“再生资源回收日”。活动旨在落实科学发展观，实现节能减排，促进循环经济发展，提高市民环保意识，倡导“厉行节约、减少废弃”消费模式，全面提升本市再生资源回收利用水平。市委社会工委委员、市社会办副巡视员王智玲，首都文明办副主任陈建文，市商务委副主任李薇薇参加启动仪式。

（汤道刚）

【举行 2011 北京周末社区大讲堂暨经常性系列科普讲座启动式】 4 月 22 日，为落实“人文北京”和中国特色世界城市建设要求，进一步深化推进社会科学普及、着力提升首都市民人文素质，市委宣传部、市委社会工委、市社科联共同主办“2011 北京周末社区大讲堂暨经常性系列科普讲座启动式”。各区县按照社区居民的需求，利用周末时间定期组织专家开设系列讲堂。2011 年累计举办讲座 1100 余场，直接受众达 20 余万人次。

（汤道刚）

【召开社区建设管理问题政协委员集中答复座谈会】 5 月 17 日，市委社会工委副书记、市社会办副主任周开让主持召开市社会办社区建设管理问题政协委员集中答复座谈会并通报全市社区建设整体情况。市社会办、市住建委、市民政局、市工商局、市城管执法局等部门有关同志分别就办理的社区建设管理类建议提案情况进行了汇报，并回答了委员们的提问。市政府办公厅、市政协提案委员会有关负责同志以及市政协委员于凯、耿晓冬、刘东风、赵建国出席会议。

（汤道刚）

【召开全市第一批社区办公和服务用房规范化建设试点项目工作会】 5 月 18 日，市委社会工委委员、市社会办副巡视员王智玲主持召开全市第一批社区办公和服务用房规范化建设试点项目工作会。会议总结了全市第一批社区用房规范化试点项目建设情况，安排部署了下一阶段的检查验收工作。市发改委有关处室以及各区县社会工委、社会办相关负责人，有关区县民政局负责人参加会议。

（汤道刚）

【全市 5 个街道被命名为国际安全社区】 5 月 25—27 日，亚洲安全社区网络会议第三次会员大会暨国际安全社区命名仪式在北京召开。朝阳区香河园、潘家园、大屯、三里屯、左家庄 5 个街道获得命名，成为国际安全社区第 237 到 241 个网络成员。

（汤道刚）

【举行“国家电网首都电力共产党员服务队进社区活动”启动仪式】 6 月 13 日，北京市电力公司举办“国家电网首都电力共产党员服务队进社区活动”启动仪式。北京市电力公司 18 支首都电力共产党员服务队将走进社区，为社区居民提供丰富、便捷的电力服务。此次活动以“创先争优　电靓京城　服务社区”为主题，包括安全用电服务、便捷用电服务和品质提升服务三大类内容，力争 2011 年在全市 100 个社区实现挂牌服务。市委社会工委委员、市社会办副巡视员王智玲出席启动仪式。

（汤道刚）

【辽宁省丹东市振兴区站前街道考察团来京考察】 6 月 13 日，辽宁省丹东市振兴区站前街道考察团来京考察朝阳区老旧小区准物业管理和小区数字化管理等情况。市委社会工委委员、市社会办副巡视员王智玲陪同考察。

（汤道刚）

【核查调研全市社区办公和服务用房规范化建设情况】 6 月 21—30 日，市委社会工委、市社会办领导周开让、王智玲分别带领检查组对全市 16 个区县社区办公和服务用房规范化建设情况进行核查调研。核查调研采取听取汇报、查阅档案、实地查看等形式。市发改委、市规划委、市住建委、市国土局、市监察局等有关同志参加核查。

（汤道刚）

【举行纪念中国共产党建党 90 周年暨《社区反腐倡廉建设知识读本》发书仪式】 6 月 27 日，纪念中国共产党建党 90 周年暨《社区反腐倡廉建设知识读本》发书仪式在西城区金融街街道举行。该书由市纪委、市委社会工委、市新闻出版局组织编写，北京联合出版社公开出版发行。全书设置基础知识篇、社区建设篇、廉政教育篇、制度规范篇、监督检查篇、纪律惩处篇 6 个部分，共 111 个问题，14 类典型案例，插图 30 余幅，引用街道、社区自创的格言警句 30 余条，共 5 万多字，涵盖了社区反腐倡廉建设的各个方面。发书仪式上，1 万册图书免费发送到全市 141 个街道 2717 个社区。市纪委常委张才雄，市委社会工委副书记、市社会办副主任周开让，市委社会工委委员、市社会办副巡视员王智玲，市纪委宣教室主任杜淑华、市新闻出版局副巡视员卞建国、西城区委副书记马兰霞等出席活动。

（汤道刚）

【检查“一刻钟社区服务圈”和社区规范化建设工作】 7月20日，市政府绩效检查组第五组到海淀区万寿路街道太平路46号社区、永定路西里社区检查“一刻钟社区服务圈”和社区规范化建设工作。市委社会工委副书记、市社会办副主任周开让陪同检查。

（汤道刚）

【全市社区服务管理创新推进会召开】 7月29日，全市社区服务管理创新推进会在海淀区举行。市委社会工委副书记、市社会办副主任周开让出席会议并讲话，市委社会工委委员、市社会办副巡视员王智玲主持会议。会前，组织与会人员实地参观万寿路街道太平路46号社区、永定路西里社区和社区循环小巴；会上，东城区、西城区、朝阳区、海淀区、大兴区作典型交流发言，并印发了各区县典型经验交流材料。

（汤道刚）

【举办北京第五届（2011年度）魅力社区评选活动】 9月4—11月27日，北京第五届（2011年度）魅力社区评选活动举行。该活动由市委社会工委、市社会办指导，北京城市服务管理广播主办，市委社会工委书记、市社会办主任宋贵伦出席颁奖典礼并讲话。新怡家园社区、车公庄社区、怡清园社区、星河苑社区、玉桥南里南社区、安乐林社区、五里仓第二社区、国际关系学院社区、有色设计院社区、光明北里社区等十个社区被评选为第五届北京市魅力社区，永善社区等十个社区获得魅力社区单项奖。市委社会工委、市社会办领导周开让，王智玲，市政府办公厅党组成员、副主任吴大仓，北京人民广播电台副总编辑陈晓海等先后参加有关活动。

（汤道刚）

【召开全市推进社区商业便民服务工作会】 9月15日，市委社会工委、市社会办和市商务委召开全市推进社区商业便民服务工作会。市委社会工委委员、市社会办副巡视员王智玲，市商务委副主任李薇薇出席会议并讲话。会议提出，按照“便利消费进社区，便民服务进家庭”的要求，在“统筹规划、分步推进”原则下，以社区规范化建设达标社区为重点，落实《北京市基本公共服务指导目录》便民服务项目，并根据每年规范化建设达标社区的完成情况，有计划、有步骤、分批次地滚动推进，逐步实现社区商业便民服务的全覆盖。

（汤道刚）

【市人大代表视察组督查“一刻钟社区服务圈”建设情况】 11月15日，市人大代表视察组到石景山区古城街道古城路社区督查市政府2011年为民办实事折子工程“一刻钟社区服务圈”建设情况。市政府督察室主任续栋，市委社会工委副书记、市社会办副主任周开让，市委社会工委委员、市社会办副巡视员王智玲，石景山区副区长吴克瑞等领导陪同视察。

（汤道刚）

【召开城六区社区建设工作座谈会】 12月1日，市委社会工委、市社会办组织东城区、西城区、朝阳区、海淀区、丰台区、石景山区社会工委分管领导召开社区建设工作座谈会，了解2011年的工作情况，征求有关区县2012年工作思路建议。市委社会工委委员、市社会办副巡视员王智玲出席会议并讲话。

（汤道刚）

【召开社区工作者代表座谈会】 12月6日，市委社会工委、市社会办组织召开社区建设工作座谈会，听取基层工作者对社区建设工作的意见建议，征求关于2012年社区建设的工作思路和想法。市委社会工委委员、市社会办副巡视员王智玲主持会议，6名社区工作者代表参加会议。

（汤道刚）

【检查验收全市社区建设工作】 12月7—20日，市社会建设工作领导小组办公室组织社会服务管理创新工作检查验收组对全市社区规范化建设、“一刻钟社区服务圈”示范点、村庄社区化建设、社区基本公共服务全覆盖工作进行检查验收。经检查验收，全市1322个社区达到社区规范化标准，新建243个市级“一刻钟社区服务圈”示范点，645个社区完成社区基本公共服务全覆盖工作。

（汤道刚）

社会组织建设

【概况】 2011年，按照市委社会工委、市社会办总体工作部署，以完善社会组织“枢纽型”工作体系为核心，以发挥“枢纽型”社会组织作用为重点，以培育扶持社会组织发展为目标，全市社会组织服务管理工作稳步推进。

（一）不断完善社会组织“枢纽型”工作体系

市社会建设工作领导小组先后分三批认定了27家市级“枢纽型”社会组织，对市级社会组织基本实现“全覆盖”。各区县相继认定了区、街两级“枢纽型”社会组织，共约110余家，市—区—街三级社会组织“枢纽型”工作体系基本形成。

（二）积极探索社会组织管理体制改革创新

加快推进政社分开、管办分离，引导和推动社会组织自主、自立、自律开展工作；在中关村国家自主创新示范区实施社会组织登记管理体制改革创新试点，对现行社会组织管理体制进行突破；开展社会组织服务民生行动，实现政府、社会、企业与社会组织之间的互联、互补、互动；探索公益慈善类、社会福利类、社会服务类等社会组织直接登记和农村专业经济协会、社区社会组织简化登记和备案双轨制，规范工作流程，完善“一站式”服务机制，为推动社会组织登记管理和培育发展改革创造了条件。

（三）着力推进市级“枢纽型”社会组织发挥作用

通过购买社会组织公共服务和管理服务，切实提高了“枢纽型”社会组织发挥联系、服务和管理本领域社会组织的作用，各市级“枢纽型”社会组织积极开展工作，在原有基础上又有一些新的创新举措和工作进展。如团市委继续开展“社区青年汇”和“乡村青年社”创建工作、举办“青少年社团文化季”系列活动等，实现与全市青少年社团的互联互动。市妇联将61个市级妇女社会组织纳入服务管理中，对区县层面上千家妇女社会组织进行了分类指导。市科协举办“北京科技周”、开展送科普进基层等活动，发挥了积极作用。市残联研究制定了一系列促进本领域社会组织发展的政策文件，进一步明确了发展指引。市红十字会深入推进“红立方”基层服务站建设，为社区居民提供便民服务。市法学会开展“法律服务基层”活动，取得了良好的社会效果。市贸促会制定了《关于做好对外经贸领域“枢纽型”社会组织工作的意见》，提出了明确的工作思路和工作措施。团市委、市志愿者联合会联合实施“志愿北京之蓝天行动”志愿服务项目，以关爱农民工子女为主题，每周定期开展各类志愿服务活动，促进有效帮扶，形成长效机制。市商业联合会、市工业经济联合会、市建筑业联合会结合自身“体制外”民间社团组织的特点，按照“枢纽型”社会组织建设的有关要求，通过多种形式，进一步加强工作队伍和运行机制建设，取得了明显成效。

（四）积极推动区县社会组织工作开展

东城区、西城区以社区社会组织建设为抓手，为社区社会组织提供专业指导、骨干培训等支持。朝阳区建立“社会组织服务基地”，重点培育孵化慈善公益类社会组织。通州区对社区社会组织实行备案管理，探索街道社会组织“枢纽型”工作模式。顺义区认定了第二批“枢纽型”社会组织，扩大了对全区社会组织的覆盖面。平谷区积极支持“枢纽型”社会组织发挥作用，共同为当地经济社会发展服务。

（五）成功举办第二届北京社会公益活动周

此次活动周的举办得到了22家市级“枢纽型”社会组织和16个区县社会工委、社会办的大力支持和积极参与，内容丰富饱满，社会反响热烈。活动周期间，共举办咨询活动421场次、发放各种宣传材料82000余份，举办展示活动84场次、论坛21场次，各项活动累计吸引群众超过20万人次，活动内容涉及文化教育、心理咨询、医疗服务、创业指导、法律维权、紧急救助、志愿服务等多个领域。通过举办此次活动，全面宣传、展示了我市以“枢纽型”社会组织为主体的各级各类社会组织的良好风貌，集中推出了一批有影响力的社会公益服务项目和品牌，进一步在广大市民中间弘扬了社会公益理念，取得了积极成效。

（六）加大对社会组织的培育扶持力度

市社会组织孵化中心运转良好，开展了14期社会组织能力建设培训及沙龙活动，对外开展咨询服务19场，累计培训服务1500余人次，并吸纳14家公益性社会组织入驻接受孵化。东城区、西城区、朝阳区、顺义区等多个区县相继成立了社会组织服务中心或培育基地，“一中心、多基地”的社会组织服务体系逐步形成。

（七）注重突出社会组织品牌效应

组织开展“第一届北京市社会组织公益服务十大品牌”等奖项的评选工作，评选出2010年北京市社会组织公益服务十大品牌、9个优秀奖以及1个特别奖并召开大会进行了表彰，《北京日报》整版作了专题报道，扩大了我市社会组织的影响力，提高了社会组织的知名度和美誉度。

（八）不断健全社会组织工作协调推进机制

相继召开“枢纽型”社会组织工作座谈会、加强党的建设推动社会组织服务管理创新工作会、“枢纽型”社会组织工作交流会、区县社会组织工作现场推进会以及市级相关部门工作协调会等，不断推动全市社会组织工作开展。分别举办市级“枢纽型”社会组织和区县社会组织工作人员京外培训，开拓了思路，交流了经验，取得了良好效果。

（九）加强调研力度和基础工作建设

先后完成了《关于加强在京境内外社会组织管理问题的研究》《关于社会组织在人才工作中发挥作用的政策研究》《关于本市社会组织预防腐败工作的报告》等专项课题研究工作，深入分析探讨了社会组织服务管理创新中的一些重要问题，为深入研究政策、推动工作开展提供了指导和帮助。按市领导批示，调研起草了《关于充分利用组织机构代码创新社会管理的实施意见》。开展了市级“枢纽型”社会组织所管理和联系的社会组织、全市社区社会组织、在京国际非政府组织调查摸底工作，进一步掌握了基本情况，建立了《联系名册》和基础数据库。搜集汇编了全国性和地方性社会组织政策法规63个，形成了《社会组织工作相关政策法规汇编》。

（白　冰）

【社会组织“枢纽型”工作体系基本形成】 市社会建设工作领导小组先后分三批认定27家市级“枢纽型”社会组织，市级社会组织基本实现全覆盖。各区县相继认定区、街两级“枢纽型”社会组织共约110余家，市—区—街三级社会组织“枢纽型”工作体系基本形成。

（白　冰）

【推进区县社会组织工作开展】　以构建“枢纽型”社会组织工作体系为重点，积极推进社会组织改革与发展。西城区成立建筑面积1200平方米的社会服务中心，设立了社会组织服务窗口，集中入驻“五会、多中心”，为社会组织搭建综合服务平台；朝阳区成立了社会组织培育基地，通过实务培训、规范建设、项目评估等形式对社会组织提供培育扶持；石景山区为各“枢纽型”社会组织配备专职工作人员，将社会建设工作纳入街道“三定方案”，加强基层社会建设工作力量；通州区通过问卷调查和实地调研，将全区社会组织划分为13个类别，采取“认定已有、改造提升、培育新建”等形式，结合实际认定了7家区级“枢纽型”社会组织；顺义区先后认定15家“枢纽型”社会组织，全区社会组织工作覆盖面达到85%以上，并正式成立了区社会组织服务中心；大兴区通过建立一支队伍、形成一套规范、推进一个品牌、承担一项服务、开展一项活动的“五个一”工程，加强“枢纽型”社会组织工作体系建设等。

（白　冰）

【“一中心、多基地”社会组织服务体系逐步形成】　团市委、市妇联等市级“枢纽型”社会组织和东城、西城、朝阳、顺义等区县以及部分街道先后成立了社会组织孵化（服务）中心，初步实现“机构联动、信息共享、组织互补、成果共用、形象共塑”，市区联动、“一中心、多基地”的社会组织孵化（服务）网络逐步形成。

（白　冰）

【完成多项调研成果】　年内，调研起草了《关于充分利用组织机构代码创新社会管理的实施意见》。先后完成《关于加强在京境内外社会组织管理问题的研究》《关于社会组织在人才工作中发挥作用的政策研究》《关于本市社会组织预防腐败工作的报告》等专项课题研究工作。

（白　冰）

【夯实社会组织基础工作】　开展市级“枢纽型”社会组织所管理和联系的社会组织、全市社区社会组织、在京国际非政府组织调查摸底工作，进一步掌握了基本情况，建立了《联系名册》和基础数据库。搜集汇编了全国性和地方性社会组织政策法规63个，形成了《社会组织工作相关政策法规汇编》。

（白　冰）

【举办涉法类社会组织工作联系会】　1月20日，市法学会召开本市涉法类社会组织工作联系会。北京市检察官协会、北京市法官协会、北京通信法制研究会等24家社会组织代表参加会议。市委社会工委、市社会办领导宋贵伦、刘轩，市法学会领导周信、杜石平出席会议并讲话。

（白　冰）

【举办北京律师首届书画摄影作品展】　作品展于1月22日开始，以“做中国特色社会主义法律工作者”为主题，是首都律师行业2011年文化建设系列活动之一。展览共收到书画摄影作品370余件，集中体现了全市律师队伍丰富多彩的文化生活和昂扬向上的精神风貌，反映了全市经济社会建设和律师事业发展的新气象、新风尚和新成就。

（白　冰）

【举行“爱与未来”慈善晚宴】　1月25日，“2011爱与未来北京慈善之夜”公益慈善晚宴在国家会议中心举行。来自演艺界、书画界及企业界的300名爱心人士共聚一堂，以捐赠的方式助力公益事业。此次公益慈善晚宴由北京市妇联、北京妇女儿童发展基金会共同主办，是北京妇女儿童发展基金会自2009年更名揭牌以来，汇聚社会爱心力量而组织的一次慈善公益活动。晚宴现场，北京妇女儿童发展基金会与搜狐网正式结成公益战略合作伙伴关系，将共同推出绿叶行动、圆梦孤残、铿锵玫瑰、绿色出行、阳光体育、音乐万花筒、明星益童卡、心悦未来等八大公益项目，并联合演艺界、文体界明星共同推行全民公益。

（白　冰）

【开展春节城市志愿服务】　2月2—8日，团市委、北京市志愿者联合会在全市重点区域、旅游景点、庙会等处开展“志愿北京·蓝立方计划”春节城市志愿服务，在全市16个区县开放100个“蓝立方”城市志愿服务站。参与服务的团队重点以社会志愿者为主体，上岗的骨干志愿者超过1万人次，服务时间超过4万小时，提供为行人指路、提运行李、提供交通咨询、小型应急救助、助老助残、语言翻译等8项服务。

（白　冰）

【举办国内首次大型明星网上公益义拍活动】　由北京文化发展基金会主办的“淘宝网·2011明星公益拍卖”第一季活动于2月21日—3月6日在淘宝网隆重上线。此次活动是国内首次大型明星网上公益义拍，旨在以基金会为公益平台，凝聚更多的社会力量为公益文化事业添砖加瓦。李亚鹏、徐静蕾、高圆圆、邓超等12位明星以“北京文化发展基金会爱心公益文化使者”身份参与活动。活动的所有义拍收益将用于北京慈善救助机构的文化基础建设，扶持文化艺术教育等相关领域，同时组织志愿者进行文化教育活动、开发文化艺术相关公益项目等。

（白　冰）

【市侨联召开社会组织工作会议】　2月23日，市侨联召开社会组织党建暨管理工作会议。会议传达了关于加强社会组织管理工作会议精神和社会组织党建工作部署，要求各社团不断增强责任意识，加强内部管理和自身建设，努力为广大会员服务好，带领广大归侨侨眷在首都经济社会发展中发挥更大作用，为首都安全稳定作出应有贡献。会议还研究部署了“枢纽型”社会组织党建工作相关事宜。市侨联主管的社会组织负责人共计28人参加会议。

（白　冰）

【市红十字蓝天救援队赴云南地震灾区参与救援】　3月10日，在云南省盈江县发生地震8小时后，市红十字会迅速作出反应，派遣北京市红十字蓝天救援队组成特遣队赶赴地震灾区参与救援行动。红十字蓝天救援队6名队员携带生命探测仪、液压钳、气压千斤顶等专业搜救设备和通信器材，搭乘飞机前往云南地震灾区，参与搜救伤员工作。

（白　冰）

【首慈联举行第一届全体会员大会第三次会议】　3月10日，首都慈善公益组织联合会召开第一届会员大会第三次会议。市政府副秘书长侯玉兰出席会议，市委市政府相关部门领导、首慈联各会员单位代表等共计120人参加会议。会议对北京青少年发展基金会等12家年度优秀慈善公益组织和47名年度优秀工作者进行了表彰。

（白　冰）

【北京市桶装水销售行业协会召开行业规范座谈会】　3月18日，北京市桶装水销售行业协会召开行业规范座谈会。娃哈哈、汇源、乐百氏等20余家业内主要生产企业和销售商代表参加会议。针对社会上反映较大的全市桶装水水质和水桶质量及行业内存在的其他突出问题，与会人员表示要支持行业协会发挥作用，积极配合政府做好工作；要从我做起，加强行业诚信建设，增强行业自律。针对桶装水行业入门门槛低、行业小散乱、恶性竞争严重、对造假企业打击不力等问题，参会企业普遍提出政府有关部门应加大打假力度，并建议由行业协会制订产品指导价，避免恶性竞争；建议行业协会大胆实践，组织“放心水”直接同社区对接，使“放心水”直接进入居民家中。

（白　冰）

【举办’2011 北京社会公益活动周】 4月15—24日，’2011北京社会公益活动周、第二届首都青少年公益节、国际社工日主题活动在地坛公园举办。市委常委梁伟、中国社会工作协会会长徐瑞新出席开幕式并为“蓝立方”LOGO揭牌。此次活动由市委社会工委、市社会办，团市委，首都精神文明办，市民政局等单位共同主办，得到全市22家市级“枢纽型”社会组织、17个社工事务所和120余家各级各类社会组织以及2000多名社会工作者、志愿者的广泛支持和参与，共举办咨询活动421场次、展示活动84场次、论坛21场次，发放各种宣传材料8.2万余份，累计吸引群众超过20万人次。

（白　冰）

【举办2011北京青少年社团文化季】 5月7日，2011北京青少年社团文化季开幕。本次青少年社团文化季历时3个多月，陆续推出“公益星期六”“首都贡献行动”“大学生社团文化节”、青少年社团“伙伴计划”等近百项活动，实现与全市8000家青少年社团的互联、互补和互动，带动百万人次社会领域青年。开幕式当天，全市100余家青少年社会组织现场开展了丰富多彩的展示活动和体验项目，同时启动了北京自行车文化节，数百名自行车爱好者身着炫彩骑行服，参与“3510”绿色骑行赛。

（白　冰）

【市法学会举办“法律服务基层”活动日】 5月16日，市法学会在西城区德胜街道举行“法律服务基层”活动日。包括房地产法学会、劳动和社会保障法学会以及消费者权益保护法学会在内的市法学会系统11家法律学会、研究会，通过专题讲座、法律咨询、展览展示等形式，普及法律知识、解答法律问题、服务基层群众。

（白　冰）

【召开北京专业志愿者队伍交流会】 5月20日，市志愿者联合会组织召开北京专业志愿者队伍交流会。首都保护知识产权志愿服务总队、北京博物馆志愿服务总队、北京市节能环保志愿者协会等社会组织分别介绍了各自志愿者队伍建设工作取得的经验与成绩，并就专业志愿者队伍认定标准、志愿者培训体系和志愿服务项目体系建设进行交流。目前，全市已完成14支专业志愿者队伍的组建工作。

（白　冰）

【市红十字会召开志愿服务推进会】 5月22日，市红十字会召开志愿服务推进会暨999社区综合服务站（红立方）发布会。市委常委梁伟出席会议。会上，蓝天救援队等多家志愿者服务队代表作了典型发言，并在红十字系统原有心理救援队、防艾核心小组、造血干细胞捐献志愿者之家、阳光车队等基层社会组织基础上，推出了新成立的新闻传媒志愿服务队、博爱文化艺术团、语言志愿服务队、公益讲师团、环保志愿服务队等志愿队伍。截至目前，全市红十字领域的10支志愿者队伍已涵盖紧急救援、艾滋病防治、文化普及、环境保护等多个领域。

（白　冰）

【召开社会组织工作交流推进会】 6月29日和7月15日，区县社会组织工作交流推进会与市级“枢纽型”社会组织工作交流推进会分别召开。市委社会工委委员、市社会办副主任刘轩出席会议并讲话，全市各区县及市级“枢纽型”社会组织相关负责同志参加会议。会议以深入贯彻落实市委十届九次全会精神为主题，通报了《2011年下半年社会组织工作要点》。

（白　冰）

【北京市慈善义工协会成立】　7月30日，北京市慈善义工协会在全国人大会议中心召开成立大会。该协会是由市社会办作为业务主管单位、经市民政局批准登记的社团法人，宗旨是发扬中华民族乐善好施、扶危济困的优良传统和积德行善、无私奉献的文明精神，整合慈善资源、组织义工队伍，自愿为社会慈善事业贡献力量，促进社会和谐、进步与发展。全国政协常委、北京市慈善义工协会会长陈明德，全国政协委员、中国佛教协会副会长学诚法师及市委社会工委、市社会办领导宋贵伦、刘轩等出席会议。

（白　冰）

【全市城区第一个“红立方”正式建立】　8月10日，位于东城区和平里七区的“999社区综合服务站（“红立方”）——和平里站”正式揭牌成立。“红立方”以999急救中心为依托，充分借助并凝聚相关社会组织和志愿者的力量，为社区居民提供“九项服务”，包括：医疗急救、应急教育、健康科普、卫生保健、志愿服务、心理援助、献血动员、接受捐赠、赈济救助。

（白　冰）

【市社会组织孵化中心同“入壳”孵化的社会组织正式签约】　9月8日，市社会组织孵化中心同“入壳”孵化的14个机构正式“签约”，以文件形式明确了“孵化”期间双方的权责关系及工作纪律等。14家机构是：北京非公募基金会发展服务中心、北京国际非营利组织协作推广中心、北京大学生就业指导及职业规划中心、北京市流动儿童学前托管中心、北京社区绿色生活推广中心、北京社区青少年行动力教育发展中心、北京十方缘老年人护理与临终关怀中心、北京市美新路老年人陪伴服务及心理调解中心、绿港社工事务所、北京乐心心理疏导中心、北京市伴你成长安全教育培训中心、北京市城市再生资源服务中心以及北京市社会工作者联合会（筹）、北京社会心理工作者联合会（筹）。按双方协议，这些机构将在孵化中心进行一段时间的“孵化”，由专业团队为其提供“贴身”服务、助其成长，提升其服务和发展能力，并达到正式登记的条件。

（白　冰）

【召开全市区县社会组织工作现场交流会】　9月19日，全市区县社会组织工作现场交流会在朝阳区社会组织服务基地召开。全市16个区（县）委社会工委、区（县）社会办主管领导及相关业务科室科长参加会议。与会人员参观了朝阳区社会组织培育基地建设情况，并就购买社会组织公共服务、构建“枢纽型”社会组织体系、发挥社区社会组织作用及加强对驻京国际非政府组织的联系与管理等情况作了发言。会议总结了近期区县社会组织工作取得的新进展，并对下一阶段工作提出要求。

（白　冰）

【举办“2011年北京两界联席会议高峰论坛”】　9月27日，由北京市科学技术协会和北京市社会科学界联合会共同主办的“2011年北京两界联席会议高峰论坛”在北京科技活动中心举行。论坛由市科协党组成员、副主席田文主持，市科协党组书记、常务副主席夏强出席论坛活动并讲话。来自中国科学院、北京大学艺术学院、市交通管理局、首都经济贸易大学、市科学技术研究院、中国人民大学社会与人口学院等机构的六位专家围绕“创新驱动——首都城市发展”的主题作论坛发言。

（白　冰）

【第一届北京市社会组织公益服务十大品牌揭晓】　十大品牌分别是：“蓝立方”城市志愿服务、“蓝天救援”应急救助、“心目影院”盲人文化服务、“巧娘工作室”妇女就业创业服务、“社区大讲堂”系列讲座、“善行天下”慈善公益活动、“抗癌乐园”癌症患者康复行动、“公益律师进基层”法律服务、个体工商户“学雷锋”行动、“爱心传递”老年人心理健康服务。评选由北京市社会建设工作领导小组办公室组织开展，经公众参与和专家评审等环节评出。

（杨沛龙）

【召开全市加强党的建设推动社会组织服务管理创新工作会】 10月18日，市社会建设工作领导小组办公室组织召开全市加强党的建设推动社会组织服务管理创新工作会。市委副秘书长王翔、张建明出席会议并讲话，市委社会工委委员赵小卫主持会议。市委社会工委委员、市社会办副主任陈建领和刘轩分别就全市社会组织党建工作、社会组织服务管理创新工作开展情况作工作报告；市科协，团市委，北京抗癌乐园，西城区委社会工委、区社会办作交流发言。

（白　冰）

【举办“2011年科技论坛”】 10月20日，由北京市政协科技委员会和北京市科学技术协会联合举办的“2011年科技论坛”开幕。此次论坛的主题是“整合科技资源　服务自主创新”。市政协副主席熊大新、市政协秘书长闫仲秋、市政府办公厅副巡视员李珍、市科委委员王建新、市经济信息化委副主任万新恒、市政协科技委员会主任焦志忠、市政协科技委副主任兼市科协副主席田小平等出席。全国政协委员、北京民协会长、时代集团总裁王小兰，全国政协委员、中国钢研科技集团有限公司董事长才让等六位代表分别围绕产学研结合、央地合作、整合科技资源服务自主创新等内容作了主题发言。

（白　冰）

【开展社会组织培育服务工作】 年内，先后举办了“行业协会议事规则制定”“社会组织项目管理”等14期培训，受训对象包括社会团体、民办非企业单位、基金会以及市、区、街三级被孵化组织共约300家，参训人数累计超过1500余人次。利用场地资源为相关社会组织开展沙龙、培训、咨询、联谊等活动提供支持，全年共安排社会组织开展活动40余次，包括“志愿者管理”等主题沙龙15期、开放式咨询服务活动19场次。

（白　冰）

社会工作队伍建设

【概况】 2011年，全市社会工作者队伍建设紧紧围绕专业化、职业化建设，加强教育培训，扶持专业机构，加强政策保障，加大宣传力度，社会工作者队伍建设取得了新进展。

（一）加强社会工作者教育培训，提高专业化水平

加强社会工作者队伍培训。认真做好社会工作者培训、培养工作，在内容、形式、方法上积极探索创新，分层次有重点地开展有针对性的培训。先后举办全市社区党组织书记示范培训班、全市街道办事处主任轮训班，共154名社区党组织书记、132名街道办事处主任参加了培训，提高了社会管理能力与水平。各区县充分依托社会工作人才培养“双基地”、社会工作事务所等载体，积极开展基层社会工作者培训工作，举办了社会工作者职业水平考前培训、新进社区工作

者岗前培训及社区工作者骨干培训等。全市各区县对基层社会工作者共培训4万余人次，有效提高了基层社会工作者的专业水平和职业技能。

组织社会工作者职业水平考试。6月11—12日，市人力社保局、市社会办、市民政局共同组织了2011年度社会工作者职业水平考试。全市在东城区、西城区、丰台区设置考点20个，考场421个。全市共有12564人报名，1893人通过考试。其中社会工作师报考9504人，1543人通过考试，合格率19.5%；助理社会工作师报考3060人，350人通过考试，合格率14.15%。我市通过社会工作者职业水平考试人员已达7505人。

与北京城市学院面向社区工作者定向招收硕士研究生。拟定向招收30名社区工作者攻读社会工作在职研究生，其中社会管理、公共服务专业各15名，学习期满并考核合格后，将同时获得研究生学历和硕士学位。各区县积极动员，广大社区工作者踊跃报名，报名人数达到1049人。此次面向全市社区工作者招收社会工作专业硕士，进行定向培养，是创新社会工作人才培养方式的有益尝试，也是我市加强社区工作者队伍建设的又一重要举措，对进一步提升这支队伍的专业化、职业化水平具有重要促进作用。

（二）培育扶持专业社工机构，提高职业化水平

继续加大社会工作事务所培育扶持力度。一是对2010年建设的17家社会工作事务所，按照每个事务所5万元的标准，下拨了开办经费，用于支持事务所的启动和初期运转。二是在总结2010年社会工作事务所建设经验的基础上，继续加大建设力度，指导尚未成立的区县积极推进社会工作事务所建设工作。如朝阳区新成立了曙康、七彩昀、亚运村立德等6家社工事务所；门头沟区成立康馨社会工作事务所，并聘请中华女子学院教授为督导；房山区与北京理工大学社会工作系合作，成立了本区首家社会工作事务所；密云县与北京工业大学人文社会科学院社会工作系合作，建立了家业如心社会工作事务所等。截至2011年底，全市社会工作事务所数量已达38家。

开展购买专业社工岗位试点工作。一是完成第一批专业社工岗位购买工作。制定了《购买专业社会工作岗位实施方案》，按照“一街一社工”“一所一督导”的标准，在16区县的141个街道、17家社会工作事务所及相关社会工作领域购买第一批200个专业社会工作岗位，为全市社会工作人才提供了更加广阔的发展平台。二是启动第二批专业社工岗位购买工作。进行岗位需求调研，制定了岗位购买方案。三是各区县积极开展岗位购买试点工作。东城区从北京工业大学和北京青年政治学院的专家学者中聘用了一批具有社会工作相关领域中高级职称和一定实践经验的专业社工到街道和社工事务所指导开展工作，涉及心理咨询、社区工作者/志愿者督导、社会组织培育扶持、社区建设和发展等多个领域；海淀区引入街道资金，在街道层面自主开展购买专业社工岗位工作；丰台区实行项目化运作，各项目组深入社区进行探访，针对社区需求设计活动方案，受到了社区居民的欢迎。

（三）制定出台相关政策文件，健全制度保障体系

制定社会工作人才队伍建设中长期发展规划。按照市人才工作领导小组年度重点工作安排，认真做好《首都中长期社会工作专业人才发展规划纲要（2010—2020年）》（以下简称《规划纲要》）的起草工作。先后征求了市委组织部、市发改委、市教委、市民政局、市财政局、市人力社保局等有关部门和委办班子成员、各处室及16个区县社会工委、社会办的意见和建议，召集有关专家对《规划纲要》进行了专题论证。在充分吸纳各有关方面意见的基础上，对《规划纲要》进行了修改和完善。年底前，《规划纲要》已报市人才工作领导小组，将与有关部门联合下发。

起草并下发《关于“首善之区社会工作

人才发展工程”的实施意见》。按照市人才工作领导小组工作要求，落实《首都中长期人才发展规划纲要（2010—2020年）》提出的重要任务，完成《关于“首善之区社会工作人才发展工程”的实施意见》的起草印发工作，提出首善之区社会工作人才发展工程的发展目标、推进步骤和九大计划，对今后一段时期首都社会工作人才发展作出全面部署和安排。

认真做好社会工作人才系列文件起草工作。研究起草了社会工作者职业水平评价、登记管理、专业技术职级体系与薪酬待遇、社会工作岗位设置、教育培训等系列文件初稿，已完成委内征求意见工作。

（四）加大社会工作宣传力度，营造良好发展氛围

召开2011年大学生社工迎新春座谈会。市委社会工委书记、市社会办主任宋贵伦出席会议并讲话，市委组织部、市民政局、市人力社保局相关领导出席会议。全市16个区县社会工委、社会办主要领导、部分街道负责同志及全市141个街道大学生社工代表共180余人参会。部分区、街道及大学生社工代表作了典型发言。座谈会的召开，坚定了大学生社工扎根社区的信心，激发了他们积极投身社会建设的热情。

开展“国际社工日”宣传活动。依托“2011年北京社会公益活动周、第二届首都青少年公益节暨2011年国际社工日宣传活动”，组织协调全市社会工作事务所参加国际社工日宣传展示活动，增进了社会各界对专业社会工作和社会工作事务所的了解和认识。同时，指导各区县在2011年国际社工日期间开展了丰富多样的活动，进一步增强了广大社会工作者的职业认同。

加强媒体宣传。一是围绕社会工作文件出台、招收社会工作硕士研究生、国际社工日等重要节点和契机，在电视、报纸、网络等各种媒体开展广泛宣传，相关媒体报道近千条，向《北京信息》《北京社会建设信息》等报送信息42篇，提高了社会对社会工作的认知度。二是宣传优秀社工典型。参加“第二届中国社工年会”，推选市委社会工委书记、市社会办主任宋贵伦为2010年度“中国十大社工人物”。积极参加2011北京青年创新创业博览会、首都各界人才专场文艺演出优秀人才推荐等活动，向社会宣传社会工作行业优秀人才。三是印制《方兴未艾的社会工作事务所》宣传册，展示社会工作事务所建设成果和社会工作人才良好形象。四是开展“北京市社会管理创新研究”课题研究、“首都中长期社会工作人才发展对策研究”课题、“我市社区工作者队伍现状及发展对策”调研等课题研究，相关调研报告在《北京信息》和《北京工作》刊登。

（五）认真落实社区工作者待遇，稳定社工队伍

认真落实《关于进一步规范社区工作者待遇的通知》要求，按照社区工作者待遇水平原则上不低于所在区县执行事业单位工资制度的全额拨款事业单位（不含教师）水平，进一步提高社区工作者待遇水平。社区正职月平均收入为2100～2500元左右，副职为1900～2300元左右，一般工作人员为1800～2000元左右。协调市发改委、市人力社保局等部门，研究社区工作者工资增长机制，《关于促进本市居民收入增长的意见》明确提出要提高社区工作者待遇。参照所在区县全额拨款事业单位工资增长水平，同步同幅提高社区工作者工资待遇，进一步完善社区工作者福利待遇。通过落实提高社区工作者待遇，进一步稳定了社区工作者队伍，我市社区工作者共2.8万人，35岁以下社区工作者约占35%，具有大专以上学历的占70%以上。

（张　婷）

【召开2011年大学生社工迎新春座谈会】 1月26日，市委社会工委、市社会办召开2011年大学生社工迎新春座谈会。市委社会工委书记、市社会办主任宋贵伦出席会议并讲话，市委社会工委副书记、市社会办副主

任赵小卫主持会议，市委社会工委委员、市社会办副主任周开让通报了全市社会工作队伍建设情况。市委社会工委委员、市社会办副巡视员王智玲，市民政局副巡视员宋文星及市委组织部、市人力社保局相关领导出席会议。全市16个区县社会工委、社会办主要领导、部分街道负责同志及全市141个街道大学生社工代表共180余人参会。来自各区县的大学生社工代表作了发言。朝阳区委社会工委、西城区德胜街道分别就大学生社工队伍建设工作进行了交流。

（张　婷）

【推选“2010年度中国社工人物”】 做好“2010年度全国社会工作领域十大事件”和“2010年度中国社工人物”推选工作。1月18日，第二届中国社工年会在北京召开，年会揭晓了“2010年度中国十大社工人物”和年度“十大社工事件”，市委社会工委书记、市社会办主任宋贵伦当选“2010年度中国十大社工人物”。

（张　婷）

【开展“国际社工日”宣传活动】 4月15日，“2011北京社会公益活动周　第二届首都青少年公益节暨2011年国际社工日宣传活动启动仪式”在地坛公园开幕。活动当天，17家社会工作事务所分别选派专业社工，发放宣传册、折页等宣传品，举办事务所建设成果图片展，开展现场咨询和便民服务。

（张　婷）

【推进工会专职工作者纳入社会工作者管理工作】 5月11日，在市总工会干部学院进行了专职工会社会工作者第二次资格认证考试，本次考试共有1445人参加，其中在岗人员491人，大学生954人。市总工会专职工会社会工作者第一次资格认证考试已于2010年11月完成，已有686人取得资格证书。获证人员于2011年7月1日后参照社区工作者有关规定，落实工作待遇，逐步纳入社会工作者队伍管理。

（张　婷）

【全市通过全国社会工作者职业水平考试人数达7505人】 截至2011年底，首都地区通过全国社会工作者职业水平考试人数累计达到7505人，其中社会工作师1640人，助理社会工作师5865人。

（张　婷）

【2011年社会工作队伍建设半年工作会召开】 7月26日，市委社会工委、市社会办召开2011年社会工作队伍建设半年工作会，总结上半年全市社会工作队伍建设工作，并对下半年工作作出部署。市委社会工委副书记、市社会办副主任周开让，市委社会工委委员、市社会办副巡视员王智玲出席会议。

（张　婷）

【《关于“首善之区社会工作人才发展工程”的实施意见》出台】 10月20日正式印发《关于“首善之区社会工作人才发展工程”的实施意见》。《实施意见》明确了首善之区社会工作人才发展工程的发展目标、推进步骤，提出了社会工作人才“双基地”建设、社会工作骨干人才培养、社会工作“枢纽型”组织培育、专业社会工作机构培育、社会工作岗位开发、社会工作人才职业发展、社会工作人才政策保障、社会工作人才形象提升、社工义工联动互促等九大计划，对今后一段时期首都社会工作人才发展作出全面部署和安排。

（张　婷）

【召开面向北京社区工作者定向招考硕士研究生新闻发布会】 10月25日，市委社会工委、北京城市学院、北京社会建设研究院召开面向北京社区工作者定向招考硕士研究生新闻发布会。市委社会工委与北京城市学院定向招收30名社区工作者攻读社会工作在职研究生，其中社会管理、公共服务专业各15

名，学习期满并考核合格后，将同时获得研究生学历和硕士学位。市委社会工委委员赵小卫，北京城市学院院长刘林，市委社会工委副书记、市社会办副主任周开让及各区县委社会工委主要领导参加发布会。

（张　婷）

【检查社会工作人才队伍建设工作】　12月22日，市委组织部人力资源研究中心副主任程岳率市人才工作检查组到市委社会工委检查2011年度全市社会工作人才队伍建设情况。市委社会工委委员、市社会办副主任王丽竹出席会议并全面汇报了2011年落实《首都中长期人才发展规划纲要（2010—2020年）》和完成市人才工作领导小组全年重点工作安排的情况，提出了下一步做好相关工作的思路。

（张　婷）

【召开北京市社会工作事务所迎新年座谈会】　12月23日，市委社会工委、市社会办召开北京市社会工作事务所迎新年座谈会，市委社会工委副书记、市社会办副主任周开让出席会议并讲话。各区县社会工委、社会办主管领导、全市36家社会工作事务所及专业社工机构负责人参加座谈会。朝阳区、通州区社会工委及西城区社会工作者联合会、海淀区睿搏社会工作事务所负责人作了交流发言。会议总结了全市社会工作事务所建设工作开展情况，提出要进一步加快社会工作事务所健康发展，加大政策扶持力度，在项目运作和资金支持方面推进建立政府购买公共服务体系，切实加强事务所自身能力建设，坚持问题导向、需求导向、项目导向，建立适应地区特点的社会工作机构建设模式。

（张　婷）

【全市社会工作事务所已成立38家】　在总结上年社会工作事务所建设经验的基础上，2011年市委社会工委继续加大建设力度，指导尚未成立的区县积极推进社会工作事务所建设工作。截至2011年末，全市社会工作事务所已达38家。

（张　婷）

【开展社会工作者各项培训工作】　年内，市委社会工委、市社会办先后举办全市社区党组织书记示范培训班、全市街道办事处主任轮训班，共154名社区党组织书记、132名街道办事处主任参加培训。各区县充分依托社会工作人才培养“双基地”、社会工作事务所等载体，积极开展基层社会工作者培训工作，举办了社会工作者职业水平考前培训、新进社区工作者岗前培训及社区工作者骨干培训等。全市各区县对基层社会工作者共培训4万余人次。

（张　婷）

【开展各项社会工作宣传与理论交流工作】　参加“第二届中国社工年会”、2011北京青年创新创业博览会、首都各界人才专场文艺演出优秀人才推荐等活动，向社会宣传社会工作行业优秀人才。市委社会工委书记、市社会办主任宋贵伦在中国社会工作协会举办的“第二届中国社工年会”上被评选为“2010年度中国十大社工人物”。印制《方兴未艾的社会工作事务所》宣传册，展示社会工作事务所建设成果和社会工作人才良好形象。围绕社会工作文件出台、招收社会工作硕士研究生、国际社工日等重要节点和契机，在电视、报纸、网络等各种媒体开展广泛宣传。加强理论研究与交流工作，开展了“北京市社会管理创新研究”“首都中长期社会工作人才发展对策研究”“北京市社区工作者队伍现状及发展对策”等课题研究。

（张　婷）

【落实社区工作者待遇】　社区正职月平均收入为2100～2500元左右，副职为1900～2300元左右，一般工作人员为1800～2000元左右。协调市发改委、市人保局等部门，研究社区工作者工资增长机制，《关于促进本市居民收入增长的意见》明确提出提高社区工作者待遇，形成与本区县全额拨款事业单位同步同幅增长机制。

（张　婷）

【开展购买专业社工岗位工作】　年内，通过岗位需求调研，制定岗位购买方案，按照“一街一社工”“一所一督导”的标准，在全市购买了178个专业社工岗位。东城区从北京工业大学和北京青年政治学院的专家学者中聘用了一批专业社工到街道和社工事务所指导开展工作，涉及心理咨询、社会组织培育扶持、社区建设和发展等多个领域；海淀区引入街道资金，在街道层面自主开展购买专业社工岗位工作；丰台区实行项目化运作，各项目组深入社区进行探访，针对社区需求设计活动方案，受到了社区居民的欢迎。

（张　婷）

志愿者工作

【概况】　2011年，首都志愿者工作紧紧围绕常态化、规范化建设，加强统筹协调机制建设，发展壮大各类志愿者队伍，完善志愿服务项目体系建设，积极开展各类志愿服务活动，志愿服务理念进一步推广，志愿服务长效机制建设迈上新的台阶。

（一）推进志愿者统筹协调机制建设

加强市志愿者联合会建设。加强北京市志愿联合会建设，发挥其“枢纽型”志愿者组织作用，加强联合会内部建设，积极发展团体会员，市志愿者联合会团体会员已达431家。

推进志愿者工作联席会议制度建设。完善志愿者工作联席会议制度，与首都文明办、首都综治办、市民政局、团市委、市志愿服务指导中心等相关单位定期研究解决志愿者重点难点工作。2011年共召开联席会议4次，主要研究全年工作重点，如志愿服务项目统一发布、“市民劝导队”经验推广、优秀志愿者推荐活动等工作，交流经验，整合资源，推动形成齐抓共管的志愿者工作格局。

完善区县志愿者工作统筹协调机制。指导推动区县志愿者工作。如密云县成立志愿者联合会，出台了《关于进一步加强和改进志愿服务工作的意见》，启动“绿色国际休闲之都·志愿密云”行动；昌平区出台《昌平志愿服务事业发展规划（2011—2015）》，开展“青春建功‘十二五’”青年行动计划（2011—2015）之和谐志愿行动。我市已有西城区、海淀区、顺义区、昌平区、怀柔区等9个区县已成立或正在筹备成立志愿者联合会，朝阳区、通州区、平谷区等其他区县成立了志愿者联盟、协会或志愿者联席会议等，充分发挥了统筹协调与资源整合作用。

（二）发展壮大各级各类志愿者队伍

按照“统一规划、分类指导、自主发展”的原则，推进以通用志愿者为基础、专业志愿者为骨干、青年志愿者为主力的志愿者队伍建设工作。在2010年度全市首批认定10支专业化志愿者队伍的基础上，新建法制宣传志愿服务总队、旅游志愿者服务总队、文化志愿者总队、体育志愿者总队、公园志愿服务总队、节能环保志愿者服务总队、首都无偿献血志愿者服务总队、大医博爱志愿者服务总队、“爱洒无声”助聋志愿者服务总队、抢救国宝文化志愿者总队等10支专业志愿者队伍。

各系统、各部门结合自身特点和实际情况，进一步加强各类志愿者队伍建设。首都治安志愿者队伍不断扩大，实名注册近70万人，在重大节日、活动和敏感期动员组织各种群防群治力量达到上千万人次，确保了首都社会的安全稳定；全市社区志愿者队伍已达1.54万支，社区志愿者登记注册人数达到71万余名；市红十字会成立蓝天救援队、心理救援队、防艾核心小组等10支志愿者队伍组成的红十字志愿服务队，覆盖了紧急救援、艾滋病防治、新闻、文化、环保等多个领域；市知识产权局加强首都保护知识产权志愿者队伍建设，建立包括大学生、社区居民、专家在内的志愿者队伍800余人，定期开展知识产权宣传、走访重点市场、服务重点企业等活动；市应急志愿者服务总队成立并为志愿者配发应急包，围绕防灾减灾日开展活动；社会体育指导员队伍、文化志愿者队伍、市公园志愿服务总队、博物馆志愿者服务总队等志愿服务队伍不断发展壮大，服务体系进一步完善。

（三）完善志愿服务项目体系建设

建设志愿服务项目平台载体。以“志愿北京”信息平台为统一载体，对志愿服务项目进行梳理发布，不断完善项目平台建设。“志愿北京”信息平台志愿服务项目已达1300多个，包括城市运行、社区服务、文化教育、绿色环保、关爱服务、应急救援和赛会服务七大类。

开发志愿服务重点项目。围绕首都中心工作、重要活动、重大事件和人民群众需求，着力创新志愿服务实践项目。2011年重点推出“志愿北京”系列志愿服务项目。包括：“蓝天行动”关爱农民工子女志愿服务项目，动员全市141支志愿服务队与137所农民工子弟学校建立结对，覆盖2424个班级，直接参与服务志愿者9924名；“蓝立方计划”城市志愿服务，在社区、公园、广场等重要城市公共空间重新选址，通过对“蓝立方”硬件的改造提升，有效扩大了工作阵地；毛主席纪念堂志愿服务项目，全力打造“志愿服务+革命传统教育”的志愿服务新模式；在公共交通枢纽、公园、文化场所、医院等公共场所，广泛开展“文明交通引导”“公园之友”“博物馆之友”“平安北京”应急志愿服务等项目；围绕困难人群服务管理需要，开展96156社区志愿服务系列活动、“社区家园行动”“大医博爱”医疗志愿服务项目，“红立方”“亲情陪伴”“青春伴夕阳”“心目影院”社区矫正等志愿服务项目。

（四）积极开展各项志愿服务活动

一是两节期间组织开展“红红火火过大年”主题活动，开展以送温暖、送文化、送卫生、送平安、送健康为主要内容的志愿服务活动。二是中国青年志愿者服务日、“两会”期间等重要节点，开展应急处置、治安巡逻、服务弱势群体、文明宣传、秩序维护、环境巡查等志愿服务活动，倡导良好社会风尚，为全国“两会”创造和谐、文明、安定的社会环境。三是积极参与首都文明交通行动，配合首都精神文明办，会同市志愿者联合会等单位向全社会发出“绿色出行、文明交通、从我做起”倡议，广泛发动市民群众加入文明交通志愿者队伍，开展经常性文明交通劝导活动。四是进一步总结大型赛会志愿服务经验，组织志愿者积极参与第二届北京奥运城市体育文化节、环北京职业自行车赛、中国网球公开赛等赛会志愿服务工作。

（五）加大志愿服务理念宣传普及力度

加大优秀志愿者宣传表彰力度。加强志愿服务宣传力度，加大对优秀志愿者和志愿服务组织的表彰宣传，营造志愿服务事业发展的良好社会氛围。组织全市各系统、各区县参加中央文明办全国优秀志愿者和优秀志愿服务组织网上评选活动，厉莉、刘淑芹、曾鑫被评选为全国优秀志愿者，丰台区永善社区市民劝导队被评选为全国优秀志愿服务组织。市民政局开展“首都社区志愿者之歌”征集活动，展示首都社区志愿者风貌，提升社区志愿服务的品牌影响力；石景山区开展“公益反哺家园”活动，为志愿者发放公益反哺积分卡，依据积分卡情况对志愿者实行星级认定，对志愿者定期进行奖励和表彰；平谷区开展2010年度优秀志愿者评比表彰；密云县年底开展十佳明星志愿服务团队、先进志愿服务团队，十佳明星志愿者、优秀志愿服务服务项目等评选标准活动。

开展志愿服务经验交流及推广活动。各系统、各部门积极开展志愿者工作理论研究及推广交流活动，总结交流志愿者工作经验。首都综治办组织召开“创新群众工作、加强社会管理推广会”，交流推广志愿服务反哺和星级管理、“五老”参与矛盾化解等经验，编制印发《首都综治创新群众工作经验成果汇编》。市红十字会召开首届志愿服务推进会，围绕志愿公益理念与社会实践进行了交流和探讨。市志愿者联合会汇聚100余位首都高校、研究机构的专家学者，发起成立北京志愿服务发展研究会，开展志愿公益类辞典编纂工作，编辑制作《志愿动态》《志愿服务理论研究动态》等刊物，大力推进志愿服务研究与交流工作。

（六）推进“市民劝导队”经验推广工作

市委社会工委联合首都文明办、首都综治办、市公安局、市民政局、市志愿者联合会等部门先后两次召开会议，深入研究落实意见，共同印发了《关于在全市宣传推广丰台区“市民劝导队”经验的通知》，要求各相关部门和各区县认真学习、大力推广“市民劝导队”经验，并于10月13日在丰台区联合召开了“市民劝导队”经验推广工作会，市委副秘书长王翔出席会议并讲话，市、区县相关部门负责人，部分街道和社区代表参加了会议，全面部署“市民劝导队”经验推广工作。报纸、电视、网络等媒体开展了广泛宣传，在全社会形成良好的舆论氛围。北京日报社、北京电视台、新京报社、人民网、新华网等媒体进行了广泛报道，报道文章达150余篇次。截至2011年底，全市各区县已成立“市民劝导队”1600余支，劝导队队员5.1万余人。“市民劝导队”在改善社区环境、维护社区秩序、倡导文明风尚、化解各类矛盾、促进社会和谐等方面发挥了积极作用，取得了良好的社会成效。

（张　婷）

【举办“红红火火过大年”主题志愿服务活动启动仪式】 1月22日，北京市“红红火火过大年”主题志愿服务活动暨第三届北京文化志愿者“送福到家”活动启动仪式在朝阳区“快板刘”文化大院举行。本次活动由市委社会工委、市社会办会同首都文明办、团市委联合举办，以送温暖、送文化、送卫生、送平安、送健康为主要内容。市委社会工委委员、市社会办副巡视员王智玲出席活动启动仪式。

（张　婷）

【志愿者工作联席会议召开】 3月16日，市委社会工委、市社会办召开志愿者工作联席会议。市委社会工委委员、市社会办副主任周开让，市委社会工委委员、市社会办副巡视员王智玲，市志愿服务指导中心主任郭新保出席会议并讲话。首都综治办、首都文明办、市民政局、市志愿服务指导中心以及市文化志愿者服务中心、市公园管理中心、首都无偿献血志愿者协会、北京博物馆志愿者服务总队相关负责同志参加会议。会议重点讨论了各系统今年志愿者工作安排及拟开展的志愿服务项目情况，并对下一步志愿者工作提出了要求。

（张　婷）

【与市保护知识产权举报投诉中心座谈】 9月7日，市委社会工委、市社会办与北京市保护知识产权举报投诉服务中心（简称“北京12330”）就保护知识产权志愿者工作进行了座谈。“北京12330”介绍了首都保护知识产权志愿者队伍建设情况，双方就志愿者队伍建设中存在的问题、下一步工作计划等进行了深入讨论。2010年“首都保护知识产权志愿者社区行”活动开展以来，目前志愿者总人数超过800人。

（张　婷）

【开展应急救援志愿服务活动】 协调北京市志愿者联合会，加强市志愿者联合会综合应急服务总队建设，按照专业分类组建17支救援分队，通过规范招募、加强培训，逐步实现管理规范化和队伍专业化。配合市应急办、市民防局发放应急包近万个。盈江地震发生后，第一时间选派4名总队骨干队员投入救灾工作，寻医问诊600多人次、为100余名盈江骨干志愿者进行防灾减灾技能和紧急医疗救护技能培训。

（张　婷）

【召开“市民劝导队”经验推广工作会】 10月13日，市委社会工委、首都综治办、首都文明办、市公安局、市民政局、市志愿者联合会联合召开“市民劝导队”经验推广工作会，认真贯彻落实刘淇同志批示要求，总结推广丰台区永善社区“市民劝导队”经验，进一步推动首都基层社会服务管理创新。市委副秘书长王翔出席会议并讲话。市、区县社会工委、综治办、文明办、公安局、民政局、志愿者联合组织主要负责人，及部分街道和社区代表共150余人参加了会议。会议印发了《关于在全市宣传推广丰台区“市民劝导队”经验的通知》，要求各相关部门和各区县认真学习、大力推广“市民劝导队”经验。

（张　婷）

【举办专业志愿者队伍主题展示宣传活动】 11月25日，由市委社会工委、团市委、市志愿者联合会举办的专业志愿者队伍主题展示宣传活动在地坛公园举办。市委副秘书长王翔为法制宣传志愿服务总队、旅游志愿者服务总队等10支新认定的专业志愿者队伍授旗。活动中，10支专业志愿者队伍集体亮相，并展示了各自的特色志愿服务项目。

（张　婷）

【召开《北京市志愿者管理办法（试行）》落实工作推进座谈会】 12月3日，市委社会工委、市社会办会同市志愿者联合会等有关部门召开《北京市志愿者管理办法（试行）》落实工作推进座谈会，总结交流《办法》实施一年来全市落实情况，部署下一步志愿者重点工作。市委副秘书长王翔出席会议并讲话。市委社会工委书记、市社会办主任宋贵伦主持会议。首都综治办、首都文明办、市公安局、市民政局、市消防局、市志愿者联合会等有关单位领导及处室负责人，各区县社会工委、社会办及志愿者联合组织主要领导，20支市级专业志愿者组织负责人参加会议。会议总结了全市落实《办法》情况，西城区志愿者联合会、北京师范大学白鸽青年志愿者协会负责同志及优秀志愿者代表叶如陵作了典型发言。

（张　婷）

【举行市志愿者联合会团体会员集体入会仪式】 12月3日，市志愿者联合会新一批团体会员集体入会仪式在地坛公园举行。市志愿服务指导中心，市委社会工委、市社会办相关领导、市志愿者联合会特聘专家等出席活动。仪式上，与会领导为国奥守望家园志愿者服务总队、4月公益博物馆志愿者协会等9家志愿者组织颁发“北京市志愿者联合会团体会员”证书。

（张　婷）

【参加全国优秀志愿者及志愿服务组织网上评选活动】 10—12月，中央文明办开展全国优秀志愿者和优秀志愿服务组织网上评选活动，市委社会工委、市社会办积极组织全市各系统、各区县参加推荐工作。经过基层推荐，召开志愿者联席会充分讨论，推荐丰台区丰台街道永善社区市民劝导队为全国优秀志愿服务组织，推荐曾鑫等10名同志为全国优秀志愿者，向全国宣传介绍首都优秀志愿者及志愿服务组织的先进事迹，弘扬志愿服务理念。12月，评选结果公布，全市助盲志愿者曾鑫、文化志愿者刘淑芹、骨髓捐献志愿者厉莉及丰台区永善社区市民劝导队分别获得全国优秀志愿者及志愿服务组织称号。

（张　婷）

【开展志愿者统一注册试点工作】 按照《北京市志愿者管理办法（试行）》有关规定，协调市志愿者联合会，完善“志愿北京”注册信息平台，编写“志愿北京”平台的操作手册和使用指南，全面推进志愿者注册工作的科学化、规范化和信息化建设。分期分批开展志愿者注册机构和团体会员“志愿北京”信息平台使用培训。围绕志愿者注册计时工作，研发多种注册计时方式，选取西城区、海淀区、昌平区、顺义区等区县，开展了自有注册系统与“志愿北京”平台数据同步测试注册工作，与北京师范大学、中国传媒大学等20余所高校开展了“志愿北京”平台直接注册试点工作。

（张　婷）

社会领域党建工作

【概况】 2011年，市委社会工委在市委坚强领导和市委组织部的具体指导下，在各区县的大力支持配合下，认真贯彻落实党的十七届五中、六中全会和市委十届九次全会精神，紧紧围绕加强和创新社会管理，全面推进社会建设的工作任务，以创先争优活动为契机，以纪念建党90周年为载体，以创新为动力，全市社会领域党建工作扎实开展、稳步推进、成效明显。

（一）围绕构建区域化党建格局，街道（乡镇）社会工作党委建设有新进展

会同市委组织部，举办了全市街道党工委书记集中培训班、社区党组织书记示范培训班，着力提高基层党组织负责人切实承担起基层社会管理领导责任的能力，增强构建区域化党建格局的责任意识。全市135名街道党工委书记、154名社区党组织书记参加培训。召开街道（乡镇）社会工作党委建设经验交流推进会，从区街两个层面总结街道社会工作党委建设经验，进一步规范街道社会工作党委建设机制。石景山区所有街道、朝阳区部分街道采取选举方式，产生街道社会工作党委成员；西城区在街道原“两新”办的基础上，建立街道社会工作党委办公室，解决了人员、办公场地、经费等问题；丰台区面向社会公开招聘街道社会工作党委办公室工作人员；房山区、昌平区、密云县从大学生社工中，为街道社会工作党委办公室解决专职工作人员，许多区县从区级财政为街道社会工作党委建设解决专项工作经费。截至2011年底，全市142个街道全部建立了街道社会工作党委，并逐步向乡镇延伸。全市182个乡镇，已有124个乡镇建立了社会工作党委，丰台区、门头沟区、房山区、通州区、顺义区、平谷区、密云县等实现了全覆盖。

（二）围绕推进商务楼宇“五站合一”建设，非公有制经济组织服务管理和党的建设有新突破

按照抓集中带分散的原则，各相关部门、各区县探索建立党建工作站、社会工作站、工会工作站、共青团工作站、妇联工作站“五站合一”的工作模式。在规模以上非公有制企业党的组织和党的工作全覆盖基础上，进一步推进党的组织和工作向中小型企业的延伸。会同有关部门召开商务楼宇建设专题会，共同起草印发了《关于在商务楼宇中开展“姐妹驿站”建设的工作意见》和《北京市写字楼内部治安保卫工作规定》。加强工作指导，扎实推进全市商务楼宇“五站合一”全覆盖，转发石景山区《关于加强商务楼宇工作站建设的实施意见》。东城区、海淀区、石景山区召开推进会、印发商务楼宇“五站合一”建设实施意见，进一步规范商务楼宇

“五站”工作职责，明确商务楼宇“五站”建设标准。目前，全市建立了1162个商务楼宇工作站，覆盖全市1249座商务楼宇、6.9万商户、83.3万就业人员、4.3万名党员。会同市委组织部研究制定《关于在创先争优活动中实施“非公有制企业党建推进工程”的意见》，印发《关于加强非公有制经济组织联系服务工作的通知》，对区县社会工委、街道（乡镇）社会工作党委、社区党组织、商务楼宇党建工作站联系服务非公有制企业工作提出明确要求。通过筹办“两新”组织党组织负责人座谈会，从市级层面加强与“两新”组织的联系与服务，指导安利北京分公司、京东商城建立党委。召开区县统计工作会议，指导区县及有关部门扎实开展非公有制经济组织调查摸底工作。推进非公有制经济组织党建“五个好”示范点创建活动，全市推出“五个好”示范点629个，涌现出了叶青大厦、启明星辰、新奥特、北京现代、安利北京分公司等一批工作成效明显、社会影响较大的非公有制企业党建工作典型。在全国非公有制经济组织创先争优活动指导小组指导工作座谈会上，市委社会工委书记、市社会办主任宋贵伦代表北京市作了题为《系统培训骨干，分类分级指导，扎实推进非公有制企业创先争优活动深入开展》的典型发言，受到与会人员肯定。

（三）围绕纪念建党90周年，创先争优活动有新成效

召开北京市社会领域创先争优活动领导小组工作会议，总结2010年创先争优活动开展情况，部署2011年开展创先争优活动工作任务。指导全市社会领域党组织开展领导点评创先争优活动，社会领域创先争优领导点评经验材料被中央非公有制经济创先争优活动指导小组转发。结合纪念建党90周年，召开全市社会领域深入开展创先争优活动交流推进会和全市社会领域纪念建党90周年座谈会，对近年来社会领域创先争优活动开展情况进行总结部署，交流推广经验，对社会领域先进基层党组织、优秀共产党员、优秀党务工作者、党建活动优秀创新项目“四个90”进行表彰。开展社会领域纪念建党90周年主题党日活动，先后6次组织社会领域共计3000人参加“一切为了人民”主题展览，市委社会工委被评为“最佳组织奖”。举办全市非公有制经济组织创先争优活动座谈会，全市非公有制经济组织40名党组织负责人代表参加，共商创先争优活动在非公有制企业落实和推进措施。落实北京市窗口单位和服务行业为民服务创先争优工作部署会精神，在全市社会领域党组织和广大党员中深入开展“创服务品牌、树党员形象”活动。按照市委创先争优活动领导小组办公室要求，全力做好围绕创新社会服务管理开展社会领域创先争优活动情况的集中报道工作。认真总结宣传全市社会领域开展创先争优活动的经验，中央非公有制经济组织创先争优活动指导小组先后刊发全市商务楼宇建设、叶青大厦、人民电器等非公有制领域单位经验做法。

（四）围绕社会组织服务管理创新，社会组织“枢纽型”党建体系有新举措

坚持党建工作与业务工作一起抓，各“枢纽型”组织党建工作委员会，加强对同类别、同性质、同领域社会组织党建工作的服务与指导，“枢纽型”社会组织党建工作体系基本形成。充分运用社会组织“枢纽型”工作平台，研究探索市级层面“枢纽型”社会组织党建工作“3+1”模式。市科协、市残联、市红十字会、市侨联、市社科联、市法学会、市工商联、市贸促会、市私个协、市商业联合会、市建筑业联合会、北京工业经济联合会等15家市级“枢纽型”社会组织，先后挂牌建立社会组织党建工作委员会及联合党组织，成立专门工作部门，建立党建工作联席会机制。加大对区县社会组织党建工作指导力度。怀柔区借鉴市级“枢纽型”社会组织党建工作“3+1”经验，率先在区残联建立党建工作体系。石景山区探索社区联建门店、密云县成立街道社区商管协会，加强对辖区社会组织的联系、服务和管理。朝阳区律师协会党委依托街道司法所，

成立了100余家党支部，加强律师行业基层党组织建设。海淀区成立社会组织联合会党支部，加强对所联系的50余家社会组织党建工作的领导。西城区、丰台区、门头沟区、房山区、通州区等分别建立了与教育、卫生、人保等部门联席会机制，共同研究所属民办非企业实际问题，选派专职党务工作人员，投入专项工作经费，加强所属社会组织党建工作。

（五）围绕党建与统战互联互动，共建共促，社会领域统战工作有新拓展

做好中央统战部及市委有关领导调研北京社会领域统战工作、中央统战部在北京召开社会领域统战工作现场会、北京市社会领域统战工作座谈会等相关工作的组织协调。参与组织和完成社会领域党组织负责人统战工作2—3期示范培训班，全市先后有146名社会领域党组织负责人参加培训。指导各区县做好统战工作二级培训。指导全市社会领域党组织和商务楼宇积极做好社会领域统战工作，培育了北京青年园石景山创业园、叶青大厦、丰台区时代风帆等楼宇统战工作典型。积极做好统战工作征文。市委社会工委书记、市社会办主任宋贵伦同志撰写的《互联互动，共建共促，实现社会领域党建与统战工作合作共赢》论文荣获首都统战系统纪念建党90周年征文活动一等奖。

（六）围绕成果转化，推动工作，调查研究工作有新加强

做好市委考察组赴浙江考察村务监督委员会开展监督工作情况的协调和考察报告的撰写等工作。考察报告在《前线》杂志刊发，在考察报告的基础上形成了《北京市关于建立村务监督委员会工作的意见》。学习贯彻全市组织系统调查研究工作会议精神，完成《北京市党建研究2011年度党建研究项目申报书》、我委办承担市委组织部调研课题《北京市“枢纽型”社会组织党建体系研究》、市委组织部第二届组织工作科学化论文《非公有制经济组织优秀人才纳入执政视野，进入党政队伍渠道研究》、中组部调研子课题《近三年来北京市高校毕业生在“两新”组织就业问题研究》和《社会组织工作台账有关材料》的撰写报送工作。先后50余次到基层和有关单位调研，总结点上经验，指导面上工作。

（郭　弘）

【市社会领域创先争优活动领导小组召开领导点评工作会议】 1月12日，全市社会领域创先争优活动座谈会召开。市社会领域开展创先争优活动领导小组副组长、市委社会工委委员、市社会办副主任陈建领出席会议并讲话。会议全面总结了2010年全市社会领域创先争优活动开展情况，并就领导点评创先争优工作和2011年创先争优工作提出具体要求。与会单位围绕引导社会领域基层党组织和党员积极参与创先争优活动、充分发挥战斗堡垒作用和先锋模范作用进行了讨论。

（郭　弘）

【召开全市“两新”组织党组织负责人创先争优座谈会】 1月18日，市委社会工委、市社会办组织召开全市“两新”组织党组织负责人创先争优座谈会，来自全市30家“两新”组织党组织负责人参加座谈会。市委副秘书长王翔出席会议并讲话，市委社会工委委员、市社会办副主任陈建领主持会议。与会党组织负责人就2010年“两新”组织党组织建设及创先争优活动开展情况进行汇报交流，并就2011年围绕建党90周年如何把创先争优活动引向深入、如何贯彻落实全市社会服务管理创新推进大会和北京市社会服务管理创新行动方案精神积极建言献策。市委社会工委、市社会办领导宋贵伦、周开让、刘轩、王智玲等出席相关联谊活动。

（郭　弘）

【参加全国非公有制经济组织创先争优活动指导工作座谈会】 1月20日，全国非公有制经济组织创先争优活动指导工作座谈会在京召开。市社会领域创先争优活动领导小组组

长、市委社会工委书记、市社会办主任宋贵伦参加座谈会并作了题为《系统培训骨干，分类分级指导，扎实推进非公有制企业创先争优活动深入开展》的典型发言。市社会领域创先争优活动领导小组副组长、市委社会工委委员、市社会办副主任陈建领参加分组讨论。

（郭　弘）

【全国非公有制经济组织创先争优活动指导小组办公室到本市调研】 1月24日，全国非公有制经济组织创先争优活动指导小组办公室到北京市调研非公有制经济组织创先争优活动。全国非公有制经济组织创先争优活动指导小组办公室主任、中央统战部五局副局长（正局级）方乃纯，市委社会工委书记、市社会办主任宋贵伦，市委社会工委委员、市社会办副主任陈建领参加座谈交流。

（郭　弘）

【北京奥林匹克公园党建共建协调委员会成立】 3月17日，北京奥林匹克公园管委会举办奥林匹克公园党建共建协调委员会成立大会。市委社会工委委员、市社会办副主任陈建领，市委社会工委委员、市社会办副巡视员王智玲应邀出席成立大会并致贺词。党建共建协调委员会是区域性、社会性党建工作联系机构，由驻园区社会单位、“两新”组织党组织负责人组成，旨在通过各成员单位“党建共商、事务共管、资源共享、问题共解、活动共办、和谐共享”，实现以党建带共建、以共建促发展。

（郭　弘）

【赴浙江考察村务监督委员会建设情况】 3月30日—4月2日，市委副秘书长王翔率市纪委、市委办公厅、市委组织部、市委社会工委有关负责同志赴浙江省学习考察村务监督委员会建设情况。市委社会工委委员、市社会办副主任陈建领参加考察。考察组听取了浙江省委、金华市武义县委、绍兴诸暨市委有关情况的介绍；深入武义县白洋街道后陈村、诸暨市五泄镇五泄村实地考察村务监督委员会工作情况，并与村党支部书记、村委会主任、村务监督委员会主任进行了面对面深入交流。

（郭　弘）

【召开全市社会领域创先争优活动交流推进会】 4月19日，市社会领域深入开展创先争优活动领导小组办公室组织召开北京市社会领域创先争优活动交流推进会。市委常委梁伟出席会议并讲话，市委副秘书长王翔主持会议。市委社会工委书记、市社会办主任宋贵伦出席会议并代表领导小组作了全市社会领域创先争优活动工作报告。

（郭　弘）

【西城区举办2011年首期非公有制经济组织和社会组织入党积极分子培训班】 4月21—26日，西城区举办2011年第一期非公有制经济组织和社会组织入党积极分子培训班，正式启动非公有制经济组织和社会组织入党积极分子“163”模式的培养工作，共有38名入党积极分子参加了培训。“163”模式：“1”是创新一个载体，即以《西城区非公有制经济组织和社会组织入党积极分子培养手册》为载体，完整记录入党积极分子培养的全过程；“6”是抓住六个培养环节，即参加一次专题培训、一次红色之旅、一次志愿服务，接受一系列单位评价、一系列群众监督、一系列组织谈话；“3”是完善三个机制，即联动工作机制、系统培训机制、公开考察工作机制。

（郭　弘）

【举办全市社会领域党组织负责人第二、三期统战培训示范班】 4月27—29日，5月25—27日，由市委组织部、市委统战部、市委社会工委和北京社会主义学院联合举办的第二期、第三期北京市社会领域党组织负责人统战培训示范班在北京社会主义学院举行。

来自全市16个区县委统战部、区县委社会工委干部、街道社会工作党委书记、社区党组织负责人及商务楼宇工作站负责人共计170名学员参加了培训。市委统战部副部长、市侨联党组书记王文杰，市委统战部常务副部长闵克，市委社会工委委员、市社会办副主任陈建领出席培训班相关活动。

（郭 弘）

【召开市律师业余党校成立揭牌仪式暨全市律师行业创先争优工作座谈会】 5月13日，北京市律师业余党校成立揭牌仪式暨全市律师行业创先争优工作座谈会在市律师协会召开。这是全国律师行业成立的首个以思想政治教育和党员教育培养工作为主的培训机构。司法部律师公证司司长杜春、市司法局局长于泓源出席并讲话。市委政法委副书记李万钧，市委社会工委委员、市社会办副主任陈建领应邀出席。市司法局和区县司法局主管领导以及市区两级律师协会党组织代表参加揭牌仪式和座谈会。

（郭 弘）

【召开全市商务楼宇"姐妹驿站"建设工作推进会】 5月19日，市委社会工委、市妇联联合召开北京市商务楼宇"姐妹驿站"建设工作推进会。全市16个区县委社会工委主管领导、区县妇联主管主席、权益部长及街道、社区群众代表近百余人参加会议。商务楼宇"姐妹驿站"是市委社会工委、市妇联贯彻落实《北京市社会服务管理创新行动方案》的重要举措，是商务楼宇"五站合一"建设的重要内容，是"党建带妇建"的具体体现，旨在关注女性发展、维护妇女权益，为楼宇女职工提供法律、心理、就业、交友联谊等综合性服务，努力建设成妇女工作的"坚强阵地"和深受妇女信赖的"温暖之家"。

（郭 弘）

【组织参与全市纪念中国共产党成立90周年展览活动】 协助做好全市纪念建党90周年展览"社会建设"部分的布展工作。精心组织全市90名社会领域党员代表参加纪念建党90周年展览开展仪式，并组织"向党说句心里话——百万党员寄心语"现场投寄活动。先后6次组织社会领域党建共计3000人参加"一切为了人民"主题展览及"党在百姓心中"百姓宣讲团报告会。

（郭 弘）

【召开纪念建党90周年暨社会领域党建工作推进大会】 6月24日，全市纪念建党90周年暨社会领域党建工作推进大会召开。市委常委梁伟出席会议并讲话，市委副秘书长王翔主持会议，市社会建设工作领导小组办公室主任、市委社会工委书记、市社会办主任宋贵伦总结和部署社会领域党建工作。大会分别表彰了各90个全市社会领域先进基层党组织、优秀共产党员、优秀党务工作者、党建优秀活动。

（郭 弘）

【举办全市社会领域纪念建党90周年主题党日活动】 7月5日，全市社会领域纪念建党90周年主题党日活动在中华世纪坛当代艺术中心剧场举行。市委副秘书长王翔、市直机关工委委员傅毅出席活动，市委社会工委书记、市社会办主任宋贵伦致辞。市委社会工委、市社会办领导赵小卫、张坚、周开让、陈建领、刘轩、王智玲等出席活动。

（郭 弘）

【召开全市写字楼安全保卫工作推进会】 9月8日，市社会办、市公安局、市住建委、市工商局联合组织召开全市写字楼安全保卫工作推进会。市委社会工委委员、市社会办副主任陈建领出席会议并围绕写字楼安全保障条例是探索社会服务管理创新的新途径、新方法作重要讲话。

（郭 弘）

【召开全市非公有制经济组织创先争优活动座谈会】 9月16日，市委社会工委、市社会办举办了北京市非公有制经济组织创先争优活动座谈会，来自全市非公有制经济组织的40名党组织负责人代表参加会议。市委社会工委委员、市社会办副主任陈建领出席会议并讲话。与会代表交流汇报了纪念建党90周年活动开展情况，并就进一步深入开展创先争优活动建言献策。

（郭　弘）

【市委社会工委被评为北京市纪念建党90周年展览工作"最佳组织奖"】 9月21日，市委党的建设工作领导小组召开北京市纪念建党90周年展览工作座谈会。市委副书记、市政协主席、市委政法委书记、市委党建工作领导小组组长王安顺出席会议并讲话。市委常委、市委组织部部长、市委党建工作领导小组副组长吕锡文主持会议。会上，市委社会工委被评为北京市纪念建党90周年展览工作"最佳组织奖"。

（郭　弘）

【完成全市高校毕业生进社区情况调研统计工作】 截至2011年9月，全市在社区工作的高校毕业生总数为7567人。其中，女性5527人，占73%。中共党员2917名，占38.55%。从学历情况来看，大专学历2809人，占37.1%；大学本科学历3843人，占50.8%；研究生学历915人，占12.1%。从录用形式来看，面向社会公开选聘3983人，占52.6%，面向高校招录2517人，占33.2%，由大学生村官转入692人，占9.14%。从到社区工作时间看，在社区工作1到2年和2到3年的人数较多，分别为2412人和2025人，占总数的31.9%、26.8%。从全市大学生进社区情况来看，有1名大学生的社区756个，2名以上大学生的社区1790个，没有大学生的社区171个。从从事工作情况来看，目前有43.3%的大学生从事居委会工作，已有621人担任社区党组织或居委会领导职务。大学生社工中，有146人选调或考录为公务员，128人考录进入事业编，另有88人进入高等院校继续深造。

（郭　弘）

【召开全市加强党的建设推动社会组织服务管理创新工作会】 10月18日，全市加强党的建设、推动社会组织服务管理创新工作会召开。市委副秘书长王翔、张建明出席会议并讲话。市委社会工委、市委组织部等市社会建设工作领导小组办公室成员单位负责同志，全市22家"枢纽型"社会组织负责同志，各区县社会工委、社会办负责同志，及100余家各类社会组织负责人参加会议。市委社会工委委员、市社会办副主任陈建领出席会议并就党建工作作报告，市委社会工委委员、市社会办副主任刘轩就社会组织培育发展状况作报告。

（郭　弘）

【召开全市党外人士实践锻炼经验交流会】

10月21日，市委社会工委与市委组织部、市委统战部联合召开党外人士实践锻炼经验交流会。市委常委、统战部部长牛有成，市委组织部常务副部长史绍洁出席会议并讲话。市委社会工委委员、市社会办副主任陈建领出席会议。

（郭　弘）

【召开非公有制企业党建工作推进座谈会】

10月26日，市委组织部和市委社工委联合召开非公有制企业党建工作推进座谈会。市委组织部副部长刘宇辉对"非公有制企业党建推进工程"进行再动员、再部署，市委社会工委委员、市社会办副主任陈建领主持会议。东城区、朝阳区、经济技术开发区、新奥特4家单位作典型发言。各区县委主管组织工作的副部长、社会工委书记、经济技术开发区主管组织工作的副部长和市委宣传部等相关部委办局党建工作处负责同志等70

余人参加会议。

（郭　弘）

【全市街道社会工作党建交流推进会召开】　11月3日，市委社会工委召开北京市街道社会工作党委建设交流推进会。市委社会工委委员、市社会办副主任陈建领出席会议并讲话。石景山区委社会工委、东城区建国门街道社会工作党委等5家单位围绕"三有、三好"，即有人管事、有钱办事、有处议事，工作机制好、活动载体好、作用发挥好的街道社会工作党委工作模式作交流发言。陈建领在讲话中充分肯定了各区县推动工作取得的进展与成效，同时提出在下一步工作中，要以构建街道区域化党建格局为重点，继续推进街道社会工作党委建设；认真贯彻落实全市非公有制企业党建推进座谈会精神，继续加强非公有制企业党建工作。

（郭　弘）

【全市首家区级社会组织党建工作委员会在怀柔成立】　11月9日，怀柔区残联社会组织党建工作委员会成立。市委社会工委委员、市社会办副主任陈建领，市残联党组副书记、副理事长郭克利，怀柔区委副书记萧有茂出席成立仪式并分别为党建工作委员会和社会组织联合党支部揭牌。

（郭　弘）

【检查验收全市非公有制企业"五个好"示范点及商务楼宇"五站合一"工作情况】　12月7—16日，市委社会工委深入16区县，采取听取汇报、实地检查等形式，就非公有制企业"五个好"示范点创建情况及商务楼宇"五站合一"情况进行检查验收，包括长安责任保险股份有限公司在内的16家非公有制企业和建国门街道金宝街工作站在内的11栋商务楼宇均达到验收标准。

（郭　弘）

【海淀区启动"一楼宇一社工"项目】　12月12日，海淀区召开商务楼宇"五站合一"工作站标志系统暨"一楼宇一社工"项目启动仪式。市委社会工委委员、市社会办副主任陈建领，海淀区委常委、组织部部长杨智慧出席启动仪式，共同为商务楼宇工作站标志系统揭牌并讲话。"一楼宇一社工"项目工程以政府购买服务的形式，以"岗位＋项目"的运作方式，由专业社工事务所派遣专业社会工作者进入商务楼宇，以解决楼宇工作站人员匮乏的难题，推进全区"五站合一"工作进程。该项目计划为全区26座商务楼宇"五站合一"示范站各配备1名专业社工，同时设立2名专业督导和1名项目专员，共计29人。项目明确了楼宇专业社工岗位职责，专业督导岗位、办公室及项目管理人员岗位职责，专业培训，工作考核等，尝试打造具有海淀特色的"楼宇文化"。

（郭　弘）

【石景山区召开强化基层党组织服务职能西部研讨会】　12月16日，石景山区召开"强化基层党组织服务职能"研讨会。市委社会工委委员、市社会办副主任陈建领出席会议并讲话。研讨会上，石景山区金顶街、广宁、五里坨三个街道针对本辖区强化基层党组织服务职能作重点发言。与会各街道主管领导也结合辖区实际进行了充分研讨。

（郭　弘）

【市社会领域创先争优活动领导小组召开联络员工作会议】　12月20日，北京市社会领域创先争优活动领导小组召开成员单位联络员工作会议。会议传达学习了市委开展创先争优活动的有关精神，座谈交流了各单位活动开展情况，总结部署了下一阶段工作。市社会领域创先争优活动领导小组副组长、市委社会工委委员、市社会办副主任陈建领出席会议并讲话。

（郭　弘）

【市体育总会社会组织党建工作委员会成立】 12月22日，全市第15家市级“枢纽型”社会组织党建工作委员会——北京市体育总会社会组织党建工作委员会挂牌成立。市委副秘书长王翔出席会议并讲话。市体育总会主席李颖川，市委社会工委委员、市社会办副主任陈建领，市社团办党委书记、主任温庆云，市体育总会副主席孙学才、李丽莉等出席会议。

（郭　弘）

【全国非公有制经济组织创先争优活动指导小组来京调研】 12月29日，全国非公有制经济组织创先争优活动指导小组办公室主任方乃纯率办公室成员一行7人来本市调研。他们实地参观了门头沟区富根智能电表有限公司和国信嘉业房地产公司，听取了门头沟区委组织部、区社会工委和北京国信嘉业房地产开发有限公司、南丁格尔科技发展有限公司等5个非公有制经济组织党组织负责人的工作情况汇报。市社会领域创先争优活动领导小组副组长、市委社会工委委员、市社会办副主任陈建领简要介绍了全市非公有制经济组织开展创先争优活动情况。

（郭　弘）

【“枢纽型”社会组织党建工作扎实推进】 截至2011年末，市科协、市残联、市红十字会、市侨联、市社科联、市法学会、市工商联、市建筑业联合会、市商业联合会、北京工业经济联合会、市个体私营经济协会、市贸促会、市体育总会、市妇联、市总工会等15家“枢纽型”社会组织均建立党建工作委员会。其中，市科协、市残联、市红十字会、市侨联、市法学会、市工商联、市贸促会、市体育总会8家单位已建立并运行“3＋1”工作模式（社会组织党建工作委员会、社会组织联合党组织、负责社会组织党建工作部门，社会组织党建工作例会制度）。

（郭　弘）

社会建设信息化建设

【概况】 2011年，在委办领导的坚强领导下，在各处室和区县街道社区以及信息化联络员队伍的大力支持与配合下，紧紧围绕全市社会建设大局，加快推进全市社会建设信息化建设步伐，全市社会建设信息化发展目标更加明确、发展动力更加强劲、发展环境更加优化、发展成效更加明显，初步形成了全市社会建设信息化工作统筹、融合、共享、服务的局面，持续保持良好发展态势，实现了“开好局、起好步”的目标。概括为“取得了十三个新突破”。

（一）*在顶层设计、系统设计和思路方向上取得新突破*

在认真总结2010年全市社会建设信息化工作推进情况和全面分析2011年面临的新形势新任务新要求的基础上，从2010年第三季度就开始谋划2011年工作计划，在2011年1月6日就报请宋贵伦同志审批同意了今年全市社会建设信息化工作要点，积极引导新形势下全市社会建设信息化发展方向。明确提出今年全市社会建设信息化工作的指导思想是以科学发展观和党的十七届五中全会精神为指导，全面贯彻落实《北京市社会服务管理创新行动方案》和《北京市“十二五”时期社会建设信息化工作规划纲要》精神，以创新网格化社会服务管理新模式为重点，以建立社会建设信息枢纽为基础，以推进信息化工作与核心业务工作全面融合为突破，以健全社会建设信息化工作网络为抓手，充分发挥后发优势，在更高、更新的起点上，推动全市社会建设信息化工作实现跨越式发展。根据这一指导思想，进一步明确了全市社会建设信息化工作思路方向，即：社会建设信息化工作是一项全新的工作，推进此项事业的发展要坚持积极稳妥的方针。既要充分利用当前各方面的有利条件，统筹兼顾，突出重点，在一些重要领域取得突破，迈出较大步伐，又要充分考虑到社会建设和社会管理中面临的诸多新情况和新问题，循序渐进，不毕其功于一役，做到整体设计与分步实施相结合、长远目标与阶段性目标相结合、重点突破与示范带动相结合、全面融合与同步发展相结合。

（二）在区县信息化工作机构建设上取得新突破

继2010年底密云县成立社会建设信息中心和石景山区增加2个行政编制后，2011年又有怀柔区、顺义区、房山区、大兴区、门头沟区正式成立了信息化工作机构。目前，全市16个区县中已有7个区县建立了信息化工作部门或在相关部门明确了信息化职责。其他区县都在积极想办法，加大协调力度，推动信息化工作机构的建立。全市各区县社会工委、社会办基本形成了一把手高度重视、主管领导分管负责、联络员具体落实的社会建设信息化工作格局。

（三）在全市社会建设信息化工作联络员队伍规模和业务素质建设上取得新突破

主要是推进了两支队伍建设：一是信息中心自身的队伍建设。2011年通过社会公开招聘了1名副主任和4名工作人员，信息中心人员配备到位率达到70%。全市社会建设信息化联络员队伍建设从2010年的303人扩大到2011年的2136人。二是加强了联络员队伍综合业务素质培训。组织各区县社会工委、社会办主管领导和联络员分别参加了2011中国智能城市论坛和2011智慧城市高层论坛，通过以论坛带训的形式，开阔了联络员的思路，拓宽了知识面，提高了业务素质，更提高了联络员对加强信息化工作重要性的认识，增强了做好信息化工作的责任感和使命感。

（四）在以创新破解发展中关键和瓶颈问题上取得新突破

社区信息化和社会组织信息化工作是全市社会建设信息化的基础，在现有体制下如何加快推进这两个方面的信息化步伐，既是推进全市社会建设信息化工作的关键，又是瓶颈问题。经过深入调研、认真分析，反复研究，创造性地提出在全市社区推进社区网站服务体系建设工作的思路，研究制定了《关于在全市社区推进社区网站服务体系建设的指导意见》和《指导标准》，并列入了委办《关于学习贯彻落实市委十届九次全会精神的实施意见》。各区县已经把此项工作列入年度工作计划，正在扎实推进中，有些区县已经取得明显进展。关于社会组织信息化工作，创造性地提出并采取借力、借势的方法探索推进，在第二届北京社会公益活动周期间，从一年来全市社会组织推进的足迹、成效及展望三个角度，制作了三张信息化与社会组织的展板在公益周上参加了展出，有效地推进了社会组织信息化工作。建立了全市社会建设信息化发展年度报告发布制度。紧密结合信息化工作特点，采取信息化的方式，创造性地将2010年全市社会建设信息化工作取得的成效，编辑印发了《北京市2010年社会建设信息化电子年度发展报告》，极大地调动了全市各区县推动全市社会建设信息化工作的积极性，增强了信心，同时，在区县产生了良好反响。

（五）在以典型示范带动全市社会建设信息化全局发展上取得新突破

一是在全市开展了首批社区信息化综合示范街道和特色应用街道认定工作，有效地推动了全市基层信息化应用发展。委办与市经信委、市民政局在全市联合开展了首批社区信息化综合示范街道和特色应用街道认定工作，联合研究制定印发了《北京市“十二五”期间社区信息化建设指导意见》等文件。首批共认定10个社区信息化综合示范街道、7个社区信息化特色应用街道。二是建立了全市社会建设信息化工作先进典型库。将各区县基层在推进信息化应用方面形成的60个好经验编辑印发了《北京市社区信息化典型案例汇编》，此项工作的开展，极大地提高了各区县对加强社会建设信息化工作重要性的认识，极大地调动了各区县用信息化手段在服务民生应用、提高百姓幸福指数、创新基层社会服务管理新模式、提高服务水平方面的积极性。

（六）在以强有力指导加快全市社会建设信息化工作推进步伐上取得新突破

主要采取了四种方式抓指导：一是通过例会形式进行集中指导，二是通过调研形式进行分类指导，三是通过文件形式进行面上工作指导，四是通过走上来的形式开展专门指导。强有力的指导，对加快推进全市社会建设信息化工作起到了很好的推动作用。

（七）在推进四网六库信息化项目建设和实现核心业务职能信息化上取得新突破

一是2011年完成了项目的立项、公开招投标、合同签订、项目开发、内部试运行、初步验收并上线试运行。该系统正式投入使用后，将实现全市社会建设核心业务工作的信息化、数字化、动态化和科学化，将实现全市社会建设信息资源市、区、街、居以及商务楼宇数据共建共享和全面覆盖，将为全市社会建设跨部门、跨领域协作提供平台，将为全市社会建设和创新社会服务管理科学决策提供准确全面可靠的信息服务。二是圆满完成了机关外网和局域网建设工作。外网和局域网的建成，为机关提供了统一、安全、可靠的电子政务网络平台和应用支撑体系。不仅极大地提高了机关工作效率，还为实现部门之间的互联互通、信息共享和业务协同奠定了坚实基础。

2011年，共入库登记注册社会组织和社区备案社区社会组织15193个，共有160998个数据项。据初步测算，整个系统首批数据全部入录后，系统数据将达到1000多个方面，183万个数据项。首批已入社会建设地图网的信息包括全市街道办事处、社区居委会、社区服务站、社区党组织、商务楼宇工作站、“一刻钟社区服务圈”等6个方面、20003条信息42548项数据上线运行。第二批上线信息包括全市16个区县所有社区的社区组织和社区公共服务设施两方面40类公共服务资源信息，目前采集、整理工作已完成，入网工作正在进行中。

（八）在网站群规模及拓展网站群服务功能方面取得新突破

一是区县社会工委、社会办门户网站实现全覆盖。二是社会组织网站建设保持持续发展，又有70多个社会组织建设开通了网站。三是全市社区网站服务体系建设稳步推进。16个区县社区服务网站服务体系实现全覆盖，8个区县实现50%目标。初步形成了以政务外网、机关局域网、北京社会建设地图网、社会组织网上服务网、社会移动信息发布网、社会建设OA网、社会公共服务信息网8个网络和以北京社会建设网站为主站、市社会建设工作领导小组各成员、各区县社会建设部门、“枢纽型”社会组织、街道、社区、社会组织和商务楼宇网站或博客1000多个为子网站的北京社会建设网站群组成的纵到底、横到边、全方位、立体化全市社会建设信息化网络服务体系和信息枢纽。四是开发了北京社会建设地图网。首批数据包括20003条信息、42548项数据项入网工作和第二批数据包括全市16个区县所有社区的社区组织和社区公共服务设施两方面40类公共服务资源信息的整理工作，入网工作正在进行中。该项工作受到北京电视台和各大报纸的广泛关注并做了多期报道。五是整合集成信息资源，构建社会政策云和社会服务云信息集成服务体系。目前，包括社会政策云集成了教育、劳动就业、医疗卫生、养老服务、住房保障、社会保障、社会救助、婚姻家庭、权益保障和社会管理等共10类68项政策法规和社会服务云集成了覆盖全市142个街道的办事和服务事项已经正式上线。现在，在任何时间、任何地点想了解市社会建设领导小组各成员单位、市“枢纽型”社会组织和区县、街道、社区和部分社会组织、商务楼宇的最新工作动态只要登入北京社会建设网站群就能全面了解到。

（九）在建立有效的舆情收集机制上取得新突破

社会管理工作的首要一环就是建立有效的舆情收集机制，搞好信息的收集，第一时间有效地掌握社情民意。为了及时洞察网络舆情、关注社会动态、服务工作大局、服务领导决策，于1月27日创办了《网络舆情快报》，订制了《新华网要情日报》。通过《网络舆情快报》实现了对网络社会建设热点和重大社会热点问题的专项监测。建立了与舆情监测专业机构舆情监测联通机制。通过《新华网络要情日报》，实现对网络舆情的日监测。全年共编发《网络舆情快报》62期，同时每日向市领导和委办领导报送《新华网络要情日报》，委办领导对《网络舆情快报》给予了充分肯定，并多次作出重要批示，领导的批示和要求已经转化为我们进一步做好此项工作的强大动力。

（十）在社会建设信息化服务民生应用上取得新突破

各区县紧密结合实际，积极探索实践，在运用信息化手段服务民生、提高居民幸福指数等方面创造了一批先进经验。全市社区配备“小帮手”电子服务器近10万台，1967个社区安放了便民自助缴费终端。东城区网格化社会服务管理信息系统。西城区全响应和广内街道智慧社区社会服务管理平台、月坛街道楼门院长信息终端。朝阳区全模式社会服务管理信息系统、社会志愿者公益储备中心及同名网站建设、社区信息管理系统、社区干部上网工程、物联网安全家居工程，酒仙桥街道开通了《就业手机报》系统。海淀区甘家口街道在全市开通了首个街道微博。丰台区开通了爱心传递热线。石景山区的街道综合管理服务信息系统、网格微博。门头沟区上半年完成了12个宽带小区和15个信息化村建设、实现了社区干部现代远程教育终端站点全覆盖、政务专网到社区、高清数字电视社区栏目。房山区开办了《社会家园》电视栏目。通州区便民服务资源信息示意图、便民服务手册和社区服务信息网站，为城市社区配备了小帮手自动缴费信息机。顺义区胜利街道开通了社区网格化智能管理系统、空港街道正在建立社区管理服务综合信息平台。大兴区清源街道郁花园二里社区的以多系统集成的智能化物技防体系为基础的智能化管理平台。昌平区北七家镇社区综合应用平台，整合了各部门在社区的业务系统，实现一套基础数据支撑各项业务。平谷区在全区27个社区全部安装了社区信息机，同时，广泛应用社区博客、社区QQ群、社区电子显示屏等各类现代化信息服务平台。怀柔区大学生社区工作者QQ群、在职党员进社区QQ群、怀柔QQ便民在线。密云县在条件较好的3个社区建立了QQ群、手机飞信、北京长城网“党员之家”、社区博客、移动信息机系统等信息化手段在社区工作中的应用。延庆县积极搭建各类信息化平台，提升社区基层信息发布和应急服务能力，等等。

（十一）在网站群作用发挥方面取得新突破

2011年围绕服务全市社会建设工作大局和机关业务工作需要开设了“2011北京社会公益活动周”“纪念建党九十周年”“加强社会建设　创新社会管理”“北京市社会建设工作会议”等特色专栏。2011年北京社会建设网运行安全平稳，共发布各类信息1417条，页面浏览总量为1414675人次，较2010年提升了21.6%，公众对社会建设网站的关注度显著提升。北京社会建设网主任信箱、网上咨询、技术管理员邮箱共收到来信84件，全部及时办结。

（十二）在健全和完善工作运行机制和工作制度方面取得新突破

一是在纵向机制建设方面，建立了社会建设信息化例会制度，实行了每季度一调度、每月一通报制度。二是在横向机制建设方面建立了与相关部门联席会议机制。与市社会建设工作领导小组、市级“枢纽型”社会组织相关处室和信息中心的联系沟通机制。三是在信息中心内部机制建设方面建立了“以周保月、以月保季、以季保年”工作推进落实机制。四是在指导全市社会建设信息化工作发展上，建立了全市社会建设信息化发展年度报告发布制度，以年度发展报告指导全市社会建设信息工作的科学发展。五是在信息化项目机制建设上完善了科学规范的项目申报、建设、验收程序。对项目建设的各个环节、各个方面实施全程监督管理，提高建设整体效益。六是在信息化联络员队伍机制建设方面，建立了联络员工作交流和理论研究机制。七是在网络舆情监测机制建设上，建立了网络舆情监测机制。八是在网络安全运行机制建设方面建立了月度运行情况专报制度。九是在网站群信息发布、管理和网站运维等机制建设上建立了一系列制度，逐步形成了综合配套、环环相扣、严谨规范的制度保障体系。这些机制的建立，确保了全市社会建设信息化工作的有序推进。

（十三）在加强对信息化工作的理论储备上取得新突破

按照“总结、提高、发展、创新”的原则，加强了对全市社会建设信息化工作规律的研究，尤其是加强了对如何加快推进全市社会建设信息化工作步伐和理念创新、实践创新、理论创新的研究，全年共形成关于加强全市社会建设、街道、社区信息化工作的调研报告60余篇，为深入推进全市社会建设信息化实践创新和理论创新提供了理论储备。

（尹　利）

【创办《网络舆情快报》】　1月13日，为及时洞察网络舆情、关注社会动态、服务工作大局、服务领导决策，信息中心创办《网络舆情快报》，并于1月27日正式编辑印发《网络舆情快报》第1期。截至年末，共编发《网络舆情快报》62期。

（尹　利）

【做好全市社会建设领域维稳情况信息收集、整理、报送工作】　按照全市关于启动全国“两会”“五一”“六四”敏感期、“七一”“十一”期间维稳情报信息战时会商机制的统一部署，自2月20日启动全市社会建设领域维稳情况信息收集、报送工作。通过与市级“枢纽型”社会组织和区县委社会工委协调沟通，建立了维稳信息报送机制，全年编发维稳信息专刊41期；同时加强人员值班和网络技术安全运维，提升市委社会工委、市社会办维稳工作水平。

（尹　利）

【召开全市社区网站服务体系建设指导标准征求意见座谈会】　3月17日，市委社会工委委员、市社会办副主任王丽竹主持召开北京市社区网站建设指导标准征求意见座谈会。部分区县社会工委、社会办，街道办事处和社区负责同志参加会议。与会同志支持在全市推进社区网站建设和所制定的社区网站建设指导标准，并提出了一些建设性的建议和意见。

（尹　利）

【印发《2010年北京市社会建设领域信息化工作电子年度发展报告》】　4月初制定并印发《2010年北京市社会建设领域信息化工作电子年度发展报告》。报告由标志符号、发展足迹、区县经验、领导关怀、工作落实、大事记六部分组成，系统记录了2010年全市社会建设信息化工作发展情况。

（尹　利）

【创办《网络舆情快报》（北京社工吧）和《网络舆情快报》（微博）】　认真落实市委社会工委书记、市社会办主任宋贵伦8月16日在报送的网上咨询栏目留言件上关于安排专人盯微博的批示要求，加大对北京社工吧和微博新媒介的关注度，设计了《网络舆情快报》（北京社工吧）和《网络舆情快报》（微博）清样，于8月17日编发了《网络舆情快报》（北京社工吧）第1期。

（尹　利）

【完成软件正版化工作】　完成了对现有软件的排查、正版化软件的采购、安装和使用培训工作。8月19日，顺利通过了北京市使用正版软件工作领导小组检查。

（尹　利）

【召开北京市社区信息化工作推进大会并发布《北京市“十二五”期间社区信息化建设指导意见》】　11月23日，市经信委、市民政局、市社会办联合组织召开北京市社区信息化工作推进大会。副市长苟仲文、工信部信息化推进司副司长秦海出席会议并讲话，市经信委副主任靳伟主持会议。市委社会工委委员、市社会办副主任王丽竹宣读《关于考核认定北京市社区信息化综合示范街道和特色应用街道的通知》，认定了10个“北京市社区信息化综合示范街道”和7个“北京市社区信息化特色应用街道”，并为获奖街道授牌。会上，市经信委、市社会办、市民政局联合发布了《北京市“十二五”期间社区信息化建设指导意见》，明确了北京市下个五年社区信息化的发展方向。

（尹　利）

【四网六库通过初步验收并上线试运行】完成四网六库项目的立项、公开招投标、合同签订、项目开发、内部试运行、初步验收并上线试运行。12月，首批数据开始入库，包括登记注册社会组织和社区备案社会组织15193个，共有160998个数据项。

（尹　利）

【机关外网和局域网建设工作全面完成】完成市委社会工委、市社会办机关外网和局域网建设工作，提供统一、安全、可靠的电子政务网络平台和应用支撑体系，提高机关工作效率，并为部门间的互联互通、信息共享和业务协同提供技术保障。

（尹　利）

【推进全市社会建设信息化网站服务体系建设】　一是16个区县社会工委、社会办均实现社会建设门户网站100%全覆盖。二是全市社区网站服务体系建设扎实推进，截至年底，全市有8个区县的社区网站服务体系覆盖率达到50%以上，其中，门头沟区、大兴区、平谷区、怀柔区4个区提前一年达到100%全覆盖的目标。全市社会建设信息化网站服务体系形成了由16个区县社会建设门户网站、34个市社会建设工作领导小组成员单位网站、142个街道办事处网站、37个街道特色服务网站、114个社会组织网站、44个商务楼宇网站、1265个社区网站、22个市级“枢纽型”社会组织网站，以及9个社会建设研究基地网站共1683个组成，初步形成全方位、立体化社会建设信息化网站服务体系。

（尹　利）

【北京社会建设地图网正式上线】　12月，北京社会建设地图网正式上线。北京社会建设地图网首批上线数据包括全市街道办事处、社区党组织、社区居委会、社区服务站、商务楼宇工作站、一刻钟服务圈等的名称、地址、电话、内设部门、负责人姓名等信息，共计20003条信息42548项数据。第二批拟入网信息包括全市16个区县所有社区的社区组织和社区公共服务设施两方面40类公共服务资源信息，12月底前，第二批数据的采集信息整理工作已全面完成，入网工作正在进行中。

（尹　利）

【构建社会政策云和社会服务云信息集成服务体系】　按照“信息集中、资源集约、业务集成”的原则，在北京社会建设网建立了社会政策云和社会服务云信息集成服务体系。12月，信息采集工作已完成，形成《北京社会建设网社会政策云目录》和《北京社会建设网社会服务云目录》。首批集成信息主要包括教育、劳动就业、医疗卫生、养老服务、住房保障、社会保障、社会救助、委办局130项为民服务事项、首都之窗的个人办事和企业办事两大类51项办事服务事项、142个街道办事处网站和207个社区网站的办事指南、便民服务事项等，为百姓提供“一站式”民生政策查询和民生服务导航。

（尹　利）

【加强全市社会建设信息化联络员队伍建设】　制定并印发《关于进一步加强社会建设信息化工作联络员队伍建设的通知》。加强综合业务培训。组织联络员参加2011中国智能城市论坛和2011智慧城市高层论坛等活动。建立联络员队伍QQ群，畅通与联络员队伍的联系方式。截至12月，全市社会建设联络员队伍规模已达2136人。

（尹　利）

【推进北京社会建设网网站建设】　2月，建立了社会建设相关新闻报道跟踪收集整理机制，增设《社会建设报道视频》专栏，对有关北京社会建设工作的相关文字、广播、视频等进行报道。4月，设计“北京市十大社会组织公益服务品牌评选活动”飘窗，与首都之窗合作设计网上投票专栏，配合相关业务处室做好“北京市十大社会组织公益服务品牌评选活动”。截至活动结束，共收到网络投票2483人次。6月，开设《1921—2011热烈庆祝建党90周年》专题页面，分为幻灯、要闻、公告、区县动态、工作交流、风采展示等六个部分。通过文字、图片和视频等多形式展现迎接建党90周年的热烈气氛。同时，完成“建党90周年主题党日活动”飘窗栏目的设计和信息发布工作。10月，开设“加强社会建设、创新社会管理”年会专栏。11月，编写《2011年北京社会建设网网站自评报告》，全面反映了北京社会建设网2011年网站基本建设情况、信息公开情况、在线服务情况、政民互动情况、网站特色服务、网站存在的问题与建议以及2012年的工作计划等七大方面的内容。在网站首页放置“2011年十大感动社区人物评选活动”图片链接，发动社会各界广泛参与。12月，基本完成对全市社区、商务楼宇网站、论坛、博客、微博及市级“枢纽型”社会组织和部分社会组织网站和信息化建设情况的摸底。全年，北京社会建设网运行安全平稳，共发布各类信息1417条，页面浏览总量为1414675人次，较2010年提升了21.6%。北京社会建设网主任信箱、网上咨询、技术管理员邮箱共收到来信84件，全部及时办结，编制并报送了12期《北京社会建设网情况通报》。

（尹　利）

【推进社会建设信息化工作组织网络建设】　继2010年底密云县成立社会建设信息中心和石景山区增加2个行政编制后，怀柔区成立社会建设信息化服务中心，顺义区成立社会组织管理中心，房山区设立信息化工作办公室，大兴区成立社会发展研究中心，门头沟区成立为民服务信息平台。

（尹　利）

【制定《北京社会建设网网站群管理办法》和《北京市社会建设地图网信息采集上报反馈发布和管理办法》】　制定《北京社会建设网网站群管理办法》和《北京市社会建设地图网信息采集上报反馈发布和管理办法》，进一步规范北京社会建设网站群的建设、管理、运行维护，促进网站群健康有序发展和最大限度发挥社会建设地图网的作用，有效规避运行维护风险，保障信息的准确、及时和实用。

（尹　利）

【制定《北京市“十二五”时期社会建设信息化工作规划纲要》】　确定到“十二五”时期末，努力建立“十个一”的社会建设信息化体系，即：“打造一个枢纽、创新一个模式、实施一个计划、建立一个网站服务体系、制订一套标准、开设一个专区、建设一批示范社区、建设一个地图网、开发一批应用系统、建设一批数据库”，逐步实现社会服务集约化、社会管理精细化、社会动员快速化、社会生活智能化，为迈向信息社会奠定坚实基础，使人民群众切实享受到社会建设信息化的建设成果，让社会更和谐，让城市更美好，让生活更幸福。

（尹　利）

【制定《2012 年北京市社会建设信息化工作要点》】 认真贯彻落实《智慧北京行动纲要》《北京市“十二五”时期城市信息化及重大信息基础设施建设规划》《北京市“十二五”时期党委系统信息化建设规划》《北京市党委系统加强信息化工作的意见》《北京市十二五”期间社区信息化建设指导意见》《北京市“十二五”时期社会建设发展规划纲要》等文件精神，以科学发展观为统领，以“服务大局、服务民生、服务机关、服务基层”为主线，以需求、应用、发展为重点，按照“高站位思考、高起点规划、高标准建设、高质量管理、高效率应用、高水平服务”工作方针，以启动建设智慧社区（村）、统筹建设全市便民服务终端网络建设、积极配合有关部门做好《智慧北京行动纲要》中相关工作和构建全市社会建设信息化工作十大体系四大部分内容。

（尹　利）

社会心理研究

【概况】 2011 年北京社会心理研究所在市委社会工委、市社会办的领导下，以落实年度科研项目为主线，狠抓课题研究质量；以筹建联合会为契机，积极拓宽工作领域；以规范化建设为切入点，积极促进心理所与委办的融合。在全体同志的共同努力下，较好地完成了全年的工作任务。主要工作如下：

（一）以《北京居民心理健康状况调查》为重点，较好地完成了全年的科研项目

为了摸清北京居民的心理健康状况，为下一步开展工作提供基础和支撑，我们采用成熟可靠的问卷、委托统计局调查队开展了心理所历史上规模最大的社会调查，并以此项目的实施为标准，探索开展社会调查的方法，带动和促进了其他项目的研究工作，极大地提高了项目的研究质量。在全体人员的共同努力下，顺利完成了《北京居民社会支持和生活满意度的调查》《社区居民信任度与城市社区治理》《北京市民对物价上涨感受的调查》《北京市商务楼宇中白领阶层社会动员机制研究》《北京市商务楼宇从业人员生育观念的调查》《北京公众公民意识调查》《北京市民价值观研究》《网民群体自组织线下活动特点分析》《2011 年社会舆情热点分析与对策研究》《首都环境建设调查》等课题。

（二）积极推进联合会的筹建工作

本着边筹备、边工作、边见成效的指导思想，以实际工作成效加快促进筹备工作的有效开展。在筹建过程中，秘书处以落实政府购买项目为纽带，广泛联系、协调成员单位开展社会服务，在大兴区、密云县、东城区、朝阳区、延庆县、首钢工地共举办了 9 场心理健康讲座，策划了 50 场类似的讲座。《法制日报》《北京日报》都以版面头条进行了报道，其中《法制日报社区版》还作了整版的报道。据不完全统计，新华网、首都之窗、搜狐、新浪、网易等近百家媒体转载了报道，收到了良好的社会反响。

（三）积极促进与委办的融合和中心工作的并轨

在委办领导的大力支持和帮助下，认真学习1+4等基础文件和市委十届九次全会精神，理解和掌握社会建设的基本内涵和工作方向；根据委办今年的工作任务调整了研究课题，项目数量由原来的7个变为了14个。使心理所与委办的中心工作的契合度得到了极大的提升；公招了5名工作人员，以新促老、以老带新、互促互进，增强内部活力；与委机关各处室进行交流合作，增进与委办人员的了解；请委办领导、机关进行了市委机关作风和能力培训，学习办事的基本程序和方法。通过一系列的措施，进一步增进了了解，加强了互信，为由单一型人才向复合型人才转变奠定了基础。

（四）加强规范化建设，提升正规化水平

一是制定了《心理所绩效工资分配方案》，解决了绩效工资分配不规范、不透明、标准不明确的问题。二是明确了内部职能和任务，解决了随意性较大的问题。三是改善了办公条件。扩大了办公面积、整修了办公室、更新了办公家具、更换了电脑、改造了电话调查系统、使办公条件焕然一新。四是积极为职工办实事。经积极的努力，为原有无房职工争取了住房补贴，一举解决了拖延多年、关乎每名工作人员切身利益的长远问题。

（郭军强）

【完成北京居民心理健康状况调查】 4—8月，北京社会心理研究所从全市16个区县136个街道中抽取167个社区，开展居民心理健康状况调查。国家统计调查队北京分队为这次调查提供了抽样框并组织了专业调查员；调查问卷采用了国内成熟度、认同度高，可靠性强的版本。本次调查反映了本市居民的心理健康状况并建立了全市第一个市民心理健康数据库。调查结果显示，北京居民总体健康状况良好，自测生理健康比例为97%，自测心理健康比例为80%，自测社会健康比例为78%。被调查者的年龄、婚姻、职业是与其自测健康状况关系最为密切的因素。北京居民心理健康状况有以下特征：心理健康状况总体良好，但仍不容乐观。高学历、高收入群体心理健康状况存在倒挂现象。弱势群体的心理健康、社会健康水平偏低。留京或引进人才群体、“北漂一族”等特殊群体自测心理健康、社会健康水平偏低。积极情绪体验水平较低，消极情绪体验强烈是“北漂一族”的最为突出的心理健康问题。留京或引进人才在心理健康各维度的评价都比较消极，自测心理健康水平在特殊人群中最低。被访者普遍对政府提供心理服务有较大需求。

（郭军强）

【完成北京居民社会支持和生活满意度调查】 4—6月，北京社会心理研究所组织实施了北京居民社会支持和生活满意度调查。采用多阶段随机抽样的方法从167个社区抽取样本。每个社区中分别抽取30—32户，共发放问卷5196份，有效样本为5010份，回收率为96.4%。调查结果显示：北京居民的总体生活满意度为中等水平。以百分制算，北京居民对总体生活满意度的加权平均分为66分。居民对家庭关系、身体健康和工作状况三项内容的生活满意度最高，对日用消费品价格、食品安全、住房条件和家庭收入四项内容的满意度最低。24.9%的居民获得的社会支持很充分，73.5%的居民的社会支持为中等水平，1.6%的居民的社会支持水平较低。亲属支持是居民最主要的实际支持来源。家庭成员是居民生活遇到困难时最主要的经济和实际支持来源。工作单位和党团等组织给居民提供的主观和客观社会支持都有限。居民的主观支持水平、支持利用度和社会支持总分，与其生活满意度都有显著的正相关关系，客观社会支持水平和其生活满意度的相关不显著。在一定物质帮助的基础上，居民所能感受到的心理或精神上的支持水平越高，越有助于提高其生活满意度。

（郭军强）

【完成社区居民信任度与城市社区治理的调查】 5月8日—9月1日，北京社会心理研究所利用电话调查系统（CATI）在全市范围内进行了社区居民信任度与城市社区治理的调查。本次调查在信任度方面，选取普遍信任、社区信任和社区管理机构信任三个指标来测量；在社区治理评价方面，选取社区管理总体满意度、社区管理机构满意度、社区管理内容满意度、社区归属感四个指标来测量。前三者属于主观评价，社区归属感属于主观情感。调查结果显示：居民的社区管理总体满意度仅为59.2分，对总体社区管理表示满意的社区居民不到半数（46.7%）。居民对社区管理机构满意度总体评价为60.3分，具体来说对单位在小区设立的后勤物业满意度最高，对物业公司满意度最低。居民对于社区应急处理和网格化管理效果满意度最高，对居民民意表达渠道和居民参与管理程度满意度最低。居民的社区归属感得67.1分，反映了随着北京城市化进程的加快和流动人口的增加，居民过去强烈的落地生根情结有所淡化，居民迁出社区的留恋感有所减弱。通过测量和分析社区居民的信任度及其对社区治理的评价，以及信任度与社区治理评价之间的关系，证实了北京社区居民的信任度与社区治理评价各项因素之间均呈显著的正相关。

（郭军强）

【完成北京市民对物价上涨感受的调查】 3月5—10日，北京社会心理研究所利用电话调查系统（CATI）面向全市开展了对物价上涨感受的调查。调查市民对物价上涨的感受是北京社会心理研究所连续开展的课题，本次调查是第三次。调查结果显示，物价上涨给市民造成消极影响的程度有所增加，41.8%的被访者表示物价上涨的消极影响很大或较大，相比去年增加了9.4个百分点。市民因物价上涨而生活花销增加的比例逐年上升，87.4%的市民因物价上涨导致花销增加。物价上涨给市民造成的情绪影响仍以无奈为主但程度有所下降，60.6%的市民情绪受到了物价上涨的影响，相比去年下降了2.7个百分点。物价增速超过收入增速的剪刀差越来越大。低收入市民的生活愈发艰难。更多的市民以被动的方式来应对物价上涨，54.2%的被访者持“无所谓，该买什么还买什么，和以前一样”的态度。市民对于物价能得到很好解决的信心在逐渐下降，相比去年下降3.6个百分点。表示不确定的惶惑者比例，比去年增加3.8个百分点。

（郭军强）

【完成首都环境建设调查】 11月1日—12月15日，北京社会心理研究所以计算机辅助电话调查系统（CATI）为基础技术手段，在包括远近郊在内的全市范围展开随机抽样调查。本次调查通过三方面来了解北京居民对目前首都环境建设管理工作的评价，即对今年首都环境建设管理成效的评价、对首都环境建设管理中居民参与监督程度的评价、认为目前首都环境建设管理中存在的问题。同时对从城管热线和首都环境建设热线收到的数据作了统一的比较。调查结果显示，以10分为满分，北京居民为首都环境建设总体平均评7分，且约2/3的居民评分在7分及以上。50.9%的居民评分集中在7—8分，评分为7分及以上居民比例高达67.3%，其中有16.4%的居民给予了9分及以上评价；评分在6分的居民比例为14.9%，评分在6分以下的居民比例为17.7%。北京居民为所居住社区及周边环境建设平均评6.5分，过半数居民评分在6.5分及以上。60%的居民评分集中在6—8分，评分为6.5分及以上居民比例占55.2%，其中有13.7%的居民给予了9分及以上评价；评分在6分的居民比例为14.9%，评分在6分以下的居民比例为26.6%。在环境建设四个方面中，市容环境获得的评价最高，生态环境评价最低；在19

个主要内容中，城市照明获得评价最高，大气环境评价最低。

（郭军强）

【完成商务楼宇从业人员生育观念调查】 7—8月，北京社会心理研究所开展了商务楼宇从业人员生育观念调查，对城六区20个街道95个商务楼宇中工作的1100名从业人员进行了问卷调查。调查结果显示，商务楼宇从业人员具有更趋于理性的现代生育观。被访者对生育意义的认知更为理性，大多数人认为生育能够使其人生内容更加完整、诞生爱情结晶及增加生活情趣；被访者意愿生育数量为1.74，意愿生育年龄为26～35岁之间，无明显的生育性别偏好；被访者多数人会为生育做好积极的准备，但在孩子出生后的带养问题上存在依赖心理；被访者生育压力最明显表现为教育压力和经济压力；被访者对于现行的计划生育国策对国家、个人及孩子发展的影响评价，呈现出一种消极大于积极的趋势。

（郭军强）

【完成北京公众公民意识调查】 6月13—24日，北京社会心理研究所通过电话调查系统（CATI）开展了公众公民意识调查。调查结果显示，80.8%的被访者关心国家大事、82%的被访者关注民生问题，公众的社会公德意识有所加强，公德水平有一定提升。74.1%的被访者愿意从事志愿服务。各职业群体具有相当强的工作责任心，34.8%的被访者认为自己对工作的责任心比较强，52.7%的被访者认为自己的工作责任心很强。职业人群的工作责任心平均为87.87分。国家公务员和企事业单位管理人员的工作责任心为92.70分，专业技术人员为87.46分，企事业单位一般工作人员为85.68分。公众对社会上多数单位或企业的社会责任感评价普遍较低，根据受选率由高到低依次是：食品安全（73.4%）、药品安全（44.2%）、产品质量（24.6%）、环境保护（23.5%）、学校教育（19.4%）、劳动和生产安全（13.6%）、家庭教育（10.4%）、交通安全（9.6%）、产品销售及售后服务（24.6%）。北京公众的公民意识有待进一步提升，最应该提高的三项是诚实守信（61.8%）、公平公正（57.8%）、健全人格（56.2%）。

（郭军强）

【完成北京居民价值观调查】 10—11月，北京社会心理研究所通过“滚雪球式抽样”、随机抽样和深度访谈调查等三种方式进行了居民价值观调查。调查结果显示：被访者现代价值观平均为8.11分、传统价值观平均为7.69分、群体价值观平均为6.49分、个体价值观平均为8.79分、社会价值观平均为7.41分。现代价值观和社会价值观处于比较看重与极度看重之间，传统价值观与社会价值观处于比较看重区间，群体价值观处于一般向比较看重转变区间，结果比较乐观。调查显示，不同职业、不同性别、不同年龄、不同婚姻状态、不同政治面貌、不同户籍的被访者在现代、传统和群体价值观方面存在显著差异。调查反映出居民价值观的集体意识进一步增强；居民价值观得到了不断完善，越来越健康；居民对政治关心度高，对政府的表现满意度较高；居民的主流传统文化观念较强，但也不刻意回避外来文化。对当前的社会总体道德面貌较为不满，认为道德价值观下降的人数比例较大。

（郭军强）

【完成网民群体自组织线下活动调查】 3—7月，北京社会心理研究所调查员深入各类网民群体，综合运用自然观察法、特定情境投射法、深度访谈、文献资料法、逻辑分析法等手段，对网民群体自组织线下活动的特点等进行了调查分析。调查显示，在各种线下活动中，最应该引起重视的，就是各种户外活动。综合来看，线下活动者以青年人居多。性别比例比较均衡，没有性别特异性。职业分布以城市办公楼工作者和城市居民为最多。教育程度上，博士后和小学以下者都存在，没有明显的学历特异性。线下活动者，无论是组织者还是跟随者，都有较高的参与热情。他们的共同兴趣、理念是高度一致的，相互联系与沟通非常和谐流畅，凝聚力增强。线下活动者，在人格特点上的共同点是：有共享精神、有公益心、有韧劲、追求刺激、富于挑战精神、有激情、有热情、有行动力等。从长远看，由于收入增加、关心健康和有闲暇时间等客观条件以及户外运动规模强劲的发展势头，网民群体自组织的线下活动应该是持续强劲增长且不会饱和。线下活动很有活力，其凝聚力很容易瞬间强大起来。各类线下活动网民群体的规模在总体上是非常巨大的且在不断增大，已成为社会建设与管理的对象和力量。

（郭军强）

【完成2011年舆情热点分析与对策研究报告】 北京社会心理研究所对2011年舆情热点作了深入分析。分析结果显示，社会舆情正呈现新的特点和态势。社会主流舆情更加成熟，更加理性；对民生问题的关注更加广泛、更加强烈；微博传播和网民围观越来越成为舆情热点的重要表达形式；舆情热点的频发易发在一定程度上反映出社会关系调处难度加大。舆情热点的主要成因：网络媒体与传统媒体的相互“给力”，是众多舆情热点形成的重要原因；微博的快速崛起成为网络舆情热点的重要推动力量。从社会心理学的视角对热点舆情的形成与监控进行理论研究并提出了相应的对策：坚持传统媒体与网络媒体相融合，坚持媒体舆论与民间舆论相协调。坚持舆情引导与服务群众相结合。利用媒体督促解决实际问题。发挥媒体的舆论导向作用。要把握民众思想情绪的现状和走势，把握民众思想舆情变化发展的规律。要加大网络媒体与传统媒体的互动，促进网络舆论健康发展。完善舆情应对工作机制，提高舆情引导的系统性、科学性。要健全舆情汇集和分析机制。要健全舆情引导的传播机制。要健全舆情引导的应急机制。要建立舆情应急预案，及时引导舆情。

（郭军强）

【完成商务楼宇动员机制调查】 7—8月，北京社会心理研究所采取多阶段随机抽样，在东城区、西城区、朝阳区、海淀区、丰台区及石景山区6个城区所辖18个街道的94座楼宇中进行了社会动员机制调查。本次调查围绕楼宇社会动员主体研究、楼宇社会动员客体研究和楼宇社会动员机制建设的对策建议等三部分进行。调查显示，40%的楼宇“五站”建设完备，35%的楼宇建站工作有待完善，25%的楼宇建站工作处于空白。被访者普遍认为单位动员是最有效的社会动员方式（62.6%），其次是政府动员（43.2%）和社区动员（36.9%）。33%的被访者对楼宇工作站的动员作用作出了肯定评价，40%的被访者评价一般。楼宇内建有工作站的被访者对楼宇组织的动员能力评价明显高于总体，差异显著。要提高对楼宇动员重要性的认识，加快进行建站工作；研究开发社会动员的有效形式，增强楼宇动员的吸引力；研究动员客体需求，增强楼宇工作站的威信；加强楼宇党建。加强动员机制创新要把握科学性、系统性、前瞻性、协调性和导向性原则。

（郭军强）

【开展“心桥”——北京居民心理疏导爱心公益行动】 “心桥”——北京居民心理疏导爱心公益行动是在市委社会工委、市社会办指导下，由北京社会心理工作联合会（筹）承办的2011年度社会建设专项资金购买社会组织服务项目，旨在提高北京居民心理健康水平，培塑良好社会心态。该项目由心理健康讲堂（由心理讲堂区县行和名家专场讲座两部分组成）、流动人口子女心理引导及助学帮教、心理健康主题日宣传、社区盲人心理健康音乐治疗和建立社区心理健康支持网络等五个板块组成。旨在引起全社会对心理健康的关注，引导居民建立平和、理性、包容的心态，引领社会心理服务工作不断拓展和延伸。11 月启动以来，共在 16 个区县举办了 50 场普及性讲座和宣传活动，覆盖了全市 80% 以上的街道，直接听众达 8000 人次以上。发放各种宣传品（册）2 万余册，培训社工 500 人次，有 50 多家专业社会组织和 40 多位知名心理专家参与了公益活动。

（郭军强）

北京市区县工作

东城区

【概况】 2011 年是全面落实东城区总体发展战略规划的起步之年，也是实施“十二五”规划的开局之年。一年来，在区委、区政府的坚强领导下，区委社会工委、区社会办深入贯彻落实科学发展观，围绕全区中心工作，继续以网格化社会服务管理模式为总抓手，团结一致、攻坚克难，高水平完成全年各项任务，在社会服务管理创新、社区建设、社会工作人才队伍建设、社会组织建设以及社会领域党建等方面均取得了突出成绩。

（一）积极推进网格化社会服务管理创新工作

一是建立工作体系。为加强社会建设、推动网格化社会服务管理创新，重新调整了全区社会建设工作领导小组成员单位及办公室人员组成名单，保证了全区社会服务管理创新工作的顺利开展。二是推动试点工作。按照区委、区政府要求，在认真总结，反复研究全区社会建设现状和社会管理创新综合试点工作经验的基础上，形成了《中共东城区委关于进一步深化网格化社会服务管理全面推进社会建设的实施意见》。与区相关职能部门和试点街道，积极构建“三级平台、四级管理”的网格化社会服务管理模式，完成了东直门、东花市、建国门等街道、社区的试点工作，并在全区推广。三是提供智力支持。聘请北京市社会科学院、中国人民大学、北京工业大学等研究部门和知名院校的社会服务管理领域专家学者，全程参与我区的网格化社会服务管理创新工作，为构建网格化社会服务管理新模式提供理论支撑。

（二）大力提升社区服务管理水平

一是深化社区规范化建设工作。根据全市《关于进一步推进社区规范化建设试点工作的意见》，采取“以奖代补”方式，为 2010 年的 52 个试点社区拨付奖励款 244 万元。目前，全区已有 162 个社区达到规范化建设标准。协调区相关职能部门和街道完成 2009 年立项的 29 个社区用房项目建设。二是加强社区服务体系建设。制定《社区服务站服务标准》，以试点推进方式，加强社区服务站服务标准化建设；召开“一刻钟社区服务圈”建设工作部署会，进一步明确工作目标、服务内容和工作任务；按照《北京市社区基本公共服务指导目录》要求，结合社区服务站规范化建设、社区便民商业服务建设等工作，进一步提升社区政务服务、公益服务和便民服务水平。三是积极推进社区民主自治建设。出台《东城区关于建立社区多元参与机制的工作意见》，建立社区多元参与工作机制，发挥社区成员参与社区建设的主体作用；与区民政局联合制定《东城区关于进一步推进社区居民会议常务会建设的意见》，在全区 17 个街道推广东四街道社区居民代表会议常务会制度工作经验，有力推动了社区自治工作开展。

（三）稳步推进社会组织工作开展

一是推进政府购买社会组织服务。2010年政府购买社会组织服务项目，顺利通过市委社会工委专项资金审查组检查验收；积极推进2011年购买社会组织服务工作，向市委社会工委推荐了15家社会组织报送的20个项目，经过专家评审，我区有12个服务项目通过，共获得项目资金90万元，目前，项目进入组织实施阶段。二是有序推进“枢纽型”社会组织工作。对我区拟认定为“枢纽型”社会组织的8家人民团体开展调研；开展《东城区关于构建区级“枢纽型”社会组织工作体系的实施办法》《关于认定第一批区级“枢纽型”社会组织的请示》等系列文件的草拟工作；推动建立社会组织重大事项报告制度，加强社会组织登记管理机关和业务主管单位负责本级重大事项报告的指导和管理工作。三是积极推进社会组织健康发展。在全区各街道、社区开展社区社会组织及在京国际非政府组织基本情况调查。积极推广并形成了巧娘工作室、社会生活心理咨询中心等优秀社会组织品牌。

（四）社会工作人才队伍建设进一步规范

一是超额完成主要指标。专业社工已达2000人，占全区常住人口的2.18‰；注册志愿者已达10.59万人，占全区常住人口的11.5%。二是为网格化社会服务管理提供人才保障。整合流管、劳动、工会、计生、社区矫正五类协管员，从中选拔189名从事网格助理员工作；两次面向社会分别招聘406名和100名社区工作者进一步充实网格力量。三是推进社工职业化、专业化工作。开展政府购买专业社工岗位试点，首次在全区17个街道、2所社工事务所和相关工作领域购买25个专业社会工作岗位。四是筹建社会工作者联合会。与北京市协作者社会工作发展中心合作，积极筹建全区社会工作者联合会，目前，联合会的组织章程设计、专业督导人选、办公场地布置、登记注册文件等准备工作已完成，预计年底前注册成立。五是编制全区社会工作人才发展子规划。根据全区人才总体规划和《首都中长期社会工作人才发展规划纲要（2010—2020年)》，重新编制了2010—2030年的全区社会工作人才发展子规划和社会工作人才专业化发展工程实施方案，明确了未来一段时期全区社会工作人才的指导思想、发展目标和重点任务，明年将组织实施。

（五）着力推进社会领域党建工作

一是实施社区网格党组织建设。制定《关于推进社区网格党组织建设的意见（试行)》，以社区网格党组织建设为重点，加强网格党组织建设；进一步规范街道社会工作党委工作职责和运行机制，努力形成“街道工委—社区党组织—网格党组织—党小组”四级党的工作网络体系。二是推进商务楼宇“五站合一”规范化建设。结合区“十二五”规划，编写《东城区“十二五”期间商务楼宇“五站”建设规划》；制定下发《关于加强商务楼宇“五站合一”规范化建设的意见(试行)》，逐步形成商务楼宇“五站合一”建设工作模式；建立商务楼宇党建工作台账，做到底数清、情况明、数字准，为实现非公有制经济组织党组织和党的工作全覆盖打下基础；与中国人民大学合作，研究制定商务楼宇工作站考核评价体系，引入绩效管理的理念，实现指标体系的定性和量化，形成统一的建设标准，对商务楼宇工作站的工作绩效进行全面评估。

（彭喜乐）

【召开街道党政负责人会议】 1月14日，召开街道党政负责人会议。区领导杨柳荫、牛青山、冯熙、常卫、刘云斋、徐熙、章冬梅、夏树军、宋甘澍、郭瑞敏出席会议。会上，17个街道负责人汇报了2010年工作总结及2011年工作计划。

（彭喜乐）

【推进社区网格党组织建设工作会召开】 1月18日，深化社会服务管理创新、推进社区网格党组织建设工作会召开。市委社会工委委员、市社会办副主任陈建领，区领导刘云斋、章冬梅、吴松元、宋甘澍出席会议。会议的主要任务是在全区推广社区网格化党组织设置模式，把“支部建在格上”，构建开放式、全覆盖的区域化党建工作格局。章冬梅主持会议，吴松元对《关于推进社区网格党组织建设的意见》（试行）进行说明。

（彭喜乐）

【召开推进社区多元参与机制建设工作会议】 1月19日，推进社区多元参与机制建设工作会议召开。市委社会工委委员、市社会办副主任周开让，市民政局副巡视员冯昌领出席会议并讲话。区领导常卫、章冬梅、宋甘澍出席会议，区相关部门、各街道主要负责人和社区居委会代表90余人参加会议。会议由章冬梅主持，宋甘澍对《东城区关于建立社区多元参与机制的工作意见》（试行）进行了部署，交道口街道作了经验交流发言。

（彭喜乐）

【召开网格化社会服务管理创新专家研讨会】 2月22日，东城区召开网格化社会服务管理创新综合试点工作第三次专家研讨会。区领导宋甘澍主持会议并介绍了全区网格化社会服务管理创新综合试点工作推进情况。区社会办通报了网格助理员选拔和招聘的工作情况，区信息办通报了网格化社会服务管理信息平台建设情况。与会专家学者踊跃发言，对东城区社会服务管理创新前段试点工作情况给予肯定。

（彭喜乐）

【上海长宁区到东城区考察交流】 3月2日，上海长宁区委副书记夏永泰，区委常委、政法委书记刘玉鹏一行到东城区考察网格化社会服务管理创新工作情况。区领导常卫、宋甘澍陪同考察。

（彭喜乐）

【召开购买专业社会工作岗位专家研讨会】 3月10日，东城区召开购买专业社会工作岗位专家研讨会。区委社会工委、区社会办，助人社会工作事务所，阳光社会工作事务所，各街道有关负责人及北京工业大学，北京青年政治学院教授等参加会议。会议深入研讨了购买专业社会工作岗位的需求、方案等内容，指出要根据居民实际需求和“一街一社工”“一所一督导”的配备标准，以政府出资形式，在全区购买25个专业社工岗位。通过引进一批高层次的专业社会工作人才，不断扩展专业社会工作服务领域，培养本土化的专业社工队伍，提升全区社会工作发展的层次和水平。

（彭喜乐）

【召开网格化社会服务管理创新工作推进会】 3月16日，东城区召开网格化社会服务管理创新工作推进会。区领导刘云斋、宋甘澍参加会议。东花市、建国门、东直门3个试点街道分别汇报了网格化社会服务管理创新工作进展情况。区创新办汇报了全区社会服务管理创新工作整体推进情况。区信息办汇报了全区网格化社会服务管理创新信息系统建设情况。区社会办、区人力社保局汇报了网格助理员选拔情况以及向社会公开招聘网格助理员的相关工作方案。

（彭喜乐）

【启动招考网格助理员工作】 3月18日，东城区正式启动2011年面向社会公开招考社区工作者从事网格助理员工作。一是配齐配强网格助理员力量。在第一批面向部分协管员选拔网格助理员的基础上，面向社会再次招考404人从事网格助理员工作。二是着力落实北京市相关政策精神，从404个招考指标中，专门拿出34个定向招考2011年合同期满的大学生“村官”。三是严格招考程序，严把报名及资格审查、笔试、面试、考察、体检、公示等关键环节，确保公平公正公开。四是将大专以上学历及两年工作经历作为招考条件，确保报考人员既有理论基础又有实践经验，从源头保证报考人员素质和质量，为推进社会服务管理创新提供人才保障。

（彭喜乐）

【召开政府购买社会组织服务工作部署会】 3月23日，东城区召开政府购买社会组织服务工作部署会。会议总结了2010年全区购买社会组织服务的总体情况，传达了北京市2011年政府购买社会组织服务项目指南发布会主要精神，并对项目申报工作进行了部署。会议强调，要高度重视、认真申报，精心策划、树立品牌，实事求是、务求实效。

（彭喜乐）

【市委调研组到东城区调研】 3月28日，市委网格化社会服务管理调研组到东城区调研网格化社会服务管理创新工作。市委副秘书长王翔，市委政法委副书记、首都综治办主任、市流管办主任滕盛萍，市委社会工委委员赵小卫出席调研活动，区领导刘云斋、宋甘澍陪同调研。调研组观看了《立足首都功能核心区定位，创建网格化社会服务管理模式》专题片，听取了社会服务管理创新综合试点工作的开展情况、信息化建设情况、网格化社会服务管理创新的背景及工作理念等情况汇报。观看了东直门街道“管理网格化，服务零距离”信息化平台演示，并就流动人口管理、网格运作等问题进行了研讨。调研组还实地考察了东花市街道社会服务管理综合指挥分中心和花市南里社区社会服务管理工作站。

（彭喜乐）

【召开社会服务管理创新综合试点工作会】 3月29日，东城区召开社会服务管理创新综合试点工作领导小组第五次全体会议。区领导牛青山、常卫、刘云斋、赵中原、吴松元、谢世龙、夏树军、宋甘澍等出席会议。会议播放了全区网格化社会服务管理创新工作专题片，东花市、东直门、建国门三个试点街道和区社会办、区公安分局分别就前期开展网格化社会服务管理创新的工作情况进行汇报，刘云斋对全区网格化社会服务管理创新工作进行了部署，牛青山对全区网格化社会服务管理创新工作提出要求。

（彭喜乐）

【举办《东城区社区服务站服务标准》培训会】 4月13日，区民政局、区社会办联合举办《东城区社区服务站服务标准》培训会。17个街道负责社区建设工作的主管主任和社区办主任参加培训。《东城区社区服务站服务标准》是按照全区建设国家级城市公共服务标准化示范区工作的总体要求，由区社会办与中国人民大学共同研究制定的社区服务站服务标准体系，旨在以标准化为手段促进社区服务的规范化和精细化。中国人民大学社区服务及标准化专家于显洋教授结合社区服务的形势和发展，就服务标准作了专题讲座。建国门街道负责人作了经验发言。

（彭喜乐）

【顺义区到东城区考察交流】 4月14日，顺义区副区长车克欣率考察团到东城区东直门街道考察社会服务管理创新工作。在街道社会服务管理综合指挥分中心，考察团一行听取了街道社会服务管理创新工作情况汇报，双方就街道建设、社区建设、“一刻钟社区服务圈”建设等工作进行研讨交流。区相关部门负责同志陪同调研。

（彭喜乐）

【第八届金鱼池社区节开幕】 4月18日，第八届金鱼池社区节开幕。区领导杨柳荫、牛青山、冯熙、常卫、赵中原、左海星、夏树军、金旭、王红兵、宋甘澍、刘忠胜，区委、区政府各部门、各街道主要负责人，以及来自社区近千名居民参加开幕式。开幕式活动后进行了“五感之旅”系列文化活动，居民们参观金鱼展览、欣赏文艺汇演、品

“感官”盛宴、参加游戏竞赛。

（彭喜乐）

【重庆市社会建设考察团到东城区学习考察】 4月19日，重庆市委“两新”工委综合处率重庆市社会建设考察团一行35人到东城区考察。考察团一行参观了大成律师事务所党委和清水苑社区党建工作建设成果，听取了非公有制经济组织党组织建设和社区社会服务管理创新情况介绍，就创新非公有制党建工作机制、实施社区网格党组织建设等进行交流座谈。

（彭喜乐）

【召开社会领域创先争优活动暨区域化党建工作推进会】 4月25日，东城区召开社会领域创先争优活动暨区域化党建工作推进会。区委直属各党工委副书记、相关单位主管领导、17个街道工委副书记、社会工作党委书记、部分社区党组织负责人、非公有制经济组织和新社会组织党组织负责人共120余人参加。会议就社会领域深化创先争优活动、推进区域化党建工作进行部署。天坛街道工委、景山街道工委、建国门街道东总布社区党委、北京航腾物业管理有限公司党支部、国家林业局机关服务局党委在会上作交流发言。

（彭喜乐）

【举行购买专业社会工作岗位启动暨首批专业社工聘用仪式】 5月10日，东城区举行购买专业社会工作岗位启动暨首批专业社工聘用仪式。在仪式上，东城区下发了购买专业社工岗位实施方案，区社会办、社工事务所与街道签订了合作协议。市委社会工委委员、市社会办副主任周开让，区领导宋甘澍，市区有关部门、各街道负责人，助人、阳光社会工作事务所及北京工业大学、北京青年政治学院社工代表参加仪式。

（彭喜乐）

【东四文化节开幕式暨奥林匹克社区大舞台启动仪式】 5月13日，东四街道举行文化艺术节开幕式暨东四奥林匹克社区大舞台启动仪式。国家文化部党组成员、部长助理、人事司司长高树勋，市文化局副局长王珠，市残联副理事长吕争鸣，区领导冯熙、赵中原、宋甘澍、刘忠胜参加开幕式和启动仪式。截至目前，该项活动已连续成功举办4年。

（彭喜乐）

【体育馆路街道第二届社区体育文化节开幕】 5月15日，体育馆路街道举办第二届社区体育文化节开幕式。国家体育总局群体司司长盛志国，训练局副局长叶秋利，市委副秘书长王翔，市委社会工委副书记、市社会办副主任周开让，区领导冯熙、徐鸿达、朴学东、宋甘澍，国家举重队世界冠军和社区居民代表参加开幕式。来自驻街部队、地区企业及社区的群众文艺团体以文艺演出、体育运动展示等形式，为地区居民表演了丰富多彩的节目。

（彭喜乐）

【举办司法力量进社区网格工作培训会】 6月15日，东城区召开司法力量进社区网格工作培训会。区领导刘云斋，区法院、检察院、司法局主要负责同志出席会议，全体进社区网格的法官、检察官、司法行政干部共220人参加会议。刘云斋指出：一要充分认识司法力量进社区网格工作的重要性，发挥司法力量法律专业优势；二要敢于担当，敢于开展工作、善于开展工作，多为群众做好事、做实事；三要加强协调配合，司法力量之间，司法力量与其他网格力量之间要协调配合，形成合力，共同为东城区网格化社会服务管理创新大局服务好，为“国际化、现代化新东城”建设营造良好的法治氛围。

（彭喜乐）

【举办庆祝建党90周年主题党日专场纪念活动】 7月7日，东城区举办“坚定信念跟

党走 携手并肩建和谐”庆祝建党90周年主题党日专场纪念活动。市委社会工委党建工作处有关负责同志、区委社会工委有关领导出席活动，街道社会工作党委负责人、2011年北京市社会领域优秀共产党员以及社区、非公有制经济组织和新社会组织党员代表共200余人参加了活动。活动现场，领导为获得“2011年北京市社会领域优秀共产党员”称号的同志颁发了荣誉证书。

（彭喜乐）

【推进社区服务站服务标准化建设工作会议】 8月5日，东城区召开推进社区服务站服务标准化建设工作会议。市委社会工委委员赵小卫，区领导常卫出席会议。市、区有关部门负责同志、各街道办事处主管主任和社区服务站代表100余人参加会议。会议对《东城区关于推进社区服务站服务标准化建设工作的实施方案》进行了部署，建国门、崇外街道作了经验交流发言。

（彭喜乐）

【举办社区党组织书记培训班】 9月19—20日，东城区举办2011年全区社区党组织书记培训班。市委组织部部务委员、组织处处长、市党建研究会秘书长、党建研究所所长韩昱就加强基层党组织建设进行了授课；东直门街道社会服务管理综合指挥分中心和建国门街道工委负责同志分别介绍了社区网格党组织建设和区域化党建工作情况；东华门街道南池子社区、永外街道民主北街的社区书记分别就社区民主自治建设和社区党建工作做了经验交流。全区共有200名社区党组织书记参加了此次培训。

（彭喜乐）

【通州区来东城区考察交流】 11月11日，通州区处级干部培训班学员到东直门街道考察网格化社会服务管理工作。听取了街道关于网格化社会服务管理的整体工作情况介绍，实地考察了街道社会服务管理综合指挥分中心，并就网格化社会服务管理工作中的相关问题进行了互动式交流座谈。

（彭喜乐）

【三个社区荣获第五届“北京魅力社区”称号】 11月27日，北京第五届（2011年度）“魅力社区”评选活动颁奖典礼举行。东城区龙潭街道光明北里社区、永外街道安乐林社区、崇外街道新怡家园社区荣获新一届“魅力社区”称号，交道口街道鼓楼苑社区、龙潭街道左安漪园社区分获“安全服务有保障”和“环保措施见成效”单项奖。本届评选共选出“魅力社区”和“魅力社区单项奖”各10个。

（彭喜乐）

【召开社区建设工作总结研讨暨第五届“魅力社区”表彰会】 12月22日，2011年东城区社区建设工作总结研讨暨第五届“魅力社区”表彰会召开。区委社会工委、区社会办主要领导和各街道主管社区建设工作的副主任及相关人员参加会议。会议对全区2011年社区规范化建设工作情况进行了总结；各街道就社区规范化建设和“一刻钟社区服务圈”建设中的亮点及特色工作进行了交流发言，对2012年工作提出了意见和建议。会议同时对在北京第五届“魅力社区”评选活动中获奖社区所在街道进行了表彰和奖励。

（彭喜乐）

西城区

【概况】 2011年西城区提出大力实施“服务立区、金融强区、文化兴区”的“三区”发展战略，以更高的标准创造城市美好生活，努力建设“活力、魅力、和谐”新西城的奋斗目标，明确着力保障和改善民生，不断提高人民群众生活水平，加强社会服务管理创新，营造安定和谐的社会环境的主要任务，同时提出，要大力推进公共服务资源整合与民生政策统一对接，使改革发展成果惠及全体人民，要持续深化社会服务管理创新工作，开创社会建设的新局面。

（一）探索构建全响应社会服务管理格局

1. 研究探索全响应社会服务管理新理念。

在社会服务管理创新活动中，我区总结近年来社会建设经验，结合区位特点，提出构建全响应社会服务管理创新格局。上半年，我们组成课题组，进行了专项研究，形成了一系列调研成果，在调研成果中转化为我区社会服务管理创新的工作思路和措施。

“全响应”强调政府组织、企业组织、社会组织、公民均作为主体参与社会服务和管理，各类主体信息互通共享，积极响应社会需求，通过顺畅沟通、了解、理解，进而赢得信任、支持，达成合作，形成广泛参与的社会服务管理格局。全响应社会服务管理格局的框架体系是“两大平台、三类工作领域”。两大支撑平台：一是政府主导的社会服务管理网络，包括社会管理、社会服务、社会监督、社会防控四个类别的平台；另一个是党委领导下社会力量参与的社会服务、社会自治管理等类别的平台，提供政社合作、社社合作、志愿服务等社会力量参与社会服务管理的渠道和媒介。两个层面的网络平台相互贯通，响应及时，共同构成全响应社会服务管理格局的支持系统。三大工作领域：一是社会管理工作领域。以维稳为核心，实现城市网格精细化、全覆盖，构建社会矛盾多元化调解工作体系，最大限度减少不和谐因素。二是社会服务工作领域，以民生为核心，畅通民意诉求渠道，增强自治协同能力，最大限度地增加和谐因素。三是社会参与工作领域。以社会动员为核心，拓宽社会参与渠道、加强基层民主自治、保护公众合法权益，最大限度地激发社会活力。

2. 完善社会服务管理工作响应链。

形成纵向到底、横向到边的社会建设工作网络。统筹协调机制方面，完善社会建设领导小组联席会制度和街道工作例会制度，共同研究解决社会需求和热点、难点问题；社会领域党建方面，建立15个社会工作党委，202个商务楼宇社会工作站，1141个社会领域基层党组织，形成区委、街道工委、社区党委三层领导体系和区委社会工委、街道社会工作党委、社区党委、楼宇党组织四级工作体系；社区建设方面，按照“一分三定两目标”的要求，进一步完善社区党组织、社区居委会、社区服务站职能，构建社区党建、社区自治、社区服务“三位一体”的工作格局；社会组织方面，认定区总工会等11家第一批区级“枢纽型”社会组织，构建区、街两个层面“枢纽型”社会组织工作体系，推行区、街、居分类分级管理服务模式；社工队伍方面，深化“以会代所”工作模式，通过5家社工事务所吸纳45名专业人才，在养老、残疾人康复、心理支持、医务、社区建设等领域开展近30个专业服务项目。

3. 健全社会参与长效机制。

研究制定了一系列社会激励政策，激发社会力量参与社会服务管理热情。在统筹协调方面，建立了全响应社会管理会商机制，着手建立完善了政府各职能部门协同机制，其中计生、公安、教委、卫生等多部门齐抓共管的专门工作组机制，公安、城管、工商、交通等多部门“捆绑式”执法机制，以及行业综治专委会机制等取得了良好效果；在社会服务方面，设立专项资金，推进政府购买服务，鼓励社会组织承接项目，参与社会公共管理和服务；在公益领域，建立社会激励机制，通过制度安排，积极倡导企业社会责任，倡导乐善好施、扶贫济困的社会风尚；在资源共享方面，建立公共资源的补偿性供给机制，鼓励和引导辖区机关企事业单位公共设施向社会开放，增加公共服务资源供给；在志愿者服务方面，建立志愿服务时间储蓄机制、表彰奖励机制等，促进志愿服务良性运行。

（二）加快提升社区服务管理水平

1. 深入推进社区规范化建设。

一是按照规范社区服务站建设、规范社

区工作职能等七个方面的要求，大力推进 83 个社区的规范化建设，全面完成第三批工作任务。二是对已完成规范化建设任务的社区进行跟踪，充分利用规范化建设奖励资金开发“阳光课堂”“四点钟课堂”民生服务项目。实践中积极探索了“公约式管理”“共建互助联合会”等多元主体参与社区治理的有效途径，形成了组建“文明劝导队”，动员广大社区居民参与景区管理，增强社区居民参与社会管理意识的做法。三是进一步完善“社区事务听证会”制度，制定《社区事务听证会指导规则》，实现居民自我管理、自我服务。在五星级和谐社区建设的基础上，积极探索社区网格化管理工作法，提升基层社会服务管理水平，总结推广了社区民情日记、社区民意采集本、“督办转移单”、文明劝导队等好做法和经验。

2. 进一步完善社区服务体系。

一是切实落实社区基本公共服务。在全区 255 个社区全面开展社区基本公共服务调查，对《北京市社区基本公共服务指导目录(试行)》中涉及的 10 类 60 项 180 小项服务进行了两上两下的调查，依据落实情况进行分类梳理和分析。二是建立全响应社会服务管理工作联席会制度。将了解、掌握居民停车难、老旧小区设施老化、就医、买菜、拆迁等居民最不满意和最亟待解决的问题按照部门职责与委办局进行对接，定期汇总，并将需落实解决的服务事项按部门分类，督促其落实解决。三是加快推进“一刻钟社区服务圈”示范点建设。规范“一刻钟社区服务圈”的内容，逐步健全设施网络，完善运行机制，在 255 个社区开展涉及社区组织和社区公共服务设施等方面 39 类公共服务资源的调查，以街道为单位进行全面梳理、分类汇总，并制作资源分布图。全面推进 10 个市级和 10 个区级“一刻钟社区服务圈”示范点建设，总结推广了“槐柏树便民商圈”“黑窑厂社区公共服务社”、实施智能化民生服务与城市管理行动计划等创新做法。

3. 加快推进社区办公和服务用房达标建设。

以区政府办名义印发《西城区关于加快推进社区办公和服务用房达标建设的意见》和《关于社区办公和服务用房达标工作的补充意见》，明确社区办公和服务用房的验收标准，职责分工，达标方式及思路，购置房屋的必要性条件、选址条件等若干具体指标及申报审批程序和工作时限等五方面意见，建立拟购房源预审，绿色直通车审批，特殊情况集中会商和多渠道资金保障等四项机制，坚持摸清底数与科学管理同步，分类推进与重点推动同步，装修改造与功能设计同步，形成了全区上下步调统一联合推进的工作格局。两个文件出台后，加大难点问题协调解决力度，梳理了房屋产权过户流程、申请资金流程、减免契税流程，加快了办结速度，全面提高工作效率，先于市发改委批复购置房屋 12 处。截至目前，社区办公及服务用房达标达标率为 91.5% 。

（三）深入推进社工队伍职业化、专业化进程

1. 完善社会工作队伍专业培训体系。

一是举办各类专业培训 10 个班次，投入培训经费近 100 万元，培训人员近 2000 人，完成培训课时 500 多个。二是在继续做好党政机关社会工作岗位专业知识普及培训的基础上，重点加大社区工作者队伍和职业社工队伍的实务能力培训，组织动员了 1000 多名社区工作者参加“全国社会工作师职业水平考试”的考前培训及考试。三是全面实施“职业社工和社区工作者互助工程”，有 80 多名社区工作者与职业社工合作开展了 23 个社会工作实务项目，并通过“社区工作者骨干培训班”促进了职业社工和社区工作者的交流与沟通，初步实现了社区工作者社会工作专业知识普及性培训向实务能力培训的转变。

2. 继续加强社会工作职业队伍建设。

一是全面完成了“一街一社工”的配置工作，在开展社会工作服务需求调研，确定街道社工专业岗位需求的基础上，制定了购买专业社工岗位工作方案，年底前完成职业

社工在街道和重要工作领域的基本布局。二是以会为中心，发挥“枢纽”作用，统筹协调专业设岗工作；以所为主体，强化社会工作事务所的专业发展能力，与街道等单位合作探索社会工作站的基本职责，指导社会工作服务站的工作；以站为基础，与驻站单位合作研发服务项目，协调配置社工开展服务；以点为项目载体，实现服务项目与社工的结合。目前共在15个街道和8个专业机构建立了23个社会工作服务站，开展养老、残疾人康复、青少年、社区建设以及学校社工、医务社工、企业社工和外来人口融入等领域服务项目共28个，其中今年新开展项目16个，为购买社工匹配项目资金150万元，初步形成了9个工作模式。今年以来已有5人多次参加全国性社会工作会议和研讨会，并作经验介绍；30余篇总结社区工作经验的文章在全国社会工作专业性报刊上发表；2人荣获“西城区百名突出贡献人才”荣誉；3人被香港理工大学录取为社会工作专业硕士研究生；2人被聘为中国社会工作协会远程教育平台专家。三是强化专业督导。建立以项目督导员为主体的多层级督导，督导员从前期项目设计开始介入，并对项目的实施过程进行全程跟踪，实现实务社工向督导员的转变。引入以社工专业为主体的多专业督导，针对专业性强的服务项目，聘请有关专业人员进行专业辅导和培训，初步实现从解决单一问题向提高综合能力的转变。在划拨市购买社会组织经费的基础上，设立区级督导项目经费，保证督导工作的即时性和持续性。

3. 初步建立志愿活动统筹管理体系。

一是成立区志愿者联合会，建立区志愿服务中心，配备14名专职工作人员，具体负责落实联合会的决策。在此基础上，以加强社会动员能力为目标，逐步完善分级分类管理的统筹协调机制，探索志愿者队伍组织化、志愿活动常态化、服务项目公益化、保障机制制度化的工作模式。二是依托“志愿西城”网络信息管理平台，率先开展志愿者实名注册工作，截至目前，共注册志愿者101318人。建立志愿者培训讲师团，整合全区志愿服务资源，承担志愿服务项目的研发和志愿者的培训活动。三是建立统一激励措施，制定志愿服务时间累积和志愿者星级评定实施细则，以志愿服务时间累积为基础，对累积达到一定服务时间的志愿者进行星级评定，首批一星志愿者计划在西城区志愿者答谢年会上正式表彰发布。

（四）大力培育发展社会组织参与社会服务管理

1. 完善“枢纽型”社会组织工作体系。

一是认定区总工会等11家单位为第一批区级“枢纽性”社会组织，并以联谊会的方式研讨、交流和推进“枢纽型”社会组织在新的社会形势下发挥作用，凝聚本领域社会组织和各方面的社会力量参与社会建设。如西城区企业和企业家联合会成立后分别搭建了企业联络平台、劳动关系维权平台和政府沟通平台，为企业提供了更优质的服务。二是按照“六有”的要求，不断完善工作机构、工作职能和机制，作用发挥更加明显。如团区委以全区青少年社会组织及青年社区工作者的摸底调查为切入点，培育百德社区发展促进中心作为二级“枢纽型”社会组织，通过社区青年汇等活动为社区青年及青年社工提供服务；区妇联通过创建全市首家民族特色和高端女性特色的妇女之家，打造妇联参与社会管理的品牌项目；区红会积极联系下属社会组织开展党建工作，督促指导其开展社会服务，取得了良好的社会效益。三是加大政策与资金支持。以专项资金“购买管理服务”的方式，为“枢纽型”社会组织购买了3名专业社工岗位，专门为社会组织发展提供政策咨询、培训、宣传、项目策划、交流学习等服务。依托区社会组织联合会，指导街道分会开展了广泛的社会性和群众性的公益活动。

2. 引导社会组织健康发展。

一是建立统筹协调的领导工作机制。完善社区社会组织备案登记制度，制定《西城区关于培育发展社区社会组织的指导意见》

等文件，建立了区、街、居三级社区社会组织工作体系。二是培育扶持社会组织发展。依托区社会组织孵化中心，成功培育了3家公益性社会组织，重点开展了项目设计能力和筹款能力的培训，提升了社会组织争取社会资源、开展公益服务的能力。三是通过政策宣传引导、活动吸引、典型带动等多种方式，招纳优秀人才、吸引志愿者加入到社会组织中来，建立了一支政治过硬、作风优良的社会组织队伍，在确保其正确发展方向的同时，提高党组织在社会领域的影响力、凝聚力和战斗力。

3. 专项资金购买民生服务。

建立以服务民需为导向的社会建设专项资金使用机制，2011年1500万元社会建设专项资金共支持51个项目，其中27个是直接服务百姓的项目，占总支持项目的53%，覆盖了为老服务、青少年教育、家庭和谐、志愿服务、社会心理服务、流动人口管理等多个领域，涉及资金580万元。持续开展社区资源共享奖励项目，年初奖励了18家资源共享先进单位，拓展了错峰停车、人力资源共享等新的资源共享形式，通过报纸、电视、广播等多种手段，加强宣传报道，提高了资源共享工作的知晓率和驻区单位的参与热情，越来越多具有社会责任感的驻区单位开放资源，形成了良好的共驻共建的氛围。今年我们设定的资源共享奖励经费是200万元，将重点解决为老服务、停车、买菜、孩子课余4点钟课堂等百姓关注的难点问题。

（五）进一步优化社会领域党建服务管理格局

1. 大力推进“五站合一”楼宇工作站建设。

一是明确“五站”职能任务、建站目标和工作重点，将楼宇党建试点列为街道工作考核指标，按照有独立党组织、有独立办公场所（面积不少于20平方米）、有专项活动经费、党群活动开展较好等标准，精心挑选金融街街道长安兴融等10个楼宇作为重点打造精品站。二是根据区域特点，重点打造以商务楼组、商业街区、产业园区为单位的党组织组建模式和精品中心站辐射周边楼宇的工作模式，在德胜产业园、什刹海酒吧街、马连道茶叶街等重点区域建立中心站，为实现“五站合一”全覆盖奠定基础。如西长安街根据西单商业圈商家有港商、台商、无党派人士等特点，把统战工作纳入“五站合一”楼宇工作之中，建立了以高登大厦为代表的党建、社会事务、统战、工会、团建和妇联“六位一体”的楼宇服务管理中心。三是建立市、区、街三级资金保障力度，共投入580余万元用于阵地建设、活动开展、工作宣传等。2011年共批复立项了50个涵盖政务服务、共建共驻、教育培训、特色活动、载体创新等五大方面的楼宇党建创新项目，作用发挥明显，不断激发楼宇党建工作活力。

2. 深入落实“五个好”非公有制经济组织党建推进工程。

一是探索行业协会党建、商圈党建、商业街区党建等符合行业特点的党组织组建模式，不断扩大党的组织和党的工作的覆盖面。目前，全区非公有制经济组织和社会组织共成立党组织301个，覆盖党员2279人。打造了73个非公有制经济组织党组织“五个好”示范点。二是结合非公有制经济组织创先争优活动，开展了“树形象、树标准、树典型”、党员争当“政策宣传员、技能示范员、人才培养员、权益维护员、和谐调解员”的“亮身份”活动，展现了新时期社会领域基层党组织和共产党员的新形象，提高了社会领域党组织的战斗力。三是探索建立“163”入党积极分子培养工作模式，即1个载体（西城区非公有制企业和社会组织入党积极分子培养手册），6个培养环节（参加一次专题培训、一次红色之旅、一次志愿服务、接受一系列单位评价、一系列群众监督、一系列组织谈话），3个工作机制（联动工作机制、系统培训机制、公开考察工作机制），确保培训有实效，培养有衔接，流动不流失的工作目标。今年4月和9月举办培训班2期，共有123名入党积极分子参加了培训。

3. 创新社会领域党员服务管理模式。

一是建立全市首家社会领域党员服务中心，为全区社会领域党组织、党员提供党建资源整合调度、教育培训等七个方面的具体服务，深受社会领域党组织、党员的欢迎。中心成立一年多来，组织开展了红色之旅60余次，覆盖党组织100多个，党员3000余人次；举办百家讲坛9期，参与党员3000余人次；编辑《西城社会领域党建专刊》5期。二是建立了“eye西城”社会领域党员远程教育模式。针对社会领域党员流动性强，难于管理的特点，建立了社会领域党员教育专网，使网络需求和网络教育管理覆盖到非公有制经济组织、社会组织的各个层面。三是结合建党90周年，组织900余名非公有制经济企业党员参加了“踏着先烈的足迹，知西城、爱西城”主题红色之旅活动，举办了“知西城　爱西城　建西城——纪念建党九十周年”征文比赛，共收集征文作品60余篇。七一前夕，隆重举行“高扬的旗帜——社会领域纪念中国共产党成立90周年大会”，引领广大的社会领域党员走近历史，传承先辈们的高风亮节与理想信念，思想和灵魂受到了深刻的教育洗礼。

（六）积极探索构建信息化支持网络

1. 优化整合社会服务资源。

将全区各类行政服务资源统一纳入区综合行政服务中心，面向社会提供规范、智能、高效服务。区社会服务中心整合集成各类社会力量参与社会服务，做实3个窗口10条热线和30项服务。集成区综合行政服务中心、区社区服务中心（8220331服务平台）、区社会服务中心的服务资源，逐渐形成面向公众的一个综合服务平台。扩大区社区服务中心服务商队伍，将其服务范围推广覆盖全区。

2. 建立“一库式”街居数据中心和统一的业务处理平台。

在15个街道全部建立了公共服务大厅，确定了街道服务大厅7大类86项承办事项，运用信息化手段，接通区综合行政服务中心、街道公共服务大厅、社区服务站三级政务服务平台，并逐步拓展服务事项，规范服务流程，完成第六代社区综合服务平台系统融合升级。围绕社会服务和社会管理两大主题，研发社会领域一体化管理服务支撑平台，整合社区人、地、事、物、组织等13大类57个子类682项基础信息。

3. 总结推广试点经验。

开展了广外街道社区网格化管理、德胜街道信息化建设、月坛街道楼门院长网格管理系统、广内街道虚拟养老系统、“一刻钟社区服务圈”建设等试点工作。下一步，我们计划进一步总结工作经验，对符合社会服务管理创新要求和群众需求的一批富有推广价值的创新经验在全区进行推广，扎扎实实地推进社会服务和管理的创新。

总结回顾我区社会服务管理创新工作，我们体会到抓好社会服务管理创新工作必须以科学发展为主题，以改善民生为根本，以强化基层为基础，以社会和谐为目标，以实践创新为动力，使社会服务管理工作在创新中发展、在发展中完善、在完善中提高，在服务发展、改善民生、构建和谐中彰显更强的生机和活力。

（赵培文）

【构建全响应社会服务管理格局】　构建全响应社会服务管理格局的框架体系是“两大平台、三类工作领域”。两大平台，一是政府主导的社会服务管理网络，包括社会管理、社会服务、社会监督、社会防控四个类别的平台；二是党委领导下社会力量参与的社会服务、社会自治管理等类别的平台，提供政社合作、社社合作、志愿服务等社会力量参与社会服务管理的渠道和媒介。两个层面的网络平台相互贯通，及时响应，共同构成全响应社会服务管理格局的支持体系。三类工作领域：一是社会管理工作领域。以维稳为核心，实现城市网格精细化、全覆盖，构建社会矛盾多元化调解工作体系，最大限度减少不和谐因素。二是社会服务工作领域，以民生为核心，畅通民意诉求渠道，增强自治协同能力，最大限度地增加和谐因素。三是社会参与工作领域。以社会动员为核心，拓宽社会参与渠道、加强基层民主自治、保护公众合法权益，最大限度地激发社会活力。

（赵培文）

【完善社会服务管理工作响应链】 统筹协调机制方面，完善社会建设工作领导小组联席会制度和街道工作例会制度，共同研究解决社会需求和热点、难点问题；社会领域党建方面，建立15个社会工作党委，202个商务楼宇社会工作站，1141个社会领域基层党组织，形成区委、街道工委、社区党委三层领导体系和区委社会工委、街道社会工作党委、社区党委、楼宇党组织四级工作体系；社区建设方面，完善社区党组织、社区居委会、社区服务站职能，构建社区党建、社区自治、社区服务“三位一体”的工作格局；社会组织方面，认定区总工会等11家第一批区级“枢纽型”社会组织，构建区、街两个层面“枢纽型”社会组织工作体系，推行区、街、居分类分级管理服务模式；社工队伍方面，深化“以会代所”工作模式，通过5家社工事务所吸纳45名专业人才，在养老、残疾人康复、心理支持、医务、社区建设等领域开展近30个专业服务项目。

（赵培文）

【健全社会参与长效机制】 落实《西城区资源共享奖励办法（试行）》，开展了单位与社区资源共享特色项目，依托社会建设专项资金200万元，对参与共建、资源共享成效明显的广电总局新302食堂、北京市政府机关事务管理办公室、悦读时光书城、66117部队、北京市裕中中学、孟记车行等53个资源共享先进单位给予了奖励。

（赵培文）

【推进社工队伍职业化专业化进程】 举办各类专业培训10个班次，投入培训经费近100万元，培训人员近2000人，完成培训课时500多个。有1200余人参加社会工作职业水平考试考前辅导，为189人办理了社会工作师注册证。实施“职业社工和社区工作者互助工程”，实现社区工作者社会工作专业知识普及性培训向实务能力培训的转变。完成了“一街一社工”的配置工作，制定购买专业社工岗位工作方案，各专业社工机构在职人员已达45人。以“会”为中心，发挥“枢纽”作用，统筹协调专业设岗工作；强化专业督导，建立以项目督导员为主体的多层级督导。成立区志愿者联合会，建立区志愿服务中心，具体负责落实联合会的决策。依托“志愿西城”网络信息管理平台，开展志愿者实名注册工作。建立志愿者培训讲师团，承担志愿服务项目的研发和志愿者的培训活动。建立统一激励措施，制定志愿服务时间累积和志愿者星级评定实施细则。通过购买服务项目共为各社工机构申请了区社会建设专项资金266.878万元，通过申报优秀人才资助项目获得了资助资金26万元。

（赵培文）

【培育社会组织参与社会服务管理】 完善“枢纽型”社会组织工作体系。认定区总工会等11家单位为第一批区级“枢纽型”社会组织，制定《西城区关于培育发展社区社会组织的指导意见》等文件。全年1500万社会建设专项资金共支持51个项目，其中27个是直接服务百姓的项目，占总支持项目的53%，覆盖了为老服务、青少年教育、家庭和谐、志愿服务、社会心理服务、流动人口管理等多个领域，涉及资金580万元。

（赵培文）

【推进街道公共服务大厅建设】 开展街道公共服务大厅系统第六代街居服务管理系统升级改造工作，确定91个事项进入服务系统，71项社区办理事项在部分试点社区进行试点。完成了系统培训工作，并已正式上线进行试运行。

（赵培文）

【召开和谐社区建设工作推进会】　2月22日，西城区召开和谐社区建设工作推进会。市委社会工委委员、市社会办副主任周开让，市民政局副巡视员冯昌领，区委副书记马兰霞出席会议。会议部署了2012年社会建设工作，表彰了在西城区和谐社区建设示范争创活动中表现突出的25个社区、18个“资源共享先进单位”、25名和谐社区带头人、1932名“优秀楼门院长”、52个项目“优秀公益项目”、100名“优秀社区志愿者”。

（赵培文）

【召开全区社会建设工作会】　3月25日，西城区召开2011年社会建设工作会议。市委社会工委书记、市社会办主任宋贵伦，区委书记王宁出席会议。区长张建东主持会议。区领导马兰霞、王力军、程军、赵建军、范宝、赵印春出席会议。区社会建设工作领导小组成员，各街道主管领导、相关科室负责人，社区党组织、社区居委会、服务站代表，两新组织党组织、“枢纽型”社会组织负责人和专业社工代表等300余人参加会议。

（赵培文）

【评审社会领域党建创新项目】　评审确立社会领域党建创新项目50个。4月，按照每个项目2000元的标准，拨付项目启动资金10万元，包括商务楼宇、社区、两新组织，涉及15个街道和6个相关委办局。对项目实施记录管理制、中期评估制和结项验收制，对项目的评估通过第三方专家组评审，给出项目建议和综合评估报告。8月，组织专家对项目的实施进行了中期检查评估，根据评估结果分3个档次下拨中期支持资金24.2万元。

（赵培文）

【参加“国际社工日”活动】　4月15日，西城区社会工作者联合会和区内睦友、悦群、仁助、厚朴、泓德中育5家专业社工事务所，以及30名专业社会工作者参加了2011北京社会公益活动周、第二届首都青少年公益节、国际社工日宣传活动。活动中，西城区社工机构和专业社工们在现场向参会人员发放了联合会、事务所及项目介绍的宣传材料。联合会及各社工事务所的宣传展板也吸引了大家的目光，中国社会工作协会及市有关领导、专家教授和新闻媒体多次参观联合会的展区，与社工们进行交流和沟通。

（赵培文）

【举办“踏着先烈的足迹，知西城、爱西城”主题红色之旅活动】　4月20日，西城区委社会工委、区社会办举行以“踏着先烈的足迹，知西城、爱西城”为主题的红色之旅活动。该活动历时13天，共组织900余名社会领域党员和党务工作者，分两条路线参观了李大钊故居等8个西城境内的红色景点，并将10篇游记汇编成《足迹与声音——红色之旅活动记录》。

（赵培文）

【西城区社会服务中心正式运行】　4月，西城区社会服务中心正式运行。中心位于西城区综合行政服务中心地下二层东侧，分为社会综合服务和健康咨询服务两大区域。社会综合服务区入驻社会组织“三会三中心两室四窗”，即社会组织联合会、志愿者联合会、社工联合会和社会组织孵化中心、公益文化传播中心、社会领域党员服务中心；设有两室，即心理健康咨询室和法律援助服务室；四个服务窗口，即社会领域党员、社会组织、社工人才和志愿者服务窗口，负责接转党组织关系和提供咨询服务，业务主管单位是区委社会工委、区社会办，团区委。

（赵培文）

【招录大学生社区工作者】　上半年，区民政局、区委社会工委共同完成2011年大学生社区工作者招录工作。拟招录150人，实录143人。男性占19.3%，女性占80.7%；年龄最大的37岁，最小的21岁；中共党员（含预备党员）占71.0%，共青团员占24.1%，群众占4.8%；大专学历占6.2%，大学本科占28.3%，硕士研究生占65.5%；京籍考生占15.9%，非京籍考生占84.1%。7月1日，新招录的社区工作者上岗。

（赵培文）

【召开评审社会建设项目专家评审会】 7月1日，西城区召开首次分类分批评审社会建设项目第一次专家评审会，对矛盾化解、社会心理服务和孵化培育社会组织3类17个项目进行了评审。来自中国社会科学院、北京市社会科学院、清华大学等高校和研究机构的6名专家和学者，就项目内容设计的操作性和创新性、预期社会效益的大小、资金预算的合理性、风险及不确定因素等五个方面进行了审议，并对部分项目提出了压缩项目预算的意见。

（赵培文）

【开展社情民意调查】 10月起，面向15个街道广泛征集社情民意，全面了解群众最急、最盼、最难、最怨的问题。民意调查显示，58%的意见建议集中在住房和生活环境的改善，35%的意见建议反映居民对停车、就医、子女就学、买菜、购物等生活需求。此项调查对为区委、区政府科学决策，有针对性地开展基础设施建设，实施系列民生工程提供了参考。

（赵培文）

【举办社会工作骨干培训班】 11月30日，区委社会工委组织街道和专业社工机构的专业社工、社区工作者中获得社会工作职业水平证书并完成注册人员及优秀大学生社工共40人，参加中国社会工作协会社会工作骨干培训班。本次培训为期一周，主要进行社会工作与社会组织的关系；社会工作中的心理、社会因素及其影响；社会工作服务模式及督导；社会工作实务方法与技巧；社区社会工作理论与实务等方面的培训。

（赵培文）

【面向社会公开招录社区工作者】 12月，由区委社会工委、区社会办牵头，面向社会公开招录社区工作者。招考工作按照“公开、平等、竞争、择优”的原则组织实施，严格网上报名、现场资格审核、笔试、面试、体检和政审等环节。有2600余人通过网上报名，1123人通过资格审查，1065人参加笔试。

（赵培文）

【出台《西城区社会建设项目管理办法》】 年内，区社会办与区财政局以联合签发文件的形式出台了《西城区社会建设项目管理办法》。该办法确定了项目征集、评审、发布、监督管理以及考核评估等方面的范围、形式、流程，明晰了项目申报单位、项目承接单位、区社会办、区财政局等各项目相关方的责任和义务，对资金的预算编制、拨付方式、支出使用结余资金处理等均进行了规范。同时，办法中要求所有项目评估均采取第三方评审的方式，保证项目评估工作的公正性与专业化。

（赵培文）

【启动第二期社会组织孵化项目】 百德社区发展促进中心、美味书斋阅读推广中心、椿树惠佳丰为老服务中心、心语技能就业指导中心、清醒生活理性饮酒服务中心、四和仁爱社区服务中心等6家公益性社会组织进驻西城区社会组织孵化中心，开始为期1年的孵化。

（赵培文）

【免费开通“关爱家庭·关怀心灵”热线】 12月12日，由区委社会工委主办、区关爱家庭中心承办的“关爱家庭·关怀心灵”

免费热线62251049（及13520943979短信服务）开通。帮助求助者释放积压的负面情绪，解决婚姻及家庭教育方面的困惑疑难，缓解人际关系的紧张状态，干预心理危机，促进社区稳定和社会和谐。咨询时间为周一至周五的早上9点至晚上6点。

（赵培文）

【启动“社会心理健康服务体系建设”系列项目】　12月28日，“西城区社会心理健康服务体系建设”系列项目在北京市青年宫正式启动。该活动由共青团北京市委员会，西城区委、区政府主办，北京青年压力管理服务中心的心理专家代表和辖区社区代表、楼宇服务站代表、企业代表、社工代表、居民代表等140余人参加启动仪式。

（赵培文）

朝阳区

【概况】　2011年朝阳区牢牢把握全国、全市社会管理创新综合试点区的历史机遇，坚持把文明城区创建与社会服务管理创新相结合，全面提高了社会服务管理水平。

（一）围绕需求、关注民生，社会服务更加完善

全国文明城区创建成果显著。坚持“创建为民、创建惠民”理念，从办实事、解难事入手，始终把群众的呼声作为第一信号，把群众满意作为第一标准，动员全区力量，全力以赴开展创建工作。把创建标准与日常工作紧密结合起来，严格落实“处级领导包社区、科级干部包大街、社区干部包楼栋”的责任制度。扎实推进“路平工程”、社区环境整治、公共设施建设等民生实事工程，为群众办实事近4万件，不断提高市民的幸福感和满意度。迎检期间，动员机关干部、社区工作者、协管员、社区居民等各方力量100多万人参与迎检工作，有效维护了环境秩序，为朝阳区成功创建全国文明城区作出了突出贡献。

社会事业快速推进。落实各项社会救助和就业政策，加大技能培训力度，帮助困难群众解决基本生活、就医、就业等实际问题。充分发挥“温馨家园”助残服务的作用，实现残疾人不出社区就能享受康复服务。认真落实“九养”政策，大力推广老年餐桌，确保覆盖率达到100%。潘家园、劲松等自办的养老机构和左家庄、麦子店、香河园等委托专业机构运营的日间照料室，为社区老年人提供生活服务。积极支持幼儿园扩大招生名额，缓解幼儿入托难问题。协调、优化社区卫生服务设施布局，推广家庭式医生服务模式，为60岁以上老年人口建立健康档案。实施全民健身居家工程，大幅提高街乡文化中心覆盖率，实现社区（村）文化活动室全覆盖，形成了社区一家亲等文化活动品牌。

城市环境持续改善。坚持建管并重，完成40个老旧小区改造、25条街巷胡同环境整治，绿化改造面积11.9万平方米，挂牌命名40条“环境优美大街”，其中朝外大街、安立路等10条大街被命名为市级“环境优美大街”。加强城市管理，完善社会动员、联合执法、联片管理等长效工作机制，对城市管理顽疾保持高压态势，进一步加强垃圾分类和“门前三包”工作。引入专业公司规范路侧停车管理，推行“错时停车”、路侧夜间临时停车、小区微循环等办法，不断挖掘社区停车资源，新增停车位1.1万余个，缓解小区停车乱、群众停车难的问题，城市环境质量显著提升。

社区基本公共服务不断完善。规范社区公共服务项目，落实“一图、一册、一网”要求，建成121个“一刻钟社区服务圈”，形成了4类240项的社区服务指导目录，认证服务商3650家，140万人次受益，基本做到“小事不出社区、大事不出街乡”。率先引入“农产品直供社区”模式，建成44个农社对接点（站），解决群众买菜贵、买菜难问题。大力发展便民服务网站，建成23个社区服务信息网，麦子店的“小呼叫”、酒仙桥的数

字民生平台、八里庄的“车巢网”、双井13社区、“望京网”、来广营的北苑家园社区网等服务平台也深受群众欢迎。双井、大屯、三间房等街乡开通社区摆渡车，解决社区居民出行“最后一公里”问题，惠及居民5万余人。

（二）科学谋划、统筹兼顾，社会管理更加有序

全模式社会服务管理系统建设取得新进展。将创建全国文明城区测评体系中的312项指标全部纳入系统进行监测。全模式十大模块3452个细类，已纳入系统的业务达95%。突出违法建设、外来人口管理、食品安全等14个重点指标的设计和研发，制定了立结案、复查核查、处置流程和考核评价标准，基本实现了全模式系统与日常工作的有效对接。

重点人群服务管理取得新突破。深化“阳光中途之家”建设，健全对社区矫正和刑释解教人员的常态化帮扶机制。在外籍人员聚居地建立外籍人员服务中心，为外籍居民提供生活服务。坚持“以证管人、以房管人、以业管人”，完善流动人口服务工作体系。积极解决流动人口子女义务教育问题，来京务工人员随迁适龄子女转入公办学校或民办学校就读者占总数的85.5%。加强城乡结合部流动人口聚集区的整治改造，切实改善流动人口的生活环境。

安全稳定工作取得新成果。深入推进“一网两库三关”社会维稳体系建设，充分发挥街乡综治维稳中心作用，全面调动社区各类人员的积极性，不断加强信访调解室和民调组织建设，完善处级领导接待日、“律师进社区”等工作机制，加大矛盾排查和化解力度，有效化解了各类社会矛盾。继续开展安全社区创建工作，先后共有23个单位获得“全国安全社区”称号，占全市的77%，12个单位获得“国际安全社区”称号，占全市的75%。不断强化食品、消防、安全生产监管，持续开展隐患排查和专项整治，群众安全感和满意度不断上升。

（三）搭建平台、引导参与，社会动员更加广泛

公众参与平台进一步拓宽。充分发挥社会建设协调委员会和社区居民事务协调委员会的作用，引导社会单位和社区居民参与社会建设。加快推进“市民劝导队”与和谐促进员协会建设。健全社会志愿服务三级组织机构，成立全市首家志愿者“公益储蓄中心”，注册社会志愿者达20余万人。加强朝阳公益储蓄中心网建设，吸纳IBM、普华永道、首汽集团等一批“爱心会员单位”参与，促成了500余对志愿服务的供需对接，形成了“督导+社工+志愿者”的工作模式。

政府购买社会服务机制进一步确立。制定《政府购买社会组织服务项目管理办法》《社会建设专项资金使用管理办法》等配套文件，初步建立了政府购买社会组织服务工作的长效工作机制。2011年共投入782万元社会建设专项资金，购买了59个社会公益服务项目，开展各类活动1555次，受益人群约14万人。

社会组织培育力度进一步加大。建立朝阳区社会组织培育基地，先后有9家社会组织接受培育孵化。依托社区社会组织联合会成立讲师团，对19个街道的社区社会组织开展能力建设培训。加大专业社会工作机构的培育力度，培育孵化曙康、立德、民和等6家社工事务所，公开招录36名专业社工开展社会工作服务项目。目前专业社工机构总数达到9家，居全市首位。

（四）加大投入、注重成效，基层基础更加扎实

社区管理格局日趋完善。优化社区运行管理机制，加强社区党委、居委会和服务站制度建设，完善“三位一体”社区工作机制，落实“一分三定两目标”要求，社区服务站与居委会实现了“职能分开，协作治理”。以社区党组织为领导核心、以社区居委会为主体、以社区服务站为依托、驻社区单位和组织协同配合、社区居民广泛参与的新

型社区管理格局日趋成熟。

社区自治水平逐步提升。推广社区居民代表会、居民听证会、议事协商会、民情恳谈会等自治经验，制定下发《朝阳区推进居民自治工作指导意见》。探索推进社区单元化管理模式，在和平街、小关、潘家园等17个街（乡）26个老旧小区开展准物业化管理工作，在高碑店村、草场地村等6个村（社区）积极推进村庄社区化服务示范村建设，引导居民通过民主程序，运用自治方式解决停车管理、治安巡防、小区保洁等社区服务难题。

社区基础设施建设不断加强。采取购买、新建、改扩建等方式，申请固定资产投资立项项目156个，投入资金4.65亿元，新增社区用房面积5.6万平方米，改善了社区办公服务用房。街乡还投入2300余万元，加强社区服务站标志、室内装修等软硬件建设，使社区基础设施得到明显改善。

社工队伍结构进一步优化。切实加强社区工作者队伍建设，先后2次面向社会公开招聘792名社区工作者。目前全区社区工作者大专以上学历占到了82.3%，其中614人通过了国家社工职业资格考试。实施社工人才培养“双基地”工程，采取“请进来、走出去”的方式，共组织全区性社区工作者培训7次，组织75名优秀社区工作者赴我国台湾地区、新加坡学习考察。依托青年社工协会开展“动起来”系列活动，积极为青年社工健康成长搭建平台。

（五）创新手段、服务为先，社会领域党建更加科学

社会工作党委工作机制进一步完善。配齐配强社会工作党委专职人员，配备1名专职副书记和2—4人专职工作者，进一步完善社会工作党委运行机制，规范和落实社会工作党委工作例会、教育培训等制度。指导朝外、潘家园完成了社会工作党委换届选举工作。

商务楼宇服务站规范化建设不断深化。按照“选聘结合”的原则，面向全区招聘社会领域党务工作者38名，并将其纳入社区工作者统一管理。继续深化党务、政务、社务“三位一体”商务楼宇服务站建设，强化“五站合一”功能，实现了“一强四带双促”的工作目标。做实19类98项楼宇服务项目，以活动引领带动社会领域党建工作，促进企业和员工共同发展，丰富了楼宇党员和员工的业余生活，增强楼宇内党员对党组织的归属感。

“五个好”示范点创建工作扎实开展。指导街道开展好先进典型的梳理总结工作和党员承诺及领导点评工作，促进了创先争优活动成果转化。全区有50个非公有制经济组织党组织被市社工委评为“五个好”示范点。区委社会工委对全区105个先进基层党组织、104名优秀共产党员和105名优秀党务工作者进行了表彰，并编辑出版了朝阳区社会领域优秀共产党员事迹汇编《赤诚朝阳》。

（李　莹）

【区领导调研街道工作】　1月11日，区领导程连元、谢莹调研街道工作，区政府办、社会工委、社会办、市政市容委、财政局、卫生局、交通支队、香河园、和平街等相关单位主要领导陪同。区领导首先来到香河园街道西坝河西里社区察看交通安全建设情况，随后到西坝河东里社区察看社区规范化建设、为老服务工作情况。最后到达和平街街道和平家园社区，察看老旧小区准物业管理、“一刻钟社区服务圈”建设等情况，并在和平街街道办事处召开座谈会。

（李　莹）

【成立奥运村街道】　4月8日，区委办、政府办下发《关于奥运村街道党政机构设置问题的通知》，决定撤销北京市朝阳区人民政府奥运村地区办事处（北京市朝阳区奥运村乡人民政府），成立北京市朝阳区人民政府奥运村街道办事处，为区政府的派出机构。根据《中国共产党章程》，相应撤销中共北京市朝

阳区委奥运村地区工作委员会（中共北京市朝阳区奥运村乡委员会），成立中共北京市朝阳区委奥运村街道工作委员会，为区委的派出机构。5月16日，奥运村街道办事处正式揭牌成立，区领导宋连娣、刘希泉、谢莹、李国、赵全保、刘乃晨出席。

（李　莹）

【召开2011年社会建设工作会议】　6月10日，朝阳区社会建设工作会议召开，市委常委梁伟，市有关部门领导王翔，周开让、王智玲，陈刚、辛燕琴等区四套班子领导出席，区委常委、常务副区长吴桂英主持会议。

（李　莹）

【开展首届和睦邻里节】　8月20日，朝阳区开展首届和睦邻里节，在24个街道开展宝宝大比拼，“我有芳邻”化装舞会，社区达人比赛、社区健步走、社区“鹊桥”联谊会、“我有芳邻”摄影赛、社区跳蚤市场等活动。

（李　莹）

【5个街道获得全国安全社区称号】　12月20日，全国安全社区评定终审会在北京召开，双井、劲松、垡头、东湖、机场等5个街道获得“全国安全社区”称号。

（李　莹）

【创建全国文明城区】　年内，按照区委、区政府统一部署，精心准备、周密组织，统筹协调街道、社区、驻区单位、志愿者等各种迎检力量，认真贯彻落实各项任务指标。建立“1524N”工作格局，严格落实“街道处级领导包社区、科长包大街”工作制度。制发街道系统《创建全国文明城区工作指导手册》《处级领导包社区工作手册》《科长包大街环境秩序检查手册》《社区民情日志》。围绕“路平工程”、社会事业等11个方面，加大各级部门为民办实事力度，3月份起共为老百姓办实事38553件。加大对各街道问卷调查相关人员的工作培训力度，以“ABC工作法”较好地解决了调查问卷可控性难的问题。迎检期间，街道系统共动员机关干部、社区居委会干部、协管员、和谐促进员、志愿者、社会单位、社区居民等各方力量50多万人参与迎检工作。

（李　莹）

【构建全模式社会服务管理系统】　完成了首页设计，人口管理、信访工作、地下空间、食品安全、出租房屋等20个二级重点模块的制作，基本完成了与全区各部门业务系统的资源整合。按照一个街道对应一个模块的原则，启动10个模块在10街3乡的试点工作。目前，第一轮标准体系已制定完成，共包括事件、人口、单位、地下空间4个部分46大类314小类1848细类标准。每一类事项均包含4个标准，即立案、处置、结案标准，处置流程标准，复查、核查标准，考核评价标准。

（李　莹）

【加强城市建设管理】　年内，完成43个老旧小区综合改造、25条街巷胡同环境整治、10条新修道路两侧环境整治、4个集贸市场周边环境整治、10所校园周边环境整治、5处平房区环境整治。绿化改造7.8万平方米、甬路修复15.4万平方米、楼体粉饰26.7万平方米、安装公共照明244套、清理垃圾渣土600余吨、新增停车位389个。创建50条精细管理示范大街、52个环境优美社区。两批环境优美大街先后挂牌，涉及15个街道20条大街，总长度27.3公里。针对无照游商、非法小广告、店外经营等痼疾顽症，开展“百日专项治理行动”。建立了“联合执法”“联片管理”“三班倒”执法等城市管理长效机制，做到“闭环式管理，无缝隙执法”。在今年5月份全市环境卫生综合考评中，排名第二。

（李　莹）

【开展垃圾分类工作】　年内，启动改造垃圾楼78个，涉及22个街道（除机场、建外街道），覆盖127个社区，612个小区，涉及人口155万人，48.7万户；招募志愿者7052名，招聘二次分拣人员1027人。24个街道开展形式各样的宣传活动，召开动员会279场，涉及12万余人，各种宣传活动538场，张贴宣传海报8万余份，悬挂横幅983条，发放手册、一封信等各类宣传材料55万余份；入户宣传5.7万余次，涉及户数约29万户；进入社会单位宣传2200余次，涉及6500个单位。对桶站实施标准化建设，建设统一规范的投放站、宣传牌等，提高现有分类收集水平；改进完善已覆盖居住区垃圾分类投放、收运链条，提升整体实施效果；强化完善二次分拣员机制，切实提高源头分类率。

（李　莹）

【推进老旧小区准物业管理工作】　明确了“政府引导和扶持、社区动员组织、居民自治管理”的总体思路，建立“四种模式”：一是实行院落自治，实现居民互助式的准物业管理，如三里屯、香河园等街道。二是居民自管与聘请专职人员相结合，实现小区准物业管理。如潘家园、和平街街道。三是居民互助与服务外包相结合，实现半专业化物业管理。如劲松、六里屯、垡头、左家庄等街道。四是成立非营利性物业服务机构，提供专业化的物业服务。如团结湖街道。

（李　莹）

【加强社区工作者队伍建设】　年内，先后2次面向社会公开招聘，补充792名社区工作者进入社区。出台《朝阳区社区工作者管理制度汇编》，对社区工作者考勤、离任、学分制等方面实施规范化管理。组织社区工作者培训7次，受训人数达到1000余人。投入130万元加强教育培训工作，先后组织两批40名优秀社区工作者赴台湾地区考察学习，组织两批35名社区干部赴新加坡考察学习。完善社区工作者晋升机制，打破论资排辈等现象，对能力突出、表现优异、热爱社区工作的社区工作者，优先通过竞聘程序提拔使用。积极为青年大学生社工提供发展机会，先后有10名大学生社工通过北京市公务员考试，录取为公务员。依托朝阳区青年社工协会，开展青年社工“动起来”系列活动，具体包括“我为社区献一策”“助困、助学结对子帮扶”等活动。

（李　莹）

【加强“市民劝导队”建设】　制定《朝阳区推行市民劝导队工作实施方案》，成立区“市民劝导队”工作领导小组，统筹开展地区市民劝导工作。将市民劝导队建设与社区居民自治、环境改造、社会领域党建等重点工作紧密结合，形成整体推进力量。规范流程，做实三个环节。即，建好一支队伍，严格进行资格审查，把责任心强、政治觉悟高、身体健康、有一定工作能力、自愿为社区服务、能自觉遵守纪律的人吸纳到队伍中。明确“八员”职责，（即义务民调员、宣传员、社会信息员、巡防员、流动人口协管员、重点人教育员、环境卫生监督员、和谐促进员），提出开展“五类”劝导（交通秩序劝导、环境卫生劝导、矛盾纠纷劝导、安全防范劝导、文明行为劝导）。建立考核激励机制，开展好“劝导之星”评选活动，每月评选3名“朝阳区劝导月之星”，年底评选“朝阳区优秀劝导队”和“劝导年之星”。建立月例会机制、法律保障机制、培训机制、建立保障机制等四项机制。每月组织区“市民劝导队”工作领导小组成员单位召开联席会议，通报各街乡劝导队工作开展情况，共同研究解决对策；加大资金保障力度，为劝导队员购买意外伤害保险、建立人身意外伤害补偿金，制定《关于切实加强劝导队员被侵害案（事）件的工作预案》，为劝导队提供充足的法律援助，切实保证劝导队队员工作期间的人身安全；协调公安、城管、工商等部门着力做好培训工作，切实提高劝导队员依法、依规、合情、合理开展劝导工作的能力。

（李　莹）

【加强朝阳区社会志愿者公益储蓄中心建设】　年内，健全社会志愿服务三级组织机构，即志愿者公益储蓄中心—24个街道分中心—226个社区和123个商务楼宇服务站。打造公益储蓄中心网（www. cyhelp. org）和“督导+社工+志愿者”相互促进、相互监督的工作模式。新增社会志愿者1万余人。将全区232支志愿者服务队伍，按服务内容和重点需求整编成扶老助残、绿色环保、文明交通等15支社会志愿者骨干队伍，累计实现网上登记志愿服务总时长150万小时，超额完成了认领115万小时的目标。吸纳IBM、普华永道、首汽集团、北京交通台、万泉寺出租汽车公司、浩沙健身俱乐部等“爱心会员单位”，开展了一批社会志愿服务项目。充分发挥网络平台的优势，由志愿者自行发布志愿服务意向、需求者发布服务需求信息，网站予以自动匹配，已达成了500余对的自动匹配。

（李　莹）

【加强社区服务站建设】　年内，通过申请固定资产投资立项，前两批申请建设项目208个，总资金5.44亿元，76071.5平方米。拟定《朝阳区社区办公与服务用房使用规范》，按照“办公用房最小化，居民活动用房最大化”的原则，对办公用房功能进行科学划分。各街乡投入2300余万元，着重加强社区服务站标志、室内装修、办公设备购置、服务用品配备等方面建设。

（李　莹）

【推进“一刻钟社区服务圈”建设】　年内，深化“一刻钟社区服务圈”成果，打造“生活无忧工程”。在全区21个街道试点推进“农社对接”项目，把田间蔬菜直接引进社区，解决社区居民买菜难、买菜贵的问题。共建成44个农社对接点（站），初步形成固定房屋全天售卖式（左家庄、八里庄、亚运村）、社区空地固定时间地点集中售卖式（东湖）、一车一棚流动售卖式（望京、香河园）三种模式。完善服务载体，按照“一网、一图、一册”的标准，设立便民网站74个，安装便民服务导视图273幅，印制服务手册23万余册，并逐步推广麦子店街道“小呼叫”热线模式。拓展服务内容，对北京市社区服务“1060”服务目录全面拓展，形成4大类240项服务内容的社区服务指导目录。全区共认证“一刻钟社区服务圈”服务商3650家，整合学校178家，部队43家，医院168家，社会组织1330个，140万人次受益。提升服务质量，严格按照统一签约、统一规范、统一管理、统一考评、统一标志“五个统一”的标准，完善服务商准入、退出和监管机制，确保群众对服务质量满意。完善队伍建设，在组建10类2180支社区服务队伍的基础上，通过购买专业社会组织的服务，在为老、助残、教育等方面弥补政府公共服务和社会商业服务不能覆盖的领域，满足群众个性化服务需求。

（李　莹）

【构建“枢纽型”社会组织工作体系】　年内，参照北京市有关文件，制定了朝阳区《关于构建区级“枢纽型”社会组织工作体系的意见》和《朝阳区“枢纽型”社会组织工作规范》，认定团区委、区社区社会组织联合会等9家“枢纽型”社会组织。建立“枢纽型”社会组织工作联席会、信息通报会等工作机制，加强社会建设部门同“枢纽型”社会组织的纵向联系，及“枢纽型”社会组织之间的横向联系。在政府购买社会组织服务项目中，重点支持“枢纽型”社会组织，进一步扩大“枢纽型”社会组织在本领域内的影响力。

（李　莹）

【打造区级社会组织培育基地】　年内，落实北京市社会组织“一中心多基地”建设工作，依托香河园街道市民中心，投资100余万元建立区级社会组织培育基地，打造社会组织培育和发展平台，主要实现服务指导、组织培育、培训辅导、人才培养、项目管理、资源对接、交流合作等功能。引入北京恩派公益组织发展中心，对社会组织培育基地进行日常管理，坚持立足民生需求、盘活现有资源存量，甄选社会创业型的专业团队，采取“陪伴成长”的方式，重点培育“平台型”社会组织，帮助政府整合社会力量、促进社会融合，凝聚社会共识、完善社会服务，激发社会活力、加强社会建设。

（李　莹）

【完成政府购买社会组织服务项目】 年内，在市级拨付237万元基础上，投入545万元社会建设专项资金，累计购买59个社会公益服务项目和36个专业社会工作岗位。制定了《政府购买社会组织服务项目管理办法》《社会建设专项资金使用管理办法》《社会公益服务项目评估细则》等配套文件，初步建立了政府购买社会组织服务工作的长效工作机制。在政府购买社会组织服务项目开展中，坚持面向全社会公开征集，确保了项目的广覆盖；坚持专业评审，保证了购买服务项目的公开透明；坚持第三方全过程评估，确保了项目实施的效果。

（李　莹）

【政府购买专业社工岗位项目】 年内，培育七彩昀、曙康、立德、民和、艺途和颐天悦6家社会工作事务所，专业社会工作机构总数达到9家。加强同驻地高校联系，面向社会公开招考，从近130名报考人员中招录30名专业社工，并从高校中聘请6名督导，顺利完成36个专业社会工作岗位招录工作。采取“社工团队作业”和“项目运作”相结合的方式，投入200余万元的岗位配比资金和专业社会工作项目资金，为每个专业社会工作岗位配比2万元，重点开展社会救助、老年人和残疾人社会工作、流动人口服务和社会志愿服务需求匹配等配套项目。

（李　莹）

【加强社会领域党的建设】 一是夯实社会领域党建工作基础。按照“1358”工作标准，健全社会领域党建工作体系，切实发挥社会工作党委在社会领域党建工作中的领导核心作用。进一步优化专职工作者队伍结构。街乡社会工作党委配齐备强1名专职副书记和2—4名专职工作者，采取统一招考的方式招聘67名社会工作党委专职党务工作者。进一步完善社会工作党委运行机制。规范社会工作党委工作例会、教育培训、信息报送和表彰激励等制度，落实社会领域党建专项经费保障，共下拨社会领域党建专项经费602万元。进一步明确社会工作党委工作重点。完成商务楼宇“三位一体”和“五站合一”服务站建设，采取独立建和联合建的方式在367座商务楼宇全部建立党组织，积极推进“六小门店”自律组织党建工作试点任务，符合建党条件的已建立17个自律组织党组织，实现党组织和党建工作在社会领域全覆盖。二是做实商务楼宇服务站。全区商务楼宇全部实现规范化建设，实现“一强四带双促”（即强党建，带社建、工建、团建、妇建，促进企业和社区共同发展）的工作目标。面向全区招聘楼宇专职党务工作者38名，按照中心站每站配3人，一类站每站配1人，二类站3个站配1人的标准。全区商务楼宇服务站共配备专职党务工作者193人，兼职党务工作者495人。开展党务政务进楼宇工作，整合交通、税务和办事处各职能科室在楼宇设立政务办理窗口，把与企业经营和发展相关的服务项目前移至商务楼宇。开展社务进楼宇工作，积极挖掘培育楼宇内各类行业协会、志愿服务等社会组织，开展文体活动、公益慈善服务活动等。开展工青妇活动进楼宇，利用节日、特殊纪念日等期间开展各类工会、妇联和团组织活动。各楼宇建立工会组织493家，建立团组织322家，妇女组织216家。及时了解企业需求，为企业、员工和党员解决实际问题。三是推进非公有制经济组织党建工作。完成全区非公有制经济组织和社会组织基础信息调查摸底工作，为“两新”组织党建工作提供依据。街乡采取独立建、联合建及派驻指导员的形式，实现规模以上非公有制企业党组织100%覆盖率，并实现规模以下非公企业党建工作的全覆盖。全区确定的50个非公有制企业党组织“五个好”示范点已初步达到创建标准。

（李　莹）

【深入开展创先争优活动】 年内，抓住创先争优契机整体推进党建工作。号召企业因地制宜创新活动载体，在活动内容上，把企业党建工作与企业生产经营、企业文化建设等紧密结合起来，努力做到党建工作与企业健康发展相互渗透，相互促进。在创先争优活动中，全区非公有制党组织参与率达到100%，党员承诺实现100%。

（李　莹）

海淀区

【概况】 2011年是实施“十二五”规划开局之年，也是加强和创新社会管理取得新突破的一年。在新形势下，新一届区委、区政府提出“坚持科学发展，推进四个率先，加快建设环境优美和谐宜居的高科技核心区，把海淀建成具有全球影响力的科技创新中心”的目标任务。按照区委、区政府的要求，在区社会建设工作领导小组的领导下，在相关部门和各街道的积极配合下，认真贯彻落实中央和北京市关于社会管理创新的精神，加强能力建设，完善基层社会管理服务，积极推进社会管理理念、体制、机制、制度、方法创新，全力做好海淀区社会建设，取得了显著成绩。

（一）社会建设工作迈上新台阶

一是完善社会建设工作机制。区级层面，重新调整区社会建设工作领导小组成员单位，充实工作力量。牵头制定《海淀区“十二五”时期社区建设发展规划》，明确“十二五”时期社区建设工作任务。街镇层面，健全工作体系，完善工作机制，实现街镇社工委全覆盖。社区层面，规范社区党组织、居委会、服务站、居民会议“四者”的工作关系，建立健全社区内部沟通协调机制和社区议事决策机制。

二是制定《中共海淀区委关于加强和创新社会管理　全面推进社会建设的实施意见》（以下简称《实施意见》）及其折子工程。按照区委、区政府的部署，牵头起草《实施意见》，先后征求各委办局、各街道、部分人大代表、政协委员和民主党派的意见并作了10余次修改，最终在区委十届十三次全会上审议通过。《实施意见》明确当前和今后一个时期加强和创新社会管理的9个方面任务和39项具体措施。我委办还草拟了《加强和创新社会管理　全面推进社会建设》折子工程，共9个方面122条。折子工程的制定和出台，细化《实施意见》的每一项工作，明确相关责任单位工作目标和完成时限，为落实好社会建设和社会管理的各项任务提供有力保障。

（二）社会管理服务创新工作探索新途径

一是设立加强和创新社会管理专项资金。根据隋振江区长的指示要求，设立加强和创新社会管理专项资金，采取项目化运作方式，主要围绕社会服务管理工作的体制机制和服务管理方式创新进行项目征集。经过项目征集、项目初审、专家评审等环节，提请区社会建设工作领导小组会议和区政府专题会议审议通过，安排资金3000万元，对民政局“爱心家园”项目为老服务工程以及街道、社区创新试点等8类45个项目进行重点支持。

二是鼓励基层创新，培育典型亮点。依据“加强领导，试点先行，广泛宣传，分步推进”的工作原则，制定出台《海淀区推进社会服务管理创新试点工作方案》。在万寿路街道、学院路街道、八里庄街道、中关村街道、羊坊店街道以及西北旺镇开展综合试点和专项试点，培育出便民菜站、网格化管理、平安联盟、社会组织建设、商务楼宇党建等一批亮点。

三是加快推进社会服务管理网格化工作。在学院路街道社会服务管理网格化基础上，牵头起草《海淀区网格化社会管理实施意见》，明确推进社会服务管理网格化工作的指导思想、目标任务、基本原则，确立包括网格划分、主要职能、指挥平台、运行机制、信息系统、监督体系等方面的社会服务管理网格化基本工作框架。目前，《海淀区网格化社会管理实施意见》已经完成专家论证和征求意见阶段，待区委、区政府审议。

（三）社区规范化建设取得新进展

一是制定《海淀区“十二五”时期社区建设发展规划》。明确创新社区管理体制机制、完善社区服务体系、培育发展社区社会组织、推进社区工作者队伍专业化职业化、健全区域共驻共建共享机制等五个方面的重点任务，对“十二五”时期社区建设工作进行系统安排和部署。

二是积极完善社区民主自治机制。健全社区自治机制，增强社区自治功能，完善民主制度、丰富民主形式，探索建立社区微博，鼓励有条件的社区通过网上论坛、社区对话等多种形式，拓宽民主参与和民意诉求渠道，实现政府行政管理和社区自我管理的有效衔接和互动。鼓励和引导驻区机关、企事业单位参与社区建设，引导和支持社会组织、经济组织参与社区服务管理。

三是加强社区基础设施建设。全年，通过改扩建、租赁、共享、共建、购买等方式，为17个街道61个社区改善了社区办公和服务用房条件，增加社区用房面积10942.56平方米。

四是大力开展“一刻钟社区服务圈”建设。深入开展社区基本公共服务全覆盖工作，完善社区基本公共服务项目，全年共建成市级“一刻钟社区服务圈”示范点12个。

五是加强社区工作者队伍建设。全年共招录395名社区工作者到社区工作。完成800多名社区党组织书记、居委会主任、社区服务站站长的业务培训。就离退休社区工作者的待遇调整问题进行深入调研，调整并提高了离退休社区工作者的待遇。

（四）社会组织服务管理工作实现新突破

一是加大向社会组织购买服务力度。通过政府购买公共服务项目和专业社工岗位的方式支持社会组织发展的同时，创新公共服务提供的方式和渠道。全年共投入600余万元，重点加大对基本公共服务类、社会公益服务类和社区便民服务类项目的购买力度。

二是充分发挥海淀社会组织联合会示范引领作用。通过购买进一步完善政府—联合会—成员单位三级沟通协调机制，健全社会组织服务管理体系。

三是积极引导社会组织健康发展。建立社会组织评价体系、激励机制，引导鼓励社会组织健康发展，与北京城市学院合作研究，探索建立对社会组织进行评估的指标体系。开展年度优秀社会组织评选，对在社会服务管理领域作出突出贡献的社会组织进行奖励。

（五）统筹协调作出新成绩

一是积极发挥综合协调作用。掌握了解街道工作的现状和存在的问题，积极帮助街道呼吁、协调，解决街道工作中的难点问题；加强沟通协调，在城市综合管理、社会服务管理、重点任务推进落实、条块衔接配合等涉及街道的重要工作方面，积极向区领导和相关部门建言献策，反应街道的意见和诉求。

二是做好街道系统城市综合管理工作。进一步推进节约型社区试点工作，传播节能环保理念，普及节能环保知识；全面推进垃圾分类工作的进一步实施，为达到城市常住人口垃圾分类预期目标奠定基础；完成502幢居民楼33316户居民信报箱的安装任务，满足了老旧社区群众通邮的需求；全面启动市民劝导队工作，全区建立市民劝导队554支，吸纳劝导队员11646人，累计出动劝导队队员 4949 人次，开展各类劝导工作 5833 次。

三是做好其他工作。完成 13 件人大建议和政协提案的办理。积极做好信息、宣传工作，《法制日报》《北京日报》等中央、市属媒体刊发多篇稿件宣传海淀区社会建设取得的成绩。编印《海淀社会建设信息》9 期、《街道工作动态》46 期。认真做好纪检监察和信访工作，处理实名来信 17 件。积极利用信息化手段，开发应用海淀区街道办事处绩效管理工作信息系统，完成对街道系统的督查考核工作。完成街道组外语培训第一批 320 人和第二批 536 人的培训任务，正在进行第三批 560 人的培训筹备工作。

（六）社会领域党建工作创出新品牌

一是稳步推进各项主题实践活动。分区委社会工委、街道党工委、社区党组织以及“两新”组织党组织四个层面开展创先争优活动，分类确定活动主题，创新活动载体、丰富活动内容、狠抓活动实效；结合创先争优活动开展好“优质服务年”和“五比一争当”活动，着力营造浓厚的主题实践活动氛围；开展“六个一”纪念建党 90 周年系列活动，慰问社会领域优秀基层“两新”党组织及生活困难党员，评选表彰各级先进集体 94 个、优秀个人 130 名、优秀党建品牌 10 个；开展“五个好”基层党组织创建活动，共培育“五个好”基层党组织共计 100 名。

二是扎实做好商务楼宇“五站合一”工作。制定《海淀区关于推进商务楼宇“五站合一”工作的实施方案（试行）》，分阶段召开商务楼宇“五站合一”工作推进会，制定建站标准，明确工作职责，完善 29 项具体服务项目；设计海淀区商务楼宇“五站合一”工作站统一标志、工作站标牌与上墙制度；实施海淀区商务楼宇“一楼宇一社工”项目工程，解决楼宇工作人员匮乏的瓶颈问题；建立建站工作月报制度，督促各级全力推进商务楼宇“五站合一”工作；创建“海淀区社会工委党建工作站”博客，宣传党建成果，营造海淀区特有的楼宇文化氛围。

三是突出抓好社区党建工作。全面开展“一社一品”社区党建亮点创建工作，申报年度创新项目 53 项，其中 22 项作为区委社会工委重点项目；扎实推进基层党组织党务公开工作和党员承诺制工作，把握公开标准，落实承诺要求；探索社区党员志愿服务新途径，形成“工作在单位、活动在社区、奉献双岗位”的党员发挥作用新机制。

以上是 2011 年海淀区社会建设所取得的主要成绩，当然，在总结成绩的同时，我们还要清醒地看到存在的不足，主要表现在：一是社会建设总体发展还不够平衡，社会建设体制机制还有待进一步完善；二是社会管理创新思路有待进一步拓宽；三是典型亮点的培育力度还有待进一步加强；四是在加强政府、市场、社会资源整合，创新公共服务方式上还需要进一步加强。这些都必须引起我们的高度重视，采取有力措施，切实加以解决。

（杨　菲）

【举办 2011 年首期创建向日葵社区培训】 1 月 18 日，海淀区组织全区各街道主管负责人和专职干部共计 120 多人举办了“2011 年首期创建向日葵社区培训班”。区委副书记、区政法委书记关成启出席开班仪式。培训会通报了从 2010 年 3 月开始的“向日葵创建工作”的进展情况，剖析了创建过程中的薄弱环节和存在问题，要求坚持“三个平台”建设，把向日葵创建工作落到实处。

（胡俊华）

【召开社区建设工作会议】 3 月 24 日，海淀区召开社区建设工作会议，区委常委、组织部部长杨智慧参加会议。会上表彰了 2010 年度社区建设工作先进集体及先进个人。全区社区规范化建设试点社区由 40 个增加到 501 个，社区规范化建设覆盖率达到 85%；社区办公和服务用房达标社区由 117 个增加到 424 个，达标率达到 72%；社区工作者队伍结构得到显著改善，招录比例由 39% 提高到56%。会议提出，要继续推进社区治理模式创新，形成社区规范化建设“要求和标准全区统一、特色和亮点各自纷呈”的局面。进一步畅通社区办公和服务用房专项资金申请“直通车道”，力争基本实现全区社区办公和服务用房能够满足社区居民基本需求；开展社区信息化系统应用，实现街道、社区间的交互式办公和社区信息数据“一点输入、多点共享”；广泛开展各类特色社区、精品社区创建活动，充分发挥典型亮点的示范引领作用。

（胡俊华）

【“3+1”城市管理模式五年受理问题超160万件】 3月27日，海淀区“3+1”城市管理模式运行五周年纪念暨表彰会举行，区领导李松波、臧桂武、王洪秀出席会议。会议全面总结了“3+1”城市管理模式运行情况，表彰了2010年度“双争”活动优秀分中心和十佳监督员。自2006年3月29日成立城市管理监督指挥中心起，采用“3+1”模式进行管理，将城市管理功能、群众服务功能和视频指挥调度功能等三个城市综合管理功能整合在一起，有效实现城市管理、服务、监督的统一，通过“一口受理、分拣转办、一口回复、实时监督”的建设原则，体现城市生活中的“大城管”理念。至今，通过监督巡查、监督上报、接听企业群众来电及视频图像信息系统累计受理各类城市管理、社会管理问题160多万件。

（胡俊华）

【召开深入推进创先争优活动会议】 4月16日，召开海淀区深入推进创先争优活动会议，区领导赵凤桐、关成启、李晓暐、刘鸿、杨智慧、李彦来出席会议。会议认真贯彻中央、市委近期对创先争优活动提出的各项新要求，总结2010年开展创先争优活动的经验，部署2011年的任务。

（胡俊华）

【甘家口街道官方微博开通】 6月1日，甘家口街道开通了全市首个街道官方微博，并发布了第一条微博。区委常委、组织部部长杨智慧参加了启动仪式。通过“甘家口之窗”，街道的大、小事情，居民百姓的难点热点问题，都可通过这个平台及时更新和受理，居民不仅可以了解地区概况和地区发展，还可以为地区建设建言献策。同时，相关部门还可以通过微博，问政于民、问计于民、问需于民，借助微博广泛的传播力、影响力、渗透力，整合辖区资源，搭建互动平台，为服务辖区居民、促进地区发展贡献力量。

（胡俊华）

【市委副秘书长王翔带队进行网格化调研】 6月17日，市委副秘书长王翔调研海淀区网格化社会服务管理工作情况，学院路街道和区城管指挥中心分别进行了街道网格化管理工作情况和区网格化社会服务管理工作情况汇报。

（胡俊华）

【社会领域纪念建党90周年大会召开】 6月21日，海淀区召开社会领域纪念建党90周年大会，区委副书记关成启，区委常委、组织部部长杨智慧参加会议。会议全面回顾总结了区委社会工委成立三年以来取得的成绩与工作进展，以实际行动向党的90华诞献礼。大会对社会领域党建工作先进集体及优秀个人进行了表彰，羊坊店、上地、青龙桥、学院路街道相继作了典型发言。

（胡俊华）

【深入贯彻落实市委十届九次全会精神】 6月27日，中共北京市海淀区委十届十三次全会召开。会议学习贯彻了中央、市委关于加强和创新社会管理的重要指示精神，研究部署了社会管理创新工作。全会审议通过了《中共海淀区委关于加强和创新社会管理　全面推进社会建设的实施意见》《中国共产党北京市海淀区第十届委员会第十三次全体会议决议》。市委常委、区委书记赵凤桐出席会议并讲话。区委副书记、代区长隋振江就《实施意见（审议稿）》向全会作了说明。区人大常委会主任周来升，区政协主席彭兴业，区委副书记关成启，区委常委李晓暐、张伟刚、刘鸿、杨志强、高祥阳、杨智慧、李彦来、吴祖安等区领导出席会议。

（胡俊华）

【召开加强社会组织管理服务创新座谈会】 7月14日，区民政局和区社会组织联合会召开座谈会，学习《中共海淀区委关于加强和创新社会管理 全面推进社会建设的实施意见》，对如何加强社会组织管理服务进行了讨论。

（胡俊华）

【召开街道系统加强和创新社会管理工作推进会】 7月19日，区委社会工委召开全区街道系统加强和创新社会管理工作推进会暨第二季度党政正职工作例会，副区长臧桂武参加会议。万寿路、学院路、田村路等试点街道就社会管理创新工作进行经验交流，22个街道党政领导先后就贯彻落实区委十届十三次全会精神进行汇报。会议对下半年社会建设重点工作任务进行部署，要完善街道乡镇社会工委工作机制和社区党建、社区自治、社区服务"三位一体"工作机制，构建区、街道（乡镇）、社区（村）、网格四级社会服务管理网络体系。

（胡俊华）

【召开网格化社会管理工作现场会】 8月11日，海淀区召开网格化社会管理工作现场会，副区长臧桂武出席会议。街道、社区有关负责人对各自网格化社会管理工作作了典型发言。

（胡俊华）

【召开建立村务监督委员会工作动员部署会】 8月18日，海淀区召开村务监督委员会工作动员部署会，区委副书记关成启、副区长藏桂武出席会议。会议全面部署村务监督委员会工作，力争在全区84个村建立村务监督委员会。目前已研究制定了建立村务监督委员会工作实施方案，在方案中明确了要通过建立村务监督委员会，规范村干部用钱、用权行为，从制度层面提升村级民主监督的层次和水平，维护和保护村民群众的合法权益，进一步加强基层社会管理和服务能力。村务监督委员会必须由全体村民或村民代表推选产生，村务监督委员会将设置专门的办公场所，并有独立的标牌、印章。

（胡俊华）

【社会管理创新与社会矛盾化解研究中心揭牌】 8月19日，海淀区社会管理创新与社会矛盾化解研究中心揭牌仪式举行。市信访办副主任张宗林，区委常委、区政法委副书记、副区长高祥阳共同为研究中心揭牌。研究中心将启动海淀区农村宅基地腾退中的矛盾研究以及海淀区社会管理创新促进社会矛盾纠纷化解研究等首批课题。

（胡俊华）

【构建"3+X"社区养老服务体系】 "3+X"中的3指的是：一个是区政府，一个是社会组织和社会服务机构，再一个就是居民。"X"主要是养老服务的各个具体项目。推行"3+X"养老体系，其核心就是以老年人的生活服务为基本内容，解决养老过程中的难题。通过整合社会各方面资源，搭建和创新"3+X"养老服务体系，从而实现政府资源、社会资源和社区的有机结合。

（胡俊华）

【社区日间照料中心成立】 8月30日，海淀区首家"老年康复照料中心"落户玉渊潭社区卫生中心，以日间照料的模式专门为老年人提供瘫痪、痴呆、心脑血管以及术后等多种医疗康复服务，这是本市首家在公立社区卫生服务机构中设立的社区日间照料中心。

（胡俊华）

【全区统一战线服务社会管理经验交流会召开】 9月2日，区委组织部、统战部、社会工委联合召开了全区统一战线服务社会管理经验交流会。区委常委、统战部部长、副区长高祥阳，区委常委、组织部部长杨智慧，区政协副主席、统战部常务副部长刘恪参加会议。会上学习了中央、市委、区委有关文件精神，总结交流了全区统一战线服务社会管理工作情况和成功经验，部署了下一步工作任务。团区委、区政法委、学院路街道、马连洼街道梅园社区、北京市留学人员创业园5个单位在会上就做好统一战线服务社会管理工作作了经验交流发言。

（胡俊华）

【院士专家工作站服务中心落户海淀】 9月26日，中关村科技园区海淀园院士专家工作站服务中心落户海淀。代区长隋振江出席仪式并致辞，区委常委、常务副区长杨志强主持仪式。9位两院院士受聘进入企业，智力支持企业发展，双方未来将在无废矿山开采、转植酸酶基因玉米项目等方面开展深入合作。

（胡俊华）

【举办海淀志愿服务项目创新大赛】 10月13日，由海淀区志愿者联合会主办的“志愿谱和谐，创新耀海淀”2011年海淀志愿服务项目创新大赛落下帷幕。区领导周来升、彭兴业、刘鸿、杨智慧、臧桂武出席活动。2011年海淀区志愿服务项目创新大赛于今年5月全面正式启动，经过层层选拔，共有9个项目进入决赛。决赛现场，九大团队用情景剧、快板书、幻灯演示、现场演说的形式展示了各自的志愿服务理念、服务特色和服务形式。西苑小学“西苑小导游”志愿服务项目获得一等奖。

（胡俊华）

【开办新农村建设专题培训班】 10月17—21日，区委组织部、区委农工委联合组织开办区“新农村建设专题培训班”。此次培训通过邀请领导干部、专家学者进行案例剖析、座谈交流等方式，对全区部分委办局单位特别是镇新任处级领导干部进行新农村建设专题培训。

（胡俊华）

【部署构建网格化社会面防控体系工作】 10月28日，海淀区召开构建网格化社会面防控体系工作部署会。区委副书记、政法委书记关成启出席会议。会议提出，要在现有区、街道（镇）、社区（村）三级社会面防控工作网络的基础上，以社区（村）为基础网格，结合社区民警驻区制、文明村庄（社区）创建等工作，按照“完整性、便利性、均衡性”的原则，将基础网格再细划为若干防控网格。形成“网格化布控，精细化防控，信息化支撑，社会化参与”的社会面防控工作新机制，构建网格化社会面防控体系，实现对人、地、物、事、组织等各类工作对象的有效管理，提升社会管理工作的基层基础工作水平，提升人民群众的安全感、满意率和参与度，为核心区建设营造安定和谐的社会环境。

（胡俊华）

【社区“老年互助社”成立】 11月2日，社区“老年互助社”在永定路街道六街坊东社区挂牌成立。“老年互助社”将开展“以老助老”服务项目，充分调动老年人的积极性，丰富老年人的精神文化生活，保障老年人的身心健康，从而实现政府资源、社会资源、老人资源的有机结合。

（胡俊华）

【启动商务楼宇“五站合一”工作站统一标志系统】 12月12日，商务楼宇“五站合一”工作站统一标志系统暨“一楼宇一社工”项目启动仪式举行，市委社会工委委员、市社会办副主任陈建领，区委常委、组织部部长杨智慧出席会议并为“五站合一”工作站统一标志系统揭牌。针对海淀区商务楼宇的现状，为全区398座商务楼宇“五站合一”工作站统一设计制作了“三牌一页”，即示范站站牌、工作站桌牌、工作人员胸牌，以及商务楼宇“五站合一”工作站职责与服务项目宣传折页。通过政府购买“岗位 + 项目”的运作方式，由社工事务所派遣专业社工进驻商务楼宇，专职从事楼宇服务工作，第一批29名专业社工已陆续派驻到楼宇，开展商务楼宇“五站合一”基础调研工作。

（胡俊华）

【设立加强和创新社会管理专项资金】 年内，设立3000万元加强和创新社会管理专项资金，制订《海淀区加强和创新社会管理专项资金管理办法》，采取项目化运作方式，对网格化社会服务管理模式、培育扶持基层社会服务管理创新、街道系统绩效管理信息系统建设、社会领域党建等8类45个项目进行重点支持。

（胡俊华）

【面向社会公开招考社区工作者】 年内，通过拟定《海淀区2011年面向社会公开招考社区工作者实施方案》，采取网上发布招考公告、网上报名、资格初审、笔试、网上公布、复审和面试、考察和体检、网上公示及录用、初任培训等程序，计划招录432名，最终录取353名社区工作者。

（胡俊华）

丰台区

【概况】 2011年以来，丰台区社会管理工作在区委、区政府的坚强领导下，在相关委办局和各街道的大力支持下，认真贯彻中央及市委十届九次全会精神，按照“结合丰台区情、着眼长远发展、立足改善民生、突出解决问题”的思路，大胆创新，扎实工作，社会管理工作取得了长足的进展。

社会管理创新工作取得新成就。区委、区政府高度重视社会管理工作，特别是2011年中央和北京市相继召开加强和创新社会管理工作会议后，丰台区在广泛调研，认真筹备的基础上，召开了全区加强和创新社会管理大会，出台了《丰台区委关于加强和创新社会管理工作的实施意见》《丰台区社区工作规范化指导意见》等文件。积极培育、总结、推广街道社区、农村、社会面在创新社会管理方面的经验做法，其中永善社区“市民劝导队”的经验做法在全市推广，西罗园街道角门东里第二社区“四化入户绘制民情图”的做法在全区推广。积极开展了争创北京市和谐示范社区、示范街道和示范区的工作以及北京市第五届魅力社区创建活动。全区116个社区申报参与北京市和谐示范社区、3个街道申报参与和谐示范街道的评比，并已通过专家组评审。21个社区在北京市第五届魅力社区评选中获奖，其中马家堡街道星河苑社区获得北京市“十大魅力社区”称号。2011年底，丰台区接受了北京市社会服务管理创新检查组的检查验收，得到了高度评价。

社区规范化建设迈上新台阶。按照市委、市政府推进社区建设的工作要求，根据“一分、三定、两目标”的总体思路，坚持“分类指导、推进覆盖、整体发展，创新品牌、全面提升”的工作思路，从创新体制机制、改善硬件设施、加强队伍建设、优化服务模式等方面，全面打造运转顺畅、服务良好的新型社区。截至2011年底，全区288个社区基本实现了规范化建设全覆盖。

加大队伍建设力度。2011年市、区先后公开招录618名社区工作者。采取区、街分级培训的方式，使社区工作者培训面达到100%。鼓励参加继续教育及专业职称考试。截至2011年9月，丰台区共有社区工作者4072人，其中大专以上学历3170人，占总人数的77.8%，硕士学历146人。669人取得社工师、助理社工师职称。此外，大力推行社区领导岗位竞聘机制，2011年有70名社区工作者通过竞聘走上社区领导岗位。成立丰台区社区工作者协会，并在16个街道成立了分会，进一步增强社区工作者队伍的凝聚力和归属感。

加大基本公共服务建设力度。在前期65个社区开展“一刻钟便民服务圈”试点工作基础上，积极总结推广方庄街道“放射性服务网络”模式；宛平街道双轨并行服务模式；东高地、云岗共建共享服务模式；大红门街道彩虹城社区“和谐十二吧”服务模式等。目前，全区共建成124个“一刻钟社区便民服务圈”，覆盖社区达到130余个。

加大社区用房达标建设力度。紧紧抓住市政府出台社区规范化建设办公用房改善政策的契机，积极争取市、区政策支持。目前第一批15个纳入固定资产投资项目的社区办公用房大部分已完成，第二批80个社区办公用房项目，目前正在积极有效地推进。在争取市、区资金支持的同时，积极寻求解决社区办公和服务用房问题的新途径，出台了《关于社区办公和服务用房租赁办法实施方案》，尝试多渠道解决社区办公和服务用房建设难题。

社会组织建设工作取得新进展。根据全区经济社会发展的需要，积极规范、扶持社区社会组织，与区民政局联手开展社区社会组织备案工作，目前已有800余家社区社会组织完成了备案。起草了《丰台区关于加快推进社会组织改革与发展的意见》。积极开展政府购买社会组织服务项目工作。共向市里申报服务项目49个，其中15个项目获得100万元市政府购买社会组织服务项目资金支持。区肉类食品行业商会实施的“放心肉类食品社区行”项目获得第一届北京市社会组织公益服务优秀奖；获得丰台区大力支持的“爱心传递热线”项目，获得第一届北京市社会组织公益服务十大品牌。

专业社会工作队伍建设不断加强。以蓟翔、挚爱两家专业社会工作事务所为主，开展“一街一社工”专业社会工作岗位项目设置工作。新培育丰台区九万里社会工作事务所、丰台区中鼎社会工作事务所等两家专业社工机构。

社会领域党建工作再创新局面。在全区原有16个街道和科技园区建立社会工作党委的基础上，2011年在全区五个乡镇全部建立了社会工作党委。全区基本构建了三级管理和分级负责相结合的社会领域党建网络化管理体系。面向社会公开招聘了69名社会领域党务专职工作者，确保每个社会工作党委配备两名、每个商务楼宇党建工作站配备一名党务专职工作者。建立街道工委书记、社会工作党委书记月例会制度，确保了各级党组织能定期研究和谋划社会领域党建工作。

借助区非公企业信息平台的资源优势，扎实推进“两新”组织党建工作。联合区委统战部、区工会、团区委、区妇联等单位，共同召开了“五站合一”工作推进会，2011年10月份，丰台区76个商务楼宇实现了“五站合一”全覆盖。

继续在全区16个街道深入开展“双争创”活动。实现了党的基层组织设置形式、驻社区党员参与社区建设途径、社区治理模式的“三个突破”，为加强和创新社会管理提供了坚实的组织保障；举办了社区党组织书记示范培训班、非公有制经济企业党组织书记培训班、入党积极分子培训班等6个主题班次，培训人数近1000人次。通过培训，社会领域基层党组织负责人整体工作能力有了进一步提高。

积极打造社会领域党建工作新品牌。方庄地区日月天地商务楼宇、科技园区金伟凯楼宇、丰台街道金泰银丰大厦等多个楼宇成为商务楼宇党建工作新亮点。方庄地区和马家堡街道工委依托商务楼宇和社区，积极探索党建和群团工作同步推进的有效工作模式，推出了“党建带工建，工建促党建”的市级典型经验。配合区委组织部积极探索和推进社会领域统战工作，推出了时代风帆、国润商务大厦商务楼宇统战工作典型。依托非公有制经济组织和社会组织“五个好”优秀党组织示范点创建活动，在全区范围内广泛培育优秀非公有制经济企业党建工作亮点，水产商会党委等17个党建工作成效突出的“五个好”优秀示范点。

圆满完成了区委、区政府交办的其他工作。完成了区政府折子工程7项，为民办实事1项；办理区人大代表建议案5件，区政协委员提案7件，代表委员满意率达83.3%；完成了区委办、政府办督查件6件；办结9件政风在线转来的信件；回复5件信访件。完成了49个农村集体土地上开发建设的居住区规范化交接工作。2011年4—6月，接受了区纪委第三联合纪检组的巡视，得到了巡视组的较高评价。

（陆君喜）

【加大社区办公经费投入】 自2011年起，丰台区社区办公经费拨付标准将提高到45元/户（财政拨付25元/户，体制资金20元/户），用于社区党组织、社区居委会、社区服务站的会议费、办公用品购置费、学习培训费、水电气暖费、电话费、报刊订阅费等日常经费支出。新的标准执行后，全区每年用于社区的办公经费增加近2000万元。

（王莎莎）

【大力推进社区建设新模式】 一是完善制度体系。出台涉及社区人员、工作、财务管理等12个制度的《丰台区社区管理制度汇编》，用制度建设推动社区科学合理运行；制定《丰台区社区服务质量标准体系》和《丰台区社区服务站工作标准体系》，规范社区服务项目、流程、考核等，全面提高社区服务质量和效率。二是优化社区组织关系。定期召开由社区居委会、社区服务站参加的联席会议或联席扩大会议，及时解决工作中遇到的重点、难点问题。三是发挥共驻共建优势。通过开展形式多样的社区活动，将辖区企业、学校、科研院所、部队、商家纳入共建体系，同时促进社区与村携手，资源共享，实现城乡共赢。四是探索建成居住区规范化交接的有效模式。起草了《中共丰台区委关于推进城乡社会管理体制改革的意见（征求意见稿）》和《丰台区关于建成居住区和新建居住区纳入城乡社区管理的工作方案》。采取“三步走”的方式，积极推进建成居住区规范化交接工作。

（王莎莎）

【社区“双争创”活动交流会召开】 1月18日，丰台区召开2010年社区“双争创”活动汇报交流会，对2010年全区“双争创”工作进行总结汇报。会议提出“强化思想认识、提升工作水平、确保活动实效”的总体要求。会议达成三项共识：一是“双争创”活动要突出服务、突出实效、突出特色，要结合“十二五”开局之年的重点工作任务，结合各项工作实际，以强化管理和服务为核心，建设完善的社区服务体系；二是要整合各方面资源和力量，在服务中心工作上下功夫，在便民利民上下功夫，确保“双争创”活动的各项工作落到实处，取得实效；三是以“双争创”活动为抓手，以建党90周年纪念活动为契机，发挥街道、社区党组织在辖区各种组织和各项工作中的领导核心地位，丰富党建活动载体，强化党员服务意识，抓出自身工作特色，形成以社区党建为统领，社区建设、社区服务全面发展的工作新格局，全力推进丰台区社会领域党建工作再上新台阶。

（王莎莎）

【2010年社区建设表彰会暨社区工作者联欢会召开】 1月25日，丰台区召开2010年社区建设表彰会暨社区工作者联欢会。丰台街道史丽梅等30名同志被评为丰台区“优秀社区工作者”，东高地街道万源东里社区王琦等10名大学生社区工作者被评为“丰台区优秀大学生社区工作者”，右安门街道玉林东里二区社区等36个社区被评为丰台区“社区规范化建设特色精品社区”，卢沟桥街道长安新

城社区等20个社区被评为“四权实践活动示范项目”社区。

（王莎莎）

【专题研究2011年社会建设工作】 2月23日，丰台区区委常委会专题研究了全区2011年社会建设工作。会议强调，下一步丰台区的社会建设，既要注重贯彻落实全市社会建设的统一要求，又要注重解决丰台区自身的问题；既要注重加强基础建设，又要注重提高服务水平，使人民群众真正享受到通过加强基础建设带来的实惠；既要注重加强社会建设的指导规范，又要注重因地制宜，百花齐放，鼓励街道大胆创新，通过创新提升服务管理水平；既要注重通过改造建设“一刻钟社区服务圈”，又要通过规划建设“一刻钟社区服务圈”，着力打造新模式，使“一刻钟社区服务圈”更加便民。

（王莎莎）

【社区工作者协会会员到区儿童福利院慰问】 3月4日，丰台区社区工作者协会组织部分会员到丰台区儿童福利院慰问。通过了解需求，挖掘会员专业资源，社区工作者协会将探索一条奉献爱心、关爱儿童公益服务活动的长效化、品牌化发展之路，更好地激发社区工作者的社会责任感和使命感，为社会公益建设贡献力量。

（王莎莎）

【组织社会领域党建工作负责人到朝阳区参观学习】 3月21日，丰台区委社会工委副书记房书勇带队，组织楼宇密集的街道和科技园区党建工作负责人及工作人员到朝阳区亚运村街道社区服务中心和叶青大厦楼宇工作站参观学习。

（王莎莎）

【召开街道社区“双争创”工作部署会】 3月29日，丰台区召开2011年街道社区“双争创”工作部署会，表彰2010年度街道社区“双争创”活动工作先进街道和先进社区，部署2011年街道社区“双争创”工作，部分社区负责人进行了经验交流。区委常委、组织部部长于长辉出席会议并强调：一是认识上要有提高，进一步明确“双争创”活动的重要意义；二是指导思想上要有转变，进一步将各项工作下沉到社区；三是在工作着力点上要下功夫，进一步实现社区党建和社区建设的结合推进；四是要在创新上有突破，进一步打造“双争创”活动的品牌效应。

（王莎莎）

【召开2011年社会建设信息工作会议】 3月31日，丰台区委社会工委、区社会办组织召开丰台区社会建设信息工作会议。会议通过了《丰台区社会建设信息工作管理规定》和《2011年丰台区社会建设信息工作要点》，总结了2009年以来丰台区社会建设信息工作情况，部署了2011年社会建设信息工作，表彰了东高地等6个先进街道和吴文清等6名先进个人。

（王莎莎）

【召开2011年城乡一体化建设工作会议】 3月28日，丰台区召开2011年城乡一体化建设工作会议。会议分别对“2010年度农村党建‘三级联创’活动先进单位”“2010年度城乡结合部重点村建设先进集体和先进个人”“2010年‘无违法建设社区（村）’‘无新增违法建设社区（村）’”进行表彰。

（王莎莎）

【与市委党校、区委党校达成合作科研意向】 丰台区委社会工委负责梳理推进丰台区社会建设创新发展当前和今后一定时期应关注的重点问题、难点问题和热点问题。市委党校社会学教研部负责依据社会学理论，从宏观、中观、微观层面对科研调研主要问题进行研究分类，确定科研调研课题方向及其子课题。市委党校社会学教研部和区委党校科研办应将课题列入各自的科研调研计划，完成课题立项，保障所需的研究经费。以形成科研论文、调研报告、创新工作经验、培训课程等为主要形式，推进丰台区社会建设科研调研活动成果转化。

（王莎莎）

【中央和市委统战部领导调研社会领域统战工作】 4月21日，中央统战部研究室三处处长仇昱、一处副处长周志华，市委统战部常务副部长闵克等领导一行到丰台区调研社会领域统战工作。考察组先后到马家堡时代风帆大厦和卢沟桥街道长安新城社区等地实地调研。考察组对在丰台区强有力的工作推进中形成的典型群体，尤其是创造了时代风帆楼宇统战工作“新兴媒介服务模式”、长安新城社区“社团培育凝聚模式”等社会领域统战工作四种模式，给予了肯定和高度评价。

（王莎莎）

【召开商务楼宇工作站工作交流暨“五站合一”工作推进会】 4月25日，丰台区委社会工委组织召开2011年商务楼宇工作站工作交流暨“五站合一”工作推进会。区委社会工委副书记房书勇对2010年丰台区商务楼宇党建工作进行总结，进一步明确了2011年商务楼宇党建工作思路。来自街道社会工作党委、商务楼宇工作站和商务楼宇内企业的6名同志作经验交流。组织部副部长徐颖对丰台区2011年商务楼宇工作站“五站合一”推进工作提出了要求。各街道、乡镇、科技园区商务楼宇党建工作主管领导，商务楼宇工作站站长，商务楼宇内企业代表共70余人参加会议。

（王莎莎）

【完成2011年社区工作者招录工作】 年内，全区面向社会公开招录社区工作者486人，党务专职工作者69人，丰台区志愿者联合会专职工作人员2人，市招50人。所有招录人员全部进入社区服务站、楼宇工作站及区志愿者联合会开展工作。

（王莎莎）

【举办商务楼宇纪念建党90周年专场演出】 6月15日，丰台区委社会工委组织开展“坚定信念跟党走，再谱党建新篇章”——丰台区商务楼宇党组织创先争优活动成果展示暨纪念建党90周年专场文艺演出等系列庆祝活动。全区91个商务楼宇党组织，400余名商务楼宇党员、企业员工参观了成果展，观看了专场文艺演出。

（王莎莎）

【召开商务楼宇专职党务工作者专题座谈会】 6月23日，区委社会工委组织召开丰台区商务楼宇专职党务工作者“共话七一·纪念建党90周年”专题座谈会。座谈会围绕结合商务楼宇特点，组织商务楼宇党组织和企业党员进一步发挥战斗堡垒和先锋模范作用展开研讨。

（王莎莎）

【召开街道系统加强和创新社会管理工作推进会】 7月11日，丰台区召开街道系统加强和创新社会管理工作推进会。市委社会工委副书记、市社会办副主任周开让出席会议并讲话，区委副书记王苏维，区委常委孙军民，副区长孔令斌等出席会议。会议由区委社会工委书记、区社会办主任王珮琦主持。市委社会工委相关处室领导，丰台区相关委办局领导以及丰台区16个街道工委书记、办事处主任参加会议。

（王莎莎）

【召开加强和创新社会管理工作社区书记、主任推进会】 7月22日，丰台区委社会工委、区社会办在区委党校组织召开了丰台区加强和创新社会管理工作社区书记、主任推进会。各街道主管领导和社区书记、主任400余人参加会议。长安新城、永善社区等7

个典型社区作交流发言。区社会办副主任康卫国就丰台区即将出台的《丰台区社区工作规范化建设指导意见（征求意见稿）》进行解读。区委社会工委书记、区社会办主任王珮琦同志提了三点要求：一是要高度重视、充分认识和深刻领会新形势下加强和创新社会管理的重大意义；二是要积极探索发现总结推广学习典型经验；三是要在社区管理和社会领域党建上求突破，做好下半年的各项重点工作。

（王莎莎）

【深入贯彻落实胡锦涛总书记“七一”讲话精神】 7月14日，丰台区召开街道系统社会工作党委书记例会，围绕深入贯彻落实胡锦涛总书记“七一”讲话精神，部署丰台区下半年社会领域党建工作。一是就街道系统如何着力破解“四种危险”，推动创先争优活动的开展进行了安排；二是对2011年街道社区开展“双争创”活动情况中期推进检查工作做出了安排；三是对今年新成立社区党组织设置工作提出了进一步的要求；四是结合专职党务工作者的招录工作，明确涉及街道系统需配合的事项；五是对下一步全面抓好商务楼宇“五站合一”全覆盖、非公有制经济组织、社会组织党组织和党的工作全覆盖提出了具体要求。

（王莎莎）

【举办2011年社区党组织书记示范培训班】

8月，丰台区举办第二期社区党组织书记示范培训班。先后邀请市、区有关领导及社会建设领域专家学者围绕中央、市委加强和创新社会管理精神等进行重点解读与理论指导；邀请社会管理创新试点社区的党组织书记围绕各自探索形成的市民劝导队、四化入户绘制民情图等经验进行交流介绍。培训还组织学员赴上海就区域化党建、楼组党建等经验进行实地考察与参观学习。

（王莎莎）

【召开“永善社区劝导队”经验总结座谈会】

8月29日，丰台区召开“永善社区劝导队”经验总结座谈会。市委社会工委副书记、市社会办副主任周开让出席会议并讲话，区委副书记王苏维，副区长孔令斌，区委社会工委书记、区社区办主任王珮琦出席会议。

（王莎莎）

【举办2011年新招录社区工作者入职培训】

9月5日，丰台区举办2011年新招录社区工作者入职培训班。培训采用网络培训、课程集中培训和实地参观等多种方式进行。培训聘请了市、区相关领导和社会建设领域的专家亲自授课。培训过程中，授课教师和参训学员积极互动并邀请富有经验的社区骨干参与交流。丰台区新招录的社区工作者、社区党务专职工作者等600多人参加培训。

（王莎莎）

【召开2011年购买专业社会工作项目培训会】 培训采用参与式的培训方式，内容包括社会工作基础、社会工作项目管理等方面的知识，还特别安排了家庭综合服务项目经验分享课程，由社会工作领域专家、资深社工为大家授课，并进行交流互动。各街道项目负责人，试点社区项目负责人和联络员，蓟翔社工事务所、挚爱社工事务所的专业社工等共70余人参加培训。

（王莎莎）

【召开“市民劝导队”经验推广工作会】

10月13日，“市民劝导队”经验推广会在丰台区京丰宾馆召开。市委副秘书长王翔出席会议并讲话，市委社会工委委员赵小卫主持会议。市委社会工委副书记、市社会办副主任周开让，首都文明办，首都综治办，市公安局，市民政局，市志愿者联合会负责人，丰台区委副书记王苏维、副区长孔令斌等出席会议。丰台区副区长孔令斌在会上介绍有关情况。市有关部门和区县代表就推广“市民劝导队”的经验作了发言。

（王莎莎）

【召开非公有制经济组织和社会组织党建工作经验交流会】 10月13日，丰台区召开非公有制经济组织和社会组织党建工作经验交流会，对2010年度获得优秀示范点称号的非公有制经济组织、社会组织党组织进行表彰，部分优秀示范点党组织代表作党建工作经验交流，部署全区非公有制经济组织、社会组织党组织和党的工作全覆盖工作。全区各街、乡、园社会工作（建设）党委书记、受表彰的“五个好”示范点党组织负责人等共计70余人参加会议。

（王莎莎）

【举办社区居委会主任、服务站站长社会管理创新培训】 培训以学习市、区加强和创新社会管理、全面推进社会建设大会的相关精神为重点，以打造一支政治素质好、业务能力强、服务水平高的专业化、职业化社区工作队伍为宗旨，聘请市、区相关领导和社会建设领域专家亲自授课，确保培训班高起点、高水准、高要求。培训既包括社区建设、社区服务、社区管理等内容，又将社区建设与国际形势、当前社会状况等紧密结合。社区居委会主任、服务站站长400余人参加培训。

（王莎莎）

【召开街道系统工委书记、办事处主任例会】 12月6日，丰台区召开街道系统工委书记、办事处主任例会，专题研究网格化社会服务管理建设工作。会议首先由相关委办局对实施网格化社会服务管理的目的和意义、推进网格化社会服务的主要工作等内容进行说明。随后，马家堡街道、东高地街道、右安门街道和花乡四个网格化社会服务管理建设工作试点单位进行了工作汇报。最后，各街道结合本单位实际情况，紧密围绕更好、更快推进网格化社会服务管理建设工作，在推进网格化社会服务管理建设工作中的新思路以及发现的新问题方面进行讨论。区委副书记王苏维、区委常委孙军民、区委社会工委、区综治办、区公安分局、区城指中心和各街乡党政主要领导40余人出席会议。

（王莎莎）

【举办2011年社会组织建设培训班】 11月23—25日，区委社会工委、区民政局联合举办丰台区社会组织建设培训班。培训就社会组织社会工作人才队伍建设、社会组织登记与管理等内容进行介绍。组织与会人员对《丰台区关于加快推进社会组织改革与发展的意见》（征求意见稿）进行讨论交流。丰台区各“枢纽型”社会组织、部分业务主管单位负责人，各街道（地区）办事处负责人，各社会组织负责人等80余人参加培训。

（王莎莎）

【召开2011年社区建设总结会】 12月8—9日，区委社会工委组织召开2011年社区建设总结会。各街道围绕社区规范化建设、“一刻钟服务圈”建设、贯彻区委社会管理创新大会精神（特别是市民劝导队、四化入户绘制民情图情况）、社区工作人才培养、社区办公和服务用房建设等方面的创新做法和亮点工作进行了重点汇报，并围绕如何在机制体制上深化社区规范化建设、落实《丰台区社区工作规范化指导意见》、深化“社区一刻钟服务圈”建设和加强社区工作者人才队伍建设等问题深入研讨。

（王莎莎）

石景山区

【概况】 石景山区社会建设全面贯彻落实党的十七届五中全会精神，着眼于建设中国特色的“世界城市”“三个北京”和区委、区政府“打造北京CRD，构建和谐石景山”的战略目标，紧紧围绕全区重点工作，以推进社会服务管理创新为主线，以加强社区工作者队伍和志愿者队伍建设为保障，全力推进社会领域党建工作创新、社区规范化建设、老旧小区社会服务管理创新三项重点工作，不断夯实党执政的基层组织基础、社区建设工作基础、社会组织工作基础、街道社会管理基层基础，取得了较好的成绩，推动全区社会建设迈上了新的台阶。

（一）社会领域党建创先争优

1. 完善工作机制，党的基层基础进一步夯实

召开了“东中西片区研讨会”，每次确定一个主题，及时总结各街道园区好的做法，指出存在的问题，集思广益，研究解决办法。出台规范意见，进一步完善商务楼宇“五站合一”工作机制。探索建立社区党委成员“1＋X”组成模式，深化“社区联建门店”模式，进一步完善共建机制。目前，全区建立商务楼宇工作站35个、非公有制基层党组织171个，实现对全区139个社区、35个商务楼宇、规模以上非公有制企业的全覆盖。

2. 依托两个抓手，社区凸显鲜明特色

一是开展“共建双承诺”主题活动。在组织部的领导下，与机关工委共同努力，开展了机关基层党组织与社区党组织结对共建、党员带头服务社区、“立足岗位比奉献”等活动，成效显著。二是开展星级争创活动。“七一”前夕对57个五星级党建示范社区、55个星级优秀党务工作者和57名星级优秀党员进行表彰，激发了基层党组织和广大党员的积极性、创造性和主动性，使星级管理考评成为推动基层党建工作的有效抓手和强大动力。

3. 依靠三个平台，统战工作初显成效

一是加强街道社会工作党委建设，搭建街道层面的社会和统战工作平台。二是依靠加强社区党组织建设，搭建社区层面的社会和统战工作平台。三是依靠加强商务楼宇工作站建设，搭建商务楼宇社会和统战工作平台。

（二）社区建设快速推进

1. 社区规范化建设全面推进

2011年，全区41个社区列入规范化建设，围绕社区服务站建设、社区工作职能、社区运行机制、社区志愿服务、社区工作者管理、社区基础设施配置、社区经费保障等方面全面规范社区建设，在社区用房建设中，90%以上达到了350平方米的标准。目前，139个社区中，114个社区服务站用房达到了50平方米的标准，实现了“一门式”服务，从办公用房上实现了社区党组织、社区居委会和社区服务站的相对独立，并与街道综合服务大厅相对接。各街道还指导试点社区建立完善了社区工作联席会议等制度，进一步理顺了社区党组织、社区居委会和社区服务站三者之间关系，强化了社区党组织领导核心地位，突出社区居委会的基层民主自治功能，提升了社区服务站的服务水平。同时，结合中办发〔2010〕27号、京办发〔2011〕26号文件，逐步梳理社区党组织、社区居委会、社区服务站工作职能，以区政府名义下发了《社区党组织、居委会、服务站的三定方案》，合理界定社区党组织、社区居委会和社区服务站的职责任务，进一步细化各自的具体工作和服务项目，合理确定人员编制，科学制定规范的工作流程，为下一步做好人员配备奠定了基础。

2. 社区工作者队伍建设不断加强

一是加强培训，在街道层面开展社区工作者的全员培训，在全区层面开展社区居委会主任、服务站站长骨干人员培训，深入贯彻中办发〔2010〕27号、京办发〔2011〕26号文件精神，学习相关专业知识，进一步提高社区工作者骨干力量的能力和水平。二是出台了《石景山区社区工作者考勤管理及休假制度》，对社区工作者的工作时间、日常考勤管理、各类休假及请假审批程序进行了详细的规定，明确了社区工作者的休假待遇、规范了社区工作者的管理。三是根据市有关部门统一部署，按照《石景山区关于招聘社区工作者的暂行办法》，经过资格审查、面试、体检、政审等程序，面向社会公开招录了10名社会工作者到社区工作。同时，与区人力社保局联合招录了10名随军家属到社区

工作，进一步充实了社区工作者队伍。四是与区委组织部共同组织大学生社工人才成长工作室，完成第一期31名大学生社工人才的培训培养。设立“社区图书专架”，有效搭建起社区工作人才学习培训、交流沟通、施展才华的新平台。五是尝试竞聘上岗机制，老山街道拿出社区服务站副站长的职位在大学生社工中公开竞聘，为大学生社工提供更广阔的平台，也为社区服务站的发展奠定了人才基础。六是各街道相继成立了社区工作者协会，建立协会章程，积极开展活动，增强了广大社区工作者的归属感。继续采取大学生社工到区、街相关职能部门挂职等形式，加强对大学生社工的培养、教育、管理，为社区建设发展积蓄后备力量。七是建立了“石景山区优秀大学生社工”奖励机制，通过基层推荐、街道审核、区社会建设领导小组办公室评定，评选了2010年度十佳大学生社工，并给予一定的奖励，增强了大学生社工的工作积极性和主动性。八是区政府投入资金70万元，组织全区近1300名社区工作者进行健康体检，体现了区委、区政府对社区工作者的关心关爱，进一步激发了广大社区工作者的工作热情。九是及时调整社区居委会老积极分子的待遇。

目前，石景山区139个社区共有社区工作者1299人，其中女性占82%，党团员占51%，大专及以上学历占71%，平均年龄40岁。其中就业人员1091人，占84%；离退休人员200人，占16%。通过国家社会工作职业水平考试的200余人，占16%。全区社区工作者年轻化、知识化、职业化水平进一步提高。

3. “一刻钟社区服务圈”建设扎实开展

石景山区委、区政府将“一刻钟社区服务圈”列入2011年为民办实事项目，制定了《进一步深化“一刻钟社区服务圈”建设的实施意见》，召开了推进会议，精心部署、有力推进。截至2011年底，全区共有64个社区达到区级“一刻钟社区服务圈”标准，其中，市级示范点达到11个。以“完善公共服务、强化基础设施、扩大便民网络、打造特色精品”为目标，探索“千百十”便捷家园建设，打造具有石景山特色的“一刻钟社区服务圈”，使服务圈的服务内容更加丰富，服务功能更加完善，服务机制更加健全。古城街道推出的“千百十”便捷家园服务模式，将政府、商家、志愿服务有效结合起来，在方便居民的同时吸引了众多居民的参与。“千百十”便捷家园服务模式得到了市人大代表视察团的充分肯定，北京电视台等新闻媒体作了报道。

4. 积极推进和谐社区建设

深入开展“星级社区”创建活动，在社区营造出“争先进、创一流”的浓厚氛围。围绕重点难点，着手开展老旧小区社会化管理工作，建立起拆迁、整治地区社会管理提前介入机制，取得初步成效。继续深化“新居民互助服务站”“社区社情恳谈会”等工作经验，充分发挥典型示范作用，基层社会服务管理创新不断出成果。

（三）社会组织建设深入发展

依托9家枢纽型社会组织及各街道，加强对社会组织的分级分类管理。成立3家社会工作事务所，重点开展矛盾化解、为老、助残等便民利民服务。制定下发《石景山区政府购买公共服务实施办法（试行）》，建立专项资金，首批购买35个为民服务项目。圆满完成社区社会组织备案登记工作，全区共有社区社会组织474家，活动覆盖社区居民10余万人。志愿服务发展势头良好，推出“公益反哺”志愿服务激励模式，区志愿者联合会下属协会增加至18个，志愿者人数达到3.6万人，志愿服务实现规范化、专业化、科学化发展。

（王　磊）

【开展星级争创活动】　2月16日，区委社会工委下发了《关于在社会领域开展“星级争创”活动的通知》，在社会领域部署开展星级党建示范社区、星级党员、星级党务工作者争创活动。6月29日，召开了社会领域纪念建党 90 周年暨党建工作推进会，对 57 个五星级党建示范社区、55 个星级优秀党务工作者和 57 名星级优秀党员进行了表彰。

（王　耿）

【探索开展公益反哺家园工作】　3 月 3 日，石景山区组织召开苹果园街道公益反哺家园试点推广会。在认真总结苹果园志愿者协会“公益反哺家园”试点工作的基础上，采用“一卡积分、量化考核、定期奖励、十年反哺”的方式，在全区九个街道和社区，对 70—80 周岁、服务时间累计达到 1000 小时的志愿者，通过对其提供免费理发、家庭保洁等服务内容实施反哺，探索建立志愿服务长效激励机制。

（李明轩）

【开展“共建双承诺”主题活动】　3 月 15 日，区委社会工委与区直机关工委启动“共建双承诺”主题活动。137 个社区党组织与机关工委下属基层党组织结对共建，签订共建承诺书，共同开展党组织活动，努力构建双向促进、双向受益，共同提高的党建工作格局。

（王　耿）

【社会领域党建工作研讨会召开】　在推进“一月一典型”活动的基础上，针对基层党建面临难题及全区新形势下如何提高党建工作理念现代化、党建布局合理化、分类指导常态化、载体建设丰富化、工作方式项目化和制度保障体系化的“六化”要求，召开“东中西片区研讨会”，总结了近几年来各街道完善基层党组织服务职能的做法，并从中分析目前存在的不足，共同研讨下一步的改进办法。

（王　耿）

【深入开展创先争优活动】　年内，按照区委统一部署，继续深入开展创先争优活动。充分发挥指导、协调、督促职能，为社会领域党组织增强服务职能，维护和谐稳定，凝聚党心民心搭建平台。向市区报送信息百余条，编制报表 50 余套，及时总结宣传社会领域创先争优活动中好的经验和做法，并在全区及时推广。

（蔡国栋）

【加强商务楼宇工作站建设】　正式实施《关于加强商务楼宇工作站建设的实施意见》（下称《意见》）。《意见》规定了党建工作站、社会工作站、工会工作站、团建工作站、妇联工作站的主要职责；规定了工作站按照“五个一”基本标准进行配备：一间独立的 20 平方米左右的办公场所，一套健全的工作制度，一个宣传阵地，一套完善的办公设备，一套规范的工作站标识。同时，每个商务楼宇需为工作站提供 20 平方米左右独立的办公场所，各商务楼宇均应允许工作站共同使用会议场所；规定了每个工作站应设工作人员 3 至 5 人，其中站长 1 人，规模较大的楼宇可设副站长 1 人，规模小的楼宇可设联络员 1 人，站长、副站长、联络员由街道（鲁谷社区）、园区选派优秀人员担任；规定区财政每年给予每个工作站 3 万元作为基础保障经费，确保商务楼宇工作站的办公场所租赁费、办公耗材费、水电气暖费、电话费、报刊订阅费、宣传用品费等各项经常性经费支出。

（王　耿）

【推进社会领域统战工作】　年内，石景山区充分发挥街道社会工作党委协调区域党建和统战工作的作用，协调辖区内社会单位和社会团体，积极做好统战工作，强化各代表团动员辖区内各个社会单位党组织积极参与、配合、支持作用，彰显出以党建资源整合带动多种社会资源整合为特点的“大党建”优势。完善社区党组织、居委会、服务站“三驾马车”运行机制，基本形成了社会领域党组织网络的全覆盖。根据社区规范化建设的要求，充分发挥社区党组织推动发展、服务群众、凝聚人心、促进和谐的作用，统筹协调各方利益关系，组织动员社区内各方面力量共同推进社区建设。认真贯彻《关于加强商务楼宇工作站建设的实施意见》，形成了依托商务楼宇党建工作站开展社会领域统战工作的格局。

（王　耿）

【开展科学发展主题培训行动】　年内，继续强化社会领域党务工作者队伍建设，通过以会代训、专题培训、业务研讨等多种形式，提高基层党组织骨干力量的综合素质。9月22—23日，举办大学生社工党员培训班，80余名大学生社工党员参加培训。12月22—23日，举办商务楼宇工作站培训班，全区35个楼宇工作站的专兼职工作人员、各街道（鲁谷社区）、园区主管商务楼宇工作站的组织人事干部及部分楼宇物业负责人共60余人进行集中培训。

（蔡国栋）

【加强社区规范化建设】　年内，列入2011年社区规范化建设试点的41个社区全部通过北京市验收。目前，139个社区中，114个社区服务站用房达到了50平方米的标准，实现了社区党组织、社区居委会和社区服务站的相对独立，并与街道综合服务大厅相对接。以区政府名义下发了《社区党组织、居委会、服务站的三定方案》，合理界定社区党组织、社区居委会和社区服务站的职责任务，进一步细化各自的具体工作和服务项目，合理确定人员编制，科学制定规范的工作流程，奠定了社区规范化管理基础。

（董妍君）

【加强社区办公用房建设】　年内，对全区139个社区办公用房中未达到350平方米以上标准的41个社区再次进行实地调研，其中除7个社区建设难度相当大以外，其余34个社区办公和服务用房项目经区长办公会和区长现场办公后，均列入开工建设项目，区财政拨付建设经费3087万元。7个项目已完工，其余项目通过征求居民意见、设计图纸、进行预算等积极筹备。对于新建小区配套设施的建设管理工作，充分发挥石景山区居住区配套设施联席会议作用，参与新建小区的前期设计规划并提出建设性意见。2011年区规划委和住建委批准的10个新建小区社区用房面积均达到和超过350平方米标准。

（董妍君）

【加强社区民主自治建设】　年内，坚持居民代表议事制度和听证会制度，坚持居务公开与民主监督管理，由街道组织居民对社区居委会班子成员进行民主测评，充分发挥社区居委会自治功能，探索社区居委会与业主委员会相互协作沟通的机制。继续推广“新居民互助服务站”经验成果，将服务站模式纳入社区规范化服务管理之中，不断创新服务方式，拓展服务功能，延伸服务人群。做好社区公益经费的使用和管理工作，实行社区公益经费项目化管理，由社区居民会议讨论通过，拓展使用范围，形式更加多样，内容更加规范，切实发挥社区公益经费社会效益。推广“市民劝导队”经验做法，与区综治办、区公安分局、区文明办、区民政局、区志愿者联合会联合下发了相关文件，明确劝导队职责，充分发挥社区居委会民主自治功能和社区志愿者服务功能，结合实际组建不同形式的“市民劝导队”，开展“市民劝导队”试点工作，动员社区居民积极参与社会服务管理工作。

（董妍君）

【加强首钢居民小区服务管理】　年内，针对首钢搬迁后家属区存在的社会问题，一是加强社区党组织领导，充分发挥社区居委会的自治功能，发挥社区服务站服务居民的职能，重点解决社区物业管理、社会治安、便民服务、社会矛盾疏导等方面问题，不断提高首钢社区的管理和服务水平。二是加强社区服务设施建设，将首钢小区社区办公和服务用房建设纳入2011年建设项目，使首钢居民小区办公服务用房、社区居民活动场地和社区居民生活、服务、活动配套设施得到了全面提升。三是充分发挥社区公益性就业组织的作用，积极开发面向社区居民和驻区单位服务以及作坊式的社区就业岗位，使首钢富余分流人员实现了多形式的社区就业。四是通过政府购买服务形式，对首钢“周末家庭”儿童开展日常心理健康教育，对老人开展形式多样的助老、文体活动，解决首钢社区居民的实际困难。

（董妍君）

【加强拆迁、整治重点地区社会建设】 年内，对6个街道10余个涉及拆迁、整治的重点社区，加强社会管理和服务，了解拆迁居民的搬迁动向，对居民的新住址、新电话进行登记，建立定向安置社区居民信息的临时台账，确保了将相关政策和信息及时传达到搬迁居民中。

（董妍君）

【推进“一刻钟社区服务圈”建设】 年内，区委、区政府将“一刻钟社区服务圈”列入为民办实事项目，制定了《进一步深化“一刻钟社区服务圈”建设的实施意见》，召开了推进会议，精心部署、有力推进。共有64个社区达到区级“一刻钟社区服务圈”标准，其中，市级示范点达到11个。以“完善公共服务、强化基础设施、扩大便民网络、打造特色精品”为目标，以古城街道推出的“千百十”便捷家园服务模式为试点，打造具有石景山特色的“一刻钟社区服务圈”，使服务圈的服务内容更加丰富，服务功能更加完善，服务机制更加健全，将政府、商家、志愿服务有效结合起来，在方便居民的同时吸引了众多居民的参与。“千百十”便捷家园服务模式得到了市人大代表视察团的充分肯定，北京电视台等新闻媒体进行了报道。

（董妍君）

【推进和谐社区建设】 年内，把服务居民、造福群众作为工作的出发点和落脚点，把建设管理有序、服务完善、文明祥和的社会生活共同体作为基本目标，把和谐之中见特色、特色之中育精品作为工作理念，开展“星级社区”创建活动，将六型社区标准纳入其中，推动了和谐社区建设，为构建社会主义和谐社会奠定了更加坚实的基础。

（董妍君）

【开展便民工程】 按照《石景山区便民工程管理办法（试行）》要求，积极配合区发改委完成定点供应商建库招投标、工程立项、资金预算、项目实施等工作，并做好工程建设中的检查工作，发现问题及时协调处理。年内，协调实施便民工程129项，投入资金6500万元。

（董妍君）

【加强社区工作者队伍建设】 年内，通过在全区层面开展社区党组织书记、居委会主任、服务站站长骨干人员培训，在街道层面开展社区工作者的全员培训，进一步提高社区工作者骨干力量的能力和水平。出台了《石景山区社区工作者考勤管理及休假制度》，对社区工作者的工作时间、日常考勤管理、各类休假及请假审批程序进行了详细的规定，明确了社区工作者的休假待遇、规范了社区工作者的管理。根据市民政局的统一部署，面向社会公开招录了10名社会工作者到社区工作。与区人力社保局联合招录了10名随军家属到社区工作。与区委组织部共同组织大学生社工人才成长工作室，完成第一期31名大学生社工人才的培训培养。设立“社区图书专架”，有效搭建起社区工作人才学习培训、交流沟通、施展才华的新平台。尝试竞聘上岗机制，在试点社区开展服务站副站长职位的公开竞聘。成立社区工作者协会，建立协会章程，积极开展活动，增强广大社区工作者的归属感。继续采取大学生社工到区、街，相关职能部门挂职等形式，加强对大学生社工的培养、教育、管理，为社区建设发展积蓄后备力量。

（董妍君）

【关怀社区工作者】 年内，区政府投入资金70万元，组织全区1300名社区工作者做健康体检。同时，及时调整社区居委会老积极分子的待遇。

（董妍君）

【走访慰问表彰先进】 年初，对2010年度先进社区居委会、先进社区居委会主任及优秀大学生社工进行了表彰。1月25日，举办全区社区工作者新春团拜会、大学生社工座谈会，让广大社区工作者真切感受到区委、区政府的关心爱护。同时，对在职社区工作者及退离社区居委会老积极分子进行走访慰问，为他们送上新春祝福、真挚问候及慰问品。

（董妍君）

【购买专业社工岗位试点】 年初，启动了购买专业社会工作岗位试点工作。通过调研，针对社区居民对社工服务需求比较集中的养老服务、心理咨询等方面，在9个街道和社区、金顶阳光社工事务所按照每个岗位每年3万元的标准，共计购买了13个社工岗位。通过签订三方协议，明确社工委、用人单位、社工各自的职责，并以协议为基础，对社工的工作业绩和服务水平进行评价考核。

（李明轩）

【加强社会工作事务所建设】 在探索建立金顶阳光社会工作事务所的基础上，先后扶持培育了以自闭症儿童康复为主要业务的小飞象社会工作事务所、以参与式养老服务为主要业务的乐龄老年社会工作服务中心、以收治孤残幼儿为主要业务的源泉儿童之家等3家社会工作事务所，基本形成了石景山区以帮扶老年人、孤残儿童、低收入家庭、重点人群（吸毒、两劳释放）等弱势群体为主要内容的社会工作事务所体系建设。

（李明轩）

【推进政府购买公共服务】 起草了《石景山区政府购买公共服务的论证报告》，经区长办公会同意，区政府每年拿出300万元专项经费用于购买社会组织公共服务工作。通过项目申报、评审、立项和项目实施等工作环节，购买全区35个社会组织提供的公共服务项目。为了加强对项目的管理和对专项资金的使用的监管，制定了《石景山区政府购买公共服务实施办法（试行）》《2011年石景山区政府购买公共服务实施方案》等文件。此外，通过广泛动员、具体指导，为全区16个公共服务项目申请到北京市社会建设专项资金125万元。

（李明轩）

门头沟区

【概况】 2011年，门头沟区社会建设工作以科学发展观为指导，加强工作领导，注重顶层设计，推进社会服务管理创新，圆满完成了全年各项工作任务。

完成的主要任务有：研究制定了2012年社会建设工作折子工程。成立了区为民服务信息中心，建立61696156为民服务信息平台。制定了《门头沟区十二类人群服务管理实施方案》，完成了“十二五”社区建设规划编制工作。开展了“六型”社区创建工作。开展了社区百日环境卫生整治工作，被评为区百日环境卫生整治先进集体。

全区未拆迁社区全部通过规范化达标验收。第二批社区用房规范化建设扎实推进，23个项目获区发展改革委立项批复，其中10个改造项目如期已开工。成立了石门营新区等新建小区社区基层组织。完成南路二等4个市级“一刻钟社区服务圈”示范点建设。实施“智慧社区”建设项目，社区全部完成网站建设任务。实现了社区“小帮手”便民缴费终端全覆盖。“市民劝导队”模式在全区全面推广。

推进“两委”任期承诺工作，共向居民承诺1210条。如期完成50名社会工作者招录工作。加强社区干部培训，852名社区工作者全部完成40学时培训任务。举办了全区社区、村党组织书记“社会管理创新工作专题培训班”。开展了国际社工日、建党90周年系列活动。认真做好退离居委会老积极分子的生活补贴发放和走访慰问工作。

积极发挥区级“枢纽型”社会组织作用，有6个项目得到市社会建设专项资金支持，争取市级专项资金53万元。制定了《门头沟区政府购买社会组织服务项目实施办法》。成立了康馨社会工作事务所，在4个街道办事处购买了4个专业社工岗位。

建立街道、镇社会工作党委书记例会制度。在条件成熟的4个社区建立社区党委。新组建3个非公有制党组织。深入开展了创先争优活动，制定了《关于在非公有制经济组织党组织和党员中深入开展创先争优活动的工作意见》。开展了新经济组织党建推进月活动。开展了特色党建创建活动，整理了53个特色党建品牌活动材料编印成册，下发到基层。积极推进社区党务公开工作。

加强机关自身建设。开展了学习型机关创建活动，取得“区学习型建设先进单位”，并被评为“区学习型先进牵头单位”。

（兰德敏）

【召开社区规范化建设工作会】 1月6日，门头沟区召开社区规范化建设工作会，就全区2010年社区规范化建设工作进行总结，并重点部署2011年社区规范化建设工作。全区各街道、镇主管领导和居民科长参加会议。

（兰德敏）

【召开石门营居住区入住筹备会】 5月12日，副区长李昕主持召开石门营居住区入住筹备工作专题会。区社会办、石门营地块安置房入住筹备工作组分别汇报了入住工作的筹备情况，就相关工作达成共识。李昕同志提出工作要求。

（兰德敏）

【收听收看全国优秀共产党员活动报道】 5月14日，区委社会工委召开关于组织收听收看全国优秀共产党员活动报道部署会。要求机关全体党员干部要通过网络等媒体，及时收听收看关于全国优秀共产党员活动的相关报道，学习优秀共产党员的先进事迹，按时完成网上投票推荐工作。

（兰德敏）

【召开“百日行动”社区现场会】 5月27日，区委、区政府在大峪街道向阳社区召开城乡环境整治百日行动社区现场会。会议就“百日行动”环境建设成果作了汇报和总结。区委书记韩子荣出席会议，副区长李昕主持会议。区委常委、区委办主任张永，区环境办、区社会办领导，10个专项主责单位的主管领导，大峪、城子、东辛房、大台街道的主管领导，以及21个首都文明社区党组织书记、居委会主任参加会议。

（兰德敏）

【召开加强和创新社会管理研讨会】 6月10日，区委社会工委、区社会办组织召开门头沟区街道系统加强和创新社会管理工作研讨会。各街道工委书记、办事处主任参加会议，汇报了本单位学习市委十届九次全会精神情况，总结了在加强和创新社会管理工作中存在的不足，提出了在2011年社会管理方面重点解决的问题。

（兰德敏）

【开展新招录社区工作者岗前培训】 6月29—30日，区委社会工委、区社会办组织2011年市招的50名社区工作者进行岗前培训。培训内容包括计算机、公文写作、“十二五”规划纲要等。

（兰德敏）

【参观区“十二五”规划展】 7月8日，区委社会工委、区社会办全体人员到区博物馆参观了“新五年　新跨越——门头沟区国民经济和社会发展第十二个五年规划纲要宣传展”。

（兰德敏）

【召开党风廉政建设工作会】 7月13日，区委社会工委、区纪委宣教室召开街道系统党风廉政建设工作会议。会上，各街道纪工委书记总结了上半年反腐倡廉工作情况和经验，分析了当前街道系统反腐倡廉工作面临的新形势和新问题，汇报了下一步工作任务，并向各街道下发了《社区反腐倡廉建设知识读本》，就下半年纪检监察工作提出要求。

（兰德敏）

【北京中航长力能源科技有限公司党支部成立】 8月11日，大峪街道召开北京中航长力能源科技有限公司党支部成立大会。区委组织部、区委社会工委和大峪街道工委有关领导参加会议。

（兰德敏）

【区领导调研社会建设工作情况】 8月25日，副区长李昕就加强和创新社会管理，全面推进社会建设工作到区委社会工委、区社会办进行调研。区委社会工委、区社会办就相关工作进行了汇报，李昕同志提出工作要求。

（兰德敏）

【举办党组织书记专题轮训班】 9月5—7日，门头沟区举办农村、社区党组织书记加强和创新社会管理专题轮训班。各镇党委副书记，各街道工委副书记，全区各村、社区党组织书记约300人参加培训。

（兰德敏）

【召开社区用房规范化建设工作会议】 9月8日，副区长李昕主持召开了第二批社区用房规范化建设工作会议，听取了区社会办对第一批社区用房规范化建设试点项目工作情况汇报，对第二批社区用房规范化建设项目相关工作进行了部署，研究解决了工作中相关问题。

（兰德敏）

【召开社区用房规范化建设工作协调会】 9月20日，区长王洪钟主持召开了第二批社区用房规范化建设工作协调会。区社会办对第一批社区用房建设情况进行了简要总结并对推进第二批社区用房建设工作进行了汇报。研讨了第二批社区用房规范化建设项目资金及文化设施配置等相关问题。王洪钟同志就社区用房规范化建设项目管理工作提出要求。

（兰德敏）

【参观考察丰台区商务楼宇党建工作】 10月27日，区委社会工委与石龙管委领导就商务楼宇党建工作到丰台区国润大厦参观学习。他们听取了国润商务大厦党委成立以来的工作情况介绍，查看了党委网络平台建设、QQ群建立等，查阅了党委有关制度和工作材料。

（兰德敏）

【召开社区建设工作部署会】 11月3日，区委社会工委、区社会办组织召开相关街镇社区基层组织会议，就社区建设工作进行部署。安排了2011年度全区社区规范化建设检查验收工作和社区公益事业专项补助资金检查工作。同时就“小帮手”便携式缴费机使用方法进行了培训并将设备发放给各社区、各行政村。

（兰德敏）

【召开非公有制企业党建工作推进会】 11月9日，区委社会工委召开了非公有制企业党建工作推进会。会上，大峪街道、石龙管委、国信嘉业有限公司党委和南丁格尔有限公司党支部作了典型发言，区委社会工委对

《门头沟区“非公有制企业党建推进工程”实施方案》进行了逐条解读，并对下一步工作进行了部署。

（兰德敏）

【召开全区社会建设大会】 11月11日，门头沟区召开社会建设大会，对12类人群服务管理工作和“六型”社区创建工作进行了全面部署。区委副书记、区长王洪钟主持会议，韩生辉同志部署了《门头沟区十二类人群服务管理实施方案》，李昕同志作了《门头沟区社区建设工作报告》，区市政市容委等6家单位作了大会发言。市委社会工委书记、市社会办主任宋贵伦，市民政局党委副书记、副局长孟钧出席会议并讲话。

（兰德敏）

【召开推广“市民劝导队”模式工作部署会】 11月23日，区委社会工委、区社会办、区综治办、区文明办、区公安分局、区民政局等六部门联合召开门头沟区推广“市民劝导队”模式工作部署会，贯彻落实全市“市民劝导队”经验推广工作会议精神，全面部署全区“市民劝导队”模式推广工作，推动基层社会服务管理创新。

（兰德敏）

【区领导调研老旧小区改造及精品社区建设工作】 11月24日，区长王洪钟、副区长李昕带队，到倚山嘉园社区、月季园一区社区、蓝龙家园社区进行实地查看，就做好老旧小区综合改造及精品社区建设工作进行调研。听取了区社会办关于老旧小区改造及精品社区建设工作情况汇报，区长王洪钟对此项工作提出具体要求。

（兰德敏）

【召开社区用房建设项目协调会】 12月1日，副区长李昕主持召开社区用房建设项目协调会。会议听取了第二批社区用房规范化建设项目进展情况汇报，研究讨论了社区用房建设中存在的问题。

（兰德敏）

【举行康馨社工事务所揭牌仪式】 12月2日，区委社会工委、社会办，区妇幼保健院在龙泉花园举行门头沟区康馨社会工作事务所揭牌仪式。市、区相关领导等100余人参加揭牌仪式。

（兰德敏）

【召开社区规范化建设自查工作汇报会】 12月6日，区社会办组织召开2011年社区规范化建设自查工作汇报会。会上，大峪街道、龙泉镇、城子街道、城子大街社区、大峪街道葡东社区进行了自查汇报，区社会办对社区规范化建设检查情况进行了总结。

（兰德敏）

【召开第八届社区选举工作会议】 12月16日，副区长李昕主持召开第八届社区选举工作会议。各街镇针对全区涉及整体拆迁、部分拆迁社区的选举等问题进行了研讨。区社会办就如何做好此次换届选举工作提出具体要求。

（兰德敏）

【召开“两节”走访慰问工作部署会】 12月28日，区社会办组织召开“两节”走访慰问“送温暖”工作部署会。各街镇居民科科长参加了会议，区社会办统一安排了走访慰问的对象、范围与走访时间等。

（兰德敏）

【调研创先争优活动情况】 12月29日，全国非公有制经济组织创先争优活动指导小组办公室、中央统战部经济局副局长方乃纯到门头沟区调研非公有制经济组织创先争优活动。实地察看了石龙管委富根智能电表有限公司党支部、区国信嘉业房地产公司党委开展创先争优活动情况。召开座谈会，听取了全区非公有制经济组织创先争优活动情况汇报，并同部分非公有制企业党组织负责人进行座谈。方乃纯同志指出：2012 年党的十八大要召开，非公有制经济组织创先争优活动一定要围绕促进企业发展开展多种形式的创建活动。要继续加大工作力度，不断创新工作方式和方法。要加强党的基层组织建设，打牢组织基础，实现党的组织工作全覆盖。要加强对新经济领域党建工作的领导，形成党建工作合力，并希望门头沟区能够为全国非公有制经济组织创先争优活动创造经验。市委社会工委委员、市社会办副主任陈建领，区政协主席张冰等领导陪同调研。

（兰德敏）

房山区

【概况】 2011 年房山区委社会工委、区社会办以社会领域党建为核心，以社区规范化建设为重点，以社会组织建设为基础，以社区工作者队伍建设为保障，扎实推进各项工作。

（一）坚持党建为纲，努力实现党组织和党的工作全覆盖

一是加强社会领域党组织组建力度。先后成立天庆房地产开发有限公司党支部、东湖港党支部、青龙湖分会党支部等 4 家党支部，建立凯利门商务楼宇党组织，做好大学生社工党支部建设、学习型党组织建设、社会领域党风廉政建设等工作，进一步扩大了党组织和党的工作覆盖面。二是规范街道（乡镇）社会工委运行机制。明确 14 项工作职责，实行例会制度、调研走访制度、培训制度等“5 + X”开放型的制度模式，建立社会领域党建工作台账，起草《房山区街道（乡镇）社会工委工作考评办法》《非公企业党建“五个好”示范点创建考评标准》，充分发挥了街道（乡镇）社会工委职能。三是积极开展庆祝建党 90 周年系列活动。开展“五个十”评选表彰活动，举办以“唱响红歌心向党”为主题的大型红歌文艺演出活动，组织“知党史、报党恩、跟党走”主题知识竞赛，进一步推进了创先争优活动深入开展。四是择优选派社区工作指导员到社区工作。出台《关于选派社区工作指导员的意见》《房山区社区工作指导员管理办法》，派驻 64 名指导员深入社区协助抓好社区党建、社区体制机制建设等工作，探索了解决社区突出问题与房山区干部人才队伍有效利用相结合的新途径。五是积极推进青年社工与青年法官社会实践“双基地”建设。配合区法院派出 33 名法官到 26 个社区参与社区建设等实岗锻炼，安排 80 多名社工参加法庭审判和法律讲堂等活动，推荐任命 33 名人民陪审员，进一步提高了青年人才的素质，丰富了他们的阅历。

（二）坚持民生为本，加快推进社区规范化建设

一是合理布局不同类型社区建设模式。根据房山区的社区地理位置和产业类型，提出了“城市社区特色化、城乡结合部和山区人口迁移社区规范化、重点功能区社会服务管理属地化、农村建设社区化、山区社区建设生态化”的目标。为此我们本着“科学规划、合理布局”的原则，积极探索不同类型社区服务管理模式，取得明显成效。二是开展了社区规范化建设大检查工作。2011 年 10 月，由区社会建设工作领导小组办公室牵头，区社会办、区财政局、区民政局等相关部门参加，利用一个月时间，采取社区自查、街道（乡镇）普查、区检查组抽查的形式，按照《北京市社区规范化建设工作大检查评分标准》，对全区 122 个社区在服务站建设、运行机制、社工队伍建设、社区经费使用及管理等 8 个方面进行了全面细致的检查，及时总结经验，整改不足。三是扎实推进“一刻钟社区服务圈”建设。研究制定了包括社会保障服务、社会救助服务等 10 大项 61 小项的《房山区社区基本公共服务指导目录（试行）》。2011 年启动 4 个市级试点社区，同时对西潞街道 12 个社区进行整体打造，形成“一刻钟便民圈、一刻钟帮扶圈、一刻钟文体

圈”3个特色便民服务圈。开通了社区便民蔬菜直通车，印制社区便民服务手册和服务圈地图。与区政法委、地税、民防、药监、工商等15个区直部门及京东商城、华冠公司等企业合作，推进政府公共服务、商业便民利民服务进社区等服务功能全覆盖工程，打造出“城管社区化”等品牌工程。四是使近半数社区办公和服务用房面积达标。2011年年初由区领导牵头，召开了社区建设重点项目协调会，有力推动了社区用房建设进度。新建改建了北关东路社区、金果林社区等8个用房项目，新开工面积1.5万平方米，其中有4个新开工社区用房按照区域性社区服务中心建设，面积达到1000平方米以上，最大的社区用房面积达到5420平方米。与区民防局合作，在拱辰、西潞等用房紧张的城市中心区充分挖掘可用民防资源，已使用的工程已达50处56106平方米，主要用于文体活动、物资储备、宣教场所、车库等。五是规范了社区各项经费及固定资产使用管理。按照每户50元的新标准，2011年全区共拨付办公经费561万元，是规范前的6倍，申请区财政出资为办公和服务用房面积达标社区配备电脑、一体机、复印机等，进一步改善了社区办公服务条件。六是加快推进城乡结合部改造和村庄社区化建设。出台了《房山区城乡结合部新型社区建设方案》，在城乡结合部市级重点村东羊庄村建立了社区建设台账，提前成立了集体经济合作社，对村集体资产进行了产权制度改革。研究制订了《房山区长阳镇“村转居”新型社区建设实施方案》。以长阳镇杨庄子村为试点，探索在社区党组织领导下，社区居委会与村委会、社区服务站并存的工作运行机制。

（三）坚持人才为基，全力打造专业化职业化社会工作队伍

一是选聘138名大学生到社区工作，使全区社会工作者队伍平均年龄降低10岁，具有大专以上学历的人数比例提高到73.2%。二是规范了社工队伍管理，结束了各单位对社区工作者“都管又都不管”的无序管理历史。从规范社工待遇入手，2011年又增加了绩效工资，即每人每月增加584元，社区工作者工资待遇大幅度提升。建立了学历补贴制度，按大专、本科、研究生享受相应的工资待遇。三是完善社工人员信息库，建立分级负责、日常考勤、岗位情况月报等9项制度，进一步规范了社工队伍管理。四是与区成教中心建设学历再教育基地、专业培训基地，对考取职称的全额报销学杂费，凡考入社会工作专业的享受同等学力待遇；鼓励社工报考城市学院研究生，毕业后享受社区副职待遇，通过这些鼓励手段，大大提升了社工队伍专业化水平。五是安排社工定期到街道、社区、社会组织进行岗位轮换；与区政法委、区老干部局、区地税局、区药监局、区工商分局等部门开展联动工作机制，有效提升了社工综合履职能力和服务水平。六是成立社会工作者联合会，举办“建设家园、奉献快乐”主题演讲比赛等活动，有力地维护了社工权益，展现了社工风采，提高了社工队伍凝聚力。

（四）坚持活力为重，不断创新社会组织服务管理

一是出台房山区《加快推进社会组织改革与发展的实施意见》《房山区构建“枢纽型”社会组织工作体系的暂行办法》《房山区“枢纽型”社会组织联席会议工作规则》等文件，拟增加认定房山区总工会、团区委、区科协、区红十字会、房山区慈善协会5家单位为区级“枢纽型”社会组织，逐步构建了“枢纽型”社会组织工作体系。二是在全区深入开展了社区社会组织（草根社会组织）调查活动，经统计，目前全区共有社区社会组织657家，并按照性质类别进行了分类，进一步完善了全区社会组织信息库。三是完成政府购买社会组织服务项目申报任务，并与区有关部门进行沟通，申请设立社会组织培育扶持专项资金，有效推进了社会组织健康有序发展。四是注册成立了房山区祥和家政服务中心，指导西潞街道建立了房山区首家社会工作事务所，组织北亚骨科共产党

员义务医疗队参加北京市社会公益活动周现场义诊活动，不断创新了社会组织的培育管理。五是筹备建设房山区志愿者联合会，建立燕山星城、拱辰、西潞、长阳等4个街道（乡镇）志愿服务试点，推广“市民劝导队”工作经验，开展“12·5国际志愿者日”志愿服务活动，逐步推进了志愿者工作规范化管理。

（五）坚持舆论为要，利用新媒体搭建方便快捷的信息平台

一是建立机构，明确责任，在体制机制上实现了新突破。成立了信息化办公室，完善了信息员队伍建设，健全了培训、月报、奖惩等8项制度，基本形成了区、街、社区、组织四级联动的网络化管理格局，并建立了一整套完整的运行机制。二是加大投入，配足硬件，在设施配套上实现了新突破。一年来，为部分达标社区配备了电脑、一体机、复印机等设备，为122个社区铺设了光纤、配备了“小帮手”自动缴费机，使百姓不出社区就可以缴纳水、电、气等费用。此外，还以西潞街道为试点，建立了“一刻钟社区服务圈”网站、移动电子地图查询模块等，推动了全区社会领域信息化建设。三是创新载体，强化服务，在成果转化上实现了新突破。依托“一网”“一屏”“一刊”“一群”“一栏目”五大载体，将信息化运用融入到实际工作中。“一网”即建立“房山社会领域信息建设网”。“一屏”即在机关大厅内设立电子显示屏。采用图文并茂的形式，滚动播放社会建设要闻和动态，搭建了区、街道（乡镇）、社区、居民互动的平台。“一刊”即社会服务管理创新专刊。采取不定期刊登的形式，对社会建设折子工程进展情况及社会建设主要工作进展情况进行刊登，已印发12期，其中第11期《关于“村转居”新型社区服务管理新模式的实践与思考》获得区委书记刘伟同志批示。“一群”即建立社工QQ群。利用QQ群开展“文化与社会”论坛、“我为社区建设献一策”等一系列活动，极大地调动了社区工作者参与社区建设的积极性。“一栏目”即《社会家园》电视栏目。已累计播放70余期，受到了各级领导和社会各界的一致好评，成为了房山社会信息化建设的亮点和品牌。

（六）坚持创新为魂，不断提升社会服务管理精细化水平

一是召开社会建设大会，研究制定了《关于加强和创新社会管理全面推进社会建设的实施意见》。7月19日，召开了全区社会建设大会，提出以发展理念和发展方式的转变为引领，以经济社会统筹协调发展为目标，积极探索不同发展类型地区的社会服务管理新模式。市委常委梁伟等领导同志到会并做重要讲话。二是完善了社会服务管理创新考评和监督机制。出台了《房山区社会建设工作考评办法（试行）》《房山区街道（乡镇）社会工委工作考评办法》等文件，率先将社会服务管理创新工作纳入区委、区政府对区直部门和街道（乡镇）领导班子的年度考核评价体系。由区委社会工委牵头，对28个街道（乡镇）和19个区直部门进行了专项考核评价，评价结果在全区整体考评中占有很大的权重，从根本上扭转了社会建设重视不到位的局面，为全面推进社会服务管理创新工作提供了坚强的政治保障和制度保障。为进一步完善统筹协调、研究决策和监督机制，房山区正着手研究制订区社会建设工作领导小组核心成员单位常务会议制度。三是健全“折子工程”的工作推进机制，起草《房山区社会建设工作考评办法（试行）》，建立季报制度，督促相关单位和各街道（乡镇）加快推进社会服务管理创新工作，并汇总牵头单位工作进展情况和成型经验。

（张家榕）

【召开2010年度社会建设工作表彰会】 1月21日，房山区召开2010年度社会建设工作表彰会。市委社会工委委员赵小卫，区领导张祝华、李江、赵佳琛、刘欣国以及部分区委办局领导出席会议。会上，对涌现出的10个先进社区党组织，10个社会领域“五个

好”党组织，10个先进社区，10名十佳社区工作者，3支志愿服务队和2名志愿者代表进行了表彰，并为28个街道（乡镇）社工委书记颁发了“社会领域党建指导员”聘书。

（张家榕）

【召开社会领域信访维稳工作大会】 3月1日，房山区召开社会领域信访维稳工作大会。会议通报了2010年度国内外安全形势，并就房山区社会领域信访维稳工作作了全面部署，明确了工作目标和具体任务。区委常委、副区长李江出席会议并讲话。

（张家榕）

【召开社会服务管理创新试点工作会议】 3月2日，房山区召开社会服务管理创新试点工作会议。全区各乡镇（街道）党（工）委书记或副书记、部分社会建设领导小组成员单位主管领导50余人参加会议。会议印发了《房山区社会服务管理创新试点工作指导意见》。会上，东风街道、西潞街道、长阳镇和窦店镇四个试点街道（乡镇）就如何开展社会服务管理创新工作作了表态发言。

（张家榕）

【成立首个城管社区工作站】 3月3日，房山区首个城管社区工作站在琉璃河镇揭牌成立。制定了“城管进社区”工作实施方案，推行城管队员定期到社区挂牌现场办公，并负责所联系社区的日常巡查、投诉受理和环境维护秩序工作，建立了统一挂牌、统一设置诉求建议箱等“十个统一”工作制度，建立了社区、物业负责人等基础信息台账。

（张家榕）

【召开社区办公和服务用房建设重大项目协调会议】 3月15日，房山区召开社区办公和服务用房建设重大项目协调会议。会议听取了《社区办公和服务用房建设有关情况》《全区废弃锅炉房及社区其他闲置用地初步调查情况》的汇报，相关单位就社区用房建设需要协调的问题及废弃锅炉房使用方案进行了讨论。副区长吴会杰出席会议并讲话。

（张家榕）

【召开社会领域创先争优工作大会】 4月25日，房山区召开社会领域创先争优工作大会。区委常委、组织部部长孙强出席大会并讲话。会议印发了《关于在全区社会领域中开展纪念建党90周年活动的通知》和《房山区社会领域创先争优活动指导组工作报告》，部署了房山区社会领域开展创先争优活动的八项重点工作。西潞街道社会工委书记、泰华集团党委书记、羊耳峪里第一社区党总支书记分别作了典型发言，交流了开展创先争优活动的经验。

（张家榕）

【召开社区工作指导员试点工作推进会】 5月12日，房山区组织召开社区工作指导员试点工作推进会。区委老干部局、机关工委、燕山工委组织部、区民政局主要领导，部分街道（乡镇）社工委书记、社区党组织书记和退休及转任非领导职务的处级干部代表14人参加会议。会上，区委组织部汇报了关于选派社区指导员的意见和管理办法，听取了街道（乡镇）、社区、退休及转任非领导职务的处级干部代表对社区指导员试点工作的意见和建议。区委副书记张祝华出席会议并讲话。

（尹　畅）

【召开社区办公经费安排部署会】 5月19日，房山区召开社区办公经费安排部署会议。会议印发了《房山区社区办公经费及固定资产使用管理办法》，要求社区办公经费按照规范化标准进行重新核定，将每年社区办公经费总额的40%作为基本保障经费，用于日常开支，并预留60%作为以奖代补经费，依审计和日常考核结果进行奖励发放。

（张家榕）

【社会领域举办纪念中国共产党成立90周年党史知识竞赛活动】 6月8日，房山区社会领域举办纪念中国共产党成立90周年党史知识竞赛。来自社会领域的15支代表队、100余名青年党员和入党积极分子代表参加了活动。活动以"知党史、报党恩、跟党走"为主题，共评出一等奖1名，二等奖2名，三等奖3名。

（张家榕）

【举办社会领域纪念中国共产党成立90周年文艺汇演暨表彰颁奖仪式】 6月10日，房山区举办社会领域纪念中国共产党成立90周年文艺汇演暨表彰颁奖仪式。市委社会工委委员、市社会办副主任陈建领，区委常委、政法委书记刘欣国，区委常委、副区长李江，区委常委、宣传部长赵佳琛，区人大常委会副主任李福田，区人大常委会副主任刘顺林，区政协副主席李惠英出席活动，赵佳琛部长致开幕词。活动以"唱响红歌心向党"为主题，通过歌舞、舞蹈、配乐诗朗诵、经典红歌联唱、大合唱等形式，讴歌了中国共产党成立以来所取得的伟大成就。活动还对社会领域党建工作先进基层党组织、优秀社区党组织书记、优秀非公有制经济组织和新社会组织党组织书记、优秀党务工作者、优秀党员进行了表彰。

（张家榕）

【举行办公和服务用房达标社区办公设备发放仪式】 6月14日，房山区举行办公和服务用房达标社区办公设备发放仪式，共下发社区办公设备300余台。

（张家榕）

【举办第三期社会工作者培训班】 6月22—30日，房山区对2011年新招录的138名社会工作者进行了岗前培训。培训邀请北理工社会工作专业教授、市社工委领导为大家讲解社会工作相关专业知识；安排优秀社区主任、十佳社工与新社工进行交流。通过外出参观、才艺展示等活动，帮助新社工了解社区情况、展示社工风采，为今后工作打下了基础。

（彭　萌）

【印发《关于加强和创新社会管理全面推进社会建设的实施意见》】 7月18日，以区委办、区政府办名义印发了《关于加强和创新社会管理全面推进社会建设的实施意见》。《意见》重点从着力以社会服务创新促进社会管理、努力实现各类人群社会服务管理全覆盖、健全完善维护群众权益机制、大力加强公共安全服务管理、切实提高社区服务管理水平、不断创新各类社会组织和经济组织服务管理、积极创建社会文明环境、以社会领域党建工作引领社会服务管理创新等八个方面系统阐述了加强和创新社会管理、全面推进社会建设的主要任务。

（张家榕）

【召开社会建设大会】 7月19日，房山区社会建设大会在区会议中心召开。市委常委梁伟，市委副秘书长王翔，市委社会工委书记、市社会办主任宋贵伦，市委社会工委正局级委员赵小卫以及区四大部门领导，区直各部委办局，各人民团体，燕山工委、办事处有关负责同志，各街道（乡镇）社区和部分非公有制企业、社会组织、社工和志愿者代表等500余人参加大会。会议由区委副书记、区长祁红主持，区委副书记张祝华就《关于加强和创新社会管理全面推进社会建设的实施意见》进行了详细说明。区委常委、副区长李江代表区委宣读了选派社区工作指导员的决定，并向首批62名社区工作指导员颁发聘书。

（刘　佳）

【举办惠普与万科基金会捐赠电脑暨社区服务进霞云岭乡活动】 8月5日，房山区举办惠普与万科基金会捐赠电脑暨社区服务进霞云岭乡活动。活动仪式上，向霞云岭中心小学捐赠电脑50台。

（王鹏飞）

【社区残疾人协会正式揭牌成立】 8月9日，房山区社区残协揭牌仪式在西潞街道北潞园社区举行。全市首批24个社区残疾人协会就此成立，24名残疾人专（兼）职社区工作者正式上岗。

（彭　萌）

【召开凯利门商务楼宇党支部成立大会】 8月12日，凯利门商务楼宇党支部成立大会召开。区委副书记张祝华与区总工会主席李忠一同为北京凯利门商务楼宇党支部揭牌。张祝华希望北京凯利门商务楼宇党支部提高认识、统一思想，找准功能定位、理清工作思路，勇于探索创新，建立运行机制，在商务楼宇中开展“楼宇党建工程”；教育党员努力发挥先锋模范作用，激发党员自主服务企业、争当业务骨干的积极性；引领广大党员、带领广大群众取得丰硕成果，为建设和谐、绿色、文化凯利门，推动“三化两区”新房山建设作出新的更大的贡献。

（刘　佳）

【举办社工“建设家园，奉献快乐”演讲比赛】 9月15日，举办房山区社工“建设家园，奉献快乐”演讲比赛。来自全区的19名社区工作者进入决赛，共评选出一等奖1名，二等奖2名，三等奖3名。

（彭　萌）

【召开社会领域第一次党员代表大会】 9月20日，房山区社会领域第一次党员代表大会召开。区委社会工委书记王占勇出席并讲话，副书记张丽红主持会议。通过现场表决、公开投票，李金花、耿红梅两位同志当选为房山区社会领域出席区第七次党代会代表。

（邵子峰）

【开展社区规范化建设大检查活动】 10月11—18日，区委社会工委、区社会办社区规范化建设大检查工作组对全区社区规范化建设情况进行了检查。检查内容包括社区服务站建设、社区工作职能、社区运行机制等九个方面。最终检查共评出北关东路社区、文化路社区、永安西里社区、北潞园社区、西潞园社区、西路大街社区、碧桂园社区、金巢社区、星城街道第七社区、建材学校社区为“十佳”社区。

（张家榕）

【2011年区法院与区委社会工委社会实践“双基地建设”启动仪式举行】 11月10日，房山区举行2011年区法院与区委社会工委社会实践“双基地建设”启动仪式。仪式由区委社会工委副书记张丽红主持，区委政法委书记刘欣国出席仪式并讲话。

（王鹏飞）

【为全区各社区配备“小帮手”便携式缴费机】 11月22日，区委社会工委、区社会办为全区各社区配备“小帮手”便携式缴费机122台。

（马易君）

【举办新媒介技术与新时期基层社情民意专题培训班】 12月1日，区委社会工委、区社会办举办新媒介技术与新时期基层社情民意专题培训班，全区200多名社工参加培训。市委社会工委综合处处长王想平出席培训活动。

（彭　萌）

【完成2011年度社区工作者考核工作】 12月20—30日，区委社会工委、区社会办按照《房山区社区工作者考核办法（暂行）》对全区社工进行2011年度考核。考核等次为优秀的大学生社工共计73人，张天明、罗曼等10名大学生社工被评为“十佳社工”。

（彭　萌）

通州区

【概况】 2011年，通州区委社会工委、区社会办紧紧围绕现代化国际新城建设这一中心，全面加强和创新社会管理，在改善民生和构建社会建设“五大体系”方面取得一定成效。

（一）加强和创新社会管理又有新举措

为推进社区、“两新”组织社会管理和创新，召开全区社会领域贯彻落实“区加强和创新社会管理推进会”大会，印发了《关于进一步发挥“枢纽型”社会组织作用的指导意见》《关于印发通州区社区工作者管理考核办法（试行）的通知》《关于推进社会领域党建工作精细化管理的实施意见》《关于推进社区精细化管理加强社区建设的实施意见》。

（二）推动社区建设又有新进展

一是推进社区规范化建设，市、区财政投资4757.8万元，用于第二批规范化社区建设用房补贴和购买。二是在规范化社区开展“精品示范社区”创建活动，有20个社区获得精品示范社区荣誉称号。三是按照“六有一全”标准，打造具有通州特色“一刻钟社区服务圈”建设模式，有18个社区被评为“一刻钟社区服务圈”建设先进单位。四是打造“四型”楼门项目2903个（拓展型640个、更新型1833个、自建型290个、创新型140个），制作楼门文化展板和展品1.9万个，100个楼门被评为区级“五星”文化楼门。

（三）社会组织改革与发展又有新成绩

一是确定工商联等5家单位为第二批“枢纽型”社会组织，拨付支持资金16万元。二是完成454个社区社会组织备案工作，实现全区社区社会组织联合会全覆盖，拨付支持资金9万元。三是全区确定34家社会组织的40个服务项目，有15个项目获批，得到市支持资金105万元。

（四）社会工作队伍建设又有新变化

一是按照“一街一社工”标准，向4个街道购买专业社会工作岗位4个（为老服务岗2个、青少年服务岗1个、残疾人服务岗1个），拨付补贴经费12万元。二是举办全区处级领导社会建设专题班、社会工作者职业水平考试考前培训班、社区书记（主任）培训班、新选聘社区工作者岗前培训班。三是成立区社会工作者联合会，完成203名社区工作者选聘工作。四是举办“大学生社工服务社区论坛”和“大学生社工迎新春联欢会”。五是开展各项志愿活动。

（五）社会领域党的建设又有新突破

一是实现党组织在社区的全覆盖，完成第一批17家“五个好”非公有制企业党组织复检和第二批34家“五个好”非公有制企业党组织验收。二是在商务楼宇推行“五站合一”工作模式，开展“一刻钟社区服务圈”共建试点工作，按照“3+1”模式，部署了“枢纽型”社会组织党建工作。三是在社会领域党建工作中全面推进精细化管理，建立社会领域党建情况数据库。四是举办街道（乡镇）社会工作党委干部培训班、社会领域基层党支部书记培训示范班。五是建立街道（乡镇）社会工作党委信息报送和调研制度。六是召开社会领域创先争优座谈会，成立社会领域党课宣讲团，评选了一批社会领域先进党组织和优秀党员。

（赵英堂）

【召开大学生社工服务社区论坛】 1月12日，通州区召开大学生社工服务社区论坛。会上，5名大学生社工代表从“感悟社区、服务社区、建设社区”角度进行交流发言，评选出25名征文获奖者。市委社会工委、区委社会工委、区教委等有关部门领导出席论坛。

（赵英堂）

【评选区“五星文化”楼门及优秀楼门长】 1月25日，历时近一个月的通州区“五星文化”楼门及优秀楼门长评选工作顺利结束，区委社会工委、区社会办按照《通州区“五星”文化楼门考核评定办法（试行）》的要求，最终评选出100个“五星文化”楼门。同时，按照“热心公益、甘于奉献、乐于为民、引导群众、成效显著”的基本标准，评选出全区100个优秀楼门长。

（赵英堂）

【召开2011年社区建设工作部署会】 3月8日，区委社会工委、区社会办组织召开通州区2011年社区建设工作部署会。会议由区委社会工委书记、区社会办主任宁秋君主持，区委社会工委委员、区社会办副主任张长利对全年工作作出部署。各街道办事处、有关乡镇主管领导及责任科室负责人参加了会议。

（赵英堂）

【召开社会领域党建工作部署会】 3月16日，通州区召开社会领域党建工作部署会。会议对2011年社会领域党建工作作出部署，同时印发了《关于在全区非公有制企业中进一步扩大党的组织和工作覆盖面的实施方案》（通组字〔2011〕1号）。区委社会工委书记、区社会办主任宁秋君出席会议并讲话。

（赵英堂）

【召开政府购买社会组织公共服务项目启动大会】 3月21日，区委社会工委举办政府购买社会组织公共服务项目启动大会。区委社会工委书记、区社会办主任宁秋君出席会议并讲话。区委社会工委委员、区社会办副主任张长利主持大会。区民政局、人民团体、“枢纽型”社会组织、街道办事处、梨园镇、永顺镇和部分社会组织负责人共40余人参加了会议。

（赵英堂）

【召开成立通州区社会工作者联合会筹备会】 3月22日，召开成立通州区社会工作者联合会筹备会。会议通报了《关于筹备成立社会工作者联合会的方案》，部署了推荐社会工作者联合会理事、监事候选人工作。区委社会工委书记、区社会办主任宁秋君，区社会办副主任纪万成出席会议，各街道相关领导参加会议。

（赵英堂）

【召开商务楼宇推进会】 3月30日，通州区商务楼宇推进会召开。相关街道、乡镇社会工作党委书记交流学习、座谈讨论了《北京市商务楼宇工作站建设管理办法（试行）》（征求意见稿）。区委社会工委书记、区社会办主任宁秋君出席会议并讲话。

（赵英堂）

【举办街道、乡镇社会工作党委书记培训班】 4月11—17日，通州区举办街道、乡镇社会工作党委书记培训班。区委组织部副部长赵志刚出席开班仪式并作开班动员。区委社会工委委员、区委社会工委副主任纪万成主持开班仪式并做教学安排。区委社会工委书记、区社会办主任宁秋君为学员们作开班第一讲“社会服务管理创新”。市委社会工委委员、市社会建设办副主任陈建领在培训班上讲授了“北京市社会领域党建理论研究与实践”。

（赵英堂）

【召开“一刻钟社区服务圈”建设工作推进会】 5月12日，通州区委社会工委、区社会办组织召开“一刻钟社区服务圈”建设工作推进会。会议由区委社会工委书记、区社会办主任宁秋君主持。会议印发了《关于进一步推进“一刻钟社区服务圈”建设试点工作的指导意见》。各街道办事处、有关乡镇的主管领导、主管科室负责人、试点社区负责人共计50余人参加会议。

（赵英堂）

【召开区社会工作者联合会筹备暨成立大会】 5月25日，通州区召开社会工作者联合会筹备暨成立大会。区委社会工委书记、区社会办主任宁秋君，区委社会工委委员、区社会办副主任张长利，4 个街道办事处主管副主任、区民政局民管办主任林鹏和全区 67 名会员参加会议。会上审议通过了《通州区社会工作者联合会章程（草案）》和《通州区社会工作者联合会选举办法（草案）》，召开了北京市通州区社会工作者联合会第一届理事会、第一届监事会第一次会议，选举出社会工作者联合会会长、副会长、秘书长和监事长。

（赵英堂）

【召开区社会领域创先争优活动交流推进会】 5 月 26 日，通州区召开社会领域创先争优活动交流推进会。区委社会工委书记、区社会办主任宁秋君和区委组织部副部长赵志刚出席并讲话。区委社会工委委员、区社会办副主任纪万成对下一步社会领域党建重点工作进行了部署。

（赵英堂）

【批准认定 5 家单位为第二批“枢纽型”社会组织】 6 月 9 日，区社会建设工作领导小组审批通过了《关于认定第二批区级“枢纽型”社会组织的通知》，批准认定通州区工商业联合会、通州区红十字会、通州区农民专业合作社联合会、通州区体育总会、通州区水利学会 5 家单位为第二批“枢纽型”社会组织。

（赵英堂）

【举办社区书记、主任培训班】 6 月 13—17 日，区委社会工委、区社会办举办通州区 2011 年社区书记、主任培训班。来自 4 个街道、5 个有关乡镇的 102 名社区书记、主任参加培训。

（赵英堂）

【召开第三批规范化社区建设推进会】 6 月 30 日，区委社会工委召开第三批规范化社区建设推进会。会议印发了《关于 2011 年进一步推进社区规范化建设工作的实施意见》，并对第三批规范化社区建设工作进行了重要部署。北苑、中仓、新华、玉桥街道和永顺、马驹桥镇主管领导、相关科室负责人以及第三批规范化建设社区负责人共计 40 余人参加了会议。

（赵英堂）

【召开第二批“枢纽型”社会组织成立大会】 8 月 4 日，通州区第二批“枢纽型”社会组织成立大会召开。会议印发了《通州区社会建设工作领导小组关于认定第二批区级“枢纽型”社会组织的通知》。副区长肖志刚出席会议并讲话，区委社会工委、区民政局以及相关行政主管单位和社会组织负责人参加会议。

（赵英堂）

【举办新选聘社区工作者岗前培训班】 10 月 17—21 日，区委社会工委在区成教中心举办通州区 2011 年新选聘社区工作者岗前培训班。副区长肖志刚、区民政局副局长陈晓丽、区委社会工委副书记曾祥正、区成教中心副主任李保国参加开班典礼。

（赵英堂）

【举办基层党支部书记培训示范班】 10 月 19—21 日，区委社会工委举办通州区基层党支部书记培训示范班。62 名“两新”组织党组织负责人及街道、乡镇社会工作党委专职工作者参加培训。

（赵英堂）

【举办社会建设与管理专题培训班】 11 月 7—11 日，区委社会工委在区委党校举办通州区社会建设与管理专题培训班。来自各街道、乡镇、区社会建设工作领导小组成员单位的 50 名处级干部参加培训。区委常委、组织部部长郭旭升，区委党校党委书记、常务副校长王青春，区委社会工委副书记曾祥正，区委党校副校长李智敏出席开班仪式。

（赵英堂）

【部分社区分获荣誉称号】 11月27日，玉桥街道玉桥南里南社区荣获第五届北京市“魅力社区”荣誉称号，中仓街道运河园社区、四员厅社区、西营社区、梨园镇格瑞雅居社区荣获“魅力社区风采奖”。

（赵英堂）

【召开街道、乡镇社会工作党委书记座谈会】 12月28日，通州区召开街道、乡镇社会工作党委书记座谈会。区委社会工委书记、区社会办主任宁秋君主持会议并提出工作要求。区委社会工委副书记曾祥正对2011年社会领域党建工作进行总结并提出2012年工作思路。

（赵英堂）

【组织召开区2012年社区建设工作座谈会】 12月29日，区委社会工委组织召开通州区2012年社区建设工作座谈会。座谈会由区委社会工委书记、区社会办主任宁秋君主持，区委社会工委副书记曾祥正，区委社会工委委员、区社会办副主任张长利，各街道主管主任，有关乡镇主管领导参加了会议。

（赵英堂）

顺义区

【概况】 2011年是中国共产党成立90周年、“十二五”建设开局之年，更是社会建设深化之年。在顺义区委、区政府领导下，顺义全区上下认真贯彻落实党中央、市委市政府部署，深入贯彻落实科学发展观，以城市化和城市现代化为引领，以实现人的全面发展、构建和谐社会为目标，以社会服务管理创新综合试点区为契机，以发展“见物见人”为取向，以创造良好的发展环境、政务环境、社会环境为核心，以构建“五大”秩序、创建“六无”区为抓手，通过思路创新、机制创新、方式方法创新，完善机制，健全平台，信息共享，部门联动，把社会建设摆在更加突出的位置，不断加大工作力度，不断取得新成效，主要表现在以下五个方面。

（一）公共服务体系不断完善

科教文卫体等各项事业不断发展，水电气热路等市政基础设施更加完善。全面启动充分就业区创建工作，城乡劳动力二、三产业就业率达到93%，城镇登记失业率控制在1.5%以内。社会保障和社会救助体系日趋完善，城乡低保、大病救助、教育救助、社会救灾等标准逐年提高，新农合参合率达到99.8%，居民基础性养老金由每月280元提高到340元，福利养老金从200元提高到260元，累计投入城乡低保救助金1.1亿元，4.33万人次从中受益。累计开复工回迁安置房和保障性住房总建筑面积728万平方米62563套，竣工回迁安置房总建筑面积300万平方米2.3万套，竣工保障性住房总建筑面积18万平方米2292套。新建中小学和幼儿园10所，扩建15所，成功创建全国教育综合改革实验区和全国社区教育示范区，32所学校校舍安全改造顺利完成，“三名”教育工程深入实施。加快构建区、镇（街）、村（社区）三级医疗服务网络，建成社区卫生服务中心25个，社区卫生服务站212个，并实现参保人员100%持卡就医。基本实现了“劳有多得、病有良医、老有颐养、困有所助、住有宜居、学有优教”的目标。

（二）社会管理精细化初步实现

切实加强流动人口服务管理，坚持“以产引人、以业控人、以房管人”工作理念，人口调控经验成为全市典范。全面推行信访代理制，实行区、镇街（委办局）和村（社区）三级代理制度，最大限度将矛盾吸附在基层。实施重大决策信访风险评估机制，明确规定经信访评估有问题的决策和项目坚决不予实施，实行三年多来共否决了13项较大规模的工程，从源头上防止了信访问题的发生。深入推进安全生产分类分级管理和自查自报工作，安全隐患排查治理体系在全国推广，成为全国安全生产标准化建设示范试点地区。建立健全源头治理长效机制，深入开展打非专项行动，全年拆除违法建设803宗51.8万平方米、取缔无证无照经营1067户，违法建设、非法生产经营行为得到有效遏制。土地管理更加严格规范，集约节约利用水平不断提高。公共安全、食品安全、药品安全、公共卫生安全监管体系不断完善，信访排查调处和社会治安综合治理切实加强，获得“全国信访系统先进集体”“全国法制宣传教育先进区”“全国平安建设先进区”等荣誉称号。北小营镇“1+1+15”管理模式、牛栏山镇社区管理“七模式”、胜利街道“三分五定”网格化管理模式、空港街道物业联合监管考核及“网上居委会”模式等起到引领示范作用。

（三）社区规范化建设得到加强

圆满完成首批13个社区用房规范化建设，有序推进第二批55个社区用房规范化建设项目。积极推进“一刻钟社区服务圈”创建工作，对照60项基本服务本着“缺什么补什么”原则，将目前社区居民需要，但尚未开展或仍需完善的服务项目进行补充，年底前建立40个“一刻钟社区服务圈”示范点。社区“共驻共建”活动深入开展，201家驻区单位与74个社区“党建工作联抓、社区五化联创、文体活动联搞、社区治安联防、社会服务联动、思想工作联做”，支持款物折合价值338万元，形成社区建设合力。加快社区工作者职业化、专业化进程，全区累计考取社会工作师职业资格158人、占18%，拥有大学专科以上学历736人、占84%。社区工作者全部纳入编制化管理，2011年度再次提高全区社区工作者待遇6400元，实现社区工作者待遇与本区事业单位工作人员待遇同步增长。成立“绿港社工事务所”，购买社工岗位9个，为街道社区提供残疾人康复、青少年夏令营等社工服务，并结合社区热点、难点问题开展调研，形成了2篇调研及11个心理咨询服务典型案例。

（四）社会组织活力不断激发

目前，全区共有社会组织798家，其中，在民政局注册登记的社会组织235家，社区社会组织563家。顺义区在积极支持和鼓励社会组织发展的同时，重点加强对“枢纽型”社会组织的监督和管理，发挥其推动经济社会发展的作用。在2010年4月认定的第一批9家“枢纽型”社会组织基础上，2011年上半年又认定6家单位为第二批“枢纽型”社会组织，15家“枢纽型”社会组织联系管理社会组织206家，占全区社会组织总数的近90%。制定出台了《顺义区关于加强社会组织管理实施意见》，对社会组织的体制建设、培育发展、服务管理、监督机制等方面提出了具体要求，并配套了社会组织培育发展专项资金，对重点发展领域社会组织进行扶持。在对社区社会组织分类摸底调查的基础上，通过加强规范引导、设立扶持资金、实施项目运作、培训团队骨干，有效促进了社区社会组织的发展，积极发挥了它们在整合社区资源，维护社区稳定，活跃社区文化，推进社区和谐中的作用。

（五）社会领域党建覆盖面不断扩大

在2010年6个街道成立社会工作党委的基础上，2011年在19个镇成立了社会工作党委，至此顺义区实现了社会工作党委的全覆盖，有力推进了社会领域党建工作。在规模以上非公有制企业单独建立党组织133个，联合建立党组织69个，覆盖规模以上非公有制企业400家，覆盖率达100%；新社会组织单独建立党组织14个，联合建立党组织1个，覆盖社会组织97个，覆盖面达91.5%；在具备条件的商务楼宇联合建立党组织8个，覆盖面达100%，实现商务楼宇“五站合一”全覆盖。制定了《关于深入开展创先争优活动的工作方案》，对“领航工程”“聚力工程”“先锋工程”明确了具体目标和工作内容，加强了对活动开展情况的督察，并以“创先争优”活动简报的形式对活动开展情况进行宣传。进一步组织举办了形式多样的教育活动，推动了各单位党建工作与业务工作的统筹开展，增强了党建工作的实效。社会领域形成了一批“五个好”党组织。

（尹相南）

【召开商务楼宇工作经验交流会】　1月6日，顺义区委社会工委召开商务楼宇党建工作经验交流会。区委社会工委副书记申志红主持会议。区内8家商务楼宇党组织负责人参加会议并围绕2011年工作重点交流座谈。

（尹相南）

【召开街道办事处年度工作会】　1月19日，顺义区委社会工委组织召开街道办事处年度工作总结会。区委常委、组织部部长雷显武，副区长车克欣出席会议。会议听取各街道年度工作汇报，雷显武提出工作要求。

（尹相南）

【社会组织服务管理中心成立】　1月20日，顺义区社会组织服务管理中心获准成立。该中心为正科级全额拨款事业单位，核定编制4人，主要职责是：协助做好社会组织培育发展；负责社会组织的信息发布、政策咨询、培训交流、典型推广等事务性和服务性工作；参与开展社会组织的考核评价。

（尹相南）

【海淀区社会办领导到顺义调研老旧小区建设情况】　2月14日，海淀区社会办主任陈刚一行到顺义区调研老旧社区公共服务设施管护情况，听取了关于老旧社区公共服务设施管护的情况介绍，就如何建立老旧社区公共服务设施长效管护机制、推行老旧社区物业管理市场化运作等问题交流座谈，并实地察看了幸福东社区车棚、道路、安全门等公共服务设施改造情况。

（王　伟）

【19个镇成立社会工作党委】　2月22日，顺义区召开了社会工作党委成立大会暨“两新”组织党建工作推进大会，为19个镇社会工作党委举行了揭牌仪式。北小营镇、石园街道社会工作党委及金九鼎公司、京顺医院、鸿远大厦等“两新”组织党组织在会上作典型发言。区委常委、组织部部长雷显武出席会议并作重要讲话，对街（镇）社会工作党委工作提出了具体要求。此前，顺义区6个街道已全部成立社会工作党委。

（朱广娜）

【首家别墅区社区居委会成立】　3月2日，首家综合性的别墅区社区居委会——富力湾别墅区综合居委会成立，负责管辖辖区内富力湾、龙苑、金宝花园等8个高档别墅区。

（王　伟）

【部署政府购买社会组织服务工作】　3月18日，区社会办组织召开2011年度政府购买社会组织服务项目征集工作会议。会议部署了顺义区2011年度政府购买社会组织服务项目征集工作，详细介绍了项目申报的具体要求。

（李恩雄）

【组织街道（镇）干部到西城区参观考察】　3月29日，副区长车克欣带队，区社会办、民政局、6个街道及社会服务管理创新试点镇等相关人员16人赴西城区参观考察。考察组实地参观了西城区牛街街道办事处、广外街道社区服务中心、牛街街道民族特色一条街和养老院建设，观看了广内街道虚拟养老系统演示。

（王　伟）

【组织街道（镇）干部到东城区参观考察】　由副区长车克欣同志带队，区社会办、民政局、6个街道及社会服务管理创新试点镇等主管领导14人，赴东城区东直门街道参观考察社会服务管理创新工作。考察组听取了东直门街道关于社会服务管理创新工作的基本情况、主要特点、初步成效等方面的情况介绍，观看了街道社会服务管理综合指挥分中心运行情况，并就如何开展社会管理、社会服务、社会治理等问题进行了座谈交流。东城区副区长宋甘澍，社会办、民政局及街道相关人员陪同调研。

（王　伟）

【市构建网格化社会服务管理体系调研组到顺义区调研】 4月8日，北京市构建网格化社会服务管理体系调研组到顺义区调研。调研组听取了顺义区委常委、组织部部长雷显武的专题汇报，实地考察了顺义区市政管委地下管线综合管理信息系统、北小营镇北小营村村庄网格化管理和胜利街道怡馨家园第二社区社会服务管理情况。顺义区委书记张延昆，区委常委、组织部部长雷显武，区政府副区长车克欣，副区长赵贵恒陪同调研。

（尹相南）

【召开城乡一体化建设专家研讨会】 4月11日，顺义区召开城乡一体化建设专家研讨会。北京大学社会学教授及区社工委领导参加会议。会上，绿港社工事务所就城乡一体化建设调研工作进行了汇报，大家对调研过程中可能产生的问题进行了广泛的讨论，北京大学社会学教授根据调研情况进行了专业指导。

（李恩雄）

【西城区领导赴顺义区调研社会服务管理创新工作】 4月21日，西城区社会服务管理创新工作考察团到顺义区学习交流。考察团观看了《顺义区社会服务管理创新阶段工作》宣传片，听取了顺义区社会服务管理创新及人口管理工作介绍，实地考察了石园街道石园北三社区服务设施建设和综合服务大厅运行情况。区委常委、组织部部长雷显武陪同调研。

（尹相南）

【举办2011年社区工作者岗位培训班】 5月17—20日，顺义区以全国社会工作职业水平考试为契机，聘请国家民政部从事多年社会工作教研的专家教授，对全区报考助理社会工作师的318名社区工作者进行为期4天的培训。培训内容包括社会工作理论、社区工作内容、社区工作方法、不同群体的社会工作等。通过培训，全区社区工作者的专业化、职业化水平进一步提高，2011年国家社会工作职业水平考试通过率位居全市第二。

（王　伟）

【认定第二批"枢纽型"社会组织】 5月30日，顺义区第21次区委常委（扩大）会议通过决议，认定区总工会、区妇联、区工商联、区残联、区律师协会、区道路运输协会6家单位为第二批"枢纽型"社会组织。至此，顺义区共有15家"枢纽型"社会组织，联系管理社会组织达206家。

（李恩雄）

【组织社会服务管理创新成员单位到黑龙江省参观学习】 6月19日，由顺义区委社会工委书记、顺义区社会办主任巩维国带队，组织区政法委、区市政市容委及相关街道、镇主管领导，赴黑龙江省哈尔滨市道里区抚顺街道抚顺社区考察学习。考察团实地参观了抚顺社区办公和居民活动用房建设情况，并就社区硬件设施建设、社区党建、社区社会组织作用发挥、社区共驻共建等方面的做法进行探讨交流。

（王　伟）

【区社区共驻共建工作全面启动】 6月14日，顺义区召开全区社区共驻共建工作会议。会议下发了《顺义区关于推进社区共驻共建工作的意见》（京顺发〔2011〕16号），明确了社区共建的形式、内容和要求，全面启动社区共驻共建工作。截至2011年年末，全区74个社区与201家共建单位确定了共建关系。

（王　伟）

【召开全区"枢纽型"社会组织工作座谈会】 6月14日，顺义区召开全区"枢纽型"社会组织工作座谈会。区委常委、组织部部长雷显武出席会议并讲话，副区长车克欣主持会议。区社会办主任巩维国宣读了《顺义区认定第二批“枢纽型”社会组织的通知》。会上，区文联、区体育总会代表第一批“枢纽型”社会组织介绍了认定以来工作的开展情况；区妇联、区道路运输协会代表第二批“枢纽型”社会组织做了表态性发言。

（李恩雄）

【举办社会服务管理创新公共服务类汇报会】 6月21日，顺义区社会服务管理创新工作公共服务类汇报会举行。副区长车克欣出席会议并听取了区体育局、卫生局、环保局、住建委等13家单位关于推进社会服务管理创新工作开展情况的汇报。

（尹相南）

【“枢纽型”社会组织开展庆祝建党90周年活动】 6月27日，顺义区“枢纽型”社会组织积极开展庆祝建党90周年活动。顺义区妇联组织基层妇联主席、妇代会主任及巾帼文明岗负责人代表60余人，在焦庄户地道遗址纪念馆“重走红色路线，重温入党誓言”，庆祝建党90周年。顺义区体育总会组织主管的19家体育类社会组织，利用会议、群众性体育比赛、庆祝建党90周年慰问演出等方式，加强爱党教育，开展党员服务，提高党组织的向心力和凝聚力。顺义区文联带动全区28个文学艺术类社会组织举办歌舞比赛、摄影比赛、曲艺比赛等丰富多彩、形式多样的庆祝建党90周年群众文化活动，深入宣传党的路线、方针、政策，生动展示全区建设辉煌成就，推动富裕文明和谐顺义建设。

（李恩雄）

【召开政府购买“一街一社工”工作会】 7月20日，顺义区召开政府购买“一街一社工”工作会。区社会办相关领导、6个街道办事处负责人及绿港社工事务所人员参加了会议。会上对购买“一街一社工”工作进行部署，社工事务所的督导讲师介绍了专业社工职能、职责及工作方式等情况，并进行了“三方协议”签字仪式。最后，社工事务所干事介绍了派驻社工及其工作的具体情况。

（李恩雄）

【举办社会领域“知党爱党跟党走”演讲比赛】 6—7月，顺义区举办社会领域“知党爱党跟党走”纪念建党90周年演讲比赛。来自全区各镇、街道300名选手参赛。通过初赛、复赛和决赛，最终有10名选手分获一、二、三等奖。

（朱广娜）

【召开部分居委会干部座谈会】 8月3日，副区长车克欣主持召开部分居委会干部座谈会。区社会办、民政局主管领导及裕龙五、胜利社区等居委会主任参加座谈。会议围绕居委会工作职能、在工作开展过程中遇到的问题及困难、加强居委会建设的工作思路等重点问题进行座谈和交流。车克欣强调，居委会干部要围绕理顺职责、创新方法、加强沟通，不断提高社区工作和为民服务能力，为构建和谐顺义奠定坚实基础。

（王　伟）

【区第二批社区用房项目获得市发改委立项批复】 8月29日，北京市发展改革委对全区第二批社区用房规范化建设项目进行了批复。按照批复，55个社区办公和服务用房项目全部采用购买的方式完成。项目总建筑面积23600.9平方米，总投资3.42亿元，安排市政府固定资产投资8609万元，其余资金2.56亿元将由区财政自筹解决。先期拨付市级50%的启动资金，剩余资金将在项目验收时一次拨付。

（王　伟）

【举办社会组织负责人建设专题培训班】 9月27—29日，顺义区举办社会组织负责人建设专题培训班，对全区15家“枢纽型”社会组织负责人、130余家社会组织负责人进行了培训。培训内容主要涉及政策解读、顺义区“十二五”规划纲要、社会组织专业知识等，并进行了培训交流。

（李恩雄）

【组织社会领域基层党组织负责人培训班】 10月11—14日，顺义区举办社会领域基层党组织负责人专题培训班，对全区81个社区党支部书记、130多名“两新”组织党组织负责人进行集中培训。培训内容涉及胡锦涛“七一”重要讲话解析、中共中央国务院关于加强和创新社会管理的意见解析、基层党组织社会服务管理的职责与任务、中国共产党党章与党务知识等方面。

（朱广娜）

【区第二批社区用房规范化建设启动大会召开】 11月4日，顺义区召开第二批社区用房规范化建设启动大会。会上全面总结了全区第一批13个社区用房规范化建设工作，部署了第二批55个社区用房规范化试点项目建设相关工作。区委常委、副区长于庆丰出席会议并讲话。区发改委、区社会办等职能部门及街道（镇）、社区等140余人参加会议。

（王　伟）

【召开购买“枢纽型”社会组织管理服务工作部署会议】 12月27日，顺义区召开购买“枢纽型”社会组织管理服务工作部署会议。区委常委、副区长于庆丰主持会议。会上，区委社会工委书记、区社会办主任巩维国部署了政府购买“枢纽型”社会组织管理服务相关工作。区委常委、组织部部长车克欣同志就如何做好下一步工作提出要求。

（李恩雄）

【社区公益金专项补助资金和社区办公经费标准提高】 社区公益金从10万元提高到15万元，2000户以上的社区在15万元的基础上，每增加1户增加40元；社区办公经费标准每户由20元提高到50元。社区公益事业专项补助资金主要用于开展社区困难群体帮扶、助老、助托、助残等居民急需的服务项目，社区办公经费主要用于社区会议费、办公用品购置费、学习培训费、水电气暖费、电话费、报刊订阅费。

（王　伟）

【社区工作者加值班费和过节补助标准得到提高】 从2011年1月1日起，由财政投入478.72万元，全面提高了879名社区工作者的加值班费和过节补助。其中每个节日由600元提高至1000元；加值班费由每季度600元提高至1800元。至此，顺义区社区工作者年均收入达到38600元。

（王　伟）

【石园街道五里仓二社区荣获北京市第五届“魅力社区”奖项】 在北京市委社会工委和北京市城市服务管理广播电台联合举办的北京市第五届“魅力社区”评选活动中，顺义区石园街道五里仓二社区荣获“魅力社区”奖项，获得2万元的资金奖励。本届“魅力社区”评选活动评审标准为“大事小事有人管、日常生活很方便、社区安全有保障、应急处理很及时”等10条标准，采取社区微博展示风采，专家、百姓、媒体共同评审的方式进行，最终评选出“魅力社区”奖项10个、“魅力十条”单项奖10个。

（王　伟）

【2011年社区规范化建设和“一刻钟社区服务圈”建设年终检查】 11月30日—12月2日对各街道社区规范化和“一刻钟社区服务圈”建设情况进行年终检查。检查包括实地察看、听取汇报、资料查验等环节。通过检查，进一步督促各街道、社区加强社区建设的针对性和实效性。

（王　伟）

【加强基层党建考评体系建设】 研究制定《顺义区街道（镇）社会工作党委工作考核办法》，加强对全区各街道、镇社会工作党委的指导、考核和监督，促进基层党建工作的制度化和规范化。以促进全区社会建设为出发点，将党建工作的考核办法纳入到全区社会服务管理创新考核办法之中，以此来推动党建考核工作。

（朱广娜）

【深入开展创先争优活动】 制定《关于在社会领域深入开展创先争优活动的工作方案》，明确“领航工程”“聚力工程”“先锋工程”的具体目标和工作内容。加强对活动开展情况的督查，并以活动简报的形式对活动开展情况进行宣传。择优推荐3个先进党组织、3名优秀党务工作者、3名优秀党员参加全市“四个90”评选表彰活动。

（朱广娜）

昌平区

【概况】 2011年，在区委、区政府的正确领导和市委社会工委、市社会办的精心指导下，区委社会工委、区社会办以科学发展观为指导，以深入开展创先争优活动为契机，全面贯彻落实《中共北京市昌平区委关于加强和创新社会管理全面推进社会建设的实施意见》等文件和昌平区第四次党代会精神，按照“以人为本，关注民生，构建和谐，服务社会”的宗旨，扎实有效地推进全区社会建设工作，取得了一定成效。

（一）开展纪念活动，实施“三个工程”，扎实推进社会领域创先争优活动

1. 以迎接建党90周年为契机，在社会领域广泛开展宣传纪念活动。七一前夕，举行了昌平区社会领域庆祝建党90周年大会，表彰了一批先进党组织、优秀党务工作者、优秀共产党员和支持党建工作的非公有制企业家。根据区委组织部的要求，拍摄制作了党员电教片《军都山下党旗红——昌平区社会领域党建工作巡礼》。在全区社区、非公有制经济组织和新社会组织党组织中，开展了“党在我心中”百姓宣讲活动。组织全区社会领域党员参观了北京市和昌平区纪念中国共产党成立90周年展览。按照区委的部署，组织召开了中共北京市昌平区委社会工委代表大会，顺利选举产生了出席中国共产党北京市昌平区第四次代表大会的代表。

2. 以“领航工程”“聚力工程”“先锋工程”三个工程为载体，深入开展社会领域创先争优活动。下发了《中共北京市昌平区委社会工作委员会关于开展领导干部“领航工程”、基层党组织“聚力工程”和共产党员“先锋工程”的实施意见》，以推进“三个工程”为载体，进一步深入开展创先争优活动。按照区委创先争优活动领导小组的要求，结合昌平区非公有制经济组织的实际，组织全区非公有制企业中的3773名党员开展了以“岗位奉献当标兵，支部创新促发展”为主题的创先争优活动，充分发挥党组织和广大党员的战斗堡垒作用和先锋模范作用，为推动非公有制经济组织科学发展提供了强大动力和保证。召开了昌平区社会领域创先争优活动交流推进会，对前一阶段的社会领域创先争优活动进行了总结，并就下一步的工作重点作了部署，确保了创先争优活动扎实有序开展。

（二）推进机制建设，健全管理体系，着力构建社会领域党建工作新格局

1. 建立健全社会领域党建工作运行机制。按照《中共北京市昌平区委关于在各镇（街道）组建社会工作党委的实施意见》（京昌发〔2010〕14号）的要求，推进社会工作党委建设。在城北、城南、回龙观等6个镇（街道）开展社会工作党委试点工作的基础上，总结成功经验，完善运行机制，初步构建了以社会工作党委为核心、社区党组织为基础、驻区单位党组织和社区党员共同参与的区域化党建工作格局。同时，与各镇（街道）、科技园区、教委、司法局等有关单位建立了信息沟通机制和联席会议制度，健全了社会领域“大党建”工作机制。各镇（街道）建立了社区党建例会制度，形成了社区党组织和驻区单位党组织思想共育、活动共

办、资源共用、成果共享的区域化党建新机制。

2. 加强社会领域党建工作规范化建设。协调科技园区工委、回龙观镇党委，在全区8个商务楼宇全部建立了“五站合一”工作站（党建工作站、团建工作站、工会工作站、妇联工作站、社会工作站），实现了商务楼宇党的组织和党的工作全覆盖。积极推进社区党建“三有一化”工作，为社区党组织配备电脑、打印机等办公设备113套。在商务楼宇工作站中实现了“三有三统一”，即有办公场所、有办公设备、有工作人员，统一站牌标识、统一工作制度、统一工作流程，促进了为楼宇内企业和员工服务的标准化、优质化。在区民政局和区人力社保局的大力支持下，为17个镇（街道）和8个商务楼宇各配备了一名专职党务工作者，举办了“昌平区社会领域党建工作者培训班”，加强了社会领域党建工作者队伍建设。

（三）加大指导力度，强化统筹协调，全面推进社区规范化建设工作

1. 深入开展社区规范化建设工作。在2009年和2010年完成93个社区规范化建设试点任务的基础上，确定2011年完成剩余84个社区的规范化建设任务。成立了昌平区社区规范化建设工作领导小组，领导小组办公室设在区社会办，负责社区规范化建设工作的统筹协调。拟定了《关于全面推进社区规范化建设工作的实施意见》《关于落实〈北京市社区基本公共服务指导目录（试行）〉的实施方案》及《关于推进“一刻钟社区服务圈”建设工作方案》。指导各镇（街道）制定了工作落实方案，年底已对今年确定的84个社区的规范化建设工作进行检查和考核。

2. 扎实推进“一刻钟社区服务圈”试点。选取城北街道宁馨苑社区等10个社区推进“一刻钟社区服务圈”试点建设。试点社区在充分调研的基础上，按照“缺什么、补什么”的原则，加大力度整合社区资源，不断完善“一刻钟社区服务圈”功能，对社区居民亟须解决的问题，如增设菜市场、老年人餐桌、银行网点等进行了协调解决，满足了社区居民的多样化、多层次需求，给居民生活带来了舒适和便利。

3. 加大力度解决社区办公和服务用房。区社会办多次召开各镇（街道）及相关部门的协调会，沟通解决办公用房资金拨付等问题。经过多方努力，社区办公和服务用房达标工作取得新进展，第二批社区办公服务用房工作现已完成10个项目的合同签订工作，并已下拨80%的区级配套资金。下一步，我们还将加大协调和推进力度，确保社区办公和服务用房达标工作顺利完成。

（四）强化基础工作，拓展服务水平，加快推动社会服务管理工作

1. 加强社区工作者队伍建设。协助区民政局、区人力社保局完成了2011届150名社区工作者的选聘工作，进一步壮大了社区工作者队伍，全区大学生社区工作者已达385人。组织社区工作者参加了社会体育指导员等培训，举办了2011年社区工作者脱产学习班，推选10名优秀社区工作者到北京农学院进行为期一学期的培训，大大提高了社区工作者的综合素质。

2. 加大对社区工作者的管理。会同区人力社保局完成了2010年录用的全部大学生社区工作者（共125名）的档案审核和存档工作。落实了2010届大学生社区工作者非北京生源应届毕业生的进京审批和落户手续。完成了全区1599名社区工作者2011年工资预算核发工作。

3. 积极开展专业社工服务。昌平温心社工师事务所开展的“乐在学中——在校中学生减压系列活动”和“情系夕阳红——居家老人社区支持服务”两个政府购买公共服务项目，获得了服务对象的一致好评。根据《昌平区购买专业社会工作岗位项目实施方案》的工作要求，昌平温心社工师事务所专业社工深入城南街道砂石厂社区等四个试点社区，开展专业社工服务15次，受益居民达600余人，社区居民对社工师事务所提供的

专业服务给予了普遍认可。

4. 继续推进政府购买社会组织服务项目工作。对2010年获得市社会建设专项资金购买公共服务的8个项目进行了检查评估，8家社会组织充分发挥自身优势，圆满完成了项目预期目标。2011年，共向北京市社会建设工作领导小组办公室提交了由28家社会组织申报的35个服务项目，涉及志愿服务、养老助残、劳动就业等多个民生领域，经审核，共批复10个服务项目，83万元项目资金。

（五）拓宽信息渠道，加大宣传力度，全力构建社会建设领域信息化工作新格局

1. 建立信息平台，加大宣传力度，昌平社会建设网正式开通。

2011年3月30日，昌平社会建设网正式开通，网站成为展现全区“以人为本、关注民生、构建和谐、服务社会”成果的重要窗口。截至12月31日，昌平社会建设网访问量共计102332人，月均访问量11370人次，文章总浏览量197334次，网站成为宣传全区社会建设工作的重要平台和有效途径，提高了社会建设工作的认知度和影响力。

2. 完善信息报送体系，拓宽信息获取渠道，社会领域信息化工作有序开展。下发了《关于建立信息直报点的通知》和《关于加强社会建设信息报送及考核工作规则（试行）的通知》，在社区（村）、“两新”组织、商务楼宇中建立了62个信息直报点，并建立和规范了镇（街道）、直属党组织、信息直报点以及大学生社区工作者组成的信息工作者队伍。通过构建区、镇（街道）、社区三级联动的信息报送体系，拓宽了信息获取渠道，为进一步开展社会领域信息化工作奠定了坚实的基础。

（六）加强政策研究，探索机制创新，全力服务社会建设和社会管理工作

为深入贯彻落实市委十届九次全会精神，全面推进昌平区的社会建设和管理工作，区委社会工委会同区委研究室等部门经过大量的调查、分析和研究，以区委名义制定了《中共北京市昌平区委关于加强和创新社会管理全面推进社会建设的实施意见》及《昌平区加强和创新社会管理全面推进社会建设折子工程》，并在区委三届十三次全会上专门作为一个重要议题进行了部署。《实施意见》从十个方面部署了昌平区当前和今后一个时期加强和创新社会管理、全面推进社会建设的重点工作任务。《折子工程》对《实施意见》中所提任务进行了具体细化，每项折子工程均明确了牵头区级领导、主责单位、协办单位和完成时限，确保《实施意见》能够得到全面落实。《实施意见》及《折子工程》是加强和创新社会管理、全面提升昌平区社会建设水平的重要文件，明确了全区社会建设和管理工作的主要目标和重点任务，形成了全区社会建设和管理的新的体系框架，为开创全区社会建设新局面指明了前进方向。

一年来，在工作开展过程中，我们深深感受到社会建设是一个复杂的系统工程，需要全区各个部门和广大市民的广泛参与和支持。面对广大人民群众不断增长的对社会管理和公共服务的新期待和新要求，社会建设在创新体制机制上还需下更大的功夫，实现更大的突破。为此，我们要继续开拓进取，求实创新，不断加强全区社会建设，努力为建设“京北创新中心，国际科教新城”的目标贡献出一份力量。

（高　奇）

【召开社区规范化建设工作总结会】 1月14日，区委社会工委、区社会办召开昌平区2010年度社区规范化建设工作总结会。会议总结了2009年、2010年社区规范化建设工作的总体情况，听取了11个镇（街道）关于昌平区社区规范化建设工作的具体建议和意见，表彰了2009年、2010年社区规范化建设工作达标社区，并为每个社区配发一台电脑和一台打印机，作为社区服务站专用设备。

（高　奇）

【召开社会领域党建工作总结会】 1月19日，区委社会工委召开昌平区2010年度社会

领域党建工作总结会。会议总结了2010年社会领域党建工作的经验和成效，研讨了2011年社会领域党建工作的思路。各镇（街道）党（工）委副书记、组织委员和教育工委、科技园区工委、司法局党委等有关单位领导及党建工作联络员参加会议。

（高　奇）

【召开政府购买社会组织服务项目申报工作部署会】　3月21日，昌平区召开2011年政府购买社会组织服务项目申报工作部署会。昌平区各镇政府、街道办事处主管领导，各“枢纽型”社会组织负责人及有关单位领导参加会议。

（高　奇）

【举办“党在我心中”百姓宣讲比赛】　3月25日，区委社会工委举办“党在我心中”百姓宣讲比赛。9名选手向社会领域党员职工讲述了社区、非公有制企业党员的感人故事。比赛共设一、二、三等奖若干名。区委宣传部、区委社会工委领导到场观摩并讲话。

（高　奇）

【昌平社会建设网开通】　3月30日，区委社会工委、区社会办举行昌平社会建设网开通仪式。市委社会工委委员、市社会办副主任王丽竹，昌平区副区长金晖出席开通仪式并讲话。区委社会工委书记、区社会办主任黄先锋主持开通仪式。区综合行政服务中心主任张华、各镇（街道）社会领域信息化主管领导、各镇（街道）社会领域信息化科室负责人、各信息直报点负责人以及信息员代表参加。

（高　奇）

【召开“和谐志愿”青年行动计划启动仪式暨昌平区志愿者工作推进大会】　4月7日，昌平区召开“和谐志愿”青年行动计划启动仪式暨昌平区志愿者工作推进大会。市委社会工委委员、市社会办副巡视员王智玲，市志愿服务指导中心主任郭新保，区委副书记王书合，区委常委、政法委书记陈秋生，区长助理胡涌等领导出席大会。区委社会工委、区民政局、团区委等有关部门主要负责人以及志愿者代表共200余人参加会议。会上发布了《昌平区志愿服务五年规划（2011—2015）》与昌平区“和谐志愿”青年行动计划，表彰了2010年昌平区百名优秀志愿者、十佳志愿服务集体和十佳志愿服务项目，并为天通苑、回龙观地区社区志愿服务队代表授旗。会上新成立了应急救援、外语服务、旅游宣讲、法律援助、支农惠农等五支区级专业志愿服务队。

（高　奇）

【组织参加北京社会公益活动周活动】　4月19日，区社会办副主任徐湘涛带队参加在地坛公园举办的“2011北京社会公益活动周暨第二届首都青少年公益节”。昌平千手职业技能培训学校、昌汉连业余无线电俱乐部参与了此次展览。

（高　奇）

【召开社会领域党建工作会议】　4月22日，区委社会工委召开社会领域党建工作会议。相关单位党建工作负责人和各镇（街道）党（工）委社会领域党建工作联络员参加。会议就社会领域有关情况调查工作及信息工作进行了安排部署：一是围绕非公有制经济组织、商务楼宇、社会工作党委和社区党组织等四个方面的工作，认真开展社会领域党建工作有关情况的调查；二是围绕创先争优活动、扩大非公有制企业党的工作的覆盖面和开展好建党90周年系列活动这三个重点，扎实推进社会领域党建工作并及时报送信息；三是各镇（街道）积极开展社区党建工作调研，为加强社区党组织建设探索新的途径。

（高　奇）

【召开社会工作师交流座谈会】　5月10日，区委社会工委、区社会办召开昌平区社会工作师交流座谈会。区委社会工委书记、区社会办主任黄先锋，区委社会工委委员、区社会办副主任张兆刚出席，昌平区13名具备社会工作师职称的社区工作者参加。会议向社会工作师介绍了区委社会工委、区社会办的机构情况、各项职能设置、现阶段的重点工作。13位参会的社会工作师进行了经验交流。

（高　奇）

【召开社会领域创先争优活动交流推进会】　5月26日，区委社会工委召开昌平区社会领域创先争优活动交流推进会。区委常委、政法委书记陈秋生，区委社会工委书记、区社会办主任黄先锋出席会议并讲话。昌平区各镇（街道）、社区、非公有制经济组织、新社会组织、商务楼宇工作站及相关单位党组织负责人共计120人参加会议。会议就前一阶段社会领域创先争优活动作了简要总结，并就下一步的工作重点作了部署：一是要服从大局，围绕中心，创新社会领域党建工作思路；二是要明确责任，强化落实，不断提高社会领域党建工作科学化水平；三是要创新模式，扩大覆盖，加大在非公有制企业组建党组织的力度；四是要制定标准，科学考核，选树一批社会领域“五个好”先进基层党组织；五是要丰富内容，强化效果，以“六个一”活动迎接建党90周年。

（高　奇）

【召开社区规范化建设工作领导小组专题会议】　6月3日，区政府召开社区规范化建设工作领导小组专题会议，研究部署昌平区社区规范化建设、社区办公和服务用房等议题。副区长金晖出席会议，区社会办等37个职能部门、11个镇（街道）的领导参加。会议表决通过了《关于全面推进规范化建设工作的实施意见》《关于落实〈北京市社区基本公共服务目录（试行）〉的实施方案》《关于推进“一刻钟社区服务圈”建设工作方案》。

（高　奇）

【赴海淀区恩菲大厦工作站参观学习】　6月14日，区委社会工委组织商务楼宇“五站合一”工作站的相关负责人赴海淀区羊坊店地区恩菲大厦工作站参观学习。恩菲大厦工作站负责人从前期工作站的建立、如何开展工作、组织活动、工作人员的招募、经费问题等方面进行了详尽的介绍。

（高　奇）

【召开社会领域庆祝建党90周年暨表彰大会】　6月23日，区委社会工委召开昌平区社会领域庆祝建党90周年暨表彰大会。市委社会工委有关处室领导，区委政法委政治部副主任刘德禄，区委社会工委书记、区社会办主任黄先锋，区委社会工委副书记王闽榕，区社会办副主任徐湘涛出席会议。相关党组织负责人代表共计135人参加会议。大会通报了受到市委社会工委和区委表彰的先进集体和个人名单，宣读了区委社会工委关于在直属党组织中表彰先进基层党组织、优秀共产党员、优秀党务工作者和支持党建工作的非公企业家的决定，并就前一阶段社会建设取得的成绩成就作了总结，就进一步加强昌平区社会领域党建工作、深入推进“三项工程”作了部署。

（高　奇）

【组织参观北京市纪念中国共产党成立90周年展览】　7月2日、6日，区委社会工委分两批组织社会领域党员和机关工作人员200余人赴中华世纪坛参观“一切为了人民——北京市纪念中国共产党成立90周年展览”。

（高　奇）

【召开社区工作者座谈会】　7月15日，区委社会工委、区社会办召开社区工作者座谈会。区委社会工委书记、区社会办主任黄先锋、区社会办副主任张兆刚，昌平区城北街道灰厂路社区、城南街道秋实家园社区领导以及部分大学生社区专职工作者参加座谈会。会上，大学生社工分别汇报了自己在社区实习的感受和收获。

（高 奇）

【批准成立中国共产党北京市昌平区计算机网络协会支部委员会】 8月4日，区委社会工委批准成立中国共产党北京市昌平区计算机网络协会支部委员会，并举行成立大会。区委社会工委副书记王闽榕、区科协党组书记李树伟、团区委副书记郝鹏程出席会议并讲话。

（高 奇）

【贯彻落实区委三届十三次全会精神】 8月8日，区委召开三届十三次全会，就昌平区加强和创新社会管理全面推进社会建设工作进行了研究部署。会后印发了《关于加强和创新社会管理全面推进社会建设的实施意见》及《昌平区加强和创新社会管理全面推进社会建设折子工程》。

（高 奇）

【举办昌平区社会领域党建工作者培训班】 8月25—26日，区委社会工委举办昌平区社会领域党建工作者培训班。昌平区各社会工作党委、商务楼宇专职工作者以及各镇（街道）、中关村科技园区昌平园、区司法局等有关单位社会领域党建工作联络员共50余人参加培训。培训班以加强和创新社会工作党委、商务楼宇工作站工作，构建区域化党建工作新格局为主题，采取集中授课、参观、交流研讨相结合的方式，分别就进一步完善社会工作党委工作机制、推进商务楼宇工作站建设、公文写作、礼仪知识等内容进行了讲解，组织全体学员集体前往西城区展览路街道实地参观了社会工作党委建设的经验做法、商务楼宇工作站运行模式，并进行了交流研讨。

（高 奇）

【召开社工师事务所第一届理事会】 8月25日，昌平温心社工师事务所第一届理事会召开。第一届理事会理事由昌平区各社会建设相关单位及北京农学院有关领导构成。大会通过了《北京昌平温心社工师事务所章程（草案）》，选举产生了理事长、副理事长和事务所所长。

（高 奇）

【部署党代会代表工作】 9月7日，区委社会工委召开会议，对选举出席区第四次党代会代表和出席工委党代会代表工作进行了部署。区委社会工委制定了《中共昌平区委社会工委关于选举出席昌平区第四次党代会代表的工作方案》，成立了党代会筹备工作领导小组，做好协调工作，确保代表按时参会。

（高 奇）

【召开社区工作者取暖费报销工作会】 9月14日，区社会办召开社区工作者取暖费报销工作会。会上，区社会办对《关于〈昌平区关于进一步规范社区工作者待遇实施细则〉的补充规定》以及《昌平区社区工作者取暖费报销工作相关单位职责及工作流程》两个文件进行了讲解。文件详细规定了区社会办、区财政局以及各镇（街道）的工作职责、报销标准以及具体的工作流程。

（高 奇）

【举办社区工作者脱产学习班】 10月9日，昌平区2011年社区工作者脱产学习班开学典礼暨昌平区委社会工委与北京农学院人文社科学院合作协议签约仪式在北京农学院举行。区委社会工委书记、区社会办主任黄先锋、北京农学院副院长郑一淳等领导出席。学习班共推选10名优秀社区工作者参加为期一个学期的脱产学习。学习内容包括社会工作理论及社会工作实务培训等。参训学员原则上脱离工作一线，全日制参加学习培训。区委社会工委与北京农学院人文社科学院还举行了合作签约仪式。合作协议约定，北京农学院人文社科学院为昌平区社会工作人才培养、重大社会建设课题研究等提供智力支持，昌平区委社会工委为人文社科学院提供教学实践基地及课题研究数据等支持。

（高　奇）

【召开“枢纽型”社会组织认定工作会】10月26日，昌平区召开第一批“枢纽型”社会组织认定工作会。市委社会工委委员、市社会办副主任刘轩，区委常委、政法委书记陈秋生出席会议并讲话。区委社会工委书记、区社会办主任黄先锋主持大会。第一批认定的10家“枢纽型”社会组织的主管领导及具体科室负责人、区社会建设工作领导小组成员单位主管社会建设工作的领导、各镇（街道）主管社会组织工作的领导及具体科室负责人、第一批认定的10家“枢纽型”社会组织所主管或联系的社会组织的负责人共计100人参加会议。会上，区总工会、团区委、区妇联、区科协、区残联、区文联、区红十字会、区工商联、区体育总会、区律师协会等10家单位被区社会建设工作领导小组认定为区级“枢纽型”社会组织。

（高　奇）

【召开购买社会组织服务项目工作部署会】11月2日，昌平区2011年度使用北京市社会建设专项资金购买社会组织服务项目工作部署会召开，正式启动2011年度购买社会组织服务项目工作。区社会办副主任徐湘涛出席会议，获得项目批复的10家社会组织及相关区级“枢纽型”社会组织的负责人参加。昌平区共有10个申报项目获得批复，获得支持资金83万元，涉及社会公益、社区便民、社会管理等多个领域。

（高　奇）

【召开非公有制企业党建工作推进会】11月11日，昌平区非公有制企业党建工作推进会召开。各镇（街道）党（工委）及区工商、地税、统计等31个单位的主管领导参加会议。会议就昌平区进一步推进非公有制企业党建工作提出了具体的实施方案。区委组织部副部长杨玉文对昌平区进一步推进非公有制企业党建工作进行了再动员、再部署。

（高　奇）

【召开学习贯彻区第四次党代会精神会议】12月14日，区委社会工委召开会议学习贯彻区第四次党代会精神，机关全体人员参加了会议。会上，区委社会工委书记、区社会办主任黄先锋深入传达了区第四次党代会基本情况和会议精神，并带领机关人员认真学习了第四次党代会工作报告。

（高　奇）

【举办天通苑大学堂启动仪式】12月14日，北京市社会建设专项资金购买社会组织服务支持项目——天通苑大学堂启动仪式在昌平一中天通苑校区大礼堂举行，区社会办副主任徐湘涛出席启动仪式并致辞。启动仪式结束后，央视百家讲坛主讲人之一、北京大学中文系教授孔庆东作了题为“武侠与中国文化”的讲座。

（高　奇）

【召开使用市社会建设专项资金购买专业社会工作岗位项目评估会】12月16日，区社会办召开使用市社会建设专项资金购买专业社会工作岗位项目评估会。由北京昌平温心社工师事务所理事、监事、区社会办工作人员、各镇（街道）以及各社区代表组成的评估小组，对专业社会工作岗位项目进行综合评估。根据前期调研，北京昌平温心社工师事务所专业社工选定城北街道八街社区、城南街道砂石厂社区、回龙观新龙城社区以及东小口天通北苑第三社区开展专业社工岗位项目。

（高　奇）

大兴区

【概况】 2011年，大兴区社会建设以贯彻落实北京市加强和创新社会管理精神为主线，以社区规范化建设为抓手，着力推进商务楼宇党建工作，加强“一刻钟便民服务圈”建设，强化社工队伍和社会组织建设工作，全面推广“市民劝导队”工作，进一步深化信息化建设，协同全区各社会建设部门攻坚克难，创新发展，社会建设各项工作进展顺利。

（一）推进社会服务管理创新

贯彻落实《北京市关于创新社会服务管理创新行动方案》及《关于加强和创新社会管理全面推进社会建设的意见》的工作部署和要求，制定了《大兴区关于加强和创新社会管理进一步推进社会建设的意见》，并以区委文件下发。加大保障和改善民生力度，重点抓好三类人群服务管理工作。一是做好搬迁农民“四有”工作；二是创新60万流动人口服务管理；三是做好特殊群体帮扶救助工作。

（二）完善“网格化”管理模式

通过组织搭建区镇（街道）两级综合系统服务管理中心平台，畅通技术监控、人员监督、社会参与的三条发现渠道，形成区、镇（街）、分队、村（居）、组的“五级”服务管理网络，同时，加强对镇（街）、职能部门、监督巡查员、坐席员四类人员的考核。已经完成网格化信息设备、软件的建设工作，区中心平台正在建设中，针对全区各镇、街道进行网格化管理工作调研已经完成，初步形成工作实施方案。

（三）推进村庄管理社区化

按照“三个延伸”（管理向服务延伸、村内向村外延伸、硬件向软件延伸）的要求，抓治安防范、流动人口管理、清理低端产业和违法建设等六项重点工作，已完成364个村，实现了全覆盖。以村庄为单位划分网格，推进农村社区服务站建设，建立农村社会服务管理体系。抓好旧宫、西红门、“三场一基地”等重点地区非法建设和违章经营整治工作，探索工业大院改造升级。

（四）加快社区建设规范化

城市地区的137个社区，以社区为单位划成网格，探索社区智能化管理，推动信息互通共享。购买办公服务用房。2011年着重解决60个社区的办公服务用房达标问题，项目总投资5.24亿元，市发改委已批复建设项目实施，安排市政府固定资产投资2.42亿元，其余资金由我区自筹解决。加快老旧小区改造。今年投入7000万元，继续实施“三个一”老旧小区改造民心工程。加强社区工作者队伍建设，完成123名大学生社区工作者招录工作，目前每个社区服务站工作人员平均达到3名。探索物业管理新模式。在居民自愿基础上，通过政府购买服务，解决老小区无主管、无物业问题。完善物业评估、准入机制，严格招投标管理。推行“一刻钟社区便民服务圈”建设，在推行社区10大类60项基本公共服务指导目录的基础上，全面推进“一刻钟社区便民服务圈”建设，为居民提供方便快捷的服务。2011年完成12个社区，2012年实现全覆盖。

（五）加强社会工作人才队伍建设

壮大社会工作人才队伍。按照市里的统一安排和要求，2011年全区共选聘123名社区服务站工作人员，实现每个社区服务站工作人员平均达到3人，进一步充实了社区服务站工作力量。搭建平台引导社工再教育。鼓励和引导社区工作者积极参加社会工作师职业水平考试，参加辅导的人员通过率达到40%，全区取得助理和社会工作师职业资格证书的社区工作者占总人数15%。积极鼓励符合条件的社区工作者报考市委社会工委定向委培的硕士研究生班，报考人数达68人。加强社区工作者培训。由街道和地区办事处对社区党支部、居委会和社区服务站的1280名社区工作者进行了每人40学时的轮训。购买社会工作人才服务。通过政府购买服务，为5个街道各配备1名专业理财师。成立1家社会工作事务所，紧密结合社区居民需求，开展专业化服务。

（六）加强志愿者组织和志愿者队伍建设

积极推动“市民劝导队”成立工作。目前，街道的73个社区各组建了一支20名队员以上的市民劝导队伍，劝导工作开展顺利。指导各类志愿者队伍开展工作。建立健全志愿者登记注册制度，规范志愿者注册登记程序，向志愿者颁发具有统一编号的注册登记证书。推动成立10余家志愿服务力量，通过培育、购置、吸纳社会志愿服务，为广大群众健康生活提供方便快捷、优质高效的服务。创新区院合作模式，在社区建立高校在校生实习和开展志愿服务基地，组织开展志愿服务活动。

（七）加强社会组织联系、服务和引导工作

完成第二批“枢纽型”社会组织的认定工作。7月底完成第二批5家“枢纽型”社会组织的认定工作，截至年底，我区共认定两批12家“枢纽型”社会组织。完善“枢纽型”社会组织工作体制建设，提高其服务水平。按照性质相同、业务相近的原则，将全区282家登记注册的社会组织纳入“枢纽型”社会组织服务体系中，覆盖率达到82.7%。加大对社会组织服务、引导和管理力度，完成100家社会组织负责人培训工作。

（八）全面加强社会领域党建工作

商务楼宇“五站合一”建设实现全覆盖。大兴区现有商务楼宇10幢，入驻企业654家，员工5784人，党组织11个，党员255名，入党积极分子为18人。专兼职党务工作者34名，到11月底实现了商务楼宇“五站合一”全覆盖。积极推进非公有制企业“五个好”党组织示范点建设。自2009年以来评选出非公有制企业“五个好”党组织示范点35家。

（九）进一步夯实信息化建设基础

成立社会发展研究中心和网格化管理中心。中心主要职责是搜集社情民意信息，负责搬迁人员基本情况的调查摸底，会同相关部门进行转非安置费用测算、转非安置进度数据信息上报工作；负责社会建设相关信息数据的收集和整理，综合研究、分析预测社会动向；负责维护社会建设门户网站及社会领域信息宣传工作、建立社区基础信息数据库，建立和逐步完善社区综合服务管理系统，提升信息化管理水平。加强信息员队伍建设。召开了全区信息化工作会议，部署了全年重点工作。完善社区信息网格化管理模式在全区137家社区内建立社区网，在全区初步形成社区网格化信息管理模式。预计年底，全区“社区网”建设可覆盖60%的社区。创新社区网络便民模式。将“爱我大兴”论坛与北京任我在线科技发展有限公司使用自主研发的“互联网直销支撑系统”进行联通，开展各类志愿服务和便民服务。目前，该系统覆盖大兴区，14个镇农副产品生产基地，城区5个街道24个社区。

（田红萱）

【全面加强基层组织建设】 按照“健全制度、扩大覆盖、强化队伍、典型示范”的工作思路，不断加强基层党组织建设。一是健全体制机制，促进工作规范化。二是扩大覆盖面，夯实工作基础。全年新建非公有制企业党组织34个，选派党建指导员307人。三是加强队伍建设，提高工作水平。四是深化“五个好”创建，发挥典型示范作用。确定了27家社区、非公有制企业“五个好”党组织示范点。

（田红萱）

【全面推进廉政风险防控机制建设】 一是成立廉政风险防范管理领导小组，设立监察科，配备专职监察干部。班子成员严格执行“一岗双责”，坚持党组织统一领导，党政齐抓共管，“一把手”负总责。二是完善《大兴区委社会工委廉政风险防范管理实施方案》《党风廉政责任分解》《党风廉政责任书》三位一体定责方式，制定《区委社会工委廉政风险识别防控一览表》，按照责任书工作部署，相应建立跟踪台账和廉政档案，每季度汇报总结完成情况。三是制订《区委社会工委加强廉政风险动态预警机制的意见》，建立廉政风险信息库。四是制定《关于开展“珍惜岗位、廉政履职”主题教育活动实施方案》，建立每周五学习教育制度，组织全体党员干部深入学习贯彻落实《廉政准则》，集中观看《廉政中国，每月一课》《李林森事迹报告会》《不可逾越》等反腐倡廉影片。五是健全网上办公系统，设立举报电话和主任信箱，全面推行党务、政务公开。

（卢　鑫）

【召开解决搬迁村若干问题工作部署会】 1月24日，大兴区召开解决搬迁村若干问题工作部署会。区四有办就解决搬迁村若干问题工作进行了具体部署。区四有工作领导小组相关领导强调，各成员单位、各镇要将“四有”工作作为当前工作的重中之重，从实际出发，认真调查研究，积极探索创新，破解存在问题，研究制定出解决问题的可行性方案。

（薛　军）

【开发“一键式”综合便民服务项目】 在观音寺街道试点建立“一键式”综合便民服务项目，借助现代化信息技术优势，实现民有所呼，我有所应；民有所求，我有所助。该项目自2011年1月启动，通过在居民家中安装“一键式”综合便民服务系统，使居民有需要时按一键就可以接受服务。项目计划首先在重残家庭中试用，继而推广至社区其他有需求的居民。截至目前，已有65户重残家庭安装完毕。

（荆博文）

【召开2011年社会建设工作大会】 3月17日，大兴区召开2011年社会建设工作大会，部署2011年工作重点。区委常委郭宝东、区人大副主任靳文浦、副区长常红岩、区政协副主席路志权出席大会。

（解国栋）

【召开“四有”工作现场交流会】 4月19—22日，区四有办组织14个镇及相关成员单位，先后在黄村、西红门、瀛海等3个镇组织召开了“四有”工作现场交流会。就搬迁村劳动力就业、村集体资产经营模式、富余回迁房委托代管机制以及过渡期和回迁期组织建设等方面进行了考察学习交流。

（薛　军）

【建立并完善搬迁村信息管理系统】 年初，大兴区搬迁村信息管理系统建立并投入使用。在运行过程中，不断增加数据模块，细化和完善信息，全面、准确地反映搬迁村集体资产、组织建设及村民家庭、就业和社保等各方面动态信息，为“四有”工作的开展奠定坚实基础。

（郭丽娜）

【召开“在职党员进社区”工作推进大会】 大兴新区召开“在职党员进社区”工作推进大会，全面推进在职党员进社区工作。区委组织部、开发区工委组织部、区委社会工委共同下发了《关于开展在职党员进社区工作实施意见》。到年底，全区10330名在职党员回社区报到，认领服务岗位，报到率达到91%。

（王啸林）

【加强社区工作者管理和服务】 规范社区工作者档案管理，完成应届社区工作者考核评定。加强全区社区工作者队伍建设，统筹档案管理，建立社区工作者培训档案和培训手册，完成了本年度40学时的培训，汇编了由社区工作者工作心得为主要内容的《大兴新区社区建设探索与实践》，以方便新区社区工作者交流和学习。

（周俊峰）

【成立首个999社区综合服务站】 5月23日，大兴彩虹新城北京市999社区综合服务站（红立方）成立。这是北京市红十字会发挥“枢纽型”社会组织作用，参与社会服务的一项重要举措。大兴彩虹新城站是北京市红十字会在全市建立的第一个999社区综合服务站。服务站依托北京市红十字会999急救中心、北京市红十字蓝天救援队、志愿服务队伍等社会组织，在社区开展医疗急救、应急培训、健康科普、卫生保健、志愿服务、心理援助、献血动员、接受捐赠、赈济救助等便民活动，为社区居民提供直接、方便、快捷的社会服务。

（王啸林）

【开展搬迁村与非搬迁村手拉手活动】 5月26日，北臧村镇启动了砖楼村与西王庄村“共创和谐、共谋发展”手拉手主题教育活动，签订了村两委班子定期座谈沟通、搬迁村民观光采摘、村民文化交流的合作协议。

（薛　军）

【建立促进新区劳动力就业融合工作机制】 区人力社保局与亦庄开发区人劳局制定了《关于促进新区劳动力就业融合工作机制》，成立了新区就业促进工作领导小组，建立定期会商制度，完善就业培训合作机制，统一创办《新区就业促进专报》，进一步促进城乡劳动力在亦庄开发区实现就业。

（郭丽娜）

【建立城乡劳动力职业技能实训基地】 6月17日，大兴区城乡劳动力职业技能实训基地启动暨职业技能培训资源战略合作协议签约仪式举行。同时，大兴区政府与驻区7家职业教育院校签订了职业技能培训资源合作框架协议。

（郭丽娜）

【召开大兴区委社会工委城市社区党风廉政建设会】 6月22日，大兴区召开监察城市社区党风廉政建设会。会议积极落实党风廉政建设和反腐败工作责任制，对2011年惩治和预防腐败体系建设目标任务进行了层层分解，全部细化落实到科室及责任人。

（卢　鑫）

【赴天津市东丽区华明镇考察学习】 6月23日，大兴区瀛海镇组织相关人员赴天津市东丽区华明镇考察学习。他们听取了该镇在破解土地和资金难题、建立小城镇管理体制、完善社会保障体系等方面的经验做法，实地参观了华明镇博物馆，就集体资产经营、劳动力就业、回迁房配套公建建设和镇村文化传承等方面工作进行学习交流。

（付　峥）

【召开大兴新区推进社会建设大会】 6月30日，新区召开推进社会建设大会。市委常委梁伟，市委社会工委、市社会办领导宋贵伦、赵小卫，大兴区委书记、开发区工委书记林克庆，区委常委郭宝东等出席会议。

（解国栋）

【推进“在职党员进社区”】 在“在职党员进社区”工作中推行“登记卡”制度、“联系卡”制度、“反馈卡”制度、“八小时工作之外活动记录”制度、“半年一汇报”制度等一系列制度化的管理。规定：凡是组织关系在新区，并居住在社区的各级党政机关、企事业单位的党员，必须在居住的社区亮明党员身份，在“八小时外”接受居住地社区党组织的协助管理与监督。

（田红萱）

【开展庆建党90周年系列活动】 一是在区委社会工委层面通过创新活动载体，搭建党建交流的平台，实现区内非公企业党建加公司业务的交流，共下发社会领域党建经费120万元；通过调研走访，共发放党旗435面，党徽3850枚。二是在基层党组织层面开展增强党性教育，开辟红色旅游路线；落实党建工作“三有”标准，促进党建品牌活动的开展；加强信息化建设，目前所有社区、楼宇都已建立了党建网站或博客。三是组织党员开辟京南图书城党建阅读季；引导社会领域党员积极参与本系统的唱红歌活动；开展为社区、企业和谐发展献计活动，共为企业社区献计献策6000余条。在建党90周年之际，对97个社会领域先进基层党组织、100名社会领域优秀党务工作者、100名社会领域优秀党员和7项社会领域党建优秀品牌活动进行了表彰。

（田红萱）

【启动搬迁农民观念提升工程】 7月26日，大兴区搬迁农民观念提升工程启动仪式在中国农业大学举行。该工程由大兴区农委与中国农业大学人文与发展学院主办，旨在对搬迁农民就业意识、理财消费观念以及生活观念进行提升和更新。大兴区农委成立了专门工作队伍，并与中国农业大学人文与发展学院进行合作，编写专门教材，建立培训队伍，计划在“十二五”期间每年培训2万名左右的农民，促进搬迁村农民向新区新市民转变。

（薛　军）

【认定第二批“枢纽型”社会组织】 7月底，完成第二批5家“枢纽型”社会组织的认定工作。截止到2011年12月，大兴区共认定两批12家“枢纽型”社会组织。

（解国栋）

【成立社会发展研究中心】 主要职责是：（1）搜集社情民意信息，负责搬迁人员基本情况的调查摸底，会同相关部门进行转非安置费用测算、转非安置进度数据信息上报工作。（2）负责社会建设相关信息数据的收集和整理，综合研究、分析预测社会动向。（3）负责维护社会建设门户网站及社会领域信息宣传工作、建立社区基础信息数据库，建立和逐步完善社区综合服务管理系统，提升信息化管理水平。目前，社会发展研究中心8名工作人员已经通过公招上岗到位。中心负责与有关部门信息中心的沟通联系，整合全区信息资源，实现不同数据库之间的互联、互通，进一步完善社会领域信息建设化覆盖面。

（李　怡）

【壮大社会工作人才队伍】 8月底，完成123名社区服务站工作人员招录任务，为全区123个社区各选聘配备1名社区服务站工作人员，充实社区服务站工作力量，提高社区服务管理水平。于9月1日前完成岗前培训。

（周俊峰）

【赴陕川两地考察学习】 9月26—30日，区四有办、区农委组织相关镇主管领导，到陕西省咸阳市杨凌区、四川省双流县就农地规模流转工作进行考察学习。结合实际，形成了大兴区加快搬迁村农地规模化流转工作方案，全面指导农地规模化流转工作。

（郭丽娜）

【加快社会服务体系建设】 通过联通三个网络，全面推进信息化在服务民生中的应用，推行一键式社区并与“爱我大兴”论坛联通，与北京任我在线科技发展有限公司使用自主研发的“互联网直销支撑系统”联通，引导社会人员参与社会建设。在大兴新城社区建立“任我在线社区网上购物体验超市”和“任我在线两网融合社区体验超市”。社区居民既可到社区体验超市采购，也可网上、电话订购，社区内消费者免收送货费。同时，搭载电话费、水电费缴纳、家政等服务，方便居民生活，形成一站式“社区便民服务站”。该系统覆盖大兴区14个镇农副产品生产基地、城区5个街道24个社区。其中，林校路街道现有兴政西里“任我在线社区网上购物超市”8号店，辖区共有2600户8000人；网上订购可以全覆盖林校路街道15个社区居委会，居民2.1万户6.48万人。

（李　怡）

【召开商务楼宇“五站合一”工作推进会】　10月下旬，大兴区委社会工委与总工会、妇联、团区委共同召开了大兴区商务楼宇“五站合一”工作推进会，下发了区社会建设领导小组办公室《关于加强商务楼宇工作站建设的实施意见》，在10座楼宇全部建立了“五站合一”模式，将政府公共服务延伸到了商务楼宇。

（田红萱）

【召开“一刻钟社区服务圈”建设专题推进会】　11月17日，大兴区委社会工委、区社会办组织召开了大兴区“一刻钟社区服务圈”工作推进会。会上，对上阶段“一刻钟社区服务圈”建设工作进行了总结，对全区下一步工作进行了详细部署。副区长沈洁出席会议并提出工作要求。

（刘　伟）

【扎实推进社区规范化建设】　11月23日，大兴区开展2011年社区规范化建设验收工作，对辖区内2009年、2010年未进行规范化验收的所有社区进行了统一的检查验收。检查分为三组进行，以街道间互查的形式，对照北京市社区规范化建设标准，对七大类26条75项要点工作逐一进行检查，以听取汇报，查看档案、提问等方式进行综合测评。被检的37个社区全部通过验收。截至目前，全区规范化范围内的123个社区均通过了区本级社区规范化验收。

（刘　伟）

【加强“枢纽型”社会组织建设】　按照性质相同、业务相近的原则，将全区282家登记注册的社会组织纳入“枢纽型”社会组织服务体系中，社会组织覆盖率达到82.7%。按照市“六有”“枢纽型”社会组织的工作要求，加大对社会组织联系、服务和引导力度，完成100家社会组织负责人培训工作。建立秘书长工作例会制度，每季度召开一次会议，交流工作开展情况、反馈工作中存在问题等。完善政府购买社会组织公共服务项目机制，发挥“枢纽型”社会组织作用，培育社会组织公益活动品牌项目。

（周俊峰）

【召开“三个一”工程例会】　11月25日，由大兴区委社会工委牵头组织召开2011年“三个一”工程工作例会。代理、设计、测绘、监理、包装、各施工方、各街道等17家单位参加会议。会议要求：一是施工单位做好现场清理工作，对渣土、剪裁下来的绿植进行清理，避免春节期间因现场未清理干净引发的火灾，或行人绊倒等情况的发生，并保障好现场值守人员的冬季采暖安全。二是做好明年绿化施工的准备工作。三是将停工后现场管理工作方案上报管理公司。四是施工单位加强与设计单位、街道沟通，尽快上报签报单，以便尽早进入审计程序，完成账目结算。五是各街道要做好督导检查工作，街道相关职能部门要重点对项目现场的安全检查到位，要保证在安全方面不出问题。六是做好社区居民因工程影响日常生活习惯引发不满的安抚工作。七是做好区有关领导对项目阶段完工的检查验收前的准备工作。

（赵昆梅）

【召开社会领域信息化工作会议】　12月2日，大兴区召开了全区社会领域信息化工作会议，部署全年重点工作。一是在五个街道分别选任具有信息化操作基础和有一定信息撰写水平的同志负责信息化工作的网络管理及日常维护运作。二是每月对街道信息员进行专业培训，针对门户网站建设、网络资源共享平台建设、收发文件、报送信息等模块进行详细讲解。三是在全区完善信息网络，在社会领域范围落实管理责任，确保信息化工作组织有力、体系健全、职责明确。

（李　怡）

【召开社区智能化管理系统开发专题研讨会】　12月5日，区委社会工委牵头组织召开社区智能化管理系统研发专题讨论会。区委社会工委、信息中心、软件研发公司等3家单位有关人员出席了会议。技术研发公司负责人对该社区管理系统主界面、模块功能进行了基本介绍。技术研发公司指出这是根据以往所做的项目案例经验，结合大兴的实际情况作出的基本研发框架，包括管理、服务、应急、展示平台、社区终端等几大功能模块，基本涵盖了现有社区工作的全部内容。

（马燕杰）

【加快推进社区网站服务体系建设】 在全区137家社区内建立社区网，上依靠政府、区、街道、社区，下联系居民、商家，初步形成社区网格化信息管理模式。截至年底，“社区网”建设已在全区100%覆盖。

（荆博文）

【对37个社区进行规范化验收】 12月8日，区委社会工委组织对区内2009年、2010年未进行规范化验收的37个社区进行一次性达标验收，并对“一刻钟社区服务圈”试点社区进行了综合检查。

（刘　伟）

【实地视察“三个一”工程改造现场】 12月15日，部分区政府领导、人大代表、政协委员到清源西里小区专程视察了“三个一”工程改造实效。在视察现场，社会办领导对本年度的“三个一”工程完成情况做了总结汇报。

（刘　伟）

【做好社区办公用房达标工作】 采用购置及新建方式解决社区办公用房问题，其中：59个采用购置方式解决，1个采用新建方式解决。项目总投资为52427.31万元，截至目前，已完成一期已经签订合同的17个小区的购买费用拨付工作，其余社区的办公用房购买问题，属地街道正在积极洽商合适房源，以便尽早完成购买。

（马燕杰）

【成立首家社会工作事务所】 12月20日，大兴区正式挂牌成立全区首家社会工作事务所——朗润社会工作事务所。拟运用市场化运营方式，采取政府购买服务的模式，在天宫院街道海子角等社区开展活动的基础上，疏导、缓解、解决居民的心理、亲子关系等问题，帮助居民构建和谐家庭环境。

（解国栋）

【购买专业社工服务】 通过政府购买服务，为5个街道各配备1名专业理财师，建立“每天有咨询、每周有讲座、每月有汇报、每季度有讲评”工作机制。与搬迁村群体理财服务结合起来，帮助社区居民树立科学理财、合理消费生活理念。

（魏　然）

【推广“市民劝导队”经验】 积极推广丰台永善社区“市民劝导队”工作经验，多部门联动召开联席会议，科学制定实施方案，筹备成立“市民劝导队”。实施“一对一结对子”的模式，结合本区实际，每个街道重点培育一到两个典型社区。2011年新城地区每个社区组建了20人以上的劝导队伍，针对社区“市容、环境、秩序”类问题开展劝导服务。

（周俊峰）

【加强志愿者组织和志愿者队伍建设】 建立健全志愿者登记注册制度，规范志愿者注册登记程序，向志愿者颁发具有统一编号的注册登记证书，指导建立了多类行业志愿者队伍。推动成立“红立方”社区综合服务站，充分整合蓝天救援队、心理救援队、新闻传媒志愿服务队、教育志愿服务队、环保志愿服务队等10余家志愿服务力量，通过培育、购置、吸纳社会志愿服务，为广大群众健康生活提供方便快捷、优质高效的服务。

创新区院合作模式，在社区建立高校在校生实习和开展志愿服务基地，在社区开展助老、爱幼、助残、环保等“感动青春”志愿服务。

（魏　然）

【深化创先争优活动】　一是把基层党建工作的各项任务分解落实到每个镇、街道，每个部门和每名党员干部，提出“三个明确”即：明确责任主体；明确时间任务；明确完成时限。二是广泛开展“党员先锋岗”“党员承诺制”“为社区、企业发展建言献策”等丰富多彩的主题实践活动。三是按照“带头学习提高、带头争创佳绩、带头服务群众、带头遵纪守法、带头弘扬正气”的要求，通过“四优”和“四好”优秀党务工作者的评选，引导广大党员立足本职、公开承诺，争当模范典型、生产能手、技术标兵，凝聚居民、职工群众的力量。非公企业党员、群众共提出合理化建议12195条，开展技术革新5257项，带来经济效益60多亿元。为群众和社会做好事实事1.6余万件，完成急难险重任务4194件。

（王啸林）

平谷区

【概况】　在区委、区政府的正确领导下，区委社会工委、区社会办认真贯彻区委三届十二次全会和市社会建设大会精神，全面落实《中共北京市平谷区委关于加强社会建设、创新社会管理、建设幸福平谷的意见》，围绕幸福平谷建设，结合市委社会工委、市社会办的工作部署和全区社会建设实际，主要做了以下工作。

（一）扎实推进社会服务管理创新工作

今年6月，市委召开了十届九次全会，审议通过了《中共北京市委北京市人民政府关于加强和创新社会管理全面推进社会建设的意见》。为认真贯彻市委有关会议和文件精神，9月，平谷区委三届十二次全会召开，表决通过了《中共北京市平谷区关于加强社会建设、创新社会管理、建设幸福平谷的意见》，将建设“幸福平谷”确立为今后五年全区工作的重大目标任务。随后区委、区政府研究制定了《建设幸福平谷行动纲要》（征求意见稿），将幸福平谷具体细化为建设“八个平谷”，既：平安平谷、富裕平谷、法治平谷、绿色平谷、文明平谷、健康平谷、活力平谷、快乐平谷。针对新的形势和任务，区委社会工委、区社会办推出各种举措，贯彻落实大会和文件精神。一是召开领导班子会议，及时对市委十届九次全会和区委三届十二次全会的会议和文件精神进行了及时传达学习。二是研究制定了幸福平谷建设实施意见，就幸福平谷建设过程中区委社会工委、区社会办牵头的各项工作任务和目标进行了具体安排。三是以实施意见为基础，研究制定了幸福平谷建设指标体系，作为今后对幸福平谷建设各项工作的考核标准。

（二）全面提升社区基本公共服务水平

一是着力推进社区规范化建设。坚决贯彻市委社会工委、市社会办社区规范化试点工作三年覆盖到所有社区的总要求，全区高度重视，将今年最后一批8个试点社区列入了区政府为民办实事工程，按照“典型带动、全面推进、巩固提升、特色突出”的工作思路，对社区规范化建设工作做了周密部署，督促落实和自查验收。根据自查验收打分情况，8个试点社区全部通过区级验收，并通过北京市严查验收。至此，全区27个社区规范化建设试点工作已全部完成。二是着力改善社区办公条件。完成27个社区用房规范化建设试点项目，共新购社区用房9453平方米，完成投资10.9万元，平均每个社区达到了350平方米。三是着力打造“一刻钟社区服务圈”。研究下发了《关于进一步推进“一刻钟社区服务圈”示范点建设的实施方案》，抓好建西等4个社区“一刻钟社区服务圈”示范点建设。按照“九个一”的要求，对照《北京市社区基本公共服务指导目录（试行）》10大类60项180小项社区基本公共服务项目，狠抓各项工作落实。印制《平谷区便民服务手册》4万册，达到了社区居民每户1册。积极推进小帮手电子服务器进社区工作，首批20台“小帮手”自助缴费信息小型机已布放到社区。四是着力培育社区志愿服务品牌。积极动员社区围绕社区居民服务需求，积极开展文化服务、法律咨询、科普宣传、治安巡逻等志愿服务活动，涌现出了南小区老年京剧票友会、阳光社区科普宣传和新星社区法律咨询等志愿服务品牌。

（三）不断加大社会组织的扶持管理力度

一是加快推进政府购买社会组织服务工作。按照“四个优先原则”，2011年全区共向市委社会工委上报项目33个，批复10个，批复资金81万元。11月7日，召开了“平谷区2011年市社会建设专项资金购买社会组织服务项目工作启动仪式”。目前，各项目正在抓紧落实中。二是发挥枢纽型社会组织作用，开展亮点工作。发挥社会建设工作领导小组办公室牵头抓总、统筹协调的工作职能，采取明确部门职责，规范工作机制，制定扶持政策等措施，推动“枢纽型”社会组织开展各类服务活动。团区委在全区启动“5716志愿服务行动”。区红十字会建立全区首家“博爱超市”。采取博爱超市、募捐接收站、志愿者工作站三位一体的救助经营模式，动员全社会力量，帮助困难家庭。区残联举办“我与祖国共成长——建党90周年演讲比赛”。演讲作品均为残疾人原创，从不同角度、不同侧面展现中国共产党领导残疾人事业发展的光辉历程。三是开展在社会组织建立党组织试点工作。建立了全区首家民非类社会组织党组织——新青年学校党支部。

（四）切实增强社会领域党建工作活力

一是加强体制机制建设，完善社会领域党建工作体系。完成街道、镇（乡）社会工作党委成立的准备工作。将全区各街道（镇乡）的社会建设领导小组统一更名为社会工作党委，具体负责本辖区内社会领域党建工作。在全区27个城市社区全部建立社区党建工作站，配备专职党务工作者，建立健全定期例会、双向考评、资源共享、区域党建联席会议等制度。逐步建立全区城市社区以街道社会工作党委为领导，以社区党组织为核心，以社区党建工作站为依托，驻区单位和社区党员广泛参与的社区党建工作机制。二是创新载体，丰富社会领域党建工作抓手。不断深化党员任楼（单元）长工作，进一步完善党员楼（单元）长的职责、任务和活动方式。在非公企业和社区开展党建活动品牌建设年活动，切实做到“一居一品”“一企一亮点”。投入资金30万元，选取13家基础较好的非公有制企业党组织，着力打造规范化的非公有制企业党员活动服务站。三是积极探索，扩大党的组织和工作覆盖面。全年新建非公有制企业党组织6家。全区非公有制企业党组织达到了98家。全区社会领域共培训入党积极分子86名，发展党员16名，党员转正32名，社会领域党员队伍进一步壮大。四是围绕纪念建党90周年，开展系列纪念活动。召开表彰大会，对创先争优活动启动以来社会领域涌现出的20家先进党组织、20名优秀党务工作者、20名优秀党员楼（单元）长、20名非公有制企业优秀共产党员和10项优秀党建活动品牌进行了表彰。

（五）着力抓好社会工作者队伍建设

一是进行表彰奖励，增强社工队伍工作积极性。以建党90周年为契机，组织开展了社会工作者评比表彰活动。共评比表彰优秀社区工作者10名、优秀志愿者20名、优秀共产党员20名、优秀党务工作者20名、优秀党员楼（单元）长20名。进一步提升了社会工作人才的职业声望和地位。二是做好社区工作者选聘工作，增强社工队伍活力。2011年，共选聘社会工作者10人，进一步优化了社区工作者队伍结构。三是鼓励职业考试，提高社工队伍职业化水平。鼓励社区工作者参加国家社会工作者职业水平证书考试。全区共有92名社区工作者持有职业水平证书，其中：中级22人，初级70人。四是加强教育培训，提高社工队伍专业化水平。先后举办了社区工作者培训班、非公有制企业党组织负责人培训班等多个班次，使广大社会工作者和基层党组织负责人的履职能力有了明显增强，社会工作者队伍素质明显提升。五是开展政府购买社工岗位工作，探索社工队伍建设新模式。投入资金6万元，在兴谷街道、滨河街道各购买1个社工岗位。

（六）积极做好社会领域信息化建设

一是社会建设网站运转正常。2011年3月，平谷社会建设网开通试运行。试运行期间，各单位及组织积极报送信息，共发布各类信息300余条，成为社会各界了解全区社会建设动态以及基层组织向社会展示自身发展情况的信息平台。二是社区网站建设进展顺利。按照市委社会工委《关于在全市社区推进社区网站服务体系建设的指导意见》和《北京市社区网站服务体系建设指导标准》的要求，投资40万元，聘请专业公司，积极推进社区网站群建设，年底前社区网站群将全部建成。三是信息化联络员队伍规模扩大。广泛动员大学生社区工作者和素质较高的居委会成员，参与到信息化联络员队伍中来，目前已建立了一支30人的信息化联络员队伍。四是“四网六库”建设扎实推进。全面部署全区社区、社会工作者、志愿服务工作、社会组织、社会领域党建等方面的信息资料采集整理工作，率先启动了社区工作者数据库建设，目前，社区工作者数据库已经建成。五是其他各类现代信息化服务平台运行良好。已使用的其他各类现代信息化服务平台如社区信息机、社区博客、社区QQ群、社区电子显示屏等目前运行一切正常，为服务居民发挥了巨大作用。

（胡天伟）

【完成第二批非公有制企业党员服务站示范点建设】 年内，为北京金通远建筑工程公司党委等20家非公有制企业党组织统一配备党旗、电教设备、办公桌椅和室内布置展板等设施，打造规范化的党员活动服务站，并通过示范效应引导带动非公有制企业党员活动阵地建设。

（胡天伟）

【召开社区建设工作会】 3月31日，平谷区召开2011年社区建设工作会议，对2011年社区建设工作进行部署。3个街道（地区）主管社区党建工作的副书记，主管社区建设、社区社会组织、志愿者队伍建设的副主任和27个社区居委会主任参加会议。

（胡天伟）

【召开社会领域纪念建党90周年工作部署会】 4月1日，平谷区召开社会领域纪念建党90周年工作部署会，对开展庆祝建党90周年活动及全年重点工作进行部署。区委副书记刘军出席会议并讲话，27个社区和80余家非公企业党组织负责人参加会议。

（胡天伟）

【开展国际社工日活动】 4月15日，积极协调各部门、各单位开展“国际社工日”活动。一是在京东绿谷网站制定宣传专栏，以“助人自助　共建和谐”为主题，号召大家，共同携手，共创和谐。二是在平谷区电视台制作平谷区优秀社会工作者系列宣传节目，选取5名优秀社区工作者和5名优秀志愿者的典型事迹分10期进行播报，激励更多群众参与到社会建设工作中来。三是召开社会工作者座谈会，倾听大家的心声，掌握社会工作者的思想状态，听取他们对开展社会工作的意见和建议。

（胡天伟）

【平谷区首家红十字“博爱超市”挂牌成立】 4月15日，平谷区首家红十字“博爱超市”在滨河街道挂牌成立。博爱超市由区级“枢纽型”社会组织区红十字会和滨河街道共同筹建，使用面积100平方米，设有“两区一站”，即义卖区、物品交换区和募捐接收站。“博爱超市”主要服务于低保户、空巢老人、孤寡老人等困难家庭。

（胡天伟）

【参加北京社会公益周活动】　4月18日，组织老年民间艺术协会和精华武校两个特色社会组织品牌，在北京社会公益周活动现场进行展示。平谷区荣获北京市“2011年北京社会公益活动周、第二届首都青少年公益节、国际社工日”系列庆祝活动优秀组织奖。

（胡天伟）

【召开社区用房项目规范化建设专题会】　5月31日，区社会建设工作领导小组组长、区委副书记刘军主持召开社区办公服务用房购买问题专题会。会议总结了社区用房项目的进展情况，重点研究了项目推进过程中的房源、资金及落实方式等问题，并部署了下一阶段的重点工作。

（胡天伟）

【组织基层党组织负责人听党课】　6月17日，组织机关党支部及辖区80余家非公有制企业党组织2000余名党员、群众收看区委书记邱水平同志的党课直播。全区80余家非公企业党组织的100余名书记、副书记共为党员讲党课130余次。

（胡天伟）

【召开社会领域“七一”表彰大会】　6月22日，平谷区召开社会领域“七一”表彰大会，对创先争优活动启动以来社会领域涌现出的20家先进党组织、20名优秀党务工作者、20名优秀党员楼（单元）长、20名非公有制企业优秀共产党员和10项优秀党建活动品牌进行了表彰。区委副书记刘军出席会议并讲话。

（胡天伟）

【召开社会建设工作专题会】　7月11日，区委书记邱水平主持召开专题会议，研究平谷区社会建设工作。会议提出平谷区今后一个时期的社会建设工作的主要目标是建设“幸福平谷”。区委副书记刘军，区委常委、副区长王晓光，区委常委、区委办公室主任屈志奇，副区长魏玉瑞及相关部门主要领导参加会议。

（胡天伟）

【开展党建工作品牌创建活动】　7月15日，印发《关于在社会领域党组织中开展党建工作品牌创建活动的意见》，组织全区社会领域基层党组织开展党建工作品牌建设年活动。

（胡天伟）

【完成非公有制企业党组织负责人培训工作】　8月10—12日，组织开展非公有制企业党组织负责人培训。非公有制企业党组织负责人90余人参加培训。

（胡天伟）

【召开社会领域基层党组织党务公开工作会】　8月17日，召开社会领域基层党组织党务公开工作会议，部署非公有制企业和社区党务公开工作。全区103个非公有制企业党组织和27个社区党组织负责人参加会议。

（胡天伟）

【区委召开三届十二次全会专题研究社会建设工作】　9月2日，平谷区委三届十二次全会召开。全会认真学习贯彻了中央和市委关于加强和创新社会管理的重要指示精神，研究部署了平谷区加强社会建设、创新社会管理、建设幸福平谷相关工作，审议通过了《中共北京市平谷区委关于加强社会建设、创新社会管理、建设幸福平谷的意见》。区委书记邱水平出席会议并讲话。区委副书记、区长张吉福就《意见》作说明。王振林、王春辉等区党政领导出席会议。

（胡天伟）

【完成全区社区工作者集训工作】　9月21—22日，平谷区对全体社区工作者分层次、分内容进行集中培训，培训邀请了专家、学者和上级业务处室负责人围绕北京市社区建设面临的形势和任务进行精心讲解。

（胡天伟）

【召开社区商业服务全覆盖工作协调会】 9月23日，平谷区召开社区商业服务全覆盖工作协调会。区社会办、区商务委和各街道（地区）业务科室负责人参加会议。会议决定：成立领导小组，区商委牵头，区社会办配合，各街道和第一批社区规范化建设试点社区为成员。

（胡天伟）

【平谷区首家社会组织党支部成立】 10月18日，区委社会工委正式批复新青年培训学校成立党支部，标志着平谷区首家社会组织党支部正式建立。

（胡天伟）

【召开社区规范化建设暨“一刻钟社区服务圈”示范点建设工作观摩交流会】 10月26日，区委社会工委组织召开社区规范化建设暨“一刻钟社区服务圈”示范点建设工作观摩交流会。区委社会工委领导和3个街道（地区）的主管领导及今年社区规范化建设试点暨“一刻钟社区服务圈”示范点社区居委会主任参加会议。会议要求：各部门要高度重视，加强领导，确保规范化建设试点社区和一刻钟社区服务圈示范点建设社区实现达标；构建完善的社区服务体系，提升居民群众的满意度和幸福感；做好查漏补缺，认真整改，迎接市级检查的各项准备工作。

（胡天伟）

【圆满完成平谷区社会工委系统第四次党代表选举工作】 11月1—3日，平谷区委社会工委所属9个选举单位分别召开党员代表会议或党员大会，选举产生18名出席平谷区第四次党代会代表。其中，领导干部代表3名，基层一线代表15名，妇女代表7名，50岁以下代表9名，35岁以下代表4名。本次代表选举工作，区委社会工委所属70个非公有制企业党组织的2000多名党员参与，参与率达到95%以上。

（胡天伟）

【召开政府购买社会组织服务工作会议】 11月7日，平谷区社会建设工作领导小组办公室召集各项目承接单位，召开政府购买社会组织服务项目工作会。2011年，平谷区积极争取市级专项资金81万元，其中市级项目10个，区级项目7个，包括区计生协会“绿谷温暖空巢家庭”公益服务项目、区果品产业协会“科技下乡富果农”公益服务项目等。此次购买项目涉及志愿服务、劳动就业、医疗卫生、居家养老、社会救助等多个民生领域。

（胡天伟）

【北京市社会建设研究基地“城乡社区自治创新模式研究”课题组到平谷区调研】 11月10日，北京市社会建设研究基地“城乡社区自治创新模式研究”课题组一行10人到平谷区就基层社区民主自治工作进行调研。课题组首先听取了平谷区城乡社区自治创新、社区规范化建设和城市社区业主自治等有关工作情况的汇报，实地查看了平谷区渔阳地区办事处太和园社区，详细了解了太和园业主委员会直接管理楼院的工作情况及经验，并与业委会工作人员进行了座谈。

（胡天伟）

【落实政府购买社会组织服务】 11月25日，市社会建设专项资金走进基层送岗位公益活动项目专场招聘会在平谷区工人文化宫举行。本次招聘会由平谷区总工会发起，区委社会工委专项资金扶持，并对项目进行具体指导，由平谷区职工帮扶中心实施项目组织。招聘会组织了来自市、区的30家企业，共78个类别835个岗位。

（胡天伟）

【参加魅力社区评选活动】 11月27日，第五届（2011年度）魅力社区评选活动颁奖典礼在朝阳区世贸天阶时尚大厦五层大隐剧院举行。承平园、林荫家园、金谷东园社区评选为魅力社区风采奖。

（胡天伟）

【开展志愿服务周活动】 12月5日，区委社会工委、团区委、区志愿者协会联合发起“发挥志愿力量、共建幸福平谷”为主题的志愿服务周活动。启动仪式上，志愿者向群众发放法律、计生、交通安全等方面的宣传材料及幸福度调查问卷共3000余份，并到空巢老人家中为老人打扫卫生，陪老人聊天，了解老人的情况和日常生活，用志愿服务的力量提高空巢老人生活质量。

（胡天伟）

【参加区第四次党代会】 12月6—8日，平谷区新经济组织的18名代表，组成平谷区委社会工委代表团，参加平谷区第四次党代会。

（胡天伟）

【开展“两节”走访慰问活动】 12月26日，区委社会工委广泛开展送温暖活动，累计慰问困难党员、群众共130余人次，发放慰问款、慰问品合计8万余元。

（胡天伟）

【加强社会领域党建工作】 年内，新成立非公有制企业党组织9家，培训入党重点发展对象120人，发展预备党员53人，预备党员转正99人，社会领域党建工作覆盖面进一步扩大。

（胡天伟）

【推进社区规范化建设试点工作】 年内，有8个社区顺利通过市级社区规范化建设检查验收。至此，全区社区规范化实现了全覆盖，社区党组织、社区居委会、社区服务站“三位一体”工作格局基本形成。

（胡天伟）

【完成“一刻钟社区服务圈”示范点建设工作】 年内，平谷区滨河街道建西社区、兴谷街道兴谷园社区共4个第二批“一刻钟社区服务圈”示范点顺利通过市社会服务管理创新工作领导小组检查验收。

（胡天伟）

【建成社区网站群】 年内，平谷区社区网站群正式开通试运行，社区网站覆盖率达到了100%。网站群建设采取一个主站“平谷社会建设网”加27个社区子站的建设模式。网站群构建了一体化的政府社会管理、公共服务和居民自治信息共享平台，让居民足不出户就能享受到“集约化、一站式、零距离”方便快捷的在线服务。

（胡天伟）

怀柔区

【概况】 年内，中共北京市怀柔区委社会工作委员会、北京市怀柔区社会建设工作办公室以夯实基础、重点突破、强化创新、打造品牌、服务大局为工作思路，不断解放思想、锐意进取，全面推进社会服务管理创新工作，提升社会建设工作水平。

（一）统筹协调，形成了社会服务管理工作合力

召开了全区加强和创新社会管理工作大会，印发了《关于加强和创新社会管理，全面提升怀柔社会建设科学化水平的意见》，细化分解42项折子工程，确定了10项重点工作任务。调整了怀柔区社会建设工作领导小组及其成员单位工作职责，设立了600万怀柔区社会建设专项资金，制定了怀柔区政府购买公共服务项目管理办法，建立了专项例会制度和信息反馈制度，定期出刊“社会管理创新专报”。围绕社会服务、社会管理、社

会动员、社会环境、社会关系、社会领域党建、社会宣传、创新工作等八个主要方面，起草了《怀柔区社会建设工作考核办法》(征求意见稿)。

（二）创新机制，提升了社会工作运行水平

年内，区财政共投入民生领域资金40.3亿元，同比增长33.3%，有效提高了公共服务和社会保障水平。召开了怀柔区构建社会服务管理网格化体系建设工作会，印发了《关于构建社会服务管理网格化体系，促进社会和谐稳定发展的工作意见》和《怀柔区社会服务管理网格化体系建设工作方案》，科学划分了城市和农村单元网格，组建了网格管理员队伍。

（三）完善治理结构，强化了社区规范化建设

年内，下发了《关于推进社区基础公共服务工作实施方案》，首批8个达标社区基础公共服务内容完成率90%，重点服务内容完成率100%的目标。完成了北京市物业改革试点区各项工作任务。研究制定了《关于开展“一刻钟社区服务圈”试点工作的实施方案》，将城区划分成南城和北城两个“一刻钟社区服务圈”，建立了龙山街道和泉河街道两个便民服务中心，组建了便民服务队。完成了2009年13个社区办公和服务用房建设项目，积极推进已批复的2010年11个社区办公和服务用房建设项目。2011年确定的村庄社区化建设共涉及11个镇乡、28个行政村，其中完成改造村12个，在建村16个。全区284个行政村全部建立了农村社区服务站，规范农村社区服务站服务项目71个，其中公共服务47项、公益服务18项、便民服务6项。

（四）服务与管理并重，广泛动员了社会力量

年内，按照一个组织机构、两块牌子的创新工作思路，在全市率先注册成立了社会工作者联合会和志愿者联合会，形成了“社工+义工”社会工作模式。此外，新招录社区工作者90名，落实了社工工资待遇，成立了大学生社工团委，打造了城市文明随身拍等10个特色志愿服务品牌项目，组建了区、街道、社区三级“市民劝导队”。在已认定第一批区级“枢纽型”社会组织的基础上，确定了12家社会组织为第二批区级“枢纽型”社会组织。同时，组织开展了街道（镇乡）、社区级“枢纽型”社会组织试点工作，初步构建了区、街道（镇乡）、社区三级“枢纽型”社会组织管理体系。新注册成立的北京怀柔京北社会工作事务所，设立了研究室，并在镇乡街道设立了工作站。向全区已注册备案的社会组织下发了2012年区政府向社会组织购买公共服务项目指南，召开了购买服务项目培训座谈会，建立了政府向社会组织购买公共服务项目库。

（五）搭建载体，加强了社会领域党建工作

在全市率先研究探索出“项目化运作、星级化管理、联席会推进”的社会领域党建工作模式。组织召开了社会领域党建工作联席会，起草了社会领域党建“星级管理”办法和“星级党建”创建标准。建立了非公有制经济组织数据信息库。召开了非公有制经济组织党组织和党的工作全覆盖工程推进会，开展了“非公有制经济组织党组织和党的工作全覆盖推进月”活动，实现了非公有制经济组织党组织和党的工作全覆盖。开展了“枢纽型”社会组织党建“3+1”模式试点工作，实现了第一批区级“枢纽型”社会组织党组织和党的工作全覆盖。进一步深化了“双重管理、任务量化、制度监管”的在职党员进社区教育管理模式，将在职党员进社区作用发挥与社区建设紧密结合，年内应报到在职党员6927名，实报到6584名，报到率95%，参与社区活动6478人，参与率98%，营造了党员示范引领、全员广泛参与的和谐社区建设的新氛围。

（六）完善机构，强化了社会建设信息化工作

年内，成立了全额拨款事业单位的社会

领域信息化服务中心和舆情管理服务中心工作机构。在优化升级怀柔社会建设信息网的基础上，按照诚实守信、确保安全的原则，与乐居社区网建立合作伙伴关系，完成了全区31个社区网站建设，覆盖率达到100%。

（七）强化宣传，营造了良好社会建设氛围

年内，共挖掘整理信息195篇，其中北京社会建设信息刊载120条，北京市加强和创新社会管理专报采用5篇。《北京日报》《京郊日报》重点报道6篇。区内出刊《社会建设报》12期、《加强和创新社会管理专报》4期、编印了《和谐之花》一书、汇编了《社会建设文件选编》。

（孟吉民）

【成立社会建设信息化服务中心】 1月26日，根据北京市怀柔区机构编制委员会印发的《关于成立北京市怀柔区社会建设信息化服务中心的批复》（京怀编字〔2011〕8号），设立北京市怀柔区社会建设信息化服务中心，核定事业编制4名，其中科级领导职数1名，经费形式为全额拨款。同时核减社会工作办公室机关后勤服务中心全额拨款事业编制2名（合计4名），核定科级领导职数1名。

（孟吉民）

【召开社会领域党建工作联席会】 4月13日，怀柔区社会领域党建工作联席会召开第一次会议。区委副书记萧有茂出席会议并讲话。区委常委、政法委书记李树江主持会议。会上，区委组织部副部长王保军宣读《怀柔区社会领域党建工作联席会制度》，区委社会工委书记胡文云部署2011年社会领域党建工作。21家成员单位主管党建工作领导参加会议。

（孟吉民）

【荣膺红歌比赛最佳组织奖】 5月4日，区委社会工委、区社会办组织36名大学生社区工作者参加了怀柔区庆祝建党90周年红歌会活动，现场演唱了《大海啊，故乡》和《年轻的朋友来相会》，并荣膺最佳组织奖。

（孟吉民）

【召开社区用房调度会】 5月5日，副区长周东金主持召开社区规范化建设和社区办公及服务用房调度会。社区规范化建设试点工作领导小组成员单位主管领导参加会议。

（孟吉民）

【叶青·北沟党员之家落成】 5月10日，怀柔区城乡共建活动现场会暨叶青·北沟党员之家落成典礼仪式在渤海镇北沟村隆重举行。区委副书记萧有茂出席落成仪式并为“叶青·北沟党员之家”揭牌。区委常委、组织部部长王红兵主持落成仪式，区委组织部、区农委、区旅游局、北京叶氏集团和渤海镇等相关单位领导参加落成仪式。

（孟吉民）

【召开物业改革动员大会】 5月12日，怀柔区召开全面贯彻《北京市物业管理办法》试点工作动员大会。区委书记王海平出席会议并讲话。

（孟吉民）

【赴外埠实地接受革命传统教育】 5月12日，为迎接中国共产党建党90周年，区委社会工委组织机关全体党员、入党积极分子和优秀青年赴革命圣地百色进行爱国主义和革命传统教育。

（孟吉民）

【召开新型农村社区试点建设工作部署会】 6月2日，怀柔区召开新型农村社区试点建设工作部署会。区委常委、副区长赵文广出席会议。会议通报了庙城镇史山社区被市农委确定为市级新型农村社区试点。九渡河镇黄花城社区、团泉社区、渤海镇三岔铁矿峪社区、汤河口镇后安岭社区为区级新型农村社区试点。

（孟吉民）

【团市委领导指导“两新”组织团建工作】 6月9日，团市委副书记刘震调研怀柔新社会组织、新经济组织团组织和团的工作，指导“两新”组织团建工作。区委副书记萧有茂陪同调研。

（孟吉民）

【举办红色激情文化广场开幕式】 6月17日，泉河街道举办了以“峥嵘岁月、光荣绽放”为主题的第九届红色激情文化广场开幕式。区委常委、宣传部部长彭丽霞、区政协副主席董林，区委组织部、区委社会工委、区妇联、区广电中心等单位领导出席。

（孟吉民）

【成立大学生社区工作者团委】 7月7日，中共北京市怀柔区委社会工委召开共青团北京市怀柔区委社会工作委员会第一次团员大会。会议选举产生共青团怀柔区委社会工作委员会第一届委员会委员五名。

（孟吉民）

【召开社会组织调查统计工作会】 7月8日，区委社会工委、区社会办组织全区14个镇乡、2个街道办事处主管社会组织培育与发展的领导，召开了怀柔区社会组织调查统计工作部署会。

（孟吉民）

【区政府常务会议审议通过社会建设相关文件】 9月14日，区长齐静主持召开2011年第12次区政府常务会议，区领导王仕龙、赵文广、祝自河、周东金、吴群刚、朱淑霞出席会议。区直各单位、各镇乡主要领导参加会议。会议听取了区委社会工委书记、区社会办主任胡文云同志对怀柔区加强和创新管理工作大会相关文件起草说明，审议通过了区社会办《关于加强和创新社会管理全面提升怀柔社会建设科学化水平的意见》和《关于推进社区基本公共服务工作实施方案》。

（孟吉民）

【区委常委会审议通过社会建设相关文件】 9月15日，区委书记张建东主持召开常委会，听取了区委社会工委书记、区社会办主任胡文云同志对怀柔区加强和创新管理工作大会相关文件起草说明，审议通过了区社会办《关于加强和创新社会管理全面提升怀柔社会建设科学化水平的意见》和《关于推进社区基本公共服务工作实施方案》。

（孟吉民）

【举办加强社会管理创新专题培训班】 9月15日，怀柔区举办“怀柔区加强社会管理创新专题培训班”。来自全区基层党支部书记和部分非公有制经济组织党组织书记，共计600余人参加了为期5天的培训。在开班仪式上，区委常委、区委组织部部长王红兵作动员讲话。区委社会工委书记、区社会办主任胡文云作首场专题讲座。

（孟吉民）

【举办第六届邻里节活动】 9月16日，怀柔区泉河街道“以德为邻、共筑和谐——满怀深情颂党恩、助推和谐旗更红”第六届邻里节在滨湖景观剧场开幕。市委副秘书长王翔出席活动并讲话。区委书记张建东宣布泉河街道第六届邻里节开幕。本届邻里节由红心向党、睦邻和乐、邻里互助、文明践行四个篇章组成，目的是建立“相识、相知、相亲、相助”的新型邻里关系，营造出“以德为邻、以邻为伴、与邻为善”的良好氛围。

（孟吉民）

【召开加强和创新社会管理工作大会】 9月22日，怀柔区加强和创新社会管理工作大会在双阳宾馆隆重召开，市委副秘书长王翔、区委书记张建东分别讲话。区长齐静主持会议。市委社会工委书记、市社会办主任宋贵伦，市委社会工委正局级委员赵小卫，区领导吴德增、武占刚、萧有茂、王仕龙、王红兵、赵文广、彭丽霞、周东金出席会议。区社会建设工作领导小组成员单位，区直各部门，各镇乡、街道主要领导和社区书记（主任）参加。会上，区委政法委、北房镇、龙山街道分别作了表态发言。大会印发了《关于加强和创新社会管理全面提升怀柔社会建设科学化水平的意见》《怀柔区加强和创新社会管理折子工程》《怀柔区2011年至2012年加强和创新社会管理十项重点任务》《关于推进社区基本公共服务工作实施方案》。

（孟吉民）

【召开区委常委会落实全国电视电话会议精神】 9月30日，区委书记张建东主持召开专题常委会，学习贯彻落实中共中央政治局常委、中央政法委书记、中央社会管理综合治理委员会主任周永康在全国加强和创新社会管理电视电话会议上的重要讲话精神和北京市委书记刘淇重要指示精神。区长齐静部署落实电视电话会议工作安排。区委副书记萧有茂传达电视电话会议精神。

（孟吉民）

【召开社区用房建设项目推进会】 10月18日，副区长周东金主持召开怀柔区第二批社区办公和服务用房规范化建设项目推进会。会上，副区长周东金提出四点要求：一是要按照市、区要求，按时完成任务；二是各部门密切配合，加快手续办理；三是严格资金管理和使用；四是加强督查，每半个月，区社会办要向区政府汇报项目进展情况。

（孟吉民）

【组织干部到上海浦东干部学院学习】 10月24日，怀柔区委选派16名处级干部到上海浦东干部学院参加为期7天的“社会建设管理创新”高级研修班学习。

（孟吉民）

【召开网格化社会管理工作会】 11月4日，怀柔区召开构建社会服务管理网格化体系建设工作会。区委副书记、政法委书记、综治委主任萧有茂出席会议并讲话。副区长、综治委副主任祝自河部署构建社会服务管理网格化体系工作。政法委常务副书记、区综治办、流管办主任糜柏杨主持会议。会议下发了区委、区政府《关于构建社会服务管理网格化体系促进社会和谐稳定发展的工作意见》和《怀柔区社会服务管理网格化体系建设工作方案》。

（孟吉民）

【区残联成立社会组织党建工作委员会】 11月9日，区残联社会组织党建工作委员会成立。市委社会工委委员、市社会办副主任陈建领，市残联党组副书记、副理事长郭克利，区委副书记萧有茂分别为“北京市怀柔区残联社会组织党建工作委员会”和“中共北京市怀柔区残联社会组织联合党支部”揭牌。副区长周东金主持会议。区有关部门、各镇乡、街道残联理事长参加会议。

（孟吉民）

【成立文明随身拍志愿服务队】 11月11日，由区文明办组建的“文明随身拍”志愿服务队正式成立。区委常委、宣传部部长彭丽霞在启动仪式上讲话。首都文明办宣教处处长奚立龙出席活动。

（孟吉民）

【与西城区金融街街道建立共建关系】 11月30日，西城区金融街街道工委书记熊卓、办事处主任王旭一行6人来到龙山街道，与怀柔区龙山街道、泉河街道正式签署加强友好交流与合作协议书。区领导萧有茂、周东金出席签字仪式。

（孟吉民）

【成立社会工作者联合会和志愿者联合会】 12月5日，怀柔区社会工作者联合会、怀柔区志愿者联合会正式成立。市委社会工委委员、市社会办副主任刘轩，市社团办党委书记、主任温庆云及区领导萧有茂、焦振华、闫振佳出席成立大会。团区委书记孙力强主持大会。

（孟吉民）

【召开社区用房项目审计工作会】 12月20日，副区长刘久刚组织区委社会工委、区社会办、区发改委、区财政局、区审计局、区民政局领导召开怀柔区社区用房项目专项审计工作会。

（孟吉民）

【建立非公有制经济组织基本情况数据信息库】 年内，对全区非公有制经济组织进行了统计调查，建立了全区21个单位所辖的12628家非公有制经济组织的基本情况数据信息库。

（孟吉民）

【完成物业改革试点区各项指标任务】 年内，完成了北京市物业改革试点区各项工作任务，191个住宅小区全部成立了业主大会、18838套商品房维修资金进行了归集、33857套房屋业主发放了业主一卡通，实现了试点区业主大会组建、维修资金归集、业主一卡通发放“三个全覆盖”。

（孟吉民）

【全区284个行政村社区服务站全覆盖】 年内，全区284个行政村全部建立了农村社区服务站，规范农村社区服务站服务项目71个，其中公共服务47项、公益服务18项、便民服务6项。

（孟吉民）

【组建三级市民劝导队】 年内，面向社会公开招募了40名公共文明引导员，组建了怀柔区公共文明引导员大队，下设泉河中队和龙山中队。24个城市社区分别组建了社区文明劝导队，构建了区、街道、社区三级市民劝导队工作网络。

（孟吉民）

【积极推进村庄社区化建设】 年内，确定村庄社区化建设11个镇乡、28个行政村，其中完成改造12个村、在建16个村。

（孟吉民）

【实现社区网站群全覆盖】 年内，在优化升级怀柔社会建设信息网的基础上，按照诚实守信、确保安全的原则，与乐居社区网建立合作伙伴关系，完成了全区31个社区网站的前台建设和后台测试工作，覆盖率达到100%。

（孟吉民）

密云县

【概况】 2011年是全面实施“十二五”规划的开局之年。密云县认真贯彻落实中央和北京市指示精神，按照“社会建设努力走在全市郊区前列”奋斗目标要求，以保障和改善民生为重点，以加强和创新社会管理为动力，高标准完成了各项工作任务，推动全县社会建设工作迈上了新台阶。

（一）健全体制，完善规划，全面加强社会建设统筹协调

县第十二次党代会对全面加强社会建设工作提出了新的要求，进行了全面部署。县“十二五”规划将社会建设作为与经济建设、生态建设并列的三大内容，摆上了重要位置。专门编制了《密云县“十二五”时期社会建设规划纲要》，从社会保障、公共服务、社会管理、社会环境、社会稳定等5个方面明确了今后五年社会建设的发展目标和26项主要任务，使社会建设的工作框架和工作重点进一步明晰。

充分发挥县社会建设工作领导小组及其办公室职能作用，加强对全县社会建设工作

的统筹协调和监督指导。在各镇街成立社会工委党委，村（社区）全部建立社会服务管理站，构建了县、镇（街）、村（社区）三级纵向到底的组织体系。将社会建设和社会管理纳入了县委、县政府对镇（街）年度责任制考核，进一步落实工作责任。基本形成了社会建设重大事项由领导小组统筹研究、统一部署，日常工作调度由领导小组办公室综合协调、督促检查，各项任务由各部门分工负责、各尽其职的机制。

（二）总体设计，分步推进，率先建立农村网格化社会服务管理模式

认真总结“奥运”安保成功经验、和谐创安自治协会工作模式以及“六护”（护水、护河、护山、护林、护地、护环境）管理机制的主要做法，以“四级平台、六项机制”为基础，借鉴城市网格化管理理念，在穆家峪、石城、不老屯、东邵渠4个镇探索形成了横向以自然村落、土地山场、公路河流等地理特点划分基础网格，纵向以治安、流管等职能因素划分业务网格，以网格社会管理员作为信息源和连接点的立体分类式网格化社会服务管理新模式。

在总结试点经验的基础上，在全县全面推进农村网格化社会服务管理工作。17个镇和经济开发区共划分网格5491个，整合各类协管员、保洁员、管水员、护路员、“六护”巡查员、基层党员、村民代表、大学生村官和志愿者等1.8万人担任社会管理员，实现了农村地区所有人、地、物、事、组织的精细化管理。实行网格化管理以来，全县信访人次同比下降55%，刑事发案率下降20%。10月27日，市委书记刘淇到密云调研时，对农村网格化社会服务管理工作给予了充分肯定。

（三）构建和谐，志愿先行，全力打造“全社会、多领域、多层次、长效化”志愿服务体系

全社会参与志愿服务活动，成立了郊区首家志愿者联合会，启动实施了“绿色国际休闲之都·志愿密云”行动。截至年底，志愿者达7.2万人，占常住人口的15.5%。年内，各级各类志愿者组织开展志愿活动5600余次，参与志愿者26.5万人次。多层次构建服务体系，形成了县、镇（街）、村（社区）三级联动的组织网络，全县各行政村、社区全部建立了志愿服务站；建立了覆盖各领域的志愿服务队2049支，完成志愿者培训1.1万余人次。多领域拓展志愿服务工作，如围绕保护生态环境，8100余名“六护”志愿者积极参加“六护”行动；围绕农民增收，工商联组织“百名企业家对接百个贫困户”志愿活动；围绕社会稳定，1.42万余名治安志愿者长期进行志愿巡逻；围绕文化服务，6300余名文体志愿者活跃在各社区（村），带动群众开展文体活动。长效化推动志愿服务事业，建立了志愿服务绩效评估体系和长效激励机制，开展“优秀志愿服务团队、优秀志愿者”评选表彰活动，大力宣传志愿服务先进典型。果园街道文化志愿者刘淑芹当选全国百名优秀志愿者。

（四）党建引领，创新载体，着力构建社会领域区域化党建新格局

构建社会领域区域化党建新格局。以镇街党建工作联席会制度为平台，建立了党建工作联建共建机制，将辖区内所有驻区单位、非公经济组织、社会组织党组织和党员纳入区域统筹之中，广泛开展共驻共建，构建了区域化党建新格局。

加快推进“两新”组织党建工作。深化推广商管协会模式，在县城地区各街道及周边乡镇全部建立了商管协会总会，成立社区商管协会39家，实现对上万家规模以下“两新”组织党建和服务管理全覆盖。大力实施非公有制企业党建推进工程，在符合条件的规模以上非公有制企业全部建立了党组织。扎实开展26个非公有制企业党组织“五个好”示范点建设，以党建工作成效增强了党组织的影响力和凝聚力。

深入开展纪念建党90周年活动。以创先争优和纪念建党90周年为契机，培育形成了果园街道“共驻共建”、百年栗园“党组织

＋合作社＋农户”等党建品牌。开展社会领域先进典型评选表彰活动，8个单位和个人被评为市级先进。在街道举办了“党在百姓心中”主题宣讲活动，基层群众从不同角度展示了建党90周年的光辉历程和伟大成就。组织召开了落实胡锦涛总书记“七一”讲话精神推进社会领域党建工作会，将社会领域党建和创先争优活动进一步引向深入。

（五）夯实基础，强化服务，不断推进基层基础工作取得新成效

完善社区服务管理体系。完成了2009年批复的剩余6个社区（檀城、太扬家园、檀州家园、果园新里、康馨雅苑、亚澜湾）规范化建设，在全市率先完成了城市32个社区规范化建设试点，各社区办公服务用房面积均达到350平方米以上。规范提升城市社区服务站，完成4个“一刻钟社区服务圈”示范点建设，实现城市社区基本公共服务全覆盖。在全市率先建立村务监督委员会，夯实基层社会服务管理基础。327个行政村全部建立农村社区服务站，使农民群众享受社区化服务。

不断提高社工队伍职业化、专业化水平。在全市率先核定455名社工编制，将社工纳入全县人才发展规划，制定了《密云县社区专职工作者考核办法》等管理制度，健全了社区工作者管理、使用和发展体系。组织全县400余名社工开展集中培训，印发了《社区工作者培训手册》，将培训作为考核评优、提拔任职的重要依据。成立了远郊首家社工事务所，社会工作职业化、专业化进程不断加快。

进一步激发社会组织活力。在全县范围内开展了社会组织基本情况调查统计，为培育发展奠定基础。认定了首批10家县级“枢纽型”社会组织，指导成立了全市首家社区心理服务中心、文化志愿者协会等公益性社会组织，推动社会组织发展规范化、法制化。争取市社会建设专项资金100万元，购买了9项社会组织服务项目，各社会组织开展服务活动200余场，受益群众2万余人。

加快推进社会建设领域信息化建设。组建了130人的社会建设信息员队伍，覆盖了县社会建设工作领导小组所有成员单位、各主要社会组织和非公有制企业。积极搭建社会建设信息工作平台，开通了密云社会建设网，做到每个工作日都有更新；创办了《密云社会建设》刊物，目前已印发普刊21期、专刊6期。积极宣传我县社会建设经验成效，年内共播出或刊发各类社会建设信息100余条。

（陈小忠）

【召开社区规范化建设总结表彰会】 1月10日，密云县召开社区规范化建设总结表彰会，副县长徐芳主持会议。市委社会工委委员、市社会办副主任周开让，县委副书记王玉江出席。会议总结了2009—2010年社区规范化及“一刻钟社区服务圈”建设情况，部署了2011年工作，表彰了社区规范化建设示范社区、“一刻钟社区服务圈”优秀示范点。会后，周开让、王玉江、徐芳等领导还实地考察了社区规范化建设示范社区、“一刻钟社区服务圈”优秀示范点。

（马海涛）

【《密云社会建设》正式创刊】 1月11日，由中共密云县委社会工作委员会、密云县社会建设工作办公室主办的《密云社会建设》平面刊物正式创刊。该刊秉持“以人为本、关注民生、服务社会、促进和谐”的宗旨，旨在介绍全县各单位、全市各区县、全国各地区在社会建设领域的好经验、好做法，及时报道工作动态，集中展示先进风采，研究探索理论实践，提供与人民群众沟通的新渠道，搭建推进政务公开的新载体，开辟展示社会建设成果的新窗口，构筑宣传社会建设工作的新园地。

（陈小忠）

【开展社会领域党组织领导点评创先争优活动】 2月12—20日，县委社会工委开展社会领域党组织领导点评创先争优活动。点评

紧紧围绕贯彻落实《北京市社会服务管理创新行动方案》，以履行职责、兑现承诺、发挥作用等情况为主要内容，从肯定成绩、指出问题，明确努力方向等方面，对社会领域基层党组织和党员进行了面对面的、有针对性的点评，推动创先争优活动深入开展。

（张　宁）

【向非公有制企业党组织赠阅党刊】 2月22—25日，县委社会工委开展为非公有制企业党组织赠阅党刊活动。向北京东方神韵工贸有限公司党委、百年栗园合作社党支部等10家具有代表性的非公有制企业党组织赠送了为期一年的《党建》刊物，帮助广大非公有制企业党员及时了解党务工作动态、提高自身思想政治素养和党务知识水平。

（徐京涛）

【县委常委会专题研究社会建设工作】 2月28日，县委书记汪先永主持召开十一届县委第110次常委会议，专题研究社会建设工作。会议听取了全县社会建设和社会服务管理创新工作情况的汇报，强调推进社会建设工作，要突出重点、注重实效，努力在社会安全稳定、文明和谐、服务管理、民生保障等方面抓出效果，取得实实在在的突破；要把志愿服务工作作为我县社会服务管理工作的切入点，进一步整合资源，拓宽领域，完善机制，建立起“全社会、多领域、多层次、长效化”的志愿服务模式。

（陈小忠）

【举办“绿色国际休闲之都·志愿密云”启动仪式】 3月4日，密云县举办“绿色国际休闲之都·志愿密云”启动仪式暨密云县志愿者联合会成立大会。市委常委梁伟，市委副秘书长王翔，市委宣传部副部长、首都文明办主任陈冬，团市委书记王少峰，市委社会工委委员、市社会办副主任周开让和密云县四套班子领导出席仪式。县委县政府各部委办局、各人民团体、各街道（乡镇）负责人、志愿者联合会理事、常务理事、志愿服务组织负责人和志愿者代表等约500人参加启动仪式。仪式上，梁伟、王翔、汪先永共同启动了“绿色国际休闲之都·志愿密云”行动。汪先永深入阐述了“全社会、多领域、多层次、长效化”的服务理念，并就做好志愿服务工作提出了明确要求。梁伟对密云志愿服务工作给予了充分肯定，希望密云县在全面推进志愿服务过程中，要围绕中心工作，服务发展大局；加强统筹协调，整合各方资源；健全长效机制，注重实际效果；积极营造有利于志愿者工作发展的社会环境，为首都志愿者工作和社会建设事业作出新的更大的贡献。

（陈小忠）

【启动保护首都生命之水“绿色密云”志愿行动】 3月22日，密云县在溪翁庄镇举行保护首都生命之水“绿色密云”志愿行动启动仪式，县委副书记、县志愿者联合会主席王玉江出席。县志愿者联合会有关负责人为“绿色密云”志愿行动教育基地授牌；北京水源保护基金会、北京自然大学分别与溪翁庄镇石马峪村、密云水库中学确立了合作关系，携手共建绿色密云。该行动旨在进一步强化“保水第一责任”的理念，动员社会各界共同担负起“保护首都生命之水”这一光荣而神圣的使命，全力打造“全社会、多领域、多层次、长效化”的志愿服务模式。

（陈小忠）

【召开大学生社区工作者座谈会】 4月12日，县委社会工委、县社会办召开大学生社区工作者座谈会。10名优秀大学生社工代表畅谈了对社区工作的认识和体会，结合本职工作阐述了自身发展规划，并就工作、生活中的实际需求以及加强社区服务管理工作提出了意见和建议。县委组织部、县编办、县人力社保局、县民政局以及街道和部分社区有关负责人参加了会议。

（刘　杰）

【远郊首家社会工作事务所成立】 4月，远郊首家专业社会工作机构——密云家业如心社会工作事务所正式成立。该社工事务所主要为社区居民提供心理辅导、青少年事务、为老助残服务等各项服务活动；同时，针对社区工作者开展培训和督导。事务所现有专业社工2名、心理咨询师2名，专业社工督导1名，其他兼职社会工作人员2名，心理服务志愿者20名。密云家业如心社工事务所成立后，与北京工业大学人文社会科学院社会工作系合作，积极开展社区居民心理疏导调试和社区心理咨询志愿活动，促进居民心理健康。

（陈小忠）

【参展2011北京社会公益活动周】 4月20日，密云县多家社会组织参加“2011北京社会公益活动周暨第二届首都青少年公益节”活动。在社会组织集中展示和现场演示环节中，全面细致地介绍了近年来社会组织发展和参与社会服务管理的整体情况，通过图片展示集中反映了社会组织联合会、空巢老人送餐服务队和家业如心社工事务所等社会组织取得的工作成果。县文化志愿者协会、旅游行业协会现场展示了民间手工技艺作品以及具有浓厚地域特色的民俗风情旅游纪念品和密云旅游宣传资料。

（陈小忠）

【社会建设网正式开通】 4月21日，中共密云县委社会工作委员会、密云县社会建设工作办公室官方网站“密云社会建设网”正式开通。该网站立足宣传社会建设、沟通社情民意、服务居民群众的功能定位，设置了《社会建设动态》《便民服务》《社区建设》《志愿服务》《社情民意》《生活文艺》《网上调查》《网上咨询》《居民互动》等21个主要栏目，内容涵盖了信息公开、社会建设各领域工作动态、经验成效等内容，突出互动和服务功能。网站的开通，创建了展示社会建设的新窗口、沟通政府和群众的新桥梁、研究交流工作的新园地、服务居民群众的新平台。

（陈小忠）

【“党在百姓心中”主题宣讲活动举办】 5月12日，密云县在鼓楼、果园街道举办“党在百姓心中”主题宣讲活动。来自社区党组织、专职党务工作者、社区退休党员、社区志愿者、社区工作者中的基层宣讲员分别从各自工作实际，讲述了各条战线上基层党员的感人事迹，从不同侧面展示建党90周年的光辉历程和改革开放30多年的伟大成就，抒发基层党员群众对党的无限热爱。市委社会工委、市委讲师团有关负责同志和专家评委出席活动。

（陈小忠）

【全市首家村务监督委员会成立】 6月1日，密云县石城镇召开创新社会服务管理工作会，总结完善村级重大事项民主决策八步法和票决制、村级财务逐笔公开等工作经验，整合提升现有的村务公开监督小组和村民民主理财小组功能，在石塘路村成立了北京市首家村务监督委员会，在村党组织领导下对村级重大事项、财务管理、村务公开制度执行情况等村级事务实施监督，向村民会议和村民代表会议负责并报告工作，完善了以村党支部为领导核心、村民会议和村民代表会议为决策机构、村民委员会为管理执行机构、村务监督委员会为监督机构的村民自治机制。

（陈小忠）

【召开农村社会管理创新暨网格化管理推进现场会】 6月23日，密云县在东邵渠镇召开农村社会管理创新暨网格化管理推进现场会。县委常委、政法委书记张玉鲲，县委常委、常务副县长王稳东出席现场会。会上宣读了县委、县政府《关于推进农村社会网格化管理工作的意见》，对农村网格化管理推进工作进行了全面部署。东邵渠镇、穆家峪镇、不老屯镇及东邵渠镇太保庄村等单位作了典型发言。会议要求，推进农村社会网格化管理工作，要继承“四级平台、六项机制”综治维稳工作模式的有效经验；要结合自身实际创新工作；要实现基层资源和力量的整合、工作的综合；要体现党的领导、村民自治，明确党组织的作用。

（陈小忠）

【全市首家社区心理服务中心成立】 6月28日，果园街道举行社区心理服务中心揭牌仪式。中国科学院心理研究所党委书记李安林、县委副书记王玉江出席。该中心是果园街道与中国科学院心理研究所、北京社会心理研究所合作共建的全市首家社区心理服务中心，被列为全国唯一的非灾区社区心理服务试点。中心以“加强和改进思想政治工作，注重人文关怀和心理疏导”为宗旨，通过开展“心理健康进社区”系列服务活动，为居民提供心理健康和心理疏导服务，促进家庭和睦、邻里和气、社区和谐。

（陈小忠）

【党员干部进社区“时间银行”志愿项目启动】 6月29日，鼓楼街道党工委、县直机关工委举办共建签约暨党员干部进社区“时间银行”启动仪式。县志愿者联合会名誉主席郑亚娟，县委副书记、县志愿者联合会主席王玉江，副县长、县志愿者联合会常务副主席徐芳出席。党员干部进社区“时间银行”是党员干部将志愿服务社区的时间存进“时间银行”，当自己遇到困难时可以从中支取“被服务时间”。会上，鼓楼街道党工委与县直机关工委就共建工作正式签约，启动了“党员干部进社区——时间银行志愿服务储蓄卡”。

（陈小忠）

【举办志愿者骨干培训班】 7月6日，县志愿者联合会在县委党校举办密云县志愿者骨干培训班开班仪式暨首场讲座，市委社会工委、市志愿服务指导中心、县志愿者联合会有关领导出席仪式，全县各级各类志愿者组织和项目负责人、志愿者骨干近500人参加培训。县志愿者联合会依托县委党校建立了密云县志愿者培训基地，制定了《2011年度密云县志愿者培训实施方案》，并聘请了国家行政学院、市委社会工委、市志愿服务指导中心等单位的6名领导和学者担任首批专家顾问，在县内聘请了23名各领域资深研究和管理人员担任志愿者培训师。年内，全县各级各类志愿者组织还采取了专题讲座、以会代训、经验交流等灵活多样的形式对80%以上的基层志愿者骨干进行了培训，提高其活动能力和创新能力。

（陈小忠）

【召开落实“七一”讲话推进社会领域党建工作会】 7月21日，密云县召开贯彻落实胡锦涛总书记“七一”讲话精神推进密云社会领域党建工作会。会上，深入学习了胡锦涛总书记“七一”重要讲话和市委十届九次全会精神，对社会领域党建工作进行了总结，对下一步贯彻落实中央和市委精神，推进社会领域党建工作创新发展进行了部署，果园街道党工委、穆家峪镇党委、密云镇党委、鼓楼街道商管协会党总支、东方神韵有限公司党委5个基层党组织负责人作了交流发言。

（张　宁）

【赴朝阳区考察社会服务管理创新工作】 7月22日，副县长徐芳带领县委社会工委、县民政局、各街道（地区）、石城镇和部分社区负责同志赴朝阳区进行考察。考察组一行先后参观了朝阳区全模式社会服务管理指挥中心、麦子店街道一站式服务大厅和综合指挥中心、枣营北里社区服务站以及亚运村街道综治维稳中心、文体活动中心，并就社会服务管理体系建设、社区建设等工作中遇到的难点问题与朝阳区有关领导进行了广泛深入交流。

（陈小忠）

【举办2011年社区工作者培训班】 7月25日，密云县2011年社区工作者培训班正式开班，副县长徐芳出席开班仪式。本次培训共分两期，每期4天。县委社会工委、县社会办成立了领导小组，制定了《密云县2011年社区工作者培训方案》，聘请了市、县社会建设领域专家学者担任讲座教授。主要开设北京社会服务管理创新探索与实践、社区建设新形势新特点、党建工作在社区建设中的作用、沟通与交流技巧等课程，采取集中授课、分组讨论、参观学习等形式，对全县400余名社区工作者（含社区事业编制人员）全部了进行培训，提高其业务能力、服务能力和综合素质。

（马海涛）

【非公有制企业家向灾区群众献爱心】 7月27日，县志愿者联合会、县工商联组织北京中加实业集团有限公司、北京中防恒立人防设备有限公司、北京密云燕山大酒店等16家非公有制企业负责人，组成救灾援助志愿服务队，到“7·24”强降雨受灾最严重的太师屯镇龙潭沟等村救灾安置点慰问受灾群众，送去矿泉水、方便面、冰鲜猪肉等生活物资和爱心捐款，帮助群众渡过难关、重建家园。

（陈小忠）

【召开社会建设信息工作会议】 7月28日，密云县召开社会建设信息工作会议，县社会建设工作领导小组各成员单位分管领导和信息员100余人参加会议。会上下发了《密云县社会建设信息先进工作者考核办法》，明确了社会建设信息先进工作者考核对象、评分细则和奖励等措施，旨在进一步激发了社会建设信息员的工作主动性和积极性。会后邀请了有关专家就信息和新闻撰写的方法和技巧作了专题讲座，以提高社会建设信息员的信息敏感性和业务水平。

（陈小忠）

【召开“一刻钟社区服务圈”现场推进会】 8月22日，密云县召开了“一刻钟社区服务圈”建设现场推进会。会上，2010年“一刻钟社区服务圈”优秀示范点果园西里社区作了典型发言和经验介绍，2011年“一刻钟社区服务圈”试点社区代表进行了现场观摩，并针对社区公共服务、便利服务、志愿服务、特色服务等工作内容开展了交流和讨论。县委社会工委、县社会办有关负责人从“一刻钟社区服务圈”建设的意义、内容、方法、具体要求等方面，对下一步工作进行了重点部署。

（陈小忠）

【延庆县领导到密云县考察农村网格化管理工作】 9月21日，延庆县委副书记郭振清、县委常委于少东及延庆县委社会工委、农工委、研究室、政法委等部门负责同志到密云县考察农村网格化社会服务管理工作，密云县委副书记王玉江、副县长徐芳一同考察。实地考察了东邵渠镇太保庄村和东邵渠镇农村网格化社会服务管理指挥中心，听取了密云县开展农村网格化社会服务管理的情况介绍，并与有关单位负责同志进行了座谈。

（陈小忠）

【深化“非公有制企业党建推进工程”部署会召开】 11月10日，密云县召开全县深化“非公有制企业党建推进工程”部署会。县委各工委，各镇党委，县委、县政府有关部委办局，各人民团体、企事业单位党委（党组）分管领导参加会议。会议认真总结了近年来全县非公有制企业党建工作的经验成效，分析研究了新形势下非公有制企业党建工作面临的新情况、新问题，安排部署了“非公有制企业党建推进工程”的主要任务和工作目标。会议要求各地区、各系统要充分认识实施“非公有制企业党建推进工程”对于加强党的基层组织建设、加强和创新社会管理的重要意义；要破解工作难题，准确把握推进工程的总体要求和着力点，努力解决底数不清、符合条件不愿建、想建不会建和党员数量不足等问题；要落实责任，形成推进合力，创新模式打造特色品牌，努力实现到2012年底前非公有制企业党建工作走在全市郊区前列的目标。

（徐京涛）

【加快推进网格化社会服务管理工作会召开】 11月30日，密云县在河南寨镇组织召开加快推进网格化社会服务管理工作会，县委副书记王玉江、副县长郭洪泉出席。会上下发了《关于加快推进网格化社会服务管理工作的实施方案》，对全县网格化社会服务管理工作进行了再动员、再部署。会议要求各单位认真抓好《实施方案》的贯彻落实，按照时间节点扎实推进网格化管理工作，全面提升我县网格化社会服务管理工作的规范化、高效化、精细化水平，为2012年全国“两会”和党的十八大召开奠定安全稳定基础。

（陈小忠）

【果园街道文化志愿者刘淑芹当选全国百名优秀志愿者】 12月4日，由中央文明办主办，中国志愿服务基金会、中国文明网、央视网等单位承办的“全国优秀志愿者和优秀志愿服务组织评选活动”结果揭晓。经过市、县推荐和全国5972万网民投票，评选出100名全国优秀志愿者，密云县果园街道文化志愿者刘淑芹当选。刘淑芹是果园街道季庄社区文化志愿者协会会长，10余年来全身心致力于社区文化志愿服务活动，培养文化志愿骨干200多名，个人累计志愿服务时间达1.1万多小时。

（陈小忠）

【北京居民心理健康疏导公益行动名家讲座走进密云】 12月8日，北京居民心理健康疏导公益行动名家讲座在密云县果园街道举办，由北京社会心理研究所聘请的心理专家王晓红和张旭生主讲，200余名社区居民和社区工作者参加。讲座以“关注心理健康，享受美好生活”为主题，从引导居民建立包容的心态、充分享受生活、时刻不忘感恩等方面，结合实际案例进行分析讲解，并与现场学员进行了交流互动。

（陈小忠）

【开展2011年度社会建设考核检查】 12月21—28日，由密云县社会建设工作领导小组办公室牵头，采取听取工作汇报、实地检查、查阅档案资料、与有关人员座谈等形式，对全县17个镇、2个街道和1个地区2011年度社会建设工作责任制进行了检查考核。通过检查，全面了解了全县社会建设和社会服务管理创新工作推进情况，对存在不足进行了分析，为明确2012年社会建设工作重点提供依据。

（陈小忠）

【政府专项资金购买社会组织服务工作完成】 年内，争取市社会建设专项资金100万元，向果园街道社会组织联合会、密云家业如心社会工作事务所、密云县家路礼仪培训学校等8家社会组织购买了科学健身知识普及、青少年心理援助、文明礼仪宣讲、山区留守妇女技能培训等服务项目。召开了专项资金购买社会组织服务工作推进会，对项目实施工作进行了全面部署；下发了《政府购买社会组织服务项目实施指引》，与各社会组织签订了承诺书及合作意向书，明确了项目实施期限、服务内容及权利义务；建立了日常检查监管制度，强化对社会建设专项资金的监管。截至年底，各社会组织共开展了200余场成效明显、影响广泛的社会化服务活动，受益群众达到2万余人。

（刘　杰）

【4个“一刻钟社区服务圈”示范点建成】 年内，选择东莱园、鼓楼、果园新里北区、康居4个社区开展“一刻钟社区服务圈”示范点建设。制定了“一刻钟社区服务圈”试

点建设方案，指导试点社区对照《北京市基本公共服务指导目录》10大类60项内容逐项梳理，完善已有服务、补充缺失服务，积极协调相关部门配套服务设施，完成了“一校、二栏、三中心、四场、五室、六站、九网点”的服务配套设施标准建设，形成了以社区综合服务设施为主体、各类专项设施为配套、服务网点为补充、室内外设施相结合的设施网络。

（刘　杰）

【社区规范化试点建设全面完成】 年内，在康馨雅苑、檀州家园等6个社区开展了社区规范化建设试点工作。制定下发了《密云县关于推进社区规范化建设试点工作的实施方案》，进一步明确了社区规范化建设的指导思想、任务目标、实施步骤和工作要求，从规范社区服务站建设、规范社区工作职能、规范社区运行机制等7个方面对社区规范化建设进行了部署；协调各街道成立了“推进社区规范化建设试点工作领导小组”，统筹各项工作开展。年底，各试点社区均顺利通过了市级检查验收。至此，2009年批复的全部32个社区规范化建设试点全面完成。

（刘　杰）

延庆县

【概况】 2011年，中共延庆县委社会工作委员会、延庆县社会建设工作办公室在县委、县政府的正确领导下，围绕建设“绿色北京示范区”的发展目标，坚持统筹兼顾，开拓创新，以政府折子工程、为民办实事工程为重点，加快推进社会建设步伐，在社区建设、社会组织培育、社会服务管理创新和社会领域党建等方面工作，社会建设各项工作取得了显著进展，呈现出良好发展态势。

（一）大力推进折子工程，全面夯实社会服务管理基础

按照“先易后难、分步实施”的原则，以折子工程为着力点，全面加快社区规范化建设步伐。一是加快社区规范化建设步伐。组织召开专题部署会议，对2009年申报的5个社区用房建设面积、建设资金、投入使用等情况进行了全面核查，顺利完成了北京市检查组对全县2009年社区用房规范化建设项目的检查验收工作。同时积极协调加快对2010年社区用房规范化建设19个项目的审批工作，市发改委共批复全县2010年社区用房规范化建设总面积为8610平方米，总投资为8369.66万元。目前（康安、永安、舜泽园、永宁、刘斌堡）5个社区已入驻办公，（新兴、千家店、四海、珍珠泉、莲花苑、高塔、双路、泰安、旧县）9个社区已落实相关手续并准备开工建设。二是稳步推进老旧小区改造。积极配合县住建委并协调街道，在充分调查摸底的基础上，确定对川北东等9个老旧小区基础设施进行改造。此次改造项目资金为2600万元，改造项目包括硬化、亮化、绿化、雨污分流、化粪池、屋面防水改造等内容，目前各老旧小区改造工作正在有序进行当中。三是积极推进物业管理改革试点。多次到街道社区实地调研、倾听社区居民意见，研讨试点工作出现的问题，解决试点工作面临的困难，在总结试点经验的同时，对未开展试点工作的社区，做好规范物业管理的前期准备工作，目前已经完成所有社区的业主委员会的组建工作，按照分类制定因地制宜的物业试点方案。四是大力推进“一刻钟社区服务圈”建设。按照全县折子工程要求，在充分调研与实地走访的基础上，制定了《“一刻钟社区服务圈”指导意见》，确定百泉街道湖南社区与振兴南社区、香水园街道川北东社区、康庄镇等4个社区为“一刻钟社区服务圈”试点社区，梳理出40多项便民服务项目，充分利用便民手册，开通手机信息服务平台等工作载体，强化为老服务、急需服务、就业服务、医疗服务等方面的需求服务，不断满足社区居民日常生活服务需求。

（二）统筹协调社会发展，着力加强以改善民生为重点的社会建设

坚持以服务民生为核心，把改善民生作为工作着力点，对工作中统筹和协调。一是逐步健全社会管理体制机制。我们成立了50多个相关部门和单位组成的县社会建设工作领导小组，协调20多个部门共同完成《延庆县社会服务管理创新折子工程》的制定。二是不断增强社会协同作用。通过不断总结推进小区物业管理试点工作中的经验，组织人员到小区物业管理试点社区实地参观。聘请果树和花卉专家到八里店村送技术、送信息，帮助农民经营好村梨园和牡丹园。认真办理人大代表、政协委员所提议案，办理工作得到人大代表、政协委员的好评。积极协调推进民警驻社区、城管进社区工作，社区秩序更加有序。三是不断健全社会服务管理制度。市委十届九次全会后，县委孙书记专题对社会建设工作进行了实地调研，并责成社会工委做好会议精神的贯彻落实，由社会工委负责，形成了统筹推进全县社会建设与管理的指导性文件和39项社会服务管理创新折子工程，并建立10个专项工作组，具体负责社会服务管理折子工程相关项目的落实。

（三）加强各支队伍建设，逐步提升社会工作人才管理和服务水平

人才队伍培养建设是开展好社会建设工作的重要保障，社会工委高度重视对各支队伍的培养和管理。一是加强对街道领导干部的培训。邀请县“十二五”宣讲团成员、街道领导班子成员为党员干部集中培训，开展社工论坛、干部讲座等活动，有效提升了干部队伍的整体素质。坚持每月开展一次中心组理论学习，并统筹学习进度，按时完成领导干部40学时的在线学习任务，多种形式加强领导干部培训。二是加强社工人才队伍建设。社会工委聘请专家对170名社区工作者进行40学时的执业资格培训，并制定健全了《延庆县社区专职工作者管理办法》《社会工作人才培养工程实施方案》等规范管理制度。三是加强社会志愿者队伍的培育。全面壮大和发展志愿者组织，结合群众性生态文明创建工作，各街道成立由社区党员为主体的66支环保志愿服务队伍；百泉街道在温馨家园成立了志愿服务基地，成立春之力志愿服务队，儒林街道成立的“红袖标”“青苹果”“绿丝巾”“同心缘”4支已有300余人的党群志愿者队伍。志愿者开展免费理发、健康咨询、法律宣传、安全保卫等各类志愿服务活动，受到群众的好评，初步形成志愿服务品牌。

（四）优化社会组织成长环境，加快推进社会组织健康有序发展

社会工委通过一年多来的积极探索和实践，在社会组织管理与服务方面有了深入发展，充分调动了社会组织参与社会建设的积极性。一是全面加强社会组织管理和服务。上半年对全县现有社会组织以及志愿者队伍情况进行摸底调查工作，并对这些数据进行了分类造册登记，其中已有53支有社会效益的志愿者队伍，同时组织社工开发了《社会组织管理系统》以及《志愿者队伍管理系统》，基本实现了对社会组织及志愿者队伍底数清、情况明的动态管理。二是参与政府购买社会组织服务项目申报。针对全县社会组织数量少、规模小、活动不规范的实际，2011年借助北京市购买300项社会组织服务这一契机，在充分调研的基础上，以项目化运作的方式，从140多个申报项目中，审核、挑选、包装了32个具体项目，最终共批准12个项目，争取108万资金，在政府补贴服务的运作模式上实现了突破。三是促进社会组织的交流与发展。全面了解各组织发展现状，根据北京市相关工作部署，召开了全县9家“枢纽型”社会组织座谈会，筹划将“枢纽型”社会组织纳入全县社会组织管理序列，进一步健全社会组织管理体制和工作机制，组织妫川手工艺发展促进协会参与国际社工日暨北京市社会公益周展演，促进了社会组织之间的交流。

（五）搭建群众参与平台，积极构建广泛参与共建共享新格局

充分发挥群众在社会建设中的积极作用，努力营造共建共享的生动局面。一是开通社会建设网络信息平台。开通了延庆县社会建设网站，配备两人负责日常信息采集报道工作，在全县社会领域建立起实时、全面、动态的各类数据库建设，使各数据库之间形成一个整体的社会建设信息资源库，搭建了与街道、社区共享的信息交流平台，为广大社区居民的参与提供了便捷渠道。二是开展主题宣讲活动。在2010年宣讲活动取得良好效果的基础上，继续以“连心桥”大讲堂为载体，在街道、乡镇、社区中继续专题开展的“扬正气、促和谐”志愿宣讲、“百场宣讲进社区”活动，听众达6400多人，有力促进居民群众精神文化活动的开展。三是广泛动员群众参与活动。各街道、社区居委会围绕纪念建党90周年开展了丰富多彩的系列文化活动，年初在全县评选表彰了“生态社区”“绿色楼门”“低碳家庭”，结合环境保护日等节日，进一步提高了社区居民生态文明意识，增加居民对社区的归属感。借助全县开展“延庆第二届读书节”，在全县组织热爱读书的广大社区居民和摄影爱好者开展以“品味书香，读书进社区”为主题的“乐读”摄影比赛活动，激发广大居民的参赛积极性，有效推进全民阅读。

（六）编织党建工作网络，逐步完善党建工作管理格局

紧密围绕全县中心工作，以创先争优活动为契机，把“领航”“聚力”“先锋”三大工程作为载体，进一步推动社会领域创先争优活动有效开展。一是广泛开展建党90周年庆祝活动。以迎接建党90周年纪念活动为重要契机，组织开展向杨善洲、祝建国同志学习、纪念征文征集，“党在百姓心中”宣讲等各项活动；先后组织近千人参观北京市庆祝建党90周年大型展览、市委社会工委主题党日活动，组织机关支部参观平北，各街道举办庆祝活动400余次，累计4万余名党员居民参加。二是加快推进社会领域党建工作全覆盖。上半年全县3个街道和9个乡镇成立了社会工作党委，并集中组织开展对全县非公有制经济信息调查摸底工作，规范街道（乡镇）社会工作党委工作职责和运行机制；7月，组织召开创先争优交流会、党建研究会，总结和树立一批社会领域党建工作先进典型，制定“延庆县非公有制企业党建推进工程”实施方案及非公有制企业“五个好”评选标准，在全县全面实施非公有制党建推进工程。三是推动社会领域党建工作创新。8月，全县开展启动了“在职党员服务社区”活动，社会工委细化了工作部署，明确提出了“八个带头”的任务要求，使在职党员真正落实在行动上。目前，全县11个工委15个乡镇和3个街道共发放11526份服务手册，6940名在职党员到社区报到，各项社区服务活动正在有序开展。

（高　远）

【延庆县社会建设网全面开通】 年内，延庆县社会建设网上线开通。该网站主要设置了《政务公开》《政策法规》《通知通告》《社会动态》《工作研究》《社会领域党建》《聚焦民生》《社区建设》《公共服务》《工作参考》《社工队伍》《社会建设信息》《社工风采》13个主要栏目和14个子栏目。网址采用“延庆社会建设”首字母，即：yqshjs. gov. cn。目前，使用延庆县政府信息网二级域名，即：http：//yqshjs. bjyq. gov. cn。

（高　远）

【召开社会建设大会】 延庆县召开社会建设大会。会议全面贯彻落实市委十届九次全会精神，部署延庆县社会建设工作。县委书记孙文锴、县长李先忠、县人大主任赵淑君、县政协主席赵双利及县级主要领导、县直职能部门党政正职参加会议，会议由县委副书记郭振清主持。

（高　远）

【召开社会领域创先争优活动交流推进会】 县委社会工委召开了社会领域创先争优活动交流推进会，县委组织部副部长、县创先争优活动领导小组办公室主任高英出席会议。

（赵 琳）

【举办“北京居民心理健康疏导爱心公益行动”】 年内，北京社会心理工作联合会与县委社会工委联合举办“北京居民心理健康疏导爱心公益行动”社区专场和名家专场讲座。组织全县160多名社区专职工作者以及近200余名县自行车协会会员、社区居民分别参加了讲座。北京青年压力管理服务中心主任熊汉忠、中国心理卫生协会会员青音为社区专职工作者及社区居民就《心理压力管理》和《沟通与倾听》专题展开心理健康疏导，受到居民欢迎。

（高 远）

【召开“小帮手”自助缴费机投放仪式暨管理员培训会】 “小帮手”便民服务工程是推进“三通”工程便民缴费项目建设，实现全县便民缴费服务全覆盖的便民工程。此次为15个乡镇、3个街道、26个社区及部分机关行政楼布放缴费机。

（高 远）

【召开非公有制企业党建推进工作部署会】 非公有制企业党建推进工程领导小组成员单位主管领导、部分工委主管领导、部分直属机关党委主管领导、15个乡镇副书记、组织委员和3个街道工委副书记、党政办主任参加了会议。社会工委书记韩贵海同志对非公有制企业党建推进工程及开展非公有制企业“五个好”示范点创建工作进行了部署。县委常委、组织部部长徐维功出席会议并讲话。

（赵 琳）

【举办社区专职工作者执业培训班】 县委社会工委举办社区专职工作者执业培训班，来自全县176名社区专职工作者参加了执业培训。社会工委聘请北京工业大学教授为社区专职工作者系统地讲授了社会工作综合能力和社会工作实务教程。

（张建国）

【召开“一刻钟社区服务圈”试点建设工作会议】 社会工委召开3个街道和康庄镇主管领导，5个社区负责人参加此次会议。会议重点研究部署了2011年全县“一刻钟社区服务圈”建设试点工作。在已建成的2个“一刻钟社区服务圈”示范点的基础上，今年，全县又申报了5个社区，并将示范任务纳入为民办实事工程中。社会工委书记、社会办主任韩贵海讲话。

（宋 冉）

【开展纪念建党90周年系列活动】 一是组织社会建设知识竞赛。通过开展知识竞赛，进一步提高群众对社会建设工作的认识，引导、鼓励居民参与到社会建设中来。二是结合社会领域特点，开展纪念征文、主题宣讲、红色之旅等形式多样的群众性纪念活动，走访慰问老党员、生活困难党员和优秀党员、组织参观北京市庆祝建党90周年大型展览。三是推进社区志愿服务，创建志愿服务品牌，组织开展多种形式的社区志愿服务活动。四是总结交流社会领域党建工作典型经验，评选表彰社会领域优秀党务工作者、优秀共产党员，优秀党建项目。

（高 远）

【推进安全社区建设工作】 一是建立健全管理制度。明确社区安全员的岗位职责，建立社区重点场所、设备和设施安全管理制度、安全责任制度及议事制度，健全档案管理制度，同时探索建立事故与预防计划及监测制度。二是开展信息交流与宣传教育。建立社区安全健康方面的相关法律、法规、标准资料库，积极发挥平面媒体、网络媒体作用，结合重点节日，开展各类安全知识的宣传咨询、应急演练、教育培训，提高社区居民的安全意识和自护自救能力。三是加大安全社区创建工作中的监督力度，采取安全项目、工作过程、变化效果的评价方法，根据监测数据的分析比较，评价安全预防计划实施的效果，对存在的安全隐患，制定相应的项目干预政策。

（张　凌）

【创建学习型街道社区】　一是加强宣传引导，营造浓厚氛围。通过小区宣传栏、报纸、网络等途径，引导居民自觉、主动学习，目前各街道、社区学习氛围日趋浓厚。二是强化社区教育，建立教育网络。依托社区党校、“连心桥”社区讲堂开展社区教育，整合县内师资力量为居民宣讲，居民反响热烈。三是创新活动载体，激发学习热情。通过开展“打开书柜门，争做读书人”等特色活动，激发了干部和居民的学习激情。四是加强分类指导，保证学习成效。根据街道、社区特点，有针对性地开展基层党组织领学，建立学习园地，推动创建活动不断向纵深发展。五是坚持以人为本，倡导全民参与。针对居民需求，在县宣传部的支持下装备10个社区益民书屋，并组织开展读书节、知识竞赛等活动，辐射带动学习型街道、社区的持续建设。

（张建国）

【召开“一刻钟社区服务圈”建设经验交流会】　县有关领导、县社会办领导以及各街道、试点社区主要负责人参会，并以“扎实推进社会服务管理创新，努力做好一刻钟社区服务圈试点建设”为题作了交流发言。此次会议的目的是全面贯彻落实市、县关于加强“一刻钟社区服务圈”建设的要求，交流经验、明确任务、统一思想、加强协作、形成合力，在全县范围内推广具有延庆特色的“一刻钟社区服务圈”工作运行模式，努力将延庆此项工作推升到一个新的高度，进一步为社区居民办实事、办好事。

（高　远）

【举办“党在百姓心中”专场宣讲活动】　在“党在百姓心中”宣讲活动中，县“党在百姓心中”宣讲团9名成员为社会工委系统干部职工220余人进行了宣讲。县委常委于少东参加活动。

（高　远）

创新社会服务管理　全面推进社会建设

北京市各区县
社会建设工作巡礼

BEI JING SHI GE QU XIAN
SHE HUI JIAN SHE GONG ZUO XUN LI

★2011年4月25日，东城区社会领域创先争优活动暨区域化党建工作推进会召开

★2011年5月10日，东城区购买专业社会工作岗位启动暨首批专业社工聘用仪式举行

★2011年6月15日，东城区举办庆祝建党90周年万人红歌演唱活动街道社区专场演出

★2011年11月18日，东城区非公有制企业创先争优信息工作交流会召开

创新社会服务管理 全面推进社会建设

积极推进网格化社区党组织建设

巧娘工作室参加北京社会公益活动周

组织社会组织代表开展“送文化、送服务”慰问国旗护卫队活动

社区服务站服务标准化项目被授予“示范窗口单位”

志愿者组织农民工子女活动

2011年7月7日，东城区举办社会领域纪念建党90周年主题党日活动

西城区

XI CHENG QU

创新社会服务管理 全面推进社会建设

2011 年 6 月 27 日，西城区召开“高扬的旗帜”——西城区社会领域纪念中国共产党成立 90 周年大会

专题研讨发挥“枢纽型”社会组织作用

组织开展《作家文摘》进社区活动

积极推进社会组织培育工作

外籍大学生志愿者对社区居民进行英语培训

广安门内街道槐柏商圈社区便民服务网正式开通

玖九缘——社区文化养老服务

社工事务所参加国际社工日活动

天桥街道天桥小区居民代表大会讨论《睦邻友善公约》

朝阳区

CHAO YANG QU

创新社会服务管理
全面推进社会建设

*2011 年 5 月 9 日，朝阳区街道系统举办庆祝建党 90 周年百姓宣讲活动报告会

*2011 年 2 月 22 日，和平街"一刻钟社区服务圈"认证服务商参加服务日活动

*2011 年 3 月 7 日，亚运村五矿大厦"俏玫瑰"之家成立

*2011 年 4 月 28 日，朝阳区首批环境优美示范大街揭牌

*2011 年 6 月 10 日，朝阳区进行专业社会工作者招聘面试

*2011 年 6 月 6 日，街道系统举办"凝聚党旗下，文明遍朝阳"红色擂台赛

朝阳区

CHAO YANG QU

创新社会服务管理
全面推进社会建设

*2011 年 6 月 10 日，朝阳区社会建设工作会议召开

*2011 年 8 月 11 日，朝阳区社会志愿者公益储蓄中心成立一周年纪念活动举办

*八里庄街道开展青年社工假日课堂辅导

*2011 年 8 月 24 日，朝阳区街道系统文明城区创建工作观摩交流现场会召开

*专业社工组织开展经验交流

*市民劝导队巡逻

★2011年5月19日，海淀社会组织联合会与海淀区民营医协会在北京植物园举行义诊活动

★2011年11月15日，海淀区举办社区工作者加强和创新社会管理专题培训班

★部署购买社会组织公共服务工作

★国防大学社区服务中心开展爱在社区——学雷锋志愿服务活动

★社区组织开展卫生健康咨询活动

★社区组织开展老年生活讲堂活动

★社区服务站水电燃气电话费用一体自助缴费机

★举办“低碳生活，从我做起”家庭赶集日活动

★上地街道东里第一社区举办庆祝建党90周年红歌演唱会

★幸福万寿路社区循环小巴

★中关村街道东里南社区服务站

丰台区

FENG TAI QU

创新社会服务管理
全面推进社会建设

2011年9月15日，丰台区加强和创新社会管理大会召开

2011年6月15日，丰台区举办商务楼宇纪念建党90周年专场演出

2011年10月13日，丰台区非公有制经济组织和社会组织党建工作经验交流会召开

“南燕志工”——南燕筑巢项目启动

“社工服务在身边”——丰台区开展2011年国际社工日主题宣传活动

丰台区
FENG TAI QU

创新社会服务管理
全面推进社会建设

开展社会领域党组织负责人培训

2011 年 9 月 5 日，举办新招录社区工作者培训班

开展购买专业社会工作岗位项目培训

开展社区居委会主任、服务站站长社会管理创新专题培训

2011 年 8 月 29 日，丰台区永善社区“市民劝导队”经验总结座谈会召开

为非公有制经济组织和社会组织党组织“五个好”优秀示范点颁发证书及奖金

石景山区

SHI JING SHAN QU

创新社会服务管理 全面推进社会建设

2011 年 6 月 29 日，石景山区社会领域纪念建党 90 周年大会召开

2011 年 4 月 21 日，石景山区共建双承诺活动推进会召开

2011 年 5 月 20 日，石景山区街道社会工作党委实践与思考研讨会召开

2011 年 3 月 3 日，石景山区苹果园街道公益反哺家园试点推广会召开

2011 年 7 月 29 日，石景山区商务楼宇联席会召开

2011 年 8 月 12 日，石景山区商务楼宇工作站运行机制及非公有制党建工作研讨会召开

石景山区

SHI JING SHAN QU

创新社会服务管理
全面推进社会建设

★2011 年 10 月 27 日，石景山区购买公共服务项目评审会召开

★举办大学生社工党员培训班

★积极推进“一刻钟社区服务圈”建设工作

★小飞象发展中心老师带领孩子做肢体活动适应性训练

★泉源儿童之家育婴师对孤残儿童进行康复训练

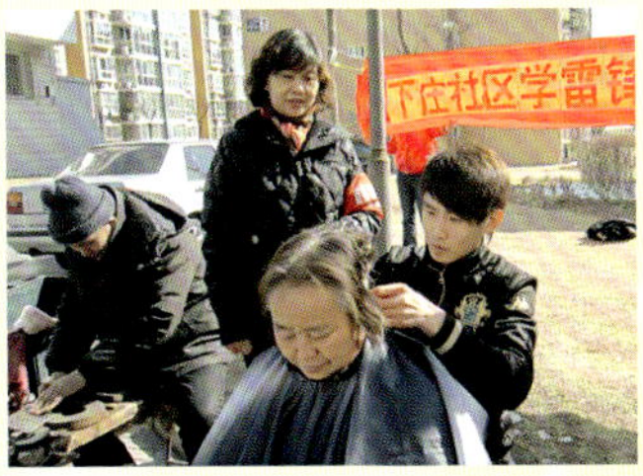

★社区组织开展学雷锋活动

★举办社区工作者团拜会

•2011年11月11日，门头沟区社会建设大会召开

•2011年11月23日，门头沟区推广“市民劝导队”模式工作部署会召开

•社区积极推进垃圾分类工作

•东辛房街道举办“我是社区文明小使者”演讲活动

•举办庆祝建党90周年党史知识竞赛

门头沟区
MEN TOU GOU QU

创新社会服务管理
全面推进社会建设

★开展社区专职工作者教育培训

★康馨社会工作事务所揭牌

★庆祝建党 90 周年一针一线绣入党誓词

★社区开展为民服务日活动

★社区志愿者开展志愿服务活动

★志愿者进社区开展便民义诊活动

房山区
FANG SHAN QU

创新社会服务管理
全面推进社会建设

★2011 年 7 月 19 日，房山区社会建设大会召开

★2011 年 4 月 25 日，房山区社会领域创先争优大会召开

★2011 年 3 月 2 日，房山区社会服务管理创新试点工作部署会召开

★2011 年 9 月 30 日，房山区召开《关于加快推进社会组织改革与发展的实施意见》征求意见座谈会

★2011 年 12 月 1 日，房山区举办社工新媒介技术与新时期基层社情民意专题培训班

★行宫园社区开展"12·5 国际志愿者"志愿服务活动暨垃圾分类知识宣传普及活动

房山区
FANG SHAN QU

创新社会服务管理
全面推进社会建设

★长阳镇开展“齐奏和谐乐章　唱响社区之歌”文艺汇演活动

★社会领域举办纪念建党90周年党史知识竞赛

★开展“一刻钟社区服务圈”建设宣传活动

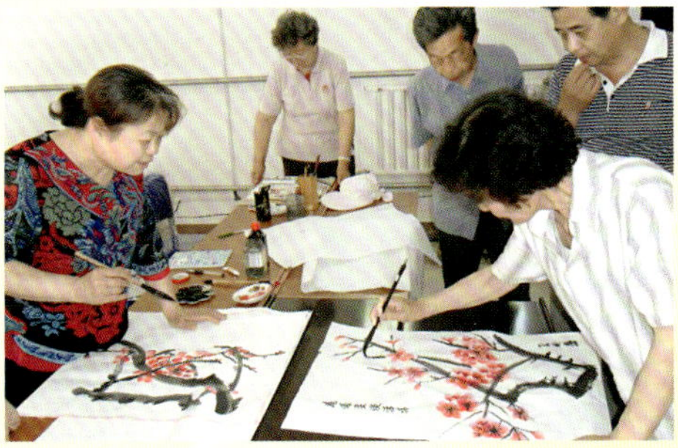

★社区举办国画培训班

★为首批社区指导员授予聘书

★西潞街道启动社会服务管理创新综合试点工作

*2011 年 1 月 12 日，通州区举办大学生社工服务社区论坛

*社区规范化服务窗口展示

*五星文化楼门集锦

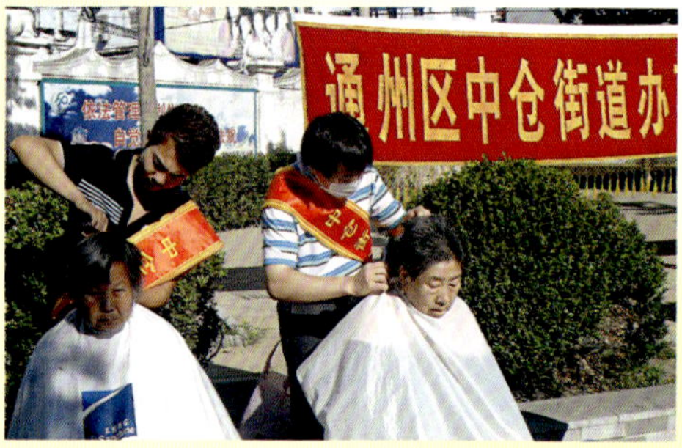

*社区志愿者为居民义务理发

通州区
TONG ZHOU QU

创新社会服务管理 全面推进社会建设

★2011年5月25日，通州区社会工作者联合会正式成立

★通州区社会工委签订践行“三个心系”党员先锋行动承诺书

★通州区北苑民生网启动

★社区宣传栏展示

★研究部署贯彻落实社会管理创新工作

★组织新选聘社区工作者进行岗前培训

创新社会服务管理
全面推进社会建设

★2011年6月14日，顺义区社区共驻共建工作会召开

★积极推进“两新”组织党建工作

★2011年10月11日至14日，举办社会领域基层党组织负责人培训班

★举办社会领域“知党爱党跟党走”演讲比赛

顺义区
SHUN YI QU

创新社会服务管理
全面推进社会建设

绿港社工事务所召开城乡一体化建设专家研讨会

开展"青春暖心　呵护成长"青少年星光自护课堂活动

举办心理健康讲座，开展心理辅导

研究部署向"枢纽型"社会组织购买管理服务工作

组织北京工业大学学生参观三农文化展

昌平区

CHANG PING QU

创新社会服务管理
全面推进社会建设

2011年5月26日，昌平区社会领域创先争优活动交流推进会召开

2011年3月21日，昌平区2011年政府购买社会组织服务项目部署会召开

2011年4月7日，昌平区“和谐志愿”青年行动计划启动仪式暨志愿者工作推进大会召开

2011年1月14日，昌平区2010年度社区规范化建设工作总结会召开

认定第一批“枢纽型”社会组织

2011年9月27日，昌平区委社会工委代表大会召开

2011年11月11日，昌平区非公有制企业党建工作推进会召开

积极推进社会服务管理创新工作

“与孩子共同成长——早期教育成长小组”启动

部署使用市社会建设专项资金购买社会组织服务项目工作

2011年8月25日，昌平区温心社工师事务所第一届理事会召开

温心社工师事务所开展“乐在学中——学校社会工作”小组活动

大兴区 DA XING QU

创新社会服务管理 全面推进社会建设

* 2011年3月17日，大兴区社会建设工作大会召开

* 2011年4月19日至22日，大兴区“四有”工作座谈交流会召开

* 全面推进在职党员进社区工作

* 2011年5月23日，全市第一个999社区综合服务站“红立方”成立

* 研究推进非公有制企业党建工作

大兴区
DA XING QU

创新社会服务管理 全面推进社会建设

2011 年 6 月 30 日，大兴新区推进社会建设大会召开

积极推进商务楼宇“五站合一”工作

2011 年 11 月 17 日，大兴区“一刻钟社区服务圈”工作推进会召开

研究开发社区智能化管理系统

天宫院街道加强志愿者组织和志愿者队伍建设

社区开展便民咨询服务活动

★光明社区开展邻居节活动

★“红立方”社区综合服务站为民服务

★居民积极参加社区运动会

★举办大学生社工演讲比赛

★社区工作者风采展示

★社区党员庆祝党的生日

★社区活动丰富多彩

★整洁宽敞的社区用房

★组织社区居民开展拔河比赛

怀柔区
HUAI ROU QU

创新社会服务管理 全面推进社会建设

2011年9月22日，怀柔区加强和创新社会管理工作大会召开

《社区风采》深受居民欢迎

怀柔区举办加强社会管理创新专题培训班

开展"永远跟党走 聚力新怀柔"主题党日活动

开展城市文明交通引导志愿者服务

邻里和谐百家宴

怀柔区
HUAI ROU QU

创新社会服务管理
全面推进社会建设

2011年12月5日，怀柔区社会工作者联合会和志愿者联合会成立大会召开

社区居民爱心互动传真情

社区居民自办小报

社区开展普法宣传

社区劝导队签订履职承诺书

社区物业为民服务

开展纪念建党90周年主题教育实践活动

密云县
MI YUN XIAN

创新社会服务管理 全面推进社会建设

2011 年 11 月 10 日，密云县深化“非公有制企业党建推进工程”部署会召开

2011 年 1 月 10 日，密云县社区规范化建设总结表彰会召开

河南寨镇农村网格化社会服务管理指挥中心

不老屯镇启动农村社会网格化管理工作

鼓楼街道举办“党在百姓心中”主题宣讲活动

密云县

MI YUN XIAN

创新社会服务管理
全面推进社会建设

2011年7月25日，密云县举办社区工作者培训班

2011年7月6日，密云县举办志愿者骨干培训班

密云县民防志愿者总队正式成立

社区服务站工作人员接待居民

社区商管协会举办安全知识培训

研究部署农村社会管理创新暨网格化管理工作

★2011年7月28日，延庆县社会建设工作会召开

★2011年7月14日，延庆县群众性生态文明创建工作会召开

★2011年8月17日，延庆县在职党员进社区大会召开

★“一刻钟社区服务圈”服务网点展示

延庆县
YAN QING XIAN

创新社会服务管理
全面推进社会建设

★2011 年 10 月 25 日，延庆县创先争优活动交流推进会召开

★2011 年 12 月 15 日，延庆县社会服务管理创新汇报大会召开

★举行“小帮手”自助缴费机管理员培训

★社区组织咨询服务活动

★组织开展社工心理辅导讲座

★妫水女手工艺发展促进协会开展宣传展示活动

·大事记·

2011年大事记

1月

1月4日 市委副书记、市委政法委书记王安顺召开专题会议，研究召开北京市社会服务管理创新专题汇报会筹备工作情况。市委常委梁伟，市委副秘书长王翔、李伟，市委社会工委书记、市社会办主任宋贵伦，市委社会工委副书记、市社会办副主任赵小卫，市委政法委秘书长彭波参加会议。

同日 市长郭金龙主持召开市政府常务会议。市委社会工委书记、市社会办主任宋贵伦参加会议。

1月5日 市委社会工委书记、市社会办主任宋贵伦主持召开2011年第一次工委会议。会议研究讨论了干部人事工作。

同日 市委社会工委书记、市社会办主任宋贵伦主持召开2011年第一次主任办公会议。会议听取了各处室2010年12月工作完成情况及2011年1月份工作计划的汇报，研究部署了有关工作。

同日 市委社会工委委员、市社会办副主任陈建领到团市委就建立社会组织党的工作机构有关问题进行调研。

1月6日 市委社会工委书记、市社会办主任宋贵伦及班子成员赵小卫、陈建领、刘轩参加市法学会年终座谈会。

同日 市委社会工委副书记、市社会办副主任赵小卫参加全市组织部长会议。

同日 市委社会工委委员、市社会办副主任陈建领到市红十字会、市法学会就建立社会组织党的工作机构有关问题进行调研。

同日 市委社会工委委员、市社会办副巡视员刘轩参加湖北省宜昌市民政局考察团来我市调研座谈会。

1月7日 市委社会工委书记、市社会办主任宋贵伦出席北京市深入推进“社会矛盾化解、社会管理创新、公正廉洁执法”三项试点工作成果展首展仪式。市委社会工委副书记、市社会办副主任赵小卫一同出席首展仪式。

同日 市委社会工委委员、市社会办副主任周开让参加2011年第一季度全市公共安全形势分析会。

同日 市委社会工委委员、市社会办副主任陈建领到新奥特集团调研非公有制企业党建工作情况。

1月8日 市委社会工委委员、市社会办副主任王丽竹参加2011年市“两会”代表询问与委员咨询活动委办第二次演练。

同日 市委社会工委委员、市社会办副巡视员刘轩参加市红十字会主办的蓝天救援队公益年会并讲话。

1月9日 市委社会工委委员、市社会办副巡视员王智玲参加2010年度“十大感动社区人物”评选颁奖典礼并为获奖者颁奖。

1月10日 市长郭金龙主持召开市政府专题会议。市委社会工委书记、市社会办主任宋贵伦参加会议。

同日 市委社会工委委员、市社会办副主任周开让出席密云县社区规范化建设总结表彰会并讲话。

同日 市委社会工委委员、市社会办副巡视员刘轩参加首都民办教育界新春团拜会。

同日 市委社会工委委员、市社会办副巡视员刘轩到大兴区调研社会组织工作。

同日 市社会办与市规划委就社区用房建设规划问题召开座谈会。市委社会工委委员、市社会办副巡视员王智玲、市规划委委员曹跃进参加座谈会。

1月11日 市委社会工委书记、市社会办主任宋贵伦主持召开正局级委员民主推荐会，班子成员和机关全体干部参加。

同日 市委社会工委副书记、市社会办副主任赵小卫与东城区委常委章东梅就社会服务管理创新专题汇报会发言材料准备相关事宜进行座谈。

同日 市委社会工委委员、市社会办副主任周开让参加全市人才工作者培训系列讲座第一讲。

1月12日 市委社会工委副书记、市社会办副主任赵小卫参加全市统战部长会议。

同日 市委社会工委委员、市社会办副主任陈建领主持召开全市社会领域创先争优活动座谈会。市工商联党组副书记、常务副主席郑默杰，市司法局副巡视员、市律师协会党委书记李公田等参加会议。

同日 市委社会工委委员、市社会办副巡视员刘轩出席市玩具协会新春团拜会。

1月13日 市委社会工委书记、市社会办主任宋贵伦参加市委党建工作领导小组（扩大）会议。市委社会工委委员、市社会办副主任陈建领一同参加会议。

同日 市委社会工委委员、市社会办副巡视员刘轩出席中关村协会联席会表彰大会暨新春团拜会。

1月14日 市委社会工委委员、市社会办副主任张坚主持召开北京社会建设研究基地工作会议。国家行政学院、清华大学等9个合作部门和研究基地负责人，北京大学研究基地筹建工作联系人以及北京社会心理研究所负责人出席会议。

同日 市委社会工委委员、市社会办副主任周开让出席2011年春节慰问首都各界人才专场演出。

同日 市委社会工委委员、市社会办副主任陈建领到市残联就建立社会组织党的工作机构有关问题进行调研。

同日 市委社会工委委员、市社会办副巡视员王智玲参加市政协第十一届四次会议开幕式。

同日 市委社会工委委员、市社会办副巡视员王智玲参加2011年北京市住房保障工作会议。

1月14—19日 市委社会工委副书记、市社会办副主任赵小卫参加市政协第十一届四次会议。

1月15日 市委社会工委、市社会办班子全体成员参加2011年市“两会”代表询问与委员咨询活动。

同日 市委社会工委委员、市社会办副巡视员王智玲出席北京市养老工作暨迎新春慰问演出。

1月16日 市委社会工委委员、市社会办副巡视员王智玲出席“创先争优、青年先锋”青春点将台暨第五届北京市“创业青年首都贡献奖”活动并为获奖者颁奖。

1月16—21日 市委社会工委书记、市社会办主任宋贵伦参加市第十三届人大第四次会议。

1月17日 市委社会工委书记、市社会办主任宋贵伦出席中央党的建设工作领导小组秘书组“加强和改进新形势下群众工作”专题座谈会。

同日 市委社会工委委员、市社会办副主任张坚参加市政协第十一届四次会议民生专题会。

同日 市委社会工委委员、市社会办副巡视员刘轩到房山区调研社会组织工作。

同日 市委社会工委委员、市社会办副巡视员王智玲参加市政协第十一届四次会议第一组代表讨论。

1月18日 市委社会工委书记、市社会办主任宋贵伦当选“2010年度十大中国社工人物”并出席“第二届（2011）中国社工年会”。委办领导周开让、王智玲一同出席年会。

同日 召开“两新”组织党组织创先争优活动座谈会。市委副秘书长王翔，市委社会工委、市社会办领导宋贵伦、周开让、陈建领、王智玲出席座谈会。

同日 市委社会工委委员、市社会办副主任周开让参加市政协第十一届四次会议全体会议。

同日 市委社会工委委员、市社会办副主任陈建领参加东城区“深化社会管理创新、推进社区网格化党组织建设”工作会并讲话。

同日 市委社会工委委员、市社会办副巡视员王智玲出席朝阳区望京街道“十、百、千”安全健康示范促进活动表彰大会并讲话。

1月19日 市委社会工委委员、市社会办副巡视员王智玲参加市政协第十一届第四次会议闭幕式。

同日 市委社会工委副书记、市社会办副主任赵小卫出席全市政法系统晚会。

同日 市委社会工委委员、市社会办副主任周开让出席东城区社区多元参与机制工作会议并讲话。

同日 市委社会工委委员、市社会办副主任陈建领与市委深入开展创先争优活动领导小组办公室同志座谈会。

同日 市委社会工委委员、市社会办副巡视员刘轩到市工商联调研第二批市级“枢纽型”社会组织工作。

同日 市委社会工委委员、市社会办副巡视员刘轩出席市出租车协会团拜会。

同日 市委社会工委、市社会办与市志愿者联合会秘书处就联合会第一次代表大会筹备事宜进行座谈。市委社会工委委员、市社会办副巡视员王智玲，市志愿服务指导中心主任郭新保参加座谈会。

1月20日 市委社会工委书记、市社会办主任宋贵伦代表北京市参加全国非公有制经济组织创先争优活动指导工作座谈会并作典型发言。市委社会工委委员、市社会办副主任陈建领参加分组讨论。

同日 市委社会工委、市社会办领导宋贵伦、周开让、王丽竹与市经信委副主任俞慈声座谈社会领域信息化建设工作。

同日 市委社会工委副书记、市社会办副主任赵小卫参加市直机关2011年党的工作会议。

同日 市委社会工委委员、市社会办副主任王丽竹主持召开“枢纽型”社会组织信息中心信息化建设工作座谈会。

同日 市委社会工委委员、市社会办副巡视员刘轩到北京工业经济联合会调研第二批市级“枢纽型”社会组织工作。

同日 市委社会工委委员、市社会办副巡视员刘轩出席西城区月坛街道文化养老活动。

同日 市委社会工委委员、市社会办副巡视员刘轩出席市法学会召开的市涉法类社会组织工作联席会并讲话。

同日 市委社会工委委员、市社会办副巡视员刘轩与市商业联合会会长李顺利就第二批市级“枢纽型”社会组织工作进行座谈。

同日 市委社会工委委员、市社会办副巡视员刘轩参加赴新加坡培训团新春联谊会。

1月21日 市委社会工委书记、市社会办主任宋贵伦参加市政府第四次全体会议。

同日 市委社会工委委员、市社会办副主任陈建领参加叶青大厦非公有制企业党组织发挥作用座谈会并讲话。

同日 市委社会工委委员、市社会办副巡视员刘轩到市住建委就认定市建筑业联合会为第二批市级“枢纽型”社会组织后的有关工作进行对接。

同日 市委社会工委委员、市社会办副主任周开让到西城区悦群社会工作事务所、海淀区睿搏社会工作事务所走访慰问。市委社会工委委员、市社会办副巡视员王智玲一同参加走访慰问活动。

1月22日 市委社会工委委员、市社会办副巡视员王智玲出席北京市“红红火火过大年”主题志愿服务活动暨第三届北京文化志愿者“送福到家”活动启动仪式。

1月23日 市委社会工委书记、市社会办主任宋贵伦参加市委防范和处理邪教问题领导小组扩大会议。

1月24日 市委社会工委书记、市社会办主任宋贵伦与全国非公有制经济组织创先争优活动指导小组办公室同志座谈。市委社会工委委员、市社会办副主任陈建领一同参加座谈会。

同日 市委社会工委副书记、市社会办副主任赵小卫出席全市宣传部长会议。

同日 市委社会工委委员、市社会办副主任张坚参加北京市发展和改革工作会议。

同日 市委社会工委委员、市社会办副主任周开让参加“2010年为群众办重要实事”秘书长协调会议。

1月24—25日 市委社会工委委员、市社会办副主任王丽竹参加市妇联第十二届第三次执委会议。

1月25日 市委社会工委书记、市社会办主任宋贵伦参加中编办召开的国家级人民团体工作座谈会并发言。

同日 市长郭金龙主持召开第83次市政府常务会议。市委社会工委书记、市社会办主任宋贵伦参加会议。

同日 召开2010年度总结述职会并进行处级及以下干部年度考核测评。市委社会工委、市社会办领导宋贵伦、赵小卫、张坚、王丽竹、刘轩、王智玲及机关全体干部参加会议。

同日 市委社会工委书记、市社会办主任宋贵伦出席西城区四套班子领导与曾在西城区任职的领导联谊活动。市委社会工委委员、市社会办副主任周开让一同参加联谊活动。

同日 市委社会工委、市社会办青年联合会成立。市委社会工委书记、市社会办主任宋贵伦出席成立大会并讲话，市委社会工委副书记、市社会办副主任赵小卫主持会议。市委社会工委委员、市社会办副主任周开让当选青年联合会主席。

同日 举行市委社会工委、市社会办2011年春节联欢会。委办领导班子全体成员和机关全体干部一同参加联欢会。

同日 市委社会工委副书记、市社会办副主任赵小卫参加2011年市对外宣传工作会议。

同日 市委社会工委副书记、市社会办副主任赵小卫参加市政府系统办公室主任会暨市政府办公厅总结会议。

同日 市委社会工委副书记、市社会办副主任周开让参加市老龄年度工作会议。

同日 市委社会工委委员、市社会办副主任陈建领参加中共中央“创先争优”办公室到海淀区调研民营高新技术企业负责人座谈会。

同日 市委社会工委委员、市社会办副巡视员王智玲出席2011年调离朝阳区老领导联谊会。

同日 市委社会工委委员、市社会办副巡视员王智玲出席石景山区社区工作者新春团拜会并为先进社区集体颁奖。

1月26日 市委常委梁伟出席社会建设专项工作座谈会。市委副秘书长王翔，市委社会工委、市社会办领导班子全体成员及市财政局、市总工会、团市委、市妇联有关领导一同参加。

同日 召开2011年大学生社工迎新春座谈会。市委社会工委书记、市社会办主任宋贵伦出席会议并讲话，委办领导赵小卫、周开让、王智玲及市委组织部、市民政局、市人力社保局相关领导出席会议。各区县社会工委、社会办主要领导、部分街道负责同志及全市141个街道大学生社工代表共180余人参加会议。

同日 市委社会工委委员、市社会办副主任张坚与中国青年政治学院研究基地专家就“十二五”社会建设规划中社区民主自治和村民自治问题进行专题座谈。

1月27日 市委社会工委书记、市社会办主任宋贵伦参加全市区县委书记会议。

同日 市委社会工委委员、市社会办副主任王丽竹参加东城区新春团拜会。

同日 市委社会工委委员、市社会办副

主任陈建领参加北京市纪念建党90周年展览筹备工作部署会。

同日 市委社会工委委员、市社会办副主任陈建领陪同全国非公有制经济组织创先争优活动指导小组办公室到石景山区调研科技园区非公有制企业党建工作。

同日 市委社会工委委员、市社会办副主任陈建领参加市投资促进局外商企业党建工作座谈会。

同日 市委社会工委、市社会办领导周开让、王智玲与市发展改革委副主任卢映川就推进社区办公和服务用房达标建设进行座谈。

1月27—28日 市委社会工委书记、市社会办主任宋贵伦参加市纪委第七次全体会议。市委社会工委委员、市社会办副主任周开让一同参加会议。

1月28日 市委社会工委委员、市社会办副主任陈建领参加市委统战部召开的首都新社会阶层人士新春团拜会。

1月30日 市委社会工委书记、市社会办主任宋贵伦应邀参加中国红十字会理论中心组集体学习活动并作报告。全国人大常委会副委员长、中国红十字会会长华建敏出席活动并作重要讲话。市委社会工委委员、市社会办副巡视员刘轩参加活动。

同日 市委社会工委委员、市社会办副主任周开让参加市推进依法行政工作领导小组会。

1月31日 市委社会工委书记、市社会办主任宋贵伦参加全市春节期间公共安全电视电话会议。

1月31日—2月1日 市委社会工委、市社会办全体班子成员分别带队到各区县走访慰问已退休的先进社区工作者。

2月

2月1日 市委社会工委书记、市社会办主任宋贵伦参加中央新春团拜会。

2月2日 市委社会工委书记、市社会办主任宋贵伦主持召开专题会，研究市领导关于社会管理调研和座谈会方案。委办领导赵小卫、张坚参加会议。

2月9日 市委社会工委书记、市社会办主任宋贵伦与市委组织部副部长吕和顺座谈交流社会领域党建工作。市委社会工委委员、市社会办副主任陈建领参加座谈会。

同日 市委社会工委书记、市社会办主任宋贵伦陪同市委常委梁伟到市委社会工委、市总工会、团市委、市妇联、市科协、市残联、市对外友协等单位慰问。

2月10日 市委书记刘淇主持召开社会管理与创新工作座谈会。市委副书记王安顺，市委常委、市委秘书长李士祥，市委常委梁伟，副市长丁向阳，市委副秘书长王力丁、王翔，市政府副秘书长侯玉兰参加座谈会。市委社会工委书记、市社会办主任宋贵伦参加会议并作汇报，市委社会工委副书记、市社会办副主任赵小卫参加座谈会。

2月11日 市委社会工委书记、市社会办主任宋贵伦主持召开2011年第二次工委会议。会议研究讨论了干部人事工作。

同日 市委社会工委书记、市社会办主任宋贵伦主持召开2011年第二次主任办公会议。会议听取了各处室1月份工作完成情况及2月份工作计划的汇报，研究部署了有关工作。

同日 市委社会工委副书记、市社会办副主任赵小卫出席“研究加强和改进工商联工作大会”座谈会。

同日 市委社会工委委员、市社会办副主任王丽竹参加市委市政府办理人大代表建议、政协委员提案工作会。

同日 市委社会工委委员、市社会办副巡视员王智玲到西城区调研社区规范化建设工作。

2月12日 市委书记刘淇、市长郭金龙就“创新社会管理服务，推进首都社会建设”到朝阳区调研。李士祥、梁伟、丁向阳等市领导参加，市委社会工委书记、市社会办主任宋贵伦，市委社会工委副书记、市社会办副主任赵小卫陪同调研。

同日 市科协社会组织党建工作委员会暨中共北京市科协社会组织总支部委员会成立。市委常委梁伟出席成立大会并讲话，市委副秘书长王翔，市委社会工委书记、市社会办主任宋贵伦，市委社会工委委员、市社会办副主任陈建领参加会议。

同日 市委社会工委书记、市社会办主任宋贵伦到北京社会心理研究所宣布所长、副所长任职决定。委办领导赵小卫、张坚一同参加。

2月13—22日 市委社会工委委员、市社会办副主任张坚带队到法国、匈牙利考察社会建设工作。

2月14日 市委社会工委书记、市社会办主任宋贵伦参加第85次市政府常务会议。

同日 市委社会工委委员、市社会办副巡视员王智玲与西城区委社会工委就市领导视察社会建设有关事宜座谈。

2月15日 市委社会工委委员、市社会办副主任周开让参加首都文明交通行动工作联席会议。

同日 市委社会工委委员、市社会办副巡视员刘轩参加市发改委体改战线老同志新春联谊会。

同日 市委社会工委委员、市社会办副巡视员王智玲与西城区委社会工委就市领导视察社会建设有关事宜座谈。

2月16日 市残联召开社会组织党建工作委员会暨中共北京市残联社会组织总支部委员会成立大会。市委常委梁伟出席会议并讲话，市委副秘书长王翔，市委社会工委书记、市社会办主任宋贵伦及委办领导陈建领、刘轩参加会议。

同日 市委社会工委委员、市社会办副主任周开让到朝阳区调研社区及社会工作队伍建设工作。市委社会工委委员、市社会办副巡视员王智玲一同参加调研。

同日 市委社会工委委员、市社会办副巡视员王智玲出席朝阳区三里屯街道国际街区“灯彩江湖”传统灯笼灯会闭幕式。

2月17日 市社会建设工作领导小组办公室召开“枢纽型”社会组织工作座谈会。市委常委梁伟、副市长丁向阳出席会议并作重要讲话。市委副秘书长王翔、市政府副秘书长侯玉兰及市社会建设领导小组办公室成员单位领导、各“枢纽型”社会组织负责人、各区县社会建设部门领导出席会议。

同日 市委社会工委副书记、市社会办副主任赵小卫参加2011年北京市审计工作会议。

2月18日 市委社会工委书记、市社会办主任宋贵伦出席中央领导来京视察座谈会。

同日 市委社会工委书记、市社会办主任宋贵伦参加市委市政府理论学习中心组学习扩大会。

同日 市委社会工委委员、市社会办副主任周开让参加首都环境建设精细化管理美化市容行动部署大会。

2月19日 市委社会工委书记、市社会办主任宋贵伦主持召开领导班子扩大会。会议学习了胡锦涛总书记中央党校“2·19”重要讲话精神、传达了市委维稳紧急工作会议精神。委办领导班子全体成员和全体处长参加会议。

同日 市委社会工委委员、市社会办副主任周开让参加首都文明交通行动员部署大会。

2月20日 市委社会工委书记、市社会办主任宋贵伦主持召开“枢纽型”社会组织负责人、区县社会工委书记会议。会议学习了胡锦涛总书记中央党校“2·19”重要讲话精神、传达了市委维稳紧急工作会议精神，对贯彻落实工作提出了具体要求。委办领导班子全体成员和全体处长参加会议。

同日 市委社会工委、市社会办领导宋贵伦、赵小卫、刘轩与西城区社会工委领导座谈研究市领导到西城区调研的相关工作安排。

同日 市委社会工委委员、市社会办副

巡视员王智玲与市总工会副主席王玉英座谈研究关于将工会系统专职工作者纳入市社会工作者管理的意见有关工作。

2月21日 市委社会工委书记、市社会办主任宋贵伦参加全市维稳工作会议。

同日 市委常委梁伟主持召开会议专题研究社会管理创新工作大会筹备事宜。市委社会工委书记、市社会办主任宋贵伦，市委社会工委副书记、市社会办副主任赵小卫参加会议。

同日 市委社会工委委员、市社会办副主任周开让出席北京应急网试运行工作部署IP视频会。

同日 市委社会工委委员、市社会办副巡视员刘轩与北京市卫生法学会领导座谈。

同日 市委社会工委委员、市社会办副巡视员王智玲与北京科学技术研究院专家座谈社区安全服务相关技术研发工作。

2月22日 市委社会工委委员、市社会办副主任周开让出席西城区和谐社区建设工作推进大会并讲话。市民政局副巡视员冯昌领、西城区委副书记马兰霞等参加大会。

同日 市委社会工委委员、市社会办副巡视员刘轩出席首都酒业有限公司揭牌仪式。

同日 市委社会工委委员、市社会办副巡视员刘轩与全国工商联相关部室领导座谈北京市社会建设工作。

同日 市委社会工委委员、市社会办副巡视员王智玲出席“做文明有礼的北京人——绿色出行文明交通从我做起”主题宣传实践活动暨第一个文明出行推动日活动启动仪式。

2月23日 市委书记刘淇主持召开市委常委会第180次会议。市委社会工委书记、市社会办主任宋贵伦列席会议。

同日 市委社会工委委员、市社会办副主任周开让参加市“2·19”维稳指挥部启动会议。

同日 市委社会工委委员、市社会办副主任王丽竹参加东城区网格化社会服务管理信息系统启动仪式。

同日 市委社会工委委员、市社会办副主任王丽竹主持召开委办建议提案交办会。

2月23日—3月4日 市委社会工委副书记、市社会办副主任赵小卫带队到美国、加拿大考察社会建设工作。

2月24日 市委社会工委书记、市社会办主任宋贵伦出席安利北京分公司党委成立暨深化创先争优活动动员大会并讲话。

同日 市委社会工委委员、市社会办副主任周开让参加首都绿化美化总结表彰暨动员大会。

同日 市委社会工委委员、市社会办副主任周开让出席市社会建设及群团口推进廉政风险防范管理工作座谈会。

同日 市委社会工委委员、市社会办副主任王丽竹参加市政府系统督查暨绩效管理工作电视电话会议。

同日 市委社会工委委员、市社会办副主任王丽竹出席2011年北京市社会建设信息工作会议并讲话。

同日 市委社会工委委员、市社会办副巡视员刘轩到市贸促会就第二批市级“枢纽型”社会组织认定后的有关工作进行对接。

同日 市委社会工委委员、市社会办副巡视员王智玲参加全市农村工作会议。

同日 市委社会工委委员、市社会办副巡视员王智玲与市体育局副局长李丽莉就社区体育服务项目全覆盖工作进行座谈。

2月25日 市委社会工委书记、市社会办主任宋贵伦出席市应急委第五次全体会议暨全国“两会”安全保障工作会议。

同日 市委社会工委书记、市社会办主任宋贵伦就社会建设有关问题接受新华社记者采访。

同日 市委社会工委委员、市社会办副主任周开让参加2011年北京市民政工作会议。

同日 市委社会工委委员、市社会办副主任周开让出席“爱在西城”颁奖典礼。

同日 市委社会工委委员、市社会办副

主任陈建领到石景山区调研街道社会工作党委建设情况。

同日 市委社会工委委员、市社会办副主任陈建领参加全市民族宗教领域维稳工作会议。

同日 市委社会工委委员、市社会办副巡视员刘轩到市私营个体经济协会就第二批市级“枢纽型”社会组织认定后的有关工作进行对接。

同日 市委社会工委委员、市社会办副巡视员王智玲参加 2011 年全市市政市容管理工作会议。

2 月 26 日 市委社会工委书记、市社会办主任宋贵伦参加全市领导干部会议。

同日 市委社会工委书记、市社会办主任宋贵伦主持召开领导班子扩大会。会议学习传达了全市领导干部会议精神，并就有关工作进行部署。委办领导班子全体成员和各处处长参加会议。

同日 市委社会工委书记、市社会办主任宋贵伦就社会管理创新有关问题接受新华社记者采访。

同日 市委社会工委委员、市社会办副主任周开让接受北京电视台“十二五”规划社区建设工作电视采访。

2 月 28 日 市委社会工委委员、市社会办副巡视员刘轩参加体育社团工作研讨会。

同日 市委社会工委委员、市社会办副主任周开让参加全国“两会”安保部署会议。

3 月

3 月 1 日 市委社会工委书记、市社会办主任宋贵伦主持召开 2011 年第 3 次工委会议。会议研究了社会领域信息化建设有关工作及召开全市加强和创新社会管理工作大会有关事宜。

同日 市委社会工委书记、市社会办主任宋贵伦与市委研究室主任王力丁、市政府研究室主任周立云研究市社会建设工作会议筹备工作。

同日 市委社会工委委员、市社会办副主任王丽竹到房山区督查“两会”安保社会面防控工作。

同日 市委社会工委委员、市社会办副主任王丽竹参加全国组织系统深入推进“讲党性、重品行、作表率”活动视频会议。

同日 市委社会工委委员、市社会办副巡视员王智玲参加 2011 年全面推进生活垃圾分类处理工作暨“做文明有礼的北京人，垃圾减量垃圾分类从我做起”主题宣传实践活动总结部署大会。

同日 市委社会工委委员、市社会办副巡视员王智玲参加全国“两会”期间全市安全生产和消防工作会议。

3 月 2 日 内蒙古自治区党委常委曹征海率领内蒙古自治区考察团来京调研社会建设工作。双方举行座谈，市委常委梁伟，市委副秘书长王翔，市委社会工委、市社会办领导宋贵伦、周开让、陈建领参加座谈会。

同日 市委社会工委委员、市社会办副主任周开让参加副市级以上领导干部扩大会。

同日 市委社会工委委员、市社会办副巡视员刘轩到首都慈善公益组织联合会就第二批市级“枢纽型”社会组织认定后的有关情况进行调研及工作对接。

同日 市委社会工委委员、市社会办副巡视员王智玲参加朝阳区“志愿服务百万小时、文明朝阳有你有我”志愿服务项目启动仪式。

3 月 3 日 市委常委梁伟出席红十字会党建工作委员会挂牌仪式。市委社会工委、市社会办领导宋贵伦、陈建领、刘轩参加仪式。

同日 市委社会工委委员、市社会办副主任周开让参加石景山区“弘扬雷锋精神、倡导志愿服务”公益反哺家园推广会。

3 月 3—15 日 市委社会工委书记、市社会办主任宋贵伦参加全国人大第十一届第四次会议。

3月4日 市委社会工委书记、市社会办主任宋贵伦主持召开2011年第3次办公会议。会议传达了2月19日中央领导在中央党校省部级主要领导专题研讨班的重要讲话精神以及市委市政府领导对社会建设工作的指示精神，听取了各处室2月份工作完成情况及3月份工作计划的汇报，研究部署了有关工作。

同日 市委社会工委委员、市社会办副主任周开让参加市城乡结合部建设领导小组办公室主任办公会。

3月5日 市委常委梁伟出席“绿色国际休闲之都·志愿密云”启动仪式暨密云县志愿者联合会成立大会并讲话。市委社会工委委员、市社会办副主任周开让参加活动。

3月6日 市委社会工委、市社会办领导赵小卫、周开让、陈建领、王丽竹、刘轩、王智玲分别到东城区、海淀区、西城区、丰台区、石景山区、朝阳区检查商务楼宇“两会”维稳工作。

3月7日 副市长丁向阳听取社会建设有关工作汇报。市委社会工委、市社会办领导宋贵伦、赵小卫、张坚、刘轩、王智玲参加汇报。

同日 市委社会工委书记、市社会办主任宋贵伦参加北京市女领导干部庆“三八”联谊活动。

同日 市委社会工委委员、市社会办副主任周开让参加流动人口“蚁族”群体管理工作专题会。

同日 市委社会工委委员、市社会办副主任陈建领参加全市社会领域党建工作会议并讲话。

3月8日 市委社会工委委员赵小卫参加2011年市领导调研选点征集协调会。

同日 市委社会工委委员、市社会办副主任周开让主持召开“蚁族”群体维稳工作专题会。研究贯彻落实市领导批示精神，制定专项工作方案。

同日 市委社会工委委员、市社会办副巡视员刘轩参加首都女金融家协会成立大会。

同日 机关工会组织庆祝三八妇女节活动。市委社会工委、市社会办领导赵小卫、王丽竹、王智玲参加。

3月8—9日 河北省委副秘书长王国发率领河北省委考察团来京调研社会建设工作。市委副秘书长王翔、市委社会工委、市社会办领导宋贵伦、赵小卫、周开让、陈建领参加座谈并陪同调研。

3月9日 副市长丁向阳听取《北京市“十二五”时期社会建设规划纲要》编写情况汇报。

同日 市委社会工委书记、市社会办主任宋贵伦主持召开2011年第4次工委会议。会议研究了干部人事有关工作。

同日 市委社会工委书记、市社会办主任宋贵伦参加2011年北京市人才工作领导小组会议。

3月10日 市委社会工委委员、市社会办副主任张坚组织召开了社会心理工作者联合会筹备组工作会议。

同日 市委社会工委与市志愿者联合会、市志愿服务指导中心座谈。委办领导周开让、王智玲，市志愿服务指导中心主任郭新保参加会议。

同日 市委社会工委委员、市社会办副巡视员刘轩参加2010年度首都慈善公益组织联合会第一届会员大会第三次会议。

同日 市委社会工委委员、市社会办副巡视员王智玲与市文化局副局长王珠就推进社区基本公共服务项目全覆盖对接工作进行座谈。

3月11日 市委社会工委委员、市社会办副巡视员刘轩参加市民交协第一届理事会第六次会议。

3月14日 市委社会工委委员、市社会办副巡视员刘轩主持召开“北京社会公益活动周”筹备工作会，与北京青少年服务中心研究活动方案。

同日　市委社会工委委员、市社会办副巡视员王智玲与市残联党组副书记、副理事长郭克利就推进社区基本公共服务项目全覆盖对接工作进行座谈。

同日　市委社会工委委员、市社会办副巡视员王智玲接受新华社记者关于我市“一刻钟社区服务圈”建设专访。

3月15日　市委社会工委、市社会办召开购买社会组织服务项目指南发布会。委办领导宋贵伦、赵小卫、周开让出席会议。

同日　市委社会工委委员、市社会办副巡视员王智玲与市卫生局副局长郭积勇就推进社区基本公共服务项目全覆盖对接工作进行座谈。

同日　市委社会工委委员、市社会办副巡视员王智玲与市市政市容委委员张春贵就推进社区基本公共服务项目全覆盖对接工作进行座谈。

3月16日　市委社会工委书记、市社会办主任宋贵伦到北京师范大学参加“中国共产党认识和解决民生问题的历史经验研究”开题报告会。

同日　市委社会工委召开志愿者工作联席会议。委办领导周开让、王智玲，市志愿服务指导中心主任郭新保出席会议并讲话。首都综治办、首都文明办、市民政局、团市委、市志愿服务指导中心、市文化志愿者服务中心、市公园管理中心、首都无偿献血志愿者协会、北京博物馆志愿者服务总队相关负责同志参加会议。

同日　市委社会工委委员、市社会办副巡视员刘轩出席市民政局组织召开的部分社会组织业务主管单位工作座谈会。

同日　市委社会工委委员、市社会办副巡视员刘轩到市民办教育协会就第二批市级“枢纽型”社会组织认定后的有关情况进行调研及工作对接。

3月16—18日　组织协调相关单位集中进行《北京市“十二五”时期社会建设规划纲要》统稿和修改工作。市委社会工委书记、市社会办主任宋贵伦，市委社会工委委员、市社会办副主任张坚参加。

3月17日　市委常委梁伟出席构建网格化社会服务管理体系调研组第一次会议并讲话。市委副秘书长王翔，市委社会工委、市社会办领导宋贵伦、赵小卫，市公安局副局长高煜，首都综治办副主任许继慧出席会议。

同日　市委社会工委书记、市社会办主任宋贵伦参加北京市加强和改进工商联工作会议。

同日　市委社会工委委员赵小卫参加全市外事暨港澳工作会议。

同日　市委社会工委委员、市社会办副主任周开让参加2011年北京市城乡结合部建设大会。会上，我办被市政府评为2010年度城乡结合部重点村建设先进单位。

同日　市委社会工委委员、市社会办副主任陈建领参加北京市纪念建党90周年展览脚本创作征求意见座谈会。

同日　市委社会工委、市社会办领导陈建领、王智玲参加北京奥林匹克公园党建共建协调委员会成立大会并致贺词。

同日　市委社会工委委员、市社会办副主任王丽竹主持召开北京市社区网站建设指导标准征求意见座谈会。

3月18日　市委常委梁伟调研大兴区村庄社区化服务管理工作。市委副秘书长王翔，市委社会工委、市社会办领导宋贵伦、赵小卫、周开让、王智玲及大兴区有关领导陪同调研。

同日　市委社会工委委员、市社会办副主任周开让参加落实2012年底前惩防体系建设工作要点电视电话会议。

同日　市委社会工委委员、市社会办副主任陈建领到北京市商业联合会调研，推进“枢纽型”社会组织党建工作体系建设。

同日　市委社会工委委员、市社会办副主任陈建领与市工商联有关领导就推进工商联建立党建工作“3+1”模式进行了座谈。

同日　市委社会工委委员、市社会办副主任王丽竹参加“十二五”时期健康北京发展建设规划工作会议。

同日 市委社会工委委员、市社会办副巡视员刘轩到市志愿者联合会就第二批市级“枢纽型”社会组织认定后的有关情况进行调研及工作对接。

同日 市委社会工委委员、市社会办副巡视员王智玲与市人口计生委副主任耿玉田就推进社区基本公共服务全覆盖工作进行座谈。

3月21日 市委书记刘淇就“创新社会管理服务、推进首都社会建设”到西城区调研。市领导郭金龙、王安顺、李士祥、梁伟、傅政华、丁向阳参加调研，市委社会工委、市社会办领导宋贵伦、周开让、刘轩陪同调研。

同日 市委常委、秘书长李士祥，市委常委梁伟召开北京市加强和创新社会管理工作会议筹备情况汇报会。市委副秘书长王力丁、王翔，市政府副秘书长侯玉兰，市委办公厅副主任余卫国、程勇，市委社会工委、市社会办领导宋贵伦、赵小卫出席会议。

同日 市委社会工委书记、市社会办主任宋贵伦主持召开2011年第5次工委会议。会议传达了市领导李士祥、梁伟召开的北京市加强和创新社会管理工作会议筹备工作协调会精神，并研究部署了近期重点工作。

同日 市委社会工委、市社会办领导赵小卫、王智玲与市民政局副局长谢延智座谈召开社区民主自治座谈会有关事宜。

同日 市委社会工委委员、市社会办副巡视员王智玲参加朝阳传媒幸福传递社区行活动。

3月22日 副市长丁向阳主持召开“十二五”时期社会建设规划起草工作会议。市委社会工委、市社会办领导宋贵伦、赵小卫、张坚参加会议。

同日 市委社会工委委员、市社会办副主任周开让就社区基本公共服务全覆盖工作到首都综治办（市流管办）座谈。首都综治办副主任许继慧参加座谈会。

同日 市委社会工委委员、市社会办副主任周开让主持召开非京籍“80后”大学毕业生低收入群体服务管理工作专题会。研究贯彻落实市领导批示精神，制定专项工作方案。

同日 市委社会工委委员、市社会办副主任王丽竹与密云县委社会工委及鼓楼街道领导座谈交流有关和谐社区指导标准制定和信息化建设工作。密云县委副书记王玉江出席座谈会。

3月23日 市委书记刘淇出席全市推进社区民主自治座谈会并讲话。市领导李士祥、梁伟、丁向阳出席座谈会。市委社会工委、市社会办领导宋贵伦、赵小卫、王智玲参加座谈会。东城区东四街道六条社区党委书记王莉等8位社区代表分别介绍了各自在社区管理和服务方面的做法和经验，并对进一步加强和创新社会管理提出了建议。

同日 副市长丁向阳主持召开“十二五”时期社会建设规划起草工作会。市委社会工委、市社会办领导宋贵伦、张坚参加会议。

同日 内蒙古自治区党政代表团来京考察。市委社会工委书记、市社会办主任宋贵伦参加考察座谈会。

同日 市委社会工委委员、市社会办副主任周开让参加全市推进社会治安重点地区排查整治工作电视电话会议。

同日 市委社会工委委员、市社会办副巡视员王智玲主持召开了《关于加强城乡结合部社会建设工作的意见（征求意见稿）》征求意见座谈会。

3月23—24日 广东省委考察团来京考察调研社会建设工作。市委社会工委书记、市社会办主任宋贵伦陪同调研并参加座谈会。

3月24日 市委社会工委委员赵小卫参加市人民对外友协第六届理事会第三次会议。

同日 市委社会工委委员、市社会办副主任周开让参加首都环境建设委第二次全体会议。

同日 市委社会工委委员、市社会办副

主任周开让出席 2011 年海淀区社区建设大会并讲话。

同日 市委社会工委委员、市社会办副主任王丽竹参加北京市教育工作会议。

同日 市委社会工委委员、市社会办副巡视员王智玲参加“周四垃圾减量日”暨绿色社区活动月活动。

同日 市委社会工委委员、市社会办副巡视员王智玲出席全市安全社区建设专题培训班动员仪式并授课。

3 月 25 日 市委书记刘淇主持召开研究非京籍“80 后”大学毕业生低收入群体管理工作会议。市委社会工委书记、市社会办主任宋贵伦参加会议。

同日 市委社会工委书记、市社会办主任宋贵伦出席西城区 2011 年社会建设工作会议。

同日 市委社会工委书记、市社会办主任宋贵伦参加国务院第四次廉政工作电视电话会议。

同日 市委社会工委委员、市社会办副主任周开让参加市委对台工作领导小组扩大会议。

同日 市委社会工委委员、市社会办副主任周开让参加 2011 年全国“两会”维稳安保工作会议。

同日 市委社会工委委员、市社会办副巡视员刘轩与市工商联有关领导座谈社会组织工作。

3 月 26 日 市委书记刘淇就“创新社会管理服务、推进首都社会建设”到东城区调研。市领导王安顺、李士祥、梁伟、丁向阳参加，市委社会工委书记、市社会办主任宋贵伦一同参加调研。

同日 市委社会工委委员、市社会办副巡视员王智玲参加北京市“再生资源回收日”进社区宣传活动启动仪式。

3 月 28 日 副市长丁向阳主持召开北京市“十二五”时期社会建设规划编制工作专题会议。市委社会工委、市社会办领导宋贵伦、张坚及市发展改革委、市教委、市人力社保局、市民政局、市文化局、市卫生局、市体育局、市残联等单位有关领导参加会议。

同日 市委副秘书长王翔调研东城区网格化社会管理情况。市委政法委副书记、首都综治办主任滕盛萍，市委社会工委委员赵小卫参加调研。

同日 市委社会工委委员赵小卫参加北京市党委系统督查工作会议。

同日 市委社会工委、市社会办领导周开让、王丽竹与市发改委副主任赵磊就社会领域工作情况、社区管理情况和社会领域信息化建设规划及重点建设项目情况进行座谈。

同日 市委社会工委委员、市社会办副巡视员王智玲参加北京市民防工作会议。

3 月 29 日 市委常委梁伟出席市侨联社会组织党建工作委员会暨社会组织联合党支部成立大会并讲话。市委社会工委、市社会办领导宋贵伦、陈建领参加会议。

同日 市委社会工委、市社会办领导宋贵伦、赵小卫、周开让、刘轩研究部署“北京社会公益活动周”筹备工作。

同日 市委社会工委、市社会办领导赵小卫、陈建领与市委统战部举行座谈会。

同日 市长郭金龙主持召开第 88 次市政府常务会议。市委社会工委委员、市社会办副主任王丽竹参加会议。

3 月 30 日 市委社会工委书记、市社会办主任宋贵伦参加市委巡视组总结培训班活动并作专题报告。

同日 市委社会工委委员赵小卫参加北京市深入推进创先争优活动大会。

同日 丁向阳副市长主持召开北京市“十二五”时期社会建设规划编制工作会议。市委社会工委委员、市社会办副主任张坚参加会议。

同日 市委社会工委委员、市社会办副主任王丽竹参加研究“十二五”时期社会建设规划提纲编制工作会议。

同日 市委社会工委委员、市社会办副

主任王丽竹出席昌平社会建设网开通仪式并讲话。

同日 市委社会工委委员、市社会办副巡视员刘轩主持召开会议协调部署“北京社会公益活动周”各项组织、保障工作。

同日 市委社会工委委员、市社会办副巡视员王智玲参加北京市2011年人口和计划生育工作大会。

同日 市委社会工委委员、市社会办副巡视员王智玲与大兴区委常委郭宝东就社区村庄化管理工作推动情况进行座谈。

3月30日—4月20日 市委社会工委委员、市社会办副主任周开让到上海浦东干部学院培训，并赴新加坡学习。

3月31日 市委常委梁伟、副市长程红到西城区调研社区商业服务体系建设工作。市委社会工委、市社会办领导宋贵伦、张坚、王丽竹、刘轩、王智玲及市商务委领导陪同并参加座谈会。

同日 市委社会工委书记、市社会办主任宋贵伦参加北京市形势政策报告会并作专题报告。

同日 山东省编办到市委社会工委、市社会办调研社会建设工作。市委社会工委委员赵小卫参加调研座谈会。

同日 市委社会工委委员、市社会办副巡视员刘轩主持召开“枢纽型”社会组织工作会。向各市级“枢纽型”社会组织通报了“北京社会公益活动周暨2011国际社工日”有关情况、安排部署了有关工作。

同日 市委社会工委委员、市社会办副巡视员刘轩主持召开区县社会工委主管领导工作会。会议通报了“北京社会公益活动周暨2011国际社工日”有关情况、安排部署了有关工作。

4月

4月1日 市委社会工委书记、市社会办主任宋贵伦参加全市法制宣传教育领导小组全体成员会议。

同日 市委社会工委委员、市社会办副巡视员王智玲参加2011年第二季度全市公共安全形势分析会。

4月1—2日 市委副秘书长王翔带队赴浙江考察村务监督委员会建设情况。市委社会工委委员、市社会办副主任陈建领及相关部门同志参加。

4月2日 市委常委梁伟、副市长丁向阳主持召开“十二五”时期社会建设规划纲要编制工作会议。市委社会工委、市社会办领导宋贵伦、张坚参加会议。

同日 市委社会工委委员、市社会办副主任王丽竹参加2011年全市节能降耗及应对气候变化工作会议。

4月4日 市委社会工委委员、市社会办副巡视员王智玲参加昌平区“和谐志愿”青年行动计划启动仪式暨全区志愿者工作推进大会并讲话。

4月6日 市长郭金龙主持召开市政府专题会议。市委社会工委书记、市社会办主任宋贵伦参加会议。

同日 市委副秘书长王翔带队调研西城区网格化社会管理情况。市委政法委副书记、首都综治办主任滕盛萍，市委社会工委委员赵小卫参加调研，西城区委副书记马兰霞陪同调研。

同日 市委社会工委委员、市社会办副主任张坚主持召开研究和修改《北京市“十二五”时期社会建设规划纲要》专题会。市发展改革委、市教委、市人口计生委、市文化局等16个委办局和市残联相关业务部门的同志参加会议。

同日 市委社会工委委员、市社会办副主任陈建领到市贸促会就建立社会组织党的工作机构进行调研。

同日 市委社会工委委员、市社会办副巡视员刘轩主持召开“2011北京社会公益活动周”筹备工作会，与承办方进一步研究确定活动方案。

4月6—8日 中央编译局社会建设调研组分别到西城区、海淀区调研。市委社会工委委员、市社会办副巡视员王智玲参加座谈会。

4月7日 市委社会工委委员、市社会办副主任王丽竹参加2011年第二次消防工作联席会。

同日 市长郭金龙主持召开第89次市政府常务会议。市委社会工委委员、市社会办副巡视员刘轩参加会议。

同日 市委社会工委委员、市社会办副巡视员王智玲带队到朝阳区调研社区办公和服务用房建设工作。

4月8日 市委社会工委书记、市社会办主任宋贵伦参加市委市政府理论学习中心组学习扩大会议。

同日 刘淇书记主持会议，专题研究《北京市“十二五”时期社会建设规划纲要》起草工作。市领导李士祥、梁伟、丁向阳等出席。市委社会工委、市社会办领导宋贵伦、张坚参加。

同日 市委副秘书长王翔带队调研顺义区网格化社会管理情况。市委社会工委委员赵小卫、首都综治办副主任许继慧参加调研，顺义区委书记张延昆陪同调研。

同日 市委社会工委委员、市社会办副主任陈建领主持召开社会领域统战工作座谈会。市委统战部常务副部长闵克出席座谈会并讲话，城六区统战部部长及社会工委主管领导参加会议。

同日 市委社会工委委员、市社会办副巡视员刘轩主持召开北京社会公益活动周工作部署会。

4月9日 市委社会工委委员、市社会办副巡视员王智玲参加市委统战部、市公安局组织召开的教会组织维稳工作专题部署会。

4月10日 市体育局、市社会办、市教委、市总工会、市残联共同主办的北京市第五届“和谐杯”乒乓球比赛启动仪式在国家体育馆举行。市委社会工委、市社会办领导宋贵伦、王智玲参加活动。

同日 召开《北京市全民健身实施计划》颁布动员大会。市委社会工委、市社会办领导宋贵伦、王智玲参加大会。

4月11日 市委书记刘淇就“创新社会管理服务，推进首都社会建设”主题到房山区调研。市领导王安顺、李士祥、梁伟、丁向阳参加调研，市委社会工委书记、市社会办主任宋贵伦陪同参加调研。

同日 市委副秘书长张建明、市委组织部副部长刘宇辉与委办领导座谈社会领域党建及创先争优活动开展情况。市委社会工委、市社会办领导宋贵伦、赵小卫、张坚、陈建领、王丽竹、王智玲出席座谈活动。

同日 市委社会工委书记、市社会办主任宋贵伦主持召开2011年第6次工委会议。会议研究了支付全市社区工作者培训班费用等事宜。

同日 市委社会工委书记、市社会办主任宋贵伦主持召开2011年第4次主任办公会议。会议听取了各处室3月份工作完成情况及4月份工作计划的汇报，研究部署了有关工作。

同日 市委社会工委、市社会办领导赵小卫、王智玲参加市监察局组织召开的2009年社区办公和服务用房规范化建设协调会。

同日 市委社会工委委员、市社会办副巡视员刘轩到大兴区调研市红十字会第一个“红立方”项目建设工作。

4月12日 市长郭金龙主持召开市政府专题会议。市委社会工委书记、市社会办主任宋贵伦参加会议。

同日 市委综合考核组反馈对市委社会工委、市社会办领导班子考核情况。市委社会工委书记、市社会办主任宋贵伦等领导班子成员参加考核情况反馈。

同日 市委副秘书长王翔主持召开构建网格化社会服务管理体系调研组会议。市委社会工委委员赵小卫、首都综治办副主任许继慧参加会议。

同日 市委社会工委委员、市社会办副主任陈建领出席通州区街道（乡镇）社会工作党委书记及专职党务工作者培训班开班式并讲话。

4月13日 市委常委梁伟、副市长丁向阳主持召开“十二五”时期社会建设规划纲要编制工作会议。市委社会工委、市社会办领导宋贵伦、张坚一同参加会议。

同日 市委书记刘淇主持召开市委常委会第186次会议。市委社会工委书记、市社会办主任宋贵伦列席会议。

同日 市委社会工委书记、市社会办主任宋贵伦参加中央统战部领导来京调研座谈会。

同日 市委副秘书长王翔主持召开浙江考察工作总结会。市委社会工委委员、市社会办副主任陈建领及考察组成员参加会议。

同日 市委社会工委书记、市社会办主任宋贵伦带领班子成员向市党建工作领导小组办公室汇报工作。

同日 市委社会工委委员、市社会办副主任陈建领到京东商城就非公有制企业加强党组织建设进行专题调研。

同日 市委社会工委委员、市社会办副主任王丽竹参加北京市第12次信访排查调处工作会议。

同日 市委社会工委委员、市社会办副巡视员王智玲与团市委副书记姜泽廷座谈生活困难青年流动人口帮扶试点工作。

同日 无锡市民政局来我市考察学习社区建设工作。市委社会工委委员、市社会办副巡视员王智玲出席考察专题培训班并致辞。

同日 “2011北京社会公益活动周、第二届首都青少年公益节、国际社工日”联合新闻发布会召开。新华社、《北京日报》、北京电视台、《京华时报》等10余家媒体参加，市委社会工委、市社会办领导赵小卫、刘轩出席发布会并介绍有关情况。

4月14日 市长郭金龙主持召开市政府专题会议。市委社会工委书记、市社会办主任宋贵伦参加会议。

同日 市委社会工委、市社会办领导宋贵伦、赵小卫陪同中央党校中青班领导干部培训班调研北京社会建设工作。

同日 市委社会工委委员、市社会办副主任陈建领参加基督教工作研讨会。

同日 市委社会工委委员、市社会办副巡视员刘轩主持召开北京社会公益活动周工作部署会。

同日 市社会办、市城乡办到朝阳区调研城乡结合部社会建设工作。市委社会工委委员、市社会办副巡视员王智玲，市城乡办副主任刘春成以及市委组织部、市委农工委、市政府研究室、市农委、市民政局等有关负责同志参加。

同日 市委社会工委委员、市社会办副巡视员王智玲参加“发展学前教育”议案和“进一步完善政策，推进绿化隔离地区建设”议案办理工作协调会。

4月15日 “2011北京社会公益活动周、第二届首都青少年公益节、国际社工日”开幕。市委常委梁伟、中国社会工作协会会长徐瑞新、副会长兼秘书长赵蓬奇、市委副秘书长王翔及活动主办、协办单位的领导出席开幕式。梁伟、徐瑞新为“蓝立方”Logo揭牌。市委社会工委书记、市社会办主任宋贵伦代表活动主办单位致辞。委办领导刘轩、王智玲参加活动。

同日 市委常委梁伟主持召开会议听取关于浙江村务监督委员会建设考察情况汇报。市委副秘书长王翔，市委社会工委委员、市社会办副主任陈建领等考察组成员参加会议。

同日 市委社会工委书记、市社会办主任宋贵伦出席北京市政治文明建设研究会成立5周年座谈会。

同日 市委社会工委委员赵小卫参加北京市机构编制工作会议。

同日 市委社会工委委员赵小卫就构建网格化社会服务管理体系到东城区东直门街道、朝阳区城市管理监督指挥中心调研。

同日 市委社会工委委员、市社会办副主任张坚主持召开协调会，专题研究北京市“十二五”时期社会建设发展指标。市发展改革委副主任赵磊、市统计局副局长陈泽兴参加会议。

同日 市委社会工委委员、市社会办副巡视员刘轩出席市商联会第三届理事会第三次会议并讲话。

同日 市委社会工委委员、市社会办副巡视员刘轩参加北京红十字会第九届理事会第三次会议。

4月16日 市委社会工委委员、市社会办副巡视员刘轩出席社会公益活动周“妇女儿童日”启动仪式。

4月17日 市委社会工委委员、市社会办副巡视员刘轩到“北京社会公益活动周”活动现场慰问基层社会组织。

4月18日 市委副秘书长王翔主持召开构建网格化社会服务管理体系调研组会议。市委社会工委委员赵小卫参加会议。

同日 市委社会工委委员、市社会办副主任张坚参加全市调查研究工作协调联席会议。

4月18—19日 重庆两新工委考察团来京考察社会建设工作。市委社会工委委员、市社会办副主任陈建领陪同考察。

4月19日 市委书记刘淇就“创新社会管理服务，推进首都社会建设”主题到东城区调研。市领导王安顺、李士祥、梁伟、丁向阳参加调研。市委社会工委、市社会办领导宋贵伦、刘轩陪同调研。

同日 召开全市社会领域创先争优活动交流推进会。市委常委梁伟出席会议并讲话，市委副秘书长王翔主持会议，市委副秘书长张建明出席会议，市委社会工委书记、市社会办主任宋贵伦代表市社会领域创先争优活动领导小组作工作报告，社会领域创先争优领导小组副组长王文杰、陈建领、李新京、杨慕彦、罗文阁及相关人员近800人参加了会议。

同日 市委常委、统战部部长牛有成到石景山区调研社会领域统战工作。市委社会工委委员、市社会办副主任王丽竹陪同调研。

同日 市委社会工委委员、市社会办副巡视员刘轩陪同中央党校地厅级新疆班学员到朝阳区调研。

4月19—28日 市委社会工委委员、市社会办副巡视员王智玲带队赴西班牙、匈牙利考察社会建设情况。

4月20日 市委社会工委书记、市社会办主任宋贵伦参加北京慈善艺术学院成立仪式。

同日 市委社会工委书记、市社会办主任宋贵伦到全国妇联参加社会管理创新座谈会。

同日 市委社会工委委员赵小卫出席全市建设学习型党组织工作经验交流会。

同日 市委社会工委委员、市社会办副主任陈建领参加市委党建工作领导小组办公室扩大会议。

同日 市委社会工委委员、市社会办副巡视员刘轩出席市红十字会举办的红十字工作国际研讨会。

同日 市委社会工委委员、市社会办副巡视员刘轩与市工经联领导就“枢纽型”社会组织建设进行交流。

4月21日 市委书记刘淇听取“十二五”时期北京社会建设规划纲要起草工作汇报。市委社会工委、市社会办领导宋贵伦、张坚参加汇报。

同日 市委社会工委委员赵小卫参加2011年首都精神文明建设委员会全体会议。

同日 市委社会工委委员赵小卫参加北京市依法行政工作电视电话会议。

同日 市委社会工委委员、市社会办副主任张坚参加陈一夫同志遗体告别仪式。

同日 市委统战部常务副部长闵克到丰台区调研社会领域统战工作。市委社会工委委员、市社会办副主任陈建领参加调研。

同日 市委社会工委委员、市社会办副主任王丽竹参加“2011中国智能城市论坛”。

4月22日 市委书记刘淇就“创新社会管理服务，推进首都社会建设”主题到昌平区调研。市领导郭金龙、李士祥、梁伟、傅政华、丁向阳参加调研。市委社会工委书记、市社会办主任宋贵伦陪同调研。

同日 市委社会工委书记、市社会办主任宋贵伦参加市委市政府理论学习中心组学习扩大会议。

同日 市委社会工委书记、市社会办主任宋贵伦主持召开2011年第7次工委会议。会议研究讨论了干部人事有关工作。

同日 市委社会工委委员、市社会办副主任张坚参加北京市建设学习型城市工作领导小组第五次会议。

同日 中央组织部部务委员兼组织二局局长陈向群到西城区调研基层党建工作。市委社会工委委员、市社会办副主任陈建领出席座谈会并发言。

同日 市委社会工委委员、市社会办副巡视员刘轩出席市社科联"2011周末社区大讲堂"活动启动仪式。

4月23日 市委社会工委委员、市社会办副主任周开让参加北京市2011年公开招考社工考试巡视。市民政局局长吴世民及市人保局、市教委、市财政局有关部门参加。

4月24日 "2011北京社会公益活动周、第二届首都青少年公益节、国际社工日宣传活动"举行闭幕式。市委社会工委委员、市社会办副巡视员刘轩向获得组织奖、优秀组织奖的单位颁发获奖证书。

4月25日 市委社会工委书记、市社会办主任宋贵伦参加全国开展清理和规范庆典、研讨会、论坛活动工作和党政机关公务用车问题专项治理工作电视电话会议。

同日 市委社会工委委员、市社会办副主任周开让参加研究处置守望教会相关问题专题会。

4月26日 市委社会工委书记、市社会办主任宋贵伦参加市政府常务会议。

同日 市委社会工委书记、市社会办主任宋贵伦参加全市党建带团建暨深入推进共青团系统创先争优活动工作会议。市委社会工委委员、市社会办副主任陈建领一同参加。

同日 市委社会工委委员、市社会办副主任周开让参加北京市水务工作会议。

同日 北京市社会建设领域四网六库项目正式启动。市委社会工委委员赵小卫出席会议并讲话，市委社会工委委员、市社会办副主任王丽竹主持会议。首都信息发展股份有限公司副总裁余东辉、吴波，北京朋佳科技咨询有限公司总经理李春堂及委办各处室负责人参加会议。

同日 市委社会工委委员、市社会办副主任陈建领出席东城区鸿安国际大厦成立3周年座谈会并讲话。

同日 市委社会工委委员、市社会办副主任王丽竹参加北京市服务中央单位和驻京部队工作会议。

4月27日 市委社会工委委员、市社会办副主任周开让到丰台区调研社区及社会工作队伍建设工作及城乡结合部社会建设工作。

同日 市委社会工委委员、市社会办副主任张坚主持召开"北京市社会管理创新研究"课题协调会。各区（县）社会工委、社会办分管领导和国家行政学院、清华大学、中国人民大学等9个研究基地负责人及委内处室负责人、课题组成员参加会议。

同日 市委社会工委与市委统战部联合举办第二期社会领域统战工作培训班。市委社会工委委员、市社会办副主任陈建领主持开班仪式。

同日 市委社会工委委员、市社会办副主任王丽竹主持召开2011年北京市社会建设领域信息化工作第一季度例会。

4月28日 市委书记刘淇就"创新社会管理服务，推进首都社会建设"主题到朝阳区和大兴区调研。市领导郭金龙、李士祥、梁伟、丁向阳参加调研。市委社会工委书记、市社会办主任宋贵伦陪同调研。

同日 市委社会工委委员、市社会办副主任周开让到通州区调研社会工作队伍建设工作及城乡结合部社会建设工作。

同日 市委社会工委委员、市社会办副主任王丽竹参加北京市科学技术奖励大会暨2011年北京市科技工作会议。

同日 市委社会工委委员、市社会办副主任王丽竹参加北京市国资公司成立10周年答谢活动。

4月29日 市委书记刘淇主持召开区县委书记会议。市委社会工委书记、市社会办主任宋贵伦参加会议。

同日 市委书记刘淇就“创新社会管理服务，推进首都社会建设”主题调研工会工作并慰问一线干部职工。市领导郭金龙、李士祥、梁伟参加。市委社会工委书记、市社会办主任宋贵伦陪同参加。

同日 市委社会工委书记、市社会办主任宋贵伦参加我市开展清理和规范庆典、研讨会、论坛活动工作和党政机关公务用车问题专项治理工作电视电话会议。

同日 市委社会工委书记、市社会办主任宋贵伦主持召开机关处级及以上干部工作会议。会议传达了区县委书记会议及我市开展清理和规范庆典、研讨会、论坛活动工作和党政机关公务用车问题专项治理工作电视电话会议精神，并研究部署有关工作。

同日 市委社会工委委员、市社会办副主任陈建领出席第二期社会领域统战工作培训班结业式并作总结讲话。

同日 市委社会工委委员、市社会办副主任王丽竹参加市安委会第6次工作会议。

同日 副市长刘敬民到市体育总会调研体育社团建设工作。市委社会工委委员、市社会办副巡视员刘轩参加调研。

5月

5月3日 北京市社会建设工作领导小组会议召开。市委书记、市社会建设工作领导小组组长刘淇出席会议并讲话。市领导郭金龙、王安顺、吉林、李士祥、梁伟、李昭玲、丁向阳出席会议。会上，王安顺宣布了调整后的市社会建设工作领导小组成员名单。领导小组办公室主任、市委社会工委书记、市社会办主任宋贵伦汇报了《北京市“十二五”时期社会建设规划纲要》起草情况。会议对《规划纲要》进行了研究，要求在此基础上代市委起草关于创新社会管理的意见。

同日 市长郭金龙主持召开市政府专题会议。市委社会工委书记、市社会办主任宋贵伦参加会议。

同日 市委常委梁伟主持召开关于加强和创新社会管理文件起草讨论会。市委社会工委、市社会办领导宋贵伦、赵小卫、张坚一同参加讨论会。

同日 市委社会工委、市社会办领导宋贵伦、陈建领参加北京市纪念建党90周年系列活动启动仪式。

同日 副市长刘敬民到市体育总会调研体育社团工作。市委社会工委委员、市社会办副主任刘轩参加调研。

5月4日 市委社会工委、市社会办机关团支部、青联组织团员青年开展纪念五四青年节活动。委办领导宋贵伦、赵小卫、周开让、刘轩及机关团员青年30余人参加纪念活动。

同日 市委社会工委、市社会办领导周开让、王智玲与大兴区委社会工委、区社会办研究村庄社区化管理工作。

同日 市委副秘书长王翔与市委社会工委委员、市社会办副主任陈建领研究村务监督委员会推进工作方案。

同日 市委社会工委委员、市社会办副巡视员王智玲参加北京市燃气安全隐患排查治理百日行动动员部署会。

5月5日 市委社会工委书记、市社会办主任宋贵伦参加市人大代表培训班。

同日 市委社会工委委员赵小卫参加2011年首都精神文明建设工作大会。

同日 市委社会工委副书记、市社会办副主任周开让参加“守望教会”教育转化工作培训班。

同日 市委社会工委委员、市社会办副主任陈建领出席市投资促进局召开的外资企业党建工作20周年座谈会并讲话。

同日 市委社会工委委员、市社会办副巡视员王智玲参加全市基督教会教育转化专题培训班。

5月5—6日 市委副秘书长王翔主持召开构建网格化社会服务管理体系调研组会议。市委社会工委委员赵小卫参加会议。

5月5—20日 市委社会工委委员、市社会办副主任王丽竹参加国家行政学院厅局级加强社会建设与社会管理专题研讨班。

5月6日 市委社会工委书记、市社会办主任宋贵伦到中国人民抗日战争纪念馆“民族精神大讲堂”作报告。

同日 市委社会工委书记、市社会办主任宋贵伦接待南京社会工委代表团。

同日 市委社会工委副书记、市社会办副主任周开让参加“推进全国文化中心建设”课题启动座谈会。

同日 市委社会工委委员、市社会办副巡视员王智玲到朝阳区调研社区办公和服务用房规范化建设情况。

5月7日 北京师范大学中国社会管理研究院成立大会暨首届中国社会管理论坛举行。市委常委梁伟出席会议并讲话，市委社会工委书记、市社会办主任宋贵伦作主题发言。委办领导赵小卫、张坚一同出席会议。

同日 市委书记刘淇等市领导调研社会建设工作。市委社会工委书记、市社会办主任宋贵伦一同参加调研。

同日 市委社会工委委员、市社会办副主任刘轩出席北京青少年社团文化季开幕式暨北京自行车文化节启动仪式。

5月9日 副市长丁向阳调研城乡一体化有关工作。市委社会工委副书记、市社会办副主任周开让参加调研。

同日 市委社会工委与市志愿者联合会、市志愿服务指导中心座谈。市委社会工委副书记、市社会办副主任周开让，市志愿服务指导中心主任郭新保参加会议座谈。

同日 市委社会工委委员、市社会办副巡视员王智玲主持召开城乡结合部重点村社会建设专项课题组会议。

5月9—24日 市委社会工委副书记、市社会办副主任张坚在市委党校参加第70期区县局级干部进修一班。

5月10日 市长郭金龙主持召开市政府专题会议。市委社会工委书记、市社会办主任宋贵伦参加。

同日 市委社会工委委员赵小卫参加我市农民工工作联席会议第二次会议。

同日 市委社会工委副书记、市社会办副主任周开让参加2011年度全市维稳调研工作暨健全完善维稳工作责任制调研启动会议。

同日 市委社会工委副书记、市社会办副主任周开让参加东城区购买专业社会工作岗位启动暨首批专业社工聘用仪式并讲话。

同日 市委社会工委、首都综治办召开村庄社区化管理工作座谈会。市委社会工委副书记、市社会办副主任周开让，市委社会工委委员、市社会办副巡视员王智玲，首都综治办副主任苗林出席会议。

同日 市委社会工委委员、市社会办副主任刘轩同市对外友协副会长、市民交协副会长潘友生就市级“枢纽型”社会组织认定一事进行工作交流。

5月11日 市委社会工委书记、市社会办主任宋贵伦主持召开2011年第8次工委会议。会议研究讨论了首都社会领域纪念建党90周年主题党日活动工作等有关事宜。

同日 市委社会工委书记、市社会办主任宋贵伦主持召开2011年第5次办公会议。会议听取了各处室4月份工作完成情况及5月份工作计划的汇报，研究部署了有关工作。

同日 市委社会工委、市社会办领导赵小卫、刘轩出席“爱国侨胞看北京”活动总结会。

同日 市委社会工委副书记、市社会办副主任周开让参加2011年度全市维稳调研工作会。市委社会工委获得2010年度全市维稳调研工作组织奖，市委社会工委年度调研报告《着力加强社会建设维护社会和谐稳定》获得2010年度全市维稳调研优秀成果一等奖。

同日 市委社会工委委员、市社会办副巡视员王智玲到房山区、丰台区调研社区办公服务用房规范化建设情况。

5月12日 市委社会工委书记、市社会办主任宋贵伦参加北京市2011年“5·12”防灾减灾日主题宣传活动。

同日 市委社会工委委员、市社会办副巡视员王智玲参加2011年“周四垃圾减量日”走进东城区活动。

5月13日 市委社会工委书记、市社会办主任宋贵伦参加市委市政府理论学习中心组学习扩大会。

同日 市委社会工委委员、市社会办副主任陈建领出席市律师协会举办的律师业余党校成立暨全市律师行业创先争优活动座谈会并讲话。

5月14日 市委社会工委、市社会办领导周开让、陈建领、王智玲及机关团员青年20余人参加2011春季北京国际长走大会。

5月15日 市委社会工委副书记、市社会办副主任周开让参加体育馆路街道第二届社区体育文化节开幕式。

5月16日 市委社会工委书记、市社会办主任宋贵伦与市委统战部常务副部长闵克座谈社会领域统战工作。会上研究了全国统战工作培训班在北京召开社会领域统战工作现场会事宜。委办领导赵小卫、陈建领参加座谈会。

同日 市委社会工委委员赵小卫出席市法学会举办的“法律服务基层”活动日并讲话。

同日 市委社会工委副书记、市社会办副主任周开让参加2011北京海外学人创新创业活动周开幕式。

同日 市委社会工委副书记、市社会办副主任周开让参加2011北京海外学人创新创业活动周开幕式暨2011北京“海聚工程”年度人物评选启动仪式。

同日 市委社会工委委员、市社会办副主任陈建领到市民办教育协会就建立社会组织党的工作机构进行专题调研。

同日 市委社会工委委员、市社会办副巡视员王智玲参加2011年北京市垃圾分类系统建设与资源化处理技术经验成果交流会开幕式。

5月16—20日 市委社会工委委员、市社会办副主任刘轩在北京大学参加市委组织部举办的公共管理与政府治理高级研修班。

5月17日 副市长丁向阳调研城乡结合部流动人口服务与管理、农民就业等工作。市委社会工委副书记、市社会办副主任周开让参加调研。

同日 市委社会工委副书记、市社会办副主任周开让主持召开市社会办社区建设管理问题政协委员集中答复座谈会。

同日 市委社会工委委员、市社会办副主任陈建领到密云县调研社会领域党建工作。

同日 市委社会工委委员、市社会办副主任陈建领到北京市金诚信矿业集团党委调研非公有制企业党建工作。

5月18日 市委书记刘淇主持召开十届市委常委第191次会议。市委社会工委书记、市社会办主任宋贵伦参加会议并汇报《关于加强和创新社会管理、全面推进社会建设的若干意见》的起草情况。

同日 市长郭金龙主持召开市政府专题会。市委社会工委书记、市社会办主任宋贵伦参加会议并汇报《关于加强和创新社会管理、全面推进社会建设的若干意见》的起草情况。

同日 市委社会工委副书记、市社会办副主任周开让参加“快乐伴我行　旅游进社区”旅游便民服务工程启动仪式。

同日 市委社会工委委员、市社会办副巡视员王智玲主持召开全市2009年社区办公和服务用房规范化建设试点项目工作会。

5月19日 市委社会工委书记、市社会办主任宋贵伦参加第93次政府常务会议。

同日 市委常委梁伟听取了构建网格化社会服务管理体系调研报告。市委副秘书长王翔、市委社会工委委员赵小卫、市民政局副巡视员冯昌领、市政市容委委员张春贵出席会议。

同日 市委社会工委书记、市社会办主任宋贵伦参加北京市依法行政工作电视电话会议。

同日 市委社会工委副书记、市社会办副主任周开让出席北京建筑工程学院社会工作系专业发展研讨会暨悦群社会工作事务所第一届理事会议。

同日 市委社会工委委员、市社会办副主任陈建领参加北京市依法行政工作电视电话会议。

同日 市委社会工委与市妇联联合召开商务楼宇"姐妹驿站"建设工作推进会。

同日 市委社会工委委员、市社会办副主任陈建领到歌华大厦观看、审核北京市纪念中国共产党成立90周年展览样本中关于社会建设部门内容。

同日 市委社会工委委员、市社会办副巡视员王智玲到石景山区、海淀区调研城乡结合部社会建设工作。

同日 市委社会工委委员、市社会办副巡视员王智玲参加2011年全市火灾隐患排查整治攻坚大会。

5月20日 市委社会工委、市社会办领导宋贵伦、周开让、刘轩出席2011北京社会公益活动周、国际社工日主题活动总结联谊会。

同日 市委社工委副书记、市社会办副主任周开让出席全市党委新闻发言人记者见面会。

同日 市委社会工委委员、市社会办副主任陈建领出席石景山区街道社会工作党委建设实践与思考座谈会并讲话。

同日 市委社会工委委员、市社会办副巡视员王智玲主持召开会议征求委办各有关处室对《关于加强城乡结合部社会建设工作的意见（征求意见稿）》的意见建议。

5月21日 市委常委梁伟与市委社会工委、市社会办领导宋贵伦、赵小卫研究《关于加强和创新社会管理全面推进社会建设的若干意见》修改工作。

同日 市委社会工委副书记、市社会办副主任张坚出席北京工业大学举办的"当代中国社会建设与社会工作研讨会"并在研讨会开幕式上致辞。

5月22日 市红十字会召开志愿服务推进会暨999社区综合服务站（红立方）发布会。市委常委梁伟出席会议并讲话，市委社会工委、市社会办领导宋贵伦、刘轩参加。

5月23日 市委书记刘淇主持召开党代表、人大代表、政协委员座谈会，听取对《关于加强和创新社会管理全面推进社会建设的若干意见》的意见。市委社会工委书记、市社会办主任宋贵伦在座谈会上作汇报。

同日 市委书记刘淇召集会议，专题研究《关于加强和创新社会管理全面推进社会建设的若干意见》修改工作。市领导李士祥、梁伟，市委社会工委书记、市社会办主任宋贵伦参加会议。

同日 市委社会工委副书记、市社会办副主任周开让参加"守望教会"专项工作领导小组会。

同日 市委社会工委委员、市社会办副巡视员王智玲主持召开《关于加强城乡结合部社会建设工作的意见（征求意见稿）》第二轮征求意见座谈会。

同日 市委社会工委委员、市社会办副巡视员王智玲到昌平区调研社区办公和服务用房规范化建设情况。

5月24日 市委社会工委书记、市社会办主任宋贵伦到丰台区调研社会建设工作。听取了丰台区社会建设工作情况汇报，并与丰台街道永善社区市民劝导队队员座谈。委办领导赵小卫、周开让、王智玲，丰台区领导李超钢、王苏维、顾晓园、刘宇、孙军民、王建斌等参加调研和座谈会。

同日 市委社会工委委员、市社会办副主任王丽竹到西城区调研社区网站服务体系建设工作。

5月25日 市委常委李士祥、梁伟主持召开研究修改《市委市政府关于加强和创新社会管理全面推进社会建设的若干意见》

（征求意见稿）会议。市委社会工委、市社会办领导宋贵伦、赵小卫参加会议。

同日 市委社会工委副书记、市社会办副主任周开让带队到怀柔区调研社区办公和服务用房规范化建设情况。

同日 市委社会工委与市委统战部联合举办第三期社会领域统战工作培训班。市委社会工委委员、市社会办副主任陈建领主持开班仪式。

同日 市委社会工委委员、市社会办副主任王丽竹主持召开四网六库项目第一次监理会。

5 月 26 日 市委社会工委书记、市社会办主任宋贵伦参加市维稳工作领导小组扩大会议。

同日 市委社会工委副书记、市社会办副主任周开让参加人口管理职能部门征求意见座谈会。

同日 市委社会工委委员、市社会办副主任陈建领与市委组织部研究室座谈社会领域党建工作。

同日 “昆曲《陶然情》首演仪式”在中国评剧院举行。市委社会工委委员、市社会办副主任陈建领出席活动。

同日 市委社会工委委员、市社会办副主任刘轩出席 2011 年残疾人群众体育项目展示比赛开幕式。

5 月 26—28 日 市委社会工委、市社会办领导参加亚洲安全社区网络会议第三次会员大会暨国际安全社区命名仪式。市委社会工委委员、市社会办副巡视员王智玲出席大会并考察上海社会建设工作。我市朝阳区香河园、潘家园、大屯、三里屯、左家庄 5 个街道获得命名，成为国际安全社区第 237 至 241 个网络成员。

5 月 27 日 市委书记刘淇主持召开十届市委常委第 193 次会议，研究市委全会筹备事宜。市委社会工委、市社会办领导宋贵伦、赵小卫列席会议。

同日 市委书记刘淇主持召开党外人士对《市委市政府关于加强和创新社会管理全面推进社会建设的若干意见》（征求意见稿）的征求意见会议。市委社会工委、市社会办领导宋贵伦、赵小卫参加会议。

同日 市委社会工委委员、市社会办副主任陈建领与市公安局内保局座谈写字楼建立内保工作机制等问题。

同日 市委社会工委委员、市社会办副主任陈建领到市工业经济联合会就建立社会组织党的工作机构进行专题调研。

5 月 29 日 市委社会工委书记、市社会办主任宋贵伦参加 2011 年北京市公开选拔领导干部笔试阅卷指导点评工作。

同日 市委社会工委副书记、市社会办副主任周开让参加全市新型农村社区试点建设工作部署会。

5 月 30 日 市长郭金龙主持召开市政府专题会议。市委社会工委副书记、市社会办副主任周开让参加会议。

同日 市委社会工委、市社会办领导宋贵伦、赵小卫研究市委十届九次全会学习贯彻筹备工作。

同日 市委社会工委委员、市社会办副巡视员王智玲到平谷区调研社区办公服务用房规范化建设情况。

6 月

6 月 1 日 市委社会工委书记、市社会办主任宋贵伦参加敏感期维稳工作情报会商会。

同日 市委社会工委书记、市社会办主任宋贵伦主持召开 2011 年第 9 次工委会议。会议研究了举办全市社会建设领域学习贯彻市委第十届第九次全会精神学习班等有关事宜。

同日 市委社会工委书记、市社会办主任宋贵伦主持召开参加市委第十届第九次全会工作人员动员会。

同日 市委社会工委委员、市社会办副主任刘轩参加国际商贸中心发展论坛。

6 月 2 日 市委社会工委委员、市社会办副主任陈建领到市志愿者联合会就“枢纽型”社会组织建立党建工作委员会相关工作进行调研。

6月2—3日 市委第十届第九次全会召开。全会认真学习贯彻中央关于加强和创新社会管理的重要指示精神，研究部署加强和创新社会管理工作，审议通过了《中共北京市委北京市人民政府关于加强和创新社会管理全面推进社会建设的意见》《中国共产党北京市第十届委员会第九次全体会议决议》。市委社会工委、市社会办领导宋贵伦、周开让列席会议并参加分组讨论，委办领导赵小卫、张坚一同列席分组讨论会。

6月3日 市委社会工委副书记、市社会办副主任周开让参加敏感期维稳工作情报会商会。

6月6日 市委社会工委委员、市社会办副主任刘轩参加第二十届燕京啤酒节开幕式。

6月7日 市委社会工委委员、市社会办副主任刘轩出席北京健康保障协会和慈铭集团举办的“迎七一”红歌会。

6月8日 市委社会工委书记、市社会办主任宋贵伦参加北京市党的基层组织实行党务公开推进大会。

同日 市委社会工委书记、市社会办主任宋贵伦主持召开2011年第10次工委会议。会议研究讨论了表彰社会领域先进基层党组织、优秀党员、优秀党务工作者、党建优秀活动项目等有关事宜。

同日 市委社会工委书记、市社会办主任宋贵伦主持召开2011年第6次办公会议。会议听取了各处室5月份工作完成情况及6月份工作计划的汇报，研究部署了有关工作。

同日 市委社会工委副书记、市社会办副主任周开让主持召开社会工作人才评价、岗位设置、登记管理、教育培训、职级体系和薪酬待遇系列文件研讨会。

6月9日 市委常委梁伟陪同市级老干部参观考察社区建设工作。市委社会工委书记、市社会办主任宋贵伦汇报了社区建设工作，委办领导赵小卫、陈建领、王智玲一同参加汇报。

同日 市委社会工委书记、市社会办主任宋贵伦就市委第十届第九次会议通过的《中共北京市委关于加强和创新社会管理全面推进社会建设的意见》，接受北京电视台专访。

同日 市委社会工委副书记、市社会办副主任周开让参加市人才工作领导小组成员单位会议。

同日 市长郭金龙主持召开市政府专题会议。市委社会工委委员、市社会办副主任王丽竹参加会议。

同日 市委社会工委委员、市社会办副主任刘轩参加市妇联系统社会工作培训班并作报告。

同日 市委社会工委委员、市社会办副巡视员王智玲与中国社会工作协会副会长马学理座谈研究社区建设工作。

6月10日 市委常委梁伟出席朝阳区社会建设工作会议。市委副秘书长王翔，市委社会工委、市社会办领导周开让、王智玲一同参加会议。

同日 市委社会工委、市社会办领导宋贵伦、赵小卫与市编办调研组座谈。

同日 市委社会工委委员、市社会办副主任陈建领参加北京注册会计师协会党委庆祝建党90周年文艺演出暨颁奖典礼。

同日 市委社会工委委员、市社会办副主任陈建领参加房山区举办的社会领域纪念建党90周年庆祝活动。

同日 市委社会工委委员、市社会办副主任陈建领参加市注册会计师协会党委举办的庆祝建党90周年暨创先争优颁奖典礼。

6月11日 市委社会工委委员、市社会办副巡视员王智玲到中央工艺美术学院附属中学对2011年社会工作者职业水平考试进行巡视。

同日 市委社会工委委员、市社会办副巡视员王智玲参加2011年全国节能宣传周暨北京市节能宣传周启动仪式。

6月12日 市委社会工委委员、市社会办副巡视员王智玲参加“做文明有礼的北京人，燃气安全，从我做起”主题宣传活动启动仪式。

6月13日 市委书记刘淇围绕“深入开展创先争优活动，构建区域化党建工作新格局”主题到西城区调研。市委社会工委书记、市社会办主任宋贵伦一同参加调研。

同日 市委社会工委书记、市社会办主任宋贵伦接受北京电视台社会领域统战工作专题采访。

同日 市委社会工委委员、市社会办副巡视员王智玲参加“国家电网首都电力共产党员服务队进社区活动”启动仪式。

同日 辽宁省丹东市振兴区站前街道考察团来我市朝阳区考察老旧小区准物业管理和小区数字化管理等情况。市委社会工委委员、市社会办副巡视员王智玲陪同考察。

6月14日 市长郭金龙主持召开市政府专题会议。市委社会工委书记、市社会办主任宋贵伦参加会议。

同日 市委社会工委委员、市社会办副主任王丽竹参加市直机关庆祝党的生日开展创先争优为首都科学发展作贡献座谈会。

6月15日 市委社会工委委员赵小卫参加北京市高校毕业生就业工作会议。

同日 市委社会工委委员、市社会办副主任陈建领参加北京水产协会党委纪念建党90周年庆祝活动。

同日 市委社会工委委员、市社会办副主任陈建领参加丰台区商务楼宇纪念建党90周年专场文艺演出。

6月15—16日 市委社会工委、市社会办举办市委第十届第九次全会精神学习培训班。委办领导班子全体成员、全市22家“枢纽型”社会组织有关负责同志、16个区县社会工委、社会办副处级以上干部及市委社会工委、市社会办全体干部共200余人参加培训。

6月16日 市委社会工委副书记、市社会办副主任张坚在市委党校第70期县局级干部进修班上作交流发言，专题介绍全市创新社会管理、推进社会建设工作。

同日 市委社会工委副书记、市社会办副主任周开让参加京津冀人才工作领导小组联席会议暨北京人才发展高端论坛。

同日 市委社会工委委员、市社会办副巡视员王智玲参加北京市第八届全民健身体育节组委会成立大会暨新闻发布会。

同日 市委社会工委委员、市社会办副巡视员王智玲参加首都绿化美化花园式街道、社区创建工作经验交流会。

6月17日 市人大副秘书长黄石松来我委调研文化创新与社会管理。市委社会工委、市社会办领导宋贵伦、周开让陪同调研。

同日 市委社会工委书记、市社会办主任宋贵伦接受北京电视台党建频道专访。

同日 市委社会工委委员、市社会办副主任陈建领参加朝阳区社会领域纪念建党90周年庆祝活动。

同日 市委社会工委、市社会办副主任王丽竹参加西城区社区信息化顶层设计研讨会。

同日 市委社会工委委员、市社会办副巡视员王智玲参加2011年北京市节能宣传周之低碳社区日活动。

同日 市委社会工委委员、市社会办副巡视员王智玲参加“消防连着你我他　平安幸福进万家”主题宣传教育活动启动仪式。

6月18日 市委社会工委书记、市社会办主任宋贵伦参加“红星闪闪，永放光芒”首都老年合唱团携青少年合唱团纪念建党90周年大型合唱音乐会。

同日 市委社会工委、市社会办领导赵小卫、周开让、刘轩担任全市公招局级干部面试考官。

同日 市委社会工委委员、市社会办副主任陈建领参加市私营个体经济协会庆祝建党90周年文艺会演。

6月19日 市委社会工委书记、市社会办主任宋贵伦参加首都侨界纪念建党90周年“侨心向党心”千人大联唱活动。市委社会工委委员、市社会办副主任陈建领一同参加活动。

同日 市委社会工委、市社会办公招信息中心副主任职位进行面试。委办领导赵小卫、周开让、陈建领、王丽竹、刘轩、王智玲担任评委。

6月20日 市委社会工委书记、市社会办主任宋贵伦主持召开班子碰头会。会议研究讨论了纪念建党90周年活动等有关事宜。

同日 市委社会工委委员、市社会办副主任陈建领参加全市纪念建党90周年展览筹备工作协调会。

6月20日—7月10日 市委社会工委委员、市社会办副主任王丽竹赴德国参加政党政治高级研修班。

6月21日 市委社会工委书记、市社会办主任宋贵伦参加市工商联纪念建党90周年暨市工商联社会组织党建工作委员会成立大会。市委社会工委委员、市社会办副主任陈建领一同参加成立大会。

同日 市委社会工委委员赵小卫参加市直机关庆祝建党90周年大型歌会。

同日 市长郭金龙主持召开第95次市政府常务会议。市委社会工委副书记、市社会办副主任周开让参加常务会议。

同日 市委社会工委委员、市社会办副主任陈建领参加北京市纪念建党90周年党建座谈会。

同日 市委社会工委委员、市社会办副主任陈建领参加海淀区举办的社会领域纪念建党90周年表彰大会。

同日 市委社会工委委员、市社会办副主任刘轩参加市侨联召开的2011社团工作会议并就贯彻落实市委全会精神作报告。

同日 市委社会工委委员、市社会办副巡视员王智玲带领检查组对通州区、东城区社区办公和服务用房规范化建设情况进行了核查调研。

6月22日 市人大常委会主任杜德印到社区慰问党员和优秀党务工作者。市委常委梁伟、市委社会工委书记、市社会办主任宋贵伦陪同。

同日 市委社会工委书记、市社会办主任宋贵伦参加市民委全体干部大会并作社会服务管理创新专题报告。

同日 市委社会工委副书记、市社会办副主任周开让参加全市推进村庄社区化服务管理暨首都综治委农村综治工作协调委员会全体扩大会议。

同日 市委社会工委副书记、市社会办副主任周开让带领检查组对顺义区社区办公和服务用房规范化建设情况进行了核查调研。

同日 市委社会工委委员、市社会办副主任刘轩参加市贸促会机关半年工作总结会并就贯彻落实市委全会精神及全市“枢纽型”社会组织建设情况作报告。

同日 市委社会工委委员、市社会办副巡视员王智玲带领检查组对延庆县社区办公和服务用房规范化建设情况进行了核查调研。

同日 市委社会工委委员、市社会办副巡视员王智玲到朝阳区就成立区级社区社会组织事宜进行座谈研讨。

6月23日 市长郭金龙主持召开市政府专题会议。市委社会工委书记、市社会办主任宋贵伦参加会议。

同日 市委社会工委书记、市社会办主任宋贵伦到国家信息中心作社会建设报告。

同日 市委社会工委委员赵小卫接受重庆新闻媒体代表团的专访。

同日 市委社会工委副书记、市社会办副主任周开让主持召开《首都中长期社会工作人才发展规划纲要》征求意见座谈会。北京大学社会学教授王思斌，北京师范大学哲学与社会学学院副院长兼社会学系主任、教授赵孟营，中国人民大学社会工作系主任、副教授隋玉杰及东城、西城、朝阳区委社会工委、区社会办主管领导参加会议。

同日 市委社会工委委员、市社会办副主任刘轩参加市维稳办召开的全市维稳工作重点课题座谈会。

同日 市委社会工委委员、市社会办副巡视员王智玲参加北京市第八届全民健身体育节开幕式暨国家全民健身示范基地揭牌仪式。

同日 市委社会工委委员、市社会办副巡视员王智玲带领检查组对密云县社区办公和服务用房规范化建设情况进行了核查调研。

6月24日 市委常委梁伟出席全市“纪念建党90周年暨社会领域党建工作推进会”并讲话。市委副秘书长王翔主持会议，市委社会工委、市社会办领导宋贵伦、赵小卫、周开让、陈建领、刘轩、王智玲出席会议。

同日 市委社会工委书记、市社会办主任宋贵伦参加市维护稳定工作领导小组扩大会议。

同日 市委社会工委书记、市社会办主任宋贵伦接受全国党建网采访。

同日 市委社会工委委员、市社会办副巡视员王智玲带领检查组对门头沟区社区办公和服务用房规范化建设情况进行了核查调研。

6月25日 市委社会工委委员、市社会办副主任陈建领参加市人才服务中心党委举办的流动党员纪念建党90周年创先争优表彰大会。

同日 市委社会工委委员、市社会办副主任陈建领参加市投资促进局举办的纪念建党90周年庆祝活动。

同日 市委社会工委委员、市社会办副主任刘轩出席全国家庭道德教育宣传实践月活动启动仪式。

同日 市委社会工委委员、市社会办副巡视员王智玲参加北京市再生资源回收日进农村宣传活动启动仪式。

同日 市委社会工委委员、市社会办副巡视员王智玲参加2011年垃圾减量垃圾分类指导员首期培训班。

同日 市委社会工委委员、市社会办副巡视员王智玲参加北京市“再生资源回收日”进农村宣传活动启动仪式。

6月26日 市委社会工委书记、市社会办主任宋贵伦参观“一切为了人民”北京市纪念中国共产党成立90周年展览开展式。

同日 市委社会工委书记、市社会办主任宋贵伦参加西城区社会领域庆祝建党90周年文艺演出。

同日 市委社会工委委员、市社会办副主任陈建领参加市律师协会举办的纪念建党90周年庆祝活动。

同日 市委社会工委、市社会办领导陈建领、刘轩参加北京市红十字会纪念建党90周年暨社会组织党建工作会议。

同日 市纪委、市委社会工委、市新闻出版局组织编写的《社区反腐倡廉建设知识读本》由北京联合出版社正式公开出版发行。

6月27日 市长郭金龙主持召开市政府专题会议。市委社会工委书记、市社会办主任宋贵伦参加会议。

同日 市委社会工委书记、市社会办主任宋贵伦参加中国共产党北京市组织史资料丛书暨系列党史著作出版座谈会。

同日 纪念中国共产党建党90周年暨《社区反腐倡廉建设知识读本》发书仪式在西城区金融街街道举行。市委社会工委副书记、市社会办副主任周开让，市委社会工委委员、市社会办副巡视员王智玲及有关单位领导参加发书仪式。

同日 市委社会工委委员、市社会办副主任陈建领参加市委组织部和国家大剧院共同举办的“北京市庆祝中国共产党成立90周年红色经典合唱音乐会”。

6月27—28日 市委社会工委书记、市社会办主任宋贵伦参加统一战线服务社会管理北京市现场观摩接见会。

6月28日 市长郭金龙主持召开市政府专题会议。市委社会工委书记、市社会办主任宋贵伦参加会议。

同日 市委社会工委委员赵小卫到丰台区调研村庄自治管理工作。

同日 市委副秘书长王翔参加市建筑业联合会“枢纽型”社会组织党建工作委员会成立仪式。市委社会工委委员、市社会办副主任陈建领一同参加成立仪式。

同日 市委社会工委、市社会办领导陈建领、刘轩参加市红十字会举办的纪念建党90周年庆祝活动。

同日 市委社会工委委员、市社会办副巡视员王智玲和团市委副书记姜泽廷到朝阳区老君堂·社区青年汇调研青年流动人口工作。

6月29日 市委社会工委书记、市社会办主任宋贵伦参加北京市工业经济联合会社会组织党建工作委员会成立大会。市委社会工委委员、市社会办副主任刘轩一同参加成立大会。

同日 市委社会工委书记、市社会办主任宋贵伦参加由文化部、国家广电总局、解放军总政治部、北京市联合举办的《我们的旗帜——庆祝中国共产党建党90周年文艺晚会》。

同日 市委社会工委副书记、市社会办副主任周开让参加北京市纪念建党90周年“党在百姓心中”百姓宣讲团报告会。

同日 市委副秘书长王翔参加市私营个体经济协会“枢纽型”社会组织党建工作委员会成立仪式。市委社会工委委员、市社会办副主任陈建领一同参加成立仪式。

同日 市委社会工委委员、市社会办副主任陈建领参加市外企人力资源服务有限公司纪念建党90周年外企党员代表座谈会。

同日 市委社会工委委员、市社会办副主任刘轩出席区县社会组织工作促进交流会并讲话。

同日 市委社会工委委员、市社会办副主任刘轩出席北京工业经济联合会党建工作委员会成立大会。

同日 市委社会工委委员、市社会办副巡视员王智玲主持召开部分区县社区办公和服务用房规范化建设验收情况汇报专题会。

6月30日 市委常委梁伟出席大兴区加强和创新社会管理、进一步推进社会建设大会。市委社会工委、市社会办领导宋贵伦、赵小卫一同参加大会。

同日 市委社会工委书记、市社会办主任宋贵伦参加北京市庆祝中国共产党成立90周年大会。市委社会工委委员赵小卫一同参加大会。

同日 市委社会工委副书记、市社会办副主任周开让参加北京市保障性住房建设投资中心揭牌仪式。

同日 市委社会工委副书记、市社会办副主任周开让参加2011年第三季度全市公共安全形势分析会议。

同日 市委社会工委委员、市社会办副主任陈建领到丰台区看望慰问老社区书记。

同日 市委社会工委委员、市社会办副巡视员王智玲参加市政府新建保障性住房、核心区人口外迁定向安置房区域社区建设专题会。

7月

7月1日 市委社会工委书记、市社会办主任宋贵伦参加中央庆祝中国共产党成立90周年大会。

同日 市委社会工委书记、市社会办主任宋贵伦参加市社科联党建工作委员会成立大会。委办领导陈建领、刘轩一同参加成立大会。

7月2日 市长郭金龙主持召开北京市人口调控工作研讨会。市委社会工委书记、市社会办主任宋贵伦参加研讨会。

7月3日 市委社会工委书记、市社会办主任宋贵伦参加北京青年报社“三十而立——我们共同成长”复刊10周年庆祝晚会。

7月4日 市委社会工委书记、市社会办主任宋贵伦参加学习胡锦涛同志在庆祝中国共产党成立90周年大会上的重要讲话精神专题学习会。

同日 市委社会工委副书记、市社会办副主任周开让参加庆祝建党90周年暨北京市人口和计划生育委员会成立30周年大会。

7月5日 市长郭金龙主持召开第96次政府常务会议。市委社会工委书记、市社会办主任宋贵伦参加会议。

同日 市委社会工委书记、市社会办主任宋贵伦参加社会领域纪念建党90周年主题党日活动。委办领导赵小卫、张坚、周开让、陈建领、刘轩、王智玲一同参加活动。

同日 市委社会工委书记、市社会办主任宋贵伦参加市委统战部工作经验交流会答谢晚宴。

同日 市委社会工委副书记、市社会办副主任周开让参加北京青年商会成立一周年庆祝活动暨青商责任报告发布仪式。

7月6日 市委社会工委书记、市社会办主任宋贵伦参加公选局级干部考察工作会议。

同日 市委社会工委副书记、市社会办副主任周开让参加以“推进人口均衡、建设世界城市”为主题的世界人口日纪念活动。

7月7日 市委书记刘淇主持召开区县委书记会议。市委社会工委书记、市社会办主任宋贵伦，市委社会工委委员赵小卫一同参加会议。

7月8日 市委社会工委书记、市社会办主任宋贵伦参加中央水利工作会议第一次全体会议电视电话会议。

7月11日 市长郭金龙主持召开市政府专题会议。市委社会工委书记、市社会办主任宋贵伦参加会议。

同日 市委社会工委书记、市社会办主任宋贵伦主持召开主任办公会和工委班子会。

7月12日 市委社会工委书记、市社会办主任宋贵伦参加北京电视台第五届北京影响力启动仪式。

同日 市委社会工委书记、市社会办主任宋贵伦参加市委考察组延伸考察万军同志谈话。

同日 市委社会工委副书记、市社会办副主任周开让参加人才特区建设工作大会。

7月12—15日 市委社会工委书记、市社会办主任宋贵伦带队考察公选局级干部。

7月8日 市委社会工委副书记、市社会办副主任周开让参加北京市五五普法总结暨六五普法启动大会。

7月14日 市委社会工委副书记、市社会办副主任周开让参加北京市水务改革发展工作大会。

7月15日 市委社会工委副书记、市社会办副主任张坚参加全市服务业改革试点工作座谈会。

7月19日 市委常委梁伟出席房山区社会建设大会。市委副秘书长王翔，市委社会工委书记、市社会办主任宋贵伦，市委社会工委委员赵小卫一同参加大会。

同日 市长郭金龙主持召开第98次政府常务会议。市委社会工委书记、市社会办主任宋贵伦参加会议。

同日 市委社会工委委员、市社会办副巡视员王智玲参加社区燃气安全监督员培训班开班仪式。

7月21日 市委社会工委委员、市社会办副主任刘轩参加第四次北京市残疾人事业工作会议暨自强与助残表彰大会。

同日 市委社会工委委员、市社会办副巡视员王智玲参加首都综治委社会矛盾多元调解工作协调委员会第一次全体会议。

同日 市委社会工委委员、市社会办副巡视员王智玲参加水务改革发展任务分解会。

同日 市委社会工委副书记、市社会办副主任周开让参加维稳形势研讨会。

7月22日 市委社会工委委员、市社会办副巡视员王智玲参加北京市养老工作大会。

7月23日 市委社会工委副书记、市社会办副主任周开让参加科技北京百名领军人才培养工程实施工作会。

7月25—26日 市委社会工委书记、市社会办主任宋贵伦参加北京市2011年上半年经济形势分析会。

7月27日 市委书记刘淇主持召开第十届市委常委会第204次会议。市委社会工委书记、市社会办主任宋贵伦参加会议。

7月28日 市委社会工委委员赵小卫参加全市区县、乡镇人大换届选举工作部署会议。市委社会工委副书记、市社会办副主任周开让一同参加会议。

同日 市委社会工委委员、市社会办副主任刘轩参加情缘京华主题日夏令营开幕式。

同日 市委社会工委书记、市社会办主任宋贵伦参加委办接收军转干部面试评审。委办领导赵小卫、张坚、周开让、陈建领、王丽竹、刘轩、王智玲一同参加评审。

7月29日 市委社会工委书记、市社会办主任宋贵伦参加市委党建设领导小组会议。市委社会工委委员、市社会办副主任陈建领一同参加会议。

同日 市长郭金龙主持召开政府专题会议，市委社会工委委员赵小卫参加。

同日 市委社会工委委员、市社会办副主任王丽竹参加全市专项工作会议。

8月

8月1日 市委社会工委书记、市社会办主任宋贵伦主持召开2011年第8次办公会议。会议听取了各处室7月份工作完成情况及8月份工作计划的汇报，研究部署了有关工作。

8月2—3日 市委社会工委书记、市社会办主任宋贵伦主持召开半年工作务虚会。会议研究了中国社会建设（北京）论坛筹备、村庄社区化管理、“枢纽型”社会组织建设、社会心理研究所发展等重点工作。

8月3日 市委社会工委委员、市社会办副主任陈建领到市妇联调研“枢纽型”社会组织党建工作。

8月4日 市委社会工委委员赵小卫参加全市维稳工作领导小组扩大会议。

同日 宁夏回族自治区厅级干部研修班来我市调研社会建设工作。市委社会工委委员赵小卫陪同调研。

8月4—6日 市委社会工委书记、市社会办主任宋贵伦带领市委社会工委、市社会办领导班子全体成员和各处处长，到大庆市学习调研社会建设工作。考察团与大庆市委常委、市委社会工委书记于洪涛，市总工会，团市委等有关部门领导进行了座谈，并就有关问题进行了交流讨论。考察团还到大庆市让胡路区银浪街道平安社区管理服务中心进行了实地调研。

8月5日 市委社会工委委员赵小卫出席东城区推进社区服务站服务标准化建设工作会议并讲话。

8月7日 市委社会工委、市社会办领导宋贵伦、周开让、刘轩与市质监局局长赵长山就利用组织机构代码创新社会管理进行座谈。

8月8日 市委常委、宣传部部长、副市长鲁炜观看河北梆子《十八里香》汇报演出。市委社会工委书记、市社会办主任宋贵伦陪同。

同日 市委社会工委、市社会办领导宋贵伦、刘轩与市委宣传部副巡视员韦小玉等就文化领域发展创新型社会组织进行座谈。

同日 市委社会工委委员、市社会办副巡视员王智玲参加2011年“全民健身日”北京市体育志愿者联合会成立大会。

8月9日 市长郭金龙主持召开市政府专题会议。市委社会工委书记、市社会办主任宋贵伦参加会议。

同日 副市长丁向阳主持召开社会建设有关文件编制工作专题会。会议听取了市社会办关于《北京市“十二五”时期社会建设规划纲要》编制情况的汇报。市委社会工委、市社会办领导宋贵伦、张坚，市发展改革委、市民政局、市人力社保局、市卫生局等单位有关领导参加会议。

同日 市委社会工委委员、市社会办副主任刘轩出席市红十字会举行的999社区综合服务站东城区和平里站成立仪式并揭牌。

8月10日 市委社会工委委员、市社会办副巡视员王智玲参加全市行政调解工作座谈会。

8月11日 市委社会工委书记、市社会办主任宋贵伦主持召开赴墨西哥、古巴考察行前会议。

同日 市委社会工委委员、市社会办副

主任刘轩出席市民办教育协会举办的民办高校负责人暑期培训班并讲话。

同日 市委社会工委委员、市社会办副巡视员王智玲参加朝阳区社会志愿公益储蓄中心成立一周年庆典。

8 月 11—17 日 市委社会工委副书记、市社会办副主任周开让参加西藏自治区加强和创新社会管理专题调研。

8 月 12 日 市委社会工委书记、市社会办主任宋贵伦参加构建网格化社会面防控体系维护首都安全稳定工作现场会。

同日 市委社会工委副书记、市社会办副主任张坚到大兴区调研社会建设重点领域立法工作。

同日 市委社会工委委员、市社会办副主任王丽竹出席四网六库项目第四次监理会并讲话。

同日 市委社会工委委员、市社会办副主任王丽竹主持召开专题会，与四网六库项目组研究数据需求工作。

8 月 13 日 市委社会工委委员、市社会办副主任刘轩出席“2011 北京奥运城市体育文化节——绿色交通嘉年华青少年绿色方程式竞赛”开幕式。

8 月 15 日 市委社会工委委员、市社会办副主任陈建领在国家教育行政学院为丰台区社区党组织书记示范班作《贯彻落实市委十届九次全会精神，全面推进社会服务管理创新》的主题报告。

同日 市委社会工委委员、市社会办副主任王丽竹主持召开专题会，与首信公司、委办各处室研究四网六库项目数据需求深化细化工作。

同日 市委社会工委委员、市社会办副主任刘轩参加公安部有关会议精神情况通报会。

8 月 16 日 市委社会工委书记、市社会办主任宋贵伦主持召开 2011 年第 13 次工委会议。会议研究了制作社会公益周宣传画册、机关正版办公软件购买等有关工作。

同日 市委社会工委委员、市社会办副主任陈建领为全市村党组织书记“加强和创新社会管理”示范培训班作了《贯彻落实市委十届九次全会精神，全面推进社会服务管理创新》的主题报告。

同日 市委社会工委委员、市社会办副主任陈建领参加外资企业青年人才座谈会暨共青团北京外商投资企业工作委员会成立仪式。

同日 市委社会工委委员、市社会办副主任刘轩到大兴区调研社会组织建设工作。

同日 市委社会工委委员、市社会办副巡视员王智玲参加 2011 年北京市安全生产协会专家工作会，被聘请为协会专家并担任社区安全专家组组长。

8 月 17 日 副市长丁向阳主持召开社会建设有关文件起草工作专题会。会议听取了市社会办关于《加强和创新社会管理、全面推进社会建设 2011—2012 年度折子工程》起草情况的汇报。市委社会工委书记、市社会办主任宋贵伦，市发展改革委、市民政局、市人力社保局、市卫生局等相关人员参加会议。

同日 市委社会工委副书记、市社会办副主任张坚列席市委常委会，会议专题研究《北京市“十二五”时期体制改革规划》。

同日 市委社会工委委员、市社会办副主任王丽竹主持召开专题会，研究北京社会建设地图网建设工作。

8 月 18 日 市委社会工委书记、市社会办主任宋贵伦与北京电视台商议制作社会建设专题片事宜。

同日 市社会建设专项资金绩效考评组到市委社会工委、市社会办检查工作。考评组先后到西城区社会组织服务中心、成铭大厦商务楼宇工作站、金融街街道丰盛社区进行了实地检查，并与市委社会工委、市社会办进行座谈。市委社会工委委员赵小卫陪同检查并汇报。

同日 市委社会工委副书记、市社会办副主任张坚到顺义区调研社会建设重点领域立法工作。

同日 市委社会工委委员、市社会办副主任陈建领参加全国窗口单位、服务行业为民服务创先争优视频会议。

同日 市委社会工委委员、市社会办副主任王丽竹参加“都市绿洲、盛世园林”第六届北京公园节主题仪式。

同日 市委社会工委委员、市社会办副巡视员王智玲与北京城市服务管理广播领导共同研究“城市零距离”采访有关事宜。

8 月 19 日 市委书记刘淇主持召开市委市政府理论学习中心组学习扩大会议。市委社会工委书记、市社会办主任宋贵伦参加扩大会议。

同日 市委社会工委书记、市社会办主任宋贵伦主持召开 2011 年第 14 次工委会议。会议研究了干部人事有关工作。

同日 市委社会工委委员赵小卫与市编办有关处室座谈会。

同日 市委社会工委、市社会办领导周开让、王智玲出席北京市社区用房规范化试点项目建设总结部署会。

同日 清华大学公共管理学院宿州市社会管理创新专题培训班来市委社会工委、市社会办调研社会建设工作。市委社会工委副书记、市社会办副主任张坚及各处室负责人参加座谈会。

同日 市委社会工委委员、市社会办副主任王丽竹参加北京市无邪教创建工作会议。

同日 市委社会工委委员、市社会办副主任刘轩参加境外重点非政府组织管理工作会议。

8 月 20 日 市委社会工委书记、市社会办主任宋贵伦召开专题会研究市领导调研选点工作。委办领导赵小卫、周开让参加。

8 月 21 日 市委社会工委委员、市社会办副巡视员王智玲参加北京节拍文化广场活动。

8 月 21—30 日 市委社会工委书记、市社会办主任宋贵伦赴墨西哥、古巴考察社会建设工作。

8 月 22 日 市长郭金龙主持召开市政府专题会议。市委社会工委副书记、市社会办副主任周开让参加会议。

同日 市委社会工委委员赵小卫参加“加强社会管理创新，维护首都和谐稳定”主题调研工作协调会。

8 月 22—26 日 全市街道工委书记轮训班举办。市委组织部副部长刘宇辉作开班动员讲话。市委社会工委委员、市社会办副主任陈建领作主题报告。委办领导赵小卫、张坚、周开让、王智玲参加分组讨论。赵小卫出席结业式并作总结讲话。全市 136 名街道工委书记参加培训。

8 月 22—31 日 市委社会工委委员、市社会办副主任刘轩应邀赴肯尼亚出席国际非政府组织论坛。

8 月 23 日 市委社会工委副书记、市社会办副主任周开让参加中央组织部人才规划评估调研座谈会并发言。

同日 市委社会工委委员、市社会办副主任陈建领与平谷区委社会工委有关同志、北京吉安达开关控制设备有限公司企业负责人进行座谈交流。

同日 市委社会工委委员、市社会办副主任陈建领与北京市公安局有关同志就商务楼宇内部治安保卫工作进行沟通协调。

同日 市委社会工委委员、市社会办副巡视员王智玲接受北京城市服务管理广播“城市零距离”关于推进“一刻钟社区服务圈”示范点建设的访谈。

8 月 24 日 市委书记刘淇调研维稳工作。市委社会工委委员赵小卫参加调研。

同日 市委社会工委副书记、市社会办副主任周开让带领市村庄社区化工作调研组前往怀柔区调研，并到渤海镇北沟村进行实地考察。

8 月 25 日 市委社会工委委员赵小卫参加北京市旅游产业发展大会。

同日 市委社会工委副书记、市社会办副主任张坚与 22 家市级“枢纽型”社会组织座谈讨论社会建设重点领域立法工作。

8 月 26 日 市委社会工委委员、市社会办副主任陈建领参加东城区商务楼宇“五站合一”规范化建设工作推进会。

同日 市委社会工委委员、市社会办副主任陈建领参加北京市窗口单位和服务行业为民服务创先争优工作部署会。

同日 市委社会工委委员、市社会办副巡视员王智玲出席庆祝建党90周年“党在百姓心中”宣讲活动经验交流会。

8月29日 市委社会工委、市社会办领导周开让、王智玲到丰台区调研永善社区市民劝导队经验总结推广工作。

8月29日—9月2日 全市社区党组织书记示范培训班举办。市委组织部部务委员、组织处处长韩昱作开班动员讲话，市委社会工委委员、市社会办副主任陈建领主持开班仪式。全市154名社区党组织书记参加培训。

8月30日 市委社会工委副书记、副主任周开让参加北京市律师工作会议。

同日 市委社会工委委员、市社会办副巡视员王智玲参加北京市社区建设大会。

同日 市委社会工委委员、市社会办副巡视员王智玲应邀为朝阳区来广营地区社区工作者培训班授课。

8月30—31日 市委社会工委副书记、市社会办副主任张坚参加2011年北京市哲学社会科学规划项目立项评审会。

8月31日 市委社会工委书记、市社会办主任宋贵伦主持召开2011年第15次工委会议。会议研究了机关公务卡改革、“十二五”时期北京社会建设专项资金需求等有关事宜。

同日 市委社会工委书记、市社会办主任宋贵伦主持召开2011年第9次办公会议。会议听取了各处室8月份工作完成情况及9月份工作计划的汇报，研究部署了有关工作。

同日 市委社会工委委员、市社会办副主任陈建领在海淀区委党校为海淀区街道新任职的“80后”干部作《勇于担当起时代赋予的社会责任》的主题报告。

9月

9月1日 市长郭金龙主持召开市政府专题会议。市委社会工委委员赵小卫参加会议。

9月1日—11月2日 市委社会工委书记、市社会办主任宋贵伦参加中央党校第57期厅局级干部“民生与社会建设”研究专题进修班。

9月1日—10月20日 市委社会工委委员、市社会办副巡视员王智玲参加北京市第71期区县局级干部进修一班。

9月2日 市委书记刘淇就“维稳工作落实情况”进行调研。市委社会工委委员赵小卫参加调研。

同日 市委社会工委书记、市社会办主任宋贵伦参加市维稳工作领导小组扩大会议。

同日 市委社会工委委员、市社会办副主任陈建领与大兴区社会工委就社会领域党建工作进行座谈交流。

9月3日 市委书记刘淇围绕“整合首都文化资源，提升首都文化竞争力”主题进行调研。市委社会工委副书记、市社会办副主任周开让参加调研。

9月4日 北京第五届（2011年度）魅力社区评选活动启动发布会举行。市委社会工委副书记、市社会办副主任周开让，市政府办公厅副主任吴大仓，市委社会工委委员、市社会办副巡视员王智玲，北京人民广播电台副总编辑陈晓海出席发布会。

9月5日 市委社会工委、市社会办召开“加强社会建设　创新社会管理”年会协调会。委办领导赵小卫、张坚出席会议。

同日 市委社会工委委员、市社会办副主任刘轩出席市红十字会举办的应急医疗救援知识竞赛。

同日 市委社会工委委员、市社会办副巡视员王智玲与市金融局副巡视员沈鸿就推进社区便民缴费“三通”工程进行座谈。

9月6日 市委副秘书长王翔主持召开

网格化调研组会议。市委社会工委委员赵小卫参加会议。

同日 市委社会工委副书记、市社会办副主任周开让率专题调研组赴密云县调研村庄社区化建设工作。

同日 市委社会工委委员、市社会办副主任陈建领为门头沟农村、社区党组织书记培训班作辅导报告。

同日 市委社会工委委员、市社会办副主任陈建领参加统战系统年度重点课题有关工作座谈会。

同日 市委社会工委委员、市社会办副主任刘轩出席市对外友协举办的北京国际民间友好论坛。

同日 市委社会工委委员、市社会办副主任刘轩与市红十字会领导就“红立方”建设工作进行座谈。

9月8日 市委社会工委副书记、市社会办副主任周开让率专题调研组赴房山区调研村庄社区化建设工作。

同日 市委社会工委委员、市社会办副主任陈建领出席全市写字楼安全保卫工作推进会并讲话。

9月9日 市委社会工委书记、市社会办主任宋贵伦与清华大学社会建设课题组座谈。

同日 市委社会工委委员、市社会办副主任刘轩出席北京工业经济联合会成立20周年座谈会。

同日 市委社会工委委员、市社会办副主任刘轩出席市民办教育协会举办的迎接教师节评比表彰活动。

9月13日 市委社会工委、市社会办领导宋贵伦、周开让与河北省邢台市、北京市西城区政协领导座谈，研究纪念郭守敬诞辰780周年书画展览事宜。

9月14—15日 市委社会工委副书记、市社会办副主任张坚在南京出席青奥会组委会专家论证会。

9月15日 市委常委梁伟出席丰台区加强和创新社会管理大会。市委副秘书长王翔，市委社会工委、市社会办领导宋贵伦、赵小卫参加会议。

同日 市委社会工委委员赵小卫参加东城区基层组织书记培训班开班仪式。

同日 市委社会工委、市社会办和市商务委召开全市推进社区商业便民服务工作会。市委社会工委委员、市社会办副巡视员王智玲和市商务委副主任李薇薇出席会议并讲话。

9月16日 市委书记刘淇就“维稳工作落实情况”进行调研。市委社会工委委员赵小卫参加调研。

同日 市委社会工委副书记、市社会办副主任周开让参加北京市第七届农民运动会开幕式。

同日 市委社会工委委员、市社会办副主任陈建领主持召开部分非公有制经济组织创先争优活动座谈会并讲话。

9月17日 市委社会工委书记、市社会办主任宋贵伦出席北京师范大学教育部重大课题“中国共产党认识和解决民生问题经验研究”专题会，介绍北京市社会建设与管理创新情况。

同日 市委社会工委委员、市社会办副主任刘轩出席团市委、市总工会、市妇联举办的“‘青春有约，幸福绽放’大型单身青年交友联谊活动”。

9月19日 召开《关于在全市宣传推广丰台区“市民劝导队”经验的通知》征求意见会。市委社会工委、市社会办领导赵小卫、周开让，市公安局副局长高煜及首都文明办、首都综治办、市志愿者联合会相关同志参加会议。

同日 市委社会工委委员、市社会办副主任刘轩出席区县社会组织工作现场交流会并讲话。

9月20日 市委书记刘淇就“维稳工作落实情况”进行调研。市委社会工委委员赵小卫参加调研。

同日 市委社会工委副书记、市社会办副主任周开让主持召开调研组专题会，研究村庄社区化建设相关文件。

同日 市长郭金龙主持召开第103次市政府常务会议。市委社会工委委员、市社会办副主任刘轩参加会议。

9月21日 市委社会工委委员、市社会办副主任陈建领参加市党建工作领导小组召开的“一切为了人民”纪念建党90周年展览活动总结座谈会，我委被评为最佳组织奖。

9月22日 市委副秘书长王翔出席怀柔区加强和创新社会管理大会。市委社会工委、市社会办领导宋贵伦、赵小卫参加会议。

同日 市委督查室、市政府督查室和市发展改革委到市委社会工委、市社会办督查调研2011年重点改革任务落实情况。市委社会工委副书记、市社会办副主任张坚参加座谈会。

同日 市委社会工委委员、市社会办副主任刘轩与中央党校向春玲教授等座谈交流北京社会建设工作有关情况。

同日 市委社会工委委员、市社会办副主任刘轩主持召开市民交协赴非洲团组工作总结会。

9月23日 市委社会工委书记、市社会办主任宋贵伦与北京大学市社科规划重大项目《北京社区公共服务建设研究》课题组座谈交流。

同日 市委社会工委书记、市社会办主任宋贵伦主持召开工委班子扩大会议。会议研究了“加强社会建设　创新社会管理”年会筹备有关工作。

同日 市委社会工委副书记、市社会办副主任张坚为北京市统计局、北京调查统计总队中心组学习作《中共北京市委关于加强和创新社会管理　全面推进社会建设的意见》辅导讲座。

同日 市委社会工委委员、市社会办副主任陈建领到延庆县调研社会领域党建工作。

同日 市委社会工委委员、市社会办副巡视员王智玲带队到通州区调研社区用房规范化建设项目和“一刻钟社区服务圈”建设。通州区副区长肖志刚陪同调研。

9月24日 市委社会工委、市社会办领导宋贵伦、周开让出席郭守敬诞辰780周年书画展开幕式。

同日 市委社会工委委员、市社会办副主任陈建领出席“北京新的社会阶层人士联谊会三届一次理事大会”。

同日 市委社会工委委员、市社会办副巡视员王智玲参加“北京市‘再生资源回收日’进学校宣传活动启动仪式”。

同日 市委社会工委委员、市社会办副主任陈建领出席市突发事件应急委员会办公室组织召开的全市第四季度公共安全形势分析会议。

9月26日 市委社会工委书记、市委社会办主任宋贵伦主持召开“加强社会建设　创新社会管理”年会全体干部动员会。

同日 市委社会工委委员赵小卫参加全市领导干部会。

同日 市委社会工委委员、市社会办副主任陈建领参加2011年第四季度安全形势分析会电视电话会议。

9月27日 市委社会工委委员、市社会办副主任陈建领为市直机关党支部书记示范培训班作专题报告。

同日 市委社会工委委员、市社会办副巡视员王智玲到朝阳区调研社区公共服务设施建设工作。市规划委委员曹跃进参加调研。

9月28日 市委社会工委委员赵小卫参加全国加强和创新社会管理工作电视电话会议。

同日 市委社会工委委员、市社会办副主任陈建领参加“从怎么看到怎么办？——理论热点面对面·2011”座谈会。

9月29—30日 “加强社会建设　创新社会管理”年会召开。市委副书记、市政协主席王安顺出席并致开幕词，国家行政学院副院长何家成，黑龙江省委常委、大庆市委书记韩学健、市委常委梁伟出席开幕式，副市长丁向阳主持开幕式。来自中央有关部门、10个省市的200多位专家学者和相关部门负责人参加论坛。年会由北京、上海、广东、大庆、南京、杭州六省市社会建设工作部门共同主办。会议围绕加强社会建设的政策规划、体系设计以及创新社会管理的实践经验、工作模式等热点问题进行了广泛交流，并到朝阳区进行了实地调研。

10月

10月5日 市委常委梁伟到密云县调研社会建设工作。市委社会工委、市社会办领导宋贵伦、赵小卫陪同调研。

10月8日 市委社会工委书记、市社会办主任宋贵伦主持召开2011年第17次工委会议。会议研究讨论了北京市社区基本公共服务全覆盖工作申报“中国地方政府改革与创新奖”、召开社会组织服务创新暨十大公益服务品牌表彰大会及“加强社会建设创新社会管理”年会交流成果宣传展示等工作。

同日 市委社会工委书记、市社会办主任宋贵伦主持召开2011年第10次主任办公会议。会议听取了各处室2011年10月份工作完成情况及2011年11月份工作计划的汇报，研究部署了有关工作。

10月10日 市委书记刘淇围绕落实全国加强和创新社会管理工作会议精神主题到平谷区调研。市委社会工委委员赵小卫参加调研。

同日 市委社会工委副书记、市社会办副主任周开让参加了《北京市专职工会社会工作者管理暂行办法》座谈会。

10月11日 市长郭金龙主持召开第105次市政府常务会议，讨论通过了《北京市“十二五”时期社会建设规划纲要》。市委社会工委书记、市社会办主任宋贵伦作汇报，市委社会工委委员赵小卫参加会议。

同日 市委社会工委委员、市社会办副主任陈建领出席顺义区社区党组织书记培训班开班仪式并作辅导报告。

同日 市委社会工委委员、市社会办副主任刘轩参加中华慈善总会“慈善之光——中华慈善成果展”开幕式。

10月12日 市委社会工委委员赵小卫到怀柔区调研社会建设工作。怀柔区副区长周东金参加调研。

同日 市委社会工委委员、市社会办副主任王丽竹与首信公司就四网六库信息化项目建设进行座谈。

10月13日 市委社会工委、首都综治办、首都文明办、市公安局、市民政局、市志愿者联合会联合召开“市民劝导队”经验推广工作会。市委副秘书长王翔出席会议并讲话。市委社会工委、市社会办领导赵小卫、周开让，首都综治办副主任许继慧，首都文明办巡视员尹学龙，市公安局副局长高煜，市民政局副巡视员冯昌领及市志愿服务指导中心、丰台区、朝阳区有关领导出席会议。

同日 中央党校第57期厅局级干部“民生与社会建设”研究专题进修班来京调研社会服务管理创新工作。市委社会工委、市社会办领导宋贵伦、赵小卫、周开让、张坚、陈建领、王丽竹、刘轩、王智玲参加调研。

同日 市委社会工委委员、市社会办副主任陈建领为北京大学黄浦区领导干部专题培训班作辅导报告。

同日 市委社会工委委员、市社会办副主任王丽竹参加北京市干部人事制度改革工作协调会。

10月14日 市委社会工委委员、市社会办副主任陈建领参加市委组织部组织的“第二届组织工作科学化座谈会”。

10月15日 市委社会工委书记、市社会办主任宋贵伦参加机关党委组织的“金秋走基层”活动。委办领导周开让、陈建领、刘轩一同参加活动。

同日 市委社会工委副书记、市社会办副主任张坚参加北京市第七届全民终身学习活动周开幕式。

10月17日 市委社会工委委员、市社会办副巡视员王智玲到昌平区调研社区用房规范化建设项目和“一刻钟社区服务圈”建设情况。

10月18日 副市长丁向阳调研本市采供血工作。市委社会工委副书记、市社会办副主任周开让参加调研。

同日 全市“加强党的建设推动社会组织服务管理创新工作会”召开。市委副秘书长王翔、张建明出席会议并讲话，会议由市委社会工委委员赵小卫主持。委办领导陈建领、刘轩参加会议并分别作工作报告。

10月19日 市委社会工委副书记、市社会办副主任周开让参加市政府召开的全面贯彻落实《北京市物业管理办法》大会。

同日 市委社会工委委员、市社会办副主任陈建领到大兴区调研在职党员进社区工作。

10月20日 市长郭金龙主持召开第106次市政府常务会议。市委社会工委委员赵小卫参加会议。

同日 市委社会工委副书记、市社会办副主任周开让参加“人才引领发展 创新开拓未来”北京市人才工作圆桌会议。

同日 市委社会工委副书记、市社会办副主任周开让与市志愿服务指导中心主任郭新保座谈商讨志愿者重点工作。

同日 市委社会工委委员、市社会办副主任王丽竹参加四网六库第六次监理会并讲话。

10月21日 市长郭金龙主持召开市政府专题会议。市委社会工委副书记、市社会办副主任周开让参加会议。

同日 市委社会工委书记、市社会办主任宋贵伦主持召开市社会建设工作领导小组办公室主任会议。市委社会工委委员赵小卫、市民政局副局长孟钧、市财政局副局长杨慕彦、团市委副书记刘震等出席会议。

同日 市委社会工委副书记、市社会办副主任周开让出席北京大学市社科规划重大委托项目“北京社区公共服务建设研究”开题启动暨学术研讨会。

同日 市委社会工委副书记、市社会办副主任周开让与北京城市学院党委副书记田培源座谈商讨面向北京社区工作者定向培养硕士研究生事宜。

同日 市委社会工委委员、市社会办副主任陈建领参加由市委组织部、市委统战部联合组织的党外人士实践锻炼经验交流会。

同日 市委社会工委委员、市社会办副主任王丽竹参加第十五届京港“智慧城市”建设交流会。

同日 市委社会工委委员、市社会办副主任刘轩出席首都慈善公益组织联合会“公益慈善组织管理与发展主题交流研讨会”并致辞。

10月22—24日 市委社会工委委员、市社会办副主任陈建领参加“2011泰山论坛——社会管理创新”并作党建主题发言。

10月24日 市委社会工委副书记、市社会办副主任张坚参加国家行政学院举办的“2011中欧社会管理论坛”。

10月25日 市长郭金龙主持召开市政府专题会议。市委社会工委委员赵小卫参加会议。

同日 市委社会工委与北京城市学院、北京社会建设研究院召开面向北京社区工作者定向培养硕士研究生新闻发布会。委办领导赵小卫、周开让，北京城市学院党委书记、院长刘林出席会议，各区县委社会工委、区县社会办负责人及市媒体有关同志参加会议。

同日 市委社会工委副书记、市社会办副主任周开让参加“守望教会”专项工作研判会。

同日 市委社会工委委员、市社会办副巡视员王智玲出席北京市第八届体育节总结表彰大会。

10月26日 市委常委梁伟听取社会建设有关工作汇报。市委社会工委、市社会办领导宋贵伦、赵小卫参加汇报。

同日 市委社会工委副书记、市社会办副主任周开让参加中国监察学会华北地区学联纪检监察理论研讨会。

同日 市委社会工委委员、市社会办副主任陈建领参加非公有制企业党建工作推进座谈会。

同日 市委社会工委委员、市社会办副主任刘轩出席昌平区“全区‘枢纽型’社会组织认定暨社会组织工作推进会”并讲话。

10月27日 市委书记刘淇围绕贯彻落实中央全会精神，推动首都文化大发展大繁荣主题到密云县、怀柔区调研。市委社会工委委员赵小卫参加调研。

同日 市委社会工委委员赵小卫主持召开2011年度购买社会组织服务项目批复会。各项目承接组织及区县委社会工委、区县社会办有关负责同志参加会议。

同日 市委社会工委委员、市社会办副主任陈建领到西城区调研商务楼宇党建工作。

同日 市委社会工委委员、市社会办副主任刘轩带领社会组织工作处工作人员到市民政局、社团办进行工作交流。

同日 市委社会工委委员、市社会办副巡视员王智玲到丰台区马家堡街道星河苑社区调研社区规范化建设和“一刻钟社区服务圈”建设等工作。

同日 市委社会工委委员、市社会办副巡视员王智玲参加全市冬季供热和扫雪铲冰工作动员暨燃气安全专项整治行动总结会议。

10月28日 市委社会工委委员赵小卫陪同广西柳州市柳南区委区政府有关领导在京调研社区网格化管理工作。

10月31日 副市长丁向阳向中央巡视组汇报工作。市委社会工委委员赵小卫参加汇报。

同日 市委社会工委副书记、市社会办副主任张坚与市统计局副局长陈泽星、总统计师侯小维专题座谈社会建设领域统计工作。

10月31日—11月4日 全市街道办事处主任轮训班举办。市委社会工委书记、市社会办主任宋贵伦作主题报告，市委社会工委委员赵小卫作开班动员讲话，市委社会工委委员、市社会办副巡视员王智玲主持开班仪式。委办领导班子全体成员参加分组讨论。全市132名街道办事处主任参加培训。

10月31日—11月4日 市委社会工委委员、市社会办副主任陈建领参加市委组织部与北京工业大学组织的“可持续发展与首都人口、资源及环境问题”专题研讨班。

11月

11月1日 市信访办就《关于在社会领域党建工作中加强信访和矛盾纠纷排查化解工作的意见》举行座谈会。市政府副秘书长、市信访办主任薄钢出席座谈会。市委社会工委、市社会办领导赵小卫、周开让参加座谈会。

同日 农工党北京市委专职副主委赵荣国带队调研我市加强和创新社会管理工作。市委社会工委委员赵小卫参加调研。

同日 市长郭金龙主持召开第107次市政府常务会议。市委社会工委、市社会办领导周开让、刘轩参加会议。

11月2日 市委社会工委书记、市社会办主任宋贵伦参加市委常委会。市委同意，按照中央要求，将首都社会治安综合治理委员会及其办公室更名为首都社会管理综合治理委员会及其办公室。

同日 市委社会工委委员赵小卫参加践行“北京精神”发布会。

同日 市委社会工委副书记、市社会办副主任周开让主持召开委办工会委员会全体会议。

11月3日 市委社会工委书记、市社会办主任宋贵伦参加中央党校2011年秋季学期第一批进修班毕业典礼。

同日 市委社会工委副书记、市社会办副主任周开让参加志愿者工作联席会议并讲话。

同日 市委社会工委委员、市社会办副主任陈建领出席北京市街道社会工作党委建设交流推进会暨党建工作例会并讲话。

同日 市委社会工委委员、市社会办副主任刘轩到海淀社会组织联合会调研社会组织建设情况。海淀区委常委、组织部部长杨智慧，副区长臧桂武参加调研。

11月4日 市委社会工委书记、市社会办主任宋贵伦到全市街道办事处主任轮训班作题为《创新社会服务管理 构建社会建设体系》的报告。

11月5日 市委社会工委副书记、市社会办副主任周开让参加在昌平举办的北京国际长走大会。

11月5—12日 市委社会工委委员、市社会办副主任刘轩带领部分市级“枢纽型”社会组织负责人赴成都、重庆、宜昌、武汉等地学习考察。

11月7日 市委副书记、市政协主席、市委政法委书记王安顺到朝阳区调研社会管理创新工作。市委社会工委书记、市社会办主任宋贵伦参加调研。

同日 市委社会工委书记、市社会办主任宋贵伦会见新加坡人民协会代表团。市委社会工委副书记、市社会办副主任周开让参加会见。

同日 市委社会工委书记、市社会办主任宋贵伦参加通州区社会建设与管理专题培训班开班仪式并作报告。

同日 市委社会工委委员、市社会办副巡视员王智玲参加2011年北京市第四次消防工作联席会议暨清剿火患战役推进会议。

11月8日 市委社会工委、市社会办全体选民参加人大代表换届选举投票活动。

同日 市委社会工委书记、市社会办主任宋贵伦应邀到中共中央文献研究室为出访考察代表团介绍北京市社会建设工作情况。

同日 市委社会工委书记、市社会办主任宋贵伦参加通州区社会建设与管理专题培训班开班仪式并作报告。

同日 市委社会工委委员、市社会办副主任王丽竹主持召开第三季度全市社会建设领域信息化工作例会。

11月9日 市委社会工委书记、市社会办主任宋贵伦主持召开2011年第18次工委会议。会议研究讨论了为起草《政府工作报告》提供《北京市社会建设工作情况》《落实加强和创新社会管理重点工作实施方案》、推荐优秀志愿者和优秀志愿者组织候选名单、新居民互助服务站建设经验宣传推广等工作。

同日 市委社会工委书记、市社会办主任宋贵伦主持召开2011年第11次主任办公会议。会议听取了各处室2011年10月份工作完成情况及2011年11月份工作计划的汇报，研究部署了有关工作。

同日 市委社会工委书记、市社会办主任宋贵伦主持召开东城区、朝阳区、顺义区三个社会服务管理创新综合试点区迎接中央和市委市政府检查工作部署会。市委社会工委委员赵小卫参加。

同日 市委社会工委副书记、市社会办副主任张坚在市委党校为赴美社会建设与管理培训班出国预培训作辅导授课。

同日 市委社会工委委员、市社会办副主任陈建领出席怀柔区残联社会组织党建工作委员会成立大会并讲话。

11月10日 市委副书记、市政协主席、市委政法委书记王安顺到东城区调研社会管理创新工作。市委社会工委书记、市社会办主任宋贵伦参加调研。

同日 市委社会工委副书记、市社会办副主任周开让主持召开机关党委会议。

同日 市委社会工委副书记、市社会办副主任周开让到东城区调研社会工作事务所建设及专业社工岗位购买工作。

同日 市委社会工委委员、市社会办副巡视员王智玲到石景山区古城街道调研“一刻钟社区服务圈”示范点建设工作。

11月11日 市委社会工委书记、市社会办主任宋贵伦参加门头沟区社会建设大会并讲话。市委社会工委委员、市社会办副巡视员王智玲一同参加大会。

同日 市委社会工委委员赵小卫出席市维稳办“做好新形势下群众工作座谈会”。

同日 市委社会工委副书记、市社会办副主任张坚主持召开社会建设立法重点项目座谈会。市人大法制办副主任王德林和市政府法制办、市残联、市志愿者联合会及西城区、大兴区、密云县等区县委社会工委负责同志参加会议。

11月13日 市委社会工委委员、市社会办副主任刘轩参加北京市民间组织国际交流协会换届大会预备会。

11月14日 市委社会工委书记、市社会办主任宋贵伦参加全国深入推进行政审批制度改革工作电视电话会议。

同日 市委社会工委书记、市社会办主任宋贵伦到市编办，与编办、首都综治办领导研究有关职能问题。

同日 市委社会工委委员、市社会办副主任陈建领参加顺义区社会领域党组织负责人培训班开班仪式并讲话。

同日 市委社会工委委员、市社会办副主任刘轩参加北京市民间组织国际交流协会换届大会。

11月15日 市委副书记、市政协主席、市委政法委书记王安顺到顺义区调研社会管理创新工作。市委社会工委书记、市社会办主任宋贵伦参加调研。

同日 市委社会工委委员赵小卫与团市委副书记刘震座谈加强和创新社会管理六项重点工作。

同日 市人大代表到石景山区古城街道古城路社区督查市政府2011年为民办实事折子工程“一刻钟社区服务圈”建设情况。市政府督查室主任续栋，市委社会工委、市社会办领导周开让、王智玲，石景山区副区长吴克瑞陪同视察。

同日 市委社会工委委员、市社会办副主任王丽竹参加市政府专题会议。

同日 中央社会管理综合治理委员会、全国人大法制委员会来京调研基层组织建设情况。市委社会工委委员、市社会办副主任刘轩参加座谈会并发言。

11月16日 市委社会工委书记、市社会办主任宋贵伦参加北京青年政治学院座谈会并作专题报告。委办领导赵小卫、周开让参加座谈会。

同日 市委社会工委委员、市社会办副主任王丽竹主持召开第一批“枢纽型”社会组织信息化工作座谈会。

同日 市委社会工委委员、市社会办副巡视员王智玲到海淀区学院路北科大社区和上地街道上地佳园社区调研社区办公和服务用房、“一刻钟社区服务圈”建设情况。

同日 市委社会工委委员、市社会办副巡视员王智玲参加丰台区大红门街道彩虹城社区“彩虹十二吧”揭牌暨《社区宝典》发行仪式。

11月17日 市委社会工委委员赵小卫与市总工会党组书记、常务副主席曾繁新，副主席王玉英座谈加强和创新社会管理六项重点工作。

同日 市委社会工委委员、市社会办副主任王丽竹主持召开第二批“枢纽型”社会组织信息化工作座谈会。

11月18日 市委社会工委、市社会办机关党委组织学习贯彻党的十七届六中全会精神，邀请中国艺术研究院贾磊磊教授作《文化软实力》专题学习报告。委办领导和全体机关干部参加学习。

同日 市委社会工委委员赵小卫与市司法局副局长郑振远座谈加强和创新社会管理六项重点工作。

同日 市委社会工委委员、市社会办副主任陈建领到市律师协会调研“枢纽型”社会组织党建工作。

同日 市委社会工委委员、市社会办副主任王丽竹参加北京市“三超一疲”暨校车集中整治电视电话会。

11月19日 市委社会工委副书记、市社会办副主任张坚参加北京居民心理健康疏导爱心公益行动“心理健康讲堂”专场报告会并讲话。

11月20日 市委社会工委委员、市社会办副主任刘轩参加市红十字会举办的“红十字蓝天救援队综合救援演练活动”。

11月21日 市委社会工委委员、市社会办副主任王丽竹主持召开全市社会建设领域街道、社区信息联络员座谈会。

11月21—22日 市委社会工委委员、市社会办副巡视员王智玲应邀赴南京参加全国社区社会工作推进会暨社区工作委员会2011年年会。

11月22日 市长郭金龙主持召开第109次市政府常务会议。市委社会工委书记、市社会办主任宋贵伦参加会议。

同日 市委社会工委委员赵小卫与市委统战部副部长张洋座谈加强和创新社会管理六项重点工作。

同日 市委社会工委委员赵小卫与市民政局副局长李红兵座谈加强和创新社会管理六项重点工作。

同日 市委社会工委副书记、市社会办副主任周开让参加做好全国加强和创新社会管理工作座谈会有关工作部署会。

同日 市委社会工委副书记、市社会办副主任张坚与市委组织部座谈。

同日 市委社会工委委员、市社会办副主任陈建领参加市委组织部召开的研究社区“两委”换届工作座谈会。

同日 市委社会工委委员、市社会办副主任陈建领参加并主持2011年全市“两新”组织党组织负责人示范培训班开班仪式。

同日 市委社会工委委员、市社会办副主任刘轩参加市维稳办召开的维稳工作调研会并发言。

11月23日 市长郭金龙主持召开市政府专题会议。市委社会工委书记、市社会办主任宋贵伦参加会议。

同日 共青团云南省委考察团来我委办考察社会建设工作，市委社会工委书记、市社会办主任宋贵伦，委办领导周开让、王智玲接待考察团并座谈。考察团一行还到东城区、西城区、朝阳区进行了实地调研。

同日 市委社会工委书记、市社会办主任宋贵伦为全市“两新”组织党组织负责人示范培训班作社会建设报告。

同日 市委社会工委副书记、市社会办副主任张坚为海淀区科级干部培训作专题讲座。

同日 市经信委、市民政局、市社会办联合召开北京市社区信息化工作推进大会。副市长苟仲文、工信部信息化推进司副司长秦海出席会议并讲话。市委社会工委委员、市社会办副主任王丽竹参加大会。

同日 市委社会工委委员、市社会办副巡视员王智玲参加全国安全社区工作大会。

11月24日 市委社会工委书记、市社会办主任宋贵伦主持召开2011年第19次工委会议（扩大）。会议研究了《北京市“十二五”时期社会建设规划纲要》宣传报道及全市社会建设重点任务督查等有关工作。

同日 市委社会工委书记、市社会办主任宋贵伦等领导班子成员出席委办机关及事业单位新招录干部迎新座谈会。

同日 市委社会工委委员、市社会办副主任陈建领主持2011年全市“两新”组织党组织负责人示范培训班结业式并讲话。

同日 市委社会工委委员、市社会办副主任陈建领参加东城区非公有制企业党建提升工程部署会并讲话。

11月25日 市委社会工委书记、市社会办主任宋贵伦参加北京市深入推进廉政风险防控管理工作大会。

同日 市委社会工委书记、市社会办主任宋贵伦与市邮政局、市邮政公司有关领导就邮政服务进社区有关工作进行座谈。市委社会工委委员、市社会办副巡视员王智玲参加座谈会。

同日 团市委副书记黄克瀛调研预防青少年违法犯罪和未成年人保护有关工作。市委社会工委委员赵小卫参加座谈会。

同日 市委社会工委副书记、市社会办副主任周开让参加宗教工作专题座谈会。

同日 市委社会工委委员、市社会办副主任陈建领参加市委组织部召开的全市社区党组织换届工作座谈会。

同日 市委社会工委委员、市社会办副主任王丽竹参加北京市信访矛盾分析研究中心成立两周年暨第四次信访工作理论座谈会。

同日 市委社会工委委员、市社会办副主任王丽竹主持召开区县社会建设领域信息化联络员座谈会。

同日 市委社会工委委员、市社会办副主任刘轩参加团市委举办的“青年读书节暨冬季书市”开幕式。

同日 市委社会工委委员、市社会办副主任刘轩参加“关于加强和创新在京境内外社会组织管理服务的调研报告”专家评审会并讲话。

同日 市委社会工委委员、市社会办副主任刘轩参加外资企业工业联合会第三次会员代表大会。

同日 市委社会工委委员、市社会办副巡视员王智玲参加首都机场地区第七届文化节开幕式。

11月26日 市委社会工委委员、市社会办副主任刘轩出席“市红十字会造血干细胞中心成立10周年暨十万志愿者数据入库”活动。

11月26—30日 市委社会工委书记、市社会办主任宋贵伦参加第七次中越两党理论研讨会并赴南京考察社会建设工作。

11月27日 市委社会工委委员、市社会办副主任王丽竹参加“歌声与微笑”——第六届北京市高校青年歌会决赛暨颁奖仪式。

同日 市委社会工委委员、市社会办副巡视员王智玲参加第五届“魅力社区”评选活动。

11月28日 市长郭金龙主持召开市政府常务会议。市委社会工委委员赵小卫参加会议。

同日 市委社会工委委员赵小卫参加全市社会建设专题研讨班开班仪式并作动员讲话。

11月29日 市委社会工委委员赵小卫参加中央扶贫开发工作会议第一次全体会议电视电话会议。

同日 市委社会工委副书记、市社会办副主任周开让参加北京市违规公务车清理纠正动员部署培训会。

同日 市委社会工委委员、市社会办副主任陈建领参加市委创先争优活动领导小组办公室召开的全市区县系统创先争优工作汇报会。

同日 市委社会工委委员、市社会办副巡视员王智玲到密云县调研社区规范化和“一刻钟社区服务圈”建设情况。密云县副县长郭洪泉陪同调研。

11月30日 市委社会工委副书记、市社会办副主任周开让主持召开机关党委会议。

同日 市委社会工委委员、市社会办副主任王丽竹主持召开四网六库第七次监理会。

同日 市委社会工委委员、市社会办副主任王丽竹到西城区调研信息化工作情况。

同日 市委社会工委委员、市社会办副主任刘轩参加“善行天下——第四届首都慈善晚会”。

同日 市委社会工委委员、市社会办副巡视员王智玲到通州区台湖镇北神树村调研城乡结合部社区建设情况。市城乡办副主任李如刚一同调研。

12月

12月1日 市委社会工委副书记、市社会办副主任周开让参加市人大代表与一府两院领导座谈会。

同日 市委社会工委委员、市社会办副主任刘轩到石景山区鲁谷社区参加“参与社会管理　服务妇女群众　维护和谐稳定——‘12·4’法制宣传日”活动。

同日 市委社会工委委员、市社会办副巡视员王智玲参加社区建设工作座谈会。

12月1—2日 市委社会工委书记、市社会办主任宋贵伦参加全国加强和创新社会管理座谈会。

同日 市委社会工委委员、市社会办副主任王丽竹参加2011智慧城市高层论坛。

12月2日 市委社会工委书记、市社会办主任宋贵伦参加全市社会建设专题研讨班并作辅导报告。

同日 市委社会工委副书记、市社会办副主任周开让就社会工作人才队伍建设问题接受《光明日报》记者采访。

同日 市委社会工委委员、市社会办副主任陈建领参加北京市优秀基层党建工作创新项目表彰大会。

同日 市委社会工委委员、市社会办副主任王丽竹参加市委党校培训。

同日 市委社会工委委员、市社会办副主任刘轩出席社会组织京外调研考察团总结会并讲话。

同日 市委社会工委委员、市社会办副巡视员王智玲出席中国社工协会成立20周年大会。

12月3日 市委书记刘淇围绕“发展惠民生 喜迎十八大”主题到石景山区调研。市委社会工委书记、市社会办主任宋贵伦参加调研。

同日 市委副秘书长王翔出席《北京市志愿者管理办法》落实工作座谈会并讲话。市委社会工委书记、市社会办主任宋贵伦主持会议，市委社会工委副书记、市社会办副主任周开让参加会议。

同日 市委副秘书长王翔慰问西城区什刹海地区“市民劝导队”志愿者。市委社会工委书记、市社会办主任宋贵伦，西城区区长王少峰，市委社会工委副书记、市社会办副主任周开让及首都综治办、首都文明办、市公安局、市民政局、市志愿者联合会等有关单位领导陪同慰问。

12月5日 市委社会工委书记、市社会办主任宋贵伦参加接待西宁市考察团座谈会。委办领导张坚、王智玲一同参加座谈会。

同日 市委社会工委委员赵小卫参加2011年北京互联网工作领导小组会议。

同日 市委社会工委副书记、市社会办副主任周开让参加北京市社区志愿者大会。

同日 市委社会工委委员、市社会办副主任陈建领出席政务微博部署会。

同日 市委社会工委委员、市社会办副主任刘轩参加怀柔区志愿者联合会、社会工作者联合会成立大会并讲话。

12月6日 市委社会工委书记、市社会办主任宋贵伦主持召开2011年第20次工委会议。会议研究讨论了报送“市社会办2011年度创新创优项目”、推荐参选青年创新创业政策、青年创新扶持项目和青年创新创业人才、推荐2012年慰问首都各界人才专场文艺演出优秀人才代表及全市社会建设工作系统立法项目等工作。

同日 市委社会工委书记、市社会办主任宋贵伦主持召开2011年第12次主任办公会议。会议听取了各处室2011年11月份工作完成情况及2011年12月份工作计划的汇报，研究部署了有关工作。

同日 市委社会工委副书记、市社会办副主任周开让参加2011北京青年创新创业博览会开幕式。

同日 市委常委牛有成到通州区台湖镇北神树村调研回迁工作。市委社会工委委员、市社会办副巡视员王智玲参加调研。

同日 市委社会工委委员、市社会办副巡视员王智玲参加社区工作者社区建设工作座谈会。

12月7日 市委社会工委委员赵小卫带队到东城区、海淀区检查验收社会服务管理创新工作。市委社会工委委员、市社会办副巡视员王智玲参加验收工作。

同日 市委社会工委副书记、市社会办副主任周开让参加北京市宗教工作情况汇报会。

同日 市委社会工委委员、市社会办副主任王丽竹到海淀区甘家口街道实地调研“甘家口之窗”官方微博运行情况并与街道领导进行座谈交流。

同日 市委社会工委委员、市社会办副主任刘轩参加全市宗教工作座谈会。

12月8日 市委社会工委委员赵小卫参加“北京精神”宣传实践工作指导小组工作会。

同日 市委社会工委副书记、市社会办副主任周开让参加“坚持中国特色反腐倡廉道路”理论征文颁奖暨理论研讨会。

同日 市委社会工委委员、市社会办副主任刘轩带队到丰台区、顺义区检查验收社会服务管理创新工作。

12月9日 市委社会工委书记、市社会办主任宋贵伦在国家行政学院出席国务院领导委托重大课题“加强和创新社会管理研究”成果交流会，并介绍“北京社会管理创新研究”成果。

同日 市委社会工委副书记、市社会办副主任张坚带队到西城区、石景山区检查验收社会服务管理创新工作。

同日 市委社会工委委员、市社会办副主任王丽竹参加2011年市委老干部工作领导小组会。

12月9—23日 市委社会工委委员、市社会办副主任王丽竹参加市委党校培训。

12月9日 市委社会工委委员、市社会办副巡视员王智玲参加全国民政职业教育教学指导委员会成立大会。

12月10日 市委社会工委书记、市社会办主任宋贵伦出席北京师范大学中国社会管理研究院专家咨询委员会会议。

12月12日 全市学习型党组织示范表彰会召开，市领导王安顺、吕锡文、叶青纯、鲁炜出席会议。市委社会工委书记、市社会办主任宋贵伦参加会议。

同日 市委社会工委书记、市社会办主任宋贵伦与国家工商总局巡视员李德伟、北京交通大学校长宁滨座谈合作共建研究基地事宜。

同日 市委社会工委委员赵小卫带队到朝阳区、平谷区检查验收社会服务管理创新工作。市委社会工委员、市社会办副巡视员王智玲一同参加验收。

同日 市委社会工委副书记、市社会办副主任周开让出席北京海外高层次人才协会成立大会暨2011北京海聚论坛。

同日 市委社会工委副书记、市社会办副主任张坚主持召开北京社会建设研究基地工作会议。

同日 市委社会工委委员、市社会办副主任陈建领参加海淀区商务楼宇“五站合一”工作站标识系统揭牌暨“一楼宇一社工”项目启动仪式。海淀区委常委、组织部部长杨智慧参加。

同日 市委社会工委委员、市社会办副主任王丽竹与首信研究四网六库内部测试工作。

12月13日 市委社会工委副书记、市社会办副主任周开让与市财政局副局长杨慕彦就社区工作者待遇问题进行座谈。

同日 市社会建设工作领导小组办公室副主任、市民政局副局长孟钧，市委社会工委委员、市社会办副主任陈建领带队到大兴区、通州区检查验收社会服务管理创新工作。

12月14日 市委社会工委书记、市社会办主任宋贵伦参加全市领导干部会议。

同日 市委社会工委副书记、市社会办副主任周开让参加基督教专项工作会议。

同日 市委社会工委委员、市社会办副主任陈建领参加由市委统战部、市委教育工委联合召开的北京市抵御和防范校园传教渗透工作会议。

同日 市社会建设工作领导小组办公室副主任、市财政局副局长杨慕彦，市委社会工委委员、市社会办副主任王丽竹带队到门头沟区、房山区检查验收社会服务管理创新工作。

同日 市委社会工委委员、市社会办副主任刘轩参加市规委召开的《城乡结合部地区建设实施情况及规划研究》评审会。

12月15日 市委社会工委书记、市社会办主任宋贵伦参加市委宣传系统基层党建工作研讨班并作非公有制党建专题辅导报告。

同日 市委社会工委副书记、市社会办副主任周开让带队到昌平区、延庆县检查验收社会服务管理创新工作。

同日 市委社会工委委员、市社会办副主任王丽竹与首信研究四网六库内部测试修改工作。

同日 市委社会工委委员、市社会办副主任刘轩与市法学会领导座谈交流工作。

同日 市委社会工委委员、市社会办副巡视员王智玲与市发改委座谈研究全市社区用房项目审计相关工作。

12月16日 市委社会工委委员赵小卫带队到怀柔区、密云县检查验收社会服务管理创新工作。

同日 市委社会工委委员、市社会办副主任陈建领参加石景山区进一步强化基层党组织服务职能西部研讨会并讲话。

同日 市委社会工委委员、市社会办副主任刘轩到西城区调研并参加西城区社会组织工作座谈会。

同日 市委社会工委委员、市社会办副巡视员王智玲参加市政府办公厅组织召开的2011年垃圾分类工作会。

12月17日 市委社会工委副书记、市社会办副主任张坚参加由市妇联主办、市家庭教育研究会和北京学习科学学会共同承办的“社区亲子俱乐部”启动仪式并讲话。

12月18日 市长郭金龙主持召开第111次市政府常务会议。市委社会工委书记、市社会办主任宋贵伦参加会议。

同日 市委社会工委委员、市社会办副主任陈建领参加2011年北京高校红色“1+1”示范活动评审会。

12月19日 市委社会工委书记、市社会办主任宋贵伦主持召开相关部委办局参与编制《北京市“十二五”时期社会建设规划纲要》执笔人座谈会。委办领导赵小卫、张坚参加座谈会。

同日 市委社会工委副书记、市社会办副主任张坚出席北京市统计局社会统计调查研讨会。

12月19—21日 市委社会工委书记、市社会办主任宋贵伦参加北京市党的第十届委员会第十次全会。市委社会工委副书记、市社会办副主任周开让一同参加全会。

12月20日 市委社会工委书记、市社会办主任宋贵伦参加在京国际组织新年联谊会。委办领导周开让、刘轩参加联谊会。

同日 市委社会工委委员、市社会办副主任刘轩参加中国商帮节开幕式并致辞。

同日 市委社会工委委员、市社会办副巡视员王智玲到丰台区调研社区用房规范化建设项目相关审计准备工作。

12月21日 市委社会工委书记、市社会办主任宋贵伦参加全国政法工作电视电话会议。

同日 市委社会工委书记、市社会办主任宋贵伦主持召开2011年第21次工委会议。会议研究讨论了社区建设专项资金使用工作。

同日 市委社会工委委员、市社会办副巡视员王智玲到通州区台湖镇北神树村调研重点村回迁社区建设工作。

12月22日 市委社会工委书记、市社会办主任宋贵伦参加市委全委扩大会议。市委社会工委副书记、市社会办副主任周开让一同参加会议。

同日 市长郭金龙主持召开市政府专题会议。市委社会工委书记、市社会办主任宋贵伦参加会议。

同日 市委副秘书长王翔出席市体育总会社会组织党建工作委员会成立大会并讲话。市委社会工委委员、市社会办副主任陈建领参加会议。

同日 市委社会工委委员、市社会办副主任陈建领、刘轩参加北京注册会计师协会新年座谈联谊活动。

同日 市委社会工委委员、市社会办副主任王丽竹与到我委办检查社会工作人才队伍建设工作的市人才工作领导小组办公室检查组成员座谈。

同日 市委社会工委委员、市社会办副主任刘轩参加北京慈善义工协会开展的“寻找最美慈善义工”评选新闻发布会。

12月23日 市委社会工委书记、市社会办主任宋贵伦主持召开委办2011年工作述职及民主测评会。委办领导班子成员和机关全体干部参加民主测评会。

同日 市委社会工委副书记、市社会办副主任周开让参加市委部分委办主管领导和部分区县委组织部部长座谈会。

同日 市委社会工委副书记、市社会办副主任周开让参加市社会工作事务所迎新年座谈会。

同日 市委社会工委委员、市社会办副主任陈建领与市党建工作领导小组办公室（市委组织部组织指导处）进行座谈交流。

同日 市委社会工委委员、市社会办副主任刘轩参加北京市2011年住房保障工作总结大会。

同日 市委社会工委委员、市社会办副巡视员王智玲参加“做文明有礼的北京人，垃圾减量垃圾分类从我做起”知识竞赛决赛活动。

12月24日 北京市城乡结合部建设现场会在通州区台湖镇北神树村召开。市委书记刘淇、市长郭金龙出席，副市长夏占义主持，市委常委牛有成总结了城乡结合部重点村建设工作情况。市委社会工委、市社会办领导宋贵伦、王智玲参加。

12月24—25日 市委社会工委副书记、市社会办副主任周开让参加2011年“圣诞节”安保指挥部值守。

12月26日 市委社会工委书记、市社会办主任宋贵伦主持召开委办2012年工作务虚会。委办领导班子成员和机关全体人员参加务虚会。

同日 市委社会工委委员、市社会办副主任刘轩主持召开会议，落实向市级“枢纽型”社会组织购买2011年度“管理服务”经费。

12月27日 市长郭金龙主持召开市政府专题会议。市委社会工委书记、市社会办主任宋贵伦参加会议。

同日 市委社会工委副书记、市社会办副主任周开让参加市纪委来我委办调研座谈会。

同日 市委社会工委副书记、市社会办副主任周开让主持召开筹办委办春节联欢会工作部署会。

同日 市委社会工委委员、市社会办副主任陈建领参加第二届学习型党组织建设论坛。

同日 市委社会工委委员、市社会办副主任刘轩出席北京房地产业协会年会暨新年联谊会。

12月28日 市委社会工委书记、市社会办主任宋贵伦主持召开委办领导班子民主生活会。委办领导班子全体成员参加民主生活会。

同日 市委社会工委书记、市社会办主任宋贵伦参加北京市“十二五”节能减排工作动员部署电视电话会议。

同日 市委社会工委委员赵小卫出席市互联网工作领导小组新年招待会。

同日 市委社会工委委员、市社会办副主任刘轩出席北京市燃气协会新春联谊会。

12月29日 市委副秘书长王翔，市委社会工委书记、市社会办主任宋贵伦陪同全国非公有制企业创先争优指导小组办公室有关领导在京调研。门头沟区委书记韩子荣、区政协主席张冰、区委常委彭利峰，委办领导赵小卫、陈建领参加调研。

同日 市委社会工委书记、市社会办主任宋贵伦与北京师范大学中国社会管理研究院专家座谈。

同日 市委社会工委副书记、市社会办副主任周开让参加北京市党委、政府新闻发言人新春联席会。

同日 市委社会工委副书记、市社会办副主任周开让与市人力社保局副局长陈蓓座谈社区工作者待遇问题。

同日 市委社会工委委员、市社会办副主任王丽竹主持召开北京市社会建设领域“四网六库”项目初验评审会议。

同日 市委社会工委委员、市社会办副主任刘轩出席市红十字会举办的公益事业推进会。

同日 市委社会工委委员、市社会办副巡视员王智玲参加社区建设专项工作部署会。

12月30日 市委常委梁伟主持召开务虚工作会议。市委社会工委、市社会办领导班子全体成员参加务虚会。

同日 市委社会工委书记、市社会办主任宋贵伦参加海淀区人代会。

同日 市委社会工委委员、市社会办副主任陈建领参加全市统战部部长会议。

同日 市委社会工委委员、市社会办副巡视员王智玲到丰台区参加社区用房规范化建设项目专项审计座谈会。市区发改委、审计局及社会办相关人员参加会议。

同日 市社会办副巡视员张青之参加市政法工作会议。

12月31日 市委社会工委书记、市社会办主任宋贵伦参加北京市第25次老干部座谈会。市委社会工委副书记、市社会办副主任周开让参加座谈会。

同日 市委社会工委副书记、市社会办副主任周开让参加国家质检总局、北京市政府合作备忘录联席会议。

·理论文章与调研考察报告·

考察工作报告

赴美国、日本社会建设考察报告

为更好地借鉴国外先进经验，促进我市社会服务管理创新工作，在市委社会工委协调安排下，以市委副秘书长王翔同志为团长的赴美国、日本社会建设考察团一行5人，于2011年10月24日—11月2日，到美国旧金山、洛杉矶、纽约及日本东京等城市进行考察。期间，考察团一行拜会旧金山市政厅，与对外联络官员交流城市社会管理情况，详细了解城市管理运行体制机制；参观洛杉矶、纽约的居民社区、福利养老社区、城市设施等，了解城市管理、社会事业和社会组织等情况；与日中友好科学技术文化交流协会进行座谈，听取协会会长、原日本法务大臣古田方雄就日本司法制度、犯罪率降低、抗震救灾等情况作报告，双方就社会管理、社区治安、社会组织等情况进行探讨；参观东京街道、社区管理情况。通过交流和考察工作，使考察团成员近距离地学习、了解美国、日本一些经济总量、人口规模较大城市的社会管理经验，具有借鉴意义。

一、美国、日本的社会管理特点

（一）政府对社会事业的投入比重都比较大

在美国，家庭日收入在18.81美元或低于这个数字的被认为是贫困家庭。按这个标准，大约有10%的美国人处于贫困线以下，总人数达3000万。为应对贫困，许多贫困家庭接受福利救助，大量政府资金用于低收入阶层的食品、衣物和住宅。联邦政府所有福利项目——包括社会保障、卫生、各种福利项目——几乎占去了其政府财政开支的一半。同时，为增加社会建设投资，美国政府、联邦和州政府以及地方政府，还会直接或间接地支持非政府的服务机构提供各类社会服务，以扩大政府资金效能。主要方式包括：建立和完善法律和法规体系；通过免税或减税鼓励私人和公民向非营利组织捐赠；通过政府资金直接支持非营利组织；通过对使用非营利组织提供服务的个人补贴、税收返还等对非营利组织提供间接的支持。

在日本，诸如教育、科技、卫生等社会公益事业的主要领域，一直都是由政府直接组织，所需投入也几乎全部来自于财政拨款。即使在以民间力量为主的非基础性社会公益事业领域，政府也通过提供不同方式的经济支持以及各种政策规则，发挥着非常重要的引导作用。可以说，政府扮演着发展社会事业的主要角色，民间力量是政府作用的有益补充。

（二）社会组织都发挥着重要作用

美国社会管理的一个显著特点是，在许多其他国家由政府提供的服务，可以由非营利组织和私人提供。美国非营利组织的特点是，正式组织的、独立于政府之外、非营利、自律、志愿性。根据美国法律，其非营利组织包括150多种类型，覆盖的领域有：文化、艺术、娱乐、教育、研究、卫生、医院、托老院、托儿所以及其他卫生机构；社会服务，残疾人救济、难民救济、环境保护和动物保护；经济、社会和社区发展；住宅、就业和就业培训；公民倡导组织；法律服务、慈善、宗教组织、专业或行业组织等。另外，美国还有8.48万个行业协会。在美国，非营利组织及其服务在全部社会服务中的比例相当高，几乎占所有社会服务的一半，甚至更高。美国的非营利组织可以营利，但营利不能分红，盈余只能用于组织发展。为此，美国人民更相信，非营利组织可以提供政府所不能提供的服务。

日本在传统上是一个国家主导型社会，非营利组织（NPO）发展起步并不早，但是1995年阪神地震后，NPO发挥出积极作用，直接导致出台《特定非营利活动促进法》，随后迅速发展起来。目前，NPO活动领域十分广泛，以社会福利、社区发展、社会教育、医疗保健、少年儿童、环境保护、文化艺术、国际交流等领域最为集中。

（三）社区建设都注重资源整合

在美国，由于具有优厚的经济实力，主要是通过组织社区福利服务，满足公民的需求，成为“社区干预”的手段，实现“社区干预”的目标。这种“社区干预”包括对贫穷、失业、犯罪和环境污染进行的干预。美国社区发展是一个增强社会意识的过程，通过居民的广泛参与，了解自身需求，并采取积极的改进行动，重在人民的参与和公私机构的协助。在公私机构的协助下，动员社区内的一切资源，解决社区内的各种问题，如福利、就业、环境污染等，提高全社区居民的福利和生活质量。

在日本，社区建设是社会稳定的重要基础。在降低犯罪率问题上，一些居民发起的“漂亮窗户运动”，直接影响整个城市的精神文明，促进城市治安情况整体转好。在社区中，警署与居民自治组织的有效联动，促使社区治安、邻里关系得到改善。社区建设的重要成效，直接体现在近10年来，东京等城市犯罪率的下降和居民安全感的增强。

（四）法律体系都比较健全和稳定

美国和日本的共同特点是不仅有健全的法律体系，而且对法律执行得非常严格。以美国洛杉矶的交通为例，为减少拥堵，法律规定，单乘的汽车不允许走内侧车道，只有多人乘坐的汽车才允许走最内侧车道。还规定私自乱停车罚款90美元、不系安全带罚款180美元、向窗外乱丢东西罚款5000美元。这些规定都能够得到很好执行，在考察中感受深刻。

在日本，涉及社会公益事业发展、机构组织方式和行为规范的法律体系详细而明确。除《宪法》《民法》等基本法律外，对每一个特殊法人都有专门规范其组织和行为方式的个别法；对民间社会公益法人则按照所服务的行业有规范其行为的特别法；对有关机构的行为，特别是民间公益法人接受捐赠、从事经营性活动等则有详细的税法条款等。总体来看，日本在发展社会事业方面，非常重视以法律为基础的制度平台建设，而且这一制度平台有非常高的稳定性。

（五）社会环境都给人留下良好印象

在美国和日本，我们普遍感觉城市的环境非常干净、整洁，这些直接影响城市精细化管理水平。美国和日本公共场所禁止吸烟，只有在露天且有设置烟灰处理装置处才可以吸烟。道路上、社区里、小胡同内，基本见不到随意丢弃的垃圾。在日本，垃圾箱也很少见，每个人要自行处理个人产生的垃圾。而且，垃圾是要分类的，以利于利用垃圾转化为再生资源。这种环境，对人们的生活习惯、精神文明都有重要的影响。

二、对美国、日本社会建设成效的思考

美国、日本社会建设成效非常显著，我们体会到其必然有着内在逻辑，这也是需要我们借鉴的地方。

（一）源于政府责任的明确和公众的认同

在旧金山市我们了解到，该市政府实行扁平化管理，没有下一级政府性质机构，共设置50个部门，具体负责涉及600万人口的城市服务管理工作。其原因在于政府的职责十分明确，除了法律、职责规定的任务外，

政府不再承担大量的社会服务管理工作，这些工作都有社会组织来承担。政府工作人员不会过多干涉职责之外的事情，社会公众对此也习以为常，不会追究政府职责之外的问题。在美国人看来，政府不是美国社会管理的全部，只负责公共的基本职责，职责很明确，并且如果法律并没有赋予，则政府不能强行参与管理。

（二）源于社会制度的设计和利益的满足

在美国和日本，我们都会看到大量的社会组织参与到社会服务中来，且非常活跃。其原因在于：一是文化长期引导形成的价值观，有钱且能够奉献的人才会有社会地位，才会进入上流社会，得到公众的认可。二是在法律中规定捐赠到慈善机构的钱计算在应缴税收之内。正是这种制度的设计、利益的引导，才为大量的社会组织参与社会服务提供物质基础，社会组织发挥支持教育、卫生、消除贫困、宗教、科学发展、促进社会福利等作用才会得到鼓励。

（三）源于律法规定的完善和执行的彻底

在美国、日本对法律的执行非常彻底，在法律面前人人平等这句话很有现实意义。比如，在美国酒店内，如果吸烟一经发现要受重罚，并且酒店内监控烟雾设备齐全，如因吸烟造成喷淋，还要承担巨额赔偿。再如，美国的社区是开放的，各家各户都很少有院墙，在居民楼即便是临街的一楼也看不到飘到外边的护网，这源于美国法律规定美国人的民宅不得私闯，而且执行得非常严格，等等。

（四）源于精细化的管理和居民的需要

我们看到，美国和日本在精细化管理方面都比较突出。由于日本人口多空间小，日本在社会服务管理方面做得很精细很科学。他们认为社区邻里生疏是犯罪温床，平成15年（2003年）政府开始强调要创造自治体，定期组织居民进行防灾训练，促进邻里间相互关心；要在社区配备警察，了解社区每一户的情况；要在社区里安装LED灯，提高安全意识。

（五）源于环境的有效治理和文化的影响

美国和日本的一个共同特点就是环境非常干净、人本关怀氛围很浓厚。在日本，提倡美化城市减少犯罪，倡导家家户户擦干净窗户、种植樱花树、处理好个人垃圾、维护社会环境。特别是，由于资源缺乏，步道砖都是用分类的垃圾制造的，没有分类的垃圾丢不掉；所有的窗户都是规定型号，以便于资源的再利用。环境育人举措有效地推动社会建设。

三、对北京市社会建设的启示和建议

通过考察美国、日本的社会管理和社会组织在社会建设中所发挥的重要作用，我们加深了对社会服务管理创新的理解。同时，我们也清楚地看到，美国、日本现有的社会治理制度和做法是合乎美国、日本历史传统和经济社会发展水平的。我们不能照搬，但他们的一些做法对我们确有启发，应予以借鉴。

（一）明确政府职责，进一步加大政府对公共服务的投入

从美国和日本的经验来看，政府应明确公共服务管理职责，将更多的社会建设职责交由社会来承担，政府应鼓励社会各界参与社会建设，依托公共引导资金，推进小政府、大社会建设。应进一步统筹好社会建设各项任务，制定好制度、落实好职责、用更多的措施加强与群众的联系，减少政府与公众之间的对立与矛盾。应逐渐让渡一些社会服务职能交由社会组织去落实，从大量的事务性工作中走出来，同时留出足够的时间深入基层，到百姓中去，增加工作的预见性，这本来就是我们干工作的法宝，我们更要坚持好发挥好。应加大财政对公共服务投入的力度，重点解决好劳动力就业问题，不断完善社会保障机制，提高社会保障水平，不断强化社会主义法制建设，健全法制执行体系，抓好

老旧社区改造、扩建社区办公用房等涉及民生的工程，提升公众的社会幸福生活指数。

（二）推进购买服务，引导社会组织广泛参与

要创新社会管理，积极推进政府购买公共服务制度，建立法制渠道，推进社会组织的广泛参与。每年有计划地引导培育社会组织参与到社会公共事务服务中来，与政府让渡出的事务性工作相对接。发挥好“枢纽型”社会组织职能，支持“枢纽型”社会组织统筹引导好同性质同类别同领域的社会组织有序参与社会建设，形成良好的社会建设氛围。完善促进社会组织发展办法，培育引导社会组织发展，鼓励发展志愿公益类社团组织，大力培育社区生活服务类社会组织，有序发展民办非企业单位，规范发展市场中介组织。同时加强对社会组织的管理与考核，制定政府购买社会组织承担公共服务政策，完善社会组织综合评定、监管和退出机制。

（三）完善网格管理，实现社区精细化服务管理

结合日本经验，要积极并且坚定不移地实施村庄社区化管理、社区规范化建设、园区服务管理属地化、推进城市网格化管理，实现社会管理的精细化。按照五级管理模式重点，对网格内的人、地、事、物、组织等各个部件都要进行整合，全面掌握网格内的情况，加强网格管理员的培训，建立网格动态台账，做到网格内无一物不清楚，无一人不登记。要建立网格党组织，发挥组织优势，积极推进在职党员进社区工作，提升网格化管理水平。积极推广社区参与式治理，引导居民广泛参与社区活动，让对门清楚、楼门熟悉、楼栋认识、社区见过，有效化解社区矛盾，促进邻里往来和谐。同时要重点加大科技创安的投入，加装治安探头，同时在社区加强路灯的修理，加装社区 LED 路灯，提高群众的安全感。

（四）加强社区建设，加大社区违法行为查处力度

当前社区建设的问题主要集中在社区老旧无人管理、社区违法行为屡禁不止、物业服务不到位这几个方面。究其原因还在于社区相关制度不健全、明确的制度执行不到位造成的。我们已经开始实施了老旧社区改造工程，即便如此如果后期的管理跟不上又会回到从前，造成政府资金的浪费。为此建议：一是住建委要加强行业管理，按照新颁布的《北京市物业管理办法》规范社区物业服务经营行为，切实加大处罚力度，确保服务到位。二是城市执法部门要加强社区违法行为的查处力度，对有明确规定，在社区私搭乱建、占道经营等实际违法行为绝不要姑息，及时发现要及时处置，维护社区法制严肃性，培育社区守法文化氛围。三是发挥社区工作者和志愿者作用，及时发现劝导社区违法行为，做好源头治理化解工作。

（五）加强环境建设，提高参与意识发挥文化育人作用

美国、日本的经验证明，环境不仅可以育人，而且在社会建设中作用不可小视。为此建议：一是市政市容部门要加强户外广告的治理，规范户外广告的设置，杜绝小门店破旧牌匾；二是环卫部门加大环境清扫工作，及时铲除非法张贴的小广告，保持环境的整洁；三是城管执法部门加大小广告的治理处罚工作，对散发小广告行为坚决打击，做好源头治理工作；四是政府倡导美化城市行动，相关“枢纽型”社会组织引导成立环保志愿服务组织，广泛开展环保志愿活动，宣传部门加大宣传工作力度，营造良好社会环境；五是教育部门要将环境教育纳入学校教育范畴，通过小手拉大手，监督家长做好环保工作；六是社区要结合在职党员进社区工作开展好楼门文化建设，发挥好楼门骨干作用，创造好整洁有文化内涵的楼门文化。相信一个干净整洁的城市、社区，必将带给公众一个平安和谐的社会环境，生活在这样环境中的居民必将感到幸福。

（考察团成员：王翔、王东强、尚建刚、洪亮、康岳巍）

关于浙江省村务监督委员会建设情况的考察报告

遵照市委领导同志的指示，3 月 30 日—4 月 2 日，市委副秘书长王翔同志率市纪委、市委办公厅、市委组织部、市委农工委、市委社会工委、市民政局相关人员一行 9 人，赴浙江省学习考察村务监督委员会建设的经验。期间，在浙江省委的大力支持下，考察组先后参加了三次座谈会，分别听取浙江省委、金华市武义县委、绍兴诸暨市委有关情况的介绍；深入武义县白洋街道后陈村、诸暨市五泄镇五泄村实地考察了村务监督委员会工作情况，并分别与两个村的党支部书记、村委会主任、村务监督委员会主任进行了面对面探讨交流。考察组成员珍惜考察学习机会，立足我市农村经济社会发展和基层民主政治建设实际，着眼创新社会服务管理要求，认真学习浙江经验，坚持边考察边学习思考，边考察边分析梳理，感到学到了经验，开阔了视野，拓展了思路，达到了预期目的。现将有关情况报告如下：

一、浙江省建立村务监督委员会的基本情况

（一）先行试点，积极探索

浙江省随着农村经济社会的发展，特别是城市化、工业化进程的加快，农村集体经济不断壮大。因村级民主监督的缺失，带来村干部违法违纪案件和村民信访、群体性事件频发。针对这一状况，2004 年 6 月，浙江省选择在矛盾比较集中、上访不断且连续两任村主要领导因经济问题受到查处的武义县白洋街道后陈村进行村务监督试点，制定了《村务管理制度》和《村务监督制度》，选举产生全省首个村务监督委员会，迈出了第一步。经过一年的运行，取得良好效果，“后陈经验”受到广泛关注。2005 年 6 月，时任浙江省委书记习近平同志亲自到后陈村调研，肯定这一做法“是农村基层民主的有益探索，是积极的，有意义的，符合基层民主管理的大方向”。

（二）总结规范，全面推开

为全面推进村务监督委员会建设，浙江省委、省政府先后下发《关于建立健全村级民主监督组织，加强村级民主监督试点工作的意见》《村务监督委员会工作规程（试行）》《关于进一步加强村务监督委员会建设的意见》等文件。至 2009 年 11 月底，浙江省 30032 个行政村实现村务监督委员会全覆盖。

（三）体制创新，成效明显

浙江省通过建立村务监督委员会这一体制机制上的重大创新，有效促进了“民主选举、民主决策、民主管理、民主监督”四个民主在农村的落实。村务监督委员会的建立，一是有利于健全村民自治的治理结构和制度体系，目前，以村党组织为领导核心、村民会议和村民代表会议为决策议事机构、村民委员会为管理执行机构、村务监督委员会为监督机构的村民自治组织体系在浙江省已基本建成。二是有利于完善农村基层组织监督机制，保障村民依法行使对村级公共权力和公共事务进行民主监督的权利，村务监督由事后监督向事前、事中、事后全程监督转变。三是有利于提升村民自治的能力，畅通了村民及时、就近表达利益诉求、反映问题的渠道，完善了基层利益自我协调、矛盾自我调处、纠纷自我化解的机制，密切了党群、干群关系，巩固了党在农村的执政基础。四是有利于调动村“两委”干部的工作积极性和农民群众的主人翁意识，促进农村经济发展和社会和谐。正如现任后陈村村民委员会主任陈忠武所言：“村务监督委员会没成立以

前，村委会干部不敢干事、不愿干事，因为村民总是不放心、不信任。现在，村里的事由村民自己来管理、监督，村民清楚地知道村里的各项事务，希望村干部多干事，我们的压力反而更大了。”据统计，自村务监督委员会制度实施以来，后陈村连续6年保持“零上访、零投诉、零违纪、零违规收入”的纪录；浙江全省纪检监察机关受理反映农村干部的信访举报呈整体下降趋势，2009年同比下降6.71%，2010年又下降了15.5%。

浙江省推行村务监督委员会的做法受到中央领导同志的重视和肯定。近日，习近平、贺国强、回良玉、李源潮等领导同志分别做出重要批示，强调：建立村务监督委员会，规范村干部用钱、用权行为，密切农村干群关系，是完善村民自治机制，维护农村社会和谐稳定，加强农村基层民主政治建设和基层党风廉政建设的一个积极举措和有益探索，要求组织调研，总结和推广浙江经验（四位中央领导同志批示主要精神附文后）。

2010年10月颁布的修改后的《中华人民共和国村民委员会组织法》，吸纳了浙江经验，明确规定“村应当建立村务监督委员会或其他形式的村务监督机构”，从法律上确立了村务监督委员会在村民自治组织中的地位。

二、浙江省建立村务监督委员会的主要做法

（一）明确性质、地位

省委、省政府“两办”的文件明确规定：“村务监督委员会是村级民主监督组织，由村民会议或村民代表会议选举产生，在村党组织领导下对村级事务实施监督，向村民会议或村民代表会议负责并报告工作。”

（二）规范组织设置

在所有行政村设立村务监督委员会，村务监督委员会任期与村民委员会相同，换届同期举行。根据村的规模大小，村务监督委员会一般由3至5名成员组成，设主任1名，一般由村党组织成员或党员担任。为保证人员素质，有效开展工作，一是严格任职资格审查。选举前，村党组织根据村民推荐或自荐情况，在广泛征求意见的基础上提出候选人预备人选，经乡镇（街道）党（工）委对候选人资格条件初审和县级有关部门联审后，确定正式候选人名单，并进行公示。对通过另选他人形式选出的人员，也要进行资格条件审查，不符合候选人资格条件的，当选无效。“53531”人员不能当选，即：凡被判处刑罚或者刑满释放未满5年、解除劳教未满3年、违反计划生育未处理或受处理后未满5年、涉黑涉恶受处理未满3年等有严重违法违纪行为的人员、丧失行为能力的人员不能当选。二是实行回避制度。除兼任村务监督委员会主任的村党组织成员本人外，其他村党组织、村民委员会成员及其近亲属，以及村文书、村报账员不得担任或兼任村务监督委员会成员及其下设机构的人员。三是整合村级民主监督力量。原村务公开监督小组和民主理财小组纳入村务监督委员会，村务监督委员会在制度设计上与村民委员会并列，明确了村民民主监督的主体地位，实现村务管理与村务监督分离。根据实际需要，村务监督委员会可下设村务公开、“三资”管理、工程项目等若干监督小组，组长由委员兼任，成员可由聘请的相关专业人士担任。

（三）明确监督职责

村务监督委员会重点加强对强农惠农政策措施落实情况、村级民主决策、村务公开和财务公开情况、村级集体资金、资产与资源管理以及对村工程建设项目的全程监督。除村党支部召开的党务会议外，村务监督委员会成员有权列席村里各种会议，对村务活动享有知情权、质询权、审核权、建议权。通过收集民意、调查分析、监督落实、通报反馈等形式实施监督。按照规定，村务监督委员会要主持召开村民会议或村民代表会议，对村民委员会成员履行职责情况进行民主评议；凡本村五分之一有选举权的村民联名要求罢免村民委员会成员，而村民委员会未在法定时间内启动罢免程序的，经乡镇（街

道）党（工）委、政府同意，村务监督委员会可主持召开村民会议投票表决。村务监督委员会被授权在特定情况下主持召开罢免会议的规定，化解了村委会不愿意召开会议自己罢免自己的难题，提高了民主监督的有效性。

（四）建立制约机制

全面推行辞职承诺制度，候选人承诺当选后，若出现违法违纪、不能正常履职等情形的，应主动辞去职务。村务监督委员会每半年向村民会议或村民代表会议报告一次工作，每年由村民代表会议对村务监督委员会的工作情况进行民主评议，对其成员进行年度信任度测评，信任票不到应到会村民代表数一半的，责令其辞职。村民代表会议有权撤换违法违纪、严重失职的村务监督委员会成员，只要有三分之一的村民代表联名，乡镇（街道）党（工）委必须督促村党支部和村委会召开村民代表大会，以无记名投票方式对其进行撤换表决。村民代表会议通过惩戒机制，对村务监督委员会成员进行有效约束。

（五）强化保障措施

村务监督委员会有固定的办公场所和必要的办公设备，有委员会公章。明确了村务监督委员会成员履行职责期间的误工补贴和相关报酬，建立了学习培训、表彰激励机制。设计了救济制度。当村务监督委员会的监督功能无法正常运作，或其成员受到打击报复的，有权向乡镇（街道）有关部门申请救济，上级部门应及时协调和处理。

浙江省在推进村务监督委员会建设的过程中，形成了比较完善的制度体系和工作机制，形成了比较成熟的经验和做法。

三、工作建议

浙江省的探索和实践证明，在我市推动建立村务监督委员会是必要的，也是可行的。

多年来，在市委、市政府领导下，我市积极探索并不断加强村级民主监督工作，积累了很多很好的经验。1998 年，我市下发了《关于印发〈北京市村务公开民主管理工作暂行规定〉的通知》（京农发〔1999〕17号），要求“各村成立民主监督理财小组，具体负责村务公开的监督工作”。2001 年，市人大常委会颁布了《北京市实施〈中华人民共和国村民委员会组织法〉的若干规定》，从法律上明确了民主监督理财小组的地位和职责。2004 年，我市下发了《关于健全和完善村党组织领导的村民自治机制的意见》（京组发〔2004〕13 号），在全市 3974 个行政村全部建立了村务公开监督小组和村民民主理财小组。村务公开监督小组成员经村民会议或村民代表会议在村民代表中推选产生，负责监督村务公开制度的落实。村民民主理财由村民民主理财小组代表村民进行，民主理财小组成员由村民会议或村民代表会议从村务公开监督小组成员中推选产生。2008 年市新农村建设领导小组村务公开工作办公室下发的《北京市村务公开和民主管理工作规程》（京村办发〔2008〕5 号），进一步规范和完善了两个机构的设置。村务公开监督小组、村民民主理财小组在深化村务公开、加强村级财务监督等方面发挥了积极作用。我市还全面推行了“村账托管”、村务公开、勤廉双述、民主评议，有力地推动了农村民主政治建设。

与浙江“村务监督委员会”比较，我市现行村务监督机构有待完善。我市目前的村级监督机构主要存在四个方面的不足：一是监督机构的性质、地位需要提升，在制度安排上尚未形成决策、执行、监督的有效衔接和制衡，影响了其作用的发挥。二是任职资格条件需要强化。我市没有明确村党支部成员或党员担任村务监督机构主任，党对监督机构的领导有待进一步加强。三是对监督机构有效运转以及对监督者的监督和支持缺乏制度设计。四是保障措施需要加强。我市对村务监督机构成员的误工补贴和相应报酬没有做出统一规定，也没有固定的办公场所和必要的办公设备。

当前，按照中央关于加强社会建设的新部署、加快推进“三个北京”和世界城市建设的新任务、创新社会服务管理的新要求，在总结我市加强基层民主政治建设有效做法的基础上，学习借鉴浙江的成功经验，在农村建立村务监督委员会，对于进一步完善村务监督机制，优化农村治理结构，推进农村民主自治；对于健全基层反腐倡廉的长效机制，加强农村民主政治建设；对于推动我市社会管理创新，有效化解农村经济社会发展中出现的矛盾和问题，促进农村经济发展和社会的和谐稳定，具有重要意义。

为推动我市建立村务监督委员会，建议：

（一）系统设计，总体规划

做到“三个纳入”：将村务监督委员会的建立工作纳入我市“十二五”社会建设规划，作为完善社会治理结构，创新社会服务管理的重要内容；纳入我市新农村建设，作为化解基层矛盾、维护农村稳定的重要抓手，助推农村地区又好又快发展；纳入我市村级组织体系建设，作为推进农村民主建设和村民自治的重要途径，使广大农民在共建共享中推进基层民主政治建设。

（二）全面整合，整体提升

浙江省全面推行村务监督委员会，借助农村“两委”换届选举的契机同期选举产生村务监督委员会。鉴于我市村务监督机构现有人员于去年8月份与村委会同步依法换届产生，任期刚过半年（任期至2013年），为实现民主监督机构平稳过渡，建议将现有的村务公开监督小组和民主理财小组整合、提升为村务监督委员会。一是做好村级监督机构转换工作。由村民会议或村民代表会议通过民主程序，确认由现有村务公开监督小组和民主理财小组成员中符合任职条件的人员担任村务监督委员会成员（原民主理财小组成员是从村务公开监督小组成员中推选产生的）。村务监督委员会主任应由村党组织提出人选，由村民会议或村民代表会议推选产生，如两个小组中有合适人选，则从其中确定；如无合适人选，也可以另外确定人选。新产生的村务监督委员会待下届选举时同步换届。二是充实完善村务监督委员会职责，并将村务公开监督小组和民主理财小组的职责纳入村务监督委员会的职责范围。同时，赋予主持对村委会及成员的民主评议、依法宣布村委会成员职务自行终止、主持罢免村委会成员等职责。三是明确村务监督委员会成员任职条件。四是加强制度设计，从体制机制上保证村务监督委员会有效运转，明确对村务监督委员会成员的监督、罢免办法。

（三）试点先行，积极推进

在我市推动建立村务监督委员会，要本着“积极稳妥，注重实效；因地制宜，分类指导；坚持党的领导，依法依规实施”的原则，分步实施。

第一步：调研和试点。相关部门组成专门工作机构，开展调查研究，摸清村情民情，针对基层实际，制定试点工作方案和相关配套文件。在充分准备的基础上，于今年下半年，在相关区县选择不同类型的行政村进行试点。首批试点村数量不少于全市行政村总数的10%（目前，我市共有行政村3943个）。

第二步：全面推开试点。坚持边试点、边总结、边推进。明年，我市建立村务监督委员会的试点工作全面推开。

第三步：立法规范。在总结试点工作经验的基础上，加快立法步伐，力争明年出台《北京市实施〈中华人民共和国村民委员会组织法〉若干规定》。在该《规定》中，进一步明确我市农村村务监督委员会的定位、职能、选举程序、履职方式等，作为村务监督委员会规范运行的法律依据。2013年，正式将村务监督委员会的选举纳入第九届农村基层组织选举工作之中，实现与村“两委”同期选举、同步换届。

四、需要明确的几个问题

（一）建立统筹协调机制

为有力指导、全力推进农村建立村务监

督委员会各项工作，建议在市委、市政府的领导下，建立由市委、市政府有关领导主持，有市纪委、市委组织部、市委农工委、市委社会工委、市民政局、市信访办等相关部门参加的联席会议制度。

（二）确定牵头单位

据了解，浙江省开展村务监督委员会相关工作，由省纪委牵头，组织、监察、民政等部门配合，办公室设在省纪委党风廉政建设室，各级纪委均成立相关机构，形成指导开展村务监督工作的管理体系。从我市的情况看，三年一次的基层组织选举工作作为阶段性工作任务，一般由市委组织部牵头，市委农工委、市民政局具体落实；农村民主监督等日常村务管理工作由市新农村建设领导小组负责，办公室设在市农委。鉴于上述情况，为保证我市农村村务监督委员会的建立、运行等各项工作的顺利开展，建议由市委农工委牵头，具体负责对此项工作的组织协调工作。

（三）制定相关文件

召开联席会议，明确职责分工，责成有关单位制定试点工作方案和相关指导文件，经联席会议讨论，报市委、市政府批准后，迅速展开试点工作。

附件：中央领导同志对浙江做法的批示主要精神

（考察团成员：王翔、陈建领、高华、李正斌、赵济贵、赵森、孙舫、刘敏华、甘承伟）

附件：

中央领导同志对浙江做法的批示主要精神

习近平同志批示主要精神：建立村务监督委员会，规范村干部用钱、用权行为，密切农村干群关系，是维护农村社会和谐稳定的积极举措，也是加强农村基层党风廉政建设和基层民主政治建设的一个有益探索，浙江在这方面的经验和做法可供借鉴。

贺国强同志批示主要精神：建立村务监督委员会，能够有效解决群众身边的腐败，建立健全农村党风廉政建设长效机制。

回良玉同志批示主要精神：村务监督委员会是完善村民自治机制的很好探索，浙江创造了很好的经验，要按照近平、国强同志的批示精神，组织开展好调研、总结和推广工作，以此带动中央强农、惠农政策在基层农村的落实。

李源潮同志批示主要精神：认真贯彻近平、国强同志批示精神，推广浙江创造的村务监督委员会的好经验。

赴西班牙、匈牙利社会建设考察报告

2011年4月19—28日，市社工委委员、市社会办副主任王智玲同志应邀率团一行5人对西班牙和匈牙利两国的社会建设工作进行了为期10天的考察。考察团实地走访了西班牙马德里、巴塞罗那和匈牙利布达佩斯、黑维茨、萨瓦等城市，先后与西班牙马德里克拉多比利亚尔市市政厅和匈牙利布达佩斯第7区区政府进行了座谈，重点了解了西班牙和匈牙利两国社会建设情况，特别是完善公共服务体系、创新公共服务提供方式、扩大社会福利保障体系覆盖范围、完善志愿者管理体制等方面的经验，获得了翔实资料，取得了一些收获。现将考察情况报告如下：

一、西班牙和匈牙利两国基本情况

西班牙，全名西班牙王国，位于欧洲西南部，面积50.54万平方公里，多为山地，人口4557万，首都马德里。西班牙实行议会民主制和君主立宪制。主要宗教为天主教。经济方面，西班牙是欧洲高度发达的资本主义工业国家，国内生产总值16042亿美元（2008年），人均国民总收入31960美元（2008年）。服务业为国民经济重要支柱产业，年产值6353.24亿欧元（2005年），占国内生产总值的68%（2005年），尤以旅游和金融业较为发达。其次为工业，年产值2662.75亿欧元（2005年），占国内生产总值的28.5%（2005年）。人民生活方面，近年来，西班牙政府福利开支不断增加。职工均可享受社会保险，费用由国家负担30.8%，企业和个人承担69.2%（2005年）。目前，西班牙人均期望寿命已达到80.7岁（2009年），成人识字率97.9%（2009年），初等、中等和高等教育入学率96.5%（2009年），失业率11.3%（16岁及以上，2008年），每千人口拥有医生3.3人（2003年），每千人口病床数3.4张（2006年），65岁以上人口占比重为16.9%（2008年）。

匈牙利，全名匈牙利共和国，位于欧洲大陆中部内陆国家，面积约9.3万平方公里，以平原为主，人口1004万，首都布达佩斯。1946年2月宣布废除帝制成立匈牙利共和国，苏联解体后，匈牙利实行议会民主制和共和国总统制。主要宗教为天主教和基督教。经济方面，匈牙利已进入发达国家行列，国内生产总值1547亿美元（2008年），人均国民总收入12810美元（2008年）。匈牙利工业基础较好，根据本国国情，研发和生产一些有自己特长的和知识密集型产品，如计算机、通讯器材、仪器、化工和医药等，并采取各种措施优化投资环境，是中东欧地区人均吸引外资最多的国家之一。人民生活方面，匈牙利人均期望寿命73.3岁（2009年），成人识字率98.9%（2009年），初等、中等和高等教育入学率90.2%（2009年），失业率7.8%。

表1 西班牙、匈牙利和中国经济社会发展重要指标对比一览表

国家和地区	世界	西班牙	匈牙利	中国	资料来源
面积（万平方公里）	13442.48	50.54	9.3（百度百科）	959.81	联合国FAO数据库、世界银行WDI数据库2006年
人口（万人）	669203	4557	1004	132564	世界银行WDI数据库2008年
国内生产总值（亿美元）	605870	16042	1547	43262	世界银行WDI数据库2008年
人均国内生产总值（美元）	9972	31560	18755	5383	联合国开发计划署《人文发展报告》2009年
人均国民总收入（美元）	8613	31960	12810	2940	世界银行WDI数据库2008年
出生时的预期寿命（岁）	67.5	80.7	73.3	72.9	联合国开发计划署《人文发展报告》2009年

续表

国家和地区	世界	西班牙	匈牙利	中国	资料来源
成人识字率（%）	83.9	97.9	98.9	93.3	联合国开发计划署《人文发展报告》2009年
初等、中等和高等教育入学率（%）	67.5	96.5	90.2	68.7	联合国开发计划署《人文发展报告》2009年
失业率（%）	—	11.3（16岁及以上）	7.8（15至74岁）	4.2（城镇失业率）	联合国ILO数据库2008年
每千人口医生数（人）	—	3.3（2003年）	—	1.5（2005年）	世界银行WDI数据库
每千人口病床数（张）	—	3.4	—	2.2	世界银行WDI数据库2006年
65岁以上人口占比重（%）	7.4	16.9	—	7.8	世界银行WDI数据库2008年

二、西班牙和匈牙利两国在完善公共服务体系方面主要经验

（一）多元化的公共服务提供方式

西班牙和匈牙利两国均采取政府主导的多元公共服务提供方式。

政府主导。西班牙和匈牙利两国政府在提供公共服务方面承担主体地位，起主导作用。西班牙市（区）政府下设13个部门，其中社会保障部重点负责提供社会保障、医疗、教育、就业等公共服务。社会保障部下设医疗部和老年部。医疗部下设社会服务中心，负责提供医疗、家庭、儿童、就业、教育等服务，并专门设有戒毒部，对有问题的人员提供戒毒服务。老年部重点为67岁以上老年人提供服务。在匈牙利，提供救助服务的收容、救助中心均为国家拨款修建。

多元提供主体。西班牙政府通过项目化的方式奖励社会组织、公司或个人参与提供公共服务。每年，政府部门定期向社会发布公共服务项目，每个项目为期一年，需经过“申报、审批、实施、评估”四个环节。项目申报：有意愿提供公共服务的社会组织、公司或个人需设计出一份具有可操作性的公共服务项目计划，并上报市（区）政府。项目审批：市（区）政府13个部门收到项目计划后，共同召开会议，经投票打分择优审批项目计划。项目的实施与评估：申请者的项目一经审批，即可先期拿到一半预算费用。项目的实施可以由申请者自己完成或是进一步外包。项目进行过半时，需要向政府部门提交相关票据，经13个部门共同审核通过，才能够得到余下款项。如果1年期满项目仍未完成，则申请者须退还所有项目经费。匈牙利通过购买服务，给予免费的办公场所、收费打折、竞争性拨款等形式，支持社会组织承接公共服务项目。比如，2011年1月14日，匈牙利制定了新经济发展计划——“新塞切尼计划（2011—2014）”，投资7万亿福林（1美元合206.42福林）于医疗、住房、就业、交通、科技创新、绿色经济、产业发展等7个重点领域，其中，45%将用于购买社会组织公共服务项目。

（二）覆盖广泛的社会福利、保障体系

西班牙和匈牙利两国社会福利、保障体系几乎覆盖全部社会成员，法律规定不论年龄、性别等都有平等享受的权利，尤其是加强了对老人、儿童、困难家庭、残疾人、流浪汉等弱势群体的救助，并将社会福利公平

地惠及外来移民。例如，匈牙利根据被救助者家庭、收入等不同情况，采取不同的救助方式，并提供包括免费的药品、冬季取暖燃料、救助资金等物资。

儿童救助。匈牙利政府设立教育成长维护机构，负责保障 18 岁以下儿童的健康成长。一是定期跟踪儿童成长、教育情况，及时发现问题、解决问题。如儿童在成长过程中遇到家庭暴力等问题，该机构会及时介入调解。如调解不成功，则将儿童暂时送到福利院或者儿童抚养中心。如问题一直不能解决，则儿童将在福利院或者儿童抚养中心由国家抚养至 18 岁，或由其他家庭代为抚养。二是组织专家定期就某一个儿童的发展方向、成长路线进行研讨，并提出成长建议。

残疾人救助。匈牙利的残疾人救助方式有三种。一是设立残疾人救助机构，为残疾人提供免费接送、一日三餐、物理治疗、康复指导等服务。二是根据残疾人的残疾程度，给予相应等级的金钱补助。三是为经康复训练有劳动能力的残疾人提供就业机会。

失业救助。西班牙充分利用失业保险基金促进就业。一是将失业保险基金用于职业介绍，对失业人员提供全方位的免费就业服务。二是将失业保险基金用于职业培训，提高失业人员就业技能。三是将失业保险基金用于鼓励企业招聘失业人员，如果企业雇用失业者，政府会根据失业者的不同情况给予补贴。四是将失业保险基金用于鼓励自主创业，如失业者参加生产合作社或从事任何自谋职业活动，都可一次性领取失业保险金作为创业本金。匈牙利对于失业的流浪汉，在一定期限之内给予一定失业金，如过期还未找到工作，则可在收容中心享受基本的生活保障和医疗服务。

对于外国移民的公共服务。西班牙为外国移民更好地融入社会，提供免费的语言、教育、翻译、就业、法律援助等服务，并且举行一周一次的婚介交友集会。目前该服务已经覆盖摩洛哥和罗马尼亚移民，并努力覆盖更多的外国移民。

（三）丰富的为老服务

截至 2008 年，西班牙 65 岁以上人口已占到 16.9%，这一比例仅低于日本和意大利，位居世界第三。为此，西班牙采取积极的措施，为老年人提供为老服务。

为老服务部门与服务内容。西班牙在社会服务中心下设电话服务中心，统筹协调为老服务。一是实行 24 小时监护。老年人可以随时打电话到服务中心请求服务。二是开辟电台老年服务节目。每天 10：00—12：00，利用电台的特定频段，播放老年人生活常识和服务需求，包括哪些老年人，在什么时间，需要哪种服务，联系方式等，居住在附近，并在相应时段有时间的志愿者，则可根据所留联系方式上门提供服务。三是定期打电话与老年人聊天。四是确保在节假日有人留守老人住家。由于西班牙节日较多，电话服务中心将节假日家中无人照顾的老人及时送到福利院统一照看。

为老服务参与人员。西班牙参与为老服务的人员主要由四部分组成。一是国家公务员。二是正式聘用人员，与政府签订合同，由政府支付工资。三是临时聘用人员，与政府签订临时聘用合同，由政府按服务时间支付工资。四是志愿者。

老年福利院。西班牙的老年福利院分为公立与私立两类。无论公立、私立，福利院的房产均为国家所有。公立福利院由国家直接管理，私立福利院由国家租给企业管理。在费用方面，公立福利院的房租、水电、食宿等费用的 80% 由国家补给，老年人负担其余 20%；私立福利院费用的 60% 由国家补给，其余 40% 由老年人自付。

（四）医疗服务体系

西班牙和匈牙利两国医疗服务体系特点：一是西班牙的医疗保健系统在实现本国居民全覆盖的基础上，已覆盖到持有合法身份证明的外国人。二是匈牙利的“家庭医生”制度。匈牙利医疗服务体系被分为三个层次：第一层次是社区保健所的全科医师与家庭保健医生，即“家庭医生”；第二层次是片区综合性门诊和专科门诊；第三层次是住院医疗。每个社区居民都有自己的医疗卡、健康档案和自己选择的“家庭医生”，社区居民如生病则需先到社区去诊断和治疗。“家庭医生”根据病人病情，或开处方，或介绍去片区医院诊疗，如果属大病会被介绍到区医院治疗。医生给病人看病是免费的，也不需交挂号费，但需提前预约医生并给医生以一定数量的“小费”。病人拿处方到药店自行买药，根据国家规定和药品种类，可以享受不同的优惠。医疗保险对这三个层次的医疗服务，有着不同的支付手段。对于家庭医生，按照其负责的居民数量领取费用；门诊根据接诊量按病种付费；住院按病种付费，不同疾病有不同的难度系数，类似于点分制付费法。

（五）完善的志愿者管理体制

志愿者在西班牙和匈牙利两国已成为提供公共服务的一支重要力量。其中，西班牙已在志愿者管理方面形成了一套较为完善的体制。

志愿者管理部门。由政府下设的市区发展和移民融入部作为志愿者管理部门。该部门负责志愿者的登记注册，并登记志愿者能够提供服务的时间，以便将提供服务时间与需要服务时间相对接。

志愿者的组成。西班牙志愿者主要由两部分人组成。一是有能力并致力于贡献社会的老年人。二是学习相关专业的学生，希望通过从事志愿服务，丰富求职简历，或为以后能够成为公务员积累经验。

志愿者提供服务内容。主要是参与为老服务（打电话与老年人聊天、上门服务）、法律援助、心理安抚、授课辅导（教授社区居民英语、绘画、刺绣等技能）等服务。

志愿者的培训。志愿者管理部门定期提供专业技术（语言、绘画、刺绣等）、法律知识、心理健康、文化、历史等方面的培训，以便提高志愿服务水平。

三、对于进一步加强我市公共服务体系建设的启示与建议

虽然西班牙与匈牙利都是欧洲资本主义国家，与我国国情、体制不同，但两国在加强公共服务体系建设、创新公共服务提供方式、扩大社会福利保障体系覆盖范围、完善志愿者管理体制等方面所做出有益的探索与经验，对于我们贯彻落实中央和北京市十届九次全会精神，加强和创新社会管理、全面推进社会建设，非常值得学习和借鉴。

（一）完善政府主导、多方参与的公共服务运行机制

西班牙和匈牙利两国均采取政府主导、多方参与的公共服务运行机制。通过这种机制，政府部门能够运用有限的资源保障基本公共服务，并且发挥专项资金的杠杆作用，通过项目化运作，吸引社会资源参与提供公共服务。我们也应当借鉴这种机制，进一步明确政府部门公共服务的职能，完善社会建设专项资金制度和项目化政府购买公共服务机制，鼓励各类市场主体和社区、社会组织参与提供公共服务。

一是明确各部门的职能。发挥社会建设工作领导小组的统筹协调机制，明确各部门在提供公共服务方面的职能，并以政策、文件方式固化下来，逐年细化分解制订“折子工程”，通过督查考评机制推动落实。例如，在社区公共服务方面，我们已经制定了《北京市社区基本公共服务指导目录（试行）》，梳理出社区居民最关心、最急需的十大类60项社区基本公共服务项目，并明确了各项服务的主管部门和内容、标准。下一步我们要按照“缺什么、补什么”的原则，逐步完善这十大类60方面内容，并且以折子工程的形式逐年制定实施方案，确保各项工作落到实处。

二是完善社会建设专项资金制度。在已建立社会建设专项资金的基础上，明确专项资金的使用范围、支持方式、监督管理和检

查验收，确保社会建设专项资金使用规范、高效，引导和支持更多社会力量参与公共服务。

三是完善项目化政府购买公共服务机制。总结2010年、2011年利用社会建设专项资金购买社会组织项目经验，完善政府购买社会组织服务统筹协调机制。建立项目信息公开和储备库制度，加强项目管理和运作的规划、协调和监督。规范项目化运行资金管理、社会招标、契约管理、监管评估等制度。通过全额购买、部分购买及奖励等方式，重点围绕基本公共服务、社会公益服务、社区便民服务、社会管理服务、决策研究与信息咨询服务，每年至少向社会组织购买300个公共服务项目，努力打造更多更好的社会公益服务品牌。

（二）进一步扩大公共服务覆盖面

1. 完善社会保障体系

西班牙和匈牙利两国具有较为完善的社会保障体系，几乎覆盖全部社会成员。我市在健全和完善社会保障体系，着力推进城乡基本公共服务全覆盖和均等化方面做出了有益的探索，目前，已率先实现社会保障制度城乡一体化。下一步，我们要进一步提高社会保障水平，稳步推进社会保障制度全覆盖向社会保障人群全覆盖转变，率先在全国建立城乡一体化的社会保障体系。

一是逐步打破户籍、地域、身份界限，完善“职工＋居民”社会保险体系，实现社会保障人群全面覆盖、待遇水平不断提高。二是完善最低工资和工资指导线制度，促进低收入职工收入增加。三是加大保障性安居工程建设力度，着力解决保障性住房供应不足的问题。

2. 加强对弱势群体的救助

西班牙和匈牙利两国注重加强对老人、儿童、困难家庭、残疾人、流浪汉等弱势群体的救助。我市在对弱势群体的救助方面也取得了一定成绩，以最低生活保障制度为基础、专项救助制度相应配套、临时救助和社会互助为补充的城乡救助体系基本形成；以居家为基础、社区为依托、机构为补充的新型养老助残服务格局基本形成；SOS儿童村建成使用，儿童福利床位由757张增加到1210张；积极帮助城乡就业困难人员实现就业，城乡“无零就业家庭”目标基本实现。下一步，我们应当借鉴西班牙和匈牙利的经验，以养老、助残、救孤、济困为重点，进一步加强对弱势群体的救助。

一是健全以最低生活保障制度为基础、专项救助相配套、临时应急救助和社会互助为补充的城乡社会救助体系。健全与经济发展和物价水平相适应的低保标准动态调整机制，完善低保分类救助政策，实施城乡低收入家庭救助制度，推进城乡一体的医疗、教育、住房、采暖等专项救助制度建设，做好自然灾害和临时救助工作，切实保障困难群众特别是低保及其边缘群体的基本生活。二是进一步落实“九养政策”，扩大高龄津贴和医疗补助享受范围，出台失能老年人津贴、居家养老床位补贴制度和低保家庭失能老年人入住养老机构补助办法。依托各级社区服务中心，建立市、区（县）、街道（乡镇）和社区（村）四级养老服务中心，加强社区老年护理院和养老服务队伍建设，资助和扶持社会力量兴办养老服务机构。三是健全覆盖城乡全体残疾人的社会保障和服务体系，完善残疾人社会福利政策，建立残疾人生活津贴制度和护理补贴制度，落实医疗、康复、就学、住房等专项救助措施。四是加强孤儿特别是残疾孤儿福利服务。五是坚持积极的就业政策导向，促进就业优先发展，不断完善就业公共服务，建立完善城乡统一的就业管理制度，构建城乡一体化充分就业新格局。

3. 扩大公共服务覆盖范围

西班牙和匈牙利两国，通过逐步向外来移民扩展公共服务，促进外来移民更好地融入到当地生活之中。在建设世界城市的大背景之下，大量外来人口涌入北京，对我们的公共服务体系提出了更高的要求。因此，我们应当借鉴西班牙和匈牙利两国的经验，巩固现有成果，利用现有社会组织、社区和商务楼宇等社会建设工作体系，并进一步加强流动人口的服务管理，更好地为生活工作在北京的人民群众服务。

一是完善社区公共服务体系，将公共服务扩展到居民生活之中。完善96156社区服务平台，落实《北京市社区基本公共服务指导目录（试行）》，逐步实现城乡社区基本公共服务全覆盖。推进“一刻钟社区服务圈”建设，不断完善社区便民服务体系。鼓励和支持党政机关、企事业单位业余时间面向社区居民开放内部服务设施，让更多的公共服务场所和内部服务设施更好地服务居民。并且针对外籍人员集中居住区，探索国际化社区服务，建立沟通交流平台、生活服务平台，设立社区服务站外籍人服务窗口，做好对涉外人员的服务。二是发挥商务楼宇“五站合一”工作体系的作用，把政务服务和社会公共服务延伸到商务楼宇。为楼宇企业提供政策、法律咨询，提供融资、保险、税费等方面综合服务。为工作在楼宇的企业员工提供信息咨询、专业培训、法律援助、权益维护、心理咨询等公共服务。三是发挥“枢纽型”社会组织业务“龙头”和管理服务平台作用，为本领域的社会组织搭建平台、扩大交流、形成合力，提供业务指导，促进共同发展。并广泛联系、动员、引领本领域社会组织发展业务、开展活动、服务民生，推动社会组织参与社会管理、提供公共服务、反映利益诉求、促进社会和谐。四是重点加强流动人口服务管理。搭建劳务服务对接平台，加强就业管理部门与重点用工企业和单位的信息沟通。完善与劳务输出大省的合作机制，实现对来京务工人员服务管理的有效对接。总结推广产业园区“公寓式集中管理”模式、村（居）企联管模式、城乡结合部“集约经营管理”模式、“新居民互助服务站”模式等，切实加强流动人口服务管理。建立健全青年流动群体服务机制，切实解决青年流动群体的生活困难。围绕教育、医疗等基本民生问题，探索流动、常住人口“同城化”待遇。

（三）进一步推动我市志愿者工作规范化、常态化建设

1. 健全工作体系

完善的工作体系是西班牙和匈牙利两国志愿者工作得以健康发展的重要前提。目前，我市已将北京奥运会志愿者工作协调小组职能纳入市社会建设工作领导小组职能范围，积极推进市志愿者联合会筹建工作，并推动建立了志愿者工作联席会议制度，各部门、各区县也积极推动各级、各类志愿者组织建设。下一步，我们应当在此基础上，借鉴西班牙和匈牙利两国经验，健全志愿者工作体系，进一步提高综合协调能力，进一步加强工作合力。

一是进一步完善统筹协调机制，健全“在党委政府领导下，社会建设工作领导小组办公室综合协调、志愿者联合组织具体实施、相关单位密切配合”的志愿者工作机制，加强对志愿者工作的统筹规划和指导协调。二是加强市志愿者联合会建设，筹备召开第一次代表大会，完成组织机构选举，加强联合会秘书处建设，进一步强化其市级“枢纽型”志愿者组织作用。密切联合各部门、各系统、各领域志愿者组织，积极发展团体会员，共同推动首都志愿服务活动蓬勃开展。三是着力完善基层志愿服务体系，积极培育基层志愿者组织，加强街乡、社区、高校、企事业单位等基层志愿服务组织建设，形成覆盖全市的志愿服务组织网络。

2. 规范服务管理

规范、科学、高效的管理，为西班牙和匈牙利两国志愿者工作的发展提供了有力保障。去年，我市出台了《北京市志愿者管理办法（试行）》（以下简称《办法》），围绕志愿者注册和表彰奖励、志愿服务储蓄及供需对接等问题，提出了一系列政策规定。下一步，应当吸收西班牙和匈牙利两国在志愿者工作规范管理方面的做法，结合首都实际制定落实《办法》的具体实施细则，确保《办法》落到实处，不断提高全市志愿者工

作的规范化水平。

一是建立经常性和应急性招募机制，全面推行志愿者注册制度，完善注册志愿者信息管理系统和志愿服务信息平台，做好市、区、街乡、社区的纵向对接，以及各系统、各领域的横向对接，提升志愿者综合信息管理水平。二是研究制定一至五星级志愿者评选和金、银、铜奖章授予的具体实施办法，建立志愿服务管理和绩效评估机制，健全志愿服务评价体系，逐步形成有利于发挥志愿者积极性的激励机制，充分调动和激发广大群众参与志愿活动的积极性。

3. 壮大专业队伍

西班牙和匈牙利两国高度重视志愿者培训，较高的专业化水平为志愿者队伍在社会服务领域发挥重要作用奠定了基础。我市围绕城市管理、民防救助、知识产权保护等领域稳步推进专业志愿者队伍建设，目前全市专业志愿者队伍数量已经达16支。下一步，我们应当进一步加大对专业志愿者队伍培育扶持力度，稳步提升我市志愿者队伍的专业化水平。

一是加强志愿者培训工作，借鉴国际先进经验，建立健全覆盖全面、师资完备、教材规范、分级分类的志愿者培训体系。根据志愿服务项目要求，依托相关机构开展志愿者通用知识和岗位知识培训，提升志愿者服务意识、服务能力和服务水平。二是进一步规范已有专业志愿者队伍的运行和管理，鼓励和引导具有专业技能、热心公益事业的专业人员参与志愿服务，发挥特长，提高志愿服务专业化水平。

4. 完善项目体系

覆盖广泛、形式多样的志愿服务项目，使西班牙和匈牙利两国志愿服务深入到民众日常生活的方方面面，进而得到了社会各界的广泛认可。目前，我市重大活动志愿服务和应急志愿服务项目体系比较完善，但经常性志愿服务项目体系还有待健全。下一步，应当不断拓展志愿服务项目分布领域，着重加强经常性志愿服务项目体系建设，推动实现首都志愿者工作的常态化发展。

一是紧密结合社会发展、群众需求和精神文明创建的需要，在深入开展传统服务项目基础上，围绕农村经济社会发展、应急救助、就业创业等领域创设新项目。二是结合《北京市社区基本公共服务指导目录（试行)》的贯彻落实，认真梳理社区基本公共服务无法满足、部分居民又切实需要的服务需求项目，将志愿服务融入到社区居民日常生活之中，实现志愿服务对社区基本公共服务的有效补充。三是创新项目组织方式和运行模式，积极尝试志愿服务项目委托、授权、认领等运作方式，认真借鉴西班牙和匈牙利两国的项目管理先进经验，探索适合首都特色的志愿项目管理机制，提升志愿服务项目管理和运行水平。

（考察团成员：王智玲、陈刚、黄先锋、李振玲、李薇）

借鉴先进经验　加强和创新社会管理
勇于探索实践　开拓社会建设新局面

——赴皖、粤两地街道调研考察报告

为加强顺义区社会服务管理创新工作，进一步开阔视野、学习先进、启发思路，按照区委区政府主要领导指示精神，区委社会工委、胜利街道、光明街道、旺泉街道、区编办、区民政局、团区委等单位组成考察组，由区委社会工委副书记申志红同志带队，于今年6月10日—16日赴安徽省包河区芜湖路街道和广东省广州市沙园街道进行学习考察。考察组通过听取情况介绍、进行座谈交流、实地参观社区等形式，认真学习了芜湖路街道和沙园街道在社会服务管理创新上的先进经验。现就学习考察情况报告如下。

一、两个街道基本情况

（一）安徽省包河区芜湖路街道

芜湖路街道位于合肥市包河区西北部，辖区面积10平方公里，常住人口约11万人，流动人口约4万人，下辖曙光、友谊、望江东路、南园等10个社区，有独立支部以上单位22家，厅局级以上单位32家，省人大、省委党校、中国科技大学、东华科技公司、中铁四局等省直机关、高等院校、上市公司、重点企业坐落境内。

（二）广东省广州市沙园街道

沙园街道地处广州市海珠区西部，辖区面积1.5平方公里，总人口6.3万多人，流动人员8800多人，共有9个社区居委会，是以大企业宿舍区、新开发社区和部分城中村组成的混合型社区。

二、两个街道在社会服务管理创新上的突出做法

（一）“黄丝带”“小红灯”让养老服务更加人性化

随着老年人越来越多，老年化趋势越来越明显，“空巢老人”、孤寡老人等问题也成为芜湖路街道管理服务中越来越突出的问题。社区专门为“空巢老人”、孤寡老人、特困老人家中安装了应急救助“小红灯”，发放了鲜艳醒目的“黄丝带”。黄丝带上面都印有“SOS”国际通用求助信号及社区热线电话，当空巢老人急需帮助时，可将黄丝带悬挂于屋外显眼处，社区的保安、物业管理员或邻居看到黄丝带都会及时联系社区工作人员前往救助。当夜晚有紧急情况时，老人打开小红灯就可以得到及时服务。同时，由社区党员志愿者、楼栋长、巡逻队组成的“观察员”，随时监控社区的情况，以便于最快地对老人实施救助。老人们说：“黄丝带就像120，但却比120快得多。”白天“黄丝带”、晚上“小红灯”，这种人性化的创新举措，得到了社会普遍赞誉。目前，“黄丝带”敬老工程的服务项目已经扩大到包括联系社区餐饮店送餐上门、为老年人提供免费理疗、志愿者定期探视空巢老人以及无偿代购物品等多项服务内容。

沙园街道也积极拓展为老服务内容，面向辖区12000多名60岁以上老年人，提供心理和社会支持、文体康乐、教育与学习、基本康复、权益保障等服务。

（二）曙光社区居家养老模式真正实现了老有所养

曙光社区是2002年10月合肥市首批“村改居”的社区之一，下辖6个居民组14个住宅小区，总户数4980户，总人口9886人。社区拥有招商引资的台资企业“好又多”超市、“百脑汇”电脑城，以及新曙光百货、桐江大酒店、e家快捷酒店等集体企业，集体固定资产近3亿元，年集体收益1200多万元，年上交入库税金3000多万元，每年投入为民办实事的专项资金达到800万元以上。

曙光社区有老年居民481人，其中422人是“农转非”后的失地农民。多年来，社区一直致力于失地农民的生活养老保障、医疗保健福利，以及辖区内老年人的生活起居、生老病死，制定并实施了一系列完善的生活保障和医疗保健福利待遇，做到老有所养——为男满55周岁、女满50周岁居民每月发放380元生活补贴，男满60周岁、女满55岁以后，加上农民补助，每月可领到700元生活费，保障了基本生活；病有所医——社区老人小病在社区卫生服务站免费挂号、就诊、拿药，在定点医院转诊，仍可报销药费50%。男满55周岁，女满50周岁后，每年120元的“全民医保”参保费由社区全额

承担。对65岁以上老人建立健康档案，每年免费体检一次；公寓养老——社区建有38个独立居室的公寓，让辖区内居住在四楼以上、年龄超过65岁的老人入住，为老人提供低于市场价的公寓出租并开展服务。建立了290平方米的老年活动场所，以及234平方米的为老服务场所；居家养老——成立了居家养老服务中心，在服务中心开设老年健身室、阅览室、医疗室、电影院、棋牌室及日间照料中心，并引进专业社工进驻老年公寓，开展服务活动。如今，曙光社区已经逐步成为老人养老、休闲、学习、娱乐、保健的幸福家园，使老年人足不出户就可以享受到无微不至的关怀。

（三）大胆整合职能部门，提高政府服务管理效能

芜湖路街道和沙园街道敢于打破以往重管理轻服务、多头管理、权责不清、各自为政的困局，整合街道现有职能部门，成立综合管理服务中心，全面提升了政府效能。

芜湖路街道整合街道市容所、文明办、城管中队和卫生监督站人员，打破原有职能分工，成立城市管理服务中心。实行重心下移、工作前置，将原城管执法中队分成南北两个片区，片区内再细分为若干个网格，将中队队员与社区市容协管员定岗到每个网格，实行网格化管理、片区竞赛，有效地提升了城市管理水平。如原来曙光路、望江路等路段和农贸市场是城市环境整治难点，小摊小贩众多，随意挤占道路、乱扔垃圾现象屡见不鲜。在成立城市管理服务中心之后，中心联合社区力量和街道力量对这些区域开展了集中管理活动；同时对这些区域内实行定岗管理，确保每个路段有2辆执法车辆不间断巡查、执法，责任落实到人，并严格按《包河区城市管理网格化责任制实施办法》实施奖惩。通过努力，最终攻克了曙光路、望江路路段和农贸市场管理难的顽疾。

沙园街道整合管理、执法、服务和维稳四项职能，形成"三中心一执法队"：一是将具有行政管理职责的城市管理、社会事务、人口和计划生育、出租屋管理、劳动和社会保障、再就业等职能整合，组成综合管理中心；二是将政府面向社会提供公益性的家庭服务、居家养老、残疾康复、妇女儿童关爱、就业辅导、文体活动等职能整合，组成综合服务中心；三是将负责辖区内综治维稳和信访工作的综治办、信访办、司法所整合，组成综治信访维稳中心；四是将依法履行或承接区职能部门委托的相关执法职能的城市管理、安全生产、劳动监察、文化市场管理、人口计生管理等行政执法的职能整合，组成综合执法队。职能的整合，既提高了为人民服务的水平和效率，也调动了街道干部工作的热情和干劲。

（四）积极购买社会组织服务，提供专业化社区服务

沙园街道通过政府采购公开招标形式，投入220万元向北斗星社会工作服务中心和穗星社会工作服务中心购买了社区综合服务。作为由华南农业大学大学教授发起成立的社工服务中心，具有较强的理论与实操经验，可以面向社区居民开展家庭服务、老年服务、青少年服务、义工培训与服务、社区文化体育服务等专业化社区服务，街道还邀请人大代表、政协委员、专业人士及香港顾问组建服务督导组和顾问组。如：北斗星社工服务中心为青少年提供的小耳朵专线服务，有效地促进了儿童的身心健康。每周周一至周五下午4时到晚上9时，6岁到12岁的儿童可直接和专业社工分享他们的喜与哀，诉说他们的心事和烦恼。中心还开设了24小时资讯专线，向儿童提供故事、歌曲及学习课程，帮助儿童提升抗逆力和自我保护技巧。

芜湖路街道积极引入市场机制，开展"暖巢管家"服务、健康跟踪服务，为空巢和孤寡老人无偿代购物品、生活照料、文体康乐、长期照顾与临终关怀等等居家养老服务。

（五）加强与高等学校合作，开展真情志愿服务

沙园街道结合街道改革创新工作，与团

市委、团区委合作，成立“幸福广州社区服务站”，组建了“幸福广州”沙园街道志愿服务队，为辖内居民提供更加普惠化、更加专业化、更加多元化、更加便捷化的服务。志愿者主要由市少年宫、中山大学、广州医学院的志愿人员组成，他们具有专业的知识，志愿服务获得了社区居民的一致好评。如，少年宫教师执教家庭服务中心的“四点半成长空间”，颇受家长的欢迎。每天下午四点半，小学生放学了，许多家长还没下班。放学后，义工便接孩子们到活动中心来，热心地辅导他们做作业，组织他们开展丰富多彩的活动，直到家长把孩子接走。实践证明，“四点半成长空间”很好地解决了家长下班前未成年人失管失教的问题，让家长能够全心投入到工作中去。

芜湖路街道加强与高校的合作，组织学生志愿者、社区志愿者等与企退空巢老人进行结对互助活动，定期走访、探视，为他们送去精神食粮，丰富老人的晚年生活。

三、给我区社会服务管理创新工作带来的启示

考察组一行在完成对芜湖路街道和沙园街道的学习考察后，一致认为，两地在社会服务管理创新方面的一些经验做法，为更好地推进我区的工作带来了以下几点启示。

（一）各级领导高度重视，对于加强社会服务管理创新工作具有重要的推动作用

芜湖路街道和沙园街道在社会服务管理创新上勇于创新、独树一帜，成为当地社会服务管理创新的试点和标兵，主要得益于各级领导对于此项工作高度重视，形成共识，措施得力，全面推进。我区在这方面历来就有着优良的传统，全区上下思想统一，干部作风扎实，这为我区加强社会服务管理创新工作提供了强有力的政治保障。

（二）充足的经费投入为开展社会服务管理创新工作提供了资金保障

芜湖路街道 2010 年完成属地财政收入 8547 万元，区政府返回资金 2000 多万元，2010 年街道出租房屋收入 300 多万元。曙光社区每年集体资产收入也达到 1000 多万元。加上市区两级的财政投入，保证了每年都有充裕的资金用于社会服务管理工作中，为社区服务上层次上水平、百姓得实惠提供了强大的基础与保障。相比之下，我区街道和社区还没有独立的财政来源，仅靠政府预算内的办公经费还难以提供足够的资金保障。

（三）理顺体制机制为提升社会服务管理效能提供了组织保障

芜湖路街道和沙园街道敢于打破体制壁垒，破解多部门管理、职能交叉等难题，对现有职能部门进行大胆整合，沙园街道更是成立了“三中心一执法队”的管理模式，使整合后的部门办事效率明显提高，服务内容更加全面了，服务更加体现了人性化、多元化、专业化。两个街道的做法给我区提供了很好的借鉴，为我区解决类似的问题作出了示范。

（四）曙光社区养老模式为“村改居”社区提供了很好的榜样

曙光社区以股份合作的形式，参与村级收入分配，并探索形成了独具特色的“村改居”社区居家养老服务模式，坚持对 60 岁以上老人发放养老生活费 20 年不间断，已累计发放 2000 余万元；组建了社区居家养老服务中心，24 小时服务热线时时接听老人“电话召唤”，20 分钟内及时服务上门，实现了老有所养、病有所医、困有所助。随着我区城市化进程的加快，出现了一些“村改居”的社区，农民的思想观念、思维模式、生活方式还不能适应现代城市生活需要，他们的社会保障和养老问题有待于进一步探索，从曙光社区的做法当中我们可以吸取一些宝贵的经验。

（五）购买专业社会组织服务为提升社区专业化服务水平开辟了新路

沙园街道引进北斗星社会工作服务中心和穗星社会工作服务中心，面向社区开展家庭服务、老年服务、青少年服务、社区文化

体育服务等专业化服务。这不仅满足了社区居民的需求，也极大地促进了社区服务专业化水平的提高。在我区社区工作者数量有限，居民多元化需求日益增长的前提下，发挥社会组织的力量，动员社会力量参与到社区服务和建设中来，不失为一种好的举措。

四、关于加强我区社会服务管理创新的工作思路

考察组认为，芜湖路街道和沙园街道的先进做法，对我区具有很好地借鉴作用，我们要结合区域实际，认真消化吸收，充分运用和转化好考察成果，真正使学习考察成为解放思想、更新观念、创新工作的过程。

（一）完善工作机制，强化管理服务职能

按照转变职能、理顺关系、优化结构、提高效能、依法行政的要求，健全职责体系，完善工作职能，依法加强社会管理，有效提供基本公共服务。不断深化街道管理体制改革，进一步理顺区社会办、街道、社区与各职能部门的关系，避免行政事务的重叠、交叉派遣，以及大量人、财、物资源的浪费，使街道、社区把主要精力切实转移到社区管理和服务上来。同时，充分发挥各职能部门作用，形成各负其责又相互配合的工作机制，确保工作运转协调、运行高效。

（二）打造一刻钟社区服务圈，深化为老服务项目

以便民利民为宗旨，合理规划和设立菜市场、便利店、储蓄所、理发店、医疗站、餐饮店等社区服务设施，使社区居民在步行15分钟行程内，基本满足日常生活需求。积极打造智能数字社区，加强社区便捷服务信息化建设，使居民通过自助终端、网站、电话、数字电视等渠道实现各类费用的缴纳，为老年人、残疾人等提供快捷呼叫、热线救助等方面的服务。根据社区老年人个性化需求，不断探索为老服务项目，拓展服务内容，提升服务水平，为老年人提供个性化、便捷化、精细化的社区养老服务。加大“村改居”社区养老模式的探索与实践，健全失地农民社会保障体系。

（三）积极培育发展专业社工组织，开展专业化社区服务

结合市级有关精神，逐步建立健全社会工作师培养、评价、使用、激励机制，使高素质社会工作师不断涌现，并在社会建设中发挥积极作用。加大对社会工作事务所的培育发展力度，充分学习借鉴先进地区经验，大力推动社会工作事务所的规范化运行。密切与高等院校的联系和合作，整合资源，发挥优势，采取承担政府购买服务项目的运作方式，在社区建设、教育培训、心理咨询、扶危济困、政策研究等方面提供专业化社会服务，努力把社区建设提升到新的水平。

（四）健全志愿服务体系，推进志愿服务常态化

完善志愿服务评价和激励机制，使志愿者的管理和服务有法可依。按照“群众所需、志愿者能为”的原则，积极拓展和创新志愿服务项目，构建志愿服务人人可为、时时可为、处处可为的良好格局。由区志愿者联合会统筹协调，组织广大志愿者广泛开展具有特色的志愿服务活动，如信息咨询、语言翻译、应急服务、维护秩序、结对帮扶等等，推动志愿服务常态化，并努力打造更多的志愿服务品牌。

（五）创新经费投入机制，增强社区自我发展能力

将社区服务设施配套纳入全区城市基础设施建设规划，区政府承担社区办公和服务用房项目建设主体责任。加大对社区公益事业的支持力度，提高社区的办公经费标准，设立街道应急专项资金，并力争做到逐年增加。探索建立顺义社区公益事业发展中心，通过接受公益资产，形成良性运行的机制。

（考察团成员：申志红、郭树才、王学武、宋学农、闫岩、李玉峰、李恩雄、王英奎、尹相南、伊廷伟）

黑龙江省哈尔滨市道里区抚顺街道抚顺社区社会服务管理创新考察报告

为深入推进顺义区社会服务管理创新工作，6月19日，顺义区委社会工委书记、顺义区社会办主任巩维国带队赴黑龙江省哈尔滨市道里区抚顺街道抚顺社区考察学习，区政法委、区市政市容委及相关街道、镇主管领导参加了本次考察。考察结束后，区委社会工委、区社会办对抚顺街道抚顺社区的经验做法进行了总结和梳理，并结合顺义区社会服务管理创新及社区发展的实际情况，提出了加强社区综合服务中心建设等几点建议。

一、基本情况

（一）区域概况

抚顺街道位于黑龙江省哈尔滨市道里区城区的中心地带，辖区面积0.59平方公里，下设五个社区，居民1.6万余户3.8万余人，驻街机关事业单位30家，非公有制企业280家，新社会组织38家，是典型的普通百姓聚集的老城区。抚顺社区辖区面积为0.08平方公里，占地约3.7万平方米，现有居民2634户7141人，社区居民中以老年人居多。

（二）工作概况

抚顺社区以科学发展观为统领，以社区党建为龙头，充分发挥党组织战斗堡垒和党员先锋模范作用，依托“党员十个一”“党员先锋岗”等载体，为居民群众办实事解难题。以推进居民民主自治为主线，成立“四老论坛”“百姓讲坛”“居民自治管委会”等议事组织，形成政府牵头、企业支持、群众参与的管理格局。以强化社区服务功能为目标，完善服务设施，打造全省最大、功能最全的社区服务中心，实现了10分钟生活服务圈。以维护平安稳定为目的，打防并举，建立检查和防范体系，社区治安环境明显改善。以丰富居民生活为己任，发展文艺团队，兴办教育学校，每年评比文明楼栋、家庭，每月开展素质教育活动，社区居民业余生活丰富多彩。现已成为治安秩序稳定、人际关系和谐、生活方式健康、居住环境舒适、保障功能完善、管理有序、服务快捷的文明和谐社区。

近年来，抚顺社区先后获得全国文化先进社区、全国残疾人工作先进社区、全国百家学习型社区、中国民间文化艺术之乡、全省和谐社区建设示范社区等荣誉称号。2010年，国家民政部部长李立国在视察该社区时，对其建设思路给予高度评价，指出“这就是社区发展的方向”“在哈尔滨我见到了具有国际化水准的社区”。

二、主要做法及基本经验

抚顺社区按照“围绕中心、服务大局、拓宽领域、强化功能”的新要求，从创新理念和完善工作机制入手，强化组织功能建设，注重多方整合资源，无论是硬件设施建设，还是软件管理服务，都体现了高标准、高起点、高水平。社区建设的主要做法和基本经验体现在以下几个方面：

（一）有效利用资源，完善硬件设施

1. 按照“宜大则大”原则，改善社区用房条件。2010年，由黑龙江省民政厅、哈尔滨市政府、道里区政府共同投资580万元，对道里区教育局退休教工活动站（原安和小学校）进行重新装修，建成了新的抚顺社区。该社区办公室内服务用房为5层，房屋使用面积3100平方米；室外活动场所（百姓广场）由原小学操场改建，2300平方米，于2010年6月份正式建成使用。在办公和服务用房的装修设计上凸显服务理念，其中一层为社区服务站“一站式”办公大厅，为居民提供社会保障、劳动就业、人口计生、综合治理等128项服务内容，满足居民的基本公共服务需求。2—5层为居民服务和活动用房，共设华龄港湾、红色驿站、知识氧吧、文化沙龙、文体天地五大服务主题百余项服务项目，集养老、休闲、娱乐、健身、学习等多项功能为一体，服务项目齐全、功能完备。

2. 树立“中心社区”理念，打造十分钟生活服务圈。抚顺街道紧紧依托占地面积4900平方米的抚顺社区服务中心，推行了“五集中、五延伸、五平台”的管理方法。“五集中”就是将全街的党建、服务、培训、活动、帮扶“五大资源”向抚顺社区集中，实现统一利用、统一管理、统一服务、统一活动、统一救助；“五延伸”就是将全部资源面向街道所辖其他四个社区、驻街单位、居民庭院、居民楼道、居民家庭五个方面延伸；“五平台”就是建立了“邦尼”信息化服务平台、全市首家“生活服务中心”、帮扶救助平台、文体活动平台、激励机制平台。“五集中、五延伸、五平台”管理方式，使资源利用实现了最大化，使社区在服务功能、操作管理、社会成效上呈现全方位、立体化运作。

（二）坚持党建引领，加强制度建设

1. 立足质量党建工作，加强规范化建设。将ISO 9001国际质量体系中数字化管理、程序化控制、绩效化考核、持续化改进的理念运用到社区党建工作中，全面推行了“千分制”考核机制，进一步健全完善“工作责任、考核激励、党内关怀、双向联动”等工作机制，实现了工作目标精确化、工作系统化、评价规范化和机制长效化目标。持续开展社区党建“七规范一统一”创建达标活动，即：规范领导体系、规范组织建设、规范党员干部队伍管理、规范社区党建工作制度、规范社区党务公开、规范党员教育活动载体、规范工作运行机制、社区党建工作目标统一，推动社区党建工作逐步走上科学化、制度化、规范化的轨道。

2. 立足院落网格党建，落实党员责任制。抚顺社区共有居民楼30栋，庭院14个，通过探索把支部建在院落的“院落网格”党建新模式，形成街工委—社区总支—院落支部—门栋党小组的组织网络新格局，让群众切实感受到党组织就在身边，党员就在身边。社区干部按责任分工，深入困难家庭走访，做到知情、知底、知心；进行民情日记接力赛，做到社区民情一口清，确保社区干部了解网格具体情况，以便于开展有针对性的服务。

3. 立足“一心两体五会”，健全工作制度。即以社区党委为核心，以社区居委会为主体，以社区公共服务中心为载体，建立了党建工作联席会、党代表民情恳谈会、居民代表座谈会、社区建设听证会、共建单位协调会。通过“五会”形式，发挥集体智慧，研究解决群众关心关注的重点难点问题。

（三）创新服务模式，探索社区服务新途径

1. 推行“66810”工作法，实现与居民需求的无缝对接。为增强社区管理的实效性和针对性，使居民群众切身感受到创新社会管理和服务带来的变化，抚顺社区从管理和规范社区工作者行为和服务内容入手，要求社区工作者在发生邻里纠纷等六种情况时“必到”，每月对困难群众等六类人员和单位“必访”，对小巷不洁等八种情况“必报”，建立十条党员服务热线，主要目的是让社区工作者在第一时间掌握居民群众的问题和需求、第一时间为居民群众解决生活难题。

2. 深入开展“五百”活动，提升服务质量。针对辖区下岗职工多、困难群众多、老年人多、文艺爱好者多的“四多”实际，抚顺街道于2011年重点开展安置百名下岗职工就业、安装百个爱心门铃、开展百名志愿者助老行动、安排百场文艺演出、播放百场电影的“五百”活动，切实把服务居民的理念落到实处。

3. 关爱弱势群体，推行“温馨365”救助网络。即在政府救助的基础上，针对6种重点帮扶对象实际情况，精心打造3个服务平台，落实5种帮扶途径，形成“温馨365”救助网络，使区域弱势群众得到最好的帮助。

（四）丰富载体平台，增强社区凝聚力

1. 创新文体活动形式，丰富社区居民文化生活。抚顺街道现有业余合唱团、京剧团等10余支队伍，他们将街道、社区特色品牌“党员十个一”“居民十个要”等内容编成歌曲，自创社区之歌。同时开展“邻居节”、创办“社区文化艺术节”“老年金婚银婚”庆典活动以及书法、绘画和花卉展等载体，这些活动的开展极大地丰富了地区群众的业余文化生活，使广大居民积极参与到社区建设中来。

2. 培育民间组织，提高居民自治能力和水平。抚顺社区紧紧围绕“便民、健民、乐民、育民”这个主题，采取“社区党组织领导、社区居委会主办、社区民间组织运作”的方式，大力发展各类社区民间组织志愿队伍。通过社区民间组织或各类协会策划、宣传、组织各类文体活动，把更多的社区群众组织起来、凝聚起来。目前抚顺社区成立有园林花卉、健身娱乐、才艺展示、手工制作、家庭收藏等各类协会或社区社会组织10余家，不仅丰富了社区居民的文体活动，还经常代表市区、街道参加各类演出，实现了自我价值。

三、几点启示

通过考察和对比，我们发现我区的社区建设工作与考察社区相比，还存在着一定的差距。一是社区基础设施建设的软硬件水平，特别是社区居民活动用房面积、内部设施和软环境建设都有待于进一步提高；二是社区资源整合利用的思路还有待于进一步拓宽，社区志愿服务、社区共驻共建及社区社会组织发挥作用的途径还需要深入研究和探索；三是社区服务体系亟须进一步建立健全，社区服务网点布局和“一刻钟社区服务圈”建设还需要科学规划和完善。为此，我们需要进一步解放思想，拓宽思路，以人之长，补己之短，全面推进和谐社区建设。

（一）以社区规范化建设为契机，建立社区综合服务中心，夯实社区建设基础

经过近几年的社区用房规范化建设，我区部分社区的活动用房面积、活动设施得到了明确改善，但我区81个社区中仍有43个社区办公和服务面积不足350平方米。社区基础设施严重短缺，社区居民活动用房紧张，公益性服务设施缺乏，这些问题在一定程度上制约了社区事业的发展。依据我区实际情况，在每个社区建设综合服务中心是不可行的，我区可结合区情，借鉴抚顺街道“中心社区”的理念，结合我区社区未来5—10年发展规划，规划建设社区综合服务中心。

在建设规模上，依据《北京市居住区公共服务设施规划设计指标（居住人口中0.7—2万人）》的标准，一般建筑面积为1500～3000平方米，具体建设规模按照人口数量进行规划建设。服务人口在1万人以下的，建设规模在1500～2000平方米，服务人口在1万～2万人的，建设规模在2000～2500平方米，服务人口在2万人以上的，建设规模在2500～3000平方米。在建设方式上，依据辖区的实际情况，采取新建、调整、置换、购买等多种方式给予解决。对居住社区比较集中的区域采取“多居一中心”，对居住社区比较分散的社区采取“一居一中心”的建设原则。在功能设置上，从居民最需要的服务项目入手，逐步将星光老年之家、居家养老服务站、青少年活动中心、残疾人康复中心、志愿者（义工）工作站、图书阅览室、居民学校、棋牌娱乐室、职业技能培训室等社区服务项目和资源整合进社区综合服务中心，更好地满足广大居民休闲、娱乐、健身、学习、托老服务等方面的需要。

（二）以社区现有服务资源为依托，不

断创新工作方法，满足居民需求

目前，我区大部分城市社区已建有社区服务站，拥有社区图书室、警务室、居民学校、党员活动室、文体活动室、棋牌室等服务设施，但是随着我区经济社会的不断发展以及居民群众物质文化需求的日益提高，社区服务水平亟待提升。各社区要结合社区居民的年龄结构、受教育程度和实际需求，不断拓展服务项目，提升服务水平。一是充分发挥社区服务站的公共服务平台作用，实现教育、卫生、人口和计划生育、文化、体育、农业科技、法律、社会治安、社会福利、社会保障等公共服务全覆盖。二是持续推进“一刻钟社区服务圈”建设。以全市开展“一刻钟社区服务圈”试点建设为契机，以便民利民为原则，充分整合区域资源，使每个街道都建成1—2个富有特色、卓有成效的示范点，为广大居民提供更大便利和更好服务。三是创建社区服务品牌。抚顺社区结合社区实际，推行的“66810”工作法、“温馨365”救助网络、“民情日记接力赛”、“社区民情一口清”等一系列社区服务品牌，集中体现了该社区“以人为本、服务居民”的工作理念。我区也要根据各社区的区域特色和功能定位，打造文化活动品牌，通过设计社区形象标识，打造社区文化愿景等形式，努力创建精品社区。

（三）以开展社区共驻共建工作为平台，充分调动社会力量，共同建设和谐社区

2002年以来，抚顺街道通过开展资源共享、共驻共建活动，已初步形成了以社区党组织和居委会为中心、辖区单位为“圆周点”的社区共驻共建联合互助网络，逐步实现了居民生活服务不出社区、文化教育不出社区、医疗保健不出社区、文体活动不出社区、强身健体不出社区的“五不出社区”的目标。此外，街道还联手哈尔滨林业大学、黑龙江大学等12所高校开展牵手自愿共建活动，建立了志愿者服务之家，先后有8000余名大学生在社区参加环境整治、扶贫助困、治安巡逻、陪护老人、辅导孩子等志愿服务活动，推进了管理和服务水平的提升，也提高了大学生们的社会实践能力。其中抚顺社区共有13家共驻共建单位，近年来驻社区单位在社区环境建设、治安建设等方面发挥了积极的作用。

我区的社区共驻共建工作刚刚起步，抚顺社区驻社区单位参与社区共驻共建的方式、方法上进一步拓宽了我们的工作思路。例如，在共建方式上，既可以是物质支持也可以是政策援助，既可以是无偿奉献也可以是低偿服务；在共建方法上，既可以是个人志愿服务也可以是社会组织加入，既可以是“一助一”也可以是共驻共建单位联合开展服务项目。我区的社区共驻共建工作要进一步创新思维，结合社区和驻区单位实际情况，在共建的内容、方式方法、健全长效机制等方面深入探索，充分调动社会力量参与社区建设的积极性，增强共驻共建单位和广大干部职工“驻于社区、关心社区、建设社区”的观念，形成资源共享、优势互补、共驻共建的良好态势。

（四）以培育社区社会组织为载体，发挥其积极作用，丰富社区居民的文化生活

社区居民的广泛参与是社区建设的生命线，而社区社会组织正是社区居民参与社区建设的有效载体。一要深入调研，制定社区社会组织的发展规划。加强对社区社会组织已有资源和潜在资源的调查研究，摸清底数，分析问题。结合我区社区建设的特点、形势与任务，制定社区社会组织发展规划，提出总体目标，明确发展方向。二要着眼发展，加快培育发展社区社会组织。各街道、社区要注重与辖区实际相结合、与居民需求相结合、与促进和谐社区建设相结合、与开展公共服务相结合，重点扶持发展公益类社区组织，特别是为社区老年人、少年儿童、残疾人和下岗失业人员服务的社区组织，逐步使社区组织成为社区服务的主体力量。三要完善机制，推进社区社会组织健康发展。健全准入、管理、创新和考核奖励机制，使社区社会组织规模不断壮大、活动不断丰富、功

能更加完备、管理更加规范，作用发挥更加明显。加大财政向社会组织购买公共服务的力度，规范政府购买服务的方式，通过政府“购买服务”、项目管理等多种形式，调动社会组织参与社区服务的积极性，促进公共服务社会化，使社区社会组织成为丰富社区文化活动、加强社区公共服务、推动社区自治的载体和平台。

（考察团成员：巩维国、王泽、赵金明、王晓东、单增友、张峰、殷万军、王伟、王红叶）

云南和顺社会建设情况考察报告

为深入贯彻落实市委十届九次全会精神，进一步拓宽密云县创新社会服务管理的思路，为社会建设注入新的活力，协调推动各项事业又好又快发展，6 月 10—15 日，密云县社会建设考察组专程赴云南省保山市腾冲县和顺镇进行了考察调研。通过这次考察学习活动，全体成员一致认为开阔了视野，有了“和顺和谐”的切身感受，为进一步做好社会建设工作提供了宝贵经验。

一、和顺古镇的印象

中国第一魅力名镇殊荣、全国环境优美镇、国家级历史文化名镇、全国旅游文化产业示范基地、中国十佳古镇、中国最美丽的十大乡村、国家4A 级风景旅游区、云南省村镇建设示范镇、云南旅游名镇、云南十大名镇……集十余项殊荣于一身的和顺到底是个什么样的古镇？基于一种探寻究竟的想法，我们决定到古镇进行深入考察。

和顺古镇位于腾冲县城西南 4 公里处，全镇国土面积 17.4 平方公里，距今已有 600 年的历史。古名“阳温墩”，由于小河绕村而过，故改名“河顺”，后雅化为“和顺”。全镇辖十字路、大庄、水碓村三个村民委员会，21 个村民小组，2017 户 6526 口人，在外华侨 1.8 万多人，主要分布在缅甸、泰国、新加坡等 13 个国家和地区。2010 年，实现农村经济总收入 6243 万元，域内财政收入 886 万元，农村信用社存款余额达 8200 万元，农民人均纯收入 4300 元，旅游总收入 5600 万元。年接待游客 30 万人次。

走进古香古色全国乡村最大的和顺图书馆，我们深深地被那种儒雅质朴所感动。据了解，馆内藏书 7 万册，藏书楼保存 1 万多册古书、珍本。图书馆只是和顺文化的代表之一，在和顺，传统的民间文艺活动非常活跃，流传至今的有洞经音乐、舞龙、舞狮、花灯、滇剧等。从村落到民居建筑、文化教育、民间文艺、民间工艺、饮食文化、民风民俗，无不浸润了传统文化的精粹。

建在当年远征军反攻腾冲指挥部旧址的滇缅抗战博物馆，用照片、图片、文物、文献资料真实地记录了战争的惨烈，李根源、张问德、孙立人、陈纳德、史迪威他们谱写的壮举使人心生敬佩。在和顺古镇，很长时间都在参观滇缅抗战博物馆，而位于腾冲西南叠水河畔小团坡下的国殇墓园，则是缅怀远征军将士之地。忠烈祠后小团坡，自下而上立有 3341 块碑，碑下均葬有阵亡将士骨灰，他们的平均年龄只有 16 岁。

在马帮馆，近千件实物，全套的马帮用具展现了西南丝绸古道这条中国通向世界最早、历经时间最长、最繁华的国际大通道。在滇商馆，我们了解到了中国商人最早与世界交流的商帮。在走夷方馆，和顺人四百年传统的“走夷方”生活方式真实再现。近千件百年前的舶来品，让我们明白了和顺百姓的顺口溜“罗马的钟、英国的门、捷克的灯罩、德国的盆”和和顺人辉煌的创业史。

古老的还有和顺的翡翠文化，俗语有“玉出腾越，运自和顺”，这里被称为“翡翠大王家乡”。历史上和顺出过三个誉享国内外的“翡翠大王”——寸尊福、张宝廷、张兰亭。他们虽然富甲一方，但却没有忘记家乡，捐资修路、助学，资助侨民，帮助乡人，带动一批人摆脱了贫困，走向了富裕。到了和顺必看技师琢玉，机器解玉，亲身感受玉石文化。

此外，和顺丰富的地热资源也吸引着不少的游人。火山热海到处喷涌着热泉，雾气腾腾，犹如仙境。珍珠泉、姊妹泉，泉水沸腾，最典型的当属“热海大滚锅”。它的直径3米，深1.5米，水温96℃，常年蒸腾翻滚。当地人利用大滚锅的冒气孔，架上铁架，利用地热蒸鸡蛋、土豆、芋头、花生，生意十分火爆。

二、和顺古镇与“和顺模式”

我们一行来到和顺之后，就深深地被和顺的和谐之美所吸引。街道古朴幽雅、村民热情好客、集市没有强买强卖，这不禁让我们感到有些惊奇。从导游、村民还有企业员工中间，我们了解到，这一切都要归功于和顺人所创设的“和顺模式”。

（一）“和顺模式”的基本内涵

“和顺模式”是专家对和顺镇开发思路——“保护风貌，浮现文化，适度配套，和谐发展”的简称。这种模式的特点是尊重、保护原有遗存，最大限度地把文化品位和文化价值凸现出来，新建设施必须与原有建筑保持和谐，最终实现政府、企业、村民和谐发展。清华大学文化产业中心主任熊澄宇等专家到和顺考察后认为，和顺模式破解了世界经济文化的四大难题——经济发展与文化保护的矛盾，经济发展与环境保护的矛盾，求同与尚异的矛盾，永恒与变化的矛盾。

保护风貌：正确处理保护与开发的关系，尊重和顺的历史，绝不让新开发项目破坏任何有价值的原有遗存，其中包括自然的、人文的遗存。

浮现文化：努力凸现和顺的文化品位和文化价值。注意保留和浮现和顺原有的文化特色，以当地本色文化为灵魂，精心设计，所有景点的建设，都有和顺文化的内涵；旅游路线的设计，也按照和顺文化的特色来考虑。

适度配套：在开发过程中始终坚持以科学发展观为指导，新建配套设施要慎重，要恰到好处，使和顺更美，更舒适，不让新建设施破坏原有的和谐风貌，更不让新开发项目留下后患。

和谐发展：开发和顺的落脚点，通过开发和顺，要实现企业与和顺百姓共同富裕、文明相处；企业与当地政府相互尊重，共谋和顺福祉；和顺旅游文化项目与和顺人文环境、自然环境和谐融洽，相得益彰，最终把和顺建成一个享誉中国、享誉世界的经济发展、文明进步、和和顺顺的乐土，同时为建设祖国边疆，巩固祖国边防尽企业的一份责任。

（二）“和顺模式”的主要做法

在保护风貌方面，对100多户古建筑调查，建立电子档案和文书档案。对古树调查，建立档案，挂牌保护。按照“修旧复旧”的原则，充分运用古建筑修复技术，在经过批准的基础上修复。对于新建建筑，按照和顺建筑的特质与机理设计，批准后施工。全力申报国家级历史文化名镇、国家级AAAA级景区，出资申报两个国家级文物保护单位，支持申报国家级优美乡镇。这些举措，得到了各级党委、政府和各部门的大力支持，都取得了明显成效。对和顺入口处的5万平方米土地建立田园风光的保护带，湿地、河流、峡谷、树木都纳入保护之列，对和顺的民俗活动，经过认真整理也加以保护。保护好景物风貌，为经济可持续发展奠定了坚实基础。

在浮现文化方面，一是浮现抗战文化。在全国纪念抗日战争胜利60周年的时候，在中国远征军20集团军旧址，新建了中国第一个民间投资、民间收藏的滇缅抗战博物馆，对于弘扬民族精神，浮现和顺乃至滇西抗战文化起到了重要作用。二是马帮和滇商文化。在和顺小巷中，建设了一个陈列有3000多件藏品的大马帮博物馆，展示了西南丝绸古道上和顺人的生存和生活方式。三是浮现宗祠和民俗文化。加强了对宗祠、寺观庙宇、民居民宅的修复；出版《百年绝唱》的书籍、影集、个性化邮票集，发展有文化含量的旅游纪念品；展示了古法造纸、打铁、织布、木雕、酿土锅酒、扯丝糖等；保护和再现了洞经、神马艺术、皮影艺术等非物质文化遗产。这些文化印证了“和与顺”的特点，是和顺文化传承和再造的精髓，从而造就了一个“活”着的古镇。在中央电视台组织大规模的宣传报道，连续三期《面对面》135分钟在央视黄金时段宣传腾冲、宣传和顺，在央视《新闻联播》科学发展观专题宣传和顺文化产业；在全国各大媒体、网站重头反复宣传和顺、宣传腾冲。

在适度配套方面，牢牢把握好商业化的“度”，适度配套一些旅游服务精品项目。和顺人家酒楼成为了腾冲宴请首选，接待了党和国家领导人和大量名人；水上人家酒楼成为腾冲休闲首选，赏荷花、观明月、听蛙声、品风味，每天食客爆满；龙潭的修复，大月台的建设，水车水碾水磨的配套，使游客有了观赏、休息、品尝小吃、摄影娱乐、流连忘返的新景点；卫生间的修建，不仅方便了游客，而且建筑风格与古镇协调，加上绝妙的对联，到位的管理，被全国人大常委会副委员长成思危称为“天下第一厕”；道路的整治、灯光工程的新建、三座古牌坊的恢复，都恰到好处地为古镇旅游作了必要的配套设施，游客反映和顺更美了，更方便了，更舒适了。配套的要素是生态旅游文化促进经济的发展的主体，只有文化和经济的相互支持，才能达到可持续发展的目的。

在和谐发展方面，做到了政府、村民、公司“三赢”。政府增加了税收、就业，村民有300多人成为公司员工，企业规模不断壮大、利润大幅提升。旅游业的发展带动了村民开办民居旅馆、餐馆、特色糕点铺、翡翠店等。现在，村民已经开设了43个民居旅馆、14个公司为其建设的特色小吃街商铺，30个玉石商铺，还有100多个在家中开的商铺。企业进一步加大了对村里幼儿园、小学、龙潭、宗祠、道路等方面的资金帮扶力度。

（三）“和顺模式”成功的原因

在和顺学习考察的这几天，除了人、地、事、物、景给我们留下了铭刻于心的美之外，通过进村入户走访了解，再加上相关文件资料的学习，我们较为系统地分析了“和顺模式”成功的原因，主要有以下几个方面：

一是自身具备的独特优势。在地理位置、自然环境、生存多样性、多元文化并存、历史底蕴、人文素质等方面，和顺都具有其他地区不能比拟的优势。这里是面向南亚的第一镇，火山环抱的休闲胜地，汉文化与南亚文化、西方文化交融的窗口，西南丝绸古道上最大的侨乡，中国最大的乡村图书馆，6000多村民和谐生活的古镇景区。和顺人勇敢无畏的精神、敢于开拓挑战的气质、包容开放的意识、吐故纳新的观念和变通灵活的立身处世原则和他们亦商亦侨亦农亦儒的生存方式都具有不可复制的优势。

二是科学合理的开发方针。在发展中，保山市和腾冲县已经明显意识到了和顺未来的发展前景。但是，如何把和顺开发成腾冲的旅游精品，如何把和顺打造成腾冲旅游最耀眼的名片？腾冲一直在探索和思考，和顺的旅游开发也纳入了日程。在这样的背景下，在保山市委、市政府指导下腾冲县成立了和顺旅游开发公司，对和顺的开发与保护进行运作。经过不断的探索、考察和思考，腾冲提出了“政府主导、市场引导、企业主体、特色发展”的开发方针，并大胆提出了引进企业集团进行整体开发的思路。思想是行动的先导，正是基于正确方针、思路的指导，才保证了后边一系列措施的正确性。

三是党组织引领贯穿始终。与其他旅游景区不同的是，带有党徽的标牌在这里特别突出。在联系和服务群众中，党组织积极引导村民参与旅游开发，使当地村民从旅游发展中受益。回忆起2003年柏联集团刚刚进驻古镇时，村民担心：这家公司不会是来搞房地产开发的吧，旅游开发会不会破坏古镇的风貌？面对村民的疑虑，如何处理古镇保护与开发的关系、协调企业与村民的关系成为当务之急。腾冲县委、和顺镇党委和柏联党支部从这个棘手的问题入手，发挥联系群众的纽带作用，通过深入走访和座谈等形式，了解村民的想法和愿望，宣传公司坚持在保护中开发的理念，缓解了村民的担心和疑虑，调和了企业、村民和政府之间的关系。如今，柏联450名员工中，85%以上是和顺当地村民。在各个游览场馆，“党员示范岗”随处可见，佩戴党徽的工作人员面带微笑，贴心周到的服务让游客宾至如归。

四是政府和企业的高效配合。在和顺的开发中，保山市和腾冲县的政府主导作用一直体现在各个环节中，与此同时，各项相关的配套工程也在不断实施中。2005年1月，和顺镇政府从原来的土著庙搬迁出来，现在已作为滇缅抗战博物馆；双虹桥前的电影院、供销社、畜牧兽医站、文化站及一些食馆、商店被全部拆除搬迁，现在已作为大型的停车场。另外，政府还出资建设牌坊，铺筑主干道，扩建元龙阁月台和艾思奇故居大门前绿化广场。据不完全统计，到2008年底，腾冲县在和顺的开发中，先后投入了6000多万元用于基础设施的建设。在软件建设方面，腾冲县成立了和顺古镇保护办公室，派出专人和投入专门资金对和顺古镇进行保护。随后，一系列保护措施的制定和实施也相继展开。直到现在，和顺30余名清洁卫生人员的工资和福利都是由政府负责。在经过广泛协商的基础上，腾冲县人民政府与云南柏联集团就开发和顺有关问题形成了会议纪要。随后，正式成立了柏联集团和顺旅游文化发展有限公司，与腾冲县政府签订了投资开发、经营管理和顺景区40年的协议，对和顺进行整体打造。腾冲对柏联集团提供政策、资源、服务等一条龙服务。2004年，柏联和顺公司全面启动了和顺文化生态村保护开发项目，聘请专业建筑事务所，对和顺文化旅游产业进行了精心的规划和设计，坚持“古镇和顺、文化和顺、生态和顺、休闲和顺”的开发理念；以文化为灵魂，突出“极边古镇、丝路侨乡、田园风光”特色，力求把和顺建设成为与6000村民和谐发展、共同富裕的古镇景区，建设成“中国的和顺、世界的和顺”。

三、几点启示

（一）城市品牌营销是增强国内外公众城市认同感的重要手段，是在经济发展之上的更高层面的竞争

和顺近几年的飞速发展，恰恰证明了营销界的一句名言“酒香也怕巷子深”。如果和顺不参加2005年“中国十大魅力古镇”评选活动，毫无疑问，她还是“养在深闺的佳人”，很少有人会去“欣赏她”；她的特色马帮文化、侨民文化、翡翠文化、红色抗战文化、特色饮食文化就很难被人们所挖掘、所熟悉、所传播，经济价值、社会价值也就不能显现。新的世纪就是一个营销的世纪。无论产品、服务还是城市，都需要树立品牌意识，打造品牌形象，推广品牌知名度。在当代城市发展进程中，城市品牌不仅是城市形象的重新塑造，也是城市角色转变和战略的重新定位，城市品牌和形象设计已成为城市在经济发展之上的更高层面的竞争。从世界的角度看，韩国早在20世纪80年代即开展了城市形象的国际公关。2002年，时任韩国总统金大中担任首尔的城市品牌形象代言人，宣传城市文化形象，通过各种国际会议和赛事活动传播城市品牌。从国内看，央视每天播出的“七彩云南欢迎您”“多彩贵州欢迎您”“好客山东欢迎您”“五个重庆等你来”等，更印证了目前城市品牌营销已经发展到了一个成熟阶段。作为密云，一座有着红色革命传统、绿色生态环境、金色发展未来的和谐、生态、文明之城，应该抓紧对城市品牌进行研究、策划、推广，为经济社会发展

助力提气。

（二）文化既是区域经济社会发展的核心竞争力也是生命力

无论从旅游业发展还是从整个社会建设的大环境来看，深厚底蕴的历史文化、特色鲜明的时代文化、别具一格的民俗文化、人际和谐的社会文化在一个地区或国家的发展中起着至关重要的作用，而和顺600多年的历史和近8年飞速发展的足迹就恰恰印证了这一点。密云与腾冲和顺有着相似甚至更为久远的历史文化，上可追溯至共工城，中有长城抗战，近有享誉海内外的密云水库。从自然环境到人文历史，在京郊首屈一指。在下一阶段，如何将这些文化进行整理、挖掘、打包、推广，是一个重要课题，对于进一步提升密云休闲旅游的品位、档次、知名度和影响力，建设“绿色国际休闲之都”具有重要意义。

（三）健全的体制机制和科学的角色定位是各项工作顺利开展的重要保障

成立机构、建章立制、科学分工、明确职责，和顺在古镇开发建设过程中每个环节都不走过场，而是一步一个脚印、扎扎实实地把好事办好。政府的主导作用是关键。腾冲县为和顺古镇找到了合作开发的企业，并积极提供政策、资源、服务等一条龙服务。企业的主体作用是核心。用良心经营企业造福一方，柏联集团进入和顺古镇后，按照腾冲县的发展思路，明确了以文化为灵魂，以保护为基础，将和顺建设成中国的和顺、世界的和顺的开发思路。在这一整体框架下，公司在规划、建设、策划等方面都充分尊重专家意见，组织专家到日本、东南亚和国内著名古镇考察，反复修改论证。让政府、专家、投资者在开发与保护上高度达成共识，以支撑对和顺古镇的开发。群众的积极参与很重要。任何事情，得不到群众支持都是不能成功的。在这几年里，柏联经历了和顺人特别欢迎到抵触再到磨合，最后和谐相处的过程。这让我们联想到密云古北水镇、华润希望小镇在开发建设中，也可能经历类似的阶段。因此，在下一步工作当中，更应该充分发挥党组织的引领作用、政府的主导作用和企业的主体作用，把工作做细做实做出特色，宣传引导群众积极参与新农村新社区建设，实现真正的经济社会和谐发展。

（四）社会建设“大题小做”有利于做出特色、干出成效

社会建设的最终目标就是让人与人、人与自然、人与社会更加和谐，涉及的内容很广泛，要想做出成绩实属不易，但和顺却做到了。在展览馆中我们了解到，近几年来，和顺先后接待了8位党和国家领导人，40多位省部级领导。吴邦国委员长在和顺视察时，称赞“这里有文化”。国务院原总理朱镕基听取汇报后说：“你们这里真是和顺和谐啊。”并且破例为和顺题写了“和顺和谐”四个大字。和顺和谐就是把“大题做小，把小题做细，把细题做精”，从关注民生疾苦、改善政府服务形象的细枝末节入手，不断加大投入、深化改革，最终实现了“社会更加和谐”。就密云而言，“十二五”期间，提出了“社会建设努力走在郊区前列”的奋斗目标，在下一阶段工作中，应按照构建密云社会建设五层级体系要求（社会稳定、社会保障、社会事业、社会服务管理和社会文明），紧紧围绕保护首都生命之水，大力开展生态环境保护工作；紧紧围绕经济建设，大力开展以农民增收致富为重点地高标准富民工程；紧紧围绕关注和改善民生，高标准推进教育、卫生等公共服务和社会保障工程，积极探索社会服务管理创新；紧紧围绕社会和谐稳定，以精细化为目标，智能化为手段，志愿服务为驱动，高标准推进网格化社会管理工程和社会文明工程。各部门要牢固树立“社会管理用心服务”的理念，不断创新工作方式方法，确保工作取得跨越式进展。

（考察团成员：王玉江、徐芳）

清歌一曲梁尘起　腰鼓百面春雷发

——赴中国浦东干部学院学习培训的感想和体会

深秋十月，七星海畔。我有幸来到了中国浦东干部学院，开始了“社会建设管理创新”高级研修班为期一周的学习生活。期间既聆听了专家学者的授课，又组织到闵行区古美街道、卢湾区打浦桥社区等地进行现场教学，收获颇丰。现将此次研修的主要收获报告如下。

一、理论考量

虽然我经历了多个管理岗位的锻炼，但是社会建设毕竟是一个新的领域，内涵丰富、范围宽广。通过培训，帮助我理清了这个问题。

（一）更加明确了社会建设的定位

党的十七大报告首次提出了“加快推进以改善民生为重点的社会建设”，并将社会建设与经济建设、政治建设、文化建设并列为中国特色社会主义事业总体布局中的“四位一体”建设。从社会主义的本质上说，经济建设是为社会建设提供资金保障，政治建设是为社会建设提供民主保障，文化建设是为社会建设提供活力保障，生态建设是为社会建设提供宜居保障，党的建设是为社会建设提供组织保障，其核心建设就是社会建设，保障和改善民生，使全体人民群众幸福安康。

（二）深刻认识了社会建设的概念

社会本身有广义和狭义之分，同样社会建设也有广义和狭义之分。广义的社会建设包含经济建设、政治建设、文化建设、生态建设、党的建设等社会各个领域和各个方面；狭义的社会建设则与经济建设、政治建设、文化建设等社会各个领域和各个方面相提并论，这与中国特色社会主义事业总体布局相一致。所以，我们现在所说的社会建设就是狭义的社会建设。

自社会建设的提出，至今为止，始终没有一个官方的概念，综合当前各方面的意见，“社会建设”可以表述为从现阶段实际出发，遵循科学发展的规律，顺应民众多样化的需求，对原有社会要素进行重新组合，有组织、有目的、有计划的动员社会各种力量，参与人类共同体活动，促进社会良性运转、社会和谐稳定、人民幸福安康。

（三）全面了解了社会建设的内容

从狭义社会建设上说，社会建设主要目标是完善社会服务，建设生活幸福社会；创新社会管理，建设人文有序社会；动员社会参与，建设充满活力社会；优化社会环境，建设文明守信社会；协调社会关系，建设和谐稳定社会。

社会建设主要内容是推动社会事业、调整社会结构、完善社会制度、加强社会管理。当前，社会建设重点工作任务是加强和创新社会管理。

社会管理就是对人的管理和服务，就是政府通过制定专门的、系统的、规范的社会政策和法规，管理和规范人类社会事务，培育合理的现代社会结构，调整社会利益关系、回应社会诉求、化解社会矛盾，维护社会公正、社会秩序和社会稳定，为党和国家事业发展营造良好社会环境。

现代社会管理的模式是“党委领导、政府负责、社会协同、公众参与”的社会管理格局。着重强调，党委是社会建设的领导者，政府是社会建设投入的主体，社会组织和公民是社会建设的主体。

社会管理根本目的是维护社会秩序、促

进社会和谐、保障人民安居乐业，为党和国家事业发展营造良好社会环境。社会管理的基本任务是协调社会关系、规范社会行为、解决社会问题、化解社会矛盾、促进社会公正、应对社会风险、保持社会稳定等。

当前加强和创新社会管理的重点任务是加强和完善社会管理格局、党和政府主导的维护群众权益机制、流动人口和特殊人群的管理服务、基层社会管理服务体系、公共安全体系、非公有制经济组织和社会组织管理、信息网络管理及思想道德建设。

二、实践探索

在社会建设方面，上海针对产业集中、人口密集、开放度高的特点，探索出符合特大型城市特点的社会建设和社会管理的新路。具体体现在以下七个方面。

（一）创新城市综合管理“大联动”“大联勤”机制

“大联动”就是在区县层面探索建立“大联动”机制，在整合统管社会协管力量、精细划分网格的基础上，组建街镇大联动分中心。“大联勤”就是在街镇层面推进城市综合管理“大联勤”，由街镇综治部门牵头组建联勤队伍，运用图像监控系统智能监测技术，全方位、动态化监控辖区，加强社会面的前端管理、主动管理、联勤管理，初步构建了“联体指挥、联队管控、联动处置、联手监督”的“大综治”“大城管”格局。

（二）创新“镇管社区”管理机制

“镇管社区”模式主要有两种：一是镇直接管理模式，郊区镇成立“社区管理办公室”作为镇政府内设机构，专门管理所有居委会。二是划片管理模式，按照管理服务全覆盖、方便服务群众的要求，在镇下面设置若干个综合功能齐全、服务项目多元的规范化的管理服务组织——社区中心，作为公共服务平台，实行分片管理和服务。

（三）创新社会组织培育发展模式

立足培育社会建设和管理主体力量，着重加强了三个方面工作：一是加大对公益性社会组织的扶持力度。在资金、场地、税收、人员方面给予倾斜，重点鼓励、支持和引导公益性、志愿性购买服务等服务类社会组织参与社会建设和社会管理。二是探索社会组织孵化方式。建立上海市社会创新孵化园，以孵化公益项目的形式，培训公益创业者和社会组织从业人员，为各类公益性社会组织提供支持和保障。三是建立政府购服务机制。采取“费随事转”、项目发包和公开招标等方式，将一大批事务性、服务性工作交由社会组织承担。

（四）创新新型社区管理体系

上海从特大型城市实际出发，将社区定位在街道和居民区。在街道注重共治，通过调整优化社区管理体制机制，厘清街道层面条块关系，整合归并社区管理和服务各项工作，明确责任主体或协助配合责任，有效整合社区（街道）党政机构的工作资源，增强条块之间协同配合。在居委会注重自治，通过组织开展“居委会自治家园”和“一居一品”创建活动，引导和支持居委会利用协商、沟通、合作等方法处理社区事务。同时普遍建立了决策听证会、矛盾协调会和政务评议会的“三会”制度，畅通居民参与事务管理的渠道。

（五）创新社区公共服务平台建设

大力推进社区事务受理服务中心、社区文化活动中心、社区卫生服务中心、社区综治工作中心等四个中心全覆盖。社区事务受理服务中心，实行了“一头管理”和“一口受理”；社区文化活动中心，满足群众基本文化需求；社区卫生服务中心，为群众提供便捷实惠的基本医疗卫生服务；社区综治工作中心，把信访、维稳、综治、司法等部门整合起来集中办公，方便了群众。同时，还探索建立社区生活服务中心，进一步提升社区服务等级。

（六）创新实有人口的管理和服务

推动人口管理服务，从以户籍人口为对象向以实有人口为对象转变。一是实施居住证制度，所有具有稳定职业和稳定住所的来沪人员都可以申办居住证，依托居住证制度构建来沪人员基本公共服务体系，使持有居住证的来沪人员享受公共服务。二是建立“以房找人”和“查人知房”的双向互联途径，完善信息采集、维护、交换、共享的实有人口信息管理机制，建立起全市共享的实有人口信息系统。

（七）创新预防和化解社会矛盾方法手段

上海始终把统筹社会利益关系、正确处理社会矛盾放在更加突出的位置，先后建立完善了三个机制：一是完善信访工作机制，建立了稳定风险评估、信访代理、基层调解、律师参与、信访终结等制度，从制度上有效预防和及时化解人民内部矛盾，维护有序信访秩序。二是完善大调解工作机制，鼓励、引导社会力量参与建立区域性、行业性、专业性调解组织，引导人民调解组织介入因城市建设、医患纠纷、土地流转、环境治理保护、劳动争议、医疗保险等引发的社会矛盾的化解。三是全面推行重大事项社会稳定风险分析和评估机制，健全评估嵌入行政决策或审批程序机制，扩大评估范围，探索评估中立性，有效维护了群众的合法权益，规避了社会稳定风险。

三、启示与思考

社会建设是一项包括多个层级、多项子系统且相互交织的复杂系统工程，创新任务千头万绪。上海市闵行区、古美街道、打浦桥社区的成功经验表明，社会管理创新，重点要在离老百姓最近的地方创新，要在管理难度最大的地方创新。只有这样，社会建设才能不断焕发出勃勃生机。

（一）精心谋划社会建设顶层设计

社会建设管理涉及范围广、包含内容多，牵扯到方方面面的利益和权力关系。因此，必须把精心谋划总体思路、精心设计总体方案作为顺利推进社会建设的必要条件。要站在北京建设世界城市、怀柔建设国际交往新城的背景下，来精心设计我们的社会建设总体布局。只有这样，我们才能全局在胸，深谋远虑，找准重点、难点，预见可能出现的风险，采取标本兼治的举措，务实有序地推进创新，争取事半功倍的实际效果。

（二）健全大统筹大协调工作机制

按照中共中央政治局常委、国家副主席习近平提出一切社会管理部门都是为群众服务的部门、一切社会管理工作都是为群众谋利益的工作、一切社会管理过程都是做群众工作的过程的总要求，借鉴上海“大联动”“大联勤”工作机制，将一切与社会建设相关的部门全部纳入到区委社会工委统筹协调的范围内，明确各自职责任务，建立协调沟通机制，使区委社会工委真正担负起总体规划、统筹协调、宏观指导、整体推进的职能。同时，在镇乡层面设置相应的社会建设工作机构，配备专门工作人员，形成区、镇乡（街道）、村（居）三级社会管理工作体系。

（三）完善公众参与社会管理机制

在完善基层党组织领导下的群众自治机制，理清基层治理关系，增强基层自治能力，广泛开展基层民主自治实践的基础上，强化经济组织和社会组织管理与服务，增强经济组织和社会组织履行社会责任，依托社会工作者联合会和志愿者联合会，完善志愿星级评选、社会公德人物评选等奖励机制，动员行政事业单位人员、经济组织、社会组织、志愿者、社会工作者依法有序参与社会管理，积极营造社会管理人人有责的社会建设氛围。

（四）构建社会管理共同治理结构

社会事务，千头万绪，政府包打天下的做法，既做不到，也行不通，需要扶持引导社会组织，参与社会管理工作，实现由政府单方管理社会向以政府机构为主体的国家组织、以企业为主体的市场经济组织、以非营利机构为主体的社会组织共同治理社会的转变。设立社会建设专项资金，加大政府向社会组织购买公共服务力度，把该市场做的事还给市场，把该社会做的事交给社会，使政府从纷繁复杂的大量社会管理事务中抽出来，集中主要精力抓好经济调节、市场监管、社会管理和公共服务。

（五）搭建社会管理信息化平台

整合社会管理资源，科学划分单元网格，合理配备网格管理力量。运用现代信息技术，畅通信息发布渠道，健全监督考评体系，逐步搭建起社会服务管理信息化平台，建设社会服务管理综合信息系统，完善集人、地、物、事、组织于一体的网格化社会服务管理模式，构建区、镇乡（街道）、村（社区）三级网络体系，基本实现网格化社会服务管理全覆盖。

（六）建立社会建设考核评价体系

按照社会服务更加完善、社会管理更加科学、社会动员更加广泛、社会环境更加文明、社会关系更加和谐五大社会建设的目标，结合参与部门的工作职责，科学制定社会建设考核评价体系，考核结果纳入区委、区政府表彰奖励范围，作为各部门、各单位党政正职评先受奖、晋职晋级的依据之一，实现社会建设与经济建设、政治建设考核奖励并重，推进社会建设与经济建设、政治建设、文化建设协调发展。

（此文作者为怀柔区委社会工委书记、区社会办主任胡文云）

北京市有关部门理论研究与调研

积极探索共建社会建设研究基地的优化合作模式

市委社会工委、市社会办研究室（政策法规处）

为解决社会建设重大理论与现实问题，推动首都社会建设科学发展，市委社会工委先后与清华大学、中国人民大学、首都师范大学、中国青年政治学院、北京社会科学院、北京工业大学、北京师范大学、北京城市学院合作共建了8个社会建设研究基地，并与国家行政学院社会和文化教研部建立了科研合作关系。这是市委社会工委借助首都智力资源与人才优势，加强理论与实践结合，加快政策理论创新，推动科学决策，推进社会建设科学发展的重要举措。

一、健全合作共建机制

本着发挥优势、突出重点、广泛合作、相互推动的要求，合作共建研究基地以品牌化建设、规范化管理，创新型研究、探索性实践，项目化运作、长效化支持，双赢式合作、互动式发展为总体思路，以理论创新、决策服务、人才培养、互惠双赢为合作目的，以研究基地共同建设、研究题目共同商定、研究过程共同参与、研究成果共同享有为合作原则，使合作成果记录首都社会建设工作轨迹，反映北京社会建设理论研究最新进展，汇集首都社会建设工作新鲜经验，提供国外相关研究前沿和实践动态。

（一）推行实体化运作，强化运行保障

市委社会工委专门成立合作共建立办公室，具体负责研究基地日常协调工作，先后制定研究基地工作制度、项目管理办法、购买决策研究和信息咨询项目管理规定等，有效规范基地建设与项目研究；把合作共建研究基地纳入全市社会建设“五大协调机制”，充分发挥其理论创新、决策服务、信息咨询等功能。各研究基地成立以来，得到所属院校的高度重视，给予一定的人力、物力和财力支持，院校分管领导出任研究基地牵头人，并明确主管负责人、日常联系人和骨干师资。为加强动态联络，每季召开一次研究基地工作会议，通报阶段性成效，研讨基地建设，确定工作重点。同时，围绕重点问题组织不定期座谈。通过双方共同努力，为长效运行提供了保障。

（二）发挥各自优势，确定重点研究方向

根据合作高校和科研机构的学科优势和学术力量，经双方商定，国家行政学院社会和文化教研部主要侧重社会建设和社会管理的宏观研究；清华大学研究基地重点研究方向是“宜居北京”；中国人民大学研究基地重点研究方向是“人文北京”；北京师范大学研究基地重点研究方向是社会政策；中国青年政治学院研究基地重点研究方向是社工人才；北京工业大学研究基地重点研究方向是“科技北京”；首都师范大学研究基地重点研究方向是“绿色北京”；北京社会科学院研究基地研究重点方向是社会管理；北京城市学院研究基地重点研究方向是社会舆情，确保最大限度发挥各自优势。

（三）提供成果展示平台，定期汇编研究成果

为反映基地研究动态，为市领导和相关部门提供决策依据，市委社会工委定期编印《北京社会建设信息研究基地专报》，目前共印发专报40余期60余篇，不仅涵盖了社区、社会组织、社会工作队伍等重点领域的研究项目，还涉及了交通、住房、医疗、城乡一体化建设以及人口调控等社会领域热点问题的研究成果。一些成果得到了领导批示，为推动实际工作创新发挥了很好的参考作用。首都师范大学编印《研究通讯》动态反映研究成果。同时，市委社会工委编辑出版了《2009年北京社会建设研究报告——北京社会建设研究基地成果选编》。北京工业大学、首都师范大学、北京社科院研究基地分别出版了《2010年北京社会建设分析报告》《2011年北京社会建设分析报告》《首都新农村社会建设应用对策研究》和《北京社会发展报告（2009—2010）》。各基地及时汇编论坛成果，推出了《20世纪90年代以来中国社会建设与社会管理文献选编》《中国社会建设与社会管理学术研讨会论文集》《北京社会建设论坛（2010）论文集》等一系列研究成果汇编。

二、探索有效合作方式

（一）举办高水平论坛推动理论与实践互动

各研究基地立足自身科研特色，围绕当前社会建设的热点、难点问题，举办了系列高水平论坛，汇集了一批具有较强指导性的研究成果。北京工业大学依托研究基地，与中国社会学会联合举办了“中国社会建设与社会管理”学术研讨会，与国立暨南大学联办了“中国社会建设与社会工作”学术研讨会。国家行政学院社会和文化教研部与我委共同举办了“加强社会建设、创新社会管理”论坛。清华大学研究基地与有关单位联办了“中法城市发展的比较研究”学术研讨会，举办了“北京城市发展与社会建设”论坛和“社会发展”论坛，并发布了题为《走向社会重建之路》研究报告。中国人民大学研究基地与有关单位联办了“都市管理还是治理——中欧对话”国际研讨会，并举办了年度“北京社会建设”论坛。中国青年政治学院研究基地举办了两届“首都社会工作人才发展”论坛。市委社会工委与各研究基地共同举办了纪念改革开放30周年“北京社会建设与管理体制改革”论坛等活动。通过以上平台，组织专家交流研讨，为首都社会建设打开了思路，形成了较好反响。

（二）为研究基地开展调研、与基层合作创造条件

协调各区县、街道、社区为研究基地开

展工作提供便利。各研究基地紧密联系基层工作开展项目研究，与各区县社会工委和有关街道建立了很好的合作关系。国家行政学院社会管理创新司局级研讨班、青干班等先后到朝阳区、东城区等区县，就网格化社会服务管理和商务楼宇服务站等内容进行现场教学参观；清华大学研究基地“宜居北京”课题组同市建委，海淀区、朝阳区、东城区建委进行多次座谈和交流，在乐府江南社区开展了大规模的问卷调查，使课题研究更具针对性；中国人民大学研究基地深入考察北京区县养老机构，在全市50个社区进行了老年人入户调查，完成了12个区县8120份流动儿童调查表，与德国杜伊斯堡大学合作，在延庆县和亦庄经济技术开发区进行了深入调研；北京师范大学研究基地承担了北京市和昌平区“十二五”时期民政事业发展规划编制工作，配合海淀区四季青镇完成了城乡社保体系一体化设计咨询任务；中国青年政治学院研究基地积极参与朝阳区、西城区、海淀区社工和干部培训，为紫竹院街道社会工作提供经常性指导和服务；北京工业大学研究基地与东城区，延庆县，南磨房乡和金鱼池社区建立了调研实习基地，参与编制了《延庆县“十二五”时期社会建设发展规划》；首都师范大学研究基地与海淀区联合成立睿博社工事务所，全力配合海淀区、昌平区、朝阳区、丰台区开展社工上岗和资格考试培训；北京社会科学院研究基地对西城区社会组织孵化出壳给予了全程指导；北京城市学院研究基地与西城区、丰台区联合成立社工事务所，并依托两区成立社工专业实习基地。

（三）发挥智力优势提供决策咨询

各基地积极参加市委社会工委有关调研、培训和政策咨询等工作。研究基地专家先后出席我市社会建设大会，社会服务管理创新推进大会等重要会议，参加市领导主持召开的社会管理创新座谈会。为全市街道工委书记、主任培训班和区（县）局级领导干部社会建设专题研讨班、赴新加坡城市管理与社区建设培训班作重点授课，为北京市和有关区县、街道社会建设与管理建言献策。经多次征求基地意见，有关专家为编制《北京市“十二五”时期社会建设规划纲要》《首都中长期社会工作人才发展规划纲要（2010—2020年）》《关于深入推进首善之区社会工作人才发展工程的实施意见》提供了宝贵指导意见。由市委社会工委等四家单位举办的“世界城市·社会建设论坛”，得到了各研究基地的大力支持。有关专家在主论坛和分论坛作了主题发言，向论坛推荐了20余篇高水平学术论文，多篇优秀理论文章在《北京日报》《前线》刊发。有关专家还出席了全市社会服务管理创新推进大会和京沪两地在上海共同举办的“社会建设与社会领域党建”论坛。

（四）积极开展项目合作和课题研究

在充分征求研究基地意见的基础上，结合各研究基地课题申请，市委社会工委组织了专家评审和例会研究，向市规划办统一申报立项，先后确定了8个“十一五”市级重点规划项目、9个市级一般规划项目，为各基地争取到了立项资助。其中，清华大学研究基地“探索城市发展的新道路——宜居北京的战略研究”被列入国家社科规划重大项目。各研究基地结合我市社会建设实际，加强和推进学术研究与理论创新，开展了“人文北京与社区建设项目研究”“北京社会工作人才发展研究”“社会组织在民生建设中的作用研究”和“科技北京与首都社会建设研究”等系列科研合作项目。为创新共建机制，加大科研支持力度，市委社会工委还运用社会建设专项资金，启动了向各研究基地购买决策咨询服务工作。2010年，运用社会建设专项资金共向研究基地购买了9个决策咨询项目。

三、初步形成工作经验

研究基地的初步成效得益于各合作院校和有关专家的大力支持，也是按照“品牌化建设、规范化管理，创新型研究、探索性实践，项目化运行、长效化支持，双赢式合作、互动式发展”的共建思路，真抓实干取得的阶段性结果。总结研究基地发展历程，有几点经验值得继承和发扬。一是坚持动态沟通和定期联络，把加强研究基地建设和管理，推行实体化运作，作为完善共建机制，深化双方合作的有力促进；二是坚持丰富共建形式和内涵，把课题委托、联系调研、推介成果、邀请讲学、组织培训、共建论坛等作为推进科研合作的基本途径；三是坚持把握科研导向，围绕推进首都社会服务管理创新，把社会建设重点、热点、难点问题作为主要研究着力点；四是坚持尊重特色与平衡发展，在兼顾办学优势、发挥专攻特长的同时，注重基地发展的互补性与连带性，通过社会工委合作共建这一纽带，融贯不同侧面的研究，聚合不同方面的资源，发挥研究基地集群工作优势。

四、进一步加强合作的对策措施

（一）形成管理规范与服务到位有机结合的日常工作方式

搞好研究基地建设，首要的是做好服务管理。积极探索合作方式和共建模式，市委社会工委进一步完善研究基地工作办公室制度，加强与各研究基地的日常联系和具体协调工作；各研究基地进一步明确负责人、联系人，负责研究基地日常工作及联系和协调事宜。双方共同制定和完善《研究基地工作制度》《研究基地工作办法》《年度项目管理办法》等制度规范，推动研究基地建设与管理规范化发展。强化服务与合作意识，市委社会工委以各种方式为研究基地开展工作和项目研究提供方便、创造条件，研究基地以研究、咨询、建言等相关方式为首都社会建设服务、为市委市政府决策服务。

（二）构建研究基地与实践基地有机结合的合作共建方式

合作共建的关键是双方作用发挥和优势互补。共建双方加大合作支持力度，突出各自优势发挥，注重资源整合共享，市委社会工委为研究基地提供研究支持，在社会建设领域建立专家调研、学生实训基地，各研究基地发挥自身优势开展社会建设研究，运用自身资源开展社会工作培训，使研究基地成为政策理论创新、专门人才培训基地，共同打造和提升“双基地”品牌。

（三）完善前瞻课题与现实急需有机结合的选题立项方式

研究基地围绕各自优势和研究重点，坚持把理论研究与具体实践、前瞻性研究与解决现实问题有机结合起来，采取市委社会工委重点研究项目引导和“重大规划项目带子课题”方式进行选题立项，由我委组织专家评审后，统一打包向市社科规划办申报，立项为市级社会建设研究重点规划项目。同时，市委社会工委不断推进向研究基地购买决策咨询和信息研究服务常态化运行。

（四）实施研究基地与实践部门有机结合的课题研究方式

课题项目是研究基地发展的立足点和落脚点。为确保研究基地的课题项目贴近实际、研究成果切合实际，推动社会建设重点改革，推进现实问题解决，项目申报时必须选择我市社会建设相关部门或区县、“枢纽型”社会组织等实践部门，作为项目合作单位，达到共同申报、共同研究、相互支持、相互推动的研究目的。

（五）探索购买服务与成果奖励有机结合的经费支持方式

经费支持是课题项目实施的重要保障。市委社会工委参照市社科规划办、市教委支持哲学社会科学研究基地的办法，把向研究基地购买决策服务和信息咨询项目纳入政府购买服务，为研究基地解决项目经费资助。为鼓励研究多出成果、成果多出精品，拟探索项目支持经费分成资助资金和奖励资金，对优秀成果在资金资助的基础上予以奖励，这样既能确保项目研究质量，又能形成良好的竞争激励机制。

（六）运用专家顾问与研究基地有机结合的决策服务方式

整合力量、集成智慧是研究基地发展的加速器和倍增器。把市社会建设专家顾问团与研究基地有机结合开展工作，依靠专家顾问团指导基地建设和评估研究成果，科学整合与集成各方智力资源和优势，共同推动政策理论创新和现实问题解决，充分发挥专家顾问和研究基地的参谋咨询、建言献策、理论创新的作用，形成“专家顾问团＋研究基地”的决策服务机制。

（七）建立高层论坛与信息专报有机结合的交流宣传方式

交流和宣传是打造品牌、提升影响力的重要手段。市委社会工委联合相关省市定期举办“加强社会建设、创新社会管理”年会（高层论坛）的同时，办好《北京社会建设研究基地信息专报》，及时刊发研究基地阶段性研究成果，报送市领导、市社会建设工作领导小组成员单位和专家顾问团成员及各研究基地，供决策和研究参考。同时，“北京社会建设网”开设“社会建设研究”“北京社会建设研究基地”专栏，及时反映研究基地建设与研究动态。

（八）用好专题报告与汇编出版有机结合的成果展示方式

成果展示能有效增加社会认知度。各研究基地将年度研究成果形成系列报告，分别以“专题报告”形式发布；市委社会工委每年编辑包括购买研究基地决策服务与信息咨询项目研究报告、《北京社会建设研究基地信息专报》等的“综合汇编”，正式成书出版发行，形成“专题报告＋汇编出版”的成果展示品牌。

家庭结构视角下的城市隔代教养问题

市委社会工委、市社会办综合处（宣传处）

引　言

伴随着中国社会已经或正在发生的深刻变革，中国的家庭结构也在发生变动，不同类型家庭成员的生存条件和关系方式亦产生了相应的变化。从目前的研究来看，北京市主要的家庭结构主要可分为：核心家庭，即父母与未婚子女一起生活的家庭；主干家庭，即父母与一对已婚子女（或者再加其他亲属）一起生活的家庭；联合家庭，即父母与多对已婚子女（或再加其他亲属）共同居住生活；空巢家庭（即仅由父母两人一起生活的家庭）以及其他家庭（即父母与祖父母或其他人一起生活的家庭）。从发展的趋势来看，核心家庭是最主要的家庭结构类型，空巢家庭数量逐年增多，联合家庭数量在减少。家庭结构分析为不少学者所关注，但其研究尚存在一定困难，主要是相关数据获取不易，需要对“六普”原始数据进行深层次分析，而本课题组尚无此种权限对原始数据进行分析。因此，本文以2010年北京市全国人口普查数据已有的开发成果为基础，从北京市家庭结构变化以及人口变化趋势的角度入手着重考察城市隔代教养问题，对其现状进行分析，探讨城市隔代教养产生的政策层面的原因，并从社会工作实务角度提出相关建议。

城市隔代教养现象是当前社会中存在的热点问题，首先在社会学、教育学领域内得到关注。随着城市生活节奏的加快，生活压力的增大，年轻的父母需要拿出更多的时间和精力来关注工作和事业，养育下一代的职责就自然而然落到了已退休的祖父母辈身上，这种现象已不同于传统社会中的三代、四代直系家庭中的抚养关系，隐藏在城市隔代教养现象背后的原因是家庭结构发生根本性变化。常住外来人口的增加、家庭结构核心化趋势明显、人口结构老龄化加重都加速了城市隔代教养现象的出现。就隔代教养本身而言，它的影响有利有弊，对儿童的心理特征、性格形成，以及家庭关系等诸多方面的发展有重要的影响，"隔代亲""隔代教育"问题因此而受到多方关注。

一、什么是隔代教养

（一）隔代教养的概念及特征

隔代教养主要是指由祖父母或者外祖父母等祖辈老人来照顾、教育孙辈子女的教养形式，抚养者为（外）祖父母，年龄多在55周岁以上，被抚养者为年龄在14周岁以下的儿童和幼儿。

隔代教养并非新时代的产物。它在传统社会就已萌芽，传统社会中男性为家庭的经济支柱，每天外出劳作，养家糊口，女性则在家中操持家务，抚养儿女，而抚养儿女的这项职责多有祖父母（即公婆）在旁协助。时至当代，女性地位提升，生活压力增大，女性外出工作以增加收入成为减轻家庭负担的必然选择。抚养子女的职责因此需要他人协助来履行。祖辈成为辅助履行父母职责的最佳人选。祖辈辅助抚养孩子的时间长短与父辈工作时间的长短成反比。按照抚养持续时间长短的不同，隔代教养可分为完全隔代教养和联合隔代教养。完全隔代教养是指祖辈完全代履行父母职责，孩子的日常生活和家庭教育完全由祖辈进行，父辈只有在节假日才对孩子履行父母职责。联合隔代教养指祖辈辅助父辈履行抚养职责，照顾孩子饮食起居，接送孩子上下学（或上下幼儿园）等，其他职责仍然由父母履行。

联合隔代教养是城市隔代教养的典型状态，是本文研究的重点；完全隔代教养多与留守儿童问题、农民工问题等相关联，情况更为复杂和特别，本文在此暂不讨论。

具体来说城市隔代教养具有以下特征：

1. 祖辈有足够的时间和精力抚养孩子。祖父母已完成人生中的"资本积累"，子女也已成家立业，其社会职责减轻，闲暇时间增多，又尚未进入生活不能自理需要他人照顾的晚年阶段，有能力抚养孙子女。

2. 父辈由于工作时间或工作地点的限制不能完全履行父母职责。年轻的父母处于事业上升期，又面临"上有老，下有小"的生活压力，必须专注于事业的发展，他们或虽离家很近但工作繁忙，时间安排紧张。他们无法完整地履行父母职责，必须有其他人的协助。[①]

3. 孩子年幼，需要抚养及教育。儿童此时处于人生的初始阶段，没有独立生存的能力，无论在物质还是精神方面，都需要成年人的关心和爱护。

（二）相关概念

代际关系：指的是两代人之间的人际关系。泛指老年人与年轻人，如父母辈或祖父母辈与儿女、孙子女辈的关系。时代差异、社会地位、家庭地位及个人经历的不同产生了代际差异，使代际间的融合与冲突变得尤为重要。

亲子关系：亲子关系指父母与子女的关系。在子女幼年阶段，这种关系主要表现为子女要依赖父母成长。

隔代教养使传统的代际关系、亲子关系发生了变化。完全隔代教养的形式往往依附于隔代直系家庭[②]而存在，这种形式所造成的家庭关系的改变程度往往要小于不完全隔代教养。不完全隔代教养中，核心家庭中的

---

① 隔代教养产生的原因还有因父母离婚、分居、遗弃、未婚怀孕等形成的单亲或死亡、服刑或再婚，无足够经济能力抚养等情形，使得祖父母在自愿或非自愿的情况下，必须负担起照顾的责任，形成隔代教养。

② 隔代直系家庭：从形式上看，三代以上直系家庭缺中间一代可称为隔代直系家庭。从户主关系角度看可表述为户主或户主夫妇同孙子女组成的家庭以及户主同祖父母或祖父母一方组成的家庭。

人际关系由于祖辈的介入而变为三代直系家庭[①]，亲子关系加倍，代际之间的联系增强，另外还增强了较为微妙的非血缘的直系亲属关系，如婆媳关系等。孩子面临的家庭关系变得复杂，心理、行为等方面受到不同人的影响和指导，如果这些不同的关系可以和谐的运转，那么孩子的成长就会更加顺利，如果复杂的关系之间产生冲突，对孩子的性格形成、心理健康造成打击，对成长造成不良的影响。

（三）城市隔代教养与家庭结构

在家庭规模核心化趋势的作用下，纵向的亲子关系单轴让位于横向的老少夫妇并行的双轴[②]，青年人的职业流动相对较频繁，同时在职业变动的过程中也提高了自己的收入。青年人离开父母独立门户提早，即便与父母同居，也在价值取向、生活方式等方面保持相对的独立自主性。然而在抚养下一代和赡养父母的过程中，青年人的职业流动所产生独立性又与对隔代抚养的需求产生矛盾，家庭中各代人的依赖性增强。独立性和依赖性的共同需求是家庭结构变化中必然出现的悖论，也是当代中国社会中隔代教养问题和老龄化问题的原因。

“在东方社会的深层文化基础上，三代同堂家庭模式并不会完全随着经济发展而没落，它具有很大的稳定性。”[③] 因此，城市隔代教养问题或许并不该被称之为“问题”来加以“解决”，而应视为中国人口发展、社会进步的必然现象来客观应对。

二、北京市隔代教养现象的现状

（一）人口普查数据分析结果

根据中国老龄科研中心对我国城乡20083位老人的调查，照看孙辈的老人占了66.47%；[④] 有关部门对30个省市的3080个老人家庭进行抽样调查表明，有58%家庭的老人在帮助照看孙辈；[⑤] 对比2000年和2010年北京市全国人口普查的数据，最近这十年来，北京市常住人口的发展趋势改变了家庭结构，加速了隔代教养现象的扩大。

1. 人口结构老龄化加重。0—14岁人口占当年总人口数的比例在降低，而65岁以上的人口所占比例显著增高，老年抚养比占总抚养比的比例提高[⑥]（见表1、表2）。老龄化势必带来空巢家庭数量的增加，同时也导致隔代教养问题日渐突出，老年人占总人口的比例增大，年轻人的比例降低，老年人承担的社会责任相对增多，抚养孙辈子女就是其社会责任中的一项。

表1　2000年北京市常住人口年龄构成指数

地区	人数（人）				比例（%）				年龄构成指数（%）		
	合计	0—14岁	15—64岁	65岁以上	合计	0—14岁	15—64岁	65岁以上	总抚养比	少儿抚养比	老年抚养比
北京市	13569194	1843768	10582562	4114286	100	13.59	77.99	8.42	28.22	17.42	10.8

① 三代直系家庭，指夫妇同一个已婚子女及孙子女组成的家庭。从与户主关系上看，户主夫妇与父母及其子女组成的家庭也是直系家庭。

② 徐安琪：《家庭结构与代际关系研究——以上海为例的实证分析》，原载《江苏社会科学》，2001年第2期。

③ 郭志刚：《北京市家庭户的变化及外来人口影响》，原载《北京社会科学》，2004年第3期。

④ 李赐平：《当代隔代教育问题探析》，原载《淮北煤炭师范学院学报》，2004年第4期。

⑤ 黄祥祥：《论隔代教育与儿童心理的发展》，原载《吉首大学师范学院院报》，2006年第4期。

⑥ 抚养比就是指非劳动力人口数与劳动力人口数量之间的比率，它度量了劳动力人均负担的赡养费劳动力人口的数量。即：总抚养比（即赡养率）=（老龄人口+未成年人口）/劳动力人口=老龄人口抚养比+未成年人口抚养比。

表2　2010年北京市常住人口年龄构成指数

地区	人数（人）				比例（%）				年龄构成指数（%）		
	合计	0—14岁	15—64岁	65岁以上	合计	0—14岁	15—64岁	65岁以上	总抚养比	少儿抚养比	老年抚养比
北京市	19612368	1687437	16216078	1708852	100	8.6	82.7	8.7	20.9	10.4	10.5

2. 家庭结构核心化趋势明显。2010年北京市家庭户达到668.1万户，比2000年人口普查的409.7万户增加了258.4万户，增长63.1%，年均增长5.0%。然而，根据表3、表4显示的数据计算，从家庭结构来看，2000年在北京市常住人口的家庭中，有14%的家庭为三代户及三代户以上的家庭户，而至2010年此比例减少至10.2%；从家庭户人口来看，2000年北京市有24.6%的四人户及四人户以上的家庭，2010年此比例降低至12%。尽管北京市的家庭户数增加，但十年来北京市家庭户平均户规模日趋缩小。家庭结构核心化，个人社会功能的增强导致了传统家庭扶养、抚养和赡养功能的减弱，隔代教养的出现成为必然。

表3　2000年、2010年北京市常住家庭户结构

年份	总户数	一代户	二代户	三代户	四代户	五代及以上户
2000	4096844	1267259	2240735	578024	10824	2
2010	6680552	3366014	2632470	671881	10185	2

表4　2000年、2010年北京市常住家庭户人口

年份	总户数	一人户	二人户	三人户	四人户	五人及以上户
2000	4096844	494553	991497	1603396	598327	409071
2010	6680552	1657806	2020161	1942808	623250	436527

3. 妇女就业率提升。根据表5、表6，2010年北京市女性就业人口为占就业人口总数的42%，20—39岁的女性就业人口比例占就业人口总数的27%。而2000年北京市女性就业人口所占就业人口总数的比例仅为39%，20—39岁女性就业人口的比例则为25%。母亲用于工作的时间和精力增加，抚养孩子的时间减少，将孩子交给父母照顾的时间和机会增加。

表5　2000年北京市分性别、年龄的常住就业人口

年龄组	常住就业人口（人）			比例（%）		
	合计	男	女	合计	男	女
20—24岁	76049	43016	33033	11	6.2	4.8
25—29岁	97766	55718	42048	14.2	8.1	6.1
30—34岁	105779	60506	45273	15.4	8.8	6.6
35—39岁	116457	64912	51545	16.9	9.4	7.5

表6 2010年北京市分性别、年龄的常住就业人口

年龄组	常住就业人口（人）			比例（%）		
	合计	男	女	合计	男	女
20—24岁	135003	72417	62586	13.8	7.4	6.4
25—29岁	176605	95293	81312	18.1	9.7	8.3
30—34岁	141175	79046	62129	14.4	8.1	6.4
35—39岁	133655	75849	57806	13.7	7.8	5.9

4. 常住外来人口的增加。北京市常住人口为1961.2万人，同2000年第五次全国人口普查相比，十年共增加604.3万人，增长44.5%。平均每年增加60.4万人，年平均增长率为3.8%。全市常住人口中，外省市来京人员为704.5万人，占常住人口的35.9%。北京对于年轻人来说具有很大的吸引力，大量外地年轻人涌入北京开创事业，建立家庭，需要家住外地的父母来辅助抚养尚未成年的孩子。

从宏观数据看，近十年来，北京市家庭结构发生了较大变化，隔代教养现象日渐突出。隔代教养是随着社会的变迁而产生的，其原因很复杂，妇女劳动率提升，人口结构老龄化、家庭结构的核心化等趋势是隔代教养存在的重要现实基础。

（二）抽样调查数据分析结果

为了更加深入地了解隔代教养家庭的现状，笔者于2011年7月对北京市隔代教养家庭进行了滚雪球式抽样调查（具体内容见下表）。调查结果如下：

1. 祖辈家长主要承担的任务是照料孩子日常生活。如负责孩子的早晚饭，接送孩子上下学，照顾孩子度过长假期，均占到了相当比例，同时参与一部分孩子的教育事务。

表7 问题1：孩子的早晚饭谁负责？ （单选题）

选项	小计	比例（%）
父亲或母亲	51	42.15
祖父母或外祖父母	30	24.79
不一定，谁有空谁准备	37	30.58
其他人	3	2.48

表8 问题2：孩子的上下学（或幼儿园）谁负责接送？ （单选题）

选项	小计	比例（%）
父母	47	38.84
祖父母或外祖父母	37	30.58
不一定，谁有空谁接	37	30.58

表9 问题3：孩子的长假期（寒假或者暑假）如何安排？ （多选题）

选项	小计	比例（%）
基本上在家	59	48.76
出门旅行	42	34.71

续表

选项	小计	比例（%）
到祖父母或外祖父母家	50	41.32
参加课外辅导班	43	35.54
参加特长班	21	17.36
其他	7	5.79

2. 祖辈家长与父辈家长对教育关注点略有不同。虽然大部分家长都很关心家教问题，但不同代的家长有不同的关注点：父辈对孩子的教育考虑更长远，更关心孩子的性格培养，祖辈则较为现实，对孩子的物质需求和学习成绩关注较多。

表 10　问题 4：在您的家庭中谁最关心孩子的教育？　（单选题）

选项	小计	比例（%）
父亲	17	14.05
母亲	38	31.4
祖父母或外祖父母	3	2.48
都很关心	61	50.41
其他人	2	1.65

表 11　问题 5：作为父母，您最关心孩子的　（排序题）

选项	平均综合得分	
心理健康	4.43	
性格培养	3.91	
爱好培养	2.64	
学习成绩	2.55	
物质需求	1.17	

表 12　问题 6：孩子的祖父母（外祖父母）关心孩子的　（排序题）

选项	平均综合得分	
心理健康	3.37	
学习成绩	3.06	
物质需求	2.99	
性格培养	2.94	
爱好培养	2.21	

3. 对隔代教养带来的影响大家认为有利有弊。大家普遍认为隔代教养对孩子教育存在的影响并不大。66.36% 的家庭认为隔代教养对孩子教育既存在积极的一面，也存在消极的一面，很难区分。隔代教养是现有家庭结构下的必然选择。

表 13 问题 7：在您的孩子的家教问题中，您认为隔代教养带来的影响 （单选题）

选项	小计	比例（%）
存在，并且影响很大	41	33.88
存在，但只有一点影响	69	57.02
基本不存在	10	8.26
完全不存在	0	0
不太清楚	1	0.83

表 14 问题 8：在您孩子的家教问题中，隔代教养的影响主要表现为 （单选题）

选项	小计	比例（%）
积极，孩子跟随爷爷奶奶（或姥姥姥爷）学到很多东西	20	18.18
消极方面（方便的话请做出具体说明）	13	11.82
都有，很难区分哪种更突出	73	66.36
不清楚	4	3.64

以上调查和数据证明，隔代教养家庭普遍存在，父辈家长与祖辈家长在子女教育上承担的任务和关注点都略有不同。但这些家庭普遍都能理性地看待隔代教养问题，认为隔代教养有利有弊，在现有的家庭结构下，是必然的选择。

（三）城市隔代教养的主要参与模式

根据祖辈家长对孩子教育成长过程参与程度的深浅，我们能对祖辈家长在隔代教养中的参与模式进行一个大致分类。

1. 早送晚接模式

在这一模式中，祖辈家长只是负责孩子上学的接送，解决子女上班时间紧张问题，对孩子教育的影响很小。

刘奶奶的小外孙的学校离家有好几站路，刘奶奶的任务是每天早上送外孙上学，每天下午 3 时半之前，必须准时等候在学校门口，等待学校放学。不管春夏秋冬，刮风下雨，从不间断。

王大爷和他的老伴有两个女儿，两个小外孙只相差 6 个月。如今，两个小外孙都已上学，但一个住在北京的东南角，一个住在北京的西北角，为了接送“第三代”，两位老人只能“分居”两地，为了儿孙在各自的“岗位”上“早送晚接”。

2. 日进夜出模式

在这一模式中，祖辈家长负责孩子白天的学习生活，晚上子女下班回家交接，孩子往往会产生不适应感。

张奶奶和儿子住在同一个小区，相隔 50 米路程，为了支持儿子在事业上打拼，张奶奶开始做起了儿子家的“钟点工”：每天早上 7 点去儿子家接班，烧早饭、带孩子、打扫房间……晚上 7 点，全家吃好晚饭，才完成一天的工作，将孙子“交”给儿媳，带着疲惫下班回家，几乎每天都是“七出七进”。

3. 明确分工模式

在这一模式中，祖辈家长根据特长明确角色分工，较为固定地负责孩子成长的某一方面，有一定的合理性。

李爷爷是大学教授，是全家学历最高的知识分子，他的孙子已是小学二年级学生，全家两代人为了第三代有明确分工：奶奶分管孙子的饮食营养，孩子的妈妈分管孩子一年四季的服饰添置，孩子的爸爸则负责带领儿子外出活动，星期日带儿子去业余学校弹钢琴、学英语。李爷爷每天负责放学后的“陪读”，检查孙子的作业，保证他的考试成绩在班上“名列前茅”。

4. 轮流上岗模式

在这一模式中，主要是爷爷奶奶、姥姥姥爷轮流承担孩子的教育学习任务，如果教育方式不一，就会让孩子无所适从。

乔奶奶和她的亲家都已退休，大家都愿意为第三代发挥余热，他们的子女为了“端平一碗水”，轮流让老人享受“天伦之乐”。于是，两亲家隔周去子女家上岗，从家务料理到孩子的教育全部包办，孩子面对的是来自两个家庭的文化，一个是严格要求，一个是放任自流。不同的期望目标，不同的教育观念，在孩子的小脑袋中碰撞、冲突……

5. 完全取代模式

在这一模式中，父母完全是“甩手掌柜”，把孩子学习教育都丢给祖辈家长，这种方法是不可取的。

万爷爷的儿媳生了一对双胞胎，两个孩子自从满月之日起就“一分为二”，老大由爷爷奶奶带，住在海淀区；老二由外公外婆带，住在丰台区，每月节假日才“团圆”一次。从此以后，万爷爷开始替代他的儿子，充当宝宝的爸爸，他的老伴，成了宝宝的妈妈。万爷爷的亲家同样也进入孩子爸妈的角色，他们说：“自己好比又多生了一个女儿。”

（四）城市隔代教养的主要教养类型

在城市隔代教养中，不同的家庭有不同的教养方式和沟通途径。根据调查和访谈，笔者总结出了城市隔代教养的主要教养类型，并以相关案例加以佐证：

1. 冲突碰撞型

主要表现：祖辈与父辈之间，教育观念上冲突，培养目标上不同，教育要求上有差异，管教方法上不统一，教育效果上自然大打折扣，甚至相互抵消。

杨奶奶和儿媳为了小孙子经常会“干仗”。在孩子的习惯问题上，孩子爸妈认为原则问题不能让步，底线不能突破。比如，吃饭之前必须洗手，不能偏食，鱼和肉要吃，蔬菜也要吃，晚上9点前必须睡觉。杨奶奶则认为孩子还小，大起来自然会好。她常说：“我的5个孩子都这样养的，不是都挺有出息？”一次，为了要求孩子吃青菜，儿媳说：“不吃青菜，什么也别吃，饿一顿尝尝饥饿的味道！”杨奶奶马上“保驾护航”：“算了，算了，饿出了胃病咋办？”

2. 自有一套型

主要表现：祖辈与父辈之间、祖辈之间，不同的教育观念、教育方法，虽然不发生正面冲突和碰撞，但投射到孩子身上，却是背道而驰的。这是一种隐性的冲突，带给孩子的是迷茫和无所适从。

小玲今年7岁，活泼可爱，她的爷爷奶奶和她住在同一小区，但她不喜欢到爷爷奶奶家去，因为爷爷奶奶对她事事都严格要求。一次她把一张废纸从窗外扔到小区的绿地，爷爷非要她下楼捡起来，扔到废物箱里。她喜欢外婆，尽管外婆住得很远，但每到星期日，她都会嚷着去外婆家，因为外婆特别喜欢她，每次去总会给她买很多零食，还给她零用钱。

3. 一元化领导型

主要表现：在教育孩子问题上，只允许一种价值观、一种声音、一个权威，那就是孩子的父母。祖辈家长在教养孙辈过程中只是代理监护人，可以提出自己的建议，但决策权是孩子的父母，要听从孩子父母的决定。就是说，孩子的父母是核心家庭这所家庭学校的法人代表。

“孩子发热38.5度以内，不吃退热片；为防止到医院交叉感染，用退热药后尽量不去医院；血象化验后尽可能不用抗菌素输液。”这是孩子父母对孩子健康问题的一个原则，不管是谁都要严格遵守。唐外婆每次看到孙子发烧，真心疼啊，多么希望早点“药到病除”。然而，唐外婆对媳妇的原则绝对服从，做到“说一不二”。5年来，她已习惯宁可每隔10分钟给孙子量一次体温，不超过警戒线绝对不“轻举妄动”。

4. 错位越位型

主要表现：孩子对祖辈的依恋超越对其

父母的依恋。由于祖孙之间过度依恋，成为亲子之间沟通交流的障碍。祖辈时时处处干预父辈对其子女的教育，以教育者自居，甚至在孩子面前树立自己的个人权威，使孩子对父母的依恋感和安全感受到削弱，从而成为亲子关系中的依恋障碍。

王爷爷认为自己的儿子对孙子管教太死，比如每天看电视不能超过半小时。按照王爷爷的观点，看电视可以开发孩子的智力。于是，王爷爷成了小孙子的“坚强后盾”，他对小孙子说：“爸爸不让你看电视，爷爷给你看；爸爸如果要打你，爷爷就打他！”

5. 互学沟通型

主要表现：祖辈与父辈之间相互学习，沟通交流，在沟通互动中，教育观念，教育方法逐步走向统一。在孩子面前，不管是父辈还是祖辈，都是孩子的指导者、引领者，同时也是相互学习的榜样。两代人之间沟通交流的过程也是相互学习、跨越代沟、共同成长的过程。

马外婆每次在外面上完老年培训班回家，都会把新学的内容与女儿、女婿共同分享，什么“加德纳多元智能的理论”“蒙台梭利的教育思想及九个敏感期”“自我调节心态的三支温度计”……在马外婆带领下，全家重视学习，以科学理性精神去控制对子女的情感，以平和的心态对待孩子的教育和成长。

6. 优势互补型

主要表现：祖辈与父辈在教育下一代上各有优势，相互补充，相互尊重，取长补短。其中在教育的时间和空间上互补，在教育内容和方法上互补，在教育的效果上更趋优化。

李爷爷退休之前，是中学数学教师，他的老伴是幼儿园教师。他们俩为了第三代和谐均衡发展，各自发挥自己的优势和特长。李爷爷偏重于开发孩子的智力，从小培养孩子的逻辑思维能力，他的老伴则每天和孩子一起开展亲子活动，拍皮球、跳绳、踢毽子、打羽毛球……让孩子的“视、听、动”均衡发展，健康成长。

比较这几种教养方式，很明显，互学沟通型和优势互补型的教养方式更利于孩子的成长，也能更好地避免隔代教养过程中可能存在的代际冲突。

三、城市隔代教养的政策因素分析

隔代教养现象一方面是因为女性外出工作，无暇照顾孩子，需要由他人来协助，父母自然成为大部分人的最优先考虑。但这个并非是现代社会的偶然现象，它的出现有深刻的社会政策方面的原因。在我国的经济、社会和文化急剧变化的这个大背景中，传统的家庭结构、规模、功能已发生了深刻的变化，出现了许多新问题。单位制解体、人口老龄化、家庭小型化和家庭的不稳定性使家庭功能出现衰退化趋势，而政府的缺位和社区的碎片化又进一步导致家庭福利供需失衡加剧。[①] 隔代教养成为许多家庭面对孩子教育生活问题时必然的选择。

从家庭政策的角度来看，长期以来由于传统的家庭生活观念与家庭制度安排的影响，中国缺乏家庭政策与家庭福利的视角，在制度设计及政策目标方面缺乏较为宏观和系统的目标。现有政策法规已不适应家庭结构功能变化状况。在计划生育政策和独生子女政策成功控制了人口增长之后，其潜功能逐渐浮出水面：人口老龄化现象严重；儿童照料与教育的支出加大给家庭带来了一定的经济压力；城市家庭核心化使照料资源不足，从而导致家庭养老功能渐趋弱化等等。然而，家庭福利政策并没有跟随人口结构的变化做出相应调整，对于家庭福利的理念和原则、政府的责任和角色、发展模式、公益性与市场化问题以及国家福利资源的分配及监管问题都缺乏深入的研讨。“错综复杂的家庭问

① 张秀兰、方黎明、王文君：《城市家庭福利需求压力和社区福利供给体系建设》，原载《江苏社会科学》，2010 年第 2 期。

题、各式各样的问题家庭与家庭福利政策的缺位，妇女福利、儿童福利、社区福利与总体性家庭福利的分隔，四分五裂与名存实亡的家庭生活，不约而同聚焦中国有家庭生活实践，但无家庭福利政策的危机状况。”

从儿童政策的角度来看，儿童在完整的家庭结构中才能得到最好的发展，儿童政策建立的基础也正是基于此种理论。但在社会转型的冲击之下，我国传统的家庭结构受到了越来越大的挑战，单亲家庭、留守家庭、隔代照料家庭等逐渐增多，隔代教养现象已逐渐成为家庭教育的常态。儿童福利政策的覆盖面狭窄，缺乏普及性；政策过分强调政府的主导作用，缺乏社会力量的参与；政策缺少统一规范、可操作性差、针对性不强等特点在隔代教养模式中暴露无遗。

笔者对处于隔代教养现状中居民的调查也印证了隔代教养的出现，更多的是因为政策的缺失造成许多家庭无法获得来自工作单位、生活社区等有效的社会支持，只能向家庭内部成员寻求帮助。我们对处于隔代教养现状中的居民的社区需求和工作单位需求做了评估，发现了社区居民在儿童照顾方面的迫切需求，家长们希望社区和工作单位能够针对双职工家庭提供相应的社区支持以及其他方面的支持。调查发现，家长在青少年活动、学习、日常生活照料等方面的需求都比较旺盛（见表15），而且只要服务品质较好，高达96.6%的家长都愿意支付合理的费用来购买相关组织的服务。85.95%的家长工作单位给有孩子的家长提供更为弹性的工作时间，以更多地陪伴孩子成长。由此可见，隔代教育问题的产生与社区服务不到位、工作单位支持力度不足有着密切的关系，宏观的家庭福利政策和儿童福利政策的缺失和滞后一定程度上助推了隔代教养现象的产生。

表15 问题9：您希望您的社区增加哪些服务设施？ （多选题）

选项	小计	比例（%）
家教	40	33.06
托儿所	43	35.54
学生小饭桌（提供午餐）	32	26.45
接送入托、上下学	52	42.98
组织夏令营或冬令营	52	42.98
青少年活动中心	72	59.5
图书馆	64	52.89
其他	0	0

表16 问题10：如果您所在的社区或者工作单位设立上述的互助组织或者其他福利性社区辅助组织，您是否愿意支付合理的费用来购买该组织的服务？ （单选题）

选项	小计	比例（%）
愿意	50	41.32
不一定，按照服务质量和价格决定是否购买	67	55.37
不愿意，我还是信任自家人	4	3.31

表 17 问题 11：您是否希望工作单位给有孩子的家长提供更为弹性的工作时间，以更多的陪伴孩子成长？ （单选题）

选项	小计	比例（%）
现在的工作时间紧张，所以迫切希望能有此类政策	104	85.95
我已经有较多的时间来陪伴孩子，工作单位是否提供此类政策无所谓	16	13.22
其他	1	0.83

四、城市隔代教养的利弊分析

祖辈参与孙辈的抚育是中国的传统美德，与当代城市雇用保姆等照顾孩子相比，祖辈抚养孙辈有绝对的优势。

祖辈大多饱经沧桑，具有丰富的人生阅历，性格沉稳谨慎，勇敢坚韧，为人慈祥谦和，生活简朴，吃苦耐劳，具有极大的爱心与耐心来抚育下一代。祖辈不仅仅保障孙辈的衣食住行等基本生活需要，在抚养过程中，还以自己的阅历，潜移默化地向孙辈表达自己的人生观、价值观，拓展孙辈的知识面，在人生经历如白纸的孙辈心理上描绘出人生最初的印象，他们的优秀品质无声地传递到孙辈子女身上。年轻的父母工作繁忙，性格急躁，孩子最好的倾诉对象，最好的玩耍伙伴便是自己的爷爷奶奶、外公外婆。

另外，隔代教养增强祖辈家长的自我满足感和社会责任感，有利于家庭和社会的和谐。隔代教养让祖辈承担属于社会职能的一部分职责，帮助家庭功能社会化，在一定程度上减少了家庭在幼儿教育方面的成本，弥补他们退休后的精神空虚，有利于老人的身心健康。

从辩证法的角度来分析，利弊必然共存。在隔代教养为儿童的家庭抚养和教育提供便利的同时，隔代教养由于其自身的特征，也导致了种种弊端的出现：

一是在基本生活保障方面。祖辈家长与父辈家长多存在矛盾。祖辈按照多年抚养孩子的经验行事，而年轻父母更加崇尚科学。

二是在家庭教育方面。祖辈对孩子更加溺爱，而父辈对孩子往往相对严厉；在辅导孩子的学习方面，祖辈家长所受的教育与现代教育之间差距很大，难以对孩子的学习进行正确及时的引导，而父辈家长虽然接受过较多的现代教育，却把大部分时间放在事业上，分散了辅导孩子学习的精力。比如，像祖辈家长日进夜出型的家庭，出现早上孩子尚未起床，父母就已出门上班，晚上孩子已经睡着，父母才下班回家的状况。

三是在家庭关系方面。一方面，隔代教养的存在一定程度上可能减弱了亲子关系的亲密程度和信任程度。存在隔代教养现象的家庭发生亲子冲突的几率往往高于正常家庭。孩子在生命早期与父母形成的亲密关系是最深刻、最持久的。婴幼儿时期父母的关爱与呵护促成了亲子依恋关系的形成，而隔代教养一般发生在抚养对象的婴幼儿时期，孩子与父母相处时间较正常家庭要少，可能导致亲子关系的疏远，从而使彼此的信任感产生偏移。特别是完全取代的隔代教养可能对孩子的性格养成和心理健康带来不好的影响。另一方面，隔代教养还可能造成祖辈和父辈家长关系紧张。在隔代教养同时进行的过程中，当孩子同时被置于两种可能发生矛盾的教育模式之下时，就会无所适从，家庭关系发生冲突的可能性增加。这在冲突碰撞型、自有一套型和一元领导型的隔代教养家庭中极有可能因为孩子教育问题引发家庭冲突。这种状况不仅仅是家教方法的不同而引起，其根源往往是两代人之间的差异所引起的矛盾。因此，隔代教养中所存在的问题不仅仅是抚养的问题，也不仅仅是教育的问题，还包括代际关系的问题。

五、建议

虽然隔代教养家庭出现问题的可能性要大于正常家庭，但是在当前的社会压力增大、老龄化问题凸显的形势下，隔代抚养在一定时期内仍是年轻父母和祖辈家长的必然选择。因此，当前的任务是发挥隔代教养的优势，减少其弊端，让孩子在隔代家庭教育中顺利完成社会化。要达到这一目标，需要多方面、多领域的共同努力。

（一）家庭成员的协作和配合

家庭内部祖孙三方的相互包容、共同提高是维护和谐家庭关系的根本。家庭本身所具有的协调功能对家庭教育及亲子关系的顺畅运行有很大的帮助，在中国传统的重视家庭、信任亲人的观念影响下，家庭成员之间的理解和沟通效果比来自外界的帮助有更好的效果。隔代教养家庭要多向互学沟通型和优势互补型的教养方式靠拢。隔代教养中的祖辈需要更为专业的现代育儿常识，并且要注重发挥祖孙关系对亲子关系的作用，使祖辈成为孙辈和父辈之间的桥梁；父辈需要有更多的精力和时间提供给孩子，营造良好的家庭氛围，不仅要处理好夫妻关系，还要处理好和祖辈间的关系；而孩子需要更为统一的抚养和教育，需要和谐的家庭氛围，三代人之间需要更为有效的沟通和理解。

（二）学校教育的支持和引导

隔代教养不仅仅是家庭关系的问题，因此除了家庭内部祖孙三方努力之外，学校可以作为独立的教育机构、社会工作机构和儿童社会工作的辅助机构针对隔代教养现象进行引导：一是注重发挥教师作用，把亲子关系的指导贯穿到学生成长的全过程。二是加强对学生的传统孝道思想的教育，注重学生的德育教育，在校园里倡导孝敬长辈的风气。三是学校可以向学生和家长开设一些亲子关系辅导课程，辅助增强亲子互动。

（三）社会工作的辅助和介入

对于社会工作而言，社会工作者在隔代教养方面所能做的努力是立足于现实，尊重家庭的基础性作用，采用专业的社会工作技巧，补足隔代教养家庭中不同群体的需求。社会工作者在此领域的实务干预主要有：

一是在社区内建立家庭服务机构，以增进家庭功能和保证儿童发展需要。该服务机构由政府购买社会工作服务或财政补贴或税收优惠的形式鼓励和支持市场及非营利组织担当，其服务内容可包括婚前教育、父母角色及亲子关系技能培训、儿童保护及儿童和老人照顾服务、家庭和婚姻关系咨询以及信息服务等。

从实务技巧层面而言，可以提供全方位的服务，包括针对问题较为突出的家庭进行个案辅导，发现问题所在，提供专业的知识及技巧，化解矛盾，并着重于增强家庭的自我协调能力，提高家庭关系的“免疫力”；包括在一定范围（如街道、社区、学校、幼儿园等）采用小组工作的方法，组织祖辈、父辈的小组活动，提供沟通技巧、家教技巧等；包括发挥社会工作的预防作用，通过社区（隔代教养现象较为集中的住宅小区、幼儿园、学校等）进行宣传和引导，普及家庭教育方法，宣传代际之间的沟通技巧。

二是建立社区家庭动态监管制度。① 由社区工作者或者其他负责社区家庭事务的部门对社区内家庭进行全面评估，建立档案，了解社区内家庭的建立与解体情况，家庭类型、户型，家庭收入与分配，家庭的负担与亲属网络变化等。

（四）社会政策的完善和进步

已有的研究所采用的视角多为微观社会

① 纪文晓：《强化儿童保护功能的家庭福利政策》，原载《少年儿童研究》，2009年11月（理论版第011期）。

工作，用个案、小组、社区等微观实务的方法来补足隔代教养的弊端。笔者认为，要想较为有效地促进儿童的身心发展和家庭关系的和谐，微观社会工作实施的预防性辅导和救济性辅助远不足以根治由政策缺陷引发的问题。

宏观社会工作应从更为广阔的视角来关注社区和组织，关注问题、人群和社区、组织之间的联系，关注政策和福利的改善。从此角度出发所进行的社会工作，关注的不仅仅是个案，而是社会公正的问题，从而促进政策和法律的完善，从根本上保障儿童权利和家庭权利的实现。

如前文所述，隔代教养现象的存在不仅是社会压力增加与中国传统家庭观念相碰撞的结果，追根溯源，这种现象的出现与我国的人口政策、家庭政策、妇女政策和儿童政策的设置有很大的关联。从宏观社会工作的角度来看，要求相关政策进行相应的调整和有力的执行。诚然，要使此建议上升到政策高度还有很长的路要走，但社会政策的完善是根本之策，如：在工作单位层面，完善工作福利，提供教育补贴，帮助社会成员实现家庭生活与工作责任的平衡，制定家庭休假制度和弹性工作时间，确保父母中至少有一方能够有更多的时间照顾和教育儿童；对于新生儿可以享受无酬亲职假期，通过家务劳动市场化提供家庭日托和家政服务，为家庭和社会的可持续发展提供人力资本支持。

在社区层面，要结合当前进行的社区建设，联系社区家庭服务机构，切实加强社区家庭服务。“这些服务内容既要涵盖应急性的和修补性的服务，更要注重预防和早期干预；不仅为儿童提供服务，更要为家庭整体提供服务，照顾到家庭群体的共同利益，并且要强调后者，家庭需求的满足会在很大程度上有助于照顾儿童的特殊需求。”①

在儿童政策层面，由于中国社会结构转型速度较快，儿童福利法律与政策框架发展变化速度较快，战略性思考与超前性制度框架设计至关重要，而且，在立法过程中亟须改变忽视儿童独立权利的传统价值观念，灵活回应不同群体儿童的基本需要，以此保障儿童能够得到来自父母的足够关爱和教导，从根本上保障家长和儿童的权利，促进儿童的健康全面成长。

隔代教养问题虽然不会长期存在，但它作为传统价值观、政策潜功能共同作用的结果，却可能在一定时期、一定范围内影响个人、家庭及社会的和谐发展。可以说，“没有以家庭为基础的儿童福利与妇女福利，没有系统、完善的家庭福利服务体系与综合整体的家庭福利制度，没有幸福美好和高质量的家庭生活，就没有家庭的和谐与社会的和谐。”② 因此，我们应该通过增强家庭的自我协调能力、增加社会政策的灵活性来应对这一阶段性现象，为儿童身心健康、无忧无虑和幸福快乐地成长营造良好的社会环境，提供必要的社会条件与公共服务，这也是建设具有中国特色的儿童福利法律框架与政策框架的必然之举，也是可持续发展发展与构建和谐社会的核心。

【参考文献】

[1]［美］F · ELLEN NETTING，PERER M KETTNER，STEVEN L. MCMURTRY [M]. 宏观社会工作实务. 刘继同，隋玉杰，等，译. 中国人民大学出版社，2006－9.

[2] 李妍. 隔代教养问题的社会工作视角分析 [J]. 井冈山学院学报（社会科学版），2008－29（4）.

[3] 王跃生. 中国家庭代际关系的理论分析 [J]. 人口研究，2008－32（4）.

[4] 李蜀黔. 怎样看待隔代教育 [J].

① 纪文晓：《强化儿童保护功能的家庭福利政策》，原载《少年儿童研究》，2009 年 11 月（理论版第 011 期）。

② 刘继同、左芙蓉：《“和谐社会”处境下和谐家庭建设与中国特色家庭福利政策框架》，原载《南京社会科学》，2011 年第 6 期。

贵州教育，2007（11）.

［5］李亚妮. 隔代抚养下的亲子关系分析［J］. 学理论，2010（9）.

［6］刘继同，左芙蓉. “和谐社会”处境下和谐家庭建设与中国特色家庭福利政策框架［J］. 南京社会科学，2011（6）.

［7］张秀兰，徐月宾. 建构中国的发展型家庭政策［J］. 中国社会科学，2003（6）.

［8］国务院人口普查办公室，国家统计局人口和社会科技统计司. 中国2000年人口普查资料（上册）［M］. 中国统计出版社，2002－8.

［9］北京市第六次全国人口普查领导小组办公室，北京市统计局，国家统计局北京调查总队. 北京市2010年第六次全国人口普查主要数据资料［M］. 2011－7.

构建北京市“枢纽型”社会组织党建体系问题研究

市委社会工委、市社会办党建工作处

社会组织党建工作是党的建设崭新领域，是基层党建工作重要组成部分。初步探索构建起北京市社会组织“枢纽型”党建体系，是贯彻落实党的十七大和十七届四中、五中全会，推进基层党建工作创新，以科学理论指导社会组织党的建设，以科学制度保障社会组织党的建设，以科学方法推进社会组织党的建设，不断提高社会组织党的建设科学化、制度化、规范化水平的一项重要任务。按照北京市委组织部确定的课题任务和要求，北京市委社会工委组成了由市委社会工委书记、市社会办主任宋贵伦同志牵头，市委社会工委委员、市社会办副主任陈建领同志负责，市委社会工委党建工作处为主要力量的课题组，分别采取问卷调查、座谈以及资料研究等多种形式，结合北京市“枢纽型”社会组织联合党组织试点工作以及在市级“枢纽型”社会组织中开展的“3＋1”（“3”，即社会组织党建工作委员会、社会组织联合党组织、社会组织党建工作部门；“1”，即社会组织党建工作联席会制度）党建工作机制建设，对近年来全市确认的市级“枢纽型”社会组织和部分区县开展社会组织党建工作成功做法和典型经验进行了总结和提炼，对构建北京市社会组织“枢纽型”党建体系有关问题进行了初步研究和探讨。

需要说明的是，这次调研是以市级“枢纽型”社会组织为重点，本报告所涉及的情况、材料、经验、做法，以及所做的分析和提出的意见、建议，多是以市级“枢纽型”社会组织的调研为基础的；还要说明的是，社会组织党的建设工作尚处于起步阶段，无论是党组织的建设，还是发挥党组织的作用，都还在探索之中。因此，调研报告所提出的意见、建议，都是初步的、不系统的，仅是对这个课题研究的一个开端。

一、把握构建北京市“枢纽型”社会组织党建体系的时代要求

构建北京市“枢纽型”社会组织党建体系，必须首先把握“枢纽型”社会组织这一新领域的内涵和本质要求，使“枢纽型”社会组织党建体系构建从一开始就体现时代特征、中国特色和首都特点。

（一）构建“枢纽型”社会组织党建体系现实考察

党的十七大从发展中国特色社会主义伟大事业的全局出发，对以改革创新精神全面推进党的建设新的伟大工程作出了全面部署，为加强和改进社会组织党建工作指明了方向。北京市适应社会建设和社会领域党的建设的

需要，率先在全国成立社会建设机构，统筹全市社会建设工作和社会领域党建工作，掀开了首都社会建设和党的建设新的一页。2008年6月25日，北京市委常委会讨论通过了包括《北京市加强社会建设实施纲要》和《中共北京市委关于进一步加强和改进社会领域党建工作的意见》等社会建设“1+4”文件。在《意见》中首次使用“‘枢纽型’社会组织”一词。首次明确“枢纽型”社会组织的概念。具体就是指由市社会建设工作领导小组认定，在对同类别、同性质、同领域社会组织的发展、服务、管理工作中，在政治上发挥桥梁纽带作用、在业务上处于龙头地位、在管理上经市政府授权承担业务主管职能的市级联合性社会组织。这是我市创新社会组织管理体制和工作机制的一项重要措施。旨在将性质相同、业务相近的社会组织联合起来，进一步形成合力，促进共同发展。同年9月25日，北京市社会建设大会召开，对包括“枢纽型”社会组织党建工作在内的社会建设工作作出全面部署。2009年2月，北京市委组织部、市委社会工委联合印发了《关于开展社会领域党建试点工作的意见》，明确提出在全市开展“枢纽型”社会组织建立社会工作（联合）党组织试点，率先在构建“枢纽型”社会组织党建体系方面进行理论和实践探索。

（二）构建“枢纽型”社会组织党建体系的价值考量

1. 从构建中国特色社团管理体制去考量。截至2011年底，北京市共有依法登记的市区两级社会组织7492余家；此外，还以备案制等形式存在着数量众多的社区社会组织（14895家）、“草根”社会组织以及高校社团组织，总量近3万家。这些数量众多、形态各异的社会组织，分布在首都经济社会生活的各个方面，在发展市场经济、提供公共服务、保障改善民生、完善基层民主、促进社会和谐等方面发挥了重要作用，已经成为促进首都经济社会发展的一支重要力量。但原有的社会组织服务管理体制存在很多问题。具体表现在：一是政社不分、管办不分的现象比较普遍，许多社会组织都是由政府部门创立，在人、财、物上严重依赖行政部门，附属在行政机关，自主发展、自我管理的能力不强。二是管理分散、疏于管理的问题比较突出。仅市级社会组织的业务主管单位就多达134个。实际工作中，这些部门大多很难投入精力来提供专门的服务和管理。三是社会组织因找不到业务主管单位而无法登记的问题时有发生，很多社会组织只能以其他形式存在，于是产生了大量无人联系、无人管理的“草根”组织，同时，也有一些社会组织随便找一个挂靠单位。四是由于渠道不畅，社会组织党建工作滞后，党组织和党的工作覆盖面不够，工作在社会组织中的大量党员成为“口袋”党员，长时间不能过组织生活。一个成熟和发达的社会，不仅需要依法执政的政府管理体制和完善的市场经济体制，同时也需要一个充满活力、运行规范的社会组织体系。中国发展到今天，需要构建在党的领导下，政府组织、市场组织、社会组织三维良性互动的体制机制。在这种背景下，构建“枢纽型”社会组织党建体系就成为中国特色社团管理体制的有益探索。

2. 从加强和创新社会服务管理去考量。构建“枢纽型”社会组织党建体系是新形势下我市社会服务管理创新的重要内容。随着社会主义市场经济的不断发展和完善，我国的社会结构发生了深刻变化，利益主体日益多元化，大量的“单位人”变为“社会人”，社会建设和管理面临许多新情况和新问题。特别是在社会转型过程中，过去“单位制”的管理模式已经不适应新的形势需要，原有体制已无法覆盖到所有人群，社会管理出现了许多空白点和薄弱环节。从北京的情况来看，目前人均GDP已突破1万美元，人口总量超过2000万，有100多万个非公有制经济组织、近3万家社会组织、1100多万网民、1800多万手机用户以及17万多长期在京工作生活的境外人员。我们有80%以上的单位、人群处在“旧体制”覆盖不到的新的社会领域。面对这样一个复杂的大型社会和各种变化了的新情况，如果继续沿用原有的管理体制和工作模式，显然很多工作将无法有效开展，这就迫切需要创新社会管理体制，构建一种全新的社会管理格局。通过构建“枢纽型”社会组织党建体系，发挥党建的引领作用，可以构建一种全新的社会动员机制和社会服务管理网络，进一步激发社会活力。

3. 从党的建设规律去考量。把社会组织党建工作作为一个新领域，从体制机制上去创新，放到新时期推进基层党建创新的大背景下来考量，应该说，其积极意义是不言而喻的。一是与中央、市委的要求相一致。党的十七大和十七届四中全会从全面推进中国特色社会主义事业的高度，对在新形势下加强社会建设提出明确要求，特别强调社会组织党组织要围绕贯彻党的方针政策、引导和监督遵守国家法律法规、团结凝聚职工群众、维护各方合法权益、促进健康发展，积极探索发挥作用的途径和方法。这深刻表明了社会组织党建工作的重要性，也指明了社会组织党建工作的方向和着力点。市委十届九次全会通过的《中共北京市委关于加强和创新社会管理 全面推进社会建设的意见》中，明确提出要着力以党建工作创新引领社会服务管理创新，健全社会组织党建工作机制，实现社会组织党组织和党的工作全覆盖。二是能够较好地使党建工作紧密围绕党和国家的中心工作展开。党建工作应着眼于全面建设小康社会、发展中国特色社会主义的伟大事业，围绕着我们正在做的事情来开展。当前和今后一个时期，集中体现在深入贯彻落实科学发展观，着力解决人民群众最关心、最直接、最现实的利益问题，加强和创新社会管理，切实保障和改善民生，建设“人文北京、科技北京、绿色北京”和中国特色世界城市等来展开。而社会组织不仅是国民经济和社会发展的重要组成部分，还对资源配置、平衡利益等具有积极调节作用，是民生问题最为集中的领域之一。三是能够与传统党建（包括机关党建、企事业单位党建）等协调推进。按照构建大党建格局的要求，突出重点，明确任务，有利于在党的建设上贯彻党和国家的社会政策，体现党的建设的特点，遵循党的建设的规律，反映党的建设的要求，协调推进党的建设新的伟大工程。基于此，本课题所研究的“枢纽型”社会领域党建体系，就是按照党建的规律和内在要求，通过社会组织“枢纽”平台，在体制上进行整合和规范，建立长效机制，提升社会组织党建工作科学化、制度化、规范化水平，确保党建工作在社会组织有效实施的一个由工作理念、方法和机制等要素组成的系统工程。

（三）构建北京市“枢纽型”社会组织党建体系的时代意义

构建北京市“枢纽型”社会组织党建体系，必须从宏观到微观正确把握时代要求，善于研究变化，关注走势，找准定位，用改革创新的精神审视体系建设，承担起时代赋予的历史责任。

1. 构建“枢纽型”社会组织党建体系是适应社会组织自身特点及其党建工作的现状提出的必然要求。加强党的基层组织建设是党的建设工程中一个普遍的要求。而对当前的社会组织来说，加强党的建设更有着特殊的重要性和必要性。传统的适用于机关、企事业单位的党建方式不太适合社会组织的阶段性特征。社会组织不同于传统的企事业单位，多数不具有严密的组织性和层级制。社会组织的组织特征是松散型；工作机制是协商型；人员构成尤其复杂，有专职和兼职的，有固定的和临时的，有工作人员和会员，还有拿薪酬员工与志愿者；规模大小不一，少部分规模较大，大多数规模较小。社会组织中，普遍存在党员数量偏少，党组织组建率偏低，党建工作空白点较多，党组织活动开展不够正常、发挥作用不够明显等问题。党建工作缺人才、少经费、无场所的问题仍比较突出。在社会组织里，党组织既没有对人、财、物的支配权力，也不对单位的经营风险承担责任，这无疑增加了这个领域党建工作的难度。由于这一领域的从业人员整体素质较高，并有较强的参政议政诉求，也成为各种政治势力争取、争夺的对象。这就要求我们在社会组织党建的思路与方法、社会组织中党组织的功能与工作方式、社会组织中党员的教育与管理方面都要不断创新。因此，必须从实际出发，通过构建“枢纽型”社会组织党建体系，切实加强党的建设，努力扩大党的影响力，提高党的凝聚力，增强党的吸引力。

2. 构建“枢纽型”社会组织党建体系，是保证社会组织健康发展，完善社会主义市场经济体制、构建社会主义和谐社会的客观需要。完善的社会主义市场经济体制，其中一个条件就是要有日益发达的社会组织作支撑。社会组织能否健康发展和是否积极发挥作用至关重要。社会组织发展总体是健康的，并日益发挥着重要的积极作用。但也不能不看到，社会组织在快速发展过程中也暴露出了一些突出问题。比如，有的工作水平差，服务质量不高；有的经营行为不规范，行业自律不严，等等。这些问题从客观上讲既与政府部门对社会组织的管理体制不顺、管理职责不清相关，也与社会组织党的建设薄弱相连。这些问题的存在，既不利于社会主义市场经济体制的完善，也不利于社会主义和谐社会的构建。加强社会组织党的建设，通过发挥党组织的保证和监督作用，促进社会组织发展目标的落实，引导和督促社会组织加强自身建设，自觉贯彻党的路线、方针、政策，遵守国家法律、法规，不断提高自律性和诚信度，使其沿着健康、和谐的方向做大做强，实现健康、规范、有序发展，从而在构建社会主义和谐社会中更好地发挥作用。

3. 构建“枢纽型”社会组织党建体系，加强社会组织党的建设，是增强党的阶级基础，扩大党的群众基础的重要课题。社会组织作为新的组织形态，党组织存在很多空白点，如果不加强社会组织中党的建设，党的影响力、吸引力以及辐射力势必会下降。党与这些新崛起的社会力量的联系纽带必然会松弛，甚至断裂，社会组织中的许多新生力量如果不能成为党的新鲜血液，就会严重影响或削弱党的执政基础。社会组织中的党建工作如果不及时跟进，滞后效应将会越来越明显。以市科协为例，目前市科协联系各类科技社团 192 家，联系首都科技工作者超过 45 万人，集中了全市自然科学、工程技术、交叉科学类学术团体和科技类基金会等各类组织，其中会员大多是科技界的精英，可以说是群星荟萃。这些人都是中国特色社会主义的建设者，是我们党的阶级基础和群众基础的组成部分。如果考虑到这些单位的联系面、影响力，这种基础作用会更见凸显。这些人大多是组织关系和人事关系在原所在单位，比如高校、科研院所，相当一部分人是兼职的，而日常工作和活动大多却在学会或协会里面。这样就存在原单位管不过来，协会没法管的问题，党员的正常组织生活难以落实。就大部分社会团体来说，尤其是学术性和专业性团体，从业人员文化水平整体较高。多数成员归属新的社会阶层，具有较高文化素质，在经济社会发展中发挥着越来越重要的作用。根据调查问卷分析，从文化构成来看，排在前三位的分别为大专程度（占 32.57%），高中、中专程度（占 30.68%），大学本科（占 22.33%），研究生以上学历的占到 2.02%。也就是说，接受高等教育的从业人员占到总的从业人员的 56.92%。从一定意义上讲，我们党能不能适应社会组织迅速发展的趋势，并卓有成效地开展工作，充分发挥领导作用，是对党执政能力和执政水平的新考验。

二、制约构建“枢纽型”社会组织党建体系的主要因素及原因分析

近年来，在市委的领导下，全市社会组织各级党组织适应社会主义市场经济的特点，不断加强和改进社会组织党建工作，取得了很大成效，但是与党的工作要求和社会组织党组织内在发展的需要还有差距，在某些方

面存在着薄弱环节。如："枢纽型"社会组织党建工作管理体制还不很顺畅，职责不甚明晰；社会组织党建协调共建机制不健全、工作效果不明显；党组织和党的工作覆盖面不够广泛；党组织的影响力和渗透力不够；党组织活动缺乏必要的场地、经费，基础设施建设不平衡等。究其原因，主要有以下几个方面：

（一）思想认识因素

思想上对社会组织党建工作的必要性认识不够全面，尤其对构建"枢纽型"社会组织党建工作体系认识还有待深化。"枢纽型"社会组织不是新的官僚体制，而是开放竞争的体制。一方面，"枢纽型"社会组织扩大了覆盖面；另一方面，同时也增加了工作交叉点。市委、市政府把工青妇等人民团体列为首批"枢纽型"社会组织，目标首先是要把人民团体做大做强，把人民团体的传统优势与社会组织的活力有机结合起来，形成新优势、发挥新活力。人民团体是党领导下的群众组织，多年来一直是党和政府联系各界群众的桥梁和纽带，是党和政府最值得依靠、最值得信赖、最为得力的助手，具有比较健全的组织体系、工作队伍和工作机制。加之人民团体有良好的工作基础和优良传统，社会组织管理与人民团体管理能有机融合。社会建设需要人民团体的大力参与，人民团体也同样需要借助社会建设这一广阔舞台，在新时期实现更大发展。但有的单位在构建社会组织"枢纽型"体系方面存在不同理解，认为原单位本身就有一个完整的工作体系，有自身的运作模式，确认为"枢纽型"社会组织，等于额外增加了工作量，增加了"婆婆"。在思想认识上没有形成共识，工作方式、工作职能还没完全转变。

（二）体制因素

体制上最大的障碍是社会组织管理体制不顺畅，社会组织还不能完全归位到"枢纽型"平台上，党建工作还不能形成集约优势。传统体制下的社会各种组织，多由政府部门主办，党组织在组织体系中是坚强有力的。在新的历史条件下，随着"枢纽型"社会组织工作体系的逐步建立，原有官办社会组织与行政部门的逐步脱钩和大量自发性社会组织的兴起，在这些组织中，党组织对人、财、物没有实际上的控制力，其作用也就难以渗透到这些组织的行为之中。具体到确认的22家"枢纽型"社会组织而言，所联系服务管理的社会组织党员和党的组织关系分属市直机关工委、市委政法委、市委教育工委、高校、科研院所等，有些分布在人才、职介等中介组织，有些是属地管理。组织关系调整涉及诸多单位和部门之间的协调，特别是涉及单位利益和党员个人利益的调整。很多单位担心党员组织关系的调整涉及人事关系，涉及队伍建设和队伍稳定，因此顾虑较多。这种看似党政齐抓共管的治理模式，正是我们所诟病的"多头管理"，最终的结局就是"九龙治水水不治"。社会组织党建工作在缺乏宏观理论指导和具体操作技巧的情况下，往往流于形式。从调研情况来看，大多"枢纽型"社会组织建议直接成立党组织，组织关系隶属市委社会工委。

（三）组织功能因素

这里所说的组织功能因素，主要是指党组织的功能与社会组织本身功能的契合和一致性。党组织在计划经济时期长期拥有的权力资源，对社会资源的支配权逐步由市场机制所取代，使党组织对自身工作职责和履行职责的方式必须作出适当调整和相应转变。而社会组织党组织还没有完全转变自己的职能，适时找到基层党组织与经济社会事业发展的结合方式、与人民群众利益的结合方式、与社会组织功能相一致的结合方式。比如，社会组织主要是承接政府转移出来的部分职能，主要起着服务、沟通、协调的功能。而社会组织中的党组织，既不同于党政机关党组织，也不同于企业、事业单位和农村党组织，其功能就是要通过组织群众、宣传群众、服务群众、凝聚群众，有序地把群众引导到党内的政治生活中去，"服务"是它最基本的功能。由于党组织功能与组织本身功能的不一致，从而导致党组织自身找不到位，对党的政策和开展党建工作认识不到位，党组织找不到生发的土壤，党员找不到体现自身价值的支点。从调查和座谈的情况看，目前全市社会组织中的党员，大多是未进入社会组织之前就入党的，真正在社会组织的从业人员中培养、发展的新党员很少。调查中许多社会组织都提出了发展党员的想法，一些积极分子也有入党的愿望。但是，现有的入党政策和条件在社会组织怎样体现还难以把握，按照党章要求的程序发展党员也难以落实。还有预备党员的转正问题，由于没有统一要求，目前一些社会组织党组织只能对预备党员采取不接收组织关系的做法。对党员而言，部分党员党性观念逐渐淡薄，光荣感、责任感降低，自卑感、牢骚话增多，有的甚至不敢暴露、不愿暴露自己的党员身份，成为“隐身党员”“口袋党员”，长时间游离于党的组织之外。

（四）社会因素

社会因素主要体现在以下方面：一是活动方式不新颖。当前党内活动的封闭、机械、呆板，缺乏活力和吸引力。比如，由于受党员组织隶属关系的局限，党员原则上只能在本支部接受教育、参加组织生活、开展民主评议。党的组织资源没有得到有效整合，党内信息不够通畅，党员参加活动的积极性不高。二是党组织活动开展难。“有组织无活动、有活动无质量”的问题在社会组织普遍存在。据调查了解，既有法人代表或业主不支持，活动时间难以保证的原因，也有活动形式单一，经费、场地得不到保障等因素。特别是社会组织党组织设置大都采取跨行业、跨地域进行，组建的结果往往是单位（行业）多、人员散、活动难。即使同属同一个支部，有时党支部书记不认识党员，党员相互之间没有见过面，平时只能电话联系、网络联系。三是基层组织的设置面临新的挑战。由于经济组织的多样化，社会组织形式的多样化，企业经济成分增多，原有的单纯国有集体企业的行政格局被打破，党组织的设置没有与社会组织的设置同步，还是有不少社会组织没有党团组织，没有工会组织。四是党员教育管理监督面临新的挑战。由于流动党员大量增多，党员分布构成区域拓宽。职工党员既有在岗职工，又有下岗职工、退离休职工；既有国有企业的党员职工，又有股份制、私有和个体工商户的党员职工。在当今信息传播技术高度发达的时代，民众对表达途径和信息获取渠道的选择多样化。人们既可以通过执政党来获取信息，表达利益、愿望、要求，也可以不通过执政党，而通过传媒来实现这种沟通。在这种情况下，如果仍沿用过去的套路，对民意和其他信息的感受不灵敏，传递不准确、不及时，那么，执政党的执政基础和执政地位将受到挑战和考验。

三、构建北京市“枢纽型”社会组织党建体系基本思路及建议

一个功能完善的“枢纽型”社会组织党建体系，应当是一个包括理论支撑体系、内部治理体系（组织体系）、党建工作体系、责任体系、评价体系、基础保障体系等多个层次，既能适应社会主义市场经济形势发展变化和首都社会领域各类组织健康发展需要，又具有时代特征、中国特色、首都特点，符合党建运行规律的一个党建体系。

（一）构建社会组织党建政策支撑体系

社会组织党建的政策支撑体系是构建“枢纽型”社会组织党建体系的重要组成部分。开展社会组织党建体系研究，探索社会领域党建的政策支撑和理论，从政策上阐明在新的历史条件下加强社会组织党建的缘由、问题及对策，对于构建“枢纽型”社会组织党建体系具有重要意义。

1. 加强对社会组织党建工作重大问题的研究，理论和政策上引领社会组织始终坚持正确的政治方向。调研中，大家反映，社会组织党建工作比较薄弱的一个重要原因，是社会组织党的建设的一些重大现实问题在理

论上不够明朗、政策上不够明确，导致思想和行动发生偏差。主要有三个问题需要从理论和政策上予以明确：一是从思想认识上解决社会组织需不需要建立党组织的问题。这个问题对于大多数同志来说是没有问题的，但也确有少数人存在种种模糊认识，认为“我国社会组织要与国际接轨，不宜建立党组织”“社会组织党员大多在组织体系内，不宜另起炉灶建立组织”等。在这样重大原则问题上，必须统一思想，坚持中国特色、首都特点，坚定建立党组织的决心不动摇。二是社会组织党组织要不要上级和由谁管理的问题。应当明确，社会组织尽管独立、自主执业，行政无上级主管，但我们党是按照民主集中制原则组织起来的统一整体，是一个严密的组织体系。我们通过建立“枢纽型”社会组织来承担有关业务主管单位职责，对社会组织进行必要的服务和管理，而设在其中的基层党组织也必须有上级，不能简单地“属地化”。三是社会组织党组织的地位、职能和作用问题。有的同志认为社会组织中的党组织“有作为就有地位”，这话不是没有道理，但不能因此而忽视这个领域党组织的地位、职能问题。特别是在强调依法、依章办事的今天，尤其应当尽快作出明确规定。

2. 近年来市级“枢纽型”社会组织党建工作试点，成为构建“枢纽型”社会组织党建体系的实践基础。近年来，在市委的领导下，在市委组织部的指导下，全市社会组织党建工作以学习实践科学发展观活动和深入开展创先争优活动为契机，坚持党建与业务工作一起抓，重点围绕构建工作网络、扩大组织覆盖、创新活动载体等方面推进工作，取得了积极进展和成效。充分运用社会组织“枢纽型”工作平台，研究探索社会组织党建工作“3+1”模式，有力地加强全市社会组织党建工作。在前两年市科协、市社科联开展试点工作的基础上，今年以来，先后在市科协、市残联、市红十字会、市侨联、市社科联、市法学会、市工商联、市贸促会、市私个协、市商业联合会、市建筑业联合会、北京工业经济联合会、市体育总会、市妇联、市总工会等15家市级“枢纽型”社会组织，挂牌建立了社会组织党建工作委员会及联合党组织，建立了党建工作联席会机制。市委组织部与市委社会工委反复研究、论证，试点先行，整体推进，呈现出良好工作态势。成立“枢纽型”组织党建工作体系的各单位，坚持党建工作与业务工作一起抓，加强了对同类别、同性质、同领域社会组织党建工作的服务与指导，“枢纽型”社会组织党建工作体系基本形成。针对基层社团组织、中介组织、“草根”组织蓬勃发展，流动党员教育管理难的现状，在全市141个街道、120个乡镇成立了社会工作党委，具体负责辖区和商务楼宇内社会组织党建工作，加强对辖区社会组织的服务管理，初步形成了纵向到街道（乡镇）社会工作党委城乡社区党组织、横向到枢纽型社会组织的党建工作服务管理网络，初步形成了分类管理与分级负责相结合的“横到边、纵到底”的社会组织党建工作责任体系。“枢纽型”社会组织党的建设实践成果，为构建社会领域党建的理论支撑体系提供了丰富的实践经验。

（二）健全社会组织党建工作组织体系

按照分类管理、分级负责的原则，构建横到边、纵到底的社会组织党建组织管理网络，实现党的组织和党的工作网络式、全方位覆盖，真正做到哪里有群众哪里就有党的工作，哪里有党员哪里就有党的组织，哪里有党的组织哪里就有健全的组织生活和坚强的战斗力。

市委社会工委具体负责全市社会组织党建工作。在市委党的建设工作领导小组领导和市委有关部门指导下，市委社会工委负责制定全市社会组织党建工作规划和政策措施，负责具体协调指导各区县、各“枢纽型”社会组织搞好全市社会组织党建工作。按照市委授权，管理部分“枢纽型”社会组织党组（党委）。区（县）委社会工委具体负责本区（县）社会组织党建工作和在本区（县）民政部门登记注册的社会组织。根据区（县）

委授权，管理部分较大的社会组织党组织。街道党工委（乡镇党委）负责辖区内社会组织党建工作；指导社区党组织在区域内社会组织中开展党建工作。根据工作需要，各街道（乡镇）建立社会工作党组织，书记原则上由街道党工委（乡镇党委）副书记兼任。社区党组织在街道党工委（乡镇党委）领导下，负责社区范围内各类社会组织党建工作。各“枢纽型”社会组织的党组织负责所管理的社会组织党建工作。按照党的建设与业务建设一起抓的要求，市级人民团体等“枢纽型”社会组织的党组织，负责所管理的社会组织的党建工作。仍作为社会组织业务主管单位的市委、市政府有关部门，负责所管理的社会组织党建工作；管理社会组织数量较多的，也可以成立社会工作党组织，书记原则上由业务主管单位党组（党委）副书记兼任。开发区党组织、楼宇党组织、用工单位党组织分别负责园区、楼宇内社会组织党建工作。

（三）建立健全社会组织党建工作运行体系

以改革创新精神，坚持完善现行制度与推进制度创新相结合，建立健全责任主体明确、各方齐抓共管的党建工作运行体系。各单位在工作实践中，普遍感到要抓好社会组织党建工作，关键是明确责任，建立制度，在地方党委的统一领导下，建立责任明确、制度规范、齐抓共管的社会组织党建工作管理体制。主要应建立三个体系：

1. 责任体系

调研中，大家认为，社会组织党建工作处于起步阶段，既要齐抓共管、形成合力，又要明确主体、落实责任，工作才能富有成效。综合各单位的意见，应明确地方党委或部门党组（党委）、组织部门、社会工委、业务主管部门、行业协会等职能部门及各方面党组织的工作职责，构建职能明确、各方协同的责任体系。地方党委和部门党组（党委）应按照党组织隶属关系，领导社会组织党建工作。党委组织部门应该履行牵头抓总职责，社会工委具体负责指导各街道工委、业务主管部门党组织和行业协会党组织加强对社会组织党建工作的领导和指导。社会工委应该履行宏观指导职责，及时与社会组织的业务主管部门、行业协会党组织加强沟通协调，共同研究、认真解决社会组织党建工作的重大问题，总结推广经验，促进工作平衡发展。社会组织的业务主管部门、行业协会党组织是本党建工作的责任主体，对行业党建工作负有直接的领导和指导责任，应根据党委及组织部门的部署，定期研究行业党建工作，提出具体意见，抓好工作落实，提升整体水平。业务主管部门应密切配合做好社会组织党建工作，在前置审批、注册登记过程中，督促社会组织一并上报从业人员中的党员情况，督促具备条件的社会组织中组建党组织；年检时应把党建工作情况作为检查的一项内容，发现问题，及时通报，共同解决。应对地方党委和部门党组（党委）落实工作职责的情况实行严格考核，并将其作为评价部门党组织履行抓基层党建工作责任制情况的重要依据。

2. 评价体系

调研中，大家认为，建立健全评价体系是推进社会组织党建工作的重要手段。综合各单位的调研成果，这个评价体系应由评价内容、评价标准、评价方式以及评价结果运用等元素构成。在评价内容上，既要评价地方党委和部门党组（党委）履行工作职责、加强党建工作的情况，也要评价各个行业、各个社会组织的党建工作情况，要看党委（党组）是否重视，社会组织党建工作是否有条不紊地推进，工作成效是否明显。评价某一行业社会组织党建工作，要看党的组织覆盖面是否不断扩大，党组织的影响力是否不断增强，行业建设尤其是行业形象是否不断提升。评价某个社会组织的党建工作，要以“五个好”为标准，看党组织领导班子是否健全，结构是否合理以及整体功能强不强；看党员队伍的理想信念、党性观念和道德品质状况，看他们在各项业务工作、精神文明建设和维护稳定中发挥先锋模范作用的情况；看党组织的组织制度、领导制度和工作制度是否健全，是否形成了一套与经营管理相适应的党建工作运行机制；看党组织是否围绕发展开展党建工作，党的工作与人才培养、文化建设融为一体，有力地促进本单位发展；看党组织是否善于做思想政治工作，团结凝聚员工，积极协调各方关系，依法维护各方合法权益，是否得到职工群众的真心支持和拥护。评价要坚持定性与定量相结合，主要采取群众评议、党员评议和组织考核等办法。考评中，要特别注重群众的满意度。对某一行业社会组织党建工作的评价考核，可由社会工委及业务主管部门党组织共同考核。对某个社会组织党建工作的考核评价，由“枢纽型”社会组织党组织考核。考核评价结果，与评先评优直接挂钩。

3. 制度体系

调研中，大家反映，推进社会组织党建工作，应充分借鉴其他领域基层党建的工作经验，建立健全以下工作制度：联席会议制度，调查研究制度，党员领导干部联系点制度，选派党员干部到社会组织中担任党建工作指导员、联络员制度，督促检查制度，考核评价制度等。当前，应突出抓好党员领导干部联系点制度和选派党员干部到社会组织中担任党建工作指导员、联络员制度的建立和落实，着力抓好党组织组建和作用发挥，扩大党的组织覆盖面和工作影响力。

（四）建立健全“枢纽型”社会组织保障体系

加大政策支持力度，规范、指导、保障和推动社会组织和社会组织党建工作健康发展。总的看，我市社会组织的发展和社会组织党建工作目前还处于起步阶段，尤其需要政策的规范、指导和支持。

1. 营造有利于社会组织健康发展的外部环境

目前，我市社会组织大多数属于中、小型，生存、发展的压力相当大。同时，市场分割、资质林立、行政垄断、商业贿赂、社会诚信等问题严重影响着社会组织的健康发展。对此，大家认为，加强社会组织党建工作，同时要改善社会组织发展的外部环境，只有环境得到改善，社会组织得到健康发展，党建工作才有坚实基础。现实情况迫切要求各级党委政府和有关部门深入研究构建社会组织“枢纽型”体系，发挥大型社会组织的作用，研究不同行业社会组织发展中的重大问题，从行业规范、人才支持、税费减免、环境优化等方面提供政策支持，努力促进社会组织向规模化、高层次发展。从社会组织发展的实际需要看，当前，要认真贯彻落实市委市政府下发的关于“枢纽型”社会组织建设的一系列文件，坚持市场化方向，坚持依法监管，加快政府职能转变，积极推进行业协会、社会团体与政府部门彻底分开，引导和督促社会组织独立、客观、公正执业。下决心解决影响社会组织组织健康发展的突出问题，为社会组织健康发展营造公平合理的竞争环境。并且坚持正面宣传为主，及时总结、积极推介坚持依法、诚信执业、重视和加强党建工作、经济效益和社会效益显著的社会组织的先进事迹和典型经验，引导社会组织及其从业人员树立良好的社会形象。

2. 从政治上拓展社会组织从业人员的发展空间

这是我们党吸引人才、凝聚人心、增添创造活力的重要举措。建议从以下两个方面推进这项工作：一方面是深化干部人事制度改革，吸纳社会组织中的优秀人士通过公务员招考和领导干部公开选拔等方式，进入社会管理层。考虑到律师队伍的行业特殊性，建议可在律师队伍中先行试点，吸纳优秀律师进入司法系统担任公职人员，特别优秀的担任法院的某些领导职务。另一方面是各级推选党代表、人大代表、政协委员，推荐表彰先进模范人物，均应考虑社会组织中具有先进性和代表性的党员。社会组织的法定代表人，应将其是否支持建立党组织和群团组织支持开展党建工作，作为推选党代表、人大代表、政协委员和推荐表彰先进模范人物的重要条件。同时也要明确，社会组织中的党员和党员中的参政议政人员，既要尽职尽责地向党组织和国家政权机关反映本单位、本行业的情况、要求、愿望，但又决不能仅仅成为那个单位、行业、阶层利益在党内和国家政权机关内的代表，他们首先应当是也必须是一个合格的共产党员，要牢牢站在全党和全体人民的立场上，正确处理个人和组织、局部和全局的关系。

3. 切实解决社会组织党建工作中存在的实际困难

目前，大部分社会组织存在缺乏党务工作力量、党的活动经费及党的活动阵地等具体困难，严重影响党建工作的正常开展。这些实际困难需要各级党委、政府和有关部门下决心予以解决。针对社会组织党的工作力量比较薄弱的情况，可从业务主管部门委派政治素质高、业务能力强、得到业内认可的党员干部到协会秘书处和协会党组织中担任领导职务，负责日常工作，其人事、工资关系与原单位不脱钩，也不在协会中领取任何报酬；可组织相关部门的党务干部学习社会工作专业知识，开展社会工作职业培训，培养一批熟悉社会工作的党务干部；可建立社会组织党务工作人员岗位补贴制度，科学设岗、考绩定酬，从各级党委留存党费中列支，努力保持党务工作者队伍的相对稳定。针对部分社会组织合伙人对党建工作不太重视、不予支持的问题，可在相关文件中明确规定，要求符合条件的社会组织都要及时建立党组织，并为党组织开展工作创造必要的条件。针对社会组织党建工作经费缺乏的问题，除了现行的社会建设资金扶持外，可研究出台从社会组织业务经费和管理费用中列支一部分经费作为党务活动经费，计入成本，在税前列支的具体政策；党建工作起步阶段，可采取财政拨一点、党费支持一点、行业党组织支持一点的办法，多途并举予以解决；党员人数少、党组织工作刚刚启动的单位，在党组织成立最初两年，可以政府购买社会组织服务的形式申请工作启动专项经费。针对相当一部分社会组织没有活动场所的问题，可从实际出发，按照集约利用、资源共享的原则，切实做到现有党建工作场所设施“一室多能”“一室多用”，实行活动场所共用、设施资源共享。

构建北京市“枢纽型”社会组织党建体系是一项复杂的系统工程，是随着经济社会不断发展变化的长期任务。适应首都城市建设和社会管理之需要，探索社会组织党建体系，既是适应建设“人文北京、科技北京、绿色北京”之必然要求，也是落实党的十七大和十七届四中、五中、六中全会精神，巩固党在社会组织中的执政基础和社会基础之迫切需要。

北京市社区工作者队伍现状及发展对策

市委社会工委、市社会办社会工作队伍建设处

近年来，在市委、市政府的正确领导下，我市不断加快推进社区工作者队伍专业化、职业化步伐，广大社区工作者已成为落实党的方针政策，服务人民群众，维护首都和谐稳定的重要力量。

一、全市社区工作者队伍整体情况

截至 2010 年底，全市共有社区工作者 28569 人，其中 70% 以上为大专以上学历，平均年龄 40 岁，男女比例约为 1 : 3（见图

1），中共党员比重近50%，主要分布在社区党组织、社区居委会、社区服务站相关岗位上（见表1）。

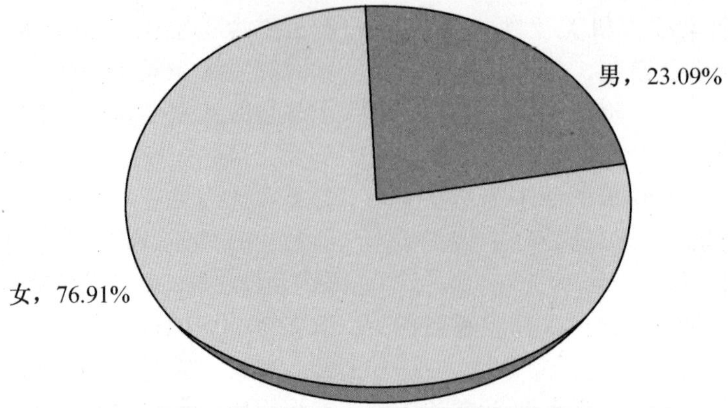

图1 北京市社区工作者队伍性别结构图

表1 北京市社区工作者岗位分布结构

社区党组织		社区居委会		社区服务站		其他	
人数	比例（%）	人数	比例（%）	人数	比例（%）	人数	比例（%）
4570	16	16261	56.92	7171	25.1	567	1.98

全市社区工作者队伍建设主要呈现出以下特点：

一是结构逐步优化。在2009年第七届社区党组织、社区居委会换届中，鼓励和引导年轻、知识层次较高的人才通过选举进入社区工作者队伍，选出的社区党组织工作人员大专及以上学历比重为54.2%，平均年龄47.5岁；选出的社区居委会工作人员大专及以上学历比重为62%，平均年龄42岁。2009年、2010年实施了“大学生社工计划”，共选聘5434名大学生到社区工作，其中硕士以上学历比例为36.31%，平均年龄24.5岁。全市社区工作者大专以上学历比重提高到70%以上，平均年龄下降到40岁（见图2、图3）。

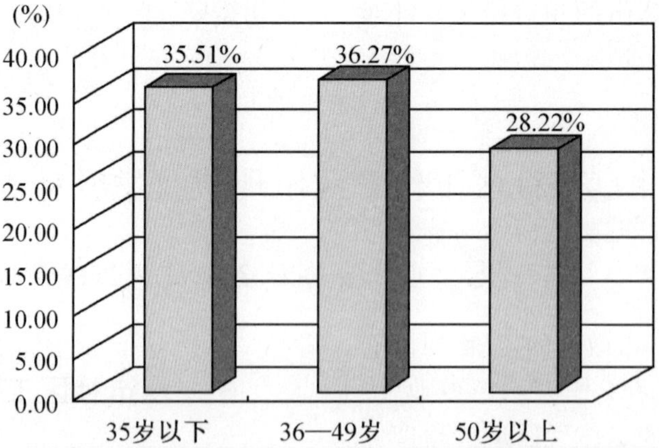

图2 北京市社区工作者队伍年龄结构图

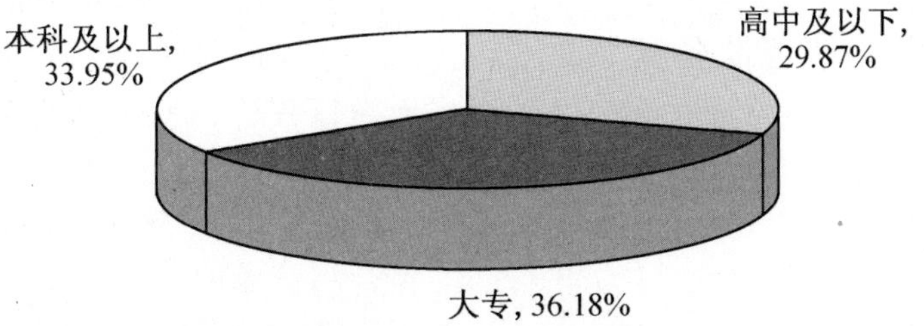

图3 北京市社区工作者队伍学历结构

二是专业化程度显著提高。从2008年起组织实施全国社会工作者职业水平考试，截至2010年底，全市共有5600余人获得助理社会工作师和社会工作师职业水平证书，主要集中于社区工作者队伍中。同时，加大对社区工作者的培养力度，充分依托首都社会工作专业教育资源，建立社会工作人才培养“双基地”，开展多层次教育培训，社区工作者专业化、职业化水平显著提升。

三是待遇水平不断提升。2008年到2010年，两次提高社区工作者待遇，原则上不低于所在区县全额拨款事业单位（不含教师）的待遇水平。按照新的待遇标准，全市社区工作者月应发工资平均涨幅达900元左右，最高达1200余元；社区工作者正职月平均实际收入（不包括社会保险、住房公积金等项目）为2100~2500元左右，副职为1900~2300元左右，一般工作人员为1800~2000元左右。同时，为鼓励社区工作者提高专业化水平，规定社区工作者获得社会工作师职业水平证书的，每人每月补贴300元；获得助理社会工作师职业水平证书的，每人每月补贴200元。

二、当前社区工作者队伍存在的主要问题

虽然全市社区工作者队伍建设取得了一定成绩，但当前仍然存在一些问题，需要今后全面统筹，逐步加以解决。主要表现在以下方面。

（一）职业体系有待完善

从全国来看，尽管中央在《国家中长期人才发展规划纲要（2010—2020年）》中，明确将社会工作人才队伍作为全国重点建设的六类人才队伍之一，但还没有将社区工作者列为专门的职业门类，以培养、评价、使用、激励为主要内容的职业制度尚不完善，特别是职业资格准入制度与专业技术职级体系没有建立，制约了社区工作者的职业发展空间。

（二）专业素养有待提升

相当一部分社区工作者没有接受过社会工作相关专业系统教育，持证人员比例仅为10%，导致在实际工作中，传统社区工作方法和手段仍占主导，专业社会工作技术和方法在社区工作中的运用不够。同时，一些社区工作者的计算机操作水平不高，在熟练运用各种信息系统方面还存在一定困难，影响了信息录入、数据统计等相关工作的效率。因此，目前社区工作者专业水平和职业技能难以有效应对复杂多样的社会问题，提供个性化、多样化、系统化专业服务的能力还需进一步提升。

（三）待遇水平有待提高

虽然经过规范、调整，全市社区工作者工资原则上不低于所在区县全额拨款事业单位待遇水平，但在取暖费、加班费等待遇上缺乏明确规定，目前还是由各区县根据实际情况自行设定。因此，在提高社区工作者工资水平的同时，应当逐步完善福利待遇保障体系，不断提高社区工作者待遇的整体水平。

三、加强社区工作者队伍建设的思考与对策

下一步，全市社区工作者队伍建设应以“提升专业水平、建立职业体系”为重点，按照“夯实基础、培养骨干、优化结构、发展专业”的思路，加快推进专业化、职业化建设。

（一）健全制度体系，加大政策保障力度

建议由市社会建设工作领导小组办公室牵头，市委社会工委、市人力社保局、市财政局、市社会办、市民政局等部门共同开展社区工作者队伍建设相关调研，建立完善与首都社区建设相适应的社区工作者职业规范、评价指标、薪酬待遇等方面的政策，为我市社区工作者队伍专业化、职业化建设提供更加坚实的制度保障。

（二）加强教育培训，进一步提升专业水平

一是逐步建立和完善社区工作者教育培训制度，整合各类社会工作专业教育培训资源，有计划、分层次开展新招录社区工作者岗前培训、职业水平考试考前培训、一线社区工作者在职培训、职业水平资格继续教育培训等，全面提高社区工作者的思想政治素质、职业道德水平和专业服务技能。二是在注重理论培训的同时，加强实务能力培训，着力培养一批既懂理论、又会实务的“复合型”人才，使其成为社区工作骨干，引领带动其他社区工作者努力提高自身综合素质。

（三）建立职业体系，提高社会地位和职业威望

一是与全国《社会工作者职业水平评价暂行规定》等政策相衔接，根据首都实际，探索制定社区工作者职业资格认定标准，建立易于操作的社区工作者晋升制度。二是完善考核评价机制，研究制定符合首都实际、适合社区特点的评估指标体系，按照德才兼备的原则，以能力、业绩为主要评价因素，结合品德修养、行为操守和职业素质，定期对社区工作者进行全面考核，激励其不断提高自身提高服务能力和水平。

（四）拓宽职业出口，促进合理有序流动

一是加大公务员和事业单位招考向社区工作者倾斜的力度，每年推出一定数量的公务员和事业单位岗位，面向社区工作者定向招考，将社区作为向党政机关和事业单位输送优秀人才的重要基地。二是支持鼓励职业拓展，对于经过专门训练或者通过职业水平考试的人员，鼓励其开办社会工作事务所等社会工作服务组织，承接政府购买服务项目，在社区、医院、学校等开展专业社会工作服务，进一步拓宽社区工作者发展空间。

（五）完善保障体系，激发工作热情和创造活力

一是研究制定更加合理的社区工作者薪酬制度，使其与工作岗位、任职年限、工作实绩等挂钩。推动健全社区工作者福利待遇体系，进一步明确取暖费、加班补助等项目。探索建立社区工作者工资收入增长机制，根据区域经济发展水平，每隔一定时期对符合条件的社区工作者晋升工资档次。二是严格按照“费随事转”的原则，对《北京市社区管理办法（试行）》和《北京市社区公共服务指导目录》所规定项目以外的事务，职能部门要求社区协助完成的，必须提供相应的经费保障。

北京市基层社区服务管理调研报告

市委社会工委、市社会办社区建设处

按照中央综治办《关于开展加强基层社区管理专项调研的通知》和首都综治办《关于开展基层社区服务管理联合调研的函》相关要求，我委、办领导高度重视，宋贵伦书记批示要求各委办领导班子成员认真研究，并迅速成立了市委社会工委相关主管领导牵头，社区建设处、党建工作处、社会组织处、社会工作队伍建设处和信息中心参与的专题调研组，形成了专项调研报告。

一、工作进展

（一）社区治理结构不断完善

加强社区服务管理，必须以改革创新为动力，着力创新社区治理体制和机制。2008年，全市社会建设大会确立了社区服务管理的基本思路，出台了全市社会建设“1+4”文件。其中，《北京市社区管理办法（试行)》提出构建社区管理体系的“一分、三定、两目标”基本思路，即：社区服务站与社区居委会职能分开，进一步明确社区党组织、社区居委会、社区服务站的工作任务、人员配备和经费保障，努力建设一支专业化、职业化的社区工作者队伍，努力建设一批具有中国特色的社会主义新型社区。2009年，全市开展社区规范化建设试点建设，重点在社区服务站建设、社区工作职能、社区运行机制、社区志愿服务、社区工作者管理、社区基础设施配置、社区经费投入等7个方面、27项主要指标、近100项具体指标，进行全面规范。经过三年多的努力，到今年年底，全市2700多个城市社区基本达到规范化要求，形成了社区党建、社区自治、社区服务“三位一体”的工作格局。

一是基层区域化党建格局基本形成。社区党组织的领导核心作用进一步增强。建立了街道党工委领导、社会工作党委具体组织、社区党组织落实、驻区单位党组织共同参与的联建共建协调机制，基本实现了党建工作在社区的全覆盖。

二是新型社区服务站普遍设立，社区公共服务平台建设进一步规范。除法律、法规明确规定需独立设置的工作平台外，将社区其他各类工作站、活动站、服务站等纳入新型社区服务站，统筹承担相关工作任务，实行综合管理、一站多能服务，统一形象标志、统一项目设置、统一运行流程、统一服务规范、统一资源调配，目前基本实现城市社区服务站全覆盖。在社区服务站设置了社会保障、劳动就业、计生等工作窗口，在受理事项、办理条件、办理程序、办理时限等方面进行规范，建立了规范的工作流程示意图和工作台账，对受理事项、办理过程、办理时间、办复结果进行动态跟踪，全程监控，保证受理事项及时办理和反馈。

三是社区组织职责更加明确，社区运行机制进一步理顺。对社区党组织、居委会和服务站承担的职责任务进行了合理划分和归纳调整，进一步细化和明确了各自承担的30项、80项和100项具体工作职责。通过建立健全联席会议、例会制度等方式，初步建立了在社区党组织领导下，居委会和服务站紧密对接、协调联动的工作机制，促进社区各项工作的高效运转。

（二）全市社区党建整体推进

一是健全组织体系。在全市141个街道全部建立了街道社会工作党委，有效提升街道工委对驻区单位和“两新”组织党组织的协调能力。截止到2011年12月，全市共有2620个社区党组织、39万余名社区党员。东城区探索建立“网格化”党建工作模式，把全区17个街道、205个社区划分为589个网格，以网格为单元，把“支部建在网格上”，从而实现党建区域化无缝连接、全面覆盖。

二是加强制度保障。市委先后研究制定了《关于进一步加强和改进社会领域党建工作的意见》《街道社区开展创先争优的指导意见》等指导性文件。提高社区居委会、社区服务站中党组织负责人兼职比例，全市社区党组织书记与居委会主任“一肩挑”比例达到62.9%，有效提升了党组织动员、管理、服务社区的能力。将社区、“两新”组织党组织的工作和活动经费作为专项经费纳入财政预算；通过党费返还、建立区县社区党建工作专项补充经费，加大区域化党建经费投入。

三是创新活动载体。在北京奥运会、残奥会期间，全市共组织23万在职党员到社区党组织登记报到，累计参加平安奥运志愿服务活动160万人次，活动时间累计超过550多万小时。广泛开展了创建“五个好”社区党组织、星级党建示范社区、党员设岗定责等主题活动，涌现出了社区民情日记工作法、“小红帽”党员责任岗等具有广泛社会影响的党建品牌。

（三）全市社区人才队伍职业化、专业化水平显著提高

目前，全市共有社区工作者28569人。2009年、2010年两年实施“大学生社工计划”，两年共选聘5434名大学生到社区工作。通过社区“两委”换届、“大学生社工计划”、组织参加社会工作者职业水平考试等工作，加快社区工作者职业化、专业化进程。全市社区工作者大专以上学历比重提高到70%以上，平均年龄下降到40岁。三年内两次大幅度提高社区工作者待遇水平，调整后的社区工作者总体待遇水平，基本与所在区县执行事业单位工资制度的全额拨款事业单位（不含教师）相持平，解决了长期以来存在的社区工作者地位低、任务重、工作没奔头等问题。为进一步提高社区工作者的学历水平和专业素质，从2011年开始，面向全市社区工作者，招收30名社会工作专业在职硕士研究生到北京城市学院进行学习深造。

（四）全市社区基本服务设施大幅改善

在2009年开展社区规范化建设之前，全市2600多个城市社区中，办公和服务用房面积达到350平方米以上的社区有458个，仅占18.58%。从2009年开始，市委、市政府将“社区办公和服务用房要达到350平方米左右”作为规范化建设试点工作的一项硬任务、硬指标，通过申请市政府固定资产投资支持，整合废旧锅炉房资源，利用可使用人防工程，深挖区县自身潜力等多种方式加强社区用房建设，较好地解决了多年来长期困扰社区建设中的一个“瓶颈”问题，有力提升了社区硬件设施建设水平，受到了居民群众的普遍欢迎。第一批325个试点项目的建设任务，总投资10.8亿元，其中市政府固定资产投资支持4.17亿元。第二批项目共包括14个区县631个社区的用房建设任务，总投资29.9亿元，其中市政府固定资产投资支持资金11.3亿元。目前，第二批项目的建设工作正在积极推进，建设任务完成后，全市将有2025个社区的办公和服务用房面积达到350平方米左右，占社区总数的74%。宽敞明亮、功能齐全的社区办公和服务用房已成为城市中一道亮丽的风景线。

（五）全市社区服务体系日益完善

一是有序推进社区基本公共服务全覆盖。出台了《北京市社区基本公共服务指导目录（试行）》，共梳理出当前居民群众最关心、最急需的社区就业服务、社区社会保障服务、社区社会救助服务等十大类60项社区基本公共服务项目，并结合实际细化出180项具体服务事项和标准。34个主责部门以此为主要依据，通过出台政策措施、召开部署会等形式，按照“缺什么、补什么”原则，充分发挥社区服务站的平台作用，积极推动相关服务项目的落实。

二是大力推进“一刻钟社区服务圈”建设。市政府从2010年开始，连续两年将建设“一刻钟社区服务圈”示范点列入折子工程和为民办实事项目。加强工作指导，研究制定了《关于推进“一刻钟社区服务圈”建设工作的意见》。各区县通过制定相关政策文件，绘制社区电子地图，开通社区服务网站、社区便民服务热线，发放便民服务卡（手册）等多种方式，加快推进此项工作。经过近两年时间的建设，全市共建成409个“一刻钟社区服务圈”示范点，覆盖160多个街道（地区、镇）的575个社区，620万名社区居民能在步行15分钟的范围内，就近享受到“看单点菜”式的社区服务，一些地区居民还能享受到上门服务、最低折扣服务、“VIP服务”，以及磨刀磨剪、换洗纱窗等特色服务，基本实现“大需求不远离社区、小需求不出社区”。从中涌现出东城区和平里街道“1510便利生活服务圈”，西城区牛街街道五位一体的“民生一条街”、广内街道“槐柏树商圈”，朝阳区朝外街道“幸福圈”、海淀区万寿路街道“幸福万寿路”，石景山区古城街道“千百十”便捷家园计划等一批先进典型，被誉为“一刻钟圈出百姓的幸福”，受到了广大居民群众的普遍欢迎。很多居民特别是老年人感慨自己“安居乐业，足不出户”，“越老越有福气了”。

三是广泛开展社区志愿服务。先后出台《关于进一步加强和改进志愿者工作的意见》《北京市志愿者管理办法》《北京市社区志愿服务促进办法（试行）》，在转化奥运志愿者工作成果基础上，进一步健全了志愿者服务和管理制度，初步构建了社区层面的志愿服务和社会治安群防群治长效机制，为居民提供了大量无偿、快捷、便利服务，也为平安奥运和国庆安保工作作出重要贡献。

（六）社区参与机制初步构建

一是进一步完善社区民主自治机制。认真贯彻中共中央办公厅、国务院办公厅《关于加强和改进城市社区居民委员会建设工作的意见》精神，组织召开全市推进社区民主自治座谈会，总结推广了东城区东四街道社区居民会议常务会、西城区红莲中里社区金色阳光协会、朝阳区枣营北里社区国际化社区建设、丰台区永善社区“市民劝导队”、通州区楼门文化等十余个基层单位的经验做法，进一步深化社区民主自治工作。会同市住建委等部门制定实施《北京市住宅区业主大会和业主委员会指导规则》等文件，在怀柔区开展业主大会及业主委员会法人制度试点建设，逐步理顺了社区自治组织、物业服务企业、业主委员会等组织之间的关系。

二是进一步完善社区共建共享机制。充分发挥辖区单位、社区社会组织在社区建设的积极作用，推动辖区部分单位向社区开放食堂、活动中心、展览室、停车场、体育场馆等场所，有效缓解了社区老年人就餐难、停车难、社区活动场地不足等问题。

三是进一步完善社区动员和居民参与机制。围绕举办奥运会、庆祝新中国成立60周年等重大事件，举办了和谐杯乒乓球比赛、“魅力社区”评选、周末社区大讲堂、年度十大感动社区人物评选等全市性社区重大活动，共吸引700多万社区居民参与。

四是加强社区社会组织建设。截至2011年8月，全市共有社区社会组织14895家，工作范围涉及文体活动、便民服务、社区治安、医疗救助、科技教育、环境保护、社会心理等领域，在参与社区服务和管理等方面发挥了重要作用。市区各级部门采取有力措施给予引导、扶持：从2010年起，北京市利用社会建设专项资金，两年来累计购买了社会组织公共服务项目600余项。西城区、朝阳区、东城区、顺义区等区县先后设立了社会组织服务（孵化）中心或发展促进中心，为本区域社会组织，特别是为民生服务类的社区社会组织提供集约化服务和支持。

（七）扩大覆盖范围，不断开创工作新局面

一是初步建立了以“五站合一”为重要特点的商务楼宇服务管理新模式。把商务楼宇当作“竖起来的社区”来加强服务管理，在全市所有1249座商务楼宇建立了服务工作站，覆盖商户6.9万多家，逐步实现社会服务、党建、工会、共青团、妇联工作“五站合一”全覆盖。

二是初步建立了以“城乡一体化”为基本目标的城乡结合部社区建设新模式。在9个区城乡结合部50个重点村多次开展系列调查，建立了工作台账，研究制定了《关于加强城乡结合部社会建设工作的意见》，大力推进重点村社区建设工作，积极推动城乡结合部改造与社区建设的同规划、同部署、同推进。

三是初步探索以“精细化”为主要任务的网格化社区服务管理新模式。按照构建网格化社会服务管理体系的要求，在科学划分管理单元的基础上，以网格为基础单位，将辖区的人、地、物、事、组织全部纳入社区的网格进行管理。东城区、朝阳区、顺义区等区县，因地制宜，积极推进网格化服务管理工作，逐步实现社区服务管理的精细化、科学化。

（八）全市社区服务管理信息化建设稳步推进

市、区、街、社区信息化格局逐步形成。成立了市社会建设信息中心，组建了社会建设领域信息化联络员队伍，社会建设领域网站群不断壮大。建成并开通了北京市社区公共服务信息网，覆盖市、区县、街道175个社区服务中心和全市社区，建设了全市统一的“96156”社区服务热线。社区卫生服务、社会救助、为老服务、社会保障、文化、教育、残疾人事业等领域信息系统已延伸到社区。社区信息化基础设施建设取得明显成效，部分区县已实现了辖区内全部社区办公场所、社区卫生服务站的光纤接入，已形成全区域覆盖的有线电视光缆传输网络。

二、存在的问题

近年来，我市社区建设虽然取得了一定成效，但与首都加快推进社会服务管理创新、构建和谐社会首善之区的要求还有一定差距，主要表现在：

（一）社区建设统筹协调机制需要进一步加强

在改革创新中，体制机制设计至关重要。我市的社会建设起步较早，从全市层面来看，随着社会服务管理创新各项工作的推进，新的工作课题与原有工作体制机制方面的掣肘日益显现，迫切需要加强部门之间的统筹协调，理顺工作职能。

（二）城乡社区一体化建设还需进一步加强

乡转街、村转居社区管理体制和政策体系有待进一步健全；城乡结合部和农村社区的公共服务体系的统筹推进机制有待进一步完善；社区建设的财力投入力度有待进一步加大；配套公共设施建设的政策体系和推进机制有待进一步完善。

（三）社区自治和多元参与机制有待进一步加强

社区居委会从行政事务中解脱出来后，其自身的自治和动员能力还需全面加强。社区社会组织亟待大力培养发展。目前，社区社会组织规模相对偏小、结构相对松散，服务能力偏弱、同现实需求差距较大。相关政府部门和单位对社区社会组织培育扶持与监督管理的相关政策和工作机制尚未完全建立。

（四）社区人才队伍专业化、职业化建设还有待进一步加强

社区人才队伍建设仍然存在社会认知有待深化、职业体系有待完善、专业素养有待提升、待遇水平有待提高等问题，需要今后全面统筹，逐步加以解决。

三、下一步工作建议

下一步，全市社区建设工作将按照中央和市委、市政府关于加强和创新社会管理、全面推进社会建设的总体要求，深入贯彻落实市委十届九次全会精神、《北京市“十二五”时期社会建设规划纲要》要求，加强顶

层设计，充分发挥市、区县社会建设工作领导小组办公室的平台作用，以实施社区规范化建设提升工程为主线，以推进社区基本公共服务全覆盖和“一刻钟社区服务圈”建设为重点，推进多元参与，夯实社区基础，加快推进社区服务管理创新，推动首都社区建设取得更大进展。

（一）加强顶层设计，充分发挥社会建设工作领导小组办公室的平台作用

在我市社会服务管理创新各项工作的深入推进之际，体制机制方面的矛盾日益显现。为推动社区服务管理创新的深入开展，迫切需要从全市层面加强顶层设计，理顺各部门职责；进一步加强部门沟通和协调，形成社会建设的合力。市社会建设领导小组办公室作为全市社会建设统筹协调的机构，应在市委、市政府的领导下，进一步加强和完善机构的决策、协调和督促检查机制，加强对全市社会建设工作的统筹协调。

（二）实施社区规范化建设提升工程，提高社区服务管理效能，实现社区管理服务全覆盖

在已有基础上，进一步巩固工作成果，实施社区规范化建设提升工程。采取项目化运作方式，明确在社区组织的工作制度、服务流程，社区工作者的招聘录用、培训管理、绩效考评，社区用房、经费的使用管理，社区社会组织培育发展、监督管理，社区信息系统建设等方面需要提升的项目，进一步提高社区工作的规范化、制度化水平，提升社区服务管理效能。坚持分类指导，及时总结推广经验，力争在城区老旧小区、新建和保障性社区、城乡结合部、农村社区建立各具特色的社区管理模式，实现全市社区管理范围上的全覆盖。

（三）坚持多元参与促和谐，不断推进各方力量参与社区治理

一是加强和改进社区居委会建设。以第八届社区居委会换届选举为契机，发挥居民群众在社区建设中的主体作用，健全居民会议制度、社区居委会日常工作制度和社区协商议事制度，探索网上论坛、民情恳谈等形式，引导社区居民有序参与社区事务管理。二是切实加强社区民主自治典型经验的总结和推广，深入宣传推广东城区东四街道社区居民会议常务会等经验做法。三是进一步加强业主大会及业委会建设。贯彻落实《北京市住宅区业主大会和业主委员会指导规则》要求，总结怀柔区试点经验，进一步健全社区居委会与业主委员会互联、社区服务站与物业管理良性互动的工作机制。四是深入推进社区资源共建共享。推动驻区单位将服务性、公益性、社会性事业和资源向社区开放。五是加强社会协同，联合有关部门和媒体，深入开展“魅力社区”成果展示，“周末社区大讲堂”“和谐杯”乒乓球比赛等活动，营造公众参与的良好氛围。

（四）加大各项投入，不断完善社区公共服务体系

一是继续推进社区基本公共服务全覆盖工程。按照“缺什么、补什么”的原则，进一步完善社区基本公共服务具体服务事项，加强与各主责部门的具体服务项目情况对接，搭建部门与街道社区“供需对接”的信息平台，不断扩大社区基本公共服务的覆盖面。二是大力深化“一刻钟社区服务圈”示范点建设，加大推进力度，不断建设惠及更多居民的“一刻钟社区服务圈”示范点。三是继续加强社区公共服务基础设施建设。完善社区综合服务设施的配备和布局，制定社区综合服务设施的建设发展规划。

（五）强化制度保障，建立健全社区人才队伍职业体系

以“提升专业水平、建立职业体系”为重点，加快推进社区人才队伍专业化、职业化建设。一是健全制度体系，进一步完善社区工作者职业规范、评价指标、薪酬待遇等方面的政策。二是建立职业体系，探索制定社区工作者职业资格认定标准，完善考核评价机制，建立易于操作的社区工作者晋升制度。三是拓宽职业出口，加大公务员和事业单位招考向社区工作者倾斜的力度，鼓励专

业社工开办社会工作事务所等社会工作服务组织，在社区、医院、学校等开展专业社会工作服务，进一步拓宽社区工作者发展空间。四是完善待遇保障体系，激发工作热情和创造活力。研究制定更加合理的社区工作者薪酬制度和工资收入增长机制，使其与工作岗位、任职年限、工作实绩等挂钩。

（六）充分利用信息技术，建立健全多元化社区信息化建设格局

探索建立市级统一规划、区县全面负责、街道乡镇具体实施、社区居民广泛参与的社区信息化建设协调配合机制。以实施《北京市“十二五”时期城市信息化及重大信息基础设施建设规划》为契机，推进以光纤为主、无线为辅的网络接入全覆盖。推进信息资源共享，在区县统筹建设服务基层的综合管理信息系统。推进物联网、移动宽带及新媒体等先进适用技术在社区应用，开展新技术试点示范社区建设，实现新技术对社区居民需求的支撑和引领，提升社区管理与服务水平。

关于加强和创新在京境内外社会组织管理服务的调研报告

市委社会工委、市社会办社会组织工作处

按照市维稳办《关于组织开展2011年度维稳调研工作的通知》要求，从4月份开始，市委社会工委牵头，围绕如何加强在京境内外社会组织（尤其是敏感社会组织）管理问题进行了专题调研。此项工作开展以来，我们结合当前全市社会组织工作实际，多次召开部门协调会和研讨会，联合市外办、市公安局、市国家安全局、市民政局、市民族事务委员会，有关市级“枢纽型”社会组织以及部分区县职能部门进行专题研究，着重分析了现状、问题并提出了对策建议。现将有关情况报告如下。

第一部分 全市社会组织的发展规模

在我国，社会组织是一个十分庞大、复杂并处于不断变化发展中的组织体系。过去，我们一般狭义地将社会组织理解为在民政部门注册登记的社会团体、民办非企业单位和基金会三类组织。但随着经济社会的不断发展，社会组织的存在方式、表现形式都发生了深刻变化，工作领域也有很大延伸。实践中，除了在民政系统登记的三类组织外，客观上还以备案、挂靠、工商登记等形式存在着众多具有民间性、公益性、志愿性等特征的社会组织，比如社区社会组织、高校学生社团、“草根”社会组织以及在京境外非政府组织等。据统计，目前全市各级各类社会组织总数约3万家左右，涉及经济社会生活的诸多方面，总资产达到300亿元，工作人员达到12.56万人，初步形成了覆盖城乡、门类齐全、层次丰富、布局完整的社会组织体系。

一、在民政部门正式登记注册的社会组织

在民政部门正式登记注册的社会组织主要是指按照国家有关条例规定进行登记管理的社会团体、民办非企业单位和基金会。截至目前（2011年8月底，下同），全市在民政部门登记注册的社会组织共有7413家，其中社会团体3289家、民办非企业单位3949家、基金会175家。

1. 社会团体。指按照会员共同意愿开展活动的非营利性会员制社会组织，按会员构成具体分为四类：一是行业性社团，主要是由经济领域的企业组成的行业协会，如医药

行业协会、服装纺织协会等，目前全市共有904家，占社团总数的27.5%；二是专业性社团，主要是由各领域专业人员或专业组织组成的各类协会，如对外经济贸易协会、计算机用户协会等，目前全市共有1482家，占总数的45.1%；三是学术性社团，主要是由专家、学者和科研人员组成的各类学会、研究会等，如物理学会、邓小平思想政治研究会等，目前全市共有582家，占总数的17.7%；四是联合性社团，主要是由不同利益需求的人群或各类社团组成的联合体，如学生联合会、商业联合会、工业经济联合会等，目前全市共有321家，占9.8%（见图1）。

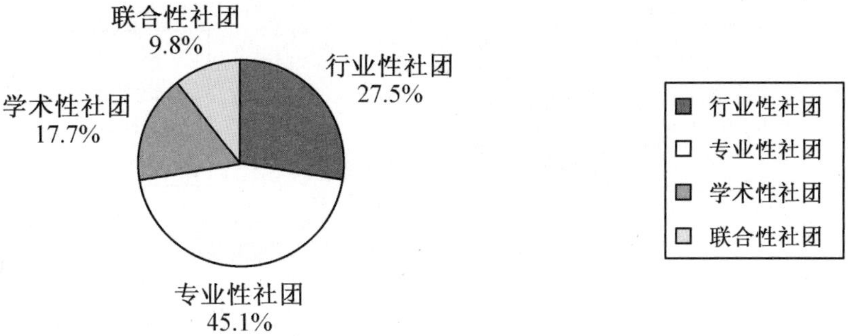

图1　社会团体分类情况图

2. 民办非企业单位。指利用非国有资产举办的、从事非营利性公共服务活动的民办实体机构，所从事的行业包括教育、卫生、文化、科技、体育、劳动、民政、社会中介服务、法律服务及其他。目前，全市3949家民办非企业单位中，教育类2854家，占72.2%；科技类292家，占7.4%；民政类166家，占4.2%；体育类104家，占2.7%；劳动保障类101家，占2.6%；中介服务类96家，占2.4%；文化类58家，占1.5%；此外，其他相关类别共278家，占7%（见图2）。

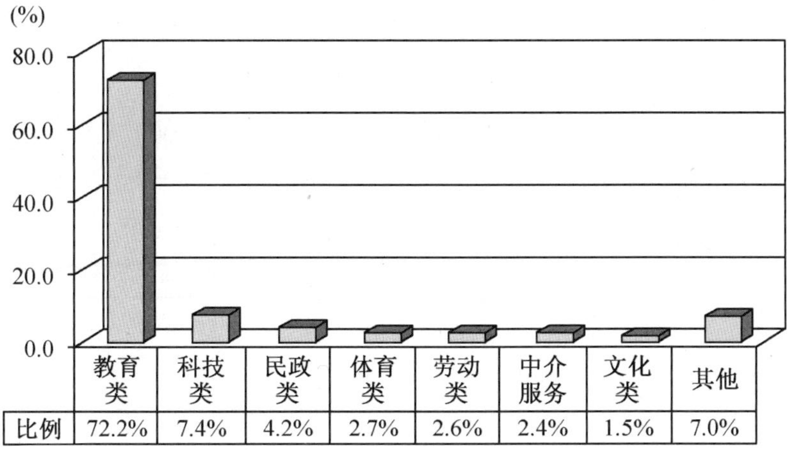

图2　民办非企业单位分类情况图

3. 基金会。指以从事公益事业为目的，利用社会捐赠的资金和财产成立的非营利性法人。具体分为两类：一是公募基金会，即可以向社会公众公开募捐的基金会，共有24家；二是非公募基金会，即不得面向公众募捐的基金会，全市共有151家。全市175家基金会目前共有净资产总额约8.2亿元，主要从事慈善、教育、社会福利、文化、科技等领域的公益活动，2010年基金会公益总支出约2.1亿元。

二、社区社会组织

主要是指以社区居民为主体，以社区地域为主要活动范围，以满足社区居民需求为目的，由居民自发成立的各类社会组织。截至目前，全市共有社区社会组织14895家。

按成立方式划分：正式登记的721家，占4.8%；在街道备案的7736家，占52.0%；在社区备案的6125家，占41.1%；未登记或备案的313家，占2.1%（见图3）。

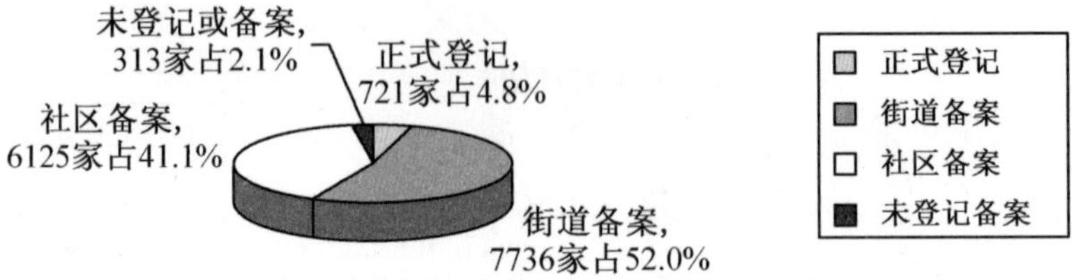

图3 社区社会组织成立方式分类情况图

按照活动领域划分：慈善公益类组织724家，占4.9%；文体活动类组织7011家，占47.1%；生活服务类组织1013家，占6.8%；社区事务类组织2415家，占16.2%；志愿服务类组织3219家，占21.6%，其他组织513家，占3.5%（见图4）。

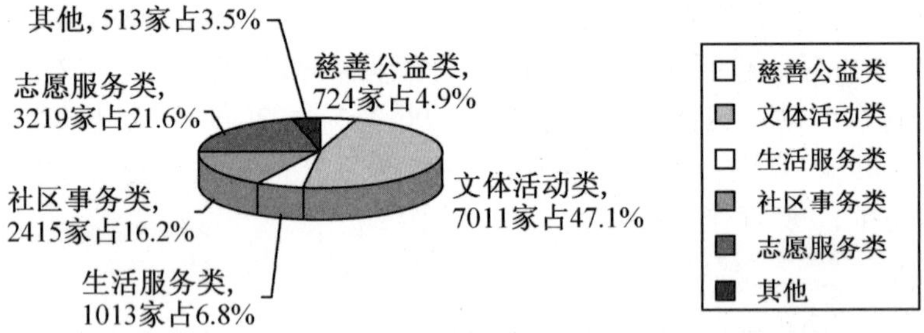

图4 社区社会组织活动类型情况图

三、高校学生社团组织

主要是指青年学生出于兴趣、爱好、特长或者基于共同愿景，为实现特定宗旨和目标而倡导创建的，以高校在校学生为主体开展活动的社会团体。北京高校学生社团主要由所在学校的团委管理，也有一部分学校明确由学生会或学生社团联合会负责学生社团的管理工作。

据统计，目前首都60余所高校中共有学生社团3682家，覆盖学生近26万人，规模最大的社团是“清华大学马克思主义学习研究会”，会员4000人左右。在所有高校学生社团中，超过1000人规模的有23家，占总数的0.6%；50—100人规模的最多，为1424家，占总数的38.7%（见表1）。

表1 高校学生社团规模情况

规模（人）	数量（个）	比例（%）
1000以上	23	0.6
500—1000	46	1.3
300—500	131	3.6
100—300	748	20.3
50—100	1424	38.7
50以下	1310	35.6

按照工作领域划分，我市高校学生社团

大致可以分为理论学习类、学术科技类、社会实践类、文娱体育类、志愿服务类等类别。其中，文娱体育类1178家，占31.7%；学术科技类736家，占20.5%；理论学习类625家，占17.5%；志愿服务类582家，占15.8%；社会实践以及其他类别561家，占14.5%（见图5）。

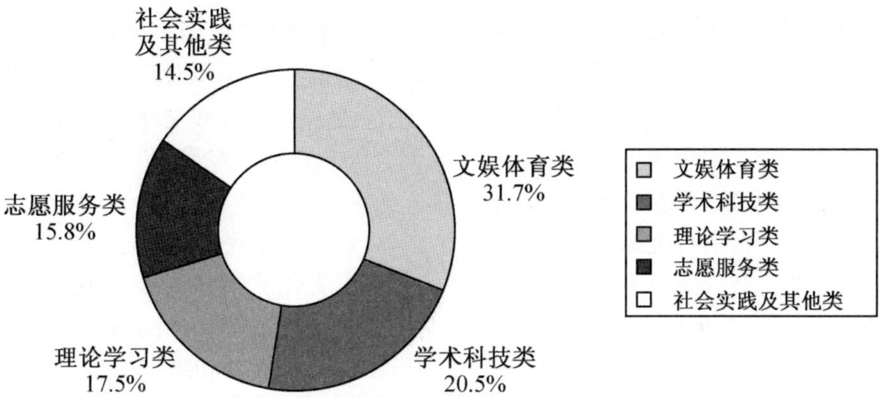

图5　各类学生社团数量情况

四、“草根”社会组织

主要是指具有公益组织特征，但因达不到法定登记条件，而选择以工商注册等形式存在的社会组织。由于工作渠道缺乏等原因，目前还很难全面掌握其数量、分布及工作开展情况。此次调研中，对120家工作中有一定联系的“草根”组织进行了问卷调查，统计结果显示，这120家组织主要分布在教育培训、环境保护、法律维权、社区服务、贫困救助、科普宣传、大型活动支持等领域。其中，教育培训类机构48家，占受访组织总数的40%；维权服务类机构24家，占20%；社区服务类机构22家，占18.3%；环境保护类机构16家，占13.3%；其他类别共10家，占8.4%（见图6）。

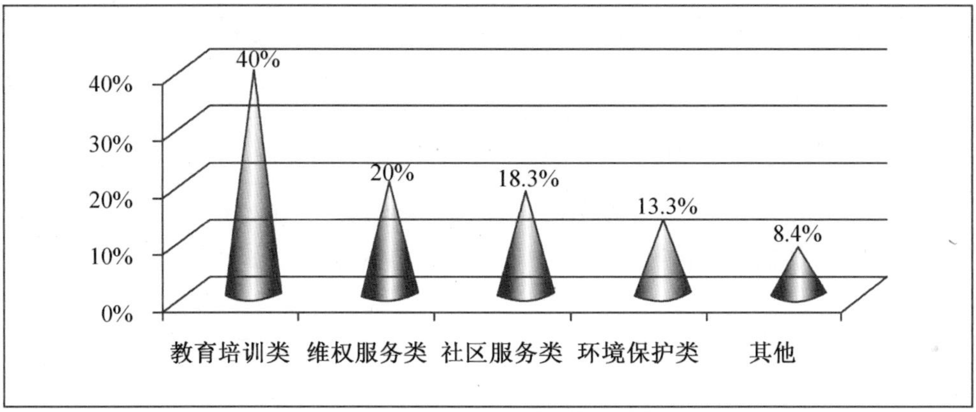

图6　“草根”组织问卷调查分类情况

同时，调查还显示：受访组织的专职工作人员数一般为5—10人，其中32家机构的工作人员中有中共党员（一般在1—3人）；96家机构有较为固定的办公场所，其中大部分是通过租赁方式解决，也有少部分组织的办公场所由政府提供；此外，受访组织普遍反映缺乏稳定的经费来源，筹资难度较大，其中有7个机构曾不同程度得到过政府的经费支持，另外有5个机构曾与国际组织有过一定形式的交流与合作。

五、少数民族类社会组织

主要是由少数民族群众发起或参与组建、旨在促进少数民族教育文化事业发展或少数民族群众自身基于交流、联谊、互助等目的而成立的社会组织。目前，北京地区的少数民族类社会组织主要有以下几种情况：一是在国家民政部登记的全国性组织，共有52家，比如全国民族教育协会、中国民族史学会、中国少数民族舞蹈学会等；二是在北京市、区民政部门注册登记的区域性组织，共54家，比如，北京市民族联谊会、北京民间文艺研究会、石景山区民族养老院、怀柔区满族民俗博物馆等；三是在街道、社区、高校等领域存在着数量众多的“草根”类组织，比如，西城区德胜街道的“社区民族团结协调委员会”、海淀区马连洼街道的“回民志愿服务队”、中央民族大学侗族学生成立的“京城侗歌表演队”、北京师范大学藏族学生成立的“雪域文化交流协会”以及苗族学生成立的“在京苗族大学生联络小组”“云南怒江老乡会”等。

在京少数民族类社会组织活动领域涉及教育、文化、志愿服务、卫生健康、慈善公益、社区服务等多个方面，目的是通过实际行动宣传、倡导和维护少数民族的生活习惯、行为方式，使来京学习和工作的各族民众更好地融入城市生活（见图7）。

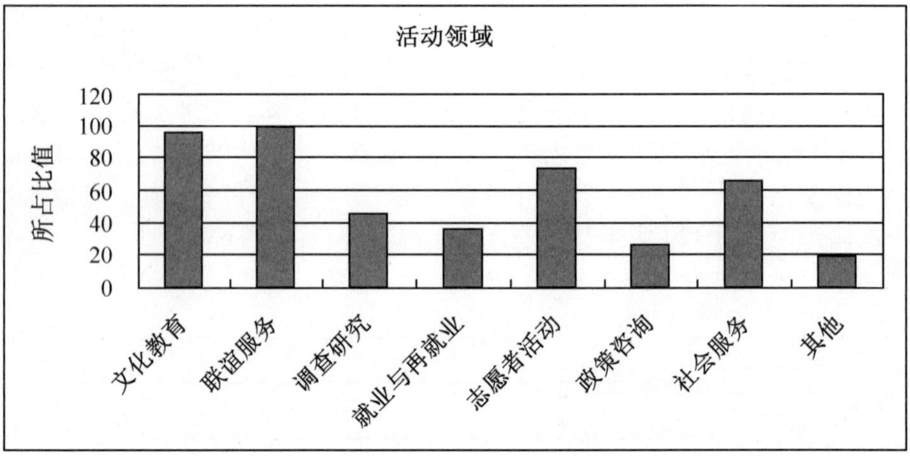

图7　少数民族类社会组织活动领域图

六、在京国际非政府组织

据初步统计，目前在京开展活动的国际非政府组织共有近500家，调研中了解到在北京设有工作机构（办事处）的有247家（其他在京没有办事机构但有部分活动或项目），主要分布在东城、西城、朝阳、海淀等几个涉外资源相对集中的区域。从国别或地区属性来看，正式入驻的247家境外非政府组织共涉及33个国家和地区，其中美国33家，日本23家，韩国17家，德国11家，英国11家，加拿大10家，法国9家，意大利9家，俄罗斯3家，我国香港特别行政区36家（见图8）。

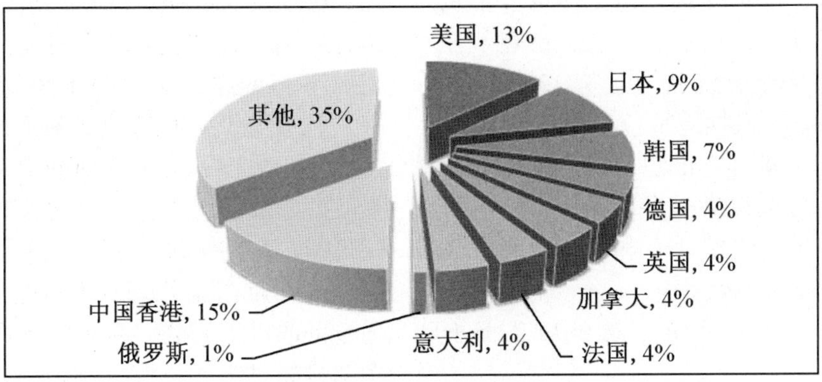

图8　在京国际非政府组织分布图

从工作领域上看，在京境外非政府组织大多集中在贸易促进、科技合作、能源开发、工业制造、体育休闲、文化传媒、知识产权保护等领域；同时，也有少部分从事应对贫困、防治艾滋病、保护生态环境、维护劳工权益等社会事务以及国际政治、地区安全等有关政治外交事务。

第二部分　我市社会组织服务管理的主要做法和存在的问题

北京市的社会组织管理工作从1986年开始恢复，1989年成立社会团体管理办公室，依照国家有关条例对社会团体、民办非企业单位和基金会实施登记管理。2007年12月，市、区两级成立社会建设工作机构，其中一项重要职责是负责社会组织建设与管理的规划、协调、政策制定以及培育发展等工作。此外，为了加强对社会组织的管理特别是对非法社会组织的查处，政法、外事、公安等部门建立了社会组织监督管理的联席会议机制。

一、主要做法

（一）以构建社会组织“枢纽型”工作体系为重点，推进社会组织管理体制改革

构建社会组织“枢纽型”工作体系，是北京市近年来在社会组织服务管理方面着力推进的一项重大改革举措，主要目的是通过认定一批大型联合性组织并授权其对本领域社会组织进行联系、服务和管理，逐步做到对全市各级各类社会组织服务管理的全覆盖，从而形成党和政府主导下的社会组织工作体系。市委、市政府在2008年出台的《北京市社会建设实施纲要》《关于加快推进社会组织改革与发展的意见》等社会建设“1+4”文件中，明确提出了这一改革思路。按照这一要求，三年多来，我市以工、青、妇等人民团体为骨干，已认定了两批22家市级“枢纽型”社会组织，工作领域已覆盖到市级社会组织的80%以上；区县和街道层面也结合实际建立了相应的工作体系，逐步构建起较为完整的分类管理、分级负责的“枢纽型”社会组织工作网络。在实际工作中，“枢纽型”社会组织积极发挥政治上的“桥梁纽带”、业务上的“龙头”引领和日常管理服务上的平台作用，成为党和政府在新时期加强社会动员、开展群众工作、完善公共服务的一种新的载体和平台。

同时，依托“枢纽型”社会组织，积极探索社会组织党建“3+1”工作模式，即在各“枢纽型”社会组织中，成立3个组织形式（社会组织党建工作委员会、社会组织联合党支部或党总支、一个明确的工作部门），建立1个党建工作例会制度，实现“枢纽型”社会组织党建工作和业务工作一起抓。目前，市科协、市残联、市红十字会、市侨联、市社科联、市法学会、市工商联、市贸促会、市私个协、市商业联合会、市建筑业联合会、北京工业经济联合会等12家市级“枢纽型”社会组织挂牌成立了社会组织党建工作委员会及联合党组织，建立了党建工作例会制度；各单位通过多种形式，在所属社会组织中开展党组织建立和党员教育管理工作，取得了初步成效。

（二）依法加强对社会组织的监督和管理

登记管理机关和业务主管单位密切配合，依法加强了对社会组织的管理。一是将监管的重点放在规范社会组织行为和完善其内部自律机制上，通过年检和日常监管，要求社会组织按照成立时确定的宗旨、章程开展活动，对不符合要求的社会组织进行限期整改；二是出台了《北京市社会组织重大事项报告的若干规定》《北京市社科类社会组织登记管理办法》等一系列日常管理办法，加强了对社会组织活动的监督管理和动态掌握，指导社会组织依法有序开展日常工作；三是加大了执法检查力度，对长期不参加年检、连续两年年检不合格以及有其他违法行为的社会组织实施行政处罚，2009年以来，共对45个社会组织实施了有关处罚措施；四是加强社会组织规范化建设和诚信自律建设，出台了《北京市社会组织考核评价办法》，通过引入第三方评估等形式，建立了对社会组织的评价激励机制，2010年共评出3A级以上社会组织168家。

（三）采取多种措施加强对敏感组织的防范和查处力度

一是按照中央有关规定，从登记准入环节严格把关，对政治类、邪教类、政党类、气功功法类、宗教类、特定群体类和不利于民族团结的社会组织禁止设立，对社科类的学会、研究会以及联络感情的战友会、校友会、同乡会等社会组织采取适度（限制）发展的政策。二是从维护首都安全稳定需要出发，逐步建立了在政法部门统一协调下，民政、外事、公安、安全、工商等有关部门参加，密切配合、协调联动、快速反应的综合监管机制，初步建立起了覆盖全市的信息渠道和举报网络，对敏感组织（含一些“草根”社会组织）的活动实施了严密监控。三是参照中央模式，由市外办牵头，建立了加强境外非政府组织在京活动管理工作联席会议机制，并制定出台了《关于加强境外非政府组织在京活动管理工作的意见》等文件。通过采取以上措施，在实际工作中对政治企图明显的非法社会组织坚决予以取缔或禁止其合法化；对一些因不了解法律规定，未经登记即开展活动的相关社会组织，坚持以教育、劝诫和引导为主，依法妥善处理。2000年以来，北京市共查处各种非法社会组织900余家。

（四）从促进发展的角度，逐步加大了对社会组织的政策支持力度

为了进一步为社会组织营造良好发展环境，近年来各部门、各地区采取多种措施，逐步加大了对社会组织的支持力度。一是针对社会组织登记门槛高、找业务主管单位“难”等问题，社团登记机关在中关村地区开展了社会组织“直接登记”试点工作，在此基础上，进一步将“直接登记”范围扩大至全市范围内工商经济、社会福利、公益慈善和社会服务等4类社会组织，取得了初步成效。二是加大了对社会组织的培育扶持力度，近两年全市共投入社会建设专项资金近1亿元，累计向社会组织购买了600多个公益服务项目；东城区、西城区、朝阳区、顺义区等多个区县设立了购买社会组织服务专项资金，额度从数百万元到1000多万元不等，并累计落实了数百个公共服务项目。三是市、区、街三级探索建立了不同形式的社会组织“孵化器”或服务基地，提供能力建设和专业化服务，重点培育符合首都经济社会发展需要的慈善公益类社会组织，进一步整合了资源、集成了服务。四是通过举办社会公益活动周、社会组织服务民生行动、评选社会组织公益服务10大品牌、优秀社团和先进个人评比表彰等活动，为社会组织搭建

展示、交流、互动平台，支持和引导社会组织更好地参与首都经济社会建设。五是积极落实国家关于为社会组织提供税收优惠的有关政策要求，2009 年以来共授予 113 个社会组织公益性捐赠税前扣除资格，为 63 个社会组织认定了免税资格。

二、存在的主要问题

（一）部分境外社会组织有针对性地实施危害我国家安全和社会稳定的非法活动

从市有关部门掌握的情况来看，部分境外社会组织在敌对势力的主导下，以学术交流或慈善捐赠为掩护，以资助、合作为手段，对我实施“西化”、“分化”战略，主要表现在：一是通过资助国内敌对分子或敏感人群，插手我国敏感、热点问题。比如，美国国家民主基金会、福特基金会、记者无国界组织、加拿大公民社会等境外非政府组织以学术交流、慈善公益等为掩护，积极资助“知爱行”信息咨询中心、农家女文化发展中心、绿之光环境发展中心等本市“草根”组织开展妇女参政能力建设、农民工和下岗职工维权、基层民主选举等培训，其中很多内容涉及蛊惑基层群众、动摇我基层政权根基。二是积极扶持我境内有关“草根”组织，企图将其培植成为具有西方意识形态的所谓“民主运动”力量。比如，美国国家民主基金会、亚洲基金会从所谓战略规划、能力建设、项目指导、资金支持等多方面扶植北京东珍纳兰文化传播中心等一批境内“草根”组织，企图达到其上述目标。三是通过各种非暴力手段，干扰破坏我重大活动的举办。最典型的是北京奥运会筹办期间，“记者无国界”“外国记者驻华俱乐部”等举办新闻发布会，干扰境外火炬传递仪式，并在北京等地区进行反动宣传。四是对北京高校学生及我青少年进行思想文化渗透。比如，“美国公民教育中心”在我国内开展公民教育实践项目，误导我青少年学生了解诸如环境、人权、法制等方面存在的社会问题，旨在灌输所谓的美国民主价值观、培植亲美势力，等等。

（二）境内社会组织一定程度上存在着质量不高、能力不强、发展无序等问题

我市社会组织经过多年的发展，总体上进步明显、成效突出，但由于多方面原因，也还存在一些突出问题，主要表现在：一是总量相对较小，按照 2010 年北京市常住人口 1970 万计算，我市每万人拥有正式登记的社会组织数量仅为 3. 7 个，以户籍人口 1257 万计算，仅为 5. 6 个，无论从总量还是布局上看，与首都经济社会发展和人民群众的实际需求不相匹配。二是政社不分、管办不分的现象仍然比较普遍，许多社会组织由政府部门创立，在人、财、物上过多依赖行政部门，一定程度上成为行政机关的附属物，自主发展、自我管理、自我服务的能力不强。三是社会组织自身建设仍有很大不足，一些组织内部管理混乱、服务意识不强、公信力不高、可持续发展能力弱，以章程为核心的法人治理结构尚未完全建立。

另外，近年来我市出现了大量以各种名义成立、以各种形态存在的“草根”组织。实际工作中，由于制度的限制、法规的缺位以及监管体系不健全等原因，这类组织在发展中还存在一些不容忽视的突出问题：一是没有合法身份，开展活动困难。一些“草根”组织确实是出于正常的公益目的而成立，在创新社会服务模式、弥补公共服务不足等方面具有独特优势，很多组织也一直希望通过民政登记的方式获得合法身份、自觉接受管理，但囿于现行登记体制的诸多限制，只能以工商登记或挂靠等形式存在，身份的缺失也在很大程度上制约了其活动开展。二是有的“草根”组织主观上存在非法企图和不良动机，借没有正式登记的空子逃避监管，私下里做一些影响社会稳定的事情，甚至被敌对势力所利用，比如，通过举办各类所谓的研讨会、论证会，炒作司法个案，攻击我政治制度和司法制度；借为弱势群体“维权”名义，插手群体性事件，煽动敏感人群进行“有组织抗争”；接受境外机构资助，

从事敏感问题研究等。三是现行管理体制未能对“草根”组织进行有效覆盖，以至于大量“草根”组织游离于法律和政策边缘，实践中对这类组织工作办法不多、掌握信息不全、管理服务滞后，客观上造成了社会管理“死角”和各种现实隐患。

（三）当前推进社会组织服务管理创新还面临许多具体问题

按照市委、市政府的部署和要求，目前我市在社会组织管理体制改革方面，首先是要尽快构建起体系完善、机制健全、作用突出的“枢纽型”工作体系，同时在一些具体领域和环节加大改革力度，推进社会组织服务管理创新。虽然各项改革工作已取得明显进展，但由于多方面原因，也还存在一些具体问题：一是各部门、各单位对构建社会组织“枢纽型”工作体系的重要性和必要性缺乏认识，没有广泛形成工作合力。实际工作中，不同部门间由于认识不统一，工作目标和着力点相对分散，导致社会组织领域内的很多工作和政策措施没有紧紧围绕这一中心环节开展，影响了这一体系的构建和作用发挥。二是实现新旧两种体制的“切换”难度较大。构建社会组织“枢纽型”工作体系的一个重要目的，是对社会组织业务主管单位进行“归拢”（比如，将市级社会组织的业务主管单位由原来的130多家委办局归集为30家左右的“枢纽型”组织），从而实现一种规模化的管理和集约化的服务，但由于历史和多方面原因，目前各行政部门仍然在做社会组织的业务主管单位，一定程度上造成了新旧两种体制并行、新体制优势难以充分发挥的局面。三是“枢纽型”社会组织在扩大工作覆盖面、开展社会动员等方面仍有不足。比如，如何进一步完善内部运行机制、如何更有针对性地开展社会组织管理服务工作、如何将各领域“草根”组织纳入工作范围，等等，需要进一步在加强统筹协调、完善动力机制、加大政策支持等方面予以完善。四是一定程度上仍然存在着社会组织“登记难”的问题。虽然登记机关近年来推出了“直接登记”等一系列改革举措，一定程度上简化了登记程序、优化了工作流程，但作为一项新的政策措施，在实际推行过程中，一些部门、单位以及有关“枢纽型”社会组织还存在着怕承担政治风险、“多一事不如少一事”等主观顾虑，不愿主动接纳相关社会组织，使得相当一部分社会组织因找不到业务主管单位而无法成立。

（四）现行社会组织工作体制需要进一步理顺

当前，市委、市政府高度重视社会组织工作，投入的力量越来越大，不仅设置了相应的职能部门，同时也通过联席会等形式加强了部门间的工作联动和统筹协调，发挥了重要作用。但由于不同部门的工作性质和工作职责不同，思考问题的角度和观点也往往存在差异。因此，实际工作中一定程度上还存在着重复管理、资源分散、信息分割、步调不一致等问题，以至于很多时候该统的没有统起来、该分的职责界定不清晰，客观上造成了在具体执行层面各部门各管一摊、缺乏沟通、没有形成整体合力的局面。这就迫切需要进一步理清思路、理顺体制，构建一种在市委、市政府统一领导下，从决策到执行环节更加权威、科学、统一、高效的社会组织管理和服务工作格局。

（五）在扶持社会组织发展方面还有很大不足

一是政府向社会组织转移职能工作进展缓慢，一些本应由社会组织承担的职能仍掌握在政府部门手中，越位、缺位、错位现象仍然存在，导致社会组织的发展和发挥作用空间极其有限。二是政府向社会组织购买公共服务仍需加强，特别是通过签订契约向社会组织采购服务事项的工作机制尚未建立，一些部门在开展这项工作中的随意性较强，规范化程度不高。三是支持社会组织发展的配套政策还不完善，比如，对一些承担社会管理事务、提供公共服务的社会组织还在按企业标准征税；社会组织在引进人才、人员职称评定等方面还存在一定困难。四是社会组织管理的相关法律法规不健全，现有法规偏重程序，缺少实体性规定，对社会组织的权利义务界定不清，使得社会组织的性质、地位、作用及职能等没有完全明确，不利于社会组织的健康、规范发展。

第三部分 关于社会组织问题的思考与认识

当前，随着改革的全面深入推进，特别是逐步由经济领域向社会领域、文化领域乃至政治领域延伸，我国的社会结构和利益格局正在发生深刻变化和调整，社会组织的大量涌现和不断发展已成为一种必然趋势。然而，面对社会组织这样一种不断兴起的社会力量，各方面还存在着各种不同的理解和认识，比如：有的把社会组织看作是对抗政府的“异己力量”，认为其大量发展会分化社会利益甚至削弱党的执政基础，主张应该限制发展；有的轻视社会组织，认为可有可无，或者以偏概全，用个别负面典型否定整个社会组织体系；有的则过度美化社会组织，用西方公民社会和民主自由思想来衡量和要求我国社会组织，对非法组织的负面作用认识不足，等等。应该说，以上这些理解和认识一定程度上有其合理的一面，但又有其局限性。结合近年来我市社会组织工作实际，主要有以下几方面认识和思考：

一、社会组织的地位和作用越来越重要，已成为经济社会发展的一支重要力量

社会组织作为与政府、企业并列的社会三大组织类型之一，其生存、发展的重要原因，就是社会组织在参与社会管理、扩大公共服务、弥补政府和企业不足等方面具有独特功能和重要作用。过去几年，我市广大社会组织在参与筹办奥运、应对金融危机、开展抗震救灾、迎接新中国成立60周年等重要活动中开展了大量工作，受到党和政府以及社会各界的广泛关注和认可。从当前形势来看，构建“党委领导、政府负责、社会协同、公众参与”的社会管理格局，需要充分发挥包括社会组织在内的社会力量的协同作用，形成社会管理合力；同时，也需要发挥好社会组织的桥梁和纽带作用，实现公众参与的有序化和组织化，形成共建共享局面。总之，在新的形势下，社会组织的作用体现在经济社会生活的方方面面，已经不是可有可无，对其不能视而不见。对此，要有一个正确的判断和认识。

二、社会组织在发展中还存在一些不容忽视的问题，要进一步加强引导和管理

当前，我市社会组织发展总体上是健康的，绝大多数是对社会有利的，但是在发展过程中还存在一些突出问题。比如，有的社会组织处于放任自流、自生自灭的状态；有的诚信度不高、服务意识不强；有的行为失范、违法违规；甚至有一些组织在敌对势力的操纵和利用下，从事危害社会稳定和国家安全的活动，等等。这些问题的产生，既有社会组织疏于自身建设的原因，同时也与我们的法律法规不健全、政策体系不完善、管理与服务跟不上有着密切关系。如何既发展得好又管理得好，促进其健康有序发展，是需要认真研究解决的一个重大课题。因此，在充分认识到社会组织重要性的同时，又必须进一步增强政治意识、责任意识和风险防范意识，坚持一手抓发展、一手抓监管，在发展中强化监管，在监管中促进发展，努力发挥社会组织在经济社会发展中的积极作用。

三、在开展社会组织领域维稳工作中，要进一步转变观念、注重源头治理

当前，我国正处在社会转型期，各种社会矛盾和问题多发，维稳任务十分艰巨。北京作为首都，安全稳定工作至关重要。因此，

社会组织工作必须按照国家维稳工作要求，妥善处理好改革、发展、稳定的关系，特别是要加强对各类非法社会组织的防范和打击力度。当前开展这项工作，应重点把握好以下几个方面：一是明确对象、突出重点。在“双重管理体制”下，经各方面严格审查和把关，正式登记的社会组织一般不会触碰“敏感”问题，其主要任务是如何进一步规范发展；相对而言，由于缺乏必要的监管，容易发生问题的主要是部分境外非政府组织和境内“草根”组织。因此，应该把防控重点放在这两个方面，有针对性地开展工作。二是既要提高警惕，又不能“草木皆兵”。从目前掌握的情况看，在众多境内外社会组织中，大多数都能够自觉遵守相关法律法规，真正存在问题的是少数。因此，在对这些组织进行重点防控的同时，又要妥善处理好同其他社会组织的关系，不能搞“一刀切”，更不能“因噎废食”。三是要正视现实、综合施策。比如，许多境内“草根”组织是在得不到有效支持的情况下才同境外非政府组织进行各种形式的交流与合作，境外势力也正是看清了这一点并加以利用，对此，我们应该辩证地看待并逐步调整政策，加强正面引导，提供必要支持。此外，对于境外非政府组织，也可以探索通过一定的方式，比如登记、备案、联系、服务等，使其“浮出水面”，掌握工作主动权。总之，在工作的方式方法上，要积极探索全方位服务管理的新思路新举措，特别是要注重源头治理。

四、要从我国国情出发，努力构建党和政府主导下的社会组织体系

我国与西方国家政治制度、行政体制、社会结构、发展阶段不同，同国外的非政府组织相比，我国的社会组织在发展目标、质量水平、作用发挥以及社会地位上也都存在着相当的差异。因此，我们在借鉴国外好的经验和做法的同时，还必须充分考虑我国的具体国情，不能照搬西方国家的理念和模式，社会组织不能无序设立和发展，更不能站到党和政府的对立面。在我国，社会组织是党和政府联系群众的桥梁和纽带，是政府加强社会管理的重要助手，是公共服务体系的重要补充，必须始终围绕党和政府工作大局开展活动、发挥作用。因此，在改革发展的新形势下，必须构建起党和政府主导下的社会组织体系，形成党委、政府和社会力量互联互动、分工配合、各尽其责的工作格局。近年来，北京市探索构建社会组织“枢纽型”工作体系，根本目的就是要把各类社会组织纳入党和政府主导的社会管理体系，是对中国特色社团管理模式的重要探索和实践。因此，必须坚定不移地按照市委市政府决策部署，努力把这一体系构建好，逐步形成党政主导下的、充满活力的、具有时代特征、中国特色和首都特点的社会组织工作体系。

第四部分　关于加强社会组织管理服务的对策与建议

在当前国内外形势深刻变化的新形势下，如何发挥社会组织的积极作用，同时对其进行有效的管理，是构建和谐社会必须思考、事关长远发展的战略性问题。我们既要着眼于当前，综合采取措施，解决社会组织建设管理中遇到的迫切问题；同时又要未雨绸缪，从宏观战略层面研究、设计长远发展的基本思路和制度框架，从而促进社会组织又好又快发展。

一、不断完善社会组织“枢纽型”工作体系，将各级各类社会组织纳入党和政府主导下的社会组织体系

各部门、各单位都要认真贯彻落实市委、市政府的决策部署，支持社会组织“枢纽型”工作体系的构建，将其作为全市社会组织管理体制改革的中心任务。从当前实际工作来看，建议从以下几个方面入手，不断完善这一工作体系。

1. 进一步深化对“枢纽型”社会组织工作的认识，不断丰富、完善工作思路和框架体系

经过三年来的不断探索和实践，我市社会组织“枢纽型”工作体系框架初步形成，发挥了明显作用。但随着这项工作的持续深入推进，客观上也有一个在原来基础上进一步深化理解和认识、深化目标定位研究、深化理论体系构建的问题，只有这样，才能更加清晰地明确工作方向和实现路径，指导实际工作不断深入开展。

因此，下一步工作中，要在遵从于市委、市政府有关工作部署和要求的前提下，从实际工作出发，进一步深化研究、开阔思路、探索多种实现途径，更好地发挥“枢纽型”管理体系的作用。比如，在现有的“大枢纽”之下，可以尝试建立一些更加灵活多样的“二级枢纽”，使其在社会动员、资源配置、服务管理等方面起到必要的补充作用，使“枢纽型”管理体系朝着更加精细化、立体化、多样化的方向发展；此外，随着国家加快社会组织管理条例修订工作，将来如果统一取消社会组织业务主管单位后，“枢纽型”社会组织应该如何发挥作用，等等，都需要在实际工作中有所考虑，有针对性地加以研究和应对。

2. 从加强社会管理实际出发，进一步扩大“枢纽型”社会组织工作覆盖面

“枢纽型”社会组织不在于数量有多少，关键是要在工作领域上尽可能地做到对各级各类社会组织的广泛覆盖并切实发挥作用。当前，扩大“枢纽型”社会组织工作覆盖面，首先要按照“政社分开、管办分离”的工作要求，先由“枢纽型”社会组织同行政部门管理的有关社会组织建立工作联系，条件成熟后正式纳入新的管理体系；同时，要从完善社会管理的实际需要出发，把各类未登记的社会组织也逐步纳入到这一体系，比如，可以探索认定针对“草根”社会组织、在京国际非政府组织管理服务的“枢纽型”社会组织，同时也可以针对业主委员会、少数民族类社会组织等特定人群类组织认定一定形式的“枢纽型”社会组织。

3. 采取有效措施，切实解决“枢纽型”社会组织的动力机制问题

一段时间以来，对于“枢纽型”组织主要是从“政治上”提出工作要求，更多是寄希望于其自身通过提高认识来推进工作。实践证明，在此基础上还需要采取更加实际、有效的办法和措施，提高其工作主动性和自觉性。对此，建议由编制部门对相关人民团体的“三定”职能进行补充规定，明确赋予其承担对本领域社会组织的服务和管理职责，以形成内在约束，促其更好地开展工作；同时，制定针对“枢纽型”社会组织的绩效考评办法，并在资金、人员、项目等方面为其提供综合配套支持，多方面、多角度形成促进“枢纽型”社会组织开展工作的激励和约束机制。

4. 进一步完善“枢纽型”社会组织工作运行机制

采取多种方式，支持市级“枢纽型”社会组织按照有领导责任制、有职能部门、有工作制度、有管理和服务体系的广覆盖、有党组织和党的工作的广覆盖、有业务和服务品牌项目等“六有”要求，进一步加强自身建设，不断健全工作运行机制。同时，区县和街道层面在构建社会组织“枢纽型”工作体系过程中，不一定完全照搬市里的模式，可以结合工作实际，有所突破和创新，更有针对性地推进工作开展。

二、进一步完善政策体系，切实解决目前制约社会组织发展的有关问题

1. 加快推进政府向社会组织转移职能

调研中明显感觉到，目前制约社会组织发展的一个重要方面，就是政府转移职能不到位，很多社会组织希望政府在这一方面加大工作力度。尽管相关文件多次提出要求，但由于这项工作涉及面广，政策性强，始终没有取得实质性的突破。对此，建议市委、市政府责成编制部门牵头，有关部门参加，

结合当前事业单位改革的有关要求，研究制定政府部门向社会组织转移职能的工作路径和推进步骤，制定工作方案并加紧落实。同时，在实际操作过程中，建议可以从工商建筑业等部门开始，探索将行业统计、行业规范、行业标准制定等工作职能转移给行业协会商会等社会组织承担，并不断加以完善和推广。

2. 进一步规范政府向社会组织购买服务工作

近两年，我市各级政府明显加大了资金投入力度，通过购买公共服务等形式进一步转变职能、创新公共服务提供方式并对社会组织进行培育和扶持。但从实际工作来看，这种较为常规化的购买服务一定程度上还相对集中在少数领域和工作部门，不具有普遍性。因此，建议在目前基础上，全市统一出台指导性意见，建立一种适用于不同部门、更具经常化和制度化的政府购买社会组织服务机制。同时，为进一步整合资源，形成合力，便于统一标准和监督管理，可以探索将不同部门购买社会组织服务的预算统一纳入“社会建设专项资金”管理和使用。

3. 出台具体可操作的社会组织税收优惠政策

目前在税收政策上，社会组织反映相对集中的主要是税务部门按照企业标准对其征收营业税和所得税，甚至将政府购买服务的经费也纳入征税范围。此外，由于多种原因，一些公益组织在申请政府认可的免税资格时也还面临许多限制条件。对此，建议按照国家有关规定，对不同类型社会组织减免的税种、幅度做出科学界定和细化，实施分类引导；同时，对慈善公益组织的捐赠税收优惠实行普惠制，对凡是经认定为慈善公益行为的，应一律给予相应的税收减免优惠。

三、进一步完善对社会组织进行监督和管理的体制机制

1. 进一步完善社会组织工作的领导体制和工作格局

为尽快形成党委领导、政府负责、社会协同、公众参与的社会管理新格局，建议对目前社会组织领域相关统筹协调机制进行整合，尽可能地明确由一个权威部门牵头，协调有关部门各司其职、分工配合，共同做好社会组织管理服务工作。同时，为避免工作中的职能交叉、重复，建议对目前相关部门的社会组织工作职能进行整合，可以考虑成立“北京市社会组织管理服务局”或类似机构，从具体执行层面统一负责全市社会组织的政策制定、登记管理、培育扶持等工作职能。

2. 探索建立对相关社会组织的备案管理模式

除依法开展社会组织登记审批以外，建议相关部门共同研究对“草根”组织和国际非政府组织实行备案管理的工作办法，并探索由“枢纽型”社会组织或有关方面对其进行联系、服务和管理，逐步将这类敏感组织纳入工作视野，实施更加有效的监督和管理。

3. 进一步完善对社会组织的登记管理制度

建议相关部门联合制定《北京市社会组织登记设立指引》，针对不同类型社会组织实行差别化的登记准入政策，不断优化社会组织的布局结构。在日常管理中，从重视“入口”管理逐步转向重视“过程”管理，从“静态”管理逐步转向“动态”管理，注重对社会组织日常活动的调控、引导和管理。此外，进一步完善社会组织的考核评估工作，将评估结果与政府购买社会组织服务或其他相关支持措施“挂钩”，督促社会组织不断强化自身建设。

四、切实加强对“草根”社会组织的引导和管理

1. 有意识地培育和认定针对“草根”组织管理的“枢纽型”社会组织

针对“草根”组织的实际特点，可以认

定有关“支持型”或“资助型”组织为这一领域的工作“枢纽”，其主要任务是帮助政府尽可能地联系和聚集分散在不同角落的各种“草根”组织，掌握这些组织的基本信息，起到一种信息枢纽和管理平台作用，以一种更加“柔和”的方式开展对这类组织的联系、引导和管理工作。

2. 现有“枢纽型”组织要在联系、服务、管理本领域“草根”组织中发挥更大作用

各“枢纽型”社会组织在扩大工作覆盖面的过程中，其中的一个重要方面就是要把本领域相关“草根”组织纳入管理体系。在实际工作中，要进一步破除思想禁锢，对那些有一定影响力、符合发展方向的“草根”组织应提供必要的帮助和支持；同时，要结合“草根”组织的实际特点，采取有效方式逐步摸清底数、掌握基本情况，建立数据库，实行动态管理。

3. 通过备案等方式逐步将“草根”组织纳入“枢纽型”管理体系

对于各类“草根”组织，首先应该努力促其登记，依法进行监督管理。因各种原因暂时达不到登记条件的，可以视不同情况采取备案、列席、团体会员等手段加以吸纳。比如，希望获取社会组织领域相关信息的，可以到“枢纽型”社会组织进行备案；愿意提供前几年工作报告及财务报告的，可以给予列席资格，以同等身份参与“枢纽型”组织提供项目的申请；愿意接受“枢纽型”组织业务指导的，可以以团体会员身份加入，共同参与“枢纽型”组织举办的各种活动。

五、进一步加强和完善对境外非政府组织的管理服务

1. 探索对境外非政府组织进行集约化的管理与服务

适应当前北京建设世界城市的工作需要，建议在一些涉外资源相对集中的区域（比如朝阳 CBD 商务中心区等）建立“国际组织总部聚集区”，以统一的国际组织大厦（服务办公楼）等形式，重点吸引一批符合我市产业发展方向、辐射范围广、影响力大的国际行业组织集中办公，并提供有关配套服务和政策优惠。

2. 发挥“枢纽”组织作用，加强对在京境外非政府组织的联系、引导和服务

积极发挥市贸促会、市对外友协、市民间组织国际交流协会等“枢纽型”组织作用，通过共同举办活动等形式，加强对有关国际非政府组织的联系和服务，并积极引导和利用其资金、技术、管理等优势资源，为首都经济社会发展服务。

3. 注重策略，实现“以非制非”

借鉴有关国家经验（比如，俄罗斯成立了亲政府的青年组织“支持普京”，并在纽约和巴黎设立分部，宣传俄正面形象，监督欧美人权状况），有重点地培植一批国内社会组织，使其在政府的主导下逐步走向国际舞台并发挥作用，争取更多的国际“话语权”，不断挤压敌对境外非政府组织的活动空间，配合国家整体外交工作开展。

4. 出台针对境外社会组织管理的相关政策

在国家尚无专门立法的情况下，建议先由几个部门联合出台一个工作意见或管理办法，着重对国际非政府组织的入驻条件、备案或登记标准、日常管理服务及相关事项作出规定，逐步做到有章可循，更有针对性地开展这项工作。

当前，中央和市委、市政府高度重视社会建设与管理工作，这不仅为社会组织的建设与发展提供了难得机遇，也提出了更高要求。我们要认真贯彻落实中央和市委市政府一系列指示精神，进一步认清形势、把握趋势，加强领导、完善体制，创新服务、科学管理，努力促进各类社会组织依法、健康、有序发展，为推动首都科学发展营造更好环境。

深化社区信息化工作　推动社会服务管理创新

——关于北京市社区信息化工作的调研与思考

北京市社会建设信息中心

社区作为社会的基础单元成为社会建设的重要着力点和落脚点，随着社区建设工作的不断深入，对社区管理和服务水平提出了更高要求，而社区服务管理水平的提升离不开社区信息化的助力和支撑，社区信息化也成为助推社会服务管理创新的重要力量。本文对我市社区信息化工作的现状、存在的问题进行了调研和思考，尤其对未来我市社区信息化工作的开展提出了建设性的思考建议。

一、北京市社区信息化的发展现状

近年来，市委、市政府深入贯彻落实科学发展观，围绕“人文北京、科技北京、绿色北京”和“智慧北京”建设目标，遵循统筹规划、服务居民、政府引导、社会参与、试点先行、务求实效的原则，以提高社区居民满意度为核心，以改善民生和提升社区居民生活质量为主线，以信息技术创新应用为动力，搭建社区信息化建设多元参与格局，优化社区信息化创新发展环境，推进社区信息化应用，提升服务能力，促进社区精细化管理等方面取得了一定成绩。

（一）市、区、街、社区信息化工作稳步推进

第一，市区两级社会工作信息化建设逐步推进。从2007年市区县两级社会工作机构开始建立，到2009年密云县社会工作机构成立，至此全市市区两级社会工作机构全面建立。全市市区两级社会工作机构成立以来，在市区（县）两级党委、政府的领导下，在市经信委的指导下，在各有关方面的大力支持下，信息化在社会服务管理创新中的应用不断深化，信息化工作取得了初步成效：成立了市社会建设信息中心，区县社会建设信息化工作机构建设也有了较大进展，组建了全市社会建设信息化联络员队伍，市、区县社会建设门户网站依次建立，社会建设网站群不断壮大，社会建设信息化工作网络初步形成，形成一批信息化工作典型经验和工作亮点。

第二，全市街道社区信息化建设已进入深入应用阶段。全市各街道都有专职或兼职人员负责信息化工作；所有的街道和部分社区建立了门户网站；所有的街道都建有内部网上办公系统，实现了办公自动化；街道内部办公系统实现了与区、社区网上办公系统的互联互通，有的街道还建立了数字民生服务平台和为民服务平台。

（二）信息化工作队伍和机制建设不断完善

第一，社会建设信息化联络员队伍不断壮大。社会建设信息化工作事新、面宽，为解决有人干事的难题，2010年以来，北京市社会建设信息中心创造性地开展了社会建设信息化工作联络员队伍建设工作，涵盖全市各区县社会工作部门、市级“枢纽型”社会组织、街道、社区等层面，经过努力，全市社会建设信息化工作联络员队伍已达到2136人。全市社会建设信息化工作联络员队伍按照“横向扩面、纵向延伸”的原则，不断扩大联络员队伍的覆盖面，壮大队伍规模，逐步探索在全市社会建设信息化工作推进到哪里联络员队伍就建立到哪里的机制，逐渐形成“横到边、纵到底”的社会建设信息化工作联络员队伍体系。

第二，加强社会建设信息化工作联络员队伍素质建设。北京市社会建设信息中心采取日常联系与定期联系相结合、重点联系与广泛联系相结合、分类联系与分层联系相结合的方式，通过建立联络员QQ群等方式，搭建联络员沟通交流的网络平台，加强与联络员的沟通联系。充分地发挥信息化工作联络员的骨干作用，真正使用好、发挥好、培养好联络员队伍。围绕提升信息化工作联络员素质，市、区适时举办信息化形势分析会、业务培训会、经验交流会及组织开展信息化相关的各类讲座、论坛、培训等，将其作为增强专业知识、推动工作开展的必修课程，如组织参加了2011中国智能城市论坛和2011智慧城市高层论坛，通过以会代训的方式，开阔了联络员的思路，提高了业务素质，并探索形成一套行之有效的工作机制，实现工作联系经常化、日常办公网络化、沟通交流现代化。

第三，全市社会建设信息化工作推进机制逐步建立健全。北京市建立了全市社会建设信息化工作联席会制度、信息化工作例会制度、信息报送机制和信息管理机制等，并认真贯彻落实《政府信息公开条例》，依托全市信息公开系统和北京社会建设网全面公开了社会建设的相关信息。

（三）社区信息化建设成效显著

“十一五”时期，全市社区信息化建设应用步伐加快，并取得了明显成效。

第一，社区信息化网络建设取得明显成效。一是全市社会建设门户网站群初步形成：目前初步形成了以北京社会建设网站为主，以各区县社会工作部门、“枢纽型”社会组织、街道、社区等各方面网站为辅的社会建设网站群。全市142个街道办事处全部建立了门户网站，全市600多个社区建立了社区网站，部分商务楼宇、社会组织以网站、博客或业主论坛的方式，积极推进信息化建设。二是建成并开通了北京市社区公共服务信息网，覆盖市、区县、街道175个社区服务中心和全市社区，建设了全市统一的96156社区服务热线。

第二，社区信息系统建设取得明显成效。2005年建立了北京市社区管理信息系统，该系统主要包括社区信息管理平台和社区信息资源库两个部分内容。

第三，社区信息化应用有效促进了社区管理和服务水平的提升。社区卫生服务、社会救助、为老服务、社会保障、文化、教育、残疾人事业等领域信息系统已延伸到社区。

第四，社区基础设施建设取得明显成效。部分区县已实现了辖区内全部社区办公场所、社区卫生服务站的光纤接入。“宽带小区”和“信息化村”试点建设加快推进，实现光纤入户197.5万户。已形成全区域覆盖的有线电视光缆传输网络。

二、北京市社区信息化工作中面临的问题

（一）社区管理的体制和机制亟待完善

一是社区信息化建设总体规划的困难。由于条块、条与条在社区信息化发展布局的诸多不同，致使社区信息化的发展空间受到很大的限制，整合难度很大。二是社区信息化建设过程中信息无法共享，形成反复录入，重复浪费，协调成本高。

（二）社区信息化人才队伍建设亟待加强

目前，社区干部大多数年龄较大、学历水平不高、以前从事的工作也基本未涉及信息技术的工作。因此，如何进一步优化人才队伍的结构，引进和培养一批既懂技术又懂业务的社区信息化人才成为当务之急。

（三）社区信息化的社会化参与程度亟待提高

一是政府决策受制于单方面的思维，与居民需求的焦点吻合度不够；二是政府执行过程缺乏与基层组织的有效合作，沟通不够；三是与信息服务配套的实质性服务活动开展不够，居民参与率有待提高。

三、北京市社区信息化建设的发展目标

以改善公众服务、社区自治为核心，全面、深入推进“智慧社区”建设，创新社区信息化工作机制，基本建立政府引导、多元社会力量充分参与的社区信息化建设格局，全面提升信息资源管理应用水平，实现信息资源整合集约化、规范化，深化技术应用创新，在信息化支撑下，社区居民既能便捷的享受公共服务和便民服务，又能广泛参与自治民主和互动交流，社区特殊群体能够得到特色服务，为建设管理有序、服务完善、文明祥和、生活幸福的社会生活共同体提供有力的信息化支撑，建成一批安全、便捷、宜居社区。

（一）建立社区信息化建设多元参与格局

建立多级协同工作体系，在政府引导下，社会力量积极参与，政社充分互动，产业合作共赢，初步实现多样的社区信息化服务供给模式，社区信息化建设呈现充满活力、有序组织和规模化运作的局面。

（二）全面提升社区服务便利化水平

满足社区居民医疗、卫生、水电煤气缴费等基本生活数字化需求，打造社区一体化综合性服务体系、社区智能便捷消费渠道和个性化在线知识学习平台，逐步实现社会服务智能化，全面覆盖居民基本需求，重点覆盖社区老年人、残疾人、低收入人群等特殊群体的特色需求，促进社区服务均等化发展，促进全民信息能力持续提升。

（三）全面提升社区管理精细化水平

大力提升信息资源、人口、社区环境、公共安全等社区数字化管理水平，逐步实现信息资源集约化、规范化，基础设施智能化，社区管理精细化。

（四）提供丰富多样的政民互动信息化渠道

满足社区居民参与民主管理和互动交流需求，使信息网络成为居民获取信息和服务、参与民主管理、邻里之间沟通交流的重要渠道。

（五）应用新信息技术引领社区信息化创新

通过新信息技术在社区建设中的创新应用，更好地满足社区居民的公共服务需求，从而大幅度提高社区管理与服务水平。新信息技术创新应用引领社区信息化创新趋势，从而促进新信息技术成熟完善和推广应用，推动信息化水平全面提升。

四、意见建议

（一）建立完善多元化社区信息化建设格局

第一，紧密结合社区信息化工作实际，不断创新工作机制，进一步完善市区街居多级协作、社会力量广泛参与的多元化社区信息化建设格局。形成市级统一规划、区县全面负责、街道乡镇具体实施、社区居民广泛参与的社区信息化建设协调配合机制，促进社区信息化工作持续协调发展。

第二，完善社会力量参与社区信息化建设的引导机制。鼓励采用网络租用、平台共建、服务购买、服务外包等多种方式，结合社区建设与应用特点，激发运营商、服务提供商、开发商等社会力量参与社区建设的积极性，形成政府引导、多元投入的社区信息化建设模式。鼓励社区居民利用博客、微博等信息化渠道，参与社区管理与服务和建言献策。

（二）夯实社区信息化基础

第一，加快社区信息化基础设施建设。以实施《北京市“十二五”时期城市信息化及重大信息基础设施建设规划》为契机，推进以光纤为主、无线为辅的网络接入全覆盖。

第二，加强社区信息资源整合利用。推进信息资源共享，在区县统筹建设服务基层的综合管理信息系统，搭建人、地、物、事、

组织基础数据库，街道建立定期数据采集与更新机制，实现基础数据库动态维护。加强街道基础数据采集更新与各条业务系统的对接，支撑多条业务数据采集更新。

（三）完善社区服务信息化体系

以保障和改善民生为重点加强社区服务信息化建设，借助信息技术，不断提高社区办事服务、公共服务和便民服务水平。

第一，推进社区电子商务建设。深入开展社区电子商务，推动社区商圈发展。建立以社区为核心、家庭、居民为服务对象、日常消费品为销售主体的社区电子商务服务体系。完善以居民评议等多种评价形式的考核激励机制。

第二，提高社区教育信息化服务能力。鼓励街道、社区利用服务型网站整合教学教育资源，为社区中小学生及家长等提供服务。在城乡等教育资源匮乏的街道社区推广远程教育平台，为城乡居民及时传递优质的教育教学资源。

第三，提高对特殊群体信息化服务能力。为社区老年人提供“小帮手”救助照料服务，促进居家养老。推动在社区基本普及老年人及重度残疾人远程看护和紧急事件响应系统。建设面向社区儿童、残疾人、老年人的信息服务体系和提供智能化无障碍辅助设施服务。

（四）拓展政民互动信息化渠道

鼓励各类服务型网站建设，搭建多样化政民互动信息化平台，完善社区服务渠道，促进互动交流，实现社区和谐共融。

第一，进一步完善公共服务与互动信息化渠道。鼓励街道、社区建设服务型网站，并利用服务型网站创新服务内容，与市、区级服务平台对接，更加侧重在线服务，加强服务信息发布，面向社区提供整合的各类服务资源。

第二，拓展群众性互动交流与自我服务渠道。利用新兴的博客、微博、即时通讯等技术聚集社区居民，增强社区居民间的互动交流，实现民意诉求反馈、居民自我服务和互帮互助，成为民间政民互动的重要渠道。

（五）推进新技术应用创新社区服务与管理

推进物联网、移动宽带及新媒体等先进适用技术在社区应用，开展新技术试点示范社区建设，实现新技术对社区居民需求的支撑和引领，提升社区管理与服务水平。利用物联网技术，通过传感器，使老人、残疾人等日常生活处于远程监控状态，实现智慧养老助残服务。利用物联网技术，通过监测平台的搭建，实现社区安防、社区环境监测和智能停车，提高社区管理与服务智能化水平。

北京居民心理健康调查报告

北京社会心理研究所

北京社会心理研究所在市委社会工委、市社会办的指导下，于 2011 年 4 月—8 月，对北京市居民的心理健康情况进行了专项调查。这次调查涉及的地域范围广、参与人数多。全市 16 个区县、136 个街道（乡镇）、167 个社区参与了调查，共发放问卷 5196 份，有效样本为 5010 份，回收率为 96.4%。这次调查使用的方法科学可靠。国家统计调查队北京分队为这次调查提供了抽样框并组织了专业调查员；调查问卷采用了国内成熟度、认同度高、可靠性强的版本。这次调查系统全面地反映了本市居民的心理健康状况并建立了全市第一个市民心理健康数据库。

（一）本次调查的目的和意义

本次调查的目的主要有四个。一是力争对全市居民的心理健康状况有一个比较全面、客观的了解，并在此基础上建立基础数据库，为今后长期的研究和管理工作提供支持。二是比较、分析不同群体的心理健康差异，了解不同群体的基本心理问题，为增强管理工作的针对性提供依据。三是在分析生理、心理及社会健康三方面相互关系的基础上了解认识规律性的东西，探索面向大众的促进社会心理健康的工作模式。四是落实《北京社会建设“十二五”规划纲要》关于保障和改善民生、加强和创新社会管理的要求，进一步了解居民对开展心理服务的实际需求，探索社会心态监测预警的方式方法、研究建立全响应、全天候、全覆盖的社会心理服务工作体系，为市委、市政府科学决策提供客观准确的数据和参考建议。

本次调查的意义在于：第一，把社会心理健康与促进社会和谐紧密联系起来，开辟实现社会和谐的新途径。党的十六届六中全会提出了构建社会主义和谐社会的任务，指明了社会建设的根本目标和实现国家经济社会协调发展的基本途径。实现社会和谐的关键是实现社会关系的和谐，社会关系的和谐离不开人们身心的和谐，离不开健康、积极、乐观心态的建立和培养。这一切都要建立在深入了解、正确认识广大市民心理状况的基础之上。第二，从社会心理建设入手，为引导社会态度和规范社会行为提供工作基础。胡锦涛总书记在关于加强和创新社会管理的讲话中指出，社会管理是人类社会必不可少的一项管理活动。要形成和保持一定的社会秩序，就必须有一定形式的社会管理。做好社会管理工作，促进社会和谐，是全面建设小康社会、坚持和发展中国特色社会主义的基本条件。搞好社会管理，公众的社会态度和社会行为是基础，建立和培养健康的社会心理对形成积极的社会态度和文明规范的社会行为大有助益。第三，进一步拓展公众对健康的认知，重视社会心理健康工作，为提升公民素质创造更加有利的环境。调查表明，人们的生理健康与心理健康有着密切的联系。目前，大众普遍存在重生理健康轻心理健康的情况。社会建设工作应着力加强心理健康服务，从普及知识、传授技能、改善生活方式等方面入手，拓展社会服务的新领域。

（二）本次调查的内容和方法

本次《2011年度北京居民心理健康调查问卷》是在南方医科大学许军1999年编制并发表于中国心理卫生杂志社《心理卫生评定师表手册》的《自测健康评定量表》基础上论证设计的，包括自测健康评定量表、社会支持评定量表和居民对政府提供心理服务需求三个主项和个人信息。其中自测健康评定量表由自测心理、生理和社会三个量表组成。

自测心理健康评定量表三个维度：一是正向情绪：指个体对生活的满意程度、幸福感、安全感生活信心等积极情绪的体验程度。二是心理症状与负向情绪：指个体对孤独、焦虑、紧张、害怕等消极情绪的体验，还包括了强迫性行为的自评。三是认知功能：指个体的记忆力、精神集中能力、思考和处理问题能力的评价。

自测生理健康评定量表三个维度：一是身体症状与器官功能：指个体对自我视力、听力、食欲等功能的自我评价。二是日常生活功能：指个体对穿衣、梳理、日常家务、购物和吃饭等行为功能的自我评价。三是身体活动功能：指个体对弯腰、步行和上下楼等活动能力的自我评价。

自测社会健康评定量表三个维度[①]：一是角色活动与社会适应：指个体在学习、工作和家庭等各方面的适应性，以及角色义务承担的自我评价。二是社会资源与社会接触：指个体与同事同学、邻居、亲戚等社会资源

① 该量表中的自测社会健康不等同于普通的“社会健康”，其包含角色活动与社会适应、社会资源与社会接触、社会支持。前人的叫法，笔者不好轻易改成其他名称。

的联系程度、社会活动的参与程度的自我评价。三是社会支持的评价：指个体遇到困难时，从家庭、朋友和他人处得到帮助程度的自我评价。

调查工作采取了全面覆盖、科学抽样、入户访录、计算机统计的方法。调查对象为18岁（含）以上72岁以下的北京居民（不包括在军营、学生公寓、施工工地、商务楼宇等非传统住宅中居住的人员）。实施程序：一是采用多阶段随机抽样，从16个区县、136个街道（乡镇）中抽取了167个社区。二是每个社区中抽取30—32户，年龄配额比是：18—30岁、31—50岁、51—72岁为2∶4∶4。三是每户随机调查1位居民（男女性别比是1∶1），并及时回收问卷。四是对调查数据进行EXCEL软件统计分析。

（三）本次调查的初步结论

调查结果显示，北京居民总体健康状况良好。自测生理健康的占97%，自测心理健康的占80%，自测社会健康的占78%。北京居民心理健康状况有以下特征：

1. 心理健康状况总体良好，但仍不容乐观。调查显示，北京居民生理健康、心理健康、社会健康三个子量表的最终得分为85.56分、80.88分、78.87分，自测健康总体评定为82.14分（满分均为100分，70分以上为健康）。经与中科院心理研究所发布的《2007年国民心理健康状况调查研究报告》及深圳、湖北等地调查结果对比，北京的数据略好。但北京居民生理、心理、社会三方面都健康的居民不足2/3，20.3%的居民有心理健康不良倾向，22.5%有社会健康不良倾向，这个情况不容小视。

2. 高学历、高收入群体心理健康状况存在倒挂现象。硕士研究生以上的高学历人群、家庭人均月收入在6001—10000元的高收入人群，自测心理健康水平都低于平均值。进一步分析表明，这两类群体心理健康影响因素应进一步深入分析。

3. 弱势群体的心理健康、社会健康水平偏低。老年人群、大龄未婚青年、离异或丧偶人群、无业群体、临时工群体等心理以及社会倾向不良率高于普通人群。弱势群体的关爱和政策倾斜是尤为必要。

4. 留京或引进人才群体、“北漂一族”等特殊群体自测心理健康、社会健康水平偏低。积极情绪体验水平较低，消极情绪体验强烈是“北漂一族”的最为突出的心理健康问题。留京或引进人才在心理健康各维度的评价都比较消极，自测心理健康水平在特殊人群中最低。

5. 对政府心理服务需求和期待较高。在被调查者中，希望建立社区心理服务站，占到57.7%；希望通过电视报纸等媒体宣传普及心理卫生常识占49.5%；仅有8.8%的居民表示不需要心理服务。因此，加大对社会心理服务投入，开展多层次、多样化的社区心理工作势在必行。

第一部分　北京居民自测健康的总体状况

一、北京居民总体健康状况分析

依据自测健康量表，被调查者在生理、心理、社会三方面的健康总体终得分为82.14分。其中得分在70分以上即健康状况良好的占88%，得分在70分以下即健康状况不良的占12%①。在生理健康方面，被调查

① 在本次调查所采用的《自测健康评定量表》中生理、心理和社会各子量表的得分和量表总得分的理论最高分分别是170分、150分、120分和440分，分数越高表示自测健康水平越高。根据前人的研究，被调查者量表总得分≥313分的为健康状况一般或良好，而量表总得分<313分的则提示健康状况不良。

总体自测健康量表及各个子量表终得分的计算公式：

终得分=（维度量表实际粗得分/组成某一维度的理论最高粗得分）×100

换算为百分制：得分在70分及以上者属健康状况良好，70分以下者为健康状况不良。

者的终得分为85.56分，其中得分在70分以上的占93%，得分在70分以下的占7%。在心理健康方面，被调查者的终得分为80.88分，其中得分在70分以上的占79.7%，得分在70分以下的占20.3%。在社会健康方面，被调查者的终得分为78.87分，其中，得分在70分以上的占77.5%，得分在70分以下的占22.5%（见图1）。

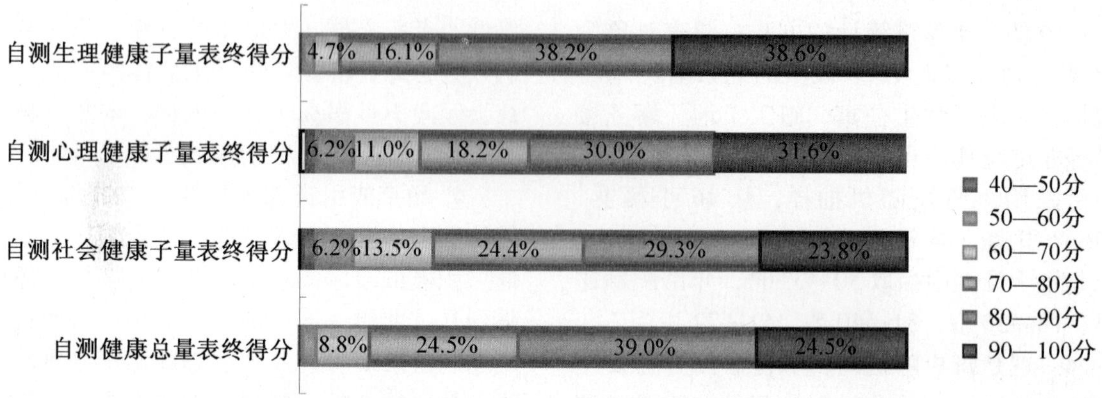

图1 北京居民自测生理、心理、社会及总体健康量表终得分分布情况图

与深圳、湖北等地的调查结果比较，北京居民自测健康的总体得分和各子量表得分都相对较高。本次调查结果也高于2009年对北京职业人群调查的平均健康水平。

表1 北京居民总体自测健康状况的样本分布

		健康状况良好		健康不良倾向		样本总体	
		人数	百分数（%）	人数	百分数（%）	人数	百分数（%）
性别	男	2 189	49.7	282	46.8	2 471	49.3
	女	2 219	50.3	320	53.2	2 539	50.7
年龄	18—20岁	83	1.9	5	0.8	88	1.8
	21—30岁	881	20.0	71	11.8	952	19.0
	31—40岁	887	20.1	105	17.4	992	19.8
	41—50岁	910	20.6	113	18.8	1 023	20.4
	51—60岁	1 019	23.1	165	27.4	1 184	23.6
	61—71岁	628	14.2	143	23.8	771	15.4
婚姻	未婚	671	15.2	69	11.5	740	14.8
	已婚	3 611	81.9	483	80.2	4 094	81.7
	离异	67	1.5	22	3.7	89	1.8
	丧偶	59	1.3	28	4.7	87	1.7

续表

		健康状况良好		健康不良倾向		样本总体	
		人数	百分数（%）	人数	百分数（%）	人数	百分数（%）
学历	小学及以下	156	3.5	35	5.8	191	3.8
	初中	980	22.2	169	28.1	1 149	22.9
	中专或职高	508	11.5	71	11.8	579	11.6
	高中	848	19.2	108	17.9	956	19.1
	大专	798	18.1	83	13.8	881	17.6
	大学本科	910	20.6	112	18.6	1 022	20.4
	硕士研究生及以上	208	4.7	24	4.0	232	4.6
职业	国家公务员	128	2.9	14	2.3	142	2.8
	专业技术人员	598	13.6	65	10.8	663	13.2
	企事业单位管理人员	551	12.5	45	7.5	596	11.9
	企事业单位一般工作人员	1 366	31.0	162	26.9	1 528	30.5
	临时工	142	3.2	20	3.3	162	3.2
	离退休人员	988	22.4	198	32.9	1 186	23.7
	学生	106	2.4	6	1.0	112	2.2
	军人	8	0.2			8	0.2
	无职业	350	7.9	80	13.3	430	8.6
	其他	171	3.9	12	2.0	183	3.7
家庭人均月收入	2000元以下	3 037	69.2	461	77.0	3 498	70.1
	2001～4000元	1 101	25.1	107	17.9	1 208	24.2
	4001～6000元	152	3.5	18	3.0	170	3.4
	6001～8000元	44	1.0	5	0.8	49	1.0
	8001～10000元	33	0.8	5	0.8	38	0.8
	10001元以上	24	0.5	3	0.5	27	0.5
户籍	北京城镇	3 192	72.4	474	78.7	3 666	73.2
	北京农业	196	4.4	21	3.5	217	4.3
	外地城镇	618	14.0	74	12.3	692	13.8
	外地农业	402	9.1	33	5.5	435	8.7

对样本进行人口学分类后，各类人群的总体健康状况表现出以下特征。①健康状况良好者在男性和女性中的比例大体相当，但男性的得分高于女性。②在各个年龄段中，年纪越轻，总体健康状况良好的比例越高，随着年龄增长，健康不良的比例显著上升。③在婚姻状况不同的居民中，健康不良的比例在丧偶者中最高，其次是离异者，在未婚居民中的比例最低。④受教育程度与健康水平呈倒U形关系：小学及以下文化程度的居民健康水平最低，随着受教育程度增加，居民的健康水平上升，大专学历的居民总体健康水平最高，之后随着学历升高，健康水平又出现下降，硕士研究生及以上学历居民中

健康状况良好者的比例还不及初中学历居民。⑤在职人群中自测健康良好的比例高于无业者和离退休人员。⑥家庭人均月收入为2001~4000元的居民健康状况良好的比例最高，收入在2000元以下、8000元以上的居民其健康状况良好的比例较低。⑦从户籍上看，农业户籍居民健康状况良好的比例高于城镇户籍居民，外地户籍居民中健康状况良好的比例高于本地户籍居民（见图2）。

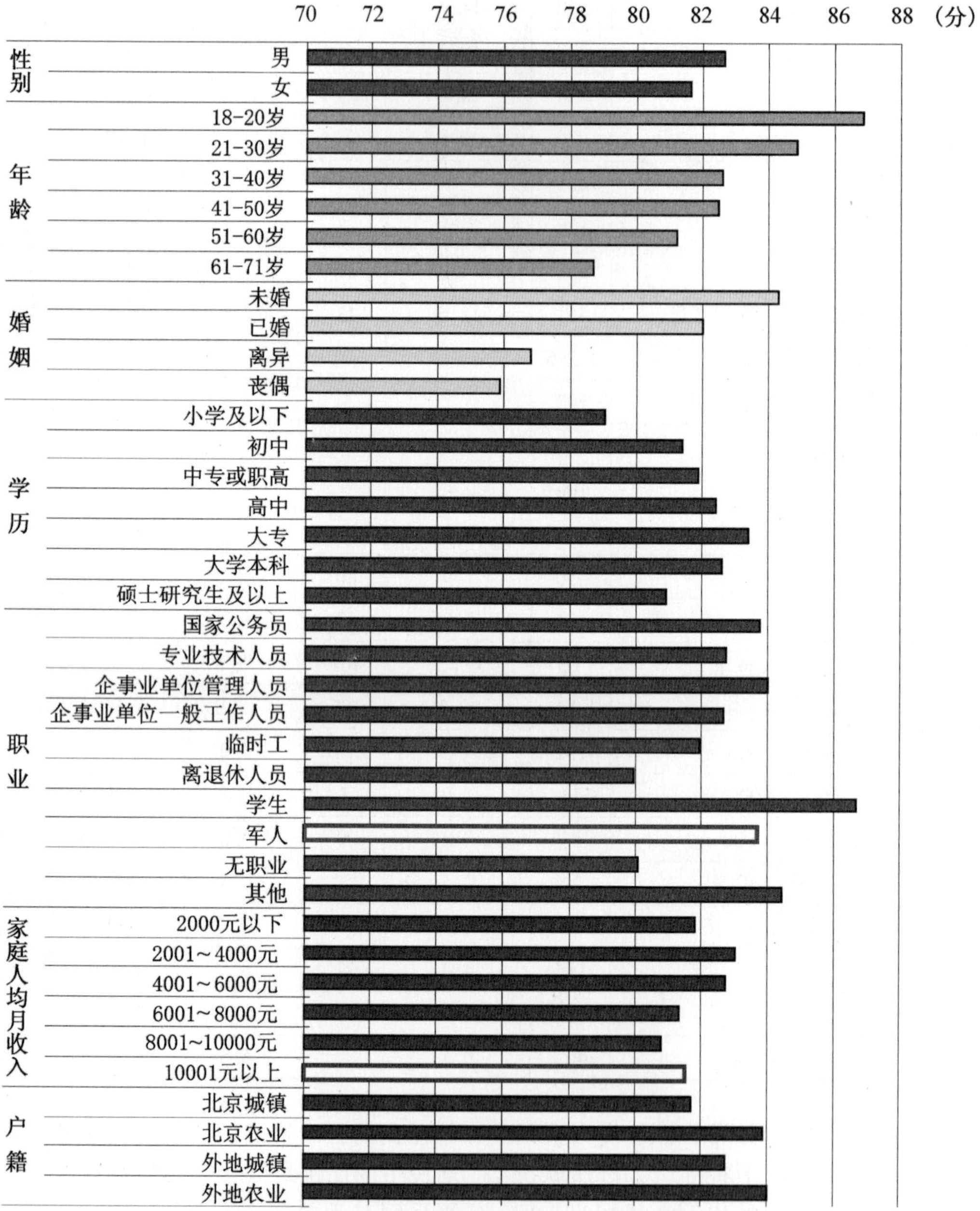

图2 北京居民自测健康总量表终得分情况图

注：军人以及家庭人均月收入10001元以上的样本量不足30，不具备统计学意义，数据仅供参考。

二、北京市居民总体健康水平的影响因素分析

经方差分析，被调查者的年龄、婚姻、职业是与其自测健康状况关系最为密切的三个因素，户籍、教育、收入和性别则与他们健康状况的相关度较低（见图3）。

其他人口学变量在自测健康量表上的得分都随着年龄增加而降低。例如，尽管男性的总体健康水平高于女性，但是不论男女，随着年龄增大，总体健康水平都呈下降趋势（见图4）。

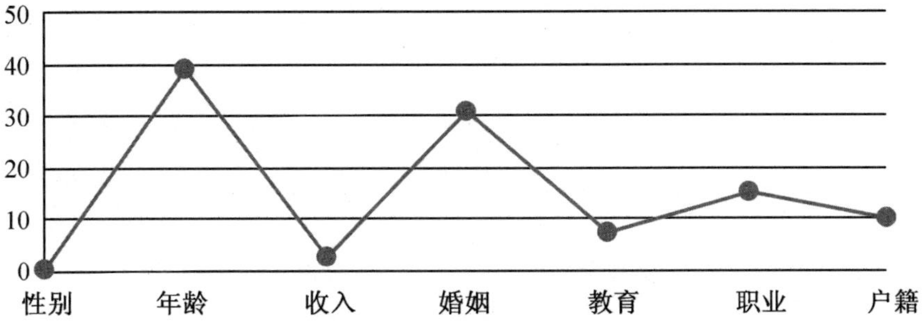

图3 影响居民总体自测健康水平的因素分析图

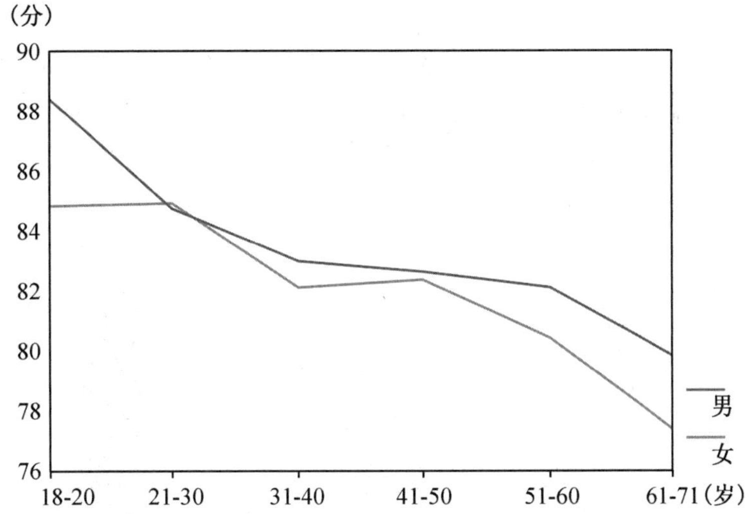

图4 不同性别、不同年龄阶段北京居民总体健康趋势图

将婚姻状况与年龄结合起来分析可以看出，在22岁以上各年龄段的居民中，已婚者的总体健康水平均高于未婚、离异和丧偶者；在40岁之前，未婚者的总体健康水平要高于离异者，在40岁之后则低于离异者；在40～50岁的居民中，丧偶者的总体健康水平要高于离异者和未婚者，50岁之后，丧偶者的总体健康水平则低于离异者。但是，未婚居民、已婚居民和丧偶居民的总体健康水平都符合随着年龄增长而下降的变化趋势。

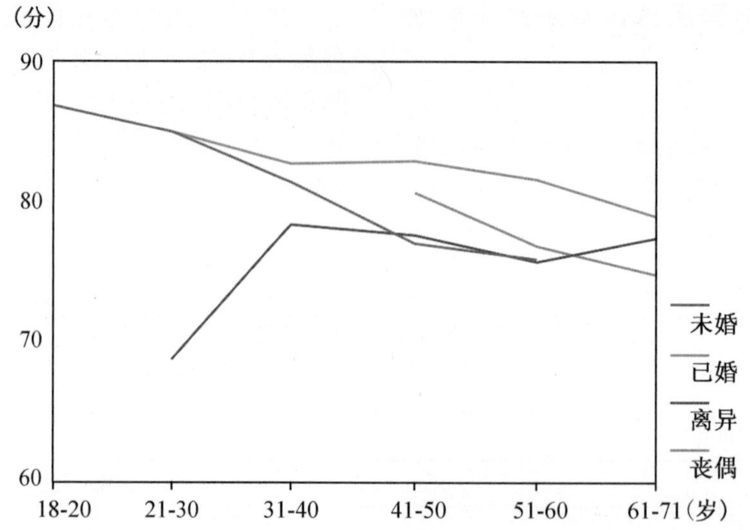

图5　不同年龄及婚姻状况北京居民总体健康水平趋势图

三、北京居民自测健康状况的群组分析

为深入了解北京市居民心理健康情况，我们根据被调查者自测健康得分的高低进行分组。其中生理、心理、社会健康三个子量表终得分均在70分以上的称为“三高”群体，得分均在70分以下的居民称为“三低”群体，其余仅在一个子量表或两个子量表上得分低于70分的，称之为“居中群体”（见图6、图7）。

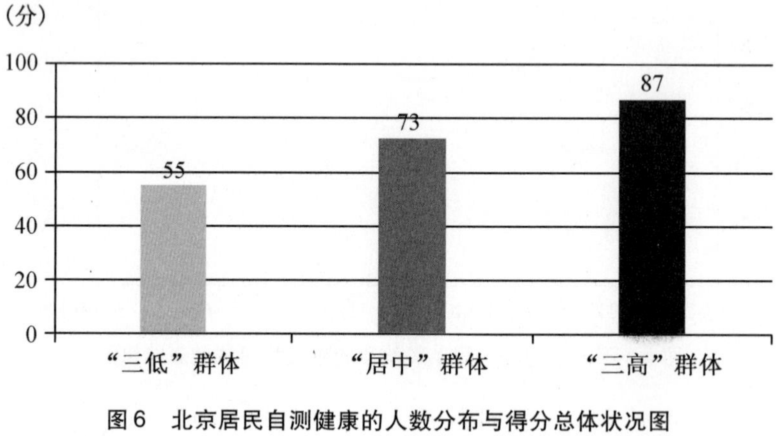

图6　北京居民自测健康的人数分布与得分总体状况图

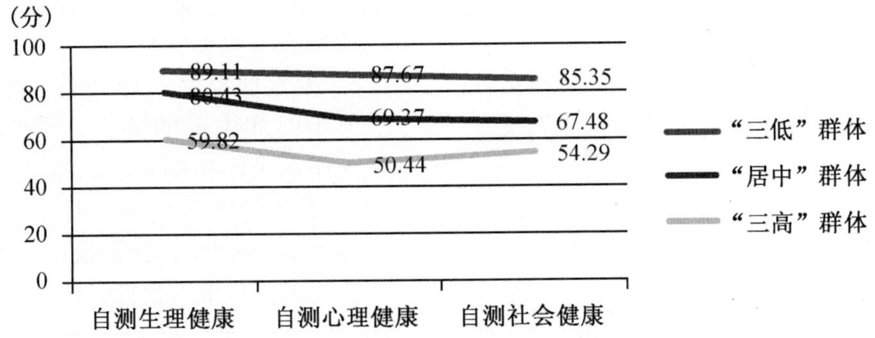

图7　三类居民子量表终得分情况图

(一)“三高”群体

自测生理、心理和社会健康都为良好的群体平均得88分，占总样本65.9%，处于绝对多数地位，反映北京市居民总体健康情况良好。

表2　“三高”群体人口学分布表

	平均分	比例（%）		平均分	比例（%）
男	88	50.4	18～20岁	89.73	2.2
女	87	49.6	21～30岁	89.12	21.1
未婚	88.97	16.1	31～40岁	87.85	19.9
已婚	87.37	81.6	41～50岁	87.89	20.8
离异	85.80	1.2	51～60岁	86.93	22.9
丧偶	85.73	1.1	61～71岁	85.07	13.2
北京城镇	87.37	72.3	小学及以下	85.90	2.9
北京农业	88.40	4.6	初中	87.34	22.0
外地城镇	88.05	13.8	中专或职高	87.46	11.2
外地农业	88.23	9.2	高中	87.58	19.7
国家公务员	87.95	3.2	大专	87.90	19.3
专业技术人员	87.92	13.8	大学本科	87.94	20.8
企事业单位管理人员	88.04	13.3	硕士研究生及以上	87.30	4.2
企事业一般工作人员	87.87	31.0	2000元以下	87.60	68.8
临时工	87.92	2.9	2001～4000元	87.53	25.5
离退休人员	86.14	21.8	4001～6000元	87.85	3.6
学生	90.07	2.7	6001～8000元	86.82	0.9
军人	85.55	0.2	8001～10000元	87.08	0.7
无职业	87.18	7.3	10001元以上	88.05	0.5
其他	89.50	3.8			

1. 数据显示，本群体平均年龄为43.74岁，以48岁者居多。其中21～30岁、31～40岁、40～51岁、51～60岁四个年龄段居民都在20%左右，而61～70岁与18～20岁

这两个年龄段比例分别为13.2%与2.2%。性别上，男性稍微多于女性，其比例为50.4%，且得分上（88分），也高于女性（87分），显示该人群中男性总体健康程度要好于女性。

2. 不同婚姻状态与不同户籍居民的组成比例与总体保持一致。

3. 职业分布主要集中在企事业一般工作人员31%、离退休人员21.8%这两类上，而人数最少的三类职业依次为其他职业3.8%、国家公务员3.2%与军人0.2%。

4. “三高”群体人均受教育年限为12.77年，以接受过9年义务教育的居多。其中初中、高中、大专与大学本科居民的比例在20%左右，而硕士以上文化程度居民占4.2%，小学文化程度的居民仅为与2.9%，呈现中间大、两头小的纺锥体。

5. 本人群家庭人均月收入平均为2065元，其中以2000元的居多。不同家庭人均月收入水平居民的比例随收入增长依次降低的趋势，且比例极不均衡。月家庭人均收入2000元的占68.8%，比例最高，而家庭月人均收入1万元以上段最低，仅占0.5%。

（二）“居中”群体

该群体平均得73分，占总人口数量的31.2%。其中的22.1%表现为总体健康良好、9.1%表现为总体健康不良倾向。进一步分析，“居中”群体在人口学方面有以下一些特点（见表3）。

表3 “居中”群体人口学分布表

	平均分	比例（%）		平均分	比例（%）
男	72.98	47.9	18~20岁	72.62	1.0
女	73.26	52.1	21~30岁	73.75	15.8
未婚	73.05	12.8	31~40岁	73.33	20.3
已婚	73.26	81.5	41~50岁	73.36	19.6
离异	72.12	2.8	51~60岁	73.16	24.3
丧偶	70.62	2.9	61~71岁	72.13	19.0
北京城镇	72.72	74.6	小学及以下	73.16	5.4
北京农业	74.81	3.7	初中	73.44	24.1
外地城镇	73.64	13.9	中专或职高	73.30	12.2
外地农业	75.36	7.8	高中	73.45	17.7
国家公务员	72.55	2.1	大专	73.10	14.6
专业技术人员	72.62	12.3	大学本科	72.71	20.1
企事业单位管理人员	73.46	9.3	硕士研究生及以上	72.05	5.9
企事业一般工作人员	73.38	30.3	2000元以下	73.09	71.6
临时工	73.80	4.1	2001~4000元	73.52	22.5
离退休人员	72.54	26.1	4001~6000元	72.68	3.1
学生	74.05	1.5	6001~8000元	71.89	1.2
军人	70.91	0.1	8001~10000元	71.18	1.0
无职业	73.27	39.70	10001元以上	71.96	0.7
其他	74.98	30.05			

1. 数据显示，本群体平均年龄为46.55岁，以48岁的居民偏多。其中31~40岁、41~50岁两个年龄段人数比超过了20%，各占20.3%和24.3%。其次的21~30岁、51~60岁和61~71岁三个年龄段，各占15.8%、19.6%和19%。而18~20岁的仅为1%；性别上以女性偏多，为52.1%。同时，女性的自测健康水平得73.26分也高于男性，显示出本群体中女性总体表现好于男性。

2. 同时本群体不同婚姻状态居民和不同户籍居民的组成比例也与总体相一致。

3. 职业分布主要集中在无职业者39.7%、企事业一般工作人员30.3%和其他类30.05%三类上，而军人仅占0.1%。

4. "居中"群体平均受教育年限为12.49年，以接受过9年义务教育者居多。其中仅有初中和大学本科学历的分别占24.1%和20.1%，而小学以下和硕士以上仅占5.4%和5.9%。

5. 本群体家庭人均月收入平均为2135.67元，其中以2000元的居多。不同家庭人均月收入水平居民的比例随着经济收入增加呈现出逐步下降的趋势，月家庭人均收入2000元以下的占71.6%，比例最高；比例最低的是月家庭人均收入10000元以上的，仅为0.7%。

（三）"三低"群体

该群体平均得55分，占总样本的2.9%。进一步分析，该类群体在人口学方面体现出以下几点特征（见表4）。

表4 "三低"群体人口学分布表

	平均分	比例（%）		平均分	比例（%）
男	53.93	41.0	18~20岁		
女	55.94	59.0	21~30岁	55.31	5.6
未婚	55.43	5.6	31~40岁	53.89	12.5
已婚	55.22	86.1	41~50岁	53.05	20.8
离异	52.12	4.2	51~60岁	55.42	34.0
丧偶	55.61	4.2	61~71岁	56.85	27.1
北京城镇	54.80	77.8	小学及以下	59.95	6.3
北京农业	56.06	4.2	初中	53.83	32.6
外地城镇	56.65	12.4	中专或职高	59.68	13.2
外地农业	55.45	5.6	高中	53.42	20.1
国家公务员	59.47	2.1	大专	53.65	11.8
专业技术人员	54.91	10.4	大学本科	55.43	14.6
企事业单位管理人员	58.64	6.9	硕士研究生及以上	54.09	1.4
企事业一般工作人员	52.77	20.8	2000元以下	54.35	84.0
临时工	56.36	1.4	2001~4000元	59.80	13.2
离退休人员	55.97	41.0	4001~6000元	56.08	2.8
学生			6001~8000元		
军人			8001~10000元		
无职业	53.19	14.6	10001元以上		
其他	58.24	2.8			

1. 本群体没有出现18～20岁的样本，群体平均年龄为52.65岁，其中以57岁居民偏多，其中以51～60岁年龄段的人数最多，其占到本群体34%。其次分别为61～71岁（27.1%）和41～50岁（20.8%）两个年龄段，而21～30岁和31～40岁两年龄段分别占5.6%和12.5%。性别上以女性明显多于男性，其比例高达59%，且女性在自测健康得分上也高于男性，说明尽管“三低”群体中女性居多，但本人群中的女性健康水平还是要好于男性。

2. 不同婚姻状态居民与不同户籍居民的组成比例上也与总体保持一致。

3. 职业分布上主要集中在离退休（41.0%）、企事业一般人员（20.8%）、无职业（14.6%）专业技术人员（10.4%）这四类上，其他几类职业都低于10%。

4. 本群体平均受教育年限为11.5年，其中以接受过9年义务教育的居多。具有初中文化的占比最高（32.6%），其次为高中的（20.1%），最低为硕士以上的（1.4%）。

5. 本群体家庭人均月收入平均为1458.04元，其中家庭人均月收入1000元以下的偏多，没有6001元以上的样本。家庭人均月收入为2001～3000元、3001～4000元和4001～5000元的各占84%、13.2%和2.8%。

四、总体与群组比较分析

经过上述总体和各群组的特点归纳，我们大致了解北京居民自测健康情况，下面将总体和各群组特做以下对比以便更深入地发掘一些内在的规律（见表5）。

表5 总体及群组分布比较

	总体	“三高”群体	“居中”人群	“三低”群体
性别	女性居多（50.7%），而其自测健康水平却又低于男性，得分为82分，男性得83分	男性稍微多于女性，其比例为50.4%，且得分上（88分），也高于女性（87分）	以女性偏多，为52.1%。同时女性的自测健康水平得分为73.26分也高于男性	女性明显多于男性，其比例高达59%，且女性在自测健康得分上也高于男性
婚姻状态	以已婚者81.7%最高，其次为未婚者14.8%，而离异者与丧偶者各仅有1.8%与1.7%	以已婚者最多，高达81.6%。其次为未婚者，比例为16.1%，而离异者和丧偶者各仅占1.2%和1.1%	已婚者最多，其比例为81.5%。其次为未婚者12.8%，而离异和丧偶各仅占2.8%和2.9%	以已婚者最多，其比例为86.1%，而未婚、离异和丧偶婚姻状态居民的比例分别为5.6%、4.2%和4.2%
户籍	北京城镇居民比例为73.2%，高于外地城镇居民的13.8%，而北京农业居民比例为4.3%，又明显低于外地农业居民比例（8.7%）	以城镇居民偏多，为86.1%。其中北京城镇籍72.3%、外地城镇13.8%，农业户籍居民中北京农业居民4.6%、外地农业9.2%	城镇居民要明显多于农业居民，各占88.5%和11.5%，其中北京城镇居民占74.6%、外地城镇居民占13.9%，本地农业居民占3.7%、外地农业居民占7.8%	城镇居民明显要多于农业居民，各占比例为90.2%和9.8%，其中北京城镇居民为77.8%，外地城镇居民为12.5%，本地农业居民为4.2%、外地农业居民为5.6%

续表

	总体	“三高”群体	“居中”人群	“三低”群体
职业	主要集中在企事业一般工作人员（30.5%）、离退休人员（23.7%）、专业技术人员（13.2%）和企事业单位管理人员（11.9%），而军人（0.2%）最少	主要集中在企事业一般工作人员（31%）、离退休人员（21.8%）这两类上，而人数最少的三类职业依次为其他职业（3.8%）、国家公务员（3.2%）与军人（0.2%）	主要集中在无职业（39.7%）、企事业一般工作人员（30.3%）和其他类（30.05%）三类上，而军人仅占0.1%	没有军人和学生样本；比例分布上，前几名的分别为：离退休（41.0%）、企事业一般人员（20.8%）、无职业（14.6%）、专业技术人员（10.4%），其他几类职业都低于10%
年龄	平均年龄为44.87岁，以48岁的居多。表现在年龄段上就是51～60岁这一年龄段的偏多，为23.6%，以其为界限，前面4个年龄段呈现逐步上升趋势，而后一个年龄段又少于51～60岁这一年龄段的比例	平均年龄为43.74岁，以48岁者居多。其中21～30岁、31～40岁、40～51岁、51～60岁四个年龄段居民都在20%左右，而61～70岁与18～20岁这两个年龄段比例分别为13.2%与2.2%	平均年龄为46.55岁，以48岁的居民偏多。其中31～40岁、41～50岁两个年龄段人数比超过了20%，各占20.3%和24.3%，其次的21～30岁、51～60岁和61～71岁三个年龄段，各占15.8%、19.6%和19%，而18～20岁的仅为1%	没有18～20岁的样本；平均年龄为52.65岁，其中以57岁居民偏多；其中以51～60岁年龄段的人数最多，其占到本群体的34%。其次分别为61～71岁（27.1%）和41～50岁（20.8%）两个年龄段，而21～30岁和31～40岁两年龄段分别占5.6%和12.5%
受教育水平	平均受教育年限为12.64年，以接受过9年义务教育的居多。其中主要是集中在初中段（22.9%）与大学本科段（20.4%），而排列最后两名分别为硕士以上（4.6%）及小学以下（3.8%）	平均受教育年限为12.77年。其中初中、高中、大专与大学本科居民的比例在20%左右，而硕士以上与小学的仅为4.2%与2.9%	平均受教育年限为12.49年。其中以初中段（24.1%）最高，而小学以下（5.4%）的最低	其中最高的为初中段（32.6%），其次为高中段（20.1%），最低的为硕士以上（1.4%）
收入水平	家庭人均月收入平均为2069.59元，以2000元收入的居多。不同家庭人均月收入水平居民的比例随着经济收入增长呈现出逐步递减的趋势，2000元以下收入的占到70.1%，而10001元以上的仅为0.5%	平均家庭人均月收入为2065元。其中以2000元的居多；家庭人均月收入平均为2065元，其中以2000元的居多。不同家庭人均月收入水平居民的比例随着收入增长依次降低的趋势，且比例极不均衡，最高者为2000元段的68.8%，最低为10001元以上的0.5%	平均家庭人均月收入为2135.67元。其中以2000元的居多；家庭人均月收入平均为2135.67元，其中以2000元的居多。不同家庭人均月收入水平居民的比例随着经济收入增加呈现出逐步下降的趋势，2000元以下的占71.6%，比例最高，最低的为10001元以上，仅为0.7%	没有6001元以上的样本；平均家庭人均月收入为1458.04元，其中1000元以下的人均收入偏多；2000元以下、2001～4000元、4001～5000元段分别为84%、13.22%、2.8%

经比较与归纳，北京市居民自测健康的规律大致归纳如下：

1. 男性总体健康好于女性，且在分布态势中呈现出良好与不良倾向的差距相对女性更大，表现为好的得分更高、不良倾向的得分更低。女性总体上表现较为均衡，特别是在“居中”群体和“三低”群体得分要高于男性。

进一步分析得出“三高”群体中男性在不同婚姻状态下自测健康水平都好于女性，而“三低”群体和部分“居中”群体中不同婚姻状态下女性却好于男性，说明女性在逆境中的抗压力和坚强性要强于男性。

2. 不同职业中，学生与其他类职业的自测健康相对较好，这与职业的责任大小、收入高低以及与个人的职业发展相关。同时大部分职业男性的自测健康水平都好于女性，职业女性的健康应得到充分重视。

3. 年龄是影响居民自测健康总体水平的首要因素，总体、“三高”、“居中”和“三低”群体的平均年龄是呈逐步上升趋势；但41～50岁年龄段的居民面临事业、家庭和社会的多重压力，其自测健康不良倾向的高比例和低得分更令人担忧。

4. 经济收入对北京居民总体健康的影响不是绝对的正相关，甚至经济收入处于8001～10000元段的群体总体健康却处于较低。但“三高”群体中家庭经济收入高的女性，“居中”群体、“三低”群体中大部分收入段的女性却要比男性更健康，故低收入水平的男性健康应引起关注。

第二部分　北京居民自测健康的量表分析

本次调查显示，北京居民自测生理健康、心理健康、社会健康三个子量表的自测健康终得分分别为85.56分、80.88分、78.87分（见图8）。

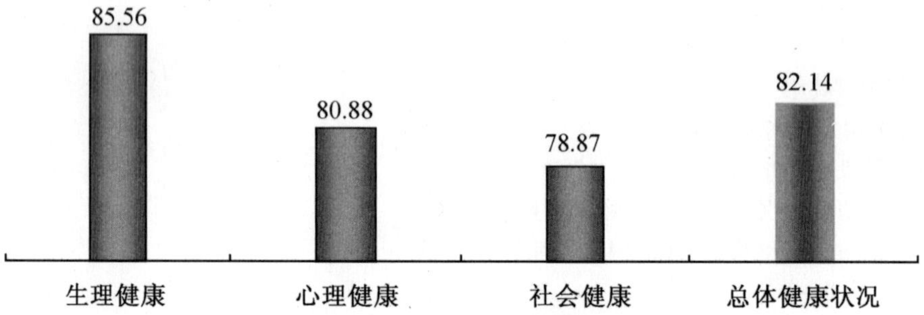

图8　北京市居民自测健康量表各子量表总得分图

本次调查数据还显示，被调查者中自测心理和社会健康水平欠佳的人其比重远远超出自测生理健康水平欠佳者的比重。

一、北京居民的自测生理健康状况

九成以上居民对自身的生理健康状况评价良好。自评得分小于70分，即自我评价生理健康不良的仅占7.0%（见图9、图10）。

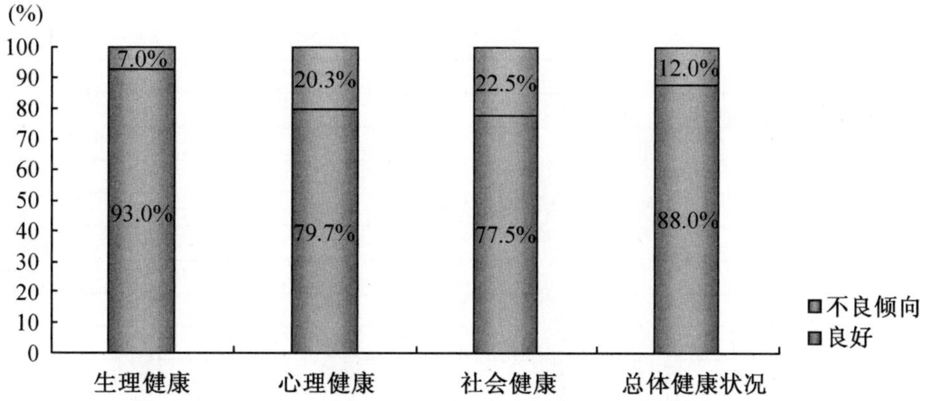

图9 北京市居民自测生理、心理、社会及总体健康的状况

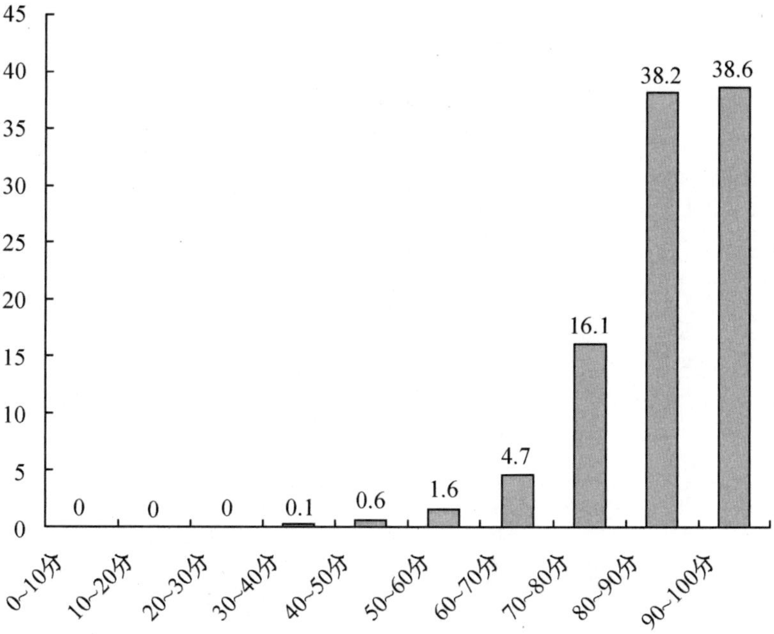

图10 北京居民自测生理健康终得分人数百分比

（一）自测生理健康的维度分析

1. 不同年龄阶段的居民生理健康各维度分析

从趋势上看，北京居民的自测生理健康水平和居民的年龄呈显著的负相关关系，在调查的年龄范围内，年龄越小的居民的自测生理健康水平越高。

从北京居民的自测生理健康各维度的平均数看，居民在身体症状与器官功能、身体活动功能两维度的自测水平下降得较快，日常生活功能在各年龄组的差别不大（见图12）。

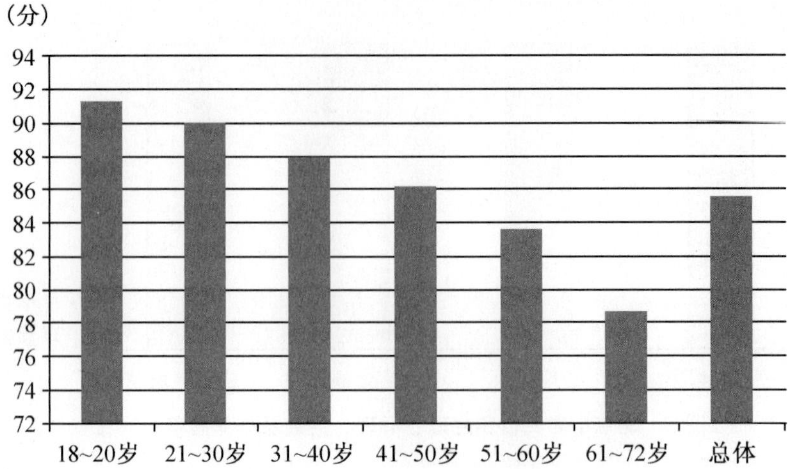

图11　自测生理健康量表终得分图

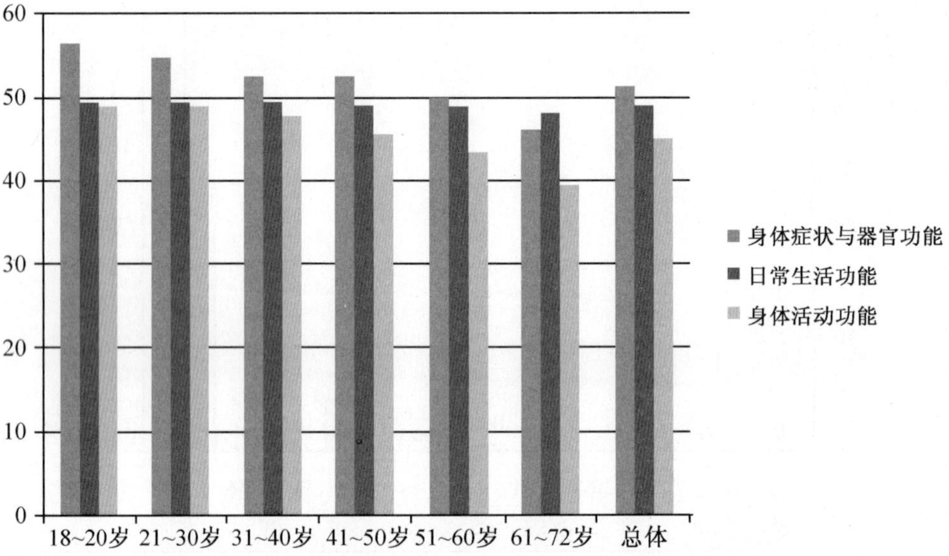

图12　不同年龄阶段居民生理健康得分及各维度的情况图

2. 不同受教育程度的居民生理健康各维度分析

居民自测生理健康水平与教育程度呈现“抛物线”相关。自测生理健康水平最高的是大专学历、本科学历和硕士研究生学历的居民，最低的是小学、初中学历的居民。

小学、初中学历的居民在日常生活功能和身体活动功能两个维度上的得分低于其他组居民。在身体症状与器官功能方面和其他组的差别不大。

社会学统计结果显示：在控制了年龄因素后，不同受教育水平的北京居民的自测生理健康水平仍有显著差别（见图13、图14）。

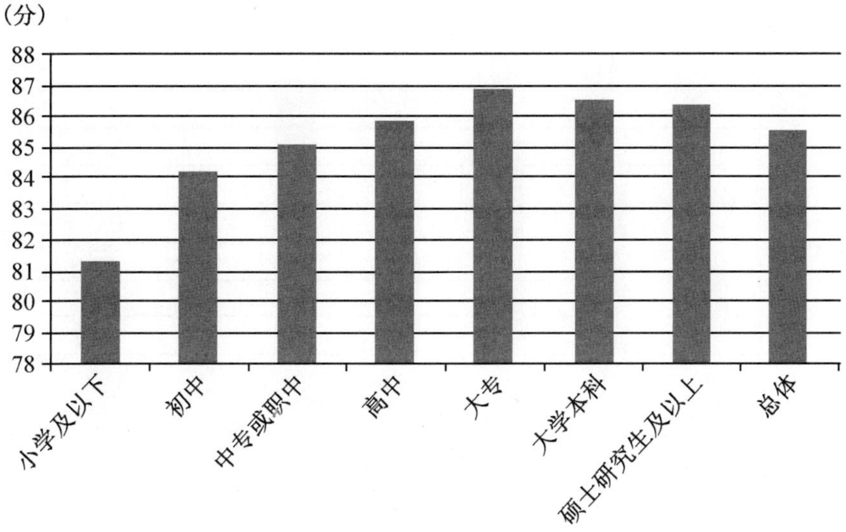

图13 自测生理健康量表终得分图

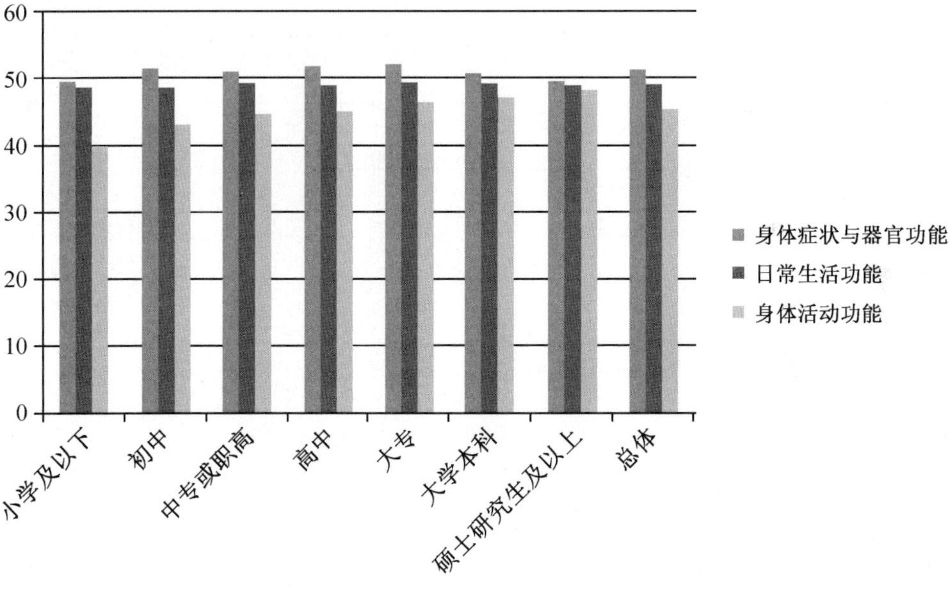

图14 不同教育程度生理健康各维度情况图

3. 不同收入水平居民生理健康水平各维度分析

从绝对数值看，自测生理健康水平最高的是家庭人均月收入8001～10000元居民、家庭人均月收入4001～6000元、居民和家庭人均月收入2001～4000元居民，最低的是家庭人均月收入2000元以下居民和6001～8000元组、10001元以上和6001～8000元和居民。

社会学统计结果显示：在控制了年龄因素后，不同收入水平北京居民的自测生理健康水平没有显著差异（见图15、图16）。

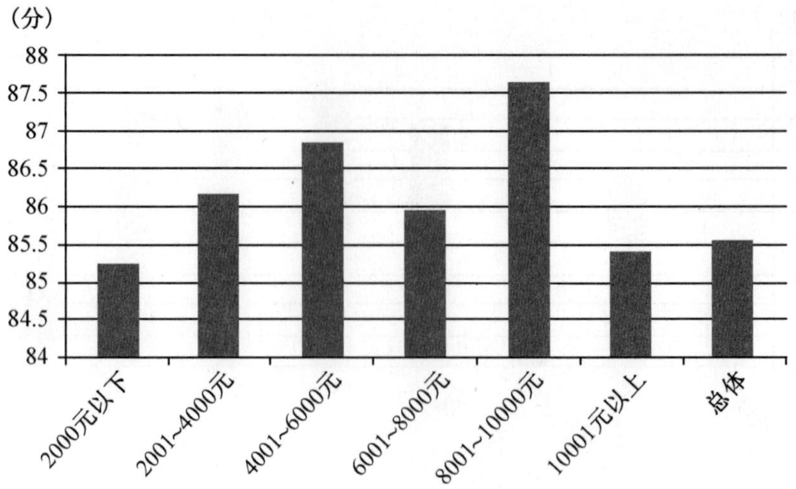

图15　自测生理健康量表终得分图

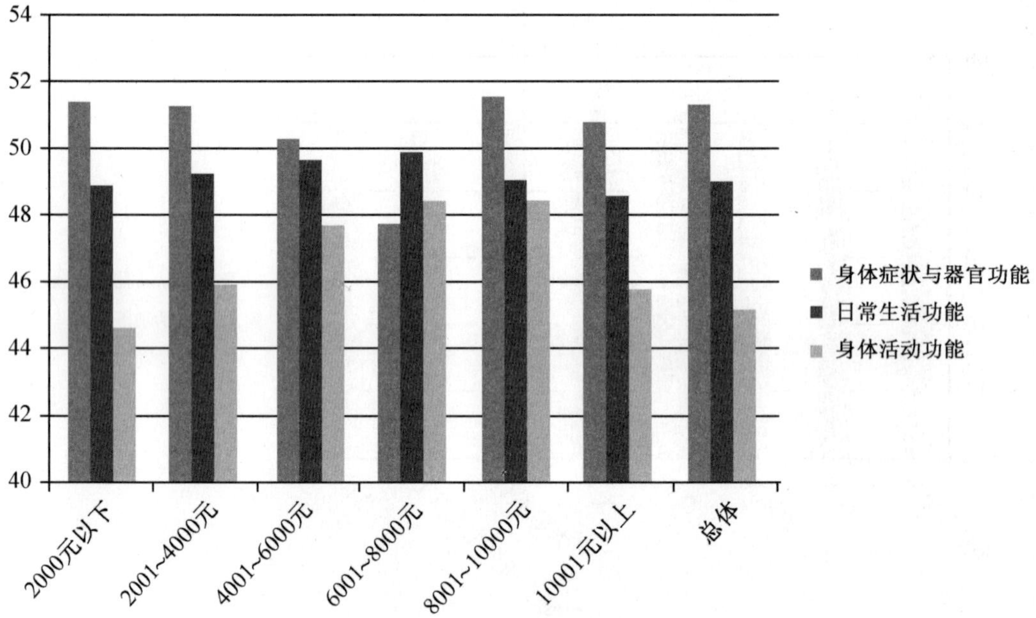

图16　不同收入水平的居民生理健康分布及各维度情况图

4. 不同职业状态的居民生理健康各维度分析

居民的自测生理健康终得分最高的职业类别依次为学生、其他类、临时工。其次为企事业单位管理人员、企事业单位一般工作人员和专业技术人员。最低为国家公务员、无职业和离退休人员，他们在身体症状与器官功能方面的评价水平低于其他职业状态居民，无职业和离退休人员在身体活动功能方面的低于其他职业状态居民。

社会学统计结果显示：在控制了年龄因素后，不同职业状态北京居民的自测生理健康水平有显著差别（见图17、图18）。

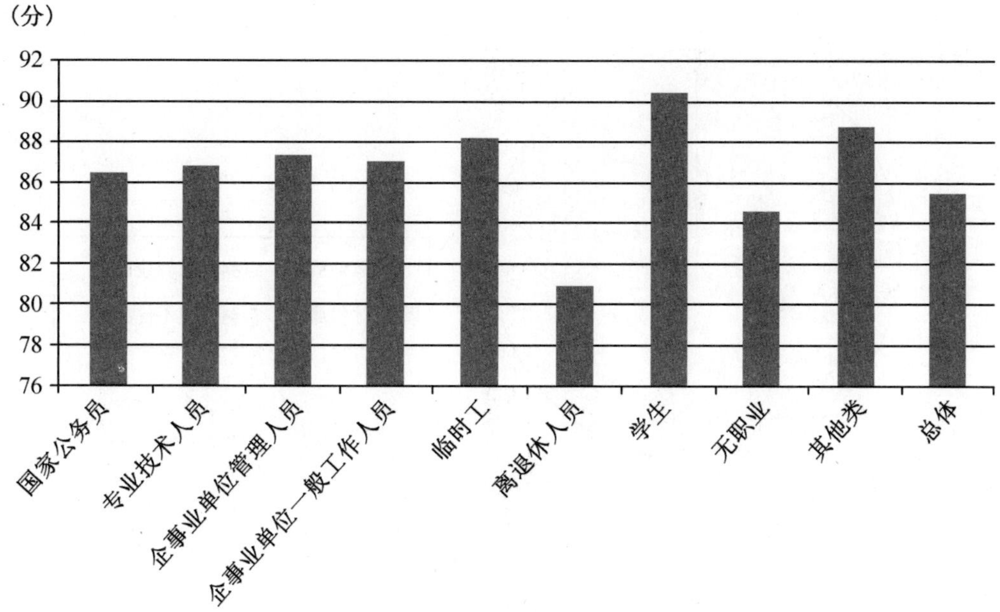

图 17　自测生理健康量表终得分图

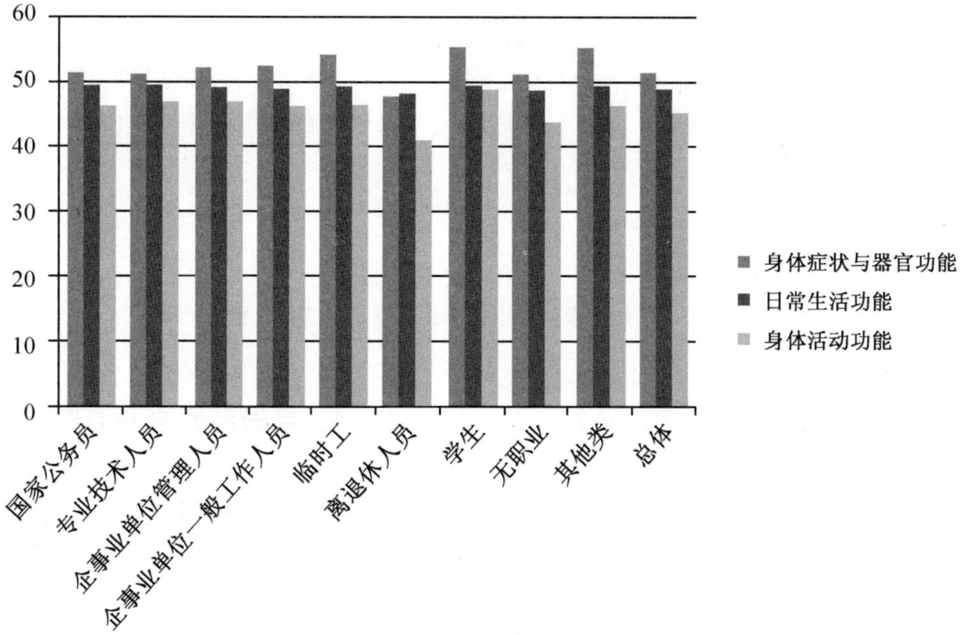

图 18　不同职业的居民生理健康分布及各维度情况图

（二）生理健康与总体健康的关系

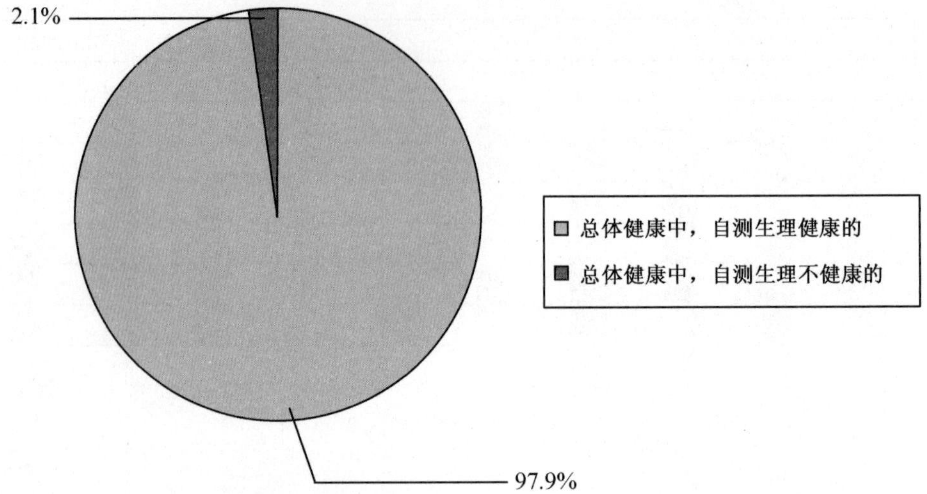

图19 总体健康中自测生理健康分布情况图

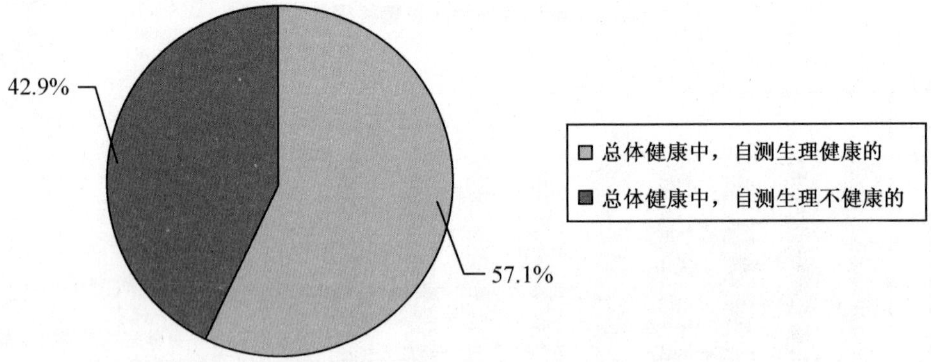

图20 总体健康欠佳中自测生理健康分布情况图

由图19、图20可以看出，在自评总体健康状况良好的群体中，生理健康也好的，占到97.9%，不好的仅占2.1%。在自评总体健康情况欠佳的群体中，生理健康的占57.1%，健康情况不良的占42.9%。

二、北京居民的自测心理健康状况

自测心理健康终得分中，有20.3%的居民小于70分，表现出心理健康不良倾向（见图21）。

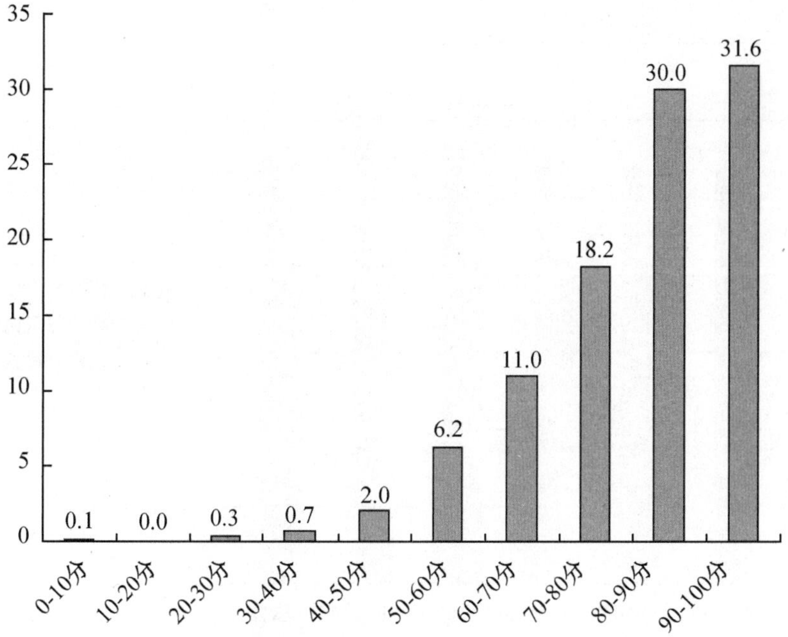

图21　北京居民自测心理健康终得分人数百分比图

（一）自测心理健康的维度分析

1. 不同年龄的居民心理健康维度分析

居民心理健康随年龄呈现出不规则的"W"形状，从不同年龄组的心理健康水平看，18～30岁阶段的居民处在自测心理健康的高峰期，31～40岁的居民处在自测心理健康的脆弱期，40～60岁的居民处在自测心理健康的稳定期，60岁以上的居民处在下降期（见图22、图23）。

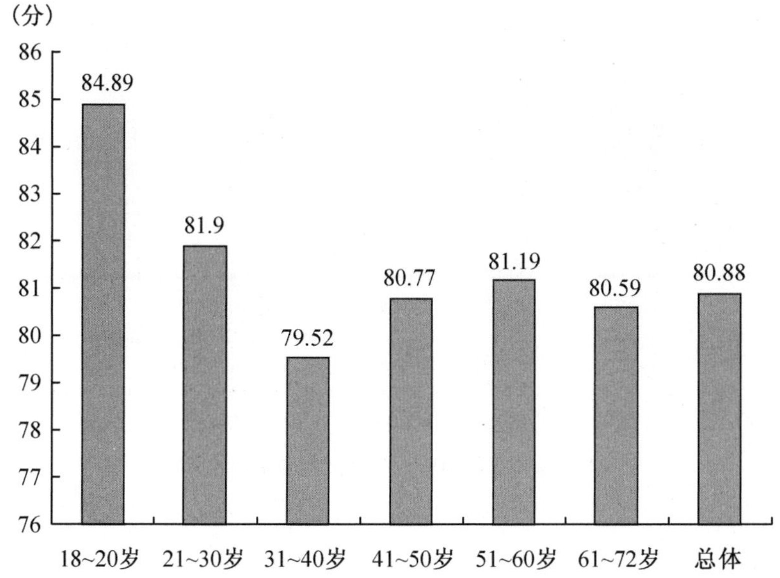

图22　不同年龄组居民自测心理健康状况图

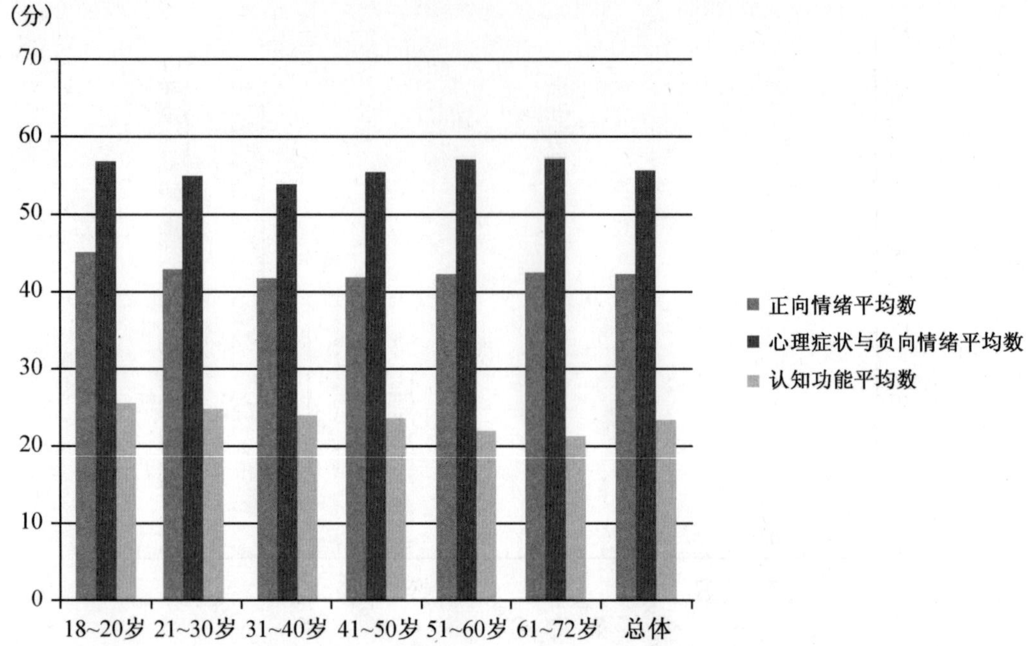

图23　不同年龄阶段的居民心理健康量表得分及维度情况图

2. 不同婚姻状态居民的自测心理健康各维度分析

自测心理健康水平最高的是未婚和已婚居民，最低的是离异和丧偶居民。离异和丧偶居民的心理症状与负向情绪、认知功能都较低，离异居民的正向情绪最低。正常的婚姻状态对个体的心理健康起着促进作用（见图24、图25）。

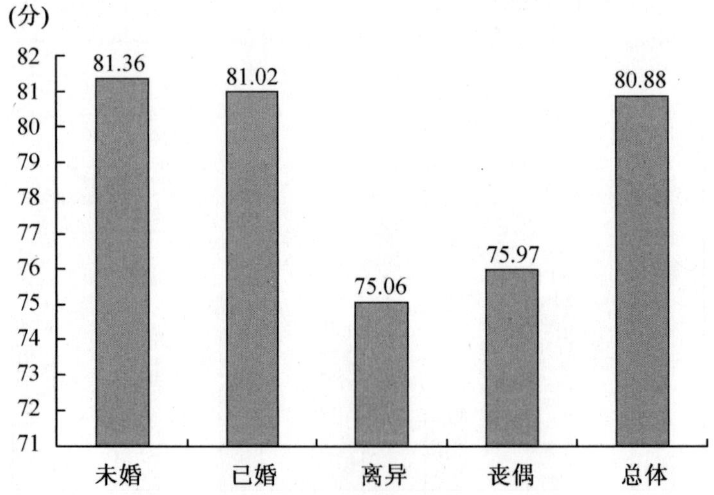

图24　自测心理健康量表终得分平均分图

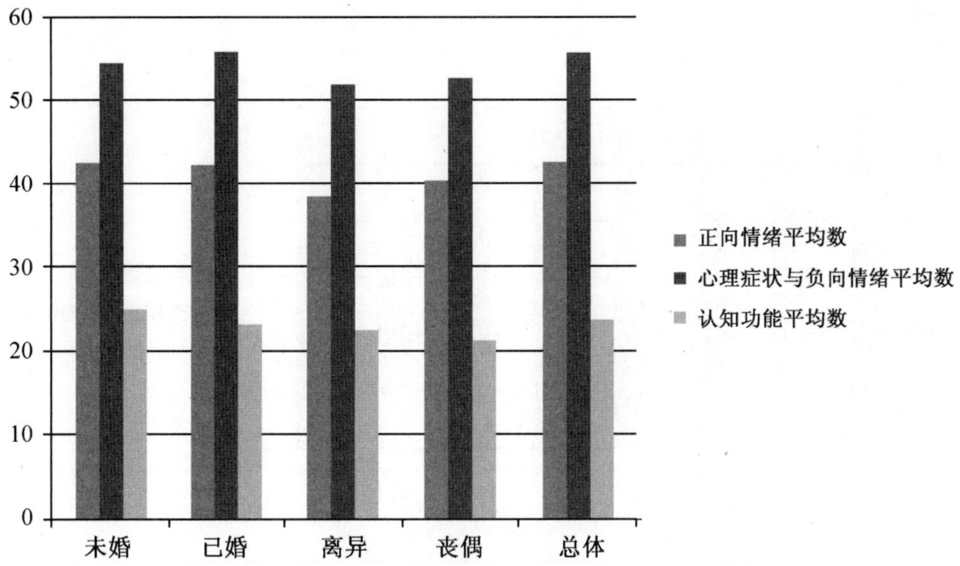

图 25　不同婚姻状态下居民心理健康量表得分及维度情况图

3. 不同教育水平的居民心理健康各维度分析

调查显示硕士研究生及以上学历居民的自测心理健康水平显著低于其他所有学历的居民。本科以上学历居民的自测健康水平也显著低于初高中和大专学历居民。本科以上学历居民，在认知功能方面高于其他居民，但在正向情绪、心理症状与负向情绪方面，低于其他居民。高学历居民的心理健康水平低的现象，需引起积极关注（见图 26、图 27）。

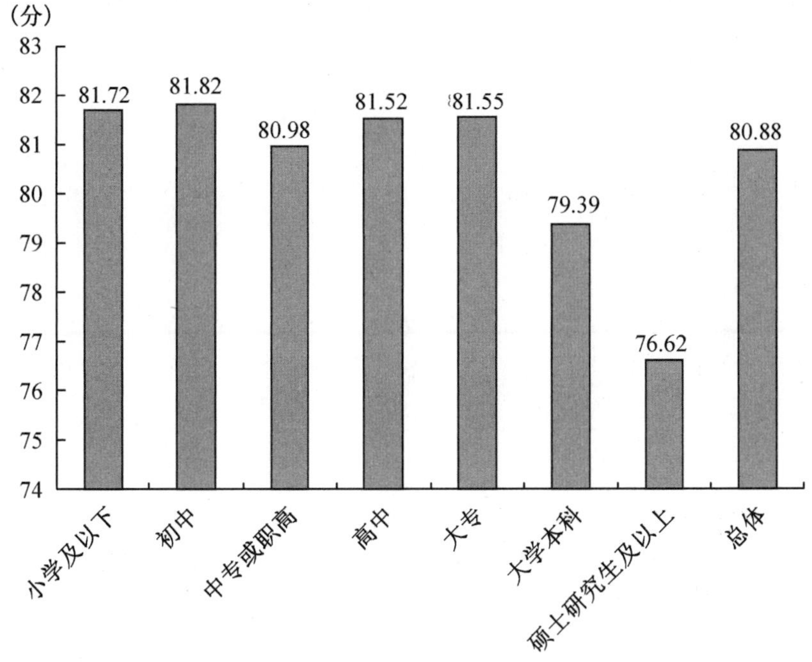

图 26　自测心理健康量表终得分平均分图

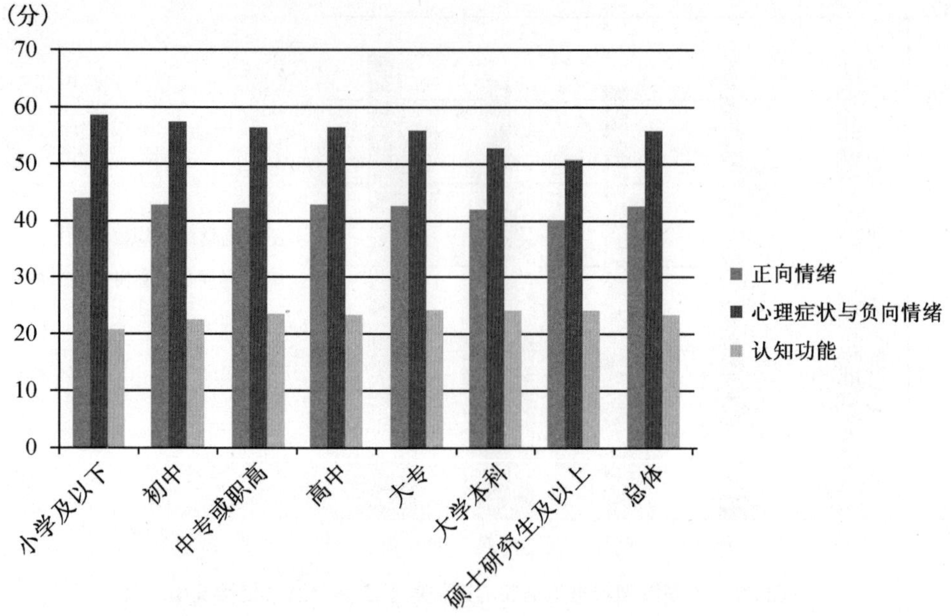

图 27　不同受教育程度的居民心理健康得分及维度情况图

4. 不同收入水平居民的心理健康各维度分析

调查显示，不同家庭人均收入水平和居民自测心理健康水平之间呈现为 U 形的关系。家庭人均月收入在 6001 ~ 10000 元区间居民的自测心理上健康水平最低。家庭人均月收入在 4000 元以下居民更多体验到生活满意程度，幸福感等积极情绪，更少体验到的焦虑、紧张等消极情绪。

从自测心理健康各维度看，较低水平两组居民的正向情绪、心理症状与负向情绪两维度的得分较其他组低，认知功能得分与其他组差别不大（见图 28、图 29）。

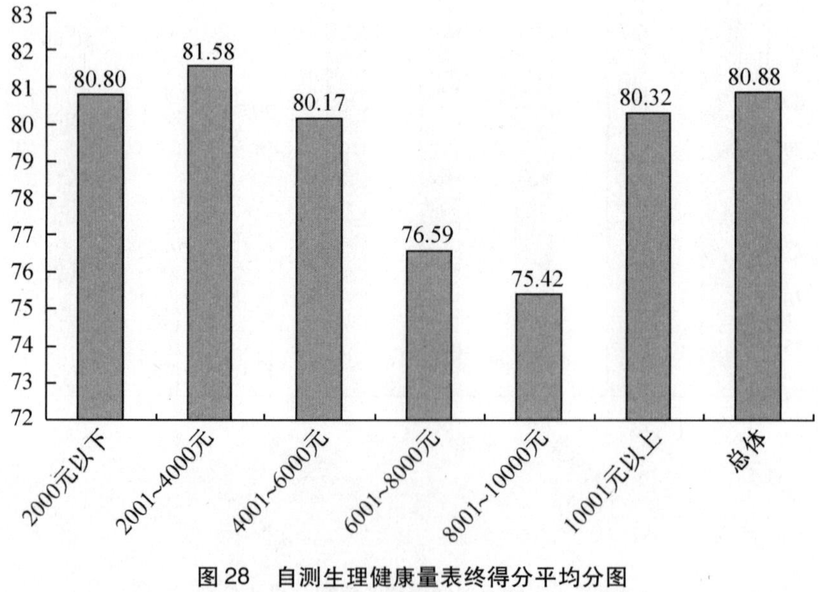

图 28　自测生理健康量表终得分平均分图

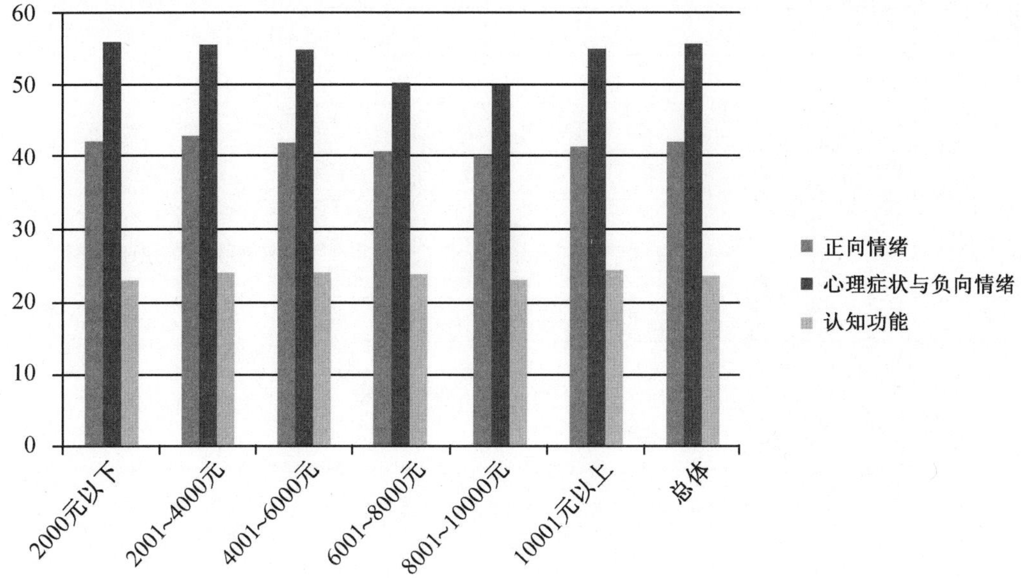

图29 不同家庭人均月收入居民的自测心理健康平均数分图

5. 不同职业状态居民的心理健康各维度分析

其他职业群体、学生和国家公务员属于高自测心理健康水平职业群体，企事业单位管理人员、离退休人员属于中等心理健康职业群体，无职业、无专业技术人员、临时工和企事业单位一般工作人员属于低自测心理健康水平职业群体（见图30、图31）。

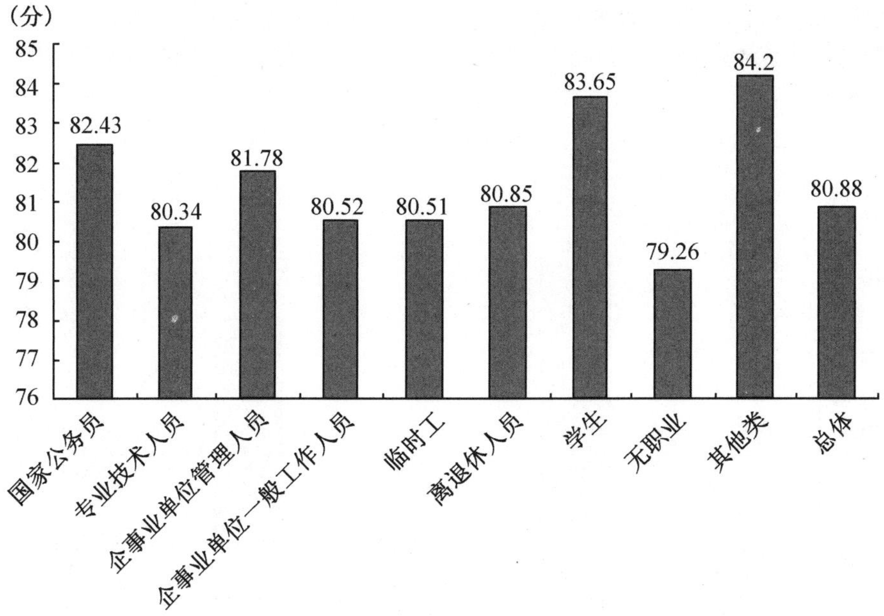

图30 自测心理健康量表终得分平均分图

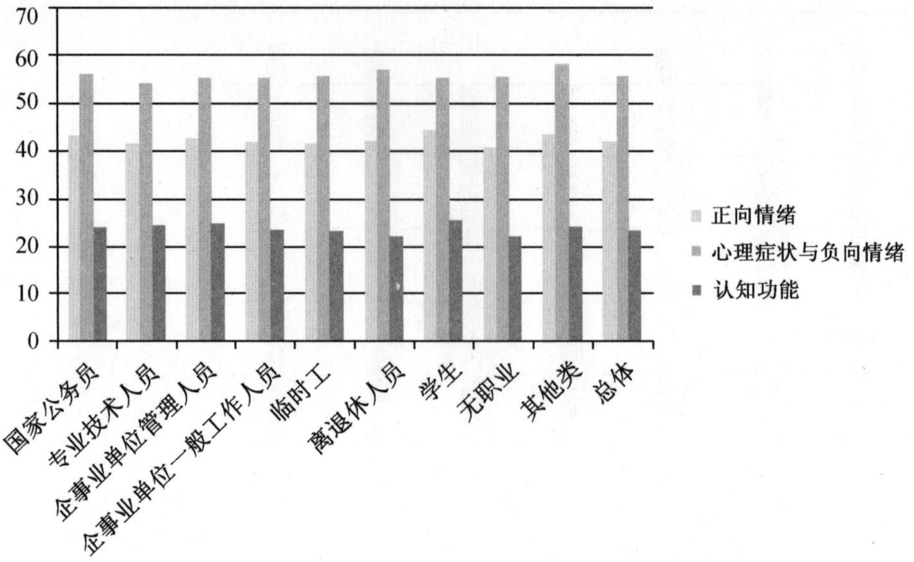

图31 不同职业状态居民的心理健康得分及各维度情况图

无职业群体认知功能的自我评价较低，对自我的正向情绪评价最低。专业技术人员的正向情绪的评价较低，心理症状与负向情绪的自我评价在所有群体中最低。临时工和企事业单位一般工作人员的正向情绪和心理症状与负向情绪评价都较低。无职业居民的自测心理健康问题主要是对生活的满意程度、幸福感、安全感和生活信心等积极情绪的体验水平较低，同时，对自我的记忆力、精神集中能力、思考和处理问题能力的评价也较低。专业技术人员对积极情绪的体验水平低，而且他们对孤独、焦虑、紧张、害怕等消极情绪的体验更为强烈。

6. 不同户籍居民的心理健康各维度分析

自测心理健康水平最高的是北京农业户口居民，最低的是北京城镇居民（见图32、图33）。

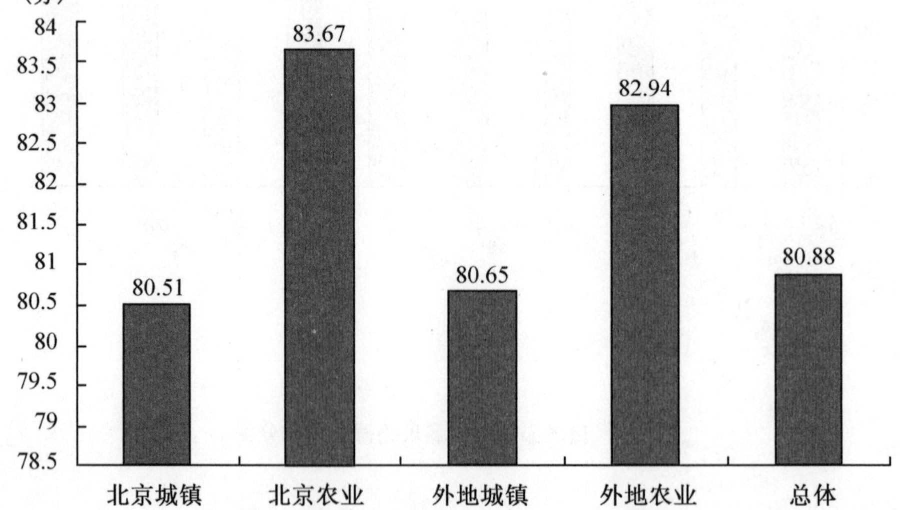

图32 自测心理健康量表终得分平均分图

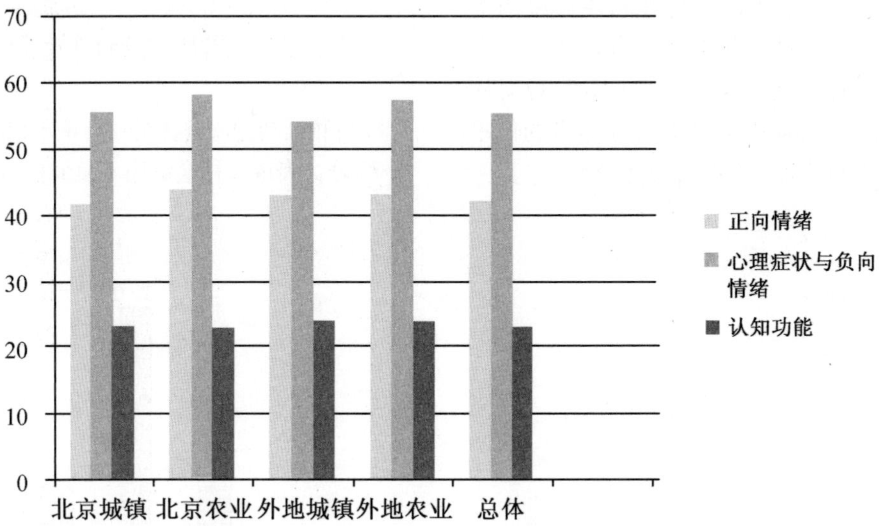

图 33　不同户籍北京居民自测心理健康的平均分图

从自测心理健康的维度看，北京城镇居民和外地城镇居民的正向情绪的自我评价最低，北京农业居民的认知功能自我评价最低，但他们的报告更少的心理症状与负向情绪，因而，整体心理健康水平高。

（二）心理健康与总体健康的关系

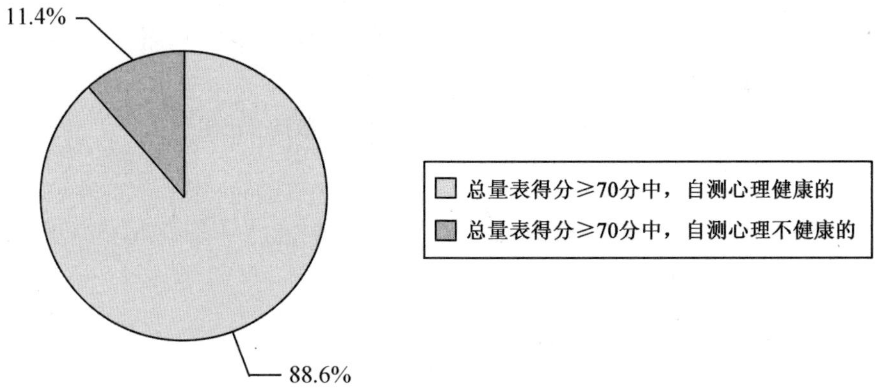

图 34　自测总体健康量中心理健康分布情况图

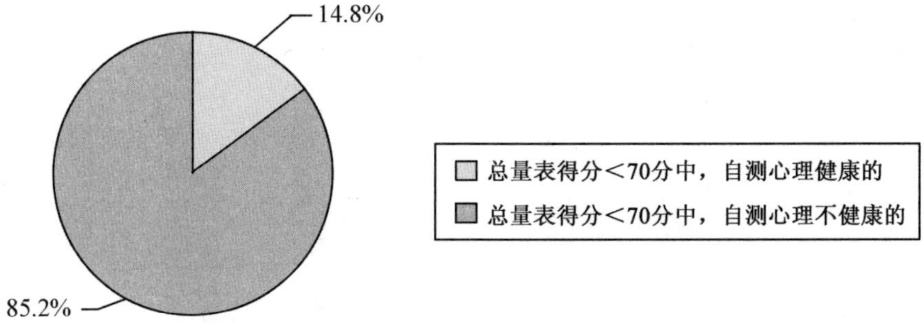

图 35　自测总体不健康中心理健康分布情况图

图 34、图 35 显示，在自评总体健康情况良好的群体中，自测心理健康的占 88.6%，自测心理有不健康倾向的占 11.4%；在自评总体健康情况欠佳的群体中，自测心理健康的仅占 14.8%，心理有不健康倾向的占到 85.2%。

三、北京居民的自测社会健康状况

自测社会健康终得分中，有 22.5% 的居民小于 70 分，表现出社会健康不良倾向（见图 36）。

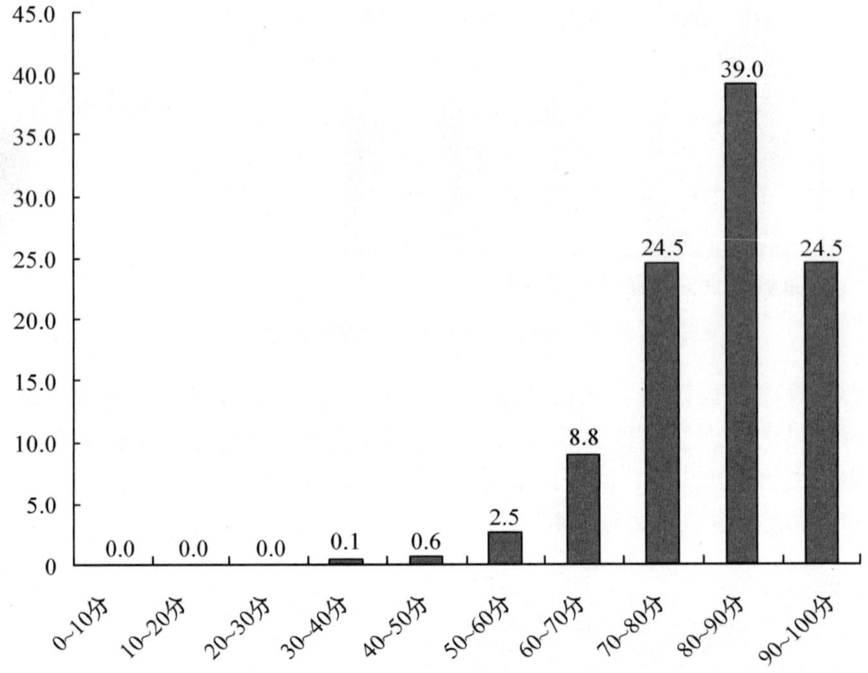

图 36 北京居民自测健康终得分人数百分比图

（一）自测社会健康的维度分析

1. 不同年龄居民的社会健康各维度分析

随着年龄的增长，北京居民的自测社会健康水平表现为逐步下降的趋势（见图 37、图 38）。

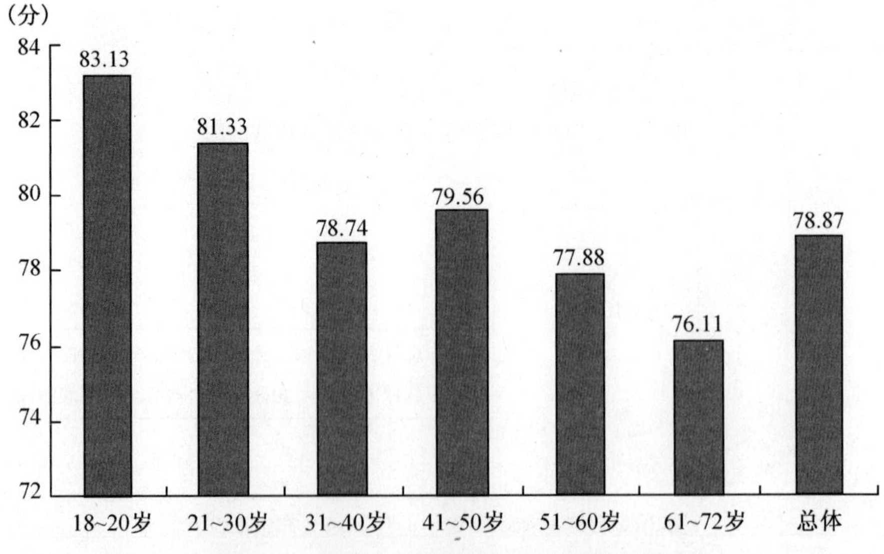

图 37 自测社会健康量表终得分平均分图

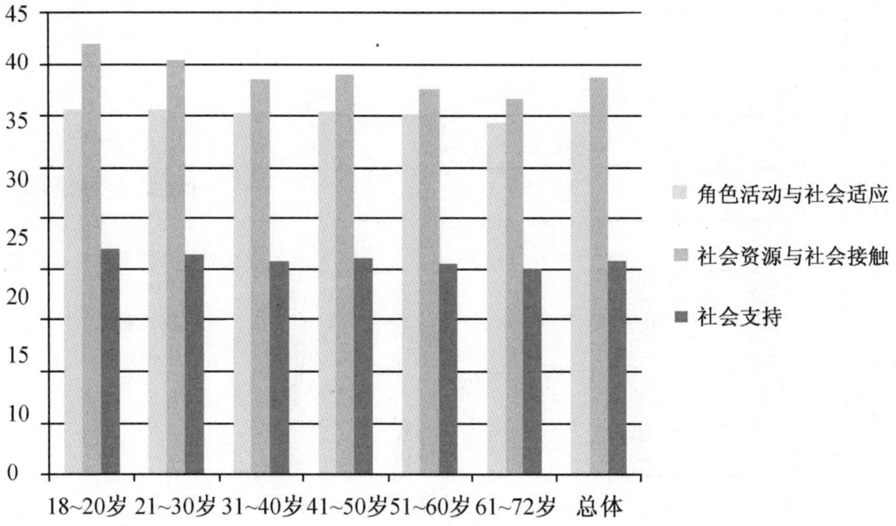

图38　不同年龄段北京居民自测社会健康得分及各维度情况图

居民年龄和社会健康各维度的相关检验显示，居民实际年龄越大，自测社会健康各维度得分越低，二者是显著的负相关关系。年龄越大的居民，对自我在生活中各种角色适应性的评价越低，对与社会资源联系的自我评价越低。同时，对自我对社会活动的参与程度、遇到困难时从他人处得到帮助等各方面的评价越低。这与深圳居民群体的研究结果较为一致，但与湖北职业群体的调查结果显示出相反的趋势。年龄与社会健康自我评价的负相关关系，可能与个体在不同年龄阶段对社会健康评价内容的理解差别有关。

2. 不同婚姻状态居民的社会健康各维度分析

自测社会健康水平从高到低依次为未婚、已婚、丧偶和离异居民。正常婚姻状态对个体的心理健康和社会健康都起着积极的作用（见图39、图40）。

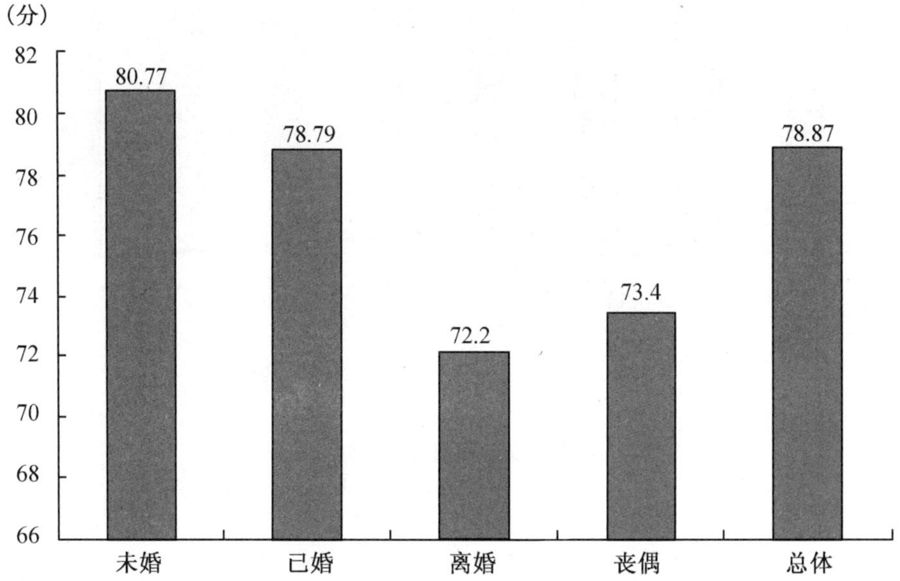

图39　自测社会健康量表终得分平均分图

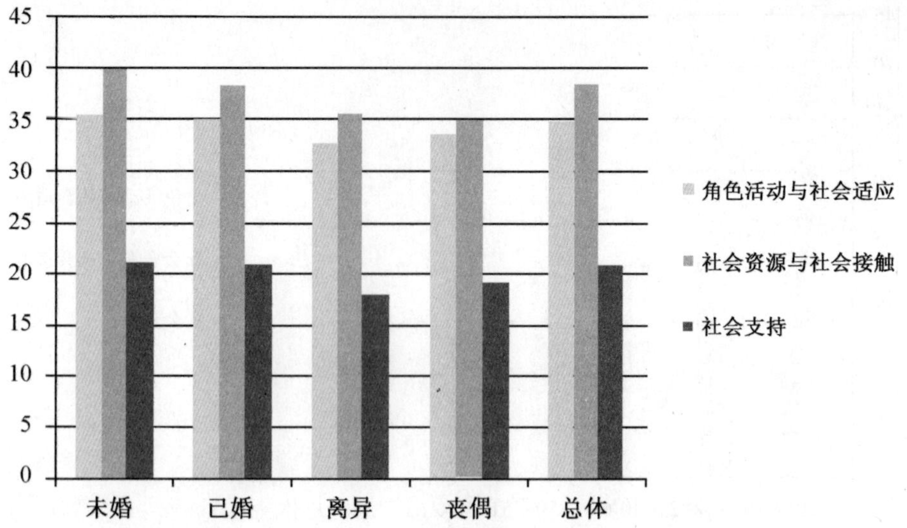

图40 不同婚姻状态北京居民自测社会健康的平均分图

3. 不同受教育水平居民的社会健康维度分析

小学和初中组居民无论在角色活动与社会适应、社会资源、社会接触和社会支持等方面的自我评价都比较低，尤其是小学学历的居民。可能的原因是低学历水平居民，其社会接触面有限，以及其本身能力所限制，导致其在社会角色承担、社会资源的联系、社会活动的参与程度等各方面的水平都较低（见图41、图42）。

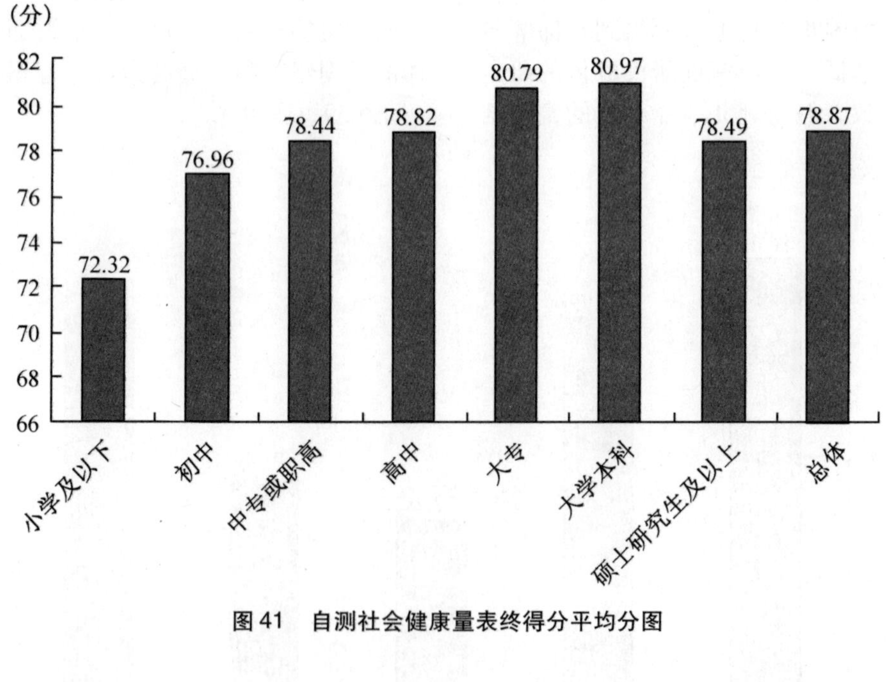

图41 自测社会健康量表终得分平均分图

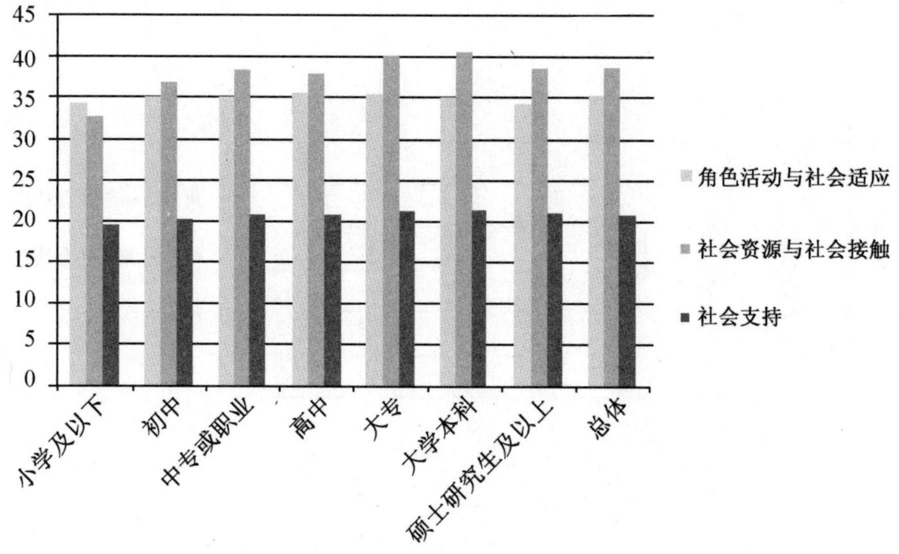

图 42　不同受教育水平北京居民自测社会健康得分及维度情况图

4. 不同收入水平居民的社会健康维度分析

自测社会健康水平最高的是家庭人均月收入在 2001～8000 元之间的三组居民，最低是家庭人均月收入 8001 元以上和 2000 元以下的居民。收入水平和自测社会健康大致表现为中间高两头低的倒 U 形关系（见图 43、图 44）。

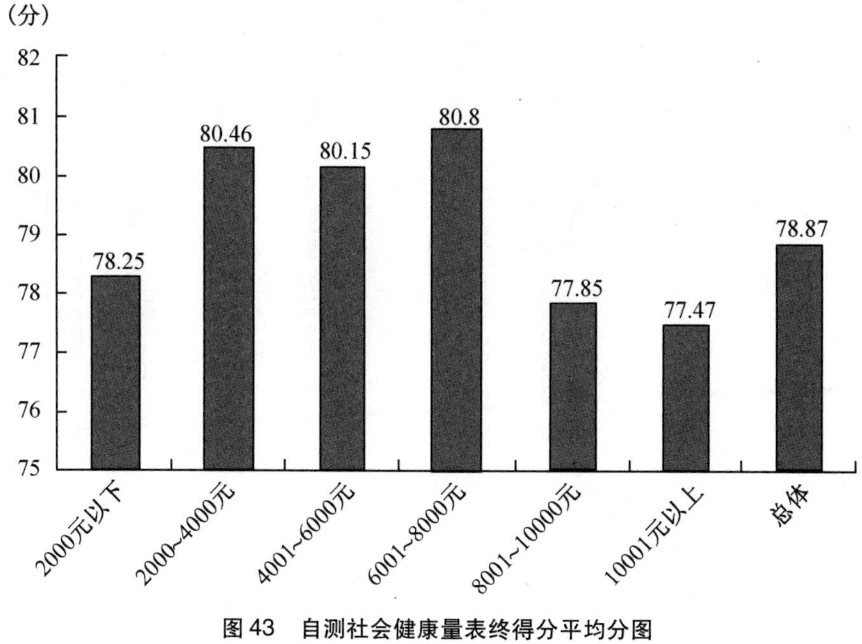

图 43　自测社会健康量表终得分平均分图

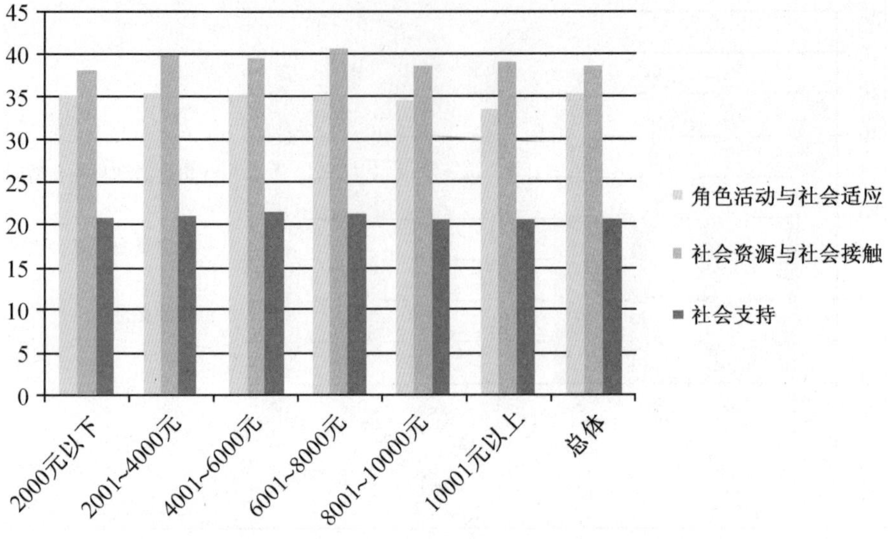

图44 不同家庭人均月收入居民的自测社会健康得分及维度情况图

5. 不同职业状态居民的社会健康各维度分析

学生、企事业单位管理人员、国家公务员是高自测社会健康职业群体，专业技术人员、企事业单位一般工作人员、其他类职业者是中等自测社会健康职业群体，无职业，临时工和离退休人员是低自测社会健康职业群体（见图45、图46）。

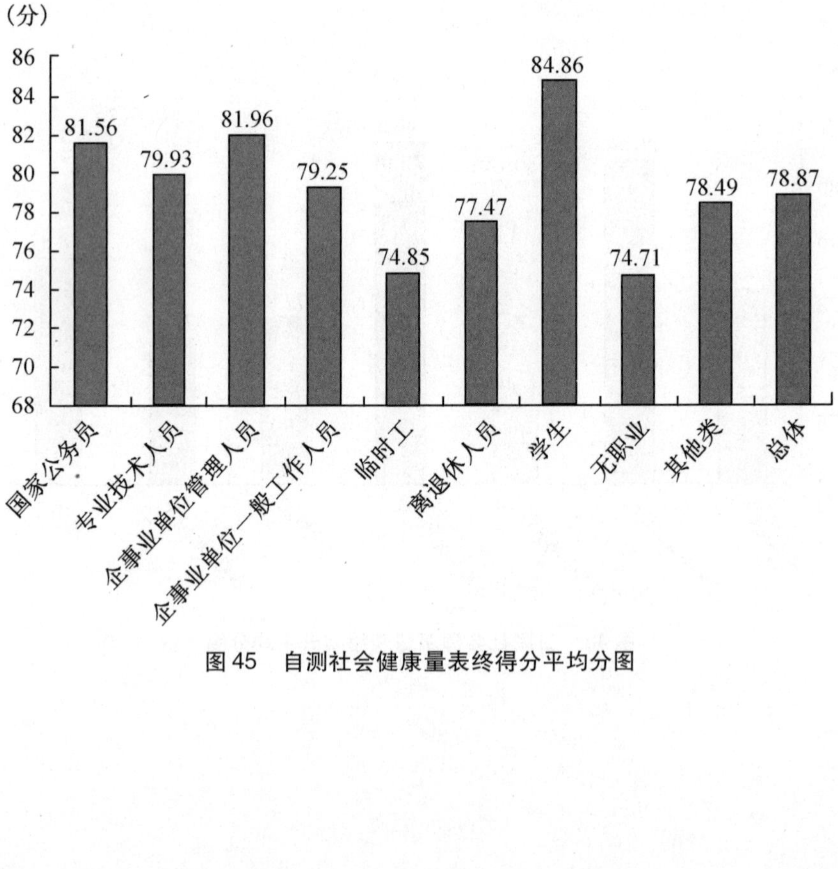

图45 自测社会健康量表终得分平均分图

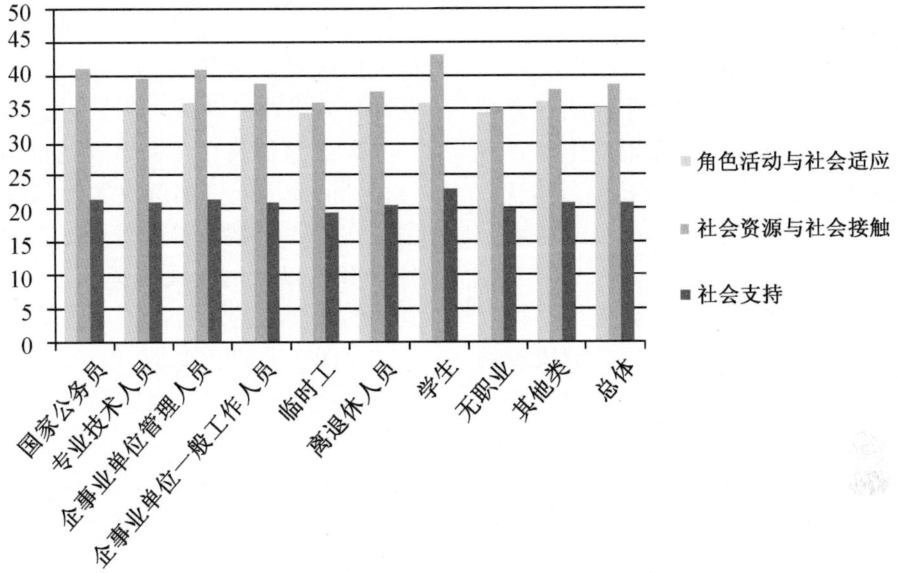

图46　不同职业状态北京居民自测社会健康的平均分图

（二）社会健康与总体健康的关系

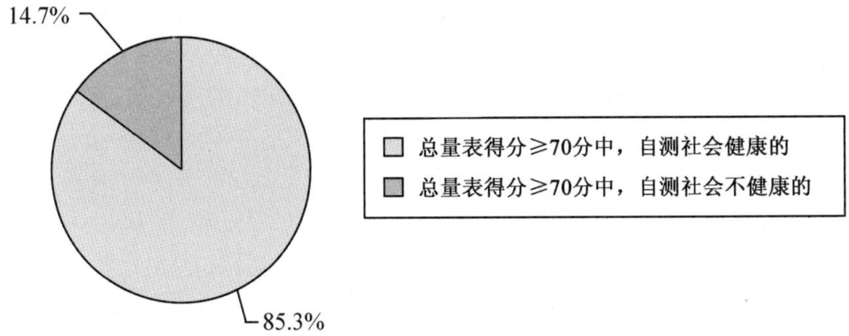

图47　自测总体健康中社会健康分布情况图

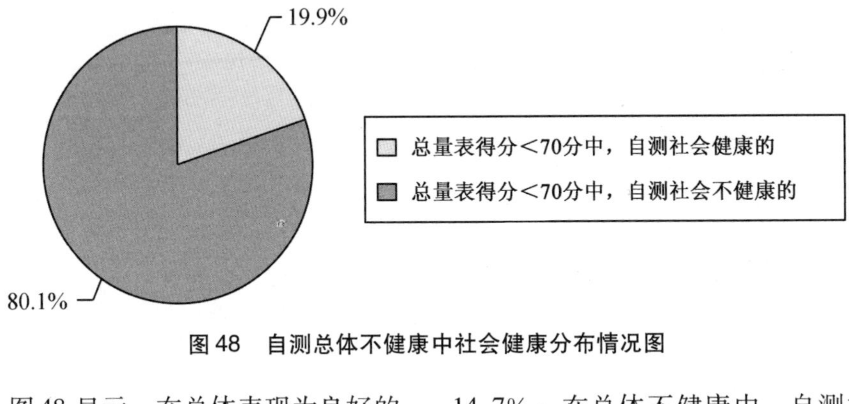

图48　自测总体不健康中社会健康分布情况图

图47、图48显示，在总体表现为良好的群体中，自测社会有不健康倾向的比例为14.7%；在总体不健康中，自测社会不健康的人数占到了80.1%。

四、社会支持量表分析

社会支持是“社会用以对个体的社会行为方式表示肯定和支持，从而影响个体日后行为方式的动力系统”。社会支持是个体身心健康的重要调节因素，良好的社会支持对个体起到了压力化解的作用。

在社会健康的调查中，社会支持是社会健康的三个维度之一，但因为社会健康里的社会支持维度提供的信息有限，我们选取了更为全面的社会支持量表，以便更全面地了解北京居民的社会支持状况，政府对居民的社会支持系统工作提供决策参考。

社会支持量表中，客观支持指的是客观的、可见的或实际的支持，包括物质上的直接援助和社会网络、团体关系的存在和参与。这类支持独立于个体的感受，是客观存在的现实。客观支持的量表得分最高分是22分；主观支持是指的是主观的、体验到的情感上的支持，指的是个体在社会中受尊重、被支持、理解的情感体验和满意程度。主观支持的量表得分最高分是32分；对支持的利用度指的是个体对社会支持的主动利用程度。对支持的利用度的量表得分的最高分是12分。

（一）北京居民社会支持状况

本次调查数据显示，98.4%的居民的社会支持都为正常（其中73.5%得20～40分，属于中等社会支持；24.9%得41分以上，属于充分支持），1.6%的居民的社会支持水平较低。

表6　北京居民社会支持程度的分布

	人数	百分比	累积百分比
0～19分，低社会支持	81	1.6	1.6
20～40分，中等社会支持	3 682	73.5	75.1
41分以上，充分社会支持	1 247	24.9	100.0
总体	5 010	100.0	

（二）北京居民社会支持主要内容及特点

1. 91.1%的居民在近一年来和家人住在一起。从居民从家庭成员处得到的支持和照顾的百分比看，在困难时得到全力支持的主要来源是夫妻（恋人）、父母、儿女。90%以上的居民都会从夫妻（恋人），父母和儿女和兄弟姐妹处得到一般或全力支持。

2. 北京居民在过去遇到急难情况时，曾经得到的经济支持和解决实际问题帮助的来源依次是：配偶、其他家人、亲戚和朋友，各有30%以上的居民选择了上述支持来源，其次的社会支持来源为同学或同事、工作单位、党团工会和宗教等。0.9%的居民表示没有得到过上述任何方面的经济支持和实际问题的帮助。

3. 在遇到困难时，居民曾得到安慰关心等心理支持的主要来源依次是配偶、朋友、其他家人和亲戚，其次是同学或同事、工作单位、党团工会和宗教。0.5%的居民表示没有得到过安慰和关心。

4. 80.5%以上的北京居民都有三个以上的朋友，17.1%的居民有一两个朋友，同时有2.1%的居民表示一个朋友也没有。

5. 24.8%的居民表示大多数邻居都很关心自己；23.7%的居民表示有些邻居很关心自己；25.5%的居民表示遇到困难邻居可能稍微关心；25.9%的居民表示和邻居相互之间从不关心，只是点头之交。

6. 北京居民和同事关系的数据显示，70%多的居民表示有些或很多同事关心自己；43.4%的居民表示大多数同事都很关心自己；30.1%的居民表示有些同事很关心自己；17.3%的居民表示遇到困难同事可能稍微关心；4.7%的居民表示同事之间从不关心，只是点头之交；4.6%的居民无工作。与邻居相比，北京居民和同事的关系比和邻居的关系要较为密切。

7. 在遇到烦恼时，19.5%的居民表示主动诉说自己的烦恼，以获得支持和理解；13.0%的居民表示如果朋友主动询问会说出来；56.4%的居民表示只向关系极为密切的1—2个人诉述；11.1%的居民表示从不向任何人诉述。

8. 在遇到烦恼时居民表现出不同的求助

方式，六成的居民会有时或经常向人求助。其中，34.4%的居民表示有困难时经常向家人、亲友、组织求援；27.3%的居民表示有时请求别人帮助；25.5%的居民表示很少请求别人帮助；12.9%的居民表示只靠自己，不接受别人帮助。

9. 对于团体（如党组织、宗教组织、工会、学生会等）组织活动，20.1%的居民表示从不参加，40.8%的居民表示偶尔参加，28.8%的居民表示经常参加，10.4%的居民表示会主动参加并积极活动。

北京居民的社会支持具体来源表现为以下的特点：

1. 亲属支持是居民最主要的实际支持来源。家庭成员，尤其是配偶，父母，是居民生活遇到困难时最主要的经济和实际支持来源。

2. 朋友的帮助在心理方面的支持比在实际方面的支持更为突出。

3. 我们把工作单位和党团组织的支持称为组织支持，从数据可以看出，不管是提供经济支持、解决实际问题帮助，还是作为安慰和关心的来源，居民所感知到的组织提供的支持还是有限的，它们的选择率排在家人、朋友、同学同事之后，单位党团等组织在给居民提供社会支持方面的作用还有待提高。

4. 与邻居相比，北京居民和同事的关系比和邻居的关系较为密切。在社区建设中加强居民和邻居的互助，有助于提高居民的社会支持水平。

本次调查中所表现出来的居民社会支持来源的上述特点，和中国社会科学院社会学研究所《2011年中国社会心态研究报告》的调查结果较为一致，他们在2006年和2008年的全国社会心态调查中发现，非正式支持是支持的主要来源，其中亲属关系是主导的支持来源，由社区组织、政府部门、党群组织等提供的正式支持的数量较少，覆盖面有所提高。

（三）社会支持水平和自测心理健康、自测社会健康的关系

从相关系数看，主观社会支持、客观社会支持、对社会支持的利用度和社会支持总分，和自测生理健康、自测心理健康和自测社会健康都有显著的正相关关系。主观社会支持程度越高，客观社会支持程度越高、居民对社会支持的利用度越高，社会支持的总体水平越高，居民的自测生理健康、自测心理健康、自测社会健康、总体自测健康水平就越高。

五、生理健康、心理健康、社会健康三者的关系

（一）生理健康与心理健康的关系

本次调查显示，自测生理、心理健康状况均良好的北京居民为3849人，占样本总体的76.8%；生理、心理都出现健康不良倾向的居民有203人，占样本总体的4.1%；生理健康状况良好、心理有不健康倾向的居民有811人，占16.2%；心理健康状况良好、生理有不健康倾向的有147人，占2.9%（见图49）。

数据显示，自测生理健康和自测心理健康有显著的正相关关系（$r = 0.570$，$P = 0.01$）。也就是，自测生理健康水平越高的居民，自测心理健康水平也越高。

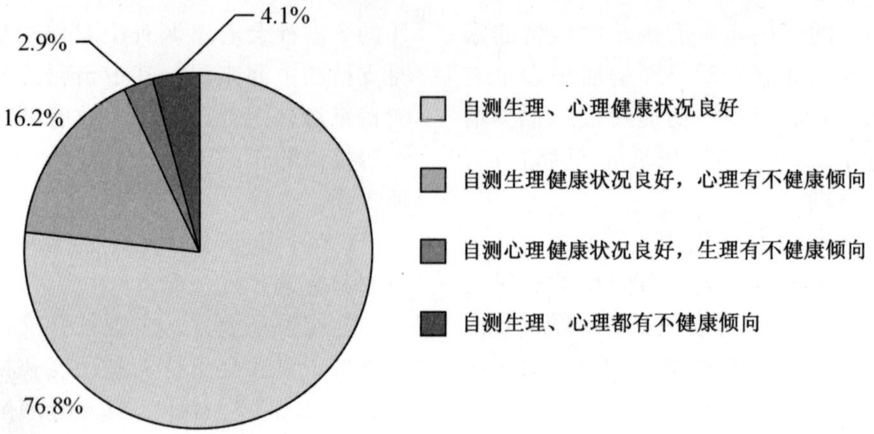

图49　居民生理健康与心理健康状况交叉分析图

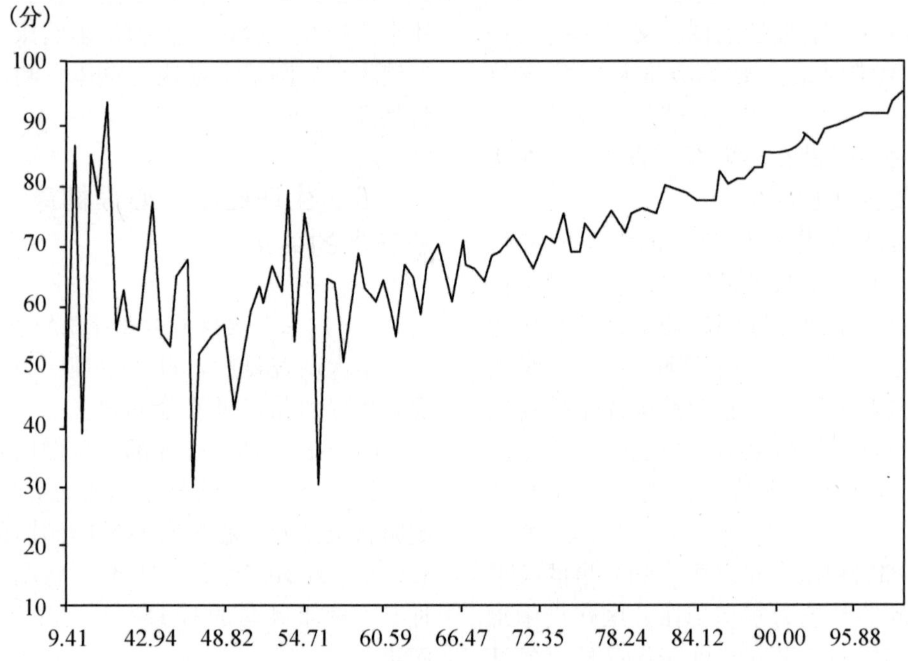

图50　北京居民自测心理健康与生理健康量表终得分关系图

表7　北京居民自测生理健康各维度与自测心理健康各维度的相关关系

	身体症状与器官功能	日常生活功能	身体活动功能	自测生理健康量表分
正向情绪	0. 433	0. 227	0. 309	0. 456
心理症状与负向情绪	0. 493	0. 204	0. 230	0. 456
认知功能	0. 506	0. 222	0. 406	0. 543
自测心理健康量表分	0. 575	0. 259	0. 347	0. 570

从图50可以看出，生理健康量表终得分低于60分的样本，心理健康量表分值波动的范围大；生理健康量表终得分在60分以上的样本，随着生理健康量表分值的升高，心理健康量表分值迅速攀升。但是由于生理健康得分在60以下的样本仅占总体的2.3%，因此并不影响生理健康与心理健康之间强的正向直线相关关系。

进一步的分析可知，自测生理健康各维度和自测心理健康各维度之间，也存在显著的正相关关系。其中身体症状与器官功能和自测心理健康的相关度最高；认知功能与自测生理健康的相关度最高（见表7）。

（二）心理健康与社会健康的关系

本次调查显示，自测心理、社会健康状况均良好的北京居民为3396人，占样本总体的67.8%；心理、社会都出现健康不良倾向的居民有530人，占样本总体的10.5%；心理健康状况良好、社会有不健康倾向的居民有600人，占12%；社会健康状况良好、心理有不健康倾向的有484人，占9.7%（见图51）。

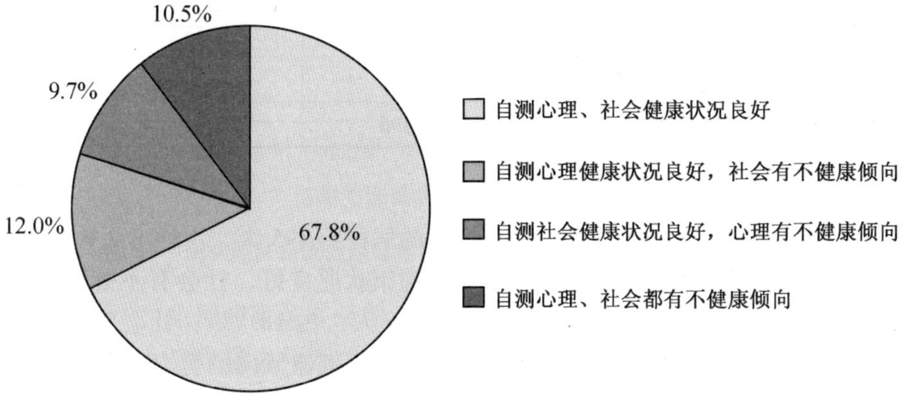

图51　居民心理健康与社会健康状况的分析图

数据显示，自测心理健康和自测社会健康有显著的正相关关系（r = 0.559，P = 0.01）。也就是，自测心理健康水平越高的居民，自测社会健康水平也越高，反之亦然。

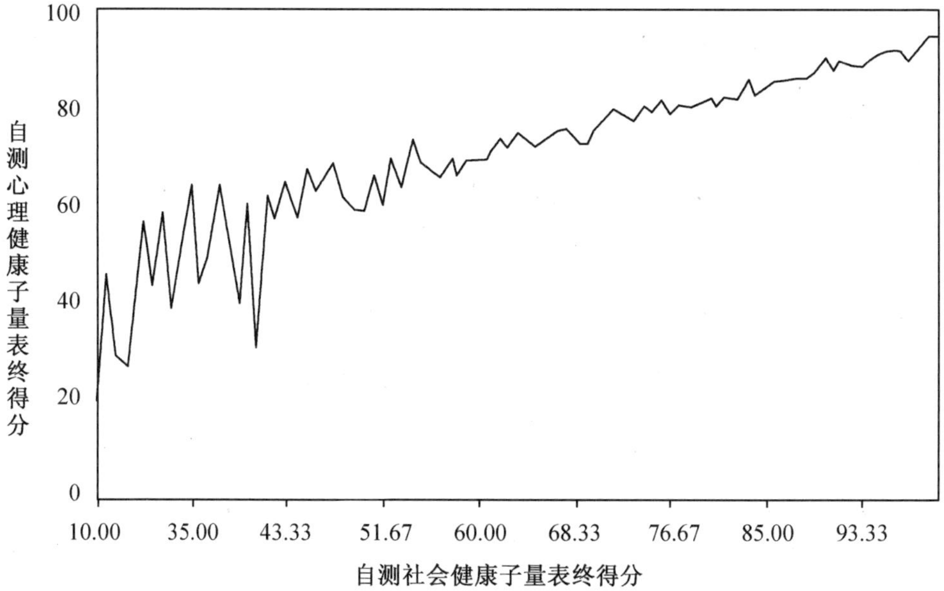

图52　北京居民自测心理健康与社会健康量表终得分关系图

康对生理健康有恶化或改善作用，生理健康对心理健康有制约或支撑作用，社会健康是生理和心理单独或相互作用而形成的集中反映。但由于影响生理健康、心理健康和社会健康的因素十分复杂，在这三个方面中，可能只有其中一个方面是原发性的，进而使其他方面也受到不同程度的损害，最终导致整体健康水平的下降，所以在心理健康的教育和治疗中因人而异，追根溯源是非常重要的。同时，不同的历史时期心理健康、社会健康的内容和标准也不尽相同，受外来文化、新兴文化、非主流文化和突发事件的冲击和影响，内在相互作用条件和程度也会随之变化，必须要进行跟踪研究，随时校正。

第三部分　北京居民心理健康服务工作的建议

一、加强社会心理建设的迫切性非常突出

第一，加强社会心理工作是推进社会建设，创新社会管理的重要基础。随着我国国民经济的发展，社会经济体制改革日益深入，社会竞争不断加剧，劳动力的重新组合，人口和家庭结构的变化，导致了各种心理应激因素急剧增加，心理健康问题日益突出。中国疾病预防控制中心精神卫生中心 2009 年初公布的数据显示，我国各类精神疾病患者在 1 亿人以上，但公众对精神疾病的知晓率不足五成，就诊率更低。

在促进心理健康方面，《中共中央关于构建社会主义和谐社会若干重大问题的决定》明确指出："注重促进人的心理和谐，加强人文关怀和心理疏导，引导人们正确对待自己、他人和社会，正确对待困难、挫折和荣誉。加强心理健康教育和保健，健全心理咨询网络，塑造自尊自信、理性平和、积极向上的社会心态。"明确了构建社会主义和谐社会的任务、目标和途径，并把心理和谐与社会和谐作为一个主要问题提出来。同时，国务院法制办今年也向社会公布了《精神卫生法征求意见稿》，将心理健康问题提升到了法制的高度加以规范。而北京市早在 2007 年就颁布了《精神卫生条例》，规定了北京市居民心理健康服务保障等各项制度。

本调查所得出"20.3% 的北京居民表现出自测心理健康不良倾向，22.5% 的居民表现出自测社会健康不良倾向"的结论反映出目前北京市居民心理健康服务上的经费投入不足、社会力量参与的热情不高、规范不完善、心理咨询人才储备的不充分、制度建设不完备等一系列问题。心理健康问题已经在一定程度上影响到了家庭关系的处理、人际关系的融洽、和谐社会的建设，也妨碍了"人文北京、绿色北京、科技北京"三个北京建设的目标实现。故建立健全与北京政治经济建设相适应的居民心理健康服务体系显得尤为必要。

第二，加强社会心理工作是广大居民的普遍需求。

首先，本市居民总体认识到了社会心理存在一定问题，且比例高达 48.9%，八成以上的居民认为心理健康工作重要（见图 55、图 56）。

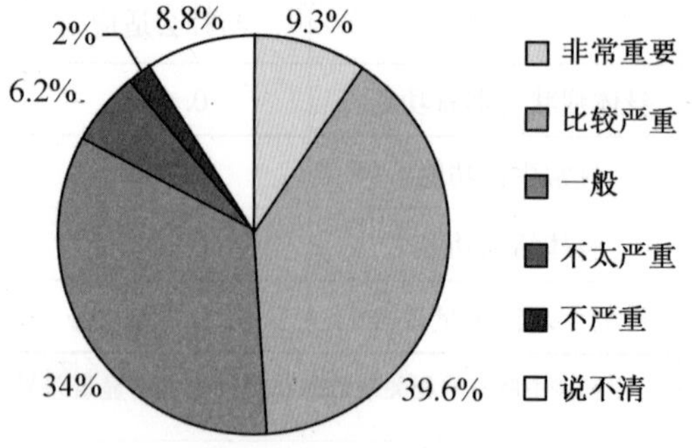

图 55　北京居民对社会上人们存在的心理问题是否严重的评价

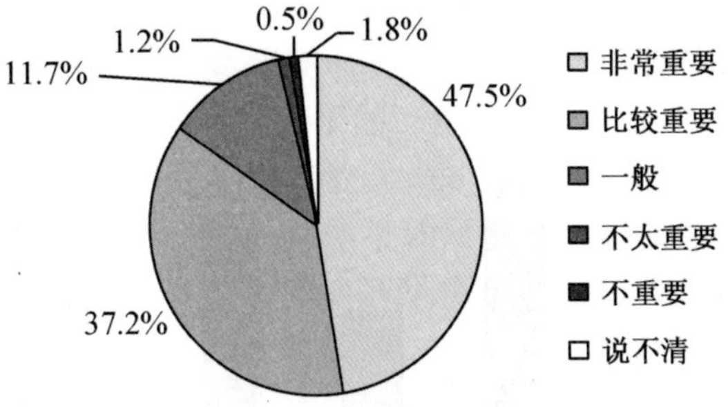

图 56　北京居民对心理健康工作是否重要的评价

其次，居民对加强心理服务工作有着现实的需求。本次调研中 20.3% 的居民表现出自测心理健康不良倾向，且仅有 7.8% 的居民明确表示有心理辅导需求。一方面说明居民需要心理服务辅导，另一方面也说明公众对心理健康的认知程度不够，相关知识的普及有待加强（见图 57）。

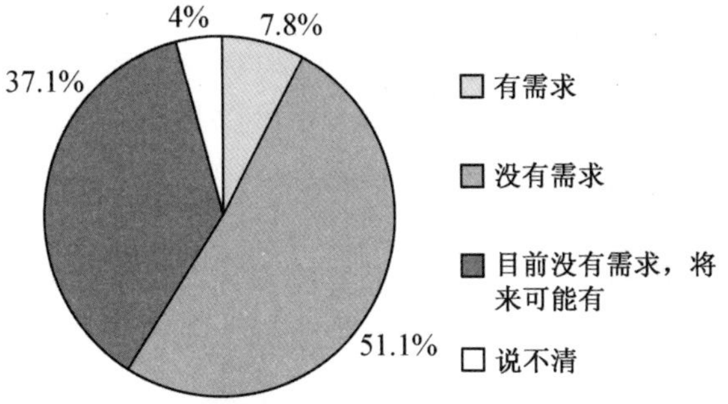

图 57　北京居民的心理辅导的需求

再次，本市居民对本市的心理服务辅导工作满意程度不高。一是咨询服务的效果上公众的可信度不高；二是体现在咨询服务的便利条件上，大家普遍认为不方便群众（见图 58）。

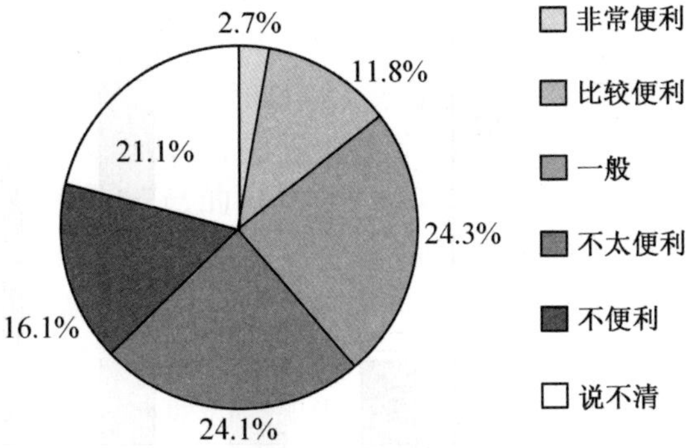

图 58　北京居民对目前获得心理咨询服务是否便利的评价

最后，调研也给出了今后应加强心理服务工作的重点内容与服务形式。内容上：北京居民需要的心理健康知识依次是：自我调节、子女教育、心理疾病的治疗与预防、人际交往、职场工作、婚恋家庭。

形式上：依次为建立社区心理服务站、通过电视报纸等媒体宣传普及心理卫生常识、发放宣传册（品）、政府提供电话咨询、专题讲座、网络互动、医院精神科或心理门诊和上门辅导。

第三，加强社会心理工作是做好特殊人群服务管理的重要措施。本次调研中，特别针对留京或引进人才群体、北漂一族、外地来京务工人员、随配偶或子女进京居住居民、离退休人员、无职业居民等六类特殊人群进行了重点研究，这部分人群在心理、生理和社会健康方面相对于样本总体而言更具有自己的特点（见图 59、图 60）。

入等方面须加大力度。

（一）将心理服务纳入公众服务体系，制定《北京市社会心理健康发展规划》

消除心理不健康仅限精神疾病的狭隘认识，社会心理建设应从和谐社会建设整体格局的高度来把握，从满足社区居民的需要来做实。通过广泛而深入的社会心理教育、辅导和心理关怀，培育市民奋发进取、理性平和、开放包容的社会心态，塑造共同信仰和道德观念。因此，由市社会建设工作领导小组办公室牵头，各相关党政机关参与，制定《北京市社会心理健康发展规划》非常必要。通过《规划》明确发展目标，健全服务网络，制定工作措施，逐步提高各级党委机关指导社会心理工作能力，在强化心理服务中为社会和谐作贡献。

（二）建立社会心理工作联合会

当前，全市注册的社会心理服务机构约180多家，非注册的数量更多，大多单打独斗，生存艰难，更缺少应有监管，很难发展壮大和提高服务质量。为更好地动员、协调、组织全市各级各类社会心理机构和工作者，开展政府关注、百姓需要、社会缺失的社会心理服务，应成立北京社会心理工作机构联合会。通过组织常态化、专业化、公益化的活动，为居民提供便利的心理健康服务。同时，通过培训和监督、提高从业人员能力和服务质量，并建立一支应对重大灾害和社会事件心理服务工作队伍。

（三）搭建社区心理服务平台，建立立体化服务网络

社区是社会的基本单元，是社会心态形成、聚集和扩散的主要场所。当前，社区心理工作组织较为薄弱，专业人员缺乏，工作成效偏低。建议搭建三级心理服务平台：市（市社会心理工作服务管理中心）—区（区社会心理服务指导中心）—街道（含社区服务站），建立一支相对稳定的队伍，形成市督导、区（县）管理、街道（社区）提供服务的支持网络。在发生重大自然灾害、公共卫生、网络舆情等突发社会事件时，能及时参与心理救助和情绪疏导。

（四）健全行业规范，引导心理咨询行业有序发展

当前，行业多头管理，责任不明。民政部门、卫生部门、工商部门都可批准设立，但管理的责任主体不够明确，行业监管薄弱，发展不够规范。建议加强各环节的管理和培训力度，加强价格管控，增强公益性质，实行上岗证制度。加强心理咨询师准入管理，取得国家资格证后，由指定的组织或机构进行岗前培训，重点是加强道德教育。实行督导制度和年检制度，设立举报电话，投诉作为年检的重要依据。

（五）加强舆情引导，拓展社会情绪疏导渠道

互联网的平等性、开放性决定了网络成为了公众表达社会感知、真实情感或发泄不满的重要渠道。一盒烟、一块表揪出贪官蛀虫，几段视频、几个微博就可以引起全国的关注，由网络言论引发的爆炸式大讨论，受到了许多公众的参与、追捧，甚至盲从。因此舆论的力量必须要高度重视、积极引导、合理调控。建议加强社区信息员队伍建设，发挥以社区服务站、大学生社工、社区退休干部（积极分子）、志愿者等为成员组成的主要渠道信息员、协调员、宣传员的作用，及时发现、及时疏导、及时报送居民的各种反映，线上线下齐抓共管，不断拓展利益诉求和社会情绪疏导渠道。

（六）加强对特殊群体的心理服务工作

应有针对性地这几类特殊的群体，特别在三个评定量表得分都低的群体，开展一些有建设性的社会心理服务工作。例如影响“留京或引进人才”这一群体心理健康的因素主要集中在：一是职场现实和自我期望的差距，如工作和其职业志趣、职业期望的差距问题，产生较大的心理落差。二是普遍存在的职场压力和就业环境严峻下的职业发展前景的不确定性。三是高房价、高通胀下的都市生活压力。四是由学校生活进入社会生活所产生的人际关系、社会价值判断及自我

认同等。故可以是通过社区心理服务站提供帮助、通过大众传媒进行心理健康知识的科普宣传或通过电话咨询进行个体辅导的方式对该群体提供帮助：一是帮助确立职业方向和目标、完善职业规则，增强对自身发展的把握感和效能感。二是帮助提高压力应对能力，提高情绪调节能力。三是帮助社会角色定位。四是帮助正确地认识自我期望与现实的差距，正确认识自我价值，以期获得充分的自尊和信心，增强自我认同感。

北京市区县理论研究与调研

推进社区服务站服务标准化建设工作 打造规范、便民、高效的社区公共服务平台

赵小平

东城区是首都中心城区之一，2010 年 6 月区划调整后，辖区面积 41.84 平方公里，下设 17 个街道办事处，205 个社区，常住人口为 86.5 万人，户籍人口 95.6 万人。随着经济社会的迅速发展和社区建设的不断推进，社区逐渐呈现出利益多元化、需求差异化、服务多样化的特点。按照中央和北京市关于加强和创新社会管理、全面推进社会建设的要求和部署，我区高度重视社会服务管理的基层基础工作，以创新社区服务管理体制为动力，以加快建成设施完备、功能完善、服务高效、管理精细的社区公共服务体系为目标，以推进社区服务站服务标准化建设工作为重点，着力打造规范、便民、高效的社区公共服务平台，切实满足居民群众需求，进一步提升了公共服务优质化、均等化水平。

一、社区服务站服务标准化建设的工作背景

社区服务站是政府在社区层面设立的公共服务平台，具有承接政府公共服务、组织开展便民利民服务和了解反映社情民意的重要功能。2004 年，为落实党的十六届四中全会提出的构建社会主义和谐社会的目标要求，作为加强新时期和谐社区建设的重要举措，我区在全市率先建立了社区服务站，当时叫作社区居民事务办理站。这种在社区层面设立基层服务机构的做法得到市里的充分肯定并逐步在各区县推广。2008 年，从党的十七大战略部署出发，北京市加快推进社会建设步伐，在健全社区管理体系方面提出了社区规范化建设，并将规范社区服务站建设作为重要内容之一。经过几年的探索实践，目前全部社区已经建立了新型的社区服务站，在减轻社区居委会负担、整合社区服务资源、满足社区居民服务需求等方面发挥了重要作用。但是，在加强和创新社会管理、全面推进社会建设的新形势下，对社区服务站的工作理念、体制、机制、制度、方法以及人员配备、硬件投入、服务项目等方面提出了新的更高的要求。

标准化是指在经济技术、科学及管理等社会实践中，对重复性事物和概念通过制定、实施标准达到统一、以获得最佳秩序和社会效益的过程。2009 年，东城区启动了建设国家级城市公共服务标准化示范区工作，要用两年时间，在公共事业管理、行政管理和城

市管理三个方面，重点建设13个示范项目。作为公共事业管理类示范项目之一，我区提出了“建立社区服务站服务标准体系”的项目任务；确立了“以标准化为手段，进一步深化社区规范化建设工作，打造东城社区公共服务新品牌”的理念；明确了“制定公共服务等相关标准，建立健全标准体系；开展标准化宣传与培训；组织标准实施与评价；制定持续改进措施；创建公共服务品牌”的主要任务。经过近两年对于社区服务站服务标准化建设的探索实践，我区进一步规范了社区服务站运行机制，明确了职责和服务事项，健全了工作制度体系，提升了社区服务队伍整体素质，完善了社区基础设施配置，有效整合了社区公共服务资源，更好地满足了社区居民对基本公共服务的需求。

二、社区服务站服务标准化建设的工作意义

第一，是加强和创新社区服务管理的必然要求。当前，中央和北京市高度重视社会服务管理创新工作。加强和完善基层服务管理体系，是社会管理的重要基础。推进社区服务站服务标准化建设工作，是实现社区服务可持续发展的重要技术支撑，有助于推动社区基本公共服务平台的规范化建设，也有利于优化政府公共服务结构和有效整合社会资源，能够更好地满足居民群众对基本公共服务的需求，提高社区服务管理水平。

第二，是巩固社区规范化建设已有成果并取得新突破的重要举措。按照全市社区建设“一分三定两目标”的总体思路，我区自2009年启动了社区规范化建设试点工作。可以说，社区规范化建设工作是近三年在夯实社会建设基础、构建社区管理体系方面的重要抓手。截至目前，全区已有80%的社区完成规范化建设任务。在规范社区服务站建设方面，目前各试点社区均实现了“一站式”服务，配备了专职工作人员，健全了功能定位、职责任务、工作关系、岗位设置等运行机制，并初步形成了工作制度体系，工作成效是很明显的。为了巩固已取得的成果，形成长效机制固化于今后的工作中，我们将推进社区服务站服务标准化建设，作为巩固社区规范化建设成果的重要举措。

第三，是居民群众享受便捷优质社区服务的现实需要。社区是整个社会的缩影，社区建设的最终目的是让最基层的群众享受到科学发展带来的实惠。随着经济社会的不断发展，群众对公共服务呈现出多层次、多方面、多样性的新趋势，这就要求我们必须把解决民生问题和加强社会建设管理相结合，寓管理于服务之中，服务在先、管理在后。社区服务站服务标准化建设作为一种科学的管理手段，对于完善社区公共服务体系，实现社区服务精细化管理、人性化服务，提升公共服务优质化、均等化水平具有重要作用。

三、制定社区服务站服务标准的主要做法

（一）整合力量，迅速成立工作机构

区主管领导多次召开专题工作会议研究部署社区服务站建设工作，成立了以主管区长为组长、社会建设部门主要负责人为副组长、政府相关部门和街道办事处主要负责人为成员的工作组，落实各项工作任务。同时，区政府将社区服务站服务标准化建设工作列入2011年政府折子工程，实施全过程督查，确保工作有序推进。本着立足实际、操作性强、科学严谨的原则，聘请中国人民大学标准化研究及公共服务领域的专家成立课题组，开展相关课题研究及标准的编制工作。

（二）明确思路，科学制定工作方案

在全面分析我区社区服务站建设情况和服务现状的基础上，经过多次专家论证，研究制定了《东城区社区服务站标准化建设工作方案》，明确了“以社区服务管理体制机制创新为动力，以满足社区居民群众公共服务需求为导向，以规范化、精细化、标准化、信息化为显著特征，构建设施完备、功能完

善、服务高效、管理精细的社区服务体系”的工作思路，坚持“以人为本、服务群众，因地制宜、优化整合，政府负责、属地管理”的原则，以标准化为手段，树立社区服务品牌，最终实现社区基本公共服务全覆盖的目标。

（三）深入调研，准确把握工作重点

工作组通过深入调研，掌握了我区社区服务站的现状和居民需求等，了解了社区服务站在工作内容、服务项目、职能分工、岗位设置、工作流程、服务质量评估等方面的基本情况，对标准体系搭建中的重点、难点问题进行了分析。依据标准体系架构，完成了社区服务站基本要求、服务规范和服务评价规范三个部分的编制，形成了社区服务站服务标准体系的总体框架、基本内容和技术路线，确定了规范社区服务站运行机制、明确服务事项、健全工作制度、优化操作流程、加强服务队伍建设等工作重点。

（四）加强宣传，深化标准化工作理念

建立了信息通报机制，定期整理工作进展情况和好经验做法，加强工作沟通交流，提高工作人员对标准化工作的认识程度和知晓率。同时，分层次开展服务标准化建设工作培训，采取理论与实践相结合的方式，邀请社区服务及标准化领域专家，结合社区服务的形势和发展，就服务标准进行专题讲座，并请部分街道代表结合社区服务站建设工作进行典型经验发言，进一步提高大家对标准化工作的认识和对标准化技术的掌握，提供了重要的人才保障。

（五）持续改进，在评价验收过程中不断完善

标准编制过程中，广泛征求了街道和社区意见，结合社区服务站的工作职能，认真梳理社区服务站与服务标准化建设相关的管理制度、工作流程、服务项目、考核评价制度等，进一步建立、补充、完善相关标准，形成了标准体系。《东城区社区服务站服务标准》先后接受了中期、末期专家评审，经过充分论证和细致审阅，得到了标准化和社区建设方面专家的一致肯定，认为标准编制技术路线正确，架构科学合理，管理流程清晰，具有较强的可行性，可以作为社区服务站服务和运行管理的依据。在根据评审反馈意见进行修改完善后，召开了全区推进社区服务站服务标准化建设工作会议，采取试点方式在全区试行服务标准。结果表明，在试点服务站实际工作中，以标准化为手段，促进了工作的规范化和精细化，提高了工作效率，来办事的居民更加满意。

四、社区服务站服务标准化建设的主要内容

在落实服务标准，推进社区服务站服务标准化建设过程中，主要开展了以下几方面工作。

（一）规范运行机制

进一步健全了“一委三会一站、多元参与共建”的社区治理结构，理顺了社区党组织、社区居委会、社区服务站的职责任务和工作关系。完善社区党建、社区自治、社区服务“三位一体”的工作格局，建立社区党员服务、社区自治服务和社区公共服务有效衔接的社区服务体系。社区服务站与街道各科室、职能站所、“一站式”办公服务大厅和社区服务中心实现工作的有机衔接。

（二）拓展服务项目

《东城区社区服务站服务标准》在充分调查研究、多次征求意见的基础上，结合《北京市社区基本公共服务指导目录（试行）》，共梳理出四大类98项社区服务项目。各社区以此作为社区服务站提供服务的“基本菜单”，补充缺项，不留空白。结合实际特点，不断创新服务方式，拓展服务项目，在加快推进社区基本公共服务的同时，倡导开展自助互助服务和社区志愿服务，开发社区居民急需的“品牌项目”和“特色项目”。

（三）健全工作制度

按照《东城区社区服务站服务标准》要求，建立健全一口受理制度、首问责任制度、

分办落实制度、限时办结制度、事项公开制度、信息管理制度、组织协调制度、投诉处理制度等规范的业务管理制度，制定规范的服务流程示意图和工作台账，对受理事项、办理过程、办理时间、办复结果进行动态跟踪，保证受理事项及时办理和反馈。实行弹性工时制、AB角制度、分类别包户等工作制度，方便群众办事。

（四）加强服务人员队伍建设

通过公开招录，配齐配强社区服务站工作人员，原则上按每500户1人配备（1500户以下的配备3人），另按照网格化管理创新工作配备网格助理员。加强对工作人员的教育培训，不断提高服务群众、依法办事的能力，鼓励和引导他们考取社会工作师、助理社会工作师等职业水平证书，促进社区服务队伍的专业化、职业化。各街道还结合实际情况，在社区服务站实行定岗定责，建立相对公正、透明的评价激励机制和监督考核机制，对工作人员、网格助理员等实行规范化管理。

（五）规范基础设施配置及经费投入

街道按照社区规范化建设要求，努力使“一门式”服务用房面积达到50平方米，社区服务站用房相对独立使用，且具备水、电、暖、卫、通信、信息网络等正常使用功能，配备能够满足工作需要的办公设备。街道研究建立合理的经费保障机制，确保社区服务站正常开展服务工作。

五、东城区社区服务站服务标准化建设工作的主要成效

近年来的社区建设工作，使社区服务站完成了“从无到有，从小到大”的转变。推进社区服务站服务标准化建设的主要目的，就是使社区服务站完成“从有到精，从弱到强”的升级完善。主要取得了以下成效。

（一）建立了东城区社区服务站服务标准化体系

制定了符合工作实际、操作性强的服务基础标准、服务提供标准以及服务保障标准，为规范社区服务站各项工作，提高工作效率和服务质量提供了有力支撑。

（二）促进了社区服务更加专业到位

进一步理顺了社区工作关系，使政府公共服务职能开始从居委会剥离出来，进一步减轻了社区居委会的行政负担，能够承担更多民主自治职能。社区服务站则承担了政府落实到基层的基本公共服务职能，为居民提供更加专业的服务。

（三）实现了新型社区服务管理平台“五个统一”

即实现了统一形象标识、统一项目设置、统一运行流程、统一服务规范、统一资源调配。进一步规范了社区服务站运行机制，明确了职责和服务事项，健全了工作制度体系，提升了社区服务队伍整体素质，完善了基础设施配置，切实发挥了基层公共服务平台作用。

（四）提高了社区工作队伍职业化、专业化水平

制定社区服务站服务标准，有效地对社区工作者的日常工作进行指导、教育和支持，切实提高社区工作者的职业素养和专业水平，为社区服务管理提供了人才保障。

（五）满足了居民享受便捷优质社区公共服务的需求

提供标准化、均等化的社区服务，体现了一切为了群众的服务理念。社区服务站服务标准化建设工作，既推进了社区基本公共服务全覆盖，也直接提高了社区服务管理水平。

六、下一步工作思路

一是形成服务标准化建设的长效机制。根据社会服务管理创新和社会建设的形势发展，不断创新社区服务的体制机制，一方面将已取得的成果固化于现有的标准体系中，另一方面将创新的机制纳入进来，持续完善改进，使社区服务保持在较高水平的可持续

发展。

二是进一步深化标准化理念的理解和应用。加强街道和社区层面服务人员的标准化知识培训，不断普及标准化知识，强化标准化意识，培养标准化人才骨干力量，提升社区服务管理水平。

（此文作者为东城区社会办主任）

西城区全响应社会服务管理格局推进方案研究

西城区委社会工委、区社会办

2011 年 2 月 19 日，胡锦涛总书记在省部级主要领导干部社会管理及其创新专题研讨班开班仪式上发表重要讲话，指出“牢牢把握最大限度激发社会活力、最大限度增加和谐因素、最大限度减少不和谐因素的总要求，以解决影响社会和谐稳定突出问题为突破口，提高社会管理科学化水平”，“完善党委领导、政府负责、社会协同、公众参与的社会管理格局”。2011 年 5 月 30 日，胡锦涛主持中共中央政治局会议，研究加强和创新社会管理问题，强调加强和创新社会管理，要坚持以人为本、服务为先，多方参与、共同治理，关口前移、源头治理，统筹兼顾、协商协调，依法管理、综合施策，科学管理、提高效能的原则，立足基本国情，坚持正确方向，推进改革创新。2011 年 6 月 2 日，中共北京市委十届九次全会审议通过《中共北京市委关于加强和创新社会管理全面推进社会建设的意见》，提出要“以完善社会服务为重点，以创新社会管理为动力，以动员社会参与为基础，以优化社会环境为保障，以构建社会和谐为目标，建设中国特色社会主义社会管理体系，开创具有时代特征、中国特色、首都特点的社会建设新局面，为加快建设“人文北京、科技北京、绿色北京”作出新的更大贡献。”

为贯彻落实中共中央、中共北京市委关于加强社会建设、创新社会管理的决定，西城区牢牢把握“最大限度激发社会活力、最大限度增加和谐因素、最大限度减少不和谐因素”的总要求，坚持为了群众和依靠群众并重的原则，坚持高起点谋划、高标准建设，积极探索社会服务管理需求“全面感知、快速传达、积极响应”的全响应社会服务管理格局，构建社会服务管理政府、市场、社会三大主体的协同机制，大力提升社会服务管理科学化水平。

一、全响应的内涵

全响应是指以社会为本位，基于政府和社会两种力量，建立全面感知、快速传达、积极响应的社会服务管理响应链，实现社会服务管理全覆盖、全感知、全时空、全参与、全联动。

全响应的核心是服务，强调政府、企业、社会组织和居民等多元主体参与，其基本要素是“政府呼应”和“社会参与”，其实现过程快速传导、积极响应。一方面，政府构建精细化、全覆盖、人性化的民意诉求反应机制和服务机制，实现服务型政府对社会服务管理的“全响应”。另一方面，在党委领导下，地区单位、社会组织、居民等社会力量有序参与社会服务管理，实现社会力量对社会服务管理的“全响应”。

二、已有基础与挑战

（一）已有基础

为统筹推进社会服务管理创新工作，区

委社会工委牵头，组建全响应格局联合工作组研究推进西城区全响应社会服务管理格局建设工作。工作组从2011年3月16日开始，对西城区各个街道进行了调研，对综合行政服务中心、社区综合服务中心、城市管理与应急指挥中心、区信息办、区综治办5个区级部门进行了调研，并随同中央编译局对区信访办、社保、社团办、法制办、应急办进行了调研。

区各部门不同程度建立了相对独立的纵向业务系统，为区各部门间的协同工作奠定了基础。建设了以西城区城市监督指挥中心为核心的城市运行管理工作系统，建立了人民调解、司法调解、行政调解“三位一体”的矛盾“大调解”格局，建立了西城区综合行政服务大厅、区社区服务中心、街道公共服务大厅、社区和楼宇社会服务站三级社会服务工作体系，构建了“五联、五会、多中心”的社会工作运行体系。

西城区各街道和社区因地制宜地开展了社会服务管理创新做法，为基层全响应的实施摸索了有益经验。目前已梳理出各街道社会服务管理创新25个亮点，值得向其他街道大力推广，包括陶然亭“互助联合会”，建立了党领导下的社会工作联盟；北区7个街道区街居三级综合服务管理系统，从技术上实现一口受理、“一窗式”服务；月坛、展览路利用信息化手段，实现社区楼门组长和社区工作人员之间信息的快速传递；广内“智慧中心”，利用信息技术实现基础数据统一管理、可视化呈现和精细化管理；天桥、新街口、什刹海志愿者服务激励机制，激发社会力量参与社会服务管理等；广内的虚拟养老院，通过整合政府、医院、社区、电信运营商等资源，为辖区老年人提供专业化全天候养老服务；广外五星级和谐社区指标评估体系，以群众满意率为核心，对社区服务、安全、文化、自治和党建等方面进行评估，以评估促进社区服务和自治水平提高等。

区各部门、各街道的现有业务系统和典型做法是西城区全响应格局构建的基础，需要充分发挥已有成果和经验，结合各部门业务，总结提炼各街道亮点，在诉求感知、快速传递和积极响应等方面提炼和组合，构建区街居全响应格局雏形。

（二）面临的挑战

调研过程中也发现，当前西城区社会服务管理中还面临着许多挑战，主要是：

1. 政府、社会组织和企业的社会服务与居民日益增长的诉求难以快速对接，需要的未解决、提供的不实用等现象依然显著。

2. 多部门协同机制不完善、缺乏统一基础数据的共享，制约跨部门服务管理事件的处理。

3. 社会服务管理信息分散，难以全面掌控区社会动态，并根据社会问题的变化及时调整政策和策略。

4. 社会组织的参与机制、长效机制有待完善，在社会服务管理创新中的重要主体作用亟待加强。

三、全响应格局构建需求

社会问题千头万绪、群众需求千差万别，创新社会服务管理，解决当前我区社会服务管理中的挑战，需要统筹构建我区社会服务管理格局，着力激发社会多元主体的积极性，着眼于全方位响应，调动全社会参与，政府与社区、群众、社会组织构建相辅相成的“响应链”，实现对社会服务管理需求的“全面感知、快速传达、积极响应”。

具体而言，构建我区全响应社会服务管理格局主要需求包括以下方面。

1. 全面、及时感知基层社会服务需求和管理事件

能否全面、及时地掌握基层社会服务管理中的问题和需求，决定了后续社会服务管理工作能够多大程度发挥作用。目前，全区已建立统一的城市部件感知体系，迫切需要统筹建立面向社区楼（院）内、各类人群和组织管理实践和诉求的感知体系。

在城市部件管理方面，城市管理指挥系

统依托城管通实现了对全区城市部件的全面、快速感知。在社区楼（院）内、各类人群和组织的诉求感知方面，月坛、展览路街道采用信息技术实现社区楼门组长和社区工作人员之间信息的快速传递，但其他街道基本上还是采用“手记”“脑背”这种原始手段开展工作，造成社会服务管理采集的需求信息感知被遗漏，采集手段落后上传的进度被延缓，也不方便今后各种统计和分析工作的开展。因此有必要全面推广月坛和展览路街道的经验，通过采用信息化手段全面提升西城区居民诉求感知的整体水平，规范各街道的信息采集流程、提高信息采集质量和信息上传速度。

2. 以政府力量为主，建立区街居社会服务管理信息的闭环管理体系，传递、监督、指挥和辅助决策的响应体系

目前，社会服务管理的需求和事件等信息多分散在各个街道和社区，且管理流程、处理方式、监督手段、统计口径等都各不相同。缺乏统一、透明、规范的区街居社会服务管理响应体系，限制了对社会服务管理诉求和事件解决情况的有效监督，同时限制了区领导全面把握社会综合情况，难以根据各种社会问题的变化，及时调整相关的政策和策略。

因此，有必要建立贯穿区街居的社会服务管理响应体系，畅通自下而上的采集上报、自上而下的响应监督，实现区街居全区社会服务管理的透明、规范与闭环管理。同时，基于各类社会服务管理信息，建立社会问题综合决策支持分析体系，利用现代商业智能工具，开展对各种人口分布、社情民意、公共事件、治安问题等的决策分析，为区领导制定相应的宏观调控政策提供依据。

3. 加强全区社会服务管理基础数据建设共享

西城区多数委办局已经形成了区街居纵向贯通的独立业务系统，部分街道也在不同层面上构建了自成体系的业务格局。各种社区民意、公共事件、治安问题都散落在不同的业务部门，“信息孤岛”的现象日趋严重。这对于区街两级领导总体把握本地域综合情况，在需要跨部门协调解决的复杂社会问题时都会产生极为不利的影响。因此，有必要建立起基础信息集中管理和共享机制，打破信息孤岛的部门限制，通过利用现代信息化手段，使各级领导能够针对各种复杂情况、方便地协调多部门快速决策、及时处置。

4. 搭建社会力量响应平台，激发社会组织、企业、公众多元主体参与社会服务管理的响应

社会组织、企业、公众根植于基层，最能够有效服务基层的需要，应是创新社会服务管理的重要主体。目前，西城区各层级社会组织和企业服务商的服务提供较为分散，社区服务中心整合各类便民服务资源，各个街道通过各种方式聚集和鼓励社会组织和企业的服务提供，但依然缺乏全区各类社会力量响应平台，特别是公众自我服务的平台。因此，需要搭建社会力量的响应平台，来对接公众需求和社会服务，激发社会组织、企业、公众多元主体参与社会服务管理的响应。

四、总体方案

（一）总体目标

贯彻落实中共中央完善“党委领导、政府负责、社会协同、公众参与社会管理格局”的要求，以社会为本位，以激发多元主体参与为目标，以信息化手段为支撑，着眼于全方位响应，建立全面感知、快速传达、积极响应的社会服务管理“响应链”，构建政府、社会组织、企业、群众等多元主体共同参与、各司其职、协作运行的管理格局，实现社会服务管理全覆盖、全感知、全时空、全参与、全联动，促进全区社会服务管理的良性运转。

（二）建设思路

动员多元社会力量，完善感知、传递、响应三大环节，建立多元主体参与的社会服务管理响应链，包括社会服务管理感知系统、传导系统和响应机制。

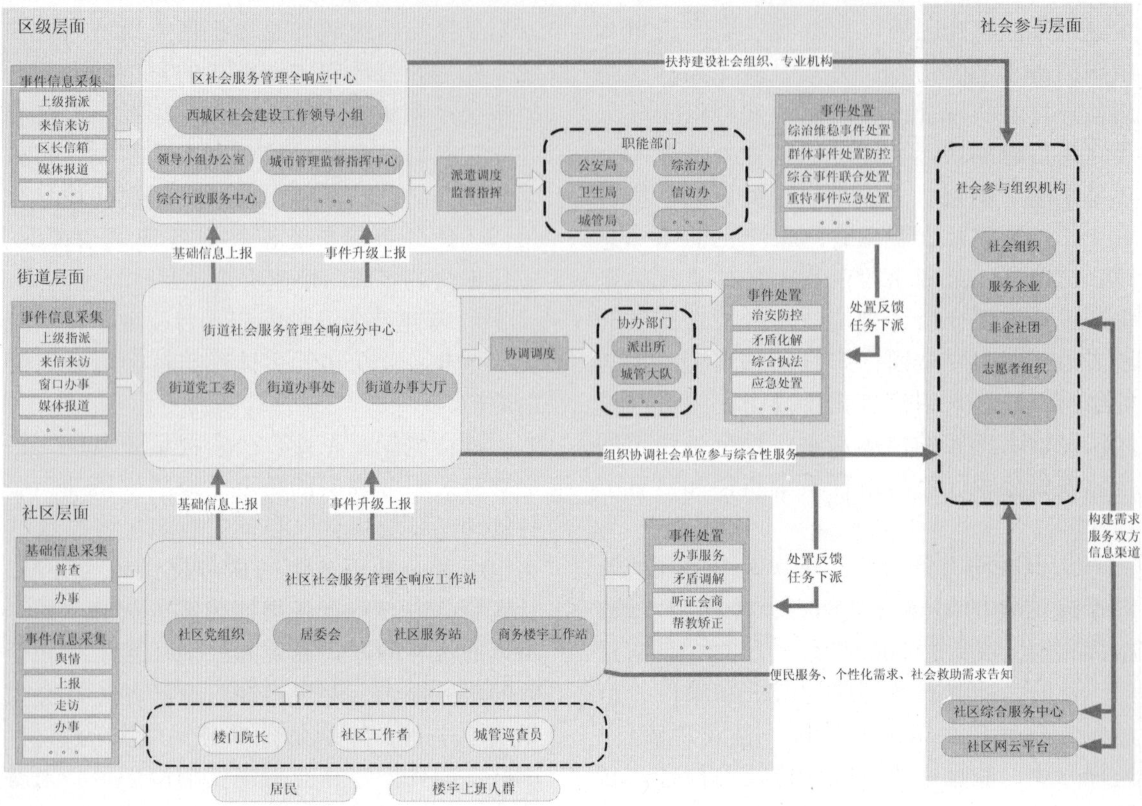

健全社会服务管理全面感知系统。社情清晰、民意通达，是管理的基础，响应的前提，逐步健全城市管理工作队伍、基层民意观察队伍、社区工作者队伍和楼宇党建工作者队伍等基层工作队伍，利用城管通和基层全响应感知终端等信息化支撑，打造社会服务管理的"神经末梢"，全面感知社会动态，实现全区地理空间全覆盖、零盲区。

建立社会服务管理快速传导系统。社情民意的按时上达、准确传递，是反应迅速、处置高效的关键，建立区、街、社区全响应社会服务管理的响应调度与决策支持平台，强化以政府力量为主体的精细、闭环管理网络；搭建社会建设与社区服务平台，培育、引导以社会力量为主体的社会协作服务网络和居民自我服务网络，畅通政府力量和社会力量快速传递网络，扩大社会参与，快速精准传递社会需求、事件和动态，实现政府和社会各类主体全联动。

完善社会服务管理积极响应机制。回应准确、自动应变、积极响应是全感知响应链的保障，持续深化改进基层政府公共服务模式、丰富公共服务内容、积极探索社区特色便民服务、倡导公益志愿服务，建立政府、企业、社会组织和群众各司其职，整合协同工作机制，全面、快速、准确地响应社会服务管理需求，放大社会效益，实现社会服务管理全参与、全响应。

（三）总体布局

围绕构建全响应社会服务管理格局的目标，建立责任明确、协作顺畅的三大网络——政府管理网络、社会协同网络和居民自治网络。

强化"政府负责"的精细化管理网络，通过构建政府服务管理的精细、闭环管理，及时化解基层矛盾、维护社会稳定安全，为居民特别是弱势群体提供均等的基本公共服务。

培育"社会协同"的服务网络，扶持"枢纽型"社会组织和便民服务商的发展，规范、调控、激励社会服务创新行为，逐步形成百花齐放的社会化服务力量。

引导“公众参与”的居民自治网络。一方面通过社区自治组织、社会动员、志愿服务机制和利益诉求表达和调处机制，实现社会参与和诉求实现。另一方面，搭建居民诉求表达和互助服务的网上沟通平台，鼓励居民诉求表达与互助，同时重视民生、民意的听取与评估，主动回应社会关切，正确引导网上舆论。

（四）总体任务

西城区全响应社会服务管理的总体任务包括总体框架设计、区社会服务管理全响应中心、街道社会服务管理全响应分中心和基层全响应社会服务管理微循环等四个部分。

1. 西城区全响应社会服务管理建设总体架构设计

研究提出全响应社会服务管理总体框架，明确全响应的业务功能、主要任务、信息平台、组织体系、标准规范与长效机制等。

2. 建立西城区社会服务管理全响应中心，建设两个体系

一是建立以政府力量为主体的社会服务管理响应调度与决策支持体系，通过建设区社会服务管理响应调度系统，实现全区各领域社会服务管理事件与诉求的全面感知、快速处理、综合调度与部门协作；通过建设区社会服务管理决策支持系统，实现基于社会服务管理事件的统计分析，有效发现社会服务管理的薄弱环节和重点方向，支撑社会服务管理的决策。

二是孵化以社会力量为主体的社会便民服务与公众参与体系。建立社会建设项目申报和管理系统，实现对社会建设专项资金项目的规范化管理和跟踪评价；整合社区、楼宇资源和社会组织体系中的专业社会服务，建立西城区社区网云平台，形成多元参与的社会服务公共平台，促进各级政府开放公共服务信息，为公众提供便捷的公共服务信息；促进企业和社会组织发布便民服务和公益服务，为公众提供便利的社会化服务；鼓励居民参与社会公益活动、服务使用与评价、互助交流，实现民生需求实时感知和社会多元力量动态响应，促进全参与社会协同服务网络的建立，同时通过居民自我服务和互助交流的虚拟化网络，辅助社会舆情监控。

三是建立区社会服务管理基础数据库管理系统。实现人、地、事、物、组织等基础信息的精细管理与综合查询，支撑各部门基础数据共享、社会服务管理的响应调度与辅助决策。

3. 建立15个街道全响应社会服务管理分中心，搭建街居全响应业务应用

建设街道全响应调度与决策支持子系统，实现街道各领域社会服务管理事件与诉求的全面感知、快速处理、综合调度与部门协作；同时基于社会服务管理事件的统计分析，有效发现社会服务管理的薄弱环节和重点方向，支撑街道社会服务管理的决策；

依托西城区社区网云平台，推动各街道定制街道社区网，实现街道范围内社会资源的有效整合，辅助街道社会舆情监控。

建设街道基础数据采集上报管理系统，实现基层人、地、事、物、组织等基础信息的统一采集和规范管理，支撑各部门基础数据共享、社会服务管理的响应调度与辅助决策。

建立志愿服务与回馈机制、辖区单位服务资源共享机制等工作机制，实现有效资源整合与充分利用，支持公众需求的积极响应。

4. 建立基层全响应社会服务管理微循环

构建基层全感知网格，组合城市管理网格和楼门（院长）管理网格，实现基层的精细管理。以城管通为支撑，强化以城市部件为中心的城市化网格管理；全面推广基层全响应感知终端（楼门院长系统），充分利用楼门院长、社会工作者组织，实现10+X以人为中心的楼门院长网格管理。城市管理网格和社区楼门院长网格相结合，构建完善的基层全感知网格，实现地理空间全覆盖的精细化管理。

总结基层社会服务管理创新的做法与经

验，推广一批基层服务管理亮点应用。近年来，我区各个街道和社区围绕社会服务管理创新做了大量的探索和实践，全面总结月坛楼门院长呼叫系统、广内虚拟养老院、展览路社区一窗式全科服务、广外五星级和谐社区评估评价等社会服务管理创新的做法与经验。同时，推广月坛楼门院长呼叫系统、广内虚拟养老院等亮点应用。

依托西城区社区网云平台，建设社区论坛，为居民提供信息和资源自我服务和互助交流的虚拟化网络，实现居民自治和民主参与，辅助社会舆情监控。

（五）保障体系

1. 建立全响应社会服务管理标准规范体系

围绕建立全响应格局的目标，建立全响应标准规范体系，包括技术规范和业务规范，保证系统设计符合国际、国内相关标准，符合业务实际、流程规范，保证系统的先进性以及与其他系统的数据交换和信息共享。标准规范体系，包括业务规范、数据标准、数据交换技术规范、网格划分与编码规范等、集成标准等。

2. 建立全响应社会服务管理保障机制

围绕建立全响应格局的目标，建立全响应社会服务管理工作机制、政府购买公共服务机制、社会组织孵化机制、志愿服务回馈机制、绩效考核机制、组织保障机制、资金保障机制、信息化运维与安全保障机制等，保障全响应社会服务管理的长效运行与持续改进。

五、一期建设方案

（一）一期建设目标

明确全响应社会服务管理的总体架构，初步搭建全响应社会服务管理总体框架，建立全响应的标准规范体系，建设区级社会服务与社会管理平台，实现人、地、事、物、组织等基础数据的整合与精细管理，推广两个成熟的社会管理与社会服务专业应用，建立街道社会服务管理全响应分中心建设规范，为全响应社会服务管理格局在街道的全面实施奠定基础。

全响应信息平台建设目标为“一库、四系统、两专业应用”，即：整合建立区级社会服务管理基础数据库，统筹建立区级全响应决策支持系统、社会服务管理及调度平台、社区网云平台和社会建设专项申报与管理系统四个系统，全面推广全响应基层数据采集终端和虚拟养老院两个专业应用。

（二）一期建设任务

一期建设主要包括以下五部分任务：

——总体架构设计

1. 西城区全响应社会服务管理建设总体架构设计。设计全响应社会服务管理总体框架，明确全响应的业务功能、主要任务、信息平台、组织体系、标准规范与长效机制。

——一个基础数据库

2. 全响应社会服务管理基础数据建设与管理。整合相关业务部门、各街道社会服务管理基础数据，建立区街两级基础数据库，实现人、地、事、物、组织等社会服务管理基础数据一口采集、更新维护、存储管理，实现基础数据的多方共享、交换、服务。

——四个区级应用系统

3. 区社会服务管理全响应决策支持系统。全响应决策支持系统从基础数据库获取数据，对人、地、事、物、组织等数据进行展示、查询、统计、挖掘分析等，实现领导对西城区全局的管理和决策支持。

4. 区全响应社会服务管理调度平台。以问题为导向，实现社会服务管理事件/服务采集、受理立案、响应处置、协调处置、处置反馈、核查结案和监督评价等的全周期管理。

5. 社会建设项目申报和管理系统。利用信息系统实现社会管理建设专项资金项目的网上申报、审核查询、统计分析、跟踪管理和项目评价等功能。

6. 社区网云平台。利用云服务技术，搭建社区网云平台，通过互联网、移动通信终端、便民卡、服务热线等多种交互渠道，实现社会化公共服务资源的汇集、推广与服务，实现政府、企业、社会组织的公共服务资源与居民服务需求的信息对接，为居民提供便利优惠的生活服务。同时建立与现实社区对应的网络社区，满足居民展示自我以及与邻里交流的愿望，并通过奖励积分、积分换物品、积分换服务等多种方式吸引居民参与志愿服务、互助服务和社会公益活动，形成一个政府指导、社会组织与企业共建、全民参与的社会化社区网平台。

——两个专项应用

7. 全响应基层数据采集终端。以计算机网络和固定电话线路为通信线路，以语音识别和自然语言处理为关键技术，实现社区楼门组长和社区工作人员之间信息的快速传递，建立便利、快捷、有效的社区服务管理感知与传达渠道。主要功能包括人员管理、信息上报、通知下发和统计分析。

8. 虚拟养老院系统。建设养老服务信息化平台，记录老年人的基本信息、家庭住址、病史和家属联系等一系列信息，整合社区医疗服务、120 急救、家政服务等为老服务，通过电话终端，为老人量身定做一键热线呼叫服务，为老年人解决生活中的助急、助医、助精神慰藉、助亲情联络等服务。

——六项标准规范与软课题研究

9. 委办局/街道全响应社会服务管理创新推广案例集。总结制定《委办局/街道全响应社会服务管理创新推广案例集》，提取各委办局、街道推进社会服务管理创新工作过程中的亮点做法和成功经验，分析可推广程度和推广关键因素，并进行组合提炼，形成西城社会服务管理创新推广案例。

10. 全响应社会服务管理标准体系。建立全响应社会服务管理技术标准和业务标准，包括业务规范、数据标准、数据交换技术规范、网格划分与编码规范等、集成标准等。

11. 街道社会服务管理全响应分中心建设规范。制定街道社会服务管理全响应分中心建设规范，明确街道全响应分中心的关键功能、业务流程、岗位分布、数据标准、接口规范、技术框架、政策保障体系和安全保障体系，为街道建立全响应分中心的全面建设提供指导。

12. 西城区资源共享管理办法。研究制定西城区资源共享管理办法，明确驻区单位、社会组织等社会力量与政府共建共享、参与呼应社会管理问题的办法，包括政策引导、资金扶持、经济服务等方法。

13. 党政干部社会建设意识培育办法。研究制定党政干部社会建设意识培育办法，分析基层党政干部当前所面对的发展核心，提出党政干部培养社会建设意识的关键点和具体办法。

14. 社会责任体系培育和建设办法。研究制定社会责任体系培育和建设办法，研究企业社会责任和居民公民意识的培育办法，明确相互关系、沟通责任等。

朝阳区国际化社区建设现状与实践

赵全保

朝阳区按照社会服务管理创新的有关要求，以服务中外居民作为出发点和落脚点，按照“政府主导、社会协同、居民参与”原则，鼓励引导社会单位和广大居民积极参与社区建设，通过硬件设施配套、人文环境建设、社区服务提升和文化交流融合，提高朝阳区国际化社区系统化、规范化、制度化水平，推动和谐社区建设在覆盖范围上得到新拓展，在服务质量上得到新提升，在居民满意度上实现新飞跃。

一、基本情况

朝阳区是北京市面积最大、人口最多的一个城区，全区总面积470.8平方公里，下辖24个街道19个乡，常住人口354.5万人，共有226个城市社区，159个农村社区。近年来，随着朝阳区经济的迅速发展，基础设施的日益完善，大量跨国公司、国际机构、外籍人员落户朝阳，使得朝阳区外籍人员比例不断扩大，尤其亚运村、建外、望京、麦子店和三里屯等街道外籍人员相对集中。根据第六次全国人口普查数据，朝阳区登记外籍人口达51508人，占全市的一半，占全国总量的近1/10。外籍人士为朝阳区经济社会的全面发展起到了较好的带动作用，也使朝阳区的国际化程度日益提升。世界城市及“新四区”建设的总体目标，要求朝阳区在未来的发展进程中，保持持续经济增长的同时，更要关注城市的和谐、文明、宜居等理念，建设一批“有国际氛围、有服务载体、有文化支撑、有安全保障”和“硬件设施达标化、环境宜居安全化、社区治理人文化、管理服务智能化、生活方式低碳化”的国际化示范社区。由于财力、物力、人力等条件的限制，在开展国际化社区建设工作过程中，不可能完全兼顾、面面俱到。为此，朝阳区以五个示范社区（亚运村、建外、望京、麦子店、三里屯）为重点，探索适合朝阳区具体区情的国际化社区建设之路，同时发挥示范区的辐射作用，带动其他街道国际化社区建设共同发展。

二、工作开展情况

（一）建立国际化社区公共服务体系

建立社区双语标识服务系统。我们积极协调发改委、公安分局（交管）、文化委、商务委、城管、市政市容委等主管部门或产权单位，对辖区内主要大街、公交站点、停车场、商场、银行、超市等公共场所标识牌进行双语改造；对辖区内公共服务设施、便民服务设施及涉及社会服务社会单位的导视图、引导牌、标识牌进行双语标注。在开展“一刻钟社区服务圈”工作中，以街道为单位，对全区社区服务站各类标牌采用中英文双语进行规范，望京、东湖街道增加了韩语标识。

完善社区公共服务设施。结合社区规范化建设、“一刻钟社区服务圈”建设加强社区便民设施建设，不断完善社区商务、医疗、教育、休闲娱乐等配套设施；辖区公共服务设施、服务场所逐步实现无障碍；合理设置室外健身活动设施、报刊阅览和宣传栏，根据需求适当增加各种自动贩卖装置。外籍人较集中的社区可在社区服务站、商务楼宇服务站设立外籍人服务窗口，具备条件的街道建立外籍人服务中心。目前，五个示范社区均拥有不同数量和比例的双语教学幼儿园、国际化超市和商场，50%左右的街道的医院可以提供双语咨询服务，国际功能银行比例占到了100%，这在很大程度上能够满足现有外籍人员的工作、生活、休闲、文化发展需求。

构建社区服务保障体系。结合社区规范化建设，做好《北京市基本公共服务指导目录》的实施，全面落实180项基本公共服务项目；按照“公共+公益+便民+特色”模式进一步拓展服务内容，为社区全体居民提供内容丰富的菜单式服务；加强服务载体建设，综合考虑社区内外籍居民需求，印制中英文等双语对照的便民服务手册和社区便民服务卡等服务平台；加大社会资源的整合和统筹，切实提高公共资源、社会单位资源的使用率。

（二）创新国际化社区管理手段

实施社区人文管理。创新社区治理模式，在有条件的街道或社区探索设立针对外籍居民的社区专管员，加强对社区管理人员的培训，主要包括语言培训、沟通技能的培训、各国居民主要风俗习惯及信仰的培训。根据社区外籍居民的行为方式、风俗习惯等特点，有针对性地组织安排社区活动，引导外籍居民参与社区活动、社区管理和服务，提高社区归属感。下一步我们还将建立有社区组织、社区民警、社区专管员、楼门组长构成的外籍居民服务管理体系，及时了解掌握外籍居民服务需求和生活动态；建立适宜外籍居民参加的社区社会组织，鼓励外籍居民参加社区志愿活动。

加强虚拟社区建设。运用信息技术和现代传媒助力国际化社区建设，将实体社区管理与虚拟社区管理结合起来，将社区管理与社区服务结合起来，开辟网上社区（多语）服务，建立社区（多语）论坛，全方位、多角度、多渠道地开展社区管理和服务，比如朝阳公园社区就建有自己的社区 BBS，望京街道依托民营网站“望京网”资源，部分住宅区还建有自己的业主论坛，居民可以利用论坛进行沟通，了解社区建设等情况，引导社区中外居民为社区建设建言献策，进一步完善社区管理。

（三）加强国际化社区人文环境建设

加强社区生态环境建设。按照和谐宜居要求，做好社区绿化美化、甬道改造、房屋外立面维护、垃圾分类和资源回收运用等工作，保持社区优美整洁；加强社区人文景观、休闲场地建设，合理设置绿化美化兼休闲活动功能的草坪、喷泉、廊亭、座椅、石桌等。亚运村、望京等街道的绿化面积均已达到街道建筑面积的30%以上。

加强社区文化建设。以促进文化交流、文化融合、文化繁荣为目标，加强社区文化建设，依托街道社区文体中心、社区文体协会，创办外语班、外语角、艺术节，建立社区曲艺苑、演艺乐园和社区大舞台，繁荣社区文化；挖掘社区文化资源，整合社区文体队伍，邀请社区中外知名艺人、艺术家参与文化品牌建设，打造中外居民大联欢、中外家庭才艺展演等文化品牌，促进中西文化融合。比如亚运村举办的睦邻文化节；望京每年开展中外邻居节、中外居民过大年、文化艺术周等；三里屯举办的街道武术队、柔力球队、合唱团、戏迷协会、舞蹈队等骨干团队、社区文体团队等，不断加强与外籍居民的沟通与融合。

建立社区和谐共建机制。建立社区环境建设协商通报和社区文化活动联系共建制度，动员引导社会单位、社区社会组织和社区居民共同建设和谐环境、共同参与文化活动；实行社区环境、区域文化和文体之星评比奖励制度，调动社会单位、全体居民参与社区和谐共建的积极性，努力构建社区环境共同建设、社区文化全民参与、文明成果全民共享的机制。

（四）落实国际化社区指标评价体系

落实指标体系。国际化社区建设是一项系统工程，包括社区配套建设、环境安全、人文治理、智能服务、生活方式等五方面，涵盖办公和服务用房、社区治安状况、居民参与自治、社区服务方式及社区绿化美化等30项指标100条具体内容，是完整的工作体系，各项工作互相联系、相互依存、互为补充，每项内容都不可或缺。我们明确了建设标准，实行量化管理，按照各项工作内容在体系中的权重定分值量化，为科学推进国际化社区建设提供了依据。

三、存在的主要问题

（一）国际化社区建设的自治体系尚未建立

我国的社区治理模式，一直倡导政府治理与社区自治的结合，但事实上政府对社区干预较多，社区自治较少。对于国际化社区中的境外居民、境外机构、境外单位，由于面临语言交流障碍等问题，影响了社区对境外人士需求的直接了解与服务的及时提供。这就形成了当前的现实：“政府功能”暂时还没有弱化，管理方式主要还是行政性的多，居委会自治功能没有得到应有的强化，自治方式主要还是依赖性的。这与许多境外人士在其本国或本地区居住的社区差别较大，容易让其觉得我们的居委会比较官方，从而产生不信任感，一定程度上影响了境外居民的社区参与和社区融合。

（二）国际化社区建设的服务机制尚未完善

朝阳区各街道、社区依据《朝阳区街道系统建设国际化、开放型窗口社区工作实施方案》和《朝阳区街道系统建设国际化、开放型社区达标标准》，完善了社区的双语标识、公共服务设施、接待场所等相关硬件设施建设。而文明社区、和谐社区、安全社区、国际安全社区的创建，使得奥运后的社区硬件服务设施更加齐备。然而，配备看得见的有形设施、制定纸上墙上的规章制度并不难，难的是物尽其用，人尽其才，制度落实，按需服务。各窗口单位，街道服务大厅、社区服务站都有能用外语交流的工作人员，有的还设立了专门的窗口，甚至境外人员服务站，而且也制定了相应的制度与工作流程，进行规范化社区建设，但我们的服务主要还是"守株待兔型"的，针对性与动态性不够，对于外国习俗与文化了解不够。因而，知晓国际礼仪、理解国际文化、提升服务品质，成为国际化社区建设的一个重要瓶颈。

（三）中外居民文化心理融合渠道尚不畅通

社区文化心理融合作为国际化社区建设的重要软环境指标，其重要性也得到实证统计分析结论的验证。但是，社区文化心理建设却成为名副其实的弱项指标。尽管各街道均组织了形式多样、内容丰富的社区文化交流活动。但从文化的层次结构上划分，这些活动大多属于物质文化层面的内容，尚未上升到制度文化和精神文化的层面，因此，从根本上讲，还缺少更深层次的精神内容，缺少中国文化的内在元素和中外文化的相通相融，难以形成对外籍人员的深层次吸引，较多地呈现出"主观愿望良好，客观效果欠佳"的特点。

（四）社区工作者素质难以适应国际化社区建设要求

社区工作者在国际化社区建设中面临三个方面的主要挑战：第一个挑战是语言，新进社区工作者中有一部分人通过了国家英语四、六级，但能用英语流利交流的很少，年长的用英语交流就更困难，有针对性的多语种服务更是奢谈。第二个挑战是境外人士相对封闭的居住环境，尤其是高端公寓的智能管理又为境外人士与社区的交往设置了一道屏障。第三个挑战是社区居委会传统的入户工作方式在国际化社区寸步难行。一方面是楼门进不去；另一方面是即使有机会进楼门，因为文化习惯的不同，境外人士保护私人空间的意识比较强，难以接受工作人员入户。这显示管理人员的综合管理能力存在提升的空间，这也是制约国际化社区建设的重要因素，它直接影响工作过程中的交流沟通质量、服务质量以及外籍人员对社区工作本身的认知。

四、对策措施

国际化社区作为一种新型的社区发展形态，是我国国际化城市中社区发展的一种必然趋势。我们应按照社会服务管理创新的要求，对接国际标准和国际惯例，以服务中外居民为出发点和落脚点，提高社区服务质量，建设适宜中外居民生活居住的工作环境，建立具有时代特征、首都特色、朝阳特点的国际化社区建设体系。

（一）完善制度机制，为推进国际化社区建设提供根本保障

实践表明，社区建设和治理是动态的、发展的，目标是构建起社区内体现党、政府、社会三者有机统一的治理结构，形成涵盖党组织、政府部门、市场组织、社会组织、驻区单位、流动人口、各类群体共同参与、良性互动的基层社会管理格局。下一步，应按照市、区推进社会服务管理创新和加强和谐社区建设的有关精神，着眼于中国特色世界城市试验区建设，并结合朝阳区工作实际，在区级层面尽快建立《朝阳区国际化社区建设指导意见》，对接国际化社区通用的国际标准，结合国情、市情、区情，既突出重点，

又兼顾全面，建立具有时代特征、首都特色、朝阳特点的国际化社区指标体系，为朝阳区国际化社区建设提供科学化、系统化、长效性保障。

（二）优化治理结构，构建国际化社区多元化公共服务体系

当前，朝阳区应以试行《北京市社区基本公共服务指导目录》为契机，在国际化社区建设中，集成政策、集中资金、集合力量，充分运用政府、市场和社会的资源，进一步创新公共服务提供方式，扩大公共服务的供给范围，打造涵盖来自政府、市场、社会组织、志愿组织的多元化公共服务体系，实现公共服务全覆盖。把建设国际化社区和规范化社区建设结合起来，把建设国际化社区和建设国际化商圈结合起来。一方面，打造适宜各国人员商务往来的绿色平台，吸引更多的外籍人员从事商务活动；另一方面，完善服务设施，落实公共服务，规范社区服务，为中外居民提供人文周到、全面细致的服务，增强外籍居民的认同感和归属感。

（三）加强文化建设，畅通中外居民交流联系的路径

以促进文化交流、文化融合、文化繁荣为目标，加强社区文化建设，依托街道社区文体中心、社区文体协会，创办外语班、外语角、艺术节，建立社区曲艺苑、演艺乐园和社区大舞台，繁荣社区文化；挖掘社区文化资源，整合社区文体队伍，邀请社区中外知名艺人、艺术家参与文化品牌建设，打造中外居民大联欢、中外家庭才艺展演等文化品牌；积极开展“我们的节日”主题实践活动，在春节、感恩节等中外传统民族节日，开展贴春联、祈福、联谊联欢等为主要形式的传统文化活动；在外籍人集中的区域，建立外籍人服务管理协管员队伍和国际化的社区社会组织，以特色文化交流活动为手段，促进中外居民的融合，

（四）强化教育培训，大力建设高素质社区工作者队伍

基层工作者的综合素质是影响服务质量的主要因素。实证调研及统计分析结果显示：基层工作者在提供双语服务以及服务能力上尚不能满足当前国际化社区建设的实际要求。因此，提升社区基层工作者的综合素质十分必要。一是通过招考招聘高素质的应届大学生到社区工作岗位，提升社区工作者整体能力素质结构。二是组织现有工作人员进行在职培训，就基本日常用语进行培训，培养他们运用双语进行无障碍日常交流沟通的能力。三是发挥志愿者作用，“让民众走到一起来”，通过社区组织、草根社团、做义工，吸引中外居民积极参与社区管理，提供社区服务，提升社区居民的生活质量和水平。

（此文作者为朝阳区副区长）

朝阳区老旧小区准物业管理调研报告

张永新

老旧小区是和新型商品房住宅小区相对而言的一种居民住宅类型。目前，我国各地对老旧小区的界定稍有不同，但一般是指早期建设的那些设计建设标准低、配套不全、设备过时老化、管理不善、人文环境差的旧住宅小区。由于老旧小区普遍存在基础设施薄弱、物业管理不善等问题，居民的生活环境和生活质量都受到不同程度的影响。特别是随着住房制度的改革，老旧小区形成产权逐步多元化，小区维护和管理资金渠道逐步枯竭，管理水平降低，管理功能退化，致使老旧住宅小区人居环境与新建小区形成强烈

反差，已经成为城市建设管理的落后地带。因此如何加强老旧小区建设、实现管理突破，便成为一个迫切而重要的现实问题。关注老旧小区居民的需要，加强老旧小区的综合整治，提高老旧小区的管理水平，具有重要的现实意义。这不仅是关注民生、改善民生、构建和谐社区的需要，而且也是提高城市整体建设和管理水平的需要。

朝阳区为深入贯彻落实科学发展观，结合实际，制定了《朝阳区推进社会服务管理创新实施意见》（以下简称《实施意见》）。根据北京市社会服务管理创新推进大会精神，为加快推进朝阳区社会服务管理创新，《实施意见》明确提出：以建立与“新四区”建设相适应的社会服务管理体系为目标，以解决当前朝阳区社会服务管理的薄弱环节和突出问题为突破口，以体制机制创新为动力，努力构建社会服务管理“五大体系”，力争在五个方面实现突破。其中老旧小区管理是实现突破的目标领域之一。《实施意见》在老旧小区管理突破方面对指导原则、工作原则、工作目标、管理体系和运行机制方面都进行了规定，为朝阳区老旧小区的管理创新与突破指明了工作方向，确定了发展路径，明确了工作思路和原则，从而为朝阳区在老旧小区管理方面的创新工作提供了政策支持。

一、朝阳区老旧小区存在的问题

朝阳区24个街道辖区总面积118.2平方公里，总人口244.61万人。共有226个社区和6个社区筹备组，自然小区数1080个，老旧小区819个（指2000年以前建成小区，其中1980年以前建成的小区164个，1981至1990年建成的小区290个，1991年至2000年建成的小区286个，跨不同年代的小区79个），新建小区261个（指2000年以后建成小区），楼房8475栋。目前有物业公司管理的小区595个，单位自管小区310个，街道或社区自管小区175个。老旧小区主要存在下列问题。

第一，规划设计滞后，配套设施不足。居民活动场所、公共绿地、停车场等配套设施存在不足，与居民的实际需求具有一定差距。

第二，设施老化、房屋本体破旧现象较为严重，基础设施条件薄弱。路灯缺失，水、电等“跑、漏、滴”等现象困扰居民；消防设备存在不足；水电管线、污水管线等设施设备维修维护不完善；小区道路维护不足。小区的房屋质量、基础设施和公共设施与新建小区相比，存在一定差距。

第三，生活环境存在脏、乱、差现象。主要表现在各类违章搭建多，破墙开门多，阳台改为厨房、厕所以及“房中房”现象多，无证摊点多，车辆乱停乱放多等问题。

第四，人口结构复杂，低收入群体居多。居住在老旧小区的业主大多是城市老居民和单位福利分房的职工，老旧小区的居民相当部分经济上比较拮据；另外城市的下岗职工、无业人员、孤寡老人、低收入家庭大多居住在老旧小区，治安及消防存在隐患。

老旧小区由于建成时间久，规划设计落后，配套设施不全，加上管理不到位，普遍存在着程度不同的脏、乱、差现象和居民生活不方便的问题。多年来区政府投入了大量的人力、物力、财力，对老旧小区进行综合整治，在拆除违法建设、修建小区道路、增加绿化面积及改造绿地、增加居民停车车位等多方面获得了显著成效，但是老旧小区综合整治的后续管理是迫切需要解决的问题。完全由政府承担老旧小区的管理责任，会造成严重的财政负担，从长远来看，财政将难以为继。因此，老旧小区的维修养护及其他管理服务应当从过去的政府行为逐步转变为市场行为，要转变政府职能，把老旧住宅小区整治完的后续管理工作逐步让位于社会化、市场化、专业化的物业管理，并加强监督管理。否则，对老旧小区的整治改造成果将前功尽弃。因此，解决老旧小区存在的各种问题，必须建立长效管理机制，引入物业管理，充分发挥物业管理在老旧小区管理中的基础性功能，才是符合时代发展要求的新途径。

二、朝阳区老旧小区管理的创新模式

《实施意见》中明确了老旧小区管理的总体思路：坚持“以人为本、因地制宜，政府引导、居民自治，强化管理、逐步推进”的原则，按照“有治安防范、有绿化保洁、有维护维修、有停车管理”的“四有”标准，推行物业管理进城市老旧小区，保安、技防进院落，加强居民楼院自治管理，加快市场化进程，逐步实现无物业管理小区向准物业管理小区过渡，最终实现城市老旧小区物业管理专业化、市场化。《实施意见》为因地制宜地建立老旧小区长效管理机制提供了明确的发展方向，确立了管理的创新模式，即确定工作重点，在无物业管理小区推行准物业管理，通过政府引导和居民自治，按照“四有”标准，为无物业管理小区提供准物业管理服务。

（一）创新模式的内容

具体来说，朝阳区老旧小区管理的创新模式主要包括以下几个方面。

1. 以无物业管理小区为对象

目前，老旧小区物业管理的状况主要分为以下两类：第一类是无主管单位或未纳入物业管理的小区；第二类是已经纳入物业管理、但物业管理不到位或不完善的小区，这些小区或是由一家物业公司管理，或是由多家物业公司管理。第一类小区是没有或无法实施专业物业管理的老旧小区。这些老旧小区基本是规模较小、零星分散、开发时间长的老小区，随着住房制度改革和国有企业的“关停并转”等原因，产权单位对老旧小区的管理日益松散或缺位，除房屋大修、公共设施维修等大型房管项目外，其他服务项目，包括环境保洁、绿化养护、治安防范、停车秩序等均不在产权单位的服务范围之内。

由于基础条件较差、居民“花钱买服务”的意识较弱、矛盾比较集中，即使对这些老旧小区的基础配套设施进行整治完善，专业物业服务企业可能也不愿托管。居住在这些无物业管理的老旧小区中的居民，虽然非常希望改善自己的居住环境和居住质量，但是由于经济能力等原因，常常是无能为力。所以朝阳区将长期无物业管理的老旧小区作为管理创新的对象。因为这些小区的居民相对于其他老旧小区的居民而言，改善小区环境和生活质量的愿望更迫切。因此朝阳区在老旧小区管理创新对象的选择上是雪中送炭，力图改善弱势群体集中的无物业管理小区的生活环境和生活质量。

2. 以准物业管理为载体

在老旧小区实施标准物业管理有一定困难：老旧小区的基础设施差，物业管理用房和安全设施等方面不具备实行标准物业管理的要求；老旧小区的很多居民由于受经济条件的限制和缺乏物业消费意识等原因，不愿支付高额的物业管理费用；而且老旧小区对道路、房屋等方面的维修要求特别多，费用需求大，这些都加大了物业管理的难度。因此，很多城市已经实施标准物业管理的老旧小区出现了“物业费收入少、物业管理差”的恶性循环现象。在标准物业管理行不通、而老旧小区又需要实施物业管理的情况下，“准物业管理”是一个比较可行的方法。实施社区准物业管理是扩大物业管理覆盖面、改变老旧小区面貌的有益尝试，是化解基层矛盾、构建和谐安定社区的有益探索。

针对无物业管理的老旧小区，朝阳区社工委、社会办探索并实行了准物业管理。准物业管理是指由社区牵头，成立居民准物业自治管理组织，对不具备物业管理条件、暂时无法推行正规物业管理的老旧小区，确定低于一般物业管理标准的物业收费标准和服务标准，为居民提供基本的物业服务。这是一种特殊的物业管理制度，物业管理不以盈利为目的，对居民的收费标准比较低，一般是服务成本费。准物业管理的方式有多种，可以是购买专业物业管理服务，可以是采取居民自行管理、聘请专职人员进行日常维护的准物业管理服务，也可以由小区居民采取互助式的物业管理。

3. 以“政府引导、居民自治”为原则

无物业管理老旧小区在实施准物业管理工作过程存在着诸多问题，老旧小区居民以低收入群体为主，往往受到经济条件制约和固有的福利享受观念的影响，这势必会影响到准物业管理收费的比率。另外老旧小区的基础条件较差，公共设施配套不全，实施准物业管理要求进行小区的整治和环境改善，这会给小区准物业管理组织造成巨额资金压力。老旧小区的这些先天不足都决定了准物业管理的实施和运作离不开政府的引导、支持。政府一方面要对老旧小区进行综合整治和环境改善，为小区推行准物业管理创造基础设施和硬件管理方面的条件；另一方面既要对老旧小区的居民进行宣传和教育，提高居民对准物业管理的认识并帮助其逐渐形成“花钱买服务”的意识，又要帮助小区为实施准物业管理搭建自治组织平台，并给予启动资金支持和政策优惠支持，建立奖励和补贴机制，为小区推行提供资金、政策和制度等各方面的支持，从而为准物业管理创造软件条件。

在老旧小区传统的管理方式中，政府承担着重要角色，不仅进行政策的扶持和资金支持，甚至还在某些方面直接承担服务管理者和提供者的角色，政府所承担的这些角色不仅混淆了间接宏观调控者和直接微观操作者之间的区别，而且还给政府造成了巨大的压力。因此，如何利用社区力量，培育自治组织，挖掘社区内部资源，推动老旧小区管理的社会化与市场化的发展，便成为老旧小区管理的大势所趋。在老旧小区通过居民自治开展准物业管理，不仅为转变政府职能提供了必要条件，而且也是发展社区民主、培育社区自主力量的内在要求。因此，朝阳区在无物业管理的老旧小区实施准物业管理遵循了“居民自治”的原则，充分尊重民意，发挥居民积极性，动员居民参与，实行准物业自治管理。这一原则将准物业管理作为居民自治管理的一项重要内容，并以居民自治管理为途径保障了准物业管理的顺利实施。居民自治管理的典型模式为：街道和社区充分利用民主途径，广泛征求民意，动员社区积极分子和有能力、有热情的居民骨干参与准物业管理，召开居民代表大会，引导居民成立准物业自治组织。准物业自治组织承担准物业的具体管理职责，充分发挥居民的积极性与自主性，由居民自主决定准物业管理的方式。

4. 以“四有”为基本标准

实施意见要求按照“有治安防范、有绿化保洁、有维护维修、有停车管理”的“四有”标准，推行准物业管理进老旧小区。“四有”为准物业管理的工作内容提供了基本的标准和依据。一般来说，准物业管理的工作内容大致可以分为以下几项：

一是治安防范工作。小区治安防范工作包括小区内部和周边的巡逻、门岗的24小时值班、进出小区外来人员管理等等。

二是绿化保洁工作。环境卫生保洁工作，包括小区道路的12—14小时动态保洁、楼道定期保洁和绿化带的保洁等等，绿化养护管理工作是一个经常性的工作，主要包括绿地养护、植物修剪、清除病虫害等工作。

三是维护维修工作。小区内的公共道路、房屋、设施等方面的维护维修与居民的生活息息相关，可以通过各种方式纳入老旧小区的准物业管理范畴。居民家庭设施设备维护维修可以由小区委托维修服务单位负责，公共区域设备维护维修则需要由房屋产权单位或其委托的物业服务管理单位负责，或者由专业管理单位负责。

四是停车管理工作。因为没有车位配置，车辆乱停乱放现象比较普遍，因此，停车管理工作也是老旧小区准物业管理的必备内容，而且通过对停车收费，还可以补贴物业管理经费的不足。

（二）创新模式的理念

1. 自治

自治是老旧小区准物业管理的核心理念。

一般来讲，自治是相对于他治而言，特指自我管理、自我决定自己的事情。在社会公共领域，自治作为治理的一种方式，是现代国家制度的重要组成部分。自治的基本要素包括：自治区域、自治组织、自治成员、自治权和自治制度。[①] 社区自治作为基层群众自治是自治的一种重要类型。社区自治的目的是为了扩大基层民主，动员社区主体共同为社区发展献计出力、进而实现社区成员的共同利益。其基本方式是由社区自己开发各种资源以解决社区的问题，满足居民需求，提供居民生活质量，最终提高居民自我教育、自我管理、自我服务的能力。

老旧小区准物业管理的新模式是以自治为核心理念，进行老旧管理的新突破。自治的重要组织载体是小区管委会，它接受社区党委的领导，受居委会的指导。小区管委会是小区内的居民通过民主选举产生的准物业自治管理组织，承担准物业管理职责，拥有独立的财务权，凡涉及全体居民利益的重要问题，都会由居民协商决定。小区管委会向小区居民负责，接受居民的监督，听取居民的意见。由此可以看出，小区管委会实行的准物业管理能够使小区居民作为自治主体共同进行准物业的自治管理，为社区自治提供了重要的平台。

2. 互助

互助是构建和谐社会的重要基础。因为互助可以最大限度地减少社会生活中的各种内耗和摩擦，减少社会生活的风险和代价，使社会的运行成本大大降低。人与人之间的互信互爱还可以构筑良好的人际关系，有利于增加社会的价值认同和凝聚力。人们只有彼此信任，相互帮助，才能够平等相处，使社会的整体利益最大化。社区互助通过社区居民之间互帮互助，共同解决社区问题，提高社区生活质量，促进社区和谐。社区互助一方面有利于社区居民的彼此交往与沟通，社区志愿者、驻区单位、社区居民通过形式多样、内容丰富的互助活动，走到了一起，交流互动，使社区成为广大成员真正的生活共同体，克服了现代住宅及意识形态领域的屏障，促进了居民的全面发展。

互助是实现老旧小区准物业自治管理的重要形式，它强调准物业管理中社区成员的互帮互助、互信互爱，“有钱的出钱，有力的出力”，共同面对小区的问题，建设自己的家园。在小区环境维护、治安防范、停车管理等各项准物业管理的公共事务中，社区成员可以通过广泛参与，开展各种形式的互助活动，进行自我组织，自我动手，自我管理，共同负责社区的环境、绿化和治安。这样既可以整合社区资源，节约管理成本，还可以促进社区成员之间建立起相互关怀和相互照顾的美德，形成社区成员的强烈的社区归属感。

3. 和谐

和谐是老旧小区准物业管理的最终目标。老旧小区由于基础设施薄弱、设施落后、管理不到位等问题，常常会存在各种突出的焦点、难点问题，例如停车管理无序、侵占绿地、违章搭建、治安混乱等问题，不仅影响到居民的生活质量和生命财产安全，而且还容易引导社区成员之间的各种矛盾，影响到社区的和谐。

老旧小区准物业自治管理的模式以小区管委会为组织载体，以“四有”为基本标准，广泛动员居民参与，开展准物业管理，目的在于建设“管理有序、服务到位、环境整洁、治安良好、生活便利、人际关系和谐”的社区。准物业自治管理模式在构建和谐社区发挥着重要作用。它能够充分发挥自身的优势，为居民提供基本的物业服务，协调解决居民生活中的热点、难点问题；通过居民的自我管理形成奉献爱心、互帮互助的良好社会风尚，有助于和谐邻里关系的建立，培养居民对社区的认同感和归属感。准物业管

① 参见董晓燕：《公共领域与城市社区自治》，社会科学文献出版社，2010年版，第57~58页。

理的创新模式能够充分发挥自治管理在维护社区秩序、改善社区环境、提高居民生活质量和维护社会稳定中的重要作用，是改善老旧小区居民的生活质量，提升居民生活品质，缩小住宅区差距，建设和谐社会的重要举措，也是全面贯彻落实“以人为本”科学发展观的必然要求。

（三）创新模式的意义

1. 实现了老旧小区物业管理模式的创新

老旧小区准物业自治管理模式在物业管理模式方面的创新性主要有以下几点：第一，以无物业管理小区为对象，突出重点，解决难点，符合民意。第二，以“政府引导、居民自治”为原则，一方面体现了政府在处理社区公共事务中的责任和地位；另一方面强调发挥居民自治，动员社区力量，实现社区的自我管理，有利于实现政府和社区自治力量对社区的共同治理。第三，以准物业管理为载体，突出物业管理的非营利性，既能解决居民的实际问题，又不会给居民造成很大的负担。第四，以“谁受益，谁付费”为原则，实现财政收支平衡。通过居民分摊物业费的 AA 制原则，培养了居民在物业管理中的责任感，有助于建立老旧小区管理的长效机制。

2. 有助于推动城市管理水平的提高

老旧小区的管理一直是城市管理中的短板，影响和制约着城市整体管理水平和环境建设水平的提高。老旧小区和新型商品房小区在居住质量、小区环境、管理水平等各方面都存在很大差距，造成了城市管理水平的参差不齐。老旧小区准物业自治管理模式的推行，有助于提高老旧小区的居住品质，提高管理质量，促进居民和谐关系的建立，这对于整个推动城市管理水平和整体建设质量都有着重要的意义。

3. 有利于促进社区自治的发展和推动政治民主化的进程

老旧小区准物业自治管理的模式以自治为核心理念，以居民自治为基本原则，以小区管委会为自治管理的组织载体，通过各种民主形式和途径，动员社区居民行使民主权利，共同管理和建设自己的家园。这种模式为居民自治提供了组织平台和制度载体，对于推动社区自治的发展具有重要的意义。通过对社区居民的民主意识的培养和民主能力的训练，老旧小区的准物业自治管理同时也为政治民主的发展提供了重要的空间，是政治民主发展的新型生长点，通过社区自治和社区民主的发展，有助于为政治民主化提供合格的公民，同时也为政治参与提供了必要的空间。

三、老旧小区准物业管理的实施

为了贯彻落实《朝阳区推进社会服务管理创新实施意见》，朝阳区社会工委、社会办确定了老旧小区准物业管理的实施进度，并进行了工作部署。2010 年选取 9 个街道的 13 个无物业管理小区开展准物业管理试点工作，2011 年又将试点小区范围扩大到 17 个街道 26 个小区。各街道分别开展了如下工作：一是前期调查摸底工作，各街道分别对物业设施、地面设施、地下空间、物业公司、房屋使用、使用归属、小区资源进行了调查摸底，建立相关数据档案。二是制定工作方案，在确定本街道试点小区的基础上，结合自身特点，分别制定了《推进老旧小区物业管理工作方案》。三是开展民调工作，分别采取居民座谈会、发放调查问卷等方式，对居民管理需求、支持度进行了调查了解。四是进行准物业管理的实施与推进，引导居民成立了准物业自治组织，建立规章制度；按照“四有”标准，完善试点小区、楼宇院落的硬件建设，为实现自治管理提供保障。下面就各街道试点小区准物业管理工作的具体实施情况进行重点介绍。

（一）试点社（小）区基本情况介绍

1. 试点的选择情况

各街道选择的试点主要包括三种类型：社区、小区、院落（社区的某两栋楼）。其中左家庄、和平街和六里屯选择的是试点社区；团结湖、潘家园选择的是试点小区；垡头选择的试点包括小区和院落；香河园选择的是院落。总体来说，试点选择以小区和院落为主，地域面积较小，范围较为集中，便于实行自治管理。

2. 试点选择的缘由

大多数街道在选择试点时都经过了慎重的调研、考虑和筛选的过程，选择的主要标准为：无物业管理、弱物业管理或管理无序的社区或小区。具体的选择理由主要包括以下几个方面。

第一，试点社区或小区的物业管理缺位或不到位。由于缺乏物业管理，居民对停车、治安等管理和服务需求较为强烈，甚至因此产生矛盾。如潘家园磨二小区的居民因为大规模抢占车位引发了矛盾，要求解决停车问题的呼声较高。

第二，试点社区或小区的居民自治基础较好，居民有较强的参与意愿。垡头街道的三区南院的 15 号楼为回拆楼，在环境管理、停车管理上已基本实现自治，有较好的推行居民小区管委会管理的基础。和平街的和平家园在停车管理和治安防范已经有五年的居民自治管理的经验。

第三，居民对于准物业管理的认同度较高。垡头街道经过问卷调查，发现西里二区 9 号、10 号楼的居民准物业管理的支持度和关注度较高。西里二区 9 号、10 号楼的居民的问卷调查的回收率为 84%，其中对成立准物管自治组织的同意率为 75%，赞同收费的赞同率为 51%。

第四，试点小区易于封闭，便于实行准物业管理。小区如果是开放性的，闲杂人员随意进进出出，小区的安全很难得到保障。因此，各街道选择了易于实行封闭管理的社区或小区，设置岗亭、配备保安，进行停车管理和治安防范工作。

3. 试点社（小）区的“四有”状况

总体来说，大多数试点社（小）区并未完全实现“四有”，其中房屋的维修维护主要由产权单位、房管所或物业公司负责，有个别试点院落甚至没有房屋维修维护的责任人；绿化和保洁都是由街道投入、社区协管，由街道的绿化队、保洁队或聘请专业的绿化保洁公司负责；除团结湖街道与左家庄街道引入了专业停车公司以及和平街街道的和平家园实行自治管理之外，大多数试点社（小）区都未实行封闭管理，缺乏停车管理和治安防范。

（二）各街道准物业管理的工作方案及实施情况

各试点街道都制定了较为明确的工作方案，内容包括工作原则、总体思路、工作目标、具体措施、管理体系等。综合各街道的工作方案，可以看出各街道在工作思路、工作措施和管理体系和具体实施方面等存在一些共同特征，主要表现在以下方面。

第一，在工作原则和工作思路上都体现出了“政府引导和扶持、社区动员组织、居民自治管理”的特点。大多数街道在办事处层面成立相应的组织机构（领导小组、指导小组、办公室等），在前期做了大量的摸底调查、调研和工作方案的策划等工作，积极引导和组织各试点开展准物业管理工作。社区党委、居委会在动员和组织准物业工作的开展方面发挥了重要作用，如垡头街道的居委会发放问卷、入户宣传，进行了广泛的宣传和动员，潘家园街道的居委会逐一入户发放调查问卷，对居民进行宣传教育工作，同时积极组织居民成立准物业管理自治组织。在居民层面，工作的方向是动员居民参与，组织居民成立自治管理的组织，进行老旧小区的准物业的自治管理工作。

第二，部分街道建立了老旧小区准物业管理的工作体系。垡头街道建立了“街道—社区—小区管委会—居民”四级管理体系，明确了各级组织的职责；团结湖街道建立了“1 +1 +6 +6 +10”的运营管理模式，即一个办公室，一个非营利性物业管理公司（街道社区服务中心），6 个专业管理分公司或服务机构，6 个社区物业管委会，10 个无物业单位小区管理委员会。管理体系的建立有利于街道、社区和居民之间的协调和沟通，有助于理顺不同组织和主体之间的关系，保障准物业管理工作的顺畅进行。

第三，各街道都在试点小区筹备成立或已经成立了居民的准物业管理自治组织——小区管理委员会（以下简称小区管委会），为居民自我管理与自我服务搭建了平台、提供了组织载体。各街道的小区管委会虽然都是准物业管理的自治组织，具体承担本小区的准物业管理工作，但是各自职责略有不同。垡头街道的小区管委会负责实施物业管理，研究确定委托专业公司承接服务项目，招聘地区失业人员从事服务工作，向居民公示服务项目、服务标准、收费标准、服务承诺等内容，并对物业服务公司或机构进行监督和考核；团结湖街道的小区管委会主要负责对物业分公司物业服务的提供进行监督与考核。

第四，各街道的工作方案都以“政府投入、以服务促管理”作为介入的策略。各试点社区在小区环境、基础设施等方面都较为薄弱，许多街道在先期都以小区环境改造、道路改造、治安管理作为着手点，通过改善小区环境，满足居民需求，使居民受益，提高居民参与的积极性。垡头街道对试点小区进行了绿化改造和甬路改造，并且完成了停车位改造、治安岗亭和监控系统建设等内容；潘家园街道和和平街道进行了小区的绿化整治、道路改造和停车位的合理划分等工作。各街道在准物业管理初期通过采纳居民意见并进行小区改造和整治的方式，为小区实行准物业管理创造良好的硬件环境。在小区实行院落自治的过程中，街道发挥了宣传、教育和引导的作用，鼓励居民自治，引导居民自治制定各项规章制度，为小区自治创造了软件环境。

（三）各街道实施准物业管理的具体模式

各街道都在因地制宜、结合本地区实际情况，探索各具特色的准物业管理的工作模式。综合分析，主要有以下两种模式。

1. 实行准物业自治管理，居民自主确定服务提供方式

该模式总体思路是实行居民自治，问计于民、问需于民，全面落实居民的自治权利，确保居民的“知情权、参与权、选择权、管理权和监督权”得以实现。该模式有以下主要内容。

第一，坚持社区党组织的领导，发挥党员的模范示范作用。社区党组织对基层群众自治发挥着有效的政治支撑和指导作用，能够保障和引导居民自治朝着正确的方向发展，因此，老旧小区准物业的自治管理需要发挥党组织的核心组织功能，坚持社区党组织的领导。社区党组织将老旧小区居民生存环境的改善作为重要的工作内容，发挥政治决策和思想领导的功能，积极动员和引导居民参与小区管理，发挥主人翁精神，通过自治管理的方式实现准物业管理。社区党组织不仅要对准物业管理自治组织的成立和发展发挥领导和监督作用，而且还要通过党员的模范带头作用，产生示范效应，引导和影响居民自觉自愿地参与到小区的管理中来。

第二，引导居民成立准物业管理自治组织——小区管委会，实施准物业管理。各试点小区通过街道和社区的引导、扶助与支持，广泛征求民意，动员社区积极分子和有能力、有热情的居民骨干参与准物业管理，充分利用民主途径，召开居民代表大会，引导居民成立准物业自治组织，实施居民自治。居民通过小区管委会这一准物业管理自治组织进行自我管理与自我服务，将“治安防范、绿化保洁、维护维修、停车管理”等纳入准物业管理的服务内容。小区管委会建立健全各项管理的规章制度，通过各种方式募集资金、广泛整合资源，账务公开，财务透明，进行准物业的实施、管理或服务提供。

第三，准物业管理充分尊重民意，保障居民民主权利的实现。小区管委会实施准物业管理职责，通过各种民主形式和途径，广泛征求小区居民意愿，物业服务管理模式、服务方式、收费标准等准物业管理服务事项必须通过公共事务决策机制，经大多数居民

同意后方可实施，并自觉接受居民的监督。

第四，居民自主确定物业服务提供方式。小区管委会承担准物业的具体管理职责，充分发挥居民的积极性与自主性，由居民自主决定准物业管理的方式，可以是购买专业物业管理服务，可以是采取居民自行管理、聘请专职人员进行日常维护的准物业管理服务，也可以由小区居民采取互助式的物业管理。

该模式的优点在于：一是有利于发挥民主，提升小区管理水平。实行这种模式的关键在于制定规范的规章制度，充分利用民主制度和民主管理方式，获得居民的认可与支持。通过居民封闭院落自治管理，有利于充分调动小区内部资源，有利于培养小区居民自我管理的能力，形成民主参与意识和工作作风，最终有利于提升小区的管理水平，改善小区的人居环境，是居民实施自我管理的有效途径。二是自治管理是一种管理成本较低的制度创新。小区自治管理是在政府指导和社区党委领导下，通过开发和利用小区自身的资源，实行小区自我管理、自我教育和自我服务。通过开发小区的人力资源，为小区管理提供可持续的动力源泉，实现社区整合，降低了小区管理的成本。

该模式以垡头街道、潘家园街道、和平街街道为代表，下面结合这三个街道的准物业管理实践，对该模式的具体内容及其实施情况进行详细介绍。

（1）管理体系。

试点小区的准物业管理工作都是由街道和社区牵头来引导居民组织实施的，街道承担了准物业管理的扶持和指导职责，社区党委和居委会承担了准物业管理的动员、引导和组织职责，小区的居民及小区管委会作为小区的主体，具体实施准物业管理。因此，街道、社区和小区之间通过相互的配合与支持，形成了一定的管理工作体系。

垡头街道实施准物业管理的总体思路是：坚持“街道指导、居委会负责、居民自治”的原则，从地区实际出发，从居民需求出发，着力推进地区未纳入物业管理和物业管理不到位的楼宇院落实施小区管委会自我管理，确立“低偿收费、优质服务、收支平衡”的管理理念和管理体系。通过加强居民楼院自治管理，建立了“街道—社区—小区管委会—居民”四级管理体系。街道层面成立指导小组，社区层面成立工作小组，居民层面成立小区管委会，并分别确定了工作职责。街道负责小区管委会管理工作的指导与扶持，为社区提供各项保障机制；社区负责指导小区管委会组织实施老旧小区的专业化管理，并进行监督与考核；小区管委会受社区居委会（服务站）委托，负责对楼宇院落的具体管理；居民主动参与，实现自管自治，并对小区管委会的工作进行监督。这种管理体系调动和动员了各个层面的主体的力量，发挥街道、党委、居委会、小区管委会和居民各自的优势和特长，通过明确其职责，全方位地参与到小区准物业管理中，为小区准物业管理的顺利实施提供了组织保障和体制保障。

街道指导小组通过对小区准物业管理进行指导、监督、激励与资源提供，既为小区顺利实施提供准物业管理提供了物质和资金保障，也为小区准物业管理的具体实施提供了可供遵循的标准和依据。社区工作小组是指导小组和小区管委会的中间组织，负责二者之间的协调、沟通，并引导、动员和组织成立小区管委会，并对其工作进行监督、考核。工作小组的成员包括社区党委、居委会或服务站的工作人员组成，对小区实施准物业管理中扮演了教育者、引导者、倡导者的角色，为小区实施自治管理发挥了重要作用。试点小区的准物业管理组织为小区管委会，成员为小区中德高望重、热心社区建设的居民，负责物业管理的具体实施工作，协调解决居民提出的涉及公共保洁、绿化养护、车辆管理、设施维修、公共服务、治安保卫等方面问题。管委会根据职责，征求居民需求和意见，制定出符合试点院落实际情况的工作章程，包括管理规定、服务标准、工作办法等；并将各项章程落到实处，落实到人，定期公示财务收支情况，主动接受居民监督，切实为试点居民提供高效服务，逐步实现自治管理。

潘家园街道建立了准物业管理体系，街道成立推进“无物管院落”试点工作领导小组；在试点小区推选产生居民代表会，在试点小区成立小区管理委员会为居民代表会的常设机构。居民代表会由小区的居民户代表组成，为准物业管理的权力机构，具体负责：审议、制定、修改居民公约；推选小区管理委员会成员；研究小区重大事项；定期听取小区管理委员会工作开展情况及资金使用情况汇报；有权提出更换绿化、保洁、停车等专业公司。小区管委会的成员由小区居民选举产生，为准物业管理的具体执行机构，主要负责：小区居民事务的协调管理；征求居民意见和建议；研究制定小区居民公约，上报居民代表大会；协调小区与社区、政府部门及房屋管理部门的沟通；监管小区账务，监督小区居民公约执行情况等。潘家园街道的管理体系的特色在于强调居民自治，通过建立准物业管理的权力机构和执行机构，完善了居民自治管理制度，保障了居民民主权利的实现。

（2）社区教育与宣传。

对于居民来说，在老旧小区推行准物业管理是一项新生事物，居民对于准物业管理的认知度较低，因此，在具体实施准物业管理之前，必须进行相关的社区教育与宣传，使社区居民对于准物业管理的思路、原则、方向、目标和具体措施获得较为明确的认识，从而了解其对于准物业管理的参与意愿和需求。只有通过各种社区教育和宣传措施，了解民意，征求居民意见及需求，才能使准物业管理的推行具备广泛的群众基础，才能真正调动居民的积极性与自主性，实行小区的自治管理。各街道在推行准物业管理的初期进行了通过多种措施，开展了一系列的社区教育与宣传工作，取得了良好的成效。

潘家园街道的试点小区是磨二小区。该小区是无物业管理小区，存在诸多问题：由于未实行封闭管理。无门卫室与专业保安，小区人员和车辆随意出入，安全存在隐患；小区便民服务设施不健全，公共服务资源少，居民生活不方便；停车管理无序。车辆多车位少，造成居民争抢车位，安装地锁，居民对此意见较大；绿化长期缺乏养护。磨二小区由于基础设施薄弱、物业管理缺位、硬件设施不足等原因，造成了小区环境较差、停车秩序混乱、缺乏安全隐患等问题，居民具有强烈的改变小区物业管理现状的需求。街道和磨二小区在推进准物业管理的工作过程中，为实行院落自治，充分发动居民，实现小区管理自治化，采取了以下社区教育与宣传措施：

一是利用走访、座谈会等措施进行广泛宣传和教育，让居民明确认识到准物业管理的意义和重要性。社区成立了“小区管理委员会”筹备小组，全体社区工作者包楼、包户，进行宣传、走访。社区先后召开四次大型居民座谈会，向居民宣传成立“小区管理委员会”的意义及管理模式，推心置腹地和居民交流，广泛征求居民意见和建议。

二是组织开展问卷调查。一方面了解居民实施准物业管理的意愿和参与意愿，另一方面达到宣传目的。社区工作者逐户上门发放调查问卷，开展调查，了解居民愿意接受封闭院落自治管理人数。共发放了调查问卷787份，收回有效问卷708份。其中赞成成立“小区管理委员会”的人数占到总数的87.43%，愿意参与小区管理的共有88人。

三是利用小区骨干进行宣传，调动居民参与自治的积极性。社区党委、居委会发动磨二小区和谐促进员、党员、楼门长等骨干力量，积极参与小区自治管理，在居民中做好宣传，发挥模范带头作用，积极行动起来，为小区“无物管院落”试点工作献计献策。小区充分发挥小区楼门长、社区积极分子和党员服务群众、凝聚人心的作用，调动居民参与管理、参与自治的积极性，力图形成“自己的小区自己管”的良好氛围。

垡头街道为确保老旧小区实施物业管理的顺利实施，街道和社区针对地区居民小区和楼宇院落物业管理现状进行认真分析，开展了入户走访和问卷调查，了解居民群众对准物业化管理的认可程度、物业服务管理需求、物业收费标准等问题。共发放调查问卷4000份。调查结果表明，68%的被调查者认可准物业化管理模式。通过问卷调查了解到居民对物业服务管理的要求较高，对服务项目的关注程度依次排序为设施维修、房屋维修、车辆管理、卫生保洁、绿化管理、便民服务等。在宣传动员方面，一是召开动员大会。街道组织召开了老旧小区准物业管理工作动员大会，各社区居干、楼门长、和谐促进员、党员积极分子300余人到位。会议对准物业管理的可行性、时代性、社会性进行了分析，得到了与会人员的广泛认同。会后，与会人员在老旧小区居民中广泛宣传准物业管理工作，地区知晓率达到60%。二是入户宣传。街道利用楼宇文化栏、社区墙报、板报、横幅等媒介，在地区范围内扩大了宣传的广度和深度；入户发放《致居民的一封信》6000余份，全面提高了居民群众的知晓率，在地区营造了推行准物业管理的良好氛围。三是主题宣传活动。街道结合文明城区创建工作，举办2次主题宣传活动，推广宣传老旧小区准物业管理，发放各类宣传材料3000余份，参与群众超过2000人次。

（3）小区管委会的产生。

老旧小区的管理是关系每个成员切身利益的事情，需要小区成员共同参与才能持续不断地推进小区管理水平的提高和小区环境的改善。老旧小区成员如果都有权参与并影响小区准物业管理事务，才能激发和调动社区成员的积极性和创造性。因此，成立小区管委会是实现小区民主管理的内在要求。小区管委会是小区实施准物业管理的自治组织，它既是老旧小区推行准物业管理的组织载体，更是老旧小区居民参与小区管理的重要平台，是居民实现社区民主权利的重要途径。小区管委会作为最基层的居民自治组织，具有“自愿性、非营利性、公益性”的特征，它在推动老旧小区管理方面具有许多优势，可以为居民参与老旧小区管理提供组织平台和依托，可以及时敏锐地了解基层居民的需求，反映居民心声，并通过自治管理的方式实现居民意志。

各个街道都通过各种方式引导有热情、有能力、有奉献精神的居民通过自荐或推荐的方式成为候选人，并通过居民民主选举的方式成立了小区管委会，为老旧小区准物业自治管理的顺利实施奠定了组织基础。小区管委会作为老旧小区准物业管理的自治组织，与社区党委和居委会有着密切的关系。社区党委对小区管委会发挥着领导和监督作用，居委会则对小区管委会发挥着指导与监督作用，并可以对其管理效果进行绩效评估。

潘家园街道磨二小区通过成立小区居民代表会并由居民代表会投票差额选举出了小区管委会的成员。磨二小区在社区教育和宣传阶段，通过问卷调查，了解居民参与小区管理的意愿，发现小区愿意参与小区管理的88位居民。社区工作人员通过入户与其面谈和电话联系等方式，进行再一次的核实、沟通，有47人最终确认同意参与小区管理，并成为居民代表。社区将47名居民代表名单入户向每户居民征求意见，由居民签字确认同意，最终获得了绝大多数居民的认可和同意。通过居民自荐每户居民签字同意的方式最终产生了小区准物业管理的居民代表会。

社区党委在广泛听取各方意见，反复研究、酝酿、物色即将成立的小区管理委员会成员建议人选，根据磨二小区的居民的年龄结构、职业结构、文化程度机构等多种因素，考虑到小区管委会委员的广泛代表性，及日后便于开展管理工作等综合情况，在愿意参与小区管理的88位居民中挑选出10位小区管理委员会成员建议人选，并由居民代表大会差额选举出了9位小区管委会成员。委员会设主任1名，副主任3名，干事3名，监事2名，具体职责由小区管理委员会制定。小区管委会成员的年龄结构较为合理，成员的年龄分布在30—70岁之间，各个年龄段的成员都有，文化程度在高中至大本之间，既有在职人士，也有退休人士，这说明小区管委会具有较广泛的群众基础，能够代表各个年龄层、不同职业和文化程度的居民的利益。

垡头街道试点的小区管委会的产生分为三个阶段：一是推选候选人成立筹备组。由社区党委、居委会进行走访调查，推选社区（院落）中德高望重、热心社区建设的居民作为候选人，成立小区管委会筹备组，包括和谐促进员代表、居民代表、区域内社会单位代表。二是召开试点楼院小区管委会筹备组成员会议：商议小区管委会职责、管理制度、服务项目、收费标准，以及委托专业部门承担的相关服务工作等。三是召开居民代表大会选举产生小区管委会人员，由社区居委会组织居民代表选举产生小区管委会成员，两个试点的小区管理委员会候选人均以全票当选，正式成立了小区管委会。以三区南院为例，小区管委会成员共有7人，主任1人、副主任1人、委员7人，成员包括普通居民和物业服务单位的管理人员。

（4）准物业管理工作制度。

小区准物业管理涉及的内容较多，需要建立完善的规章制度才能保证小区准物业管理工作有序、规范的实施。由于小区准物业管理处于摸索阶段，小区居民和小区管委会成员对规章制度的制定缺乏经验，需要在自身思考、制定工作制度的过程中得到区、街两级政府的指导。朝阳区社会工委、社会办结合了各个小区的实际情况，在各街道试点小区制定的工作制度的基础上，借鉴多方经验，为小区准物业管理提供了各种工作制度的参考文本，为各个小区根据自身情况制定适合本小区准物业管理的工作制度提供借鉴。各个街道的试点小区在制定工作方面取得了初步的成效，制定了主要包括以下内容的工作制度。

一是小区管委会的章程。章程主要包括总则、组织机构、成员组成、任务与职责等部分。章程规定小区管委会的最高权力机构是小区管委会成员大会，决定重大事项，制定相关管理制度。小区管委会的主要职责是负责在广泛征求居民意见和建议基础上，确定服务项目和收费标准，定期公示财务收支情况，主动接受居民监督；根据小区特点和居民意愿，选择互助式、互助+外包等物业管理模式，实现小区的准物业化管理；对服务单位进行日常监督，定期考核服务单位及从业人员的工作绩效；负责小区管委会自管服务项目工作人员的管理，志愿者的组织和管理等相关工作等。

二是小区管委会的工作制度。主要包括：第一，会议制度。具体有例会制度、协调制度、会商制度、通报制度。第二，公示制度。公示内容主要包括：小区管委会组织章程、规章制度、成员及职责分工、服务内容、志愿服务队信息、联系方式等内容；治安防范、绿化保洁、维修维护、停车管理的服务标准；服务商的服务承诺、服务范围、服务项目及收费标准等内容；小区财务收支情况、居民交费情况、需研究和通报的小区重大事项等。第三，考核评议制度。小区管委会通过社区居委会组织召开的居民代表大会，对绿化、保洁、治安、停车管理、维护维修的服务商进行评议考核，考核分为满意、基本满意和不满意三个等级。

三是居民公约。居民公约主要是对在环境保护、交通秩序、宠物管理、日常生活等方面进行行为规范，引导和促进居民形成参与小区管理的意识，形成良好的道德风尚。

（5）资金的来源及管理。

老旧小区准物业管理具有其特殊性，服务的部分对象为弱势群体，收费标准及居民交费率都比较低，承担准物业管理工作的自治组织及物业服务单位都会面临一定的压力。所以做好老旧小区准物业管理工作，需要政府部门、社区组织、小区管委会和居民之间的密切配合和良好互动，通过政府补贴、物业服务的经营性收入补贴、居民交费等多种方式整合小区的资源，建立起低收费、有补贴的良性机制，使其具有强大的生命力。首先在经费来源上，要明确需要通过提供物业服务向居民收取一定的物业费。另外，小区管委会可以通过小区停车费、广告费、房租等其他收入贴补居民，弥补小区管理经费不足。其次在政策扶持上，在准物业管理初期，政府对小区环境整治和基础设施的改造进行财力和物力投入。

为保护老旧小区居民合法权益，严格管理小区准物业管理的各项资金，各街道制定了小区资金筹集及管理制度。小区管委会在实施准物业管理时首先明确向居民收费的管理思路。即居民通过交费，享受各种物业服务，从而实现自身生活环境与质量的改善。根据“四有”标准和小区准物业服务提供的方式，小区管委会从人力、物力、财力等各个方面测算小区实施准物业管理所需要的成本，并由此测算出每户居民应缴纳的费用。另一方面，小区管委会再测算出准物业管理的其他资金来源，其中包括小区引进停车管理公司等物业服务单位开展的经营性项目收入，这些经营性收入与小区管委会进行利益分成，用以补贴小区准物业管理经费。另外，有条件的街道还可以整合主要包括人防和地下设备层以及便民设施的收入在内的小区资源，用以补贴管理经费的不足。通过测算出各种可以用以补贴小区准物业管理经费的资金收入之后，与之前所测算的小区实施准物业管理的成本相抵，最终测算出居民实际应缴纳的物业费用。收费标准由居民代表会通过之后，居民应当按时交费，履行义务。小区管委会收取的各项经费主要用于支付小区各专业服务机构的服务费、自雇的物业工作人员工资、物业管理志愿者的补贴等；小区内公共设施的修缮、添置、改造；应对重大事件、突发事件等情况。

实施小区自治的关键在于公开、透明的财务制度，因此小区管委会建立了财务管理与公示制度。管理资金由社区服务中心开设独立账户代为管理，由小区管理委员会定期向居民公示收支情况及财务结余情况，并接受居民对资金的使用情况的监督。

（6）准物业服务的提供。

小区准物业自治管理的重要内容是根据居民的需求及意愿，由居民自主决定准物业服务提供的方式。从目前来看，朝阳区各街道准物业服务提供的方式主要有两种：委托专业服务商提供物业服务、利用小区志愿服务组织提供物业服务及个性化服务。

由于小区管委会属于居民自治组织，没有明确的法律主体资格，因此如果采取自管模式，聘请服务人员进行日常生活管理，在法律层面会面临诸多制约。例如，缺乏用人的主体资格，无法充分保障物业服务人员的劳动权利等。因此，垡头街道和潘家园街道根据小区管委会的商讨和居民代表会的决议，确定了主要采取委托专业服务商提供物业服务的方式。委托专业服务的好处在于可以保证服务的专业性，并且避免小区自行聘用服务人员所产生的弊端，小区管委会及居民通过对专业服务商的监督、考核来保证其服务质量，充分发挥居民的自主性。

垡头街道在前期充分征求民意的基础上，小区管委会结合“十五分钟便民服务圈”，确定了包括绿化保洁、治安防范、停车管理、维修维护、便民服务等多项服务内容，采取委托专业服务商的方式，提供收费低廉和高效的服务，满足居民在物业管理和日常生活等各方面的需求。在小区管委会准物业管理初期，绿化保洁、治安管理、停车管理等服务，由街道协助管理。潘家园街道磨二小区管委会在区社会工委、社会办提出的“四有”基础上，结合该小区居民的实际需求，通过居民自治的方式，实现“六有”小区目标，即“停车有人管、绿化有人养、卫生有人扫、安全有人看、房屋有人修、个性服务有人帮”。其中，停车管理聘请了停车管理公司进行管理，并借助现有停车管理队伍，将小区安全纳入，既节省人力物力，又能减少管理协调成本；在绿化和保洁方面，委托专业绿化服务队和保洁服务队；在维修维护方面，委托专业维修维护服务队伍，实行最高服务，最低收费的标准。此外，为了充分挖掘小区内部资源，调动小区居民自我服务的积极性，拟组建个性化志愿者服务队和文明养犬志愿服务队，搭建居民自我服务平台，实现自我服务。

和平街街道的和平家园社区在利用小区志愿服务组织提供物业服务方面积累了良好的经验。家园社区自 2005 年起在停车管理和治安方面，通过自治管理的方式，向居民低收费，由社区志愿者组成停车治安队伍进行停车治安管理，收到了很好的成效。这种由居民志愿者组织提供物业服务的方式是一种居民以互助的形成进行物业自管，它的优势在于能够充分利用社区内部人力资源，为社区居民提供低成本的物业服务。

和平家园社区在未实行停车管理之前，社区内除单位自管的封闭楼院外，没有专业物业公司和保安。社区治安曾经一度恶化，入室盗窃，机动车丢失频发，曾被挂上治安黄牌，居民反应强烈。针对和平家园社区的治安问题，自 2005 年起街道和社区建立了街道指导、社区运作、居民参与的“三位一体”的工作机制。

街道加大了对社区基础设施的投入，社区坚持群众参与的原则，通过数千份问卷调查及广泛宣传动员，使居民提高了认识，纷纷表示愿意参与到社区治安防范自治管理工作中来。2005 年和平家园社区成立了“治安、车辆管理志愿者协会”和“治安志愿者巡逻队”，这两支队伍是在街道备案的社区社会组织，“治安志愿者巡逻队”的 56 名队员都是社区居民中做事认真，责任感强，身体健康的党员志愿者、和谐促进员，社区低保人员。社区“治安志愿巡逻队”担负着维护社区治安防范的重任，每天坚持 24 小时值班巡逻，并配合公安机关做好重点地区蹲守、管控工作，形成了社区自治队伍和公安部门上下联动的区域性治安防控体系。

为加强社区治安防范，减少穿行社区车辆，维护居民停车安全，社区在 6 个可以出入机动车的大门设置了管理岗，由治安志愿巡逻队 24 小时值班，实行机动车凭证出入和收费制度，社区将收费标准、收取情况、使用情况向定期向居民公示。收取的停车费用一部分用于志愿者的补助，大部分投入到社区治安防范经费中，社区居委会将收取的停车费购置了 7 辆微型电动车，用于社区 24 小时治安巡逻，社区治安巡逻队有了适合于自己的专业设备，提高了治安防范能力。

自建立了“三位一体”的工作机制体系以来，社区治安防控能力明显增强。根据公安部门的通报，和平家园社区连续 5 年没有发生一起恶性的治安刑事案件，连续 3 年机动车丢失零发案，连续 2 年可防控案件零发案，居民因为停车造成的纠纷也得到了彻底解决。和平家园社区的治安环境得到优化，居民生活有了安全感，居民满意率上升。2009 年和平家园社区荣获“全国和谐建设示范社区”称号。

为推进社区准物业管理的全面落实和实施，和平家园成立了小区管委会，针对社区居民楼的设备维护维修基本没有保障的问题，组织社区内具有物业管理经验，有维修技能的下岗、失业人员、退休人员成立物业管理志愿服务队伍，负责维修服务日常工作。

2. 成立非营利性物业服务公司，提供统一化物业服务

这种模式以团结湖街道为代表。团结湖街道老旧小区在北京是最早的统建小区，基本上都是 20 世纪 80 年代初建成的，大部分上属于房管局直管公房。街道有 6 个社区，10 个无物业管理的小区。街道在物业管理方面具有良好的基础，因为街道通过政府主导、市场运作等方式为全街道的老旧小区统一提供物业服务方面奠定了一定基础。街道成立了社区服务中心，由街道聘请专业的绿化保洁服务公司进行绿化保洁服务，由专门的停车公司管理对老旧小区进行停车管理，由街道的治安巡防队进行治安维护，由房管所负责公共设施维护和房屋的维修维护。相比其他街道而言，团结湖街道的老旧小区在“四有”方面的实施状况较好，当然，这些都离不开政府的资金投入和支持，老旧小区的绿化保洁和治安管理都是由街道进行财政补贴和投入才能有效运行。

团结湖街道在老旧小区准物业管理方面的总体目标是：力争到2013年10月底，在6个社区的10个无物业管理的封闭式小区基本实现物业管理全覆盖，逐步建立老旧住宅小区“低收费、广覆盖、有补贴”，专业化、社会化、市场化物业管理长效机制，提升物业管理服务水平。

团结湖街道在老旧小区准物业管理方面的具体目标是：在整治完善老旧住宅小区硬件配套设施的基础上，逐步建立物业管理机制，争取实现“六个有”，即有停车管理、有公共环境保洁、有绿化养护、有治安防范、有设施维修管理、有个性化需求服务，建立健全“1+1+6+6+10”运营管理模式，即一个办公室，一个非营利性物业管理公司（街道社区服务中心），6个专业管理分公司或服务机构，6个社区物业管委会，10个无物业单位小区管理委员会。

团结湖街道办事处成立了物业化工作管理办公室，其职责为：负责辖区内老旧住宅小区物业化管理试行工作的指导和日常管理；负责组织做好停车管理、公共环境保洁、绿化养护、治安防范、设施维修管理、个性化服务等项工作的监督管理；负责组织做好辖区内各级单位管理人员的培训工作；负责开展各种社会宣传活动。街道在社区服务中心成立了非营利性物业服务管理公司。

老旧住宅小区物业化管理工作由办公室和在社区服务中心成立的非营利性物业公司组织开展，受小区管委会的委托，分别聘请汽车看管、保洁、绿化养护、治安巡逻、公共设施维修管理及个性化服务等工作人员，负责小区日常管理。由6个社区牵头成立社区物业管理委员会，分别负责各社区物业管理，社区统筹，由6个专业公司派人进驻。

10个无物业管理的老旧住宅小区相应成立与之对接的小区管委会，由小区业主代表、居民代表、和谐促进员和楼门组长组成，负责监督、考核物业管委会及6个专业分公司的日常工作情况。小区管委会的成立使居民有了维护自身利益、反映小区物业服务存在的问题有了利益诉求的渠道。它一方面协助物业服务中心进行服务的管理；另一方面有权监督物业服务质量，针对物业服务质量不好的物业服务队伍及从业人员，有权建议物业服务中心更换物业服务队伍或服务人员。

该模式的资金来源主要有以下几种：街道对绿化、保洁的财政补贴；停车管理公司经营性收入的补贴；对便民服务服务网点收取管理费用的补贴；向居民收取的卫生保洁费等。其中收取的停车费用于补贴保洁、绿化方面的费用支出。

该模式的目标是通过建立专业化、社会化、市场化物业管理长效机制，逐步实现老旧住宅小区准物业管理的“低收费、广覆盖、有补贴”。该模式的特点在于“政府引导、市场运作”，形成了“街道、社区、物业服务公司、小区管委会”四位一体的准物业管理格局。街道通过对老旧小区进行软、硬件设施改善，通过政府扶持，财政补贴为小区搭建物业服务的平台。非营利性物业公司在今后通过向居民低收费，实现准物业管理的市场化运作，以市场机制保障物业服务的正常运行。

该模式的优点在于能够整合街道资源、便于统一管理，高效快捷地为居民服务，通过市场化、专业化和社会化的机制，保障老旧小区准物业管理的长效运行。但是这种模式运作的物业服务的资金有相当一部分来源于是政府投入。今后需要解决的问题是如何多方筹措资金，充分发挥物业服务公司的准物业管理和服务提供职能。物业服务中心在常规服务进入正轨后，可以开展家庭保姆、衣物清洗、家庭装修、病人陪护、用品配送等家政和中介服务，满足居民多层次需求，从而依托物业服务中心，构筑社区居民的“生活服务圈”。拓展增值服务不仅可实现物业中心的内部补贴，自我发展，而且也有助于构建网格化、社会化的社区服务体系。

四、老旧小区准物业管理实施的初步经验

各街道根据“以人为本、因地制宜”的原则，结合街道和试点小区的实际状况、问题与需求，在老旧小区的准物业管理工作进行了有益的探索和尝试，并在工作思路和原则、工作目标、管理体系、运作体系、资金筹集等方面形成了较为明确的思路，准物业管理的工作模式粗具雏形，在居民自治方面进行了初步的探索，因此在老旧小区的准物业管理方面形成了一些初步的经验。

（一）符合民意是前提

老旧小区的居民长期生活在无物管、无服务的环境中，小区环境脏、乱、差，安全得不到保障，居民多有怨言，他们迫切需要一个整洁安全、文明和谐的生活环境。开展老旧小区准物业自治管理，其目的是为了加强小区内部管理，方便为居民服务，为社区居民创造安全和谐的生活环境，归根结底是为了社区居民的利益，符合社区居民的需求。因此，只要开展广泛的社区教育工作，向社区居民说“透”这个道理，通过召开民主会议等形式广泛征求社区居民的意见，做好宣传发动工作，取得认识上的统一，就能为小区自治管理的开展创造良好条件。各街道和试点小区充分利用入户宣传、海报宣传、居民会议等多种方式进行宣传教育，让居民明确认识准物业管理的内容、意义和重要性，取得了居民的认可与支持。

潘家园街道在工作开展前期，通过社区工作者包楼、包户宣传走访、召开大型居民座谈会、开展问卷调查多种途径进行了广泛宣传和教育，向居民宣传成立“小区管理委员会”的意义及管理模式，推心置腹地和居民交流，广泛征求居民意见和建议，获得了居民的支持。垡头街道利用动员大会、入户宣传、主体宣传等多种形式让居民充分了解了小区准物业管理的工作，并获得了大部分试点小区居民的认可与支持。

（二）政府支持是保障

老旧小区存在着基础条件较差、公共设施配套不全、资金缺乏等困难和问题，这些都决定了准物业管理的实施和运作离不开政府的引导、支持。政府对准物业管理的实施提供硬件保障、政策支持、财政补贴、制度监管是准物业管理顺利实施的重要保障。

一些老旧小区为实行封闭管理，根本没有围墙、值班室等基础设施，这样的老旧小区，即使实施社区准物业管理，也无法真正管理到位。因此，推行社区准物业管理，首先要对值班室、围墙、集中车库、路灯照明、绿化、排水、消防等公共部位和共用设施进行综合整治、出新、完善，实施“穿新衣”“戴新帽”“加配套”，使之具备基本的准物业管理条件。在整治完善基础配套设施的时候必须要有长远眼光，有条件的小区要将社区物业管理用房及监控、对讲、报警等技防设施一并配套到位，为后期转为专业的物业管理打下基础。

各街道在推行准物业管理初期都会在老旧小区的环境改造、设施配套等方面做足功夫，为小区推行准物业管理提供基础保障。团结湖街道计划开展并在一定程度上实施了如下工作：（1）划定物管区域。在老旧住宅小区设置围墙，形成相对封闭独立的物业区域；零星住宅和小规模住宅区，可因地制宜归并为一个物业管理区域实行管理。（2）建设特种设施。包括小区房屋单元防盗门和小区内电子监控器安装，小区消防等设施设备检查和修缮。（3）环境整治。包括小区道路平整、汽车停车位划定、自行车棚（库）整饬、绿化整理、公共照明配置完善等。（4）房屋整治。包括屋顶等共用部位维修整理（含平改坡）、立面整治、楼道刷白、管线序化、危房修缮等。

（三）自治管理是关键

对于无物业管理的老旧小区而言，推行准物业管理通过居民自治的方式实行自治管理，是实现老旧小区管理新突破的关键所在。一方面，从老旧小区整体来说，小区管委会

是最基层的准物业自治管理组织，它能够发挥“反应迅速、灵活管理、应对及时”的特点，充分了解居民的需求，将准物业管理与居民的利益诉求结合起来，使得管理真正体现居民的意愿，从而有助于增强居民的凝聚力和归属感，增强居民参与准物业管理的动力。从居民自身来看，准物业自治管理是实现社区自治、保障居民民主权利的重要途径和形式。准物业管理的目的是动员老旧小区的成员共同为小区的管理献计出力，促进小区管理水平的提高和小区生活环境与质量的改善，进而实现居民的共同利益。其方式是由居民及其小区管委会通过居民交费、提供志愿服务等各种方式挖掘和整合各种资源，通过民主管理与民主决策，最终实现自我管理与自我服务。因此，实行全体居民参与的自治式的准物业管理，有利于提高老旧小区管理的绩效，通过自治管理的长效机制使老旧小区的管理获得持续发展的动力。

居民自治是各街道实施准物业管理的重要原则。各街道试点小区通过多渠道、多形式、多角度地开展宣传活动，增强群众小区自治管理意识，使群众认可、理解、支持小区管委会的管理。街道在进行小区的环境整治时，都会听取居民的意见，由居民协商决定环境整治的事项，从而赢得了居民对准物业管理的理解和支持。在居民准物业自治管理中，小区管委会是实现自治管理的组织载体。在成立小区管委会的整个过程中，各街道、社区党委和居委会始终坚持居民自治，由党员、社区积极分子牵头，居民自愿参与，自主推选，在广泛征求意见的基础上产生准物业管理自治组织的候选人并及时向社区居民公示，然后由居民代表推选选举产生自治组织成员，实施自治管理。小区管委会在成立之后，通过建章立制明确其职责和功能，规范其权利和义务，来保证自治管理的制度化与规范化，增强居民对小区管委会的信任感。通过对小区管委会的建章立制，实行规范管理，特别是对居民群众最关心的经费收支情况制定了公示制度等，将整个工作始终“阳光透明”地展示在居民面前，取得了居民的信任和支持，为后期工作的开展打下良好基础。

（四）居民参与是动力

居民参与是指社区居民自觉自愿地参加社区各种公共活动或公共事务的决策、管理和运作，影响社区权力运作，分享社区建设成果的行为和过程。居民是老旧小区准物业管理的主体和动力源泉，只有居民广泛、直接的参与和治理，才能使社区自身的各类资源得到最有效的整合和最充分的利用，并能够培养居民对小区的归属感、认同感和现代社区意识，从而推动小区管理健康、有序地发展。

居民的参与是老旧小区准物业管理顺利实施的动力源泉。各街道在开展准物业管理实施过程中，都注重调动居民的积极性，发挥社区骨干和积极分子的作用，展示其示范动员作用，动员更多的居民参与小区管理。潘家园街道确定了“问计于民、问需于民”的总体思路，在实施原则、方式和小区环境改造中充分征求居民的意见，全面落实居民的自治权利，确保居民的“知情权、参与权、选择权、管理权和监督权”能够得以实现。和平街街道的和平家园充分调动和挖掘社区居民作为开展小区管理的人力资源，由社区中的党员志愿者、和谐促进员和社区低保人员组成“治安志愿者巡逻队”，开展志愿服务，进行停车管理和治安防范工作，不仅为小区居民的安居乐业贡献了自己的时间和精力，而且也为小区管理提供了充足的人力资源。

五、老旧小区准物业管理实施存在的困难和问题

朝阳区从老旧小区准物业管理实施以来，虽然各街道开展了大量的工作，取得了一定成效，并形成了初步的经验，但是由于历史原因、居民的思想意识和生活方式的制约以及缺乏政策保障等原因，朝阳区实施老旧小

区准物业管理存在以下困难和问题。

（一）居民交费意愿低，向居民收取准物业管理费困难

绝大多数居民还习惯于计划经济时代的房屋管理模式，无偿管理、无偿维修，还不能充分认识市场经济条件下管理是商品的概念，对花钱买服务，心理准备不足。如垡头街道对两个试点社区的问卷调查发现，约一半的居民不同意收费，在同意收费的居民中约1/3的居民表示愿交纳1—5元的低物业管理费用，即居民倾向于低收费或不收费。

老旧小区居民的房屋商品化意识的转变需要过程。无物业管理的老旧小区引进准物业管理，意味着房屋福利型享受的色彩淡化，商品化属性凸显。随着房屋商品属性所体现的功能，以房屋商品性质来决定人类居住需求的现实，将老旧小区管理由原有的福利型享受转变成交易型的享有，这种转变无疑冲击了人们的惯有意识，要将原有的福利享受意识转化为现代社会的消费意识，其过程完全是物质意识积累的变化，要化解凝固了许久的意识，非“一日之寒”。

在很大程度上，居民自治管理的核心问题就是向居民收费维持物业服务的运作。而居民思想观念的转变是一个长期的过程，不可能一蹴而就。因此，居民自治管理存在着资金来源匮乏的问题。这个问题的解决需要一个长期的过程，因此在运作初期，需要政府的财政补贴和支持。另外，居民交费意愿的程度和物业服务的质量息息相关，需要居民自治组织在居民动员、宣传和教育的基础上，建立完善的财务公开和监督制度，提高服务质量。

（二）老旧小区的硬件条件相对落后，对基础设施的改造存在资金缺口

老旧小区在建设之初主要是为了解决居民的住房困难问题，小区的规划方案比较简单。随着城市人民生活水平的提高，硬件设施主要有以下一些不足：包括绿化面积较小、机动车停车位缺少、体育健身设施和文化活动空间较小等。老旧小区实施物业管理，改善居民的生活环境，必须对小区的基础设施进行不同程度的改造，如对小区进行封闭、绿化美化、道路修整等。根据改造项目的多少和改造等级的不同，资金量少则几十万，多则上百万，是困扰实施准物业管理的一个重要问题。街道在试点小区投入资金进行小区基础设施的改造时，资金可能并不是太大的困难，但是如果在全街道无物业管理小区全面推开准物业管理，那么街道在基础设施改造方面就会存在资金缺口，显得捉襟见肘。因此，在基础设施改造方面需要区财政给予支持和补贴。

（三）老旧小区管理法律法规不健全，在收费和管理方面缺乏制度保障

政府对新建小区的物业管理有明确的规定，但在老旧小区推行物业管理方面的法律法规不健全，还没有明确可供依据的法律规范。具体表现在：

第一，政府在政策上缺乏对老旧小区准物业管理收费的明确规定。由于没有一个统一的标准可以参考，试点小区在准物业管理的收费缺乏明确的政策依据，在准物业服务收费的测算和定价方面缺乏一定困难。同时由于收费标准缺乏政策依据，各试点小区准物业管理人员担心会面临居民“收费合法性”的质疑。

第二，小区管委会没有法律主体资格。目前，小区管委会，作为准物业自治管理组织，并没有在民政部门备案，也没有法人资格。由于缺乏明确的法律地位，在实施准物业管理时会存在一定困难，如没有公章、没有独立的账户等。有一些小区管委会不仅负责准物业的管理与监督，可能还会涉及服务的具体提供。在聘请、委托专业服务公司或招聘服务人员时，如果具备法律主体地位，其权利义务有明确的法律依据，才能更好地实施准物业管理，否则也会遭遇“主体资格合法性”受质疑的问题。

（四）居民自治管理组织成员的管理水平有待提高

各街道虽然已经成立居民自治管理组织，

且管理成员为德高望重、有能力、有公益精神的居民组成，但是由于缺乏准物业管理经验，其管理人员需要加强业务能力培训。居民自治管理组织虽然确定了初步的职责，但是如何制定组织章程、具体职责、工作分工、管理制度、服务项目、收费标准等方面还处在探索阶段。许多小区管委会成员面对准物业自治管理这种新生事物，还存在很多困惑和迷茫，不知道如何更好地应对面临的困难和挑战。因此，需要区、街道加强指导和引导，组织开展形式多样、有针对性的培训活动，加强准物业管理人员在物业服务知识和技能方面的学习和培训，提高其准物业管理的水平。

六、对策及建议

（一）深化自治管理内容，提升物业服务水平，提高居民交费意愿

老旧小区居民物业交费难已经成为老旧小区物业管理的一个众所周知的问题。老旧小区居民缺乏“消费者付费”的意识是交费难的一个主要因素，要改变居民在长期福利服务体制下形成的福利依赖的意识并不是一件容易的事情，需要在物业管理体制转变的背景下经过长期的社区教育和宣传，促进居民改变传统观念，形成花钱买服务的意识。其实，收费难不仅是老旧小区物业管理中存在的难题，同样也是困扰商品房小区的一个问题。在商品房小区，尽管“谁受益、谁付费”已经成为共识，但是，仍有很多小区业主不交物业费，这已经成为商品房小区物业管理中的一个矛盾和突出性的问题。

小区业主不交物业费有多种原因。业主作为消费者具有自利的倾向，在享受物业服务的过程中选择了“少付出、多受益”的策略，倾向于多享受利益而少承担成本或者不承担成本，如果别人交纳了物业费，而且物业管理能够正常运行，那么自己就可以不付费而享受小区的物业管理。物业服务作为小区的准公共物品的特性产生了一些业主的搭便车现象。另外，小区业主不满物业服务管理水平、业主与物业公司存在矛盾等也是影响业主不交费的重要因素。据 2010 年彭客网“物业满意度”专项调查显示[①]，有 71% 的网友对自己居住的小区物业服务感到满意，按时缴纳物业费，29% 的网友则因各种原因对物业公司不满意，因此不按时缴纳物业费。不按时缴纳物业费的 29% 的网友，有 48% 的人是因为不满意物业公司的服务；36% 是因为不清楚物业公司的收支情况，认为物业公司应该向业主公开费用开支。因此，提高物业服务水平、保障业主的知情权、加强与业主的沟通进而提高业主的物业服务满意度，是提高业主交费意愿的重要因素。

1. 深化自治管理内容

商品房小区物业管理的矛盾和问题可以为老旧小区的物业管理带来很多启发和借鉴。在老旧小区实行准物业自治管理，如何确保居民的自治权利的实现，保障居民的“知情权、管理权、监督权”等民主权利得以实现，是影响居民对准物业管理的认知度、接纳度的关键因素。当居民对准物业管理的公共事务享有决策权和知情权之后，对于准物业管理的认知度和接纳度就会提高，其交费意愿也会提高。因此，应当深化小区准物业自治管理的内容，确保居民自治权利的实现，从而提高其交费意愿。

第一，进一步完善准物业管理的公共决策制度。

公共决策制度能够保证居民的知情权、参与权以及决定权的实现，它在公共问题的反映、归纳集中、形成具体的方案和措施以及执行的效果这些主要的环节上都体现了民主参与、民主决策和民主监督。[②] 准物业管理的公共决策制度可以包括准物业管理事务

① 《交不交物业费，业主很纠结》，载于《彭城晚报》2010 年 9 月 17 日。
② 汪大海等主编：《社区管理》，中国人民大学出版社 2005 年版，第 274 页。

公开制度、居民意见反馈制度、公共听证制度、准物业管理事务评议制度等。目前，试点小区已经建立了准物业管理事务公示制度，但是还需要进一步建立居民意见反馈制度、听证制度、评议制度等，进一步保障居民的民主权利得以实现。

居民意见反馈制度能够使居民的意见和利益诉求通过制度化、规范化的渠道和途径得以反映出来，避免因沟通渠道不畅而产生的矛盾和问题。评议制度可以保障居民对准物业管理的监督权的实现，可以通过民主推选产生监督评议小组，明确评议内容，规范评议机制，并运用评议结果对小区管委会及物业服务生产者和提供者产生监督和激励作用。

公共听证制度就是把准物业管理事务涉及的利益相关方召集到一起，为公共问题的解决提供利益表达、畅所欲言的场所，通过吸收居民的意见来解决矛盾。把公共决策放到听证的平台上，能够让居民享受充分的话语权、参与权，通过发挥民意的作用，能够使居民与小区管委会建立起和谐的关系。听证制度能够让小区内的各种利益方都畅所欲言表达所想，通过协调、沟通与妥协，使得最终的决策真正体现公平与公正。例如在小区宠物管理方面，小区管委会可以进行相关的听证，规划出合理而且被大家接受的养犬范围，并制定出相应的养犬行为规范，就可以规范养犬行为，缓解养犬人和不养犬人之间的矛盾。

第二，逐步建立透明公开的财务制度。

小区管委会进行准物业管理，建立透明公开的财务制度是赢得居民信任的关键。商品房小区中业主不交物业费的一个重要原因是因为物业公司没有公开费用开支，业主缺乏对物业公司的信任。许多商品房小区业主自管的经验也表明，账务公开是小区自管的关键。2004 年，武汉市洪山区关山街的金盛花园小区成立业主委员会，炒了物业公司鱿鱼。此后 6 年，小区完全靠业委会自管运行，物业费仅 0. 3 元每平方米，几年下来竟盈余 2 万余元。小区采取自管，物业费的使用问题，最容易成为居民争议和关注的焦点。小区业委会主任表示，业委会所有工作认准一个理，那就是公平、公开，尊重业主意见。业委会中，分别有人管钱管账，最重要的是，每个季度公布一次账目，将收支明细表、物业管理费缴纳情况都张榜公布，使业主一目了然，“这样大家才能信任”。业委会的民主、透明、公开公正的管理赢得了业主的信任，业委会从来没有上门收过物业费，都是业主主动交费，甚至还有几十户业主主动将一年的物业费交了上来。[①] 财务制度包括准物业管理资金的来源、财务预算、财务审批制度、资金使用与报销制度、现金管理等制度。试点小区目前已建立初步的资金管理制度，包括资金的来源、使用与监督制度，但是还需要进一步完善和细化财务制度。一是建立“钱账分离”制度。可以实行会计管账、出纳管钱的方法，不可由一人监管资金。二是实行预算管理制度。按照“量入为出、收支平衡、略有节余”的原则编制，专项经费专款专用，经费预算须经居民代表大会审议通过后执行。制定财务预算可以动员居民参与，将小区准物业管理资金的使用交给居民讨论，并由居民决定，使预算编制更加公开、民主、透明。三是建立财务公开制度。小区管委会财务收支情况必须以书面形式按时公示。财务收支情况尽量做到细致，使小区居民清楚每笔钱的来源与去处，不出现糊涂账。

2. 提升物业服务水平

除了深化小区自治管理的内容，保障居民民主权利的实现，提升物业服务水平也是提高居民交费意愿的重要因素。据 2010 年彭客网“物业满意度”专项调查显示，不按时交纳物业费的网友中有 48% 的人是因为不满意物业公司的服务，在对物业公司有不满意

① 《武汉降物业费自管有盈余　账目公开是关键》，原载《楚天都市报》，2010 年 7 月 5 日。

的事项中，15%的网友选择了“卫生环境差”，21%的网友选择了“安全有隐患”，有10%的网友质疑水、电、气、暖的价格以及停车位的收费标准，19%的网友认为硬件的公共配套设施不齐全、服务滞后，13%的网友认为物业公司“擅用公共设施来赢利”，21%网友则认为物业公司与业主缺乏沟通、态度差。由此可见，业主的交费意愿与物业服务水平有着直接的关系，物业服务水平低，业主的交费意愿就会降低。

杭州市推行社区化准物业管理的经验同样表明：只有为居民提供贴心、周到和便利的服务，才能使居民认可准物业管理，从而提高交费的意愿。2010年3月，杭州老房地社区正式成立准物业管理处以来，将如何在第一时间为居民排忧解难作为小区物管贴心服务的宗旨。水电工冯师傅早在准物业管理实施之前，就经常为居民上门维修水电，受聘于社区物管处以来，冯师傅几乎是随叫随到的服务更加受到了居民的好评与支持。物管处设立了专职接待受理人员，一天就要接待两三位居民，帮助解决四五个问题，物业服务已经逐渐获得居民们的认可。针对居民关心的物管费收缴问题，物管处从收费标准、收费方式、账务公开等方面，向居民边宣传、边解释，并承诺实行“先服务，后收费”①。杭州濮家东村社区2010年3月启动准物业管理改善工程以来，准物业发展的路程一直走得顺畅而卓有成效，这与社区的积极主动是密不可分的。他们从小事抓起，把精细化管理实实在在地落在了为居民服务的工作上，把贴心周到的服务送到居民心坎上，拉近了准物业管理工作人员和居民间的距离，也走出了老旧小区准物业的新路，社区物业费收缴率已达85.3%②。各试点小区采取的准物业管理的模式在管理实践中可能会各有不同，根据各小区的实际情况，可以选择的模式主要有：居民互助、实行院落自治；居民自管、聘请专职人员；将专业服务外包给专业物业服务机构；成立非营利性的物业服务管理机构等。在这些模式中，除了居民互助模式外，都涉及物业服务质量的管理和监督问题。其中，服务外包的形式可以由小区管委会建立考核评价机制来引导专业物业服务机构保证服务质量，居民自管或者成立非营利性物业管理服务机构就更加需要加强物业服务管理，提高物业服务水平。具体来说，可以采取以下措施，提高物业服务的水平与质量。

第一，提高工作人员的服务素质和工作绩效。

要把服务工作做好，首先要从提高物业服务工作人员自身素质着手，通过思想道德素质教育和专业服务技能的培训，增强其服务意识和自身素质。工作人员服务的意识和素质提高了，服务的质量自然就会有显著提高。第二，通过定期检查、绩效考核等方式，提高物业服务工作人员的工作效率和工作积极性。加强对工作人员的业务素质的考核，做到奖罚分明；实施竞争上岗，符合服务要求的人员继续聘用、不符合服务要求的人实施轮岗或解聘。随着工作人员素质的提高，管理手段的加强，管理水平的提高，服务质量也会随之相应提高。

第二，规范工作人员的物业服务行为。

工作人员的服务行为规范与否，是居民衡量物业管理服务水平高低的一个重要标准之一。因此，需要在服务标准上多下功夫，对工作人员的服装和服务行为都需要有统一和标准，要做到：服装统一、举止文明、态度和蔼、语言亲切等。

第三，提升物业服务质量。

要奉行“以人为本”的服务理念，不断提升管理服务的质量。真正尊重居民的需求，

---

① 《朝晖街道老房地社区　做好老小区的“管家人”》，来源于365地产家居网，2010年10月14日，http://hz.house365.com。

② 《江干区准物业的独到之处》，原载《杭州日报》，2010年11月3日。

进而为其提供更细致、更周到、更体贴的人性化服务。另外，加强与居民之间的沟通也是提升物业服务质量的重要方式。要虚心听取居民意见，积极主动地征求居民的建议，听取他们的意见，了解他们需要的服务项目，善待他们的投诉，以此作为改进工作的动力，及时地将各种矛盾纠纷化解在萌芽状态，不断提高物业管理服务水平。这样既能了解居民的需求，又能拉近双方的关系，做到相互支持、相互理解。

（二）明确政府职责，加强引导与扶持，为准物业管理提供保障

改善老旧小区的管理水平是政府履行公共服务职能的重要部分，从各地老旧小区管理的政策法规和管理经验来看，政府在老旧小区管理中都发挥着重要的监管和扶持作用。一般来说，政府通过建立监督、考核和评价机制，实现对老旧小区物业服务主体的监管职责。宁波市对如何做好监管工作作了具体详细的规定：（一）市物业管理主管部门应结合属地政府的意见，制定相应的老旧小区物业管理考核标准，明确考核指标，通过市、区两级考核来评定管理单位的业绩。（二）要将财务公开与服务标准公开相结合。（三）将政府监管同业主满意度相结合。（四）建立健全投诉处理机制。（五）建立信用档案体系。（六）不断完善市场准入与退出机制。①

杭州市在2008出台了《杭州市区老旧住宅小区物业管理改善工程实施方案》（以下简称《实施方案》），确立了逐步建立老旧住宅小区“低收费、广覆盖、有补贴”的物业管理长效机制的总体目标。自2009年工程启动以来，杭州市坚持以“属地管理、重点突出、软硬共建、项目结合、业主参与”为原则，着力推进老旧住宅小区的“社区化准物业管理”。《实施方案》对于政府的扶持和引导职责作出了明确的规定：一是对未开展专业化物业管理的老旧小区实施物业管理改善工程，将完善硬件配置与建立物管机制并举，实施软硬共建。二是进行资金扶持，出台了具体的资金政策。三是为实施准物业管理的社区增配用房，改善条件。采取了多种方式为老旧小区增配物改管理用房，为顺利推进社区化准物业管理创造基础条件。

朝阳区各试点街道都为试点小区开展准物业管理工作提供了各种支持和保障，在环境整治、设施配套、人员配备等方面都做足了功夫，并将小区内的公共资源收入让渡给小区管委会作为资金补贴的来源。但是各街道若要将准物业管理的模式在所有无物业管理的小区全面铺开，会面临着资金、人力、物力等各方面的困难，因此，需要政府进一步明确政府职责，为准物业管理的顺利实施创造条件。

1. 设立无物业管理老旧小区准物业管理改善专项资金。可以借鉴杭州市的经验，将物业管理改善专项经费列入财政年度预算，来确保资金的配套落实。其中环境整治涉及的费用可由区、街两级财政按1：1配套解决；房屋整治涉及的费用按照“谁家孩子谁家抱”的原则由产权单位承担。承担确有困难的，经提出申请及核准的，由区、街两级财政按1：1配套解决；直管公房、房改房和无产权单位的房屋整治费用由区、街两级财政按1：1配套解决。

2. 协调准物业管理相关责任部门，建立沟通、协调机制。准物业管理的实施是一个复杂的工程，涉及财政、房管、城管、环卫、绿化等多个职能部门，需要各职能部门通力合作，各司其职，才能理顺各种关系，协调解决相关问题。因此，区政府可以推动建立以街道办事处为牵头单位的老旧小区准物业管理联席会议制度。联席会议成员单位由房管、市容环卫、综合执法、公安、市政、民政等职能部门组成。联席会议主要协调各成员单位配合准物业管理的实施，为准

① 参见《关于加强宁波市老小区物业管理工作的实施意见》（甬政发〔2008〕73号）。

物业管理创造条件，解决准物业管理出现的问题。

3. 实施以奖代补，对各个老旧小区实施准物业管理进行资金扶持。可以将经费补助与绩效考核相结合，建立准物业管理考核评价机制。对各小区管委会的管理绩效进行考评奖励，并根据其服务内容、质量和规模等考评情况，对考评优秀的每年度给予一定额度的资金给予奖励。

4. 细化准物业管理的要求，实施规范管理。区政府可以根据准物业管理工作的推进情况，不断细化工作要求、强化规范管理，组织物业管理和社区管理的专业人士，制定老旧小区准物业管理服务参考标准，编写老旧小区准物业管理指导手册，指导老旧小区建立标准化的管理服务体系。

5. 对准物业管理物业收费定价予以指导。区政府可以组织区物价部门和房管部门测算准物业管理基本收费标准，并明确定价原则和收费原则，加强小区管委会收费的合法性。明确收费原则是低成本收费，实现财政收支平衡。对准物业管理收费制定政府指导价，制定基本收费标准，各小区可以根据管理规模大小、服务成本、经营收入等情况，在政府指导价规定的幅度内，充分征求居民意见后确定具体收费标准。

6. 对老旧小区的困难群体采取物业费用补贴政策。老旧小区的居民构成虽然复杂，但是以退休人士、低收入群体为主，居民的交费能力有限，因此要对低保户、困难户等实施物业费用优惠补贴政策。对小区内的困难群众确实无力支付物业服务费的，经所在社区公示无异议后可以予以减免。为了鼓励全体居民形成交纳物业费的意识，也可以对低保户等困难群体采取先收后返的形式，返还部分由街道承担，既能让所有居民养成交纳物业费的习惯，形成花钱买服务的意识，又能对困难群体给予相应的扶持。

（三）成立小区管委会联合会，为准物业自治管理组织赋予法律主体资格

小区管委会缺乏法律主体资格的问题会使其对小区准物业管理的合法性受到一定挑战，在收费时可能会受到居民的质疑，物业收费可能会面临“名不正、言不顺”的困境。在现有政策不完备的状况下，小区管委会需要做耐心细致的宣传教育工作，充分利用社区民主机制，征求民意。只有在广泛吸取民意、动员居民参与、发挥社区民主的基础上制定的物业管理的收费标准才会得到居民的认可，才能增强收费的合法性。另外，在准物业管理初期，需要通过充分的宣传和引导，让居民明白小区管委会是非营利性的自治组织，是通过民主选举成立的，是为小区谋福利、办实事的组织，需要居民的配合和支持来实施准物业管理。在管理运作的过程中，只有充分运用公共事务决策机制，利用民主议事规则，建立透明公开的财务制度，赢得居民的信任与支持，才能在自治管理的理念下获得管理的民意，使其具备“社会”合法性。

在小区管委会没有获得明确的法律地位之前，可以借鉴天津市的经验，在一定程度上为其创造一些顺畅管理的条件。天津市河东区采取了成立社区物管中心进行自治管理的模式。区物业办积极主动协调区政府办、市公安局、区行政许可中心，认真研究制定了刻制社区物管中心公章的程序，即由所在街道或居委会提出申请，区物业办审核备案并出具备案证明，由物管中心人员持备案证明到区行政许可中心刻章，并规定严格公章使用管理，只用于签订社区物业管理服务协议和对内服务之用，不得对外经营使用，所在街道办事处和居委会予以全程监管。规定新成立的物管中心是实施旧区物业管理的非营利性的群众自治组织，不需要办理物业管理行业资质、工商、税务营业执照及行业人员上岗证等。

小区管委会作为非营利性的组织，要获得明确的法律地位，就必须使其成为民办非企业单位或者社会团体，从而获得法人资格。就成立民办非企业单位（以下简称民非）而言，对小区管委会来说存在很多困难。根据

我国的相关法律规定，成立民办非企业单位或者社会团体需要符合一定的条件①：要经过业务主管单位审查同意；有规范的名称和必要的组织机构；有与其业务活动相适应的从业人员；有与其业务活动相适应的合法财产；有必要的场所。由此可见，成立非民办社会团体有着严格的法律规定，每个小区的小区管委会都登记成为非民办社会团体，既不现实，也比较困难。我国对于社会团体成立条件的规定是：有50个以上的个人会员或30个以上的单位会员；个人会员和单位会员混合组成的，会员总数不得少于50个；有规范的名称和相应的组织机构；有固定的住址；有与其业务活动相适应的专职工作人员；有合法的资产和经费来源，有3万元以上的活动资金；有独立承担民事责任的能力。如果让每个小区管委会都登记成为社会团体也是不现实的，但是社会团体和非民办社会团体不同的一点是，社会团体可以有会员或会员单位，可以下设分支机构，而非民办社会团体则不能下设分支机构。因此，可以按照成立社会团体的相关规定，在朝阳区统一成立小区管委会联合会或者类似的组织，各个小区的小区管委会加入小区管委会联合会，作为其会员单位。这样不仅解决了单个小区管委会成立非民办社会团体或社会团体的困难，而且也使得每个小区管委会获得了明确的法律地位，具有了合法的法律资格。

（四）加强小区管委会的能力建设，提高其准物业自治管理的能力

小区管委会作为准物业管理的自治组织，要做好准物业管理工作，就要求组织成员具备多项管理素质能力，包括组织协调能力、宣传动员能力、沟通能力、民主管理能力等，要具备物业管理和社区管理的多项知识和技能，这对于小区管委会的成员来说都是很大的挑战。虽然小区管委会的大部分成员都是具备一定管理能力、具有丰富的工作经验的居民组成的，而且很多成员是德高望重的小区居民，但是准物业管理作为一项新生事物，仍然会给小区管委会的成员带来很多压力。因此，需要对小区管委会的组织发展进行引导、鼓励和扶持，提高组织及其成员的准物业自治管理能力。

1. 加强对组织成员的物业管理相关知识和能力的培训

小区管委会的成员一般都缺乏物业管理相关的知识，因此区政府和街道应当为小区管委会的顺利运行提供技术支持，即做好对小区管委会成员的物业管理相关知识和能力的培训。可以由房管部门或物业管理部门组织相关的培训，培训的内容包括：物业管理相关的法律法规，物业管理服务的内容及基本要求，物业服务的相关服务标准，物业管理资金的使用等。也可以组建由物业管理领域的相关专业人士组成的老旧小区准物业管理顾问团队，为小区管委会的具体管理提供咨询和技术指导，提高小区管委会的准物业管理的能力。

2. 政府购买社工服务，开展小区管委会的能力建设工作

小区管委会现在一般都处在初建时期，虽然组织的章程和相应的工作制度已经建立，但是，组织成员关系的建立和磨合、组织成员的民主管理能力的形成等都需要一定的时间才能实现。在这个过程中，可以发挥专业社工的力量，开展相应的能力建设的工作，为小区管委会的自治管理创造良好的条件。专业社工的介入可以采取政府购买社工服务的方式，政府和社工事务所等专业社工服务机构签订购买服务的协议，由专业社工服务机构派驻社工进入各个老旧小区为小区管委会及居民提供专业的社工服务。社工可以在小区管委会的能力建设方面开展以下工作。

第一，培养小区管委会成员的民主意识和民主工作作风，增强其管理能力。

小区管委会的工作应受到监督并按照居

① 参见《民办非企业单位登记管理暂行条例》（1998）、《社会团体登记管理条例》（1998）。

民的意愿和利益行动，因此应积极培养管委会成员的民主意识，多组织居民会议，共同协商处理社区问题。社工也要促进管委会对民主原则的全面理解和认同，民主不仅仅是少数服从多数，更包含着充分沟通、理性讨论和尊重少数等内容。在对小区准物业管理的重要事项的处理和决定中，要通过民主议事规则讨论决定。让小区管委会成员明白民主议事规则的根本原则包括：平衡原则、对领袖权力的制约、多数原则、辩论原则等。

要想使管委会的成员能够独当一面，做好准物业管理工作，社工就要根据他们的能力给予适当的培训。社工一般通过训练、实习、示范、阅读文章、观看影像教材、亲身体验、观察、讨论和角色扮演来提升管委会成员的能力，传授人际关系、主持会议、组织、资源动员、沟通、管理、总结归纳等多方面的技巧。管委会中相当部分的人缺乏管理知识，依靠热情工作，可能会出现不懂得权责分工，将许多工作集中在自己身上，造成分工不明、权责不清，导致管委会成员之间出现摩擦和工作效率较低。应强化他们权责分工意识，让他们认识到只有分工合作，才能做好社区工作。

第二，提升小区管委会动员社区参与的能力。

老旧小区的准物业管理涉及不同的利益主体，需要协调不同的利益关系，因此要动员不同主体参与到小区的准物业管理工作中来，通过整合社区内部资源，挖掘社区内部潜力，促进居民之间的自助与互助，形成多元共治的社区治理结构。“社区参与是一个内在的发展过程，其中包括社区成员的社区意识的增强、社区资源的挖掘与合理配置、社区成员参与社区公益活动的积极导向、社区成员对于社区责任感和承担力的增加等。”①社工应当从多种形式和途径提升小区管委会动员社区参与的能力，采取不同的方法和策略动员不同的社区成员参与到准物业管理中来。

一是利用不同形式的社区教育与宣传策略，提升社区成员的参与意识。可以通过大型讲座、座谈会、宣传栏等多种形式，让社区居民了解准物业管理的形式、目标、原则和内容等，使其认识到准物业管理的好处，形成对准物业管理的接纳意识。对于社区居民来说，尤其要采取形式多样的宣传教育和耐心细致的说服工作，改变其固有的观念和意识，使其形成交费的意识和习惯。

二是发挥党员的模范示范作用。社区党组织对小区准物业的管理还体现在党员的带头作用上。社区党委应当积极动员党员参与准物业管理，向社区居民宣传准物业管理的好处，并且积极带头交纳物业费，用自身的行为带动影响身边的居民。党员还可以在自己所在的楼栋，利用邻里之间较为熟悉的特点，发动人情攻势，利用面子等本土文化资源，说服动员社区居民支持准物业管理，主动交纳物业费。

三是动员产权单位支持准物业管理。产权单位是老旧小区物业管理的主体之一，在准物业管理的过程中应当承担一定的责任，可以对小区管委会的自治管理进行一定的资金、场地和设施的投入，例如，为小区管委会提供办公场所，在小区管委会设立专项维修资金时，进行一定比例的资金投入。

四是挖掘居民潜能，开展准物业管理志愿服务。小区管委会进行准物业的自治管理，除了委托专业服务机构、聘请专业服务人员等方式之外，也可以积极开展社区志愿服务，通过居民互助的方式，实行自我管理。居民可以为社区提供物业维修、环境管理、安全巡逻、便民服务等方面的志愿服务。这样不仅可以充分利用社区内的人力资源，降低物业服务的成本，而且可以通过居民参与提高其社区归属感，融洽邻里关系。从各地老旧小区管理的实践经验可以看出，由社区内有

① 王思斌：《体制改革中的城市社区建设的理论分析》，原载《新华文摘》，2001 年第 3 期。

专业特长的居民或者热心居民担任志愿者并提供物业服务，是一个行之有效的途径。

七、结语

由于住宅建设年代早、产权复杂、管理混乱等原因，老旧小区的居民的居住生活质量受到了一定的影响，尤其是对于无物业管理的小区的居民来说，其要求治理小区的愿望更加迫切，呼声也更为强烈。朝阳区在无物业管理小区推进准物业自治管理，进行了老旧小区管理创新的有益尝试。朝阳区推行的准物业自治管理的创新模式，为北京市老旧小区的管理进行了大胆的探索和创新性的突破，无论从理念还是从制度上来说，都具有重要的示范作用，为北京市其他城区提供了可资借鉴的经验和可以广泛推广的管理模式。

目前，朝阳区在老旧小区管理方面的创新实践虽然只是处在试点阶段，但是从其实施过程、内容来看，已经获得了初步的成效，并积累了一些成功的经验，这些都为今后在全区推广创新模式奠定了良好的基础。当然，老旧小区的管理创新是一项复杂的工程，由于受到制度、观念、法律等方面的制约和影响，朝阳区在推行老旧小区的管理方面遇到了许多困难和问题，这需要从政府投入、社区参与、体制创新、观念革新等方面寻求问题的解决之道，为今后老旧小区的准物业自治管理创造更加良好的条件。为推进老旧小区管理创新的顺利实施，朝阳区正在进行更深入的实践探索和制度创新，未来朝阳区老旧小区管理的创新实践会在广度和深度上获得更大的突破。

（此文作者为朝阳区社会办主任）

海淀区社会组织的党建问题研究

高　峰

随着改革开放的深入和经济社会的发展，社会组织在我国各个领域蓬勃发展，大量涌现。社会组织党建工作也受到各级高度重视。为对全区社会组织党组织现状的全面认识，特组织本次调研活动，全面分析当前海淀区社会组织党组织工作现状及对策。

一、研究背景与意义

社会组织已经渗透区经济、政治、文化、社会、教育、科技等各个领域并正在发挥着越来越积极的作用，成为全区现代化建设中一支必不可少的重要力量。

（一）社会组织的发展已经成为海淀经济社会发展中的一支重要力量

近年来，海淀区各类社会组织社会影响越来越大，发展也是突飞猛进。截至2010年底，海淀区共有登记在册的社会组织710个，居北京市各区县之首。其中社会团体162个、非民办企业单位480个，各自数量也居于同类组织全市前列。除此以外，还有大量已经具备登记备案条件而由于各种原因尚未登记备案的社会组织。经调查，仅各类社区社会组织就有2288家（其中社团类组织2110家，民办实体机构178个），还有一定数量实际存在、私下活动但底数不清的“草根”组织。包括两大类：一是高校里的各类团体组织。每所院校在大学生团体联合会之下至少有数十个各类学生团体，全区84所高校社会组织约有五六千个。二是各类驻京总部组织。海淀区有181家国际组织驻京机构和全国性社会组织在京总部，其中，以外资企业为主的国际组织驻京机构123家，全国性社会组织在京总部共有58家。

2011年6月初，北京市在《中共北京市委关于加强和创新社会管理全面推进社会建设的意见》中提出："在党和政府领导下，注重发挥各类社会组织、各类经济组织、基层自治组织等社会力量的积极协同作用，共同做好社会服务管理工作。"海淀区积极响应北京市的号召，及时召开区委十届十三次全会，专题研究社会服务管理创新工作，并出台了《中共海淀区委关于加强和创新社会管理全面推进社会建设的实施意见》，从完善社会组织的工作机制、促进社会组织健康发展、提高社会组织监管水平等方面加强对各类社会组织的服务管理。

（二）社会组织的党建工作引起各级党委政府高度重视

党的十六大、十七大以来，在党中央的正确领导下，各级党委政府以及组织部门、民政部门和业务主管单位按照中央要求，顺应形势，不断加大对社会组织党建工作的领导和指导，努力探索和创新社会组织党建模式，切实改进党组织和党员发挥作用的有效方式，积极营造推进社会组织党建的良好环境。社会组织党建工作取得了初步成效，党组织和党员对推动社会组织健康、持续发展发挥了日益重要的作用。胡锦涛总书记在党的十七大报告中强调，要全面推进农村、企业、城市社区和机关、学校等社会组织的基层党组织建设。习近平、周永康、李源潮等中央领导对社会组织党建工作也先后作出重要指示。

各地区各部门开始日益关注社会组织，并把社会组织党建工作作为党的建设的一项重要工作列入议事日程。海淀区依据中央和北京市委精神，在区委区政府领导下，于2008年4月成立了区委社会工委、区社会办，负责区域内社会组织的改革与发展工作。区委社会工委、区社会办成立3年来，积极探索，开拓创新，着力促进社会组织健康发展，尤其是对社会组织党建工作高度重视并予以指导。由组织部门牵头，登记管理机关与业务主管单位协同配合，积极探索社会组织党建工作机制，初步形成了以"党委领导、组织牵头、部门协同、分级管理、社会参与"为主要特征，以"扩大覆盖面、提高战斗力"为主要目标的党建工作机制。

二、海淀区社会组织党建的基本情况

目前，海淀区已经核准登记的710家社会组织中，有86家社会组织成立了党的基层组织，覆盖率只有12%。为摸清海淀区社会组织党建工作的基本现状，找准社会组织党建工作中存在的主要问题，便于区委社会工委、区社会办在今后社会管理和创新工作推进中取得更大实效，进一步推动海淀区社会组织党组织建设，近期，我们抽样对海淀区10家社会组织党建工作开展情况进行了调研，其中包括私营个体协会2家，科技类民办非单位5家，餐饮服务类民办非单位1家，医疗类民办非单位1家，民办律师机构1家。调研发现社会组织党建的基本情况如下。

（一）海淀区社会组织党组织的组建形式

在海淀区已经成立基层党组织的社会组织中，主要有以下几种组织形式。

一是独立党支部。有3名以上党员的、能正常转入党组织关系并能有效开展党的活动的社会组织，建立独立党支部。二是联合党支部。正式党员不满3人，经上级党组织批准，把业务相同相似，或者地域较近的社会组织联合起来，成立联合党支部。三是临时党支部。党员超过3人，但由于种种原因不能转入党组织关系的，建立临时党支部。四是党小组。社会组织的业务主管单位党员人数不多但组织机构健全，为便于管理和开展活动，在社会组织设立党小组。五是党建工作联络员。社会组织的业务主管单位党组织或者社会组织属地党（工）委派驻党建工作联络员，负责指导社会组织开展党建工作，或者协助社会组织党组织开展活动。

（二）社会组织党建工作普遍存在的问题

在开展党建工作方面，10家社会组织中有些较有特色，但由于社会组织中的党组织建立的时间不长，社会组织自身又存在着结构松散，人员流动性大等特点，大多数单位的党组织在机构建设、运转方式和发挥作用上还不能适应党的工作需要。主要表现为以下几个方面。

1. 党组织机构设置困难

一是有的社会组织自身无活力，日常活动较少，难以建立党的组织。二是社会组织数量多、规模小，现有党员人数少，特别是大量分布在城市社区的民办非单位大多只有1—2名从业人员，几乎没有党员，不具备建立党组织的条件。三是部分社会组织对党建工作认识不到位，担心建立党组织会对自身形成束缚、影响业务，对建党组织有抵触情绪。

2. 党员教育管理困难

一是社会组织大多机构松散，人员流动频繁，组织对个人的约束性差，人员不稳定，不少党员处于游离状态，党员与党组织的联系不密切。二是工作人员兼职多，很多党员不接转组织关系，造成进来的党员身份不清，流出的党员去向不明，难以纳入稳定规范的管理体系。三是有些社会组织由各行业、不同单位的在职人员组成，利用节假日组织开展活动，给党员教育管理带来一定困难。

3. 党组织作用发挥不够

一是由于社会组织组织松散、人员构成复杂、流动性强、不确定因素多，党组织开展活动不能沿用传统的方式，又没有成熟的经验可供借鉴。二是有些社会组织党员具有双重身份，一般在原单位过组织生活，参与社会组织党组织活动的积极性不高，体现不出党员的先进性。三是组织生活、日常工作不规范。通过调研，部分社会组织党组织活动没有计划、工作没有安排，一年只开展过一两次活动，不少社会组织党组织还以“公益”活动替代党组织日常工作。

4. 工作力量与经费投入不足

一是社会组织中党务干部队伍素质参差不齐，总体偏弱。部分党务干部基本上是边干边学，个别社会组织党组织都是不懂不会的人在负责党务工作，致使党建工作受到影响。二是各业务主管单位、挂靠单位基本上没有配备专人来抓这一项工作，日常工作指导不到位。三是社会组织党建工作经费与党务工作者报酬无从解决，各级目前没有长效机制支持此项工作。

5. 人员构成复杂，党员流动性大

我区社会组织成员大都来自社会各个层面，既有在职干部，又有离退休人员，既有个体经销商，也有农民，人员构成复杂，素质参差不齐，加之大多居住分散，流动性大，存在分布地域广，人员平时难以集中的情况。党员的数量不太稳定，党性意识不强，这给建立党组织和开展正常的党组织生活带来了一定的困难。

（三）对社会组织党建存在问题的原因分析

1. 思想认识不到位

一是部分主管单位党组织对社会组织党建工作存在模糊认识，对管辖的社会组织党建工作不够重视。二是由于受市场经济的影响，各社会组织往往只把自身发展作为追求的第一目标，对自身党组织建设认识不够，没有认识到社会组织党组织在单位员工中的政治核心作用。三是大多数社会组织从业人员对党建工作思想上不重视，部分党员党性意识不够，不能积极主动地开展党建工作。

2. 政策条例不配套不完善

由于社会组织是新兴事物，在其中开展党建工作必然涉及比较特殊的政策问题，如管理权限、隶属关系、组织发展、活动内容和方式、支部成员的权利义务以及其他相关的技术性、规范性问题，总体来说还没有较为权威的政策规定。同时，北京市委社会工委出台了一些社会组织方面的政策，但还不够完善，主管单位党组织及社会组织党组织在开展党建工作时缺少统一认识和行动依据。

3. 自身特性制约党建工作的开展

一是社会组织过去多数是依托政府部门而建立的，其党建工作基本上是沿用机关和事业单位党建工作的传统做法，随着改革的深入，与上级主管部门脱钩，但其党组织仍然隶属原挂靠单位的这种松散形式，使社会组织党组织成为被人遗忘的角落，影响了其党组织活动的正常开展。二是社会组织一直没有统一的管理机构和管理模式，北京市委社会工委成立社会组织主管部门的时间也比较短，管理经验还不足，管理模式还在进一步探索之中。

4. 传统的党建工作思维难适应新形势

一些社会组织党组织对于社会组织领域党建工作“说起来重要、干起来次要、忙起来不要”，致使社会组织党建工作停在表面，难上层次和质量。通过调研发现，有些社会组织负责人中也存在一些不利于党建工作发展的心态和动机，有的只看重政治效应，认为党组织是一块招牌，不反对建立，但不情愿更多投入；有的对在该单位建立党组织心存疑虑，担心党组织干预其业务建设，党组织活动影响工作，给单位增加成本，从而对于建立党组织积极性不高。

5. 日常管理指导不够

主要表现在上级党组织指导不够，工作流于形式。部分社会组织党组织的上级主管部门虽然对社会组织党组织的组建比较重视，但是日常管理工作并没有真正跟上，党组织建立起来，是否能够开展活动，是否发挥了应有作用，关注不够、指导不够。有的基层党组织对辖区内的一些零、散、小的社会组织党组织不了解、不清楚，有的基层党组织仅仅把制定文件、下发文件，作为工作的落实。在座谈中，个别社会组织党组织书记提到，在平时工作中，上级党组织对支部交代任务少、具体指导少、跟踪服务少，致使基层党组织无法有效开展活动。

三、值得借鉴的国内四种社会组织党建工作模式

法律上已经明确了社会组织与机关、企业、事业单位为我国四大法人。加强社会组织党的建设是社会组织登记管理机关不可推卸的责任，也是党的工作在社会领域中各项工作的延伸和拓展。

从国内其他一些社会组织党建工作开展得比较好的地区来看，有四种模式的经验和做法值得借鉴。

一是广东、宁夏的“依托民政、集中管理、多头推进”模式。在各级民政部门成立同级党组织派出的社会组织党组织，负责行业协会及无业务主管单位的社会组织党建工作，指导、协调同级业务主管单位与下级民政部门登记管理的社会组织的党建工作，业务指导单位、业务主管单位、属地党组织、社区等各方面齐抓共管，共同促进社会组织党建工作。

二是北京、上海、浙江的“单设机构、以条为主、枢纽管理”模式。在市委层面设立社会工作委员会，作为市委的派出机构，负责社会组织建设、管理、服务的协调工作和社会组织党建工作。党建的具体业务主要依靠业务主管单位、挂靠单位和行业协会开展，登记管理机关在登记、年检中协助，街道社区属地管理配合。另外，在政府与社会组织之间，通过一些行业协会或者服务机构，行使部分政府授权或委托的管理职能，同时承担本领域社会组织的党建工作。

三是大部分地区现行的“组织部门牵头、业务主管单位负责、民政部门协助”模式。各级组织部门（有的地方在组织部门中成立“两新”组织党建办公室或委员会等机构）牵头协调，主要依托业务主管单位开展社会组织党建工作，民政部门予以配合，在登记中对社会组织提出党建要求，在年检时要求提交党建情况，对党建工作予以督促和监督。

四是律师、会计师领域的“主管部门负

责、行业协会协助、会员参与”的模式。律师行业和会计师行业的党建由各级司法行政部门、财政部门具体负责，在各级律协和会计师协会设立党组织，由各级律协、会计师协会协助主管部门，并具体承担指导所属律师及法律事务所、会计师及会计事务所的党建工作。

值得一提的是，北京市从2007年底开始，也采纳了上海、浙江的模式，设立专门的机构组织——北京市委社会工作委员会来主抓社会组织党建工作，随后，各区县纷纷成立社会工委统筹协调社会组织党建活动。

四、加强海淀区社会组织党建工作的思路和对策

（一）基本思路

当前和今后一个时期，加强海淀区社会组织党建工作，应当深入学习贯彻党的十七届五中全会和北京市十届九次全会关于加强和创新社会管理工作的会议精神，坚持以邓小平理论、“三个代表”重要思想为指导，深入贯彻科学发展观，按照加强党的执政能力建设和先进性建设的要求，加强党对社会组织的领导，在促进社会组织健康、持续发展的同时，创新工作理念、理顺工作机制、优化组织设置、扩大组织覆盖、发挥党建功能，分类指导、重点突破，力争实现社会组织中党组织全覆盖，党组织和党员的作用得到有效发挥，涌现出一批“领导班子好、党员队伍好、工作机制好、作用发挥好、社会反映好”的社会组织党组织。

（二）具体对策建议

1. 应加强党建工作相关单位的协调。要理顺社会组织的民政登记管理部门、业务主管单位、属地党工委和社会组织四方面的关系，形成推动社会组织党建工作的合力；研究当前社会组织党建工作在实践中出现的新情况、新问题，指导全区开展社会组织党建工作；对社会组织党建工作的进展情况和实际工作成效进行督促检查，指导社会组织党组织有效开展党建工作；推进不同系统社会组织党建工作交流，推广有效经验和做法，开展社会组织党建工作两个层面人员的业务培训，即党建主管单位层面和社会组织层面的培训，让他们了解、熟悉、掌握党建工作的基本要求和具体做法。

2. 建立与社会组织党建工作相适应的领导体制。要建立由业务主管单位党组织和社会组织属地党组织双重负责的党建领导机制，明确各自职责，落实职能部门，明确专人负责；业务主管单位党组织要区分不同情况，加强分类指导。根据社会组织的实际情况，因地制宜确定社会组织党组织的挂靠方式，建立灵活多样的党的组织形式。对在社会组织中工作的党员，不能转入正式组织关系的，要想办法转入临时组织关系，建立临时党支部，确保党员的组织关系既不分离，党的工作又有依托，党员的组织生活才有保证；向没有党员的社会组织派驻党建联络员的，应明确党建联络员的工作制度和工作职责，如定期走访单位，负责发展党员，指导党组织活动等。逐渐在社会组织中形成党建工作五个机制，即互动联系机制、网络信息机制、互相激励机制、互相监督机制和培育指导机制。

3. 各级党委及政府要对社会组织党建工作给予有力支持。社会组织的党建工作是一项长期的经常性工作，其政治性强，涉及面广，推进难度大。区委社会工委要在区委组织部的领导下，指导街道社会工委慎选党建工作责任人、落实职能部门和各自工作职责，从财力、物力、人力上给予政策和支持。一是出台相关的扶持政策，让社会组织的党建工作走自主创新的道路；二是配备一定数量的政治性强、业务素质高的党务工作人员，指导社会组织党建工作的开展。

4. 民政部门管理机关应抓好社会组织党建组织机构建设。在加强社会组织党建工作中，民政管理部门作为登记管理机关应着重把好“两关”。首先，要把好入口关。社会组织履行登记时，要求其落实和建立党的组

织。其次，要把好“年检关”。社会组织在履行年度检查时要有党组织的活动情况，同时把抓社会组织的自律与诚信建设作为党建工作的突破口，为社会组织党的建设打好基础，铺好路。

5. 积极探索在社会组织中充分发挥党组织作用的新路子。由于社会组织的业务范围存在一定的差异性，党员受所在环境的影响，在社会组织中发挥的作用也不尽相同。从调查的社会组织情况来看，若该组织中的主要负责人自身是党员，大多数就会比较重视基层党组织，党建工作相应会做得比较规范，从而使社会组织发展做到互促互带、生机勃勃。若社会组织中主要负责人自身不是党员，他对党的知识了解得不多，对党的认识不深刻，那么往往就会出现不重视、不关心党建工作的问题，有时甚至带有抵触情绪，偏激地认为党组织开展学习活动和单位本职工作相冲突，即使同意开展党建活动，也往往会流于形式。

针对这种情况，社会组织党组织要积极培养和发展本单位中的优秀人才和主要负责人加入到党的组织中来，同时，要加大党建宣传力度，在开展活动中积极邀请社会组织负责人参加，让他来亲身感受党组织在单位发展中的推动作用；社会组织上级党组织要为其搭建平台，加强指导，树立典型，推广先进经验；区委社会工委应在认真总结全区党建先进经验的基础上，提炼出海淀区社会组织党建工作的好做法、好经验，在全区范围内加以运用和推广。

6. 创新社会组织各类党组织活动方式和党员教育管理理念，充分发挥党组织和党员的先锋模范作用。按照《党章》规定，社会组织中党组织的主要任务是，引导和监督社会组织贯彻执行党的路线方针政策，遵守国家的法律法规，做好党的群众工作，维护各方合法权益，促进社会组织健康、规范、有序发展。因此，要明确党组织在社会组织中的功能定位，找准发挥作用的着力点；要从社会组织从业人员的职业特点和内在需求出发，因地制宜地开展党的活动，充分利用现代信息技术和互联网等现代传媒手段，畅通党组织和党员、党员和党员之间的联系交流渠道，活跃党内生活，增强党组织的吸引力和亲和力。

在对党员教育管理中，要坚持教育、管理、服务并重。加强党员宗旨观念教育，使党员努力成为业务工作的骨干、联系服务群众的模范、精神文明建设的标兵。充分发扬党内民主、实行党务公开，调动党员关心和参与党内事务的积极性，保障党员平等参与和共同管理党内事务的各项权利。要坚持服务为先，寓党员教育管理于服务之中，走出一条融教育、管理和服务为一体的党员教育管理新路子。要尊重党员主体地位，建立党内激励、关怀、帮扶机制，增强党员的责任感、荣誉感和归属感。组织关系没有在社会组织、但长期在社会组织工作的党员（包括专职、兼职的负责人中的党员、流动党员）必须在上级党组织备案，同时参加社会组织的党组织生活。

总之，社会组织党建工作是一项系统工程，要探索出一套行之有效的经验和做法还需要很长的一段路要走，只有在实践中不断总结不足，注重积累经验，逐步完善党建工作体制和机制，才能推动海淀区社会组织的党建工作上一个新台阶。

（此文作者为海淀区委社会工委书记）

关于丰台区社会志愿服务工作的分析报告

王珮琦

社会志愿服务已成为当前加强社会建设工作的一项重要内容，它对于广泛动员社会资源参与社会建设、改善社会人际关系、净化社会风气、体现社会关怀、推进精神文明建设等具有重要意义。

本报告是丰台区委社会工委在开展全区各系统、各街道志愿服务工作调查的基础上，将了解到的丰台区志愿服务工作现状，遇到的困难及存在的问题与需求，加以汇总、分析、研究，为落实党的十七大精神，创新丰台区社会志愿服务发展途径，推动全区志愿服务工作向常态化、规范化、制度化、合理化发展提供参考。

一、丰台区社会志愿服务建设现存问题及原因分析

目前，全区共有志愿者队伍2038支，志愿者总数148695人，其中注册人数96654人（指在“志愿北京”和“首都治安巡逻志愿者信息系统”内注册）。近些年来，丰台区志愿服务工作迅速发展，并取得一定成绩。2011年，根据区委、区政府的决定，由我委牵头成立丰台区志愿者联合会。在认真分析研究全区志愿者基本情况、到其他城区交流学习的基础上，制定了《丰台区志愿者联合会成立工作方案》并上报区委审批。为了加强志愿者联合会的工作力量，经区政府同意面向社会公开招录4名专职工作者。

积极推进专业志愿者队伍建设。全市首个社区城市志愿者站点“社区蓝立方”落户和义街道、区司法局牵头成立了由1000多名志愿者参加的法制宣传志愿服务队、在全市首次以招募形式组建了2支地震应急志愿者服务队、南苑街道成立了96156精神慰藉青年志愿者服务队等。

积极总结和推广丰台街道永善社区“市民劝导队”的典型经验和做法。通过召开全区大会、下发专门通知、成立“市民劝导队”落实推广情况检查小组等方式，在全区范围内大力推广“市民劝导队”的先进经验。截止到目前，全区16个街道（地区）已经全部成立了“市民劝导队”，统一了标识，规范了管理。“市民劝导队”员深入到每个社区、街巷，实现了“劝导”全覆盖。与此同时，各街道结合各区域的特点和实际，拓展服务形式和服务领域，将“市民劝导队”进行了进一步的深化和改良。各街道积极探索，丰富了“市民劝导队”的内涵，打造了新的特色品牌。如丰台街道建立由中小学生参加的小小劝导队、新村街道三环新城社区成立了文明出行劝导队、卢沟桥街道成立了文化传承劝导队等。

在看到成绩的同时，也应清醒地认识到，我区志愿服务工作方面与贯彻落实科学发展观，构建和谐社会的要求相比较，仍然存在一些问题与不足，在工作开展中，也遇到了一定的困难。调查显示，问题和困难主要体现在以下几个方面（见表1）。

表1　志愿服务工作的问题与不足

项目	街乡镇	%	委办局	%
缺少志愿活动经费	136	15.1	3	0.3
活动场地紧缺	79	8.8	1	0.09
缺少志愿者奖励和保障机制	70	7.8	4	0.4
无志愿活动经费	62	6.9	—	—

续表

项目	街乡镇	%	委办局	%
志愿者老龄化	51	5.7	—	—
缺少专业人员指导	23	2.5	—	—
缺少专业性培训	18	2.0	1	0.09

资料来源：丰台区各系统、各街道志愿者队伍调查登记表。

(一) 缺乏相应的资金保障，制约了志愿服务事业的发展

参与调查的单位中，有139支队伍表示开展志愿服务工作最大的困难在于资金缺乏。其中，更有62支队伍在开展活动中没有任何经费支持（见表1、表2）。

表2 开展志愿服务工作经费问题

项目	街乡镇	%	委办局	%
政府资助	284	31.5	9	0.8
其他形式自筹	100	11.1	2	0.2
会费收入	4	0.4	—	—
服务收费	3	0.3	—	—
社会捐赠	1	0.1	—	—

资料来源：丰台区各系统、各街道志愿者队伍调查登记表。

志愿者服务工作所面临的资金短缺问题，严重限制了志愿活动场地，并导致了志愿者队伍的招募、培训、管理以及志愿者基本权利保障等不得不流于形式，成为短期行为，同时也大大限制了服务的内容和范围。显然，缺乏资金保障已经成为制约丰台区志愿服务发展的“瓶颈”。

(二) 专业志愿者队伍少，行业类别少，致使志愿服务总体水平不高

目前，全区专业志愿者队伍共3支，相对集中于卫生、司法、抗震救灾行业，行业类别较为单一。由于丰台区多数志愿者没有掌握专业服务技能，专业志愿者的技能也较为集中，导致了全区志愿服务整体水平不高。

(三) 服务项目管理不规范，缺少对服务内容、范畴的规划，致使志愿服务领域不均衡

据调查，丰台区没有设立对服务内容、范畴进行统一规划的部门，致使志愿服务领域不均衡。一段时间以来，各系统、街道的志愿服务领域较为传统，如开展社区安全的有34.7%、服务老年人的有31.5%、开展环保工作的有21.6%，服务项目较为单一化、僵硬化，项目创新活力有限。各系统间志愿服务工作相对独立，各队伍间工作融合，适应性较差，如开展法律援助的单位有10.2%，主要是司法系统；技术培训1.2%，主要是教育系统；医疗保健2.1%，主要是卫生系统等（见表3）。

表3 志愿服务的领域和项目

项目	街乡镇	%	委办局	%
社区安全	313	34.7	3	0.3
服务老年人	284	31.5	8	0.7
服务病者	101	11.2	3	0.3
服务伤残人士	137	15.2	3	0.3
服务儿童	166	18.4	7	0.6
慰问探访	129	14.3	5	0.4
环保工作	195	21.6	2	0.2
法律援助	92	10.2	4	0.4
心理辅导	51	5.7	3	0.3
社区调解	137	15.2	2	0.2
社区活动策划组织	132	14.6	3	0.3
功课辅导	21	2.3	—	—
电脑技术	11	1.2	—	—
社区代购	17	1.9	—	—
维修服务	16	1.8	—	—
医疗服务	19	2.1	1	0.09
其他	76	8.4	—	—

资料来源：丰台区各系统、各街道志愿者队伍调查登记表。

(四) 社会各方对志愿服务及重要性的认识不够，导致志愿服务参与率较低

通过调查，我们了解到，丰台区干部群

众对于“志愿服务”的知晓度在提高，但是对于志愿服务内涵及功能的认识存在简单化、片面化、肤浅化的问题。这些直接影响了广大群众参与志愿服务的热情，导致丰台区志愿服务参与率较低，表现在以下几方面。

1. 志愿者总数少

目前，丰台区常住人口约为211万人，共有志愿者148695人（且调查统计中，各系统间、系统与街道间存在交叉重复）。在交叉重复统计的情况下，志愿者总数也仅占常住人口的7%，与《北京市加强社会建设实施纲要》提出的“要力争实现公众志愿服务参与率达到20%以上”还有很大差距。

2. 志愿者结构不均衡

丰台区的志愿者中，年龄层偏大，一般由社区离退休人员为主要力量，少量青少年，并伴有文化程度低、技能单一等问题。各志愿者队伍专职工作者由社区工作者组成，缺少专业人员的指导和培训。

3. 日常型和管理型志愿者缺乏

项目型志愿者（一次或偶尔参与志愿服务活动的志愿者）占到绝大多数，而日常型志愿者（经常参加志愿服务活动的志愿者）及管理型志愿者数量偏少。

（五）志愿者管理体制、制度不健全，导致各类情况不清，工作运行效能较低

目前，丰台区对于志愿者的管理呈现出多头负责的现象，青年志愿者由共青团负责，巾帼志愿者由妇联负责，治安志愿者由综治部门负责，社区志愿者由民政部门及各街道负责。这种多头管理、各自为政的现象，不仅造成了志愿服务工作管理上的混乱，也使得志愿者队伍的底数不清、情况不明，不利于对志愿服务工作的统筹协调和志愿服务事业的健康成长。

缺乏统一的管理体制，没有系统的管理方式，主要表现在以下几方面。

一是缺乏有效的登记注册制度。全区没有负责对志愿者统一注册的部门，多为各单位自行登记。

二是志愿者的基本信息数据不健全。全区绝大多数单位没有建立志愿者的基本信息数据库，对志愿者的管理机制不健全。

此外，各系统、街道间没有互通的信息平台，使得志愿者资源享用仅限本单位内部，导致了全区志愿者具体数量不明、构成不清、志愿活动开展情况无从掌握。

三是管理制度缺乏规范性。志愿者的招聘、培训、流动、退出程序随意性较大。

四是缺乏有效的培训制度。全区仍有10%的单位没有定期对志愿者进行培训（见表4），导致志愿者素质、技能参差不齐。

表4　志愿者培训情况

项目	N	%
是	681	90
否	77	10

资料来源：丰台区各系统、各街道志愿者队伍调查登记表。

五是缺乏志愿者权利保障机制。主要表现为志愿者在志愿服务期间，缺乏相应的物质保障和风险保障。

上述五大问题，导致了丰台区志愿服务队伍自主能力弱，队伍不稳定，志愿者积极性不高，致使志愿服务事业可持续发展能力不强。

二、建立规范化、合理化的社会志愿服务体系，推动社会志愿服务可持续发展

（一）建立统一管理，统筹协调的志愿服务格局

目前，我国均由志愿者协会负责志愿服务工作的统筹协调管理工作。丰台区社会志愿服务工作处于一种多头管理、较为混乱的现状，多数单位认为有必要对全区志愿者进行统一登记注册、统一管理。

建立统一管理、统筹协调、覆盖面广的志愿服务格局，可从成立一个机构，搭建一个平台入手。

成立一个机构，即成立丰台区志愿者联

合会，使之成为对全区社会志愿者统一登记、管理及对志愿服务进行统筹规划协调的机构，推动志愿服务事业向规范化发展。其主要职责可定位于：接受政府部门委托，负责全区社会志愿者的招募、资格的审核和认定；社会志愿者的个人档案和志愿者服务活动记录的管理；开发志愿服务项目，对社会志愿者提供的服务和社会需求进行双向调剂和匹配；对志愿服务活动予以指导、支持和协调；组织开展各种志愿服务活动；对社会志愿者进行培训和宣传；建立社会志愿者的考核、评价、激励机制。联合会成立后，可面向社会招聘专人负责志愿者注册管理工作。

搭建一个平台，即建立一个信息通畅的综合性信息平台，运用网络平台的信息化、高效化和便捷化优势，有效整合各系统、街道的志愿者及服务项目资源，为全区志愿组织提供信息采集发布、资源共享、沟通交流等服务。将志愿者信息与活动情况完整储存起来，及时把群众对志愿服务的需求和建议反映给相关部门。利用互联网、微博等新媒介，宣传志愿服务精神，发布志愿活动安排，实现与社区居民、志愿者组织及志愿者多形式的互通互联。

（二）建立项目、经费资源体系

丰台区志愿服务工作的社会支持体系还不完善，支持的力度也非常有限，相对制约了志愿服务的顺利发展。要改变这种现状，就要建立起项目资源及经费资源体系。

1. 要建立项目资源体系

可按照“社会所需、志愿者所能”的原则，面向社会征集服务项目，确定一批适合丰台区特点的志愿服务项目，建立具有区域特点的志愿服务项目库，丰富社会志愿服务内容，增强志愿服务的实效性，扩大服务的覆盖面与受益面。

2. 多方拓展志愿者组织经费来源渠道

政府应加强对志愿者组织的培育，采取积极鼓励和合作支持的态度，帮助社会组织克服发展障碍，在政策法规及资金等方面给予必要的支持，为志愿者组织发展创造良好的生态环境。为解决志愿者组织资金紧张的问题，政府部门可以设立志愿服务基金或者专项基金，每年由财政拨付专项经费，用于支持志愿者开展各类社会公益活动。建立委托机制，社会团体、志愿团体接受政府委托，开展各类服务，获得的经费用于支付志愿者在服务过程中的成本和志愿者的培训提高等。还要积极拓宽社会捐赠渠道，鼓励自然人、法人和其他组织对志愿者组织和志愿活动等进行资金和物资的捐赠，建立健全透明的捐助和资助的物资的接收、使用和管理体系、按照捐赠和资助者的愿望使用发放，并定期公开资金和物资的使用情况。

志愿者组织要广泛寻求引资机会，可以和企业、公司等营利组织合作，获得财力或物力的捐赠和资助，这样志愿者组织能够获得更多资金支持自身运作，企业也通过公益活动塑造更好的公众形象，提高知名度。

（三）丰富和提升志愿者组织激励机制

唯有让志愿者真正感受到受人尊重和被人需要的自我价值所在，才能保持志愿者参与行为的内在动力。调查显示，大多数单位认为应建立，同时也实行了志愿服务的激励机制，为加强志愿者队伍建设提供了动力保障。

应继续完善多层次、多样式的志愿者激励机制。

一是传统激励机制，如进行表彰、授予荣誉称号等。在每年12月举行年度志愿服务工作表彰大会，树立优秀志愿组织品牌、优秀志愿者典型，对其进行表彰，将已有的志愿服务工作做得好的组织的工作经验、运行模式在全区进行推广。

二是新型激励机制，可建立志愿者服务“储蓄”制度，积极推广“志愿服务时间银行”“互相服务”等有效形式，完善志愿者个人志愿服务档案，通过信息化手段记录志愿者每次所参与的服务内容、时间等，把提供志愿服务与优先享受志愿服务结合起来，在志愿者自身需要社会提供帮助时可以优先得到志愿服务，从而使志愿服务成为“付出、积累、回报”的爱心储蓄，可以吸引更多的人参与到志愿者队伍中来。

（四）创新宣传动员机制，鼓励和发动全民参与志愿服务

要打破丰台区志愿者组成结构不均衡、不合理的现状，就要加大宣传力度，鼓励和发动全民参与志愿活动。要形成宣传动员机制，提升舆论宣传力度，抓住典型、注重形式、广泛宣传。充分利用部门、街道、社区的各种会议、市民学校、板报、橱窗、社区出版物、公益广告牌、网络等渠道宣传志愿服务精神，普及志愿服务知识，最大限度地营造社会舆论环境，使社会志愿服务的宗旨、内容家喻户晓，深入人心。鼓励党政领导、公务员参与志愿服务，起到示范带动作用。动员企业家及其家属参与志愿服务，从而带来资源支持。吸引专家学者、专业人员参与志愿组织，在不同领域为服务活动策划、组织、实施作出贡献。只有实现志愿者组成的多样化，才可能拥有丰富的智力资源、组织资源、经济资源、自然资源来促进志愿服务发展。

（五）加强志愿者组织的内部管理系统，完善培训和考核机制

应建立健全志愿者队伍建设的培训制度，开展经常化的培训，对新招募的社会志愿者，进行有关社会志愿的基本理念、服务宗旨、发展目标、相关规定、管理制度等知识的培训。同时不定期组织开展志愿者文化理念、人际交往能力、专业服务技能等方面的专业培训和系统培训。培训方式可以灵活多样，包括举办培训班、介绍经验、分析案例、观摩考察等。通过形式多样的培训方式、有针对性的培训内容，持续提高志愿者的综合素质与服务技能。

志愿者组织自身要积极进行适应性调整，加强自身组织建设和能力建设。要坚持独立法人运作，健全内部治理机制，设立一套完善的组织机构、章程和运行机制。建立健全自身的自律机制、财务管理机制、绩效评估机制、问责机制和激励监督机制，强化服务意识和责任风险意识，成为社会公众利益的真正代表。

（此文作者为丰台区委社会工委书记、区社会办主任）

关于首都绿色转型示范区社会管理创新的研究

沈代平

当前，石景山区正经历首钢涉钢产业搬迁所带来的广泛而深刻的全面转型，这一进程无疑将会影响石景山区未来百年的风貌。在转型发展中，石景山区不仅要系统谋划区域再造、产业升级等经济问题，同时还需应对首钢搬迁所带来的公共服务欠缺、利益格局变动、社会矛盾加剧等诸多社会问题，全区社会建设和社会管理所面临的任务更重、难度更大、更加持久。

在转型发展的战略机遇期，我们更应当深刻认识加强和创新社会管理的重要性和紧迫性，着眼于石景山区长远发展，着力于社会和谐、稳定、持久，不断深化对绿色转型内在规律的认识，系统谋划、扎实推进社会管理创新工作，努力探索出一条具有石景山特色的社会管理创新之路。

一、转型期社会管理科学化水平不断提高

创新是社会管理的动力支撑。一直以来，石景山区高度重视加强和创新社会管理工作，

始终坚持重在持续、重在提升、重在统筹、重在为民的工作理念，紧紧围绕社会转型这一核心特征，积极开展新时期加强和创新社会管理的探索和实践，着力维护社会秩序、促进社会和谐、保障人民安居乐业，全区社会事业发展呈现出良好态势。一是注重机制体制创新，成立区社会建设工作领导小组及其办公室，组建区委社会工委和区社会办，进一步加强区委区政府对社会工作的领导力和统筹力，初步构建起“党委领导、政府负责、社会协同、公众参与”的社会管理新格局。二是以改善民生为重点，围绕民生问题的有效解决，积极探索政府购买社会组织服务的实现模式，推动“一刻钟社区便民服务圈”建设，不断完善十大类60项社区基本公共服务，促进地区基本公共服务均等化。三是以完善政策体系为抓手，制定《关于进一步加快推进社会建设的若干意见》等相关文件，围绕社会公共服务、社区建设、社会组织培育、志愿服务、社会领域党建、社会工作者队伍建设等重点工作提出切实可行的创新举措，初步形成创新社会管理的政策体系框架。四是以党建为龙头，通过“三推一选”的方式在街道层面建立社会工作党委，形成区、街、居三级社会建设工作网络，建立枢纽型社会组织管理服务网络、志愿者服务管理网络、社会领域党建协调联动工作网络。五是夯实基层社会工作基础。积极探索和推动社区规范化建设、商务楼宇“五站合一”工作站、网格化社会管理、新居民互助服务站等工作模式，在流动人口管理、重点人群管理、“两新”组织管理以及新兴媒体管理等方面力求取得实质性突破。

二、转型期社会管理工作面临的突出挑战

1. 公共服务总量不足与分布不均同时并存

一方面，由于全区现阶段财力和发展水平的限制，在城市面貌、基础设施、服务功能、承载能力等方面与所承担的城市功能定位之间存在较大的缺口，低于北京城六区的平均水平。此外，由于公共服务具有很强的外溢性，随着流动人口的不断涌入，全区公共需求全面快速增长与公共服务供应不足的矛盾势必会更加尖锐。

另一方面，发展起点不同、资源禀赋差异导致全区东部、中部及西部地区之间的基本公共服务存在很大差异。东部地区经济正处于快速成长阶段，公共服务设施较为完备，整体水平高于中西部地区。中西部地区由于开发较晚，经济发展相对落后，基本公共服务整体发展水平亟待提升。尤其是，西部地区地处浅山区域，历史上农村人口多，城乡结合部特征较为明显：经济基础薄弱，市政基础设施落后，城市化水平低，综合性医疗卫生机构、规模性中小学等公共服务设施缺乏；经济组织可吸收就业人员有限，居民增收问题突出；加之西部地区有团级以上部队单位18个，占据西部地区发展的优势地带，且占地较为分散，使得周边集中开发建设难度加大。

2. 户口属地多元增加人口管理难度

一是首钢搬迁很大程度上改变了全区原有的人口构成状况，形成人口双向流动、人户分离增多、户口属地多元的分布态势。首钢搬迁后，到京外新厂工作的6000余名首钢分流安置人员其户籍仍留在石景山区。同时，首钢在京留驻单位吸纳4112名外省人员在京工作。首钢主流程停产后这部分人员仍可能继续在我区工作。二是新社会阶层不断出现，社会管理日趋复杂。随着文化创意、休闲娱乐、商务金融、高新技术、旅游会展等五大主导产业确定，新行业、新业态、新职业迅速发展，第二产业从业人员比例下降，第三产业从业人员超过50%，白领、自由职业等非体力劳动者的比例大幅增加。如何加强“两新”组织的管理服务，需要更为系统地加以谋划。三是流动人口管理压力加大。全区流动人口数量在城六区中仅次于海淀区，是北京市流动人口增长速度最快的地区。截

至2010年底，常住人口总数为62万余人，其中居住半年以上的流动人口达到15.6万人，占常住总人口的25.2%。新居民为我区经济社会发展提供持续动力，但大量外来人员的不断迁入也消耗更多的公共服务资源，加重就业培训、社会保障等方面的压力。

3. 转型期社会矛盾更趋复杂

随着全区经济结构调整和产业转型升级，产业链从国际分工的高端一直延伸到最低端，收入分配出现较大差距，利益主体日渐多元，社会利益结构面临深刻调整变化，拆迁利益纠纷平抑、首钢老旧小区物业接续等问题较为突出。

同时，对于一些历史遗留问题，如果处置不当很有可能衍生为新的社会问题。比如，农转居人员安置问题，石景山区原有农业人口15535人，占全区常住人口的4.6%。2002年开始实施一次性农转居，但由农转居所带来的富余人口至今没有被彻底消化。随着西部地区开发的加速推进以及农工商公司的产权制度的改革和资产处置的实施，在利益分配过程中有可能会引发新一轮矛盾和问题，成为影响全区社会稳定的诱发因素。

此外，随着互联网、新媒体逐步普及，城市生活呈现出明显的网上网下一体化特征。网络社会的偶发性、盲目性，使得爆发网络群体性事件的概率大大增加。如何把网络虚拟社会与现实社会管理统筹起来，积极构建和谐虚拟社会，也成为今后我区社会管理需要认真面对的重要课题。

4. 社区建设工作面临新的压力

一是行政管理体制改革尚待突破，应当向社会转移的一些与社区居民利益相关的社会管理职能缺乏承接主体，导致政府部门将大量相关社会事务向社区转嫁。二是社区管理体制还不够顺畅，社区居委会对自身自治性质认识不充分，习惯于依附街道。三是在一些老旧小区公共服务设施、社区办公服务用房等项目建设中不同程度出现选址难、建设难问题，社区硬件建设需要广泛争取居民和社会单位的支持帮助。四是社区工作队伍还不能很好地适应社区建设的现实需要，还无法提供更高层次、更为专业的智力型服务，不能满足社区居民日益增长的多样化服务需求。

5. 社会参与和社会活力还有待进一步激发

我区虽然先后出台一系列规章制度，引导和规范社区居民积极参与社会建设。但由于缺乏专业社会工作教育和基层社区工作的结合，导致当前社区建设中工作方法相对单一，在社区事务管理中多以被动执行参与的方式为主，社会单位和社区居民自主参与社区建设的程度较低，社区居民更倾向于将居委会视作政府组织而不是群众自治组织，社区成员参与率低，参与的人群层次单一。在对所居住社区公共事务管理中，社区居民表现出一定的参与热情，然而在更高层次的社会建设管理决策制定过程中，真正的公众参与活动仍显不足。

三、转型期创新社会管理的主要举措

在转型发展的机遇期，应当创新管理理念，注重推进社会管理体制机制、方式方法的创新，拓展社会管理的内涵外延，把促发展和惠民生更紧密地结合起来，努力打造以社会服务更加完善、社会管理更加科学、社会动员更加广泛、社会环境更加文明、社会关系更加和谐为主要内容的社会管理创新体系。

1. 创新社会管理理念，持续增强社会管理主动性

理念决定工作成效。创新社会管理首先应体现在工作理念转变上。一是要由偏重管理向管理服务并重转变。要牢牢树立“创新驱动、服务为先、全面覆盖、党建引领、整体推进”的工作理念，坚持把以人为本、服务为先贯穿于社会管理工作中，更新管理理念，创新服务方式，在管理中突出服务，在服务中细化管理，实现由防范、控制型管理

向人性化、服务型管理的转变。二是要由分散建设向融合发展转变。近年来，我区在社会管理方面探索出不少经验做法，但总体上还比较零散，没有形成真正的集成效应。为此，应继续巩固深化我区在社会建设中所取得的理论成果、制度成果、实践成果，扎实推进党建引领、社区规范化建设、社工队伍素质提升、社会管理网格化、政府购买公共服务等五大工程，坚持点面结合、整合集成，推广做深已有特色品牌，总结提炼新的典型经验，努力做到串点成线、并线成片、连片成面，力争在全市率先形成与新形势、新任务相适应的社会管理创新体系。三是由“运动式”推进向长效管理转变。按照荣华书记的指示要求，进一步加强对全区社会工作的调研，科学把握转型期社会管理的内在规律，着力构建社会管理长效机制。

2. 以党建工作为引领，积极推动社会管理创新纵深发展

党的建设是社会管理创新的政治保证。应当充分发挥社会领域党组织在绿色转型期社会管理创新中政治核心作用，坚持以社会领域党建工作创新推动社会管理创新。一是要完善社区党建工作格局。进一步巩固和发展社区党建工作成果，规范街道社会工作党委工作职责和运行机制，推动社区党组织工作创新，加大新建小区、城乡结合部社区党组织组建力度，加强首钢老旧社区党的建设，确保社区党组织有专职工作人员、有办公场所、有活动经费，着力构建区域化党建工作格局。二是健全社会组织党建工作机制。在区级“枢纽型”社会组织全部建立社会组织党建工作委员会、社会组织联合党组织及工作协调部门，逐步建立健全社会组织党建工作联席会议机制。加大在行业协会、社会工作事务所等社会组织建立党组织的工作力度，实现社会组织中党的工作全覆盖。三是推进非公有制经济组织党建工作。加快推进商务楼宇社会服务站、党建工作站、工会工作站、团委工作站、妇联工作站“五站合一”建设，实施非公有制党建推进工程，探索不同类型基层党组织设置形式，加大在中关村科技园区、万达商业区等重点地区党建工作力度，探索商管协会、社区门店联建等模式，继续推进非公有制经济党组织“五个好”创建活动，加大“五个好”示范点创建和宣传力度，实现非公有制经济组织中党的工作全覆盖。四是推动社会领域党建工作创新。深化创先争优活动成果，大力实施“领航工程”“聚力工程”“先锋工程”，不断创新管理机制，进一步完善社会领域党建工作分类管理、分级负责的工作体系。不断创新工作方式，进一步完善组织健全、覆盖全面的工作网络。不断创新活动方式，进一步形成长效工作机制，不断加强社会领域党组织自身建设和党建工作队伍建设，健全完善“党员承诺制”，充分发挥党员的模范带头作用。

3. 强化重点区域管理，不断拓宽社会管理覆盖面

一是确保城乡结合区域和谐稳定。将老古城、边府、衙门口等城乡结合部作为社会管理工作的先导区，健全完善拆迁社区整体平移的运作模式，建立社区矛盾调解、动态排查整治工作机制，在回迁特殊时期坚持做到组织不散、队伍不变、服务不断，实现区域改造升级与社会建设的同步推进和有机衔接。二是加强首钢老旧小区规范管理。深入开展调研，全面摸清老旧小区底数。结合社区规范化建设要求，研究制定符合老旧小区实际的社区管理工作方案，集中研究解决老旧小区普遍存在的基础设施陈旧老化、环境卫生脏乱以及首钢小区物业接续等突出问题，积极推动社区基本公共服务向老旧小区延伸，不断扩大老旧小区建设的覆盖面和受益面。三是关注网络虚拟社会健康发展。把网络虚拟社会与现实社会管理统筹起来，注重加强网络舆论引导，建立健全网上舆情研判、会商和调控机制，加强网上违法和不良信息举报系统建设，不断完善网络综合防控体系。

4. 推进社区建设，大力提升基本公共服务水平

一是以规范化建设为带动完善社区治理

模式。社区规范化建设是社会管理创新格局在社区层面的具体体现，在全区社区办公服务用房面积全部达标的基础上，要按照“一分、三定、两目标”的总体思路，把握理清社区管理职能的创新实质，继续推进以“居站分离”为核心的社区规范化建设，强化社区组织运作架构，充分发挥社区党组织领导核心作用，发挥社区居委会的民主自治功能，建立高效的社区服务站来专门承接社区各项行政性事务，推动居委会与服务站在人员、工作关系上实质性剥离，构建一个横向到边、纵向到底的基层社会管理体系。二是扎实推进社区基本公共服务优质供给。对社区服务设施、服务领域、居民需求以及现有服务网络等基本情况进行调研摸底，将项目建设和设施建设作为社区基本公共服务体系完善的突破重点。加大对职能部门的协调统筹，实现十大类60项社区基本公共服务项目与各主责部门的有序对接。选择基础较好社区作为试点，探索建立大区域的“一刻钟社区服务圈”。三是努力打造高素质的社区工作队伍。对社区工作者在服务期间实行年度考核评议制度，健全社区工作者培训工作机制，依托社区人才工作室等创新载体加大对优秀大学生社区工作人才的培养力度。认真做好居委会换届选举准备工作，积极向居委会输送优秀社工人才，不断优化居委会队伍结构。

5. 强化社会面控制，注重提高社会管理效果

社会管理，从根本上是对人的管理和服务。要坚持以人为本，把对人的管理服务作为社会管理的基础性工作，注重矛盾纠纷的提前预警，探索建立“常住人口常规管、流动人口跟踪管、特殊人群重点管”的分层分级管理模式，不断满足各类人群服务需求，不断提高各类人群管理精细化、信息化、科学化水平。在常住人口管理上，加快推进社会服务管理专项创新，科学划分网格，合理配备力量，运用互联网、物联网等现代信息技术，畅通信息发现报告渠道，健全监督考评体系，搭建社区社会服务管理信息化平台，建设社会服务管理综合信息系统，完善集人、地、物、事、组织于一体的网格化社会服务管理模式。研究制定网格化社会服务管理工作指导意见，构建区、街、居三级网络体系，基本实现网格化社会服务管理全覆盖。坚持把管理就是服务的理念贯穿到各项工作中去，定期组织召开“社区社情恳谈会”，着力健全社情民意调查制度、诉求表达反馈机制、利益平等协商机制，使社会各阶层群众的利益诉求都能得到及时有效回应。在流动人口管理上，坚持落实以证管人、以房管人、以业管人的各项措施，合理控制全区人口规模，努力遏制人口无序过快增长的势头。继续深化“新居民互助服务站”成功经验，加强实有人口动态管理，充分发挥“新居民志愿者”协会的作用，做好流动人口双向服务管理。按照来有登记、去有核销的要求，加强流动人口、人户分离基础信息采集，完善流动人口综合管理信息平台建设，提高流动人口服务管理信息化和精细化水平。加强和改进来京务工人员服务管理工作，努力解决社会保障、子女入学、医疗卫生等方面存在问题。建立重大政策、重大项目和公共资源配置人口评估机制，加快建立人口安全预警机制，确保人口发展符合我区绿色跨越转型的发展需要。在特殊人群管理上，加强对特殊人群的关注，尊重他们的人格尊严，保障他们的基本生活，维护他们的护法权益，着力彰显新时期社会管理的人文关怀。根据不同群体的社会需求，提供差异化、个性化、全方位的社会服务。积极应对人口老龄化，完善居家养老“九养”政策，构建以居家养老为基础、社区服务为依托、机构养老为支撑的养老服务体系。加快残疾人事业发展，健全覆盖城乡全体残疾人的社会保障和服务体系。加强和创新特定人群服务管理，推进“阳光中途之家”在全区的覆盖，完善社区矫正和安置帮教工作机制，加强对刑释解教和社区服刑人员的服务管理。建立健全精神疾病患者服务管理制度，使精神病人及时得到治疗和救助。

6. 培育与管理社会组织，增强社会管理力量

各类社会组织、经济组织既是社会服务管理的对象，又是社会服务管理的参与者。应当坚持鼓励发展和监管引导并重的方针，完善培育扶持的政策措施，推动包括社会团体、行业组织、中介机构、志愿者团体等在内的各种社会组织发展壮大，提高它们在社会管理中的协同能力。

坚持一手抓培育扶持。健全完善社会组织“枢纽型”工作网络，基本实现社会组织管理服务全覆盖，把各类社会组织纳入到党和政府主导的社会组织工作体系。按照有领导责任制、有职能部门、有工作制度、有党组织和党的工作广泛覆盖、有管理和服务体系广泛覆盖、有业务和活动品牌项目的要求，完善以人民团体为骨干的“枢纽型”社会组织工作体系和运行机制。顺应社会管理重心从单位转向社区的现实需要，完善社会组织扶持政策，适当降低准入门槛，合理使用社区公益事业补助资金，大力培育和发展服务民生的公益性组织、符合全区绿色转型跨越产业导向的行业组织、参与基层社会建设的社区社会组织、促进社会和谐的新型社会组织。深化推广志愿服务“公益反哺”活动经验，通过项目购买、项目补贴等方式引导社会组织开发民生服务和公益项目。加强社会组织孵化基地建设，努力培育一批有影响力的社会公益组织，打造一批在全区具有引领示范性的公益服务项目和便民服务品牌。

坚持一手抓规范引导。坚持积极促进发展、严格依法管理的方针，完善“一口审批、分类规范、政府监管、扶持发展”的工作体制，建立健全“一站式”服务机制，简化申请手续，积极稳妥推进工商经济类、公益慈善类、社会福利类、社会服务类社会组织直接登记。规范工作流程，完善备案管理制度，逐步扩大社会备案管理范围。在认定9个区级人民团体为首批“枢纽型”社会组织的基础上，新建、改造、提升一批区级“枢纽型”社会组织。按照政社分开、官办分离的原则，加快推进各类社会组织与行政主管部门在机构、人员、资产、财务等方面的彻底分开，逐步实现自我管理、自主发展。加强社会组织规范化建设，加强和完善社会组织自律，完善法人治理结构和内部管理制度，建立健全现代社会组织制度。建立健全社会组织人才引进、社会保障、职称评定等制度，支持社会组织招募专业人才，开展多层次、多类别的业务培训，加快推进从业人员专业化、职业化进程。

（此文作者为石景山区委社会工委书记、区社会办主任）

关于创新解决门头沟区突出社会管理问题的思考

韩子荣

加强和创新社会管理，是构建社会主义和谐社会、维护最广大人民根本利益的必然要求。当前，门头沟区正处于城市建设的加速期和经济社会的转型期，各种新老社会管理问题集中凸显，继续推进以改善民生为重点的社会建设是一个十分重要而又紧迫的任务。

一、基本情况

门头沟区辖区面积1455平方公里，常住人口29万人。全区流动人口6.46万人，占常住人口的22.1%。全区辖9个镇，4个街道办事处，178个行政村，99个社区，其中

城市社区75个，农村社区24个。全区登记基层社会组织154个，备案社区社会组织569家。社区平均规模为868户，规模最大的2150户，规模最小的271户。全区现有社会工作者852人，由党支部、居委会和市区招录服务站人员三部分组成，社区党支部、社区居委会成员608人。

近年来，门头沟区在快速发展经济的同时，高度重视社会建设，不断创新社会管理体制机制，加大社会建设投入，推进公共服务体系建设，全区社会建设取得了明显成效。出台了《加强和创新社会管理全面推进社会建设的实施意见》，构建党委领导、政府负责、社会协同、公众参与的社会管理格局，制定了《加强和创新社会管理全面推进社会建设主要任务分工》。以改善民生为目标，加大政府投入，全面加强社区公共服务建设。累计为群众办理实事230件，解决了一批关系群众切身利益的问题。实施我区历史上最大的民生工程即采空棚户区改造工程，将改善近10万市民的居住条件。完成城区住宅节能改造38万平方米，通过山区集中供水工程解决101个村、近5万人的饮水困难。完成农民房节能改造2.6万户，在深山区3个镇85个村开展送气下乡工程，有力地巩固了山区结构调整成果。全面提升环境建设水平，获得“国家卫生区”称号。严格贯彻落实“以证控人、以房管人、以业引人”管理措施，加强流动人口管理，全区登记流动人口持续下降，与2009年同期比下降18.8%，房屋出租减少18%。在全区178个村、99个社区全部建立了“连民心恳谈室”，在党和政府与人民群众之间架起了一座“连心桥”，开创了信访工作新模式。开展平安门头沟建设，群众安全感满意度指数排在全市前列。

二、主要问题

（一）城乡建设任务繁重

门头沟区是北京的远郊山区县，长期以来，由于以煤炭开采为主业，城乡基础设施历史欠账较多，公路总量、路网密度、公路等级等项指标均在全市处于较低水平，新城水、电、气、热等市政设施滞后，学校、幼儿园、医疗卫生、文化体育、商场等城市公共服务设施不全，与新城功能定位差距较大。近年来，门头沟区虽然加大了城乡基础设施建设，但是处在大发展、大建设时期的门头沟新城，约2/3以上的地区都处于棚户区改造、工矿棚户区改造和土地一级开发地块，随之配套的教育、医疗、文化、体育、购物等公共服务设施也需要大量的迁改和新建，今后一段时期门头沟区将处于城市重构时期，城市建设任务日益繁重，社会公共服务设施建设任务非常艰巨。

（二）社区建设水平低

一是老旧小区环境设施落后。全区99个社区中有59个社区为老旧社区，占社区总数的59.6%，纯平房社区29个，占社区总数的29.3%。老旧小区基础设施普遍较差，房屋年代久远，破损严重，集中供热管网、停车泊位、便民设施和社区综合服务中心等配套设施不足。二是社区物业管理不规范。没有物业管理的小区占到64%，有社区业主委员会的社区只有1个，在有物业管理的36个社区中有25家物业公司在管理，物业管理主体过多，存在重复管理和管理空白现象。三是新建小区需要规范的内容多。一些新建小区，只重居住功能的改善，在社区用房、文化医疗配套设施等方面不足，目前全区社区规范化用房面积达到350平方米标准的社区只有6个。

（三）特殊人群多

当前，我区正处于经济转型、城市化建设加速的特殊时期，关闭煤矿、征地拆迁、国企改制等带来的一系列社会问题叠加，造成特殊人群多。据调查分析，我区共有涉拆、低保、残疾等特殊人群12类之多。（见下表）这些人群一是人口数量多，占总人口比例高，尤其是城乡低保和低收入员、老年人占比远高于全市平均水平；二是弱势或边缘群体多，利益诉求容易被社会所忽略；三是就业问题突出。据2011年9月数据显示，我区新增失业人员同比上升28.1%，领取失业保险金人员同比上升82.1%，城市职工登记率达到5.28%，远高于全市平均水平。

12类人群情况统计表

序号	类　型	人数	占比（以户籍人口为基数）（%）
1	涉拆居民	31963	13
2	登记失业人员	4868	5.28
3	城乡低保和低收入人员	15264	6.23
4	老年人	47000	19.2
5	残疾人	22544	9.2
6	民族宗教人员	14840	6.06
7	职业病患者	6703	2.7
8	精神病患者	1925	0.79
9	社区服刑和刑释解教人员	1523	0.62
10	孤儿	54	
11	社会闲散青少年和不良青少年	113	
12	流浪乞讨人员	1461人次	

（四）公共服务机制不健全

主要表现在：一是服务资源分散。涉及社会管理和公共服务职能的部门较多，存在职责交叉、多头管理以及服务盲区现象。二公共服务供给与需求存在偏差。由于缺乏自下而上的有效反映公共服务需求的渠道，各部门不能准确了解基层群众的服务需求，导致各部门提供服务偏离群众需求和提供服务滞后现象发生。三是社会组织发展滞后，民间和社会资源没有调动起来。全区登记社会组织年均增幅只有4%，尤其三个深山区镇社会组织为零，90家社团中会员人数在百人以上的只有24个，大多为“官办社团”，活动资金主要靠政府职能部门资助，公共服务过度依赖政府。

（五）社区（村）自治能力不足

长期以来，社区习惯于完成各职能部门下派的各项工作任务，行政化倾向严重。虽然在街道层面建立了地区事务管理委员会，但社区与驻区单位联系不够紧密，协商共建机制作用未能充分发挥。社区自治意识不强，缺乏有效的组织居民参加社区事务管理的机制和手段，居民的社区归属感较差，缺乏参与社区事务的积极性的热情。此外，社区专职工作者队伍素质不高，存在年龄偏高、学历偏低、职业化偏低、专业化偏低现象，也影响了社区（村）自治能力的提高。

（六）保稳定促和谐压力大

当前，我区处于转型发展、创新发展、跨越发展的特殊时期，经济结构调整、城市房屋征收和国企改革力度大。由于我们城市管理水平不高、群众工作能力不强，历史遗留问题多引发的人民内部矛盾集中凸显，在总体形势保持稳定的情况下，2011年1—10月，区内群众来信来访批（件）次同比上升95.3%，当前保稳定促和谐的压力大。

三、主要思路

当前，我区处于实施跨越式发展的新的时期，越是在这样的时期，越要关注广大人民群众的切身利益，越要重视社会问题的解决。胡锦涛总书记强调指出，社会管理，说到底是对人的管理和服务。我们要按照《门头沟区加强和创新社会意见》的总体要求，从广大人民群众最迫切的需求出发，从经济社会发展最突出的问题入手，从推进社会管理最薄弱的环节着力，努力探索创新加强社会管理的新思路。

（一）加快城市建设步伐，从根本上改善居民生产、生活条件

坚持高标准规划城市、高质量建设城市、高水平管理城市。以建设现代化滨水山城为目标，加快水、电、气、热、路等基础设施建设，努力形成配套完善、保障有力、适度超前的城市基础设施体系。重点完成莲石湖西路、黑江路、门支路三期等6条城市道路建设，开工建设黑山大街改造二期、滨河路南延等工程，实现108国道改建工程通车，启动滨河、城子两个集中供热厂建设，继续拆除城区燃煤锅炉，加快实施城子自来水厂以及第二水厂建设。积极支持市级重点工程建设，争取109国道高速路立项，支持配合S1线、长安街西延、首钢生物质能源、陕京三线、快速公交等项目建设，从根本上解决制约城市发展与运行的基础设施瓶颈问题，为改善居民生活环境奠定坚实基础。加强农村环境整治，积极创建环境优美镇、生态村、绿色村庄，推行垃圾源头分类减量化运行。完成2720户农民住房抗震节能改造，开展深山区农民集中搬迁试点。加强农村基础设施维护和管理，建立维护管理队伍和投入保障机制，确保太阳能浴室、路灯、公共厕所等设施正常运行。

加快住房、教育、卫生、体育、环境等基本公共服务及配套设施建设，形成布局合理、功能完备的城乡公共服务设施体系。一要加快棚户区改造步伐，加快安置地块路网基础设施及教育、医疗、商业等配套设施建设，完善社区及物业服务体系，确保2012年底前采空棚户区改造安置房竣工200万平方米。积极与京煤集团协调，分块分区推动棚改腾退区域开发。开工建设新棚改100万平方米安置房，力争再用2年时间全面完成棚户区改造任务。二要多渠道解决群众住房困难，完成冯村两限房建设，加快大台、黑山及铅丝厂公租房建设，确保全年保障性住房开工不少于2500套，逐步改善困难群众的住房条件。三要完善“一湖多园五水联动”景观体系，启动永定河龙泉务段河道治理工程，实施5条沟绿化美化亮化工程。新建和改建棚户区改造纪念公园、永定河公园等11个公园，全面完成新城滨河森林公园、永定楼建设，完善提升葡山人口文化公园，并实现公园、学校、广场等公共场所向群众免费开放。三要加快建设少年宫、妇幼保健院、中医院改扩建工程、民生服务中心等社会建设基础设施。加快新建一批教育设施，完成棚户区安置区域3所中、小学及4所幼儿园建设，使教育设施布局更加均衡。四要加快公共文化设施建设，集中推进博物馆、文化馆、图书馆、影剧院等综合文化服务设施建设，完善和提升镇街综合文化站的硬件设施和服务功能，努力实现群众文化场所全覆盖。加快推进文化信息资源共享、电视台高清数字化升级改造、公共电子阅览等文化惠民工程，为群众提供丰富便捷的公共文化服务。

（二）深入推进“六型”社区创建，全面提高社区规范化建设水平

制定深化“六型”社区创建实施方案，通过将创建任务项目化的方式，落实到责任单位，力争用5年时间，把全区80%的城乡社区建设成为“环境整洁、管理规范、服务完善、安全稳定、健康幸福、文明祥和”的优质社区，50%以上的社区成为“六型”示范社区。主要措施：（1）重点推进老旧小区、老旧平房区、街巷胡同的环境整治。增加一批便民菜店，便民连锁超市，完善小区路灯、垃圾收集设备，增加停车空间，有序推进老旧小区的燃气入户和供暖管理管网等升级改造工程。按照山区全域景区化的要求，以旅游景区的标准推进山区旧村改造和新农村建设，全力打造干净社区。（2）加快新建住宅区、城乡结合部地区、农村拆迁新建小区、流动人口聚居区的社区基层组织组建工作，实现对社区居民的全员管理和无缝隙管

理。采取新建、改扩建、购买以及落实配建指标、资源整合利用等多种方式，落实社区用房标准，全力打造规范社区。（3）推行“一刻钟社区服务圈”计划，使社区居民就近享受就业、社保、社会救助、医疗卫生等基本公共服务。整合区内不同产权主体的物业企业，明确划分服务项目、范围，统一服务标准，提高物业服务效率。探索成立非营利性的物业管理服务中心，为无物业管理的老旧小区提供准物业服务，全力打造服务社区。（4）深入开展平安社区创建活动。完善区、街道（镇）、社区（村）、楼门院（组）、四级调解网络建设。完善“连民心恳谈室”工作机制，推进民事调解、安置帮教、社区矫正等工作，全力打造安全社区。（5）按照15—30分钟可及医疗卫生服务的标准，建立健全社区卫生服务中心（站）。加快培育全科医生、社区护士，推行家庭医生式服务，全力打造健康社区。（6）实施公共文明工程，培育和塑造“门头沟精神”。加强社区文化设施建设，完善社区文化站（室）、市民学校、图书室、电子阅览室和社区广场等公共文化服务设施。开展富有特色、丰富多彩、主题鲜明、健康向上的群众性社区文化活动，全力打造文化社区。

（三）全力做好12类人群服务管理，努力实现社会服务管理各类人群全覆盖

详细编制门头沟区12类人群服务管理实施方案，将全部服务内容以项目化的方式，交由各责任部门落实。一是加强失业人群的服务与管理，制定区属国有企业拆迁企业职工优惠的保险缴费办法，对招用首钢分流失业人员单位实施岗位补贴，对实现跨区就业的失业人员每月给予跨区就业补贴，开发公益岗位，制定4050、零就业家庭人员就业援助方案。二是加强老年人服务管理，加快推进区老年福利中心建设项目，落实老年人优待和“九养政策”，到2012年5家养老机构全部达到二星级标准。三是加强残疾人服务管理，年均创建2—3个扶残助残基地、2个残疾人温馨家园或2个职业康复劳动项目，为全区70个残疾人康复站点添置设备。四是加强低保、低收员人员服务管理，按月足额为城乡低保对象发放最低生活保障金，对低保对象和低收入对象实施医疗、教育、采暖专项救助。五是加强民族宗教人员服务管理，实行民族宗教人员动态管理，加快推进曹各庄天主教堂、城子清真寺新建工程，满足信教人员开展宗教活动需求。六是加强涉拆群众服务管理，制定科学的周转补助费标准，对低保对象与残疾人给予特殊拆迁补助。七是加强职业病群体服务管理，开辟职业史证明绿色通道，在具备条件的综合医疗增设专科床位，建立工伤救助基金。八是加强精神病患者服务，新建龙泉医院，设置精神病和传染病床位，实施每年进行1次健康检查制度。九是加强社工服刑和刑释解教人员服务，健全规范社区矫正公益劳动组织管理机制，建设房屋阳光中途之家，开展心理咨询工作。十是加强流浪乞讨人员服务，设立未成年人救助保护中心、反家庭暴力救助中心。十一是加强孤儿服务管理，成立区儿童福利院，建立孤儿家庭寄养指导中心。十二是加强社会闲散青少年和不良行为青少年服务，招募心理疏导志愿者，开展心理疏导，法律帮扶、课业辅导、励志教育、爱心救助、就业培训。

（四）创新网格化管理模式，加强为民服务信息平台建设，打造在全市具有影响力的为民服务品牌

整合分散在全区各部门的便民热线以及政府公共服务、社区生活服务、社会志愿服务等各类资源。建立统一的为民服务信息平台，建设区、委办局街道（镇）、社区（村）三级服务网络，分级承办区为民服务信息平台转派的服务事项。通过统一的为民服务信息平台建设，创新网格化管理模式，形成快速准确了解群众需求、高效提供优质服务、带动社会组织成长和政府社会全民参与的自上而下的为民服务新模式。重点建立三个机制：一是建立为民服务信息平台事项办理责任制，明确委办局街道（镇）主要领导、社区（村）党组织书记为第一责任人，负责牵

头协调、办理所承接的各类服务事项。二是建立社会组织培育机制，发挥为民服务信息平台对社会服务的引导、监督作用，适当放宽社会组织登记标准，完善社会组织发展扶持政策，设立政府购买服务专项预算资金，通过政府采购、业务外包等方式，引导社会组织发展，承接居家养老、司法救助、残疾人扶助等服务项目，形成网络化的社区民间组织体系，培育社区居民的参与精神。三是建立为民服务考核评价机制，根据受理事项类别、数量和群众满意度对政府部门、社会组织、服务企业进行综合考核，将政府部门服务质量纳入绩效督查考核。

（五）强化基层基础工作，提高社区（村）自治能力，建立自下而上的社区服务管理体系

加强和创新社会管理的落脚点也在基层，要按照抓基层、打基础、强基石的要求，提高社区（村）自治能力，建立自下而上的社区服务管理体系。重点要建立三个机制：

第一，要建立动态掌握诉求机制。一是完善各类人群信息数据库，重点加强对残疾人、失业人员、职业病患者等12类特殊群体的服务管理，分类建立精细化台账，及时掌握各类人群的不同层次需求。二是通过社区议事委员会、社区管理协调委员会等形式，及时了解、全面掌握社区群众需求。三是完善“连民心恳谈室”管理制度、预约制度、恳谈记录簿等“五制一簿”工作制度以及社情民意信息员队伍，定期收集群众关心和反映的热点难点问题。四是推行“小纸条”“口袋卡”等联系群众方式，党员干部随时记录群众的意见和建议。

第二，要建立工作责任倒逼机制。强化社区管理、街道属地管理、区级统筹协调，健全三级联动的社区服务管理体系，自下而上解决面向群众的日常服务问题。一是强化社区管理责任。社区要充分发挥服务站功能，整合社区服务资源，积极开展各项公共服务，解决群众日常办事的各种需求。二是强化街道属地管理职能，要逐步下放部分财权和决策权，增强基层政府解决属地事物的能力，要进一步发挥地区管理委员会和民主监督评议委员会作用，对社区解决不了的事物要通过统筹辖区内的政府及社会资源积极予以解决。三是强化区级层面统筹协调，做足为民办实事资金预算，及时将社区、街道难以解决的问题转化为民办实事折子工程，提高为民服务的效率。

第三，要建立社区事物居民参与机制。建立社区公共事务的听证体系、决策体系和执行体系，保障社区居民对社区发展事物的知情权和决策权。积极组织多元主体参与的沟通会、交流会，推广社区居民会议常务会议模式，调动群众、驻区单位、社会组织参与社会服务管理的积极性。积极开展各种公益活动和公共仪式，增强居民对社区的归属感和凝聚力。

（六）推进平安门头沟建设，构建大调解体系，努力维护社会和谐稳定

深入推进“平安门头沟”建设，以社会化、信息化、网络化为重点，健全点线面结合、网上网下结合、人防物防技防结合、打防管控结合的立体化治安防控体系，开展“科技创安达标社区”创建活动，切实增强公共安全和社会治安保障能力。完善“联动联管”流动人口服务管理模式，根据门城区、浅山区、深山区不同地域流动人口特征，采用分类管理模式，提高外来人口的精细化管理水平。构建社会矛盾“大调解”工作体系和格局，完善人民调解、行政调解、司法调解“三调对接”机制，加强“连民心肯谈室”建设，建立以群众工作统揽信访工作网络体系。要以“事要解决”为目标，认真落实领导包案责任，加快解决农转居等历史遗留问题。高度重视安全生产工作，严格落实各项安全监管措施，严厉打击非法盗采行为，做好食品安全工作，防止重特大安全事故发生。加强互联网新媒体管理，提高网络舆论引导能力，规范网络信息传播，促进全区网络健康有序发展。

（此文作者为门头沟区委书记）

门头沟区社工队伍建设现状的研究报告

安淑芬

根据门头沟区政府2011年重点工作任务要求，区社会办对全区社工队伍现状进行调研分析，现将有关情况报告如下。

一、基本情况

社区分布现状。目前全区共有社区99个。其中：街道系统75个，6个镇有24个；社区中纯楼房社区34个，楼平混合社区36个，纯平房社区29个；有物业管理的社区36个，成立社区业主委员会的社区1个。

社会工作者构成。全区现有社会工作者（以下简称社工）852人，是由社区党支部、居委会和市区招录服务站人员三部分组成。社区党支部、社区居委会成员608人，其中超过国家规定劳动年龄人员和退休人员119人，市区招录社区服务站工作人员244人。

几年来，社工队伍建设在各级领导的高度重视下，通过换届选举，招录大学生社工，鼓励参加继续教育、社会工作者职业水平考试，分层次组织培训等形式，社工队伍年龄结构、文化程度、职业水平有了很大变化，社工队伍素质逐步提升，社区工作水平有了较大提高。但就目前社工队伍现状，很难满足当前社会建设和社区管理的需要。

二、存在的问题

（一）结构不合理

目前，社工呈现“一高三低”结构。

年龄偏高。51岁至60岁的90人，占总数的10.6%，60岁以上的35人，占总数的4.1%，年龄最大的已经超过71岁，平均年龄为40.2岁。

学历偏低。852名社工中，大专以上学历460人，占总数的54.0%；中专及高中350人，占总数的41.1%；初中及以下的42人，占总数的4.9%。

职业化偏低。几年来，我区从各方面积极组织协调鼓励社工参加全国助理社会工作师、社会工作师职业资格水平考试，但到目前为止，在852名社工中，取得资格证书的只有45人（中级6人，初级39人），占社工总人数5.3%左右。

专业化偏低。截至目前，在社工队伍852人中，社会学和社区管理专业人员仅有10人。

部分老社工虽然在社区具有较高的威望和丰富的工作经验，但年龄偏高、精力不足，很难承受日益繁重的社区工作。而且这些老同志受传统的工作模式影响，很难适应现代社区工作的新模式、新思路，不利于社区更好的发展。同时《中华人民共和国城市居民委员会组织法》对社工没有年龄、学历规定，《居民委员会组织法》与现实社会建设工作要求互为博弈，再加上利益驱动，故很难让这些老社工退出这支队伍。

（二）大学生社工队伍稳定性差

思想误区。市、区招录大学生社工进入社区后，部分社区两委成员对他们存有思想误区，认为大学生社工与他们之间存在竞争，部分大学生社工只是从事写写通知，打打字等简单的工作，社区服务站工作职能大部仍然由社区居委会人员承担。

流失严重。部分大学生社工把到社区工作当成就业的跳板，无奈之举，特别是非京籍大学生社工，一旦解决户口，立马辞职，造成社工队伍的不稳定性。截至目前，已有30多人辞职，离开社区工作岗位。

适应性较差。招录的社工大多数不是本社区居民，不熟悉社区情况，工作作息时间与社区工作性质不匹配，很难适应工作环境，导致队伍不稳定。

（三）社区人才的培养体系尚不完善

缺乏系统的社区工作人才培训规划。由于社区工作基础薄弱，系统的社区工作人才培训尚未摆上议事日程。培训也缺乏针对性和实用性，培训对象、内容等很难适应社会工作人才培养需要。

缺少专门的社区工作人才培训机构。在现有的社工人员中，很少有社区工作专业的大学毕业生，队伍的专业化、职业化水平较低。但由于目前尚未建立专门的培训基地，专业培训的师资力量严重匮乏，从事社会工作的人员很难接受专业化培训。

（四）激励机制不完善

待遇存在偏差。我区虽然2010年对社工工资待遇参照全额事业单位（不含教师）标准进行了规范调整，但过节费、年终督查考核奖等并未全部列入规范调整范围，未建立同步增长机制，所以他们的待遇水平与全区全额事业单位职工待遇水平仍存在差距。

升迁渠道不畅。致使部分有抱负、有能力、甘于奉献的高学历、高素质人才在社区工作中找不到自己的奋斗目标，思想不稳定，千方百计想通过报考事业单位和行政单位等方式谋求更高的发展空间，导致优秀人才不能正常留在社区，社工队伍得不到健康稳定发展，不利于调动广大社工的积极性。

三、对策及建议

（一）优化社工队伍结构，建立选任机制

优化社工结构。必须制定科学合理的长期的规划，建立健全资格认证制度、注册登记制度、教育培训制度、目标考核制度、评选表彰制度等在内的较为完整的职业化体系，通过规范程序，加强社工后备人才的选拔、培养和储备，进一步优化社工结构。

规范准入制度。严格规范社工队伍的“入口关”，即推行职业资质准入制度，从源头上解决社工的素质问题。构建民主开放的考试录用机制，采取面向社会公开招聘社工，规范笔试、面试、考核、聘任等法定民主程序，优先录用相关专业的高等院校毕业生，吸纳一批高素质社会人才充实到社工队伍中去。

拆建有效结合。对拆迁社区的社工建立台账，对到新建居住区选房的逐一分析考察，通过自愿报名，组织筛选等形式，将优秀的社工推荐配备到新建居住区筹备组工作，待条件成熟后参加社区选举。

畅通升迁渠道。在招考公务员和事业岗位指标中，确定一定比例指标面向社区工作的大学生，使他们感到在社区工作岗位上是有前景和希望的，激发做好社区工作的动力，进而提升社工的社会地位和影响力。

（二）加大教育培训力度，提升社工队伍素质

目前的社会工作，对社工的政治素养、道德水准和专业能力都有较高的要求，把教育培训作为当前加强社工队伍建设的一项重要任务来抓。

健全完善培养规划。要进一步完善社工队伍培养规划，从现状出发，着眼于构建社会主义和谐社会的客观需要，明确社区工作人才培养的规模结构、目标任务、政策措施和方法步骤，增强人才培养的系统性和计划性。

强化职业技能培训。加大社工职业能力和专业素质培养力度。创新培训形式，丰富培训内容，拓宽培训渠道，积极学习先进地区经验。一是有计划、分层次地对现有社工进行针对性专业培训，鼓励他们参加进修、职业资格考试、继续教育、实习、短训、函授等。二是加强与高校及专业培训机构合作，积极学习先进经验，有计划地对现有社工进

行专业轮训，使其掌握基本的专业理论、技术和方法，尽快提高他们的专业化水平。三是切实加强思想政治教育和职业道德教育，引导他们牢固树立服务观念、奉献意识和敬业精神，不断增强社会责任感。

（三）落实待遇保障机制，完善人才激励机制

健全待遇保障机制。建立社工年收入增长机制，结合社工的实绩，逐步提高他们的工资报酬和相关福利，确保社工的待遇水平与区属全额事业拨款人员（不含教师）待遇水平基本持平。落实社会保障政策，激励社工努力为社区建设多作贡献。

制定竞争激励机制。通过举办社工论坛、经验交流、开展社区“立足岗位，创先争优”业务能力竞赛等形式，培养社区业务骨干和行业标兵，塑造现代社工群体形象。选送社区优秀人才进行继续教育，对于有创新思维、工作表现优秀、成绩突出的社工典型进行表彰奖励和广泛宣传，积极倡导社工通过自身努力，提高社会地位、职业威望，赢得社会广泛的尊重。

（此文作者为门头沟区社会办副主任）

推进城市化进程步伐　完善规范化社区建设

——关于“村转居”新型社区服务管理新模式的探索与思考

王占勇

随着“三化两区”战略的实施，房山区的经济发展与社会建设实现了跨越式发展，创造了令人惊异的“房山速度”，成为全市上下瞩目的焦点。伴随着城市化的全速推进，“村转居”新型社区也日益增多，成为社会服务管理创新工作中的新现象和新难题，如何探索一条既包涵先进社区服务管理经验，又符合“村转居”新型社区发展实际的服务管理新模式，使“村转居”新型社区适应并完全融入新型城市化建设之中，是进一步开展工作的前提和基础。为此，我们进行了大胆实践，形成新机制，推出新举措，不断推进了“村转居”社区规范化建设，逐步提升其服务和管理水平。

一、房山区“村转居”新型社区建设工作的现状和成效

近几年来，随着城市化建设的不断推进，我区以“农村向城镇过渡，农民向居民过渡”为标志的变化趋势进一步加快，大量的拆迁安置小区陆续竣工投入使用，社区的组织建设、管理体制、服务水平得到了进一步完善和提升，“村转居”新型社区工作取得明显成效。

（一）实施高标准住房安置工程，搭建“村转居”安居平台

为推进“散而乱”的农村自然居住形态向现代社区集中居住形态的转移，我区把“村转居”安置房建设作为提高老百姓生活品质的民生工程和推进城市建设的先导性工程来抓。在总结已经入住的安置房住宅小区经验的基础上，结合村民的生活习惯、地域特点、城市文脉以及当地的自然条件，在规划形式上树立了超前意识，在规划设计上突出了安置房建设的特殊性，成功建设了有个性特点、有较高品位的现代化新型住宅小区。在道路交通设计上以方便居民出入，满足消防、救护需要为主。在配套设施上严格按照城市住宅小区的标准进行设计，高标准配备了齐全的市政设施，并把社区办公服务用房、物业配套用房等基本的配套公建落实

到位。

（二）完善社区管理网络，健全社区组织体系

考虑到“农村向城镇过渡，农民向居民过渡”的现实情况，未完成“村转居”工作的新型社区的服务体系没有按照成熟规范社区的组织体系设置，而是采用了“农村＋社区”的混合服务管理模式，具有稳健与妥善的特点。

在实践中，通过政府派遣、村委干部择优留用、社会公开选聘等办法，组织了一批年轻有为、文化水平高、业务素质强、热心社区工作的优秀人才进入社区服务管理队伍。一些街道（乡镇）根据本地具体情况，建立了村委会、居委会、党支部、物业等多组织的社区服务管理工作机构，逐步完善了既有农村特点又富有社区特色的服务管理运作机制。

街道（乡镇）也成立了“村转居”新型社区建设领导小组，加强对“村转居”新型社区建设工作的领导和协调，形成了区委领导，区委社会工委、区社会办牵头，街道（乡镇）主办，群众广泛参与的多层次、全方位的建设工作运作机制，上下同心，左右互助，使“村转居”新型社区建设工作得到了强有力的组织保障。

（三）加强居民教育，提升回迁居民综合素质

对于“村转居”人员而言，文化程度普遍较低、心理调节能力偏差、生活习惯不规范、法律意识淡薄的特征较为明显。加强文化建设，尽快提升其综合素质，是一项长远而现实的课题。为此，我们通过举办素质提升大讲堂、开辟社区文化广场、建立楼宇文化长廊、开展科普卫生活动，培育新居民的文化意识，提升文化品位，帮助其去除不好生活习惯，塑造自尊自信、理性平和、健康向上的良好社会心态，努力实现“村转居”人员从文化属性和角色内涵上的快速升位，从而完成从农民到居民的跨越和转换，达到符合新居民要求的道德规范、行为方式和价值取向，成为有“名”更具“实”的新居民。

（四）实施优化公共服务工程，提高社区服务水平

结合社区规范化建设的要求，将涉及群众生活的各种社会服务职能，如法律咨询、药品安全等社会公共服务项目下沉到社区，有利于群众就近办事，提高效率。为此，我们启动了多项工作联动工程：与区政法委开展了政法干警和社区青年人才培养“双基地”建设工程，青年干警定期进社区开展法制宣传教育活动，协助社区化解基层社会矛盾，社区工作者定期到政法系统单位参加审理旁听，增强法律素养，为更好地服务和谐社区建设提供人才保障；与区地税局开展了“地税社工手牵手，税法宣传进社区”活动，地税局的工作人员到社区开展讲座，社区工作人员到地税局参加实践活动，丰富税法知识，为社区居民提供更好的服务；与区工商分局开展了“工商工作站进社区”活动，通过兼职工商联络员制度，丰富社区工作人员工商法律法规相关知识，提高自身处置风险隐患的能力，全面推动和谐社区建设；与区药监局开展了“药监社工手拉手，安全用药进万家”活动，社区工作者通过参加不同形式的活动，掌握药品安全相关知识，提高药品安全意识，更好地为社区居民服务。

二、房山区“村转居”新型社区服务管理面临的主要问题

通过初步探索，“村转居”新型社区建设工作取得了很大的成绩，但也发现新型社区服务管理面临着一些的问题。

（一）村委会改制居委会工作尚未全面展开

社区管理仅为名义上的“社区”管理，实质上仍是村委会管理。全区回迁上楼的村均未进行“村转居”改制，除此尚有已拆迁将要上楼的村及未拆迁的村，“村转居”工作任务艰巨。

（二）回迁社区物业服务与管理不规范

一是物业费用收取不规范。在大多数回迁社区中，物业服务费用全部由开发单位或村集体担负，村民在较长时间内不用缴纳物业费。长此以往，将导致物业服务经费不足，直接影响物业服务质量，造成服务标准降低以及小区环境质量下降。

二是物业服务专业人才缺失。多数回迁社区都未聘请物业公司，而由村委会进行物业管理，提供物业服务的人员以村民为主，对物业服务工作缺乏系统的认识，社区部分物业服务工作显得缺乏条理性，亟待引进社区物业服务的专业人才。

三是物业服务不规范。没有经过专业部门的培训，物业服务很不规范，如在车位管理方面，由于物业管理力度不够，加之拆迁上楼的农民缺乏规范停车的意识，导致了车辆乱停乱放、社区主干路堵塞、社区车位紧张等现象，人为增大了社区安全隐患。

四是社区防控能力有待加强。社区未安装防盗监控系统且保安数量少导致防盗能力薄弱；社区物业管控能力有限导致防灾能力不强，遇到灾情险情很难组织起有效的自救。

（三）社区居民在“村转居”中角色转换不到位

一是角色转换不到位带来的现实难题。村民“村转居”后，由于缺乏城市居民生活习惯与社区文化理念，心理上依然以农民自居，导致生活垃圾倾倒、社区绿地保育、家禽家畜养殖、水电费缴纳等问题层出不穷。而居民在诸如此类的社区管理问题上又过分依赖村委会，形成了“名为社区、居民，实为村庄、农民”的生活方式与管理状况，与现代化城市建设的要求格格不入。

二是角色转换不到位可能会引发更严重的问题。房山区作为临近北京城区的区县，其城市化进程不仅仅是农民上楼，而且将伴随着大量外地居民的涌入，缺少现代城市生活方式与管理理念，将使得新建社区面临新、老居民权利和义务不对等的严峻问题，而固守村民意识、村委会管理思维也将在日后引发新、老居民的诸多矛盾。

（四）回迁社区的可持续发展问题日趋严峻

伴随着农民向居民过渡的是农民失地，而失地意味着农民的失业。虽然土地补偿款在眼下是巨大的，但是长远来看，仅靠补偿款是不可持续的，因而农民身份的转换带来更现实的问题是就业的压力。如何创造就业机会、提高居民的就业能力，以及如何利用原来的村集体资产为原村民打造可持续发展的道路，都对建立健全新型社区管理体制机制提出了挑战与要求。

三、加快推进房山区“村转居”新型社区服务管理工作的对策措施

按照完善社区服务，规范社区管理，推进新型社区服务管理向人性化、精细化、科学化方向发展的基本目标，应重点抓好以下四方面工作。

（一）规范社区基础设施建设

一是配建社区公共配套设施。办公和服务用房面积达到350平方米以上，并拥有永久性使用权。要制定统一标志，具备水、电、暖、卫、通讯、信息网络等正常使用功能，配备能够满足工作需要的电脑、打印机、电话等办公设备。

二是完善社区公共服务设施。建设具有医疗保健、体育健身、教育培训、为老服务等功能的公共服务设施和室内外文化活动场所，打造商业、文体娱乐等方面的“一刻钟社区服务圈”，满足社区居民多层次、多样化、个性化需求。

（二）规范社区运行机制

一是理顺各种关系。明确社区党组织是包括社区居委会、社区服务站和社区股份经济合作社在内的社区各类组织和各项工作的领导核心，支持、保证社区居委会、社区服务站和社区股份经济合作社依照各自职责开展工作；社区居委会在社区党组织领导下，

依据《中华人民共和国城市居民委员会组织法》履行职能；未完成“村转居”工作的新型社区采用“居委会+村委会”的服务管理模式，村委会着重解决与村民经济利益有关的事务，居委会着重处理居民自我管理、自我教育、自我服务的事务；社区服务站定期向镇政府、社区党组织汇报工作，向社区居委会通报工作；社区股份经济合作社定期向党支部汇报工作，并向股东进行财务公开和福利分红。

二是规范各项制度。完善社区党组织工作制度、社区居委会工作制度、社区服务站工作制度、社区股份经济合作社工作制度、社区社会组织培育和参与制度、社区事务听证会制度、楼门院管理制度、业主委员会工作制度等各项规章制度，实现社区管理规范化、制度化、科学化。以明晰和保障产权主体及成员的主人翁地位为核心，创新新型社区集体经济组织体制和制度，实现管理体制和经营体制的根本性转变，促进集体经济发展壮大、集体资产保值增值、集体经济组织成员收入持续增长，推动新型社区经济社会全面、协调、可持续发展。

三是创新工作模式。建立在社区党组织领导下，社区居委会和社区服务站紧密对接、协调联动的工作机制，完善社区党组织牵头、社区居委会和社区服务站参加的例会制度；社区党组织可结合工作需要，组织召开社区居委会、社区服务站、业主委员会等部门参加的联席会，研究讨论社区建设、服务、管理中的重要问题和重大事项，协调沟通有关工作。

（三）规范社区队伍建设

一是构建初步人才队伍。合理确定党组织、居委会、服务站人数，并按法定程序进行社区党组织和居委会选举。对村“两委”班子成员按照规范化、专业化、职业化要求，通过在岗培训、转岗安排等方式，逐步将符合条件的人员纳入社区工作者规范化管理。

二是公开招录社区服务站工作人员。招录对象年龄一般在40岁以下，学历大专以上。社区工作者实行全员培训，平均每年培训时间不少于40学时。鼓励和引导各类社区工作者参加国家社会工作者职业水平考试，取得社会工作师、助理社会工作师等职业水平证书。

三是加强社区志愿者队伍建设。鼓励和动员社区居民积极参加社区志愿服务活动，引导和帮助组建不同类型的社区志愿者组织，开发就业援助、慈善公益、优抚助残、敬老扶幼、治安巡逻、环境保护、民间调解、社区教育等项目，力争每个社区形成1个以上特色鲜明、效果明显、影响广泛的志愿服务品牌。

四是开展社区指导员队伍建设。以退休和改任非领导职务的处级（含）以上干部为主体，根据社区实际需要，结合社区工作指导员自身的专业、特长进行选聘，并按照“指导地域就近、个人申请自愿、需求专长对接、试点工作先行”的原则，分期分批向各社区派驻社区工作指导员，充分发挥其协调、指导、服务等方面的作用，推进新型社区建设。

（四）规范社区财务管理

一是推进回迁村产权制度改革工作。强化经营管理，建立现代企业制度，探索新型集体经济组织有效的管理方式，制定资产管理、财务管理、资产评估和审计等相关管理制度。

二是加强集体经济组织“资产、资金、资源”的管理。规范集体资产处置行为，夯实集体经济组织“三资”管理的基础，理顺集体经济组织的监管机制，有效保证社区股份经济合作社健康稳定发展。

三是规范和完善资金的使用管理。根据社区办公及公益事业开展实际情况，健全社区各项工作经费的财务管理制度，确保社区党组织、社区居委会、社区服务站的办公及公益性经费支出有可靠的资金保障。

四是加大对社区举办公益事业的支持力度。主要用于通过项目购买、项目补贴、项目奖励等形式，大力开展社区困难群体帮扶、助老、助托、助残等居民急需的服务项目；积极培育发展社区社会组织；全面开展社区公益事业活动所需要的活动场地、活动器械、活动宣传、活动奖品、活动劳务等费用。

（此文作者为房山区委社会工委书记、区社会办主任）

通州区社会领域流动党员管理与服务问题研究

宁秋君

改革开放以来，随着社会主义市场经济的不断发展，党员在不同地域、不同领域、不同行业之间频繁流动，流动党员日渐增多、范围增大、频率加快。通州区由于特殊的地理历史原因，外来人口几乎与户籍人口相当，他们当中存在着相当数量的流动党员，并且随着通州现代化国际新城建设步伐的加快，从中心城区和外省市转移进入的流动人口和流动党员数量将会持续增加。如何加强和改进新形势下流动党员的教育管理，充分发挥流动党员在构建和谐社会中的先锋模范作用，是当前基层党建工作面临的重大课题。社区、社会组织、新经济组织等社会领域是流动党员分布的重要领域。社会领域流动党员的自身特殊性，决定了他们靠拢党组织的困难相对较多，而从他们政治生活和社会生活的情况来看，又迫切需要党组织的关怀和服务。如何进一步加强对社会领域流动党员服务，使社会领域基层党组织真正成为流动党员的“温暖家园”，值得我们深入研究。

一、通州区流动党员的基本情况和主要特点

为了掌握全区社会领域流动党员的基本情况，调研课题组协调了全区15乡镇、街道对辖区流动党员进行了摸排。经统计，各街道、乡镇共掌握社会领域流动党员421名，其中持流动党员活动证的人数为81名。我们从社会领域流动党员的分布地域、领域，流动党员年龄情况、学历情况、流动情况等不同角度、不同层次进行了多方位的比较分析，具体情况如下：

1. 从分布地域来看，城市拓展区及城乡结合部地区为社会领域流动党员的主要聚集区。按照城市化进程，我们大致将通州区域划分为三类地区，一类为老城区（新华、玉桥、中仓、北苑等4个街道）、二类为城市拓展区及城乡结合部地区（永顺、梨园、宋庄、潞城、张家湾、台湖、马驹桥7乡镇）、三类为乡镇地区（西集、漷县、永乐店、于家务4乡镇）。全区社会领域421名流动党员在这三类地区的分布情况是：一类地区36人，占9%；二类地区281人，占66%；三类地区104人，占25%（见图1）。

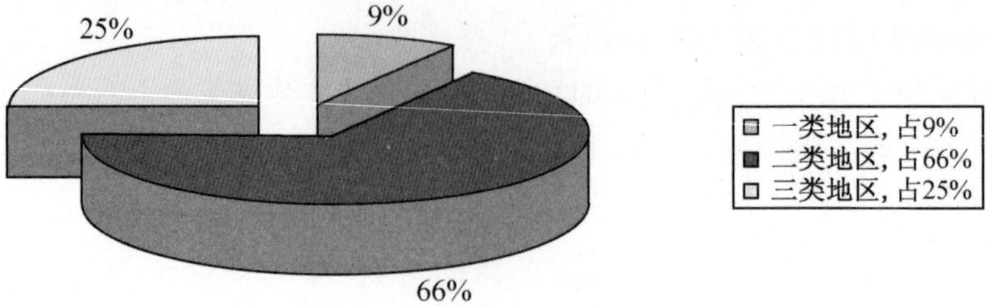

图1　流动党员地域分布图

2. 从分布领域来看，流动党员分布广泛但很大一部分在社区登记。在社区的流动党员为232人，在“两新”组织的流动党员为136人，在其他领域或组织的54人。需要说明的是，上述数据仅代表流动党员选择在这些领域的基层党组织登记（亮明身份）并参加活动（见图2）。

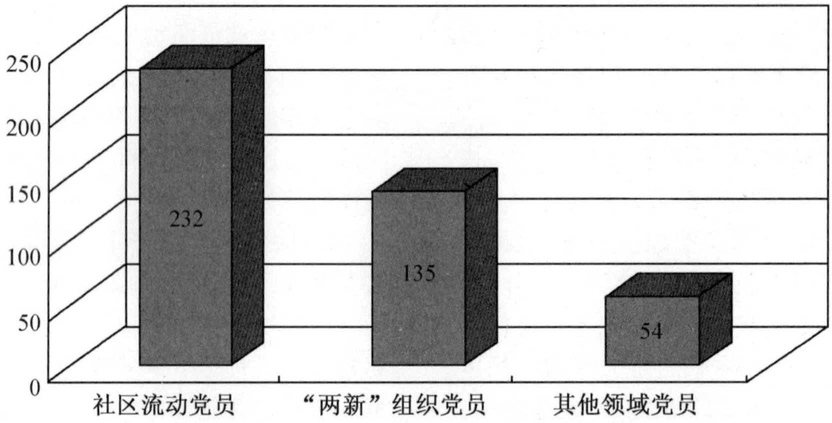

图2　流动党员领域分布情况图

3. 从亮明身份的形式来看，流动党员活动证的使用还不广泛。421名流动党员仅有81人、占19.2%通过流动党员活动证亮明身份，参加组织活动（见图3）。

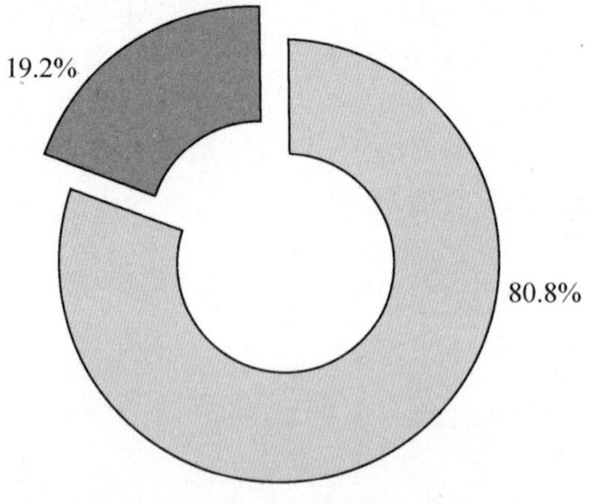

图3　流动党员亮明身份形式图

4. 从年龄结构来看，流动党员各年龄段分布比较均衡。30 岁以下的 128 人，31—45 岁的 142 人，46 岁以上人的 151 人，分别占流动党员总数的 30.4%、33.7%、35.9%（见图 4）。

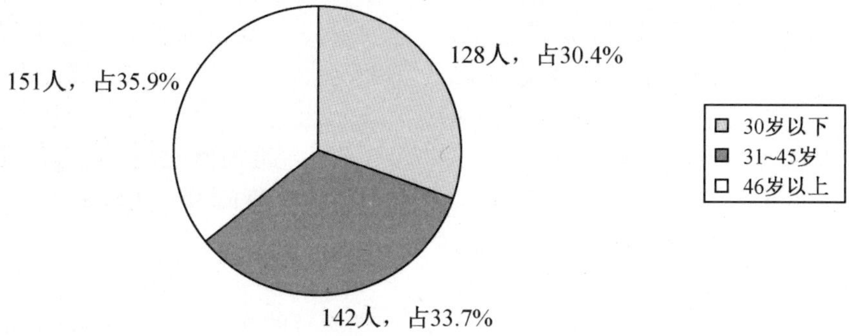

图 4　流动党员的年龄结构图

5. 从学历统计情况来看，流动党员的受教育情况相对较高。大专以上学历的流动党员 270 人、占 64.1%（见图 5）。

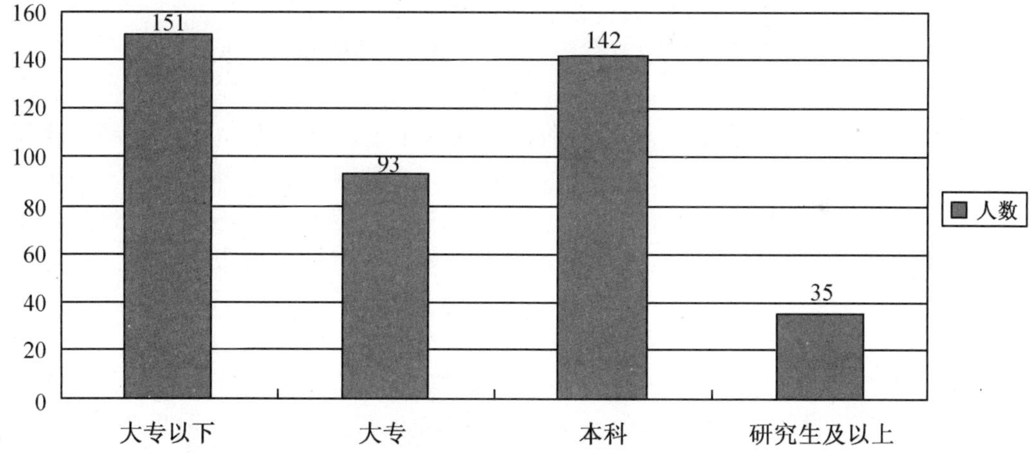

图 5　流动党员受教育情况图

二、通州区流动党员教育管理的主要做法

近年来，通州区委高度重视流动党员的教育管理工作，出台了《关于加强和改进流动党员管理工作的实施方案》，流动党员教育管理水平明显提高，部分基层党组织结合本地区、本领域、本行业实际，创新工作方式，探索出了一系列受到流动党员欢迎的有效做法。

1. 规范流动党员的教育管理各项制度。一方面建立流动党员服务站，加强对流动党员的管理和服务。推进各街道、乡镇以社区、农村党组织辖区为基本单位，并充分发挥人才中心、商业网点、摊群市场和建筑工地等党组织作用，在流动党员相对集中区域或领域，建立流动党员服务站，负责对流动党员的接待和服务工作。同时，服务站把管理与服务结合起来，寓教育管理于服务之中，建立起了定期谈心交流制度，通过真诚服务来加强对流动党员的管理，增强流动党员的归属感和认同感，提高党组织的凝聚力和吸引力。另一方面建立专项制度，及时掌握流出党员动态。一是建立外出报告制度，实行外出党员登记制度，填写并发放《流动党员活动证》，及时掌握党员外出地点、临时居住地点、从事职业、外出时间、联系方式等方面的情况。二是建立中途联系制度，定期了解外出党员情况。定期走访外出务工党员的家庭，力所能及地帮助其家属解决一些实际困难，使外出党员及家属感到党的温暖。三是建立回乡座谈制度，促进外出党员发挥作用。外出党员回乡后，各基层党组织认真查验流动党员活动证等资料，了解流动党员外出期间的表现情况。利用年底等回乡集中时段，召开外出流动党员座谈会，让他们为家乡的发展献计献策，贡献力量。

2. 在流动人口集中的区域建立党组织。通州区部分乡镇鉴于部分区域流动人口和流动党员集中的情况，充分发挥社区、农村基层党组织的作用，以地域为基本单位，建立党组织，推进流动党员纳入党组织管理。一是采取电话联络、走访调查等多种方式，对流动党员进行“拉网式”排查，做到流动党员基本情况清、流入流出地址清、联系方式清，全面掌握镇内流动党员情况。二是将所有的流动党员基本情况按照流出地和流入地分类进行统计汇总，录入到“流动党员信息系统”，准确掌握流动党员的动向。三是积极建立流动人口临时党支部，为流动党员安“家”。马驹桥镇采取党支部书记与村党支部书记一肩挑、支部成员由流动党员中推选产生、另配备1—2名大学生村官的方式，形成了“镇党委—临时党支部—流动党员”三级工作服务网络，有效地加强了流动党员的教育管理工作。

3. 在流动人口集中的成建制用工部门建立党组织。通州区部分行政管理部门针对所管辖本领域、本行业流动党员集中的实际，积极以行业、项目为基本单位，建立流动党员党组织，推进流动党员纳入党组织管理。如通州区建委积极探索将“支部建在工地上”，采取“三步走”的建支模式（即：第一步由区建委党委组织和指导临时党支部健全组织机构，选举出支部书记和支部委员；第二步制定支部每季度和每月的工作计划；第三步建立支部流动党员的详细档案），在建筑施工地组建临时党支部，创新流动党员管理手段，提高流动党员综合素质，为建筑施工企业搞好建设、稳定发展作出了积极贡献。

三、通州区社会领域流动党员管理存在的主要问题及原因

为了进一步了解全区社会领域流动党员管理教育的实际情况，调研课题组向流动党员和党务工作者发放和回收了300余份调查问卷，并通过实地走访等形式向社会领域流动党员及其党务工作者了解相关情况。综合调查结果，社会领域流动党员的管理服务工作中主要存在以下问题。

1. 部分流动党员长期游离于党组织。调查发现，存在一部分流动党员长时间没有交过党费，也没有参加过组织活动，这部分流动党员主要可分为三种类型。一种是流出工作党员，行前和返回不报告，长期与党组织失去联系，有的即使报告，但因流动中游离不定，党组织也难以把握其去向而成为“断线党员”。一种是流入工作党员，不愿受党组织约束，担心影响工作，不愿公开甚至刻意隐瞒党员身份，成为“隐形党员”。还有一部分党员因为退休、下岗、外出跟随子女生活等原因，与党组织失去联系，成为有名无人的“挂名党员”。

2. 各项管理制度没有得到全面落实。一是部分地区党组织对流动党员的管理工作不够重视，流动党员服务站没有全面建立，已建立的也有部分没有正常发挥作用。二是党组织活动制度未有效落实，流动党员不能定期参加“三会一课”等党的活动。三是部分党组织对“流动党员活动证”的发放和验证工作抓得不紧，致使一些流动党员行前不办证，或有证不交给流入地的党组织，导致管理难以到位，缺少发挥作用的平台。四是党费不能按时收缴。由于流动党员管理的机制

缺乏有效性和强制力，加上长期以来对流动党员的教育培训较少，一些流动党员党性观念减弱，不履行党员义务，甚至长期不缴纳党费。在调查统计的流动党员中，约有40%以上的不能按时足额交纳党费。有的党员只在即将外出时交一次；有的流动党员想起来就交一次或补交一些；有的外出务工经商回来后才补交。

3. 传统的组织管理方式受到挑战。问卷显示，有34%的党员表示流动党员管理方式需要改进，13%的党员表示没有参加过党员教育活动，46%的党员表示正常参加党组织活动存在困难。这主要是因为社会领域流动党员相对于传统单位制内部的党员，存在很多自身特点，给党员管理工作带来了很大难度。一是流动党员广泛分布于社区、新经济组织和社会组织中，未呈现明显聚集现象，很难集中组织管理。二是流动党员分散在不同所有制、不同行业、不同就业岗位，自身情况千差万别，很难运用同一模式管理。三是流动党员工作变动频繁，流动性大，党组织很难稳定组织管理。

4. 流动党员开展活动比较困难，作用不能有效发挥。一方面是一些基层党组织对流动党员的教育管理工作重视程度不够，对于流动党员开展活动的人员和经费不能保障，缺少激发流动党员潜能的办法和措施，没有主动为流动党员施展才能营造环境、构筑平台，致使流动党员的优势和作用得不到充分发挥。另一方面是流动党员各层次、各群体和个体差异较大，流动地点不固定，部分流动党员迫于生存压力，开展党员活动的时间难于保证。一些流动党员组织观念和党员意识淡薄，放松了对自己的要求，不愿意参加组织活动、发挥先锋作用。

5. 对于流动党员的服务工作还不到位。流动党员的组织关系与劳动关系及经济关系相分离，弱化了党组织对党员的教育和管理作用，也弱化了党员与党组织相互依存的“鱼水”关系。而流动党员是背井离乡工作生活，迫切需要组织支持。问卷显示，有85%的流动党员希望得到党组织经常的关心帮助，10%的流动党员希望在有困难时得到党组织的关心帮助，表示有没有无所谓和不希望的不足5%。而流动党员最希望从党组织得到的帮助主要为就业、权益保障、子女入学、生活信息服务等。

四、加强通州区社会领域流动党员管理与服务的对策及建议

1. 进一步理顺社会领域流动党员管理与服务的权责体系。一是进一步明确流动党员工作单位党组织（条）与居住地党组织（块）共同负责，党员流出地党组织与党员流入地党组织协调配合的流动党员管理责任体系，以保证流动党员流出流入都在党组织的管理监督之下。做到流出党员走到哪里，就管到哪里，都能参加正常的组织生活；流入党员无论进到哪里，都能够方便的接转组织关系、参加党的活动，都能发挥先锋模范作用。二是进一步树立“党建一盘棋”的观念，积极整合机关、企事业单位、社区、农村等领域的党建资源，共同做好流动党员的管理服务工作。三是建立流动党员“双找”机制。即流动党员要主动找流入地党组织，流入地党组织也要主动找流动党员。流出地党组织要督促流动党员主动找流入地，流入单位党组织接转组织关系或亮明流动党员活动证参加党的活动。全区各级基层党组织要主动寻找单位、辖区内的流动党员，各街道工委、乡镇党委、流动党员服务站要定期采取进企业、进门店、进工地、进楼宇等多种方式对流入我区的流动党员进行“拉网式”摸底，全面摸清流入党员的数量及有关情况，建立流动党员管理档案，录入党员信息库；通过张贴《致流动党员的一封公开信》、公开服务站电子邮箱、联系电话等方式，让流动党员知晓相关事宜，主动到服务站登记报到。

2. 建立社会领域流动党员管理服务工作长效机制，确保各项制度全面落实。一是要

进一步落实好流动党员活动证管理使用制度，严格发放责任、简化发放手续。二是要建立专人联系制度。将流动党员按照居住地区域划分，为每名流动党员确定一名联络员，定期会面走访，及时了解流动党员的思想、工作状况，帮助解决生产生活中的问题。三是建立教育培训制度。整合教育资源，将流动党员教育培训纳入基层党员教育培训中，采取集中学和自学相结合的方式，定期组织党员学习讨论党的理论方针政策，并做好学习记录，提高党员理论水平、服务意识。四是落实资金保障制度。建立以财政资金为主、党费划拨和争取社会支持为辅的流动党员管理服务经费保障制度，为流动党员党支部日常工作和流动党员开展活动的费用提供资金支持。

3. 进一步创新党组织设置方式和管理方式，为流动党员管理提供组织保证。一是在具备建立支部条件的新经济组织和社会组织中普遍建立党组织，对暂不具备条件的可本着按行业、就地、就近和方便的原则建立联合支部。二是在流动党员生活和工作区域建立党支部，统一管理这部分党员。实行“分散中求集中，集中中重管理”的原则，逐一确认流动党员基本情况，“召回”游离的党员。三是以社区为依托建立流动党员党组织，组织流动党员参加党组织活动，进行党员的管理教育。四是在农村新出现的各种农民协会、生产合作社中逐步建立党组织。此外，还应在商务楼宇、工程项目、摊群市场，以及劳动就业中心、人才服务中心、社保所、流管办等建立党组织，以不断满足加强流动党员管理教育工作的实际需要。

4. 创新活动方式，广泛开展党员活动。各基层党组织要从流动党员的实际情况出发，坚持“业余”“小型”“务实”的原则，开展富有吸引力的党内活动。一是围绕中心工作创新活动方式。将党组织活动与党员的本职工作和所在单位、组织的自身发展结合起来，把党的政治优势和流动党员的先锋模范作用转化为推动发展的现实生产力。二是结合实际创新活动方式。积极利用手机短信、网络、QQ 群、贴吧、论坛、博客等多媒体开展党日活动、创建流动党员活动基地。三是立足党员自身特点创新活动方式。积极组织流动党员开展形式多样的文化娱乐、主题宣讲、才艺展示等活动，激发他们的创造才能和参与热情，提高他们的主人翁意识和责任感，丰富流动党员的业余生活，为流动党员凝聚合力、交流沟通、更好地融入“第二故乡”筑就平台。

5. 以流动党员为本开展人性化服务，不断增强党组织的吸引力。一是要对流动党员坚持平等化、亲情化和人性化管理和服务，围绕“人性化”“亲情化”的管理模式展开工作，让流动党员重温“家”的温暖，真正形成“和谐共处、共同向上”的良好局面，增强流动党员的组织归属感。二是以“服务党员、服务员工、服务企业”为落脚点，建立流动党员需求的收集、处理和反馈机制，整合社会资源，将流动党员的需求及时反应到上级党组织，进而协调政府各有关部门，整合公安、房产、计生、社会保障、防疫等部门力量，为他们提供高质、快捷的服务，使流动党员就近就能够实现办理相关证件，享受劳动保障、计划生育、子女义务教育、免疫规划等多方面的服务。三是要积极利用春节、党的生日或民间传统佳节等，通过寄“贺年卡”、互通短信、走访慰问等方式，送上党组织的温暖和关怀，通过这些看得见、摸得着的实事，加强与流动党员的联系。

（此文作者为通州区委社会工委书记）

顺义区加强和创新社会管理研究

张延昆

改革开放以来，我国经济发展取得巨大成就，但社会建设和社会管理相对滞后，按照国际学术界关于工业社会的指标衡量，现阶段我国的经济结构已经达到工业社会中期阶段水平，但社会结构还是工业社会初期阶段水平，经济和社会两者发展不平衡的结构性矛盾日益突出。同时，伴随着改革开放的深入，我国的经济体制深刻变革，社会结构深刻变动，利益格局深刻调整，思想观念深刻变化。这种社会变革给我国经济社会发展带来了巨大活力，同时也对加强和创新社会管理提出了迫切要求。本调研在借鉴国内外社会管理理论与实践经验的基础上，总结顺义区社会管理的特点、成效以及存在的问题，研究分析顺义区加强和创新社会管理的可行路径，力求不断提升区域社会管理水平，率先实现社会现代化。

一、国内外社会管理的理论及实践

如何加强和创新社会管理，西方发达国家有很多理论和实践经验值得我们借鉴。在工业化的早期阶段，随着市场化的推进，市场经济带来的弊端逐渐显现。为了解决这些问题，西方国家提出了国家福利理论，强调制度平等和通过国家介入来提高社会整体福利水平。在这种理论的指导下，一部分发达国家推行了普惠性的社会福利政策。19 世纪末，在西欧和北欧等国建立了世界上第一批福利国家，有效地缩小了社会贫富差距，缓和了社会矛盾。但由于政府干预过多，整个社会管理效率低下的问题日益显现，各国普遍感受到高福利带来的沉重压力，为解决这些问题，进入 20 世纪 80 年代以后，西方国家提出了新公共管理理论。这一理论，一方面强调国家的责任；另一方面又要求政府提高行政效能，主张用市场过程取代政治或政府过程来配置社会资源。出于这些考虑，从英国撒切尔政府和美国里根政府开始，发达国家开始运用市场机制并效仿私营企业的运营方式来改造政府，对社会福利政策进行改革和调整，鼓励社会力量参与公共服务，推进公共服务的市场化。20 世纪 90 年代以后，伴随着社会资源配置中市场失效和政府失效问题的出现，社会治理理论开始出现。这种理论强调在公共问题和社会管理上的多元参与，建立政府、市场和公民社会三者间有效的互动机制，形成各司其职、各负其责的局面，高效增进并合理分配社会利益。

从我国社会发展的历程来看，中国传统社会在治乱兴衰的朝代更替中积累了很多社会管理的经验，比如通过倡导伦理本位、礼法合一、角色义务本位，并综合运用教化和惩戒手段，实现了传统社会的有效治理。改革开放后，特别是党的十六大以来，理论界也对社会建设和管理的内涵及主要任务进行了广泛的探讨研究，归纳起来，主要有以下四种观点：第一种观点认为，社会建设和管理应以保障改善民生为重点，不断健全公共服务，加快收入分配改革，使发展成果惠及全体人民，走共同富裕的道路。第二种观点认为，社会建设和管理应以解决影响社会和谐稳定的突出问题为重点，有效维护社会稳定，增进社会和谐，为经济社会发展创造既有活力又有秩序的基础条件。第三种观点认为，现代化社会是一个综合体系，包括经济现代化、社会现代化、政治现代化和文化现代化。必须以实现社会现代化为目标，不断调整和优化包括阶层结构、城乡结构、就业结构等在内的社会结构，建立与社会主义市场经济相适应、与经济结构相协调的社会结构。第四种观点认为，在现代社会中，市场和政府都有失灵的时候，必须要有发育良好的、多种形式的、健全的社会组织，建立一个能够驾驭市场、制约权力、遏制社会失序的社会主体，形成市场、政府、社会三足鼎立的格局。以上四种观点从不同角度分析社会管理问题，探讨解决办法，指出发展方向，各有侧重、相互补充，对社会管理工作都有指导意义。

在实践中，各地区为了更好地协调经济社会发展，保持社会和谐稳定，根据自身的实际，纷纷探索创新，在社会管理方面创造了很多经验。综合来看，社会管理没有统一的模式，各种社会管理理论和实践都是建立在一定的社会哲学基础之上，并在应对具体问题的过程中提出来的，都是特定经济社会发展阶段和特定文化背景下的产物。分析发达国家和我国社会管理的理论和经验，可以得到以下启示：

一是重视民生问题的解决。都将解决好民生问题作为社会管理的基础性工作，努力完善福利保障，扩大公共服务，预防工业社会可能引发的各种风险。

二是强调管理主体的多元化。都致力于建立新型的政府和社会关系，主张充分发挥政府、民间组织和社会公众三者各自不同的作用，共同管理好现代社会。

三是充分调动民众参与的积极性。都认为现代社会的有序治理必须充分发挥民众的主体作用，强调民众要参与社会管理并有效进行自我管理。

四是强调政府的中心作用。都认为政府是现代社会管理的最重要主体，即使现代社会需要多元主体、民众参与，也是在政府引导下的有序参与。

综观顺义区社会管理创新的实践，也佐证了以上几点启示。顺义区通过踏实的工作，较好地解决了民生问题，有效发挥了政府的中心作用，对于政府与民众、社会组织之间的关系处理也比较得当，顺义区的社会管理工作也因此取得了显著成效，得到了各方面的充分肯定。

二、顺义区加强和创新社会管理的特点及成效

长期以来，顺义区始终把社会服务管理放在与经济建设和城市发展同等重要的位置狠抓不放松，按照北京建设世界城市的总体要求，找准自己的定位，挖掘自己的特色，全面提高社会管理科学化水平，使经济和社会形成了良性互动的发展局面，社会管理工作呈现出以下四个特点。

（一）注重系统推进，实现区域社会服务管理水平整体提升

顺义区坚持将社会管理作为一项系统工程，采取整体推进战略，通过明确目标导向、健全组织架构和推进机制、完善法制保障、搭建科学治理结构，形成了完整的工作体系和强大的工作合力，实现了社会管理各个领域工作全面开花、各项责任全面落实，整体提升了区域社会管理工作水平。近年来，顺义区获得了全国平安建设先进区、全国信访系统先进集体、全国“五五”法制宣传教育先进区、全国民政工作先进区、全国农村劳动力转移就业工作示范区、全国教育综合改革实验区、全国社区教育示范区、国家卫生区、全国中医药特色社区卫生服务示范区、全国人口计生综合改革示范区、全国食品安全示范区、全国创建文明村镇工作先进区、全国统筹城乡就业试点城市、全国绿化模范城市、全国双拥模范城市等荣誉称号。2010年，顺义区被北京市确定为全市三个社会服务管理创新综合试点之一。

一是树立追求共同富裕的目标导向。顺义区坚持以共同富裕作为价值追求，最大限度凝聚起广大干部、群众的共识。全体党员干部都能心往一处想，劲往一处使，同心同德、苦干实干为顺义人民谋福利；无论是主

责部门还是协作部门，都能通力合作、主动履职，团结协作去攻坚克难；所有常住人口都有热爱顺义、共同建设美好家园的责任感和使命感。在共同富裕的目标导向下，全区上下形成了推进各项工作的强大合力，也确保了社会管理工作取得实效。

二是建立横到边、纵到底的组织架构和强有力的推进机制。完善的组织体系和工作机制是开展社会管理创新必不可少的要素。2008 年，顺义区成立了区委社会工委和区社会办，负责统筹全区的社会建设工作，并先后召开了全区社会建设大会和社会服务管理创新推进大会，在全区上下统一了思想。在此基础上，成立了由区委书记任组长的社会建设领导小组，将相关单位吸纳进领导小组，并在全区 6 个街道和 19 个镇全部成立了社会工作党委。按照推进社会管理网格化、公共服务优质化、社区工作规范化、社区政务自治化的思路，制定出台了《关于加强社会建设的意见》和《关于推进社会服务管理创新的意见》，制定了劳动就业、社会保障、流动人口管理、城市综合监管、村庄社区化管理等 30 余个配套实施方案，形成了全面推进的工作格局。将社会管理作为硬任务，把重点工作纳入到区政府折子工程和拟办实事中，遵循属地管理、分级管理和谁主管谁负责的原则，明确了各地区、各单位的责任，即自己的人、自己的事，负完全责任；自己的人、别人的事，负配合责任；自己的事、别人的人，负主要责任；别人的事、别人的人，负协调责任，较好地解决了部门林立、职责不清的问题。制定了《社会建设和管理量化考核办法》，积极研究建立社会服务管理创新核心指标体系，实施科学考核，使社会管理各项工作得到有力推进。

三是大力实施依法治区，为社会管理提供坚强法制保障。唯有法治化，社会管理创新的工作成果才能长效化。顺义区坚持运用法制为社会管理保驾护航，全面加快依法治区进程，深入开展普法教育，大力营造人人自觉知法守法的社会氛围。充分发挥政府依法行政的表率作用，严格按照法定权限和程序行使权力、履行职责，自觉接受社会监督，不断提升政府的公信力，创造良好的政务环境。坚持强化司法公正，大力弘扬“公正、廉洁、为民”的司法核心价值观，促进司法机关依法独立办案，建立社会矛盾司法终结机制，维护了社会公平正义，司法的权威性在顺义干部群众中得到广泛认可。坚持依法保障群众民主权益，在基层管理中实施依法建制、以制治理，严格按照法律规定开展村规民约和社规民约修订工作，改变了由政府制定规则让群众执行的现状，转变为政府和群众共同参与标准制定、共同监督标准执行，有力保障了群众民主决策、民主管理的权利，激发了群众主体意识。

四是致力于构建多维度的社会治理结构。社会管理创新的重要目的，是建立一个科学合理的社会治理结构，实现社会有序高效运转。顺义区坚持共建共享，积极探索抓党建、强管理、大社会、活基层、广参与的工作思路，大胆实践完善社会治理结构的路径、方法。在推进的过程中，顺义区注重强化党对社会工作的组织领导；注重加强法治建设，用法治来保障社会管理责任的落实；注重积极培育发展社会组织，增强社会自我服务、自我管理的能力；注重资源向基层倾斜，好事让基层干，荣誉让基层得，威信在基层立，不断夯实基层的工作基础；注重依靠和发挥群众的主体作用，引导群众积极参与社会服务管理事务，构建党委领导、政府主导、社会协同、公众参与、依法治理的社会服务管理新格局。

（二）注重见物见人，使社会管理过程成为让群众得实惠的过程

社会管理，说到底是对人的管理和服务，要想做好，就必须加快推进以保障和改善民生为重点的社会建设。顺义区始终按照共同富裕的目标，坚持见物见人的取向，将改善民生作为加强和创新社会管理的重中之重，较好地解决了就业、社会保障、住房、教育医疗等关系人民群众根本利益和现实利益的

问题。

一是全力促进城乡劳动力就业。顺义区坚持把就业作为民生之本，建立起城乡统筹的促进就业政策和就业帮扶机制。努力推进就业与产业同步发展，坚持项目引进、审批与就业需求预测，工商注册与就业安置，项目建设与就业服务“三同时”；建立政企就业联席会制度，定期召开空岗座谈会和供需推介会；围绕重大项目提前介入，组织培训招聘、储备相关人才，实现了以产业增就业。实施普惠性的就业扶助政策，推行了针对本区就业者、职介机构、用人企业的10项优惠奖励政策，包括就业困难人员补贴、自谋职业社会保险补贴、安置奖励金、自主创业吸纳就业奖励金、小额担保贷款贴息、推荐就业奖励金、一次性就业奖励金、交通补贴、培训补贴等。建立劳动力免费培训机制，对于本区在职职工和求职劳动力，区镇财政提供职业生涯全过程不限等级、不限工种的全程免费培训。将各项就业服务向农村劳动力和困难群体倾斜，提出了纯农就业家庭动态归零的目标，并将全市4050（女40岁、男50岁）就业困难群体的范围延伸到3545（女35岁、男45岁），率先在全市启动了困难群体进机关“三保”（保安、保绿、保洁）岗位工程。目前，顺义区的城镇登记失业率控制在1.5%，城乡劳动力二、三产业就业率达到93%，农村劳动力二、三产业就业率达到92%，回区的应届毕业生就业率达到99%，实现了有就业需求的劳动力就业百分百，多数农民成为工作在园区、居住在城区、生活在社区的名副其实的城市现代公民。

二是着力推进社会保障高标准、全覆盖。顺义区坚持推进城乡保险、保障一体化，建立起涵盖所有人员类别的社会保险制度和覆盖广泛的社会救助制度，2010年年底，城镇五项社会保险平均参保人数达到23万人，5年时间增加了1.5倍。城乡居民月均基础性养老金和福利养老金、农村低保、教育救助等都高于全市统一标准。提高养老标准，加大财政投入力度，“十一五”期间连续对离退休人员养老金进行调整提高；建立城乡居民月均基础性养老金和无保障老人福利养老金制度，并在北京市基础上每人每月增加60元，目前已分别达到390元和310元；鼓励各乡镇自主提高养老保障水平，如南彩镇河北村为每位老人再出资290元，使福利养老金达到600元的水平。完善医疗保障，实施退休人员统一补充医疗保险和公费医疗改革，建立了一老一小大病医疗保险制度和城镇无业居民大病医疗及重残人员医疗保障制度，在全国率先出台了大病救助政策，2011年救助标准达到10万元。提高农村低保标准，在全市率先制定了城乡低保标准5年统筹方案，目前，农村低保和城市低保每月分别达到400元和520元，仁和、天竺、马坡、南法信和高丽营5个镇已实现城乡低保一体化。对低保及低保边缘家庭大学生予以救助，在北京市新生4500元学费救助的基础上，对一、二类本科新生给予全额学费救助，三类本新生给予6000元学费救助，并一次性给予1000元的生活费救助，同时，利用慈善资源，分别给予大二、大三、大四学生3600元、2400元和1800元的救助，实现了困有所助。

三是不遗余力推进住房保障工作。顺义区坚持将保障房建设作为心系群众的民心工程，全力推进，努力实现低收入群众住房应保尽保。2007年成立了由区长任组长的住房保障协调领导小组，2008年开始全面启动住房保障工作，在全部25个街镇设立了保障性住房申请窗口，配备专职人员，严格准入、严格流程，平稳有序地开展住房申请审核。在建设过程中，顺义区克服地价上涨、资金紧张等各方面困难，采取完善政策、健全制度、规范管理、加大投入等措施，有力推进了住房保障建设工作。目前顺义区正在实施建设的保障性住房总建筑面积104.2万平方米，可提供限价商品房4517套，经济适用房777套，廉租房102套，公租房8027套。2011年筹建的限价商品房和经济适用房项目可供房源套数均超额完成市委、市政府下达的任务指标。根据房源建设进度以及申请家庭的轮候情况，顺义区于2010年和2011年先后进行了三次公开摇号，满足了全部限价房和经济适用房轮候家庭的需求，在全市率先实现了限价房和经济适用房审核通过家庭1∶1配售。

四是下大力气推进公共服务均等化、优质化。从群众最关切的教育和医疗入手，加大投入力度，努力让人民群众上好学、看好病。坚持教育优先，按照产业和人口分布，全面调整全区中小学布局，不断加大对农村中小学的教育投入。目前，全区中学调整到33所，九年一贯制4所，小学调整到37所，拥有幼儿园52所，其中公办幼儿园为40所，占76.9%，远远高于全市26.3%的平均水平。实施十、百、千农村教师带动工程，引进北京四中、八中等名校在区内开办了5所分校，积极开展培育名师、名校、名校长工作，教育教学质量不断提升，2011年高考录取率达到92%，本科录取率排名全市第4位，高考成绩连续34年位居远郊区县之首。在整个“十一五”期间，为清华、北大输送309名优秀学生，占全市总数的1/10。坚持大力发展公共卫生事业，构建起区、镇（街）、村（社区）三级医疗服务网络，采取与国内外知名高等医学院校和医疗机构合作等措施，带动专业学科发展，区域医疗卫生水平得到有效提高。

（三）注重攻克难点，在公认的社会管理难题上取得了突破

加强和创新社会管理的直接目的就是要解决那些难以解决的社会问题，否则，创新就会流于形式。顺义区坚持把社会管理的重点放在破解难题上，下猛药、动真格、敢碰硬，通过实实在在的工作，将化解社会矛盾、调控流动人口、遏制违法建设、强化安全生产监管等难点问题转变为区域社会管理的亮点，取得了很好的成效。

一是全力化解社会矛盾。顺义区坚持将加强社会矛盾排查调处作为社会管理的重要内容和有效手段，最大限度减少矛盾、化解矛盾，“十一五”期间，在快速发展的同时，实现了信访总量稳中有降，为区域发展营造了和谐氛围。注重从源头上减少各类矛盾，推行信访评估制度，把定期接访、重点约访、带案下访、办结回访和联合会访等方式有机结合起来，完善各级领导与群众交流机制，畅通群众表达诉求和反映问题的渠道；采取全面排查、局部排查与专项排查相结合的方法，建立矛盾纠纷项目库，及时发现矛盾隐患。调动全区力量化解矛盾，落实领导包案、首问首接负责制和部门联动工作机制，不定期出台《顺义区重点信访问题折子工程》，将社会矛盾分为涉地涉矿问题、涉及民众生活困难问题、涉及拆迁类问题、涉及拖欠工资类问题等八类，明确了主责单位、配合单位各自的职责和解决措施，强化督查督办，有效促进了各类矛盾的解决。全力确保重点工程建设，探索出拆迁工作“一三一”和两条线的工作模式。“一三一”，即把握住拆迁工作评估阶段的第一天、动迁阶段前三天和动迁阶段第一奖励期最后一天三个关键时段，做好群众工作；两条线，即拆迁和解决干群问题两条线，确保群众反映的问题有人管，有效化解了拆迁过程中的矛盾，创造出无震荡拆迁的经验。全面加强人民调解工作，在全市率先建立了镇级法律服务中心，在派出所设立调解室，建立了民调进庭、检调对接、民调进所、律师参与信访接待等制度，有效化解了各类社会矛盾；探索人民调解与行业调解相对接，区工会、人力社保局、司法局、法院和信访办建立了劳动争议调解五方联动机制，全面加强了三级劳动争议调解组织建设，有力维护了劳动关系的和谐稳定，顺义区的五方联动调解机制被全国总工会评价为全国最好的做法。

二是全面加强流动人口服务管理。顺义区坚持按照城市发展规律，积极探索实践流动人口服务管理新模式，得到了中央政法委和北京市的高度肯定。一方面，坚持做好流动人口规模调控工作，大力推行以产引人、

以业控人、以房管人，发展高端、高效、高辐射的产业，积极引进适合产业需要的高端人才；通过促进户籍劳动力充分就业和规范餐饮、洗浴、美容美发等生活性服务业及各类市场，从源头上控制人口无序增长；合理调控房地产业规模，严格控制普通商品房，大力发展保障性住房，坚决杜绝小产权房，遏制违法建设，充分发挥了房地产市场对人口的调控作用。“十一五”期间，在主要经济指标年均增幅25%以上的前提下，常住人口年均增幅控制在4%，实现了区域人口、资源、环境可持续发展。另一方面，顺义区坚持以人为本，不断加强流动人口服务。积极推广流动人口集中居住、集中管理、集中服务、集中教育的四集中服务模式，对企业自身不具备建房条件的实行村企联管，有效改善了流动人口居住生活条件；加强居住证和暂住证办理服务，将暂住证作为核发工商营业执照、接收流动人口子女入学、租房、务工的基础条件，根据工作岗位、工种的不同，实行分类管理，严格办证标准和办证期限；严格落实流动人口劳动就业、社会保障、子女入园入学、医疗卫生等各项政策，有效维护了流动人口合法权益。

三是坚决查处违法建设。顺义区将查处违法建设当作社会管理的迫切任务，保持高压打击态势，有力遏制了违法建设。2009年，成立了由区长任组长的违法建设查处工作领导小组，建立了早发现、早报告、早制止、早拆除和日查日报、联合执法、拉练检查、责任追究等机制，确保违法建设及时发现、及时处置。规范拆除程序，建立了以镇政府为主体，区违法建设查处办公室协调、监督，公安、城管、国土、规划、建设、监察、督查等部门参与的联合执法工作模式，加大了拆除违法建设的工作力度。在此基础上，通过规范镇村合同管理、先拆违后拆迁、宣传拆违工作成效等方式，从源头上遏制了违法建设的出现。2009年至2011年，全区累计拆除违法建设182.6万平方米，2010年度第11次国土资源部卫片中应拆除的73宗违法用地上的违法建设，已经全部拆除完毕并恢复地貌，共腾退土地1023.4亩，恢复耕地486.5亩，有效净化了社会环境。

四是建立长效化的安全生产监管机制。顺义区把督促企业安全生产作为社会管理的重要内容，实行精细化管理，大大提高了安全监管制度化、规范化、标准化、信息化水平。在全国率先出台了《生产经营单位安全生产分类分级管理办法》，将行业按照安全生产的相似性分为六大类，由行业和属地监管人员对照级别评定表，从基础管理、现场管理、职业卫生管理、应急救援管理四个方面进行打分，将企业安全生产确定为ABCD四个等级，对不同行业、不同规模、不同级别的企业实行差别管理，构建起按类分级、依级监管的综合监管新体系。在全市率先建立了规范的事故隐患自查自报制度，制定了自查标准、建立了查报系统，针对23个重点行业进行督查，强化了企业主体责任的落实，增强了基层单位对安全隐患的防范和排查意识，有效改善了区域的安全生产状况。顺义区的做法得到了国家安监总局和北京市安监局的肯定，分级分类和自查自报的模式在全市被推广运用。

（四）注重因地制宜，探索出适合顺义实际的社会管理创新路径

对于区县一级来说，社会管理创新，关键在于能否结合区域实际，采取切实可行的措施，将上级的政策落到实处。顺义区坚持因地制宜，充分发挥区域的特色和优势，激发干部群众的创造力和责任意识，在网格化管理、基层建设、群众参与和社会组织管理等领域探索出适合顺义实际的创新之路。

一是整合资源，积极推进城市网格化管理。在充分学习借鉴朝阳区、东城区等区网格化管理经验的基础上，拟定了符合顺义区实际的网格化管理工作思路。将社会服务管理划分为市政市容、综治维稳、安全生产、社会保障、人口管理、应急管理、社会事业等若干个模块，以系统模块为试点，从市政

和城管部门开始，正式启动了城市网格化管理工作。在实施过程中，本着节俭、务实、精简、高效的原则，对已有的人员、设备和信息等进行全面整合、利用，在原有基础上进行升级、改造和创新，形成具有区域特色的全方位、广覆盖、无缝隙的网格化管理模式。

二是分类管理，提升城乡社区品质。作为北京市的重点新城，顺义区的城市社区具有起步晚、不同类型的社区分界明显的特点。因此，顺义区确定了社区建设要高标准、高起点的工作思路，提出了社区办公和服务用房宜大则大原则，要求有条件的城市社区按照450~640平方米的标准进行配置，采取新建、购买、改建等多种形式，基本完成了2009年13个试点社区的硬件建设，2010年列入规范化建设试点的55个社区中，有40个社区已经初步确定了购买意向。积极探索社区分类管理，分回迁型、别墅型、企业单位自建型和镇级社区四大类的不同需求，有针对性地采取不同管理措施，取得了良好效果。对于农村社区，由于区域经济社会发展速度快，工作基础好，顺义区明确提出了全区城乡结合部和农村城镇中心村全部实行社区化管理的目标，创造性地提出了“三降两无四提高”工作目标，即治安刑事案件下降，各类矛盾纠纷下降，流动人口重点调控对象同比下降；无违法违章建设，无违法经营场所；群众安全感满意度明显提高，村容村貌环境秩序明显提高，流动人口服务管理水平明显提高，治安防控水平明显提高。按照这一标准，开展了93个村庄的社区化管理，在试点村全面推行建围墙、安街门、设岗亭、装监控、封闭不常用路口等项措施，配齐配强村级巡防队、治安志愿者、流动人口管理员三支力量，以四班三运转标准配备力量，实现村庄24小时有人值守，明显改善了这些地区的治安和环境秩序。

三是依托基层，大力促进群众参与。长期以来，顺义区的群众对基层党组织的认可度比较高，因此，顺义区注重鼓励基层大胆创新，积极扩大群众参与渠道。创立并推广北小营镇1+1+15工作模式，即由一名党员和一名村民代表与本村15户村民结对，带动所有群众参与农村建设管理。总结推广史家营村设立精神文明奖、开办婆媳澡堂的经验，白各庄村对垃圾分类完成较好家庭进行奖励的经验，牛栏山镇“五项创评机制，四年养成文明习惯”的经验，用具体化的精神文明建设激发群众的参与意识和责任感。

四是扶管结合，促进社会组织稳步发展。截至2011年年底，顺义区注册登记的社会组织共有235家，其中民办非企业单位142家，社会团体93家。从社会组织结构来看，顺义区的特点是教育培训类和文体类占比较大，行业类别比较明显。根据这一特点，顺义区在确认部分人民团体为枢纽型社会组织的基础上，按照行业分类，分别在现有登记的工业类、农业类、商业类、文化类、教育类、科技类、体育类、医疗类、职业培训类、社会事务类社会组织中，分两批认定了15家枢纽型社会组织，使区域内全部社会组织实现认定划转，这种按照工作性质和业务类别划分的方法得到了市委社会工委的肯定并在全市进行了推广。为解决社会组织缺乏统一管理规范和扶持政策的问题，顺义区积极探索建立分级负责、协同配合的管理体系，在社会组织服务管理上实现了四个创新：登记管理制度的创新，规范工作流程，完善工作机制，为社会组织申请成立提供规范、高效、优质的服务；培育发展方式的创新，建立社会组织培育发展专项资金，奖励作出显著成绩、有突出贡献的单位与个人；培育发展运行机制的创新，积极扶持发展有利于改善民生、有利于结构调整的社会组织、行业协会等；社会组织党建工作的创新，进一步明确有关各方在社会组织党建工作中的职责，形成了区委组织部、区委社会工委和社会组织业务主管单位、登记管理机关四方共抓的党建工作新格局。

三、顺义区加强和创新社会管理面临的主要问题

总体来看，顺义区的社会管理工作成效显著、基础良好。但是，由于区域经济社会发展比较快，顺义区的社会管理仍然存在一些突出的问题，主要表现在：

一是社会管理的认识水平滞后于工作和形势发展的需要。首先，有的领导干部对于社会管理工作，还是说起来重要，做起来次要，直接导致在实际工作中对社会管理具体工作的选择性忽视。其次，有的领导干部对怎么搞好社会管理还存在一些错误的认识，如有些同志认为社会管理就是行政管理，政府管得越细越好，越宽越好；有些同志还停留在过去管控的思维模式中，缺乏以服务促管理的新思维。

二是城乡居民收入增长滞后于经济发展。近年来，顺义区的城乡居民收入明显提高，但由于经济超高速发展，居民收入增长速度与经济发展速度相比，还存在一定差距。“十一五”期间，顺义区城镇居民人均可支配收入和农村居民人均纯收入年均增长率分别为9%和11.6%，与经济发展速度相比略显缓慢。

三是公共服务滞后于广大人民群众急切增长的需求、滞后于产业高端化发展的需求。由于进入城市化的时间不长，顺义区公共服务整体处在一般小城市水平，但近年来区域城市化快速推进，人民生活水平明显提升，群众对公共服务的要求迅速提高，教育、医疗、文化等公共服务资源质和量都已经无法满足群众的需求。特别是随着临空经济的腾飞发展，顺义区聚集了大量航空、高新技术和现代服务业等高端产业，而目前顺义区的城市面貌、公共服务、居住社区品质都不能满足高端产业、高端人才的需求，不利于留住人才，制约了发展方式转变的速度和经济的高端化进程。

四是社会组织的服务管理、培育发展滞后于现实需求。顺义区目前有社会组织235家，仅占全市总量的3%，每万人拥有社会组织数量不足全市平均水平。现有社会组织的发展能力较弱，结构不合理，缺乏为重点产业服务的相关组织，已经不能适应顺义区经济社会快速发展的需求。与此同时，对社会组织的服务管理也相对滞后，社会组织作用发挥不够充分，直接影响了社会治理多元化进程。

五是政府职能转变滞后于新城现代化、国际化步伐。伴随着顺义区重点新城和东北部地区中心城市定位的确立，以及首都国际机场成为全球第二大机场，顺义区的城市化、现代化、国际化都在快速推进，对政府服务提出了很高的要求。但由于体制和机制的制约，顺义区不同程度地存在重审批和轻管理，重执法和轻服务，多头管理和无人管理，部门单打独斗和重复执法等现象，涉及社会管理的各部门资源统筹不够，力量整合不够，整体行政效率还有待提升，这与顺义新城现代化、国际化的定位差距较大。

六是社会管理手段滞后于迅速变化的形势。当前的中国，本身就处于社会矛盾凸显期，社会管理领域存在的问题非常多，顺义区又属于发展比较快、走在改革开放前沿的地区，新问题、新情况更是层出不穷，但我们的社会管理手段却相对匮乏，特别是对于如何搞好社区管理、如何形成多元治理结构、如何回应群众诉求，大多数时候，都还是采取以往简单式、运动式、行政式的办法。面对网络时代信息的快速传播和虚拟社会管理的难题，也还缺乏有效的管理手段和办法。

四、顺义区加强和创新社会管理的对策

理论界认为，从现代社会发展脉络及社会结构的角度来看，今后中国社会建设和管理可能会经历三个历史阶段。

第一个阶段，也就是我们目前正在做的，从保障和改善民生事业、社会事业做起，不

断加强和创新社会管理，解决影响社会和谐稳定的突出问题，促进社会公平正义，推动经济社会协调发展。第二个阶段，着力推进社会体制改革，推进城乡一体化，完善收入分配制度，广泛增加城乡居民收入，努力实现共同富裕，构建合理开放的工业社会中期阶段的社会结构。第三个阶段，进一步完善社会管理体系，畅通社会流动渠道，大力发展社会组织，形成与社会主义市场经济体制相适应、与现代经济结构相协调的现代社会结构，最终实现社会现代化。

当前，顺义区也正处在社会建设和管理的第一个阶段。顺义区经济已经步入健康稳定发展的快车道，社会管理各方面工作基础非常坚实，同时又是社会管理的试点地区，具备在社会现代化建设中先行先试的条件，也亟须将区域的社会管理整体提升到一个新的水平，争取率先跨入社会建设和管理的第二个阶段，统筹推进区域社会管理领域的各项改革，在更高层次上促进区域的经济社会协调发展。

今后一段时期，顺义区加强和创新社会管理的总体思路是：按照建设社会现代化的要求，以重点工作和薄弱环节为切入点，以改革创新为动力，通过重点突破，带动整体推进，大幅度改善民生，大程度增进社会和谐，加快建立多元治理的社会结构，努力建设福利普惠、和谐有序、活力共享、诚信文明的新顺义，为北京市加强和创新社会管理做出更多贡献。

（一）积极改善民生，建设福利普惠的新顺义

改善民生始终是加强和创新社会管理的基础性工作。顺义区在这方面有较好的工作基础，下一阶段的重点任务是大力提高居民的收入水平，提升公共服务的质量和便捷化程度，使群众更好地分享改革发展的成果。

1. 以提升就业质量为核心，快速提高城乡居民收入。居民收入来源主要有三个方面：工资收入、转移性收入和财产性收入。对绝大多数居民来说，居民收入主要是工资收入。提高居民收入，首先要做的就是调整产业结构，让更多的劳动者实现向高端产业、高效企业、高薪岗位就业。大力发展航空航天、高新技术、现代制造、现代物流、商务会展等高端产业，将资本、管理、科技、人才等高端要素结合起来，拉动就业结构高级化。积极推进农业产业化，从花卉种植业入手，探索试行一产种植养殖业公司化运作模式，推动一产劳动力成为产业工人。继续完善职业技能培训政策，以在职职工为主要群体，积极开展技师培训，大规模开展定单式培训，全面提升劳动力素质，提高就业者适应能力，优化就业质量。其次，必须建立职工工资的正常增长机制。根据顺义区经济社会发展水平，研究制定顺义区行业工资指导线，制定劳动者工资与职业技能水平挂钩机制，指导企业合理确定工资发放标准和工资增长机制。加强对企业内部工资分配指导和规范，将企业工资支付情况与企业信用等级、各项政策奖励扶持和招商引资结合起来，加大对企业工资支付情况的监控力度。大力推进工资集体协商，将企业最低工资标准和职工工资增长水平作为协商重点，改进和加强对企业工资分配的管理，推动企业建立和完善符合自身特点的工资分配制度和工资支付制度。最后，采用多种方式，增加转移性收入和财产性收入。加大社会保险覆盖面，以非公有制企业及其职工、个体工商户、自由职业者及其他灵活就业人员为重点，将未参加保险的用人单位及职工纳入社会保险覆盖范围。严格落实农转非政策，按照北京市文件精神，实现逢征必转、能转则转、应转尽转。加大就业转非力度，通过政策引导，补贴奖励等形式，促进符合条件的农村劳动力进入城镇社会保障体系，享受城镇化社会保障待遇。进一步统筹城乡社会救助，今年实现城乡低保标准统一，并根据通货膨胀情况，及时调整保障标准，保证低收入群众生活质量稳步提高。完善大病救助机制，加强社会医疗保险与大病救助政策的衔接，2015 年将救助上限提高到 20 万元，逐步解决因病致贫问题。

加强教育救助，在学费救助的基础上，增加生活费救助，基本解决贫困学生就学问题。加大保障房建设力度，制定解决城市中低收入家庭住房困难的发展规划和年度计划，并将其纳入国民经济与社会发展规划和住房建设规划，不断改善群众住房条件。

2. 以推进教育医疗优质化为重点，提升公共服务水平。努力实现学有优教。继续推进“三名”工程，有计划引进北京市乃至国家级名校资源开办分校，或与区域内中小学联合办学，引进国际教育教学机构办学，提供更多的优质教育资源。全面调整教育资源布局，以高中示范校和城区优质中小学、幼儿园为龙头，以教育联盟、组团为平台，探索学区化管理，实现区域教育城乡联动一体化发展，系统提升教育水平。努力实现病有良医。继续完善区、镇、村三级医疗服务网络，实现一老一小与无业居民大病医疗保险的并轨和公费医疗保险与城镇基本医疗保险的并轨，逐步提高医疗保障水平。采取引导社会医疗资本或与三甲医院合作等方式，建设一到两所三甲医院，增加医疗服务资源供给。大力引进高层次卫生人才，拓展与城区大医院的合作范围，不断提高医疗服务的质量。

3. 以社区建设规范化、村庄建设社区化为依托，让百姓享受便捷高效的服务。在社区建设规范化方面，不断加大工作协调和资金投入的力度，建立社区工作经费增长机制。加快社区办公服务用房交付使用，丰富完善各类便民设施，建设一刻钟社区服务圈，让广大居民得到更多更好的实惠和便利。建立社区工作准入制度，进一步规范各部门与社区的关系，将社区的精力集中到为民服务上。充分发挥社区服务站的公共服务平台作用，丰富拓展民政、卫生、文化、体育、科技、综治、商务、环保、绿化等部门为社区提供的服务。着力打造智能数字社区，建设完善区、街、居三级政务网站体系和社区服务信息网站群，利用信息技术提高服务的便捷度。在村庄建设社区化方面，将工作的重点放在让村民享受和市民一样的社区服务上。推动农村社区服务站建设，将村内各类工作站（所）有效整合，完善村庄文体医疗设施和理发室、浴池、便民超市、爱心家园等生活服务场所，满足农村居民的需求。

（二）实行精细化管理，建设和谐有序的新顺义

维护社会秩序、促进社会和谐是社会管理的根本目的之一。顺义区在这方面，已经探索出一些独特的经验和模式，下一步的重点是以精细化为目标，不断巩固工作成果，为区域发展营造和谐的氛围。

1. 着力推进社会管理网格化。按照“完善机制、健全平台、信息共享、部门联动”的思路，对全区范围内的社会服务管理信息资源进行整合，建设集成城市硬件情况、人口情况、企业情况、社会福利、社会组织等在内的信息系统，实行统一管理，实现各部门之间和条块之间的横向对接、资源共享。在信息整合的基础上，对社会领域各个环节的工作进行优化，促进联动、联合，健全长效机制，实现从事件管理精细化向社会综合服务管理精细化的转变。着手建立包括信息报送、受理立案、任务派遣、任务处置、处置反馈、核查结案、监督评价的闭环式工作流程，确保问题及时发现、有效处置。

2. 全力确保社会秩序稳定。严格落实《信访条例》和相关法律、法规，建立健全科学有效的社会稳定风险评估机制、利益协调机制、诉求表达机制、矛盾调处机制和权利保障机制，强化镇（街）级核心作用，巩固村（居）级基础作用，最大限度将矛盾化解在基层、化解在萌芽。综合运用人民调解、行政调解、司法调解、行业调解等有效方式，构建多元社会矛盾调解工作体系。不断加强和改进行业调解，将企业联合会纳入到劳动纠纷调解五方联动机制中来，不断减少劳动纠纷；鼓励企业内部建立调解组织，开展劳动争议调解试点工作，提高各行业、各企业自主解决劳动争议的能力；在建设、土地、教育、交通等争议多发的部门建立行业性调

解组织和机构，增强调解的专业化程度。

3. 促进户籍人口与外来人口共建共享。按照适应需求、控制规模、提升素质、服务发展的原则，将流动人口工作的重点由调控人口规模转移到提高人口素质上来，积极吸引高层次、高素质人才，大力引进优秀高校毕业生，不断改善人口的素质结构。努力解决外来就业人员在住房、子女入学等方面的实际困难，加大职工公寓和高品质社区建设力度，配套优质的公共服务资源，改善区域居住环境，增强外来就业者的归属感和责任感，加快流动人口融入顺义区的步伐。加强对外籍人口的管理和服务，搭建规范的外籍人口集中居住区沟通交流平台、生活服务平台，推动国际学校、国际医院的建设，满足外籍人员高品质的生活需求。

（三）加快建设社会协同和公众参与的社会管理体制，建设活力共享的新顺义

现代化的社会，一定是管理主体多元化的社会。目前，顺义区同全国大部分地区一样，政府几乎是社会管理唯一的主体。必须尽快转变思维理念，建设广泛的参与平台，制定系统的激励政策，激发群众和各级社会组织参与社会管理的积极性，提高整个社会的运行效率。

1. 加强政策扶持，大力培育发展社会组织。设立社会组织发展基金，孵化培育各类社会组织。重点扶持发展社会公共服务和社会矛盾调解领域的社会组织，积极支持发展符合顺义产业发展方向的现代制造业、航空运输、现代物流、花卉会展、文化传媒、金融咨询等行业性社会组织。对新认定的枢纽型社会组织提供一次性开办经费补贴，并每年为枢纽型社会组织提供部分工作经费；对提供公共服务、公益服务业绩突出的社会组织给予一次性奖励；对枢纽型社会组织承担的管理、宣传、培训等服务给予资金支持；对社区便民服务组织、农民专业合作组织等，给予专项资金扶持，通过加大投入，促进社会组织启动发展。

2. 探索社会管理项目化运作方式，提高管理效率。探索实行社会管理具体任务项目化运作，按照项目管理的规律推进社会管理。首先，做好对项目资金的合理配置，对群众、社会单位和基层单位的需求进行系统调研，通过科学分析，明确哪些项目由政府运作，哪些由社会组织运作；明确哪些项目是要优先保障的，哪些项目是可以稍微推后的；明确多少资源用于教育，多少用于医疗卫生，多大比例用于就业，多大比例用于住房等；明确多少资金由政府来掌控，多少资金可以下放到社区和村里。其次，抓好社会项目的科学立项、科学监管和科学评估，杜绝资源浪费。最后，建立健全以项目为导向的政府购买服务机制，系统梳理政府部门承担的公共服务项目，从早期教育、公共卫生、扶贫救助、养老、残疾人服务、社区居民服务、社区矫正、文化、公民教育、环保、政策咨询等领域入手，对可由社会组织承接的事项，通过政府采购或特定委托方式，向符合条件的社会组织购买服务，提高服务的效率，促进社会组织发展壮大。

3. 激活基层组织，搭建居民参与的平台。从广义上讲，城市社区组织和农村基层组织也是社会组织，扮演着政府与民众之间桥梁的角色。应加强城市社区居委会、社区党组织、业主委员会的建设，重点发挥其自治和协调功能；加强农村基层党支部、村民委员会和村务监督委员会等农村基层组织建设，重点发挥其凝聚人心、维护稳定的功能。完善村民和社区居民议事协商、民主听证制度，落实村务、居务公开制度，让群众参与到社区和村庄的建设管理中来。总结经验，不断完善村规民约和社规民约，将当前群众关注的环境治理、农民房屋建设标准、流动人口管理、房屋出租等突出问题纳入进来，激发群众的积极性，实现群众自我管理。

4. 加强志愿者队伍建设，完善社会动员机制。健全志愿服务体系，整合各类志愿者组织和志愿者工作资源，将全区各类志愿者组织逐步纳入区志愿者联合会管理和服务工作体系，不断完善志愿者工作管理、志愿者

工作运行、志愿者队伍建设、志愿者服务项目、志愿者工作保障五大体系。推进志愿服务项目化，完善《顺义区志愿服务项目指导目录》，不断拓展服务领域，实现各类志愿服务与社区服务的有效对接，推进志愿服务常态化、规范化。

（四）培育社会共同价值理念，建设诚信文明的新顺义

加强社会管理与培育社会文明是相辅相成的。培育社会文明有利于促进社会管理工作，建设文明诚信的社会也是社会管理的重要目标之一。应当将社会文明建设纳入到社会管理工作体系中来，以培育社会共同的价值理念为核心，倡导文明风尚、激发社会责任，建立起适合社会主义市场经济的价值体系，不断增进社会认同度，提升社会和谐度。

1. 通过树立典型弘扬社会正气。加强舆论引导，发挥区域内主流媒体的正面引导作用，广泛宣传符合中华民族传统美德的人物和事件，抵制不良思潮的影响和蔓延，鼓舞和教育广大公民树立良好的道德风尚和时代精神。总结推广基层创造的好做法，结合各地区不同实际进行推广，充分发挥文明创建典型的标杆引领作用，倡导文明行为。

2. 加强社会责任意识。社会责任是公民和组织对社区和社会应该承担的责任。首先要加强公务人员的社会责任意识。要求公务人员树立顾全大局、服务群众的思想，敬畏群众、敬畏法律，把群众的事当作自己的事来处理，满怀感情去做好群众工作、干好本职工作。要求公务人员珍惜自己的身份，在工作和生活中严格要求自己，带头做遵纪守法的模范。其次，要加强企业的社会责任意识，要求区域内企业遵守所有法律责任，完成所有合同义务，带头诚信经营，合法经营；鼓励企业加速产业技术升级，积极吸纳就业，为环境保护和社会安定尽职尽责；根据自愿原则，鼓励企业充分发挥资本优势，支援社区教育、人文关怀、城市建设等项目的发展，帮助社区改善公共环境。

3. 建设社会信用体系。十七届六中全会明确提出要把诚信建设摆在突出位置，大力推进政务诚信、商务诚信、社会诚信和司法公信建设，抓紧建立健全覆盖全社会的征信系统。根据这一要求，顺义区要加强社会信用体系建设规划，研究建立区域内企业和个人信用档案，完善信用信息系统，依法采集、整合和应用个人、企业、事业单位及其他社会组织的信用信息，形成统一平台，并与招商引资、税收减免、政策扶持、用地审批、表彰奖励等工作结合起来，使诚实守信者得到保护、作假失信者受到惩戒，不断改善各行业、各部门、各地区的信用环境。大力培养社会诚信意识，加强诚信教育，普及信用文化和知识，强化责任、激励和约束，在全社会广泛形成守信光荣、失信可耻的氛围。

（此文作者为顺义区委书记）

顺义区农民拆迁户“集中居住”情况调查

巩维国

近年，我区统筹城乡加快城市化发展，以城市带动为主导大力推进新农村建设，完成整建制拆迁村庄58个，7.8万农民通过拆迁转居住进社区，逐步融入城市生活。拆迁上楼一方面改善了农民的居住和生活条件，提高了全区城市化水平；另一方面也产生了一些新的情况和问题，给全区社会服务管理增加了难度。今年4月，区委社会工委与顺义区绿港社会工作事务所、北京大学社会学系合作，以空港街道三山新新家园社区和石

园街道港馨家园社区为主要对象，就农民拆迁户的“集中居住”情况进行了实地考察和问卷调查，依据所获得的基础材料，探讨了农民拆迁户“集中居住”对于民生、社区治理、公共服务、社会关系的影响，分析了存在的问题，并在此基础上对如何加强和创新社会管理、全面推进我区社会建设进行了思考研究，形成本调研报告。

一、农民拆迁户“集中居住”现状

（一）住房情况

从被访居民的态度来看，拆迁居民对安置住房以及住房面积的分配普遍满意，基本没有人对此提出异议。调查数据显示，平均每户家庭购买了1.86套住房，98.8%的居民购买了至少1套住房，其中购买1套住房的居民占33.7%、2套住房的占49.4%、3套住房的占13.3%，购买3套以上住房的占2.4%。平均每户家庭购房面积为173.11平方米，购房面积在100平方米以下的占24%，101～200平方米的占47%，201～300平方米的占25%，300平方米以上的占4%。可以说，我区较为妥善地解决了农民拆迁后的居住问题。

（二）就业情况

集中居住对农民而言，意味着生活方式和生产方式的转变。在搬进社区之前，调查对象中的大多数人已经不从事农业劳动；搬入社区之后，调研对象进一步脱离了农业生产，主要在附近的企业工作。但是，因为受教育水平较低和劳动能力不强，所以社区拆迁居民的就业机会和工作状况并不理想。主要表现在技术含量低（以商业服务业人员、产业工人为主）、工作不稳定（长期工作相对较少）、失业在家多、40～60岁人员的问题尤为严重，等等。因此，解决集中居住农民的就业问题仍是城乡统筹中一项至关重要的工作。

（三）收入情况

调查显示，50%的居民平均月收入在1237.04元以下，75%的居民收入不超过2132.14元。62.6%的居民月收入在1500元以下（8.4%无收入）；86.2%的居民月收入在2500元以下。其中，性别间收入差异明显：在无收入的居民中，女性占70.6%；收入在1～1500元之间的居民中，女性占53.2%，略多于男性；收入在2500元以上的居民中，女性占到24.1%。除工资收入外，拆迁上楼后居民最大的收入来源为村集体分红，平均每户村集体分红收入为8398.05元/年，且63.7%的家庭都有此项收入。在工资收入和其他收入都不高的情况下，村集体分红成为农民拆迁上楼之后重要的生活补贴，也是这一群体平日里最关心的话题。需要特别指出的是，以往从事农业劳动或“半农半工”的村民，在迁入城市社区后失去了种植蔬菜、养鸡养猪等可为家庭生活补给的收入，即便是曾经完全脱离农业劳动、将土地房屋出租的农民，在“上楼”之后也失去了土地和房屋收益这项收入来源。

二、农民拆迁户“集中居住”存在的问题

（一）“集中居住”后的社会治理与公共服务

1. 基层治理面临的困境。

多村混居新型社区的居民虽然已经进入了新的“居住共同体”，但是新的“行政共同体”并没有完全建立起来。居民的管理主体，有的仍是原来的村委会；已建立居委会的，也多是建立时间不长、工作开展尚不规范；还有的社区正处于由村到居的过渡时期，成立的是由村委会和街道共同参与的筹委会。调查发现，无论是居委会还是筹委会，新的“行政共同体”都没有得到社区居民的认同，作用发挥十分有限。被调查对象中64.3%的人称自己从来没有到居委会（或筹委会）办过事。居民们不能完全融入新的“居住共同体”、无法认同新的“行政共同体”的一个重要原因，在于原拆迁村的集体资产还没有

处置完，他们还分属于不同的“利益共同体”。有的村在拆迁之后，还有数额巨大的集体资产待处置，而集体资产管理的透明度却很低，大多数居民都比较担心集体资产的处理和去向问题。被调查者中有95.2%的人不知道拆迁过程中村委会拥有多少集体资产，91.7%的人不知道现在村委会拥有多少集体资产。89.2%的人认为集体资产的有关情况十分不透明，9.6%的人认为透明度一般。如何采取有效措施，处理好这部分共同利益（集体资产），是“村改居”过程中的一大重要问题。

2. 公共服务过度依赖政府，居民诉求难以实现。

集中居住和新型社区与政府的公共服务表现出双重的关系：一方面，在集中居住的格局下，政府提供基础设施、日常管理和服务的成本大为降低，所以在集中居住的社区，政府提供公共服务的水平理应高于原来的散居村落；另一方面，集中居住以后，农民不再有独立的房屋和院落，大部分日常生活都与公共设施有着密切的依赖关系，对政府的公共服务。物业管理等方面提出了更高的要求。新型社区对公共投入的依赖，在农户入住后更加明显。原本由一家一户自行承担的卫生、绿化甚至治安等，现在都要由社区统一提供和调配。因此，跟散居的居民相比，社区居民对公共服务的依赖性增强。然而，目前新型社区的公共服务普遍存在着一些困难，产生了一些新问题，是各类矛盾更加集中，增加了各级政府的工作内容和工作压力。

就基层治理而言，通过提供各种公共服务，政府对新型社区居民的管理能力要强于散居农户。通过提供这些公共服务也使得社区居民和政府之间的联系更加紧密，而这种紧密的联系是一把“双刃剑”：如果社区的管理和公共服务做得好，社区居民对政府的满意度就会高；如果社区管理和公共服务出了问题，集中居住方式会使得矛盾爆发得更为猛烈，也更容易发生“上访”等事件。

（二）集中居住后的社会关系

工业化和城市化的影响改变了农村的非正式组织和传统的社会关系网络——农民“转居上楼”、集中居住在一起，并不单纯是居住方式的变化，农户的组织形式和社会支持网络也会受到影响，导致原来村落中的社会交往、社会生活和农村礼俗发生很大变化。这些变化不仅会带来农村公共生活的重组，也会给村民的家庭财产关系、宗族关系、社会关系带来巨大的影响。

1. 私人空间扩张对公共空间的侵蚀。

农民集中居住的新型社区，从外观上看与城市中的居民小区没有太大的差别。但是，在搬入新型社区之前，社区居民都是散居农户的生活方式，这种生活方式在短期内不能完全改变。有些社区居民不能在非农产业充分就业，他们仍然要利用有限的条件从事农业生产活动。居住方式和生活方式不同步带来的矛盾在社区公共空间的使用上可见一斑：散居时农户的生活空间是相互间隔的，集中居住使得社区居民的生活空间连接在一起，且有大量公用的空间。如果社区居民在日常生活中继续散居时的生活习惯，社区居民之间就可能出现矛盾。例如，调查得知，有人在一楼阳台外圈出一个小院，用以养鸡种菜，这就造成了社区内其他人的不满。这些行为看起来是发生在私人空间，但是由于集中居住使社区居民的私人空间连在了一起，因而会对相邻的住户造成直接的影响。如果矛盾处理不好，社区的环境、卫生等就会恶化，经济条件稍好的居民就会搬走。长此以往，便有可能带来社会分化的结果：最后留在社区的居民经济条件都相对较差，社区的环境也越来越恶劣；这些逐渐“不宜居”的社区对公共服务和社会管理的要求会越来越高，并最终给各级政府造成更大的压力。

2. 居住格局改变对邻里关系的破坏。

与传统村落相比，新型社区在公共空间和公共生活方面都发生了一些变化。对居民而言，在搬入新型社区后，他们的社会支持网络也要重组。在传统村落中，散居农户与周围的邻居在生产、生活中的互助比较频繁，交往也较多；有血缘关系的农户也会住得比较近，能够在日常生活中相互照应。而新型社区打乱了这种自然形成的居住格局，社区居民通过抽签的方式来分配住房，使得邻里结合变成了随机的结果；特别是在多村混居小区，原本居住在不同行政村、相互之间并无交往的居民现在要比邻而居。在新型社区中由于公共生活较少，“陌生人”之间要建立起传统村落那种稳定甚至亲密的邻里关系就很困难，而空间距离的拉大很有可能会造成原有人际关系的疏远甚至中断。因此，新型社区的出现，往往伴随着对农村原有人际关系的破坏以及村民社会网络重组。

三、加强农民拆迁户“集中居住”服务管理的建议

（一）提高教育水平，重视职业培训，提升居民素质

受教育水平偏低是拆迁上楼农民的一个基本特征，直接影响到他们的就业机会和整体文化素养。因此，鼓励青年人从事长期、稳定的工作，扶持中老年人在社区周边、街道范围内发挥余热，参与公益性质的社会服务，是一种较为明确和可行的选择。

（二）采取多种途径，创造就业机会，提高居民收入

调查显示，由于新型社区的居住模式在一定程度上加大了上楼农民的生活成本，而又一定程度上制约了其从事家庭农副业生产的空间，故他们的就业和增收问题会成为新的社会问题。就业适应能力差、就业及收入不稳定会极大地制约农民市民化、产业工人化的进程。因此，要在现有制度安排下，积极探索通过职业教育让集中居住农民（尤其是青年人和40～60岁人员）融入城市工作和生活的途径；针对不同性别、不同年龄段人群的不同特征，加大培训力度、扩展就业渠道、创造稳定的工作岗位、完善聘用与劳动合同制度，从而提高“上楼”农户的家庭收入。另外，由于农村人口老龄化加重，相关的社会保障措施要跟进，并继续加大城镇社保政策宣传力度。

（三）加强社区治理，建立应对机制，化解社会矛盾

我国城乡统筹发展中，尤其是在涉及土地权益和房屋拆迁问题的处理上，产生了较为集中的矛盾。顺义区在农民“转居上楼”的实践中，宣传到位，安置妥当，补偿合理，降低了冲突的发生率，但是从调查的情况看，仍出现了一定的矛盾，群体上访的事件时有发生。同时，某些矛盾也有可能在今后一段时间逐渐暴露出来，如物业管理方面的纠纷、集体资产方面的意见、公共服务方面的诉求，等等。

为尽量减少矛盾冲突，在继续推进城乡统筹的进程中，应遵照循序渐进的原则，落实有关听证、调查等公共决策方式和社会参与机制，充分尊重农民的意见，保障农民的知情权和监督权，增加政策执行过程的透明度，强化行政、司法的救济渠道，建立和谐的劳动关系和社区关系，形成有效的利益表达机制和社会矛盾化解机制，平衡相关各方利益，推进分配改革。同时，深化公共服务和社区管理相关改革，理顺行政隶属和责任关系，积极探索由政府部门主导、基层社会组织配合、社会力量参与、市场运作予以补充的公共服务需求与供给模式。

（四）发挥社工优势，整合现有资源，改善公共服务

1. 以新建和在建的居委会为依托。从长远发展看，居委会将在社区管理和服务工作中发挥至关重要的作用。社工服务需要居委会的支持，居委会的工作也可以借助社工来推动。因此，社工服务可以与居委会的工作相互配合，互相支持，共同成长。

2. 以居民的生活和需要为重点。立足于居民的日常服务诉求，丰富居民的社区生活，可以考虑从社区公共设施入手，完善社区综合活动中心、社区“一刻钟服务圈”，比如改善交通条件，建立方便的购物场所等，进

一步丰富健身、休闲、娱乐的场所和器材。

3. 以开展丰富多彩的社区活动为契机。组织各类社区活动，并在条件成熟时组织各类兴趣小组和特色活动团队，搭建社区交往的平台，增进居民之间的沟通与了解。深入开展社区“共驻共建”活动，使驻社区单位在社区建设和服务管理中发挥更大作用。

总之，城市社区建设不仅仅是一个空间规划的问题，而是需要通过社会改革的综合治理才能解决。因此，要贯彻建设现代都市“自然之美、社会公正、城乡一体”的核心思想，就要充分考虑社会生态的宏观结构和整体布局。大规模的城市化会对农村社会结构和社会生活造成巨大的冲击，在这个过程中，必须保证居民充分就业，促进城乡良好的互动；避免某些集中居住社区的衰败，变为“贫民窟”或“城中村”；注意保护传统的社会关系网络和社会支持系统，构建良好的社区关系和治理体系；培养良好的市民素质和公共精神，扩充社区社会资本，促进生活方式和观念的转变，充分调动居民在建设现代田园城市中的主体性和积极性；结合空间、社会、文化、自治等诸要素推进社区总体建设；探讨和推动适应农村社区向城镇社区转型过程中的产权结构和治理架构转变的问题。

另外，从典型经验看，政府主导的城市化进程，具有“建设周期短、面貌改善快”的特点，但政府支付相应建设成本、社会成本也较高，沦为上楼农民的“保姆”，农民也容易产生依赖心理，给政府带来沉重负担。因此，要注重把政府主导和尊重农民主体地位有机结合起来，充分尊重农民自身的意愿，落实“还权赋能、农民自主”，更好地保障农民自治机制。

（此文作者为顺义区委社会工委书记、区社会办主任）

关于加强昌平区社区党建工作的调查与思考

黄先锋

一、前言

（一）调研目的

近年来，随着全区城市化进程的不断加快，社会管理创新的持续推进，社区日益成为社情民意的“聚汇点”、各类矛盾的“聚集点”、各种需求的“聚合点”，因此，社区党组织作为社区各类组织和各项工作的领导核心，社区党建工作就显得越来越迫切、越来越重要。在新的形势下，昌平社区党建如何建立健全“条块结合、资源共享、优势互补、共驻共建”的区域化党建格局，能否是建设“京北创新中心，国际科教新城”中发挥重要作用，能否在“党委领导、政府负责、社会协同、公众参与”的社会管理格局中，探索出一条社区党建工作的新途径。为此，区委社会工委围绕全区社区党建工作情况，进行了深入调研，以期通过摸清当前全区社区党建的基本状况，发现问题，总结经验，努力推动和谐社区建设沿着科学发展的轨道不断前进，为昌平改革、发展、稳定提供坚强的思想、政治和组织保证。

（二）调查方法

本次调研采取发放《昌平区社区党建情况调查问卷》《社区“两委”干部调查问卷》《社区党员、居民调查问卷》和召开座谈会、实地察看相结合的方式。通过向全区174个社区党组织、267名社区“两委”干部、114名大学生社区工作者、1063名社区党员和居民发放了调查问卷，对全区社区党建工作情况进行了普查和统计分析，问卷回收率为96.3%。在此基础上，先后召开了6次社区“两委”干部、社区党务工作者、社区党员和居民代表座谈会，实地考察了10个镇45个社区，认真总结全区社区党建工作的好经验、好做法。在对调研情况进行细致整理的基础上，对新时期社区党建的特点进行了认真的分析，着力对下一步构建全区区域化党建工作格局进行了深入思考，形成了本报告。

二、全区社区党建工作的基本现状及特点

（一）社区党建工作的基本情况

目前，全区共有社区居委会177个，社区党组织174个（其中党总支3个，党支部171个）。共有社区党员10294名。其中社区党组织班子成员545名，社区党组织书记173名。书记、主任“一人兼”的有70名，占社区党组织书记总数的40.5%。

（二）社区发展的概况及特点

我区社区发展大体可划分为四个阶段：20世纪90年代末至2002年是社区的起步阶段；2002年至2005年是社区的探索阶段；2005年至2008年是社区的巩固和壮大阶段；2009年至今是社区党建的发展阶段。目前，我区社区工作呈现出三个特点：一是社区数量增长快，构成杂。随着全区城市化进程的不断加快，新建住宅区快速发展，2004年新建社区居委会13个，2006年新增社区44个。目前，已建立社区177个。从社区形成看，大致可分为三种类型：一类合并、转制型，主要分布在城北、南口、沙河、小汤山、十三陵、马池口、阳坊等地；二类农村过渡型，主要分布在城南、回龙观等地；三类新建开发的住宅区型，主要分布在回龙观、东小口、北七家等地。二是社区经费投入少，基础薄。目前，社区经费主要是由区、镇财政承担。1000户以下的居委会每年拨付1万元，1000~2000户的居委会每年拨付1.5万元，2000户以上的居委会每年拨付2万元；根据社区居委会规模确定社区公益事业补助金，2000户以下每年8万元，2000户以上的按年度每增加1户增加40元，专门用于社区公益事业建设。所投入的经费难以适应社区党建新形势的需求，部分社区办公用房和服务用房面积小，健身器材短缺，基础设施建设的整体水平有待于进一步提高。三是社区发展不平衡，差异大。全区社区发展的规模不平衡，可分为3种类型：一类小型规模，即1000户以下；二类适中型规模，即1000户至3000户之间；三类超大型规模，即3000户以上，主要分布在东小口、回龙观、城北、北七家等地。全区社区发展水平不平衡，有些社区办公用房充裕，办公设备齐全，人员配备齐全，工作机制健全；而有些社区办公用房则是地下室、封闭或半封闭式的房间，还有些社区办公用房分散在几处，给居民办事带来极大的不便；还有些社区活动场地少，活动场地分设在几处，离居民区较远，也不便于居民活动。

三、加强社区党建工作的主要做法及成效

近年来，在区委、区政府的正确领导下，我区以深入开展学习实践科学发展观活动、创先争优活动和实施“三个工程”为契机，努力探索建立社区党建工作的新路子、新办法，社区党组织和党员在推动发展、服务群众、凝聚人心、促进和谐方面，能力逐步提升，成效进一步显现。

（一）加强队伍建设，充实工作力量，为社区党建工作提供人才保障

近年来，我们从建立健全选配、教育、管理和激励机制入手，加强社区党组织队伍建设。一是选优配强社区干部。我们以2009年社区党组织换届为契机，选拔了一批政治素质高、工作能力强、群众基础好的人员进入领导班子，进一步优化了成员年龄和文化

结构。换届后，新一届社区党组织成员平均年龄比上一届下降了3.5岁，大专以上文化程度的党组织成员比上一届提高了14.4%。新一届社区党组织班子成员的工作能力和业务素质比上一届有了明显的提升，为社区党建工作的开展打下了坚实的基础。在今年纪念建党90周年期间，十三陵胡庄社区党支部书记兼居委会主任胡玉红、东小口地区天通北苑第二社区党支部书记兼居委会主任韩树森等4名社区党组织干部，分别被市委授予北京市优秀共产党员、被市委社会工委授予北京市社会领域优秀党务工作者荣誉称号。二是强化对社区干部的教育培训。为提升社会工作人才专业化、职业化水平，采取了三项培养措施。在创新社会工作人才教育培养方式方面，我们采取了“高校培养+集中培训+脱产学习”的方式，与北京农学院签订了共建协议，有针对性地培养社工专业人才；在全区集中组织开展大学生社区岗前培训，提高了大学生社工解决实际问题的能力和水平。探索实施优秀社区工作者脱产学习计划，目前已经与北京农学院达成初步方案，将选派10名优秀社区工作者进行为期4个月的脱产学习。在拓宽社会工作人才实践锻炼渠道方面，我们采取了“机构+基地+机关”的方式，依托区首家专业社会工作机构——北京昌平温心社工师事务所，派遣社区工作者参与各种社会工作，为社会工作服务人才实践锻炼搭建了平台。在东小口、回龙观两个大型社区建立了社区社会工作实习基地，目前已接待实习大学生300人次。创造各种条件和机会，择优选派基层社会工作人员到政府部门挂职调训。目前，已选派50人次到各级政府部门挂职调训。在建立社会工作人才考评保障机制方面，我们采取了“制度+办法+细则”的方式，完善职业资格制度，规范了社工职业准入资格，鼓励社会工作人员参加国家职业资格考试。出台了《昌平区社区工作者考核评议试行办法》，将考核结果作为社区工作者奖惩或续聘、解聘和调整岗位的重要依据。制定了《昌平区关于进一步规范社区工作者待遇实施细则》，使社区工作者的平均工资不低于本区全额拨款事业单位工作人员的平均工资，调动了社区干部的积极性。三是加大对社区干部的管理考核力度。各镇街道制定了《社区专职工作者考核办法》，年终成立以副职（级）领导为组长的考核组，通过报告工作、个人述职、民主评议、个别谈话等对社区两委班子及班子成员进行考核，考核结果与年终绩效奖金挂钩。南口镇党委实施了社区党建量化考核，根据全年的工作任务，对社区党组织采取百分制的考核，重点对常规工作、重点工作、创新工作三部分共33项内容进行考核。把过去一些没法考核的“软任务”变成了可以考评的“硬指标”。2010年，镇党委专门拿出3万元用于奖励10个社区党组织，激发社区党支部和党员干部工作的积极性、主动性和创造性。四是为社区建设注入新的活力。从2009年起，连续3年面向全社会公开招聘了392名大学生社工，实现了“一社区一名大学生社工”计划，提高了社区党组织的文化结合、知识层次和工作水平。

（二）加大投入力度，落实经费保障，为社区党建工作奠定物质基础

近年来，我区在提高区财政对社区党建工作资金投入的同时，认真落实好相关政策，为加强社区党组织建设提供了“源头活水”。一是完善对社区干部待遇保障机制。出台了《昌平区社区工作者管理办法（试行）》，社区两委均享受社区专职工作者工资待遇及相应的社会保障。经过两次工资调整后，社区工作者人均年收入由12000元提高到27000元，调动了社区工作者工作的积极性、主动性。各镇（街道）还结合实际，进一步完善了社区工作者加、值班补贴机制，完善了节日慰问、“五好”创建奖励等一系列激励机制，有效稳定了社区干部队伍。二是多策并举保障社区党组织工作和活动经费。区委书记侯君舒等领导经常深入社区进行调研，定期听取汇报，召开有关部门会议，投入专项资金，解决社区存在的诸如办公用房、硬件

设备、活动经费、人员配备等突出问题。目前，全区社区党建工作和活动经费已纳入区财政预算。党组织活动经费按上年度党员年报为基准，按照每人每年100元的标准下拨到各镇街道。在此基础上，回龙观等镇街道每人每年再配拨100元。三是鼓励社区党组织创收自筹。各镇（街道）积极拓宽筹资渠道，按照“属地管理，资源共享，共驻共建”的原则，组织开展了互帮互联，动员驻社区单位捐助一点、社区募集一点的办法，多方筹集资金。

（三）完善基础设施，夯实活动阵地，为社区党员开展活动提供保障

我区针对社区党组织办公及活动场所面积狭小、基础设施简陋，无法满足社区工作和党员活动需求的实际问题，加大区财政支持力度，拨付专项资金用于社区活动场所和服务设施建设，使社区党组织活动场所在联系社区居民、教育社区居民、宣传社区居民、服务社区居民的阵地作用得到了较好的发挥。一是深入开展社区规范化建设试点工作。由区委组织部牵头，汇同区发改委、区民政局等7家单位制定了《关于推进社区规范化建设试点工作的实施意见》，围绕社区服务站建设、社区工作职能等七个方面，深化社区规范化建设工作。截止到今年6月底，我区已完成了93个社区的规范化建设试点工作，今年将继续完成剩余84个社区的规范化建设任务。目前已投入2862万元，为永安社区、秋实家园等15个社区购买了办公用房，使社区党员活动场所有了明显改善。二是采取配、建、租、合用等办法解决社区党组织活动场所。通过采取村居联建、社企联建等形式，在一定程度上缓解了社区党员活动场所缺乏的问题。城北街道积极争取，多方努力，先后投资500余万元，解决了史家坑、宁馨苑等4个社区的办公用房。金隅万科和金隅嘉业分别为社区无偿提供了300平方米以上的办公用房和活动场所。回龙观地区整合“两委”班子办公场所和活动场所，现41个党组织均有办公场所，配备了电脑、打印机等办公设备。小汤山镇规范服务设置，三个社区均设有多功能党员服务中心，配备了微机、电视机、DVD、档案柜、文化娱乐器材等设施。南口镇党委协调辖区单位，先后为保温瓶社区、新兴路等4个社区解决了活动场所共550平方米。三是充分发挥社区党组织活动场所的作用。我区从发挥资源综合效益的角度出发，强化社区党组织活动阵地作用的发挥，使社区组织活动场所成为集党员活动、便民服务、文化宣传、信息传播、健康娱乐等多种功能于一体的活动场所。南口镇南厂东社区党支部突出了公共服务功能，实现了“全程代理一站式”社区服务，让社区居民不出小区大门就能办理计划生育、劳动保障、社会福利等事务，帮助居民解决日常生活中遇到的困难。城北街道二街社区党总支突出文化需求的功能，在社区设立了阅览室，方便居民读书。八街社区总支利用社区活动场所开展文艺活动，丰富群众文化生活，满足群众文化需求。东小口地区天通苑东二社区党支部突出了调解矛盾纠纷的功能，利用社区党组织办公室设立了“社区居民恳谈室”，设置了民间纠纷登记本、排查纠纷苗头登记册。2010年，“社区居民恳谈室”共化解了商用房扰民、居民与物业公司矛盾、邻里纠纷等问题100多件，排查了隐患苗头400多个，维护了社区和谐稳定。回龙观地区突出了社区党组织活动场所的民主议事功能，在辖区内推广建立了“和谐共建共享委员会”，利用社区党组织活动场所定期召开由党支部、居委会、物业公司、业主委员会、居民代表和驻社区商户参加的社区事务协调会，扩大了社区党员群众的知情权、参与权、决策权和监督权，逐步解决了社区内乱搭乱建、环境卫生、物业费拖欠、停车难等问题，受到了社区居民的好评。

（四）创新工作思路，服务全区大局，积极探索“村转社区”党建工作新模式

目前，我区正处于大投入、大建设、大发展的关键时期，2010年北京城乡结合部50个重点村中，昌平区共有7个，其中6个集

中在回龙观、东小口、北七家、沙河等东南地区城乡结合部。我们紧紧围绕中心工作，服务大局，创新工作思路，探索城乡结合部地区拆迁改造过程中，“村转社区”党建工作新模式，为昌平区加快推进城乡一体化进程提供坚强的组织保证。一是创新发展思路，锤炼村转社区典型模式。回龙观地区北店嘉园2001年拆迁，2003年回迁，并撤村改居。社区两委班子着眼长远，创新思路，把北店嘉园社区前身北店村的集体资产4亿元投资，在46.1亩商业用地上建设一个综合性商业楼，把产权股份量化给符合条件的原北店村村民，股份到人。目前，年收入达3000多万元，其中70%的利润分给社区居民，平均每户每年收入1万多元，铸造了一条“党建推动发展，发展改善民生，民生促进和谐”的良性发展链条。二是创新活动方式，确保党员教育有场所。在拆迁改造“村转社区”的过程中，区委组织部积极协调相关部门，确保基层组织不散、党员作用不减、活动阵地不丢。探索建立村村联建型党组织，本着地域相近、规模适度、便于活动、共同发展的原则，在地域相邻的村成立联村党组织，实现共同发展。北七家镇在拆迁改造过程中，鲁疃、北七家、岭上三个村完成整体搬迁。大部分党员在羊各庄村租住，经协调羊各庄村党支部，充分发挥该村的资源优势，将该村文体中心确定为北七家镇“党员活动中心”，以支部共建、党员互动为有效载体，将“党员活动中心”作为三个搬迁村的党员活动阵地，以实现拆迁村党员活动阵地的良好过渡，保证拆迁过程中党组织作用的充分发挥。三是创新组建形式，确保新建社区无党建“真空”。及时在新建社区组建党组织，扩大党组织和党的工作覆盖面，确保新建社区党建工作无“真空”。逐步探索建立“村居联动型”党组织，在农村向社区过渡地区以及农村与城市社区相邻或相近地区，组建村居合一或村居并行党组织，实现城乡基层党组织队伍融合、资源共享、优势互补、共同提高。

（五）创新工作平台，完善运行体系，构建社区党建区域化工作新格局

我区以创先争优活动为契机，以社区管理创新，推进社会服务管理创新，在构建社区党建区域化工作新格局方面进行了有益的探索，并取得了初步成效。一是建立健全了沟通协调机制。各镇（街道）建立了社区党建、社区建设例会制度，初步形成了社区党组织和驻区单位党组织思想共育、活动共办、资源共用、成果共享的区域化党建新机制。二是推行了整合辖区资源推进社会建设的“1+4”工作机制。城南街道15个社区党组织分别与辖区30家单位签订了共建协议书，明确结对共建的任务和目标，定期开展活动，实现了在公共安全、环境保护、教育培训、医疗卫生、人力就业、产业发展等6个方面的资源共享。通过相互融合和属地社会单位的大力配合，街道工委及街道社会工作党委已经从全程操作者转变成了协调组织者，并实现了社区活动的公益性内容与市场化运作的有效对接。先后与辖区社会单位共同举办了“红歌会”“新春团拜会”等大型活动，既提升了社区活动的品质，又为成员单位展示形象提供了舞台，取得了良好效果。三是积极探索在职党员在社区发挥作用的途径。城北街道开展在职党员干部进社区参加志愿服务活动，在奥运会和国庆60周年期间，有3000余名在职党员到社区报到并服务，提高了在职党员参与社区建设的积极性。

（六）坚持以人为本，打造“五型家园”，探索创新服务社区居民的新模式

近年来，我区以构建红色党建家园、快乐健康家园、关爱温馨家园、融洽和谐家园、共驻共建家园的“五型家园”为载体，推动了区域化社区党建的深化发展。一是打造“红色党建家园”，让社区党员感受到了家的温暖。以迎接建党90周年庆祝活动为契机，社区党组织班子成员带头入企业、入楼门、入居民家，开展“老党员必访、居民代表必访，弱势群体必访、党员代表和积极分子必

访、驻区单位必访”的“五必访”活动，为居民办好事实事2559件。组建了社区治安红帽子志愿服务队和社区环卫蓝帽子志愿服务队，组织社区党员志愿者和社区建设积极分子参加志愿服务活动，在社区中担负起车站值勤、铲除小广告，捡拾白色垃圾、清理狗粪、安委会站岗、治安巡视楼区和公安重点人物目标监视等工作，为打造稳定、祥和、宜居的社区作出了实实在在的贡献。二是打造“快乐健康家园”，以文化联结亲情。各社区党组织通过成立“夕阳红”歌唱班、组建秧歌队、举办科普讲座等形式，发挥文体娱乐活动联结亲情、凝聚人心的功能，把科学的、先进的、健康的思想观念贯穿在其中，倡导和谐、健康、快乐的生活方式，增强社区居民的归属感和认同感。回龙观地区龙腾五社区党支部利用宣传栏张贴古圣先贤们的名言警句及弟子规、唐诗、宋词等，倡导“百善孝为先”“和为贵”的生活理念。十三陵镇胡庄社区党支部组建秧歌队，广泛吸纳退休职工和党员参加，人数已达80人，“和谐社区我出力，社区和谐我受益”的理念深入到每个社区居民的心中。三是打造“关爱温馨家园”，架起党组织和居民之间的“连心桥”。社区党组织通过“共产党员献爱心”“一帮一”结对帮扶、对独居老人进行日间照料，在社区里建起了主食厨房、蔬菜站、医务室等便民服务站（点），并为60岁以上老人办理老年优待和紧急事件联系服务卡，并通过社区党员志愿者及时居民群众提供服务，并把爱心服务理念传递到了社区，在社区形成了强烈的反响。四是打造“融洽和谐家园”，满足社区居民多样化的需求。针对全区城市化进程加快、流动人口多的实际，社区党组织以维护社区稳定为着力点，整合区域内资源，通过设立居民意见箱、开通咨询热线等形式，畅通社情民意的表达渠道。依托区温心社工师事务所，以节日为契机点亮社区老年人生活；以活动为媒介传递社区温暖；以老年人需求为中心开展活动，构建了服务社区居民的长效机制。五是打造“共驻共建家园”，为社区党建注入了新的动力。通过“支部互动、党员互助”“城市手拉手”“军民共建”等形式，构建村（社区）与企业、学校、部队、社会单位合作的模式。社区党组织通过邀请昌平消防处在社区内开展“消防安全知识进社区”活动，为社区居民进行实地消防安全演练；从法院请来法官为社区居民讲解“婚姻家庭矛盾如何化解”，尽量将矛盾化解在基层，请专家用生动简单的事例讲解“节能减排，低碳生活”等。一系列社区活动的开展使社区组织的凝聚力、向心力进一步得到了强化，推动了社区服务工作的协调可持续发展。

四、社区党建工作存在的难点和问题

（一）社区干部的综合素质有待进一步提高

由于社区干部来源渠道不同，所以在年龄上、在文化程度上、在知识结构上参差不齐，与新时期社区党建工作的要求还有一定的差距。个别社区干部长期忙于事务性工作，对学习抓得不够；个别社区干部对党的基本政策缺乏全面的理解和把握，群众工作的能力偏弱。

（二）社区党建工作的协调机制还需要进一步强化

目前，我们虽然已经在全区17个镇（街道）全部完成了社会工作党委组建任务，但其统筹协调构建区域化大党建格局的作用还没有得到充分发挥。驻区企事业单位缺少参与社区建设的内在动力，共驻共建共享机制还有待进一步落实。

（三）社区党建工作的经费和场地保障需要进一步加强

近年来，随着党建工作的不断完善，基层党组织开展活动日趋增多，特别是开展深入学习实践科学发展观活动和创先争优活动后，基层党组织开展活动的频次明显增多、质量也显著提高。但部分基层党组织活动经费难以保障，造成基层党组织开展活动受限。同时，一批下岗党员、离退休党员、流动党员涌进社区，社区党员骤增，党建活动阵地不够、活动经费压力加大现象比较普遍。

（四）社区党员的管理体制需要进一步完善

一是原有的党员管理模式与党员结构日趋多元化不相适应。社区内党员类别复杂，既有从业党员，又有无业党员；既有公有单位党员，又有非公有单位党员；既有本地党员，又有外地党员；既有高收入党员，又有低收入困难党员。他们的思想、需求又各不相同，管理模式也应该多元化。二是有部分离退休党员、失业下岗党员管理难。他们流动性大，有的离退休党员长期随子女在外地居住，长期不参加组织生活。有的下岗失业党员在外打工，也长期不参加组织生活，甚至有的还长期不缴纳党费，增加了社区党建工作的难度。以南口镇南厂西社区党支部为例，该社区现有在册党员 231 人，正常参加组织生活的有 80 多人，不参加组织生活的有 130 多人。

五、加强社区党建工作的对策和建议

社区党建是社会领域党建的重要内容，是提高党对社会领域的领导力和组织力的重要保证。2010 年 7 月，市委、市政府推出了《北京市社会服务管理创新行动方案》，提出了要构建社区党建区域化工作新格局。可以说，这是新形势下加强社会建设的新要求，也是科学发展观在社会领域党建工作中的落实。为此，我们认为，加强和完善全区社区党建工作，应从体制、机制建设入手，着重在以下五个方面寻求突破：

（一）健全社区党建工作体制，进一步构建统筹协调的社区大党建工作格局

以“三级联创”活动为载体，以构建区域化党建格局为目标，进一步明确镇（街道）社会工作党委的职责任务，充分发挥其统筹协调区域化党建工作的作用，以区域管理为主，构建在镇（街道）党（工）委领导下，由社会工作党委负责、社区党组织为基础、驻区单位党组织和辖区内非公有制经济组织和新社会组织共同参与的社会领域党建工作共建协调机制。进一步建立健全社会工作党委联席会议制度，按照条块结合、优势互补原则整合辖区党建资源，统筹开展区域社会领域党建工作，形成社会领域党建工作合力。

（二）健全科学用人机制，为党建工作提供人才保障

从优化班子和干部队伍结构入手，不断加强社区领导班子和党员干部队伍建设，增强班子凝聚力和战斗力，提高干部队伍综合素质和领导水平，实现社区党建工作“有人管事”。一是继续选优配强社区党组织领导班子。以 2012 年社区党组织换届为契机，坚持把党性强、能力强、熟悉党务工作、热心服务群众的党员选进社区党组织班子，进一步优化年龄和文化结构，特别是选优配强社区党组织书记队伍。二是落实对社区工作者的选拔、培训制度。按照市委、市政府颁发的《北京市社会建设实施意见》精神，落实对社区工作者选拔、任用、教育、培训等制度，重点抓好社区专职工作者、大学生社工和志愿者三支队伍建设，建立和完善社区专职工作者、大学生社工培训制度，鼓励和引导社区工作者参加国家社会工作者职业水平考试。

（三）健全经费保障长效机制，夯实党建工作基础

要建立健全以财政拨款为主的社区党建经费保障机制，激活社区内在动力。一是加大投入力度，构建保障体系。要加大区级财政、镇（街道）财政的投入力度，改善社区党组织活动场所和党员活动所必备的基础设施。要把社区党建工作经费纳入财政预算，每年拨出专款用于社区党建工作的开展。二是严格经费管理，确保使用到位。在区级层

面建立经费联审制度，组织区财政、审计、监察等到部门对社区办公经费进行了联合审计。在街道（镇）级层面，建立主要领导负总责，分管领导负直接责任的经费管理机制。在社区层面，建立经费公开制度，每半年向居民公开一次办公经费使用情况。同时，健全完善社区党组织“五个好”考评机制。将社区经费分为基本经费和以奖代补经费。每年依据“五个好”标准考评一次，将考核结果作为奖励发放以奖代补经费的依据。三是拓宽资金渠道，保证经费稳定。应研究制定建立社区多元化投入机制的措施和办法。鼓励各所有制领域、各行业的各类主体积极参与社区基础建设，通过社会募集、个人捐资等多形式多渠道筹集资金，保证财源通畅不竭。

（四）健全场地保障机制，确保社区“有场所议事”

落实北京市规范化社区建设要求，结合本区实际，加快推进全区社区办公和服务用房的工作进程，从根本上解决社区办公和服务用房紧张的问题。同时，要针对辖区内社区的不同情况，多策并举，确保社区“有场所议事”。对新建小区型社区应积极协调建设开发部门，采取改造、扩建的方法解决办公用房的问题。对单位型社区应加大宣传、协调力度，积极争取驻地单位支持，采取资源共享的方式，解决办公场所问题。对村改居社区，可依靠社区自身力量，采取新建或扩建的方法解决场所问题。

（五）探索党员管理教育新模式，提升社区党建整体水平

为提升社区党员管理的实效性，增强社区党建工作的渗透力和凝聚力，应积极探索建立社区党员分类管理的新模式。一是对社区在职党员实行“岗位化”管理。社区党组织在社区党员中广泛开展党员定责上岗活动，积极推行“一人一岗”制度，通过岗位认领，明确岗位职责，维护社区稳定。二是对年老体弱老党员实行“关爱化”管理。对年老体弱、行动不便和重病在床的党员，社区党支部坚持定期入户走访，及时把社区党组织的中心工作向他们进行传达，加强对他们的服务和关怀。三是对下岗失业党员实行“服务化”管理。社区党委对下岗失业党员，要从关心思想、生活入手，进行“下岗不失志”教育，帮助他们转换择业观念，提高再就业能力，使他们自觉增强党性和组织纪律观念，维护党员形象，在社区建设中发挥应有作用。四是对流动党员实行“动态化”管理。社区党组织可建立流动党员支部，每季度组织人员深入辖区，进行流动党员的调查、摸底、统计工作，及时、准确对流出党员进行清理并分类造册登记，分别对流动党员组织生活、学习等情况进行详细记录，建立流动党员档案信息库，实行动态管理、跟踪管理。

（此文作者为昌平区委社会工委书记、区社会办主任）

大兴区关于推进农村社区社会服务管理信息化建设的探索与实践

刘桂兰

序　言

信息技术的发展，特别是网络技术的发展正在改变着人们几千年来形成的信息传递方式、人际间的沟通方式和社会管理的组织方式，并深刻地影响着社会生活和政府运作的方式。大兴区基层社会服务管理信息化建

设已经逐步走入正轨，社区信息化建设已经由点带面逐步在全区铺设开来。目前，我区西红门镇村庄、御花园二里等部分社区信息化建设工作有序，应用效果明显，信息化建设已取代传统的社区管理、服务及其他资源，成为战略性资源和社会领域行业的核心管理系统。

一、全区基层社会服务管理信息化建设的基本情况

我们通过了解本区内信息化建设需求，推进信息化试点先行工作，首先在西红门镇大生庄村推行了村庄信息化试点工作。该村位于西红门镇东部，南临黄亦路和南中轴路，西临南苑机场，村域土地总面积600亩，工业用地360亩，其中村庄占地90亩，耕地150亩；现有常住人口167户342人，流动人口2073人（村庄内1275人，工业区内798人）。目前，该村社区管理已经全部使用信息化系统，包括管理社区化、建站统一化、人防专业化、技防现代化、服务人性化、管理有序化。村内的这些管理系统都离不开信息化管理系统，将现代化信息技术引入村庄社区管理，统筹规划、统一标准，建设和完善街道信息化管理及服务体系，为村内各级管理职能部门提供街道人口、计划生育、财务、资源和社会事务等全面集中管理，十分有效。

大兴区各社区通过对西红门镇大生庄社区信息化建设的实际推广和应用，意识到了信息化发展对于管理社区的重要作用，目前全区123个社区已经初步实现利用信息化建设来管理社区的各项工作。我们与银长城公司社区网络公司合作，先期由他们统一为全区社区建设门户网站，将社区资源统筹协调起来，解决信息化建设及规范不健全、社区管理能力千差万别等问题。该项工作由区委社会工委牵头，各街道、社区共同参与，协调资源，在统一规划下建设了一个便民的窗口网站。

二、村庄社区信息化管理工作的主要做法及成效

（一）融入实际，信息化实现管理向服务延伸

一是村庄社区流动人口信息化管理。我们根据实际情况减少原来的村内自然出入口，开放主要出入口，设置岗亭、抬杠，安排力量24小时值守并配备对讲机，村内人员、车辆持证出入，外部人员、车辆登记后方能出入。信息化管理人员将所有进出信息录入网络台账，存档，方便查询。

二是建站统一联网化。将社区警务站、流动人口和出租房屋服务与管理站、巡防队工作站、民事调解室整合建立村级综治中心，实现“三站一室”的防控人力资源整合，村内所有的站所统一联网，在村级网站有相应板块，让村民既能在网上查询信息，又能在现实中咨询办理业务。

三是技防现代化。村内设监控室，在村内主要道路、路口安装电子探头，形成村（社区）、派出所、镇三级联网，实现了治安布控动态更新，共安装技防探头306个。

四是服务人性化。我们通过发放便民卡、流动人口参与管理、完善村内便民设施等一系列举措，达到以人为本，服务人性化、管理有序化的目标。我们在村口和重要路段设有电子大屏幕，将村内重要通知、信息在屏幕上滚动播出。总之，就是要让村内居民享受到城市社区居民一样的品质生活。

（二）创新管理，信息化管理实现硬件向软件延伸

一是确立信息化管理新目标，提升信息化管理水平的科学管理水平，2011年以“三个延伸”为目标，新制定了西红门镇村庄社区信息化管理工作折子工程，深化和丰富了村庄社区信息化管理工作内涵。

二是推广信息化智能门禁系统，提高科技创安水平。以大生庄、寿宝庄、新三余为试点，推行“一卡通”智能化门禁系统试点建

设，在村社主要出入口，建立刷卡门禁，并对村内常住人口免费办理智能出入卡，实行人车刷卡进入的方式，不仅减少了管理人员的工作量，提高了效率，也方便了群众，增加了安全系数，此项工作已经在全区内进行推广。

三是加强信息化队伍建设，完善管理制度。各村党支部积极发动党员、入党积极分子、志愿者参与社会管理，不断充实村级信息化管理人员队伍，并定期对信息化管理人员进行培训，将村内信息化资源充分利用，培训包括网站信息更新、对讲机使用、电子屏幕更新等与村民生活息息相关的内容。同时，成立三个由镇级后备干部组成的“村庄信息化管理工作督查小组”，常年分片进行督导考核，确保各项制度的落实。

（三）科学规划，信息化建设实现村内向村外延伸

一是拓展社区信息化管理范围。将工业大院纳入社区信息化管理范围，将村庄社区信息化管理工作辐射至村周边的工业大院，已对具备条件的10个村工业大院进行了社区信息化管理，共砌围墙4115米、安装铁栅栏1560米、大门30个（其中电动门13个）、设置岗亭30个、抬杆24个，在原有电子探头306个的基础上，新增电子探头47个、电子屏幕3个，实现了村企联合与信息化管理共赢的良好局面。

二是“以点带面”规范村域秩序信息化管理。镇党委对东区16个村进行统筹规划，推行村庄“示范街道”信息化工程。每个村确定一条重点街道，并进行网上上账管理，对每个村的情况进行信息化统筹，对街道现状进行屏幕显示，同时将相关资料存档，做到村庄社区管理信息数据安全。通过信息化监督系统，督促党员带头对侵街占道、店外经营、私搭乱建、乱堆乱放等进行清理整顿。下一步，将通过“示范街道”进一步带动村内其他街道的整治，通过信息化规范村庄社区管理秩序，改善村域环境，提高群众生活品质。

（四）取得的成效

一是社会秩序明显改善。实行村庄社区信息化管理的16个村庄110警情同比下降42%，三类可防性案件同比下降71%，流动人口登记办证率达到了97%，调节村民矛盾纠纷件数85件，8个村案发率为零，群众满意率达到了98%。

二是居民生活质量明显提高。实现村庄社区信息化管理与文化建设、环境建设、民生工程、便民工程、农民增收等内容的有效结合，使农民群众多层次、多样化、个性化需求得到了满足。

三是推动社会管理服务提升。信息化管理扩大了村庄社区化工作的覆盖面，社会管控、服务能力得到了有效提升，党委、政府的执行力、公信力得到进一步提高。

四是促进基层组织凝聚力显著增强。通过信息化组织实施各项工程，信息宣传工作到位，狠抓工作措施的落实，基层组织服务意识不断提升，工作能力不断提高，基层组织的凝聚力、向心力明显增强，为顺利推进各项重点工作提供了强有力的组织保障。

三、存在的问题与建议

（一）存在的问题

一是信息化技术人才缺少的问题。目前，农村基层社区信息化水平逐渐提升，面临的问题也逐渐增多，主要是人才的问题。信息化需要人员去维护，缺乏信息人员下基层工作，由此导致信息化硬件缺乏维护。村庄社区信息化已经实施一段时期，目前面临系统及硬件的维护，更需要专业人才队伍支持。

二是信息化管理机制不够完善。需要有一个完整的信息化工作体系，将公共服务，村民自治吸纳进去，建立信息化组织机构。

三是信息化政策法规不健全。需要市区两级部门出台相关扶持政策文件，使社区村民百姓认识到信息化工作在生活中的重要性。

（二）提升基层信息化管理的一些建议

一是在全区社工内挖掘信息化专业人才，组建信息化服务队伍人才库，对全区社区信息化村庄及社区进行志愿服务。

二是建立健全信息化管理体系，分期对各村社区信息化管理人员进行培训。培训内容包括：网站建设、电子屏幕维护、新闻撰写等，加快全区基层信息化进程。

三是通过信息化实施村庄文化建设。通过在社区网站上发帖子，吸引社区村民，开展“村庄社区手拉手，文化文体十项全能”活动，扩大群众参与文体活动覆盖率，促进村庄与社区融合发展。同时，对村级文化大院进行规范管理，设置专门文化体育管理员，负责文化大院、图书室、共享工程、健身器材等设施，并在网站上设置专门板块，使各村的文体资源得到了充分利用，从而进一步丰富村民业余文化生活。

四是通过信息化落实便民服务设施。以群众得实惠为出发点和落脚点，整合村内便民连锁超市，开通网上便民超市，并在人口密集村社周边设立银行缴费终端等便民服务设施。例如，在社区安装“小帮手”，通过完善信息化便民服务平台，实现村民不出村就享受到便利的服务，方便了居民的日常生活。

（此文作者为大兴区社会办副主任）

关于城市社区基本公共服务的调研报告

李　军

社区基本公共服务是衡量社区发展水平的一个重要标志，也是促进社区和谐和社会公平的基础性工程，2010年，北京市下发了《关于实施〈北京市社区基本公共服务指导目录（试行）〉的意见》，明确提出要在全市大力推进并逐步实现社区基本公共服务的全覆盖。为确保该项工作顺利实施，平谷区委社会工委、区社会办组织人员先后3次通过发放调查表格的形式对全区3个街道（地区）、27个社区进行了调查，共发放《北京市社区基本公共服务项目需求调查表》《社区公共服务设施现状调查表》《社区基本公共服务开展情况调查表》等调查表格90份，基本摸清了社区基本公共服务项目开展、社区基本公共设施配置、社区组织培育发展、社区居民实际需求等情况。经认真总结、分析研究采集到的第一手数据，我们提出了下一步开展社区基本公共服务的对策建议。

一、全区城市社区基本公共服务的现状

1993年8月，民政部联合其他13个部委制定颁布了《关于加快发展社区服务业的意见》，首次为我国的社区服务作出了政策性规定。2006年，《国务院关于加强和改进社区服务工作的意见》和《“十一五”社区服务体系发展规划》明确提出加强社区公共服务体系建设。2010年，北京市下发《北京市社区基本公共服务指导目录（试行）》，首次明确了社区居民享受政府基本公共服务的“基本菜单”。依据《指导目录》的分类标准，我们就十大类社区基本公共服务进行了深入调查，基本摸清了我区开展社区基本公共服务的总体情况。

（一）社区就业服务

全区城市社区现有登记失业人员2833人，各社区普遍开展了针对失业人员的失业和求职登记、政策宣传和咨询服务，建立了失业人员动态管理服务台账，随时掌握就业需求。全区累计在城市社区开发公益性就业岗位238个，其中协管员91人、残疾人专职委员48人、流动人口和出租房屋管理员72人、养老助残员27人。全区建有中介服务中心（信息部）19个，为下岗失业人员自谋职

业和自主创业提供求职登记、职业介绍等服务。初步形成了以街道（地区）社会保障事务所和社区为基础，以中介服务中心（信息部）为补充的管理服务体系。

（二）社区社会保障服务

目前，全区城市社区共有60岁以上老年人10042人，占城市总人口的8.6%；残疾人2068人，占城市总人口的1.8%。近年来，我区深入贯彻“九养”办法，大力发展为老助残服务，累计招聘社区养老助残员27人，在社区建设老年餐桌48个，日托所24个，老年活动站9个，残疾人康复服务站5个，配发电子“小帮手”服务器121个，进行家庭无障碍设施改造105家，安装邻里互助门铃98个，基本满足了社区老人的餐饮、日托和残疾人康复训练需求。壮大扶老助残志愿者队伍，目前共有志愿者198人，定期为空巢老人提供上门谈心等亲情服务。扎实做好离退休老干部的“四就近”工作，各社区坚持定期走访，经常到老干部家中与老人聊天、谈心、发放爱心卡，重要节日上门慰问，并组织志愿者为老人表演节目，让老干部们老有所乐。

（三）社区社会救助服务

自2009年起，我区已累计认定城市低收入家庭416户1568人，救助项目主要集中在医疗、教育两方面，只要符合城市低收入家庭条件，均可申请门诊累计不超过2000元和住院累计不超过3万元的医疗救助以及高等教育新生入学4000元的救助等待遇。积极构建城市低收入家庭的动态管理机制和多部门联合核查机制，做到低收入人群的应保尽保、应退即退。抓好防灾减灾服务，先后建成应急避难场所19处，确保突发自然灾害时的人群救助。

（四）社区卫生和计划生育服务

一是推动社区卫生服务站全覆盖。截至目前，共建成社区卫生服务站14个，按“四个一”（1名全科医生、1名社区护士、1名预防保健人员、1名其他）标准配备社区卫生服务站工作人员56名，并实现了与区医院的双向转诊，初步形成了以社区卫生服务中心为主体，社区卫生服务站为基础的社区医疗服务网络。二是丰富服务形式。以社区卫生服务站为依托，建设社区居民健康档案，建档率达到了100%。启动了社区家庭医生式服务工作，逐步建立以全科医生为核心，社区护士、预防保健人员为成员的家庭医生服务团队，结合社区居民健康状况，为社区居民提供分片、分级、分类健康管理。社区居民按照自愿原则，签订了《北京市社区卫生服务机构家庭医生服务的签约式协议书》，每年可享受主动、连续、个性化签约式服务。深入开展育龄人群婚前健康教育和优生指导，对已婚育龄妇女开展计划生育随访服务，为社区独生子女家庭提供相关奖励扶助等服务。三是积极开展社区健康教育。年均举办周末健康大讲堂和健康知识讲座80余场，高标准推动健康社区建设，截至目前，已累计创建健康社区7个。

（五）社区文化教育体育服务

一是设施建设力度不断加大。先后投资建成兴谷文体广场、海关小花园、南小区健身广场等全民健身居家工程共计6431.32平方米，共计配备建设器材420多套，为居民户外文体活动搭建了平台。累计建成室内棋牌室8个，多功能厅3个，丰富了社区居民室内活动设施。二是加强队伍建设。各社区累计组建了31支、900多人的文艺团队，每年开展经常性露天演出1000余场。配备社区体育指导员30人，通过各种演出活动和群体性体育活动，提升社区文化品位，增强社区的凝聚力和向心力。三是积极推动科普进社区。累计建成社区科普设施8处，社区图书室14个，藏书17410册，建设报刊亭14个，基本满足了社区居民图书借阅、书报购买等服务需求。

（六）社区流动人口和出租房屋服务

一是构筑流动人口和出租房屋管理平台，先后建立了23个流动人口和出租房屋服务站，将城市社区8218流动人口和3098户出租房屋统一纳入管理体系，实施动态管理，及时更新流动人口和出租房屋基础信息，确保基础信息实时、准确。二是强化对流动人口和出租房主的宣传教育。积极宣传计生服务、就业维权、预防煤气等知识，形成社区与流动人口的有效互动，提高社区管理和服务能力。二是建立了一支规范的管理队伍。累计选聘72名流动人口和出租房屋管理员，并对其进行统一分期分批业务素质培训，确保为流动人口提供优质高效的服务。

（七）社区安全服务

全区共设立社区警务工作站27个，配备社区民警27人，实现了“一区一警”的目标。组建了社区治安志愿者队伍27支，共有志愿者554余人，成立了85人的人民调解员队伍和250余人的安全稳定信息员队伍，协助专门机关做好巡逻防范、矛盾调解、隐患排查等工作，初步建立了以社区警务工作站为平台，以治安巡逻志愿者队伍、联防队员和保安力量为依托，以治保、调解、帮教安置等有关组织为基础的群防群治体制，深入开展安全社区创建活动，今年拟在滨河街道创建市级安全社区2个。

（八）社区环境美化服务

一是加大老旧小区的升级改造力度，累计安排资金5000余万元，完成了乐园西、承平园、海关西园等22个（占老旧小区总数的48.9%）老旧小区的改造工作，共完成路面硬化115万平方米，绿化51万余平方米，铺设下水管道5500余米，老旧小区的基础设施明显改善。二是推动社区环境整治，累计拆除违章建设1968户、3万多平方米，整修城区破损路面和道口7万平方米，粉饰临街建筑7.5万平方米，建设喷泉景观10处，安装桃花树灯1800棵，社区整体环境明显提升，累计创建市级卫生先进社区6个，市级绿化美化花园式社区1个。

（九）社区便民服务

积极推进社区商业发展，建立便民菜店20家；建成海关西园、西寺渠、胜利街和天成开源大型综合购物市场4个，建立了餐饮店、家电维修点10类社区便民服务网点（详情见表1），方便了居民日常生活。

表1　社区便民利民服务网点数量

项　目	数量（个）	社区总数（个）	每个社区拥有数（个）
餐饮店	70	27	2.6
小食杂店	89	27	3.3
家电维修店（点）	11	27	0.4
小超市	63	27	2.3
药店（医药超市）	32	27	1.2
修理自行车摊点	42	27	1.6
修鞋摊点	28	27	1.1
配钥匙摊点	20	27	0.7
美容美发店	51	27	1.9
家政服务公司	42	27	1.6

（十）其他服务

社区心理咨询服务发展较为薄弱，只有滨河街道建立了1个心理咨询室。滨河街道配置信息机13台，便于通过群发短信和居民进行有效互动。96156社区公共服务信息平台虽然延伸到了社区，但由于信息采集更新和动态管理跟不上，服务效能较低，尚无社区建立自己的社区服务信息网站，社区网络信息服务仍处于起步阶段。

二、制约社区基本公共发展的因素分析

（一）社区基本公共服务设施不健全

一是社区办公和服务用房投入使用不多。通过实施社区用房规范化建设试点项目，全区社区办公和服务用房总面积达到了10613.28平方米，其中自建平房270平方米，小产权房430平方米，大产权房9913.28平方米。每个社区办公和服务用房平均面积达到了393.08平方米，截至目前，只有4个社区投入使用，1个社区正在装修，其他22个社区尚未开始设计装修，投入使用率不高。二是社区基础设施老化。全区共有老旧小区

45 个，占居住小区总数将近 60%，虽然政府每年安排资金进行改造，但仍有 23 家未改，服务配套设施不健全的问题仍然比较突出。三是总量较少，分布不均衡。从公共服务设施的总量（详情见表 2）看，仍不能满足居民群众的实际需求，且区域之间、新老社区之间设施条件差距明显，城区中心的社区各项服务设施配套较好，而有些社区（如迎宾花园、太和园）因距离城区中心较远设施配套相对较差。

表 2　社区公共服务设施设置情况

项　目	数量（个）	社区总数（个）	每个社区拥有数（个）
社区警务工作站	26	27	0.9
流动人口管理站	23	27	0.8
图书室	14	27	0.5
健身场所	18	27	0.6
社区卫生服务站	14	27	0.5
停车位	5993	27	221
公交站点	52	27	1.9
银行网点	14	27	0.5
社区邮政服务网点	5	27	0.2

（二）社区基本公共服务项目还不完善

据调查统计，目前 27 个社区已经全部开展且能满足需求的服务项目只有 15 小项（社区基本公共服务 10 大类 60 项 180 小项），主要集中在社会保障、社会救助、社区卫生和计划生育、社区安全和环境美化服务等公共服务方面。有 31 小项服务半数社区没有开展，有 7 小项 60% 以上社区没有开展，有 5 小项 70% 以上的社区没有开展，有 3 小项服务 80% 的社区没有开展，主要集中在：建立社区养老院、社区有便民缴费“三通”工程的缴费终端、建设博爱超市等、建设社区心理咨询场所、设立移动卫生间、煤气费、水费、电费代收代缴服务等。至于社区居民急需的专业服务，至今没有或很少开展起来。主要集中在老年人的心理与行为辅导、问题青少年的行为矫治与辅导、暴力家庭与单亲家庭的辅导、弱智儿童辅导、精神障碍者回归社会的辅导、刑释人员的社会化辅导、居民的康复辅导等。

（三）专业社区工作者人才缺乏

目前，在我区城市社区，从事社区公共服务的主要是社区工作者。平谷区现有社区工作者 270 人（详情见表 3）。

表 3　社区工作者基本情况统计表

项目	社区工作者总数	男性	女性	党员	大专以上学历	本科以上学历	研究生以上学历	参加社区工作不满三年的	参加社区工作三至六年的	参加社区工作六年以上的	助理社会工作师	社会工作师
数量	270	39	231	146	225	130	4	76	98	96	48	18
比例		14.4%	85.6%	54%	83.3%	48.1%	1.5%	28.1%	36.3%	35.6%	17.8%	6.7%

从总体来看，社区工作者队伍主要存在三个问题：一是性别比例失衡。男性社区工作者不到总数的 15%，男性偏少，性别结构不合理，不利于社区群众工作的开展。二是知识结构不理想。虽然大专以上学历的达到了 83.3%，但绝大多数不是在校文凭，没有社会工作专业的学科背景（社会工作专业毕业的 2 人，占 0.7%。），而且知识更新的进度不理想。三是职业化水平需提高。目前，我区职业化率达到了 24.4%，对比其他区县相对较高，但针对居民的需求状况，仍需进一步提高。

（四）社区基本公共服务机制还不健全

一是没有建立起以社区公共服务的目标

和效果为核心的财政投入机制，政府对社区公共服务的资金投入基本上分散在政府各部门的业务发展资金中，用于社区公共服务方面难有保障。现在基本可以保障的是每个社区每年7.5万元的办公经费和市里拨付的8万元社区公益活动资金。以海关西园为例，社区人均经费仅18.2元，明显不足。二是社区基本公共服务标准体系不明确，没有统一的规划，根本找不到合理配置基本公共服务资源数量的具体依据，也无法科学衡量基本公共服务的发展水平。《北京市社区基本公共服务指导目录（试行）》也仅界定了基本公共服务的范围，但设施建设标准、服务质量标准、人员配备标准和监测评价标准等都没有具体明确，缺少可操作性和执行性。三是缺少居民服务需求的表达机制。据调查，社区居民参与社区事务的层次较低，主要集中在打扫卫生、文体活动、治安巡逻等领域，2010年抓了两个社区的“一刻钟社区服务圈”示范点建设，推行了这一制度，目前，其余25个社区尚未建立起有效的居民意见征集和反馈机制。

（五）社区基本公共服务主体发育不充分

一是社区社会组织发育不足、参与程度低。我区社区社会组织数量少（全区共有社区社会组织50个，平均每2324人1个；美国是每160人1个），发育程度低，基础条件薄弱，服务范围较窄（主要集中在文体娱乐方面），政府扶持和资助不足（2009年全区社区社会组织收入总计17.61万元，其中政府资助15.16万元，服务性收费1.6万元），难以担当起提供社区公共服务的责任。二是驻社区单位的参与至今没有形成一种有效的互惠机制。大多数社区“资源共享、共驻共建”只停留在口号上，没有实质性的行动。一方面社区资源闲置，得不到开发利用；另一方面社区资源紧缺，很多便民利民活动无法开展。三是政府部门之间缺少资源整合。“条块”分割的社区服务管理体制造成社区服务资源的所有权、管理权、使用权偏重于“谁投资、谁拥有、谁受益”。有些部门和机构各自为政，下派任务多，提供支持少，各部门纷纷要求社区建设施、挂牌子、配队伍，造成一个办公场所挂十几块牌子，一个社区工作者身兼数个职务，公共资源整合程度亟待提高，迫切需要提高公共资源的使用效率和社区工作人员的专业化水平。

三、对策建议

（一）健全社区基本公共服务项目

以“一刻钟社区服务圈”示范点建设为抓手，对服务项目或服务设施未覆盖的社区，按照“缺什么，补什么”的原则，积极协调相关主责部门，有针对性、有计划地为这些社区配齐服务设施、搭载服务项目、完善功能、细化管理。各项服务的主责部门以及发改委、财政、规划等综合部门，应结合实际，对服务项目未覆盖社区给予优先支持、帮扶和指导，做到服务设施优先建设，服务项目优先开展，服务人员优先配备，建设资金和工作经费优先保障，尽早实现社区公共服务全覆盖。

（二）完善社区基本公共服务多元化供给机制

一是加强制度创新，扩大公众参与，最大限度调动社会各方面的积极性，促进共建共享。在强化政府基本公共服务供给主导作用的前提下，以需求为导向，采用政府购买、管理合同外包、特许经营等方式，鼓励、支持和引导社会力量参与基本公共服务供给，形成政府主导、市场引导和社会充分参与的基本公共服务供给机制。二是应按照政事分开、管办分开的要求，制定优惠政策，放宽准入限制，鼓励和引导社会资本参与基本公共服务供给。三是加强政府与社区社会组织合作互动，培育和发展社区社会组织，建立政府、市场、社区社会组织分工明确、功能互补的社区服务供给模式。四是逐步建立健全基本公共服务政府行政承诺制度、听证制度、强化社会公众的知情权、参与权和监督权，加强公众参与公共服务绩效评估的广度和深度。

（三）加强社区基本公共服务基础设施建设和整合

一是巩固和完善街道社区服务中心基础设施。在社区服务中心的硬件配置、功能划分、设施分配上进一步优化，重点保障好社会福利等社会公益性服务设施，配套发展好便民利民等经营性社区服务设施。二是多渠道整合社区设施资源，充分挖掘辖区内社区服务资源，发挥驻区单位资源优势，强化综合服务功能，实现资源效益最大化。鼓励企事业单位以及有条件的机关后勤服务设施面向社区居民开放。三是抓好社区用房项目的后续工作，争取2011年底前27个社区办公和服务用房全部投入使用。区有关部门要把社区办公和服务用房建设纳入新建小区开发建设和老旧小区改造规划，根据社区居住规模，按照集中、实用、方便居民的要求，加大监管落实力度，配足社区办公和服务用房。四是研究制定社区服务发展总体规划，确定发展目标和重点，将社区服务设施建设纳入城市建设和土地利用总体规划，统筹安排。

（四）提高社区服务信息化水平

一是继续加强96156社区公共服务平台建设，充分发挥96156社区公共服务平台在政府、居民和商家之间的桥梁和纽带作用，完善信息采集、数据更新上传、信息质量的监控管理等制度，确保服务的质量和效率。二是建立社区服务综合数据平台。完善平谷社会建设网，启动三个社区的信息化建设试点工作，逐步实现区、街、居三级数字化管理联网，有效整合社区就业保障、社会救助、卫生医疗、人口计生、养老服务、户籍治安、商业便民服务等信息，建设横到边、纵到底的社会领域信息服务格局，为社区居民提供“菜单式”和“预约式”服务。三是探索建立一支精干高效的社区信息员队伍。充分发挥大学生社工的主观能动性，吸收他们进入社区信息员队伍，推动他们为社区信息化建设贡献力量。

（五）加强社区工作者队伍建设

一是针对社区居民需求的新要求和经济社会发展的新形势，科学增设社区工作者新岗位，确保社区基本公共服务的动态供给。二是加强社区工作者队伍的教育培训，努力提高社区工作者的职业素质和专业水平。三是建立健全相关政策措施，形成有效的薪酬保障机制，完善激励措施，切实改善社区工作者的工资收入和福利待遇，充分调动广大社区工作者的积极性。四是强化社区社会工作组织机构建设，探索成立社工师事务所，加快推进社区工作者职业化进程。五是完善社区工作者管理使用、考核评价等制度，努力打造一支职业化、专业化的社区工作者队伍。

（六）研究制定社区基本公共服务指标体系

一是建立基本公共服务标准体系。基本公共服务标准体系不仅是合理配置基本公共服务资源的基础依据，也是落实基本公共服务的基本标尺。各级政府职能部门、各类社区服务行业要结合经济社会发展情况，制定完善社区服务项目的服务标准、管理规范和行业标准，建立健全反映社区服务设施、服务管理、人员配备、运行经费、居民需求及满意程度等内容的指标体系，认真解决社区基本公共服务发展中的各种问题，保证社区服务健康发展。二是建立基本公共服务监测评价体系。研究制定科学的基本公共服务综合评价指标体系，加强各级政府基本公共服务监测评价，把基本公共服务数量和质量指标纳入各级政府绩效考核当中，督促政府各有关部门落实责任；同时，积极引入社区居民和科研院所等外部评估机制，建立多元化的绩效评估体系。

（此文作者为平谷区委社会工委调研员、区社会办副主任）

城乡一体化进程中加强和创新农村社会管理与服务问题研究

张建东

近年来，怀柔农村城镇化加速发展，城乡统筹进程不断推进，农村经济社会发生深刻变化，城乡之间的利益格局不断调整，农村社会问题随之凸显。农村社会管理和服务事关农村社会稳定、经济发展和广大农民群众的切身利益。怀柔区作为北京远郊区，农村区域面积2109.6平方公里，占总面积的99.6%，长期在农村居住和从事一产的人口近17万，占总人口的51%。深刻认识新形势下加强和创新农村社会管理服务的重要性和紧迫性，扎实推进农村社会管理服务创新，全面提高农村社会管理服务的科学化水平，是怀柔区“十二五”时期着力解决的重要问题。

一、加强和创新农村社会管理服务是城乡一体化中的重大课题

加强农村社会管理服务是指各级政府、农村社会自治组织以及其他社会组织为维护农村的社会公正、社会秩序、社会稳定和实现农村的可持续发展，依法管理农村社会公共事务、调整农村社会利益关系、化解农村社会矛盾、调节农村收入分配、保障农民合法权益、保护农村生态环境和开展农村公共卫生管理等方面的综合性管理服务活动。当前，我国正处于经济社会转型期，和城市相比，农村的社会建设基础更薄弱、力量更缺乏、体制更落后，更容易引发社会矛盾。因此，加强和创新农村社会管理服务显得更为迫切与重要。

（一）加强和创新农村社会管理服务是巩固党的基层执政地位的必然要求

当前，我国加速由农业社会向工业社会、传统社会向现代社会转型，农村经济社会发展进入新的阶段，各个领域出现诸多新的变化：农业生产经营集约化、规模化、专业化和标准化快速发展，农业生产要素流动加快、生产资源整合加速，特别是各种专业大户、合作社等大量涌现，农村社会管理对象更加多元化；农村的分工分业不断细化深化，农业产业链条不断延伸，农村社会管理的范围和领域拓宽，涉及环节增多；农村社会结构发生深刻变化，农村流动人口增多和人员结构的复杂，大大增加了农村社会管理的难度；农民思想观念发生深刻变化，要求平等参与发展进程、共享发展成果的意愿不断增强。在这样的形势下，只有准确把握农村经济社会发展的阶段性的新特征，不断加强和创新农村社会管理服务，及时有效地解决各种社会问题，才能保持党在基层牢固的执政地位。

（二）加强和创新农村社会管理服务是广大农村群众生产生活的现实需求

社会管理是对人的管理和服务，核心是满足人民群众日益增长的物质文化需要。从怀柔实际看，近年来农村社会发生了翻天覆地的变化，群众物质文化生活水平显著提高，农村公共服务体系建设进一步完善，但与农村群众不断增长的多元化需求相比，依然存在一定差距，尤其是农村教育、科技、文化、医疗卫生、环境保护等社会公共事业方面的发展还滞后于经济的发展。这就要求必须把加强和创新农村社会管理，作为更高水平致力农村民生的重要载体，加大解决诉求、满足需求的力度，不断增强农村群众的归属感和幸福感。

（三）加强和创新农村社会管理服务是构建农村和谐社会的基础性工程

构建和谐社会，重点在农村，难点也在农村。当前，农村经济社会发展中的各种矛盾更加复杂，制约农业农村发展旧有的深层次矛盾日益凸显，新情况和新问题又层出不穷，农村的利益主体日益多元，农民的利益诉求更加广泛，农村社会管理面临许多新的挑战。特别是由于长期以来的二元体制的影响，农村居民和城市居民不仅在劳动就业方面存在着权利、机会的差别，而且在福利、社保等方面也有一定差距。农民看病难、农村孩子上学难、农村社会事业发展滞后、农村环境脏乱差以及征地、拆迁等，都成为影响农村社会和谐与城乡关系和谐的最大变量。这就需要在新的发展阶段不断加强农村社会建设，推进农村社会进步，创新农村社会管理，从根本上改变农村社会建设相对滞后、农村社会管理不适应农村新形势的局面，保持和促进农村的稳定与和谐。

（四）加强和创新农村社会管理服务是推进城镇化和新农村建设的重要内容

当前，在城镇化和新农村建设推进的背景下，农村面临着农民身份转换、农村产权和债权债务等问题。特别是北京市着眼于建设世界城市的目标，明确了协调推进城镇化和新农村建设的方针，研究确定了通过“三个一批”的方式开展村庄建设加速农村城镇化进程的思路，即加快城市化进程吸纳一批、农村城镇化聚集一批、新型农村社区建设提升一批。如何构建新的社区管理架构，积极探索将“农村人管理模式”转化为“都市人管理模式”，“农村式管理方法”转化为“城镇化管理方法”，“本地人管理模式”转化为“本地人与外来人员共同管理模式”等，都是农村社会管理的新课题。新农村建设的“二十字”方针提出的“乡风文明、村容整洁、管理民主”，都属于农村社会管理的范畴。只有抓好了农村社会管理，才能更好地促进生产发展、生活宽裕，促进新农村建设健康发展。

二、怀柔区加强和创新农村社会管理服务的实践与探索

“十一五”时期，怀柔区委、区政府高度重视社会建设工作。2007 年 1 月，在全市率先成立了区级社会管理服务中心。在此基础上，以发展农村社会事业和解决农村民生问题为重点，从创新社会管理服务体制、健全社会管理服务体系、完善社会管理服务保障机制等方面入手，不断优化公共资源配置，注重把公共管理和服务向农村和困难群体倾斜，有力地促进了城乡统筹发展。

（一）创新基层管理服务体制机制

2008 年年底，全区 14 个镇乡和 284 个行政村全部成立了社会管理服务中心和社会管理服务站。镇乡级社会管理服务中心实行敞开式办公，对群众的各种利益需求实行“统一受理、归口办理、部门落实、中心督办、限期办结”，为群众提供全方位服务。村级社会管理服务站设置“一站五组一室”，主要帮助一家一户办不了的事以及弱势群体急需办的事。“一站”就是镇乡在每个行政村内设立一个驻村工作站，每周至少驻站工作一天；“五组”就是村级社会管理服务站将全村党员和各类协管员组织起来，成立 5 个村级服务组，为村民提供生产生活服务；“一室”就是区司法局、镇司法所在每个行政村设立一个法律服务室，定期入村解答群众法律咨询、承担法律援助等事项。“一站五组一室”是三级服务中心的“神经末梢”，从产业发展、生老病死，到柴米油盐、吃穿住行，无所不包，将所有村民纳入“30 分钟社区服务圈”，农民不出村便能解决大问题，实现了政府行政管理与基层群众自治的有效衔接和良性发展。

（二）着力推进农村服务体系建设

一是建立健全农村产业发展服务体系。大力推进农村信息化服务，全区投资 120 多万元建成了新农村局域网和 60 多个农村“数字家园”，284 个行政村全部联网，使更多农

民能够及时了解市场行情、种养技术。积极推进农业科技服务，开展“培训到家、指导到田”的技术服务。充分发挥农民专业合作组织的辐射、带动作用，促进农业产业化经营，带动农民增收致富。截至 2011 年 9 月，全区共发展各类农民专业合作组织 630 家，覆盖农户的 53% 左右。目前，全区以“沟域经济”和“创意农业公园”为代表的都市型现代农业，成为农民增收致富的新渠道。2010 年，全区农民人均纯收入 12100 元，增长 11% 。二是健全农民就业服务体系。投入资金 1100 万元，建立了镇乡就业服务中心、村就业服务站和就业服务员“三级”服务网络，进一步健全了统筹城乡劳动力就业的工作机制和网络体系。“十一五”时期，全区共安置农村富余劳动力就业 22340 人，农村劳动力转移就业培训 28386 人。三是健全农村社会保障体系。加强镇乡社区卫生服务中心、村级卫生服务室建设，做好大病医疗统筹工作，推行新型农村合作医疗制度；加大镇、村两级农民医疗补助资金投入，提高医疗报销比例，实现农村医保全覆盖，3. 6 万名城镇无医疗保障的老年人、中小学生和婴幼儿全部纳入了保障范围，认真落实新型农民养老保险政策，养老保险覆盖面达到 93. 9% 。在郊区率先实施公交体制改革，全面推行市政交通一卡通和刷卡二、四折优惠，新购置公交车 100 辆，基本实现了村村通公交。四是健全农村教育、文化、体育服务体系。加强镇乡中心小学和幼儿园基础设施建设。加强镇乡文化服务中心、村级文化室和体育活动场所等基础设施建设，丰富农村群众文化生活。“十一五”期间，先后投资近 3 亿元，改善了 60 多所学校办学条件；投入 2000 万元，完成了 125 个村的数字影厅建设，行政村健身设施配套率达 100% 。

（三）充分发挥农村各类社会组织作用

近年来，怀柔区先后有 110 多个村成立了党员志愿者服务队、农村社会事务管理协会、道德评议会、“三老联席会”（老党员、老干部和德高望重的老村民）等具有社会管理和服务职能的各类协会和组织，在反映群众呼声、理性表达诉求、保障公民权利、化解社会矛盾、促进社会公平、维护社会稳定等方面发挥了重要作用。2008 年成立的怀北镇农村社会事务管理协会既为镇党委政府分忧，又替农民群众说话，先后协助镇政府解决因土地征占、111 国道建设、中科院研究生院项目建设等重点工程点引起的各类矛盾纠纷 30 多起，协助 6 个村处理土地补偿款上亿元，成为党和政府与社会各界广泛联系的桥梁和纽带。

（四）大力加强基层社会工作人才队伍建设

2010 年和 2011 年，通过公开选拔，先后为 14 个镇乡各选派 1—2 名大学生社会工作者，协助农村开展村民自治、社会救助、就业服务、社会行为指正、农民基本权益维护等工作。实践中，区社会工委和各镇乡开展多层次培训，组织外出观摩学习、考察交流，学习先进管理经验及方法，不断提升社工专业技能和素质。同时，完善奖惩激励机制，对社会工作者进行绩效评价，建立“一年一考一评”的管理机制，在基层建起了一支专业化、职业化、本土化的社工队伍。

怀柔区委、区政府大力加强农村社会管理和服务，强化了政府的公信力，进一步密切了干群关系，提升了农村基本公共服务水平，有力地促进了城乡一体化发展进程。

三、当前农村社会管理服务中存在的主要问题

怀柔区在新农村建设过程中，农村经济社会发展取得了可喜的成绩。但就农村社会管理服务而言，仍然存在一些矛盾和问题。

（一）农村社会管理职责不清、权责不符

部分镇乡党委、政府对加强农村社会管理的重要性和紧迫性认识不足，农村社会管理实行条块分割的管理体制，多头管理、分散负责，主体权责不明，处于乏力状态。由

于职责不清，基层一些政府部门片面强调本部门职能和局部利益，愿管的插手，不愿管的甩手，结果往往导致政出多门，或互相推诿、无人负责等现象的发生。目前全区14个镇乡中都没有专门负责农村社会管理的部门，一些具体事务多由镇乡的一名副职领导“兼职”负责。

（二）适应新形势下农村社会管理的服务型镇乡政府尚未真正建立

投资型和经济建设型政府的状态并未改变，公共财政投资于社会性公共服务领域的资金虽有很大增长，和经济建设投资相比仍偏少；与政府主要精力和大部分财力用于经济建设相比，政府的社会管理职能仍比较弱。社会管理虽上议程，但并没有像抓经济建设那样去抓社会管理。政府社会管理手段单一，方法简单，习惯采用行政手段和强制方式解决社会矛盾。

（三）社会组织发育不良，公众参与公共管理渠道不多，难以在社会管理中发挥应有作用

改革开放后区域社会组织有了一定发展，但数量偏少，质量不高。由于重视生产经营性社会组织的发展，忽视了公民维权性组织、公益性组织、互助性组织和公民自律性组织发展，所以公民参与社会管理的被动性、动员性和配合性局面并未改变，致使这些组织难以发挥较大的作用。

（四）部分农民法制意识淡薄，追求利益最大化，增加了农村社会管理难度

当前，农业产业结构调整、土地流转征用、就业安置、农村干部换届选举等工作中与农民切身利益直接相关的问题日益增多。一些群众缺乏法制意识，受利益驱使，不能正确处理个人与国家、集体，眼前与长远利益的关系，在重大工程征地、拆迁中，有的私搭乱建，有的不顾客观实事，相互攀比，追求利益最大化，增加了社会管理的难度和成本。

四、对“十二五”时期怀柔区加强和创新农村社会管理服务的思考

2011年9月，怀柔区委专门下发了《关于加强和创新社会管理全面提升怀柔社会建设科学化水平的意见》，对“十二五”时期全区社会建设工作作出了明确部署。“十二五”时期，怀柔将紧密结合新农村建设，进一步加强和创新农村社会管理服务，努力走出一条与农村经济社会发展相适应的农村社会服务管理新路子。

（一）发展农村经济，增强农村社会管理服务的经济基础

经济是社会进步的基础，加强和创新农村社会管理服务必须要把发展农村经济放在首位，促进农村经济发展，加快农民增收致富。一是建立健全农村农业发展服务体系。按照覆盖全程、综合配套、便捷高效的要求，围绕农业产前、产中、产后服务的功能定位，统筹规划布局，强化政策扶持，拓展服务领域，创新服务方式，加快构建以公共服务机构为依托、合作经济组织为基础、龙头企业为骨干、其他社会力量为补充，公益性服务和经营性服务相结合、专项服务和综合性服务相协调的新型农村农业社会化服务体系。二是大力发展农业主导产业。立足于生态涵养发展区的功能定位，推动农业向都市型农业转型，大力发展板栗、大枣、西洋参、特菜种植以及柴鸡、驯鹿、冷水鱼养殖业等优势传统农业。三是加强农业与加工业融合发展。依据地理区位、自然资源、产业基础等要素，着力打造南部平原区规模化农产品加工带、中部浅山区特色干鲜果品加工带、北部山区生态有机农产品产地储藏带，重点支持北京御食园食品有限公司、北京科高大北农饲料有限责任公司、北京红星股份有限公司等农业深加工企业申报国家级、市级重点龙头企业，实现农业与工业的深度融合。四是进一步壮大民俗旅游业发展。充分发挥区域山水自然资源，重点做好白河湾三期建设

工程，百泉谷建设工程建设以及天河川沟域招商引资等工作，打造特色沟域经济品牌；做好民俗文化挖掘工作，彰显民风民俗资源优势，打造具有区域品牌特色的民俗旅游产业。

（二）切实改善民生，打牢农村社会管理服务的群众基础

加强和创新社会管理，核心就是改善民生，保障农民切身利益，确保农民共享改革发展成果。一是统筹城乡公共服务体系。以逐步实现基本民生服务、公共事业服务、公益基础服务、公共安全服务等方面均等化为目标，建立农村公共服务财政投入稳定增长机制，加大资金转移扶持力度，着力提升农村地区公共教育、公共医疗卫生和公共文体等重点领域的服务水平，努力缩小城乡差距，实现基本公共服务均等化。二是不断完善农村社会保障体系。逐步完善养老、医疗、失业、工伤、生育、新农保、被征地农民保障等农村社会保障体系，坚持务农、务工、经商等各类人员社会保障管理一体化发展，最大限度地将农民组织起来，参加社会保障，建立以法定基本社会保障为主体，乡村集体保障、家庭储蓄保障和群众互助保障相结合的多层次社会保障体系，实现农村“无零就业家庭”“无危房户”“无社会救助盲点”等目标。三是进一步加大农村基础设施建设力度。结合新农村建设，加快农村道路、电力、燃气、通信等基础设施建设，建设一批设施功能基本完善、公共服务较为健全、生态环境良好的文明乡村。

（三）创新管理方式，强化农村社会管理服务的社会基础

当前，转型中的农村社会关系复杂化、矛盾多样化，传统的方法很难化解新矛盾，农村社会管理的主体、内容、手段和方法等亟待创新。一是要充分发挥村民的主体作用，进一步完善村民自治。在农村社会管理中，仅仅依靠几名村干部难以提高农村社会事务管理水平，关键在于调动村民对社会事务管理的主动性、积极性，充分发挥村民委员会的自我教育、自我管理、自我服务的功能。二是充分发挥社会组织作用，形成“全覆盖、多互动”的管理格局。要发挥村民自治组织协调利益、化解矛盾、排忧解难的作用，发挥社团和社会中介组织提供服务、反映诉求、规范行为的作用，发挥农民专业合作组织的桥梁纽带作用。要积极搭建农村社会组织服务平台，为农村社会组织提供公共服务产品推介、信息发布、政策咨询、培训交流等服务，推进社会组织与政府部门、社会组织与社会各界以及社会组织之间的广泛交流与合作。三是完善农民利益协调和诉求表达机制。进一步完善“五级网络”“一单式工作法”“三级社会管理服务网络平台”“社会矛盾调处五级网络体系”等机制，落实领导干部接访、下访、回访、联系群众等制度，积极化解信访突出问题。进一步健全党委、政府主导的社会矛盾“大调解”工作体系和格局，完善社会舆情汇集分析机制和矛盾纠纷预警机制，切实把矛盾化解在基层，解决在萌芽状态。四是稳步推进农村社区化建设。以农民需求为导向，整合农村社会管理职能和基本公共服务资源，强化村级社会管理服务中心建设，将农村社区服务站、驻村工作站、法律咨询服务室等各类站（室）全部纳入村级社会管理服务中心管理，切实提升村级社会管理服务水平。“十二五”期间，要建设一批服务功能完善、居住环境舒适、治安秩序良好、文化生活丰富、管理手段科学、人际管理和谐、公众参与广泛的农村新社区，逐步实现城乡服务管理一体化。

（四）转变政府职能，完善农村社会管理服务的体制基础

镇乡政府作为与人民群众联系最为紧密的基层政府，在加强和创新村级社会管理服务中应该以更有效的行政活动为社会、企业和村民提供优质的管理服务。一是要加快“服务型政府”和“法治政府”建设。各镇乡政府要树立城乡人民平等观念，从根本上改变城乡二元思维模式，让农民享受与城市居民一样的竞争机会和公民权利，真正承担

起农村公共产品和公共服务供给的主体责任。二是要建立健全维护群众权益机制。要坚持以人为本、执政为民的理念，完善利益协调机制、诉求表达机制、矛盾调处机制和社会稳定风险评估机制，做好新形势下农村群众工作，最大限度减少不和谐因素。三是逐步推行农村公共服务市场化。借助民间资本，借助市场机制的力量，帮助政府提高公共服务的供给能力。四是建立和完善应急管理体制和机制。要按照预防与应急并重、常态和非常态结合的原则，建立一套农村应急信息平台，健全应急预案体系，积极有效地避免和遏制各类急性恶性事件的发生，增强农村公共安全和社会治安保障能力。

（五）加强农村社工队伍建设，构建农村社会管理服务的人才基础

人才是推动农村社会管理服务的基础，加强和创新农村社会管理服务要把人才引进和培育放在重要位置。一是制定人才培训规划。将农村社会管理工作人才队伍培育纳入镇乡党政人才培训规划，确保人才培育到位，将社会工作人才队伍建设纳入和谐社会建设的总体规划，找准定位，明确思路，努力形成重点推进、协调发展、整体提升的局面，不断加快社会工作人才队伍建设步伐。二是健全社会工作队伍管理机制。研究制定政策措施，提供制度保障，切实提高社会工作队伍的整体水平。完善社会工作队伍培养、评价、使用、激励机制，规范社会工作者岗位设置、薪酬待遇、考核评价和权益保护机制。三是坚持职业培训和专业教育并重，全面提升农村社会工作队伍的专业素质和职业水平。加强对现有农村社会工作者进行业务培训，完善专职社会工作师的考试、注册和继续教育体系，储备一批数量充足、结构合理、专业技能高、社会认知度高的社会工作人才，培养造就一支政治强、业务精、作风正的农村社会建设工作队伍。“十二五”期间，全区公众志愿服务参与率要达到20%以上，注册志愿者7万人以上，每人每年志愿服务不低于50个小时。

（六）加强基层组织建设，夯实农村社会管理服务的政治基础

村级党组织是最基层的党的组织，直接与农民群众面对面，发挥好他们的作用对于加强农村社会管理意义重大。一是要选好配强村级领导班子。要把强基础、打基础、夯基础作为关键来抓，着力培育和打造一支能够担当重任、在加强社会管理中能够充分发挥作用的坚强班子。要严把入口，全面推行村党组织“两推一选”和“公推直选”，确保选举出来的村“两委”成员既是政治过得硬、思想觉悟高、综合素质强、民主作风好的好干部，又是全体村民信得过的“父母官”。二是要加强农村党员队伍建设。各级党组织要把发展党员工作列入重要议事日程，认真制定发展党员工作规划和年度计划，着力在回乡大中专毕业生、致富能人、农村实用人才、外出务工人员、退伍军人中培养入党积极分子，主动把那些有文化、有本事、有能力、有才干的“四有”先进分子吸纳到党组织中来，逐步改善农村党员年龄、文化和知识结构，进一步壮大维护农村社会稳定的中坚力量。三是加强农村党员干部队伍教育培训。明确目标任务，科学制定计划，建立农村基层干部定期培训机制。对村级党员干部，要突出学历教育、法律法规、村务管理、实用技术、“双带”能力的培训，不断增强农村基层干部引领发展、执行政策、依法办事、化解矛盾、促进农村和谐发展的能力。四是加快推进基层民主政治建设。进一步推动村民委员会建设，有序扩大基层民主，切实保障村民群众的知情权、参与权、表达权、监督权，使“民主选举、民主决策、民主管理、民主监督”的自治原则真正落到实处。

（此文作者为怀柔区委书记）

对密云县协管力量整合提升的研究

王玉江　徐　芳

胡锦涛总书记在“七一”重要讲话中明确指出：要加强和创新社会管理，建设中国特色社会主义社会管理体系，全面提高社会管理科学化水平。近年来，密云县为加强和创新社会管理，在多个领域组建了协管队伍，为提高社会管理水平发挥了一定作用。但是，由于协管队伍涉及面广、人数多，目前还存在管理不统一、作用发挥不充分等问题。为进一步提高社会管理科学化水平，实现社会建设走在郊区前列、建设“绿色国际休闲之都”奋斗目标，由县委、县政府主管领导牵头，县委研究室、社会工委等部门和两个街道组成课题组，就整合提升协管力量问题进行了专题调研。

一、全县协管队伍的基本情况

这次调研的协管队伍，主要是县有关部门、镇街依据《北京市社区公益性就业组织安置就业特困人员专项补贴管理办法》（京人社办发〔2009〕7号，以下简称《办法》），经县政府批准，临时聘用的，在社区从事公共事务服务、城市管理服务、公共秩序维护等协助性管理工作的人员。此外，密云县农村还有一批生态林管护员、保洁员、管水员、专职“六护”人员等，共计11839人，他们协助做好社会管理工作。

（一）招录来源

《办法》规定，协管队伍招聘的人员指我市城镇登记失业人员中，因年龄偏大、家庭困难、身体残疾等原因，经再就业援助仍未实现就业的人员。主要包括三类：第一类是女40岁及以上、男50岁及以上；女35岁及以上、男40岁及以上且失业一年以上，符合享受城镇居民最低生活保障待遇的人员；第二类是符合享受城镇居民最低生活保障待遇的残疾人员；第三类是“零就业家庭”人员。协管员主要来自富帛公司、县水泥厂、化工厂下岗人员和檀营转制人员。

（二）数量种类

北京市开发社区公益性就业岗位，从政策上最早要追溯到1999年《北京市关于建立社区公益性就业组织安置下岗职工有关问题的通知》，当时仅限于保安、保洁、保绿3类岗位。2006年，密云县国有企业转制过程中出现了较多下岗失业人员，为解决这些人员的再就业问题，县政府招聘了首批协管员（社区矫正协管员）。自此协管队伍不断扩大，截至2011年4月底，全县登记在册协管员共1833人，涉及治安、城管、社区矫正、流动人口管理、劳动保障、劳动监察、社区服务、养老助残、残疾人、计划生育、工会、税务、信访等13种岗位。在实际工作中整合为六大类，即：治安协管员1073人、劳动保障协管员360人、城管协管员146人、社区矫正协管员100人、养老助残员122人、残疾人协管员32人。

全县农村共有“六护”人员11839人，其中生态林管护员8199人，保洁员1944人，管水员1000人，专职“六护”员696人。

（三）工资待遇

《办法》规定，社区公益性就业组织安置就业特困人员从事社区公益性就业岗位，享受社区公益性就业组织专项补贴（简称“专项补贴”）。专项补贴用于支出就业特困人员的工资、“五险一金”（基本养老、医疗、失业、工伤、生育保险及住房公积金)、独生子女费、防暑降温费以及必要的劳动保护用品、管理费。专项补贴标准按劳动合同签订之日本市上年职工平均工资的50%—70%。密云县目前执行标准为本市上年职工平均工资的58%。2011年，协管员人均专项补贴为28097元，协管员工资待遇为：工资1160元/月（北京市最低工资标准），年工资13920元/人；保险833元/月，年保险9996元/人；住房公积金278元，年3336元/人；年防暑降温费240元/人，年取暖费390元/人，共计27882元/年。

（四）人员管理

分为两类情况。一类是由镇街公益性就业组织招聘的人员。目前，共建立了4家镇街公益性就业组织，分别为鼓楼街道的檀州劳务服务中心、果园街道的佳美劳务服务中心、密云镇的云城绿洲劳务服务中心和溪翁庄镇的云之美劳务服务中心。这4家公益性就业组织共招聘协管员1072名。这部分人员的招聘、管理统一由本镇街公益性就业组织负责。

另一类是由县人力社保局设立的县级公益性就业组织春鼎劳务服务中心招录的人员，共计761人。这部分人员主要实行主管单位、县公益性就业组织、用人单位“三重管理”方式。县直部门作为派出单位提出招录申请，负责对协管员进行业务培训、业务指导和业务考核。县社区公益性就业组织负责招录、聘用，与录用人员签订劳动合同，建立劳动关系，负责协管员的人事关系管理、工资待遇发放、岗前培训等。街道（地区）、各镇作为用人单位，负责对协管员进行日常工作管理。

二、目前协管队伍存在的主要问题

（一）管理体制机制不顺

一是缺乏统一管理。镇街、县级公益性就业组织没有相互隶属关系，5家公益性就业组织各自为政，造成一些岗位相同协管员工作标准统一、工作量轻重不一、管理宽严度不一，进而造成协管员相互攀比，影响作用发挥。二是县级社区公益性就业组织招录的协管员实行“三重管理”，造成管理权与使用权的相对分离，产生了“管理单位不用人，用人单位无权管”的现象。《办法》规定，社区公益性就业组织对协管员进行综合考评。但实际工作中，社区公益性就业组织不掌握协管员的日常情况，无法对其进行全面、客观的评价与考核，致使年终考核等流于形式。用人单位没有招录权、辞退权和最终考核权，日常管理形同虚设，很难对协管员进行统一调度，有效管理。少数协管员认为自己是县主管部门派出的、县级社区公益性就业组织招聘、管理的，不服从或不能较好服从镇街用人单位的管理。三是缺乏统一协调管理。县级层面缺乏对协管员招录、使用、管理等工作的宏观协调管理。街道（地区）、镇用人单位对各类协管员缺乏统一管理、综合使用。

（二）岗位职责设置不尽合理

一是协管员定位不明确。现有协管员是以解决就业为目的而招录的35、40，40、50及零就业和家庭困难人员，但实际工作中，部分用人单位对协管员存有依赖心理，将协管员视为工作主力军，出现了“辅助性岗位变管理岗位”的现象。用人单位对协管员岗位的调整导致部分与社区专职工作者一起办公的协管员，认为同工不同酬，产生了攀比心态。二是职责设置不尽合理。如流动人口和出租房屋协管员、养老助残协管员和劳动保障协管员都有信息采集职责，但由于部门之间相互独立，缺乏良性互动，限制了彼此之间成果共享，出现了信息重复采集、人力资源浪费的现象。三是分工不尽合理。调查中发现，有的协管岗位工作量较大，从早忙到晚，而有的协管岗位工作量不饱和，十分清闲，存在同一地区内协管员苦乐不均的现象。四是“管理”“操作”脱节。“协管”，是从事管理的辅助性工作。实际工作中，一些“协管”成了“不管”，只管报告信息，当“传声筒”，连一些举手之劳的操作性工作都要上报有关部门处理。

（三）队伍整体素质不高

通过对调查问卷的基本数据分析看出，密云县协管队伍有以下五个特点：一是年龄偏大。协管队伍中41—50岁的协管员有1475人，占总数的80.5%；51～56岁以上协管员有153人，占总数的8.3%。二是女性偏多。女性1276人，占总数的69.6%。三是文化偏低。大专及以上文化程度184人，占总数的10%；高中文化程度1033人，占总数的56.4%；初中及以下文化程度616人，占总数的33.6%。四是党员偏少。党员158人，仅占总数的8.6%。五是职业素质偏低。由于大多数协管员年龄偏大，缺乏社会管理方面的专业培训经历，文字和口头表达能力较弱，敬业精神不强。调查发现，个别协管员认为政府设立的公益性就业岗位是一种社会福利与社会救济，就是为了安置下岗失业人员，做不做事无所谓，工作中服务意识、责任意识和危机意识不强。个别协管员不遵守工作纪律，不注重仪表，影响了政府形象。

（四）工资待遇偏低

随着社区管理任务不断加重，协管队伍承担了更多的责任和任务。据不完全统计，现有协管队伍承担的各项工作近百项，在“两会”“国庆”等特殊时期，还要承担安保等特殊工作任务。如社区矫正协管员工作任务涉及十个方面，包括20余项具体内容。流动人口和出租房屋管理员工作职责，划分为七个方面19项具体任务。然而，密云县协管员工资始终为北京市最低工资标准，2006年640元，2007年730元，2008年、2009年800元，2010年960元，2011年1160元。据了解，除治安协管员有200元夜班费外，其他协管员没有其他收入。同时需要指出的是，目前的协管员大都是35、40，40、50人员，正是上有老、下有小，家庭负担最重时期，过低的工资待遇在一定程度上影响了协管员的工作积极性。

（五）业务保障经费不足

《办法》规定，专项补贴主要用于协管员工资、社会保险及住房公积金、管理费等，并没有规定履职业务经费来源。据统计，2010年，密云县5家社区公益性就业组织，除支付协管员工资“五险一金”等规定支出外，仅剩余约15万元。除春鼎劳服中心外，其余4家均存在经费紧张的问题。如果园佳美劳服中心，在不考虑支付独生子女费、购买劳保用品、提取管理费用的情况下，年亏损77万余元。鼓楼檀州劳服中心每年需要250万元左右的运行经费。目前，协管员统一服装，装备手台、必要交通工具等大项支出和购置办公用品等日常办公经费均由镇街自筹解决。

三、整合提升协管力量的对策建议

（一）完善管理体制机制，明确责任分工

明确由密云县社会建设（综治）领导小组统一领导全县协管队伍的建设和管理工作，县社会办、综治办、农委、人力社保局、财政局、协管员派出部门、各街道（地区）、镇为成员单位。领导小组负责研究决定协管队伍招聘、使用、管理中的重大事项。领导小组在县社会办下设办公室，负责具体协调。

明确各部门职责，形成各负其责、相互配合的工作格局。县人力社保局负责社区公益性就业组织的管理工作，包括建立例会制度，认定就业特困人员，专项补贴的申请、核查、拨付，专项补贴使用的监督检查等。财政局负责全县协管队伍专项经费管理工作。各协管员派出部门负责提出本系统协管员招录申请、对协管员进行业务培训、业务指导、提出业务考核建议。各街道（地区）、镇负责提出本地区协管员招录申请，对协管员统一整合、综合使用、考核奖惩，提供相应业务经费保障。为统筹全县人力资源使用、节省招录成本、提高工作效率，镇街公益性就业组织不再负责协管员招录工作，由县级公益性就业组织统一负责协管员招录工作，有关部门、镇街给予配合。

（二）按照网格化管理模式整合协管力量

由县社会办（综治办）牵头，有关部门参与，街道（地区）、各镇组织实施，派出部门、社区公益性就业组织积极配合，依托网格化社会服务管理体系，将协管员全部整合到网格中。

1. 科学合理划分网格。打破现有网格的单一地理划分方式，从管理服务和地理区域两个方面入手，按照不同服务管理内容，结合地理位置和区域服务管理需求分别划定网格。城市以社区、居民小区、居委会、居民小组为基础，结合区域面积和管理服务工作量划分网格。农村要充分考虑辖区地形地貌和自然条件，充分考虑村民居住习惯和生活习惯，本着方便群众、易于管理原则，以村、队所辖区域为基础划分网格。

2. 整合协管力量进入网格。根据网格区域大小、管理服务需求种类、工作量多少，确定进入网格的协管员种类和数量。为避免协管由辅助性岗位变成管理岗位，社区干部、社区专职工作者（社区服务站的社区工作者除外）以管理岗位，同协管员一起，以团队式共同进入网格。社区干部或专职工作者任格长，下设若干工作单元。针对农村网格治安协管员力量不足的状况，将1.8万名“六护”人员、基层党员、村民代表、志愿者等整合充实到网格管理中。

3. 整合协管网格力量职责。充分考虑与现有管理体制相衔接，协管力量职责的整合采取两种方式。第一种是长期主要方式，实行专业职责为主，其他职责为辅。协管员主要负责履行专业职责，同时根据便利、兼容原则，兼顾其他职责，不同协管员各司其职又互相配合，实现无缝隙管理。网格管理服务出现问题，专职协管员承担主要责任，其他协管员承担次要连带责任。对协管员考核奖惩时，以专职协管员为主，其他协管员为辅，共同受奖，共同受罚，主次分明。第二种方式是短期次要方式，即遇有重大活动、重要节庆安全保卫等中心工作时，以中心工作职责为主，自身专业职责为辅，集中力量共同完成中心工作，同时兼顾自身专业职责。此外，应按照农村网格化管理要求，赋予农村“六护”人员相应职责，使其在做好“六护”工作的同时，协助做好社会服务管理工作。

4. 整合协管网格工作流程。本着简便、实用原则，建立信息收集、处理上报、结果反馈工作流程。协管员通过巡查、入户调查等方式收集信息，建立信息台账；协管员对能够处理的事项，及时处理，对不能处理的事项上报格长处理，本网格不能处理的事项，报上级社会服务管理平台处理；各项事项处理完毕后，及时反馈网格协管员进行销账。为简化工作流程，提高工作效率，整合协管员信息收集职能，实行信息统一收集，资源共享；增强协管员“操作”职能，配备必要装备，对一些简易的工作，由协管员直接操作办理，减少上报事项。

（三）完善制度，促进协管队伍管理的规范化

县社会办（综治办）牵头，人力社保局、协管员派出部门、部分街道（地区）、镇参与，研究制定《密云县协管队伍管理办法》，对全县协管员的招聘、录用、培训、工资福利、考核、奖惩、辞退等做出具体规定，对协管员进行统一管理；研究制定《密云县协管队伍立体分类式网格化管理职责管理办法》，明确协管队伍职责整合的办法、工作流程等，确保协管力量整合到位。县人力社保局牵头，研究制定《密云县社区公益性就业组织管理办法》，明确公益性就业组织的设立、职责、管理制度，确保规范运作。这些制度经县委、县政府批准，印发全县执行。

（四）加大培训力度，调整招录对象，提高协管员素质

目前，密云县协管员队伍年龄偏大、文化程度不高、专业素质不强、整体工作能力较弱，必须加大培训力度。同时，整合协管力量，既赋予协管员更多职责，也要求进一步加大培训力度，尽快提高协管队伍的整体素质。培训重点内容：一是加强职业道德培训，提高思想水平，增强敬业精神；二是加强岗位职责培训，提高专业素质和履职能力；三是加强综合能力培训，提高文字和口头表达能力，夯实履职基础。根据岗位职责要求，实行岗前培训、在岗培训和专项培训。岗前培训和专项培训由用人单位负责。岗位培训由业务主管部门定期进行集中培训。

根据《办法》规定："就业特困人员的范围，根据区域性社区公益性就业岗位和就业总量的需求，由市人力资源和社会保障部门适时调整、确定。"今后在招录协管员时，应适当调整招录对象，提高准入门槛，着重选拔一批年纪较轻、文化程度较高、政治素质较好的人员，以提高协管队伍的整体素质。

（五）适度提高协管员工资待遇

《办法》规定，北京市社区公益性就业岗位专项补贴标准为劳动合同签订之日本市上年职工平均工资的50%～70%。目前，北京城内各区执行标准为60%～70%，西城区最高，为70%，密云县执行标准为58%。建议将全县专项补贴标准逐步提高到70%。如按70%的标准执行，协管员专项补贴将由现在的28097元/人/年提高到35290.5元/人/年，净增7193.5元/人/年。根据《办法》规定，密云县专项补贴由市失业保险基金和县财政按8∶2的比例分担。调整到70%后，县财政每年支出总额由现在的1072万元增长到1293.7万元，每年仅增加开支221.7万元。

建立协管员工资正常增长机制。北京市最低工资标准作为协管员每月的基础工资，同时设立工龄工资、学历工资和奖金。工龄工资以参加协管员年数计算，每增加1年增长若干工资。学历工资按不同学历设立若干等次工资标准。奖金分为平时奖和年终奖。平时奖分全勤奖和专项奖（如协助破获案件），具体标准综合确定。年终奖为对年度考核合格、优秀的协管员给予必要奖励。协管员工龄工资和学历工资由专项补贴增加部分支付，不足部分由县财政补充。奖励资金由县、镇街级财政支付。考虑农村"六护"人员工资待遇较低，同时又增加了相应社会协管职能，应适当提高农村"六护"人员工资待遇。

（六）建立协管队伍业务经费保障机制

考虑到社区公益性就业岗位专项补贴中没有协管队伍履职业务经费，县财政应建立协管队伍业务经费保障机制，设立协管队伍专项经费。一是对协管员统一服装、装备手台、配备必要交通工具等数额较大经费实行一事一议，由县财政专项经费集中拨付。二是对购置办公用品等办公经费，按人头核定数额，由县财政专项经费直接拨付给镇街财政。三是协管员奖励资金由县、镇街两级财政按比例支付。

（此文作者王玉江为密云县委副书记、徐芳为密云县副县长）

夯实基础　完善机制　全面加强社区党建工作

韩贵海

延庆县社会工委围绕创新争优活动，加大统筹协调力度，推进重点工作，主要在四个方面下功夫，加快推进社区党建步伐。2011年社区党建工作紧紧围绕全县中心工作目标，以党建创新为动力，以服务群众为重点，不断完善社区党建工作机制，不断提高街道社区党组织建设水平，提升社区党建服务科学发展水平。

一、加强社区基层党组织管理，推进基层组织建设

社会工委以夯实社区党建为基础，进一步加强对社区基层党组织的管理。一是发挥离退休党员的先锋模范作用，利用社区开展设岗定责、志愿服务活动，积极组织社区党员参加社区建设。二是探索在职党员服务社区的途径，为在职党员8小时以外服务社区创造条件。三是加强对流动党员的管理，建立“流动党员服务站”“流动党员之家”，拓展为流动党员服务范围，研究制定县内流动党员管理办法，加强农村进城党员的教育、管理和服务，发挥流动党员在社会建设中的积极作用。

二、强化党员干部队伍培养，提升社区党员素质

社会工委提出进一步推进社区学习型党组织和领导班子建设。社区党组织进一步健全学习制度，加强干部教育培训，不断提升班子队伍处理利益关系、统筹协调、破解难题、服务基层的能力，健全例会制度，不断拓宽社区党建工作思路，确保社会工作稳步推进，以科级干部队伍建设为重点，强化社区“两委一站”班子建设，加强学习和培训，开展轮岗、挂职，着力培养一批和谐社区建设带头人，抓好后备干部的培养，为加强社区党建工作提供坚强的人才保障，进一步增强社区党员的党性修养和服务意识。

三、创新社区党组织活动方式，增强凝聚力和号召力

社会工委把各项工作紧密与我县“绿色北京示范区”的发展目标相结合，创新活动方式，丰富活动载体，在工作实践过程中进一步增强影响力。2011年，我们将发挥社区党组织在社区大力开展绿色社区、绿色楼门、绿色家庭创建工作中带头作用，促进社区生态文明建设。社区党组织以建党90周年为契机，组织开展志愿宣讲、“唱响红歌献给党”红色歌曲演唱等文体活动，吸引社区党员、群众踊跃参与交流，努力营造构建和谐社会良好氛围。社区党组织把“创新争先”活动与服务居民相结合，针对困难群众和特殊群体开展法律援助、精神关怀、心理疏导等志愿服务，积极组织“五访五进门”服务活动，拓宽广大社区党员特别是无职党员发挥作用、服务群众的途径和渠道，架起党群之间的“连心桥”。

四、搭建非公有制企业党建平台，构建区域化党建新格局

2011年，社会工委以构建区域化党建工作格局为目标，建立以街道党工委领导，社会工作党委牵头和社区中“两新”组织党组

织共同参与的联建共建协调机制。进一步完善街道社会工作党委职责，继续推进在具备条件的乡镇成立社会工作党组织工作。一方面抓好社区中“两新”组织党建工作。通过学习楼宇党建经验，结合实际工作，在全县“两新”组织比较集中的地区，推进“五站”建设。选择具备条件的非公有制企业按照“五好”示范点建设标准，创建党建“五好”示范点。另一方面着力培育社会领域党建典型。我们将在社区中开展“和谐社会带头人”百名模范人物评选活动，评选出一批先进代表人物和优秀共产党员，为建党 90 周年献礼。

（此文作者为延庆县委社会工委书记、县社会办主任）

·附　　录·

中共北京市委社会工作委员会
北京市社会建设工作办公室
领　导　介　绍

宋贵伦

职　　位： 中共北京市委社会工作委员会书记、北京市社会建设工作办公室主任。

领导简介： 1960年2月出生，男，汉族，河北新河人，中共党员，全国人大代表，市纪检委委员，北京师范大学本科毕业，北京市委党校在职研究生毕业，研究员。

工作经历： 曾任中共中央文献研究室秘书处秘书、理论研究组助理研究员，中共中央宣传部办公厅副处级秘书，西城区委宣传部副部长（挂职锻炼）、常务副部长（正处级）、部长，市委宣传部助理巡视员，市委宣传部副部长、市社会科学界联合会党组书记、常务副主席。

分管工作： 负责全面工作。

赵小卫

职　　位： 中共北京市委社会工作委员会委员（正局级）。

领导简介： 1952年2月出生，男，汉族，北京市人，中共党员，中央党校在职研究生毕业。

工作经历： 曾任市委研究室政治处副处长、处长，市委研究室副巡视员，市委社会工委委员、市社会办副主任，市委社会工委副书记、市社会办副主任。

分管工作： 分管办公室（人事处）、综合处（宣传处）、机关党委（工会）（2011.1—2011.8）；
分管综合处（宣传处）（2011.9—2011.12）。

周开让

职　　位： 中共北京市委社会工作委员会副书记、北京市社会建设工作办公室副主任。

领导简介： 1965年9月出生，男，汉族，山西临猗人，中共党员，北京大学社会学系硕士研究生毕业。

工作经历： 曾任北京大学校团委副书记，宣武区委宣传部副部长、《宣武报》总编辑，宣武区精神文明建设办公室主任，宣武区政府办主任，宣武区委常委、政法委书记，宣武区委常委、区纪委书记、区委政法委书记（兼），市委社会工委委员、市社会办副主任。

分管工作： 分管社会工作队伍建设处、社区建设处（2011.1—2011.8）；
分管办公室（人事处）、社会工作队伍建设处、机关党委（工会）（2011.9—2011.12）。

张　坚

职　　位： 中共北京市委社会工作委员会副书记、北京市社会建设工作办公室副主任。

领导简介： 1957年2月出生，男，汉族，江苏淮阴人，中共党员，中国人民大学农业经济专业本科毕业，副研究员。

工作经历： 曾任市政府研究室社会处副处长、处长，北京经济技术投资开发总公司副经理，市政府研究室助理巡视员，北京奥组委总体策划部副部长、部长，市委社会工委委员、市社会办副主任。

分管工作： 分管研究室（政策法规处）、北京社会心理研究所。

陈建领

职　　位： 中共北京市委社会工作委员会委员、北京市社会建设工作办公室副主任。

领导简介： 1964年2月出生，男，汉族，河南夏邑人，中共党员，中央党校硕士研究生毕业，研究员。

工作经历： 曾任海淀区人事局副局长，市委组织部研究室副主任、主任，市委组织部副局级组织员兼区县干部处处长和北京市人力资源研究中心主任。

分管工作： 分管党建工作处。

王丽竹

职　　位： 中共北京市委社会工作委员会委员、北京市社会建设工作办公室副主任。

领导简介： 1956年12月出生，女，汉族，河北南宫人，中共党员，东南大学本科毕业。

工作经历： 曾任市政府文教办秘书处副处长，市政府办公厅卫生体育处副处长、区政处（军事处）副处长、综合处（军事处）处长，市政府办公厅副巡视员，市委社会工委委员、市社会办副巡视员。

分管工作： 分管北京市社会建设信息中心。

刘　轩

职　　位： 中共北京市委社会工作委员会委员、北京市社会建设工作办公室副主任。

领导简介： 1963年2月出生，男，汉族，河南许昌人，中共党员，首都经济贸易大学在职研究生毕业，副研究员。

工作经历： 曾任市经济体制改革委员会农村经济体制处副处长、处长，市经济体制改革办公室产业和市场体制处处长，朝阳区大屯地区办事处副主任（挂职锻炼），市发展改革委产业发展处处长，市经济与社会发展研究所副所长（正处级），市发展改革委经济体制综合改革处处长兼市行业协会和市场中介发展办公室主任，市委社会工委委员、市社会办副巡视员。

分管工作： 分管社会组织工作处。

王智玲

职　　位： 中共北京市委社会工作委员会委员、北京市社会建设工作办公室副巡视员。

领导简介： 1957年3月出生，女，汉族，河北易县人，中共党员，中央党校在职研究生毕业，高级政工师。

工作经历： 曾任朝阳区团结湖街道办事处副主任，朝阳区小关街道办事处主任，朝阳区亚运村街道办事处主任、工委书记，朝阳区街道办主任、街工委书记，朝阳区委社会工委书记，朝阳区区长助理、朝阳区委社会工委书记。

分管工作： 协助周开让同志分管社会工作队伍建设处、社区建设处（2011. 1—2011. 8）；
分管社区建设处（2011. 9—2011. 12）。

张青之

职　　位： 北京市社会建设工作办公室副巡视员。

领导简介： 1963年11月出生，男，汉族，江苏赣榆人，中共党员，国防大学研究生院硕士毕业。

工作经历： 曾任54691部队副政委，总后勤部政治部宣传部副团职干事、正团职干事、副师职干事，总后勤部干部轮训大队副大队长。

分管工作： 协助张坚同志分管北京社会心理研究所。

北京市区县社会工作机构及负责人

单位名称： 中共东城区委社会工作委员会 东城区社会建设工作办公室
书　　记： 朱占勋
主　　任： 赵小平
单位地址： 东城区什锦花园胡同23号
联系电话： 010-64031118-8740
办公传真： 010-64031118-8740
邮政编码： 100007

单位名称： 中共西城区委社会工作委员会 西城区社会建设工作办公室
书记主任： 李红兵（2011.1—2011.9）
艾　丽（2011.9—2011.12）
单位地址： 西城区西直门内大街275号
联系电话： （86）010-82141123
办公传真： （86）010-82141124
邮政编码： 100035

单位名称： 中共朝阳区委社会工作委员会 朝阳区社会建设工作办公室
书　　记： 汪　洋
主　　任： 张永新
单位地址： 朝阳区日坛北街33号
联系电话： 010-65099333
办公传真： 010-65099334
邮政编码： 100020

单位名称： 中共海淀区委社会工作委员会 海淀区社会建设工作办公室
书　　记： 赤　飞（2011.1—2011.4）
书　　记： 高　峰（2011.4—2011.12）
主　　任： 陈　刚
单位地址： 海淀区长春桥路17号
联系电话： 010-82510637
办公传真： 010-82579250
邮政编码： 100089

单位名称： 中共丰台区委社会工作委员会 丰台区社会建设工作办公室
书记主任： 王珮琦
单位地址： 丰台区丰台镇北大街9号院
联系电话： 010-83656681
办公传真： 010-63852710
邮政编码： 100071

单位名称： 中共石景山区委社会工作委员会 石景山区社会建设工作办公室
书记主任： 沈代平
单位地址： 石景山区石景山路18号
联系电话： 010-88699851
办公传真： 010-88699851
邮政编码： 100043

单位名称： 中共门头沟区委社会工作委员会 门头沟区社会建设工作办公室
书记主任： 梁增霞（2011.4—2011.9）
书　　记： 张翠萍（2011.10—2011.12）
主　　任： 张慧琦（2011.10—2011.12）
单位地址： 门头沟区新桥大街36号
联系电话： 010-69861008（书记）
联系电话： 010-69826056（主任）
办公传真： 010-69844023
邮政编码： 102300

单位名称： 中共房山区委社会工作委员会 房山区社会建设工作办公室
书记主任： 王占勇
单位地址： 房山区良乡工业开发区金光路1号
联系电话： 010-69370379

办公传真： 010－69370378
邮政编码： 102488

单位名称： 中共通州区委社会工作委员会　通州区社会建设工作办公室
书记主任： 宁秋君
单位地址： 通州区新华东街192号
联系电话： 010－80880715
办公传真： 010－80880087
邮政编码： 101100

单位名称： 中共顺义区委社会工作委员会　顺义区社会建设工作办公室
书记主任： 巩维国
单位地址： 顺义区府前东街2号顺建大厦7层
联系电话： 010－89442437
办公传真： 010－89442437
邮政编码： 101300

单位名称： 中共昌平区委社会工作委员会　昌平区社会建设工作办公室
书记主任： 黄先锋
单位地址： 昌平区政府街23号民政局10层
联系电话： 010－69717193
办公传真： 010－69717193
邮政编码： 102200

单位名称： 中共大兴区委社会工作委员会　大兴区社会建设工作办公室
书记主任： 张德广
单位地址： 大兴区黄村镇兴政街15号
联系电话： 010－61298597
办公传真： 010－61298597
邮政编码： 102600

单位名称： 中共平谷区委社会工作委员会　平谷区社会建设工作办公室
书记主任： 兰中玉
单位地址： 平谷区府前街9号
联系电话： 010－69983239
办公传真： 010－69983239
邮政编码： 101200

单位名称： 中共怀柔区委社会工作委员会　怀柔区社会建设工作办公室
书记主任： 胡文云
单位地址： 怀柔区迎宾中路17号
联系电话： 01069696319
办公传真： 01069685027
邮政编码： 101400

单位名称： 中共密云县委社会工作委员会　密云县社会建设工作办公室
书记主任： 张志华
单位地址： 密云县鼓楼西大街3号
联系电话： 010－52854618
办公传真： 010－69024304
邮政编码： 101500

单位名称： 中共延庆县委社会工作委员会　延庆县社会建设工作办公室
书记主任： 韩贵海
单位地址： 延庆县妫水北街70号
联系电话： 010－69177830
办公传真： 010－69176982
邮政编码： 102100

北京市社会建设专家顾问团成员名单

（以姓氏笔画为序）

丁元竹　国家行政学院决策咨询部副主任、教授

王　名　清华大学公共管理学院 NGO 研究所所长、教授

王思斌　北京大学社会学系教授

文　魁　首都经济贸易大学原校长、教授

冯同庆　中国劳动关系学院教授、全国工会学研究会副会长

刘新成　北京市人大副主任、首都师范大学校长、教授

刘牧雨　北京市社会科学院原院长、研究员

李欣欣　中央政策研究室社会发展研究局局长、研究员

李　萌　国务院研究室社会发展研究司原司长

李培林　中国社会科学院社会学研究所所长、研究员

李　强　清华大学人文社会科学院院长、教授

吴忠民　中共中央党校社会学教研室主任、教授

陆学艺　中国社会科学院荣誉学部委员、北京工业大学人文社会学院院长、研究员

陆士桢　中国青年政治学院原党委书记、教授

郑功成　全国人大常委会委员、中国人民大学教授

郑杭生　中国人民大学社会学理论与方法研究中心主任、教授

俞可平　中共中央编译局副局长、北大政府创新研究中心主任、研究员

赵孟营　北京师范大学社会学系主任、教授

高永中　中共中央组织部党建研究所所长、研究员

景天魁　中国社会科学院学部委员、社会学研究所研究员

董克用　中国人民大学公共管理学院院长、教授

翟振武　中国人民大学社会与人口学院院长、人口研究所所长、教授

北京市市级“枢纽型”社会组织名单

序号	单位名称	通讯地址	邮政编码
1	北京市总工会	东城区台基厂三条3号	100005
2	共青团北京市委	北四环中路267号北京奥运大厦	100083
3	北京市妇女联合会	西城区槐柏树街2号院1号楼	100053
4	北京市科学技术协会	朝阳区小营育慧里4号3005室	100101
5	北京市残疾人联合会	丰台区右安门外玉林里62号	100069
6	北京市归国华侨联合会	西城区后英房胡同9号	100035
7	北京市文学艺术联合会	西城区前门西大街95号	100031
8	北京市社会科学界联合会	东城区安定门外西滨河路19号（中轴国际）	100011
9	北京市红十字会基金会	丰台区六里桥南里甲9号首发大厦A座2层	100073
10	北京市法学会	丰台区成寿寺四方景园1区6号楼	100164
11	北京市工商业联合会	东城区广渠门内白桥大街22号	100062
12	中国国际贸易促进委员会北京市分会	西城区南礼士路头条3号	100045
13	北京市人民对外友好协会	东城区南河沿大街97号	100006
14	北京市志愿者联合会	海淀区中关村大街28－1号海淀文化艺术大厦A座15层	100080

续表

序号	单位名称	通讯地址	邮政编码
15	首都慈善公益组织联合会	朝阳区工体东路20号	100020
16	北京市私营个体经济协会	丰台区菜户营东街乙360号4208室	100069
17	北京市工业经济联合会	西城区槐柏树街2号院3号楼	100053
18	北京市商业联合会	西城区莲花池东路丙1号3－318	100045
19	北京市建筑业联合会	西城区南礼士路头条3号	100045
20	北京企业联合会	朝阳区北辰东路8号汇园公寓J座12门	100101
21	北京市民办教育协会	朝阳区华严北里甲1号健翔山庄A3座	100029
22	北京市民间组织国际交流协会	东城区南河沿大街97号	100006
23	北京市体育总会	丰台区光彩北路10号	100075
24	北京市民族联谊会	东城区东单北大街3号青年会大楼9001	100005
25	首都民间组织发展促进会	朝阳区工人体育场东路20号	100020
26	北京注册会计师协会	海淀区西四环中路16号院7号楼7层（金沟河桥东南侧）	100039
27	北京市律师协会	东城区安定门外西滨河路18号院首府大厦5号楼	100011

北京市社会建设调研报告和理论文章目录

报告或文章题目	作者及单位职务
在京居留外国人服务管理工作的挑战及建议	晋　军（清华大学）
“北漂一族”社会服务管理	王丽英（中国青年政治学院）
大学毕业生聚居群体城市融入困境及其对策分析	韩丽丽（首都师范大学）
关于推进北京市网格化社会服务管理的调查和建议	张静波（首都师范大学）
关于加强进城务工人员及其二代子女社会服务管理的若干思考	包路芳（北京市社会科学院）
加强离退休人员的管理服务	姜向群（中国人民大学）
社会组织参与公共政策制定存在问题的成因分析	何振锋（北京社会管理职业学院）
关于北京市推进社区基本公共服务全覆盖的实践与思考	市委社会工委、市社会办课题组
北京市社区工作者队伍现状及发展对策	市委社会工委、市社会办
发挥社会力量在反腐倡廉建设中的作用	周开让（市委社会工委副书记、市社会办副主任）
北京市社会工作人才队伍建设的实践与思考	周开让（市委社会工委副书记、市社会办副主任）
加快推进北京社会组织发展建设的若干思考	岳金柱［市委社会工委、市社会办研究室（政策法规处）］
物业纠纷的治理困境——由一起物业费纠纷案件引发的思考	张　强（市委社会工委、市社会办社会工作队伍建设处）
北京市社区基本公共服务项目需求调查报告	市委社会工委、市社会办社区建设处
新形势下加强社区民主自治的几点思考	市委社会工委、市社会办社区建设处
北京市健全新型社区管理和服务体制的探索与实践	市委社会工委、市社会办社区建设处
完善社区基本公共服务体系　不断提高居民群众的幸福感和满意度	市委社会工委、市社会办社区建设处
北京市推进社区基本公共服务全覆盖报告	市委社会工委、市社会办社区建设处
健全新型社区管理和服务体制　进一步夯实首都社会建设基础	市委社会工委、市社会办社区建设处
推进“一刻钟社区服务圈”建设情况的报告	市委社会工委、市社会办社区建设处
深化社区信息化工作，推动社会服务管理创新——关于北京市社区信息化工作的调研与思考	北京市社会建设信息中心

续表

报告或文章题目	作者及单位职务
北京居民心理健康状况调查	张　坚（市委社会工委副书记、市社会办副主任）
	张青之（市社会办副巡视员）
	朱俊颖、聂　品（北京社会心理研究所）
	陈　珊、张胸宽（北京社会心理研究所）
北京居民社会支持和生活满意度的调查报告	陈　珊（北京社会心理研究所）
社区居民信任度与城市社区治理——以北京市为例的一项实证研究	王　惠（北京社会心理研究所）
2011 关于北京市民对物价上涨感受的调查报告	张　良（北京社会心理研究所）
首都环境建设调查报告	王　惠（北京社会心理研究所）
关于北京市商务楼宇从业人员生育观念的调查	张丽华（北京社会心理研究所）
北京公众公民意识调查报告	聂　品（北京社会心理研究所）
北京市民价值观研究报告	张胸宽（北京社会心理研究所）
网民群体自组织线下活动特点分析	张　良（北京社会心理研究所）
2011 年社会舆情热点分析与对策研究	王　惠、张　良、张　斌、温笑寒（北京社会心理研究所）
北京市商务楼宇中白领阶层社会动员机制研究	张丽华（北京社会心理研究所）
关于加强社区网格党组织建设的实践与思考	东城区委社会工委、区社会办
东城区商务楼宇“五站合一”建设的探索和实践	东城区委社会工委、区社会办
推进社区服务站服务标准化建设工作　打造规范、便民、高效的社区公共服务平台	赵小平（东城区社会办主任）
朝阳区国际化社区建设现状与实践	赵全保（朝阳区副区长）
朝阳区老旧小区准物业管理调研报告	张永新（朝阳区社会办主任）
海淀社会组织的党建问题研究	高　峰（海淀区委社会工委书记）
关于丰台区社会志愿服务工作的分析报告	王珮琦（丰台区委社会工委书记、区社会办主任）
“一月一典型”在社会领域党建工作中的实践与思考	沈代平（石景山区委社会工委书记、区社会办主任）
	王　耿、罗艳华（石景山区委社会工委党建科）
关于石景山区街道协管员队伍建设的调研报告	高春玲（石景山区委社会工委副书记）
	谢云改（石景山区委社会工委、区社会办社区建设科）
石景山区关于开展政府购买公共服务的论证报告	张琳娜（石景山区社会办副主任）
	王建强（石景山区委社会工委、区社会办社会工作科）
关于“非公”组织党建工作的调查与思考	栾伟宏（石景山区社会办副主任）
	蔡国栋、孙振宇（石景山区委社会工委党建科）

续表

报告或文章题目	作者及单位职务
关于创新解决门头沟区突出社会管理问题的思考	韩子荣（门头沟区委书记）
门头沟区关于开展村庄社区化管理工作的调研报告	韩生辉（门头沟区委常委、区委政法委书记）
关于门头沟区文明示范社区创建活动的调查与思考	衣丰飞（门头沟区委宣传部副部长、区文明办主任）
门头沟区社工队伍建设现状的研究报告	门头沟区委社会工委、区社会办
关于联合社会力量建立未成年缓刑犯参加志愿者服务长效矫正机制的调查研究	门头沟区法院
推进城市化进程步伐　完善规范化社区建设	王占勇（房山区委社会工委书记、区社会办主任）
顺义区加强和创新社会管理研究	张延昆（顺义区委书记）
顺义区农民拆迁户“集中居住”情况调查	巩维国（顺义区委社会工委书记、区社会办主任）
黑龙江省哈尔滨市道里区抚顺街道抚顺社区社会服务管理创新考察报告	巩维国（顺义区委社会工委书记、区社会办主任）
借鉴先进经验加强和创新社会管理　勇于探索实践开拓社会建设新局面	申志红（顺义区委社会工委副书记、社会建设工作办公室副主任）
赴俄罗斯、瑞典考察社会建设调研报告	张德广（大兴区委社会工委书记、区社会办主任）
借鉴先进经验　提升新区社区管理水平——赴英国、瑞士考察学习社会建设调研报告	孟令勇（大兴区委社会工委副书记）
借鉴先进经验　加强源头治理　创新社会管理　推进社会建设——赴美国、日本考察社会建设情况的报告	尚建刚（大兴区委社会工委委员、区社会办副主任）
台湾社会建设工作考察报告——赴台湾社会建设考察组	刘桂兰（大兴区委社会工委委员、区社会办副主任）
学习先进经验　明确努力方向　加快搬迁村农地规模流转步伐——赴陕西省四川省考察报告	张春红（大兴区四有办）
非公有制企业党组织发挥作用情况调研	邢大成（平谷区委社会工委党建科）
关于成立平谷区社工事务所的调研报告	张海霞（平谷区社会办副主任）
平谷区社区工作者队伍建设现状	李　军（平谷区社会办副主任）
关于城市社区基本公共服务的调研报告	李　军（平谷区社会办副主任）
城乡一体化进程中，加强和创新农村社会管理与服务问题研究	张建东（怀柔区委书记）
清歌一曲梁尘起，腰鼓百面春雷发	胡文云（怀柔区委社会工委书记、区社会办主任）
云南和顺社会建设情况考察报告	王玉江（密云县委副书记）
	徐　芳（密云县副县长）
对密云县协管力量整合提升的研究	王玉江（密云县委副书记）
	徐　芳（密云县副县长）

续表

报告或文章题目	作者及单位职务
关于加快推进密云县城市社区居民委员会建设的调查与思考	张志华（密云县委社会工委书记、县社会办主任）
	纪海明（密云县社会办副主任）
关于推进社会建设的几点思考	于少东（密云县委常委）
夯实基础完善机制　全面加强社区党建工作	韩贵海（延庆县社会工委书记、县社会办主任）
关于规模以下非公有制经济组织党建工作的调查与思考	谷建英（延庆县社会工委副书记、县社会办副主任）

北京市各区县出台的社会建设工作相关文件目录

区县名称	文件名称	文号
东城区	关于调整东城区社会建设工作领导小组成员的通知	东社领办〔2011〕1号
东城区	关于调整东城区社会建设工作领导小组办公室成员的通知	东社领办〔2011〕2号
东城区	关于建立社区多元参与机制的工作意见	东社领办〔2011〕3号
东城区	关于报送东城区社会服务管理创新综合试点工作任务进展情况的通知	东社领办〔2011〕4号
东城区	关于推进社区网格党组织建设的意见（试行）	东社委发〔2011〕1号
东城区	关于印发《关于加强商务楼宇“五站合一”规范化建设的意见（试行）》的通知	东社委发〔2011〕6号
东城区	关于印发购买专业社会工作岗位的实施方案的通知	东社会办〔2011〕4号
东城区	关于印发《东城区“十二五”时期社区建设规划》的通知	东社会办〔2011〕5号
东城区	关于2009年社区用房规范化建设试点项目检查验收实施方案	东社会办〔2011〕6号
东城区	关于印发《东城区“十二五”时期商务楼宇“五站”建设规划》的通知	东社会办〔2011〕7号
东城区	关于推进社区服务站标准化建设工作的方案	东社会办〔2011〕8号
东城区	关于网格助理员服务协议工资待遇等问题的通知	东社会办〔2011〕9号
东城区	关于2010年东城区社区办公和服务用房建设项目实施方案的函	东社会办〔2011〕11号
西城区	关于印发《北京市西城区社会建设项目管理办法》的通知	西社办发〔2011〕1号
西城区	关于表彰2010年度西城区和谐社区建设示范争创活动先进单位及个人的决定	西社领办发〔2011〕1号

续表

区县名称	文件名称	文号
西城区	关于调整成员单位及人员的通知	西社领办发〔2011〕2号
西城区	关于转发《西城区2011年社会建设工作要点》的通知	西社领办发〔2011〕3号
西城区	关于2011年度西城区“两新”组织党建工作创新项目立项的通知	西社委发〔2011〕1号
西城区	关于印发《西城区2011年社会领域党建工作要点》的通知	西社委发〔2011〕2号
西城区	关于做好区委社会工委出席中国共产党北京市西城区第十一次代表大会代表选举工作的通知	西社委发〔2011〕5号
西城区	关于印发《西城区非公经济组织和社会组织党员共享园地管理办法（试行)》的通知	西社委发〔2011〕6号
朝阳区	关于加强和创新社会管理全面提升社会建设水平的实施意见	京朝发〔2011〕11号
朝阳区	进一步深化“一刻钟社区服务圈”建设的指导意见（试行）	朝社办发〔2011〕1号
朝阳区	进一步推进朝阳区社区居民自治工作的指导意见（试行）	朝社办发〔2011〕3号
朝阳区	朝阳区社区工作者管理制度汇编（试行）	朝社办发〔2011〕7号
海淀区	关于加强和创新社会管理全面推进社会建设的实施意见	京海发〔2011〕20号
海淀区	关于印发本区“十二五”时期社区建设发展规划（2011—2015年）的通知	海政发〔2011〕57号
海淀区	关于印发《海淀区社会建设工作领导小组成员名单》的通知	京海办发〔2011〕28号
海淀区	关于印发《加强和创新社会管理全面推进社会建设2011年折子工程》的通知	京海办发〔2011〕45号
海淀区	2011年海淀区社区建设工作要点	海社办发〔2011〕1号
海淀区	关于划拨2010年社区规范化建设试点工作及“一刻钟社区服务圈”示范点工作奖励经费的通知	海社办发〔2011〕2号
海淀区	海淀区2011年面向社会公开招考社会工作者到社区工作实施方案	海社办发〔2011〕4号

续表

区县名称	文件名称	文号
海淀区	海淀区信报箱安装工作方案	海社办发〔2011〕6号
海淀区	关于做好2011年面向社会公开招考社会工作者到社区工作后续管理有关工作的通知	海社办发〔2011〕7号
海淀区	关于做好2011年度海淀区先进社区居委会、先进社区居委会主任及优秀大学生社区工作者评选工作的通知	海社办发〔2011〕8号
海淀区	关于表彰海淀区社会领域党建“五个好”示范点和先进集体的决定	海社委发〔2011〕1号
海淀区	海淀区委社会工委、区社会办关于开展优质服务年活动的实施意见	海社委发〔2011〕2号
海淀区	关于表彰海淀区社会领域纪念建党90周年表彰决定	海社委发〔2011〕3号
海淀区	关于印发《海淀区商务楼宇工作站建设管理办法》（试行）的通知	海社委发〔2011〕4号
海淀区	区委社会工委关于召开2011年度处级党员领导干部民主生活会的工作方案	海社委发〔2011〕5号
海淀区	海淀区商务楼宇“一楼宇一社工”项目实施方案（试行）	海社委发〔2011〕6号
海淀区	海淀区2011年度商务楼宇“五站合一”工作站检查验收方案	海社委发〔2011〕7号
丰台区	中共丰台区委关于加强和创新社会管理全面推进社会建设的实施意见	京丰发〔2011〕18号
丰台区	关于推广丰台街道永善里社区“市民劝导队”及西罗园街道角门东里第二社区“四化入户绘制民情图”做法的请示	丰社委文〔2011〕41号
丰台区	关于印发丰台区社区工作规范化指导意见的通知	丰社办发〔2011〕43号
石景山区	石景山区社区工作者考勤管理及休假制度	石社领办〔2011〕1号
石景山区	关于表彰“星级党建示范社区”“星级党务工作者”“星级党员”的决定	石社领办〔2011〕2号
石景山区	石景山区关于开展评选建设和谐社区示范单位活动的工作意见	石社领办〔2011〕5号
石景山区	石景山区政府购买公共服务实施办法（试行）	石社领办〔2011〕8号

续表

区县名称	文件名称	文号
石景山区	关于印发《社会领域“星级争创”评比表彰工作方案》的通知	石社字〔2011〕2号
石景山区	关于在全区宣传推广“市民劝导队”经验的通知	石社字〔2011〕20号
石景山区	关于表彰2010年度先进社区居委会及先进社区居委会主任的决定	石社领办字〔2011〕1号
石景山区	关于表彰2010年度“十佳大学生社工”的决定	石社领字〔2011〕2号
石景山区	关于开展“弘扬雷锋精神，倡导志愿服务”系列活动的通知	石社领字〔2011〕3号
石景山区	2011年社区用房建设工作推进会会议纪要	石社领字〔2011〕7号
门头沟区	关于调整退离居委会老积极分子生活补贴标准的通知	门社办发〔2011〕1号
门头沟区	2011年社区基层政权建设工作要点	门社办发〔2011〕2号
门头沟区	门头沟区社区环境卫生综合整治专项行动方案	门社办文〔2011〕8号
门头沟区	2011年北京市面向社会公开招考社会工作者门头沟区名额分配方案	门社办文〔2011〕12号
门头沟区	关于调整退离居委会老积极分子生活补贴标准的通知	门社办发〔2011〕19号
门头沟区	关于新建居住区社区筹备组工作意见	门社办文〔2011〕33号
门头沟区	关于做好预防煤气中毒工作的通知	门社办发〔2011〕42号
门头沟区	关于购买专业社会工作岗位实施方案	门社委发〔2011〕1号
门头沟区	关于做好全区社区工作者岗位培训工作的意见	门社委发〔2011〕2号
门头沟区	2011年关于“国际社工日”系列活动安排方案	门社委发〔2011〕3号
门头沟区	中共门头沟区委社会工委关于转发《中共门头沟区委直属机关工作委员会关于门头沟区城乡环境百日行动“文明机关创建专项行动”工作方案》的通知	门社委文〔2011〕5号

续表

区县名称	文件名称	文号
门头沟区	关于社区干部学好用好《社区反腐倡廉建设知识读本》的通知	门社委发〔2011〕8号
门头沟区	关于社区服务站空缺人员补录办法	门社委发〔2011〕9号
门头沟区	门头沟区关于在创先争优活动中开展非公有制企业党建推进工程的实施方案	门社委发〔2011〕17号
门头沟区	关于在全区推广“市民劝导队”工作模式的实施意见	门社委发〔2011〕18号
门头沟区	关于命名2010年度和谐社区和达标社区的通报	门社领办发〔2011〕1号
门头沟区	关于全面推进社区规范化建设工作的通知	门社领办发〔2011〕2号
门头沟区	门头沟区关于推进“一刻钟社区服务圈”示范点建设工作方案	门社领办发〔2011〕3号
门头沟区	门头沟区关于社区用房规范化建设试点项目检查验收实施方案	门社领办发〔2011〕4号
门头沟区	关于印发门头沟区社会建设工作领导小组成员名单的通知	门社领办发〔2011〕5号
门头沟区	门头沟区第二批社区用房规范化建设项目实施意见	门社领办发〔2011〕6号
房山区	关于加强和创新社会管理全面推进社会建设的实施意见	京房发〔2011〕13号
房山区	房山区关于加强和创新社会管理全面推进社会建设折子工程	京房发〔2011〕43号
房山区	房山区社区工作者管理制度（试行）	房社委〔2011〕24号
房山区	房山区社区工作者考核办法（暂行）	房社办〔2011〕4号
房山区	房山区社区办公经费及固定资产使用管理办法	房社领办发〔2011〕4号
通州区	关于在社会领域创先争优活动中认真做好领导点评工作的通知	通社委发〔2011〕1号
通州区	关于印发《通州区社会领域党建调研工作制度（试行）》的通知	通社委发〔2011〕3号

续表

区县名称	文件名称	文号
通州区	关于进一步做好社会领域党建调研工作的通知	通社委发〔2011〕4号
通州区	通州区2011年社区建设工作要点	通社委发〔2011〕7号
通州区	通州区2011年社会领域党建工作要点	通社委发〔2011〕8号
通州区	关于开展通州区精品示范社区创建工作的实施意见	通社委发〔2011〕10号
通州区	关于印发《开展“和谐社区，有我社工”主题庆祝“4·15”国际社工日活动方案》的通知	通社委发〔2011〕11号
通州区	关于印发《通州区2011年选聘大学生到社区工作实施方案》的通知	通社领办发〔2011〕2号
通州区	关于贯彻落实《北京市社区基本公共服务指导目录（试行)》的实施意见	通社领办发〔2011〕4号
通州区	关于确认第二批“五个好”非公有制企业党组织的决定	通社委发〔2011〕15号
通州区	关于进一步推进“一刻钟社区服务圈”建设试点工作的指导意见	通社领办发〔2011〕5号
通州区	关于2011年全面推进社区规范化建设工作的实施意见	通社领办发〔2011〕6号
通州区	关于进一步推进城市建制社区党风廉政建设的意见	通社委发〔2011〕16号
通州区	关于成立通州区社会领域党课宣讲团的决定	通社委发〔2011〕17号
通州区	通州区社会建设工作领导小组关于认定第二批区级“枢纽型”社会组织的通知	通社领发〔2011〕1号
通州区	关于转发《关于进一步加强社区用房规范化建设试点项目管理有关问题的通知》的通知	通社领办发〔2011〕8号
通州区	关于进一步发挥“枢纽型”社会组织作用的指导意见	通社领办发〔2011〕9号
通州区	关于建立楼门长长效机制的指导意见	通社领办发〔2011〕10号
通州区	关于印发《通州区成立专业社会工作机构的实施方案》的通知	通社委文〔2011〕3号

续表

区县名称	文件名称	文号
通州区	通州区2011年选聘社区工作者分配方案	通社委发〔2011〕19号
通州区	区委社会工委、区社会办干部职工慰问性补助发放暂行规定	通社委文〔2011〕4号
通州区	区委社会工委、区社会办车辆管理和使用规定	通社委文〔2011〕5号
通州区	关于推进社会领域党建工作精细化管理的实施意见	通社委发〔2011〕20号
通州区	关于推进社区精细化管理加强社区建设的实施意见	通社领办发〔2011〕11号
通州区	关于印发《通州区社区工作者管理考核办法（试行）》的通知	通社领办发〔2011〕12号
通州区	通州区关于加强社会公益事业专项补助资金和社区办公经费使用管理工作的指导意见	通社领办发〔2011〕13号
通州区	关于印发《关于使用通州区专项资金购买社会组织服务暂行办法》的通知	通社领办发〔2011〕14号
通州区	关于学习贯彻《北京市"十二五"时期社会建设规划纲要》的通知	通社领办发〔2011〕15号
通州区	2011年社会建设工作总结	通社委文〔2011〕7号
顺义区	关于推进社区共驻共建工作的意见	京顺发〔2011〕16号
顺义区	顺义区居住小区公共服务设施建设和管理工作的有关规定（试行）	顺政发〔2011〕35号
昌平区	关于开展社区公共服务资源信息采集的通知	昌社委发〔2011〕4号
昌平区	关于表彰2010年度昌平区百名优秀志愿者十佳志愿服务集体和十佳志愿服务项目的决定	昌社委发〔2011〕5号
昌平区	关于商务楼宇工作站专项经费的使用管理办法	昌社委发〔2011〕6号
昌平区	中共北京市昌平区委社会工作委员会2011年社会领域党建工作要点	昌社委发〔2011〕7号
昌平区	关于开展评选表彰先进基层党组织、优秀共产党员、优秀党务工作者和支持党建工作非公企业投资人活动的通知	昌社委发〔2011〕8号

续表

区县名称	文件名称	文号
昌平区	关于开展领导干部“领航工程”、基层党组织“聚力工程”和共产党员“先锋工程”的实施意见	昌社委发〔2011〕9号
昌平区	关于在直属党组织中表彰先进基层党组织、优秀共产党员、优秀党务工作者和支持党建工作的非公企业家的决定	昌社委发〔2011〕10号
昌平区	关于转发全国非公有制经济组织创先争优活动指导小组《关于搞好服务行业非公有制企业“为民服务创先争优”活动的通知》的通知	昌社委发〔2011〕12号
昌平区	关于在社区落实法制宣传教育的第六个五年规划的实施意见	昌社委发〔2011〕13号
昌平区	关于认真做好2011年政府购买社会组织服务项目申报工作的通知	昌社办发〔2011〕1号
昌平区	关于昌平区进一步规范社区工作者待遇实施细则的补充规定	昌社办发〔2011〕2号
昌平区	昌平区社区办公和服务用房规范化建设实施细则	昌社办发〔2011〕3号
昌平区	关于印发《关于构建区级社会组织“枢纽型”工作体系的暂行办法》的通知	京昌社领发〔2011〕1号
昌平区	关于认定第一批区级“枢纽型”社会组织的通知	京昌社领发〔2011〕2号
昌平区	关于印发《昌平区“枢纽型”社会组织联席会议制度》的通知	京昌社领发〔2011〕3号
大兴区	关于征求《大兴新区“十二五”期间社会建设规划》（征求意见稿）意见的函	京兴社领办函〔2011〕1号
大兴区	关于开展社区文明创建活动表彰的决定	京兴社领办发〔2011〕3号
大兴区	关于加强城市社区党风廉政建设工作的实施意见	京兴社委发〔2011〕4号
大兴区	关于开展“珍惜岗位，廉洁履职”主题教育活动的实施意见	京兴社委发〔2011〕5号
大兴区	关于开展大兴区“在职党员进社区”试点工作的实施意见	京兴社委发〔2010〕10号
大兴区	关于加强和创新社会管理进一步推进社会建设的意见	京兴发〔2011〕19号
平谷区	关于加强社会建设、创新社会管理、建设幸福平谷的意见	京平发〔2011〕16号

续表

区县名称	文件名称	文号
平谷区	关于推进社区规范化建设试点工作实施方案	京平社领发〔2011〕4号
平谷区	关于进一步加强和推进两新组织中建立妇女组织工作的实施意见	京平社发〔2011〕16号
怀柔区	关于加强和创新社会管理，全面提升怀柔社会建设科学化水平的意见	京怀发〔2011〕35号
怀柔区	怀柔区加强和创新社会管理工作折子工程	京怀发〔2011〕35号
怀柔区	怀柔区加强和创新社会管理工作10项重点任务	京怀发〔2011〕35号
怀柔区	关于推进社区基本公共服务工作实施方案	怀社领发〔2011〕1号
怀柔区	关于调整怀柔区社会建设工作领导小组组成人员并明确成员单位职责的通知	京怀办发〔2011〕32号
密云县	中共密云县委、密云县人民政府关于进一步加强和改进志愿服务工作的意见	密发〔2011〕4号
密云县	中共密云县委、密云县人民政府关于推进农村网格化社会管理工作的意见	密发〔2011〕12号
密云县	关于学习贯彻落实市委十届九次全会精神的通知	密社领发〔2011〕1号
密云县	关于为县内农村各类协管力量增加社会管理职能的通知	密综委〔2011〕22号
密云县	关于对2009—2010年社区规范化建设示范社区进行表彰的决定	密社领办发〔2011〕1号
密云县	密云县2011年社会建设宣传工作意见	密社领办发〔2011〕2号
密云县	关于印发《2011年社会建设工作意见》的通知	密社领办发〔2011〕8号
密云县	2011年全县社会建设信息工作要点	密社领办发〔2011〕10号
密云县	关于加快推进网格化社会服务管理工作实施方案	密社领办发〔2011〕15号
密云县	关于推进社会服务管理创新试点的实施方案	密社委字〔2011〕13号

续表

区县名称	文件名称	文号
密云县	密云县镇、街（地区）年度综合考核评价实施办法	密社委字〔2011〕16号
密云县	关于深入推进社会领域党组织党务公开工作实施方案	密社委字〔2011〕21号
密云县	关于在全县组织实施“非公有制企业党建推进工程”的通知	密组字〔2011〕288号
密云县	关于开展2011年“一刻钟社区服务圈”示范点建设的通知	密社办发〔2011〕14号
延庆县	关于进一步推进“一刻钟社区服务用房”建设工作的通知	延社办文〔2011〕7号
延庆县	2009年延庆县社区用房规范化试点建设项目竣工决算审核报告	延社办文〔2011〕10号
延庆县	关于《延庆县社区专职工作者管理办法（试行）》备案报告	延社办文〔2011〕14号
延庆县	关于规范政府购买社会组织项目实施的通知	延社办文〔2011〕17号
延庆县	关于2011年生态文明创建工作方案	延社委文〔2011〕9号
延庆县	关于组织开展社区居民“乐读”摄影比赛的通知	延社委文〔2011〕10号
延庆县	“百姓宣讲进社区”活动方案	延社委文〔2011〕13号
延庆县	关于牵头创建学习型街道、学习型社区2011年工作计划	延社委文〔2011〕14号
延庆县	关于印发《延庆县社区专职工作者分配方案》的通知	延社委文〔2010〕21号
延庆县	关于在公民群众中开展六五普法的规划	延社委文〔2011〕23号
延庆县	关于在全县推广丰台区“市民劝导队”经验的通知	延社委文〔2011〕25号
延庆县	关于推进创先争优，深入开展“领航工程、聚力工程、先锋工程”的实施方案	延社委文〔2011〕27号
延庆县	关于推进社区规范化建设工作的实施方案	延社委文〔2011〕29号
延庆县	关于加强社区居民学法用法工作的实施意见	延社委文〔2011〕30号
延庆县	关于加强社区专职工作者考勤工作的通知	延社委文〔2011〕32号
延庆县	关于对大学生社区专职工作者进行年度考核的通知	延社委文〔2011〕33号

北京市、区县社会建设工作统计表

北京市部分社会组织情况简介

（一）社会团体

1. 北京机械工程学会

北京机械工程学会成立于1951年11月25日，是由机械科技工作者组成的地方性的学术性团体，是北京市科学技术协会的会员社团，现有个人会员9896人，其中科学家、工程师8428人（包括5名院士）。团体会员单位135家。下设25个专业分会。会员代表大会是该会的最高权力机构，每3年举行一次，主要职能为选举理事会和监事会、修订章程、制定学会工作方针、决定表彰奖励等事项。理事会及其常务理事会为学会的领导机构，在会员代表大会闭会期间，负责学会重大事项的决策。秘书处负责处理日常工作。监事会负责监督本会系统各机构和领导成员按本会章程和国家有关法规开展活动和工作。学会成立以来，积极组织国内外学术交流、推动学科发展、开展培训教育、技术咨询、传播科技信息、提供中介服务、普及科技知识、维护会员权益。主办《现代制造工程》（月刊）杂志，在国内外发行，是我国科技领域的重点期刊之一。

2. 北京环境科学学会

北京环境科学学会成立于1979年6月5日，是北京市科学技术协会的会员社团，挂靠北京市环境保护局。学会现有团体会员45个，个人会员2238人。其主要任务是：开展国内外环境保护学术交流；组织技术咨询、科技成果的鉴定与推广；开展厂会协作、科技培训；普及环境保护科学知识；组织专家为市政府环保工作建言献策；反映科技工作者的呼声和要求，维护科技工作者的合法权益等。被市科协评为1990—1991年度、1994—1995年度、1996—1997年度、1998—1999年度、2000—2001年度先进学会。被市科委、市科协、市人事局评为2004年度北京市科学技术普及工作先进集体。

3. 北京测绘学会

北京测绘学会是在北京市科学技术协会领导、中国测绘学会指导下，依法成立的社团法人。挂靠在北京市测绘设计研究院。学会下设大地测量、摄影测量与遥感、地图学与GIS、工程测量、测绘仪器、测绘教学、施工测量七个专业委员会和学术工作部、组织财务部、科学普及工作部等三个工作部，同时还代管北京市测绘史志办。注册会员2800余名，其中资深会员120名。会员中研究员、教授级占17%，副研究员、副教授级占70%、中级职称占12%，其他占1%。会员分布在178个单位（市级68个、中央级64个、军事14个、大专院校24个、制印8个）。学会每四年召开一次会员代表大会，选举产生理事会。理事会一般由49—61人组成，每年召开一至两次全体理事会。常务理事会由正副理事长、正副秘书长、各专业委员会和工作部的主任委员组成，处理理事会闭会期间的各项主要工作，每年召开四次会议。各专业委员会一般由10—40人组成；工作部则视需要而定，各专业委员会、工作部设主任委员1人，副主任委员3—6人，秘书1—2人。

4. 北京市经济学总会

北京市经济学总会原名北京市经济学会，成立于1959年7月，业务主管单位为北京市社会科学界联合会。“文革”期间曾被撤销，十一届三中全会后恢复活动，并在各专业组的基础上，陆续建立了一些专业性的学会、协会、研究会，1982年正式更名组建北京市经济学总会。改革开放以来，随着应用经济学、工商管理学科的迅速发展，各专业性的学会、协会、研究会相继发展成为独立的学术团体，北京市经济学总会现已成为致力于理论经济学和应用经济学研究、交流和普及工作的综合性学术团体。业务范围包括理论研究，学术交流、专业培训、咨询服务、智力开发、编辑专业刊物等。

5. 北京市人口学会

北京市人口学会成立于1979年7月21日，业务主管单位为北京市社会科学界联合会，现有个人会员150人，团体会员15家。学会下设学术委员会、专业委员会和秘书处。理事会是会员代表大会闭幕期间的执行机构，向会员代表大会负责，每届任期3年。理事会设有会长1人，副会长若干人，秘书长1人，理事若干人。学会的宗旨是团结、组织北京人口理论工作者和实际工作者，积极开展人口科学、计划生育和现实人口问题的研究、学术交流和理论宣传工作，为我国社会主义现代化建设服务。近年来开展的主要活动有：积极组织、指导、推动会员研究人口理论、学习宣传人口决策和调研首都人口发展问题；组织会员参与学会承担的科研项目，为有关部门提供科研成果；召开不同形式、规模与内容的学术讨论会和人口问题座谈会；组织对外学术交流活动；组织或推荐优秀科研成果参评活动。学会创办《北京人口通讯》和《北京人口研究》会刊。

6. 北京市政治学行政学学会

北京市政治学行政学学会成立于1988年3月14日，业务主管单位为北京市社会科学界联合会，由北京师范大学主办。学会下设学术活动部、培训部、办公室3个部门。学会的宗旨是在马克思主义的指导下，坚持理论联系实际的原则，贯彻百家争鸣、百花齐放的方针，实事求是地对政治学行政学领域的重大理论和实践问题进行创造性的研究，为推进政治体制改革和完善社会主义政治制度做出贡献。主要学术活动有：组织本市会员开展学术活动，组织本市与外省市的学术交流；举行学术报告会、研讨会、座谈会，举办各种形式的讲习班、研讨班和系列讲座，组织教材、论著、资料等的编写译工作；同有关研究机构和实际工作部门建立联系，交流情况，交换资料，组织项目合作，开展咨询服务，编辑专业刊物。

7. 北京市教育学会

北京市教育学会成立于1980年3月。是市委教育工委和市教委领导下的群众性学术团体，是经北京市社会团体行政主管机关核准注册登记的社会团体法人。现有会员约7万人，分支机构76个，其中区（县）教育学会19个，学科、专业研究会57个，基本覆盖本市各区（县）和中小学、幼儿园及特殊教育的各个学科及专业。学会的主要业务范围：开展教育理论研究、学术交流、信息交流、咨询服务、科普宣传、专业培训、编辑专业刊物。学会现有一报一刊，一报：《中小学数学教学》（公开发行）创刊于1983年5月，已出版1105期；一刊《北京教育教学研究》（内部刊物）创刊于1980年6月，已出版176期。

8. 北京城市规划学会

北京城市规划学会成立于1994年5月，由北京地区城市规划设计及管理工作者以及相关从业人员自愿组成，是中国城市规划学会的团体会员，业务主管单位是北京市规划委员会。学会目前有团体会员89家，个人会员612人。理事184人，常务理事50人，顾问13人，理事长由原市规划委主任赵知敬担任。学会下设城市设计与古都风貌保护规划学术委员会等10个专业委员会。

自1994年以来，学会组织学术报告活动200余场，承办了1—14届“首都城市规划建筑设计方案汇报展”，组织完成了“九十年代北京市十大建筑”评选工作，承担了长安街和天安门广场规划设计问题研究。学会多次向市有关部门提出“关于加强首都设计工作”“关于推动实施绿化隔离地区绿化”“关于维护首都风貌”“改造首都城市交通”等方面的政策建议。组织编辑了《北京城市规划信息》《北京城市规划图志》《走进星河湾》《2007年北京中小套型评选优秀方案集》等刊物。学会先后4次获得“北京市先进学会”，2次获得“首都文明单位”以及“全国省级学会之星”等称号。

9. 北京土地学会

北京土地学会成立于2002年7月31日，业务主管单位为北京市国土局。业务范围包括：（1）开展我市及各级区县土地学术的交流，活跃学术思想、提高技术水平，为本市经济社会的可持续发展服务。（2）普及土地科学技术，介绍先进技术和经验，不断提高专业水平。（3）接受国家、地区有关部门的委托，开展课题研究、科技项目论证、科技经验交流、科技成果鉴定等技术咨询服务活动。（4）开展有关土地的调查研究，向各级政府反映我市土地管理中存在的亟待解决的重大问题，提供相应的解决措施和建议，供领导决策参考。（5）不定期编印关于土地动态、经验交流方面的信息或文集，努力办好学会刊物。

10. 首都科学决策研究会

首都科学决策研究会是由北京国际城市发展研究院、中国时代经济出版社、中视金桥国际传播集团等有关单位及首都专家学者自愿联合发起成立，业务主管单位是北京市社会科学院。业务范围及开展的主要活动主要有：组织科学决策理论与实践研究及成果推广，举办学术交流、培训、论坛、展览展示，会议服务；编辑出版《领导决策信息》及其相关信息材料、研究报告和出版物，为各级领导部门和领导者科学决策提供咨询和信息服务；政府网络信息服务于电子政务服务。

11. 北京城市管理学会

北京城市管理学会成立于2006年6月，学会服务范围是城市管理领域，主要包括城市公共事业、市政设施、城市交通、环境保护、环境卫生、园林景观、公共秩序等。学会每年将选择一批有较大影响和实用价值的调研报告提交市领导和相关部门。

12. 北京医药行业协会

北京医药行业协会成立于2001年4月，是由北京地区医药、医疗器械、工商企业以及科研、大专院校等相关单位自愿组成的自律性、行业性社会团体，业务主管单位是市工业促进局。协会现有会员单位200余家，覆盖了北京医药行业主要的大中型工商企业。协会承办了“2007年北京医药企业品牌发展高峰论坛”。曾荣获北京市工业促进局、北京工业经济联合会“北京工业领域2003—2005优秀行业协会”称号。

13. 北京市汽车行业协会

北京汽车行业协会成立于1996年7月，是由北京地区的汽车整车制造企业、改装车专用车生产企业、发动机和零部件企业、汽车服务贸易企业、相关行业企业及科研院所、大专院校等48家单位联合发起成立的行业性社会团体，业务主管单位是市工业促进局。协会现有会员单位240余家，包括整车制造企业9家，改装车、专用车企业42家，零部件生产企业160余家（其中韩资企业13家），科研院所、大专院校及服务贸易企业30余家，会员覆盖率达80%以上。会员企业的销售收入占全行业的95%以上。会员企业现有总资产达350多亿元，职工6万余人。

14. 北京市软件行业协会

北京软件行业协会成立于1986年10月，是由北京地区从事软件研究、开发、生产、销售、服务、教育和管理工作的单位机构和自然人自愿联合组织的社会团体法人，业务上受北京市工业促进局指导。协会目前有8家分支机构，分别是软件进出口工作委员会、金融软件及信息产品分会、过程改进分会、益智与娱乐软件分会、中关村软件园分会、归国软件人员联络会、软件测试分会和医药软件分会。注册企业会员500余家；个人荣誉会员10人，个人会员100余人。

15. 北京物流协会

北京物流协会成立于2003年7月，业务主管单位为北京市商务局。现有会员单位200多家，包括商业连锁物流企业、汽车物流企业、物流基地、铁路物流企业、仓储物流企业、快递企业、IT企业、制造企业以及相关的科研院所。协会成立以来，积极发挥桥梁纽带作用，搭建沟通、交流、学习、合作、展示平台，为物流企业提供专业化服务，为北京市政府提供物流发展及政策法规的建议，推进北京物流现代化建设与发展。

16. 北京市典当行业协会

北京市典当行业协会成立于2004年11月，业务主管单位为北京市商务局，现有会员单位61家。协会的业务范围主要有：开展行业自律、行业调研、政策研究、业务培训、信息交流、行业协调、咨询服务、中介服务、编辑专业刊物等。

17. 北京家政服务协会

北京家政服务协会业务主管单位为北京市商务局。协会现有会员单位260多家，常务理事23人，监事会3人，专职工作人员4人。业务范围包括：（1）依法制定本协会行规行约，建立行业性自律机制，规范行业自我管理行为，促进企业平等竞争，提高行业整体素质，维护行业集体利益。（2）传达和贯彻国家大力发展第三产业的方针政策，重点发展为生活服务的行业，促进北京市家政服务业的全面兴起和发展。（3）对行业发展的重大问题进行调查研究，积极向政府有关部门提出建议，参与制定行业标准，协调服务价格，监督服务质量，维护行业信誉，促进家政服务向标准化、规范化、优质化方向发展，树立良好的行业形象。（4）组织家政学术报告和服务管理经验交流，帮助培训员工，提高经营管理水平。（5）开展法律和经营准入等咨询服务，维护会员单位的合法权益。（6）提供国内外家政服务行业市场信息，编辑出版有关会刊资料。（7）了解、掌握家政服务行业发展变化的新情况、新动向，加强与国内外同行的联系、交流和合作，引导会员企业向国内一流、国际水平迈进，树立并推出一批品牌企业。（8）承办市北京市商务局等政府有关部门授权、委托的工作和会员单位委托的有关事项。

18. 北京国际会议展览业协会

北京国际会议展览业协会成立于1998年4月，原名为北京国际展览业协会，2001年更名。业务主管单位为北京市商务局，现有会员单位180余家。主要任务是：（1）协助政府推动北京会展业的发展：参与北京会展业发展规划的制定；进行会展业发展现状的调查研究、提出问题和政策建议；协助政府部门制定和宣传与会展业相关的法律法规；协助进行全市会展经济调查统计。（2）为行业和企业提供多方面服务：反映行业呼声，代表行业向政府反映发展中的重大问题和意见建议。（3）研究和制定行业标准，规范会展市场秩序，推动行业自律。（4）举办会展培训教育，培养会展人才，提高服务水平；举办交流、考察、研讨、推介、展示等活动，为会员单位和行业提供中介咨询服务。（5）开展国内外行业间的交流与合作，拓展会展市场；协调中央在京机构和北京市政府部门、协调企业之间的关系。

19. 北京水泥协会

北京水泥协会成立于1986年6月，是由本市从事水泥生产、经营、科研的企事业单位自愿组成的跨部门、跨所有制的非营利的行业性社会团体，业务主管单位是市工业促进局。协会现有各种所有制会员单位55家，行业覆盖率达100%。

20. 北京电力行业协会

北京电力行业协会于2000年10月成立，是北京地区的电力企事业单位、电工制造企业和用电大户自愿参加的，跨部门、跨所有制、跨隶属关系的自律性电力行业协会组织，现有会员单位253家，业务主管单位是市发展改革委。协会业务范围如下：（1）调查研究行业共性问题，向政府提出政策和立法方面的意见和建议。（2）参与制定并贯彻执行行规、行约、行业标准，规范电力行业行为，开展电力行检、行评；参与电力市场规则制定，协助政府维护电力市场的公平竞争。(3) 组织行业研究和成果的评审、发布及推广交流，提供咨询服务，业务咨询和评估。(4) 对电力企业的技术改造、技术引进、投资与开发项目等进行调研和论证。(5) 受委托参与北京地区的电力行业职业技能鉴定工作。(6) 组织收集、整理行业的资料文献，编撰电力工业史志；组织编辑电力行业书刊和资料，参与或举办行业的展销会、展览会等。(7) 及时向会员提供行业信息；反映会员单位的要求和意见，协调会员单位的关系，维护会员单位的合法权益；沟通政府与会员单位之间的信息交流。(8) 承担中电联和国家电力公司及其他企事业单位委托的工作，开展电力行协宗旨所允许的其他活动。

21. 北京房地产业协会

北京房地产业协会成立于 1986 年 3 月，是由在北京从事房地产开发经营、物业管理、市场交易、中介服务、修建装饰等企事业单位组成的全市性行业组织。现有 606 个会员单位，业务主管单位是市建设委员会。协会的业务范围是：(1) 研究探讨房地产业改革和发展的理论、方针、政策，向政府提出建议。(2) 协助政府主管部门制定和实施行业发展规划，协调执行中出现的问题。(3) 承办政府主管部门交办和授权的房地产行业资审等具体工作及其他委托办理的事项。(4) 编辑出版行业报刊、文献和有关资料，举办展览、展示、开展咨询服务。(5) 组织行业业务和技术培训，提高行业整体素质。(6) 发展与国内外和港澳台地区房地产行业及有关民间组织的联系和友好往来，开展合作与交流。(7) 对区县房地产行业协会进行业务指导，制定行规行约，开展行检行评。

22. 北京市建设监理协会

北京市建设监理协会成立于 1997 年 8 月，是全市建设监理行业性组织，市建委为业务主管单位，现有会员单位 211 家。协会的工作范围包括：(1) 研究、探讨建设监理行业在经济建设中的地位、作用以及发展的方针政策。(2) 协助政府主管部门大力推动监理工作的制度化、规范化和标准化，引导会员遵守国法行规。(3) 组织交流推广建设监理的先进经验，举办有关的技术培训和加强国内外同行业间的技术交流。(4) 维护会员的合法权益，并提供有力的法律支援。

23. 北京市闪联信息产业协会

北京市闪联信息产业协会成立于 2005 年 5 月。协会围绕“制定一个标准，带动一批企业，拉动一个产业”的工作思路，以闪联标准为基础，打造完整的产业链，强化中关村科技园区在 IT 领域的资源优势，发挥园区软件和芯片企业的龙头带动作用，影响和渗透到全国其他地区的 2C 产业（通讯、消费类电子），占据产业链高端，成为 3C 产业的核心。目前，该协会的会员覆盖了通讯电子产业链上的大部分企业。目前闪联标准已基本通过国际标准组织投票，有望成为全球第一个 3C 协同的国际标准。

24. 北京时分移动通信产业协会

北京时分移动通信产业协会成立于 2007 年 8 月，会员包括大唐电信科技产业集团、华为技术有限公司、联想（北京）有限公司等国内知名企业，形成了从核心技术到标准、从芯片到整机、从终端到系统网络设备的完整产业链。在推动 TD—SCDMA 实现产业化的过程中发挥了不可忽视的作用。

25. 北京经纪人协会

北京市经纪人协会是由北京市工商行政管理局、北京市文化局、北京市体育局、北京市国资委、北京市建委、北京市科学技术委员会和经纪机构共同发起设立，依法经北京市民政局注册登记，于 2003 年 11 月正式成立的经纪人自律性社团组织。协会成立以来，按照国家建立行政执法、行业自律、舆论监督和群众参与相结合的市场监管体系的要求，确定协会工作定位。一是抓教育，努力提高经纪人素质；二是立行规，规范经纪行为；三是建立信用评价体系，奖优罚劣；四是组织交流活动，促进业务开展；五是开展调研，及时反映行业发展问题；六是建立经纪人网站、编印会刊、与主要媒体建立合作关系，强化行业宣传；七是开展“首都诚信经纪人”评选活动，加强行业形象建设；八是承担主管部门和有关单位委托的事项，开展有益于本行业的其他活动。

26. 北京市场协会

北京市场协会是2000年1月经市工商局批准，在市社团体办依法登记设立的社会团体组织。2005年北京汽车流通协会与北京市场协会合并，成立了更新意义上的北京市场协会。目前共有各类市场、汽车经营企业等634家会员单位。北京市场协会还下设了农副产品、家居市场、人造板三个分会和朝阳区工作委员会。目前正在积极筹备和组建北京市场协会汽车流通分会。北京市场协会在倾听会员意见、反映会员呼声、维护会员权益、促进市场健康发展、组织会员学习交流、开展岗位培训、加强行业自律等方面发挥了重大作用。利用协会建立的信息采集平台，为市政府以及政府的职能部门，提供了大量的及时、可靠、准确、有效的市场信息。多次被政府有关部门评为先进单位和先进社团组织。

27. 北京广告协会

北京广告协会成立于1987年7月，是市社团办批准注册的社团法人，受市工商局的管理，目前会员单位600多户。协会自成立以来，遵照行业协会的职能，积极开展“指导、协调、监督、服务”。充分发挥行业与政府的桥梁、纽带作用。通过培训、组织活动、评选评比等多种措施，为广告行业的发展搭建平台，促进北京广告行业健康有序的发展。同时努力配合政府监管部门，积极进行行业自查、互查、强化行业自律。

28. 北京市环境卫生协会

北京市环境卫生协会成立于1995年9月，是经北京市社团办注册的行业协会，现有团体理事、会员172个，下设公厕服务专业委员会、道路清扫保洁专业委员会、渣土管理专业委员会、清洗保洁专业委员会、垃圾综合利用专业委员会5个分支机构。本协会团结全体会员，围绕环卫事业发展，通过横向联系，为会员提供多方面的服务，反映会员的愿望，维护会员的合法权益，在政府与企业之间发挥桥梁和纽带作用。协会的业务范围是：促进环卫事业，开展政策研究、行业协调、专业培训、咨询服务、新技术推广、编辑专业刊物等。

29. 北京市供热协会

北京市供热协会成立于2006年5月，是以北京供热企业为主体，有关设计、科研、院校、厂家自愿参加的地方性、行业性社团组织，现有会员单位150家。协会开展的主要工作有：宣传、贯彻国家、北京市有关供热方面的法律法规和方针政策，反映供热行业的愿望和要求，取得国家和北京市有关供热主管部门对供热事业的支持；开展调查研究，收集、整理基础资料，为政府主管部门制订供热技术经济政策、行业规程、法规、规划和技术标准等提供依据；组织交流和推广有关供热在科研、设计、施工、企业运营管理等方面的成果和经验；协调同行业和相关行业间的技术经济合作，培训技术、管理人才，对供热行业管理进行指导，促进供热技术的进步，提高经营管理水平；开展技术咨询服务，接受政府主管部门委托，参与重大供热工程项目的评议；组织本行业新设备、新工艺的技术鉴定；创办并编辑出版协会刊物，整理、传递信息资料；代表北京市供热行业参加国际同行业组织的国际技术、经验交流活动，邀请国外专家来华考察和讲学，选派人员出国考察和进修；与国外同行业进行技术合作，开展互惠互利活动，促进北京市供热事业的发展；承担政府主管部门委托协会办理的事项，开展有益于本行业的其他活动。

30. 北京市燃气协会

北京市燃气协会成立于1997年12月，是由北京市燃气企业为主体、有关单位自愿参加组成的社会团体法人，现有团体会员90家。协会的宗旨是：为会员服务，反映会员单位的愿望，维护会员的合法权益，促进企业的横向联系，遵守国家的宪法、法律和法规；贯彻执行市政府的有关政策，协助政府主管部门，推进行业管理，发挥政府主管部门与企业间联系桥梁和纽带的作用，加速燃气事业的发展。协会自成立以来一直致力于北京市燃气事业的发展，组织了许多专业性、技术性会议，为燃气企业的技术和管理水平的提高作出了很大贡献。

（二）民办非企业单位

1. 北京经贸职业学院

北京经贸职业学院，是经北京市人民政府批准、教育部备案，具有颁发国家承认学历资格的民办普通高等职业学校，学历层次是普通高职专科，自考助学本、专科。北京经贸职业学院前身是中华社会大学，成立于1982年，经北京市政府工农教育办公室批准成立的我国改革开放后第一所民办大学。学院设有四个系，同时还设立综合教育学院、艺术设计学院等四个二级学院，共开设13个高职专业及专业方向和10多个高自考和培训专业，学校占地面积是105719平方米。现有专兼职教职工373人，在校生4000余人。

2. 北京现代音乐研修学院

北京现代音乐研修学院是1993年成立的一所民办高等教育机构，学历层次是培训。举办者是北京歌德文化艺术发展有限公司。学院现开设流行演唱、音乐剧、爵士乐、音乐制作、录音艺术、音乐教育、民族民间舞、现代歌舞、国际标准舞、影视表演、播音主持、影视制作、影视动画、电视摄像、艺术设计、艺术管理等专业。学院占地面积约100005平方米。学院现有专职兼职教职工488人，在校生3300余人。

3. 北京新干线学校

北京新干线学校成立于1999年，是教育行政机构批准成立的民办培训机构。新干线学校是京城规模最大的高考教学研究机构，目前已拥有10所分校（国内9所，日本1所），年培训学生达上万人次。

4. 北京方迪经济发展研究院

北京方迪经济发展研究院成立于2004年，业务主管单位为北京市社会科学界联合会。业务范围是对外开展区域经济、产业经济、总部经济等领域的课题研究和咨询服务。主要研究方向包括区域经济、产业经济、科技创新以及企业发展战略研究。院长由总部经济理论首创者、北京市社科院经济研究所副所长赵弘研究员担任，同时拥有一支近30位研究员、副研究员、博士、硕士等高素质人才组成的研究队伍，已累计完成科技部、北京市软科学、北京哲学社会科学规划课题及市委办局、区县政府等单位委托的研究课题60余项，其完成的研究成果获北京市优秀学术成果2项，其他多项学术成果在业内具有较强的影响；与北京市社会科学院中国总部经济研究中心每年共同编撰完成的《中国总部经济发展报告》《中关村发展蓝皮书》深受社会欢迎；每年举办的“中国总部经济高层论坛”在全国具有重要影响；所创立的“中国总部经济网”是全国最有影响力的传播总部经济理论的专业网站。《方迪经济观察》是其品牌刊物。

5. 北京乐成职业教育研究院

北京乐成职业教育研究院是中国第一家专业从事职业教育研究的研究院，由乐成教育管理有限公司出资300万元开办。成立的目的是：为落实国家科教兴国的战略和贯彻全国职业教育工作会议的精神，从课程研发、职教研发、教学技术研究入手，以“推动中国职业教育发展为己任，以创新创造能力，成为中国最有影响力、世界一流的职业教育研究院”为使命，为全国广大教育机构和学员提供全方位服务，推动中国职业教育事业的持续快速发展。业务范围包括：（1）开展职业教育的战略规划、管理与评价体系、专业与课程开发、教学方法改革创新等方面的理论和应用研究。（2）开展职业教育研究成果的推广与转化。（3）开展与国际国内职业教育机构的学术交流与合作。北京乐成职业教育研究院以课程标准为纽带，与国际知名企业集团合作在华建立企业培训中心；以课程标准为基础，与国内行业组织合作建立产业教育研究中心；以课程标准为动力，与各类职业教育机构合作建立乐成职教联盟。目前，北京乐成职业教育研究院正在开展的研发领域包括以服务于动漫游戏、移动通信等方面的文化创意课程体系，以保险、市场营销和商务管理为核心的商务课程体系，以汽车领域为核心的现代制造业课程体系等。已经完成“移动通信软件开发”认证培训课程体系的建设和教材的编写工作。

6. 北京华夏人口与社会发展研究所

北京华夏人口与社会发展研究所成立于2007年8月。研究所在人口、计划生育、生殖健康、社会性别以及相关的社会经济文化领域中，开展课题研究、咨询服务和有关社会活动，为促进人口与社会、经济、资源、环境协调发展和可持续发展提供理论和实践支持。北京华夏人口与社会发展研究所由原国家人口计生委宣教司司长、现任国家人口计生委全国关爱女孩行动专家组组长、中国计划生育协会生育关怀专家组组长、中国社会经济系统分析研究会人口专业委员会主任陈胜利先生担任所长，拥有一支30余位教授、副教授、研究员、副研究员、博士、硕士等高素质人才组成的研究队伍。他们已完成和正在承担国家人口计生委、中国计划生育协会、全国哲学社会科学规划办委托的研究课题30多项，其研究成果得到有关部委领导的肯定，一些建议在政府决策中被采纳和实施，在业内影响广泛；特别是对生育文化和性别文化学科的建设起到了重要的推动作用，对出生人口性别比的现状、原因以及后果等方面的研究在国内外产生深远影响。主要研究方向：致力于中国人口与社会发展问题方面的研究和项目促进工作，包括人口预测、人口政策评估、人口发展的社会经济背景研究、人口与资源环境协调发展和可持续发展、出生人口性别比失衡问题成因、现状和对策研究、社会性别平等理念的倡导和推动工作等。

7. 北京城市科学技术研究院

北京城市科学技术研究院于1985年成立，当时其主要职能是研究改革开放后城市发展中的课题。为了充分调动社会资源和科技人员的自主创新能力，2000年改制为民非事业单位。主要研究利用科技手段对城市综合管理的模式。涉及的领域：城市交通、环境卫生、治安防范、社会保障、商业流通、素质教育等。该院始终坚持对外开展学术交流，近年来与美国、俄罗斯、日本、瑞典、德国、韩国、澳大利亚、加拿大等国建立了长期学术交流和科学研究合作关系。向世界展示中国，让世界了解中国。引入先进的科学技术加快中国发展的步伐，拉近中国与国际先进科学技术的差距。本院拥有科技人员70余人，其中各学科教授、专家、学者20余人，下设课题项目专家评审委员会、院办公室、科技发展部、科技成果展示中心、数据信息采集中心等12个处室。

8. 北京信息管理科学研究所

北京信息管理科学研究所于2003年正式成立，专注于信息管理系统开发、IT咨询、专业信息服务以及系统集成的单位。业务方向为电子政务信息系统、企业管理系统开发；政府、企业的IT咨询服务；政府、企业系统维护外包服务。研究所充分发挥专业优势，为客户提供完整的信息化服务方案，得到客户的充分认同，与众多单位开展系统服务外包工作，包括：网络维护、专业信息系统维护、网站维护以及日常服务等服务形式。其中，代表性服务是与老字号东来顺集团签订了长期的第三方系统维护合同。

9. 北京市长城企业战略研究所

北京市长城企业战略研究所是中国领先的战略和管理咨询机构，是国内从业历史最长的民营咨询机构之一。作为北京科技咨询业协会的创始会员和副理事长单位、中关村科技园区企业家咨询委员会副主任委员单位，1996年、1999年、2001年连续三届的“北京科技咨询信誉单位”，曾代表民营咨询业参加第二次全国软科学大会（1994年），在业界具有较高声誉。王德禄所长长期担任北京科技咨询业协会副理事长、北京科技政策与管理研究会副理事长、北京市政府专家顾问团顾问、中关村科技园区企业家咨询委员会副主任委员。北京市长城企业战略研究所是综合性的战略与管理咨询机构，主要服务于高新技术企业的自主创新咨询；为高技术产业集群、专业园区、国家级高技术产业开发区所提供的咨询服务；对企业自主创新发展规律的研究；承担高新技术产业战略研究课题；为政府公共政策和科技管理政策提供规划咨询。

10. 北京青少年法律援助与研究中心

北京青少年法律援助与研究中心成立于1999年6月，受司法局管理，是中国第一家专门从事未成年人法律援助与研究的公益性机构。中心以依法维护未成年人的权益，推动未成年法学研究与立法，促进中国民主法制化建设为宗旨。开展的工作包括：义务法律咨询；法律援助；未成年人法学研究；推动、参与立法；普法宣传；推动律师参与未成年人权利保护工作。

（三）基金会

1. 北京市残疾人福利基金会

北京市残疾人福利基金会成立于2009年8月14日，是一家在北京市民政局正式登记注册的基金会，其业务主管单位是北京市残疾人联合会。基金会的业务范围是：资助残疾人康复、教育、维权、就业、文化、保障以及有利于残疾人事业的研究、交流、奖励、宣传等公益活动。

2. 北京志愿服务基金会

北京志愿服务基金会成立于2009年12月5日，致力于大力募集志愿服务基金，进一步建立健全志愿者工作管理体系、志愿者工作运行体系、志愿者队伍建设体系、志愿服务项目体系和志愿者工作保障体系，大力推动志愿服务发展，在志愿服务项目开展和资助、优秀志愿者代表及为北京志愿服务事业做出杰出贡献的团体和个人表彰和奖励、对因从事志愿服务活动遇到特殊困难的志愿者救助等方面加大工作力度，促进北京市志愿服务事业的进一步发展。

3. 首都见义勇为基金会

首都见义勇为基金会成立于2004年11月，是根据《北京市见义勇为人员奖励和保护条例》《〈北京市见义勇为人员奖励和保护条例〉实施办法》，旨在有效维护首都见义勇为人员的权益，发扬中华民族的传统美德，倡导见义勇为精神而成立的，主管业务单位是市民政局。理事会由会长、副会长和理事组成。理事会的主要职责是制定和修改章程；审议基金会的工作报告和财务报告，领导本团体各机构开展工作等。基金会下设有办公室等部门，具体负责对外联络、资金募集、资金管理、法律服务等日常工作。基金会的基金来源于公民、法人和期货组织的捐赠；海外华侨，香港、澳门特别行政区居民，台湾同胞以及外国友好团体和个人捐赠；政府资助等。基金会依据《条例》和《实施办法》开展工作，激励广大市民勇于见义勇为，维护社会正义，促进首都的社会安定和社会主义精神文明建设。

4. 北京市教育基金会

北京市教育基金会成立于1985年，隶属于北京市教育委员会。宗旨为：广募资金，联络各方，服务教育，奖教奖学。业务范围：募集、管理和使用教育基金，根据捐赠者的意愿和工作需要设立各种专项基金；表彰奖励在尊师重教方面作出突出贡献的先进集体和个人；举办各种奖教奖学活动，宣传优秀教师的先进事迹，组织优秀教师休养；开展与港澳台同胞、海外侨胞、国内外友好团体和人士友好往来与合作，促进基金会事业的发展；推动全市各区县教育基金会组织网络建设，协调和联络各区县教育基金会开展活动。

5. 北京青少年发展基金会

北京青少年发展基金会成立于1994年，是为青少年群体提供帮助、服务青少年健康成长的青少年慈善机构和社会公益组织。工作范围包括：（1）通过募集资金改善办学条件，资助家庭经济困难的学生顺利完成学业。（2）为家庭经济困难青少年提供医疗救助和生活等方面的扶助。(3) 积极开展环保教育活动、广泛动员社会力量参与环保事业。(4) 通过开展各类公益活动，促进青少年的交流和综合素质的提高，为青少年健康成长提供服务。北京青少年发展基金会在全国30个省、市、自治区建设希望小学249所，为希望小学配赠三辰影库321套，结对资助家庭经济困难中、小学生60227人次，资助家庭经济困难大学生3494名，向北京市15474名家庭经济困难青少年发放“爱心基金”，为8971名外来务工人员子女提供教育资助，在北京郊区、河北省丰宁县、内蒙古自治区捐植“绿色屏障世纪林”2万多亩。

北京市各区县社区党组织情况统计表

东城区社区党组织情况统计表

（单位：个）

街道名称	社区数	党组织建制		
		党委	总支	支部
和平里街道	26	22	3	1
安定门街道	9	9	0	0
交道口街道	7	7	0	0
景山街道	8	8	0	0
东华门街道	12	12	0	0
建国门街道	10	10	0	0
朝阳门街道	9	9	0	0
东四街道	8	8	0	0
北新桥街道	16	16	0	0
东直门街道	10	10	0	0
前门街道	9	2	2	0
崇外街道	12	10	2	0
东花市街道	8	7	1	0
龙潭街道	15	11	4	0
体育馆路街道	10	10	0	0
天坛街道	16	14	2	0
永外街道	20	20	0	0
合计	205	185	14	1

西城区社区党组织情况统计表

（单位：个）

街道名称	社区数	党组织建制		
		党委	总支	支部
德胜街道	23	17	5	1
什刹海街道	25	23	2	0
西长安街街道	13	12	1	0
大栅栏街道	9	9	0	0
天桥街道	8	8	0	0
新街口街道	21	19	2	0
金融街街道	19	11	4	4
椿树街道	7	7	0	0
陶然亭街道	8	8	0	0
展览路街道	21	21	0	0
月坛街道	26	22	3	1
广内街道	18	17	1	0
牛街街道	10	10	0	0
白纸坊街道	18	17	0	1
广外街道	29	23	6	0
合计	255	224	24	7

朝阳区社区党组织情况统计表

（单位：个）

街道名称	社区数	党组织建制		
		党委	总支	支部
安贞	6	6	0	0
奥运村	12	11	0	1
八里庄	13	8	0	4
朝外	7	7	0	0
大屯	14	11	1	2
东湖	7	4	1	2
垡头	11	11	0	0
和平街	9	9	0	0
呼家楼	10	10	0	0
机场	4	4	0	0
建外	8	8	0	0
劲松	10	10	0	0
酒仙桥	9	8	1	0
六里屯	10	10	0	0

续表

街道名称	社区数	党组织建制		
		党委	总支	支部
麦子店	5	5	0	0
潘家园	12	12	0	0
三里屯	7	6	0	1
双井	12	10	2	0
团结湖	6	6	0	0
望京	22	17	8	0
香河园	8	8	0	0
小关	5	5	0	0
亚运村	10	10	0	0
左家庄	9	9	0	0
合计	226	205	13	10

海淀区社区党组织情况统计表

（单位：个）

街道名称	社区数	党组织建制		
		党委	总支	支部
万寿路街道	36	28	5	3
羊坊店街道	38	17	3	17
甘家口街道	21	0	16	5
八里庄街道	35	2	0	33
紫竹院街道	23	8	6	9
北下关街道	35	9	8	18
北太平庄街道	39	19	20	0
海淀街道	33	8	3	22
中关村街道	33	0	5	28
学院路街道	29	1	9	19
清河街道	28	8	10	10
青龙桥街道	24	0	3	21
香山街道	6	2	0	4
西三旗街道	30	3	7	19
花园路街道	36	0	0	36
马连洼街道	16	0	0	15
田村路街道	28	9	0	19
上地街道	14	0	0	13
曙光街道	16	2	3	10

续表

街道名称	社区数	党组织建制		
		党委	总支	支部
永定路街道	16	0	1	15
清华园街道	9	0	0	9
燕园街道	7	0	0	7
东升地区	3	0	0	3
海淀乡	2	0	0	2
苏家坨镇	4	0	0	4
西北旺镇	10	0	0	10
四季青镇	11	0	3	8
上庄镇	1	0	0	1
温泉镇	10	0	0	8
合计	593	116	102	368

丰台区社区党组织情况统计表　（单位：个）

街道名称	社区数	党组织建制		
		党委	总支	支部
大红门街道	28	27	0	1
长辛店街道	24	23	0	1
西罗园街道	16	16	0	0
云岗街道	9	7	1	1
太平桥街道	16	16	0	0
右安门街道	16	16	0	0
东高地街道	10	9	1	0
马家堡街道	15	15	0	0
宛平城地区	8	5	2	1
卢沟桥街道	33	31	2	0
丰台街道	24	24	0	0
新村街道	31	31	0	0
东铁匠营街道	25	25	0	0
方庄地区	15	14	0	1
和义街道	9	9	0	0
南苑街道	10	10	0	0
合计	289	278	6	5

石景山区社区党组织情况统计表

（单位：个）

街道名称	社区数	党组织建制		
		党委	总支	支部
八宝山街道	14	4	3	7
鲁谷社区	22	0	19	3
老山街道	12	5	1	6
古城街道	20	13	5	2
八角街道	19	16	1	2
金顶街街道	16	16	0	0
苹果园街道	22	15	3	4
广宁街道	5	4	1	0
五里坨街道	11	5	4	2
合计	141	78	37	26

门头沟区社区党组织情况统计表

（单位：个）

街（镇）名称	社区数	党组织建制		
		党委	总支	支部
大峪街道	34	4	0	63
城子街道	17	0	0	17
东房街道	15	0	0	15
大台街道	9	0	0	9
永定镇	7	0	0	6
龙泉镇	9	0	0	9
王平镇	4	0	0	4
军庄镇	2	0	0	2
雁翅镇	1	0	0	1
斋堂镇	1	0	0	1
合计	99	4	0	127

房山区社区党组织情况统计表

（单位：个）

街道名称	社区数	党组织建制		
		党委	总支	支部
迎风街道	11	0	8	3
星城街道	7	0	7	0
向阳街道	5	0	3	1
东风街道	9	0	6	3
拱辰街道	23	0	11	12

续表

街道名称	社区数	党组织建制		
		党委	总支	支部
城关街道	21	0	0	18
西潞街道	13	2	8	1
窦店镇	4	0	0	3
长阳镇	6	0	0	4
周口店镇	5	0	0	5
琉璃河镇	5	0	0	2
阎村镇	3	0	0	0
青龙湖镇	2	0	0	0
河北镇	2	0	0	1
新镇街道	2	0	0	2
石楼镇	1	0	0	0
大安山乡	1	0	0	0
韩村河镇	1	0	0	1
长沟镇	1	0	0	1
大石窝镇	0	0	0	0
张坊镇	0	0	0	0
十渡镇	0	0	0	0
佛子庄乡	0	0	0	0
南窖乡	0	0	0	0
良乡镇	0	0	0	0
史家营乡	0	0	0	0
霞云岭乡	0	0	0	0
蒲洼乡	0	0	0	0
合计	122	2	43	57

通州区社区党组织情况统计表　（单位：个）

街道名称	社区数	党组织建制		
		党委	总支	支部
新华街道	7	0	7	0
北苑街道	17	0	17	0
玉桥街道	16	0	12	4
中仓街道	16	0	16	0
永顺镇	21	0	1	7
梨园镇	19	0	0	12

续表

街道名称	社区数	党组织建制		
		党委	总支	支部
宋庄镇	0	0	0	0
漷县	3	0	0	0
张家湾镇	0	0	0	0
马驹桥镇	3	0	0	3
西集镇	0	0	0	0
永乐店镇	0	0	0	0
潞城镇	3	0	0	2
台湖镇	0	0	0	0
于家务乡	0	0	0	0
合计	105	0	53	28

顺义区社区党组织情况统计表

（单位：个）

街道名称	社区数	党组织建制		
		党委	总支	支部
光明街道	15	0	4	11
胜利街道	16	0	5	11
石园街道	13	0	0	12
旺泉街道	8	0	0	6
双丰街道	3	0	0	2
空港街道	9	0	0	7
牛山镇	1	0	0	1
北小营镇	1	0	0	1
仁和镇	1	0	0	1
李桥镇	2	0	0	2
高丽营镇	1	0	0	1
天竺镇	2	0	0	1
南彩镇	1	0	0	1
杨镇	4	0	0	2
张镇	1	0	0	1
南法信镇	1	0	0	1
后沙峪镇	2	0	0	1
合计	81	0	9	62

昌平区社区党组织情况统计表

（单位：个）

街道名称	社区数	党组织建制		
		党委	总支	支部
城北街道	36	0	1	34
城南街道	15	0	0	15
东小口街道	40	0	0	38
回龙观街道	47	0	1	39
沙河镇	6	0	1	5
马池口镇	1	0	0	1
小汤山镇	3	0	0	3
北七家街道	18	0	0	16
南口街道	11	0	0	11
阳坊街道	1	0	0	1
十三陵街道	2	0	0	2
百善街道	1	0	0	1
合计	181	0	3	166

大兴区社区党组织情况统计表

（单位：个）

街道名称	社区数	党组织建制		
		党委	总支	支部
观音寺街道	12	0	0	12
林校路街道	15	0	0	15
清源街道	24	0	2	29
天宫院街道	6	0	0	6
兴丰街道	12	0	0	12
合计	69	0	2	74

平谷区社区党组织情况统计表

（单位：个）

街道名称	社区数	党组织建制		
		党委	总支	支部
滨河街道	13	0	0	13
兴谷街道	9	0	0	9
渔阳地区	5	0	0	5
合计	27	0	0	27

怀柔区社区党组织情况统计表

（单位：个）

街道名称	社区数	党组织建制		
		党委	总支	支部
龙山街道	12	0	12	43
泉河街道	12	0	11	56
北房镇	1	0	0	1
杨宋镇	1	0	0	1
桥梓镇	1	0	0	1
雁栖镇	1	0	0	1
怀北镇	1	0	0	1
汤河口镇	1	0	0	1
庙城镇	2	0	0	2
合计	32	0	23	107

密云县社区党组织情况统计表

（单位：个）

街道名称	社区数	党组织建制		
		党委	总支	支部
鼓楼街道	24	0	16	8
果园街道	9	0	5	4
檀营街道	3	0	0	3
合计	36	0	21	15

延庆县社区党组织情况统计表

（单位：个）

街道名称	社区数	党组织建制		
		党委	总支	支部
百泉街道	8	0	4	6
儒林街道	7	0	1	6
香水园街道	11	0	8	31
合计	26	0	13	43

北京市社会工作事务所一览表

区县	序号	社会工作事务所名称	主要服务领域	年份
东城区	1	助人社会工作事务所	青少年事务、为老服务、残疾人服务	2010
	2	阳光社会工作事务所	青少年事务、为老服务	2010
西城区	3	悦群社会工作事务所	残疾人康复、驻校社会工作	2010
	4	仁助社会工作事务所	青少年事务、驻校社会工作	2010
	5	睦友社会工作事务所	为老服务、医务社会工作人才派驻	2010
	6	厚朴社会工作事务所	少数民族文化促进、社区工作者发展	2010
	7	北京泓德中育文化发展中心	外来人口融合	2010
朝阳区	8	惠心社会工作事务所	青少年事务、为老服务、残疾人服务	2010
	9	在行动社会工作事务所	流动人口服务、社区工作者发展和提升	2010
	10	近邻社会服务中心	城乡结合部外来务工人员和拆迁转居人员服务	2010
	11	曙康社会工作事务所	专业社会工作政策咨询、志愿者团队建设	2011
	12	七彩昀社会工作事务所	流浪乞讨人员服务，社区关系修复，军队、司法社会工作	2011
	13	亚运村立德社会工作事务所	残疾人康复、社区关系融合	2011
	14	民和社会工作事务所	家庭综合社工、商务楼宇社工、公益文化	2011
	15	颐天悦社会工作事务所	为老服务、心理辅导、志愿服务宣传与推广	2011
	16	艺途社会工作事务所	家庭文化服务、企业文化服务、残障人士文化服务	2011
海淀区	17	惠泽社会工作事务所	青少年事务、帮扶困难家庭	2010
	18	睿搏社会工作事务所	司法矫正、青少年事务、家庭社会工作	2010
	19	北城心悦社会工作事务所	社工培养、社区需求调研、社区公益服务、专业社区支援服务	2011
丰台区	20	挚爱婚姻家庭社会工作事务所	老年人家庭关系支持	2010
	21	蓟翔社会工作事务所	青少年事务	2010
	22	九万里社会工作事务所	社区公益服务、志愿者团队建设	2011
	23	中鼎社会工作事务	社工招聘、培训、派遣	2011
石景山区	24	金顶阳光社会工作事务所	司法矫正、重点人群管理和服务	2010
	25	小飞象社会工作事务所	智障青少年服务、心理咨询	2011
	26	乐龄老年社会工作服务中心	社区居家养老服务	2011
	27	泉源儿童之家	孤残儿童救助	2011
门头沟区	28	康馨社会工作事务所	妇女儿童社会工作、医务社会工作	2011
房山区	29	尚民社会工作事务所	心理咨询、助老助残	2011

续表

区县	序号	社会工作事务所名称	主要服务领域	年份
通州区	30	中仓社会工作事务所	为老服务	2011
	31	玉桥社会工作事务所	为老服务、志愿者团队建设	2011
顺义区	32	绿港社会工作事务所	“农转居”人员的角色转换、社区心理咨询	2010
昌平区	33	温心社会工作事务所	为老服务、青少年事务	2010
大兴区	34	朗润社会工作事务所	心理健康服务、心理咨询	2011
平谷区	35	绿谷社会工作事务所	社工人才培养、为老服务、青少年服务、心理咨询、法律咨询	2011
怀柔区	36	京北社会工作事务所	社会工作政策研究、社会建设政策咨询	2011
密云县	37	家业如心社会工作事务所	专业心理服务	2011
延庆县	38	家缘社会工作事务所	法律援助	2011

北京市社区工作者担任党代表、人大代表、政协委员情况汇总表

区县	担任党代表（人数）	担任人大代表（人数）	担任政协委员（人数）	总人数	备注
东城区	30	18	2	50	
西城区	30	8	1	39	
朝阳区	47	15	—	60	2人兼任党代表、人大代表
海淀区	28	20	—	48	
丰台区	32	29	1	62	
石景山区	29	11	—	40	
门头沟区	29	25	1	54	1人兼任党代表、人大代表
房山区	21	11	—	32	
通州区	16	7	3	26	
顺义区	9	12	—	21	
昌平区	18	23	—	41	
大兴区	9	11	1	21	
平谷区	4	4	1	9	
怀柔区	5	3	—	8	
密云县	4	3	—	7	
延庆县	—	—	—	—	
总计	311	200	10	518	

北京市社会建设工作系统获奖情况

序号	单位或个人	所属单位	表彰奖励名称
1	市委社会工委		2010—2011 年度北京市调查研究工作先进单位
2	市委社会工委		北京市纪念建党 90 周年展览工作“最佳组织奖”
3	市委社会工委		北京市维稳调研成果一等奖
4	市社会办		全市敬老先进单位
5	市社会办		全市生活垃圾分类单位贡献奖
6	市社会办		2010 年度城乡结合部重点村建设先进单位
7	社区建设处	市委社会工委、市社会办	北京市“十一五”实施全民科学素质工作优秀组织奖
8	社区建设处	市委社会工委、市社会办	北京市保障房建设先进单位
9	宋贵伦	市委社会工委、市社会办	2010 年度中国十大社工人物
10	厉　莉	房山区法院民二庭	全国百名优秀志愿者
11	刘淑芹	密云县果园街道季庄社区文化志愿协会	全国百名优秀志愿者
12	曾　鑫	红丹丹教育文化交流中心	全国百名优秀志愿者
13	杨柏生	市委社会工委、市社会办	全国城市社会工作模范
14	邢桂丽	市委社会工委、市社会办	全市生活垃圾分类个人贡献奖
15	闫纪青	市委社会工委、市社会办	全市城乡结合部重点村建设先进个人

续表

序号	单位或个人	所属单位	表彰奖励名称
16	王胜健	市委社会工委、市社会办	北京市“十一五”实施全民科学素质工作先进个人
17	汤道刚	市委社会工委、市社会办	全市垃圾分类先进个人
18	张家森	市委社会工委、市社会办	北京市扶残助残先进个人
19	房山区委社会工委		“和谐北京·温暖之都——北京共青团两节送温暖活动”优秀工作项目
20	吕长山	滨河街道	首都环境建设先进个人
21	光明社区	兴谷街道	北京市健康社区
22	刘春刚	阳光社区	北京市五星级志愿者
23	密云县果园西里社区	密云县果园街道	全国创建学习型家庭示范社区

全国社会建设工作重要事件（摘录）

【广州市民间组织管理局挂牌】 1月6日，广州市民间组织管理局挂牌。市民间组织管理局在市民政局设立，与中共广州市委社会组织工作委员会合署，为副局级机构，下设登记处和稽查处。该局主要职责是：拟订社会团体、民办非企业单位登记管理的规划、政策，按照管辖权限进行登记管理和执法监察；负责监督检查境外非政府组织在穗活动，依法查处违法违规行为；指导区、县级市对社会团体、民办非企业单位的登记管理工作；负责领导全市性行业协会及无业务指导单位的社会组织的党建工作。市民政局有关负责人表示，设立市民间组织管理局，将切实破解社会组织发展瓶颈难题，加快发展和规范社会组织。

【第二届中国社工年会召开】 1月18日，第二届中国社工年会在北京召开。年会揭晓了2010年度中国“十大社工人物”和“十大社工事件”。中国关心下一代工作委员会主任顾秀莲荣获中国社工事业终身成就奖。北京市委社会工作委员会书记、北京市社会建设工作办公室主任宋贵伦，河南省慈善总会会长李志斌，中国红十字总会秘书长王汝鹏，深圳市民政局局长刘润华等荣获2010年度中国“十大社工人物”奖。同时揭晓的年度“十大社工事件”分别是：社会工作列入《国家中长期人才发展规划纲要（2010—2020年）》，回良玉致信“民族社工论坛”召开，深圳社工介入“富士康员工关爱”行动，世界社工大会在中国（香港）举行，首届全国医务社工论坛召开，社会工作国际论坛在深圳召开，共铸中国心项目启动，首届中国社工年会召开，中国社会工作协会全国范围开展5个社工基地项目，中央福彩公益金首次大规模购买社会组织服务。

【省部级主要领导干部社会管理及其创新专题研讨班开班】 2月19日，省部级主要领导干部社会管理及其创新专题研讨班开班式在中央党校举行，中共中央总书记、国家主席、中央军委主席胡锦涛发表重要讲话。胡锦涛就当前重点工作提出8点意见：一是进一步加强和完善社会管理格局；二是进一步加强和完善党和政府主导的维护群众权益机制；三是进一步加强和完善流动人口和特殊人群管理和服务；四是进一步加强和完善基层社会管理和服务体系；五是进一步加强和完善公共安全体系；六是进一步加强和完善非公有制经济组织、社会组织管理；七是进一步加强和完善信息网络管理；八是进一步加强和完善思想道德建设。

【《国民经济和社会发展第十二个五年规划纲要》发布】 3月16日，《国民经济和社会发展第十二个五年规划纲要》发布，将加强和创新社会管理单独成篇规划。

【中华志愿者协会在京成立】 4月26日，中华志愿者协会在人民大会堂召开成立大会。全国人大常委会副委员长周铁农、民政部部长李立国和中宣部常务副部长、中央文明办主任雒树刚等有关部门负责人及联合国开发计划署驻华代表、港澳等地志愿者组织代表近600人出席大会。中华志愿者协会是由志愿者、志愿服务组织及关心支持志愿服务事业的单位或组织自愿组成，按照章程开展活动的联合性、全国性、非营利性社会团体组织，接受中央文明办和民政部的业务指导，业务范围为维护志愿者权益、规范志愿者行为、提高志愿者素质、宣传和培育志愿文化。当选为协会首任会长的周铁农表示，中华志愿者协会成立后，将在加快建立健全规章制度、完善内部治理结构的基础上，围绕“大力发展志愿服务，推动建立与政府服务、市场服务相衔接的社会志愿服务体系”核心使命，切实发挥好参谋助手、桥梁纽带、引导促进、规范服务四方面的作用。

【《社区老年人日间照料中心建设标准》《老年养护院建设标准》《儿童福利院建设标准》颁布施行】 4月28日，由民政部组织编制的《社区老年人日间照料中心建设标准》《老年养护院建设标准》《儿童福利院建设标准》正式颁布施行。这是国家重视弱势群体公共服务设施建设的一项重大政策举措。此三项标准以及先前颁布实施的《流浪未成年人救助保护中心建设标准》为“一老一小”两个弱势群体应当享受的基本公共服务从设施建设水平上进行了约束，为政府投资不断完善这两方面公益性服务设施提供了依据，也为引入社会力量参与福利性设施建设明确了最低标准，充分体现了党和政府对“一老一小”两个弱势群体的重视和关爱。

【全国和谐社区建设示范单位工作推进会召开】 4月29日，全国和谐社区建设示范单位工作推进会在杭州召开。会议指出，各地要把建立健全社区服务体系作为深入推进和谐社区建设的重要任务，全面规划社区服务发展目标，明确社区服务对象和内容；加快社区服务设施建设，完善服务设施网络；不断扩大社区服务覆盖面，打造地区服务品牌；继续加快社区信息化建设，提高服务质量和效率；进一步壮大社区服务人才队伍；深化社区党建工作创新，引领服务方向。

【全国民办社会工作服务机构发展战略研讨会召开】 5月20日，全国民办社会工作服务机构发展战略研讨会在广东省东莞市召开。这是民政部组织召开的第一次专门研究民办社会工作服务机构的会议，也是第一次邀请社会工作专家和实务工作者共商发展大计的会议。民政部党组副书记、常务副部长罗平飞出席会议，全国20多个省（自治区、直辖市）民政厅（局）人事处（社会工作处）负责人、有关专家学者以及民办社会工作服务机构代表参加会议。来自全国各地社会工作主管部门负责人、高校学者、民办社会工作服务机构负责人等先后就民办社会工作发展情况、存在问题、发展建议等进行了主题发言和经验分享。

【中共中央政治局召开会议研究加强和创新社会管理问题】 5月30日，中共中央总书记胡锦涛主持召开中央政治局会议，研究加强和创新社会管理问题。

【全国第一期社区卫生服务中心主任高级研修班开班】 6月8—18日，全国第一期社区卫生服务中心主任高级研修班在江西井冈山举行。来自江西省、湖南省、陕西省、山东省、安徽省和浙江省的44位中心主任接受了为期11天的封闭式培训。此次研修班旨在提升社区卫生服务中心主任的领导能力与管理能力，培养一批社区卫生服务的管理精英，为社区卫生服务发展储备和培养人才。

【全国部分省市区社会组织创先争优工作座谈会在西宁召开】 6月14—15日，全国社会组织创先争优活动指导办公室在青海省西宁市召开了“全国部分省市区社会组织创先争优工作座谈会”，共有来自青海省、上海市、天津市、浙江省、湖南省、广东省、宁夏回族自治区、吉林省、陕西省、甘肃省、新疆维吾尔自治区、新疆生产建设兵团等12个省市区的近30名代表参加了会议。座谈会上，12个省市区社会组织创先争优活动小组的领导分别汇报了今年以来社会组织创先争优活动的开展情况，吉林省延吉市、陕西省西安市、甘肃省定西市、新疆哈密地区等4个地市作了书面交流。会上，全国社会组织创先争优活动指导小组办公室主任、国家民间组织管理局局长孙伟林重点围绕深化社会组织创先争优活动成果提出五方面的要求。一是要充分认识创先争优活动所面临的新形势，在提高思想认识上深化成果。二是认真组织开展“四服务四促进”主题活动，在增强活动实效上深化成果。三是大力加强社会组织党组织建设，在巩固党在社会组织领域执政基础上深化成果。四是进一步加强先进典型的宣传力度，在扩大社会组织影响力上深化成果。五是搞好创先争优活动与社会组织建设的有机结合，在提高社会组织服务能力上深化成果。

【首届珠三角社工大会召开】 6月18—19日，首届珠三角社工大会在广东省佛山市南海区召开。来自珠三角及其他地区的75家社会服务机构共300余人齐聚桂城，就社工服务、NGO培育与发展等议题进行探讨。本次社工大会为期两天，包括开幕大会、分主题互动以及对话CEO三大部分。据了解，自2007年广东省开展社工人才队伍建设试点至2010年底，广东省已有120多家社工服务机构，从业社工2300余名，通过社工资格考试的人员超过6000人，服务群众700多万人次。

【浙江省举办社会管理创新论坛】 6月24日，浙江省社会科学界联合会和浙江日报社联合举办“社会管理创新论坛”。论坛围绕政府治理转型、社会协同、基层民主自治与社会管理创新等方面，总结了近年来浙江探索适应国情省情的社会管理创新经验，研究探讨了加强和创新社会管理工作。

【湖南省社会组织党工委成立】 6月27日，中共湖南省社会组织工作委员会正式挂牌成立，成为湖南省委派出机构。主要职责为领导、指导和协调社会组织党建工作的职责和范围，加强对全省社会组织党建工作的综合协调，指导各市州社会组织党工委抓好社会组织党建工作，领导湖南省民政厅主管的和无业务主管单位的社会组织党建工作。湖南省社会组织党工委日常管理由湖南省民政厅党组负责，办公室设在省民政厅，与民政厅民间组织管理局合署办公。该委设委员17名，其中书记1名，由省民政厅厅长、党组书记兼任；副书记2名，由民政厅分管社会组织工作的副厅长和省委统战部分管新社会阶层人士的副部长兼任，其他委员14名，分别由省经信委、省教育厅、省科技厅、省司法厅、省财政厅、省人社厅、省体育局、省工商联、省科协、省文联、省社科联党组负责同志兼任。

【胡锦涛总书记七一讲话强调加强社会建设】 7月1日，庆祝中国共产党成立90周年大会在人民大会堂举行。中共中央总书记胡锦涛在大会上发表重要讲话，提出要从维护最广大人民根本利益和实现国家长治久安的战略高度抓好社会建设，推动社会建设与经济建设、政治建设、文化建设协调发展。

【中共中央、国务院印发《关于加强和创新社会管理的意见》】 7月5日，中共中央、国务院印发《关于加强和创新社会管理的意见》，这是我国第一份关于创新社会管理的正式文件。

【全国社区卫生政策培训班开班】 7月5—6日，全国社区卫生政策培训班在京举行。31个省（区、市）和新疆生产建设兵团、300个地市级、69个直辖市辖区的相关部门社区卫生主管及负责同志约500人参加培训。此次培训由中国社区卫生协会承办，得到财政部、人力资源和社会保障部及卫生部等相关部门的高度重视。培训包括“医改及社区卫生政策解读”“国家基本公共卫生服务项目介绍”等内容。来自各地财政、卫生行政部门的同志，以及社区卫生服务中心负责人深入交流，反响良好。

【广东省出台《关于加强社会建设的决定》】 7月11—13日，广东省委十届九次全会在广州召开，会议审议通过了《关于加强社会建设的决定》。《决定》分9部分40条，主要包括三方面内容。一是阐述加强社会建设的重大意义、指导思想、总体目标和基本原则。二是围绕加强社会建设的着力点，提出七项工作重点和措施要求。三是强调加强统筹协调，确保社会建设实效。

【第二届韩中社区服务体系研讨会举行】 7

月12—14日，韩国行政安全部与中国民政部在韩国首尔联合举办第二届韩中社区服务体系研讨会。韩国行政安全部地方行政局局长李在建、中国民政部国际合作司司长康鹏率团出席会议。双方代表就韩中两国社区公共服务体系、韩国居民自治中心和中国社区居委会情况、韩国新农村运动和中国农村社区建设基本情况及实例等内容发言并展开热烈讨论。会后，民政部代表团参观了韩国新村运动历史馆、考察了济州自治岛西归浦市东烘洞居民自治中心。

【全国社区公共服务企业社会责任研讨会暨林州绿能天然气公司社会责任承诺书发布会举行】 7月29—31日，全国社区公共服务企业社会责任研讨会暨林州绿能天然气公司社会责任承诺书发布会在河南安阳林州举行。会议由中国社会工作协会社区工作委员会和林州市人民政府主办，林州市绿能天然气有限公司承办。中国社会工作协会副会长马学理主持会议，林州市绿能天然气公司在会上发布了社会责任承诺书。国内知名的社会学界、经济学界以及社区服务领域的专家吴铎、彭公炳、唐忠新、马仲良等出席会议并演讲。经专家点评和全国社区发展问题研究专家委员会审定，林州市绿能天然气公司被授予“全国社区公共服务企业示范单位”称号。

【广东省社会工作委员会成立】 8月8日，广东省设立社会工作委员会。新设立的广东省社会工作委员会既是省委的工作部门，又是省政府的职能机构。其主要职责是按照“党委领导、政府负责”的要求，牵头制定并组织实施社会工作总体规划和重大政策，协调相关部门起草社会工作方面的政策法规；宏观指导和综合协调全省社会工作，督促检查工作落实情况；参与拟定劳动就业、社会保障、教育、卫生、文化、体育等方面的政策；推进和创新群众工作，协调建立健全群众利益协调、诉求表达、矛盾调处、权益保障机制；配合推进社会领域党建工作；研究推动社会建设和管理体制改革创新。

【《国家985计划——社区对社会福利数据平台建设》数据采集项目启动】 8月13—14日，《国家985计划——社区对社会福利数据平台建设》数据采集项目正式启动。该项目由中国社会工作协会社区工作委员会与北京师范大学共同合作承接，预计持续时间10年。每年需提交200份居民调查问卷，涉及老年服务、儿童服务、公益行为、就业服务、社区服务需求等11项内容。项目旨在通过数据平台建设为国家“十二五”“十三五”制定社区福利服务政策提供基础数据，协助政府持续了解全国各地百姓在社区服务方面的各项需求。

【中央社会治安综合治理委员会更名】 8月21日，中央办公厅、国务院办公厅印发了《关于中央社会治安综合治理委员会更名为中央社会管理综合治理委员会的通知》，赋予中央社会管理综合治理委员会协调和指导社会管理工作的重要职能。

【全国社区建设工作现场推进会召开】 8月25日，全国社区建设工作现场推进会在黑龙江省哈尔滨召开。会议指出，当前和今后一个时期社区建设的主要任务是，要按照中央关于加强和创新社会管理的总体要求，紧紧围绕基层社会管理和服务体系建设，努力实践，大胆创新，切实完善社区服务设施、健全社区组织队伍、深化社区自治机制、发展社区服务体系、改进社区服务手段，不断强化社区管理服务功能，把城乡社区打造成为加强和创新社会管理的基础平台。会议提出，推进社区建设应做好五项工作，要以全覆盖、可及性为目标，推进社区服务设施建设，筑牢城市基层社会管理阵地；以区域化、专业化为目标，推进社区组织建设和工作者队伍建设，壮大城市基层社会管理力量；以扁平化、组织化为目标，推进社区居民自治制度建设，创新城市基层社会管理机制；以精细化、标准化为目标，推进社区服务体系建设，提升城市基层社会管理能力；以科学化、规范化为目标，持续推进社区管理服务信息平台建设，提高城市基层社会管理效率。

【《关于在城市街道社区工作者中开展“走千户、访千人”活动的通知》发布】 8月30日，全国城市街道社区创先争优活动指导小组下发了《关于在城市街道社区工作者中开展“走千户、访千人”活动的通知》。该活动的主要任务是：围绕和谐社区建设任务和当前街道社区中心工作，突出民生为重、服务为先的主题，组织广大街道社区工作者深入实际、深入基层、深入群众，掌握第一手情况，了解群众现实需求，知民需、解民忧、办实事，扎实推进“为民服务创先争优活动”深入开展，取得实效。

【青海省社会组织工作委员会成立】 9月8日，中共青海省社会组织工作委员会成立。省委常委、组织部部长齐玉，副省长张光荣出席大会，并为“中国共产党青海省社会组织工作委员会”揭牌。中国共产党青海省社会组织工作委员会为省委派出机构，与省民政厅党组合署办公。主要职责为：宣传和执行党的路线、方针、政策，贯彻落实中央和省委的决策部署；领导所属社会组织党组织开展党的工作；指导全省社会组织党组织党建工作；加强调查研究，总结推广社会组织党建工作经验。

【宁夏在全国率先将慈善企业纳入地方立法】 9月18日，宁夏十届人大常委会第二十六次会议审议通过《宁夏回族自治区慈善事业促进条例》，并于2011年11月1日起施行。该《条例》是在全国率先将社会慈善企业纳入地方立法。《条例》对社会慈善企业做了明确界定：是指不分配利润或者每年将所得利润中的一定比例用于社会慈善事业，持续开展慈善公益救助活动，集中供养生活困难的老年人、残疾人，集中安置残疾人和特殊困难就业人员就业达到规定比例的企业。为了给社会慈善企业在宁夏发展壮大创造良好的发展环境，并建立长效机制，《条例》第四章专设了鼓励和扶持社会慈善企业，具体规定扶持资金、贴息贷款、税收优惠等政策和措施，以促进企业积极从事慈善事业。同时，还明确规定了慈善组织应当向社会公布信息的内容、方式、渠道以及接受社会监督等方面内容。

【全国加强和创新社会管理工作电视电话会议召开】 9月28日，全国加强和创新社会管理工作电视电话会议召开。中共中央政治局常委、中央政法委书记、中央社会管理综合治理委员会主任周永康出席会议并讲话。北京、浙江、四川、上海、江苏、湖南和广东深圳等地主要负责同志从不同方面介绍了本地区社会管理工作的情况。

【《关于加强社会工作专业人才队伍建设的意见》颁布】 10月13日，中央组织部、中央政法委、中央编办、国家发改委、教育部、公安部、民政部、司法部、财政部、人力资源和社会保障部、卫生部、国家人口计生委、国家信访局、国务院扶贫办、全国总工会、共青团中央、全国妇联和中国残联等18个部门和组织联合发布《关于加强社会工作专业人才队伍建设的意见》。《意见》全文约7000字，共分6部分，主要围绕社会工作专业人才队伍建设提出了一系列新思想、新观点、新论断、新举措。《意见》指出，到2020年，建立较为完善的社会工作专业人才队伍建设运行机制和工作格局，使社会工作专业人才队伍的数量、结构和素质能力适应构建社会主义和谐社会的需要，满足广大人民群众不断增长的服务需求。《意见》是中央第一个关于社会工作专业人才的专门文件，是当前和今后一个时期全国社会工作专业人才队伍建设的指导性纲领，在我国社会工作事业发展史上具有里程碑意义。

【全国社区社会工作推进会暨社区工作委员会2011年会召开】 11月20—24日，全国社区社会工作推进会暨社区工作委员会2011年会在江苏省南京市召开。会议以“加强基层社会工作、创新社区社会管理”为主题，介绍了各地在创新基层社会管理理念、培养社会工作专业人才等方面的经验，提出要把农村社区建设作为2012年社区建设的一项重点工作来抓。有关部门领导、专家学者和来自全国各地的街道、社区代表等300余人参加了会议。

【全国安全社区建设工作会议召开】 11月23—24日，全国安全社区建设工作会议在北京召开。大会命名了62个全国安全社区，表彰了19个全国安全社区建设先进单位，45名全国安全社区建设先进个人。来自21个省、4个直辖市、3个自治区以及新疆建设兵团的相关部门负责人、安全社区代表、创建安全社区先进单位代表和先进工作者及有关新闻媒体480余人参加了会议。截至本次大会，全国已命名安全社区266个，覆盖人口1.2亿。

【全国首届“村官大讲堂”开班】 11月29日，全国首届“村官大讲堂”在中国第一个村民委员会的诞生地——广西宜州开班。来自全国各地的专家学者、村干部代表160余人参加了大讲堂，并就如何当好村官以及我国村民自治的发展进程等问题深入探讨，16名“村官”代表作了交流发言。“村官大讲堂”搭建了专家学者和村官交流互动的平台，促进了农村民主自治和服务的经验共享。

【全国加强和创新社会管理工作座谈会召开】 11月底至12月初，全国加强和创新社会管理工作座谈会分4片会召开，分别为北京片会、南通片会、宜昌片会和德阳片会。这是中央综治委推动各地贯彻落实中央关于加强和创新社会管理决策部署的一个重要举措。

【民政部出台《关于促进农民工融入城市社区的意见》】 这是中央有关部门就农民工融入社区问题下发的第一个专门性政策文件，首次从国家层面描绘了农民工参与社区生活的“路线图”，为维护农民工合法权益提供了制度依据和保障。《意见》充分借鉴社区融合领域的国际经验，深入总结各地社区农民工服务管理工作的实践创新，提出了当前促进农民工融入社区工作的重点任务，旨在促进农民工顺利融入城市社区，拓宽农民工参与社区管理服务的制度渠道，增添城市基层社会管理的积极力量。

【中外农村社区建设比较研讨会举行】 12月10日，中外农村社区建设比较研讨会在华中师范大学举行。会议围绕当前我国农村社区的历史发展及现状、国（境）外农村社区建设经验、农村社区中各种社会组织的功能、中外农村社区建设的差异、当前农村社区建设的工作重点和推进策略等问题进行了专题发言和热烈讨论。来自江苏省南通市“统筹城乡社区建设实验单位”、山东省日照市“全国农村社区管理和服务创新试验区”的代表分别介绍了本地农村社区建设工作的经验做法、初步成效以及存在的问题。会议就农村社区建设工作中遇到的诸多疑问和难题进行了研究，为下一步工作推进奠定了理论基础。

【国务院办公厅印发《社区服务体系建设规划（2011—2015年）》】 《规划》提出我国社区服务体系建设发展目标是：到2015年初步建立起较为完善的社区服务设施、服务内容、服务队伍、服务网络和运行机制，农村社区服务试点工作有序推进。《规划》全面部署了“十二五”期间社区服务体系建设的重点任务和重点工程。一是发展多层次、多样化的社区服务；二是完善社区服务设施网络；三是加强社区服务人才队伍建设；四是推进社区服务体制机制创新。重点工程包括社区公共服务设施建设工程、社区服务人才队伍建设工程、社区服务信息化建设工程。

全国社会建设调研报告和理论文章目录（选编）

报告或文章题目	作者	单位及职务	成稿时间或刊载情况
社会建设进入新阶段的分析与思考	陆学艺	中国社会科学院荣誉学部委员，北京工业大学人文社会科学学院院长、研究员	《社会建设研究基地专报》2011年第5期
创新基层社会服务管理体制机制的几点思考	丁元竹	国家行政学院决策咨询部副主任、教授	《社会建设研究基地专报》2011年第6期
当前几种社会心态问题的心理解读与政策建议	田国秀	首都师范大学	《社会建设研究基地专报》2011年第7期
社会管理及其创新中的十大关系	龚维斌	国家行政学院社会和文化教研部主任	《社会建设研究基地专报》2011年第8期
村庄社区化管理的几种模式	许　斌	北京科技大学	《社会建设研究基地专报》2011年第18期
建设社会现代化：中国未来三十年的主要任务	陆学艺	中国社会科学院荣誉学部委员，北京工业大学人文社会科学学院院长、研究员	《社会建设研究基地专报》2011年第19期
继续推进社会建设的有利条件和基本途径	严书翰	中共中央党校科社部原主任	《社会建设研究基地专报》2011年第20期
社会管理创新的地方实践及其启示	王　名	清华大学公共管理学院NGO研究所所长、教授	《社会建设研究基地专报》2011年第21期
流动人口的新特点与管理创新	翟振武	中国人民大学社会与人口学院院长、教授	《社会建设研究基地专报》2011年第22期
社会建设与社会管理工作的新突破和新挑战	赵孟营	北京师范大学社会学系主任、教授	《社会建设研究基地专报》2011年第23期
生机盎然　蓬勃发展——全国社会工作发展现状综述		民政部社会工作司	《中国社会工作》2011年11月（中）
全国试点：社会工作实践从点到面		民政部社会工作司	《中国社会工作》2011年11月（中）
社会工作发展的基本方向及特点	王思斌	北京大学社会学系教授、中国社会工作教育协会会长	《中国社会工作》2011年11月（中）
社会工作对社会管理的协同作用	王思斌	北京大学社会学系教授、中国社会工作教育协会会长	《中国社会工作》2011年12月（上）

续表

报告或文章题目	作者	单位及职务	成稿时间或刊载情况
专业社会工作者应做“五有”人才	柳　拯	民政部人事司（社会工作司）副司长	《中国社会工作》2011年12月（下）
深圳本土督导模式探索		深圳市社会工作者协会	《中国社会工作》2011年2月（上）
禁毒社会工作发展现状、问题及趋势	范志海	华东理工大学社会工作系教授	《中国社会工作》2011年3月（上）
关于社会工作人才队伍建设工作的再思考	甄炳亮	民政部人事司（社会工作司）副司长	《中国社会工作》2011年4月（下）
我国民办社会工作服务机构发展现状与对策	柳　拯	民政部人事司（社会工作司）副司长	《中国社会工作》2011年6月（上）
社会工作在创新社会管理中的优势与作用	王克强	民政部办公厅调研室主任	《中国社会工作》2011年7月（上）
教育先行及其对发展我国社会工作的影响	王思斌	北京大学社会学系教授、中国社会工作教育协会会长	《中国社会工作》2011年11月（中）
论我国外生型城市社区建设模式的实践逻辑	张　勇	湛江师范学院法政学院	《社会主义研究》2011年第4期
社区规划的若干思考	倪维峰 白　晶	沈阳原美建筑设计院	《中国房地产》2011年第3期
城市社区建设中居民参与研究综述	彭　凌	常州工学院人文社科学院	《考试周刊》2011年第24期
新中国成立以来我国城市社区建设历程、脉络与启示	张　勇	湛江师范学院法政学院	《中国社会科学院研究生院学报》2011年第5期
社区建设与城市规划的融合	屈永慧 孙丽云	郑州大学水利与环境学院	《河南科技》2011年第15期
加强和创新社会管理	魏礼群	国家行政学院党委书记、常务副院长	2011年8月
加强和创新社会管理背景下提升社会组织建设水平的几点思考	张成军	宁夏回族自治区民政厅党组成员、自治区社会组织工委副书记	2011年10月
社区社会组织党建科学化的实现路径	康晓强	中共中央党校科学社会主义教研部	2011年10月
社会组织的实践基础及其社会建设功能研究	扶松茂	复旦大学国际关系与公共事务学院	2011年10月